HITLER
BIOGRAPHIE 1889-1945

ALAN BULLOCK

HITLER
BIOGRAPHIE 1889-1945

BECHTERMÜNZ VERLAG

Titel der englischen Originalausgabe *Hitler. A Study in Tyranny*
Erschienen bei Odhams Books Ltd., London

Genehmigte Lizenzausgabe
für Weltbild Verlag GmbH, Augsburg 2000
Copyright © by Droste Verlag GmbH, Düsseldorf
Übersetzung: Wilhelm und Modeste Pferdekamp
Umschlaggestaltung: Paetow & Fliege, Augsburg
Gesamtherstellung: Clausen & Bosse, Leck
Printed in Germany
ISBN 3-8289-0378-9

*Für meine Mutter
und für meinen Vater*

Vorwort

zur vollständig überarbeiteten Neuausgabe

Zwei Fragen bewegten mich, als ich diese Studie über Hitler begann. Bei der ersten, zu der ich durch viele der Aussagen im Nürnberger Prozeß angeregt wurde, galt es festzustellen, wie groß die Rolle gewesen ist, die Hitler in der Geschichte des Dritten Reiches gespielt hat, und ferner, ob es nicht eine Übertreibung war, wenn Göring und die anderen Angeklagten behaupteten, es sei unter der Naziherrschaft der Wille eines Mannes – und nur dieses einen einzigen Mannes – maßgebend gewesen. Dies führte zu der zweiten und umfangreicheren Frage: War das Bild, das in Nürnberg von Hitler entstand, richtig? Und wenn ja, welche Gaben waren es, die Hitler befähigten, sich erst eine so große Macht zu sichern und sie dann auch aufrechtzuerhalten. Ich beschloß, den Verlauf von Hitlers Leben von seiner Geburt im Jahre 1889 bis zu seinem Tod im Jahre 1945 so getreu wie möglich zu rekonstruieren, in der Hoffnung, damit einen Bericht über eine der rätselhaftesten und ungewöhnlichsten Karrieren der modernen Geschichte bieten zu können.

Das Buch hat infolgedessen die Form einer historischen Erzählung erhalten. Sie wird lediglich an einer Stelle durch ein Kapitel unterbrochen, in dem ich mich bemühte, Hitler am Vorabend seiner größten Triumphe zu porträtieren (Kapitel VII). Ich habe nicht versucht, eine Geschichte Deutschlands oder eine Untersuchung über Regierungs- und Gesellschaftsform unter der Naziherrschaft zu schreiben. Nicht die Diktatur als solche ist mein Thema, sondern der Diktator selbst, die persönliche Macht eines einzigen Mannes, wiewohl diese, wie man hinzufügen kann, während des größten Teils der Zeit zwischen 1933 und 1945 mit dem wichtigsten Abschnitt der Geschichte des Dritten Reiches identifiziert werden muß. Im Vordergrund meines Interesses liegen bis 1934 die Mittel, durch die Hitler sich die Macht in Deutschland sicherte, nach 1934 die Außenpolitik und schließlich der Krieg, also die Mittel, durch die Hitler seine Macht über Deutschland hinaus auszudehnen versuchte. Wenn zeitweise, besonders zwischen 1938 und 1945, die Gestalt dieses Mannes hinter der verwickelteren Darstellung von Politik und Krieg zurücktritt, so hängt dies damit zusammen, daß Hitler sein Privatleben (das selbst in seiner besten Zeit dürftig und uninteressant war) den Erfordernissen seiner von ihm selbst geschaffenen Stellung opferte. Im Laufe seiner letzten Lebensjahre jedoch, als sein Reich zusammenzubrechen begann, enthüllt sich wieder in ihrer ganzen nackten Häßlichkeit die wahre Natur dieses Mannes.

Es kann sich niemand hinsetzen und über die Geschichte seiner eigenen oder auch irgendeiner anderen Zeit schreiben, ohne an seine Aufgabe mit vorgefaßten Meinungen heranzugehen, mit Meinungen, die seinem Wesen und dem Bezirk seiner persönlichen Erfahrungen entspringen. Jeder Historiker gerät unausweichlich in diese Lage, und die hier dargebotene Studie ist nicht weniger frei davon als irgendein anderer Bericht über die Ereignisse der jüngsten Vergangenheit.

Dennoch habe ich bei der Niederschrift dieses Buches keine besonderen persönlichen Zwecke verfolgt oder gar die Absicht gehabt, in einen Streit einzugreifen. Die von mir beschriebenen Ereignisse sind nicht mit einer simplen Formel zu erklären; überhaupt gibt es, wie mir scheint, nur wenige bedeutende geschichtliche Ereignisse, die sich mit einfachen Erklärungen deuten lassen. Es war zudem nicht meine Absicht, Adolf Hitler zu rehabilitieren oder anzuklagen. Wenn ich auch nicht den Anspruch erhebe, ein unparteiischer Richter zu sein, so habe ich mir doch noch weniger die Rolle des Anklägers oder gar die des Verteidigers angemaßt. Mögen manche meiner Interpretationen anfechtbar sein, bestehen bleibt jedenfalls ein solider Tatsachenbestand — und die Tatsachen sind beredt genug.

Das Quellen- und Literaturverzeichnis am Ende des Bandes nennt die Quellen, auf die sich die Darstellung stützt. In den Jahren seit dem ersten Erscheinen des Buches ist umfangreiches Material veröffentlicht worden, das die Geschichte der Nazi-Partei und des Dritten Reiches weiter erhellt. So habe ich die Gelegenheit einer neuen Auflage ergriffen, um den gesamten Text einer durchgehenden Revision zu unterziehen, das neue Material zu sichten und, wo es nötig erschien, in die Darstellung einzubeziehen.

Ein Zeitraum von mehr als zehn Jahren bedingt auch die Veränderung der Perspektive, und darüber läßt sich schwieriger Rechenschaft ablegen. Ich habe keinen Grund gesehen, das in der ersten Auflage entworfene Bild Hitlers grundsätzlich zu verändern, obwohl ich nicht gezögert habe, neue Akzente zu setzen, wo dieses Bild nicht länger stimmend erschien. So habe ich dem Geschehen, das dem Zweiten Weltkrieg vorausging, die durchgreifendste Überarbeitung gewidmet, teils wegen der großen Anzahl inzwischen veröffentlichter diplomatischer Dokumente, teils weil sich meine eigenen Ansichten zu diesem Komplex durch den größeren Abstand am stärksten modifiziert haben. Ich verdanke A. J. P. Taylors »Origins of the Second World War« die Anregung, das gesamte Dokumentenmaterial zur Außenpolitik Hitlers in den Jahren von 1933 bis 1939 erneut durchzusehen.

Der Umstand, daß ich Taylors Urteil über Hitler und seine Außenpolitik nicht zu teilen vermag — und zwar weniger als zuvor, da ich nun die Dokumente erneut gelesen habe —, verringert nicht den Wert des von ihm kommenden Anstoßes, meine eigene Haltung kritisch zu überprüfen.

Unter den vielen Autoren, von denen ich seit dem ersten Erscheinen dieses Buches gelernt habe, muß ich besonders zwei andere Oxford-Kollegen nennen: Professor Trevor-Roper, dessen Arbeit »The Mind of Adolf Hitler« mich von der Notwendigkeit überzeugte, Hitlers Tischgespräche erneut sorgfältig zu studieren, und den Rektor von St. Antony's, F. W. Deakin, der so freundlich war, mir Einblick in seine Arbeit über die deutsch-italienischen Beziehungen (»The Brutal Friendship«) zu gewähren, noch bevor sie veröffentlicht wurde.

Franz Jetzingers wesentliche Forschungsergebnisse, die in sein Buch »Hitlers Jugend« (zu dessen englischer Fassung ich ein Vorwort schrieb) eingeflossen sind, haben mich in die Lage gesetzt, vollständiger und getreuer über Hitlers frühe Jahre zu berichten. — In den Anmerkungen erscheinen ferner zahlreiche Hinweise auf andere neue Arbeiten, denen ich Dank schulde.

Im Vorwort zur ersten Ausgabe des Buches habe ich bereits den Freunden gedankt, die mir in der verschiedensten Weise geholfen haben. Der größte Dank gebührt indessen meiner Frau, die mich auch bei der Arbeit an dieser revidierten Fassung sehr wesentlich unterstützt hat.

St. Catherine's College
Oxford   ALAN BULLOCK

»Niemand macht sich zum Tyrannen, um sich vor Kälte zu schützen.«

Aristoteles, *Politik*

INHALT

Vorwort   VII

ERSTES BUCH
Parteiführer, 1889–1933

Kapitel I	Die Jahre der Entwicklung, 1889–1918	3
Kapitel II	Die Jahre des Kampfes, 1919–1924	38
Kapitel III	Die Jahres des Wartens, 1924–1931	102
Kapitel IV	Die Monate der günstigen Gelegenheit, Oktober 1931 bis 30. Januar 1933	168

ZWEITES BUCH
Reichskanzler, 1933–1939

Kapitel V	Die Revolution nach der Machtübernahme, 30. Januar 1933 bis August 1934	235
Kapitel VI	Der Scheinfrieden, 1933–1937	293
Kapitel VII	Der Diktator	354
Kapitel VIII	Von Wien bis Prag, 1938–1939	392
Kapitel IX	Hitlers Krieg, 1939	473

DRITTES BUCH
Feldherr, 1939–1945

Kapitel X	Der vergebliche Sieg, 1939–1940	547
Kapitel XI	»Die Welt wird den Atem anhalten«, 1940–1941	595
Kapitel XII	Das mißlungene Imperium, 1941–1943	637
Kapitel XIII	Zweimal Juli, 1943–1944	692
Kapitel XIV	Der Kaiser ohne Kleider	742

Epilog	793
Abkürzungen und Hinweise	799
Anmerkungen	801
Quellen- und Literaturverzeichnis	821
Register	839

Stammtafel und Karten

Hitlers Stammtafel	12/13
Die deutschen Annexionen 1938–1939	422/423
Ausdehnung des Hitlerreiches 1938–1942	668/669

ERSTES BUCH

PARTEIFÜHRER

1889—1933

KAPITEL I

Die Jahre der Entwicklung

1889—1918

I

Adolf Hitler wurde am 20. April 1889, abends halb sieben, im »Gasthof zum Pommer« in der kleinen Stadt Braunau geboren. Braunau liegt am Inn, der die Grenze zwischen Österreich und Bayern bildet. Das Europa, in das er hineingeboren wurde und das er eines Tages zerstören sollte, machte zur Zeit seiner Geburt den Eindruck von ungewöhnlicher Stabilität und Dauerhaftigkeit. Das Reich der Habsburger, in dem sein Vater ein kleiner Beamter war, hatte die Stürme der sechziger Jahre, den Verlust der italienischen Provinzen, die Niederlage im Kriege gegen Preußen und selbst die Umgestaltung des alten Reiches in die Doppelmonarchie Österreich-Ungarn überstanden. Die Habsburger, das älteste der großen Herrscherhäuser, das die Türken, die Französische Revolution und Napoleon überlebt hatte, boten sichtlich die Gewähr für den Fortbestand des Reiches. Kaiser Franz Joseph hatte bereits zum vierzigsten Male den Jahrestag seiner Thronbesteigung gefeiert, und es lag noch eine weitere Regierungszeit von mehr als einem Vierteljahrhundert vor ihm.

Die drei Republiken, die Hitler zerstören sollte — das Österreich des Vertrags von St. Germain, die Tschechoslowakei und Polen —, existierten noch nicht. In die Herrschaft über Mittel- und Osteuropa teilten sich vier Großmächte: die Reiche der Habsburger, Hohenzollern, Romanows und Ottomanen. Die bolschewistische Revolution und die Sowjetunion bestanden nicht einmal in der Vorstellung; Rußland war immer noch das heilige Rußland des Zaren.

Im Sommer dieses selben Jahres 1889 siedelte der neunzehnjährige Student Lenin, der Schwierigkeiten mit den Behörden hatte, mit seiner Mutter von Kasan nach Samara über. Stalin, dessen Vater ein armer Schuhmacher war, lebte in Tiflis, und Mussolini, Sohn eines Schmieds in der öden Romagna, war damals sechs Jahre alt.

Beide Zweige von Hitlers Familie stammten aus dem »Waldviertel«, einem armen, abgelegenen Landstrich zwischen dem Nordufer der

Donau und der böhmisch-mährischen Grenze, etwa 80 Kilometer nordwestlich von Wien. Dieses an Bergen und Wäldern reiche, aber an Städten und Eisenbahnen arme und von den Hauptadern des österreichischen Lebens abgeschnittene Gebiet hat eine vorwiegend bäuerliche Bevölkerung. Und aus ihr, die durch Inzucht in vielen Geschlechtern untereinander verwandt ist, entsproß Adolf Hitler. Sein Familienname, der möglicherweise tschechischen Ursprungs ist und in mehreren Abarten auftritt, taucht im Waldviertel zum erstenmal in der ersten Hälfte des 15. Jahrhunderts auf.

Der mutmaßliche Großvater des künftigen Reichskanzlers, Johann Georg Hiedler, scheint ein Vagant gewesen zu sein; er arbeitete als Müllergeselle in den verschiedensten Orten Niederösterreichs, ohne sich jemals seßhaft zu machen. Im Laufe seiner Wanderschaft begegnete er einer Bauerntochter aus dem Dorfe Strones, die er im Mai 1842 in Döllersheim heiratete. Sie hieß Maria Anna Schicklgruber.

Bereits fünf Jahre vorher, 1837, hatte Maria einen unehelichen Sohn namens Alois zur Welt gebracht. Der Überlieferung zufolge soll Johann Georg Hiedler auch der Vater des Kindes gewesen sein. Aber trotz seiner Verehelichung mit Maria tat Johann Georg nichts, das Kind zu legitimieren. Alois behielt weiterhin, und zwar bis er fast vierzig Jahre alt war, den Namen seiner Mutter: Schicklgruber. Er wuchs im Hause von Johann Nepomuk Hiedler auf, der ein Bruder seines Vaters war und in Spital wohnte.

1876 unternahm Johann Nepomuk Schritte, den in seinem Hause aufgewachsenen jungen Mann zu legitimieren. Er suchte den Gemeindepfarrer in Döllersheim auf und bewog ihn, aus dem Standesregister das Wort »unehelich« zu streichen und eine von drei Zeugen unterschriebene Erklärung anzuhängen, daß sein Bruder, Johann Georg Hiedler, sich zur Vaterschaft des Kindes Alois bekannt habe. Das ist jedoch keineswegs ein schlüssiger Beweis, und aller Wahrscheinlichkeit nach werden wir nie erfahren, wer Adolf Hitlers Großvater, der Vater von Alois Schicklgruber, wirklich gewesen ist. Es wird ebenso behauptet, er sei Jude gewesen, aber hierfür liegen ebenfalls keine Beweise vor. Wie es auch gewesen sein mag, vom Beginn des Jahres 1877 an, also zwölf Jahre vor Adolf Hitlers Geburt, trug sein Vater den Namen Hitler. Und der Sohn hat niemals einen anderen Namen als Adolf Hitler gehabt, bis seine politischen Gegner den lang vergessenen Dorfklatsch ausgruben und ihm, ohne jede Berechtigung, den Mädchennamen seiner Großmutter, Schicklgruber, anhängten[1].

Im Alter von 13 Jahren verließ Alois das Haus seines Onkels in Spital und ging nach Wien in die Schuhmacherlehre. Er blieb jedoch nicht bei diesem Handwerk, sondern trat mit 18 Jahren in den österreichischen Zollwachtdienst ein. Von 1855 bis 1895 war Alois Zollbeamter in Braunau und anderen Städten Oberösterreichs. Er wurde nach dem üblichen System befördert, und seine Stellung als kleiner Beamter bedeutete für ihn sicherlich einige Schritte aufwärts auf der sozialen Stufenleiter, fort von seiner bäuerlichen Herkunft.

In der stattlichen Uniform des k. u. k. Zollbeamten schien Alois Hitler das Urbild des biederen Mannes zu sein. Doch zu diesem Schein stand sein Privatleben in Widerspruch.

1864 heiratete er Anna Glasl, die Tochter eines anderen Zolleinnehmers. Seine Ehe war indes nicht glücklich. Sie blieb kinderlos. Alois trennte sich schließlich von seiner Frau, die beträchtlich älter als er und seit langem leidend war. Sie starb 1883. Einen Monat nach ihrem Tod heiratete Alois die junge Hotelangestellte Franziska Matzelsberger. Franziska hatte ihm bereits vor der Eheschließung einen Sohn geboren. Drei Monate nach der Hochzeit brachte sie ein zweites Kind, das Mädchen Angela, zur Welt.

Mit seiner zweiten Ehe hatte Alois ebenfalls kein Glück. Franziska starb ein Jahr nach der Geburt ihrer Tochter an Tuberkulose. Diesmal wartete Alois ein halbes Jahr, bis er wieder heiratete. Die dritte Frau hieß Klara Pölzl und war 23 Jahre jünger als er. Sie kam aus dem Dorf Spital, wo auch die Hitlers herstammten. Die beiden Familien waren durch Heirat miteinander verwandt, und Klara selbst war eine Enkelin jenes Johann Nepomuk Hiedler, in dessen Haus Alois aufgewachsen war. Klara hatte sogar eine Zeitlang in Braunau bei Alois und seiner ersten Frau gewohnt, war dann aber, als sie zwanzig wurde, als Dienstmädchen nach Wien in Stellung gegangen.

Für eine Ehe zwischen Vetter und Kusine mußte ein kirchlicher Dispens beschafft werden. Doch endlich, am 7. Januar 1885, heiratete Alois Hitler seine dritte Frau, und am 17. Mai des gleichen Jahres wurde in Braunau das erste Kind, Gustav, geboren.

Adolf Hitler war das dritte Kind aus Alois Hitlers dritter Ehe. Seine beiden älteren Geschwister, Gustav und Ida, starben im Kindesalter. Sein jüngerer Bruder Edmund starb, als er sechs Jahre alt war. Außer Adolf blieb aus dieser dritten Ehe nur seine jüngere Schwester Paula am Leben; sie wurde 1896 geboren. Doch aus der zweiten Ehe waren noch zwei Kinder da: Adolf Hitlers Halbbruder Alois und seine Halbschwester Angela. Angela sollte die einzige Verwandte sein, mit der Hitler eine Art freundschaftlichen Kontaktes aufrechterhielt. Eine Zeitlang führte sie ihm sein Haus in Berchtesgaden. Angela war die Mutter von Geli Raubal, in die Hitler sich verliebte.

Als Adolf Hitler geboren wurde, war sein Vater über fünfzig und seine Mutter unter dreißig. Vater Alois war jedoch nicht nur unverhältnismäßig viel älter als Klara, sondern auch streng, jähzornig und ohne Wärme. Sein Familienleben — drei Frauen, eine davon vierzehn

Jahre älter als er, eine andere dreiundzwanzig Jahre jünger, eine Scheidung und sieben Kinder, darunter ein uneheliches und zwei, die kurz nach der Hochzeit geboren wurden — deutet auf ein schwieriges und heftiges Temperament hin. Gegen Ende seines Lebens, wohl im Zusammenhang mit einer Erbschaft, machte irgendeine Enttäuschung Alois Hitler zum verbitterten Mann. Verhältnismäßig früh, mit 58 Jahren, ließ er sich 1895 pensionieren. Er kehrte jedoch nicht in seinen Heimatort zurück, sondern blieb in Oberösterreich. Von Passau, der deutschen Grenzstadt, wo Alois Hitler seine letzten Dienstjahre verbrachte, zog die Familie vorübergehend nach Hafeld a. d. Traun und nach Lambach, um sich dann endgültig in Leonding niederzulassen. Leonding, ein Vorort von Linz, liegt am Zusammenfluß von Traun und Donau. Und hier, in einem kleinen Haus mit Garten, verbrachte der pensionierte Zollbeamte von 1899 bis 1903 die restlichen Jahre seines Lebens.

In »Mein Kampf[2]« erweckt Hitler den Anschein, als habe er in seiner Kindheit Armut und Entbehrungen durchgemacht. In Wirklichkeit hatte sein Vater eine ausreichende Pension und bot dem Knaben die Möglichkeit zu einer guten Ausbildung. Nach fünf Jahren Volksschule kam der Elfjährige im September 1900 auf die Staatsrealschule in Linz. Das war eine Mittelschule, auf der die Schüler für technische oder kaufmännische Berufe vorbereitet wurden. Anfang 1903 starb Alois Hitler, doch seine Witwe erhielt weiterhin eine Pension und litt keine Not. 1904 verließ Adolf die Linzer Realschule. Allerdings nicht, weil seine Mutter zu arm gewesen wäre, das Schulgeld zu bezahlen, sondern weil seine Leistungen in der Schule derart schlecht waren, daß er sich damit abfinden mußte, an eine andere Schule in Steyr verwiesen zu werden. Von ihr ging er mit 16 Jahren ab, ohne die mittlere Reife erlangt zu haben. Ein Jahr zuvor war er auf Wunsch seiner Mutter in der katholischen Kirche zu Linz gefirmt worden.

In »Mein Kampf« bauscht Hitler, der gern Kunstmaler werden wollte, die Auseinandersetzung mit seinem Vater darüber zu einem dramatischen Konflikt auf.

»Ich wollte nicht Beamter werden, nein und nochmals nein. Alle Versuche, mir durch Schilderungen aus des Vaters eigenem Leben Liebe oder Lust zu diesem Berufe erwecken zu wollen, schlugen in das Gegenteil um... Wie es nun kam, weiß ich heute selber nicht, aber eines Tages war es mir klar, daß ich Maler werden würde, Kunstmaler... Als ich zum ersten Male, nach erneuter Ablehnung des väterlichen Lieblingsgedankens, die Frage gestellt bekam, was ich denn nun eigentlich selber werden wollte, und ziemlich unvermittelt mit meinem unterdessen festgefaßten Entschluß herausplatzte, war der Vater zunächst sprachlos... ›Kunstmaler, nein, so lange ich lebe, niemals.‹ ... Der Vater verließ nicht sein ›Niemals‹, und ich verstärkte mein ›Trotzdem‹[3].«

Es steht außer Zweifel, daß zwischen Vater und Sohn kein gutes Einvernehmen herrschte. Aber es ist höchst unwahrscheinlich, daß Adolfs Ehrgeiz, Künstler zu werden, viel damit zu tun hatte. Er war noch nicht vierzehn, als sein Vater starb. Wahrscheinlicher ist, daß der Vater mit seinen Leistungen in der Schule unzufrieden war und daraus kein Hehl machte. Hitler beschönigt sein Versagen auf der Schule, die er ohne das übliche Abgangszeugnis verließ, mit allen möglichen Entschuldigungen, sei es Krankheit, Tyrannei seines Vaters, künstlerischer Ehrgeiz oder politische Voreingenommenheit. Es war ein Versagen, das noch lange an ihm nagte. Das äußerte sich häufig in seinen höhnischen Bemerkungen über die »gebildeten Herren« und »Doktoren«.

Vierzig Jahre später erinnerte Hitler sich noch einige Male mit Verachtung an die Lehrer seiner Schulzeit. Dies geschah während der Besprechungen in seinem Hauptquartier, die sich in der Aufzeichnung seiner Tischgespräche niederschlugen.

»Sie hatten kein Gefühl für die Jugend; ihr einziges Ziel war, uns den Schädel vollzupfropfen und uns zu den gleichen dressierten Affen zu machen, die sie selber waren. Wenn ein Schüler einmal den leisesten Ansatz von Eigenwilligkeit zeigte, verfolgten sie ihn erbarmungslos, und die einzigen Musterschüler, die ich kennengelernt habe, waren im späteren Leben Versager[4].«

Die Lehrer scheinen selbst auch nicht viel von dem berühmtesten ihrer Schüler gehalten zu haben. Einer seiner Lehrer, Dr. Eduard Hümer, gab folgende Beschreibung des Schülers Hitler zur Zeit seines Prozesses im Jahre 1923:

»Ich erinnere mich ziemlich gut des hageren, blassen Jungen, der da täglich zwischen Linz und Leonding hin und her pendelte. Er war entschieden begabt, wenn auch einseitig, hatte sich aber wenig in der Gewalt, zum mindesten galt er für widerborstig, eigenmächtig, rechthaberisch und jähzornig, und es fiel ihm sichtlich schwer, sich in den Rahmen einer Schule zu fügen. Er war auch nicht fleißig, denn sonst hätte er bei seinen unbestreitbaren Anlagen viel bessere Erfolge erzielen müssen. Hitler war nicht nur ein flotter Zeichner, sondern wußte auch in den wissenschaftlichen Fächern Entsprechendes zu leisten, nur pflegte seine Arbeitslust sich immer rasch zu verflüchtigen. Belehrungen und Mahnungen seiner Lehrer wurden nicht selten mit schlecht verhülltem Widerwillen entgegengenommen, wohl aber verlangte er von seinen Mitschülern unbedingte Unterordnung, gefiel sich in der Führerrolle und leistete sich auch allerdings manch weniger harmlosen Streich, wie solche unter unreifen Jungen nicht selten sind ...[5]«

Nur über einen seiner Lehrer sagte Hitler etwas Positives. In »Mein Kampf« wich er hier insofern von seiner Linie ab, als er Dr. Leopold Pötsch lobte. Dieser war ein leidenschaftlicher Deutschnationaler, der nach Aussage Hitlers auf ihn entscheidenden Einfluß ausgeübt hat: »Wir saßen dann da, oft zu heller Glut begeistert, mitunter sogar zu Tränen gerührt ... Unser kleiner nationaler Fanatismus ward ihm ein Mittel zu unserer Erziehung ... Mir hat dieser Lehrer Geschichte zum Lieblingsfach gemacht[6].«

Nachdem Adolf 1905 die Schule endgütig verlassen hatte, verkaufte seine verwitwete Mutter, die damals 46 Jahre alt war, ihr Haus in Leonding. Der Verkaufserlös und eine monatliche Rente von 140 Kronen sicherten ihr Auskommen, und sie bezog eine kleine Etagenwohnung zu Linz in der Humboldtstraße. 1907 zog sie dann nach Urfahr, einem Vorort von Linz. Zweifellos hing Hitler an seiner Mutter, aber sie hatte wenig Macht über ihren eigensinnigen Sohn, der sich weigerte, einen Beruf zu erlernen und in den nächsten zwei Jahren nur davon träumte, Künstler oder Architekt zu werden. Er wohnte zu Hause, füllte sein Skizzenbuch mit völlig unoriginellen Zeichnungen und entwarf grandiose Pläne für den Umbau von Linz. Sein einziger Freund war August Kubizek[7], Sohn eines Linzer Dekorateurs, acht Monate jünger als Hitler und dessen williger Zuhörer. Ehrfürchtig lauschte er bei den gemeinsamen Spaziergängen rund um Linz den enthusiastischen Reden Hitlers über seine ehrgeizigen Pläne. Zusammen besuchten sie das Theater, das Hitler seine lebenslange Passion für Wagner-Opern eingab. Wagnerischer Romantizismus, der Wunsch, Kubizek als Musiker und sich selbst als Maler reüssieren zu sehen — diese großartigen Träume füllten sein ganzes Denken aus. Er lebte in einer eigenen Welt, begnügte sich damit, daß seine Mutter für ihn sorgte, und lehnte es voller Verachtung ab, sich mit so trivialen Dingen wie Geld und Broterwerb zu befassen.

Ein Besuch in Wien im Mai-Juni 1906 weckte in ihm Begeisterung für die Pracht der hauptstädtischen Bauten, für Museen und Opern. Nach Linz zurückgekehrt, zeigte er weniger Neigung denn je, einem Beruf nachzugehen. Er hatte jetzt nur noch einen Ehrgeiz: nach Wien und auf die Akademie der Bildenden Künste zu kommen. Seine Mutter machte sich Sorgen, kapitulierte aber doch schließlich. Im Herbst 1907 fuhr er, die Brust von Hoffnungen geschwellt, zum zweitenmal nach Wien.

Sein erster Versuch, in die Akademie aufgenommen zu werden, schlug fehl. Die »Classifikationsliste« der Akademie vom Oktober 1907 enthält folgende Eintragung:

»Die Probezeichnung machten mit ungenügendem Erfolg oder wurden nicht zur Probe zugelassen die Herren: Adolf Hitler, Braunau am Inn, 20. April 1889, deutsch, kath., Vater Oberoffizial, 4 Realschulklassen. Wenig Köpfe. Probezeichnung ungenügend[8].«

Das war ein schwerer Schlag, wie Hitler in »Mein Kampf« sagt. Er suchte den Direktor auf, und dieser riet ihm, es doch mal mit Architektur zu versuchen. Für einen Maler fehle ihm die Begabung. Aber Hitler wollte seine Niederlage nicht zugeben. Nicht einmal, als seine Mutter, die an Brustkrebs litt, im Sterben lag, ging er nach Linz zurück. Erst nach ihrem Tod, am 21. Dezember, kehrte er heim, gerade noch rechtzeitig zur Beerdigung, und fuhr im Februar 1908 wieder nach Wien, um weiter als »Kunststudent« zu leben.

Er hatte Anrecht auf eine Waisenpension und konnte noch auf die kleinen Ersparnisse aus der Hinterlassenschaft seiner Mutter zurückgreifen. Bald gesellte sich sein Freund Kubizek zu ihm. Er hatte ihn überredet, seinem Beispiel zu folgen und auf dem Wiener Konservatorium Musik zu studieren. Die beiden hausten auf einem Zimmer im zweiten Stock eines Hauses in der Stumpergasse, ganz in der Nähe des Westbahnhofs. In diesem Raum war kaum Platz für Kubizeks Klavier und Hitlers Zeichentisch.

Außer Kubizek hatte Hitler keinen Freund. Er führte ein einsames Leben. Frauen waren ihm zwar zugetan, doch zeigte er ihnen gegenüber völlige Indifferenz. Die meiste Zeit verbrachte er mit Träumen und Grübeln. Seine Stimmung wechselte zwischen Niedergeschlagenheit und heftigen Temperamentsausbrüchen. Stundenlang wanderte er durch die Straßen und Parks, hielt betrachtend vor Bauwerken inne, die er bewunderte, oder verschwand plötzlich, einer neuen Begeisterung nachgehend, in öffentlichen Büchereien. Immer wieder besuchten die beiden jungen Leute die Oper und das Burgtheater. Aber während Kubizek sein Konservatoriumsstudium mit Eifer verfolgte, war Hitler zu einem disziplinierten oder systematischen Arbeiten unfähig. Er zeichnete wenig, schrieb dafür um so mehr und versuchte sogar, ein Musikdrama »Wieland, der Schmied« zu komponieren. Er hatte zwar künstlerische Neigungen, aber keine Begabung, keine Ausbildung, keine schöpferische Energie.

Im Juli 1908 kehrte Kubizek über den Sommer nach Linz zurück. Im Monat darauf besuchte Hitler zwei Tanten in Spital. Beim Abschied hatten die beiden jungen Leute vereinbart, sich im Herbst in Wien wiederzusehen. Als aber Kubizek in die Hauptstadt zurückkehrte, suchte er vergebens nach seinem Freund.

Mitte September hatte Hitler sich erneut um Aufnahme in die Akademie der Bildenden Künste beworben. Doch diesmal war er nicht einmal zur Prüfung zugelassen worden. Der Direktor hatte ihm geraten, sich in der Architekturschule anzumelden. Hier aber hatte man ihn wegen des fehlenden Abschlußzeugnisses der Realschule abgelehnt. Vielleicht ging er aus verletztem Stolz Kubizek aus dem Wege. Welches nun auch der Grund gewesen sein mag, für die nächsten fünf Jahre zog er es vor, verborgen zu bleiben.

II

Wien war Anfang 1909 noch die Kaiserstadt, Hauptstadt eines 50-Millionen-Reiches, das sich einst vom Rhein bis zum Dnjestr, von Sachsen bis Montenegro erstreckte. Aus der aristokratischen Barockstadt Mozarts war ein großes Industrie- und Handelszentrum mit zwei Millionen Einwohnern geworden. Elektrische Straßenbahnen fuhren durch seine lauten, belebten Straßen. Die massiven Monumentalbauten, die im letzten Viertel des 19. Jahrhunderts auf der Ringstraße entstanden waren, spiegelten Wohlstand und Selbstbewußtsein des Wiener Mittelstandes wider, die Fabriken und ärmeren Straßen der Außenbezirke den Aufstieg der Industriearbeiter.

Einem zwanzigjährigen jungen Mann ohne Heim, Freunde und Geldmittel muß die Stadt hart und unfreundlich vorgekommen sein: Wien war kein angenehmer Aufenthaltsort für einen Mittel- oder Arbeitslosen. Die vier Jahre von 1909 bis 1913, die nun folgten, waren nach Hitlers eigener Aussage die unglücklichsten seines Lebens.

Darüber hinaus waren sie in vieler Hinsicht die wichtigsten: es waren die Jahre, die seinem Charakter und seinen Ansichten eine bestimmte Gestalt gaben.

Von seinem Wiener Aufenthalt spricht Hitler als von fünf Jahren, »in denen ich erst als Hilfsarbeiter, dann als kleiner Maler mir mein Brot verdienen mußte[9]«. Voller Selbstmitleid spricht er von dem armen Jungen vom Lande, der sich ohne Arbeit sieht: »Nun lungert er hungernd herum, versetzt und verkauft selbst noch das Letzte, kommt in seiner Kleidung immer mehr herunter und sinkt damit auch äußerlich in eine Umgebung herab, die ihn nun neben dem körperlichen Unglück noch seelisch vergiftet[10].«

Einige Zeilen weiter gibt Hitler ein anderes Bild von seinen Wiener Tagen. »In den Jahren 1909 bis 1910 hatte sich meine Lage insofern etwas geändert, als ich nun selber auch nicht mehr als Hilfsarbeiter mir mein tägliches Brot zu verdienen brauchte. Ich arbeitete damals schon selbständig als kleiner Zeichner und Aquarellist[11].« Hitler erklärt, er habe mit dieser Tätigkeit nur sehr wenig Geld verdient, sei aber sein eigener Herr gewesen und habe geglaubt, dem Beruf nähergekommen zu sein, den er erwählt hätte, dem Beruf des Architekten.

Dies ist jedoch eine stark gefärbte Darstellung, verglichen mit den Zeugnissen derer, die ihn damals kannten. Obwohl diese Zeugnisse nur spärlich sind, zeigen sie zur Genüge, daß das Selbstporträt eines Mannes, der sich zunächst mit seiner Hände Arbeit seinen Lebensunterhalt verdient und dann durch harten Fleiß einen Kunststudenten aus sich macht, barer Unsinn ist.

Konrad Heiden, der als erster die zusammenhanglosen Zeugnisse zueinanderfügte, berichtet, daß Hitler im November 1909 aus Geldmangel gezwungen war, sein möbliertes Zimmer in der Simon-Denk-Gasse aufzugeben. Im Sommer konnte er im Freien schlafen, doch mit dem Beginn des Herbstes fand er ein Bett in einem Obdachlosenasyl hinter dem Meidlinger Bahnhof. Ende des Jahres siedelte Hitler dann in ein Männerwohnheim über. Dieses Heim war von einer Wohltätigkeitsorganisation errichtet worden und lag in der Meldemannstraße 27, im XX. Bezirk Wiens, nahe an der Donau, am anderen Ende der Stadt. Hier wohnte er während der letzten drei Jahre seines Wiener Aufenthalts, von 1910 bis 1913[12].

Es wurden noch einige andere Personen, die Hitler zu jener Zeit gekannt haben, aufgespürt und befragt. Unter ihnen ein gewisser Reinhold Hanisch, ein Landstreicher aus dem Sudetenland, mit dem Hitler eine Zeitlang gut bekannt war. Hanischs Aussagen bestätigen zum Teil ein paar Aktenstücke, die aus jener Zeit zutage gefördert wurden. 1910 nämlich reichte Hitler gegen Hanisch, nachdem er sich mit ihm gestritten hatte, eine Klage wegen Betrugs ein; es handelte sich um einen geringfügigen Geldbetrag. Der Bericht der Wiener Polizei und Hitlers eidesstattliche Erklärung sind veröffentlicht worden; dazu auch die Aussage von Siegfried Loffner, einem andern Insassen des Männerheims in der Meldemannstraße. Loffner erklärte als Zeuge, daß Hanisch und Hitler stets beieinandergesessen hätten und gute Freunde gewesen seien.

Hanisch hatte sein erstes Zusammentreffen mit Hitler im Obdachlosenasyl von Meidling geschildert. »Am allerersten Tag saß auf dem Bett neben mir ein Mann, der nichts als eine zerrissene Hose anhatte — Hitler. Seine Kleider waren in der Entlausung, denn er war seit Tagen obdachlos gewesen und in fürchterlich verwahrlostem Zustand herumgelaufen[13].«

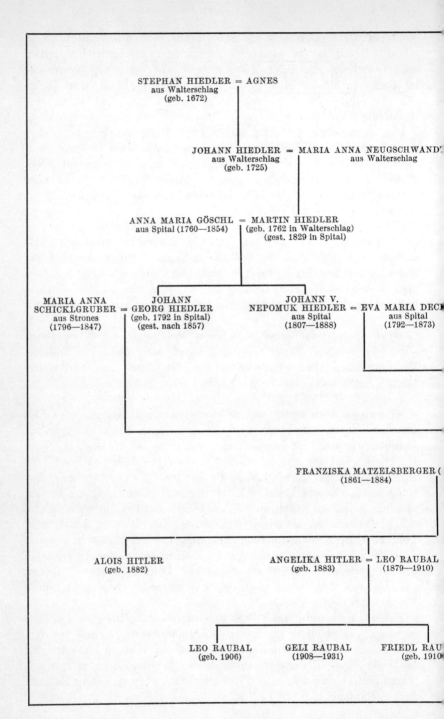

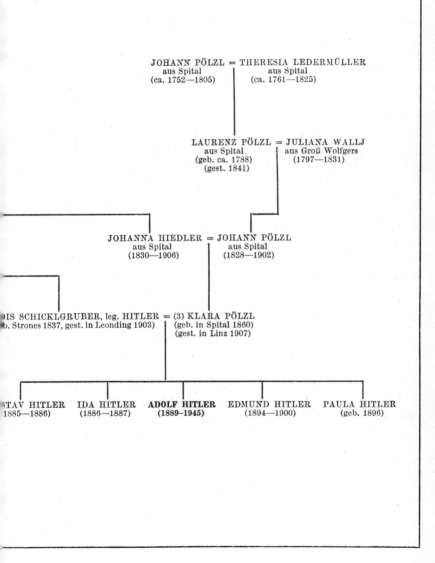

Hanisch und Hitler begaben sich gemeinsam auf Arbeitssuche. Sie klopften Teppiche, trugen am Westbahnhof den Reisenden das Gepäck und verrichteten andere Gelegenheitsarbeiten. Mehr als einmal schaufelten sie den Schnee von den Straßen. Da Hitler keinen Mantel hatte, litt er sehr unter der Kälte.

Hanisch kam dann auf eine bessere Idee. Eines Tages fragte er Hitler, welchen Beruf er erlernt habe. »Ich bin Maler«, war die Antwort. »In der Meinung, er sei Anstreicher, sagte ich, es müsse doch leichter sein, in diesem Beruf Geld zu verdienen. Er war beleidigt und erwiderte, er gehöre nicht zu dieser Sorte Maler, sondern sei Akademiker und Künstler.« Als die beiden nach der Meldemannstraße übersiedelten, »mußten wir bessere Wege ersinnen, um zu Geld zu kommen. Hitler schlug vor, Bilderfälschungen zu machen. Er erzählte, er hätte schon in Linz kleine Landschaften in Öl gemalt und sie dann auf den Ofen gelegt, bis sie ganz braun wurden. Es sei ihm auch mehrfach gelungen, sie an Händler als wertvolle alte Meister zu verkaufen.« Das klingt sehr unwahrscheinlich. Aber wie es auch gewesen sei: Hanisch, der sich unter einem anderen Namen — als Fritz Walter — registrieren ließ, hatte Angst vor der Polizei. »So schlug ich Hitler vor, lieber bei einem ehrlichen Gewerbe zu bleiben und Postkarten zu malen. Ich selbst wollte die Postkarten verkaufen. Wir beschlossen, zusammen zu arbeiten und das verdiente Geld zu teilen[14].«

Hitler hatte genug Geld, um Karten, Tinte und Farben zu kaufen. Damit stellte er Kopien von Wiener Ansichten her, und Hanisch verkaufte sie in Wirtshäusern, auf Jahrmärkten oder an kleine Händler, die etwas brauchten, um ihre leeren Bilderrahmen zu füllen. Auf diese Weise verdienten sie genug für ihren Lebensunterhalt, bis im Sommer 1910 zwischen ihnen ein Streit über die Teilung des Verdienstes ausbrach. Hanisch hatte eine Zeichnung, die Hitler vom Wiener Parlamentsgebäude anfertigte, für zehn Kronen verkauft. Hitler war überzeugt, daß sie viel mehr wert gewesen sei — in seiner Aussage vor der Polizei schätzte er sie auf fünfzig Kronen ein —, und glaubte, betrogen worden zu sein. Als dann Hanisch nicht mehr ins Heim zurückkehrte, reichte Hitler die Klage gegen ihn ein. Mit dem Erfolg, daß Hanisch für eine Woche ins Gefängnis mußte und ihre Partnerschaft in die Brüche ging.

Das war im August 1910. Während der folgenden vier Jahre vor dem Ersten Weltkrieg schlug sich Hitler — erst in Wien, später in München — auf die gleiche Weise durch, nur war er jetzt auch sein eigener Verkäufer. Einige von seinen Zeichnungen, größtenteils steife, unlebendige Kopien nach Gebäudeansichten, in die er mißlungene menschliche Figuren hineinzeichnete, waren in den dreißiger Jahren in Wien noch zu finden. Sie hatten inzwischen Sammlerwert erhalten.

Häufiger noch zeichnete er Plakate und dilettantische Anzeigen für Kramläden — z. B. »Teddy-Schweißpuder« oder St. Nikolaus als Verkäufer bunter Kerzen oder die Spitze des Stephansturms über einem Seifenberg, und alles mit dem Signum »A. Hitler« in der Ecke. Hitler selbst hat diese Jahre später Jahre großer Einsamkeit genannt; seine einzige Verbindung zu anderen Menschen habe er im Heim gefunden, in dem er weiterhin lebte und wo — laut Hanisch — »nur Tagediebe, Trinker und dergleichen Leute ihre Zeit verbrachten«.

Nach dem Streit verlor Hanisch Hitler aus den Augen. Aber er hat den Einundzwanzigjährigen, wie er ihn im Jahre 1910 kannte, beschrieben. Hitler trug einen bis über die Knie hinabreichenden Gehrock, den ihm ein ungarischer Jude mit Namen Neumann geschenkt hatte. Neumann, der mit alten Kleidern handelte, lebte ebenfalls im Männerheim. Unter einem speckigen, schwarzen Melonenhut fiel sein zottiges Haar bis auf den Kragen herab. In seinem schmalen, verhungerten Gesicht, das rund ums Kinn von einem schwarzen Bart bedeckt war, bildeten die großen, weitaufgerissenen Augen das hervorstechendste Merkmal. Alles in allem, fügte Hanisch hinzu, »eine Erscheinung, wie sie eigentlich bei uns Christen selten vorkommt[15]«.

Von Zeit zu Zeit hatte Hitler von seiner Tante Johanna Pölzl in Linz finanzielle Unterstützung erhalten. Als sie im März 1911 starb, hinterließ sie ihm anscheinend eine kleine Erbschaft. Im Mai jenes Jahres wurde die Zahlung der Waisenpension eingestellt. Aber nach wie vor ging er einer geregelten Tätigkeit aus dem Wege.

Hanisch schildert Hitler als faul und launisch — zwei Züge, die sich bei ihm noch häufig zeigen sollten. Geregelte Arbeit liebte er nicht. Wenn er ein paar Kronen verdient hatte, weigerte er sich tagelang, an seinen Zeichnungen zu arbeiten. Er ging dann in ein Café, um Sahnekuchen zu essen und Zeitungen zu lesen. Sonst übliche Laster hatte er nicht. Er rauchte nicht, noch trank er. Um bei Frauen Erfolg zu haben, war er — nach Hanisch — zu scheu und ungeschickt. Zeitunglesen und Politisieren, das waren seine Leidenschaften. »Immer und immer wieder«, erinnert sich Hanisch, »gab es Tage, an denen er sich einfach weigerte, zu arbeiten. Dann klopfte er die Wärmestuben ab, lebte von dem Brot und der Suppe, die man dort bekam, und diskutierte über Politik, wobei es häufig zu hitzigen Auseinandersetzungen kam[16].«

Wenn er sich beim Diskutieren aufregte, schrie er auf und fuchtelte mit den Armen, bis die andern im Raum zu fluchen begannen oder der Verwalter kam, um Ruhe zu gebieten. Manchmal lachten die Leute über ihn, manchmal fühlten sie sich auch seltsam berührt. »Eines Abends«, berichtet Hanisch, »ging Hitler in ein Kino, in dem

Kellermanns ›Tunnel‹ gegeben wurde. In diesem Film tritt ein Volksredner auf, der die arbeitenden Massen durch seine Reden in Aufruhr versetzt. Hitler wurde fast verrückt. Der Eindruck war so stark, daß er tagelang von nichts anderem sprach als von der Macht der Rede[17].« Solchen Ausbrüchen heftiger Streitsucht folgten indessen häufig Stimmungen der Verzagtheit.

Jedermann, der ihn damals kannte, war erstaunt über die seltsame Mischung von Ehrgeiz, Energie und Indolenz bei Hitler. Er war nicht nur verzweifelt darauf aus, auf seine Mitmenschen Eindruck zu machen, sondern hatte auch den Kopf voll von gescheiten Ideen, die Vermögen und Ruhm verhießen — von der Wünschelrute bis zum Flugzeugentwurf. War er in seiner Erfinderlaune, so redete er unaufhörlich und begann, das in Aussicht stehende Vermögen im voraus auszugeben. Jedoch war er nicht imstande, seine Ideen anzuwenden und die harte Arbeit zu leisten, die für die Verwirklichung seiner Projekte erforderlich gewesen wäre. Seine Begeisterung war rasch dahin, er verfiel in dumpfes Brüten und verschwand, bis ihn eine neue Idee fesselte, die den Weg zum Erfolg abzukürzen versprach. Seine geistigen Interessen waren der gleichen Sprunghaftigkeit unterworfen. Er verbrachte viele Stunden in den öffentlichen Bibliotheken. Aber er las wahllos und unsystematisch. Das antike Rom, orientalische Religionen, Yoga, Okkultismus, Hypnotismus, Astrologie, Protestantismus — das alles interessierte ihn abwechselnd und jeweils für kurze Zeit. Er versuchte sich in allen möglichen Beschäftigungen, blieb aber niemals lange bei einer Sache. Immer wieder fiel er in den Zustand zurück, von der Hand in den Mund und von Gelegenheitsarbeiten zu leben, die keine große Anstrengung kosteten.

Mit der Zeit wurde ihm dieses Leben zur Gewohnheit und er selbst immer exzentrischer und verschlossener. Die Leute sahen in ihm einen Sonderling. Hemmungslos ließ er seinen Haßgefühlen die Zügel schießen — gegen die Juden, die Priester, die Sozialdemokraten, die Habsburger. Mit seinem seltsamen Benehmen und seinem wilden Gerede verscherzte er sich schließlich die Gunst der wenigen Menschen, mit denen er befreundet war. Neumann, der Jude, der ihm hilfreich beigestanden hatte, fühlte sich von der Heftigkeit seiner antisemitischen Ausbrüche verletzt; Kanya, der Verwalter des Männerheims, betrachtete ihn als einen der seltsamsten Kunden, mit denen er je zu tun gehabt hatte.

Doch die Wiener Tage haben in seinen Charakter und in sein Gemüt unverwischbare Züge eingeprägt. »In dieser Zeit bildete sich mir ein Weltbild und eine Weltanschauung, die zum granitenen Fundament meines derzeitigen Handelns wurden. Ich habe zu dem, was ich einst mir so schuf, nur weniges hinzulernen gemußt, zu ändern brauchte ich nichts. . . . Wien aber war und blieb für mich die schwerste, wenn auch gründlichste Schule meines Lebens[18].« So anmaßend das auch ausgedrückt ist — es ist die Wahrheit. Untersuchen wir nun, welcher Art diese Schule war.

III

»Die Idee des Kampfes ist so alt wie das Leben selbst, denn das Leben wird nur dadurch erhalten, daß anderes Leben im Kampf zugrunde geht . . . In diesem Kampf gewinnt der Stärkere, Fähigere, während der Unfähigere, der Schwache verliert. Der Kampf ist der Vater aller Dinge . . . Nicht durch die Prinzipien der Humanität lebt der Mensch oder ist er fähig, sich neben der Tierwelt zu behaupten, sondern einzig und allein durch die Mittel brutalsten Kampfes . . . Und setzet ihr nicht das Leben ein, nie wird euch das Leben gewonnen sein[19].«

Dies ist ganz einfach die Philosophie des Obdachlosenasyls. Im Lebenskampf, den die Menschen dort führten, war jeder Trick, jeder Kunstgriff, jede Waffe, jede Gelegenheit erlaubt, mochten sie auch noch so skrupellos oder tückisch sein. Es sei noch ein anderer Satz zitiert, der für Hitlers Reden typisch ist: »Welches Ziel auch immer der Mensch erreicht hat, er verdankt es seiner Schöpferkraft *und* seiner Brutalität[20].«

Schlauheit, die Fähigkeit zu lügen, zu verdrehen, zu täuschen und zu schmeicheln, Ausschaltung von Mitgefühl und Loyalität zugunsten von Unbarmherzigkeit und Willensstärke — das also waren die Eigenschaften, die den Menschen befähigen sollten, sich über alles zu erheben. Tatsächlich waren es die Prinzipien, die sich Hitler während seiner Wiener Jahre zu eigen machte. Er traute niemandem, erschloß sich niemals einem andern, bekannte sich niemals zur Loyalität. Später waren selbst diejenigen, die auf ihre Skrupellosigkeit stolz waren, von seinem Mangel an Skrupeln überrascht. Er lernte es, von seinen Lügen selber überzeugt zu sein und sich offen zu verstellen. Bis zu seinem Lebensende hat er sich geweigert, eine Niederlage zuzugeben und von dem Glauben zu lassen, daß allein der Wille die Ereignisse umgestalten könne.

Neben seinem Mißtrauen besaß er ebensoviel Menschenverachtung. Die Menschen wurden von Furcht, Gier, Machtlust, Neid, von gemeinen und kleinlichen Motiven angetrieben. Politik, sollte Hitler später daraus folgern, ist die Kunst, zu erkennen, wie man diese Schwächen für seine eigenen Zwecke ausnutzen kann. Schon in Wien bewunderte er Karl Lueger, den bekannten Bürgermeister von Wien und Führer der Christlich-Sozialen Partei: »Dieser war ein seltener Menschenkenner, der sich besonders hütete, die Menschen besser zu sehen, als sie nun einmal sind[21].« Ganz besonders galt seine Verachtung der Masse: »Es wird jedem sofort einleuchten, der sich klarmacht, daß das politische Verständnis der breiten Masse gar nicht so entwickelt ist, um von sich aus zu bestimmten allgemein politischen Anschauungen zu gelangen . . .[22]« Auch hier lag also eine Schwäche, die ein geschickter Politiker auszunutzen hatte. Allerdings war Hitler damals noch nicht auf den Gedanken verfallen, Politiker zu werden; aber er verbrachte einen großen Teil seiner Zeit mit Lesen und politischen Diskussionen, und was er dabei lernte, bildete einen wichtigen Teil seiner politischen Lehrzeit.

Trotz der elenden Lage, in der er sich in Wien befand, hielt sich Hitler in beharrlicher Überzeugung für besser als die Menschen, in deren Gesellschaft er zu leben gezwungen war. »Die Umgebung meiner Jugend setzte sich zusammen aus den Kreisen kleinen Bürgertums ... Denn so sonderbar es auch auf den ersten Blick scheinen mag, so ist doch die Kluft gerade zwischen diesen durchaus wirtschaftlich nicht glänzend gestellten Schichten und dem Arbeiter der Faust oft tiefer als man denkt. Der Grund dieser, sagen wir fast ›Feindschaft‹, liegt in der Furcht einer Gesellschaftsgruppe, die sich erst ganz kurze Zeit aus dem Niveau der Handarbeiter herausgehoben hatte, wieder zurückzusinken in den alten, wenig geachteten Stand, oder wenigstens noch zu ihm gerechnet zu werden[23].«

Obwohl Hitler in »Mein Kampf« das Elend beschreibt, in dem damals die Wiener Arbeiterklasse lebte, ist doch aus jeder Zeile seiner Darstellung herauszuspüren, daß diese Zustände keinerlei Mitgefühl in ihm erweckten. »Ich weiß nicht, was mich nun zu dieser Zeit am meisten entsetzte, das wirtschaftliche Elend meiner damaligen Mitgefährten, die sittliche und moralische Roheit oder der Tiefstand ihrer geistigen Kultur[24].« Am allerwenigsten hatte er Mitgefühl mit den Armen und Ausgebeuteten, die ihre Lage durch eigene Anstrengungen zu verbessern suchten. Sein Haß richtete sich nicht sosehr gegen Verbrecher, Bettler, Bankrotteure und Gescheiterte, gegen dieses Strandgut, das im Männerheim ein- und ausströmte, wie gegen die Arbeitenden, die Organisationen wie der Sozialdemokratischen Partei und den Gewerkschaften angehörten und Gleichheit und Solidarität proklamierten. Diese standen natürlich seinem Anspruch auf Überlegenheit weit mehr im Wege als die Erstgenannten. Solidarität war eine Tugend, für die Hitler nichts übrig hatte. Er weigerte sich entschieden, einer Gewerkschaft beizutreten oder sich überhaupt als zum Arbeiterstand gehörig zu betrachten.

Die ganze Ideologie der Arbeiterbewegung war ihm fremd, ja sie erfüllte ihn mit Haß:

»Jedenfalls war das, was ich so vernahm, geeignet, mich aufs äußerste aufzureizen. Man lehnte da alles ab: die Nation, als eine Erfindung der ›kapitalistischen‹ (wie oft mußte ich nur allein dieses Wort hören) Klassen; das Vaterland, als Instrument der Bourgeoisie zur Ausbeutung der Arbeiterschaft; die Autorität des Gesetzes, als Mittel zur Unterdrückung des Proletariats; die Schule, als Institut zur Züchtung des Sklavenmaterials sowohl als aber auch der Sklavenhalter; die Religion, als Verblödung des zur Ausbeutung bestimmten Volkes; die Moral, als Zeichen dummer Schafsgeduld, usw. Es gab da aber rein gar nichts, was so nicht in den Kot oder Schmutz einer entsetzlichen Tiefe gezogen wurde ... Sind dies noch Menschen, wert, einem großen Volke anzugehören?! Eine qualvolle Frage; denn wird sie mit einem ›Ja‹ beantwortet, so ist der Kampf um ein Volkstum wirklich nicht mehr der Mühen und Opfer wert, die die Besten zu bringen haben für einen solchen Auswurf; heißt die Antwort aber ›Nein‹, dann ist unser Volk schon arm an *Menschen*. Mit ruhiger Beklommenheit sah ich in solchen Tagen des Grübelns und Hineinbohrens die Masse der nicht mehr zu ihrem Volke zu Rechnenden anschwellen zu einem bedrohlichen Heere[25].«

Hitler fand die Lösung aus seinem Dilemma, indem er eine »Entdeckung« machte: er sah in den Arbeitern die Opfer eines Systems, das von den Führern der Sozialdemokratie bewußt organisiert war, um die öffentliche Meinung zu korrumpieren und zu vergiften und damit zynisch die Not der Massen für ihre eigenen Zwecke auszubeuten. Und nun die Krone der Entdeckung: »Ich hatte ja unterdessen den Zusammenhang zwischen dieser Lehre der Zerstörung und dem Wesen eines Volkes verstehen gelernt, das mir bis dorthin so gut wie unbekannt war. Nur die Kenntnis des Judentums allein bietet den Schlüssel zum Erfassen der inneren und damit wirklichen Absichten der Sozialdemokratie[26].«

Hitlers Antisemitismus stellte keineswegs etwas Neues dar. Der Antisemitismus war in Wien zu Hause, und alles, was Hitler jemals über die Juden gesagt oder geschrieben hat, ist nur ein Niederschlag aus den antisemitischen Zeitschriften und Broschüren, die er vor 1914 in Wien gelesen hat. In Linz hatte es nur sehr wenige Juden gegeben: »Im väterlichen Hause erinnere ich mich überhaupt nicht, zu Lebzeiten des Vaters das Wort auch nur gehört zu haben[27].« Anfänglich fühlte sich Hitler sogar von der Aggressivität der antisemitischen Blätter in Wien abgestoßen. Dann jedoch, »als ich einmal so durch die innere Stadt strich, stieß ich plötzlich auf eine Erscheinung in langem Kaftan mit schwarzen Locken. Ist dies auch ein Jude? war mein erster

Gedanke. So sahen sie freilich in Linz nicht aus. Ich beobachtete den Mann verstohlen und vorsichtig, allein je länger ich in dieses fremde Gesicht starrte und forschend Zug um Zug prüfte, um so mehr verdrehte sich in meinem Gehirn die erste Frage zu einer anderen Fassung: Ist dies auch ein Deutscher? Wie immer in solchen Fällen begann ich nun zu versuchen, mir die Zweifel durch Bücher zu beheben. Ich kaufte mir damals um wenige Heller die ersten antisemitischen Broschüren meines Lebens[28].«

Die Sprache, in der Hitler seine Entdeckung schildert, hat die gleiche obszöne Färbung des größten Teiles der antisemitischen Literatur: »Gab es denn da einen Unrat, eine Schamlosigkeit in irgendeiner Form, vor allem des kulturellen Lebens, an der nicht wenigstens ein Jude beteiligt gewesen wäre? Sowie man nur vorsichtig in eine solche Geschwulst hineinschnitt, fand man, wie die Made im faulenden Leibe, oft ganz geblendet vom plötzlichen Lichte, ein Jüdlein[29].«

Besonders charakteristisch für den Wiener Antisemitismus war seine sexuelle Note. »Der schwarzhaarige Judenjunge lauert stundenlang, satanische Freude in seinem Gesicht, auf das ahnungslose Mädchen, das er mit seinem Blute schändet und damit seinem, des Mädchens Volke raubt ... Juden waren und sind es, die den Neger an den Rhein bringen, immer mit dem gleichen Hintergedanken und klaren Ziele, durch die dadurch zwangsläufig eintretende Bastardisierung die ihnen verhaßte weiße Rasse zu zerstören, von ihrer kulturellen und politischen Höhe herunterzuschmettern und selber zu ihrem Herren aufzusteigen[30].« An anderer Stelle spricht Hitler von der »Alpdruckvision der Verführung von Hunderten und Tausenden von Mädchen durch widerwärtige, krummbeinige Judenbastarde«. Mehr als ein Schriftsteller hat angenommen, daß irgendein sexuelles Erlebnis, bei dem er sich möglicherweise eine Geschlechtskrankheit zuzog, den Hintergrund für Hitlers Antisemitismus bildete.

Auf all den Seiten, die Hitler in »Mein Kampf« den Juden widmet, bringt er nicht eine einzige Tatsache, die seine wilden Behauptungen beweisen könnte. Das ist allerdings logisch, denn Hitlers Antisemitismus bezog sich nicht auf Sachverhalte; er war reine Phantasie. Wer diese Seiten liest, tritt in die Welt eines Wahnsinnigen ein, in eine Welt, die von häßlichen, verzerrten Spukgestalten bevölkert wird. Der Jude ist kein menschliches Wesen mehr; er ist eine mythische Figur geworden, ein grimassenschneidender, glotzäugiger Teufel, der mit infernalischen Kräften ausgestattet ist. Und in diese Inkarnation des Bösen hinein projiziert Hitler alles, was er haßt, fürchtet — und begehrt. Wie bei jeder Form von Besessenheit, wird der Jude nicht als partielle, sondern als totale Erscheinung gedeutet. Der Jude ist überall; er ist an allem schuld — an der modernen Kunst und Musik, die Hitler ablehnte; an der Pornographie und Prostitution; an der antinationalen Kritik der Presse; an der Ausbeutung der Massen durch den Kapitalismus und — in der Umkehrung — an der Ausbeutung der Massen durch den Sozialismus; nicht zuletzt an Hitlers eigenen Mißerfolgen. »Nun aber lernte ich den Verführer unseres Volkes ganz kennen. Dies hatte nun das eine Gute, daß in eben dem Umfange, in dem mir die eigentlichen Träger oder wenigstens die Verbreiter der Sozialdemokratie ins Auge fielen, die Liebe zu meinem Volke wachsen mußte. Wer konnte auch bei der teuflichen Gewandtheit dieser Verführer das unselige Opfer verfluchen? ... Nein, je mehr ich den Juden kennenlernte, um so mehr mußte ich dem Arbeiter verzeihen[31].«

Hinter alledem steckte, wie Hitler bald überzeugt sein sollte, eine jüdische Verschwörung, die das Ziel verfolgte, die arischen Völker zu vernichten und zu unterwerfen; sie rächte sich damit für die eigene Minderwertigkeit. Zur Erreichung ihres Ziels beabsichtigte sie, die Nation durch Anstiftung sozialer Unruhen und Heraufbeschwörung von Klassenkonflikten zu schwächen; sie setzte die Werte von Rasse, Heldentum, Kampf und autoritärer Herrschaft herab zugunsten der falschen internationalen, humanitären, pazifistischen, materialistischen Ideen der Demokratie. »Die jüdische Lehre des Marxismus lehnt das aristokratische Prinzip der Natur ab und setzt an Stelle des ewigen Vorrechtes der Kraft und Stärke die Masse der Zahl und ihr totes Gewicht. Sie leugnet so im Menschen den Wert der Person, bestreitet die Bedeutung von Volkstum und Rasse und entzieht der Menschheit damit die Voraussetzung ihres Bestehens und ihrer Kultur[32].«

In Hitlers Augen war also die Ungleichheit von Individuen und Rassen ein Naturgesetz. Dieser arme, arbeitslose Teufel, der oft halb verhungert und ohne Heim oder Familie war, klammerte sich beharrlich an jede Idee, auf die er seinen Anspruch auf Überlegenheit stützen konnte. Nach seiner Ansicht geschah es mit Recht, wenn er sich zu den »Herrenmenschen« zählte. Gleichheit zu verkünden, bedeutete für ihn eine Blasphemie: sie bedrohte den Glauben, der ihn aufrechterhielt, den Glauben, daß er anders war als alle die Arbeiter, Landstreicher, Juden und Slawen, mit denen er in Tuchfühlung lebte.

Für freie Rede, freie Presse, Parlament oder sonstige demokratische Einrichtungen hatte Hitler keinerlei Sinn. In der frühen Zeit seines Wiener Aufenthalts hatte er bisweilen den Sitzungen des Reichsrats beigewohnt; über das, was er dort sah, schreibt er in »Mein Kampf« fünfzehn zornige Seiten. Parlamentarismus ist ihm gleichbedeutend mit politischem Postenschacher; da er dem Führertum feindlich sei, fördere er die Mittelmäßigkeit und die Scheu vor der Verantwortung und bevorzuge Kompromisse an Stelle von Entscheidungen. »Denn eines soll und darf man nie vergessen: Die Majorität kann auch hier den Mann niemals ersetzen. Sie ist nicht nur immer eine Vertreterin der Dummheit, sondern auch der Feigheit[33].«

Zeit seines Lebens irritierten ihn Diskussionen. Wurde ihm bei einer Debatte im Männerheim oder im Café widersprochen, verlor er die Selbstbeherrschung. Mit einem hysterischen Unterton in der Stimme begann er zu schreien und seine Widersacher zu beschimpfen. Es war genau das gleiche unbeherrschte Benehmen, das er später, als er zu höchster Macht gelangt war, einer andern Meinung oder einem Widerspruch gegenüber zur Schau trug. Mit der Ausübung der Macht kam diese tyrannische Anlage erst voll zur Geltung, als Instinkt war sie jedoch schon damals vorhanden.

Der Glaube an Rassengleichheit war in Hitlers Augen ein noch größeres Vergehen als der Glaube an die Gleichheit der Menschen. Schon während seiner Schulzeit hatte er sich zu einem leidenschaftlichen deutschen Nationalisten entwickelt. In Österreich-Ungarn hatte das eine viel größere Bedeutung als in Deutschland, und der besondere Fanatismus des Hitlerschen Nationalismus kann seine österreichische Herkunft nicht verleugnen.

Mehrere hundert Jahre lang spielten die österreichischen Deutschen in Mitteleuropas Politik und Kultur die führende Rolle. Vor 1871 hatte es kein selbständiges und geeintes deutsches Staatsgebilde gegeben. Die Deutschen hatten unter der Herrschaft verschiedener Dynastien gelebt, die zunächst im Heiligen Römischen Reich und später, nach 1815, im Deutschen Bund locker zusammengeschlossen waren. Sowohl innerhalb des Reiches wie innerhalb des Bundes hatte Österreich als führende deutsche Macht die traditionelle Vormachtstellung inne. Noch in der Mitte des 19. Jahrhunderts war Wien, nicht Berlin, die erste deutsche Stadt. Doch nicht nur unter den deutschen Staaten nahmen die Habsburger die überragende Stellung ein; sie herrschten auch über weite Gebiete, die von vielen verschiedenen Völkern bewohnt wurden.

Infolgedessen betrachteten sich die Deutschen in Wien als das Herrenvolk. Sie genossen politische Privilegien und schauten mit Stolz auf eine kulturelle Tradition, der nur wenige andere Völker in Europa ein Gleiches gegenüberzustellen hatten. In der zweiten Hälfte des 19. Jahrhunderts wurde dieser Vorrang jedoch streitig gemacht und unterhöhlt. An die Stelle des Deutschen Bundes trat durch Preußens Initiative das Deutsche Reich, von dem die Deutschen Österreichs ausgeschlossen wurden. Preußen besiegte Österreich 1866 bei Königgrätz und nahm in der Folge immer mehr den Platz ein, den bisher Österreich behauptet hatte.

Zur selben Zeit wurde auch die Vorherrschaft der Deutschen innerhalb des Habsburgischen Reiches streitig gemacht. Zuerst durch die Italiener, die sich in den sechziger Jahren des 19. Jahrhunderts unabhängig machten; sodann durch die Magyaren in Ungarn, denen man 1867 die Gleichberechtigung einräumte; und schließlich durch die slawischen Völker. Bei den Slawen und den andern unterworfenen Völkerschaften entwickelte sich das Begehren nach Gleichberechtigung langsamer als bei den Magyaren, und auch in anderen Formen. Dennoch wurde es von den Deutschen übel aufgenommen; sie widerstrebten heftig, besonders in Böhmen und Mähren, wo das fortgeschrittenste der slawischen Völker, die Tschechen, lebte. Dieser Nationalitätenkonflikt beherrschte von 1870 bis zum Zusammenbruch des Reichs im Jahre 1918 die österreichische Innenpolitik.

Hitler hatte, was den Konflikt betraf, nicht das geringste für Konzessionen übrig. Die Verwaltung des Reichs müsse zentralisiert und von den Deutschen autoritär beherrscht werden; nur eine Sprache — die deutsche — dürfe Amtssprache sein; Schulen und Universitäten sollten dazu dienen, »das Gefühl staatsbürgerlicher Zusammengehörigkeit« zu wecken — eine zweideutige Umschreibung für Germanisierung. Der Reichsrat als Parlament, in dem die Deutschen dauernd die Minderheit hatten (sie bildeten nur 35% der Bevölkerung Österreichs), solle abgeschafft werden. Hier lag sein besonderer Haß gegen die Sozialdemokratische Partei begründet. Diese weigerte sich, den Pangermanismus der Nationalisten mitzumachen, und trat für den Klassenkampf ein, statt für die nationale Einheit.

Im September 1938, während der Sudetenkrise, sagte Hitler in einem Presseinterview: »Die Tschechen haben nichts, was sie als Nation kennzeichnet, weder in ethnologischer, strategischer, wirtschaftlicher noch sprachlicher Hinsicht. Eine geistig minderwertige Handvoll Tschechen in die Herrschaft über Minderheiten von Völkern mit einer tausendjährigen Kultur, wie Deutschen, Polen und Ungarn, einzusetzen, war ein Werk der Narrheit und Unwissenheit[34].« Diese Auffassung hatte sich Hitler vor 1914 in Österreich zu eigen gemacht. In der Tat war die ganze Tschechenkrise von 1938/39 ein Teil jenes alten Streites, der tief verwurzelt lag in der Geschichte des Habsburger Reiches, aus dem Hitler gekommen war.

Seine österreichische Herkunft wirkte sich noch deutlicher aus, als er Anfang 1938 den Anschluß Österreichs an das Deutsche Reich durchführte. Bereits lange vor 1914 hatten extreme deutsche Nationalisten in Österreich ganz offen von einem Zusammenbruch des Habsburger Reichs und der Wiedervereinigung Deutschösterreichs mit dem Deutschen Reich gesprochen. Die unsichere und schwankende Haltung der habsburgischen Politik im Nationalitätenstreit erschien den Altdeutschen in Schönerers »Deutschnationalem Verein« als Verrat an der deutschen Sache. In »Mein Kampf« fragt Hitler: »Wer endlich konnte noch Kaisertreue bewahren einer Dynastie gegenüber, die in Vergangenheit und Gegenwart die Belange des deutschen Volkes immer wieder um schmählicher eigener Vorteile willen verriet ? ... Der wahrhaft deutschgesinnte Österreicher lernte vor allem auch am gründlichsten am eigenen Leibe fühlen, daß das Haus Habsburg seine geschichtliche Sendung endlich beendet hatte ...[35]«

Als der Anschluß dann vollzogen war, der von Bismarck abgelehnte Traum von Großdeutschland endlich sich erfüllt hatte und Hitler nach Wien zurückkehrte, schwang in seiner Rede, die er dort am 9. April 1938 hielt, ein Ton echten Frohlockens mit. Er glaube, sagte er, daß es Gottes Wille gewesen sei, ein Kind Österreichs zum Führer der Nation aufsteigen zu lassen, damit sein Heimatland ins Reich heimgeführt werden konnte.

So stieß im März 1938 der in Österreich geborene Reichskanzler die Entscheidung um, die in den sechziger Jahren des 19. Jahrhunderts ein in Preußen geborener Reichskanzler, Bismarck, gefällt hatte. Damals waren die Deutschen Österreichs von dem neuen Deutschen Reich ausgeschlossen worden. Nun war die Babylonische Gefangenschaft vorüber.

IV

Die politischen Ideen, die Hitler in Wien aufgegriffen hatte, waren keineswegs originell. Es waren Klischees der radikalen, pangermanischen Politik der Gosse; es war das Ideengut der antisemitischen und nationalistischen Presse. Hitlers Originalität sollte erst zutage treten, als es darum ging, auf der Grundlage dieser Thesen eine Massenbewegung aufzuziehen und damit zur Macht zu gelangen. Trotzdem hatte er den Beobachtungen aus seiner Wiener Zeit viel zu verdanken.

Es waren drei Parteien gewesen, die Hitler in Wien interessiert hatten: die österreichische Sozialdemokratie, Georg von Schönerers Alldeutsche Partei und Karl Luegers Christlich-Soziale Partei.

Von den Sozialdemokraten übernahm Hitler den Gedanken an eine Massenpartei und eine Massenpropaganda. In »Mein Kampf« beschreibt er seine Eindrücke: »Mit welch anderen Gefühlen starrte ich nun in die endlosen Viererreihen einer eines Tages stattfindenden Massendemonstration Wiener Arbeiter. Fast zwei Stunden lang stand ich so da und beobachtete mit angehaltenem Atem den ungeheuren menschlichen Drachenwurm, der sich da langsam vorbeiwälzte[36].«

Durch das Studium der sozialdemokratischen Presse und Parteireden kam Hitler zu folgendem Schluß:

»Die Psyche der breiten Masse ist nicht empfänglich für alles Halbe und Schwache. Gleich dem Weibe, dessen seelisches Empfinden weniger durch Gründe abstrakter Vernunft bestimmt wird, als durch solche einer undefinierbaren gefühlsmäßigen Sehnsucht nach ergänzender Kraft, und das sich deshalb lieber dem Starken beugt, als den Schwächling beherrscht, liebt auch die Masse mehr den Herrscher als den Bittenden, und fühlt sich im Innern mehr befriedigt durch eine Lehre, die keine andere neben sich duldet, als durch die Genehmigung liberaler Freiheit; sie weiß mit ihr auch meist nur wenig anzufangen und fühlt sich sogar leicht verlassen. Die Unverschämtheit ihrer geistigen Terrorisierung kommt ihr ebensowenig zum Bewußtsein wie die empörende Mißhandlung ihrer menschlichen Freiheit; ahnt sie doch den inneren Irrsinn der ganzen Lehre in keiner Weise ... Nicht minder verständlich wurde mir die Bedeutung des körperlichen Terrors dem einzelnen, der Masse gegenüber ... Denn während in den Reihen ihrer Anhänger der erlangte Sieg unmittelbar als ein Triumph des Rechtes der eigenen Sache gilt, verzweifelt der geschlagene Gegner in den meisten Fällen am Gelingen eines weiteren Widerstandes überhaupt[37].«

Von Schönerer übernahm Hitler seinen extremen Nationalismus, seine Abneigung gegen den Sozialismus, seinen Antisemitismus, seinen Haß gegen die Habsburger und den Gedanken der Wiedervereinigung mit Deutschland. Aber ebensoviel lernte er aus den Fehlern, die in bezug auf politische Taktik von Schönerer und den Alldeutschen gemacht wurden. Denn Schönerer, meinte Hitler, habe drei Kardinalfehler begangen. Zunächst hätten die Alldeutschen nicht die Wichtigkeit des sozialen Problems begriffen, infolgedessen die Massen vernachlässigt und ihre ganze Aufmerksamkeit dem Mittelstand zugewandt. Sodann hätten sie ihre Energien im parlamentarischen Kampf verschwendet und verabsäumt, sich die Führerschaft über die große nationale Bewegung zu verschaffen. Schließlich hätten sie noch den Fehler gemacht, die katholische Kirche anzugreifen, und damit ihre Kräfte zersplittert. »Überhaupt besteht die Kunst aller wahrhaft großen Volksführer zu allen Zeiten mit in erster Linie darin, die Aufmerksamkeit eines Volkes nicht zu zersplittern, sondern immer auf einen einzigen Gegner zu konzentrieren ... Es gehört zur Genialität eines großen Führers, selbst auseinanderliegende Gegner immer als nur zu einer Kategorie gehörend erscheinen zu lassen ...[38]«

Was Hitler unter »politischer Taktik« verstand, die er bei den Alldeutschen vermißte, sah er glänzend verwirklicht bei der dritten Partei, der Christlich-Sozialen, und ihrem bedeutenden Führer Karl Lueger. Lueger sei es gelungen, Bürgermeister von Wien zu werden

— der in vieler Hinsicht wichtigste Posten, der in Österreich durch Wahlen zu erreichen war. Unter Luegers Führerschaft seien die Christlich-Sozialen um 1907 zur stärksten Partei im österreichischen Parlament geworden. Hitler hatte jedoch an Luegers Programm vieles auszusetzen. Seinem Antisemitismus lägen nicht rassische, sondern religiöse und wirtschaftliche Gesichtspunkte zugrunde. (»Wer a Jud is, bestimm i«, sagte Lueger einmal.) Er habe den unversöhnlichen Nationalismus der Alldeutschen abgelehnt und versucht, den Habsburger Staat mit seinem Völkergemisch zu erhalten und zu stärken. Über diesen Punkt war allerdings Hitler bereit hinwegzusehen, da er Luegers Führertum bewunderte.

Seine größte Anhängerschaft hatte Lueger im Kleinbürgertum, unter den kleinen Ladenbesitzern, Geschäftsleuten, Handwerkern, unteren Beamten und städtischen Angestellten. »Daher legte er auch das Hauptgewicht seiner politischen Tätigkeit auf die Gewinnung von Schichten, deren Dasein bedroht war ...[39]«

Jahre später sollte Hitler zeigen, für wie wichtig er selbst diese Schichten im Rahmen der deutschen Politik hielt. Im Gegensatz zu den Alldeutschen hätte Lueger von Anfang an die Bedeutung der sozialen Frage wie auch der Masseneinwirkung begriffen. Die Christlich-Soziale Partei »erkannte den Wert einer großzügigen Propaganda und war Virtuosin im Einwirken auf die seelischen Instinkte der breiten Masse ihrer Anhänger[40]«.

Schließlich hätte Lueger die Kirche zu seinem Verbündeten gemacht, statt mit ihr zu streiten. Er habe voll und ganz an der traditionellen Treue zu Krone und Altar festgehalten. In einem Satz, der wiederum auf seine spätere Laufbahn hindeutet, bemerkt Hitler: »Ebenso war er (Lueger) geneigt, sich all der nun einmal schon vorhandenen Machtmittel zu bedienen, bestehende mächtige Einrichtungen sich geneigt zu machen, um aus solchen alten Kraftquellen für die eigene Bewegung möglichst großen Nutzen ziehen zu können[41].«

Hitler schließt seinen Vergleich zwischen Luegers und Schönerers Führertum mit den Worten:

»Hätte die Christlich-Soziale Partei zu ihrer klugen Kenntnis der breiten Masse noch die richtige Auffassung von der Bedeutung des Rassenproblems, wie dies die alldeutsche Bewegung erfaßt hatte, besessen, und wäre sie selber endlich nationalistisch gewesen, oder würde die alldeutsche Bewegung zu ihrer richtigen Erkenntnis des Zieles der Judenfrage und der Bedeutung des Nationalgedankens noch die praktische Klugheit der Christlich-Sozialen Partei, besonders aber deren Einstellung zum Sozialismus, angenommen haben, dann würde dies jene Bewegung ergeben haben, die schon damals meiner Überzeugung nach mit Erfolg in das deutsche Schicksal hätte eingreifen können[42].«

Hier taucht bereits die Vorstellung von einer Partei auf, die sowohl nationalistisch wie auch sozialistisch zu sein hatte. Dies wurde zwar ein rundes Dutzend Jahre nach seinem Wiener Aufenthalt geschrieben, und es wäre übertrieben, anzunehmen, daß die Ideen, die Hitler in »Mein Kampf« in der Mitte der zwanziger Jahre herausstellte, schon damals bei ihm klar formuliert gewesen wären. Jedoch hatte er den größeren Teil an grundlegender Erfahrung bereits hinter sich, als er Wien verließ. Und bis an sein Lebensende hat Hitler seine österreichische Abstammung nicht verleugnen können.

V

Im Frühjahr 1913 verließ Hitler Wien endgültig. Er war damals vierundzwanzig Jahre alt, linkisch, melancholisch, verschlossen. Doch in seinem Innern nährte er einen leidenschaftlichen Haß und Fanatismus, der von Zeit zu Zeit in einem Strom aufgeregter Worte zum Ausbruch kam. Die Jahre des Mißerfolgs hatten einen tiefen Groll in ihm angestaut, jedoch keineswegs die Überzeugung von der eigenen Überlegenheit zu schwächen vermocht.

In »Mein Kampf« sagt Hitler, daß er Wien im Frühjahr 1912 verlassen habe. Nach den Akten der Wiener Polizei lebte er jedoch bis zum Mai 1913 dort. Daten und Tatsachen behandelt Hitler in seinem Buch so unachtsam, daß man das spätere Datum für das richtige halten muß. Auch über die Gründe, die ihn zum Verlassen Wiens bewogen, äußert er sich ausweichend. Er drückt nur ganz allgemein seine Abneigung gegen Wien und die österreichischen Zustände aus:

»Meine innere Abneigung aber dem habsburgischen Staat gegenüber wuchs in dieser Zeit immer mehr an ... Widerwärtig war mir das Rassenkonglomerat, das die Reichshauptstadt zeigte, widerwärtig dieses ganze Völkergemisch von Tschechen, Polen, Serben und Kroaten usw., zwischen allem aber als ewiger Spaltpilz der Menschheit — Juden und wieder Juden ... Je länger ich in dieser Stadt weilte, um so mehr stieg mein Haß gegen das fremde Völkergemisch, das diese alte Kulturstätte zu zerfressen begann ... Aus all diesen Gründen entstand immer stärker die Sehnsucht, endlich dorthin zu gehen, wo seit so früher Jugend mich heimliche Wünsche und heimliche Liebe hinzogen ... Ich hoffte, dereinst als Baumeister mir einen Namen zu machen und so, in kleinem oder großem Rahmen, den mir aber das Schicksal dann eben zuweisen würde, der Nation meinen redlichen Dienst zu weihen. Endlich aber wollte ich des

Glückes teilhaftig werden, an der Stelle sein und wirken zu dürfen, von der einst ja auch mein brennendster Herzenswunsch in Erfüllung gehen mußte: der Anschluß meiner geliebten Heimat an das gemeinsame Vaterland, das Deutsche Reich[43].«

Wir können sicher sein, daß alles dies wahr ist. Aber unersichtlich ist der besondere Anlaß, der Hitler dazu führte, an einem ganz bestimmten und an keinem andern Tag zum Bahnhof zu gehen, eine Fahrkarte zu kaufen und endlich die Stadt, die er verachten gelernt hatte, zu verlassen.
Die wahrscheinlichste Erklärung ist die, daß Hitler bestrebt war, sich dem Militärdienst zu entziehen, zu dem er sich seit 1910 noch kein einziges Mal gemeldet hatte. Die Polizei jedoch stellte Nachforschungen an, und er mag es für nötig befunden haben, über die Grenze zu entschlüpfen. Schließlich machte man ihn in München ausfindig und bestellte ihn zur Musterung nach Linz. Die Korrespondenz zwischen Hitler und den Behörden in Linz wurde von Franz Jetzinger veröffentlicht. Hitlers Erklärung mit ihren Halbwahrheiten, Lügen, Ausflüchten und der für ihn charakteristischen Mischung aus Schlauheit und Unverschämtheit steht an der Spitze einer Reihe ähnlicher »Erklärungen«, mit denen die Welt nur allzu vertraut werden sollte. Hitler bestritt, daß er Wien verlassen hätte, um sich dem Militärdienst zu entziehen. Der ihm fehlenden Geldmittel wegen bat er um die Erlaubnis, sich in Salzburg melden zu dürfen, da es näher bei München liege als Linz. Seiner Bitte wurde entsprochen, und er meldete sich pflichtgemäß am 5. Februar 1914 in Salzburg zur Musterung. Auf Grund seines schlechten Gesundheitszustandes wurde er jedoch vom Militär- und Hilfsdienst befreit, und der Zwischenfall fand seinen Abschluß. Nach dem deutschen Einmarsch in Österreich im Jahre 1938 wurde in Linz sehr gründlich nach den Berichten gesucht, die mit Hitlers Militärdienst zusammenhingen. Hitler wurde wild, als es der Gestapo nicht gelang, diese Dokumente zu finden.
Im Mai 1913 zog Hitler über die deutsche Grenze nach München. Er fand Quartier bei einer Schneiderfamilie namens Popp, die in der Schleißheimer Straße wohnte, einer ärmlichen Gegend in der Nähe von Kasernen. Rückschauend nennt Hitler diese Zeit »die glücklichste und weitaus zufriedenste meines Lebens«. Eine »innere Liebe« verband ihn mit München: »Eine deutsche Stadt! Welch ein Unterschied gegen Wien . . .[44]!«
Ob er damit seine wirklichen Gefühle wiedergegeben hat, muß bezweifelt werden. Sein Leben verlief in denselben Bahnen wie bisher. Seine Abneigung gegen geregelte Beschäftigung und harte Arbeit hatte sich inzwischen bei ihm festgesetzt. Durch Zeichnen von Anzeigen

und Plakaten oder durch den Verkauf seiner Skizzen an Händler verschaffte er sich ein unsicheres Einkommen. Er hatte nie Geld. Als Greiner, der ein paar Monate lang das Zimmer mit ihm teilte, ihn nach seinen Zukunftsplänen fragte, gab Hitler die einzige Antwort, die er geben konnte: es komme sicher zum Krieg, und dann würde es gleichgültig sein, ob er einen Beruf habe oder nicht. Trotz seiner Begeisterung für die Münchner Architektur und Malerei war er beruflich nicht weitergekommen seit jenem Tage, an dem er von der Wiener Akademie abgelehnt worden war. In seiner neuen Umgebung scheint er dann die Verbindung mit seiner Familie verloren und — wenn überhaupt — nur sehr wenige Freunde gewonnen zu haben.

Das schemenhafte Bild, an das sich die wenigen Menschen erinnern, die Hitler damals in München gekannt haben, zeigt wieder einen Mann, der in seiner eigenen Phantasiewelt lebt. Es erweckt ebenfalls den Eindruck von Überspanntheit und Unausgeglichenheit: dumpfes Vorsichhinbrüten, Monologe über extravagante Rassentheorien, Antisemitismus und Antimarxismus, plötzliche wilde Ausbrüche und sarkastische Schmähungen. Er verbrachte einen großen Teil seiner Zeit in Cafés und Bierkellern, wo er die Zeitungen verschlang und über Politik stritt. Seine Wirtin, Frau Popp, nennt ihn einen unersättlichen Leser, ein Eindruck, den Hitler in »Mein Kampf« mehr als einmal zu vermitteln sucht. Aber es findet sich nirgendwo ein Hinweis darauf, welche Werke er gelesen hat. Nietzsche, Houston Stewart Chamberlain, Schopenhauer, Wagner, Gobineau? Vielleicht. Bezeichnend ist Hitlers eigene Auffassung vom Lesen:

»Freilich verstehe ich unter ›Lesen‹ vielleicht etwas anderes als der große Durchschnitt unserer sogenannten ›Intelligenz‹ ... Ich kenne Menschen, die unendlich viel ›lesen‹, und zwar Buch für Buch, Buchstaben um Buchstaben ... Sie besitzen freilich eine Unmenge von ›Wissen‹, allein ihr Gehirn versteht nicht, eine Einteilung und Registratur dieses in sich aufgenommenen Materials durchzuführen. Es fehlt ihnen die Kunst, im Buche das für sie Wertvolle vom Wertlosen zu sondern, das eine dann im Kopfe zu behalten für immer, das andere, wenn möglich, gar nicht zu sehen, auf jeden Fall aber nicht als zwecklosen Ballast mitzuschleppen. Auch das Lesen ist ja nicht Selbstzweck, sondern Mittel zu einem solchen. Wer aber die Kunst des richtigen Lesens innehat, den wird das Gefühl beim Studieren jedes Buches, jeder Zeitschrift oder Broschüre augenblicklich auf all das aufmerksam machen, was seiner Meinung nach für ihn geeignet (weil entweder zweckmäßig oder allgemein wissenswert) ist zur dauernden Festhaltung ...[45]«

Es ist das Bild eines Mannes mit vorgefaßter Meinung, der nur liest, um bestätigt zu sehen, was er ohnehin schon glaubt, doch ignoriert, was nicht in sein Schema paßt. »Im andern Falle«, sagt Hitler, »entsteht ein wirres Durcheinander von eingelerntem Zeug ... Niemals wird es so einem Kopfe gelingen, aus dem Durcheinander seines ›Wissens‹ das für die Forderung der Stunde Passende herauszuholen, da ja sein geistiger Ballast nicht in den Linien des Lebens geordnet liegt ... Ich habe zu dem, was ich einst mir so schuf, nur weniges hinzulernen gemußt, zu ändern brauchte ich nichts[46].«

Hitler hatte weiterhin ein leidenschaftliches Interesse an Politik. Er ereiferte sich über die Unkenntnis und Gleichgültigkeit, die die Münchner der Situation der Deutschen in Österreich entgegenbrachten. Seit 1879 waren beide Länder, das Deutsche Reich und die Habsburger Monarchie, durch ein Militärbündnis miteinander verbunden, und dieses bildete bis zur Niederlage von 1918 die Grundlage der deutschen Außenpolitik. Nach Hitlers Meinung war dies der Grund, weshalb die meisten Deutschen sich weigerten, seine übertriebenen Berichte über die »verzweifelte« Lage der österreichischen Deutschen anzuhören.

Gegen das Bündnis zwischen Deutschland und Österreich hatte Hitler zweierlei einzuwenden. Erstens, daß es den Widerstand Österreichs gegen das hemme, was er die vorsätzliche antideutsche Politik der Habsburger nannte. Zweitens, daß es Deutschland in eine gefährliche Abhängigkeit von einem Staat bringe, der nach seiner Überzeugung am Rande der Auflösung war. In dieser Hinsicht stimmte er mit Ludendorff überein, der in seinen Kriegserinnerungen von einem Juden in Radom erzählt, der einmal zu einem seiner Offiziere sagte, er könne nicht verstehen, warum ein so starker, vitaler Körper wie Deutschland sich mit einem Leichnam verbündet habe. »Er hatte recht«, fügt Ludendorff hinzu.

Als am 28. Juni 1914 Erzherzog Franz Ferdinand von serbischen Studenten in Serajewo ermordet wurde, war Hitler zunächst völlig verwirrt. Denn in seinen Augen war es gerade Franz Ferdinand, der habsburgische Thronfolger, gewesen, der für die nachgiebige Politik den slawischen Völkern gegenüber verantwortlich war und damit den Zorn der deutschen Nationalisten in Österreich sich verdient hatte. Als dann aber die Ereignisse zum Ausbruch eines allgemeinen europäischen Krieges führten, schob Hitler seine Zweifel beiseite. Zumindest würde nun Österreich zum Kampfe gezwungen sein und seinen deutschen Verbündeten nicht verraten können, was er immer gefürchtet hatte. »Für mich stritt nicht Österreich für irgendeine serbische Genugtuung, sondern Deutschland um seinen Bestand, die deutsche

Nation um Sein oder Nichtsein, um Freiheit und Zukunft ... So, wie wohl für jeden Deutschen, begann nun auch für mich die unvergeßlichste und größte Zeit meines irdischen Lebens. Gegenüber den Ereignissen dieses gewaltigsten Ringens fiel alles Vergangene in ein schales Nichts zurück[47].«

Für seine Zufriedenheit gab es noch einige andere, tiefere und persönlichere Gründe. Der Krieg bedeutete für Hitler mehr als eine Gelegenheit, seinen nationalistischen Eifer zur Geltung zu bringen. Er bot ihm die Möglichkeit, die vereitelten Hoffnungen, die Fehlschläge und den Groll der vergangenen sechs Jahre zu vergessen. Er half ihm, aus der inneren Spannung und Unzufriedenheit des Vereinsamten herauszukommen und in die erregende Wärme eines streng geordneten Gemeinwesens zu flüchten: er konnte sich nun mit der Macht und den Zielen einer großen Organisation identisch fühlen. »Der Kampf des Jahres 1914«, schrieb er in »Mein Kampf«, »wurde den Massen, wahrhaftiger Gott, nicht aufgezwungen, sondern von dem gesamten Volke selbst begehrt« — eine Bemerkung, die zumindest den Gemütszustand dieses Mannes erhellt. »Mir selber kamen die damaligen Stunden wie eine Erlösung aus den ärgerlichen Empfindungen der Jugend vor. Ich schäme mich auch heute nicht, es zu sagen, daß ich, überwältigt von stürmischer Begeisterung, in die Knie gesunken war und dem Himmel aus übervollem Herzen dankte, daß er mir das Glück geschenkt, in dieser Zeit leben zu dürfen[48].«

Mit der jubelnden, singenden Menge, die sich auf dem Odeonsplatz versammelt hatte, lauschte Hitler am 6. August 1914 auf die Proklamation der Kriegserklärung. Es hat sich eine Zufallsaufnahme erhalten, auf der man sein Gesicht mit den frohen, erregten Augen deutlich erkennen kann: es ist das Gesicht eines Mannes, der endlich weiß, wo er hingehört. Zwei Tage darauf richtete er eine Eingabe an König Ludwig III. von Bayern mit der Bitte, trotz seiner österreichischen Staatszugehörigkeit in einem bayrischen Regiment als Freiwilliger dienen zu dürfen. Er erhielt eine zustimmende Antwort. »Als ich mit zitternden Händen das Schreiben geöffnet hatte, kannte Jubel und Dankbarkeit keine Grenze. Wenige Tage später trug ich dann den Rock, den ich erst nach nahezu sechs Jahren wieder ausziehen sollte[49].«

Mit vielen andern Freiwilligen zusammen wurde Hitler der 1. Kompanie des 16. Bayrischen Reserve-Infanterie-Regiments zugeteilt, nach seinem ersten Kommandeur auch Regiment List genannt. Ein anderer Freiwilliger im selben Regiment war Rudolf Heß. Spieß im Regimentsstab war der Oberfeldwebel Max Amann, der spätere Geschäftsführer des Parteiverlages. Nach der militärischen Ausbildung in München verbrachten sie noch einige Wochen in Lechfeld und wurden dann, am 21. Oktober 1914, mit der Bahn an die Front transportiert.

Nach zweitägiger Fahrt erreichten sie Lille, wo sie der 6. Bayrischen Division in der Armee des Kronprinzen Rupprecht zugeteilt wurden. Hitlers frühestes Kriegserlebnis war einer der heftigsten Kämpfe des Ersten Weltkrieges: die erste Schlacht bei Ypern, in der die Briten den gewaltigen Anstrengungen der Deutschen, bis zur Kanalküste durchzubrechen, erfolgreich Widerstand leisteten. Vier Tage und Nächte hindurch lag das Regiment List in der Gegend von Becelaere und Gheluvelt im schwersten Kampf mit den Engländern. In einem Brief an seinen ehemaligen Münchner Wirt, den Schneider Popp, berichtet Hitler, daß das Regiment innerhalb von vier Tagen von dreitausendfünfhundert Mann auf sechshundert zusammengeschmolzen und nun aus der Frontlinie herausgezogen sei und in Werwick Ruhestellung bezogen habe. Nur dreißig Offiziere seien übriggeblieben; vier Kompanien hätten aufgelöst werden müssen.

Während des ganzen Krieges war Hitler Meldegänger. Seine Aufgabe war es, zwischen Regimentsstab und Kompanien Meldungen hin und her zu tragen. Die Kameraden, die ihm am nächsten standen, waren Ernst Schmitt — eine seiner Stützen während dieses Lebensabschnittes — und ein anderer Meldegänger mit Namen Bachmann, der später in Rumänien gefallen ist. Wenn Hitler auch nicht im Schützengraben lag, so läßt sich kaum daran zweifeln, daß seine Aufgabe gefährlich genug war. Den größten Teil der vier Jahre verbrachte er an der Front oder unmittelbar hinter ihr.

Nachdem das Regiment List eine Zeitlang in Tourcoing gelegen hatte, wurde es 1915 in Neuve Chapelle eingesetzt, wiederum gegen britische Verbände. 1916 nahm es an den schweren Kämpfen an der Somme teil und lag im Oktober in der Nähe von Bapaume. Hier wurde Hitler am 7. Oktober am Bein verwundet. Zum ersten Male nach zwei Jahren wurde er nach Deutschland zurückgeschickt.

Seinem Aufenthalt im Lazarett von Beelitz, unweit von Berlin, folgte der beim Ersatz-Bataillon seines Regiments in München. Anfang März 1917 kehrte er an die Front zurück, diesmal als Gefreiter. Er kam gerade rechtzeitig, um noch an den letzten Kämpfen bei Arras und an der dritten Ypern-Schlacht im Sommer teilzunehmen. Nachdem das Regiment List zwei Monate in Hochstadt im Elsaß gelegen hatte, stand es im Winter wieder an der Aisne-Front bei Lizy. Mit den Überresten des Regiments ging dann Hitler in die letzte große deutsche Offensive im Frühjahr 1918.

Im Oktober 1918 befand sich das Regiment List wieder in Werwick, südlich von Ypern. In der Nacht vom 13. zum 14. Oktober unternahmen die Engländer einen Gasangriff. Hitler wurde auf einem Hügel südlich von Werwick davon betroffen und erlitt einen Augenschaden. Als er im Regimentsstab anlangte, konnte er nicht mehr sehen. Am Morgen des 14. Oktober brach er zusammen. Vorübergehend erblindet, wurde er ins Lazarett nach Pasewalk in Pommern, nahe bei Stettin, geschickt. Während er sich dort von seiner Augenverletzung erholte, endete der Krieg mit dem Waffenstillstand vom 11. November 1918.

VI

Wie war Hitler als Soldat? Bereits im Dezember 1914 erhielt er das Eiserne Kreuz II. Klasse. Im März 1932 warf ihm eine Zeitung Feigheit vor. Hitler verklagte sie, und sein ehemaliger Vorgesetzter, der Oberstleutnant Engelhardt, bescheinigte ihm, daß er sich in den Kämpfen vom November 1914, als sein Regiment zum erstenmal eingesetzt wurde, durch Tapferkeit hervorgetan habe. Viel interessanter ist es, daß Hitler im Jahre 1918 das Eiserne Kreuz I. Klasse verliehen wurde, damals eine ungewöhnliche Auszeichnung für einen Gefreiten. Über den Grund der Verleihung gibt es die verschiedensten und unwahrscheinlichsten Aussagen. Er erhielt das E.K. I am 4. August 1918. Doch für die Heldentat, die ihm die Auszeichnung einbrachte, werden die verschiedensten Daten zwischen Herbst 1915 und Sommer 1918 angegeben. Nach dem Zeugnis eines Kameraden nahm Hitler persönlich fünfzehn Franzosen gefangen; andere sagen zehn oder zwölf, und wieder andere, es seien Engländer gewesen. In der offiziellen Regimentsgeschichte steht überhaupt nichts davon. Welches nun auch der Anlaß gewesen sein mag, Hitler war auf diese Auszeichnung besonders stolz; er trug sie noch, nachdem er Reichskanzler geworden war.

Bedenkt man seine lange Dienstzeit und den Offiziersmangel in der deutschen Armee gegen Ende des Krieges, so fragt man sich, warum Hitler niemals über den Dienstgrad des Gefreiten hinausgekommen ist. Über diese Tatsache ist denn auch in der deutschen Presse vor 1933 viel diskutiert worden. Es fehlt der Nachweis, daß Hitler sich jemals um Beförderung bemüht oder nach dem Rang eines Unteroffiziers oder gar Offiziers gestrebt habe. Offenbar war er mit der Stellung, die er innehatte, zufrieden. Außerdem dürfte der exzentrische Eindruck, den er auch jetzt noch machte, für ihn keine Empfehlung gewesen sein. Hans Mend, einer von Hitlers Kameraden im Regiment List, schildert ihn als Sonderling: »Er saß in der Ecke unseres Unterstands, den Kopf in die Hände gestützt, und grübelte. Plötzlich sprang er dann auf, rannte aufgeregt umher und sagte, trotz unserer großen Kanonen müsse uns der Sieg versagt bleiben, denn die unsichtbaren Feinde Deutschlands seien eine größere Gefahr als die stärkste feindliche Artillerie.« Dies war dann die Einleitung zu heftigsten Angriffen auf

Juden und Marxisten im altbekannten Stil des Wiener Männerheims. Bei anderen Gelegenheiten, so erinnert sich Mend, »saß er, den Stahlhelm auf dem Kopf, gedankenverloren in der Ecke, und keinem von uns gelang es, ihn aus seiner Teilnahmslosigkeit herauszureißen[50]«.

Obwohl er bei seinen Kameraden nicht gerade unbeliebt war, spürten sie doch, daß er ihre Einstellung dem Krieg gegenüber nicht teilte. Er erhielt keine Briefe, keine Pakete von zu Hause. Er hatte kein Interesse an Urlaub oder Frauen. Er schwieg, wenn die andern über den Krieg oder die verlorene Zeit im Schützengraben fluchten. »Wir alle schimpften auf ihn und fanden es unerträglich, daß wir einen weißen Raben unter uns hatten, der nicht auch mit einstimmte in die Schimpfkanonade[51].«

Die wenigen Fotos aus dieser Zeit zeigen immer dasselbe Bild — ein blasses, frühzeitig gealtertes Gesicht mit weit aufgerissenen Augen. Er nahm den Krieg ernst, fühlte sich für das, was geschah, persönlich verantwortlich und identifizierte sich mit dem Erfolg oder Mißerfolg der deutschen Waffen. Das waren Eigenschaften, die unter Kameraden nicht eben beliebt sind, aber sie ändern nichts an Hitlers gutem Ruf als Soldat. Er war mindestens so tapfer wie irgendeiner seiner Kameraden und ein gut Teil gewissenhafter als die meisten.

Noch viele Jahre später berief er sich darauf: »Wenn ich ... an diese große Aufgabe als unbekannter Soldat des Weltkrieges ging, dann geschah es unter dem gewaltigen Eindruck gerade dieses größten Erlebnisses. Denn daß die Überwindung des einzelnen Interesses und des eigenen Ichs zugunsten einer Gemeinschaft möglich ist, hat in überwältigender Weise der große Heldenkampf unseres Volkes bewiesen[52].«

Wie für viele Deutsche, so waren auch für Hitler die Kameradschaft, Disziplin und Unruhe des Frontlebens weitaus erregender als die Schlichtheit, Eintönigkeit und Geruhsamkeit des Friedens. Für ihn um so mehr, als er weder Familie noch Frau, noch Beruf, noch eine Zukunft hatte, die seine Heimkehr anziehend gemacht hätten. Niemals hatte er, seit er von Linz fortgegangen war, so viel Wärme und Freundlichkeit erfahren wie in der Mannschaftsunterkunft. Dies war seine Welt: hier war der sichere Platz, den er weder in Wien noch in München gefunden hatte. Die Männer, aus denen sich in den Nachkriegsjahren die Mitglieder der Freikorps, der nationalistischen und einer ganzen Reihe anderer radikaler Parteien rekrutierten, waren ehemalige Soldaten wie er, die sich in der Uniform und bei einem Leben in Unterkünften und Kasernen viel wohler fühlten als im eintönigen Ablauf des Zivillebens. Der Krieg und seine Auswirkung auf das individuelle Leben von Millionen von Deutschen gehörten zu den wesentlichsten Voraussetzungen für den Aufstieg Hitlers und seiner Partei.

Angesichts seines späteren überheblichen Anspruchs, ein großer Stratege zu sein, ist es überraschend, daß Hitler in »Mein Kampf« keinerlei Stellung nimmt zu der Durchführung militärischer Operationen. Offenbar war er zu der Zeit, in der er sein Buch schrieb, noch zu sehr darauf bedacht, sich die Gunst der Armeeführer zu sichern, um der Verachtung, mit der er später den Generalen gegenübertrat, freien Lauf zu lassen. Auf jeden Fall folgte er dem üblichen Argument der Nationalisten: die deutsche Armee war niemals besiegt worden, der Krieg wurde durch den Verrat und die Feigheit der führenden Männer der Heimat verloren, die Kapitulation vom November 1918 war ein Versagen der politischen, nicht der militärischen Führer.

Zu der Zeit, da er in Beelitz im Lazarett lag, und während seines Aufenthalts in München (Oktober 1916 bis März 1917) war Hitler empört über den Gegensatz zwischen dem Geist des Frontheeres und der schlechten Moral in der Heimat. Hier begegnete er Drückebergern, die sich damit brüsteten, dem Frontdienst entgangen zu sein; er erlebte Murren, Profitgier, den schwarzen Markt und andere bekannte Begleiterscheinungen des Krieges im Zivilleben. Erleichtert kehrte er an die Front zurück. Mit einer Regierung, die während der Kriegszeit politische Diskussionen, Streiks und heimliche Antikriegspropaganda duldete, konnte er nichts anfangen. In »Mein Kampf« spart er nicht mit seiner Verachtung für Reichstagsabgeordnete und Journalisten: »Ich haßte diese Schwätzer niemals mehr als gerade in der Zeit, da jeder wahrhaftige Kerl, der etwas zu sagen hatte, dies dem Feinde ins Gesicht schrie, oder sonst zweckmäßig sein Mundwerk zu Hause ließ und schweigend irgendwo seine Pflicht tat ... Man mußte rücksichtslos die gesamten militärischen Machtmittel einsetzen zur Ausrottung dieser Pestilenz. Die Parteien waren aufzulösen, der Reichstag, wenn nötig, mit Bajonetten zur Vernunft zu bringen, am besten aber sofort aufzuheben[53].«

Dies waren Gemeinplätze aus dem Vokabular der Frontkämpferverbände, die nach dem Krieg aus dem Boden schossen und sich für ihren verletzten Stolz damit zu trösten versuchten, daß sie sozialistische Agitatoren, Juden, Kriegsgewinnler und demokratische Politiker des »schändlichen Verrats« in der Etappe beschuldigten. Aber Hitler wandelt diese Gemeinplätze in bezeichnender Weise ab und zeigt damit wieder einmal, wie originell er denkt, sobald die Frage der politischen Führerschaft auftaucht. Es sei nicht genug, schließt er, die sozialistische und antinationale Agitation, der er die Untergrabung des deutschen Kampfwillens zuschreibt, durch Anwendung von Gewalt zu unterdrücken: »Der Kampf gegen eine geistige Macht mit Mitteln der Gewalt ist aber so lange nur Verteidigung, als das Schwert nicht selber als Träger, Verkünder und Verbreiter einer neuen geistigen

Lehre auftritt ... Nur im Ringen zweier Weltanschauungen miteinander vermag die Waffe der brutalen Gewalt, beharrlich und rücksichtslos eingesetzt, die Entscheidung für die von ihr unterstützte Seite herbeizuführen[54].« Hier liege auch der Grund dafür, daß alle bisherigen Versuche, den Marxismus zu bekämpfen, Bismarcks Sozialistengesetz eingeschlossen, fehlgeschlagen seien. »Das war der Grund, warum auch Bismarcks Sozialistengesetzgebung endlich trotz allem versagte und versagen mußte. Es fehlte die Plattform einer neuen Weltanschauung, für deren Aufstieg der Kampf hätte gekämpft werden können[55].«

So entstand bei ihm die Idee, eine neue Bewegung ins Leben zu rufen, die mehr war als eine parlamentarische Partei, eine Bewegung, die die Sozialdemokratie mit ihren eigenen Waffen schlagen sollte. Denn die Macht lag bei den Massen, und wenn man ihre Anhänglichkeit an die von Juden gelenkten marxistischen Parteien brechen wollte, mußte dafür ein Ersatz gefunden werden. Es wurde Hitler immer stärker zur Gewißheit, daß der Schlüssel dazu in der Propaganda lag. Was ihm bereits in Wien bei der Sozialdemokratie und bei Luegers Christlich-Sozialer Partei aufgegangen war, sah er bestätigt im Erfolg der englischen Propaganda während des Krieges und im Gegensatz dazu im Versagen der deutschen Versuche. Das Kapitel über Kriegspropaganda in »Mein Kampf« ist ein Meisterstück psychologischer Erkenntnis, einer politischen Gabe Hitlers, die sich als seine stärkste erweisen sollte.

Zwei Schlagworte sind es, die Hitler in den Jahren nach dem Krieg beharrlich wiederholt: »Der Mann aus dem Volk« und »Der unbekannte Soldat des Weltkrieges«. Auf dem ersten Kongreß der deutschen Arbeiter am 10. Mai 1933 in Berlin erklärte er: »Aber ich bin nun einmal durch meinen eigenartigen Lebensweg befähigt, das Wesen und das ganze Leben der deutschen Stämme zu verstehen und zu begreifen, nicht, weil ich von oben herunter dieses Leben beobachten konnte, sondern weil ich mitten darin stand, weil mich das Schicksal einst in diese breite Masse hinuntergeworfen hat, ich selbst mir als Arbeiter auf dem Bau mein Brot verdiente, und weil ich jahrelang als gewöhnlicher deutscher Soldat in diesen breiten Massen gestanden habe.«

Dies waren die beiden hauptsächlichen Grundlagen seiner Demagogie. In welcher Weise sie auch immer zutage treten mochten — ergeben hatten sie sich aus den beiden Erfahrungen, die sein Leben geformt haben: den Jahren in Wien und München und den Jahren an der Front.

Die Zeit zwischen Ende 1908 und Ende 1918 hatte ihn hart gemacht, sie hatte ihm Selbstsicherheit und Selbstvertrauen gegeben und seine Willenskraft gestählt. Er ging aus ihr mit einem Vorrat an fixen Ideen und Vorurteilen hervor, woran sich in seinem späteren Leben wenig ändern sollte: Judenhaß, Verachtung für Demokratie, Internationalität, Gleichheit und Frieden. Bevorzugung autoritärer Regierungsformen, nationalistische Intoleranz, tiefeingewurzelter Glaube an die Ungleichheit von Rassen und Individuen und an die heroischen Tugenden des Krieges. Aber das wichtigste war: die Erfahrungen jener Jahre hatten ihm bereits eine Vorstellung davon gegeben, wie politische Macht zu sichern und auszuüben sei. Und diese Konzeption, eines Tages ausgereift, sollte ihm den Weg zu einer Laufbahn ohnegleichen in der Geschichte eröffnen. Vieles von dem, was er in jener Zeit gelernt hatte, schlummerte in ihm, um erst in dem Augenblick, als er sich entschied, Politiker zu werden, Gestalt anzunehmen. Aber zu der Entscheidung waren bereits alle Elemente vorhanden: es bedurfte nur noch eines plötzlichen Anstoßes, um sie beschleunigt herbeizuführen. Diesen Anstoß gaben Ende des Krieges die Kapitulation Deutschlands und der Umsturz im Reich.

KAPITEL II

Die Jahre des Kampfes

1919—1924

I

Die Nachricht, daß Deutschland den Krieg verloren hatte und um Waffenstillstand bat, war ein schwerer Schock für das deutsche Volk und für die deutsche Armee. Die erste Hälfte des Jahres 1918 hatte Deutschland einen der eindrucksvollsten Erfolge des ganzen Krieges gebracht. Im März und im Mai — wenige Monate vor der Kapitulation — hatte es die Friedensverträge von Brest-Litowsk und Bukarest unterzeichnet, in denen umfangreiche Zugeständnisse an die deutsche Macht in Osteuropa verankert wurden. Der russischen und rumänischen Niederlage, die das Ende des Zweifrontenkrieges bedeutete, war im Westen die Eröffnung der größten Offensive des Krieges gefolgt. Am 21. März 1918 begann Ludendorff, in Frankreich eine Reihe von Angriffen durchzuführen, durch die er die britischen und französischen Armeen zurückdrängte und die deutsche Frontlinie bis auf sechzig Kilometer vor Paris verlegte. Im Frühsommer 1918 glaubten die Deutschen, dem Endsieg nahe zu sein.

Die plötzliche Wendung der Lage im August und September wurde dem deutschen Volk vorenthalten, so daß es betäubt und verwirrt war, als Anfang Oktober die Meldung kam, die deutsche Regierung habe um Friedensbedingungen gebeten. Selbst die Führer der Reichstagsparteien wurden erst am 2. Oktober über den Ernst der militärischen Lage informiert. Prinz Max von Baden, der neue Reichskanzler, der die Übergabeverhandlungen zu führen hatte, schreibt in seinen Erinnerungen: »Bis zu diesem Augenblick stand die Heimatfront ungebrochen ... Jetzt sprang der Funke auf die Heimat über. In Berlin entstand Panik[56].«

Tatsächlich war die Lage der deutschen Armee im November 1918 hoffnungslos. Es war nur noch eine Frage der Zeit, daß sie nach Deutschland zurückgeworfen und zerschlagen werden würde. In dem Augenblick jedoch, in dem die deutsche Regierung die Kapitulation unterzeichnete, stand die deutsche Armee noch jenseits der deutschen Grenzen; die Front im Westen war noch ungebrochen. Die Initiative zur Beendigung des Krieges war vom Großen Hauptquartier, von General Ludendorff, ausgegangen. Diese Tatsache wurde jedoch verheimlicht. Das Große Hauptquartier überließ es also der Reichsregierung, die bis dahin keinerlei Einfluß auf die Kriegführung gehabt hatte, die volle Verantwortung für die Beendigung des Krieges zu übernehmen. Darüber hinaus entzog es sich den Folgen einer Entscheidung, in die es die Reichsregierung gegen das Widerstreben von kühler denkenden Männern, wie dem Prinzen Max von Baden, gestürzt hatte. Hier lag der Keim zur »Dolchstoß«-Legende.

Mit dem Ende des Krieges brach das Kaiserreich zusammen, und die Macht wurde von den zögernden demokratischen Parteien des Reichstags übernommen. So mußte die republikanische Regierung die Schmach auf sich nehmen, erst den Waffenstillstand und dann den Friedensvertrag zu unterzeichnen. Für die Verbitterten und Bedenkenlosen war es ein leichtes, diesen Tatbestand in die Lüge umzubiegen, daß Sozialdemokraten und Republikaner, um sich an die Macht zu bringen, die Kapitulation absichtlich herbeigeführt, Deutschland betrogen und der Armee den Dolchstoß in den Rücken versetzt hätten. Völlig außer acht gelassen wurde dabei die Tatsache, daß die von den Sozialdemokraten geführte provisorische Regierung Partei- und Klasseninteressen opferte und ihre patriotische Pflicht darin sah, Deutschland in einer Krise, die sie selbst nicht verursacht hatte, zusammenzuhalten. Das waren die »Novemberverbrecher« — Sündenböcke, die gefunden werden mußten, wenn die Armee und die Nationalisten noch etwas aus dem Schiffbruch ihrer Hoffnungen retten wollten. Selten ist an einem Volk ein größerer Betrug verübt worden, und doch wurde die Lüge hartnäckig wiederholt und von vielen geglaubt — weil man gern an sie glaubte.

Jedes Gemeinwesen gerät durch das Erlebnis von Gewaltsamkeit und Leiden, die Kriegszeiten mit sich bringen, in die Gefahr, erschüttert zu werden. In Deutschland wirkte sich dieses Erlebnis besonders stark aus, weil der Krieg mit einer Niederlage, mit einer plötzlichen, unerwarteten Niederlage endete. Ganz Mittel- und Osteuropa erlebte eine Reihe revolutionärer Umstürze. Die Habsburger, Hohenzollern und Ottomanen folgten den Romanows in die Vergessenheit. Die politische und soziale Struktur von halb Europa geriet in einen Schmelztiegel. In den Ländern östlich des Rheins herrschten weithin Unruhe, Unsicherheit und Angst. In Deutschland, wo die Menschen jetzt infolge des Friedensvertrages und der Reparationsschuld erneuten Opfern gegenüberstanden, hielt dieser Zustand fünf Jahre, bis Ende 1923, an. Während der unruhevollen Zeit machte Hitler zum ersten Male als Politiker von sich reden.

Die Stabilität des neuen republikanischen Regimes wurde nicht allein von der radikalen Linken her bedroht, die eine soziale Revolution nach kommunistischem Muster anstrebte, sondern ebensosehr, vielleicht noch mehr, von der unversöhnlichen Rechten, in deren Augen die Republik vom Tage ihrer Geburt an verdammt war. Hinzu kam die Auffassung, daß die Kapitulation ein Akt schändlichen und vorsätzlichen Verrats gewesen sei, eine Auffassung, die bald von vielen geteilt werden sollte. 1919 unterzeichnete die republikanische Regierung einen Friedensvertrag, dessen Bedingungen in Deutschland ziemlich allgemein mit Groll aufgenommen wurden. Man sah darin einen neuen Verrat: die Regierung galt fortan als Agent der Alliierten, die Deutschland ausplünderten und demütigten. Die Feindseligkeit, die die Rechtsradikalen ihr entgegenbrachten, wurde noch dadurch vermehrt, daß die neue Regierung demokratische Einrichtungen schuf, daß sie von der Sozialdemokratischen Partei und den Arbeiterorganisationen unterstützt wurde und daß die Linke noch radikalere Aktionen forderte, was in Demonstrationen, Streiks und gelegentlichen Straßenkämpfen zum Ausdruck kam. Es wurde offen ausgesprochen, daß Treue zum Vaterland notwendigerweise Treulosigkeit gegenüber der Republik verlange.

Diese Gesinnung herrschte nicht nur in der ehemals führenden Schicht, die Deutschland bis dahin — und zwar eigennützig — regiert hatte, das heißt, in den Kreisen des Adels, der Junker, der Schwerindustrie und des deutschen Offizierskorps. Sie war auch weitverbreitet unter Reserveoffizieren und ehemaligen Soldaten, die über Undankbarkeit und Verrat von Heimatfront und Republikanern gegenüber den Frontkämpfern klagten. Sie sahen ihre eigenen persönlichen Mißhelligkeiten, ihre Arbeitslosigkeit, den Verlust ihrer privilegierten Stellung, ihre Unfähigkeit und ihr Widerstreben, sich eine dem Kriegsleben gegenüber eintönige friedliche Existenz zu schaffen, als identisch an mit den Mißhelligkeiten Deutschlands. Diese waren jedoch die unvermeidliche Folge der Niederlage; die republikanische Regierung hatte sie zwangsweise auf sich nehmen müssen.

So nahm die Not, die nach jeder langen Kriegszeit auftritt, politische Formen an. Sie gestaltete sich zu einem Feldzug der Agitation und Verschwörung gegen das bestehende Regime, zu einem Feldzug, in dem von der in den Kriegsjahren zur Gewohnheit gewordenen Gewaltsamkeit freizügig Gebrauch gemacht wurde. Diese Gemütsverfassung hat niemand besser beschrieben als Hitler selbst. In seiner Rede vom 13. Juli 1934, in der er versucht, sein Verhalten in der Röhm-Affäre zu rechtfertigen, sagte er:

»Eine dritte Gruppe destruktiver Elemente ergibt sich aus jenen

Revolutionären, die im Jahre 1918 in ihrem früheren Verhältnis zum Staat erschüttert und entwurzelt worden sind und damit überhaupt jede innere Beziehung zur geregelten menschlichen Gesellschaftsordnung verloren haben. Es sind Revolutionäre geworden, die der Revolution als Revolution huldigen und in ihr einen Dauerzustand sehen möchten ... Ich habe unter den zahllosen Akten, die ich in der vergangenen Woche durchzulesen verpflichtet war, auch ein Tagebuch gefunden mit den Aufzeichnungen eines Mannes, der 1918 auf die Bahn des Widerstandes gegen die Gesetze geworfen wurde und nun einer Welt lebt, in der das Gesetz an sich zum Widerstand zu reizen scheint ... Ein ununterbrochenes Konspirieren und dauerndes Verschwören. Ein Einblick in die Mentalität von Menschen, die, ohne es zu ahnen, im Nihilismus ihr letztes Glaubensbekenntnis gefunden haben[57].«

Damals war Hitler selbst ein typischer Vertreter dieser Stimmung der Unzufriedenheit, die er eines Tages ausnützen sollte.

In der Zeit, da der Krieg zu Ende ging und die Republik ausgerufen wurde, lag Hitler noch im Lazarett in Pasewalk. Es war ihm unmöglich, sich mit der Niederlage Deutschlands und der Errichtung einer demokratischen Republik, in der die Sozialdemokraten eine führende Rolle spielten, abzufinden. Es besteht kein Grund, seine Feststellung zu bezweifeln, daß der Schock, den Deutschlands Niederlage ihm versetzte, eine entscheidende Erfahrung für sein Leben bedeutete.

»Während es mir um die Augen wieder schwarz ward, tastete und taumelte ich zum Schlafsaal zurück, warf mich auf mein Lager und grub den brennenden Kopf in Decke und Kissen ... Was folgte, waren entsetzliche Tage und noch bösere Nächte ... In diesen Nächten wuchs mir der Haß, der Haß gegen die Urheber dieser Tat[58].«

Alles das, womit er sich identifiziert hatte, schien widerlegt zu sein, fortgefegt in der Sturmflut von Ereignissen, die — er zweifelte nicht daran — von denselben Juden heraufbeschworen worden waren, die schon immer die Niederlage und Demütigung Deutschlands gewünscht hatten.

Wie so viele andere aus der großen Masse der Demobilisierten hatte er geringe Aussicht, eine Arbeit zu finden. Das alte Problem, gegen das ihn der Krieg vier Jahre lang abgeschirmt hatte, war wieder aufgetaucht. Daß Hitler ihm einfach den Rücken kehrte, war typisch. »Ich muß nun lachen bei dem Gedanken an eine eigene Zukunft, die mir vor kurzer Zeit noch so bittere Sorgen bereitet hatte. War es auch nicht zum Lachen, Häuser bauen zu wollen auf solchem Grunde?[59]« Er hatte kein Interesse daran zu arbeiten; er hatte es nie gehabt. Was hatte er auch schließlich zu verlieren im Zusammenbruch einer Welt, in der er niemals einen Platz gefunden hatte? Nichts. Was konnte er in der allgemeinen Unruhe, Verwirrung und Unordnung finden? Alles, sofern er es verstand, die Ereignisse zu seinem Vorteil auszunutzen. Mit sicherem Instinkt sah er im Elend Deutschlands die Gelegenheit, auf die er gewartet, bisher aber nicht gefunden hatte.

»In dieser Zeit jagten in meinem Kopfe endlose Pläne einander. Tagelang überlegte ich, was man nun überhaupt tun könne, allein, immer war das Ende jeder Erwägung die nüchterne Feststellung, daß ich als Namenloser selbst die geringste Voraussetzung zu irgendeinem zweckmäßigen Handeln nicht besaß[60].« Dennoch verzweifelte er nicht. Ziemlich naiv schreibt er in »Mein Kampf«: »Ich bin heute der Überzeugung, daß der Mann sich im allgemeinen, Fälle ganz besonderer Begabung ausgenommen, nicht vor seinem dreißigsten Jahre in der Politik öffentlich betätigen soll[61].« Hitler stand jetzt im dreißigsten Lebensjahr, die Zeit war also reif, und so wurde der Entschluß gefaßt: »Ich aber beschloß nun, Politiker zu werden[62].«

Wie aber? Um eine Antwort auf diese Frage noch verlegen, trat Hitler nach seiner Entlassung aus dem Lazarett die Rückfahrt nach München an. Er reiste durch ein desorganisiertes Land. Noch war er in Uniform und bezog Sold und Verpflegung von der Armee. Im Dezember 1918 tat er freiwillig Wachdienst in einem Gefangenenlager bei Traunstein, dicht an der österreichischen Grenze. Ende Januar 1919 jedoch wurden die Gefangenen — größtenteils Russen und einige Engländer — entlassen und das Lager aufgelöst. Hitler war nun gezwungen, nach München zurückzukehren. Und dort fand er in den folgenden Monaten die Antwort auf seine Frage.

Wenige Städte im Reich waren für die innere Unruhe so empfänglich wie München; in seiner politischen Stimmung schwankend, neigte es einmal dem einen, ein andermal dem andern Extrem zu. Hitler selbst sagt, daß während des Krieges die schlechte Moral und die Kriegsmüdigkeit in München stärker zur Geltung kamen als in Norddeutschland. Die Revolution von 1918 brach zuerst in München, dann in Berlin aus, und der König von Bayern war der erste, der abdankte. Während der ersten sechs Monate des Jahres 1919 gehörten politische Gewaltakte in München zur Tagesordnung. Kurt Eisner, der Führer der bayrischen Revolution 1918, wurde im Februar ermordet. Eine sozialdemokratische Regierung unter Hoffmann hielt sich nur bis zum 6. April, dann wurde, unter dem Einfluß von Béla Kuns kommunistischer Regierung in Ungarn, auch in München die Räterepublik ausgerufen. Sie wiederum hielt sich kaum einen Monat; diese Zeit, die von Zwistigkeiten, Aufruhr und wildestem Durcheinander erfüllt war, hat bei den Bayern einen unauslöschlichen Eindruck hinterlassen. Anfang Mai wurde die Räterepublik von vereinten Verbänden der Reichswehr und der Freikorps gestürzt. Man nahm blutige Rache; es folgte eine Welle der Unterdrückung, und viele Menschen wurden erschossen. Hoffmanns Regierung wurde zwar nominell wiederhergestellt, doch kennzeichnen die Vorgänge vom Mai 1919 auch eine entschiedene Rechtsschwenkung innerhalb der bayrischen Politik.

Seit der Reichsgründung herrschte in Bayern eine traditionelle Abneigung gegen das preußisch-protestantische Berlin. Nach dem Krieg drückte sich dieses Ressentiment in dem Verlangen nach weitgehender Autonomie, ja sogar in einem separatistischen Programm aus, das für den vollständigen Bruch mit Norddeutschland zugunsten einer süddeutschen katholischen Union mit Österreich eintrat. Die Gründung der Weimarer Republik gewährte diesen partikularistischen bayrischen Strömungen beträchtlichen Spielraum, denn neben der Reichsregierung erhielt jeder der alten deutschen Staaten — Bayern, Preußen, Württemberg, Sachsen usw. — eine eigene Landesregierung und einen Landtag, deren umfangreiche Macht insbesondere auch die Kontrolle über die Polizei einschloß. Die Macht der Berliner Zentralregierung wurde durch die unruhigen, labilen Zustände in Deutschland so sehr geschwächt, daß die bayrische Regierung in der Lage war, Nutzen aus der Situation zu ziehen. Die Anordnungen der Reichsregierung wurden nur dann respektiert, wenn sie den Münchner Behörden genehm waren.

Diese außergewöhnliche Situation prägte sich besonders deutlich im März 1920 aus, als die Reichsregierung den Kapp-Putsch in Berlin mit Erfolg bekämpfte, während ein in Bayern zur gleichen Zeit unternommener Umsturzversuch Erfolg hatte. In der Nacht vom 13. zum 14. März 1920 stellte der Wehrkreiskommandeur von München, General Arnold von Moehl, dem sozialdemokratischen Ministerpräsidenten von Bayern, Johannes Hoffmann, ein Ultimatum, das zur Bildung einer rechtsgerichteten Regierung unter Gustav von Kahr führte. Von dieser Regierung waren die Parteien der Linken ausgeschlossen. Fortan herrschte in Bayern eine stark partikularistisch geneigte Regierung, deren Politik mit der der Reichsregierung ganz und gar nicht im Einklang stand. Infolgedessen wurde Bayern der natürliche Sammelplatz aller derjenigen, die das republikanische Regime in Deutschland beseitigen wollten, und die bayrische Regierung drückte mehr als ein Auge zu, wenn in München, also gewissermaßen auf der Türschwelle des Reichs, Verrat und Verschwörung gegen die legale Reichsregierung geplant wurden. Es war Bayern, wo sich die unversöhnlichen Elemente der Freikorps sammelten. Die bewaffneten Freiwilligenverbände waren nach Kriegsende unter der Schirmherrschaft der Reichswehr zusammengestellt worden, um die deutsche Ostgrenze gegen Polen und Bolschewisten zu schützen. Jetzt waren sie ebensogern bereit, ihre Gewehre auf die Republik zu richten. Auch der berüchtigte Kapitän Ehrhardt mit seiner Brigade fand Schutz in München, nachdem er Berlin nach dem Scheitern des Kapp-Putsches hatte verlassen müssen. Hier organisierte man auch die Mordattentate auf Erzberger, den Mann, der den Waffenstillstand von 1918 unterschrieben hatte, und auf Walter Rathenau, den jüdischen Außenminister Deutschlands, der die Erfüllungspolitik eingeleitet hatte. Die Freikorps waren die Brutstätte für den politischen Terror, der bis 1924 und dann später wieder nach 1929 das Antlitz Deutschlands so entstellte.

Diese Aktivität fand den Schutz und die Unterstützung gewisser Offiziere des Wehrkreiskommandos VII in München. Männer wie General Ritter von Epp und sein politischer Berater, Hauptmann Ernst Röhm, sahen in ihr eine Möglichkeit, die durch den Versailler Vertrag Deutschland auferlegte militärische Beschränkung zu umgehen. Sie erkannten in den Freikorps und den unzähligen Wehrverbänden und Frontkämpfervereinigungen, die in Bayern aus der Erde schossen, den Kern einer künftigen deutschen Armee, die eines Tages für die Demütigungen von 1918 Rache nehmen sollte. Wann der Tag kommen würde, wußte zwar keiner, aber bis dahin war es von wesentlicher Bedeutung, unter dieser oder jener Tarnung die Männer zusammenzuhalten, die das Rückgrat der alten deutschen Armee gebildet hatten, jener Armee, die durch den Versailler Vertrag auf hunderttausend Mann reduziert worden war.

In den meisten Ministerien saßen außerdem hohe Beamte, die den Krieg als Reserveoffiziere mitgemacht hatten oder mit den Nationalisten, an die man sich wenden konnte, sympathisierten. Da war z. B. Pöhner, der Münchner Polizeipräsident, der auf die Frage, ob ihm bekannt sei, daß es in Bayern politische Mordgruppen gäbe, die berühmt gewordene Antwort gab: »Ja, aber noch nicht genug.« Pöhners Assistent war der Oberamtmann Wilhelm Frick, Hitlers späterer Innenminister; und einer seiner Kollegen im bayrischen Justizministerium war Franz Gürtner, Hitlers späterer Justizminister.

Diese Männer beseelte der Traum, der zwanzig Jahre lang die deutschen Rechtsparteien verfolgte: der Traum vom Sturz der Republik, mit dem die Entscheidung von 1918 rückgängig gemacht, Deutschland die ihm als größter Kontinentalmacht zustehende Stellung in Europa wiedergegeben und die rechtmäßige Position der deutschen Armee innerhalb Deutschlands wiederhergestellt werden sollte. Der erste Schritt zu diesem Ziel lag nahe: er galt der Schwächung, Hemmung und, wenn möglich, Absetzung der Berliner Regierung.

Das war der vielversprechende politische Rahmen, in dem Hitler seine Laufbahn begann.

II

Die aufregenden April- und Maitage 1919 erlebte Hitler unmittelbar in München. Ob und wieweit er hier eine Rolle spielte, ist ungewiß. Nach seiner eigenen Darstellung in »Mein Kampf« sollte er Ende April verhaftet werden, jagte jedoch das aus drei Männern bestehende Haftkommando mit seinem Karabiner davon. Nach dem Sturz der Räteregierung wurde vom zweiten Infanterieregiment eine Untersuchungskommission eingesetzt, die Verhöre anstellte und diejenigen erschoß, die angeblich auf der anderen Seite gestanden hatten. Hitler gab dieser Untersuchungskommission Informationen. Darauf erhielt er eine Anstellung im Presse- und Nachrichtenbüro der Politischen Abteilung des VII. W.K., die ein Mittelpunkt war für Leute von der Betriebsamkeit eines Röhm. Nachdem er einen politischen Lehrgang mitgemacht hatte, wurde Hitler zum »Bildungsoffizier« ernannt. Seine Aufgabe war es, die Soldaten gegen eine Ansteckung durch sozialistische, pazifistische oder demokratische Ideen immun zu machen. Das war für Hitler ein wichtiger Schritt, denn zum ersten Male wurden hier seine politischen Fähigkeiten anerkannt. Im September schließlich erhielt er vom Chef der Politischen Abteilung den Auftrag, sich die Versammlung einer kleinen Gruppe von Männern anzusehen, die möglicherweise für die Reichswehr von Interesse sein könnte. Die Gruppe nannte sich »Deutsche Arbeiterpartei«.

Die Deutsche Arbeiterpartei war aus dem »Freien Arbeiterausschuß für einen guten Frieden« hervorgegangen, der von dem Münchner Schlosser Anton Drexler am 7. März 1918 gegründet worden war. Drexler hatte die Idee, eine Partei zu gründen, die sowohl die Interessen der Arbeiter wie auch den nationalen Gedanken vertreten sollte. Wie Hitler, so hatte auch er erkannt, daß eine Mittelstandsbewegung wie die »Vaterländische Front«, der Drexler angehörte, hoffnungslos wenig Kontakt mit der breiten Masse hatte und daß diese mehr und mehr unter den Einfluß antinationaler und antimilitärischer Propaganda geriet. Drexler war mit seinem Ausschuß, der aus vierzig Mitgliedern bestand, nicht recht vorangekommen. Im Oktober 1918 gründete er zusammen mit Karl Harrer, einem Journalisten, den »Politischen Arbeiterzirkel«, der dann später, im Januar 1919, mit der früher gegründeten Organisation zur »Deutschen Arbeiterpartei« verschmolz. Harrer wurde der 1. Vorsitzende dieser Partei. Ihre Gesamtmitgliederzahl ging nur wenig über Drexlers ursprüngliche Anhängerschaft hinaus, und ihre Tätigkeit beschränkte sich auf Diskussionsabende in Münchner Gastwirtschaften. Auch der aus sechs Mitgliedern bestehende Ausschuß der Partei hatte keine klaren Vorstellungen.

Besonders eindrucksvoll dürfte die Versammlung nicht gewesen sein, die Hitler am Abend des 12. September 1919 zum erstenmal in einem Zimmer des Sterneckerbräus in München mitmachte. Es war nur ein Häuflein von zwanzig bis fünfundzwanzig Personen anwesend. Einer der Redner war Gottfried Feder, ein in München recht bekannter Wirtschaftsphantast. Er war Hitler bereits bei einem von der Reichswehr veranstalteten politischen Lehrgang begegnet und hatte auf ihn ziemlichen Eindruck gemacht. Der andere Redner war ein bayrischer Separatist, der die Loslösung Bayerns vom Reich und eine Union mit Österreich forderte. Das brachte Hitler außer sich. Er redete mit solcher Heftigkeit, daß Drexler nach Schluß der Versammlung auf ihn zuging und ihm ein Exemplar seiner autobiographischen Flugschrift »Mein politisches Erwachen« in die Hand drückte. Einige Tage später erhielt Hitler mittels Postkarte die Einladung, einer Ausschußsitzung der Deutschen Arbeiterpartei beizuwohnen.

Nach einigem Zögern ging Hitler hin. Der Ausschuß tagte in einem obskuren Bierlokal, im »Alten Rosenbad« in der Herrnstraße. »Ich ging durch das schlecht beleuchtete Gastzimmer, in dem kein Mensch saß, suchte die Türe zum Nebenraum und hatte dann die ›Tagung‹ vor mir. Im Zwielicht einer halbdemolierten Gaslampe saßen da an einem Tische vier junge Menschen, darunter auch der Verfasser der kleinen Broschüre, der mich sofort auf das freudigste begrüßte und als neues Mitglied der Deutschen Arbeiterpartei willkommen hieß[63].«

Was sonst noch geschah, war entsprechend: Laut Bericht enthielt die Parteikasse ganze 7,50 Mark; Mitteilungen wurden verlesen und bestätigt; drei Briefe waren eingegangen; drei Antworten wurden vorgelesen und genehmigt.

Aber es war, wie Hitler freimütig zugibt, gerade diese Armseligkeit, die ihn anzog. Nur in solch einer Partei, die, wie er selbst, auf der untersten Stufe der Leiter stand, hatte er Aussicht, einmal eine führende Rolle zu spielen und seine Ideen durchzusetzen. In den größeren Parteien war kein Platz für ihn; dort wäre er ein Nichts gewesen. Nach zweitägiger Bedenkzeit entschloß er sich, dem Ausschuß der Deutschen Arbeiterpartei als siebtes Mitglied beizutreten.

Seine Energie und sein Ehrgeiz, die er bis dahin nicht hatte anwenden können, fanden jetzt eine Betätigung. Langsam und mühselig brachte er die Partei vorwärts; im Ausschuß stachelte er seine furchtsamen und phantasielosen Kollegen zu kühneren Methoden der Mitgliederwerbung an. Hektographierte Einladungen wurden versandt, ein kleines Inserat in der Lokalpresse aufgegeben und ein größerer Saal beschafft, in dem man häufiger Versammlungen abhalten konnte.

Hitler selbst sprach zum erstenmal im Oktober im Hofbräuhauskeller; es waren nur hundertelf Personen anwesend. In diesem mageren Ergebnis sah der 1. Vorsitzende, Karl Harrer, seine Ansicht bestätigt, daß Hitlers Rednergabe keine Zugkraft habe. Aber Hitler ließ nicht locker, und die Zahl seiner Zuhörer wuchs. Als er im selben Monat Oktober über Brest-Litowsk und Versailles sprach, kamen bereits hundertdreißig und wenig später zweihundert Menschen.

Anfang 1920 wurde Hitler mit der Propaganda der Partei betraut, und er ging prompt ans Werk, seine erste Massenversammlung zu organisieren. Durch geschickte Inserate bekam er am 24. Februar im Festsaal des Hofbräuhauses nahezu zweitausend Menschen zusammen. Hauptredner war ein Dr. Dingfelder, jedoch Hitler war derjenige, der die Aufmerksamkeit des Publikums auf sich zog und die Gelegenheit benutzte, den neuen Namen der Partei: »Nationalsozialistische Deutsche Arbeiterpartei« und ihr 25-Punkte-Programm zu verkünden. Verärgert über die Art, wie Hitler den Ton angab, legte Harrer das Amt des Vorsitzenden nieder.

Am 1. April 1920 schied Hitler endgültig aus der Reichswehr aus und widmete sich fortan ganz dem Aufbau der Partei, deren Führung er nach und nach an sich riß.

Die Hitlersche und Drexlersche Gruppe in München war nicht die einzige nationalsozialistische Partei. In Bayern selbst gab es Konkurrenzgruppen unter dem Vorsitz von Streicher in Nürnberg und Dr. Otto Dickel in Augsburg. Beide Gruppen waren nominell Zweige der »Deutschsozialistischen Partei«, die 1919 von Alfred Brunner gegründet worden war. Jenseits der Grenze, in Österreich und im Sudetenland, war die »Deutschnationale Arbeiterpartei« der Vorkriegszeit wieder erstanden und nahm Verbindung mit der neuen Partei in München auf. In Österreich nämlich war schon vor 1914 versucht worden, eine Arbeiterbewegung zu schaffen, die mit dem alldeutschen Programm verkoppelt war. Am erfolgreichsten war jene »Deutschsoziale Arbeiterpartei«, die unter Vorsitz des österreichischen Rechtsanwalts Walter Riehl und eines Eisenbahnangestellten namens Rudolf Jung bei den österreichischen Wahlen 1911 drei Sitze gewann. 1913 war in der mährischen Stadt Iglau ein Parteiprogramm aufgestellt worden, das sowohl die erbitterte Kampfeinstellung gegen die Tschechen wie auch die Anziehungskraft der alldeutschen und antisemitischen Ideen widerspiegelt.

Im Mai 1918 nahm diese österreichische Partei den Namen D.N.S.A.P. — Deutsche Nationalsozialistische Arbeiterpartei — an und verwandte erstmalig als Symbolzeichen das Hakenkreuz. Nach dem Zusammenbruch der Doppelmonarchie und der Gründung eines unabhängigen tschechischen Staates teilten sich die österreichischen Nationalisten in einen Wiener Zweig, dessen Vorsitz Riehl übernahm, und einen anderen im Sudetenland. Von der auf zwei Staaten verteilten Partei wurden nun die bayrischen Nationalsozialisten zur Mitarbeit aufgefordert. Der nächsten gemeinsamen Tagung in Salzburg im August 1920 wohnte dann wirklich eine Abordnung aus München bei. Kurz darauf übernahm auch die Münchner Partei den Namen »Nationalsozialistische Deutsche Arbeiterpartei«.

Bis zum August 1923, als Hitler das letzte dieser zwischenstaatlichen Treffen in Salzburg mitmachte, hatten ziemlich häufig Zusammenkünfte der verschiedenen nationalsozialistischen Gruppen stattgefunden, aber es war wenig dabei herausgekommen. Hitler war zu eifersüchtig darauf bedacht, seine Unabhängigkeit zu bewahren, um eine Einmischung von Außenstehenden zu dulden. Auf der letzten Tagung in Salzburg im Jahre 1923 kam es schließlich dazu, daß Riehl sein Amt niederlegte.

Viel wichtiger war für Hitler, daß er von Hauptmann Röhm aus dem Münchner Wehrkreiskommando unterstützt wurde. Röhm war zäh, mit einem Gesicht voller Narben, ein Soldat aus Passion. Er besaß ein ausgeprägtes Organisationstalent und übte beträchtlichen Einfluß aus auf die dunkle Welt der Freikorps, Wehrverbände und politischen Verschwörergruppen. Bereits vor Hitler war er der Deutschen Arbeiterpartei beigetreten, denn ebenso wie Hitler erkannte er auch, daß es unmöglich sein würde, ein starkes nationalistisches Deutschland zu schaffen, ehe es nicht gelungen war, die Abneigung der breiten Masse dem Vaterland und der Armee gegenüber zu überwinden. Ihn interessierte jede Partei, die befähigt schien, die Arbeiterklasse für den nationalen Gedanken wiederzugewinnen. Er bewunderte Kampfgeist und Zähigkeit der Kommunisten, die für ihre Ideen zu kämpfen bereit waren: was er brauchte, waren Arbeiterorganisationen, die die gleichen Eigenschaften entwickelten, aber auf seiner Seite standen.

Röhm teilte nicht die Auffassung, daß das Militär sich nicht in die Politik einzumischen habe. Er meinte vielmehr, daß das Militär sich besonders eingehend mit Politik zu befassen habe, wenn es einen Staat anstrebe, der seine alten Privilegien wiederherstellen und mit der Erfüllungspolitik Schluß machen sollte. Hierin stimmte ihm nur ein Teil des Offizierskorps zu. Die anderen, besonders die älteren Offiziere, beobachteten Röhms Rührigkeit voller Mißtrauen. Immerhin waren die mit seinen Zielen Sympathisierenden zahlreich genug, um einem entschlossenen Mann zu erlauben, die Vorteile seiner Stellung voll auszunutzen.

Als Hitler mit dem Aufbau der Deutschen Arbeiterpartei begann, schob ihm Röhm, um die Mitgliederzahl der Partei zu erhöhen, ehemalige Freikorpsleute und Frontsoldaten zu. Aus diesen Elementen entstanden die ersten Gruppen der »Eisernen Faust«, die den Kern der späteren SA bildete. Im Dezember 1920 hatte Röhm seinen Kommandeur, Generalmajor Ritter von Epp — selbst ein ehemaliger Freikorpsführer und nun Mitglied der Partei —, dazu überredet, ihm bei der Aufbringung von 60 000 Mark behilflich zu sein, die nötig waren, um eine Wochenzeitung für die Partei zu kaufen, den »Völkischen Beobachter«. Dietrich Eckart brachte die Hälfte dieser Summe auf, der Rest wurde zum Teil aus Geheimfonds der Reichswehr zur Verfügung gestellt. Vor allem aber war Röhm der unentbehrliche Mittelsmann, der Hitler den Schutz oder zumindest die Duldung von seiten der Reichswehr und der bayrischen Regierung sicherte; diese war ohnehin vom Wehrkreiskommando als der letzten Instanz für die Aufrechterhaltung von Ordnung und Sicherheit abhängig. Ohne die einzigartige Stellung, die die Reichswehr im politischen Leben Deutschlands und besonders Bayerns einnahm — sie machte es ihr möglich, die ihr genehmen politischen Gruppen und Verbände wirksam zu unterstützen —, wäre Hitler niemals in der Lage gewesen, ungestraft seine Methoden der Hetze, Gewalt und Einschüchterung anzuwenden. Bei jedem Schritt, den er in den Jahren zwischen 1914 und 1945 unternahm, waren Hitlers mannigfaltige Beziehungen zum Militär von höchster Bedeutung für ihn. Niemals jedoch waren diese entscheidender als in jener frühen Münchner Zeit, in der er ohne den Schutz der Reichswehr schon am Beginn seiner politischen Laufbahn auf die größten Schwierigkeiten gestoßen wäre. Ehe er starb, sollte das Militär das volle Maß seiner Undankbarkeit zu spüren bekommen.

Doch wie wichtig auch die Hilfe von außen gewesen sein mag, der Grund für Hitlers Erfolg lag in ihm selbst, in seiner Energie und seiner politischen Führergabe. Ohne sie wäre diese Hilfe fruchtlos oder in ihren Resultaten unbedeutend gewesen. Hitlers politisches Genie lag in der unvergleichlichen Kenntnis dessen, was alles durch Propaganda erreicht werden kann, und in seinem Spürsinn für ihre Anwendungsmöglichkeiten. Er mußte durch eine harte Schule. Nacht für Nacht war er auf den Beinen und focht in allen möglichen Lokalen, angefangen beim raucherfüllten Hinterzimmer eines Bierkellers bis zum riesigen Zirkus Krone, für seine Sache, anfänglich oft genug im Angesicht von Opposition, Gleichgültigkeit, Belustigung oder Verachtung. Er lernte es, die Aufmerksamkeit seiner Zuhörer zu fesseln, sie auf seine Seite zu bringen. Das Wichtigste aber war, daß er seiner Zuhörerschaft ins Innere zu sehen vermochte, ihre empfindlichen Stellen aufspürte und dann auf sie einhämmerte. „Herrlich wußte er auf dem wohltemperierten Klavier spießerischer Herzen zu spielen«, sagt

Dr. Schacht⁶⁴. Dieser Virtuosität lagen lange Jahre der Erfahrung zugrunde. Wie nur wenige andere Führer hatte Hitler Deutschland und das deutsche Volk aus nächster Nähe kennengelernt. Als er 1933 zur Macht gelangte, gab es nur wenige irgendwie bedeutende Städte im Reich, in denen er noch nicht gesprochen hatte. Seine große Überlegenheit fast allen Politikern gegenüber, mit denen er zu tun hatte, lag in seiner ungeheuren praktischen Erfahrung in der Politik; nicht in der Politik der Reichskanzlei oder des Reichstags, sondern in der Politik der Straße, jener Ebene nämlich, auf der die Wahlen gewonnen werden, der Ebene, auf der jeder Politiker rührig sein muß, wenn er die Stimmen der Masse erobern will.

Hitler war der größte Demagoge in der Geschichte. Diejenigen, die hinzufügen: »eben nur ein Demagoge«, verkennen das Wesen politischer Macht im Zeitalter der Massen. Er selbst sagte: »Führer sein, heißt die Massen in Bewegung setzen können.«

Die Lehren, die Hitler aus der Tätigkeit der österreichischen Sozialdemokratischen Partei und von Luegers Christlich-Sozialer Partei gezogen hatte, wurden nun in München ausprobiert. Allerdings kam der Erfolg keineswegs von selbst. Hitler machte Fehler und hatte mancherlei zu lernen, bis er die Leute dazu brachte, ihn ernst zu nehmen, selbst auf der kleinen Bühne der bayrischen Politik. 1923 war er immer noch nicht mehr als ein provinzieller Politiker, der sich in der großen Politik noch keinerlei Geltung verschafft hatte, und Ende 1923 erlebte er sogar den Zusammenbruch seiner Bewegung.

Aber Hitler lernte aus seinen Fehlern, und in der Mitte der zwanziger Jahre, als er »Mein Kampf« schrieb, war er bereits in der Lage, ganz klar auszudrücken, was er anstrebte und welches die Voraussetzungen zum Erfolg waren. Die Seiten in »Mein Kampf«, auf denen er die Technik der Massenpropaganda und des politischen Führertums erörtert, kontrastieren auffallend zu den schwülstigen Versuchen, seine völlig unoriginellen politischen Ideen auseinanderzusetzen.

Der erste und wichtigste Grundsatz jeglicher politischen Tätigkeit lautete nach Hitlers Auffassung: Hinein in die Massen. »Jede Bewegung von großen Zielen muß alles vermeiden, was ihre Fähigkeit, auf die Massen zu wirken, mindern oder auch nur schwächen könnte, nicht etwa aus ›demagogischen‹ Gründen heraus, nein, sondern aus der einfachen Erkenntnis, daß ohne die gewaltige Kraft der Masse eines Volkes keine große Idee, mag sie auch noch so hehr und hoch erscheinen, zu verwirklichen ist⁶⁵.«

»Die breite Masse eines Volkes besteht nicht nur aus Professoren, noch aus Diplomaten. Das geringe abstrakte Wissen, das sie besitzt, weist ihre Empfindungen mehr in die Welt des Gefühls. Darin beruht ihre entweder positive oder negative Einstellung ... Ihre gefühlsmäßige Einstellung aber bedingt zugleich ihre außerordentliche Stabilität. Der Glaube ist schwerer zu erschüttern als das Wissen, Liebe unterliegt weniger dem Wechsel als Achtung, Haß ist dauerhafter als Abneigung, und die Triebkraft zu den gewaltigen Umwälzungen auf dieser Erde lag zu allen Zeiten weniger in einer die Masse beseelenden wissenschaftlichen Erkenntnis als in einem sie beherrschenden Fanatismus und einer sie manchmal vorwärts jagenden Hysterie ... Wer die breite Masse gewinnen will, muß den Schlüssel kennen, der das Tor zu ihrem Herzen öffnet. Es heißt nicht Objektivität, also Schwäche, sondern Wille und Kraft[66].«

Hitler erklärt ganz offen, wie das erreicht werden kann: »Die Aufnahmefähigkeit der großen Masse ist eine nur sehr beschränkte, das Verständnis klein, dafür jedoch die Vergeßlichkeit groß. Aus diesen Tatsachen heraus hat sich jede wirkungsvolle Propaganda auf nur sehr wenige Punkte zu beschränken und diese schlagwortartig so lange zu verwerten, bis auch der Letzte unter einem solchen Worte das Gewollte sich bestimmt vorzustellen vermag[67].« Für die Intelligenz, die dauernd nach etwas Neuem Ausschau hält, hat Hitler nichts anderes als Verachtung. »Nur einer tausendfachen Wiederholung einfachster Begriffe wird die Masse endlich ihr Gedächtnis schenken[68].« Aus demselben Grunde ist es besser, sich an ein Programm zu halten, auch wenn sich gewisse Punkte inzwischen überlebt haben. »Denn damit wird etwas, das unerschütterlich fest sein sollte, der Diskussion anheimgegeben, die, sowie einmal ein einzelner Punkt der glaubensmäßig dogmatischen Festlegung entzogen ist, nicht ohne weiteres eine neue, bessere und vor allem einheitliche Festlegung ergeben, sondern viel eher zu endlosen Debatten und zu einer allgemeinen Wirrnis führen wird[69].«

Wenn man schon lügt, dann muß man auch kräftig lügen. So machen es die Juden, die nach dem Grundsatz verfahren, »daß in der Größe der Lüge immer ein gewisser Faktor des Geglaubtwerdens liegt, indem die breite Masse eines Volkes im tiefsten Grunde ihres Herzens leichter verdorben sein kann, als bewußt und unabsichtlich schlecht sein wird, mithin bei der primitiven Einfalt ihres Gemüts einer großen Lüge leichter zum Opfer fällt als einer kleinen, da sie selber ja wohl auch manchmal im Kleinen lügt, jedoch vor zu großen Lügen sich doch zu sehr noch schämen würde. So wird ihr eine solche Unwahrheit gar nicht in den Kopf kommen, wodurch sie an die Möglichkeit einer so ungeheuren Frechheit der infamsten Verdrehung auch bei anderen gar nicht glauben kann ... daher denn auch gerade deshalb von der frechsten Lüge immer noch etwas übrig- und hängenbleiben wird ...[70]«

Vor allem niemals zögern, niemals abwägen, was man sagt, der andern Seite niemals einen Zoll breit nachgeben, alle Kontraste in Schwarz und Weiß malen. Dies ist die »allerbeste Voraussetzung jeder propagandistischen Tätigkeit überhaupt: nämlich die grundsätzlich subjektiv einseitige Stellungnahme derselben zu jeder von ihr bearbeiteten Frage ... Das Volk sieht zu allen Zeiten im rücksichtslosen Angriff gegen einen Widersacher einen Beweis des eigenen Rechts, und es empfindet den Verzicht auf dessen Vernichtung als Unsicherheit in bezug auf das eigene Recht, wenn nicht als Zeichen des eigenen Unrechtes[71].«

Heftigkeit, Leidenschaftlichkeit, Fanatismus, das sind »die großen magnetischen Kräfte, die allein die Massen anziehen ... Völkerschicksale vermag nur ein Sturm von heißer Leidenschaft zu wenden; Leidenschaft erwecken aber kann nur, wer sie selbst im Innern trägt[72]«.

Es ist bemerkenswert, daß Hitler das gesprochene Wort dem geschriebenen vorzog. »Die Macht aber, die die großen historischen Lawinen religiöser und politischer Art ins Rollen brachte, war seit urewig nur die Zauberkraft des gesprochenen Wortes. Die breite Masse eines Volkes vor allem unterliegt immer nur der Gewalt der Rede[73].« Die Anwendung von Kraftausdrücken, die Wiederholung von Wörtern wie »vernichten«, »Gewalt«, »rücksichtslos«, »Haß« geschah absichtlich. Hitlers Gestikulieren und die Leidenschaftlichkeit seiner Rede, womit er sich selbst bis an die Grenze der Hysterie aufpeitschte und schreiend seinen Zorn ausspie, erzielten bei seinen Zuhörern die gleiche Wirkung. Die Art, wie es ihm gelang, seine Zuhörer in Leidenschaft zu versetzen, ist häufig beschrieben worden. Die Männer stöhnten oder pfiffen, die Frauen brachen ungewollt in Schluchzen aus; mochten sie damit auch nur ihren Herzen Luft machen, so standen sie doch ganz im Banne der gesteigerten Gefühle von Haß und Verzückung und verloren jede Zurückhaltung.

Es sollte allerdings noch einige Zeit dauern, bis Hitler während der dreißiger Jahre diese Wirkung im Berliner Sportpalast in größerem Ausmaß erreichte, aber er hatte doch bereits begonnen, eine ungewöhnliche Rednergabe zu entwickeln. In München lernte er es, auf Massenversammlungen zu vielen tausend Menschen zu sprechen. In »Mein Kampf« bemerkt er, daß die Herstellung des Kontakts zwischen Redner und Publikum das Geheimnis seiner Kunst sei. »Er wird sich von der breiten Masse immer so tragen lassen, daß ihm daraus gefühlsmäßig gerade die Worte flüssig werden, die er braucht, um seinen jeweiligen Zuhörern zum Herzen zu sprechen[74].« Etwas weiter erwähnt er die Schwierigkeit, den seelischen Widerstand zu überwinden: dies kann nicht durch Argumentieren erreicht werden, sondern nur durch den Appell an die »verborgenen Kräfte« der Zuhörer, ein Appell, der nur dem Redner gelingt.

Die Propaganda blieb indes nicht auf das gesprochene Wort beschränkt. Man ließ auch Plakate drucken — immer in Rot, der Farbe der Revolution. Sie war gewählt worden, um die Linke herauszufordern. Es gab ferner das Hakenkreuz und die Fahne mit dem schwarzen Hakenkreuz im weißen Kreis auf rotem Grund, die Hitler mit äußerster Sorgfalt entworfen hatte; es gab den Gruß, die Uniform und die Rangordnung. Massenkundgebungen und Demonstrationen waren ein weiterer Kunstgriff, den Hitler von der österreichischen Sozialdemokratie entlehnte. Der wesentliche Zweck dieser Kundgebungen war, ein Gefühl der Stärke zu erzeugen, der Zugehörigkeit zu einer Bewegung, deren Erfolg unwiderstehlich war. Hitler traf damit auf einen psychologischen Tatbestand, der sich in der Geschichte der Nazibewegung als sehr wichtig erweisen sollte: daß nämlich Gewalttätigkeit und Terror propagandistischen Wert haben und daß die Zurschaustellung physischer Stärke ebenso viele Menschen anzieht wie abstößt. »Ich habe gleich zu Beginn unserer großen Versammlungstätigkeit«, schreibt Hitler, »die Organisation eines Saalschutzes eingeleitet als einen Ordnungsdienst, der grundsätzlich lauter junge Burschen umfaßte. Es waren zum Teil Kameraden, die ich vom Militärdienst her kannte, andere erst gewonnene Parteigenossen, die von allem Anbeginn darüber belehrt und daraufhin erzogen wurden, daß Terror nur durch Terror zu brechen sei...[75]« Verteidigung ist eine zweifelhafte Bezeichnung für derlei Unternehmungen, denn Hitler fügt hinzu, daß »die beste Waffe der Verteidigung im Angriff liege, und daß unserer Ordnertruppe der Ruf schon vorangehen müsse, kein Debattierklub, sondern eine zum äußersten entschlossene Kampfgemeinschaft zu sein[76]«.

Von Anfang an wurden diese Leute nicht dazu eingesetzt, die Naziversammlungen zu schützen, sondern um Unruhe zu stiften, notfalls andere Parteiversammlungen zu sprengen und im Rahmen einer vorsätzlichen Einschüchterungskampagne politische Gegner zu verprügeln. Am 4. Januar 1921 sagte Hitler in einer Versammlung im Kindl-Keller: »Die nationalsozialistische Bewegung in München wird in Zukunft rücksichtslos alle Veranstaltungen und Vorträge verhindern — wenn es sein muß, mit Gewalt —, die geeignet sind, auf unsere ohnehin schon kranken Volksgenossen zersetzend einzuwirken[77].«

Im September des gleichen Jahres führte Hitler persönlich den Sturm seiner Gefolgschaft auf die Rednertribüne einer Versammlung, auf der ein gewisser Ballerstedt sprach. Der Polizei, die den Vorfall untersuchte, erklärte Hitler: »Schön, der Zweck ist ja erreicht, Ballerstedt spricht heute nicht mehr[78]!«

Hitler war weit davon entfernt, Gewalt heimlich anzuwenden; er tat es so öffentlich wie möglich. Auf diese Weise wurden die Menschen gezwungen, sein Handeln zu beachten; sie wurden gegen ihren Willen beeindruckt. Keine nur irgendwie entschlossene Regierung würde solche Methoden geduldet haben, aber die Berliner republikanische Regierung hatte in Bayern tatsächlich keine Autorität, und die bayrische Staatsregierung zeigte politischem Terror gegenüber, soweit er sich gegen die Linke richtete, eine bemerkenswerte Nachsicht.

Die ersten Kampfgruppen entstanden im Sommer 1920 unter dem Befehl eines vorbestraften Uhrmachers mit Namen Emil Maurice. Organisiert wurden sie jedoch erst im August 1921, als man in der Partei eine »Turn- und Sportabteilung« gründete. Der Zweck sei, so hieß es, die jungen Parteimitglieder in einer mächtigen Organisation zusammenzufassen, damit ihre Kraft den offensiven Zielen der Bewegung dienstbar gemacht werden könne. Die deutsche Regierung hatte unter dem Druck der Alliierten die Auflösung der Freikorps und Wehrverbände angeordnet, und so war diese »Turn- und Sportabteilung« eine der vielen Tarnungen, unter denen Röhm und seine Freunde die aufgelösten Gruppen zusammenhielten. Am 5. Oktober erhielt sie den Namen »Sturmabteilung« (SA). Sie setzte sich vorwiegend aus ehemaligen Freikorpsleuten zusammen, Mitgliedern der Brigade Ehrhardt und der Organisation Konsul, die den Mord an Erzberger organisiert hatte. Der erste Führer der SA, Johann Ulrich Klintzsch, war einer von Ehrhardts Unterführern gewesen und hatte wegen seiner Teilnahme an der Ermordung Erzbergers eine Zeitlang im Gefängnis gesessen.

Im November 1921 trat die SA in einer Nazi-Versammlung im Hofbräuhaus in Aktion; es war eine sogenannte »Saalschlacht«, ein wüster Kampf mit den Roten, aus dem später eine Parteilegende gemacht wurde. Im August des folgenden Jahres marschierten SA-Formationen mit Hakenkreuzfahnen bei einer Kundgebung der Vaterländischen Verbände in München auf dem Königsplatz auf. Im Monat darauf wurden acht »Hundertschaften« gebildet. Was Hitler mit der Gründung der SA beabsichtigt hatte, zeigte sich im Oktober 1922, als er trotz Polizeiverbots mit achthundert SA-Leuten durch die Stadt Coburg marschierte und Sozialisten und Kommunisten auf der Straße eine regelrechte Schlacht lieferte[79]. In Coburg mit dabeigewesen zu sein, galt in der Partei als eine hohe Ehre; später wurde ein besonderes Abzeichen für die Teilnehmer an der Coburger Tagung geschaffen.

III

Im Jahre 1921 zeigte sich deutlich, daß die Partei sich immer rascher von den durch Harrer und Drexler vertretenen ursprünglichen Zielen entfernte. Hitlers Propagandamethoden, sein Versuch, aus der Partei eine Massengefolgschaft für sich selbst zu machen und alle andern Ausschußmitglieder rücksichtslos an die Wand zu drücken, erzeugten Unwillen. Harrer hatte schon 1920 den Vorsitz der Partei niedergelegt; aber damit waren die Schwierigkeiten noch nicht zu Ende. Im Frühsommer 1921 hielt sich Hitler eine Zeitlang in Berlin auf, um mit gewissen nationalistischen Gruppen Norddeutschlands Verbindung aufzunehmen und im Nationalen Klub zu sprechen. Während seiner Abwesenheit von München revoltierten die andern Mitglieder des Ausschusses gegen Hitlers diktatorische Art. Sie fühlten sich schon lange von ihm in den Schatten gestellt und versuchten nun, die Führung der Partei wiederzugewinnen. Sie nahmen die Gelegenheit wahr, die Vereinigung mit anderen kleinen Gruppen vorzuschlagen. Die wichtigste davon war Brunners und Streichers Deutschsozialistische Partei. Man hoffte, durch diese Verschmelzung Hitlers Aktionsfreiheit einzuschränken.

Hitler kehrte sofort nach München zurück und trat diesem Versuch entgegen, indem er seinen Rücktritt anbot. Dadurch gerieten die andern Ausschußmitglieder in eine peinliche Situation, denn für niemand gab es einen Zweifel darüber, wer die Partei so weit gebracht, wer die Mittel beschafft und für Propagierung in der Öffentlichkeit gesorgt hatte. Hitlers Rücktritt wäre das letzte gewesen, was sie sich hätten leisten können. Hitler dachte jedoch nicht daran, Konzessionen zu machen, sondern forderte diktatorische Vollmachten für den Fall, daß er bleibe. Gleichzeitig verlangte er den Rücktritt des Ausschusses und seine Ausschaltung von den Parteigeschäften für die Dauer von sechs Jahren. Drexler und die übrigen Ausschußmitglieder verbreiteten ein Flugblatt, in dem sie sich verteidigten:

»Machtdünkel und persönlicher Ehrgeiz haben Herrn Adolf Hitler von seiner sechswöchigen Reise nach Berlin, über deren Zweck er sich bis heute noch nicht ausgesprochen hat, auf den Posten gerufen. Er glaubt die Zeit gekommen, um im Auftrag seiner dunklen Hintermänner Uneinigkeit und Zersplitterung in unsere Reihen zu tragen und dadurch die Geschäfte des Judentums und seiner Helfer zu besorgen. Es zeigt sich immer mehr, daß sein Zweck kein anderer war, als die Nationalsozialistische Deutsche Arbeiterpartei nur als Sprungbrett für unsaubere Zwecke zu benützen, um deren Führung an sich zu reißen und sie im geeigneten Augenblick auf ein anderes Geleise zu schieben[80].«

Der Ausschuß jedoch war Hitler nicht gewachsen, zumal er von Eckart tatkräftige Unterstützung erhielt. Sie mußten das Flugblatt widerrufen, als Hitler die Zeitung, die es als Schmähschrift gedruckt hatte, gerichtlich verfolgen ließ. Auf zwei außerordentlichen Sitzungen am 26. und 29. Juli kapitulierten sie, machten Hitler zum Vorsitzenden und gaben ihm im wesentlichen unbeschränkte Vollmacht. Drexler fiel die Treppe hinauf und wurde Ehrenvorsitzender.

Bei diesen Vorgängen spielten nicht nur persönliche Antipathie und Mißtrauen eine Rolle; die Spaltung zwischen Hitler und dem Ausschuß hatte tiefere Gründe. In der Vorstellung Drexlers und Harrers war die Partei immer eine Arbeiter- und Mittelstandspartei gewesen — sowohl radikal und antikapitalistisch wie auch nationalistisch. Diese Gedanken kommen nicht nur in dem Programm mit seinen fünfundzwanzig Punkten (aufgestellt von Drexler, Hitler und Feder im Februar 1920), sondern auch in dem Namen »Nationalsozialistische Deutsche Arbeiterpartei« zum Ausdruck. Das Programm war nationalistisch und antisemitisch. Alle Deutschen (eingeschlossen die Deutschen in Österreich und im Sudetenland) sollten in einem »Groß-Deutschland« vereinigt werden. Die Aufhebung der Verträge von Versailles und St. Germain wurde gefordert; ferner der Ausschluß der Juden von den Bürgerrechten und den Ämtern; diejenigen Juden, die nach 1914 eingewandert waren, sollten aus Deutschland vertrieben werden. Gleichzeitig wandte sich das Programm scharf gegen den Kapitalismus, die Trusts, die Großgrundbesitzer und die Großindustriellen. Jedes nicht durch Arbeit verdiente Einkommen sollte enteignet, jeder Kriegsgewinn konfisziert werden, der Staat sollte die Konzerne übernehmen und an den Gewinnen der Großindustrien teilhaben, die großen Warenhäuser sollten von der Gemeinschaft übernommen und an kleine Händler aufgeteilt werden. Die Kleinhändler sollten überhaupt bei öffentlichen Aufträgen bevorzugt werden. Damit Hand in Hand gingen nicht minder drastische Vorschläge für eine Agrarreform: entschädigungslose Enteignung von Land, das für Zwecke der Nation gebraucht wurde, Abschaffung der Grundrente und Verbot der Bodenspekulation.

Es ist nicht daran zu zweifeln, daß Drexler und Feder dieses Programm ernstgenommen haben; sie hielten stets an ihm fest. Hitler aber sah es in einem andern Licht. Obwohl er im Jahre 1926 aus plötzlich notwendig gewordenen taktischen Gründen gezwungen war, das Parteiprogramm für unumstößlich zu erklären, waren alle Programme für Hitler immer nur Mittel zum Zweck. Je nachdem, wie er sie brauchen konnte, nutzte er sie aus oder ließ sie fallen. »Jede, und auch die beste Idee«, sagt er in »Mein Kampf«, »wird zur Gefahr, wenn sie sich einbildet, Selbstzweck zu sein, in Wirklichkeit aber nur ein Mittel zu einem solchen darstellt[81].« Hitlers eigenes Programm lautete viel einfacher: Macht, Macht für sich selbst, Macht für die Partei und für die Nation, mit welch beiden er sich identifizierte. Im Jahre 1920 waren die fünfundzwanzig Punkte brauchbar, weil sie der Partei Mitglieder zuführten. Sobald jedoch dieses Stadium überwunden war, bildeten sie ein Hindernis. An der Arbeiterschaft und am kleinen Mittelstand war zwar Hitler ebenso interessiert wie Drexler, aber sein Mitgefühl für sie war nicht größer als damals in Wien: sie interessierten ihn als Material für politische Zwecke. Ihre Nöte und ihre Unzufriedenheit waren der Rohstoff für seine Politik — ein Mittel, aber kein Selbstzweck. Hitler hatte den sozialistischen Punkten des Programms zugestimmt, weil im Jahre 1920 die deutschen Arbeiter und Kleinbürger völlig antikapitalistisch eingestellt waren. Für jeden Politiker, der die Unterstützung dieser Kreise gewinnen wollte, waren solche Phrasen wichtig. Aber es blieben Phrasen. Was Hitler in Wahrheit unter Sozialismus verstand, erhellt eine Rede, die er am 28. Juli 1922 gehalten hat:

»Wer bereit ist, für sein Volk so vollständig einzutreten, daß er wirklich kein höheres Ideal kennt, als nur das Wohlergehen dieses seines Volkes, wer unser großes Lied ›Deutschland, Deutschland über alles‹ so erfaßt hat, daß nichts auf dieser Welt ihm höher steht als dieses Deutschland, Volk und Land, Land und Volk, der ist ein Sozialist[82]!«

Diese Situation wiederholte sich im Jahre 1930, als Otto Strasser und seine Freunde die Partei verließen und sich bitter darüber beklagten, daß sie mit ihrem Glauben, es habe sich um eine sozialistische Bewegung gehandelt, betrogen worden seien.

Aus denselben Gründen war Hitler auch nicht bereit, die Parteimitgliedschaft auf eine bestimmte Klasse zu beschränken. Jede Art von Unzufriedenheit war Wasser auf seine Mühle. In seiner Partei war ebensogut Platz für beschäftigungslose ehemalige Offiziere, wie Göring und Heß, oder für verbitterte Intellektuelle, wie Rosenberg und Goebbels, wie für die Arbeiter, die keiner Gewerkschaft beitreten wollten, oder die kleinen Ladenbesitzer, die am liebsten die Fensterscheiben der großen jüdischen Warenhäuser eingeschlagen hätten. Ehrgeiz, Groll, Neid, Streben nach Macht und Reichtum — aller Klassen —, das waren die starken Triebkräfte, die Hitler für seine Ziele einspannen wollte. Er war bereit, allen alles zu versprechen, denn alle Menschen waren für ihn nichts anderes als Mittel zur Macht. Die Art Leute, die Hitler in München anzulocken begann, und vor allem die Methoden, mit denen er sie gewann, bildeten ein Ärgernis in den Augen des in engen, altmodischen Vorurteilen befangenen Drexler und seiner Freunde. Aber dieser ganz offensichtlich von Erfolg gekrönten Verbindung von Energie und Skrupellosigkeit gegenüber waren sie hilflos. Hitler seinerseits verbarg nicht seine Verachtung für diejenigen, die er in »Mein Kampf« »antiquierte Theoretiker« nennt, deren praktischer Erfolg im umgekehrten Verhältnis zu ihrer Weisheit stehe.

Der Ausschuß, der bis dahin die Partei kontrolliert hatte, war nun beiseitegefegt. Hitler hatte ohnehin schon seit langem aufgehört, an den Sitzungen teilzunehmen. Als neuer Vorsitzender machte er Max Amann, den ehemaligen Hauptfeldwebel aus dem Regiment List, zum Geschäftsführer der Partei. Dietrich Eckart wurde Herausgeber des »Völkischen Beobachters«. Die Vollmacht über alle großen Entscheidungen aber behielt Hitler selbst in der Hand. Aus dem trübseligen Hinterzimmer des Sterneckerbräus, das dem Ausschuß bis dahin gedient hatte, zog man in neue und größere Büroräume in der Corneliusstraße 12 um. Nach und nach wurden Büromöbel, Ordner, Schreibmaschinen und Telefon angeschafft. Im Februar 1923 war man so weit, den bis dahin wöchentlich erscheinenden »Völkischen Beobachter« täglich herauszugeben. Die Verlagsräume befanden sich in der Schellingstraße 39.

In diesen frühen Münchner Jahren arbeitete Hitler, wie er nie zuvor gearbeitet hatte. Der Traum vom Erfolg war nur noch durch harte Arbeit zu verwirklichen. Aber es war eine Arbeit, die ihm zusagte: Die Arbeitszeit war unregelmäßig, er war sein eigener Herr, er verbrachte sein Leben mit Reden, in einem Wirbel der Selbstdramatisierung, und die Kluft zwischen seiner privaten Traumwelt und der Außenwelt hatte sich, wenn auch allmählich, verringert.

Bis zu seinem Ende hat Hitler nicht aufgehört, auf diese frühen Jahre der Nazibewegung mit Stolz zurückzublicken und sich ihrer als der heroischen »Kampfzeit« zu erinnern. Im Januar 1932 sagte er:

»Mein Blick geht zurück auf die Zeit, als ich mit sechs andern unbekannten Männern diese Gemeinschaft gründete und vor elf, zwölf, dreizehn, vierzehn, zwanzig, dreißig, fünfzig Menschen sprach. Wenn ich bedenke, daß ich nach einem Jahr vierundsechzig Mitglieder für die Bewegung gewonnen hatte, so muß ich gestehen, daß das, was heute geschaffen ist, da Millionen unserer Bewegung zuströmen, etwas Einzigartiges in der deutschen Geschichte darstellt. Die bürgerlichen Parteien sind seit siebzig Jahren an der Arbeit. Wo ist die Organisation, die in siebzig Jahren das erreicht hat, was wir in kaum zwölf erreichten[83]?«

Dies war das »Wunder« des Nationalsozialismus. »Wenn wir heute Jahr für Jahr in der Erinnerung vorbeistreifen lassen, so stoßen wir auf etwas Wunderbares ... Der Nachwelt wird es vorkommen wie ein Märchen. Ein Volk zerbricht, und dann erhebt sich ein kleines Häuflein unbekannter Menschen und beginnt nun einen wunderbaren Zug, der fanatisch seinen Anfang nimmt und fanatisch weiterläuft[84].«

Welches waren nun die Männer, mit denen Hitler in München seine »Odyssee« begann? Einer der wichtigsten war Ernst Röhm, ein Mann, für den Soldatentum gleichbedeutend mit Leben war, und der für alles, was darüber hinausging, kaum mehr als Verachtung kannte. »Von Kindheit an hatte ich nur einen Wunsch — Soldat zu sein.« Mit diesen Worten beginnt er seine Memoiren. Röhm war zu unabhängig und besaß zuviel vom unbändigen Temperament eines Glücksritters, um sich in die strenge Schablone der Reichswehr einfügen zu können: im Jahre 1923 mußte er schließlich seinen Dienst quittieren. Nichtsdestoweniger blieb er ein unschätzbares Bindeglied zu den militärischen Dienststellen auch nach seinem Austritt, und am Aufbau der SA hat er mehr als irgendein anderer mitgewirkt.

Neben Röhm müssen noch zwei andere ehemalige Offiziere genannt werden. Rudolf Heß, in Alexandrien als Sohn eines deutschen Kaufmanns geboren, war sieben Jahre jünger als Hitler. Er hatte im Kriege eine Zeitlang im selben Regiment wie Hitler gedient, ehe er Pilot bei der Luftwaffe geworden war. Jetzt war er Student in München und hatte für einen Aufsatz über das Thema »Wie muß der Mann beschaffen sein, der Deutschland auf seine alte Höhe zurückführen wird?« einen Preis gewonnen. Heß, ein steifer, ernster, nicht besonders intelligenter junger Mann, der die Politik sehr ernst nahm, empfand eine tiefe Bewunderung für Hitler und wurde sein Sekretär und leidenschaftlicher Anhänger. Durch Heß kam Hitler mit den geopolitischen Theorien von Karl Haushofer in Berührung. Haushofer, ein ehemaliger General, war Professor an der Universität München geworden.

Ganz andersgeartet als der humorlose Heß war Hermann Göring, der letzte Kommandeur der hervorragenden Kampffliegerstaffel Richthofen und Inhaber der höchsten deutschen Tapferkeitsauszeichnung, des Pour le mérite. Göring wirkte prahlerisch und auffallend in seinem Benehmen, als er sich mit seiner Frau Karin, einer Schwedin, die über eigene Geldmittel verfügte, 1921 in München niederließ. Die beiden lebten dort nicht schlecht. Der Ex-Major studierte ziemlich oberflächlich an der Universität, und als er dann im Herbst 1922 Hitler reden hörte, wurde er sehr bald in die Bewegung mit hineingezogen. Wenig später übernahm er an Stelle von Klintzsch den Befehl über die SA.

So wie Röhm waren Gottfried Feder und Dietrich Eckart vor Hitler der Deutschen Arbeiterpartei beigetreten. Beide waren sie Leute von einer gewissen Bildung und in München gut bekannt. Feder, von Beruf Zivilingenieur, vertrat dilettantische Ideen über die Volkswirtschaft und predigte die Abschaffung der »Zinsknechtschaft« mit der Hartnäckigkeit eines Narren. Er machte auf Hitler einen großen Eindruck, und Hitler spricht in »Mein Kampf« voller Bewunderung von ihm[85]. Bald jedoch verlor Feder seinen Einfluß; nach der Machtübernahme blieb er in München und versank in Vergessenheit.

Dietrich Eckart war beträchtlich älter als Hitler, gut bekannt als Journalist, Dichter und Dramatiker, aber ohne großen Erfolg, ein echter Bayer, der Bier, Essen und Reden liebte und in Lokalen wie der Weinstube »Brennessel« in Schwabing Stammgast war. Eckart war ein Freund von Röhm und vertrat radikale nationalistische, antidemokratische und antiklerikale Ansichten. Als fanatischer Anhänger der Rassenlehre begeisterte er sich für nordisches Volkstum und fand Geschmack an der Judenhetze. Am Ende des Krieges war er Besitzer eines kleinen, skurrilen Blattes, das sich »Auf gut deutsch« nannte. Später wurde er Herausgeber des »Völkischen Beobachters«, für den er den größten Teil des Kaufpreises aufbrachte. Eckart war ein belesener Mann, hatte »Peer Gynt« ins Deutsche übertragen und verehrte leidenschaftlich Schopenhauer. Er drückte sich gut aus, auch wenn er betrunken war, und hat zweifellos auf den jüngeren und noch sehr primitiven Hitler einen großen Einfluß ausgeübt. Er lieh ihm Bücher, korrigierte seine mündliche und schriftliche Ausdrucksweise und nahm ihn überall mit hin.

Durch Eckart kam Hitler auch zum Obersalzberg, wo er sich oft in der Pension Moritz aufhielt, zusammen mit Eckarts Freundin Anna, Hoffmann, Hermann Esser, Drexler und Dr. Emil Gansser, einem weiteren Freund Eckarts.

> »Dr. Gansser hat den ewigen Dank der Partei verdient«, sagte Hitler später, »ihm verdanke ich eine ganze Reihe sehr wichtiger Beziehungen. Wenn ich nicht durch ihn Richard Frank, den Getreidekaufmann, kennengelernt hätte, wäre ich nicht in der Lage gewesen, im Jahre 1923 den ›Völkischen Beobachter‹ bestehen zu lassen. Dasselbe gilt von Bechstein[86].«

Die Bechsteins, reiche und berühmte Klavierfabrikanten, gehörten zu dem großen Freundeskreis, in den Hitler von Eckart eingeführt wurde. Frau Helene Bechstein fand großen Gefallen an dem jungen Mann, und Hitler besuchte sie häufig in ihrem Berliner Haus. Um den neuen Propheten mit einflußreichen Leuten zusammenzubringen, gab Frau Bechstein Gesellschaften. Sie trieb auch Geld für die Partei auf, und später besuchte sie Hitler im Gefängnis. Durch Eckart wiederum, der Mitglied der Thule-Gesellschaft war, einer offenbar an nordischer

Mythologie ebenso wie an politischer Verschwörung interessierten Gesellschaft, lernte Hitler Heß und Rosenberg kennen.

Alfred Rosenberg war ein Flüchtling deutscher Herkunft aus der baltischen Stadt Reval. Er hatte in Moskau Architektur studiert, war jedoch nach Ausbruch der Revolution von dort geflohen. Durch Rosenberg, der ab 1923 als Eckarts Nachfolger den »Völkischen Beobachter« herausgab, trat Hitler mit einer Gruppe leidenschaftlich antibolschewistischer und antisemitischer russischer Emigranten in Verbindung. Der Bedeutendste unter ihnen war der General Skoropadski, der 1918 von den Deutschen in der Ukraine als Gouverneur eingesetzt worden war. Skoropadski, sein sogenannter »Presseagent« Dr. Nemirowitsch-Dantschenko und andere Leute aus der Emigrantengruppe benutzten den »Völkischen Beobachter« für ihre weißrussische Propaganda. Von General Biskupski wird behauptet, daß er einer der hauptsächlichsten Geldgeber der Zeitung gewesen sei. Ein anderer Mann aus dieser Gruppe, Scheubner-Richter, ein Deutscher aus den baltischen Provinzen Rußlands, hatte den Krieg recht abenteuerlich als deutscher Konsul in Erzerum verbracht und zu Unruhen unter den Armeniern und den kurdischen Stämmen aufgehetzt. Auf dem Weg über Ostpreußen und Danzig kehrte er nach München zurück und fungierte dort als Verbindungsmann zwischen Ludendorff und Hitler. An dessen Seite wurde er bei dem erfolglosen Putsch von 1923 getötet.

Die Tatsache, daß Rosenberg Architekt war, mußte einen Mann beeindrucken, dem die Aufnahme in die Wiener Akademie nicht gelungen war. Noch mehr imponierten Hitler Rosenbergs pedantische und mühselige Ausführungen über Rasse und Kultur (die später als »Der Mythos des zwanzigsten Jahrhunderts« herausgegeben wurden), und er sah in diesem wirren und törichten »Philosophen« den Erben Houston Stewart Chamberlains und damit den größten Propheten der neuen rassentheoretischen »Weltanschauung[87]«. Im Sommer 1923 besuchte Hitler »Haus Wahnfried«, das Heim der Familie Wagner in Bayreuth. Hier war heiliger Boden für Hitler. Er machte auf Winifred Wagner einen günstigen Eindruck und fesselte auch den bejahrten Houston Stewart Chamberlain, der mit einer von Wagners Töchtern verheiratet war. Houston Stewart Chamberlain schrieb später an ihn: »Ich war in meinem Glauben an das deutsche Volk nicht einen Augenblick wankend geworden, doch meine Hoffnung, das muß ich bekennen, war tief gesunken. Mit einem Schlage haben Sie meinen Gemütszustand verwandelt. Daß Deutschland in seiner höchsten Not einen Hitler gebiert, das bezeugt seine Lebendigkeit[88].«

Friedelind Wagner, Richard Wagners Enkelin, erinnert sich an Hitler als an einen jungen Mann »in bayrischen Lederhosen, kurzen,

dicken Wollsocken, einem rot-blau gewürfelten Hemd und einer
kurzen blauen Jacke, die ihm wie ein Sack um die knochige Schulter
hing. Scharfe Backenknochen ragten aus hohlen, teigigen Wangen
hervor, darüber stand ein Paar unnatürlich leuchtender blauer Augen.
Er sah halbverhungert aus, aber in seinem Blick lag etwas Fanatisches[89]. »Später sollte er ein häufiger Besucher von »Haus Wahnfried«
werden.

Zwei Jahre nachdem der »Völkische Beobachter« gekauft worden
war, machte Hitler ihn zu einer Tageszeitung. Dazu war Geld erforderlich. Den größten Teil stellte eine baltische Dame zur Verfügung,
Frau Gertrud von Seydlitz, die Anteile an finnischen Papiermühlen
besaß, während Putzi Hanfstaengl, der Sohn eines reichen Münchner
Kunstverlegers, ein Darlehen von 1000 Dollar gab. Hanfstaengl, der
in Harvard studiert hatte, nahm Hitler nicht nur mit in sein eigenes
Haus — wo er ihn mit seinem Klavierspiel, insbesondere mit Wagner,
entzückte —, sondern führte ihn auch bei einer Reihe anderer wohlhabender Münchner Familien ein, darunter bei Bruckmanns, einer
anderen Verlegerfamilie.

Wie die Bechsteins, so waren auch die Bruckmanns von Hitler entzückt und schlossen mit ihm Freundschaft fürs Leben. Aber Hitler
konnte eine Gesellschaft im höchsten Grade in Verlegenheit bringen.
Den gesellschaftlichen Formen nicht gewachsen, fühlte er sich leicht
unbehaglich, nutzte aber dennoch seine Unbeholfenheit in geschickter
Weise aus. Er benahm sich dann absichtlich exzentrisch, kam zu
spät und ging plötzlich fort, blieb entweder betont schweigsam oder
zwang durch lautes und pausenloses Reden alle andern, ihm zuzuhören.
Jemand, der ihm auf einer Gesellschaft im Jahre 1923 begegnete,
berichtet folgendes:

»Hitler hatte seiner Gastgeberin mitgeteilt, daß er eine wichtige
Sitzung mitmachen müsse und nicht vor — ich glaube 11 Uhr
kommen könne. Dennoch erschien er in einem sehr anständigen
blauen Anzug mit einem übertrieben großen Rosenstrauß, den er
der Gastgeberin überreichte, während er ihr die Hand küßte. Als
er dann vorgestellt wurde, machte er ein Gesicht, als sei er der
Staatsanwalt bei einer Hinrichtung. Ich erinnere mich, daß seine
Stimme mich überraschte, etwa wenn er der Dame des Hauses für
Tee oder Kuchen dankte, von dem er, nebenbei bemerkt, eine
erstaunliche Menge verzehrte. Seine Stimme war auffallend leidenschaftlich, rauh und heiser. Er sprach jedoch kaum ein Wort und
saß ungefähr eine Stunde lang schweigend da. Offenbar war er müde.
Erst als seine Gastgeberin unvorsichtigerweise eine Bemerkung über
die Juden fallen ließ, die sie im Scherz verteidigte, begann er zu

sprechen. Und dann redete er endlos. Nach einer Weile stieß er seinen Stuhl zurück und stand auf, immer noch redend, oder besser gesagt, schreiend, und das mit einer so durchdringenden Stimme, wie ich sie niemals wieder bei einem andern Menschen gehört habe. Im Nebenzimmer wachte ein Kind auf und begann zu schreien. Nachdem er länger als eine halbe Stunde eine ganz witzige, aber sehr einseitige Rede über die Juden gehalten hatte, brach er plötzlich ab, ging auf die Gastgeberin zu, entschuldigte sich und verabschiedete sich mit Handkuß. Den andern Gästen, die ihm offenbar nicht gefallen hatten, gönnte er, bevor er zur Tür hinausschritt, eine kurze Verbeugung[90].«

Niemand, der auf dieser Gesellschaft anwesend war, hat Adolf Hitler jemals wieder vergessen, fügt Heiden hinzu.

Hitler hatte noch andere Gefährten, die aus der gleichen unteren Mittelklasse kamen wie er selbst; mit diesen hatte er vertrauteren Umgang als mit irgend jemandem sonst. Hoffmann, ein gewöhnlicher, urwüchsiger Bayer, immer zu Späßen aufgelegt, mit einer Schwäche für Saufgelage und derbe Scherze, verstand wenig von Politik; doch er war der einzige, dem es gestattet wurde, Hitler zu photographieren. Noch lange nachdem sein Freund Kanzler und Führer geworden war, genoß er eine Art Narrenfreiheit. Max Amann, Hitlers früherer Feldwebel, rauhbeinig, grob, aber ein zuverlässiger Geschäftsmann, wurde Verleger der Partei und machte ein Vermögen durch »Mein Kampf« und die Parteizeitungen. Ulrich Graf, Hitlers Leibwächter, war ein ehemaliger Fleischerlehrling und Amateurringkämpfer, der gerne krakeelte. Er ergänzte sich gut mit Christian Weber, einem ehemaligen Pferdehändler von großer Körperkraft, der als »Rausschmeißer« in verschiedenen Lokalen gearbeitet hatte und dessen geselliges Leben darin bestand, zahllose Seidel bayrisches Bier zu trinken.

Auch Röhms persönlicher Ruf war nicht der beste — später wurde seine Homosexualität offenkundig. Und Hermann Esser, der einzige Redner neben Hitler in jenen frühen Tagen, war ein junger Mann, den Hitler ganz offen einen Schurken nannte. Esser brüstete sich damit, von seinen zahlreichen Geliebten ausgehalten zu werden, und er war ein Spezialist im Ausgraben jüdischer Skandalgeschichten, die dann mit allen schlüpfrigen Einzelheiten im »Völkischen Beobachter« veröffentlicht wurden. Essers einziger Konkurrent war Julius Streicher, ein Nürnberger Volksschullehrer, der sich durch seinen radikalen, plumpen Antisemitismus hervortat. 1923 gründete Streicher die Zeitschrift »Der Stürmer«, in der er phantastische Berichte über jüdische Ritualmorde, jüdische Sexualverbrechen und über die in den sogenannten »Protokollen der Weisen von Zion« enthüllte jüdische Weltverschwörung abdruckte. Streicher schwelgte in Pornographie, und nie sah man ihn in der Öffentlichkeit ohne eine Peitsche. Daß es Hitler gelang, Streicher zu überreden, sich von der Deutsch-Sozialistischen Partei zu lösen und mit seiner Nürnberger Anhängerschaft zu den Nazis überzugehen, war für ihn ein kleiner Triumph. In »Mein Kampf« und auch im Dezember 1941 wich Hitler von seiner Gewohnheit ab und bedankte sich bei Streicher[91].

Hitler gab sich keinen Illusionen über die Art von Menschen hin, die seine Bewegung am Anfang anzog, doch wußte er ihren Wert wohl zu schätzen.

»Solche Elemente«, erklärte er später, »sind unbrauchbar in Friedenszeiten, aber in wirren Perioden ist das ganz anders ... Fünfzig Bürgerliche wären weniger wert gewesen als ein einziger dieser Männer. Mit welch blindem Vertrauen sie mir folgten! Im Grunde waren sie nur zu groß geratene Kinder ... Während des Krieges hatten sie mit aufgepflanztem Bajonett gekämpft und Handgranaten geworfen. Es waren ganz einfache Menschen von echtem Schrot und Korn. Sie wollten nicht, daß ihr Vaterland von jenem Abschaum ausverkauft würde, der durch die Niederlage nach oben gekommen war. Von Anfang an wußte ich, daß sich eine Partei nur mit solchen Elementen aufbauen ließ.

Und wie ich die Bourgeoisie hassen lernte! Wenn ein Bürgerlicher mir hundert oder zweihundert Mark gab, meinte er gleich, er hätte mir ein Vermögen vermacht. Aber diese braven Kerle, die waren wirklich bereit, Opfer zu bringen. Den lieben langen Tag arbeiteten sie, und nachts gingen sie auf Streife für die Bewegung. Ich hielt geradezu Ausschau nach Leuten mit abgerissenem Äußeren. Ein Bürger mit steifem Kragen hätte alles verdorben[92].«

Das waren die Männer, mit denen das »Wunder« des Nationalsozialismus zustande gebracht wurde.

Wovon Hitler während dieser Zeit lebte, ist völlig unklar. In dem Flugblatt, das im Juli 1921 die revoltierenden Ausschußmitglieder verfaßt hatten, lag darin einer der Hauptanklagepunkte gegen Hitler: »Auf Fragen seitens einzelner Mitglieder, von was er denn eigentlich lebe und welchen Beruf er früher gehabt habe, geriet er jedesmal in Zorn und Erregung. Eine Beantwortung dieser Fragen ist bis heute noch nicht erfolgt. Sein Gewissen kann also nicht rein sein, zumal sein übermäßiger Damenverkehr, bei denen er sich des öfteren schon als ›König von München‹ bezeichnete, sehr viel Geld kostet[93].«

Während des Beleidigungsprozesses, den das Flugblatt zur Folge hatte, wurde Hitler vom Gericht aufgefordert, einmal frei heraus zu sagen, wovon er lebe. Ob er zum Beispiel für seine Reden honoriert werde? »Wenn ich für die nationalsozialistische Partei spreche«, erwiderte Hitler, »dann nehme ich kein Geld für mich. Aber ich spreche auch als Redner in anderen Organisationen, zum Beispiel im Deutsch-Völkischen Schutz- und Trutzbund. Dann nehme ich natürlich Honorar. Ich esse auch abwechselnd bei einzelnen Parteigenossen zu Mittag. Außerdem werde ich von einigen Parteigenossen in bescheidener Weise unterstützt[94].« Hitler waren solche Nachforschungen offensichtlich peinlich, denn er veranlaßte Heß, einen offenen Brief an den »Völkischen Beobachter« zu schreiben, um die Leser davon zu überzeugen, daß der Führer auch in dieser Hinsicht über jeden Tadel erhaben war.

Die Wahrheit ist wohl die, daß Hitler in bezug auf Geld ebenso gleichgültig war wie seinerzeit in Wien, daß er von der Hand in den Mund lebte und sich wenig darum kümmerte, wer ihm die nächste Mahlzeit bezahlen werde. Zu dieser Zeit wohnte er in der Thierschstraße 41, einer ärmlichen Gegend in der Nähe der Isar. Er hatte dort lediglich ein kleines Zimmer; der Boden war mit Linoleum und einigen billigen Teppichen bedeckt.

Unter seinen Büchern befand sich eine Anzahl populärer Geschichtswerke[95] und Clausewitz' großes Werk »Über den Krieg«, das er ausführlich zitieren konnte. Sonst besaß er nur wenige Habseligkeiten. Er trug gewöhnlich einen alten schmutzigen Trenchcoat oder einen billigen Regenmantel und machte sich wenig aus seiner äußeren Erscheinung oder aus Bequemlichkeiten. Es war schon etwas mehr als ein Hauch von österreichischer »Schlamperei« an Hitler; er war einfach unfähig, in den Dingen des täglichen Lebens Ordnung oder Disziplin zu halten. Zwar konnte er sich zu ungewöhnlicher Anstrengung aufraffen, verfiel dann aber plötzlich wieder in Lethargie und Gleichgültigkeit.

Auch die Parteiangelegenheiten erledigte er auf die gleiche zwanglose Weise. Bis zu einem gewissen Grade war dies die Folge von Geldmangel und der dauernden Notwendigkeit, mit Aushilfskräften zu arbeiten. Kurt Lüdecke, einer der ersten Nazis, sagt in seinen Erinnerungen:

»Finanziell lebte die Organisation von der Hand in den Mund, ohne eine Reserve, aus der man die Mieten für Versammlungslokale, Druckkosten oder die vielerlei Ausgaben bezahlen konnte, in denen wir zu ertrinken drohten. Die einzige Einnahme, auf die wir uns stützen konnten, waren die Mitgliedsbeiträge, aber sie waren nur ein Tropfen auf den heißen Stein. Die Einnahmen aus den Sammlungen, die bei Massenversammlungen veranstaltet wurden, waren manchmal bedeutend, aber man konnte sich nicht darauf verlassen. Hin und wieder spendete ein Förderer einen größeren Betrag, und in einigen wenigen Fällen handelte es sich um wirklich bedeutende Spenden. Dennoch hatten wir niemals Geld genug. Am Kassenbestand gemessen waren unsere Ausgaben riesengroß. So manches Mal, wenn wir die Plakate für irgendeine welterschütternde Versammlung ankleben mußten, fehlte uns das Geld, die Plakatankleber zu bezahlen[96].«

Zweifellos erhielt Hitler Zuwendungen von Leuten, die mit den Zielen seiner Partei sympathisierten, aber sie sind, was ihren Umfang und ihre Bedeutung angeht, überschätzt worden. Hermann Aust, ein Münchner Industrieller, der im Prozeß nach dem Novemberputsch von 1923 als Zeuge vernommen wurde, sagte aus, daß er Hitler mit einer Reihe bayrischer Geschäftsleute und Industrieller bekannt gemacht habe und daß diese ihn aufgefordert hätten, bei ihren Zusammenkünften im »Herrenklub« und in der Münchner Handelskammer zu sprechen. Aust erhielt darauf von einigen anwesenden Herren Spenden für die Bewegung, die er an Hitler weiterleitete. Dr. Gansser stellte die Verbindung zwischen Hitler und einer Reihe Berliner Geschäftsleute her. Dietrich Eckart war großzügig, wenn es darum ging, Rechnungen zu erledigen, und auch Frau von Seydlitz und Frau Bechstein trugen sicherlich das Ihre dazu bei. 1923, als Hitler und Ludendorff sich zusammengefunden hatten, spendete Fritz Thyssen, der Aufsichtsratsvorsitzende der Vereinigten Stahlwerke, 100 000 Goldmark. Aber solch hohe Zuwendungen waren in jenen frühen Tagen selten.

Damals wurde von den Gegnern der Partei beharrlich das Gerücht ausgestreut, daß die Nazis von den Franzosen finanziert würden, aber es gibt kein konkretes Beweismaterial, das diesen Verdacht stützen könnte. In anderen Berichten heißt es, daß Hitler 1923 von der Schweiz unterstützt worden sei. Erst sehr viel später gelang es Hitler, an die großen politischen Fonds der deutschen Schwerindustrie an Rhein und Ruhr heranzukommen. In der Tat ist die Nazipartei zunächst mit sehr geringen Mitteln lanciert worden.

IV

Im Laufe dieser Jahre war die Situation in Deutschland keineswegs besser geworden: Vier Jahre nach Kriegsende war Deutschland immer noch eine kranke, ruhelose und uneinige Nation. Ein beträchtlicher Teil des Volkes stand der republikanischen Regierung feindlich gegenüber und wies den Gedanken an Loyalität weit von sich. Bereits achtzehn Monate nach der Errichtung der Republik, bei den Wahlen im Juni 1920, verloren die republikanischen Parteien viele Stimmen an die rechts- und linksradikalen Parteien. Die Sozialdemokraten und die Demokraten büßten die Hälfte der Stimmen ein, die sie bei den Wahlen im Januar 1919 erhalten hatten, und im gleichen Verhältnis sahen sich die Rechts- und Linksparteien größer werden. Noch ernster war es, daß viele Richter, Beamte und Militärs eine unverhohlene Parteilichkeit zur Schau trugen, wenn es sich um Fälle von Gewalttätigkeit oder gar Mord von seiten der Rechtsradikalen handelte.

1921, nach dem Mord an Erzberger, bemühte sich die Reichsregierung unter Wirth, ihre Autorität durchzusetzen. Die Kahr-Regierung in Bayern wurde gezwungen, die »Einwohnerwehr« und andere getarnte militärische Organisationen aufzulösen. Von Kahr überließ schließlich seinen Platz dem Grafen Lerchenfeld, einem gemäßigten Mann, der die Berliner Regierung zu unterstützen versuchte. Das war im September 1921. Die neue bayrische Regierung zwang Hitler, wenigstens einen der drei Monate Gefängnis abzusitzen (24. Juni bis 27. Juli 1922), zu denen er wegen der Störung der Ballerstedt-Versammlung verurteilt worden war, und zeigte sich überhaupt den radikalen Elementen gegenüber weit weniger freundlich als ihre Vorgängerin.

Aber die Ereignisse begünstigten die radikalen Strömungen. Im April 1921 hatten die Alliierten die Reparationsschuld auf 132 Milliarden Goldmark festgesetzt, und im Oktober übertrug der Völkerbund entgegen der Volksabstimmung in Oberschlesien ein größeres und wertvolleres Stück deutschen Gebietes an Polen. Angesichts dieser trüben Tatsachen fand die von Wirth und Rathenau befürwortete Erfüllungspolitik wenig Anklang. Erzberger war 1921 ermordet worden. Im Juni 1922 fand ein Attentat auf Scheidemann, der die Republik ausgerufen hatte, statt, und am 24. Juni wurde Walter Rathenau, der Außenminister und Reichskanzler Wirths rechte Hand, auf der Straße erschossen. Unterdessen hatte eine unheilvolle Entwicklung auf dem Geldmarkt begonnen. Die deutsche Mark, die noch Ende 1918 zum Dollar im Verhältnis von eins zu vier gestanden hatte, war im Sommer 1921 bereits auf 1:75 abgesunken. Im Sommer 1922 kostete ein Dollar 400 Mark, Anfang 1923 mehr als 7000. Diese wachsende Inflation vermehrte die Schwierigkeiten der Reichsregierung; sie sah sich gezwungen, die Alliierten um ein Moratorium für die Reparationszahlungen zu bitten.

Nach der Ermordung Rathenaus erließ die Regierung Wirth ein besonderes Gesetz zum Schutz der Republik, das Terrorakte unter schwere Strafen stellte. Darauf gab es in bayrischen Rechtskreisen lauten Protest. Schwer unter Druck gesetzt, erließ die Lerchenfeld-Regierung eine Notverordnung, die die Anwendung des neuen Gesetzes, soweit Bayern betroffen war, praktisch unterband. Das war mehr, als die Reichsregierung dulden konnte. Lerchenfeld mußte Berlin versprechen, seine Notverordnung wieder zurückzuziehen. Daraufhin setzte in Bayern eine neue Agitation ein, in deren Verlauf Röhm,

Pöhner und Dr. Pittinger, der den »Bund Bayern und Reich«, einen der größten antirepublikanischen Verbände, leitete, einen Staatsstreich gegen die Regierungen in München und Berlin planten. Hitlers Nationalsozialisten sollten mitmarschieren, und vom Wehrkreiskommando in München erwartete man Unterstützung.

Diese Pläne führten zu nichts, doch die bayrischen Rechtsparteien blieben weiterhin unruhig, und am 8. November 1922 sah Lerchenfeld sich genötigt, abzudanken und seinen Platz Eugen von Knilling zu überlassen. Gürtner, seiner nationalistischen Neigungen wegen bekannt, wurde bayrischer Justizminister, und am 16. November schlossen sich die bayrischen Rechtsorganisationen zu den »Vereinigten Vaterländischen Verbänden« zusammen. Zur selben Zeit spaltete sich in Norddeutschland von der Deutschnationalen Partei eine »Deutschvölkische Freiheitspartei« ab. Ludendorff, ein rabiater Nationalist, während des Krieges Deutschlands Militärdiktator, lebte jetzt in Ludwigshöhe in Bayern und wurde zum wichtigen Bindeglied zwischen der Deutschvölkischen Freiheitspartei und den antirepublikanischen Elementen des Südens. Mussolinis erfolgreicher Marsch auf Rom im Oktober 1922 bot das Vorbild für einen ähnlichen Versuch in Deutschland und wurde als ein glückliches Vorzeichen angesehen.

Hitler hatte an der Agitation gegen das Gesetz zum Schutz der Republik aktiven Anteil genommen. Nationalsozialistische Formationen einschließlich der SA waren am 11. August 1922 zu einer großen Massendemonstration auf dem Königsplatz in München aufmarschiert, die von den Vereinigten Vaterländischen Verbänden organisiert worden war. Hitler hielt die Hauptrede. Er hatte sich auch bereit erklärt, bei dem geplanten Staatsstreich, den Pittinger organisieren sollte, mitzumachen, und war mit seiner Partei den im November gegründeten Vereinigten Vaterländischen Verbänden beigetreten.

Zur selben Zeit jedoch entwickelte sich auch ein Konflikt zwischen Hitler und den bayrischen Behörden, der den Schlüssel zum Verständnis der verworrenen Ereignissen während der Monate vom November 1922 bis zum November 1923 bietet. Es ging um drei verschiedene Streitfragen. Die erste galt dem Umfang, den die Spannung zwischen Bayern und der Reichsregierung annehmen sollte. Die zweite war die politische Nutzanwendung dieser Spannung: sollte Bayern wieder Monarchie werden, eine größere Autonomie erhalten oder gar — wie die radikalen Partikularisten hofften — mit Österreich vereint einen katholischen Staat bilden; oder sollte — wie Hitler es forderte — die Republik in Berlin gestürzt und durch ein nationalistisches Regime ersetzt werden, ohne die Einheit des Reichs und die Zentralgewalt seiner Regierung zu zerstören? Die dritte Frage galt der Rolle, die Hitler und der Nationalsozialismus bei dieser Entwicklung spielen würden: sollten sie weiterhin eine nützliche Hilfstruppe für die bayrische Regierung und deren Träger, die »anständige« Bayrische Volkspartei, abgeben oder die Führung bei einem etwaigen Umsturz ergreifen, der die »Novemberverbrecher« in Berlin hinwegfegen und Hitler an die Macht bringen würde?

Aus guten Gründen sind diese Streitfragen damals niemals klar und deutlich erörtert worden. Hitler seinerseits verfügte weder über die Anhänger noch über die Mittel, um selbständig handeln zu können. Er war nur dann in der Lage, Einfluß auf die Ereignisse zu nehmen, wenn er die bayrische Staatsregierung, die andern nationalistischen Gruppen Bayerns und das Münchner Wehrkreiskommando dazu überreden konnte, mit ihm zu gehen. Soviel er auch im privaten Kreis gegen sie wütete, er war doch genötigt, ihnen gegenüber verbindlich zu bleiben und zu versuchen, sie für sich zu gewinnen. Die bayrischen Behörden dagegen erkannten zwar Hitlers Nützlichkeit als Agitator, hatten sich aber oft genug über ihn geärgert und waren vor allem über seinen Anspruch verstimmt, als gleichberechtigter Partner behandelt zu werden; und so blieben sie bestrebt, die Kontrolle über die kleine, aber politisch gefährliche Partei zu behalten. In der Tat bestanden innerhalb der bayrischen Regierung Meinungsverschiedenheiten über die Politik, die man den Nazis gegenüber anzuwenden hatte. Während der Innenminister, Franz Schweyer, gegen Hitler war und bereits seine Ausweisung nach Österreich vorgeschlagen hatte, sahen der neue Ministerpräsident Knilling und der Justizminister Gürtner in den Nazis eine Kraft, die sich gut verwenden ließ, wenn man sie nur in der Hand behielt. Außerdem waren die bayrischen Behörden — im Gegensatz zu Hitler — Berlin gegenüber unsicher; sie wußten nicht, wie weit man den Konflikt mit Berlin gedeihen lassen sollte, und auch nicht, welche Folgen daraus erwachsen konnten, so daß sie mehrmals den Kurs wechselten und untereinander häufig uneinig waren. Wahrhaftig, Hitler war einer der wenigen in Bayern, der wußte, was er wollte. Aber es fehlte ihm an der Macht, seine Ansichten bei den bayrischen Behörden durchzusetzen, und so mußte er entweder heucheln oder Kompromisse schließen, wenn er nicht Gefahr laufen wollte, seine Kraft zu überspannen.

Der latente Konflikt zwischen Hitler und den Männern, die es in der Hand gehabt hätten, seine Pläne in die Tat umzusetzen, wurde gegen Ende des Jahres 1922 offensichtlich. Seit seiner Haftentlassung im Juli war Hitler in seinen Reden immer aggressiver geworden. Am 18. September sagte er auf einer Kundgebung im Zirkus Krone:

»Wir fordern Abrechnung mit den Novemberverbrechern von 1918. Es kann nicht sein, daß zwei Millionen Deutsche umsonst gefallen

sind und man sich mit Verrätern später an einem Tisch freundschaftlich zusammensetzt. Nein, wir verzeihen nicht, sondern fordern — Vergeltung! Die nationale Entehrung hat ein Ende zu nehmen. Vaterlandsverräter und Denunzianten gehören an den Galgen[97].«
Und im November sagte er:
»Die Marxisten dachten: Und willst du nicht mein Bruder sein, so schlag' ich dir den Schädel ein. Unser Motto lautet: Und willst du nicht ein Deutscher sein, so schlag' ich dir den Schädel ein. Denn wir wissen, daß wir ohne einen Kampf keinen Erfolg haben werden. Wir müssen mit Ideen kämpfen, aber wenn es sein muß, auch mit unseren Fäusten[98].«

Im selben Monat November ließ Innenminister Schweyer Hitler zu sich kommen und warnte ihn vor den Folgen seiner aufreizenden Propaganda. Vor allem ließ er ihn nicht darüber im unklaren, daß die Polizei schießen würde, wenn Hitler versuchen sollte, Gewalt anzuwenden. Hitler rief erregt: »Herr Minister, ich gebe Ihnen mein Ehrenwort, ich werde nie in meinem Leben einen Putsch machen! Herr Minister, mein Ehrenwort, nie im Leben einen Putsch!« Schweyer antwortete darauf: »Alle Achtung vor Ihrem Ehrenwort, aber wenn Sie weiter solche Reden halten wie bisher, wird der Strom eines Tages von selber losbrechen ... und Sie werden mitschwimmen[99].«

Ende November wurde Hitlers wichtigster Verbindungsmann zur Reichswehr, Röhm, seiner Stellung als Adjutant des Generalmajors Ritter von Epp, des Kommandeurs der Infanterie in Bayern, enthoben. Er wurde zum Stab des Generals von Lossow versetzt, der vom Oberkommando in Berlin eingesetzt worden war, um die Münchner Garnison von den gefährlichen Elementen, mit denen Röhm sich eingelassen hatte, fernzuhalten.

In den folgenden Monaten zeigten dann auch weder die bayrische Regierung noch das Münchner Wehrkreiskommando die geringste Neigung, sich ihre Politik von dem jungen Agitator vorschreiben zu lassen, der sich manchmal wie ein Halbverrückter gebärdete. Dennoch machte Hitler weiter, wenn er auch eine Abfuhr nach der anderen einstecken mußte. Woher seine Hartnäckigkeit? Zweifellos kam sie zum Teil aus seinem Ehrgeiz und aus seiner Arroganz, zum andern aber auch aus der Überschätzung der eigenen Bedeutung und der falschen Beurteilung der Situation in Bayern. Darüber hinaus gab es noch etwas anderes, das ihn mächtig antrieb: sein Glaube, daß die Zustände von 1923 eine günstige Gelegenheit böten, das bestehende Regime endgültig zu stürzen. Er hatte Sorge, daß die bayrischen Behörden, wenn man sie nicht drängte, diese günstige Gelegenheit ungenutzt vorübergehen lassen würden, und ferner, daß der Konflikt zwischen München und

Berlin beigelegt und er selbst bei einem etwaigen Abkommen ausgeschlossen werden könne. Die Fehler, die Hitler im Jahre 1923 machte, entsprangen der verzehrenden Ungeduld eines Mannes, der seine Stunde gekommen sah, aber nicht die Mittel hatte, sie wahrzunehmen. So geriet er in die Versuchung, sich zu übernehmen.

Der Nationalsozialismus war ein Phänomen, das nur in einem ganz besonderen Zustand von Unordnung und Unsicherheit gedeihen konnte. Solch ein Zustand herrschte in Deutschland bereits seit der Niederlage von 1918. Im Jahre 1923 tauchten aber noch zwei weitere Faktoren auf, die das am höchsten industrialisierte Land des europäischen Kontinents an den Rand der wirtschaftlichen und politischen Auflösung brachten: die Ruhrbesetzung und der Währungsverfall.

Im Herbst 1922 waren die Verhandlungen, die Deutschland mit den Alliierten über die Reparationszahlungen führte, in eine Sackgasse geraten. Angesichts der wirtschaftlichen Schwierigkeiten des Landes erklärte sich die deutsche Regierung außerstande, die Zahlungen fortzusetzen, und bat um ein Moratorium. Die französische Regierung unter Poincaré weigerte sich, irgendwelche Konzessionen zu machen. Poincaré war überzeugt, daß Deutschland sehr wohl in der Lage, aber nicht willens sei, die Zahlungen zu leisten. Er nahm die rückständigen deutschen Holzlieferungen zum Vorwand, um am 11. Januar 1923 französische Truppen ins Ruhrgebiet einmarschieren zu lassen. Die Ruhrbesetzung, die noch stärkere wirtschaftliche Sanktionen für Deutschland mit sich brachte, wurde sehr bald zu einer Kraftprobe zwischen den beiden Ländern. Das Ruhrgebiet war das Herz der deutschen Industrie: es bestritt nach dem Verlust von Oberschlesien 80% der deutschen Stahl- und Eisenproduktion und mehr als 80% der gesamten deutschen Kohlenförderung. Seine Abtrennung von Deutschland, so wie die Franzosen sie bewerkstelligten, bedeutete die Lahmlegung des Wirtschaftslebens im ganzen Lande. Vor den Folgen schreckte Poincaré nicht zurück. Es hatte den Anschein, daß er in der rücksichtslosen Anwendung der Bestimmungen des Versailler Vertrags einen Ersatz suchte für das, was Frankreich am Ende des Kriegs nicht geglückt war: für eine Politik der Vernichtung Deutschlands. Und die Unterstützung, die die Franzosen der höchst verdächtigen separatistischen Bewegung angedeihen ließen, war geeignet, diesen Anschein noch zu verstärken.

Das Ergebnis der französischen Ruhrbesetzung war eine Einmütigkeit in Deutschland, wie sie seit den ersten Kriegstagen nicht mehr bestanden hatte. Die deutsche Regierung rief zum passiven Widerstand auf, was einen erbitterten Kampf auf beiden Seiten veranlaßte, der auf die französischen und belgischen Besatzungszonen übergriff. Aus dem passiven Widerstand wurde rasch ein kalter Krieg. Die Waffen der einen Seite waren Streiks, Sabotage und Partisanenkämpfe, die der anderen Verhaftungen, Deportationen und wirtschaftliche Blockade.

Die Ruhrbesetzung gab der entwerteten Mark den letzten Stoß. Am 1. Juli 1923 stand der Dollar auf 160000 Mark, am 1. August auf 1 Million, am 1. November auf 130 Milliarden. Der Zusammenbruch der Währung bedeutete aber nicht allein den Tod des Handels, Bankerotte, Lebensmittelknappheit in den Großstädten und Arbeitslosigkeit, sondern er ging, wie es allein bei einer solchen wirtschaftlichen Katastrophe der Fall ist, bis in die untersten Schichten hinein; jeder einzelne wurde betroffen, und zwar in einer Weise, wie sie kein politisches Ereignis zu bewirken vermag. Mit einer Erbarmungslosigkeit, die in keiner Revolution ihresgleichen hat, wurden mit einem Schlage die Ersparnisse des Mittelstandes und der Arbeiterschaft ausgelöscht. Gleichzeitig sank die Kaufkraft der Löhne auf ein Nichts. Selbst wenn jemand bis zum Umfallen arbeitete, war er nicht in der Lage, seine Familie ausreichend zu bekleiden — und Arbeit gab es nicht einmal.

Welches auch immer die Ursache der Inflation gewesen sein mag — es gab Kreise, die an ihr profitierten und sie eigensüchtig zu verlängern suchten —, das Ergebnis war die Aushöhlung der Grundlagen der deutschen Gesellschaft, und das in einem Grade, wie ihn weder der Krieg noch die November-Revolution, noch der Versailler Vertrag erreicht hatten. Die wirkliche Revolution in Deutschland war die Inflation, denn sie zerstörte nicht nur Besitz und Geld, sondern auch den Glauben an den Besitz und an die Bedeutung des Geldes. Die Heftigkeit, mit der Hitler das »korrupte jüdisch beeinflußte« System anklagte, weil es das alles zugelassen habe, und die Schärfe, mit der er den Versailler Vertrag und die republikanische Regierung angriff, weil sie ihn unterschrieben habe, fanden ihren Widerhall in dem Elend und der Verzweiflung weiter Kreise des deutschen Volkes.

Hitler erkannte seine Chance ziemlich klar, doch schwerer zu erkennen war es, wie er sie am vorteilhaftesten wahrnehmen könnte. Partei und SA waren trotz ihres Anwachsens eine auf Süddeutschland beschränkte provinzielle Bewegung, die außerhalb Bayerns weder Organisationen hatte, noch Unterstützung fand. Die Nationalsozialisten fühlten sich noch nicht stark genug, um die Republik aus eigener Kraft zu stürzen. Sie konnten es nur tun, wenn es Hitler gelang, alle nationalistischen und antirepublikanischen Gruppen zu vereinigen und den Schutz machtvollerer Kräfte — in erster Linie die bayrische Regierung und das Münchner Wehrkreiskommando — für einen Marsch auf Berlin zu erlangen. Der Erreichung dieser beiden Ziele widmete Hitler seine ganze Energie während des Jahres 1923.

Allerdings lebte er ständig in der Sorge, daß die Ereignisse ihm zuvorkommen könnten. In den ersten Monaten des Jahres 1923 fürchtete er, die Ruhrbesetzung werde das deutsche Volk dazu bringen, sich einig hinter seine Regierung zu stellen. An der nationalen Einheit war Hitler aber nur dann interessiert, wenn er sie für sich auszunutzen vermochte; sein wahrer Feind stand nicht an der Ruhr, sondern in Berlin. Im »Völkischen Beobachter« schrieb er: »Solange eine Nation nicht die Mörder innerhalb ihrer Grenzen hinwegfegt, ist ein Erfolg nach außen unmöglich. Während mündlich und schriftlich gegen Frankreich protestiert wird, lauert der wahre Todfeind des deutschen Volkes innerhalb seiner Mauern ... Nieder mit den Novemberverbrechern, mit all ihrem Unsinn über eine einige Front.«

In einer Zeit, in der die Regierung zum passiven Widerstand aufgerufen hatte und die Wellen des Nationalgefühls hoch gegen Frankreich brandeten, waren solche Töne unpopulär. Um die Menschen auf sich aufmerksam zu machen, beorderte Hitler Ende Januar 1923 5000 SA-Männer zu einer Kundgebung nach München. Die Behörden erließen prompt ein Verbot, Hitler ging zu Nortz, dem neuen Polizeipräsidenten, der an die Stelle des mit den Nazis sympathisierenden Pöhner getreten war, und bat ihn flehentlich, das Verbot aufzuheben. Als Nortz dies verweigerte, begann Hitler zu toben: die SA würde auch dann marschieren, wenn die Polizei schießen sollte. Die Antwort, die die bayrische Regierung darauf gab, war die, daß zwölf weitere Versammlungen, auf denen Hitler sprechen wollte, verboten wurden. Hitler war zu überheblich geworden; es war Zeit, ihn zu ducken.

Selbst Röhm, der bei General von Lossow intervenierte, gelang es zunächst nicht, einen Widerruf dieser Verfügung zu erreichen. Erst als Lossow sich vergewissert hatte, daß er sich auf seine Offiziere verlassen konnte und sie notfalls auf die Nationalsozialisten schießen würden — ein bezeichnender Haltungswechsel —, versprach er Röhm und Epp, der Regierung mitzuteilen, »daß er im Interesse der nationalen Verteidigung eine Schikane gegen die nationalen Elemente bedauern würde«. Daraufhin wurde das Verbot aufgehoben, und Hitler hielt seine Demonstration ab.

In seiner Rede auf dem ersten Parteitag machte Hitler kein Geheimnis aus seiner Hoffnung, daß es der Berliner Regierung mißlingen möge, das Volk im Widerstand gegen Frankreich zu einigen.

»Wer den Wunsch hat, daß jeder einzelne Deutsche von diesem heiligen Feuer (der Begeisterung für die Größe des Vaterlandes) ergriffen wird, muß sich darüber klarwerden, daß zuerst die Erzfeinde der deutschen Freiheit, nämlich die Verräter des deutschen Vaterlandes, beseitigt werden müssen ... Wir müssen immer daran denken, daß bei irgendeinem neuen außenpolitischen Konflikt der deutsche Siegfried wieder den Dolchstoß von hinten bekommen wird[100].«

Hitler war an der französischen Ruhrbesetzung nur insoweit interessiert, als sie geeignet schien, einen für die Machtergreifung günstigen Zustand in Deutschland heraufzubeschwören. Er hatte Umsturzpläne, und der Nationalismus diente ihm als ein Mittel zu diesem Zweck. Er hatte keinen Sinn für das Gerede von nationaler Erhebung und neuem Freiheitskrieg, das nur die Position der deutschen Regierung festigen und die Aufmerksamkeit auf den äußeren Feind ablenken konnte. Die Zeit der Abrechnung mit den Franzosen war erst dann gekommen, wenn die Republik gestürzt war. In dem Punkte wichen Hitlers politische Auffassungen wesentlich von denen der Reichswehr und der ehemaligen Freikorpsoffiziere, wie Röhm, ab. Diese dachten an einen Revanchekrieg gegen Frankreich[101].

Eine solche Meinungsverschiedenheit bestand zwischen Hitler und Röhm auch von Anfang an bezüglich der SA. Röhm war mit Leib und Seele Soldat. Ihm wie auch den anderen aktiven und ehemaligen Offizieren, die bei der Ausbildung der SA mithalfen, war es das Wichtigste, unter Umgehung des Versailler Vertrags insgeheim eine Streitmacht aufzubauen. Die Sturmabteilungen der Partei galten ihnen als ein Mittel zu diesem Zweck, so wie auch die Freikorps, die Wehrverbände und die Einwohnerwehr eine getarnte Reservearmee gewesen und dazu benutzt worden waren, die kleine reguläre Armee zu ergänzen, die Deutschland nach dem Friedensvertrag noch erlaubt war. Im Ausbruch des kalten Krieges mit Frankreich glaubten die Armeeführer das Vorspiel zum heißen Krieg zu sehen. Um die Reichswehr zu stärken, war beabsichtigt, halbmilitärische Formationen wie die SA heranzuziehen. Es mußte darum alles getan werden, ihre militärische Schlagkraft auf eine gewisse Höhe zu bringen, und Röhm selbst stürzte sich in die Aufgabe, die SA zu drillen und sie bis zum Herbst 1923 auf eine Stärke von 15000 Mann zu erweitern.

An erster Stelle stand für Hitler die Partei, nicht die Armee, und sein Ziel war die politische Machtergreifung. Die SA war für ihn keineswegs eine getarnte Armeereserve; sie war eine politische Truppe, die für politische Zwecke gedacht war. Klarsichtiger als Röhm und seine Freunde hatte Hitler erkannt, daß es nicht der richtige Weg war, in den bayrischen Wäldern Soldat zu spielen oder gar einen Kleinkrieg gegen die Franzosen an der Ruhr zu führen, wenn Deutschlands nationale und militärische Macht wiederaufgebaut und die Entscheidung von 1918 rückgängig gemacht werden sollte. Das hätte angesichts der militärischen Überlegenheit Frankreichs zu keinem guten Ende geführt. Notwendigerweise mußte mit der Eroberung der politischen

Macht im Staate begonnen werden, und dazu war die SA da. Wenn das erst einmal erreicht war, würde alles übrige von selber folgen — so wie es dann auch 1933 geschah[102].

Eine Zeitlang hatte es so ausgesehen, als seien die Reichswehrführer bereit, ihre Kräfte für diesen Zweck einzusetzen: der erfolglose Kapp-Putsch von 1920 war von Teilen der Reichswehr unter der Führung von General von Lüttwitz unterstützt worden. Fanden sich jedoch die Generale nicht zu einem Staatsstreich bereit, so mußte Hitler befürchten, daß die zu große Abhängigkeit von der Armee ihm die Hände binden könnte.

Daher war Hitlers Abneigung und Widerstand gegen eine Erweiterung der SA unter der Schirmherrschaft der Reichswehr völlig logisch. Und als er sich 1924 daransetzte, die Partei wiederaufzubauen, betonte er in »Mein Kampf« nachdrücklich, daß die SA nicht wieder ein getarnter Wehrverband sein werde.

Im Jahre 1923 sah sich Hitler allerdings noch gezwungen, mit denen zusammenzuarbeiten, die hierzu gewillt waren. Es war hauptsächlich Röhm zu danken, daß sich die Nationalsozialisten Anfang Februar mit vier anderen nationalistischen Verbänden zusammenschließen konnten: mit der »Reichsflagge« unter Hauptmann Heiss, mit dem »Kampfverband Niederbayern« unter Leutnant Hoffmann, die man beide überredet hatte, sich von dem vorsichtigeren Pittinger zu lösen und zu Hitler zu stoßen, ferner mit Zellers »Vaterländischen Vereinen Münchens« und schließlich mit Mulzers »Bund Oberland«. Ein gemeinsames Komitee wurde gegründet und Oberstleutnant Kriebel zum Führer dieser »Arbeitsgemeinschaft der Vaterländischen Kampfverbände« ernannt. Wegen der Intrigen und Eifersüchteleien zwischen den nationalistischen Organisationen war es nur unter größten Schwierigkeiten möglich gewesen, diese Arbeitsgemeinschaft zustande zu bringen. Im weiteren Verlauf des Jahres 1923 arbeiteten Hitler und Röhm eifrig daran, möglichst viele andere Gruppen heranzuziehen und Hitler eine Stellung als politischer Führer zu verschaffen, wie sie Kriebel als militärischer Führer innehatte.

V

Wenn man schon die bayrische Regierung nicht für die Idee eines Marsches auf Berlin gewinnen konnte, wie dann die Armee? Als Seeckt, der Chef der Reichswehr, Bayern im März 1923 während einer Inspektionsreise besuchte, überredete ihn General von Lossow, den neuen politischen Propheten, der in München aufgetaucht war, doch einmal zu treffen. Hitler hielt einen langen Vortrag, in dem er sofortige Maßnahmen gegenüber den Franzosen und der republikanischen Regierung verlangte, die die französische Besetzung der Ruhr duldete. Seeckt blieb völlig kalt und ungerührt[103], Lossow und seine Mitarbeiter jedoch waren tief beeindruckt, wie der General später selbst zugab. Im Laufe des April sprach Hitler nahezu täglich bei Lossow vor, aber der bayrische Armeebefehlshaber war ebensowenig bereit, irgendwelche Maßnahmen zu riskieren, wie die bayrischen Politiker. Alle Hitler-Reden von damals haben das gleiche Thema:

»Bis auf den heutigen Tag ist das Halbe und Laue der Fluch Deutschlands geblieben ... Zur Befreiung gehört mehr als Wirtschaftspolitik, gehört mehr als Fleiß, zum Freiwerden gehört Stolz, Wille, Trotz, Haß und wieder Haß! Wir haben die Pflicht, darüber zu reden, da wir in naher Zukunft mit der Macht auch die weitere Pflicht haben werden, diese Verderber, Lumpen und Hochverräter an den Galgen zu hängen, an den sie gehören. Glaube nur niemand, daß sie sich etwa gewandelt hätten[104]!«

Hitlers Haß richtete sich nicht gegen Frankreich, sondern immer noch gegen die Republik, die er als eine korrupte und von Juden beherrschte Einrichtung bezeichnete. Was die Juden betraf, so konnte ihm keine Anschuldigung wüst genug sein. Aber seine bitterste Verachtung hatte er für die »anständigen« Rechtsparteien aufgehoben, da sie zu zaghaft handelten.

»Lassen Sie die Hoffnung fahren, daß von rechts etwas zu erwarten ist für die Freiheit des deutschen Volkes! Da fehlt das Elementarste: der Wille, der Mut und die Energie[105].«
»An uns tritt nun die Frage heran: Wollen wir Deutschland wieder zu Freiheit und Macht bringen? Wenn ja, dann retten wir es zuerst vor seinem Verderber, dem Juden ... Jawohl, Sturm wollen wir erregen! Die Menschen sollen nicht schlafen, sondern sie sollen wissen, daß ein Gewitter heraufzieht. Wir wollen vermeiden, daß auch unser Deutschland den Kreuzestod erleidet[106]!«

Doch nicht einmal die Zeitungen berichteten über Hitlers Reden.
Um die Aufmerksamkeit auf sich zu lenken, faßten Ende April die Nazis und ihre Verbündeten den Entschluß, die traditionelle Kundgebung der Sozialisten und Gewerkschaften am 1. Mai in München zu stören, falls die bayrische Regierung ihrer Forderung nicht nachgab und diese Demonstration verbot. Das Protokoll der Versammlung vom 30. April, auf der dieser Entschluß gefaßt wurde, ist später von einem Untersuchungsausschuß des bayrischen Landtags aufgefunden worden[107].

Nach der Versammlung ging Hitler zu General von Lossow, wurde aber von ihm kühl aufgenommen. Als Hitler dann unter dem Vorwand, es drohe ein kommunistischer Putsch, die Waffen forderte, die in den Kasernen lagerten, lehnte Lossow ab und fügte hinzu, daß die Reichswehr auf jeden schießen werde, der die Ruhe der Straße störe, ganz gleich, welcher Partei er angehöre. Oberst Seißer, der Kommandeur der Staatspolizei, gab die gleiche Antwort.

Hitler hatte sich nun selbst in eine schwierige Lage gebracht. An die SA und andere Formationen waren bereits Alarmbefehle ergangen, und selbst aus entfernteren Städten wie Landshut und Nürnberg trafen die Leute in München ein in der Hoffnung, daß der langerwartete Putsch nun endlich losbreche. Es war für Hitler zu spät, abzublasen, wenn er nicht an Ansehen verlieren wollte. So blieb ihm nichts anderes übrig, als die Aktion fortzusetzen. Die SA verfügte über beträchtliche Mengen an Waffen — die Landshuter Gruppe unter Gregor Strasser und Himmler hatte 140 Karabiner und eine Anzahl leichter Maschinengewehre mitgebracht —, und im letzten Augenblick war noch Röhm, von einer Schar von SA-Leuten begleitet, mit Lastwagen zu den Kasernen gefahren, hatte sich durch einen Bluff Einlaß verschafft und an Waffen mitgenommen, was er brauchte.

Aber diesmal waren Hitler und Röhm zu weit gegangen. Am Morgen des 1. Mai, während die Sozialisten friedlich durch die Straßen Münchens marschierten, versammelten sich auf dem Oberwiesenfeld, einem großen Paradeplatz in einem Vorort der Stadt, über 20000 SA-Leute und warteten auf Befehle. Hitler trug einen Stahlhelm und sein Eisernes Kreuz. In seiner Begleitung waren Göring, der Befehlshaber der SA, der Tierarzt Dr. Friedrich Weber und Hauptmann Heiss, die Führer von »Bund Oberland« und »Reichsflagge«, Rudolf Heß, Streicher, Frick, Gregor Strasser, Himmler und der berüchtigte ehemalige Freikorpsführer Leutnant Roßbach, der die Münchner SA anführte. Der militärische Oberbefehl lag in den Händen von Oberstleutnant Kriebel.

Während die Vormittagsstunden vergingen, wurde Hitler immer nervöser: das mit Röhm verabredete Signal blieb aus. Doch Röhm stand unterdessen in strammer Haltung vor einem zornigen General von Lossow und wurde über seine Soldatenpflicht belehrt. Als er dann gegen Mittag auf dem Oberwiesenfeld eintraf, war er von einer bewaffneten Abteilung Reichswehr und Polizei eskortiert, die sofort eine Sperrkette um die SA-Leute zogen. Röhm überbrachte die unmißverständliche Aufforderung, die Waffen sofort zurückzugeben, da sonst Hitler für die Folgen aufzukommen habe. Gegen den Rat von Gregor Strasser und Kriebel, die auf Grund ihrer zahlenmäßigen Überlegenheit hofften, die Reichswehr überwältigen zu können, kapitulierte Hitler. Noch am selben Nachmittag wurden die Waffen in die Kasernen zurückgebracht. Obwohl Hitler sich in seiner Rede auf dem Oberwiesenfeld und auch am Abend im Zirkus Krone bemühte, für den »Aufschub« der Aktion Erklärungen zu finden, so ließ sich doch nicht die Tatsache verschleiern, daß sein Bluff mißlungen war. Vor den Augen von Tausenden seiner Anhänger hatte er die Demütigung einer offenen Niederlage auf sich nehmen müssen. Dies — so müssen seine bitteren Gedanken gewesen sein — war die Frucht einer zu großen Abhängigkeit von der Reichswehr.

Nach dem 1. Mai verschwand Hitler für einige Zeit von der politischen Bühne. In der frühen Ausgabe seiner Reden ist zwischen dem 4. Mai und dem 1. August nicht ein einziger Anlaß erwähnt, bei dem er gesprochen hätte. Er war nur gelegentlich in München und verbrachte einen großen Teil des Sommers in Berchtesgaden[108]. Auch Röhm verschwand im Mai aus München; er kehrte erst nach dem 19. September zurück. Trotz des Fiaskos führte der 1. Mai zu keiner der Folgen, die man hätte erwarten müssen. Das hatte zwei Gründe: erstens die zweideutige Haltung der bayrischen Behörden und zweitens die wachsende Krise in Deutschland.

Nach dem Gesetz hätte Hitlers Verhalten am 30. April und am 1. Mai aufs schwerste bestraft werden müssen, aber nichts wurde gesagt oder getan, um seine Handlungsfreiheit in Zukunft einzuschränken. Zwar leitete der Staatsanwalt sofort ein Verfahren ein, aber die Untersuchung wurde am 1. August plötzlich eingestellt; der nächste Aktenvermerk des Staatsanwalts, datiert mit dem 22. Mai 1924, erwähnt, daß der Fall niedergeschlagen sei. Hitler persönlich hatte an den Staatsanwalt geschrieben: »Da ich seit Wochen in der Presse und im Landtag in schamloser Weise beschimpft werde, ohne in der Lage zu sein, mich öffentlich zu verteidigen und zu sagen, was ich als meine Pflicht dem Vaterland gegenüber ansehe, danke ich es jetzt der Vorsehung, daß sie es mir möglich macht, mich vor einem Gerichtshof zu verteidigen, vor dem ich offen sprechen kann[109].«

Der Wink war verstanden worden. Franz Gürtner, der bayrische Justizminister, hatte sich eingeschaltet, um eine Fortführung des Verfahrens zu verhindern. Als Röhm mitgeteilt wurde, daß er wegen seiner Rolle am 1. Mai nach Bayreuth versetzt werden solle, quittierte er den Dienst und beschwerte sich beim Kommandeur der Münchner Garnison, General von Danner, über Lossow. Wieder einmal wurde die Angelegenheit beigelegt. Röhm zog sein Entlassungsgesuch zurück, und Lossow sorgte dafür, daß die Genehmigung des Entlassungsgesuches, die bereits telegraphisch aus Berlin eingetroffen war, zurückgezogen wurde. Statt dessen nahm Röhm einen Krankheitsurlaub und behielt seine Stellung im Stabe von Lossows.

Diese nachgiebige Haltung der bayrischen Regierung und der Reichswehr legt die Vermutung nahe, daß das eigentliche Vergehen Hitlers und Röhms Indiskretion und verfrühtes Losschlagen gewesen waren und daß man auf günstigere Umstände für einen solchen Versuch gewartet hatte. Im August und im September 1923 sah es so aus, als seien diese günstigeren Umstände infolge der Zuspitzung der politischen und wirtschaftlichen Lage in Deutschland nahegerückt.

Die Ruhrbesetzung dauerte an, aber das Gefühl nationaler Einigkeit, das anfänglich in Deutschland geherrscht hatte, war verschwunden. Die zunehmende Inflation, die verzweifelte wirtschaftliche Lage, in der sich Millionen von Deutschen befanden, und das Anwachsen des Rechts- wie auch des Linksradikalismus schienen das Land an den Rand des Bürgerkriegs gebracht zu haben. Die Reichsregierung unter Cuno kämpfte mit Problemen, die ihr über den Kopf zu wachsen drohten, und am 11. August forderten die Sozialdemokraten den Rücktritt der Regierung.

Stresemann, der an Stelle von Cuno Reichskanzler wurde, schien zunächst nicht besser als sein Vorgänger in der Lage zu sein, der Schwierigkeiten Herr zu werden. Denn die Mark sank weiter. Es kam zu ausgedehnten Streiks und in den Arbeitervierteln zu Aufständen unter kommunistischer Führung. Nahrungsmittelzüge und Lastwagen wurden von der halbverhungerten Stadtbevölkerung überfallen. Die Franzosen unterstützten weiter den rheinischen Separatismus, und wie Bayern schien auch das Rheinland reif für einen Bruch mit Berlin zu sein.

Ermutigt durch die wachsende Unordnung und die immer schärfer werdende Spannung zwischen Berlin und München, nahm Hitler im August seine Agitation wieder auf. Die Tatsache, daß Stresemann aufs äußerste bestrebt war, den bis zur Erschöpfung geführten passiven Widerstand an Ruhr und Rhein zu beenden, brachte Hitler in die Lage, einen Frontwechsel vorzunehmen. Er konnte jetzt eine Richtung verfolgen, die viel populärer war: er klagte die Berliner Regierung an, den nationalen Widerstand gegen die Franzosen verraten und der fortschreitenden Inflation freien Lauf gelassen zu haben.

Am 2. September, dem Jahrestag des deutschen Sieges über die Franzosen in der Schlacht bei Sedan 1870, wurde in Nürnberg mit einer gewaltigen Kundgebung und unter größter Begeisterung der »Deutsche Tag« gefeiert. Nach Schätzungen der Polizei haben hunderttausend Menschen daran teilgenommen. Alle patriotischen Verbände waren vertreten. Während ihres Vorbeimarsches stand Hitler neben Ludendorff; hinterher hielt er eine seiner üblichen scharfen Reden, mit denen er die Regierung schmähte.

Bedeutungsvoll war Ludendorffs Anwesenheit. Sein Ruf als großer Feldherr und als unversöhnlicher Gegner der Republik ließ ihn in den

Augen der Rechtsradikalen als Held erscheinen. Außerdem genoß er beträchtliches Ansehen bei der Reichswehr. Es gab niemanden, der besser geeignet gewesen wäre, den Vorsitz bei einer Vereinigung der streitsüchtigen und aufeinander eifersüchtigen patriotischen Verbände zu übernehmen, und Hitler hatte vorsorglich schon seit geraumer Zeit enge Beziehungen zu dem alten Mann aufgenommen. Ludendorff war kein politischer Führer: in politischen Dingen war er ebenso unklug wie taktlos. Er mochte die Bayern nicht, stand mit Kronprinz Rupprecht, dem bayrischen Thronfolger, auf denkbar schlechtem Fuß und griff gerade in dem deutschen Land, in dem der Katholizismus am stärksten vertreten ist, dauernd die Kirche an. Aber in allem, was den bayrischen Separatismus betraf, durfte man sich zumindest auf ihn verlassen. Von Hitlers Standpunkt aus betrachtet, war Ludendorffs politische Torheit ein Vorzug: er konnte mit dem großen Namen hausieren gehen, ohne befürchten zu müssen, daß Ludendorff sich auf eine Kontrolle der Politik versteifte. Diese selbst in der Hand zu behalten, war Hitler fest entschlossen.

Die Massenkundgebung in Nürnberg hatte sogleich praktische Folgen. Noch am selben Tage wurden der »Deutsche Kampfbund« gegründet und ein Manifest herausgegeben, das von Friedrich Weber (Bund Oberland), Heiss (Reichsflagge) und Adolf Hitler unterzeichnet war. Das Ziel dieses neuen Bundes war der Sturz der Novemberrepublik und die Aufhebung des Versailler »Diktats«.

VI

Die Krise erreichte ihren Höhepunkt und trat im September 1923 in ihre letzte Phase ein. Am 26. September verkündete Stresemann den Entschluß der Reichsregierung, die Kampagne des passiven Widerstands an der Ruhr bedingungslos abzubrechen, und zwei Tage später wurden die Reparationszahlungen an Frankreich und Belgien wiederaufgenommen. Das war eine mutige und weise Entscheidung und sollte die Vorbedingung für Verhandlungen wegen einer friedlichen Übereinkunft sein. Aber das war auch das Signal, auf das die Nationalisten gewartet hatten, um die Hetze gegen die Regierung von neuem anzufachen. Am 12. September hatte Hitler erklärt:

»Die Republik ist ihrer Väter — bei Gott — würdig geworden ... Das Wesen der Novemberrepublik charakterisiert sich im Kommen und Gehen nach London, Spa, Paris und Genua. Unterwürfigkeit dem Feind gegenüber, Aufgeben deutscher Manneswürde, pazifistische Feigheit, Dulden aller Gemeinheiten, williges Eingehen auf alles, bis nichts mehr übrigbleibt[110].«

Am 25. September trafen bereits die Führer des »Kampfbundes« — Hitler, Göring, Röhm, Kriebel, Heiss und Weber — zusammen und diskutierten darüber, was zu tun sei. Zweieinhalb Stunden lang erläuterte Hitler seinen Standpunkt und forderte schließlich die politische Führung des Bundes. Der Eindruck seiner Rede war so nachhaltig, daß sowohl Heiss wie auch Weber zustimmten, Röhm aber, fest überzeugt, daß große Ereignisse bevorstünden, am nächsten Tag seinen Dienst quittierte und sich endgültig auf Gedeih und Verderb Hitler anschloß.

Hitlers erster Schritt war, seine eigenen 15000 SA-Leute in Alarmbereitschaft zu setzen und allein in München sofort vierzehn Massenkundgebungen anzusagen. Ob er einen Staatsstreich geplant hat, ist unklar: wahrscheinlich wollte er seinen Entschluß von den Massenveranstaltungen und ihrer Wirkung auf die öffentliche Meinung abhängig machen. Aber die bayrische Regierung ließ sich auf ein Risiko nicht ein. Ministerpräsident Knilling war äußerst beunruhigt. Am 26. September proklamierte das bayrische Kabinett den Staatsnotstand und setzte Gustav von Kahr, einen der bekanntesten rechtsgerichteten Politiker Bayerns mit ausgesprochen monarchistischen und partikularistischen Neigungen, zum Staatskommissar mit diktatorischen Vollmachten ein. Kahr machte von seinen Vollmachten umgehend Gebrauch und verbot Hitler vierzehn Massenkundgebungen. Er weigerte sich auch, das Verbot zu widerrufen, als Hitler, außer sich vor Wut, ihm entgegenschrie, daß er mit einer blutigen Revolution antworten werde.

In den wirren Ereignissen, die dem 26. September folgten und schließlich zu dem mißglückten Putsch vom 8. bis 9. November führten, ist das Verhalten von zwei der drei Gruppen einigermaßen klar. Hitler forderte hartnäckig eine revolutionäre Aktion: den Marsch auf Berlin mit Hilfe der politischen und militärischen Behörden Bayerns, jedoch mit dem Ziel der Errichtung eines neuen Regimes für ganz Deutschland. »Ich kann es ruhig eingestehen«, gab er später zu, »daß ich von 1919 bis 1923 überhaupt an nichts anderes dachte als an einen Staatsstreich[111].« Wenn er gezögert hat, so lag es nicht daran, daß er an seinem Ziel gezweifelt hätte, sondern lediglich an der Erkenntnis, daß er seinen Plan nicht aus eigener Kraft ausführen konnte, sondern irgendwie Kahr, den Staatskommissar, und Lossow, den Oberkommandierenden in Bayern, dazu überreden mußte, gemeinsame Sache mit ihm zu machen.

Ebenso klar war das Verhalten der Reichsregierung in Berlin. Sie stand vor einem Bürgerkrieg, der von verschiedenen Seiten her drohte: von Bayern, wo Hitler ganz offen zum Aufstand aufrief und Staatskommissar Kahr im Begriff war, eine der Berliner Politik entgegengesetzte, unabhängige Richtung einzuschlagen; von Sachsen, wo die Staatsregierung zunehmend dem Einfluß der ebenfalls nach der Macht strebenden Kommunisten unterlag; von den Industriezentren, wie Hamburg und der Ruhr, wo der Einfluß der Kommunisten ebenso stark war; vom Rheinland, wo die Separatisten immer noch tätig waren; und vom radikalnationalistischen Norden, wo eine als »Schwarze Reichswehr« bekannte halbmilitärische Organisation unter der Führung von Major Buchrucker für Anfang Oktober einen Aufstand plante.

Es hing von der Haltung der Reichswehr ab, ob die Regierung Stresemann diese kritische Lage meistern würde. Soweit es sich um linksradikale Umsturzversuche handelte, konnte man sich darauf verlassen, daß die Reichswehr Gewalt anwenden werde, um sie zu unterdrücken. Ihre Haltung gegenüber einem ähnlichen Versuch von seiten der Rechtsradikalen schien jedoch sehr ungewiß. Der Kapp-Putsch im März 1920 war von einem Teil der Reichswehr unter General von Lüttwitz ganz offen unterstützt worden, General von Seeckt aber hatte, obwohl er mit Lüttwitz nicht übereinstimmte, es abgelehnt, seine Truppen zum Schutz der legalen Regierung zur Verfügung zu stellen. In den Nachkriegsjahren war die Reichswehr von Leuten wie Hitler, die sich unangefochten des Verrats und der Verschwörung gegen die Regierung schuldig machten, immer und immer wieder um Schutz angerufen worden.

Nichts könnte die einzigartige Stellung, die die Reichswehr innerhalb der deutschen Politik einnahm und die von Seeckt und dem Oberkommando vollauf gebilligt wurde, besser illustrieren. Seeckt, eine der bedeutendsten Persönlichkeiten in der langen Geschichte der deutschen Armee, war der Situation gewachsen. Zehn Jahre später schrieb er: »Der Irrtum aller, die Armeen aufstellen, ist der, daß sie einen momentanen Zustand für einen Dauerzustand halten[112].« 1923 besaß er genug Einsicht, um zu erkennen, daß man — auf längere Sicht gesehen — im Interesse Deutschlands und der Reichswehr, der er diente, die Autorität selbst einer republikanischen Regierung aufrechterhalten mußte, wenn man die Einheit des Reiches erhalten und das Land nicht, dem Parteihader und Klassenhaß zuliebe, in einen Bürgerkrieg stürzen wollte. Im Tagesbefehl vom 4. November 1923 hat Seeckt seine Ansichten mit ein paar Sätzen zusammengefaßt:

»Solange ich an meiner Stelle bin, habe ich die Ansicht vertreten, daß uns nur harte, nüchterne Arbeit die Möglichkeit zum Weiterleben gibt. Sonst tritt der Bürgerkrieg ein. Darüber besteht bei Freund und Feind kein Zweifel. Solange in der Reichswehr innere Disziplin und unerschütterliches Vertrauen zu ihren Führern lebt, solange kann kein Feind des Staates etwas ausrichten, solange wird die Hoffnung auf ein freies und großes Deutschland nicht erlöschen... Die staatlichen Notwendigkeiten zu erkennen und durchzusetzen, ist aber allein Sache der obersten Führung. Die Ehre des Soldaten liegt nicht im Besserwissen und Besserwollen, sondern im Gehorsam. Deshalb warne ich in dieser Stunde alle Angehörigen der Reichswehr vor jenen, die Mißtrauen gegen die Vorgesetzten säen. Eine Reichswehr, die in sich einig und in Gehorsam bleibt, ist unüberwindlich und der stärkste Faktor im Staate. Eine Reichswehr, in die der Spaltpilz der Politik gedrungen ist, wird in der Stunde der Gefahr zerbrechen...[113]«

Seeckts Haltung ermöglichte ein übereinstimmendes Vorgehen von politischen und militärischen Stellen. Am 26. September übertrug Reichspräsident Ebert auf Grund des Artikels 48 der Weimarer Verfassung dem Reichswehrminister Geßler und dem Chef der Heeresleitung, Seeckt, alle Vollmachten. Das bedeutete, daß die Reichswehr bis zur Aufhebung des Ausnahmezustandes im Februar 1924 die Verantwortung für die Sicherheit im Reich und die Unverletzlichkeit der republikanischen Verfassung übernahm. Hätte Hitler oder irgendein anderer versucht, einen Marsch auf Berlin zu unternehmen, wäre die Reichswehr, die auf seiten der Regierung stand, zur Anwendung von Gewalt gezwungen gewesen.

Aber es mußte noch mit einer dritten Gruppe gerechnet werden: mit der Zivil- und der Militärbehörde in Bayern, die durch Kahr und Lossow vertreten wurden. Die Existenz dieses dritten Faktors und die Unklarheit über die Politik, die Kahr und Lossow einschlagen würden, waren es, die Hitler Erfolg zu versprechen schienen; sie sind es aber auch, die den Ablauf der Ereignisse für den Historiker so verworren machten. Obwohl sich die bayrische Regierung im Mai geweigert hatte, den Nazis freie Hand zu lassen, und nun Kahr eingesetzt hatte, um Hitler in Schach zu halten, waren die Beziehungen zwischen München und Berlin weiterhin gespannt. Gerade die Aktion der bayrischen Staatsregierung, Kahr diktatorische Gewalt zu übertragen, hatte die Reichsregierung dazu geführt, den Staatsnotstand zu proklamieren. Und Kahrs Absichten wurden in Berlin mit Mißtrauen betrachtet.

Kahrs Ziele waren alles andere als eindeutig: wahrscheinlich waren sie ihm selber damals keineswegs klar. Aber er war Bayer und Monarchist. Ihn reizte der Gedanke, das republikanische Regime in Berlin zu stürzen und an seiner Stelle eine konservative Regierung einzusetzen, die Bayern die alte Monarchie wiedergeben und ihm im Rahmen einer neuen Verfassung eine selbständigere Stellung einräumen würde. Andererseits spielte auch er wieder einmal mit der Möglichkeit, Bayern ganz vom Reich zu trennen und unter der wiederhergestellten bayrischen Monarchie einen unabhängigen süddeutschen Staat ins Leben zu rufen. Solche Ideen waren für Hitler ein rotes Tuch. Punkt 1 des nationalsozialistischen Parteiprogramms forderte den Zusammenschluß aller Deutschen, einschließlich der Deutschösterreicher und der Bayern, in einem gesamtdeutschen Staat, während der letzte Punkt (25) ebenso deutlich für die Errichtung einer starken zentralen Autorität im Staate eintrat. Hitler selbst hatte hartnäckig die in verschiedenen bayrischen Parteien vorhandenen partikularistischen Tendenzen bekämpft. Dennoch hatte er erkannt, daß er aus einem offenen Konflikt zwischen München und Berlin für seine eigenen Zwecke Nutzen ziehen konnte. Wenn es ihm gelang, Kahr zu überreden, beim Sturz des republikanischen Regimes in Berlin behilflich zu sein, so konnte Hitler hoffen, seine bayrischen Verbündeten, sobald er einmal an der Macht war, zu überrumpeln. Auf der anderen Seite bestand auch für Kahr die Möglichkeit, Hitler und den »Deutschen Kampfbund« für sich auszunutzen. Aus dieser zwiespältigen Situation entstand ein für beide Teile unbehagliches Bündnis zwischen Kahr und den Nazis, in dem jeder sich bemühte, den andern auszunützen und die politischen Ziele des Partners den eigenen unterzuordnen. Wieder einmal lag die kritische Entscheidung bei der Reichswehr, diesmal beim Oberkommandierenden in Bayern, General von Lossow. Doch wie Kahr konnte sich auch Lossow niemals ganz zu einem Entschluß durchringen, bis dann eines Tages die Ereignisse selbst für ihn die Entscheidung trafen.

Im Oktober 1923 flackerte der Konflikt zwischen München und Berlin von neuem auf; der unmittelbare Anlaß waren Provokationen von seiten Hitlers. Da der »Völkische Beobachter« pöbelhafte Angriffe auf Seeckt, Stresemann und Geßler veröffentlicht hatte, machte der Reichswehrminister von seiner Vollmacht Gebrauch und forderte das Verbot der Zeitung und die Verhaftung von Hauptmann Heiss, Kapitän Ehrhardt und Leutnant Roßbach. Kahr weigerte sich, von Berlin Befehle entgegenzunehmen, und als der Reichswehrminister über seinen Kopf hinweg General von Lossow befahl, das Verbot durchzuführen, ließ sich Lossow von Kahr dazu verleiten, den Befehl zu verweigern. Berlins nächster Schritt war, Lossow am 20. Oktober abzusetzen und General Kreß von Kressenstein zum Oberkommandierenden zu ernennen. Aber wiederum legte sich Kahr ins Mittel. Er verkündete, daß Lossow im Dienst verbleibe, und ließ Offiziere und Mannschaften einen besonderen Eid auf die bayrische Regierung ablegen — ein offener Bruch der Verfassung. Am 27. Oktober wies Kahr einen Appell des Reichspräsidenten Ebert zurück, forderte den Rücktritt der Reichsregierung und befahl den zu seiner Anhängerschaft gehörenden bewaffneten Verbänden — nicht dem Kampfbund —, an der Grenze zwischen Bayern und Thüringen aufzumarschieren.

Das alles paßte wunderbar in Hitlers Konzept. In Bayern konzentrierte sich jetzt die Macht in den Händen des Triumvirats Kahr, Lossow und Oberst Seißer, dem Chef der Staatspolizei. Zwischen München und Berlin war es zu einem offenen Bruch gekommen. Es sei nur die Frage, so meinte Hitler, ob Berlin gegen München oder München gegen Berlin marschiere. Die Lage in Sachsen und Thüringen bilde für Kahr und Lossow einen glänzenden Vorwand, loszuschlagen. Denn in diesen beiden Ländern hätten die sozialdemokratischen Ministerien Kommunisten in die Regierung aufgenommen, was für die Kommunisten ein Sprungbrett sei, um die Macht ganz an sich zu reißen. Wenn nun die bayrische Regierung zur Aktion schreite, um die Gefahr einer Linksrevolution zu bannen, würde sie zweifellos in weiten Kreisen der Bevölkerung Unterstützung finden. Sei man dann erst einmal in Dresden, so rechnete Hitler aus, würde es bis Berlin nicht mehr weit sein.

Lossow und Kahr versicherten immer wieder, daß sie handeln würden, sobald die Zeit dafür reif sei. Aber Hitler und Röhm waren mißtrauisch. Sie hatten den Verdacht, daß Kahr, wenn er auch — dem Kampfbund zuliebe — in den Ruf »Auf nach Berlin« mit einstimmte, im Grunde doch mit bayrisch-separatistischen Gedanken spielte und »Los von Berlin« dachte. Die Vorbereitungen und die Besprechungen zwischen Kahr, Lossow und den Kampfbundführern gingen indessen weiter, allerdings beobachtete man sich gegenseitig mit wachsendem Mißtrauen.

Inzwischen war es der Reichsregierung gelungen, ihrer Schwierigkeiten langsam wieder Herr zu werden. Die Gefahr einer kommunistischen Revolution war Ende Oktober beseitigt. In Hamburg schlug die Polizei einen kommunistischen Aufstand nieder, während in Sachsen und Thüringen die aufsässigen Regierungen auf Berliner Befehl von General Müller gestürzt wurden. Das beraubte die bayrischen Verschwörer ihres besten Vorwandes für eine Intervention außerhalb der bayrischen Grenzen. Die Entwicklung der Dinge verfehlte denn auch nicht ihre Wirkung auf Kahr und Lossow, und Anfang November wurde Oberst Seißer, der Dritte im Triumvirat, nach Berlin geschickt, um die Lage zu erkunden.

Für Hitler jedoch gab es kein Zurück. Er hatte sich in der Öffentlichkeit zu sehr festgelegt und die Hoffnungen seiner Anhängerschaft so hoch gespannt, daß ein Nichthandeln jetzt den Zusammenbruch der Partei und den völligen Ansehensverlust ihres Führers bedeutet hätte. Leutnant Wilhelm Brückner gestand später, daß er Hitler flehentlich gebeten habe, doch bald loszuschlagen, da sonst der Tag kommen werde, »an dem ich nicht mehr in der Lage bin, die Leute zurückzuhalten. Wenn jetzt nichts passiert, werden sie uns davonlaufen.« Ein neues Fiasko wie am 1. Mai konnte Hitler sich nicht leisten. Hinzu kam die Sorge, daß sich Deutschland von der Unordnung und Unsicherheit, die es seit 1918 heimsuchten, erholen könne, wenn der Sturm der Ereignisse sich einmal gelegt hatte und die Regierung Stresemann fest im Sattel saß. Dann war die letzte Chance, die Hitler verblieben war, verpaßt. Im November, so berichtet Röhm, waren die Vorbereitungen für eine Aktion abgeschlossen, und die Spannung in München hatte sich so verstärkt, daß die Krise so oder so eine Lösung finden mußte — in die Länge ziehen konnte man sie nicht mehr.

Seißers Bericht aus Berlin war alles andere als ermutigend. Er drückte die Überzeugung aus, daß man in Norddeutschland keine Unterstützung für einen Aufstand finden würde. Kahr und Lossow hatten nicht den Wunsch, in ein Unternehmen verwickelt zu werden, das im voraus zum Scheitern verurteilt war. Und so bestanden sie in einer Besprechung mit den Kampfbundführern am 6. November darauf, daß sie allein den Zeitpunkt zum Losschlagen bestimmten; sie wünschten auch nicht, gedrängt zu werden. Es ist möglich, daß sie, auf sich allein gestellt, weiterhin abgewartet hätten, bis mit der Regierung Stresemann ein Kompromiß zustande gekommen wäre. Zog auch Kahr immer noch eine Aktion ernsthaft in Erwägung, so neigte er doch mehr und mehr dazu, sie auf Bayern zu beschränken und den Gedanken an einen Marsch auf Berlin oder gar an eine nationale Revolution ganz fallenzulassen. Hitler war nun überzeugt, daß es nur noch eine einzige Möglichkeit gab, Kahr und Lossow zu dem zu veranlassen, was er wollte: er mußte sie vor vollendete Tatsachen stellen und hinter ihnen die Schiffe verbrennen. Sonst würden sie, so fürchtete er, ihren Schlag ausführen — ohne ihn.

Der ursprüngliche Plan, der von Scheubner-Richter und Rosenberg entworfen war, sah vor, den Vorteil der Anwesenheit von Kahr, Lossow und Seißer wie auch des Kronprinzen Rupprecht bei einem Vorbeimarsch wahrzunehmen, der für den 4. November, den Totengedenktag, vorgesehen war. Sie sollten kurz vor dem Aufmarsch von bewaffneten SA-Leuten umringt und mit vorgehaltener Pistole überredet werden, die Führung der nationalen Revolution zu übernehmen, die Hitler dann proklamieren würde. Dieser Plan fiel ins Wasser, ist aber im wesentlichen am 8. November in die Tat umgesetzt worden.

Dann wurde ein zweiter Plan entworfen: alle Kräfte des Kampfbundes sollten in der Nacht des 10. November auf der Fröttmaninger

Heide sich sammeln, am Tag darauf in München einmarschieren, die Schlüsselstellungen besetzen und Kahr, Lossow und Seißer zum Handeln zwingen. Noch als man diese Möglichkeiten erwog, wurde bekannt, daß am Abend des 8. November im Bürgerbräukeller eine große Versammlung abgehalten werden sollte. Kahr werde eine Rede halten, so hieß es, und außer Lossow und Seißer der größte Teil der führenden bayrischen Politiker anwesend sein. Am Morgen des 8. November versuchte Hitler, Kahr zu sprechen, aber Kahr weigerte sich, ihn zu empfangen. Hitler war nun überzeugt, daß die Versammlung das Vorspiel zu der am 12. November geplanten Proklamation der bayrischen Unabhängigkeit und der Restauration der Wittelsbacher Monarchie sein sollte. Hitler nahm die Gelegenheit wahr, das Datum seiner Aktion vom 11. auf den 8. November vorzuverlegen und somit Kahr zuvorzukommen.

Bei dem Treffen am Abend des 8. November war alles versammelt, was in der Münchner Politik und Gesellschaft Rang und Namen hatte. Hitler bezog unauffällig Stellung an einem der Pfeiler, zusammen mit Max Amann, Rosenberg und Ulrich Graf. Niemand schenkte ihm Beachtung, und die ganze Gesellschaft war völlig überrascht, als Göring, zwanzig Minuten nachdem Kahr mit seiner Rede begonnen hatte, mit fünfundzwanzig bewaffneten Braunhemden in die Halle stürmte. Mitten in diesem Aufruhr sprang Hitler auf einen Stuhl und feuerte einen Schuß gegen die Decke ab; dann sprang er wieder auf den Boden und begann sich zum Rednerpodium durchzuschlagen. »Die nationale Revolution ist ausgebrochen. Der Saal ist von sechshundert Schwerbewaffneten besetzt. Niemand darf den Saal verlassen. Die bayrische und die Reichsregierung sind gestürzt. Eine provisorische nationale Regierung ist gebildet worden. Die Kasernen der Reichswehr und der Landespolizei sind besetzt. Reichswehr und Polizei rücken bereits unter den Hakenkreuzfahnen heran.«

Viele in der Halle versammelten Menschen waren empört über die Unverschämtheit dieses jungen Emporkömmlings, der versuchte, sich tobend in eine politische Rolle zu drängen. Niemand wußte jedoch sicher, inwieweit Hitler nur bluffte. Draußen standen sechshundert SA-Männer, und im Vestibül war ein Maschinengewehr aufgebaut. Außerdem hatte Hitler mit Hilfe von Pöhner, dem ehemaligen Polizeipräsidenten von München, den noch bei der Polizei als Beamter tätigen Frick überredet, dem Offizier, der im Saal Dienst tat, telephonisch zu befehlen, sich nicht einzumischen, sondern nur, falls etwas vorfalle, Bericht zu erstatten. Hitler ließ Göring im Saal zurück, damit er für Ordnung sorge, und schob Kahr, Lossow und Seißer in einen Nebenraum. Unterdessen fuhr Scheubner-Richter durch die Nacht nach

Ludwigshöhe, um General Ludendorff zu holen, den Hitler als Aushängeschild für seine Revolution brauchte.

In wilder Erregung begann Hitler die Verhandlung mit Kahr und seinen Gefährten. Er eröffnete das Gespräch mit den melodramatischen Worten: »Niemand verläßt lebend das Zimmer ohne meine Erlaubnis!« Er gab dann bekannt, daß er mit Ludendorff eine neue Regierung gebildet habe. (Auch das war nicht wahr; Ludendorff wußte nichts von dem, was vorging.) Es bliebe ihnen jetzt nur noch eine Möglichkeit: mitzumachen. Er sah wie ein Verrückter aus, während er seine Pistole hin- und herschwenkte und ausrief: »Vier Schuß habe ich in meiner Pistole, drei für meine Mitarbeiter, wenn sie mich verlassen, die letzte Kugel für mich.« Indem er die Pistole an die Schläfe setzte, sprach er: »Wenn ich nicht morgen nachmittag Sieger bin, bin ich ein toter Mann.«

Die drei Männer waren weniger beeindruckt, als man hätte erwarten sollen. Sie brachten es kaum fertig, Hitlers Raserei überhaupt ernst zu nehmen, trotz der Pistole und der bewaffneten Wachen an den Fenstern. Lossow behauptete später, daß er Kahr und Seißer, als sie den Saal verließen, zugeflüstert habe: »Komödie spielen!« Kahr bemühte sich, mutig zu sein: »Sie können mich verhaften oder erschießen. Ob ich sterbe oder nicht, ist bedeutungslos.« Seißer warf Hitler vor, daß er sein Ehrenwort gebrochen habe. Völlig zerknirscht antwortete Hitler: »Ja, das tat ich, verzeihen Sie mir; ich habe um des Vaterlandes willen so handeln müssen.« Doch als Kahr mit dem schweigenden Lossow zu flüstern begann, geriet Hitler in Wut und schrie: »Ohne meine Erlaubnis darf nicht gesprochen werden.«

Er hatte bisher wenig erreicht. Jetzt verließ er das Zimmer, stürzte in den Saal zurück und erklärte, daß die drei Männer zugestimmt hätten, mit ihm zusammen eine neue deutsche Regierung zu bilden:

»Die bayrische Regierung ist abgesetzt. Ich schlage vor, es wird eine bayrische Regierung gebildet aus einem Landesverweser und einem mit diktatorischen Vollmachten ausgestatteten Ministerpräsidenten. Ich schlage als Landesverweser Herrn von Kahr vor, als Ministerpräsidenten Pöhner. Die Regierung der Novemberverbrecher in Berlin wird für abgesetzt erklärt. Eine neue deutsche nationale Regierung wird in Bayern, hier in München, heute noch ernannt. Es wird sofort gebildet eine deutsche nationale Armee ... Ich schlage vor: bis zum Ende der Abrechnung mit den Verbrechern, die heute Deutschland zugrunde richten, übernehme ich die Leitung der Politik der provisorischen nationalen Regierung. Exzellenz Ludendorff übernimmt die Leitung der deutschen nationalen Armee. General von Lossow wird deutscher Reichswehrminister, Oberst von Seißer wird deutscher

Reichspolizeimeister. Die Aufgabe der provisorischen deutschen nationalen Regierung ist, mit der ganzen Kraft dieses Landes und der herbeigezogenen Kraft aller deutschen Gaue den Vormarsch anzutreten in das Sündenbabel Berlin, das deutsche Volk zu retten ... Der Morgen findet entweder in Deutschland eine deutsche nationale Regierung oder uns tot[114].«

Hitlers Auftreten als Vorsitzender einer neuen Nationalregierung war alles andere als eindrucksvoll. Er hatte seinen Mantel ausgezogen und zeigte sich in einem schlechtsitzenden schwarzen Frack, der, wie Hanfstaengl zugab, ihm das Aussehen eines örtlichen Steuereinziehungsbeamten im besten Sonntagsstaat gab; oder das eines »leicht nervösen Bräutigams vom Lande, wie man ihn auf Dutzenden von Bildern in den staubigen Schaufenstern bayrischer Dorfphotographen sehen kann[115]«.

Aber Hitlers gute Nerven ließen ihn durchhalten. Seine Rede war wieder einmal Bluff, aber sie wirkte. Die Mitteilung, daß völlige Übereinstimmung erzielt worden sei, erzeugte bei der Menge im Saal einen Stimmungsumschwung, man brach in Beifallsrufe aus, deren Lärm auf die im Nebenraum noch unter Bewachung festgehaltenen drei Männer Eindruck machte.

Kaum war Hitler zu ihnen zurückgekehrt, da erschien Ludendorff. Er war sehr ärgerlich, daß Hitler ihn in diese Überraschung hineinzwang, und wütend über die Ämterverteilung, die Hitler und nicht Ludendorff zum Diktator in Deutschland machte und ihm nur das Kommando über eine Armee gab, die gar nicht existierte. Aber er beherrschte sich: es sei ein großes Ereignis, sagte er, und er könne den andern Herren nur den Rat geben, mitzutun. Hitler fügte hinzu: »Es gibt kein Zurück mehr, die Sache ist bereits weltgeschichtliches Ereignis.«

Lossow hat später geleugnet, daß er gesagt habe: »Der Wunsch Euer Exzellenz ist mir Befehl«, aber mit Ludendorffs Erscheinen wendete sich das Blatt. Als Kahr immer noch Schwierigkeiten machte, wandte Hitler seinen ganzen Charme auf: »Wenn Exzellenz gestatten, werde ich selbst unmittelbar von der Versammlung weg zu Seiner Majestät (dem bayrischen Kronprinzen Rupprecht) fahren und ihm mitteilen, daß durch die deutsche Erhebung das Unrecht, das Seiner Majestät Hochseligem Vater widerfahren ist, wiedergutgemacht ist.« Daraufhin kapitulierte auch Kahr: er willigte ein, als Stellvertreter des Königs mitzuarbeiten.

In scheinbarer Einigkeit kehrten sie alle in den Saal zurück. Während die Zuhörer auf die Stühle stiegen und begeistert jubelten, hielt jeder von ihnen eine kurze Ansprache, leistete einen Treueid und schüttelte den andern auf dem Podium die Hände. Hitler, fröhlich und erleichtert, redete mit Leidenschaft: »Ich will jetzt erfüllen, was ich mir heute vor fünf Jahren als blinder Krüppel im Lazarett gelobte: nicht zu ruhen und zu rasten, bis die Novemberverbrecher zu Boden geworfen sind, bis auf den Trümmern des heutigen jammervollen Deutschlands wiederauferstanden sein wird ein Deutschland der Macht und Größe, der Freiheit und der Herrlichkeit.« Gerade hatte er seine Rede beendet, da sang die ganze Versammlung schon: »Deutschland über alles.«

Kaum war diese rührende Versöhnungsszene vorüber, da wurde Hitler hinausgerufen, um einen Streit zu schlichten, der entstanden war, als Sturmabteilungen des Bundes »Oberland« versuchten, die Pionierkaserne zu besetzen. Daß er den Saal ohne entsprechende Vorsichtsmaßnahmen verließ, war ein böser Fehler in der Beurteilung der Situation. Kaum war er fort, strömte die Versammlung auseinander. Lossow entschuldigte sich mit der Begründung, daß er in seine Dienststelle müsse, um Befehle auszugeben. Er verschwand unauffällig, gefolgt von Kahr und Seißer. Das war in dieser Nacht das letztemal, daß General von Lossow und Kahr gesehen wurden. Aus den paar hundert SA-Leuten und Kampfbundmitgliedern, die Hitler am Abend unter seinem Kommando hatte, wurden bis zum Morgen dreitausend Mann. Im Laufe der Nacht erhielt er vom Lande her fortgesetzt erhebliche Verstärkung; Strasser zum Beispiel brachte aus Landshut hundertfünfzig Mann mit. Während der »Stoßtrupp Hitler«, die Keimzelle der späteren SS, das Verlagsgebäude der sozialdemokratischen »Münchener Post« besetzte und die Maschinen zerstörte, besetzte die »Reichsflagge« unter Röhms Führung das Kriegsministerium in der Schönfeldstraße, zog Drahtverhaue um das Gebäude und stellte Maschinengewehre auf. Hitler, dessen Hauptkräfte auf der anderen Seite der Isar stationiert waren, wo sie in den Gärten biwakierten oder auf dem Fußboden des Bürgerbräukellers schliefen, vereinigte sich vor Mitternacht mit Röhm und hielt dann mit Ludendorff, Kriebel und Weber einen Kriegsrat ab. Da keinerlei Nachricht von Kahr und Lossow kam und die Zeit voranschritt, wurde man unruhig; man wußte nicht, wie man sich verhalten sollte. Meldungen, die man in die Kaserne des 19. Infanterieregiments zu Lossow schickte, blieben unbeantwortet, und die Melder kehrten nicht einmal zurück. So verstrich denn die Nacht, ohne daß eine einzige Schlüsselstellung besetzt wurde, abgesehen vom Wehrkreiskommando. Dies lag zum Teil an der Unkenntnis der Kampfbundführer, die nicht wußten, was geschehen war und nicht einsehen wollten, daß man sie betrogen hatte. Noch mehr aber lag es an dem improvisierten Charakter der ganzen Angelegenheit. Schließlich, zwischen 6 und 7 Uhr morgens, erhielten Pöhner und Major Hühnlein den Befehl, das Hauptquartier der Polizei zu besetzen. Dazu kam es jedoch nicht: sie wurden — zusammen mit Frick — kurzerhand verhaftet.

Als General von Lossow aus dem Bürgerbräukeller zurückgekehrt war, wurde er von Generalleutnant von Danner mit der kühlen Bemerkung begrüßt: »Das war natürlich alles nur Bluff, Exzellenz?« Um Lossow jeden Zweifel zu nehmen, telegraphierte Seeckt von Berlin aus, daß, wenn die Reichswehr in Bayern den Putsch nicht unterdrücken könne, er selbst es besorgen werde. Unter den jüngeren Offizieren vom Major abwärts bestand eine ziemliche Sympathie für Hitler und Röhm, und die Kadetten der Infanterieschule, die unter dem Einfluß des ehemaligen Freikorpsführers Roßbach standen, traten sogar auf Hitlers Seite über. Aber die älteren Offiziere waren über die Anmaßung des ehemaligen Unteroffiziers empört und sorgten dafür, daß die Disziplin aufrechterhalten blieb. Aus den umliegenden Garnisonen wurden Verstärkungen angefordert. Inzwischen hatte sich die bayrische Staatsregierung nach Regensburg abgesetzt, und Kahr gab eine Erklärung heraus, mit der er die im Bürgerbräukeller erpreßten Zusagen widerrief und die Nazipartei und den Kampfbund auflöste. Von Kronprinz Ruprecht kam eine knappe, aber scharfe Empfehlung, den Putsch mit allen Mitteln, notfalls mit Gewalt, zu unterdrücken. An einer Bewegung, in der Ludendorff eine führende Rolle spielte, war Ruprecht nicht interessiert.

Am Morgen des 9. November war es Hitler, Ludendorff und den anderen führenden Männern klar (wenn auch nicht bis ins letzte), daß der Versuch fehlgeschlagen war. Bei Tagesanbruch kehrte Hitler mit Ludendorff in den Bürgerbräukeller zurück und überließ es Röhm, das Wehrkreiskommando zu halten. Hitler zog in Erwägung, sich nach Rosenheim abzusetzen, um dort seine Kräfte zu sammeln, ehe er den Versuch machte, sich den Rückweg in die Stadt zu erzwingen. Aber Ludendorff war dagegen. Dann kam Hitler auf die Idee, Kronprinz Rupprecht um Fürsprache zu bitten und auf diese Weise die Angelegenheit friedlich beizulegen. Leutnant Neunzert, ein alter Freund des Kronprinzen, wurde auf Rupprechts Schloß nach Berchtesgaden geschickt. Es gelang ihm nicht, einen Wagen aufzutreiben; er mußte mit der Eisenbahn fahren und kam daher viel zu spät an, um mit seiner Botschaft noch irgend etwas zu erreichen. Denn inzwischen hatte Ludendorff in der Überzeugung, daß die Reichswehr niemals auf die legendäre Gestalt des Ersten Weltkrieges schießen werde, Hitler gegen dessen besseres Wissen überredet, die Offensive selbst zu beginnen: man müsse versuchen, durch einen Marsch auf Lossows Hauptquartier die Situation zu retten. Ludendorff war fest überzeugt, daß Offiziere und Mannschaften, wenn er ihnen Auge in Auge gegenüberstehe, ihm und nicht Lossow gehorchen würden. Aus seiner Darstellung bei der nachfolgenden gerichtlichen Untersuchung geht hervor, daß auch Hitler geglaubt zu haben scheint, man könne die öffentliche Meinung in München immer noch gewinnen, denn »die Herren Kahr, Lossow und Seißer werden doch wohl nicht so verrückt sein, die Maschinengewehre auf das erregte Volk zu richten«.

Während dieser besorgten Gespräche im Bürgerbräukeller jenseits der Isar waren in der Stadtmitte Röhm und seine Leute von Einheiten der Reichswehr umzingelt worden. Auf beiden Seiten bestand keine Neigung, das Feuer zu eröffnen — unter Röhms Leuten befanden sich viele alte Kameraden, außerdem sympathisierten zahlreiche Reichswehroffiziere mit Röhms Zielen. Und alles, was Röhm tun konnte, war, auszuhalten und den Verlauf der Ereignisse abzuwarten.

Kurz nach elf Uhr am Vormittag des 9. November — es war der Jahrestag von Napoleons Staatsstreich im Brumaire des Jahres 1799 — verließ eine aus zwei- oder dreitausend Mann bestehende Marschkolonne den Bürgerbräukeller am Südufer der Isar und setzte sich in Richtung auf die zur Stadtmitte führende Ludwigsbrücke in Bewegung. Nur die Anführer wußten, daß dies der letzte verzweifelte Versuch war, durch Bluff aus einem Putsch herauszukommen, der schon fehlgeschlagen war. Im Laufe der Nacht war eine Anzahl von Geiseln festgenommen worden, und unter der Drohung, diese zu erschießen, zwang Göring, der Führer der SA, den auf der Brücke kommandierenden Polizeioffizier, den Zug durchzulassen. Der Kolonne voran flatterten die Hakenkreuzfahne und das Banner des Bundes Oberland. In der ersten Reihe marschierte Hitler zwischen Ludendorff, Scheubner-Richter und Ulrich Graf auf der einen und Dr. Weber, Feder und Kriebel auf der andern Seite. Die meisten Männer waren bewaffnet; Hitler selbst hielt eine Pistole in der Hand. In den Straßen drängten sich die Menschenmassen; es herrschte eine gespannte und erwartungsvolle Stimmung. Julius Streicher, der auf dem Marienplatz zur Menge gesprochen hatte, stieg von seinem Podest herab, um in der zweiten Reihe seinen Platz einzunehmen. Rosenberg und Albrecht von Graefe, die einzigen Vertreter der norddeutschen Nationalisten, die auf Ludendorffs dringende Aufforderung hin am Morgen angekommen waren, trotteten unglücklich neben den andern daher.

Vom Marienplatz aus marschierte die Kolonne singend durch die enge Residenzstraße auf den Odeonsplatz zu. Dahinter lag das alte Kriegsministerium, in dem Röhm belagert wurde. Es war halb eins geworden.

Die mit Karabinern ausgerüstete Polizei hatte unterdessen das Ende der Straße abgesperrt, um zu verhindern, daß sich die Kolonne auf den hinter der Absperrungskette liegenden weiten Odeonsplatz ergießen konnte. Die SA war der Polizei an Zahl stark überlegen — Reichswehrtruppen waren nicht vorhanden —, aber die Enge der

Straße hinderte sie daran, ihre zahlenmäßige Überlegenheit auszunutzen. Wer dann zuerst geschossen hat, ist niemals festgestellt worden. Einer der Nationalsozialisten — Ulrich Graf — lief voraus und rief dem Polizeioffizier zu: »Nicht schießen! Ludendorff und Hitler kommen!«, während Hitler schrie: »Ergebt euch!«

In diesem Augenblick fiel ein Schuß, und gleich darauf fegte ein Hagel von Geschossen über die Straße. Der erste, der getroffen wurde, war Scheubner-Richter, der mit Hitler Arm in Arm marschiert war. Hitler selbst fiel ebenfalls hin, entweder weil er mit herabgezogen wurde oder weil er Deckung suchte. Die Schießerei dauerte nur eine Minute, aber es lagen sechzehn Nationalsozialisten und drei Polizisten tot oder sterbend auf der Straße. Göring wurde schwer verwundet in ein Haus getragen. Weber, der Führer des Bundes Oberland, lehnte sich gegen eine Hauswand und weinte hysterisch. Alles war in Verwirrung; keine der beiden Parteien wußte auch nur entfernt, was nun weiter geschehen solle. Ein einziger allein behielt die Fassung; aufrecht und unbeirrt marschierte General Ludendorff mit seinem Adjutanten, Major Streck, weiter, drängte sich durch die Polizeikette und erreichte den dahinterliegenden Platz.

Die Situation hätte noch gerettet werden können, aber kein einziger folgte Ludendorff. Hitler hatte im kritischen Augenblick die Nerven verloren. Nach der voneinander unabhängigen Aussage zweier Augenzeugen, von denen einer ein Nationalsozialist war — es handelt sich um Dr. Walter Schulz und Dr. Karl Gebhard —, war Hitler der erste, der wieder aufstand, aber er stürzte zurück, ans Ende des Zuges, und ließ es zu, daß ihn Dr. Schulz am Max-Josef-Platz in ein gelbes Automobil schob. Zweifellos bereitete ihm seine verrenkte Schulter große Schmerzen, und wahrscheinlich glaubte er auch, verwundet zu sein. Aber es war nicht zu leugnen: die Nazi-Führer, als erster Hitler, waren im Feuer in Verwirrung geraten und geflohen. Nur zwei von ihnen waren tot oder schwerverwundet — Scheubner-Richter und Göring. Die übrigen Toten und Verwundeten hatten sich auf dem Marsch in den hinteren Reihen befunden. Sie waren den Schüssen ausgesetzt gewesen, weil ihre Führer Deckung gesucht hatten.

Zwei Stunden später sah Röhm sich genötigt zu kapitulieren. Er wurde in Haft genommen. Göring gelang es mit Hilfe seiner Frau, über die österreichische Grenze zu entkommen. Hitler wurde am 11. November in Uffing verhaftet, wo er in Putzi Hanfstaengls Haus untergekommen war und von dessen Frau gepflegt wurde[116].

VII

Für einen Mann wie Hitler, der vor ein paar Jahren aus dem Nichts heraus begonnen hatte, war das Unternehmen des 8./9. November in vieler Hinsicht eine bemerkenswerte Leistung. Während der paar Nachtstunden des 8. November hatte er die politische Situation in Bayern geändert und nur mit Hilfe eines Bluffs eine Revolution gemacht. Mochte der Triumph auch wenig dauerhaft gewesen sein, so zeugte doch die Szene im Bürgerbräukeller, bei der Kahr und Hitler sich vor der jubelnden Menge die Hand schüttelten und die Generale Ludendorff und von Lossow bereit waren, sich der Diktatur des ehemaligen Gefreiten zu fügen — eine Stunde vorher noch etwas Unglaubliches —, von einem ungewöhnlichen politischen Talent.

Aber es waren schwere Fehler gemacht worden. Der Kampfbund verfügte über bedeutend mehr Kräfte, als er in Marsch gesetzt hatte. Diese Kräfte hätten nur konzentriert und zur Besetzung von wichtigen Schlüsselstellungen, wie Polizeipräsidium, Telefonamt, Bahnhof und Kraftwerk, verwandt werden müssen. Trotz aller Rederei von einem Putsch hatte nicht ein einziger der Aufrührer an die praktischen Fragen zur Durchführung einer Revolution gedacht. Statt dessen ließ man die SA-Leute, die eine ganze Nacht und einen halben Tag lang nach München strömten, umherstehen, während sich ihre Führer darüber stritten, was zu tun sei. Als schließlich der Entschluß gefaßt wurde, zu marschieren, brachen diese Männer, die jahrelang öffentlich an die Gewalt appelliert hatten, zusammen und ergriffen die Flucht vor einer Salve von Polizisten, die ihnen zahlenmäßig im Verhältnis 1 : 30 unterlegen waren. Das Schlimmste aber lag — von Hitler aus gesehen — in dem Gegensatz zwischen seinem eigenen Verhalten — er war als erster wieder aufgestanden, hatte sich im Auto davongemacht und die Toten und Verwundeten und seine ganze übrige Anhängerschaft sich selbst überlassen — und dem Verhalten Ludendorffs, der vor aller Augen ruhig weitermarschiert war und die Polizeikarabiner verächtlich beiseite geschoben hatte.

In Wahrheit waren jedoch Hitlers Pläne schon gescheitert, lange bevor sich die Kolonne nach dem Odeonsplatz in Bewegung gesetzt hatte. Er gab später zu: »Wir gingen in der Überzeugung, daß es das Ende war, so oder so. Ich weiß einen, der mir draußen auf der Treppe, als wir weggingen, sagte: ›Das ist jetzt der Schluß.‹ Jeder trug diese Überzeugung in sich[117].« Gewalt anzuwenden, war niemals Hitlers Absicht gewesen. Von Anfang an hatte er eine Revolution in Übereinstimmung mit den politischen und militärischen Behörden angestrebt. »Wie dachten wir daran, eine Erhebung durchzuführen gegen die Wehrmacht unseres Volkes ? Mit ihr glaubten wir, mußte es gelingen[118].«

Hieraus erklärt sich auch, warum für eine Machtergreifung mit Hilfe der Waffen keine entsprechenden Vorbereitungen getroffen worden waren. Der Coup sollte sich darauf beschränken, Kahr und Lossow zur Mitwirkung zu zwingen; man war überzeugt, daß es nicht Opposition war, was sie zurückgehalten hatte, sondern nur Zaudern. Immer und immer wieder hatte Hitler seinen Leuten gesagt, sie brauchten sich keine Sorge zu machen: im entscheidenden Augenblick würden weder die Reichswehr noch die Polizei auf sie schießen.

Die Schüsse auf dem Odeonsplatz bedeuteten nun allerdings mehr als Opposition, mit der schließlich jede revolutionäre Partei zu rechnen hat. Sie bedeuteten den endgültigen Zusammenbruch der Voraussetzungen, auf denen sich das ganze Unternehmen aufbaute. Und dies war auch der Grund für Hitlers Verzagtheit und Planlosigkeit an jenem Vormittag des 9. November. Von der Stunde an, in der es ihm zur Gewißheit geworden war, daß Lossow und Kahr gegen ihn Stellung nahmen, wußte Hitler, daß sein Vorhaben mißlingen mußte. Es blieb ihm nur noch eine, allerdings geringfügige Aussicht: die Reichswehr durch eine Demonstration seiner Kraft wieder auf seine Seite zu bringen. Aus diesem Grunde willigte er auch ein, die Kolonne marschieren zu lassen. Es sollte nur eine Demonstration sein, nicht aber der Anfang eines Putsches. Ein Zusammenstoß mit der Reichswehr war das Letzte, was Hitler wollte oder worauf er vorbereitet gewesen wäre.

An nichts haben sich Hitlers politische Fähigkeiten so deutlich erwiesen wie an der Art, mit der er diesen Rückschlag aufholte. Denn der Mann, der am 9. November 1923 zusammengebrochen und als politischer Führer erledigt schien — was er auch selber glaubte —, verstand es, sich im April 1924 zu einer der populärsten Persönlichkeiten in Deutschland zu machen und seinen Hochverratsprozeß in einen politischen Triumph zu verwandeln.

Die Gelegenheit hierzu bot ihm die zwielichtige politische Situation in Bayern, die ihn nach dem Fiasko des 1. Mai schon einmal gerettet hatte. Diesmal mußte er sich dem Gericht stellen, doch der Prozeß fand in München statt, und es wurde über eine Verschwörung verhandelt, in welche die Hauptbelastungszeugen — Kahr, Lossow und Seißer — fast ebenso tief verwickelt waren wie die Angeklagten. Infolgedessen waren die führenden Politiker Bayerns — die der Bayrischen Volkspartei und der Monarchisten — nur allzusehr darauf bedacht, die Geschichte nicht mit allen ihren Zusammenhängen an die Öffentlichkeit gelangen zu lassen. Hitler hat diese Situation gründlich ausgenutzt.

Die Verhandlungen begannen am 26. Februar 1924 vor einem

Sondergericht in den alten Münchner Militärbildungsanstalten in der Blutenburgstraße. Sie dauerten vierundzwanzig Tage. Während dieses ganzen Zeitraums brachten alle deutschen Zeitungen auf ihren Titelseiten Berichte über den Prozeß, dem auch eine große Anzahl ausländischer Korrespondenten beiwohnte. Zum ersten Male hatte also Hitler sein Publikum auch jenseits der bayrischen Grenzen. Sein alter Beschützer und späterer Minister Franz Gürtner war immer noch bayrischer Justizminister und betätigte sich hinter den Kulissen. Besonders auffallend war das Wohlwollen, mit dem die Richter die Angeklagten behandelten; Hitlers Unterbrechungen wurden nur sehr milde gerügt.

Neben Hitler saßen, ebenfalls des Hochverrats beschuldigt, noch neun Männer auf der Anklagebank: Ludendorff, Pöhner, Frick, Röhm, Weber, Kriebel, Brückner, Wagner und Pernet. Die drei letzten, aktive Führer der SA, waren weniger wichtige Figuren. Der vornehmste und berühmteste dieser zehn war Ludendorff: aber der Mann, der die erste Rolle spielte und sich von den andern abhob, war Hitler.

Vom ersten Tag an bemühte sich Hitler, die politische Initiative wieder an sich zu reißen und die Hauptbelastungszeugen ebenfalls auf die Anklagebank zu bringen. Er bediente sich dabei der einfachen Methode, die volle Verantwortung für den Umsturzversuch auf sich zu nehmen und — statt sich zu entschuldigen oder auch nur den Versuch zu machen, das Verbrechen zu bagatellisieren — Lossow, Kahr und Seißer voller Entrüstung vorzuwerfen, sie seien schuld daran, daß das Unternehmen fehlgeschlagen sei. Damit appellierte er auf eine höchst wirksame Art an die nationale Gesinnung und vertauschte gleichzeitig die Rollen von Klägern und Angeklagten. Zu Beginn des Prozesses erklärte Hitler: »Eins ist sicher: die ganze Zeit haben Kahr, Lossow und Oberst Seißer mit uns das gleiche Ziel verfolgt, nämlich die Reichsregierung in ihrer heutigen internationalen und parlamentarischen Einstellung zu beseitigen... Wenn unser ganzes Unternehmen Hochverrat gewesen wäre, dann müßten die Herren Kahr, Lossow und Oberst Seißer mit uns die ganze Zeit Hochverrat getrieben haben, da die ganze Zeit über von nichts anderem als davon gesprochen wurde, weswegen wir hier auf der Anklagebank sitzen[119].«

Dies war, wie jedermann bei Gericht wußte, völlig wahr, und Hitler wahrte seinen Vorteil. »Ich kann mich nicht schuldig bekennen«, sagte er abschließend. »Ich bekenne mich zwar zur Tat, doch des Hochverrats schuldig bekenne ich mich nicht. Es gibt keinen Hochverrat bei einer Handlung, die sich gegen den Landesverrat von 1918 wendet. Im übrigen kann ein Hochverrat nicht in der alleinigen Tat vom 8. und 9. November liegen, sondern höchstens in den Beziehungen und Handlungen der Wochen und Monaten vorher. Wenn wir schon Hochverrat betrieben haben sollen, dann wundere ich mich, daß diejenigen, die damals das gleiche Bestreben hatten, nicht an meiner Seite sitzen. Ich muß ihn jedenfalls ablehnen, solange nicht meine Umgebung hier Ergänzung findet durch jene Herren, die mit uns die gleiche Tat besprochen und sie vorbereitet haben. Ich fühle mich hier nicht als Hochverräter, sondern als Deutscher, der das Beste gewollt hat für sein Volk[120].«

Weder Kahr noch Seißer waren solcher Taktik gewachsen. Die Richter aber saßen ruhig da, während Hitler immer aggressiver die Republik attackierte, deren Autorität sie schließlich zu vertreten hatten. Sie unterbrachen ihn nur, um dem applaudierenden Publikum eine Rüge zu erteilen. Ein einziger Mann erhob sich gegen Hitler, und das war, überraschenderweise, General von Lossow[121].

Lossow war wütend. Mit der November-Affäre hatte seine Karriere ein plötzliches Ende gefunden. Schweigend mußte er sich anhören, wie sein Ruf zerrissen wurde; er stand vor Gericht als ein Feigling da, dem es an Mut gefehlt hatte, sich für oder gegen die Verschwörung zu entscheiden. In seiner Zeugenaussage fand er jetzt die Gelegenheit, eine Antwort zu geben, und diese Antwort enthielt die ganze Verachtung der Offizierskaste für den emporgekommenen, ungebildeten, großmäuligen Agitator, der nie über den Rang eines Gefreiten hinausgelangt war und nun den Versuch machte, dem Militär die Politik vorzuschreiben, die es nach seiner Ansicht verfolgen müsse. »Ich bin doch kein berufsloser Komitatschi«, erklärte Lossow, »der glaubte, durch einen Putsch zu neuen Ehren oder Würden kommen zu können.« Unverblümt schilderte er dann Hitlers persönlichen Ehrgeiz: »Er hielt sich für den deutschen Mussolini, den deutschen Gambetta, und seine Gefolgschaft, die das Erbe des Byzantinismus der Monarchie angetreten hatte, bezeichnet ihn als den deutschen Messias.« Lossow sah in Hitler nichts anderes als einen politischen Trommler: »Die bekannte hinreißende und suggestive Beredsamkeit Hitlers hat auch auf mich anfangs einen großen Eindruck gemacht. Je öfter ich aber Hitler hörte, desto mehr schwächte sich der erste Eindruck ab. Ich bemerkte, daß die langen Reden doch fast immer das gleiche enthielten. Während der eine Teil der Ausführungen für jeden national eingestellten Deutschen selbstverständlich war, legte der andere Teil davon Zeugnis ab, daß Hitler der Wirklichkeitssinn und der Maßstab für das, was möglich und erreichbar ist, vollkommen abgeht.«

Der Staatsanwalt bediente sich in seiner Schlußrede des gleichen gönnerhaften Tons: »Bis 1923 war Hitler von dem Streben nach einer besonderen Machtstellung für sich selbst nicht erfüllt. Dann kam aber über ihn durch die immer stärker werdenden Verhimmlungen, namentlich in den großen Volksversammlungen und wohl auch innerhalb eines

Kreises von Männern, eine Wandlung, deren Ergebnis die Ereignisse vom 8. und 9. November sind. Hitler hat sich manches Mal über die Grenzen hinaustreiben lassen, die in seinem Wesen liegen.«

Hitler hatte jedoch das letzte Wort. Schon beim Kreuzverhör war es ihm gelungen, Lossow aus der Ruhe zu bringen, und in seiner Schlußrede gewann er vollends die Oberhand. Lossow hatte ihm Ehrgeiz vorgeworfen und gesagt, er sei nur zum »Trommler« geeignet. Darauf erwiderte Hitler:

»Wie klein denken doch kleine Menschen! Nehmen Sie die Überzeugung hin, daß ich die Erringung eines Ministerpostens nicht als erstrebenswert ansehe. Ich halte es eines großen Mannes nicht für würdig, seinen Namen der Geschichte nur dadurch überliefern zu wollen, daß er Minister wird. Da könnte man auch Gefahr laufen, neben anderen Ministern begraben zu werden... Was mir vor Augen stand, das war vom ersten Tage an tausendmal mehr, als Minister zu werden. Ich wollte der Zerbrecher des Marxismus werden. Ich werde diese Aufgabe lösen, und wenn ich sie löse, dann wäre der Titel eines Ministers für mich eine Lächerlichkeit. Als ich zum erstenmal vor Wagners Grab stand, da quoll mir das Herz über vor Stolz, daß hier ein Mann ruht, der es sich verbeten hat, hinauf zu schreiben: Hier ruht Geheimrat Musikdirektor Exzellenz Baron Richard von Wagner. Ich war stolz darauf, daß dieser Mann und so viele Männer der deutschen Geschichte sich damit begnügen, ihren Namen der Nachwelt zu überliefern, nicht ihren Titel. Nicht aus Bescheidenheit wollte ich damals ›Trommler‹ sein; das ist das Höchste, das andere ist eine Kleinigkeit.

Wer zum Direktor geboren ist, der wird nicht gedrängt, sondern der will; der wird nicht vorgedrängt, sondern drängt selber vor. Es ist nicht an dem, daß so etwas unbescheiden wäre; ist es etwa unbescheiden von einem Arbeiter, der sich zur schweren Arbeit drängt; ist es vielleicht vermessen von einem Manne mit hoher Denkerstirne, daß er nächtelang grübelt, bis er endlich der Menschheit eine Erfindung schenkt? Wer sich berufen fühlt, ein Volk zu regieren, hat nicht das Recht zu sagen: Wenn ihr mich wünscht oder holt, tue ich mit. Er hat die Pflicht, das zu tun[122].«

Auf den Prozeß zurückblickend, bemerkte Hitler einige Jahre später:

»Als der Kapp-Putsch zu Ende war und die damaligen Putschisten vor die republikanischen Gerichte gestellt wurden, da hob jeder den Schwurfinger empor: er habe nichts gewußt. Er habe nichts beabsichtigt und nichts gewollt. Das hat die bürgerliche Welt vernichtet, daß sie nicht den Mut hatten, einzustehen für ihre Tat, vor den

Richterstuhl hinzutreten und zu sagen: ›Ja, das haben wir gewollt, wir wollten diesen Staat stürzen ... ‹ Es ist jedoch nicht entscheidend, ob man siegt, sondern notwendig, daß man heroisch und mutig die Konsequenzen auf sich nimmt[123].«

Hitler hatte nicht nur die Verantwortung für die Geschehnisse auf sich genommen und diejenigen, die sich geweigert hatten mitzumachen, des schändlichen Verrats an der nationalen Sache bezichtigt, sondern er machte nun noch völlig bewußt eine der größten propagandistischen Legenden aus dem Fehlschlag des 8. und 9. November. Jahr für Jahr, sogar noch nach Ausbruch des Krieges, begab er sich nach München in den Bürgerbräukeller und marschierte zur Feldherrnhalle — dem Ehrenmal am Odeonsplatz —, um die Erinnerung an jenen grauen Novembermorgen des Jahres 1923 wachzuhalten. Regelmäßig sprach er Jahr für Jahr im Bürgerbräukeller zu den »Alten Kämpfern« und gedachte am nachfolgenden Morgen auf dem Odeonsplatz feierlich der Märtyrer der Bewegung, die für ihren Glauben gefallen waren.

Als die sterblichen Überreste der sechzehn Toten von 1923 im Jahre 1935 ins neue Grabmal überführt wurden, sagte Hitler: Sie gehen jetzt ein in die deutsche Unsterblichkeit ... Und für uns sind sie nicht tot. Diese Tempel sind keine Grüfte, sondern eine ewige Wache. Hier stehen sie für Deutschland und wachen für unser Volk. Hier liegen sie als treue Zeugen für unsere Bewegung[124].« Es waren die Männer, die Hitler zwölf Jahre vorher sterbend auf der Straße liegenließ, während er selber die Flucht ergriff. Durch eine geschickte Propaganda hatte er das Fiasko von 1923 und sein Versagen als Führer in einen rückwirkenden Triumph verwandelt.

Aber der mißglückte Putsch hatte für die nationalsozialistische Bewegung noch eine größere Bedeutung: Hitler zog aus ihm die Lehren für seine politische Taktik in den folgenden Jahren. 1936, als er bereits drei Jahre Reichskanzler war, faßte er diese Lehren aus seinem frühen Versuch der Machtergreifung zusammen: »Wir erkannten, daß es nicht genügt, den alten Staat zu stürzen, sondern daß zuvor der neue Staat praktisch ausgebaut sein muß. Damals faßte ich daher, wenige Tage nach dem Zusammenbruch, sofort einen neuen Entschluß: nun in aller Ruhe die Voraussetzungen zu schaffen, die ein neuerliches Scheitern ausschließen mußten. Sie haben später noch eine Revolution erlebt, am 9. März 1933, hier in München und am Tage vorher im Reich. Aber welch ein Unterschied! Damals handelte es sich nicht mehr darum, einen Staat durch einen Gewaltakt zu stürzen, sondern der neue Staat war unterdes gebaut worden und hatte nur die letzten Reste des alten Staates in wenigen Stunden zu beseitigen[125].«

Von einem »neuen Entschluß« zu sprechen, war eine Übertreibung.

Hitler hatte nie die Absicht gehabt, durch Anwendung von Gewalt zur Macht zu gelangen. Selbst seine Revolution von 1923 war geplant gewesen als eine »Revolution mit Erlaubnis des Herrn Ministerpräsidenten«. Ihr Fehlschlag aber hatte ihm den Arm gestärkt: »Was sonst nie möglich gewesen wäre, konnte ich damals allen in der Partei sagen: Es wird jetzt so gekämpft, wie ich es will, und nicht anders[126].« »Dieser Abend und dieser Tag (8./9. November), sie haben es uns möglich gemacht, später zehn Jahre lang legal zu kämpfen; denn täuschen Sie sich nicht: wenn wir damals nicht gehandelt hätten, hätte ich niemals eine revolutionäre Bewegung gründen, so bilden und halten und dabei doch legal bleiben können. Man hätte mir mit Recht sagen können: Sie reden wie alle anderen, und werden ebensowenig handeln wie alle andern[127].«

Den Grundstein zu dieser Politik legte Hitler bereits im Prozeß des Jahres 1924. In seiner Schlußrede vermied er es, Gegenanklagen zu erheben, erneuerte vielmehr das Angebot eines Bündnisses mit der Reichswehr. Der Fehlschlag von 1923 sei auf das Versagen von Einzelpersonen wie Lossow und Kahr zurückzuführen. Die Reichswehr selbst dagegen, diese mächtigste und beständigste deutsche Institution, hätte nichts damit zu tun: »Ich glaube, daß die Stunde kommen wird, da die Massen, die heute mit unserer Hakenkreuzfahne auf der Straße stehen, sich vereinen werden mit denen, die am 9. November auf uns geschossen haben. Ich glaube daran, daß das Blut nicht ewig trennen wird. Als ich erfuhr, daß die grüne Polizei es war, die geschossen hat, hatte ich das glückliche Gefühl: wenigstens nicht das Reichsheer war es. Einmal wird die Stunde kommen, daß die Reichswehr an unserer Seite stehen wird[128].«

Für seine geringschätzigen Bemerkungen über die Polizei wurde Hitler vom Vorsitzenden des Gerichtshofes gerügt. Aber Hitler setzte sich darüber hinweg:

»Die Armee, die wir herangebildet haben, die wächst von Tag zu Tag, von Stunde zu Stunde schneller. Gerade in diesen Tagen habe ich die stolze Hoffnung, daß einmal die Stunde kommt, daß diese wilden Scharen zu Bataillonen, die Bataillone zu Regimentern, die Regimenter zu Divisionen werden, daß die alte Kokarde aus dem Schmutz hervorgeholt wird, daß die alten Fahnen wieder voranflattern, daß dann die Versöhnung kommt beim ewigen letzten Gottesgericht, zu dem anzutreten wir willens sind ... Denn nicht Sie, meine Herren, sprechen das Urteil über uns; das Urteil spricht das ewige Gericht der Geschichte. Ihr Urteil, das Sie fällen werden, kenne ich. Aber jenes Gericht wird uns nicht fragen: Habt Ihr Hochverrat getrieben oder nicht? Jenes Gericht wird über uns richten, über den Generalquartiermeister der alten Armee, über seine Offiziere und Soldaten, die als Deutsche das Beste gewollt haben für ihr Volk und Vaterland, die kämpfen und sterben wollen. Mögen Sie uns tausendmal schuldig sprechen, die Göttin des ewigen Gerichts der Geschichte wird lächelnd den Antrag des Staatsanwaltes und das Urteil des Gerichts zerreißen; denn sie spricht uns frei[129].«

Hitler brauchte neun Jahre, um das Militär davon zu überzeugen, daß er recht hatte. Indessen wich das Urteil des Volksgerichts, wie Konrad Heiden bemerkt, nicht allzuweit von dem des Gottesgerichts ab. Dafür sorgte Gürtner. Trotz des schwerwiegenden Belastungsmaterials wurde Ludendorff freigesprochen; Hitler erhielt die Mindeststrafe von fünf Jahren Gefängnis. Als die Laienrichter gegen die Strenge des Urteils protestierten, versicherte ihnen der Vorsitzende, daß Hitler ja doch begnadigt und mit Bewährungsfrist freigelassen werden würde. Trotz aller Einwände des Staatsanwalts und der Bemühungen der Polizei, Hitler zu deportieren, wurde er tatsächlich nach einer Strafverbüßung von kaum neun Monaten aus der Haft entlassen, worauf er prompt seine Agitation gegen die Republik wieder aufnahm. So sah die Bestrafung von Hochverrat in einem Staate aus, in dem Treulosigkeit gegen das Regime die beste Empfehlung für Begnadigung war.

KAPITEL III

Die Jahre des Wartens

1924—1931

I

Etwa sechzig Kilometer westlich von München liegt im waldigen Lechtal die kleine Stadt Landsberg. Hier verbüßte Hitler vom 11. November 1923 bis zum 20. Dezember 1924 die über ihn verhängte Gefängnisstrafe; die Haftzeit wurde nur durch den Prozeß in München unterbrochen. Im Frühsommer 1924 saßen noch etwa vierzig andere Nationalsozialisten mit ihm im Gefängnis. Sie führten ein angenehmes und bequemes Leben. Es gab gute Verpflegung — Hitler wurde im Gefängnis ziemlich dick —, und sie durften so viel Besuch empfangen, wie sie wollten. Einen großen Teil ihrer Zeit verbrachten sie draußen im Garten, wobei Hitler ebenso wie die andern mit kurzer Lederhose und bayrischer Jacke gekleidet war. Hitlers Bursche war Emil Maurice, der gleichzeitig auch den Sekretär machte, diesen Posten aber später an Rudolf Heß abtrat. Heß war freiwillig aus Österreich zurückgekehrt, um mit seinem Führer die Gefängnishaft zu teilen. Hitlers Zelle, Nr. 7, ein großer und sonniger Raum, lag im ersten Stock, eine Bevorzugung, die er mit Weber, Kriebel und Heß teilte. An seinem 35. Geburtstag, kurz nach dem Prozeß, füllten die Pakete und Blumen, die ihm geschickt worden waren, mehrere Räume. Neben den vielen Besuchen, die er empfing, führte Hitler eine umfangreiche Korrespondenz und las so viele Zeitungen und Bücher, wie er nur wollte. Er präsidierte beim Mittagessen und beanspruchte und erhielt den Respekt, der ihm als dem Führer der Partei gebührte. Jedoch von Juli an schloß er sich häufiger in sein Zimmer ein, um sein Buch »Mein Kampf« zu diktieren, das im Gefängnis begonnen und von Emil Maurice und Heß niedergeschrieben wurde.

Max Amann, der das Buch herausbringen sollte, hoffte anfänglich, es würde ein mit sensationellen Enthüllungen gespickter Bericht über den November-Putsch sein. Aber dazu war Hitler zu schlau. Neue Anschuldigungen sollten in dem Buch nicht erhoben werden. Hitlers Titelvorschlag: »Viereinhalb Jahre Kampf gegen Lüge, Dummheit und

Feigheit« wurde von Amann auf »Mein Kampf« reduziert. Selbst damit sollte es für Amann eine Enttäuschung bleiben. Denn das Buch enthält sehr wenig Autobiographisches, ist aber voll von seitenlangen schwülstigen Ausführungen über Hitlers Ideen, deren wortreicher Stil ebenso langweilig wie schwierig zu lesen ist.

Hitler nahm seine Schriftstellerei sehr ernst. Da Dietrich Eckart, Feder und Rosenberg Bücher und Broschüren herausgegeben hatten, war Hitler ängstlich darauf bedacht, innerhalb der Partei seine Stellung als intellektuelle und politische Autorität zu dokumentieren. Er wollte beweisen, daß auch er, obwohl er keine Universität besucht und die Schule ohne Reifezeugnis verlassen hatte, viel gelesen, tief nachgedacht und sich eine eigene »Weltanschauung« gebildet hatte. Sein unterdrückter intellektueller Ehrgeiz, der Wunsch, als selbständiger Denker ernstgenommen zu werden, sind schuld an dem prätenziösen Stil, dem Wortreichtum, den ewigen Wiederholungen, kurzum an all den Kniffen des Halbgebildeten, der seinen Ausführungen mehr Gewicht verleihen will. In dieser Hinsicht ist »Mein Kampf« ein bemerkenswert interessantes Buch für jeden, der Hitler zu verstehen sich bemüht; aber als Parteibibel oder als politischer Schlager war das Buch ein Mißgriff, denn selbst unter den Parteimitgliedern besaßen nur wenige die Geduld, es zu lesen.

Während Hitler seine volle Energie auf die Niederschrift von »Mein Kampf« verwandte, fiel die Partei auseinander. Im ganzen Reich wurde nach dem 9. November die Partei mit allen ihren Organisationen und der »Völkische Beobachter« verboten; die Parteiführer waren verhaftet oder geflohen. Göring blieb bis zum Jahre 1927 im Ausland, Scheubner-Richter war tot, und Dietrich Eckart starb nach längerer Krankheit Ende 1923. Unter denen, die noch frei oder aus dem Gefängnis entlassen waren, brachen bald Streitigkeiten aus.

Vor seiner Verhaftung war es Hitler gelungen, an Rosenberg eine mit Bleistift geschriebene Mitteilung zu schicken: »Lieber Rosenberg, von jetzt ab werden Sie die Bewegung führen.« Wie Rosenberg in seinen Memoiren selber zugibt, kam ihm diese Wahl überraschend. Mochte er auch auf Hitler eine Zeitlang einen großen Einfluß ausgeübt haben, so war doch Rosenberg kein Mann der Tat; er hatte auch nie dem kleinen Kreis der Verschwörer angehört. Als Führer war er unfähig — es fiel ihm schwer, einen Entschluß zu fassen oder seine Autorität durchzusetzen. Aber gerade dieser Mangel war es, der Hitler verlockt hatte: setzte er Rosenberg als seinen Stellvertreter ein, so konnte er sicher sein, daß er seine Stellung in der Partei nicht gefährdete.

Rosenberg war nicht nur ein Intellektueller, sondern auch ein biederer und zimperlicher Mann. Sehr bald stand er mit den Rauhbeinen der Partei auf denkbar schlechtem Fuße, insbesondere mit Julius Streicher und Hermann Esser, den beiden miteinander rivalisierenden Judenhetzern, die aber vereint gegen Rosenberg, Gregor Strasser, Ludendorff und Pöhner standen und ihnen den Vorwurf machten, Hitlers Stellung zu untergraben. Diese wiesen die Angriffe zurück und verlangten, daß Streicher und Esser aus der Partei ausgestoßen würden. Aber Hitler war nicht geneigt, Stellung zu nehmen. Zur Entscheidung gedrängt, gab er schließlich Streicher, Esser und Amann den Vorzug: sie hatten zwar einen schlechten Ruf, waren aber loyal und von ihm abhängig. Männer wie Strasser zeigten, weil sie zehnmal fähiger waren als die andern, zuviel Neigung, sich unabhängig zu machen.

Bei diesen persönlichen Zwistigkeiten spielten wichtige politische Fragen eine Rolle. Was sollte man jetzt tun, nachdem die Partei aufgelöst war und Hitler sich im Gefängnis befand? Hitler gab, wenn auch versteckt, eine einfache Antwort: Nichts. Er wollte nicht die Partei ohne sich wieder aufleben sehen. Aber Gregor Strasser, Röhm und Rosenberg, die von Ludendorff unterstützt wurden, waren sehr darauf bedacht, an den Reichstags- und Landtagswahlen im Frühjahr 1924 teilzunehmen. Hitler, der nicht die deutsche Staatsangehörigkeit besaß, sah sich davon automatisch ausgeschlossen und hatte auch von Anfang an jede parlamentarische Betätigung als wertlos und für die Unabhängigkeit der Bewegung als gefährlich abgelehnt. Wenn jetzt aber die Partei den Weg der Legalität einschlagen sollte, so war für sie die Teilnahme an Parlamentswahlen von wesentlicher Bedeutung. Dennoch opponierte Hitler: wenn andere in den Reichstag gewählt werden würden, während er selbst draußen stand, war seine persönliche Stellung als Parteiführer gefährdet.

Hitlers Opposition fand ein lautes Echo bei Julius Streicher und Esser. Trotzdem kamen Rosenberg, Strasser und Ludendorff überein, mit den andern völkischen Gruppen zusammenzuarbeiten. Bei den Wahlen im April und Mai errangen sie einen kleinen Triumph. Im bayrischen Landtag wurde der völkische Block zur zweitgrößten Partei, und bei den Reichstagswahlen erhielt die »Nationalsozialistische Deutsche Freiheitsbewegung« beinahe 2 Millionen Stimmen und 32 Sitze. Unter den Gewählten befanden sich Strasser, Röhm, Ludendorff, Feder und Frick. Es war eine Ironie, daß sie einen großen Teil ihres Erfolges dem Eindruck verdankten, den Hitlers Auftreten im Münchner Prozeß hinterlassen hatte, während Hitler selbst erst mühselig hatte überredet werden müssen, dem Wahlfeldzug überhaupt zuzustimmen.

Die Bildung der »NS Deutschen Freiheitsbewegung«, die der

geächteten Partei als Deckmantel bei ihrer Teilnahme an den Wahlen gedient hatte, warf eine neue wichtige Frage auf. Ludendorff und Strasser waren bestrebt, das Wahlbündnis, das sie mit der von Albrecht von Graefe und Graf Ernst zu Reventlow geführten norddeutschen »Deutschvölkischen Freiheitspartei« geschlossen hatten, zu festigen und auszubauen. Im August 1924 fand in Weimar ein Kongreß aller völkischen Gruppen statt. Hitlers Abneigung gegen solche Zusammenschlüsse ist im ersten Teil von »Mein Kampf« (geschrieben in den Jahren 1924/25) Ausdruck gegeben: »Es ist ein großer Irrtum, anzunehmen, daß die Stärke einer Bewegung wachsen muß, wenn sie mit einer Bewegung ähnlicher Art verbunden wird ... In Wirklichkeit nimmt die Bewegung damit ihr fremde Elemente auf, die ihre Kraft mit der Zeit schwächen.«

Darin lag etwas Wahres. Die traditionelle Feindschaft zwischen Bayern und Preußen, die offene norddeutsche Gegnerschaft zum Katholizismus (dessen Hochburg Bayern war) und die Opposition der mehr bürgerlichen norddeutschen Nationalisten gegen die radikalen und sozialistischen Programmpunkte der Nazipartei, das alles waren Faktoren, die durchaus die Anziehungskraft der Nazis als einer bayrischen und süddeutschen Partei hätten schwächen können. Aber die wahre Ursache von Hitlers Einwänden war sein eifersüchtiges Mißtrauen und die Angst um seine eigene Stellung. Es fehlte ihm einfach die Gabe, mit andern zusammenzuarbeiten oder Kompromisse zu schließen. Das einzige menschliche Verhältnis, für das er Verständnis hatte, war die Herrschaft über andere. Eine wenn auch kleine Partei, die er völlig und unumstritten kontrollierte, zog er jedem noch so umfangreichen Zusammenschluß vor, bei dem er unvermeidlich die Macht teilen mußte und anderen Führern gleichgestellt war. Im zweiten Teil von »Mein Kampf« kommt Hitler auf diese Frage noch einmal zu sprechen und widmet ihr ein ganzes Kapitel unter dem Titel: »Der Starke ist am mächtigsten allein.«

Gleich auf der nächsten Seite widerspricht er sich und rühmt Julius Streicher, weil er seine »Deutschen Sozialisten« großmütig der Nazipartei unterstellt habe. Er konfrontiert Streichers Loyalität mit dem Ehrgeiz jener Männer, »die zunächst keine eigenen Ideen hatten, aber in dem Augenblick, als der Erfolg der NSDAP unbestreitbar zutage trat, ihre Berufung fühlten«. Über diese Fragen gab es in Landsberg im Jahre 1924 mitunter sehr scharfe Diskussionen zwischen Hitler und seinen Besuchern. Hitler verhielt sich ebenso mißtrauisch wie ausweichend. Er versuchte mit allen Mitteln, die Entscheidung bis zu dem Tag hinauszuschieben, an dem er wieder frei war, und auch hier erwiesen sich Streicher und Esser erneut als wertvolle Helfer: sie gründeten eine Konkurrenzpartei, die »Großdeutsche Volksgemeinschaft«, die in offener Opposition zu Strassers »Völkischem Block« in Bayern stand.

Einen weiteren Zankapfel stellte die SA dar. Röhm war, obwohl des Hochverrats schuldig, am Tage der Urteilsverkündung freigelassen worden. Er machte sich sofort ans Werk, um die aufgelösten Kräfte des »Kampfbundes« wieder zusammenzuschweißen. Einer seiner Helfer war Lüdecke. »Viele der Männer, mit denen ich verhandelte«, sagte Lüdecke, »waren wirkliche Condottieri, z. B. Hauptmann von Heydebreck und Edmund Heines. Fast ohne Ausnahme waren sie bereit, an Röhms Werk mitzutun, nur zu glücklich, wieder an einer geheimen militärischen Tätigkeit teilzunehmen, ohne die sie ihr Leben langweilig fanden[130].« Der »Frontbann«, wie die Organisation jetzt hieß, wuchs rapide an, denn Röhm war ein tüchtiger Organisator und zeigte in seiner Energie kein Ermüden: er reiste von einem Ende Deutschlands zum andern, Österreich und Ostpreußen einbegriffen, und hatte bald über 30000 Mann angeworben.

Aber je erfolgreicher Röhm war, um so unruhiger wurde Hitler. Röhms Aktivität gefährdete Hitlers Aussicht, aus dem Gefängnis entlassen zu werden. Die bayrische Regierung nahm einige Unterführer des »Frontbanns« fest, und Hitlers Haftentlassung mit Bewährungsfrist, die im Urteil des Volksgerichtshofs für den 1. Oktober 1924 in Aussicht gestellt worden war, wurde hinausgeschoben. »Hitler, Kriebel und Weber«, schrieb Röhm später, »konnten sich in ihren Zellen nicht vorstellen, was auf dem Spiel stand. Sie sahen ihre Entlassung gefährdet und schoben die Schuld nicht dem Feind in die Schuhe, sondern den Freunden, die für sie kämpften[131].«

Nicht weniger beunruhigt war Hitler über den Charakter, den die neue Organisation durch Röhm erhielt. Schon über die Funktion der SA hatten sich beide niemals einigen können. Hitler hatte in der SA immer nur ein der Partei untergeordnetes Instrument gesehen, das der politischen Einschüchterung und der Propaganda dienen sollte. Röhm jedoch schrieb am 15. Oktober an Ludendorff, den Führer der »Völkischen« im Reichstag:

> »Die politischen und militärischen Bewegungen sind völlig unabhängig voneinander ... Als gegenwärtiger Führer der militärischen Bewegung fordere ich, daß den Wehrverbänden eine eigene Vertretung innerhalb der parlamentarischen Gruppe gegeben wird und daß man sie nicht an ihrer besonderen Arbeit hindert ... Die nationalsozialistische Bewegung ist eine Kampfbewegung. Deutschlands Freiheit — sowohl draußen wie drinnen — wird nicht durch Reden und Verhandlungen gesichert; sie muß erkämpft werden[132].«

Hitler lehnte diese Ansicht rundweg ab. Der ganze »Frontbann« war ihm ebenso zuwider wie sein rasches Anwachsen und seine immer stärker werdende Unabhängigkeit. Als im Dezember neue Reichstagswahlen abgehalten wurden, stand Röhm nicht mehr auf der Naziliste.

Als Hitlers Gefängnisjahr seinem Ende zuging, hatten sich die Zwistigkeiten und Meinungsverschiedenheiten derart zugespitzt, daß es durchaus möglich schien, die frühere Nazi-Partei als ernst zu nehmenden Faktor innerhalb der deutschen und der bayrischen Politik abzuschreiben. Das bewiesen auch die Reichstagswahlen im Dezember 1924. Die Zahl der Stimmen, die für den Völkischen Block abgegeben wurden, sank um mehr als die Hälfte von 1918300 auf 907300. Statt 32 Sitze hatte man im neuen Reichstag nur noch 14 inne, d. h. weniger als 5% aller Sitze. Hitler hatte bereits zu Heß gesagt: »Ich werde mehr als fünf Jahre brauchen, bis ich die Geschichte wieder hochbringe.«

An diesem Stand der Dinge hatte Hitler selbst viel Schuld. »Hitler«, schreibt Lüdecke, »war der einzige, der die Macht besessen hätte, die Sache in Ordnung zu bringen. Aber er rührte nicht einmal seinen kleinen Finger, noch sprach er ein einziges Wort[133].« Röhm, Strasser, Ludendorff und Rosenberg führten ebenso erbittert Klage. Sie konnten jedoch niemals eine bestimmte Antwort von ihm erhalten. Voller Ärger legte Rosenberg sein Amt als stellvertretender Führer der Partei nieder; zwanzig Jahre später, während er in Nürnberg auf das Urteil des Internationalen Gerichtshofs wartete, schrieb er über die damaligen Vorgänge: »Völlig bewußt erlaubte Hitler das Bestehen von antagonistischen Gruppen innerhalb der Partei, damit er den Schiedsrichter und Führer spielen konnte[134].«

Lüdecke ist zu demselben Schluß gekommen: »Anzunehmen, daß Hitler hinter den Gefängnismauern nichts von den Zuständen draußen wußte, hieße sein politisches Genie verkennen. Viel vernünftiger ist es, anzunehmen, daß er absichtlich den Zwist schürte, um die Geißel, die er über der Partei schwang, in der Hand zu behalten[135].« Und er hatte Erfolg damit. Aus den Plänen, eine vereinte völkische Front zu bilden, wurde nichts. Ludendorff und Röhm schieden verärgert aus, und im Reichstag war keine mächtige Nazigruppe mehr, die unter der Führung eines andern stand. Diese Uneinigkeit war ein sehr hoher Preis, aber für Hitler lohnte er sich. Als er aus der Haft entlassen wurde, war die Partei fast ganz auseinandergefallen — doch sie hatte keinen andern Führer gefunden; es gab keinen Rivalen, der vertrieben werden mußte. Hitlers Taktik des Ausweichens und des *divide et impera* hatte sich gut bewährt.

Am 8. Mai, und später noch einmal, am 22. September 1924, legte die bayrische Landespolizei dem bayrischen Innenministerium einen Bericht vor, in dem die Ausweisung Hitlers empfohlen wurde. Hitler konnte immer noch als österreichischer Staatsbürger betrachtet und über die Grenze abgeschoben werden. Im zweiten Bericht steht zu lesen: »Im Augenblick seiner Freilassung wird Hitler dank seiner Energie wieder die treibende Kraft erneuter und ernst zu nehmender öffentlicher Revolten und eine Bedrohung für die Staatssicherheit werden. Hitler wird seine politische Tätigkeit wieder aufnehmen, und die Hoffnung der Nationalisten und Völkischen, daß es ihm gelingen würde, die derzeitige Uneinigkeit unter den halbmilitärischen Verbänden zu überwinden, wird sich erfüllen[136].«

Dank der Einmischung Gürtners, des bayrischen Justizministers, wurde die Gefahr der Ausweisung abgewendet. Im Juli legte Hitler formell die Führung der Partei nieder. Es war eine Geste, die die Behörden beruhigen sollte. Die Tätigkeit Röhms und seines »Frontbanns« gefährdete zwar eine Zeitlang Hitlers Entlassung, aber es scheint, daß die Wahlniederlage der Nazis im Dezember die bayrische Regierung zu der Überzeugung brachte, daß sie von Hitler nichts mehr zu fürchten hatte. Am Nachmittag des 20. Dezember ordnete ein Telegramm der Staatsanwaltschaft Hitlers und Kriebels Haftentlassung mit Bewährungsfrist an. Adolf Müller, der Drucker der Partei, und Hoffmann fuhren sofort von München ab, um Hitler abzuholen. Er hatte seine Mütze in der Hand und trug einen Regenmantel, gegürtet über seiner kurzen Hose: So wartete er darauf, photographiert zu werden. Wenige Stunden später stieg er in der Thierschstraße 41 die Treppe hinauf zu seinem Zimmer, das er in der obersten Etage dieses Hauses gemietet hatte. Der ganze Raum war voller Blumen und Lorbeergirlanden; seinen Hund hatte man unten an der Treppe angebunden, damit er ihn begrüßen könne. Zu Weihnachten war er daheim.

II

Hitlers Rückkehr bedeutete nun keineswegs das Ende des Zwistes und der Uneinigkeit in der Partei. Am 12. Februar legten Ludendorff, Strasser und von Graefe die Führung der »Nationalsozialistischen Freiheitsbewegung« nieder, die daraufhin aufgelöst wurde. Im Frühjahr, nach dem Fiasko der Reichspräsidentenwahl — die Nationalsozialisten hatten Ludendorff als Kandidaten aufgestellt und eine furchtbare Niederlage erlitten —, war der Bruch zwischen Hitler und Ludendorff nicht mehr zu überbrücken. Im April forderte Röhm eine Entscheidung über die Zukunft des »Frontbanns«. Die von Röhm vorgeschlagene unabhängige Form der Zusammenarbeit zwischen politischer und militärischer Führung wurde von Hitler in einer Besprechung am 7. April abgelehnt: es sei ihm lieber, den Frontbann aufzulösen und die SA von Grund auf neu zu organisieren. Tags darauf legte Röhm schriftlich die Führung sowohl der SA wie auch des Frontbanns nieder. Hitler antwortete nicht darauf. Am 30. April schrieb Röhm noch einmal an Hitler. Er schloß seinen Brief mit den Worten: »Ich benütze die Gelegenheit, in Erinnerung an schöne und schwere Stunden, die wir mitsammen verlebt haben, Dir für Deine Kameradschaft herzlich zu danken und Dich zu bitten, mir Deine persönliche Freundschaft nicht zu entziehen[137].« Auch darauf erhielt Röhm keine Antwort. Am nächsten Tag erschien im »Völkischen Beobachter« eine kurze Notiz, in der Röhm seinen Rücktritt von seinen Ämtern und aus dem politischen Leben bekanntgab. Mit Röhm verließ auch Brückner die Partei. Anfang April kam Pöhner durch einen Verkehrsunfall ums Leben. Göring befand sich noch im Ausland. Kriebel zog sich nach Kärnten zurück und ging später nach Schanghai. Scheubner-Richter und Eckart waren tot, Rosenberg gekränkt. Es waren nicht viele übriggeblieben, mit denen man an die Aufgabe des Wiederaufbaus herangehen konnte.

Das erste, was Hitler nach seiner Haftentlassung tat, war, sich mit Pöhner zu beraten. Und auf Pöhners Rat machte er dem bayrischen Ministerpräsidenten und Vorsitzenden der streng katholischen und partikularistischen Bayrischen Volkspartei, Dr. Heinrich Held, einen Besuch. Die Begegnung fand am 4. Januar 1925 statt. Obwohl Hitler sich um eine Aussöhnung bemühte, wurde er von Dr. Held kühl empfangen. Der Putsch, gab Hitler zu, sei ein Fehler gewesen. Sein vornehmstes Ziel sei es, der Regierung im Kampf gegen den Kommunismus beizustehen. Er habe für Ludendorffs und der Norddeutschen Angriffe auf die katholische Kirche nichts übrig, vielmehr die aufrichtige Absicht, die Autorität des Staates zu respektieren. Held war skeptisch, und in seine Skepsis mischte sich Verachtung; dennoch willigte er — von Gürtner, der immer noch Justizminister und sowohl mit Held wie mit Hitler befreundet war, gedrängt — darin ein, das Verbot der Partei und ihrer Zeitung aufzuheben. »Die Bestie ist gezähmt«, sagte Held zu Gürtner, »jetzt kann man die Fesseln lockern[138].«

Die Tatsache, daß Hitler mit der vom Klerus beherrschten bayrischen Regierung Frieden geschlossen hatte, vermehrte nur die Verachtung und Feindseligkeit von seiten Ludendorffs und der norddeutschen völkischen Führer Reventlow und Graefe, die die Kirche ganz offen bekämpften. Hitler empfand jedoch keine Reue. Vielmehr griff er die völkischen Abgeordneten des bayrischen Parlaments an, weil sie einen Ministersessel, den Held ihnen in seinem Kabinett anbot, abgelehnt hatten. Als einer der Abgeordneten erwiderte, es gebe Grundsätze, die man selbst nicht um den Preis von Hitlers Freilassung aufgeben könne, entgegnete Hitler, seine Freilassung sei tausendmal wichtiger für die

Bewegung gewesen als die Grundsätze von zwei Dutzend völkischen Parlamentariern[139].

Diese kompromißlose Auseinandersetzung hatte das Ergebnis, daß Hitler den größten Teil der Anhänger aus dem völkischen Block verlor: nur 6 von 24 völkischen Abgeordneten des bayrischen Landtags blieben ihm treu, die übrigen gingen nach und nach zu andern Parteien über. So willfährig sich Hitler auch Held und der bayrischen Regierung gezeigt hatte, innerhalb der Partei bestand er auf bedingungsloser Autorität und auf Gehorsam.

Am 26. Februar 1925 kam der »Völkische Beobachter« wieder heraus. Er brachte einen langen Leitartikel von Hitler mit dem Titel: »Ein neuer Beginn«. »Ich sehe es nicht als die Aufgabe eines politischen Führers an«, schrieb Hitler, »zu versuchen, das ihm zur Verfügung stehende Menschenmaterial zu bessern oder gar zu verschmelzen.« Das war auf diejenigen gemünzt, die immer noch Einwände gegen Streicher und Esser erhoben. »Ganz besonders«, fügte er hinzu, »protestiere ich gegen den Versuch, religiöse Streitfragen in die Bewegung hineinzutragen oder gar die Bewegung damit zu identifizieren... Religiöse Reformationen können nicht von politischen Kindern gemacht werden, denn etwas anderes sind die Herrschaften nicht.« Das wiederum war auf die norddeutschen Völkischen gemünzt, die den Antiklerikalismus an die Spitze ihres Programms gesetzt hatten.

Tags darauf, am 27. Februar, hielt Hitler mit den wenigen ihm verbliebenen Getreuen eine Versammlung im Bürgerbräukeller ab. Wäre nicht Fasching gewesen, so hätte die Versammlung am 24. Februar stattgefunden, dem fünften Jahrestag der ersten Parteigründung. Hitler hatte Drexler angerufen und ihn gebeten, den Vorsitz zu übernehmen. Aber Drexler verlangte den Ausschluß von Esser. »Geh zum Teufel!« hatte Hitler zurückgeschrien und eingehängt. An Drexlers Stelle leitete Max Amann die Versammlung. Strasser, Röhm und Rosenberg blieben ihr fern. Von Hitlers prominenter Gefolgschaft waren außer Amann nur noch Streicher und Esser, Gottfried Feder und Frick, der thüringische Gauleiter Dinter und der bayrische Fraktionsführer Buttmann anwesend.

Hitler hatte nichts von seiner Rednergabe verloren. Als er nach zwei Stunden seine Ansprache beendete, brachen die 4000, die den Saal füllten, in laute Heilrufe aus. Er war mit seinen Forderungen ganz offen gewesen:

»Wenn jemand kommt und mir Bedingungen stellen will, dann sage ich ihm: Freundchen, warte erst einmal ab, welche Bedingungen ich dir stelle. Ich buhle ja nicht um die große Masse. Nach einem Jahr sollen Sie urteilen, meine Parteigenossen; habe ich recht gehandelt, dann ist es gut; habe ich nicht recht gehandelt, dann lege ich mein Amt in Ihre Hände zurück. Bis dahin aber gilt: ich führe die Bewegung allein, und die Bedingungen stellt mir niemand, solange ich persönlich die Verantwortung trage. Und ich trage die Verantwortung wieder restlos für alles, was in der Bewegung vorfällt ... Entweder der Feind geht über unsere Leichen, oder wir gehen über die seine ...[140]«

In glühender Begeisterung kam es zur Aussöhnung. Die Führer auf der Tribüne schüttelten sich die Hände. Streicher nannte Hitlers Freilassung ein Gottesgeschenk, und Buttmann erklärte: »Alle Bedenken schmolzen in mir weg, als der Führer sprach.«

Bei der Neugründung der Partei im Februar 1925 setzte sich Hitler zwei Ziele. Das erste war die Sicherung seiner absoluten Herrschaft über die Partei durch Ausschluß derjenigen, die seine Führerschaft nicht bedingungslos anerkennen wollten. Das zweite war der Aufbau der Partei im Rahmen der Verfassung, um ihr damit eine Machtstellung innerhalb der deutschen Politik zu verschaffen. Lüdecke berichtet über ein Gespräch, das er mit Hitler im Landsberger Gefängnis geführt hat; damals sagte Hitler: »Wenn ich meine Tätigkeit wiederaufnehme, werde ich eine neue Politik einschlagen müssen. Statt die Macht durch Waffengewalt zu erringen, werden wir zum Ärger der katholischen und marxistischen Abgeordneten unsere Nasen in den Reichstag stecken. Wenn es auch länger dauert, sie zu überstimmen, als sie zu erschießen, so wird uns schließlich ihre eigene Verfassung den Erfolg garantieren. Jeder legale Vorgang ist langsam ... früher oder später aber werden wir die Mehrheit haben — und damit Deutschland[141].«

Der »legale Vorgang« sollte jedoch noch langsamer sein, als Hitler erwartet hatte. Nicht nur mußte er wieder von vorne anfangen — auch die Zeit war für ihn nicht mehr so günstig, wie sie es zwischen 1920 und 1923 gewesen war. Allerdings hatte seine Rede vom 27. Februar guten Erfolg, die Zurschaustellung seiner demagogischen Fähigkeiten war sehr überzeugend gewesen. Mit großem Nachdruck hatte er auf die Notwendigkeit hingewiesen, die Opposition auf einen einzigen Feind zu konzentrieren — Marxismus und Judentum. Aber zum Entzücken seiner Zuhörer hatte er in einem Nebensatz bemerkt: »Unter Umständen meint man unter einem einzigen Feind auch mehrere ...« Mit anderen Worten: die Bekämpfung von Marxismus und Judentum war der Vorwand, um den alten Kampf gegen das Regime wieder aufzunehmen. Auch andere Schlagworte, wie: »Entweder geht der Feind über unsere Leichen, oder wir gehen über die seine«, ließen kaum darauf schließen, daß Hitlers neue Politik der Legalität sehr aufrichtig sei. Die Behörden wurden unruhig und untersagten ihm sofort, in Bayern öffentlich zu sprechen. Das Verbot wurde bald auch auf andere deutsche Länder ausgedehnt. In Bayern wurde es erst im Mai 1927 aufgehoben, in Preußen sogar erst im September 1928. Das war ein schweres Hindernis für einen Parteiführer, dessen größte Stärke seine Rednergabe war. Aber es blieb Hitler nichts anderes übrig, als sich zu fügen. Er war auf Bewährungsfrist freigelassen worden und mußte befürchten, daß die bayrischen Behörden ihre Drohung wahrmachen und ihn ausweisen lassen würden. In österreichischen Polizeiarchiven wurde eine interessante Korrespondenz gefunden, die zwischen Hitlers Anwalt, dem österreichischen Generalkonsul in München und den Wiener Behörden über die Frage von Hitlers Staatsangehörigkeit geführt worden ist: sie erklärt Hitlers diesbezügliche Sorge in der Mitte der zwanziger Jahre.

Ein noch ernsteres Hindernis war die Tatsache, daß sich die Lage in Deutschland, noch während Hitler im Gefängnis saß, gebessert hatte. Das war schon im Absinken der rechtsradikalen Stimmenzahl bei den Dezemberwahlen 1924 zum Ausdruck gekommen. Am 12. November 1923, drei Tage nach dem mißglückten Putsch, war Dr. Schacht zum Reichswährungskommissar ernannt worden, und er hatte die Inflation zum Stillstand gebracht. Ende Februar 1924 konnten auch, nachdem man der Bedrohung von seiten der Links- und Rechtsradikalen Herr geworden war, die der Reichswehr zum Schutz der Republik gegebenen Vollmachten aufgehoben werden. Stresemanns Hoffnung, mit den Alliierten zu einem Abkommen zu gelangen, hatten sich erfüllt. Ein neuer Reparationsvertrag, der Dawes-Plan, war abgeschlossen worden, dem der Reihe nach gefolgt waren: Räumung des Ruhrgebiets, Locarno-Vertrag, der die Unverletzbarkeit der französisch-deutschen und der belgisch-deutschen Grenze garantierte, Rückzug der alliierten Truppen aus der ersten Zone des entmilitarisierten Rheinlandes, Eintritt Deutschlands in den Völkerbund auf Grund einstimmiger Wahl der Völkerbundsversammlung am 8. September 1926. Bei jeder dieser Etappen begegnete die republikanische Regierung dem heftigsten Widerstand auf seiten der Links- und Rechtsradikalen. Aber die Tatsache, daß es ihr jedesmal gelang, ihre Vorschläge im Reichstag durchzubringen, und daß die Sozialdemokratische Partei bei den Wahlen im Dezember 1924 ihre Stimmenzahl beträchtlich erhöhen konnte, ließ darauf schließen, daß die Republik sich gefestigt hatte und daß die Zeit der Unruhe, die von 1918 bis Anfang 1924 gedauert hatte, vorerst vorüber war.

Im Frühjahr 1925 schienen die Präsidentschaftswahlen einen

Wendepunkt in der Geschichte der Weimarer Republik anzudeuten. Reichspräsident Ebert, der seit der Gründung der Republik im Amte war, starb am 28. Februar 1925. Bei den Wahlen, die Ende März abgehalten wurden, stellten die Nazis Ludendorff als Kandidaten auf, errangen aber von den etwa 27 Millionen Stimmen nicht mehr als 211 000. Da keiner der Kandidaten eine entscheidende Mehrheit erhielt, fand im April eine zweite Wahl statt. Diesmal ließen die Nazis Ludendorff fallen (das war der Anlaß zum endgültigen Bruch zwischen Ludendorff und Hitler) und unterstützten die Kandidatur des von den Nationalisten in letzter Minute aufgestellten Generalfeldmarschalls von Hindenburg. Zum Ärger und Schrecken der demokratischen und republikanischen Elemente gewann Hindenburg die Wahl, allerdings mit geringem Vorsprung. Aber auch die Nazis hatten keinen Grund, sich zu beglückwünschen. Denn paradoxerweise stellte sich nach kurzer Frist heraus, daß die Wahl Hindenburgs, der imposantesten Gestalt der alten Armee, des überzeugten Monarchisten, Konservativen und Nationalisten, die Republik nur gestärkt hatte. Der Grund war sehr einfach: daß Hindenburg an der Spitze der Nation stand, versöhnte mehr als alles andere die traditionell und konservativ gesinnten Deutschen mit dem republikanischen Regime. Gleichzeitig entzog er durch seine uneingeschränkte Respektierung der demokratischen Verfassung während der ersten fünf Jahre seiner Präsidentschaft allen jenen Elementen den Boden, die die Republik des Verrats an der nationalen Sache bezichtigten.

Der Nachdruck, den Hitler auf die Legalität legte, war nichts als der Versuch, die Politik seiner Partei der veränderten Situation in Deutschland anzupassen. Seine Legalität war Taktik. Seine unüberwindlich feindselige Haltung gegenüber der Republik und ihrer ganzen Politik war ebenso unverändert wie seine Absicht, die Republik zu stürzen — wenn auch mit legalen Mitteln. In diesen geruhsameren und ersprießlicheren Zeiten jedoch fanden Hitlers Appelle an den Haß, seine wortreichen Tiraden über die »unerträglichen Lasten« und seine düsteren Prophezeiungen außerhalb der Reihen seiner Getreuen immer weniger Widerhall.

Es war auch schwieriger geworden, Geld aufzutreiben. Vor 1929 hatten Hitlers Anstrengungen, die politischen Fonds der Schwerindustrie und des Großhandels anzuzapfen, wenig Erfolg. Die Haupteinnahmequelle der Partei bildeten weiterhin die Mitgliedsbeiträge (monatlich 1 Mark, wovon nur 10% an die oberste Parteileitung abgeführt wurden), sodann die Spenden und Eintrittsgelder bei Versammlungen, ein paar Spenden von Förderern und die dürftigen Gewinne aus der Parteizeitung und dem von Max Amann geleiteten Verlag.

Das Verbot, in der Öffentlichkeit Reden zu halten, zwang Hitler, sich zwischen 1925 und 1928 mehr dem Schreiben zuzuwenden. Die erste Ausgabe von »Mein Kampf« wurde im Sommer 1925 veröffentlicht. Pater Bernhard Stempfle, ein Angehöriger des Hieronymus-Ordens, hatte stilistische Verbesserungen vorgenommen und einige Teile neu geschrieben; er gab in Miesbach eine kleine antisemitische Zeitschrift heraus. Hitlers Buch war vierhundert Seiten stark und kostete den stolzen Preis von zwölf Mark. Im Erscheinungsjahr wurden 9473 Exemplare verkauft, doch dann sanken die Verkaufsziffern: 1926 waren es 6913 Exemplare, 1928 nur noch 3015. (Inzwischen war der zweite Band veröffentlicht worden.) 1929 stieg die Zahl der verkauften Exemplare um mehr als das Doppelte und kletterte 1930 und 1931 rapide weiter bis auf 50000. Bis zum Jahre 1940 waren sechs Millionen Exemplare verkauft.

Kaum hatte Hitler den ersten Teil von »Mein Kampf« beendet, da begann er schon mit dem zweiten Teil, der Ende 1926 veröffentlicht wurde. Weiter diktierte er im Sommer 1928 seinem Verleger Max Amann ein Buch über Außenpolitik. Amann, der schon »Mein Kampf« verlegt hatte, war nicht daran interessiert, erneut ein Buch zu veröffentlichen, das so schlecht ging, besonders, da es vieles wiederholte, was bereits in »Mein Kampf« gesagt war. Schon bald war der Text überholt, und das Manuskript blieb bis nach Beendigung des Krieges in Amanns Büro. Schließlich wurde es 1961 als »Hitlers zweites Buch« veröffentlicht.

Von 1925 an waren die Tantiemen seines Buches und die Honorare, die er für Zeitungsartikel erhielt, Hitlers Haupteinnahmequelle. Nach dem Krieg entdeckte man seine Einkommensteuerakten sowie seinen Briefwechsel mit den Steuerbehörden über den Aufwand, den er für sich beanspruchte[142]. Hitler bezeichnete sich als Schriftsteller und gab sein Einkommen wie folgt an: 19843 Reichsmark im Jahre 1925, 1926 15903 Reichsmark, 1927 11494 Reichsmark, 1928 11818 Reichsmark und 1929 15448 Reichsmark. Diese Zahlen stimmen fast genau mit den Tantiemen überein, die er aus dem Verkauf von »Mein Kampf« erhielt.

Eine zusätzliche Einkommensquelle, die in seinen Steuerzahlungen nicht angegeben ist, waren die Honorare, die er für die in der Nazi-Presse veröffentlichten Artikel bezog. Die hohen Honorare, die er glaubte dafür fordern zu können und welche die sich sträubenden Zeitungen einfach nicht zahlen konnten, waren der Grund des immer häufigeren Murrens gegen Hitler in Parteikreisen.

Wieviel Hitler persönlich aus den Parteifonds oder von den Zuschüssen erhielt, die er erwirkt hatte, ist nicht bekannt. Allem Anschein nach waren die Jahre von 1925 bis 1928 eine magere Zeit für ihn. Er hatte Schwierigkeiten, seine Steuer zu bezahlen, sogar bei den unvollständigen Angaben, die er machte, und er geriet in eine erhebliche Verschuldung, die ihn 1927 1706 Mark Zinsen kostete. Dennoch lebte er nicht gerade in Armut. Er hatte immer eine gewisse Schwäche für Berchtesgaden und für die Gebirgsszenerie der bayrischen Alpen in der Nähe der österreichischen Grenze gezeigt. Nach seiner Entlassung aus dem Gefängnis war er sehr oft dort und arbeitete an »Mein Kampf« und an seinen Zeitungsartikeln. Zuerst wohnte er in der Pension Moritz, später im »Deutschen Haus« in Berchtesgaden.

»Ich lebte dort wie der Hahn im Korbe«, erinnerte er sich später. »Jeden Tag stieg ich zum Obersalzberg hinauf, das war ein Hin- und Rückweg von zweieinhalb Stunden. Dort schrieb ich den zweiten Band meines Werkes. Viel Freude machten mir die Besuche im Dreimädelhaus, wo immer hübsche Mädchen zu Besuch waren. Ich genoß das sehr. Eine unter ihnen war eine regelrechte Schönheit[143].«

1928 mietete Hitler die Villa »Haus Wachenfeld« auf dem Obersalzberg für hundert Mark im Monat. Sie war von einem Industriellen aus Buxtehude erbaut worden; später kaufte Hitler sie. Dies war sein Heim. »Dort verbrachte ich die schönsten Stunden meines Lebens«, sagte Hitler später. »Dort oben wurden alle meine großen Projekte in Angriff genommen, und dort reiften sie.« Obwohl er »Haus Wachenfeld« später in großem Stil umbaute (er nannte es dann »Berghof«), hielt er dem ursprünglichen Haus, wie er selbst meinte, die Treue. Sobald er das Haus gemietet hatte, überredete er seine verwitwete Halbschwester Angela Raubal, von Wien herüberzukommen und den Haushalt für ihn zu führen. Sie brachte ihre beiden Töchter mit, und Hitler verliebte sich sehr schnell in die ältere, eine hübsche, zwanzigjährige Blondine.

Im folgenden Jahr, 1929, mietete Hitler eine freundliche Etagenwohnung mit neun Räumen in der eleganten Prinzregentenstraße in München. Er übernahm den gesamten zweiten Stock im Haus Nr. 16 und engagierte Frau Winter, die Haushälterin aus dem Haus in der Thierschstraße, in dem er gewohnt hatte. Geli Raubal erhielt in der neuen Wohnung genauso ihr eigenes Zimmer wie in Obersalzberg.

Ein anderer Aufwand, der zu einem lebhaften Briefwechsel mit den Steuerbehörden führte, war Hitlers Auto, ein Mercedes mit Kompressor, den er kurz nach seiner Entlassung aus dem Landsberger Gefängnis für mehr als 20000 Mark gekauft hatte. Als man Hitler aufforderte, über diese Ausgabe Rechenschaft abzulegen, erklärte er, daß er ein Bankdarlehen aufgenommen habe. Tatsächlich war es so, daß er schon seit längerem eine Leidenschaft für den Motorsport gezeigt hatte, und darüber hinaus glaubte er, daß der Besitz eines

Autos für einen Politiker ein bedeutsames Attribut sei. Vor dem Putsch von 1923 hatte er einen alten, grünen Selve besessen, dann einen Benz, den die Polizei bei seiner Festnahme beschlagnahmte. Hitler fuhr nicht selbst, sondern hatte — sogar 1925 — einen Chauffeur angestellt. Noch etwas anderes fand das Interesse der Steuerbehörden: ein Privatsekretär (Heß), der dreihundert Mark im Monat bezog, sowie ein Assistent und der Chauffeur, die je zweihundert Mark erhielten.

Es war für Hitler ein großes Vergnügen, mit hoher Geschwindigkeit zu fahren. Das paßte zu dem dramatischen Bild, das er von sich selbst hatte, genauso wie die Peitsche aus Rhinozeroshaut, die er überall mit sich herumtrug. Er liebte es aber auch, mit Geli und einigen Freunden zum Picknick zu gehen. Diese Zeit war tatsächlich die Periode seines Lebens, in der er mehr Privatleben genoß, als irgendwann sonst, und er sollte später daran noch oft voll Sehnsucht zurückdenken.

Während des Rußlandfeldzuges erinnerte er sich häufig der Tage im Jahre 1925, als er, damals sechsunddreißig Jahre alt, mit den Bechsteins als ihr Gast die Bayreuther Festspiele besuchte.

»Tagsüber bin ich in der kurzen Wichs gegangen, zu den Festspielen im Smoking oder Frack. Die freien Tage waren immer wunderbar. Wir sind ins Fichtelgebirge und in die Fränkische Schweiz gefahren.« »Mein Mercedes-Kompressor wurde sehr bewundert. Nach der Vorstellung feierten wir meistens noch mit den Darstellern, entweder im Theater-Restaurant, oder wir fuhren nach Berneck. Das waren in jeder Hinsicht herrliche Tage[144].«

III

Wenn die Nazis zu jener Zeit noch einigen Erfolg hatten, so verdankten sie ihn weniger Hitler als Gregor Strasser, der drauf und dran war, an Stelle von Hitler wirklicher Führer der Partei zu werden. Er hatte in Norddeutschland und im Rheinland, wo die Partei bisher nicht Fuß fassen konnte, neuen Boden für sie gewonnen. Gregor Strasser war Ende 1920 in die Partei eingetreten und Gauleiter in Niederbayern geworden. Von Geburt Bayer und etwa drei Jahre jünger als Hitler, war er im Krieg mit dem Eisernen Kreuz I. Klasse ausgezeichnet und gegen Ende des Krieges zum Oberleutnant befördert worden. Nach dem Krieg hatte er geheiratet und in Landshut eine Apotheke übernommen. Strasser, ein kräftig gebauter Mann, war eine starke Persönlichkeit und ein guter Redner. Er neigte zu radikalen Ansichten und legte auf die antikapitalistischen Punkte des Parteiprogramms das gleiche Gewicht wie auf die nationalistischen. Während

Hitlers Haftzeit war Strasser ebenfalls bemüht gewesen, mit den norddeutschen Völkischen eine gemeinsame Front zu bilden. In seinen Ansichten unabhängig, stand er Hitler kritisch gegenüber und zeigte wenig Neigung, sich seinem Anspruch auf unbegrenzte Autorität innerhalb der Partei zu beugen. Strasser hatte an der Versammlung vom 27. Februar nicht teilgenommen, und Hitler gewann ihn für die Parteiarbeit nur dadurch zurück, daß er ihm vierzehn Tager später die Führung in Norddeutschland anbot.

Dies kam Strasser sehr gelegen. Mit Hilfe seines Bruders Otto verschaffte er sich im Norden eine große Anhängerschaft und baute überaus schnell eine Organisation auf, die zwar Hitler als nominellen Führer anerkannte, sich aber mehr und mehr zu einer unabhängigen Partei entwickelte. Als Reichstagsabgeordneter konnte Gregor Strasser kostenlos mit der Eisenbahn reisen, und es hinderte ihn auch kein Verbot daran, öffentliche Reden zu halten. Ganze Tage und Nächte verbrachte er im Zug und sprach mehrmals in der Woche, einmal in der einen, einmal in der anderen großen Stadt. Er gründete eine Zeitung, die von Otto Strasser redigierte »Berliner Arbeiterzeitung«, und dazu die »Nationalsozialistischen Briefe«, eine Zeitschrift, die alle vierzehn Tage erschien und für die Parteifunktionäre bestimmt war. Es ging Strasser in erster Linie darum, seine Organisation zu festigen, und so setzte er überall Gauleiter ein, mit denen er auf häufigen Konferenzen zusammentraf. Redakteur der »Briefe« und zugleich Gregors Privatsekretär wurde ein junger Rheinländer, den die Strassers herangezogen hatten. Er war damals noch keine dreißig Jahre alt, verfügte über eine gewisse Bildung, hatte einige Universitäten besucht und, ehe er diesen Posten als Sekretär eines Reichstagsabgeordneten annahm, Romane und Drehbücher geschrieben, die aber nirgendwo angenommen worden waren. Er hieß Joseph Goebbels. Es stellte sich bald heraus, daß er sowohl als Journalist wie als Redner ziemlich begabt war.

Hitlers zynische Mißachtung des Parteiprogramms, das er bestenfalls als ein Mittel zur Macht gelten ließ, wurde von den Brüdern Strasser nicht geteilt. Ihr eigenes Programm, das allerdings ziemlich vage war, zielte auf die Verstaatlichung der Schwerindustrie und des Großgrundbesitzes zugunsten eines „Staatsfeudalismus" hin, wie sie es nannten; gleichzeitig forderte es die Dezentralisierung der Macht auf föderalistischer Grundlage, die Zerschlagung Preußens und die Errichtung einer faschistischen Kammer, die an die Stelle des Reichstags treten sollte. Hitler hatte für diese Ideen wenig übrig, am wenigsten aber für den Antikapitalismus der Strassers und die von ihnen geforderte Aufteilung des Großgrundbesitzes; das alles erschwerte ihm die Suche nach Förderern innerhalb der Industrie und des Großgrundbesitzes. Aber während Hitler in Berchtesgaden seine Zeit herumbringen mußte, rührten sich Gregor und Otto Strasser eifrig, um ihren Einfluß innerhalb der Partei auszudehnen.

Am 22. November 1925 beriefen die Strassers die norddeutschen Gauleiter zu einem Parteikongreß in Hannover ein. Unter den 25 Teilnehmern befanden sich Karl Kaufmann, später Gauleiter von Hamburg, Bernhard Rust, später Kultusminister im Dritten Reich, Kerrl, später Minister für kirchliche Angelegenheiten, Robert Ley aus Köln, später Führer der Deutschen Arbeitsfront, Friedrich Hildebrandt, nach 1933 Gauleiter von Mecklenburg, und Erich Koch, später Oberpräsident von Ostpreußen und nach 1941 Reichskommissar für die Ukraine. Als Vertreter Hitlers erschien nur Gottfried Feder; Goebbels forderte seinen Ausschluß, und daß Feder schließlich doch noch zum Kongreß zugelassen wurde, verdankte er lediglich einer Abstimmung, bei der eine knappe Mehrheit zu seinen Gunsten entschied.

Die Spannung zwischen den Strassers und Hitler hing mit einer Frage zusammen, die 1925/26 die Gemüter in Deutschland sehr bewegte. Es war die Frage, ob die ehemaligen deutschen Fürstenhäuser enteignet werden sollten und ihr 1918 beschlagnahmtes Vermögen als Staatsgut anzusehen oder zurückzugeben sei. Gregor und Otto Strasser standen mit den Arbeitern gegen die Fürsten, während Hitler die besitzenden Klassen unterstützte. Damals erhielt er nämlich monatlich 1500 Mark (d. h. dreiviertel seines Einkommens) von der geschiedenen Herzogin von Sachsen-Anhalt. Infolgedessen nannte er die Agitation der Strassers einen »jüdischen Schwindel«. Der Kongreß in Hannover stimmte für Strasser; nur Ley und Feder traten für Hitler ein. Als Feder im Namen Hitlers protestierte, sprang Goebbels auf: »Unter diesen Umständen beantrage ich, daß der kleine Bourgeois Adolf Hitler aus der Nationalsozialistischen Partei ausgestoßen wird.« Und Rust fügte hinzu: »Nationalsozialisten sind freie Männer und Demokraten. Sie erkennen keinen Papst an, der sich für unfehlbar halten könnte[145].« Wichtiger war jedoch, daß Strassers Programm vom Kongreß in Hannover angenommen und anschließend beschlossen wurde, es an die Stelle des offiziellen 25-Punkte-Programms der Partei vom Februar 1920 zu setzen. Es war eine offene Rebellion.

Hitler ließ sich Zeit, auf diese Herausforderung zu antworten; als er dann aber schließlich zur Tat schritt, zeigte sich seine ganze Geschicklichkeit an der Art und Weise, wie er Strasser ausbootete, ohne die Partei zu zersplittern. Er rief nun selbst zu einer Führertagung ein, und zwar nach Bamberg, am 14. Februar 1926. Absichtlich hatte er einen Wochentag gewählt, damit es den norddeutschen Führern schwerfalle, in größerer Zahl an der Tagung teilzunehmen. Tatsächlich war der Strasser-Flügel der Partei nur durch Gregor Strasser und Goebbels vertreten. In Süddeutschland hatte Hitler aus dem Gauleiteramt eine besoldete Stellung gemacht; infolgedessen war es den süddeutschen Gauleitern möglich, sich ganz der Parteiarbeit zu widmen, und sie waren zudem viel mehr von ihm abhängig. So konnte er mit einer sicheren Mehrheit auf der Bamberger Tagung rechnen.

In einer Debatte, die den ganzen Tag über dauerte, trugen die Gegner ihre Differenzen aus. Es ging um viele verschiedene Dinge: den Sozialismus, den Volksentscheid über die Fürstenabfindung, die legale Politik im Gegensatz zur revolutionären Politik, um Auslandsangelegenheiten, um die Rolle der Arbeiter und die Parteiorganisation. Von Anfang an wurde Strasser überstimmt. Hitler vermehrte seinen Triumph noch dadurch, daß er Goebbels, bis dahin einer der stärksten Anhänger Strassers, auf seine Seite zog. Mitten in der Debatte stand Goebbels auf und erklärte, es sei nun, nachdem er Hitler gehört habe, überzeugt, daß Strasser und er sich geirrt hätten; es gäbe nur eine Möglichkeit: den Irrtum einzusehen und Hitler zu folgen.

Nach diesem Sieg tat Hitler alles, um Strasser in der Partei zu behalten. Als die Debatte hitzig wurde, legte er seinen Arm um Strassers Schulter und sagte: »Hören Sie, Strasser, Sie haben es nicht mehr im geringsten nötig, wie ein ganz kleiner Beamter zu leben. Verkaufen Sie Ihre Apotheke, greifen Sie ruhig in die Parteikasse, richten Sie sich ein, wie es einem Mann von Ihren Fähigkeiten gebührt[146].« Mit seiner versöhnlichen Taktik hatte Hitler Erfolg. Strassers Programm wurde abgelehnt und ein Waffenstillstand geschlossen. Die Einheit der Partei war erhalten geblieben. Zwar war damit die Episode Strasser noch nicht zu Ende, aber Hitler hatte fürs erste seinen gefährlichsten Rivalen ausgeschaltet und den Riß zwischen dem radikalen Flügel der Partei und dem seinigen überbrückt.

Hitler sah sich jedoch noch anderen Schwierigkeiten innerhalb der Partei gegenüber. Es wurde dauernd gemurrt über die hohen Geldbeträge, die der Führer und seine Freunde der Parteikasse entnahmen und für private Zwecke ausgaben. Auch kritisierte man, daß er sich häufig vom Parteibüro fernhielt und seine Zeit in Berchtesgaden verbrachte oder in einem großen Wagen auf Parteikosten Landausflüge machte. Es kam zu einer Kontroverse zwischen Hitler und dem württembergischen Gauleiter Munder, die schließlich im Jahre 1928 zu Munders Entlassung führte. Zank, Verleumdung, Intrigen, und das alles aus den geringfügigsten und schmutzigsten Anlässen, schienen in der Partei zu Hause zu sein.

Um diesen Zwist in Grenzen zu halten, richtete Hitler 1926 ein Parteigericht ein, den »Uschla« (Untersuchungs- und Schlichtungsausschuß). Sein erster Vorsitzender, der ehemalige General Heinemann, begriff nicht recht, daß der »Uschla« hauptsächlich dazu diente, die Parteidisziplin und die Autorität des Führers zu wahren, dagegen vor Unehrlichkeit, Verbrechen und Unmoral, solange sie das Ansehen und die Einheit der Partei nicht gefährdeten, die Augen zu verschließen. Sein Nachfolger, Major Walter Buch, verstand sein Amt besser. Unter Mitwirkung von Ulrich Graf und dem jungen Münchner Rechtsanwalt Hans Frank (später Generalgouverneur von Polen) machte er aus dem »Uschla« ein wirksames Instrument, durch das Hitler die Partei schärfer kontrollieren konnte.

Als logische Folge der Bamberger Führertagung veranstaltete Hitler im Mai 1926 eine Generalmitgliederversammlung in München. Auf dieser Versammlung wurde beschlossen, daß nunmehr der kleine »Nationalsozialistische Deutsche Arbeiterverein in München« der alleinige »Träger« der Partei sei. Nur die Münchner Gruppe sollte also ihren Führer selbst wählen, der damit automatisch auch die Führung der gesamten Partei übernahm. Hitler führte dazu aus, daß zwar das deutsche Gesetz eine formelle Vorstandswahl durch die Mitglieder vorschreibe, nach der Wahl aber hätte der Führer das Recht, andere Parteiführer einschließlich der Gauleiter nach eigenem Gutdünken einzusetzen oder abzusetzen. In der gleichen Versammlung wurden die 25 Punkte des alten Programms für unabänderlich erklärt — nicht weil Hitler sie für wichtig hielt, sondern um seine Herrschaft in der Partei weiter zu festigen.

Im Juli 1926 fühlte Hitler sich stark genug, um einen Parteitag in Weimar abzuhalten. Thüringen war eines der wenigen Länder, in denen er noch reden durfte. 5000 Mann nahmen an dem Vorbeimarsch teil, den Hitler — im Wagen stehend und zum ersten Male mit ausgestrecktem Arm grüßend — abnahm. Fotograf Hoffmann sorgte für höchst eindrucksvolle Bilder, und der »Völkische Beobachter« wurde mit 100 000 Exemplaren im Lande verteilt. Das war der erste der Reichsparteitage, die später Jahr für Jahr in Nürnberg abgehalten wurden.

Goebbels war jetzt mit ganzer Seele Hitlers Gefolgsmann. Im November ernannte Hitler ihn zum Gauleiter im »roten« Berlin, und dieses Amt sollte seine bemerkenswerte agitatorische Begabung voll in Anspruch nehmen. Er übernahm eine Organisation, die infolge Uneinigkeit so zersplittert war, daß Hitler sie auflösen mußte und Goebbels beauftragte, sie von Grund auf neu aufzubauen. Mit der Entsendung von Goebbels nach Berlin verschaffte Hitler der Bewegung nicht nur eine Schlüsselstellung, sondern schob gleichzeitig auch der Unabhängigkeit der Strasser-Gruppe einen Riegel vor. Die Brüder Strasser hatten in Berlin einen eigenen Verlag und eine Zeitung. Goebbels jedoch, der wegen seines Übertritts zu Hitler von den Strassers als Verräter betrachtet wurde, benutzte alle ihm zur Verfügung stehenden Mittel, um Einfluß und Anhängerschaft der Strassers zu reduzieren. 1927 gründete er den »Angriff«, eine Konkurrenz der Strasserschen Zeitung. Die treuesten Anhänger der Strassers ließ er von der SA verprügeln. Gregor und Otto Strassers Beschwerden bei Hitler waren wirkungslos: er gab ihnen zur Antwort, daß er keine Macht über Goebbels habe. Nichtsdestoweniger war es ein Spiel für Hitler, was Goebbels betrieb.

IV

In den nächsten zwei Jahren gab es für Hitler und die nationalsozialistische Partei wenig Veränderung. Zwar traten die alten Schwierigkeiten mit der SA wieder zutage. Im November 1926 hatte Hitler die SA umgebildet und in Hauptmann Pfeffer von Salomon einen neuen Kommandeur für sie gefunden. Doch die ehemaligen Offiziere lebten nur in militärischen Vorstellungen. Sie betrachteten die SA als eine Institution für getarnte militärische Ausbildung und sahen ihr höchstes Ziel darin, sie eines Tages in Bausch und Bogen der Reichswehr einzugliedern und für sich selbst höhere Dienstgrade einzuheimsen. Sowohl die Führung der Berliner wie auch der Münchner SA mußte gesäubert werden. Die Münchner SA war zudem durch den homosexuellen Edmund Heines und seine Freunde in Verruf geraten. Als Hitler ihn im Mai 1927 fortjagte, geschah es allerdings nicht aus Gründen der Moral oder weil man Heines des Mordes bezichtigte, sondern wegen seines Mangels an Disziplin und Unterordnung. So sah es mit der »Elite« des Neuen Deutschlands aus.

Aber was Hitler auch unternehmen mochte, die SA verfolgte weiterhin ihren eigenen Weg. Pfeffer hielt ebenso hartnäckig wie Röhm an der Ansicht fest, daß die militärische Führung der politischen gleichzustellen und nicht unterzuordnen sei. Er weigerte sich, Hitler das Recht zuzugestehen, seinen Sturmtruppen Befehle zu erteilen. Solange die SA aus ehemaligen Offizieren, Soldaten und Freikorpsleuten bestand, mußte Hitler den gegebenen Zustand hinnehmen. Diese Männer hatten kein Interesse für Politik. Mit Leib und Seele »spielten sie Soldat«, was Hitler verurteilte — sie zogen ins Manöver, marschierten in Uniform, krakeelten, saßen die halbe Nacht bei Gesang von Soldatenliedern zusammen und betranken sich sinnlos, als könnten sie damit die verlorene Kameradschaft der Zeit von 1914 bis 1918 wiederfinden. Eines Tages sollte Hitler mit der SS eine Lösung finden: dieses ausgewählte und auf bedingungslosen Gehorsam eingeschworene Elitekorps der Schwarzhemden unterschied sich sehr von dem undisziplinierten Mob der SA. Aber erst 1929 entdeckte Hitler den richtigen Mann dafür: Heinrich Himmler. Himmler, ein Diplom-Landwirt, der in Landshut eine Zeitlang Strassers Adjutant und Sekretär gewesen war, betrieb im Jahre 1928 eine kleine Hühnerfarm in Waldtrudering bei München. Als er die SS von Erhard Heiden übernahm, bestand die Truppe aus kaum mehr als zweihundert Mann, und Himmler benötigte Jahre, bis er Hitler das geschaffen hatte, was er brauchte: ein völlig zuverlässiges Organ, mit dem er seine Herrschaft in der Partei und gegebenenfalls auch im Deutschen Reich aufrechterhalten konnte.

Mochte die Partei zwar noch weit davon entfernt sein, Hitlers Ideal zu erfüllen, so brachten doch die Jahre 1927 und 1928 ein stetes Anwachsen der Mitgliederzahl. Im Mai 1927 erhielt Hitler, nachdem er weitere Zusicherungen über sein ruhiges Verhalten gemacht hatte, in Bayern wieder die Erlaubnis zu reden, und im September 1928 auch in Preußen. Beim ersten Nürnberger Parteitag im August 1927 sollen 30000 SA-Leute am Führer vorbeimarschiert sein. Die Zahl der zahlenden Mitglieder stieg von 27000 im Jahre 1925 auf 49000 1926, 72000 1927, 108000 1928 und 178000 1929. Man war bereits dabei, eine Organisation für eine weit höhere Anzahl von Mitgliedern zu schaffen. Das Land wurde in Gaue eingeteilt, mit von Hitler ernannten Gauleitern an der Spitze. Diese Gaue stimmten in etwa mit den Wahlbezirken des 34. Reichstages überein. Es gab sieben zusätzliche Gaue für Österreich, Danzig, die Saar und das Sudetenland in der Tschechoslowakei. Der Hitler-Jugend wurde ein NS-Schülerbund und ein NS-Studentenbund angegliedert; es gab eine NS-Frauenschaft, einen NS-Lehrerbund, NS-Juristen- und Ärztebünde. Die Auflage des »Völkischen Beobachters« stieg zusehends, und aus dem »Illustrierten Beobachter« wurde eine Wochenzeitung.

Die Parteiorganisation bestand 1928 aus zwei Hauptabteilungen: die eine, unter Führung von Gregor Strasser, hatte die Aufgabe, das bestehende Regime anzugreifen; die andere, unter Konstantin Hierl, diente dem vorbereitenden Aufbau des neuen Staates. Die erste Abteilung hatte wiederum drei Unterabteilungen: die Auslandsabteilung (Nieland), die Presseabteilung (Otto Dietrich) und die Organisationsabteilung (Schumann). Die zweite Abteilung bestand aus Walter Darré (Landwirtschaft), Wagener (Wirtschaft), Konopath (Rasse und Kultur), Nicolai (Innenpolitik), Hans Frank (Rechtsfragen), Gottfried Feder (Technik) und Schulz (Arbeitsdienst).

Für die Propaganda gab es eine besondere Abteilung, deren Leiter unmittelbar unter Hitler arbeitete. Von Oktober 1925 bis Januar 1927 hatte Gregor Strasser dieses Amt versehen, bis ihm dann von Hitler der Aufbau der Parteiorganisation übertragen wurde. Im November 1928 erhielt Goebbels die Propagandaleitung.

Ende 1927 war aus Schweden eine andere vertraute Gestalt nach

Deutschland zurückgekehrt: Hermann Göring. Er hatte sich in Berlin niedergelassen und lebte dort recht und schlecht von seinen guten Beziehungen. Hitler, der gerade auf der Suche nach solchen Verbindungen zur Berliner Gesellschaft war, beeilte sich, seine Freundschaft mit Göring zu erneuern. Zum Lohn für ihre Dienste kamen Göring und Goebbels im Mai 1928 auf die nationalsozialistische Kandidatenliste und wurden zusammen mit Strasser, Frick und dem aus der Reichswehr ausgeschiedenen General von Epp in den Reichstag gewählt. Hitler selbst hatte nicht aufgestellt werden können, da er die deutsche Staatsangehörigkeit nicht besaß. Am 7. April 1925 verzichtete er auf seine österreichische Staatsangehörigkeit. Jetzt war er staatenlos. Bemühungen hinter den Kulissen, die bayrische Regierung zu überreden, Hitler zum deutschen Staatsbürger zu erklären, schlugen fehl, und öffentlich wollte Hitler von dem republikanischen Regime, das er verachtete, keine Gunst fordern. Erst 1932, am Vorabend seiner Kandidatur für die Reichspräsidentschaft, ließ er sich naturalisieren. Das geschah also zu einer Zeit, als in Braunschweig bereits eine nationalsozialistische Regierung herrschte, so daß man Änderungen vornehmen konnte, ohne sich um lästige Fragen zu kümmern.

Aber alle Anstrengungen, die Hitler in diesen Jahren machte, standen im Schatten der sich mehrenden Erfolge des republikanischen Regimes. Bis zum Jahre 1927 war es der vielgeschmähten Regierung der »Novemberverbrecher«, der judenhörigen »Betrügerrepublik«, gelungen, die Ordnung wiederherzustellen, die Währung zu stabilisieren, ein Reparationsabkommen zu treffen, die Ruhrbesetzung aufzuheben und Deutschland in den Völkerbund zu bringen. Zur Ergänzung des mit den Westmächten abgeschlossenen Locarno-Paktes hatte Stresemann im April 1926 in Berlin mit der Sowjetunion ein Abkommen getätigt; nach der Evakuierung der ersten Zone des entmilitarisierten Rheinlandes war Ende 1927 die Alliierte Militärkommission zurückgezogen worden. Auf Einladung der französischen Regierung begab sich Stresemann im August 1928 nach Paris zur Unterzeichnung des den Krieg ächtenden Kellogg-Paktes, der Deutschland mit den andern Großmächten gleichsetzte. Stresemanns Besuch in Paris und der freundliche Empfang, der ihm dort bereitet wurde, waren gewissermaßen Symbole für den Fortschritt, den Deutschland der Erfüllungspolitik verdankte. Die von Hitler und den Nationalisten ständig geforderte Gleichberechtigung war wiederhergestellt.

Diese Erfolge auf dem Gebiete der Politik — die allerdings, wie man einwenden muß, nur die politisch interessierten Kreise des Volkes beeindruckten — hatten eine Parallele auf dem Gebiete der Wirtschaft und berührten infolgedessen jeden einzelnen. Die Basis dieser Gesundung ist in den riesigen Geldsummen zu sehen, die das Ausland, vor allem Amerika, in Deutschland investierte, nachdem durch den Dawes-Plan und die Stabilisierung der Währung normale wirtschaftliche Verhältnisse geschaffen waren. Deutschlands Außenschulden wurden Ende 1930 auf 28,5 bis 30 Milliarden Goldmark geschätzt, deren größter Teil zwischen 1924 und 1929 aufgenommen wurde[147].

Nicht allein das Reich, auch die Länder, die Großstädte, die Industrie, der Handel, ja selbst die Kirche nahmen hohe kurzfristige Anleihen auf und gaben das Geld verschwenderisch aus. Man dachte nicht viel darüber nach, wie diese Darlehen zurückgezahlt werden konnten, ohne neue Anleihen aufzunehmen. Jedenfalls war Deutschland dadurch in der Lage, seine Reparationen pünktlich zu zahlen und dabei gleichzeitig seine Industrie zu rationalisieren und neu auszurüsten, auf sozialem Gebiet große Verbesserungen aller Art durchzuführen und den ständig wachsenden Lebensstandard aller Klassen zu finanzieren. Während der Inflation (1923) war die deutsche Produktion gegenüber 1913 auf 65% abgesunken, 1927 aber wieder auf 122% gestiegen, womit sie die Produktionssteigerung in Großbritannien weit in den Schatten stellte[148]. Die Zahl der Arbeitslosen sank im Sommer 1928 auf 650000. Im gleichen Jahr verzeichneten die Umsätze im Einzelhandel ein 20%iges Ansteigen gegenüber 1925, während 1929 die Bruttolöhne mit 18% und die Reallöhne mit 10% über dem Durchschnitt von 1925 standen[149].

Angesichts dieser Tatsachen, die, ganz einfach ausgedrückt, mehr Essen, mehr Geld, mehr Arbeit und mehr Sicherheit bedeuteten, erzielten Hitler und Goebbels mit ihrer ganzen agitatorischen Geschicklichkeit nur geringe Fortschritte. Hitler wurde jedoch von seinem Instinkt richtig geleitet. Es waren außerordentlich schwankende Grundlagen, auf denen dieser plötzliche Wohlstand beruhte, und obwohl Hitler sich mit seiner Vorhersage einer neuen Inflation irrte, sollten sich doch seine unheilvollen Prophezeiungen erfüllen. Aber damals, in den Jahren 1927 und 1928, schenkten die meisten solch düsteren Drohungen ebensowenig Gehör wie den Warnungen des Reichsbankpräsidenten Dr. Schacht oder des Reparationskommissars Parker Gilbert.

Die allgemeine Vertrauensseligkeit und das Gefühl, nach dem Fieber und der Erschöpfung der Nachkriegsjahre zu einer Genesung gelangt zu sein, spiegelten sich in den Ergebnissen der Reichstagswahlen vom Mai 1928. Die Sozialdemokraten, die sich am stärksten mit der Republik identifizierten, erreichten einen Stimmenzuwachs von 7,88 auf 9,15 Millionen, während die rechtsstehende Deutschnationale Partei, die unermüdlich das Weimarer Regime verunglimpft hatte, ihre Anhängerschaft von 6,2 auf 4,3 Millionen zusammenschrumpfen sah. Die Nazis erhielten nur 810000 Stimmen und erlangten nicht mehr als zwölf Sitze; unter den Parteien im Reichstag rangierten sie erst an neunter Stelle.

Verglichen mit dem Stand von 1924/1925 hatte Hitler mit dem Wiederaufbau seiner Partei wohl Erfolg gehabt — aber gemessen an der Gesamtpolitik war dieser Erfolg geringfügig. Ende 1928 war Hitler immer noch ein Sonntagspolitiker und außerhalb Süddeutschlands wenig bekannt; ja selbst dort galt er nur als der extreme und halb irrsinnige Außenseiter der bayrischen Politik. Es waren für ihn die Jahre des Wartens — die Jahre, in denen Hitler mit dem Schlimmsten zu rechnen hatte: mit Indifferenz und belustigter Verachtung; es waren die Jahre, in denen die Partei nur gar zu leicht hätte auseinanderfallen können.

Im September 1928 berief Hitler die Parteiführer zu einer Tagung nach München ein und sprach offen mit ihnen. Einen großen Teil seiner Rede widmete er den Bemühungen, Stresemanns Verdienste als Außenminister zu verkleinern.

»Erstens muß unser Volk von dem hoffnungslos wirren Internationalismus befreit und bewußt und systematisch zum fanatischen Nationalismus erzogen werden ... Zweitens werden wir unser Volk, indem wir es dazu erziehen, gegen den Irrsinn der Demokratie zu kämpfen und wieder die Notwendigkeit von Autorität und Führertum einzusehen, von dem Unsinn des Parlamentarismus fortreißen. Drittens werden wir, indem wir das Volk von dem jämmerlichen Glauben an eine Hilfe von draußen, das heißt von dem Glauben an Völkerversöhnung, Weltfrieden, Völkerbund und internationale Solidarität, befreien, diese Ideen zerstören. Es gibt nur ein Recht in der Welt, und dieses Recht liegt in der eigenen Stärke[150].«

Aus den Schwierigkeiten, die noch bevorstanden, machte Hitler kein Hehl. Vor allen Dingen müsse im einzelnen Parteigenossen der Glaube an den Sieg der Bewegung gestärkt werden. »Es gehört nicht viel Mut dazu, in einer bestehenden Organisation still seinen Dienst zu tun. Mehr Mut erfordert es, gegen ein bestehendes politisches Regime zu kämpfen ... Wer großen Mut besitzt, den verlockt es, anzugreifen. Ein Zustand, der Gefahren in sich birgt, ist ein Magnet für Männer, die die Gefahr suchen ... Was übrigbleibt, ist eine Minderheit von harten, entschlossenen Männern. Nur aus diesem Prozeß ist die Geschichte zu erklären, nämlich daß gewisse Revolutionen, die der Welt ein neues Gesicht gaben, von ganz wenigen Männern ausgingen ... Alle Parteien und die öffentliche Meinung ist gegen uns. Aber gerade darin liegt der unbedingte, ich möchte sagen, der mathematisch berechenbare Grund für den künftigen Sieg unserer Bewegung. Solange wir eine radikale Bewegung sind, solange die öffentliche Meinung uns ächtet, solange die momentanen Umstände im Staat gegen uns sind — solange werden wir fortfahren, das wertvollste Menschenmaterial um uns zu versammeln, sogar in Zeiten, in denen, wie man sagt, alle Gründe der menschlichen Vernunft gegen uns sprechen[151].«

Mit Argumenten dieser Art hielt Hitler die Männer um sich herum beisammen. In diesen Jahren war das Bemerkenswerteste an seiner Führerschaft, daß er niemals nachgab, daß er niemals sein Selbstvertrauen verlor und daß er die Fähigkeit besaß, dies auf die andern zu übertragen und dadurch in ihnen den Glauben wachzuhalten, daß der Damm eines Tages brechen und die Flut sich in seinem Sinne ergießen werde.

V

Hitlers erste Chance kam 1929, gewissermaßen als ein Vorspiel der großen Krise von 1930 bis 1933, und sie lag, wie Hitler vorausgesehen hatte, auf dem Gebiet der Außenpolitik.

Obwohl Stresemanns Politik dauerhafte Vorteile für Deutschland gebracht hatte, gaben die Deutschnationalen keine Ruhe. Sie hörten nicht auf, den Vertrag von Versailles und alle mit ihm zusammenhängenden Abkommen anzugreifen. In seiner schwierigen Lage war Stresemann sehr verwundbar. Jede Konzession, die er einem mißtrauischen und mißgünstigen Frankreich abrang, erforderte viel Geduld und Umsicht: die »Erfüllungspolitik« brauchte Zeit. Unter diesen Umständen war es für die Deutschnationalen und die Nationalsozialisten die leichteste Sache der Welt, die Ungeduld in Deutschland zu schüren, jeden Erfolg als ungenügend und der deutschen Gleichberechtigung nicht gemäß hinzustellen und der Regierung vorzuwerfen, daß sie mit Frankreich schachere und die nationalen Interessen verrate. Jeder derartige Ausbruch fügte zu Stresemanns Schwierigkeiten einige neue hinzu — und das war auch die Absicht —, reizte die Franzosen zu stärkerem Widerstand und rief in ihnen den Zweifel wach, ob Stresemann wirklich die öffentliche deutsche Meinung vertrete oder gar beherrsche.

Hitler hatte Stresemann unermüdlich angegriffen. Allein schon die Vorstellung einer Aussöhnung oder Übereinkunft mit Frankreich erregte seinen Zorn. Der Appell an das nationale Ressentiment war immer schon ein wesentlicher Bestandteil von Hitlers Methode gewesen. Dieses Ressentiment mußte unter allen Umständen erhalten, Frankreich als der Erbfeind hingestellt und Stresemanns »Erfüllungspolitik« als reine Illusion, oder besser noch, als bewußter Verrat dargestellt werden. Bisher war es zwar diesen nationalistischen Attacken nicht gelungen, die Unterstützung der Mehrheit für Stresemanns Politik zu erschüttern. Aber 1929 schien sich eine günstigere Gelegenheit zu bieten, und obwohl auch diese letzten Endes zu keinem Ergebnis führte, brachten doch die Art und Weise, wie die Kampagne geführt wurde, und die Rolle, die Hitler dabei spielte, den Aufstieg der Nationalsozialisten in ein entscheidendes Stadium.

Diese Gelegenheit bot die Wiederaufnahme der Verhandlungen über ein endgültiges Reparationsabkommen mit den Alliierten. Im Dawes-Plan von 1924 war weder die endgültige Höhe der Reparationssumme noch die Zeitdauer der Leistungen festgelegt worden. Im Winter 1928/29 befaßte sich ein Sachverständigenausschuß unter dem Vorsitz des amerikanischen Bankiers Owen D. Young mit diesen Fragen. Nach langen Verhandlungen legte der Young-Ausschuß am 7. Juni 1929 einen Bericht vor, der von Deutschland Reparationsleistungen für weitere 59 Jahre forderte. Für die Jahresraten wurde eine gleitende Skala festgesetzt, und ihr Durchschnitt lag beträchtlich unter der Summe, die bisher nach dem Dawes-Plan gezahlt worden war (2050 Millionen Mark gegenüber 2500 Millionen Mark). Auch die Gesamtsumme der Reparationen war wesentlich niedriger als die von den Alliierten ursprünglich geforderten 132 Milliarden Goldmark; außerdem sollte die im Dawes-Plan vorgesehene internationale Kontrolle der deutschen Wirtschaft aufgehoben werden.

Diese Bedingungen waren weit härter als diejenigen, die die Deutschen vorgeschlagen hatten, und wenn Stresemann auch Zweifel gekommen sein mögen, so empfahl er doch, sie anzunehmen. Denn er hoffte, damit die Evakuierung der letzten noch besetzten Gebiete des Rheinlandes zu erreichen. Im August 1929, auf der internationalen Konferenz in Den Haag, gelang es ihm, die beiden Streitfragen, Reparationen und Evakuierung, miteinander zu verbinden und von Frankreich die Zusage zu erhalten, daß mit der Zurückziehung seiner Besatzungstruppen bereits im September, also fünf Jahre vor der festgesetzten Zeit, begonnen und sie schon Ende 1930 abgeschlossen werden solle.

Das war Stresemanns letzter Triumph. Er starb am 3. Oktober 1929 an den Folgen der Überanstrengung in den vergangenen sechs Jahren. Vor seinem Tod hatte er den Widerstand Frankreichs überwunden, und doch hatte er die Deutschen nicht überzeugen können. Am 9. Juli 1929 bildete sich der »Reichsausschuß für das deutsche Volksbegehren«; auf Grund dieses Volksbegehrens sollten das neue Reparationsabkommen und die »Kriegsschuldlüge«, welche die Rechtsgrundlage für die alliierten Ansprüche bildete, widerrufen werden. Von dem Zeitpunkt an bis zum 13. März 1930, dem Tage, an dem Reichspräsident Hindenburg das Gesetz unterzeichnete, mit dem der Young-Plan in Kraft trat, führten die vereinigten Rechtsparteien und ihre Presse eine äußerst hitzige Kampagne gegen die Regierung. Ihr Ziel ging dahin, die verhaßte Republik über diese Punkte der Außenpolitik und der Reparationen zu Fall zu bringen oder doch schwer zu schädigen. Es war dieser Kampagne zu verdanken, daß Hitler zum ersten Male die Bühne der deutschen Außenpolitik betrat.

Führer der Agitation war Alfred Hugenberg, ein bigotter Nationalist, der die Annullierung des Versailler Vertrags, den Sturz der Republik und die Zerschlagung der Arbeiterorganisationen als seine Ziele ansah. Hugenberg, ein ehrgeiziger, herrschsüchtiger, skrupelloser Mann von 63 Jahren, hatte bedeutende Hilfsmittel zu seiner Verfügung. Ehemals Direktor bei Krupp, hatte er in der Inflation ein Vermögen gemacht und sich damit ein Propaganda-Imperium aufgebaut; er kontrollierte ein ganzes Gewebe von Zeitungen und Nachrichtenagenturen und ebenso die UFA-Filmgesellschaft. Diesen Apparat benutzte er weniger, um Geld zu verdienen, als um seine Meinung durchzusetzen. 1928 übernahm er die Führung der Deutschnationalen Partei und sorgte in den folgenden zwei Jahren durch seine maßlose Opposition dafür, daß die gemäßigteren Mitglieder aus der Partei ausschieden.

Hugenberg konnte jedoch auf die Unterstützung des »Stahlhelms« zählen, der weitaus größten und von Franz Seldte geführten Frontkämpfer-Vereinigung. Sodann auf den Alldeutschen Verband, dessen Vorsitzender, Heinrich Class, dem Hugenbergschen Ausschuß zur Vorbereitung der Volksabstimmung beigetreten war, und ferner auf die Unterstützung seitens mächtiger Interessentengruppen aus Industrie und Finanz. Diese wurden vertreten von Dr. Albert Voegler, Generaldirektor der Vereinigten Stahlwerke, und später auch von Reichsbankpräsident Dr. Hjalmar Schacht, die beide als Hauptdelegierte die Verhandlungen mit dem Young-Ausschuß geführt hatten und sich nunmehr heftig gegen den Young-Plan wandten.

Was Hugenberg jedoch fehlte, war die Unterstützung von seiten der breiten Masse. Man brauchte also jemand, der die Massen in Wallung brachte. Mit Hilfe von Oberfinanzrat Bang wurde nun im »Deutschen Orden«, einem nationalistischen Klub in Berlin, eine Zusammenkunft zwischen Hugenberg und Hitler arrangiert. Es war nicht leicht gewesen, Hitler zu diesem Treffen zu bewegen. Vielleicht mußte er Rücksicht auf die radikale Strasser-Gruppe nehmen, von der eine Opposition gegen die Verbindung mit dem reaktionären Hugenberg und den Vertretern der Industrie zu erwarten war. Aber der Vorteil, an die großen politischen Fonds heranzukommen, die Hugenberg zur Verfügung standen, und bei der Durchführung des Volksbegehrens mit der Deutschnationalen Partei gleichgestellt zu sein, stimmte Hitler um. Sein Preis war hoch: völlige Unabhängigkeit bei der Führung der Wahlkampagne und ein erheblicher Anteil an den dem Ausschuß zur Verfügung stehenden Geldern[152]. Zu seinem Stellvertreter im gemeinsamen Finanzierungsausschuß ernannte Hitler absichtlich Gregor Strasser; wenn die andern in der Partei sich beschweren sollten, konnte er lachen und sagen, man möge warten, bis er mit seinen Verbündeten aufgeräumt habe.

Im September 1929 veröffentlichten Hugenberg und Hitler einen Entwurf zu einem »Gesetz gegen die Versklavung des deutschen Volkes«. Darin wurde Deutschlands Schuld am Kriege bestritten und in Abschnitt III Schluß mit allen Reparationszahlungen gefordert. Abschnitt IV verlangte die Bestrafung des Reichskanzlers, des Reichskabinetts und ihrer Stellvertreter wegen Hochverrats, sofern sie weiteren finanziellen Verpflichtungen zustimmen würden. Um den Gesetzentwurf dem Reichstag vorlegen zu können, brauchten seine Verfasser die Unterstützung von 10% der Wählerschaft. Am 16. Oktober trugen sich gerade 10,02% der Stimmberechtigten in die Listen ein, d. h. nicht viel mehr als vier Millionen. Nach all den wilden Propagandathesen, Deutschland solle in eine »Young-Kolonie« verwandelt und das deutsche Volk für zwei Generationen verstümmelt und dem ausländischen Kapital versklavt werden, war dies eine schwere Niederlage. Im Reichstag hatte der Ausschuß noch weniger Erfolg: als Ende November der Gesetzentwurf zur Debatte stand, wurde er Punkt für Punkt widerlegt, und selbst innerhalb der Deutschnationalen Partei weigerte sich eine Gruppe unter Treviranus, dem aggressiven Abschnitt IV ihre Zustimmung zu geben, und wandte sich von Hugenberg ab. Der Volksentscheid Ende Dezember, die Endphase der ganzen Aktion, unterstrich noch die Niederlage der Rechtsradikalen. Um zu gewinnen, hätten Hitler und Hugenberg mehr als 21 Millionen Stimmen aufbringen müssen — sie erhielten jedoch noch nicht einmal 6 Millionen.

So wurde das Gesetz über den Young-Plan am 11. März 1930 vom Reichstag angenommen. Den Nationalisten verblieb eine letzte Hoffnung: daß Reichspräsident Hindenburg sich weigern würde, das Gesetz zu unterzeichnen. Infolgedessen wurde Hindenburg von seinen nationalistischen Freunden unter Druck gesetzt. Doch er ließ sich dadurch nicht von der Erfüllung seiner konstitutionellen Pflicht abbringen und setzte am 13. März 1930 seine Unterschrift unter das Young-Plan-Gesetz. Die Wut, mit der Hugenberg und die Nazipresse den Reichspräsidenten nunmehr angriffen (»Lebt Hindenburg noch?« spottete Goebbels im »Angriff«), enthüllte die ganze Schwere ihrer Niederlage.

Was für Hugenberg und sein »Freiheitsgesetz« eine Niederlage war, bedeutete nun keineswegs auch für Hitler eine Niederlage. In den verflossenen sechs Monaten war es ihm zum erstenmal gelungen, in die deutsche Politik einzubrechen und etwas von seiner propagandistischen Begabung zu zeigen. Jede Hitler-Rede war von der gesamten Hugenberg-Presse und ihren Nachrichtenagenturen an hervorragender Stelle gebracht worden. Für Millionen Deutsche, die bis dahin kaum etwas von Hitler gehört hatten, war er nun — dank der vielen Publikationen, die allein von der im Grunde rivalisierenden Hugenberg-Partei bezahlt worden waren — zu einer bekannten Gestalt geworden. Noch mehr Bedeutung hatte, daß er mit seiner bemerkenswerten agitatorischen Begabung auch denen aufgefallen war, die die politischen Fonds der Schwerindustrie und des Handels verwalteten. Dies alles wog für Hitler die Niederlage reichlich auf.

Mit Emil Kirdorf war Hitler bereits durch Vermittlung von Otto Dietrich in Fühlung getreten. Otto Dietrich, der bald Hitlers Pressechef werden sollte, war der Schwiegersohn des Dr. Reismann-Grone in Essen, und dieser Reismann-Grone war Besitzer der den Ruhrindustriellen nahestehenden »Rheinisch-Westfälischen Zeitung« und politischer Berater des »Bergbaulichen Vereins«. Kirdorf hatte einen großen Namen in der deutschen Industrie; er war Hauptaktionär der Gelsenkirchener Bergwerksgesellschaft, Gründer des Ruhrkohlensyndikats und der Mann, der die politischen Fonds des Bergbaulichen Vereins und des Verbandes »Eisen Nordwest« — den sogenannten »Ruhrschatz« — verwaltete. Am Nürnberger Parteitag im August 1929 nahm Kirdorf als Ehrengast teil; die 60 000 Nationalsozialisten, die sich hier versammelt hatten, um ihrem Führer zuzujubeln, machten auf ihn einen so starken Eindruck, daß er später an Hitler schrieb: »Meine Frau und ich werden niemals vergessen, wie überwältigt wir waren bei der Gedenkfeier für die Gefallenen des Weltkrieges[153].« Von da an konnte Hitler auf das wachsende Interesse und die zunehmende Förderung von seiten derjenigen rechnen, die wie Kirdorf bereit waren, Geld in die nationalistische, antidemokratische und antigewerkschaftliche Politik zu stecken.

Mit diesem Geld vermochte Hitler seine Partei auf eine neue Grundlage zu stellen. Er übernahm das Palais Barlow, ein altes Haus in der Briennerstraße in München, und machte es zum »Braunen Haus«. Eine große Freitreppe führte in das mit rotem Leder ausgestattete Konferenzzimmer und in ein großes Eckzimmer hinauf, in dem Hitler seine Besucher unter einem Bildnis Friedrichs des Großen empfing. Das »Braune Haus«, Anfang 1931 eröffnet, unterschied sich wesentlich von den trüben Zimmern in der Cornelius- oder der Schellingstraße. Hitler selbst bewohnte seit 1929 in einer der vornehmsten Straßen Münchens, der Prinzregentenstraße 16, eine Neunzimmerwohnung, die die ganze zweite Etage des Hauses einnahm. Frau Winter, schon in der Thierschstraße seine Wirtin, war mitgezogen, um ihm den Haushalt zu führen, während Frau Raubal weiterhin Haus Wachenfeld in Berchtesgaden betreute. Hitler ließ sich jetzt öfter in München sehen, gelegentlich in Begleitung seiner Lieblingsnichte Geli Raubal, die in der neuen Wohnung ein Zimmer hatte.

Nicht allein die Geldgeber, sondern auch die rechtsstehenden Wähler waren beeindruckt von der Tatsache, daß das, was die Kampagne gegen den Young-Plan an Erfolg zu buchen hatte, mochte es auch noch so geringfügig sein, Hitler und den Nazis zu verdanken war. Jahrelang hatte Hitler seinen ganzen Spott über die bürgerlichen Rechtsparteien, über ihre Hemmungen aus »Anständigkeit« und ihr Versagen der breiten Masse gegenüber ausgeschüttet. Jetzt war er in der Lage, wie nie zuvor einem größeren Publikum zu zeigen, was er meinte. Er unterstrich es dadurch, daß er, gleich nach dem Fehlschlag des Volksbegehrens, mit den Deutschnationalen brach und ihnen und ihrer Lauheit die ganze Schuld an dem Desaster zuschob. Da es Hugenbergs Taktik war, die er zum Anlaß des Bruches nahm, gewann Hitlers Kritik ein besonderes Gewicht, und alle diejenigen, die nach wirksameren Mitteln suchten, um die demokratische Republik zu schädigen und zu unterhöhlen, zogen daraus eine Lehre. Von Oktober 1929 an verzeichneten die Nazis bei den Wahlen in Baden, Lübeck, Thüringen, Sachsen, Braunschweig und auch bei den Landtags- und Gemeindewahlen in Preußen einen erheblichen Stimmenzuwachs — und zwar vorwiegend auf Kosten der Deutschnationalen. In Thüringen erhielten sie im Dezember 11% aller abgegebenen Stimmen, und Frick, der thüringischer Innenminister wurde, übernahm als erster Nazi ein Ministeramt. Im Sommer 1929 zählte die Partei 120 000 Mitglieder, Ende 1929 178 000, im März 1930 210 000.

Auf der ersten Parteitagung nach dem Bündnis mit Hugenberg begegnete Hitler einer ziemlich heftigen Opposition, die von Gregor Strasser angeführt wurde. In seiner Kritik warnte Strasser vor den Gefahren einer allzu engen Verbindung mit der reaktionären »alten Clique«, d. h. mit der herrschenden Klasse der Vorkriegszeit, den Industriellen, den Junkern, den ehemaligen Generalen und höheren Beamten, die das Rückgrat der Deutschnationalen Partei bildeten. Aber Hitlers Kritiker hatten seine Skrupellosigkeit und die für ihn charakteristische Doppelzüngigkeit unterschätzt, die nun zum erstenmal in größerem Maße in Erscheinung traten. Mit bemerkenswerter Geschicklichkeit bog er eine Episode, die an sich ein glatter Fehlschlag war, in einen großen politischen Vorteil für sich und seine Partei um. Nicht nur ließ er das Bündnis mit Hugenberg und den Deutschnationalen ebenso unerwartet fallen, wie er es eingegangen war, sondern er ging nun auch dazu über, sie anzugreifen. Für Hugenberg war die Kampagne gegen den Young-Plan nur ein Glied mehr in der Kette seiner verheerenden Irrtümer, die für seine Führung der Deutschnationalen Partei kennzeichnend waren. Für Hitler dagegen war sie eine entscheidende Etappe: er zog aus ihr in den vor ihm liegenden günstigen Monaten allen Nutzen, der zu ziehen möglich war.

VI

In den sechs Jahren, die seit Ende 1923 vergangen waren, hatte sich Deutschland erstaunlich erholt. Dieser Erholungsprozeß fand jedoch 1930 durch die Auswirkungen der Weltkrise ein jähes Ende. Es ist daher kein Zufall, daß 1930 auch das Jahr war, in dem Hitler und der Nationalsozialismus zum erstenmal in der großen Politik eine wesentliche Rolle spielten. Seit seiner Haftentlassung Ende 1924 hatte Hitler immerzu Unheil prophezeit und dabei zusehen müssen, wie die Republik sich ständig konsolidierte. Wenn jemand von Adolf Hitler hörte, zuckte er die Achseln und nannte ihn einen Narren. Jetzt, im Jahre 1930, warf das Unheil erneut seinen Schatten über das Land, und der verachtete Prophet erntete, was er gesät hatte. Drei Jahre später, am 24. Februar 1933, sagte er in einer Rede in München: »Wir sind das Resultat des Elends, für das die andern verantwortlich sind.« Es war jedoch die Wirtschaftskrise, die gegen die Republik und — zum erstenmal seit 1923 — zugunsten der Hitler-Partei den Ausschlag gab.

Für die Auswirkungen der Weltwirtschaftskrise, die 1929 in den USA begann, 1930 und 1931 an Intensität zunahm und sich ausbreitete und bis 1932 andauerte, war kein anderes Land in der Welt so empfänglich wie Deutschland. Die Symptome waren mannigfacher Art: Rückgang von Produktion und Handel, Ende der Auslandsdarlehen und Kündigung bereits gegebener Anleihen, Absinken der Preise und Löhne, Stillegung von Fabriken und Geschäften, Arbeitslosigkeit und Bankrotte, Zwangsversteigerung von Grund und Boden. Die großen ausländischen Geldsummen waren die Voraussetzung für Deutschlands wirtschaftliche Erholung gewesen. Aber nicht nur war ein großer Teil des geliehenen Geldes verschwenderisch ausgegeben worden, sondern es hatte sich auch niemand Gedanken darüber gemacht, wie es einmal zurückgezahlt werden sollte, wenn die Hergabe weiterer Anleihen gestoppt und das meist kurzfristig geliehene Geld gekündigt werden würde. Dieser Vorgang setzte nun 1929 ein. Gleichzeitig war es für Deutschland durch den starken Rückgang des Welthandels schwerer denn je geworden, sich durch Erhöhung seines Exports aus eigener Kraft zu erhalten. So sah sich denn das Land von 1930 bis 1932, nur wenige Jahre nach der Inflation, wiederum einer schweren Wirtschaftskrise gegenüber.

Hitler verstand nichts von Wirtschaft. Sie interessierte ihn auch nicht. Aber er hatte ein waches Auge für die sozialen und politischen Folgen eines Ereignisses, das — wie seinerzeit die Inflation — in das Leben jeder deutschen Familie eingriff. Das bekannteste Merkmal für die sozialen Folgen einer Krise ist die Arbeitslosigkeit. In Deutschland stieg die Zahl der Arbeitslosen von 1320000 im September 1929 auf 3000000 im September 1930, 4350000 im September 1931 und 5102000 im September 1932. Ihre höchste Spitze, über 6000000, erreichte sie in den beiden ersten Monaten von 1932 und später noch einmal im Jahre 1933. Es muß hinzugefügt werden, daß in diesen Zahlen nur die amtlich registrierten Arbeitslosen enthalten sind. Sie geben weder ein vollständiges Bild über die wirkliche Arbeitslosigkeit, noch eine Auskunft über die Kurzarbeit. Man muß hinter den Zahlen die Menschen sehen, die in den deutschen Industriestädten hoffnungslos an den Straßenecken stehen, die Häuser ohne Wärme und Essen, die Jungen und Mädchen, die aus der Schule entlassen sind und keine Möglichkeit haben, eine Lehrstelle zu finden. Dann ungefähr kann man sich etwas von der namenlosen Angst und Bitterkeit vorstellen, die in der Brust von Millionen arbeitender Männer und Frauen schwelten. Es ist keine Übertreibung, wenn man behauptet, die Massenarbeitslosigkeit am Anfang der dreißiger Jahre sei in der englischen Geschichte das Erlebnis gewesen, das auf die Arbeiterklassen unseres Jahrhunderts den beklemmendsten, nachhaltigsten Eindruck gemacht hat. In Deutschland war die Wirkung noch stärker: die Arbeitslosigkeit gesellte sich zu den Erlebnissen der Niederlage und der Inflation, die die meisten Menschen bereits mitgemacht hatten.

Die sozialen Auswirkungen der Krise beschränkten sich aber nicht allein auf die Arbeiterklasse. Sie waren ebenso einschneidend für das Kleinbürgertum und den Mittelstand. Denn die vielen kleinen Angestellten, Ladenbesitzer, Geschäftsleute, die weniger erfolgreichen Rechtsanwälte und Ärzte, die von ihren Ersparnissen lebenden Rentner — sie alle sahen nicht nur ihren Lebensunterhalt, sondern auch ihren sozialen Standard bedroht. Für den Mittelstand gab es keine Gewerkschaften und keine Arbeitslosenunterstützung: für ihn hatte die Armut noch das Stigma der Degradierung, was bei der Arbeiterklasse nicht sosehr der Fall war. Der kleine Ladenbesitzer, Grundbesitzer oder Geschäftsmann — sie waren gezwungen, ihren Besitz zu verkaufen und mußten zusehen, wie er von den Großen weit unter Preis angekauft wurde. Wie in der Inflationszeit breitete sich auch jetzt wieder eine antikapitalistische Stimmung aus, die sich hauptsächlich gegen die Großunternehmer, die Trusts und die Warenhäuser richtete, und zwar in einer Klasse, die bis dahin selbst besitzend gewesen war und es zum Teil immer noch war.

Und nicht nur in den Städten machte sich die ganze Wucht des

Absturzes bemerkbar. In der Landwirtschaft war das Absinken der Preise sogar eines der ersten und ernstesten Symptome der Krise. In vielen deutschen Gebieten waren die Landwirte verzweifelt, als sie sahen, daß sie für die Arbeit, die sie in ihre Ernten oder Vorräte gesteckt hatten, kein entsprechendes Entgelt erhielten. Gleichzeitig aber wurden sie unter Steuerdruck gesetzt und vor die Wahl gestellt, entweder ihre Schulden und Hypothekenzinsen zu bezahlen oder ihr Anwesen zu verlassen.

Wie in einer Stadt, die vom Erdbeben heimgesucht wird, sahen Millionen Deutsche das scheinbar solide Mauerwerk ihrer Existenz zusammenkrachen. In solch einer Situation sind die Menschen für Vernunftargumente nicht mehr zugänglich. Sie geben sich Wahnvorstellungen, extremen Haßgefühlen, aber auch überspannten Hoffnungen hin. Und in solcher Situation begann Hitlers exaltierte Demagogie die Massen anzuziehen wie nie zuvor.

Welchen Umfang die Krise annehmen sollte, war im Frühjahr und in der ersten Hälfte des Sommers 1930 noch nicht ganz zu erkennen; erst 1931 bekam Deutschland ihre volle Wucht zu spüren. Aber schon damals ließ sich voraussehen, daß die Wirtschaftskrise auch eine politische Krise verursachen und daß diese schwerwiegender sein würde als nur eine Kabinettskrise. Von Anfang an lag die größte Schwäche der Weimarer Republik in der Unfähigkeit, eine Regierung auf stabiler Parteiengrundlage zu bilden. Bei den Reichstagswahlen von 1930 zum Beispiel erhielten zehn verschiedene Parteien jeweils mehr als 1 Million Stimmen. Infolge dieser Zersplitterung konnte keine der Parteien eine klare Mehrheit erzielen. Zwar bedeutet Koalitionsregierung nicht auch unbedingt schwache Regierung. In Preußen, wo die Sozialdemokraten und das Zentrum ständig die Mehrheit hatten, erfreute sich die Staatsregierung einer Stabilität, die sie zum Bollwerk der deutschen Demokratie — aber freilich auch für die Rechts- und Linksradikalen zur Zielscheibe ihres Hasses machte. Anders war es im Reichstag; hier erlangte die sogenannte Weimarer Koalition der Sozialdemokraten, des Zentrums und der Demokraten nie wieder die große Mehrheit der Stimmen, die sie nach 1919 auf sich vereint hatte. Sie konnte nur dann eine Regierung auf Mehrheitsbasis bilden, wenn sie noch andere Parteien aufnahm, und das bedeutete eine solche Beeinträchtigung der Gemeinsamkeit, daß an eine stabile Politik nicht zu denken war. Auf der anderen Seite waren die stärksten Oppositionsparteien, d. h. die Deutschnationale Partei auf der Rechten und die Kommunistische Partei auf der Linken, überhaupt nicht in der Lage, eine Koalition zu bilden, die an die Stelle der Weimarer Parteien hätte treten können.

Den Parteiführern, die vom sogenannten »Kuhhandel«, d. h. dem Aushandeln von Parteivorteilen, völlig in Anspruch genommen waren, kam diese Situation nicht ungelegen. Eine schwache Regierung paßte insofern in ihr Konzept, als sie dem Druck und der Erpressung seitens der Parteien eher zur Nachgiebigkeit gezwungen war. Wie kurzsichtig aber diese Einstellung war, offenbarte der Augenblick, in dem das Land einer schweren Krise gegenüberstand. Vom März 1930 an erwies es sich als unmöglich, eine Koalitionsregierung zu bilden, die auf eine sichere Stimmenmehrheit im Reichstag rechnen konnte. Die Industriellen, die Gewerkschaften, die Geschäftsleute, die Bauern — kurzum, jeder Stand erwartete vom Staat Hilfe und Erleichterung, ohne aber solche Hilfe den andern zu gönnen. Statt sich zusammenzuschließen und eine Regierung mit einheitlichem Programm zu bilden, bestanden die Parteien weiterhin beharrlich darauf, nur die wirtschaftlichen Interessen der von ihnen vertretenen Gruppen gefördert zu sehen; auf die nationalen Interessen nahmen sie keine Rücksicht. Man stritt sich darüber, ob die Arbeitslosenunterstützung gekürzt oder die Steuern erhöht, oder eine Kapitalabgabe erhoben, oder den Bauern geholfen werden solle. Und dieser Streit um die Opfer, die jede Klasse zu bringen hatte, spitzte sich derart zu, daß es immer schwerer wurde, parlamentarisch zu regieren, d.h. durch Bildung einer Koalition die politischen Interessen Deutschlands auszuhandeln. Dr. Brüning, der Ende März 1930 Reichskanzler wurde, konnte sich ständig nur auf eine knappe Mehrheit stützen, um die er dann doch mühselig bei jeder Gesetzesverabschiedung ringen mußte. Auf solcher Basis war eine wirksame Ausübung der Regierung nicht möglich. Am 16. Juli 1930 lehnte der Reichstag mit 256 gegen 193 Stimmen einen Teil des Brüningschen Finanzplans ab. Daraufhin erließ der Reichspräsident, gestützt auf § 48 der Verfassung, eine Notverordnung, mit der das vom Reichskanzler vorgelegte Programm zur Sicherung der Finanzen Gesetzeskraft erhielt. Der Reichstag erhob Einspruch wegen Verfassungswidrigkeit und beantragte Aufhebung der Notverordnung. Brüning antwortete damit, daß er den Reichstag auflöste und Neuwahlen ansetzte.

Es ist viel darüber diskutiert worden, wer schuld daran war, daß es bis zu diesem toten Punkt kam. Den Parteiführern ist vorgeworfen worden, daß sie Brüning durch ihre Weigerung zu seiner Maßnahme gezwungen haben; Brüning ist vorgeworfen worden, daß er nicht alle Mittel versucht habe, um die Unterstützung des Parlaments zu erlangen, und daß er allzu schnell zu Notverordnungen Zuflucht nahm. Wer aber auch verantwortlich gewesen sein mag, eins war jedenfalls schon damals klar: ergaben die Neuwahlen keine Basis für eine feste Koalition — und das war das Wahrscheinlichste —, so mußten die parlamentarischen Einrichtungen in Mißkredit geraten, und es würde nicht mehr gelingen, mit ihnen eine starke Regierung zu bilden, die das Land so dringend brauchte.

Für die Nationalsozialisten, die die parlamentarische Republik und die demokratischen Regierungsmethoden unermüdlich angegriffen hatten, war solch eine Lage ein großer Vorteil. Und schon zeigten sie auch, daß sie die sich ihnen bietenden Möglichkeiten erkannt hatten. In ihrem Wahlfeldzug zielten sie hauptsächlich auf die Unterstützung jenes Standes hin, der als erster die Auswirkungen der Krise zu spüren bekommen hatte: der Bauern. Durch Vermittlung von Heß hatte Hitler einen Agrarsachverständigen kennengelernt: Walter Darré. Wie Heß und Rosenberg war Darré Auslandsdeutscher. Er hatte gerade ein Buch über die Landwirtschaft geschrieben: »Das Bauerntum als Lebensquell der nordischen Rasse.« Darré machte Eindruck auf Hitler, der ihn zum landwirtschaftlichen Berater der Partei ernannte und ihm den Auftrag gab, ein Agrarprogramm aufzustellen. Dieses Programm wurde am 6. März 1930 unter dem Namen Hitlers veröffentlicht; es brachte nicht nur praktische Vorschläge zur Unterstützung der Landwirtschaft — Staatskredite, Steuerermäßigung und Steuererlaß, höhere Zölle, billigeren Kunstdünger, billigeren Strom und Neugestaltung der Erbgesetze —, sondern betonte auch ausdrücklich, daß der Bauernstand der vornehmste im Volke sei. In den folgenden Jahren hat sich diese Propaganda, die 1930 begann, reichlich bezahlt gemacht durch die Unterstützung, die Hitler in den landwirtschaftlichen Gebieten Deutschlands erhielt.

Es war leicht, zu gleicher Zeit beim Großgrundbesitz und beim Bauerntum um Wahlunterstützung zu werben. Denn beide hatten die gleichen wirtschaftlichen Interessen und stellten die gleichen Forderungen: Schutzzölle und höhere Preise. Ebenso empfanden es beide als kränkend, zugunsten der städtischen Bevölkerung vernachlässigt worden zu sein. Sehr viel schwerer war es, die Gegensätze in Industrie und Handel zu überbrücken. Denn hier prallten die Interessen gegeneinander, und die Feindschaft zwischen Arbeitnehmern und Arbeitgebern war nicht geringer als die zwischen Kleinhandel und Großhandel, zwischen Einzelhandel und Warenhaus. Hitler brauchte die Industrie und den Großhandel, um mit ihrer Hilfe seine Parteiorganisation und Propaganda zu finanzieren. Gleichzeitig aber brauchte er die Massen als Stimmvieh. Ursprünglich war ja auch die nationalsozialistische Partei radikal antikapitalistisch gewesen, und es wurde diese Seite des Parteiprogramms nicht nur von vielen treuen Parteigenossen ernstgenommen, sondern sie gewann auch an Bedeutung in einer Zeit wirtschaftlicher Depression.

Die Frage, wieweit Hitler selbst den Sozialismus im Nationalsozialismus ernst nahm, war bereits vor und nach 1923 erhoben worden und sollte bis 1934 eine der Hauptursachen der Spannungen innerhalb der Partei sein. Das kam am deutlichsten 1930, im endgültigen Bruch zwischen Hitler und Otto Strasser, zum Ausdruck.

Als Gregor Strasser nach München übersiedelte, blieb sein Bruder in Berlin wohnen. Mit seiner »Berliner Arbeiterzeitung« (die in Norddeutschland immer noch das offizielle Naziblatt war) und seinem »Kampfverlag« verfocht er weiterhin die radikale Richtung, was Hitler ärgerte und irritierte. Im April 1930 riefen die sächsischen Gewerkschaften zu einem Streik auf, und Otto Strasser unterstützte sie mit seinen Zeitungen, besonders mit dem »Sächsischen Beobachter«, der Nazizeitung Sachsens. Hitler wurde seitens der Industriellen nicht darüber im unklaren gelassen, daß er, falls die Partei nicht sofort Strassers Stellungnahme widerrufe, mit Subventionen nicht mehr zu rechnen brauche. Mit Hilfe von Mutschmann, dem Gauleiter von Sachsen, erließ Hitler den Befehl, daß kein Parteimitglied an dem Streik teilnehmen dürfe; aber er brachte es nicht fertig, Strassers Zeitungen zum Schweigen zu bringen. Darauf erschien Hitler am 21. Mai plötzlich in Berlin und lud Strasser zu einer Unterredung in sein Hotel. Strasser ging hin, und zwei Tage lang wurden alle Streitfragen erörtert. Der einzige vorhandene Bericht über diese Unterredung stammt von Otto Strasser, aber es ist anzunehmen, daß er, was den Kern der Dinge betrifft, richtig ist. Er ist kurz danach publiziert worden, und Hitler hat, obwohl er ihm in mancher Hinsicht beträchtlich schadete, niemals Stellung gegen ihn genommen oder ihn widerrufen. Im übrigen stimmt alles, was Hitler diesem Bericht zufolge gesagt haben soll, genau mit seinen allbekannten Ansichten überein[154].

Hitlers taktisches Vorgehen gegen Otto Strasser war eine für ihn charakteristische Mischung aus Bitten, Bestechungsversuchen und Drohungen. Er bot Strasser an, seinen »Kampfverlag« unter sehr günstigen Bedingungen im Eher-Verlag aufgehen zu lassen und ihn selbst zum Reichspressechef zu ernennen. Er bat ihn mit Tränen in den Augen und berief sich auf Ottos Bruder Gregor; er bat ihn als ehemaligen Soldaten und alten Nationalsozialisten. Und dann begann er zu drohen: er werde ihn und seine Anhänger, falls Strasser sich seinen Anordnungen widersetze, aus der Partei ausstoßen und allen Parteigenossen verbieten, sich weiterhin mit ihm und seinen Veröffentlichungen zu befassen.

Die Unterredung begann mit Fragen über Kunst und Rasse, ging dann aber bald zu politischen Themen über. Hitler griff einen Aufsatz an, den Strasser veröffentlicht hatte: »Treue und Untreue«. Sein Verfasser, Herbert Blank, hatte darin unterschieden zwischen der Idee — die ewig ist — und dem Führer — der lediglich der Idee dient.

»Das ist ja alles bombastischer Unsinn«, sagte Hitler, »Sie wollen also jedem Parteimitglied das Recht geben, darüber zu entscheiden, ob der Führer dieser sogenannten Idee noch treu ist oder nicht. Das ist ja übelste Demokratie! Mit der wollen wir nichts mehr zu tun haben. Für uns ist der Führer die Idee, und jedes Parteimitglied hat nur dem Führer zu gehorchen. Der Führer verkörpert die Idee; er allein kennt ihr Ziel. Unsere Organisation beruht auf der Disziplin. Ich habe nicht die geringste Lust, einem wahnsinnigen Literaten zu gestatten, dieses Gebäude umzustoßen. Sie sind doch Offizier gewesen ... Ich frage Sie nun, ob Sie sich dieser Disziplin ebenfalls unterwerfen wollen oder nicht.«

Nach weiterem Diskutieren kam Otto Strasser auf das zu sprechen, was ihm der Kern der Angelegenheit zu sein schien: »Sie haben die Absicht, den von Ihnen abgelehnten und von uns gepredigten revolutionären Sozialismus im Interesse der Legalität der Partei und Ihrer neuen Zusammenarbeit mit den bürgerlichen Rechtsparteien zu erdrosseln.«

Diese Behauptung machte Hitler nervös; er erwiderte zornig:

»Ich bin Sozialist, aber ein Sozialist von anderem Schlage als euer steinreicher Graf Reventlow. Ich war einmal ein einfacher Arbeiter. Ich könnte niemals dulden, daß mein Chauffeur anders ißt als ich. Aber was Sie unter Sozialismus verstehen, ist einfach krasser Marxismus. Die Masse der Arbeiter verlangt nichts anderes als »Brot und Spiele«. Sie hat kein Verständnis für irgendwelche Ideale. Wir können niemals damit rechnen, diese Masse zu gewinnen, wenn wir uns auf Ideale berufen. Was wir brauchen, das ist eine Auslese: Männer, aus einer neuen Schicht von Herrenmenschen ausgewählt, die sich nicht — wie Sie — von einer Mitleidsmoral treiben lassen. Diese Herrenschicht muß wissen, daß sie das Recht hat zu befehlen, und zwar eben auf Grund der Tatsache, daß sie einer höheren Rasse angehört. Sie muß dieses Recht verteidigen und rücksichtslos aufrechterhalten.«

Hitler fuhr fort: »Liberalismus, Liberalismus — das ist alles, was Sie predigen. Es kann nur eine Revolution geben, und das ist die Revolution der Rasse. Es gibt keine wirtschaftliche, keine politische und keine gesellschaftliche Revolution — es handelt sich immer nur um die gleiche Auseinandersetzung: um den Kampf der niederrassigen Unterschicht gegen die herrschende höhere Rasse. An dem Tage, an dem die höhere Rasse dieses eherne Gesetz vergißt, hat sie die Schlacht verloren.«

Am nächsten Tag, dem 22. Mai, wurde die Unterredung im Beisein von Gregor Strasser, Max Amann, Heß und Hans Hinkel, der auf Otto

Strassers Seite stand, fortgesetzt. Strasser forderte die Verstaatlichung der Großindustrie. Hitler hatte nur Verachtung für solchen Vorschlag: »Das ist ja geradezu Bolschewismus! Diese Demokratie, die für den Trümmerhaufen verantwortlich ist, auf dem wir leben, wollen Sie auch noch auf den Bereich der Wirtschaft ausdehnen! Das wäre das Ende der deutschen Wirtschaft! Die Kapitalisten sind nach oben gekommen, weil sie fähig waren, und auf Grund dieser Leistung, die wiederum ein Beweis für ihre höhere Rasse ist, haben sie das Recht auf Führerschaft. Sie wollen an ihre Stelle einen unfähigen Betriebsrat oder einen Arbeiterausschuß setzen, der nicht genug Ahnung hat, um mitbestimmen zu können. Kein Wirtschaftsführer würde so etwas dulden.«

Als Strasser daraufhin fragte, was er denn mit den Kruppwerken machen werde, wenn er an die Macht komme, antwortete Hitler sofort: »Selbstverständlich würde ich nichts ändern. Halten Sie mich für so verrückt, daß ich die deutsche Großindustrie zerstören will? Nur wenn ihre Tätigkeit den Interessen der Nation zuwiderläuft, dann, und nur dann müßte der Staat intervenieren. Das ist aber noch kein Grund, die Besitzbeteiligung der Arbeiter oder das Mitbestimmungsrecht zu fordern. Dazu ist nur ein starker Staat erforderlich.«

Die Diskussion blieb zunächst offen. Aber Ende Juni wandte sich Hitler an Goebbels mit der Aufforderung, Otto Strasser und seine Anhänger aus der Partei auszuschließen. Goebbels kam dieser Aufforderung freudig nach. Otto Strasser, der seinen sozialistischen Grundsätzen die Treue hielt, gab eine Broschüre heraus, in der er seine Unterredung mit Hitler veröffentlichte. Er brach mit seinem Bruder Gregor, der weiterhin bei Hitler blieb, und gründete eine eigene Partei, die anfänglich »Revolutionäre Nationalsozialisten« und später »Schwarze Front« genannt wurde. Der Streit über den Sozialismus im Nationalsozialismus war damit noch nicht beendet. Er tauchte in den nächsten Jahren immer wieder in der Partei auf, aber Hitler hatte nur Gewinn davon, und keinen Verlust, denn er wurde sich dabei über seine eigene Haltung klar. Selbst bei den sächsischen Wahlen im Juni 1930 konnten die Nationalsozialisten ihre Landtagssitze von 5 auf 14 erhöhen. Sie wurden damit, trotz Hitlers offenen Widerstands gegen den Streik zu Anfang des Jahres, zur zweitstärksten Partei Sachsens. Erst recht staunte die Welt über Hitlers Erfolg bei den Reichstagswahlen im September. Es war also Hitler, nicht Strasser, der die Stimmen der Massen gewonnen hatte. Die »Schwarze Front« schmolz zusammen, und ihr Gründer suchte schließlich seine Zuflucht jenseits der deutschen Grenze.

VII

Bei ihrer Kampagne zu den Reichstagswahlen vom 14. September 1930, die der Auflösung des Reichstags im Juli folgten, wandten die Nationalsozialisten alle nur denkbaren Propagandamittel an, um die Aufmerksamkeit auf sich zu lenken und Stimmen zu gewinnen. In den Großstädten nahmen die Ruhestörungen beträchtlich zu, und die SA hatte daran einen wesentlichen Anteil. Wahlparolen auf Mauern, Plakate, Aufmärsche, Versammlungen, Massenkundgebungen, rohe, hemmungslose Demagogie — alles, was dazu beitragen konnte, den Eindruck von Energie, Entschlossenheit und Erfolg zu erwecken, wurde kräftig benutzt.

In den Städten appellierte Hitler hauptsächlich an den von der Krise betroffenen Mittelstand. Er legte es darauf an, sowohl den gemäßigteren bürgerlichen Parteien, wie den Demokraten, der Deutschen Volkspartei und der Wirtschaftspartei, als auch den mit ihm konkurrierenden Rechtsparteien, also Hugenbergs Deutschnationalen und Treviranus' abtrünnigen Konservativen, die Stimmen abzujagen. Beiden gegenüber war er im Vorteil: der Radikalismus war in Mode gekommen, und Hitler war bereit, radikaler zu sein als die Mittelparteien. Er war in der Lage, den Nationalismus und die Fremdenfeindlichkeit der Deutschen auszunutzen, ohne dabei mit der Abneigung rechnen zu müssen, die viele den Deutschnationalen und Konservativen gegenüber empfanden, von denen jeder wußte, daß sie die frühere herrschende Klasse wieder an die Macht bringen wollten. Was Hitler dem Mittelstand zu bieten hatte, war eine ihm gemäße Form des Radikalismus, eine Mischung nämlich aus Antisemitismus und Opposition gegen die Konzerne und den Großkapitalismus; daneben aber auch — und das im Gegensatz zu Sozialdemokraten und Kommunisten — gesellschaftliche Anerkennung, Nationalismus, großdeutsche Ideologie, Widerstand gegen Versailles und die Reparationen, ohne dabei — und das im Gegensatz zu den Deutschnationalen — immerzu auf den verlorenen Glanz und das vergangene gesellschaftliche Prestige im alten kaiserlichen Deutschland zurückzublicken.

Gleichzeitig widmeten die Nationalsozialisten der ländlichen Bevölkerung viel Zeit und Aufmerksamkeit, und sowohl hier wie in den Städten wandten sie sich in erster Linie an die heranwachsende Generation. Bei vielen jungen Menschen, die zum erstenmal wählten, fanden die Angriffe auf das »System«, in dem es für sie keine Arbeit gab, lebhaften Widerhall, und ebenso die Zurschaustellung von Tatkraft und Energie, die Forderung nach Disziplin und Opfern, nach Taten statt Reden, was alles den Tenor der Nazipropaganda bildete.

Bei einem großen Teil des deutschen Volkes herrschten zu jener

Zeit Mißstimmung und Groll. Hitler, der selbst über einen nahezu unerschöpflichen Vorrat an Groll verfügte, konnte eine ganze Reihe von Objekten anbieten, auf die sich die Schuld an den Mißhelligkeiten abwälzen ließ. Schuld waren die Alliierten, besonders die Franzosen, die die Absicht hatten, das deutsche Volk zu versklaven. Schuld war die Republik mit ihren korrupten und selbstsüchtigen Politikern; schuld waren die Geldsäcke, die Großhändler und Monopolinhaber, die Roten und Marxisten, die zum Klassenhaß aufhetzten und das Volk zersetzten. Schuld waren vor allem die Juden, die sich am Elend und an der Erniedrigung des deutschen Volkes bereicherten. Von den alten Parteien und Politikern war keine Abhilfe zu erwarten; sie waren viel zu sehr in das von ihnen vertretene »System« verstrickt. Deutschland mußte sich nach neuen Männern umsehen, nach einer neuen Bewegung, die es wieder emportrug, die es stark und gefürchtet machte, die die Würde, die Sicherheit und den Wohlstand wiederherstellte, auf die Deutschland ein Anrecht hatte. Die alten deutschen Tugenden, Disziplin, Fleiß, Tüchtigkeit und Selbstachtung, mußten wieder zur Geltung kommen.

Seiner von Angst und Hilflosigkeit niedergedrückten Zuhörerschaft schrie Hitler zu: Wenn die Wirtschaftssachverständigen sagen, dies oder das sei unmöglich, dann möge sie der Teufel holen. Worauf es allein ankommt, ist der Wille, und wenn unser Wille hart und unbarmherzig genug ist, können wir alles. Die Deutschen sind das größte Volk auf der Welt. Es ist nicht euer Fehler, daß ihr den Krieg verloren habt und seitdem soviel leiden müßt. Ihr habt den Krieg verloren, weil ihr 1918 verraten worden seid und weil ihr seitdem von denen, die euch hassen und auf euch neidisch sind, ausgebeutet werdet und ihr zu ehrlich und zu geduldig seid. Sorgt dafür, daß Deutschland erwacht und seine Kraft erneuert, daß es sich auf seine Größe besinnt und sich wieder seine alte Stellung in der Welt erobert. Fangen wir zunächst einmal damit an, die Verbrecher aus Berlin hinauszujagen.

Dies ist eine getreue Zusammenfassung der Reden, die von Hitler und seinen Statthaltern im Sommer 1930 auf Hunderten von Versammlungen gehalten worden sind. Die Opposition verachtete solche Methoden als Demagogie gröbster Art; aber sie gingen psychologisch auf die Stimmung ein, die damals bei einem großen Teil des deutschen Volkes herrschte, und sie fehlten völlig bei der Wahlkampagne der andern Parteien. Hitler vergaß niemals den Grundsatz, den er in »Mein Kampf« offen ausgesprochen hatte: Geh' zu den Massen. Die Vernachlässigung dieses Grundsatzes trug in Hitlers Augen die Schuld daran, daß die andere große Rechtspartei, die Deutschnationalen, ihre alte Stellung nicht wiederzugewinnen vermochte. Nur die Kommunisten waren Hitler in dieser Hinsicht ebenbürtig, aber sie beschränkten ihre Agitation absichtlich auf eine Klasse, während Hitler bestrebt war, die Unzufriedenen aus allen Klassen unter einen Hut zu bringen; die Kommunisten waren an starre Doktrinen gebunden, Hitler dagegen konnte sein Programm je nach der Zuhörerschaft verändern oder gar fallenlassen. In der Radikalität wurde Hitler zwar von den Kommunisten übertroffen, in der Geschicklichkeit aber blieben sie hinter ihm zurück. Außerdem rührte er nicht minder gut die Trommel des Nationalismus, der in der deutschen Politik die stärkste Anziehungskraft besaß.

Mitte September schritten 30 Millionen Deutsche zu den Wahlurnen, 4 Millionen mehr als im Jahre 1928. Das Ergebnis war sogar für Hitler überraschend; er hatte auf höchstens 50 bis 60 Sitze gehofft. Die für die Nazipartei abgegebenen Stimmen waren von 810 000 im Jahre 1928 auf 6 409 600 hinaufgeklettert, die Zahl ihrer Reichstagssitze von 12 auf 107. Von der neunten Stelle war die Partei zur zweiten im Reichstag aufgerückt. Nicht minder eindrucksvoll war der Stimmengewinn der Kommunisten: sie errangen 4 592 000 Stimmen gegenüber 3 265 000 im Jahre 1928 und konnten jetzt statt 45 Abgeordnete 77 in den Reichstag schicken. Die beiden Parteien, die offen für den Umsturz des bestehenden Regimes gekämpft und in ihrer Werbung ganz bewußt extreme Forderungen gestellt hatten, vertraten im Reichstag zusammen fast ein Drittel der gesamten Wählerschaft. Die drei bürgerlichen Parteien, die Demokraten, die Deutsche Volkspartei und die Wirtschaftspartei, hatten etwa 1 250 000 Stimmen eingebüßt; außerdem war es ihnen nicht gelungen, die junge und zum erstenmal zur Urne schreitende Wählerschaft anzuziehen. Für Hitler war jedoch noch interessanter, daß sein Hauptkonkurrent auf der Rechten, die Deutschnationale Partei, mit einem Stimmenrückgang von 4 381 600 (1928) auf 2 458 300 durch die Wahl den größten Rückschlag erlitten hatte. Obwohl es Hugenberg gelungen war, einige der Splittergruppen, die sich von der Deutschnationalen Partei abgespalten hatten, wieder unter sich zu vereinen, stand er jetzt mit seinen 41 Abgeordneten den 107 Nationalsozialisten gegenüber, so daß er bei einem etwaigen Zusammenschluß der Rechtsparteien auf jeden Fall der Schwächere war.

So war Hitler über Nacht zu einem Politiker von europäischer Bedeutung geworden. Auslandskorrespondenten strömten herbei, um ihn zu interviewen. Die »Times« brachte vollinhaltlich seine Versicherungen des guten Willens, und Lord Rothermere begrüßte in der »Daily Mail« Hitlers Erfolg als eine Stärkung der Verteidigungsposition gegen den Bolschewismus.

Nach diesem großen Wahlerfolg der Nazis erhob sich die Frage, wie er auszunutzen sei. Eine Teilantwort gab Hitler darauf in einer Rede, die er zehn Tage nach der Wahl in München hielt:

»Wenn wir heute unter unseren verschiedenen Waffen von der Waffe des Parlamentarismus Gebrauch machen, so heißt das nicht, daß parlamentarische Parteien nur für parlamentarische Zwecke da sind. Für uns ist ein Parlament nicht ein Selbstzweck, sondern ein Mittel zum Zweck ... Im Prinzip sind wir keine parlamentarische Partei, denn damit stünden wir im Widerspruch zu unserer ganzen Auffassung; wir sind nur zwangsweise eine parlamentarische Partei, und was uns zwingt, ist die Verfassung. Die Verfassung zwingt uns, solche Mittel anzuwenden ... Und so ist der Sieg, den wir gerade errungen haben, nichts anderes als der Gewinn einer neuen Waffe für unsern Kampf. Wir kämpfen nicht um Parlamentsitze der Parlamentsitze willen, sondern um eines Tages das deutsche Volk befreien zu können[155].«

Das stimmte genau mit dem überein, was Hitler vor den Wahlen gesagt hatte: »Nicht parlamentarische Mehrheiten bestimmen die Völkerschicksale. Aber wir wissen, daß in dieser Wahl die Demokratie mit demokratischen Waffen geschlagen werden muß[156].« Was Hitlers Rede unklar ließ, war die Frage, welche weiteren Absichten er mit seiner Taktik der Legalität verfolgte: wollte er die nationalsozialistische Fraktion im Reichstag benutzen, um die demokratischen Einrichtungen zu diskreditieren und damit die Regierung lahmlegen und die Macht an sich reißen, oder wollte er auf Grund seines Wahlerfolges auf legale Weise an die Macht gelangen, seine Revolution aber bis zu einem Zeitpunkt aufschieben, an dem er die Staatsmaschinerie völlig beherrschte?

Fast mit Bestimmtheit läßt sich sagen, daß er die zweite dieser Alternativen im Sinne hatte. Hitler wollte die Revolution, aber er wollte sie erst dann durchführen, wenn er die Macht hatte, nicht vorher. Er stand zu sehr unter dem Eindruck der Staatsmacht, als daß er — wie im November 1923 und gegen sein besseres Wissen — eine Niederlage auf der Straße riskiert hätte. Die revolutionäre Romantik von einem Sturm auf die Barrikaden war außer Mode; sie hatte mit der Erfindung des Maschinengewehrs ihre Bedeutung verloren. Wie 1923 sah Hitler auch jetzt noch sein Ziel in einer Revolution, bei der ihm die Staatsmacht zur Seite stand. Aber zur Sicherung dieser Macht war die Revolution kein geeignetes Mittel; sie mußte auf legalem Weg erreicht werden.

Daß Hitler dies nicht offen sagen wollte, dafür gab es verschiedene Gründe. Er mußte an die Wirkung denken, die solch eine Eröffnung innerhalb der Partei haben konnte. Denn viele waren gerade von der Partei angezogen, weil sie von ihr eine Gewaltanwendung erwarteten. Sie stellten sich einen Marsch auf Berlin und die gewaltsame Machtergreifung vor und ließen Hitler nur deshalb von Legalität reden, weil sie darin eine Tarnung sahen, hinter der man unter dem Deckmantel der Immunität die wirklichen Putschpläne besser vorbereiten konnte. Zugleich bestand Hitlers größter Aktivposten darin, daß diejenigen, die den Zugang zur Macht in Händen hielten und die er zu überreden versuchen mußte — zum Beispiel die Reichswehrkommandeure und die Ratgeber des Reichspräsidenten —, in der Furcht lebten, er werde, wenn man seinen Bedingungen nicht widerstandslos nachgebe, durch einen Gewaltakt die Macht zu ergreifen suchen. Die Revolution jetzt zu verwerfen, bedeutete also, sich seiner besten Chance zu berauben, um legal an die Macht zu kommen. Schließlich mußte Hitler noch damit rechnen, daß er sich, falls die Taktik der Legalität fehlschlug, vor die Wahl gestellt sah, entweder als Politiker abzudanken oder aber tatsächlich einen Putsch zu machen. Die damalige Haltung des kleinen Parteigenossen kommt wahrscheinlich am besten in einer Göringschen Formulierung zum Ausdruck: »Wir kämpfen gegen diesen Staat und das gegenwärtige System, weil wir sie restlos vernichten wollen, aber auf legalem Wege. Ehe wir das Gesetz zum Schutz der Republik hatten, haben wir gesagt, wir haßten diesen Staat; seitdem wir es haben, sagen wir, wir lieben ihn — und immer noch weiß jedermann, was wir meinen[157].«

Mit der Frage der Legalität waren insbesondere zwei Probleme verbunden, die bis zum Jahre 1934 immer wieder in der Geschichte der nationalsozialistischen Bewegung aufkreuzten: die Beziehungen zwischen Partei und Reichswehr und die Rolle, die die Braunhemden spielen sollten. In Wirklichkeit sind diese beiden Probleme nur die Vorder- und Rückseite derselben Medaille, aber es ist einfacher, sie getrennt zu behandeln.

Nach dem Rücktritt Röhms hatten sich die Beziehungen zwischen den Nazis und der Reichswehr verschlechtert. Um die Kontrolle über die SA zu behalten, hatte Hitler ihr jede Verbindung mit der Reichswehr verboten. Das Reichswehrministerium hatte daraufhin der Reichswehr untersagt, Nationalsozialisten als Rekruten aufzunehmen oder sie in der Heeresverwaltung zu beschäftigen, »da die Partei sich den Sturz der konstitutionellen Staatsform des Deutschen Reiches zum Ziel gesetzt hat«. Das war im Jahre 1927.

Dennoch war sich Hitler vollauf bewußt, daß die Unterstützung oder zumindest die Neutralität der Reichswehr wie auch im Jahre 1923 der Schlüssel zu seinem Erfolg sein werde. Im März 1929 hielt er in München eine Rede über das Thema »Nationalsozialismus und Reichswehr«, in der er einerseits die Reichswehr herausforderte, sie aber andererseits auch um ihre Gunst bat. Hitler begann seine Rede mit einem Angriff auf den von General von Seeckt zum Leitsatz der neuen Armee erhobenen Gedanken, daß die Reichswehr sich von der Politik fernzuhalten habe. Dieser Leitsatz, erklärte Hitler, diene lediglich dazu, die Reichswehr in den Dienst jenes republikanischen Regimes zu stellen, das der alten Armee 1918 den Dolchstoß in den Rücken versetzt und Deutschland an seine Feinde verraten habe.

»Es gibt einen Staat, in dem die Armee eine andere Auffassung hatte von dem, was nottat. In diesem Staat geschah es, daß sich im Oktober 1922 eine Gruppe aufmachte, die Zügel des Staates den Händen der Verbrecher zu entreißen, und die italienische Armee sagte nicht: ›Unsere einzige Aufgabe ist es, für Frieden und Ordnung zu sorgen.‹ Statt dessen sagte sie: ›Es ist unsere Aufgabe, die Zukunft des italienischen Volkes zu sichern.‹ Und die Zukunft liegt nicht bei den Parteien der Zersetzung, sondern vielmehr bei den Parteien, die sich auf die Kraft des Volkes stützen, die bereit und willens sind, sich mit der Armee zu verbinden, damit sie eines Tages der Armee bei der Verteidigung der Interessen des Volkes helfen können. Im Gegensatz dazu sehen wir in unserer Armee Offiziere, die sich noch immer mit der Frage herumquälen, wie weit man mit der Sozialdemokratie gehen kann. Aber, meine lieben Herren, glauben Sie denn wirklich, daß Sie irgend etwas Gemeinsames haben mit einer Ideologie, die alles das zersetzt, was die Grundlage für die Existenz einer Armee bildet? ...
Die Armee hat es teilweise in der Hand, ob die eine oder die andere Richtung siegt, das heißt, ob die Marxisten siegen oder wir. Sollten die Linken infolge Ihrer bewundernswert unpolitischen Haltung siegen, so können Sie ein Buch schreiben über die deutsche Reichswehr mit dem Titel: ›Das Ende der deutschen Reichswehr.‹ Denn dann, meine Herren, werden Sie bestimmt politisch werden müssen, dann wird Ihnen die rote Jakobinermütze über die Ohren gezogen ... Sie werden dann Henker und politische Kommissare für das Regime werden, und wenn Sie nicht parieren, werden Weib und Kind hinter Schloß und Riegel gesetzt. Und wenn Sie auch dann noch nicht parieren, werden Sie hinausgeworfen und vielleicht gegen die Wand gestellt, denn ein Menschenleben zählt wenig bei denen, die sich die Vernichtung eines Volkes zum Ziel gesetzt haben[158].«

Hitlers Rede wurde in einer für die Reichswehr hergestellten Sonderausgabe des »Völkischen Beobachters« wörtlich abgedruckt. Hitler ergänzte sie noch durch Aufsätze, die er in der neuen Monatsschrift

»Deutscher Wehrgeist« veröffentlichte und in denen er ausführte, daß die Reichswehr durch ihre feindselige Haltung den Nationalsozialisten gegenüber ihre eigenen Traditionen verrate und sich selbst den Boden unter den Füßen fortziehe. Diese Argumente Hitlers, die wieder einmal seine unheimliche Gabe zeigen, sich in die Psyche der Menschen zu versetzen, die er beeinflussen wollte, verfehlten ihre Wirkung nicht. Besonders die jüngeren Reichswehroffiziere, die in der durch den Versailler Vertrag auf 100 000 Mann beschränkten Armee wenig Aussicht auf Beförderung sahen, horchten auf. Sie fühlten sich angezogen von Hitlers Versprechen, daß er nach seiner Machtergreifung die Armee sofort vergrößern und ihre alte Stellung im Staat wiederherstellen werde.

Der Erfolg dieser Bemühungen um die Reichswehr zeigte sich bei dem Prozeß gegen die Leutnante Scheringer, Ludin und Wendt vor dem Reichsgericht in Leipzig. Scheringer und Ludin, Offiziere der Garnison Ulm, waren im November 1929 nach München gefahren und hatten dort mit einigen Naziführern, unter anderen auch mit Hauptmann von Pfeffer, dem Chef der SA, Fühlung genommen. Sie übernahmen es, unter den anderen Offizieren so viele wie möglich für den Nationalsozialismus zu gewinnen, und waren zu diesem Zweck anschließend nach Hannover und Berlin gefahren. Ludin traf in Hannover die Leutnante Wintzer und Lorenz und erklärte ihnen, die Reichswehr müsse davor bewahrt werden, wie 1923 wieder mit Hitler in Konflikt zu geraten. Die Nationalsozialisten würden nichts unternehmen, solange sie wüßten, daß die Reichswehr ihnen feindlich gesonnen sei. Infolgedessen müsse die Reichswehr daran gehindert werden, eine oppositionelle Haltung einzunehmen. Es sei also wichtig, in jedem Wehrkreis ein paar Offiziere zu finden, auf die man sich verlassen könne.

Kurz darauf, im Februar 1930, wurden Scheringer, Ludin und Wendt verhaftet. Die Anklage warf ihnen nationalsozialistische Propaganda innerhalb der Reichswehr vor. Der Reichswehrminister, General Groener, versuchte zunächst, die Angelegenheit als ein Vergehen gegen die Disziplin zu behandeln; aber das Verhalten der Angeklagten zwang ihn, den Fall dem Reichsgericht in Leipzig zu übergeben. General von Seeckt und einige andere höhere Offiziere übten deswegen an Groener Kritik; Seeckt warf ihm vor, den Geist der Kameradschaft und Solidarität im Offizierskorps verletzt zu haben — ein bezeichnender Kommentar.

Als der Prozeß am 23. September eröffnet wurde, war Hitler inzwischen Führer der zweitstärksten Partei des Landes geworden, und die Reichswehrführer waren sehr daran interessiert, zu erfahren, welche Haltung er der Armee gegenüber einnehmen werde. Hans Frank, der nationalsozialistische Verteidiger, ließ Hitler am 25. September als Zeugen vorladen. Und Hitler nahm die Gelegenheit wahr, jede einzelne seiner Aussagen so abzustimmen, daß sie nicht auf den Gerichtshof, sondern auf die Armee wirkten. Von seinen früheren Thesen abweichend, gab er beruhigende Zusicherungen bezüglich der SA: »Sie hatte den ausschließlichen Zweck, die Propaganda unserer Partei zu schützen, nicht aber sollte sie gegen den Staat Front machen. Ich bin zu lange Soldat gewesen, um zu wissen, daß man eine Parteiorganisation nicht gegen die geschlossene Heeresmacht kämpfen lassen kann ... Ich habe alles getan, was ich konnte, um zu verhindern, daß die SA irgendwie militärischen Charakter bekam. Ich habe immer die Auffassung vertreten, daß jeder Versuch, die Reichswehr ersetzen zu wollen, sinnlos wäre. Keiner von uns ist daran interessiert, die Reichswehr zu ersetzen; mein einziger Wunsch ist der, daß der deutsche Staat und das deutsche Volk von einem neuen Geist durchdrungen werden[159].«

»Aus diesem selben Grunde«, erklärte er beharrlich, »war ich auch immer der Ansicht, daß jeder Versuch, die Reichswehr zu ersetzen, Wahnsinn wäre. Keiner von uns hat das geringste Interesse an solcher Zersetzung.« Das war, im Hinblick auf den vor Gericht zur Verhandlung stehenden Fall, eine glatte Lüge. Aber Hitler fuhr unbeirrt fort: »Wenn wir zur Macht gekommen sind, werden wir dafür sorgen, daß aus der jetzigen Reichswehr die große deutsche Volksarmee hervorgeht. Tausende von jungen Leuten in der Reichswehr sind derselben Meinung.«

Der Präsident des Gerichtshofs unterbrach ihn mit der Bemerkung, daß die Nationalsozialisten kaum darauf hoffen könnten, ihre Absichten auf legalem Wege zu verwirklichen. Hitler wies diese Auffassung entrüstet zurück. Was seine Partei beabsichtige, liege offen zutage. »Überdies steht über allen meinen Befehlen der Grundsatz: Wenn die Anordnung gegen die Gesetze verstößt, darf sie nicht ausgeführt werden. Ich habe bei Nichtbefolgung dieser Angabe stets augenblicklich durchgegriffen und widersetzliche Parteigenossen ausgeschlossen. Zu ihnen gehört auch Otto Strasser. Er hat tatsächlich mit dem Gedanken der Revolution gespielt.«

Alles das wurde für die Generalität gesagt, aber auch die Partei mußte berücksichtigt werden, und so fügte Hitler doppelsinnig hinzu: »Ich darf Ihnen aber versichern: Wenn die nationalsozialistische Bewegung in ihrem Kampfgeist siegt, dann wird ein nationalsozialistischer Staatsgerichtshof kommen, dann wird der November 1918 seine Sühne finden, dann werden auch Köpfe rollen!« Hierauf ertönten laute Beifallsrufe von der Galerie.

Der Präsident fragte dann Hitler, was er unter der Bezeichnung »Deutsche Nationale Revolution« verstehe. Hitler erwiderte sanftmütig:

»Der Begriff ›Nationale Revolution‹ wird immer als ein rein politischer aufgefaßt. Für die Nationalsozialisten ist das aber lediglich eine Erhebung der geknechteten deutschen Menschen von heute ... Es wird natürlich eine Parteibewegung diese Erhebung repräsentieren, aber dazu bedarf es keiner illegalen Mittel ... Unsere Propaganda zielt auf die geistige Revolutionierung des deutschen Volkes. Unsere Bewegung hat die Gewalt nicht nötig. Die Zeit wird kommen, in der die deutsche Nation unsere Ideen begreifen wird, und dann werden 35 Millionen Deutsche hinter mir stehen ... Wir werden auf legale Weise unsere Partei zu einem entscheidenden Faktor machen. Aber wenn wir dann im Besitz der konstitutionellen Rechte sind, werden wir den Staat so formen, wie wir das für richtig halten.« Der Präsident fragte: »Auch das auf konstitutionellem Wege?« Hitler antwortete: »Ja[160].«

Als General Jodl nach dem Krieg in Nürnberg vernommen wurde, erklärte er vor dem Tribunal, ihn habe erst Hitlers Versicherung in Leipzig, daß er jede Zersetzung der Reichswehr ablehne, beruhigt[161]. Tatsächlich besteht wohl kaum ein Zweifel, daß jene ausdrückliche Erklärung, die Hitler damals kurz nach seinem Wahlerfolg machte, die Basis bildete für seine kommenden Verhandlungen mit den Reichswehrführern und schließlich auch für deren Einverständnis mit seiner Machtergreifung.

Hitlers Gerede von Legalität war jedoch nur zur Hälfte ernst gemeint; es war ein Trick, um leichter an die Macht zu kommen, um die Generale und andere Hüter des Staats zu bewegen, ihm die Macht zu überlassen, ohne daß er Gewalt anzuwenden brauchte. Legalität bedeutete für ihn eine Taktik, denn an seiner Bewegung zeugte alles von einer geradezu schamlosen Verachtung der Gesetze. Daher mußte Hitler darauf bedacht sein, mit seinen taktischen Bemühungen nicht den revolutionären Charakter seiner Bewegung so zu verwässern, daß diese an Anziehungskraft einbüßte. Wie sehr eine derartige Gefahr bestand, erhellte der Fall des Leutnants Scheringer, der zu achtzehn Monaten Festungshaft verurteilt worden war: noch während seiner Haftzeit trat er zum Kommunismus über. Als Goebbels telegraphisch bei ihm anfragte, ob der Brief, den ein kommunistischer Abgeordneter im Reichstag verlesen hatte, echt sei, drahtete Scheringer zurück: »Erklärung authentisch. Hitler-Revolution verraten.« Wenn nun viele Leute dem Beispiel Scheringers — oder Otto Strassers — folgten, geriet Hitler in eine schwierige Lage.

Die Gefahrenquelle war die SA: sie sollte zwischen 1930 und 1934 geradezu der Ausdruck für die revolutionären Ziele der Partei sein. Einer ihrer hauptsächlichen Leitsätze war: »Wem die Straße gehört, hat den Schlüssel zur Macht.« Und so waren es von Anfang 1930 an Straßenkämpfe zwischen Parteiarmeen, die in Berlin und anderen Großstädten den politischen Kampf im Reichstag ergänzten, zum Teil sogar ersetzten.

Bei einer dieser Fehden wurde im Februar 1930 der junge Berliner SA-Führer Horst Wessel von Kommunisten erschossen. Geschickt machte Goebbels aus ihm den Prototyp des nationalsozialistischen Märtyrers; seine Verse wurden zum Marschlied der SA, dem berühmten Horst-Wessel-Lied, vertont. In den ersten sechs Monaten des Jahres 1930 erließen die Behörden eine Reihe von Verboten, um dem Anwachsen der öffentlichen Krawalle Einhalt zu gebieten. In Preußen wurden am 16. Januar Kundgebungen im Freien und Aufmärsche untersagt; im März lag dem Reichstag ein neues »Gesetz zum Schutz der Republik« vor, das die Unterbindung solch politischer Umtriebe bezweckte; und im Juni verbot der preußische Innenminister den Nazis das Tragen von Uniformen und Abzeichen. Aber diese Maßnahmen erwiesen sich als wirkungslos; nachdem es ihnen untersagt war, in braunen Hemden zu marschieren, zogen die Nationalsozialisten weiße an. Und sie marschierten Nacht für Nacht — sie und auch die Kommunisten —, zogen singend und in geschlossenen Abteilungen durch die Straßen, störten die gegnerischen politischen Versammlungen, verprügelten ihre Widersacher und brachen wechselseitig in die »Gebiete« der andern ein. Mit der Zahl der Arbeitslosen wuchs auch die Zahl der Mitläufer. Es war immer noch besser, in der SA zu sein, die eine Mahlzeit, Uniform, Kameradschaft und ein aufregendes Leben bot, als an den Straßenecken herumzulungern.

Einer der nationalsozialistischen Abgeordneten, Wagner, faßte im Juli 1930 das Wesen der Parteistrategie in einem bezeichnenden Satz zusammen: »Die NSDAP wird die Leute nicht eher in Ruhe lassen, bis sie an der Macht ist.« Der Schlüssel zu dieser Strategie hieß: ununterbrochene Aktivität. Die Agitation durfte nicht auf die Zeit der Wahlen beschränkt bleiben, sondern mußte das ganze Jahr hindurch fortgesetzt werden. Die SA spielte dabei eine entscheidende Rolle, denn schon immer hatten Gewalt und Kraftdemonstrationen im Mittelpunkt der Nazipropaganda gestanden. Und was Hitler mit der SA im Sinne hatte, war eben Propaganda: sie sollte mit einer Revolution schockierend drohen, nicht aber eine Revolution machen. So bestand denn Hitlers Problem darin, den Geist der SA am Leben zu erhalten, ohne daß es zu einer Revolution kam; es bestand darin, durch die SA mit Bürgerkrieg zu drohen, sie aber dennoch so weit in der Hand zu behalten, daß sie seinen Plan nicht gefährdete, nämlich den Plan, ohne einen übereilten Zusammenstoß mit den staatlichen Mächten, und vor allem mit der Reichswehr, an die Macht zu gelangen.

Kurz vor den Wahlen im September 1930 meuterte die Berliner SA und demolierte die Berliner Parteigeschäftsstelle. Die wahre Ursache war die Frage der Besoldung, aber auch die Unzufriedenheit mit der Parteiführung spielte dabei eine Rolle. Goebbels war der Lage nicht mehr gewachsen — er mußte das Überfallkommando der Polizei holen, um seine Braunhemden aus der Geschäftsstelle hinauszubefördern. Hitler griff persönlich ein. Er legte der ganzen Partei eine Sondersteuer zugunsten der SA auf, reiste sofort nach Berlin, fuhr von einer Kneipe zur andern, redete persönlich mit den SA-Leuten, versprach ihnen bessere Besoldung und sagte ihnen, daß die Partei dicht vor einem großen Siege stehe und daß es in Zukunft den schlechten Führern (auf die er die Schuld schob) nicht mehr erlaubt sein werde, sich zwischen ihn und seine treue Garde zu stellen. Nach einer anstrengenden Nacht hatte Hitler seine Autorität wiederhergestellt. Prompt ergriff er die Gelegenheit, um Hauptmann von Pfeffer abzusetzen. Am 2. September übernahm er selber den Posten des Obersten SA-Führers.

Über den Wahlerfolgen wurde der Zwischenfall bald vergessen — allerdings nicht von Hitler. Einen Monat später, im Oktober, überredete er Ernst Röhm, der zu dieser Zeit als Offizier in der bolivianischen Armee diente, Südamerika zu verlassen und nach Deutschland zurückzukehren, um als Stabschef den Neuaufbau der SA zu übernehmen. In Röhm hoffte er den Mann gefunden zu haben, der die SA zusammenschweißen und in der Hand behalten konnte.

Trotz dieser Schwierigkeit hatte Hitler, als das Jahr 1930 zu Ende ging, allen Anlaß zufrieden zu sein. Die Mitgliederzahl der Partei näherte sich den 400 000. Mehr als 6 Millionen Wähler hatten ihm bei der letzten Wahl ihre Stimme gegeben, und im Reichstag saßen 107 nationalsozialistische Abgeordnete. Als am 1. Januar 1931 auf dem Braunen Haus die Hakenkreuzfahne gehißt wurde, durfte Hitler sich sagen, daß er den schwierigsten Teil seines Weges bereits hinter sich hatte; die Gefahr, daß dem unbekannten Mann der zwanziger Jahre keine Beachtung geschenkt werde, war überwunden. Im Reichstag hatten die Nazis — allesamt in brauner Uniform — ihre Stärke und ihre Verachtung des Parlaments bereits unter Beweis gestellt: ihrer Ruhestörungen wegen mußten die Sitzungen häufig abgebrochen werden. Und auf der Straße hatte die SA einen neuen Triumph errungen: durch Krawalle, die sie vom Zaun brach, zwang sie die Regierung, den antimilitaristischen Film »Im Westen nichts Neues« vom Spielplan der Kinos abzusetzen.

Hitler unterschätzte zwar keineswegs die Opposition, die innerhalb der Partei immer noch gegen seine Führung bestand. Irgendein Fehler oder ein Rückschlag würde sie rasch wieder in den Vordergrund bringen, und nur der Erfolg konnte sie zum Schweigen bringen. Aber der Erfolg war jetzt nicht mehr in unerreichbarer Ferne. Und das war das Ergebnis des Jahres 1930: er stand an der Schwelle der Macht.

VIII

Anfang Januar 1931 übernahm Röhm den Posten des Stabschefs der SA. Er machte sich sofort an die Arbeit, um aus der SA die schlagkräftigste der Parteiarmeen zu machen. Deutschland wurde in 21 Gebiete aufgeteilt, und jedes erhielt eine SA-Gruppe unter dem Befehl eines Obergruppenführers. Die Organisation lehnte sich eng an die der Armee an; sie hatte eigene Hauptquartiere und einen Generalstab, unabhängig von der Parteiorganisation, und ein eigenes Ausbildungslager für SA- und SS-Führer, das im Juni 1931 in München eröffnet wurde.

Reichsführer der SS war seit 1929 Himmler. Aber auch er unterstand jetzt Röhm, obwohl die SS mit der sie von der SA unterscheidenden schwarzen Uniform und ihrem Totenkopfabzeichen ihre Sonderstellung behielt. Eine weitere Hilfstruppe Röhms war das NSKK, das nationalsozialistische Kraftfahrkorps, unter dem Befehl von Major Hühnlein. Als Röhm Anfang 1931 seinen Posten antrat, zählte die SA etwa 100 000 Mann. Ein Jahr später konnte Hitler über 300 000 verfügen.

Die von Gregor Strasser aufgebaute Parteiorganisation war nach dem gleichen Muster zentralisiert und damit dem Willen des Führers, Hitler, untertan. Sie teilte sich in Gaue mit je einem Gauleiter an der Spitze; jeder Gau war wiederum geteilt und unterteilt bis hinab zur kleinsten Einheit, der Zelle, die dem SA-Trupp entsprach. Die Zentralleitung der Partei befand sich nach wie vor in München, wo noch andere Abteilungen entstanden und sich rasch vervielfältigten, darunter die NS-Betriebszellen-Organisation unter Walter Schumann, die Wirtschaftspolitische Abteilung unter Otto Wagener und die Hilfskasse, die Martin Bormann verwaltete und aus der die Angehörigen der in Parteikämpfen getöteten oder verletzten Parteigenossen unterstützt wurden.

Die Leitung aller praktischen Angelegenheiten der Partei befand sich von 1931 bis 1932 in den Händen von sechs Männern: Hitler, Röhm, Gregor Strasser, Göring, Goebbels und Frick. Röhms Bedeutung für die Partei lag nicht allein in seinen organisatorischen Fähigkeiten und seinem Amt als Stabschef der SA, sondern auch in seiner Beziehung zur Reichswehr. Göring wurde auf Grund seines großen Bekanntenkreises, seines Humors und seiner ungezwungenen Lebensart im Laufe des Jahres 1931 Hitlers hauptsächlicher politischer Verbindungsmann in der Reichshauptstadt; er hatte die Aufgabe, Verbindungen mit anderen Parteien oder Gruppen aufzunehmen[162]. Im Jahre darauf, als den Nationalsozialisten als der nunmehr stärksten Partei das Amt des Reichstagspräsidenten zufiel, erwählte Hitler Göring für dieses Amt. Ab Ende August 1932 sollte dann das dem Reichstag gegenüberliegende Palais des Reichstagspräsidenten das Zentrum werden, von dem aus die Manöver und Intrigen der Partei gelenkt wurden.

Fraktionsführer der Nazis im Reichstag war Dr. Wilhelm Frick, von Beruf Verwaltungsbeamter und in den Jahren 1919 bis 1923 einer von Hitlers Protektoren bei der Münchner Polizei. Wenn er auch zu den weniger markanten Naziführern gehörte, so war er doch als alter und überzeugter Nationalsozialist und als gründlicher Kenner der Verwaltungsmaschinerie und der Mentalität der deutschen Beamten für Hitler von großem Nutzen.

Die beiden übrigen Männer, Goebbels und Strasser, waren seit der Bamberger Tagung im Jahre 1926, nach der Goebbels sich von Strasser losgesagt hatte, Feinde geblieben. Beide waren begabte Redner, und beide hatten in der Partei ein hohes Amt inne: Goebbels als Propagandaleiter und Gauleiter von Berlin, Strasser als Reichsorganisationsleiter mit einem starken Einfluß auf die Gauleiter und die Ortsgruppen. Wie weit Hitler Strasser traute, ist die Frage; aber ohne Zweifel war Strasser einer der mächtigsten von Hitlers Paladinen und wohl auch der einzige in der Partei, der, wenn er etwas mehr von Hitlers Willenskraft und Ehrgeiz und etwas weniger von seiner bayrischen gutmütigen Lässigkeit besessen hätte, Hitler die Führerschaft hätte streitig machen können. Seiner Persönlichkeit nach wäre Strasser zur Führung geeignet gewesen; aber er hätte sich dann mehr rühren müssen. Goebbels, der klein, lahm und wegen seiner boshaften Zunge wenig beliebt war, konnte nur unter der Ägide eines Mannes wie Hitler aufsteigen, dem er mit seiner überschäumenden Energie und seinem Einfallsreichtum nützlich war. Manchmal schoß er mit seiner allzu großen Schlauheit übers Ziel hinaus, verstand es jedoch, mit geradezu überwältigender Unverschämtheit jeden Propagandatrick auszubeuten.

Es gab noch ein paar andere — Darré, den Sachverständigen für Landwirtschaft, Baldur von Schirach, den Führer der Hitler-Jugend, Heß, den unzertrennlichen Sekretär des Führers, Wilhelm Brückner, Hitlers persönlichen Adjutanten, Max Amann, den Parteiverleger, Franz Xaver Schwarz, den dicken, kahlköpfigen Schatzmeister der Partei, Philipp Bouhler, den jungen Geschäftsführer, Hans Frank, den Rechtsberater, und Otto Dietrich, den Pressechef. Aber keiner von ihnen hatte nur annähernd eine Stellung, wie sie Röhm oder Strasser, Göring oder Goebbels oder selbst Frick einnahmen, jene fünf Männer, mit denen Hitler die Macht eroberte.

Es liegt klar auf der Hand, daß eine derart durchorganisierte Maschinerie viel Geld gekostet haben muß.

Wenn Hitler — vor der Machtergreifung — nach Berlin kam, pflegte er im »Kaiserhof« Quartier zu nehmen. »Da er immer mit einem größeren Stabe von Mitarbeitern gekommen sei, habe er in der Regel eine ganze Etage benötigt und inclusive der Verpflegung seiner Begleitung Rechnungen von ca. 10 000 RM pro Woche gehabt. Diese Unkosten habe er vor allem durch Artikel und Interviews für die Auslandspresse wieder hereingebracht, die ihm am Schluß der Kampfzeit oft mit je 2000 bis 3000 Dollar bezahlt worden seien[163].«

Es war Putzi Hanfstaengls Aufgabe als Auslandspressechef, Hitlers Artikel in die Zeitungen zu bringen und Interviews mit ihm zu vereinbaren.

Ein großer Teil des Geldes stammte natürlich aus der Partei selbst: aus Mitgliedsbeiträgen, aus dem Verkauf der Parteizeitungen und -schriften. Die Mitglieder waren immer gezwungen, Parteizeitungen zu kaufen. Geld kam auch herein durch die Eintrittsgelder und Kollekten der großen Parteitreffen. Es besteht kein Zweifel, daß die Partei große Anforderungen an ihre Mitglieder stellte — sogar die arbeitslosen SA-Leute mußten mit ihrer Arbeitslosenunterstützung für Kost und Logis zahlen. Es ist nahezu sicher, daß man den Kostenanteil, der von der Partei selbst aufgebracht wurde, unterschätzt hat. Freilich kamen auch Subventionen von interessierten Förderern der Partei.

Einiges Licht auf die Art und Weise, wie solche Subventionen erlangt wurden, wirft die Vernehmung Walter Funks vor dem Nürnberger Tribunal. Funk, ein schlauer, aber wenig eindrucksvoller kleiner Mann, als Nachfolger von Schacht später Reichsbankpräsident und Wirtschaftsminister, war ursprünglich Hauptschriftleiter der »Berliner Börsenzeitung«, eines führenden Finanzblattes in den zwanziger Jahren. 1931 gab er seinen Schriftleiterposten auf und wurde Verbindungsmann zwischen der NSDAP und Industrie- und Handelskreisen. Eine Zeitlang redigierte er den »Wirtschaftspolitischen Pressedienst« unter der Aufsicht von Dr. Wagener, dem Leiter der Wirtschaftspolitischen Abteilung der Partei. Er hatte nicht mehr als 60 Abonnenten für seinen Pressedienst, »aber man zahlte sehr gut«, sagte Funk. Dafür erwartete man von ihm, daß er auf die Wirtschaftspolitik der Partei Einfluß nehme und Hitler überredete, die antikapitalistischen Ansichten von Leuten wie Gottfried Feder zu widerrufen. »Damals«, erklärte Funk, »bestanden in der Parteiführung völlig widersprechende und konfuse Ansichten in bezug auf Wirtschaftspolitik. Um meine Mission zu erfüllen, versuchte ich, dem Führer und der ganzen Partei klarzumachen, daß die Privatinitiative, das Selbstvertrauen des Geschäftsmannes und die schöpferischen Kräfte des freien Unternehmertums als Grundlage der Wirtschaftspolitik der Partei anerkannt werden müßten. In seinen Gesprächen mit mir und mit Industriellen, bei denen ich ihn eingeführt hatte, betonte der Führer persönlich immer wieder, daß er ein Feind der Staatswirtschaft und der sogenannten Planwirtschaft sei und daß er freies Unternehmertum und freien Wettbewerb als absolut notwendig erachte, um die höchstmögliche Produktion zu erreichen[164].«

Welche Folgen diese neuen Beziehungen Hitlers hatten, erhellt ein Ereignis im Herbst 1930. Am 14. Oktober reichte die NSDAP im Reichstag einen Gesetzentwurf ein: der Zinsfuß sollte auf 4% ermäßigt, das gesamte Vermögen der »Bank- und Börsenmagnaten« ebenso wie das der Ostjuden entschädigungslos enteignet und die Großbanken verstaatlicht werden. Das war das Werk von Gregor Strasser, Feder und Frick. Hitler griff sofort ein und zwang sie, den Gesetzentwurf zurückzuziehen. Als die Kommunisten einen neuen Gesetzentwurf einbrachten, der genau den gleichen Wortlaut wie der nationalsozialistische hatte, zwang Hitler die Fraktion, dagegen zu stimmen. Wollte er auf Funks Freunde Eindruck machen, so durften solche Gesetzentwürfe keinen Platz mehr im Parteiprogramm haben. Auf der anderen Seite fand Funk, daß Hitler sich über die Wirtschaftspolitik, die er nach seiner Machtergreifung verfolgen würde, sehr zurückhaltend äußerte. »Ich kann mich jetzt«, sagte Hitler, »noch nicht auf eine Wirtschaftspolitik festlegen. Die Ansichten meiner Wirtschaftstheoretiker, wie z. B. Gottfried Feder, sind nicht unbedingt auch die meinen[165].« Kurzum, Hitler war darauf bedacht, sich die freundliche Haltung der Industriellen zu bewahren, und er lehnte es ab, sich festzulegen, womit er dann auch weitgehend Erfolg hatte. Funk gab zu: »Meine Freunde aus der Industrie und ich waren in jenen Tagen überzeugt, daß die NSDAP in nicht allzu ferner Zukunft an die Macht kommen würde, ja kommen mußte, wenn Kommunismus und Bürgerkrieg vermieden werden sollten[166].«

Damals war jedoch nur ein Teil der deutschen Wirtschaft bereit, Hitler und die Nationalsozialisten zu unterstützen. Funk hebt hervor, daß der größere Teil der Gelder, die die Industrie für politische Zwecke ausgab, zu jener Zeit noch in die Deutschnationale Partei, die Demokratische Partei und die Deutsche Volkspartei floß. Die Nazis wurden hauptsächlich durch eine mächtige rheinisch-westfälische Erzeugergruppe von Kohle und Eisen gefördert. Neben Emil Kirdorf, der machtvollsten Persönlichkeit der Ruhrkohlenindustrie, Fritz Thyssen und Albert Voegler von den Vereinigten Stahlwerken, erwähnt Funk noch Friedrich Springorum und Tengelmann, Ernst Buskühl und H. G. Knepper von der Gelsenkirchener Bergwerksgesellschaft. Unter den Bankiers und Finanzleuten, die nach Funks Aussage zwischen 1931 und 1932 mit Hitler bekannt wurden und ihn zumindest in einigen Fällen unterstützten, befanden sich Stein und Schroeder vom Bankhaus Stein in Köln, E. G. von Stauß von der Deutschen Bank, Hilgard von der Allianz-Versicherungsgesellschaft und die Bankiers Otto Christian Fischer und Fr. Reinhart.

Diese Namen, die Funk aus dem Stegreif nannte, bilden ganz offensichtlich eine unvollständige Liste. Immerhin gibt schon diese Aufstellung recht interessante Aufschlüsse über die Art von Männern, mit denen Hitler Fühlung nahm oder die mit Hitler Fühlung nahmen, mochten auch solche Zusammenkünfte nicht immer sofort, wie im Fall Thyssen, zu finanzieller Unterstützung führen. Neben den bereits erwähnten Namen nennt Funk noch August Rosterg aus Kassel, eine führende Persönlichkeit in der Pottasche-Industrie, August Diehn, sowie Männer aus Hamburger Schiffahrtskreisen, unter denen Cuno von der Hamburg-Amerika-Linie der prominenteste war, ferner Otto Wolf, einen Kölner Eisengroßhändler, der mit Gauleiter Robert Ley befreundet war, Männer aus der mitteldeutschen Braunkohlenindustrie, von der Deutschen Erdöl, der Brabag und den Anhaltischen Kohlenwerken, und schließlich Dr. Erich Lubbert von der A. G. für Verkehrswesen sowie die Baugesellschaft Lenz.

Außer Funk waren natürlich noch andere daran interessiert, Hitler mit einflußreichen Geldleuten zusammenzubringen. Als Dr. Schacht, der ehemalige Reichsbankpräsident, Hitler im Januar 1931 zum erstenmal begegnete, traf man sich in Görings Wohnung, wo Schacht und Fritz Thyssen einen ganzen Abend lang zuhörten. Göring war besonders rührig in der Arrangierung solcher Begegnungen, und nicht minder Graf Helldorf, der zum SA-Führer von Berlin ernannt worden war. Grauert, Geschäftsführer des Arbeitgeberverbandes von Rheinland und Westfalen in Düsseldorf und insofern eine einflußreiche Persönlichkeit, als er die großen Streikbrecherfonds verwaltete, benutzte seine Stellung, um die NSDAP zu unterstützen, und wurde später mit dem Posten des Göringschen Unterstaatssekretärs im Preußischen Innenministerium belohnt. Wilhelm Keppler, ein anderer, der sich darum bemühte, Hitlers Wirtschaftsberater zu sein, verfügte über weitläufige Beziehungen, war mit dem Kölner Bankier Schroeder befreundet und gründete Himmlers Privatzirkel, der unter dem gefälligen Namen »Freundeskreis der Wirtschaft« bekannt war. Otto Dietrich, der junge Journalist, der Hitler mit Kirdorf bekannt gemacht hatte und Pressechef der Partei wurde, schreibt in seinem Buche: »Im Sommer 1931 faßte der Führer in München plötzlich den Entschluß, die im Zentrum des Widerstandes stehenden maßgebenden Persönlichkeiten der Wirtschaft und der von ihnen getragenen bürgerlichen Mittelparteien systematisch zu bearbeiten ... In den folgenden Monaten durchquerte der Führer mit seinem Mercedes-Kompressor ganz Deutschland. Überall tauchte er auf zu vertraulichen Besprechungen mit führenden Persönlichkeiten. Überall wurden sie arrangiert, ob in der Reichshauptstadt oder Provinz, im Hotel Kaiserhof oder auf einsamen Waldwiesen in Gottes freier Natur. Vertraulichkeit war dringend geboten, um der Presse keinen Stoff zur Hetze zu liefern. Die Wirkung blieb nicht aus[167].«

Wieviel an effektivem Bargeld bei allen diesen Besprechungen herauskam, ist nicht festzustellen. Funk nennt drei Zahlen. Bei seiner Vernehmung in Nürnberg am 4. und 26. Juni 1945 erklärte er, daß er während der Wahlen im Jahre 1932, als die Partei knapp bei Kasse war, unmittelbar um Geld gebeten habe: »In drei oder vier Fällen, bei denen ich um direkte Vermittlung gebeten wurde, betrug die Gesamtsumme etwa eine halbe Million Mark.« Die zweite Zahl betrifft die Beiträge, die die wichtige rheinisch-westfälische Gruppe 1931/32 leistete: während dieses Zeitraums, stellt Funk in seiner eidesstattlichen Erklärung fest, betrugen sie nicht ganz eine Million Mark[168]. Als Funk schließlich aufgefordert wurde, die Gesamtsumme zu nennen, die Hitler vor der Machtergreifung von der Industrie erhalten habe, antwortete er: »Ich glaube, es handelte sich, im Gegensatz zu anderen Parteien, um nicht mehr als einige Millionen[169].«

Thyssens Memoiren sind trotz ihres Titels »Ich bezahlte Hitler« enttäuschend und fügen zu Funks Aussagen wenig hinzu. Thyssen wurde Anfang Dezember 1931 offizielles Parteimitglied und arrangierte das bekannteste Zusammentreffen zwischen Hitler und den Industriellen im Industrieklub zu Düsseldorf 1932, wobei Hitler eine Rede hielt. »Ich persönlich«, schreibt Thyssen, »habe der NSDAP insgesamt eine Million Mark gestiftet ... Erst in den letzten Jahren vor der Machtergreifung begannen die großen Industriefirmen, den Nazis Subventionen zu geben. Aber sie gaben sie nicht Hitler direkt; sie gaben sie Dr. Alfred Hugenberg, dem Führer der Deutschnationalen, der der NSDAP etwa ein Fünftel der Gesamtsumme zur Verfügung stellte. Alles in allem dürften die Beträge, die die Schwerindustrie den Nazis gab, auf zwei Millionen Mark im Jahr geschätzt werden[170].« Leider geht hieraus nicht deutlich hervor, auf welchen Zeitraum sich Thyssen bezieht.

Vorläufig ist es nicht möglich, über diese schwankenden und ungenauen Zahlen hinauszugehen. Aber man darf auch die Bedeutung der Subventionen nicht überschätzen. Denn das Wichtigste ist, daß Hitler, mag er noch so viel von Kirdorf, Thyssen und den anderen erhalten haben, weder eine Marionette der Kapitalisten war, noch ein bloßer Agent der Großindustrie, der seine Unabhängigkeit verloren hatte. Thyssens und Schachts Memoiren sind nichts anderes als die Memoiren von Enttäuschten, die glaubten, Hitler gekauft zu haben und ihn künftig nach ihrer Pfeife tanzen lassen zu können. Sie sollten ebenso wie die konservativen Politiker und die Generale die Erfahrung machen, daß Bankiers und Geschäftsleute entgegen der allgemeinen Meinung in der Politik Unschuldslämmer sind, wenn ein Mann wie Hitler das Spiel macht.

IX

Wenn man von der Nazibewegung als von einer »Partei« spricht, läuft man Gefahr, ihren wahren Charakter zu verkennen. Denn die NSDAP war nicht mehr »Partei« im üblichen demokratischen Sinne des Wortes, als es heute die Kommunistische Partei ist; sie war eine organisierte Verschwörung gegen den Staat. Das Parteiprogramm war wichtig, um Anhänger zu gewinnen, und dann auch aus psychologischen Gründen, über die Hitler in »Mein Kampf« ganz offen spricht. Das Programm mußte unabänderlich bleiben; es durfte niemals zum Diskussionsgegenstand werden. Die Parteiführung jedoch verhielt sich dem Programm gegenüber völlig opportunistisch. Für sie ging es — wie für die meisten alten Parteimitglieder — nur darum, den Staat in die Hand zu bekommen. Sie waren die Catalinas einer neuen Revolution, eine Elite der Gosse, gierig auf Macht, Rang und Wohlstand. Und deshalb hatte die Partei nur ein einziges Ziel: sich so oder so die Macht zu sichern.

Die Existenz einer solchen Organisation war tatsächlich unvereinbar mit der Sicherheit der Republik. Kein Staat, der Herr im Hause bleiben wollte, konnte eine derartige Bedrohung dulden. Warum aber traf die deutsche Regierung damals keine wirksamen Maßnahmen, warum verhaftete sie nicht die Naziführer und sprengte ihre Organisation? Dr. Kempner hat nachgewiesen, daß die Polizeibehörden noch vor dem triumphalen Wahlsieg der Nazis im September 1930 dem Oberstaatsanwalt rechtlich begründete Vorschläge für solch eine Aktion einreichten[171]. Dennoch wurde nichts unternommen.

Im Fall des von Dr. Kempner erwähnten Polizeiberichts war es eben so, daß der Oberreichsanwalt insgeheim Nazi war und sein Amt mißbrauchte, um jede zu ergreifende Maßnahme zu verhindern. Das ist an sich schon bezeichnend genug für den damaligen Stand der Dinge, gibt aber keine befriedigende Antwort auf die allgemeiner gehaltene Frage. Wenn die Leute, die damals in Deutschland über Autorität verfügten, wirklich entschlossen gewesen wären, die Nazibewegung zu zerschlagen, hätten sie auch Mittel und Wege dazu gefunden. Man mußte also weiter fragen: warum mangelte es an der erforderlichen Entschlossenheit und am festen Willen? Darauf gibt es nicht nur eine, sondern mehrere Antworten.

Erstens war Hitlers Legalitätstaktik darauf abgestimmt, den größtmöglichen Vorteil aus der demokratischen Weimarer Verfassung zu ziehen. Dadurch vermied er es, seinen Widersachern Gelegenheit zu geben, den Kampf um die Macht auf eine Ebene zu verlagern, auf der die Reichswehr den Ausschlag gegeben haben würde. Hitler war schlau genug, um zu erkennen, daß er bei einem gewaltsamen Umsturzversuch den kürzeren gezogen hätte. Solange er sich aber an den Buchstaben des Gesetzes hielt, konnte er die Behörden mit ihrem eigenen langsamen Vorgehen hinhalten.

Im Mai 1931 standen vier Nationalsozialisten wegen einer Schießerei mit Kommunisten vor Gericht. Hitler war als Zeuge geladen. »Ich habe niemals«, erklärte Hitler, »einen Zweifel darüber gelassen, daß ich von den SA-Leuten die strikte Befolgung der Legalität gefordert habe, und wenn von irgendwem das Gebot übertreten wurde, sind die betreffenden Führer immer zur Rechenschaft gezogen worden ... Gewaltakte sind niemals von unserer Partei beabsichtigt worden, noch hat der einzelne SA-Mann sie jemals gewünscht ... Wir stehen granithart auf dem Boden der Legalität.« Im Dezember 1931 unterstrich Hitler in einer Proklamation an die SA und SS noch einmal, wie wichtig es sei, sich an die Gesetze zu halten. Der Sieg sei sicher, erklärte er, wenn man der Politik der Legalität treu bleibe; man dürfe sich nicht provozieren lassen. »Wer in den letzten Tagen die Prüfung nicht besteht, ist nicht wert, Zeuge des Sieges zu sein[172].«

Zweitens mußte jede deutsche Regierung in den Jahren 1930/32 darauf bedacht sein, die bereits bestehenden Schwierigkeiten nicht noch zu vermehren, solange die Herausforderung der Staatsautorität latent und unter ehrlich klingenden Reden verborgen blieb. Denn im Winter 1930/31 lastete die Wirtschaftskrise, von einem Nachlassen weit entfernt, sehr schwer auf dem deutschen Volke. Die Zahl der registrierten Arbeitslosen, die im September 1930 drei Millionen betragen hatte, stieg bis Ende März 1931 auf 4,75 Millionen. Die Finanzkrise erreichte im Juli 1931 ihren Höhepunkt: infolge des Zusammenbruchs der Österreichischen Kreditanstalt und einer unvorhergesehenen Kapitalflucht in Deutschland mußte eine der größten deutschen Banken, die Darmstädter und Nationalbank (Danat), ihre Pforten schließen und die Zahlungen einstellen. Als der britische Botschafter am 16. Juli nach Berlin zurückkehrte, berichtete er: »Ich war von den leeren Straßen und der großen Stille, die über der Stadt lag, tief betroffen, ganz besonders aber von der äußerst gespannten Atmosphäre, die in vieler Hinsicht derjenigen ähnelte, die ich in Berlin in den kritischen Tagen vor dem Ausbruch des Krieges beobachtet hatte[173].«

Mit ausländischer Hilfe wurde der drohende finanzielle Zusammenbruch abgewehrt. Aber die Maßnahmen der Regierung Brüning — hohe zusätzliche Steuern, Kürzung der Beamtengehälter und Löhne, Kürzung der Arbeitslosenunterstützung — reichten nicht aus, um der Regierung aus der Krise herauszuhelfen, trotz der erheblichen Opfer des Volkes. Unter solchen Umständen war es für Hitler nicht schwer, alle Schuld an der wirtschaftlichen Not des Landes auf die Politik der Regierung zu schieben, zumal Deutschland immer noch Reparationen zu zahlen hatte und die Verschärfung der Krise im Sommer 1931 auf eine außenpolitische Niederlage zurückzuführen war.

Im Bemühen, die Auswirkungen des Bankenkrachs in Mitteleuropa abzuschwächen, schlug der deutsche Außenminister im März 1931 eine Zollunion mit Österreich vor. Welche wirtschaftlichen Gründe auch immer zugunsten solch eines Schrittes gesprochen haben mögen — Frankreich sah in ihm eine Vorbereitung zum politischen und territorialen Anschluß, der in den Verträgen von Versailles und St. Germain ausdrücklich verboten worden war. Von Italien und der Tschechoslowakei unterstützt, mobilisierte Frankreich sofort seine finanziellen wie auch diplomatischen Hilfsquellen, um die Zollunion zu verhindern. Und seine Maßnahmen erwiesen sich als wirkungsvoll: sie trugen nicht allein zur Verschärfung des Zusammenbruchs der Kreditanstalt und der deutschen Finanzkrise bei, sondern zwangen auch den deutschen Außenminister, am 3. September bekanntzugeben, daß man den Plan fallengelassen habe. Das bedeutete eine schwere Demütigung für die Regierung Brüning und entfachte aufs neue den nationalen Groll in Deutschland.

Hitler beeilte sich, auf die sich daraus ergebende Lehre hinzuweisen: solange Deutschland bei seinem gegenwärtigen Regime bleibe, seien weiterhin wirtschaftliches Elend im Innern und Demütigungen von draußen zu erwarten. Zwei Jahre vorher hatte Gregor Strasser in seinen »Nationalsozialistischen Briefen« geschrieben: »Alles, was sich gegen die bestehende Ordnung wendet, findet unsere Unterstützung ... Wir fördern die Katastrophenpolitik, denn nur eine Katastrophe, nämlich der Zusammenbruch des liberalistischen Systems, kann den Weg zu einer neuen Ordnung frei machen ... Alles, was dazu dient, die Katastrophe zu beschleunigen — jeder Streik, jede Regierungskrise, jede Beeinträchtigung der Staatsmacht, jede Schwächung des Systems —, ist gut, sehr gut für uns und unsere deutsche Revolution[174].«

Jetzt begannen die Nazis, die Früchte ihrer Katastrophenpolitik zu ernten.

Angesichts solcher inneren und äußeren Schwierigkeiten hätte — solange Hitler eine ungesetzliche Handlung offenkundig vermied — jede Regierung gezögert, ihre Probleme durch ein Verbot der NSDAP zu vermehren, denn es hätte unvermeidlich einen Aufruhr zur Folge gehabt. Außerdem hatte das Ministerium Brüning nicht genug Unterstützung, um die Rolle einer starken Regierung zu spielen. Brünings Aufruf zu nationaler Einigkeit war vergebens gewesen, und die Wahlen vom September 1930, weit davon entfernt, eine stabile Grundlage für Brünings Politik zu schaffen, hatten nur die beiden radikalen Parteien, die Nazis und die Kommunisten, verstärkt. Wenn Brüning nach den Wahlen noch weiterregieren konnte, so lag das nur daran, daß ihn die durch die wachsende Krise alarmierten Sozialdemokraten im Reichstag inoffiziell unterstützten und der Reichspräsident weiterhin von den Vollmachten des Artikels 48 Gebrauch machte, um die nötigen Erlasse zu unterzeichnen. Die Weigerung der deutschen Parteien, ihren Streit zu begraben, sich angesichts der Not zu versöhnen und gemeinsam die Verantwortung für die unpopulären Maßnahmen der Regierung zu übernehmen, hatte Brüning in eine gefährliche Abhängigkeit gebracht. Er war nunmehr auf die Unterstützung des Reichspräsidenten und der Reichswehr angewiesen. Beider Verhältnis zu den Nazis war unklar. Und darin lag der dritte Grund für das Widerstreben, etwas gegen die Nazis zu unternehmen.

Anfang 1930 wurde es dem Reichswehrminister, General Groener, einem redlichen und erfahrenen Mann, unbehaglich deutlich, daß ein großer Teil des Offizierskorps mit den Nazis zu sympathisieren begann. Der Leipziger Prozeß gegen die Reichswehroffiziere Ludin und Scheringer und die stürmische Kritik, der sich Groener von seiten des Offizierskorps ausgesetzt sah, weil er den Prozeß überhaupt zugelassen hatte, waren ein Beweis dafür, daß die auf das Militär abzielende Propaganda Hitlers ihre Wirkung keineswegs verfehlt hatte. Nach den Wahlen im September 1930 berichtete der britische Militärattaché, daß die Offiziere, denen er bei den Herbstmanövern begegnete, vom Anwachsen des Nationalsozialismus tief beeindruckt gewesen seien. »Es ist eine Jugendbewegung«, sagten sie, »und sie kann nicht gebremst werden[175].« Professor Meinecke meint, man habe die Haltung der Reichswehr in dem einen Satz zusammenfassen können: »Es wäre doch ein Jammer, auf diese prachtvolle Jugend schießen zu müssen[176].« Der Nationalismus der Nazipropaganda und das Versprechen, in einem mächtigeren Deutschland eine größere Armee zu schaffen, begannen ihre Wirkung zu tun.

Wenn Hitler einen Putschversuch gemacht hätte, würde Brüning sich zwar noch auf die Reichswehr haben verlassen können. »Es ist ganz falsch zu fragen, wo die Reichswehr steht«, sagte Groener zu seinem Freund Meinecke, »die Reichswehr tut, was ihr befohlen wird, und damit basta[177]!« An General von Gleich schrieb Groener, daß Hitler, falls er seine Zuflucht zur Gewalt nehmen sollte, »der rücksichtslosen Anwendung der staatlichen Machtmittel begegnen würde. Die Reichswehr ist so völlig in unserer Hand, daß sie, wenn der Fall eintreten sollte, keinen Augenblick zögern wird[178].« Ein Aufsatz, den Brüning nach dem Krieg veröffentlichte, bestätigt das. Im Herbst 1931 schreibt er:

»Zwischen den beiden Generalen (von Schleicher und von Hammerstein) und mir bestand volles Einverständnis, daß, falls die Nazis Mussolinis Marsch von Neapel nach Rom nachahmen sollten, die Reichswehr mit ihnen fertig werden würde ... Wir erwarteten auch, daß wir schließlich Hindenburgs Zustimmung zur sofortigen Unterdrückung der Nazipartei bekommen würden, falls die Nazis zum offenen Aufruhr schreiten würden[179].«

Wäre es aber darum gegangen, ohne den Vorwand einer offenen Revolte die Nazipartei zu verbieten, so wäre es ganz und gar nicht sicher gewesen, ob die Regierung mit der Unterstützung der Reichswehr hätte rechnen können. Hier zeigte sich wieder einmal, wie klug Hitlers Legalitätstaktik war. Groener hat in seiner Abneigung und Verachtung gegenüber den Nazis niemals geschwankt, aber er zögerte selbst dann noch, etwas gegen die Partei zu unternehmen, als er neben dem Amt des Kriegsministers noch das des Innenministers übernahm (Oktober 1931). Später hat er Meinecke gestanden: »Mit Gewalt hätte man sie niederwerfen müssen[180].« Aber damals war er sich der Stimmung in der Reichswehr zu wenig sicher, um etwas zu riskieren, zumindest nicht, ehe Brüning von den anderen Mächten die Zustimmung zur Einführung der allgemeinen Wehrpflicht erlangte. Erst damit wären jene Offiziere beruhigt worden, die in der SA eine militärische Reserve für den Kriegsfall sahen, und die jüngeren Leute, die sich jetzt noch von der militaristischen Propaganda der Nazis angezogen fühlten, von ihnen fortgelockt worden.

Der Reichspräsident, Generalfeldmarschall von Hindenburg, war nun ein sehr betagter Mann. Im Oktober wurde er 84 Jahre alt, und sein politisches Urteilsvermögen, sofern er je eins gehabt hatte, versagte immer mehr. Seine größte Sorge galt der deutschen Armee, in der er aufgewachsen war. Wie Friedrich Meinecke schreibt, bestand zwischen dem Reichspräsidenten und der Reichswehr »ein Verhältnis gegenseitiger Abhängigkeit. Sie gehorchte ihm, und er hörte sie und ließ durch seine Seele gehen, was sie empfand, — als Fleisch und Blut von ihrem Fleische und Blute, als echter Sprößling des preußisch-deutschen Militarismus, der so viele fachmännisch tüchtige und so wenig politisch weitblickende Köpfe hervorgebracht hatte[181]«. Da er getreu die in der Reichswehr herrschende Meinung reflektierte, widersetzte sich auch Hindenburg einer Gewaltanwendung gegen die Nazis. Er würde ihr nur dann zugestimmt haben, wenn ein unzweideutiger Akt von Rebellion vorgelegen oder man gleichzeitig auch Maßnahmen gegen die andere radikale Partei, die Kommunisten, ergriffen hätte[182].

Noch wichtiger als Groeners oder Hindenburgs Meinung war indessen die Ansicht des Generalmajors Kurt von Schleicher, der sich in der Reichswehr zwischen 1930 und 1932 zur tatsächlichen Autorität in politischen Fragen emporgeschwungen hatte. Er war ein begabter, charmanter, ehrgeiziger Generalstabsoffizier, der sich mehr für Politik und Intrigen als für militärische Dinge interessierte. Fünfzehn Jahre jünger als Groener, war er im Generalstab rasch von einer Stelle zur anderen aufgerückt. Als dann Groener 1928 Reichswehrminister wurde — was er zum Teil Schleichers Bemühungen zu verdanken hatte —, ernannte er Schleicher zum Chef des »Ministeramts«, einer neugeschaffenen Abteilung des Reichswehrministeriums. Dieses Amt hatte die Aufgabe, die Angelegenheiten von Heer und Marine zu koordinieren und damit ein gemeinsames Bindeglied zu den anderen Ministerien zu schaffen. Schleicher benutzte die Schlüsselstellung dazu, sich zu einer der mächtigsten politischen Persönlichkeiten in Deutschland zu machen. Sowohl Groener wie auch General von Hammerstein, der Chef der Heeresleitung, standen unter seinem Einfluß. Außerdem ging Schleicher bei Hindenburg aus und ein; er verdankte diesen Vorzug dem glücklichen Umstand, daß er seit langem mit dem Sohn des Reichspräsidenten, Oberst Oscar von Hindenburg, befreundet war. Der alte Mann ließ sich von Schleicher berichten und war tief beeindruckt von dem, was er sagte. Tatsächlich ist es Schleicher gewesen, der den Reichspräsidenten erstmalig auf Brüning aufmerksam machte und Brünings eigene Einwände gegen seine Ernennung zum Reichskanzler entkräftete. Im Umgang mit seinen Offizierskameraden war Schleicher insofern überlegen, als er im Gegensatz zu ihnen, die sich in politischen Dingen zögernd und schwankend verhielten, rasch und selbstsicher reagierte. Im Umgang mit Politikern hatte er den in Deutschland undefinierbaren Vorzug, ein General, und nicht Zivilist zu sein. Er konnte für sich den Anspruch erheben, in einem Lande, in dem die Armee mehr als jede andere Einrichtung für die höchste Verkörperung der nationalen Tradition gehalten wurde, die Meinungen dieser Armee zu vertreten.

Schleichers Ziel war eine starke Regierung, die, statt als Koalition ihre Energien im politischen Kuhhandel zu verschwenden, die wirtschaftliche und politische Krise meisterte und damit verhinderte, daß die Reichswehr möglicherweise eine Revolution niederschlagen mußte. Er glaubte, in der Person Brünings die Lösung gefunden zu haben; Brünings Kabinett gehörten Männer aus sieben verschiedenen Parteien an, und es brauchte sich nicht auf eine Koalition zu stützen. Zudem besaß Brüning die Zusicherung des Reichspräsidenten, ihn mit seiner Notverordnungsvollmacht zu unterstützen, so daß er eine entschlossene Politik einschlagen konnte, ohne vor den Reichstagsparteien allzusehr zu Kreuze kriechen zu müssen. Aber Brünings Aufruf an das deutsche Volk, den er im September 1930 über die Köpfe der Parteien hinweg erließ, war wirkungslos geblieben. Nicht Brüning, sondern die beiden radikalen Parteien hatten die meisten Stimmen bekommen, und so waren Schleichers Ängste wieder aufgelebt.

»Der Alpdruck, der auf General v. Schleicher ständig lastete, gegründet auf die Erfahrung von 1923, war in der Furcht begründet, daß Nazi- und Kommunistenaufstände gleichzeitig ausbrechen und so ausländischen Mächten eine Gelegenheit geben könnten, ihre Grenzen auf Kosten Deutschlands noch weiter auszudehnen[183].«

Insbesondere befürchtete Schleicher einen Angriff der Polen in dem Augenblick, in dem die Reichswehr durch gleichzeitige Aufstände der Nazis und Kommunisten alle Hände voll zu tun haben würde.

Infolgedessen teilte Schleicher vollauf Groeners und Hindenburgs Widerstreben, die Initiative gegen die Nazis zu ergreifen — er selbst war ja teilweise verantwortlich für dieses Widerstreben. Aber Schleicher ging noch weiter: nach dem Wahlerfolg der Nazis, der einen großen Eindruck auf ihn machte, begann er mit dem Gedanken zu spielen, Hitler für Brünings Politik zu gewinnen und die Nazibewegung mit ihrer Massenanhängerschaft in eine Stütze der bestehenden Regierung umzuwandeln, statt sie gegen sie Sturm laufen zu lassen. Hier sah er eine verlockende Möglichkeit, im Gegensatz zu der, mit Hilfe der Reichswehr die Nazis zu unterdrücken. Er hoffte sogar, sie in die Regierung mit aufzunehmen und dadurch zu zwingen, daß sie die Verantwortung für die unpopulären Maßnahmen mittrug, die noch bevorstanden.

Es war im Jahre 1931, als Schleicher auf der Suche nach einem Ausweg aus der politischen Sackgasse diese Richtung einzuschlagen begann. Seine Ideen brauchten Zeit, um ausreifen zu können, aber er machte einen Anfang: er räumte ein altes Streitobjekt zwischen Reichswehr und Nazis aus dem Wege, indem er im Januar 1931 das Verbot, Nationalsozialisten als Rekruten einzustellen und in der

Heeresverwaltung zu beschäftigen, aufheben ließ. Hitlers Gegenleistung bestand in einer Bekräftigung seiner Legalitätspolitik: durch Erlaß vom 20. Februar 1931 verbot er der SA die Teilnahme an Straßenkämpfen. In den Monaten darauf führte Schleicher mehrere Besprechungen mit Röhm — der immer nach einer Zusammenarbeit mit der Reichswehr gestrebt hatte — und ebenso mit Gregor Strasser. In der zweiten Hälfte des Jahres 1931 konnte Schleicher dann den Versuch wagen, die Zustimmung Hitlers zur Wiederwahl Hindenburgs zu gewinnen, dessen siebenjährige Amtszeit 1932 ablief. Das war ein erster Schritt, um die Nazis dahin zu bringen, daß sie die Regierung unterstützten und ihren revolutionären Eifer dämpften.

Nichts hätte Hitler mehr zugesagt. Denn in dem Jahr, das seit dem großen Wahlerfolg im September 1930 verflossen war, war Hitler seinem Ziel, Reichskanzler zu werden, noch nicht nähergerückt. Er hatte eine bedeutende, ständig wachsende Organisation aufgebaut, aber die Frage, wie er seinen Erfolg in politische Macht ummünzen sollte, stand immer noch offen.

Die beiden naheliegenden Wege zur Ergreifung der Macht im Staat sind — von kriegerischer Eroberung abgesehen — Gewaltanwendung, d. h. Revolution, oder Gewinnung der Mehrheit durch Wahlen. Den ersten Weg hatte Hitler selbst abgelehnt, aber auch der zweite ist für ihn niemals eine praktische Alternative gewesen. Selbst im Juli 1932, als die Nazis auf der Höhe ihrer Erfolge standen und von 608 Reichstagssitzen 230 für sich gewannen, waren sie von einer klaren Mehrheit noch weit entfernt. Und auch im März 1933, also nach Hitlers Machtergreifung, erlangten sie nicht mehr als 288 von 647 Sitzen.

Es gab allerdings eine Möglichkeit, die Stimmenzahl zu erhöhen: durch Zusammenschluß mit Hugenbergs Deutschnationaler Partei. Am 9. Juli 1931 trafen Hitler und Hugenberg in Berlin zusammen und gaben die Erklärung ab, daß sie fortan gemeinsam am Sturz des bestehenden »Systems« arbeiten würden. Die Frucht ihres ersten Bündnisses war 1929 das Volksbegehren gegen den Young-Plan gewesen; die des zweiten war im August 1931 das Volksbegehren zur Auflösung des Preußischen Landtags. Preußen war der weitaus wichtigste deutsche Staat, und hier hatte eine Koalition zwischen der verhaßten Sozialdemokratie und dem katholischen Zentrum die Macht inne. Aber bei der Volksabstimmung erhielten die beiden Rechtsparteien, obwohl sie noch von den Kommunisten unterstützt wurden, nur 37% aller abgegebenen Stimmen. Sofort begannen sie, sich gegenseitig die Schuld an diesem Mißerfolg in die Schuhe zu schieben. Tatsächlich war das Bündnis mit den Deutschnationalen, die vorwiegend die oberen Gesellschaftsschichten vertraten, eine zweifelhafte Sache für die Nazis; im linken Flügel der Partei war man denn auch ziemlich mißgestimmt. Wenn Hitler dennoch fortfuhr, von Zeit zu Zeit von seinem Bündnis mit den Deutschnationalen Gebrauch zu machen, so geschah es widerstrebend und in beschränktem Rahmen, und auch das nur, wenn er nicht anders konnte.

Aber immer noch blieb der Erfolg die einzige Rechtfertigung der Legalität. Und bis in alle Ewigkeit würde man das schwankende Gleichgewicht zwischen Legalität und Illegalität nicht aufrechterhalten können. Es war schon so, wie Groener es am 10. Mai 1932 im Reichstag formulierte: »Trotz aller Legalitätsversicherungen hat solch eine Organisation ihre eigene Dynamik und kann nicht einfach das eine Mal legal und das andere Mal illegal sein.« Wieder einmal flackerte in der SA der Groll über Hitlers Politik auf. Walter Stennes, ehemaliger Polizeioffizier und jetzt SA-Führer für ganz Ostdeutschland, plante eine Revolte, die mit Otto Strassers revolutionärer »Schwarzer Front« in Zusammenhang stand. Den eigentlichen Anlaß zu der Verstimmung hatte Hitlers Verordnung vom 20. Februar gegeben, nach der sich die SA von den Straßenkämpfen zurückhalten sollte. Anfang April 1931, ehe noch die Revolte zum Ausbruch kam, griff Hitler ein und stieß Stennes aus der Partei aus. Er setzte an seine Stelle einen der berüchtigtsten Freikorpsmänner, Edmund Heines, der wegen Mordes bereits im Gefängnis gesessen hatte und 1927 von Hitler persönlich aus der Partei verstoßen worden war. Immerhin war dies nun schon innerhalb von sieben Monaten die zweite Meuterei in der Berliner SA, und es war bemerkenswert, daß Stennes, statt mit Hitler Frieden zu schließen, sich von ihm lossagte und zu Otto Strasser überging.

Wenn Hitlers Legalitätspolitik trotz alledem zum Erfolg führen sollte, so lag das nur an dem seltsamen System, nach dem Deutschland jetzt regiert wurde. Seitdem 1930 die von Hermann Müller geführte Koalition zusammengebrochen war, sahen sich sowohl Brüning, als Reichskanzler Müllers Nachfolger, wie auch Papen, der Brüning nachfolgte, in der schwierigen Lage, ohne eine sichere parlamentarische Mehrheit regieren zu müssen. Indem sie sich, wenn sie Notverordnungen erließen, auf die Vollmacht des Reichspräsidenten stützten, verstärkten sie gleichzeitig die Macht, die in Händen des Reichspräsidenten und seiner Ratgeber lag. Damit war im wesentlichen die politische Macht des Volkes auf eine kleine Gruppe von Männern übergegangen, die dem Reichspräsidenten nahestand. Die bedeutendsten Mitglieder dieser Gruppe waren General von Schleicher, Oscar von Hindenburg, Otto Meißner, der Leiter der Präsidialkanzlei, Brüning und, nachdem dieser in Ungnade gefallen war, sein Nachfolger von Papen. Wenn Hitler nun diese Männer bewegen konnte, ihn als Partner aufzunehmen

und ihn unter Anwendung der im Gesetz verankerten Notverordnungsvollmachten des Reichspräsidenten zum Reichskanzler zu machen —
also mit ihm eine Präsidialregierung im Gegensatz zu einer parlamentarischen Regierung zu bilden —, dann konnte er auf die ihm noch
fehlende Stimmenmehrheit und auf das riskante Experiment eines
Putsches verzichten.

Auf den ersten Blick mochte nichts unwahrscheinlicher erscheinen
als solch ein Handel. Aber sowohl Schleicher wie Hindenburg waren
ganz und gar nicht zufrieden mit der Situation, wie sie damals bestand.
Sie glaubten nicht, daß die Notverordnungsvollmachten des Reichspräsidenten eine dauerhafte Basis für die Regierung abgeben könnten.
Sie strebten daher eine Regierung an, die einerseits entschlossen die
Krise bekämpfte, andererseits aber auch in der Lage war, die Massen,
möglichst sogar die Mehrheit im Reichstag zu gewinnen. Brüning war
dies nicht gelungen. Infolgedessen begann Schleicher, sich woanders
nach der Unterstützung durch die Masse umzusehen, die er für die
Präsidialregierung als unerläßlich betrachtete.

Hitler mit seinen sechs Millionen Wählerstimmen war immerhin der
Erwägung wert. Denn er verfügte über zwei Aktivposten, die beide
bei dem General ins Gewicht fielen. Der Wahlerfolg der Nazis war
deshalb verheißungsvoll, da Hitler, sofern man ihn kaufen konnte,
in der Lage war, jene Unterstützung zu bieten. Blieb er dagegen abseits, so bedeutete die organisierte Gewalt der SA eine ständige
Bedrohung. Nicht umsonst bestand Hitlers Spiel zwischen 1931 und
1933 darin, einmal mit der Revolution zu drohen, die er gar nicht
beabsichtigte, und das andere Mal seine Massenanhängerschaft auszuspielen, die er niemals in eine absolute Mehrheit verwandeln konnte.
Das war eine Drohung, das andere eine Verheißung — er benutzte
beides, um den Reichspräsidenten und seine Ratgeber zu überreden,
ihn zum Partner zu machen und ihm die Macht zu übertragen.

Hierin liegt der Schlüssel zu den komplizierten und verworrenen
politischen Vorgängen vom Herbst 1931 bis zu jenem 30. Januar 1933,
an dem das Spiel gelungen war und Adolf Hitler auf legalem Wege
von Hindenburg zum Reichskanzler ernannt wurde. Die Meilensteine
dieses Weges zur Macht bildeten zahllose Verhandlungen zwischen der
kleinen Gruppe von Männern, die die Verantwortung für das Experiment des Regierens mittels Notverordnungen trugen, und den Naziführern. In den Verhandlungen sah jedoch Hitler damals nicht den
einzigen Weg, um auf legalem Weg zur Macht zu kommen. Er spekulierte weiterhin auf die Möglichkeit einer Koalition mit den Deutschnationalen — eine Zeitlang sogar mit dem Zentrum — und gleichzeitig
auf die noch bessere Chance, bei der nächsten Wahl eine glatte Mehrheit

zu erreichen. Mit jedem Scheitern jener Verhandlungen wandte er sich wieder diesen Alternativen zu. Und doch hat man stets erneut auch den Eindruck, daß er die Wiederaufnahme der Verhandlungen nicht aus den Augen ließ und daß die dann von ihm ergriffenen Maßnahmen dazu bestimmt waren, die andere Seite unter Druck zu setzen. Er ließ durchblicken, daß es für sie besser sei, mit ihm ins Gespräch zu kommen, als ihn andere Wege gehen zu lassen.

Vor Jahren hatte Hitler in Wien Karl Luegers Taktik bewundert. Er hat sie später in »Mein Kampf« in zwei Sätzen zusammengefaßt: »Er legte das Hauptgewicht seiner politischen Tätigkeit auf die Gewinnung von Schichten, deren Dasein bedroht war und mithin eher zu einem Ansporn als zu einer Lähmung des Kampfwillens wurde[184].« Auf dem Wege, »jene Schichten zu gewinnen, deren Dasein bedroht war«, war Hitler inzwischen ein gutes Stück vorangekommen. Jetzt stand er vor der Aufgabe, »die bestehenden Institutionen der Macht auf seine Seite zu bringen«, vor allem die Reichswehr und den Reichspräsidenten. Die Jahre des Wartens waren vorbei.

KAPITEL IV

Die Monate der günstigen Gelegenheit

Oktober 1931 bis 30. Januar 1933

I

Die erste Fühlungnahme zwischen Hitler und den Männern, die in Deutschland die Macht hatten, war nicht gerade vielversprechend. Durch Vermittlung von Röhm traf Schleicher zu Beginn des Herbstes 1931 mit Hitler zusammen und bewog daraufhin sowohl den Reichskanzler wie auch den Reichspräsidenten, Hitler zu empfangen. Die Zusammenkunft zwischen Brüning und dem Naziführer fand im Hause des Ministers Treviranus statt; Hitler erschien in Begleitung von Göring.

Brüning bat Hitler, ihn bis zu der Klärung der Reparationsfrage und der Wiederwahl Hindenburgs zu unterstützen. Sobald diese herbeigeführt sei, wolle er sich zurückziehen und sein Amt einem Manne überlassen, der den Rechtsparteien genehmer sei. Statt unmittelbar darauf einzugehen, geriet Hitler ins Monologisieren: wenn er zur Macht gelange, werde er nicht nur mit Deutschlands Schulden aufräumen, sondern auch aufrüsten, mit England und Italien ein Bündnis schließen und Frankreich in die Knie zwingen. Damit konnte er auf den Reichskanzler oder auf Treviranus keinen Eindruck machen. Die Zusammenkunft blieb ergebnislos, zumal Hitler und auch Hugenberg, den Brüning etwa zur selben Zeit empfing, nicht geneigt waren, Bindungen einzugehen.

Als Hitler am 10. Oktober vom Reichspräsidenten empfangen wurde, sahen sich die beiden Männer zum ersten Male. Hitler war nervös und mißgestimmt; seine von ihm geliebte Nichte Geli Raubal hatte drei Wochen vorher Selbstmord begangen[185], und Göring, den Hitler telegraphisch aufgefordert hatte, ihn zu begleiten, saß am Sterbebett seiner Frau in Schweden. Die nationalsozialistischen Berichte über die Audienz sind auffallend wortkarg[186], aber Hitler scheint den Fehler gemacht zu haben, allzu wortreich zu reden. Offenbar hatte er versucht, mit seinen demagogischen Kunststücken den alten Mann zu beeindrucken. Statt dessen hatte er ihn gelangweilt. Hindenburg soll sich nachher brummend zu Schleicher geäußert haben, daß Hitler ein merkwürdiger Mann sei, der niemals einen Reichskanzler, sondern bestenfalls einen Postminister abgeben könnte.

Alles in allem genommen, war es eine schlechte Woche für Hitler. Am Tage nach seiner Audienz beim Reichspräsidenten nahm er an einer großen nationalistischen Kundgebung in Harzburg teil, einem kleinen Badeort im Harz. Dort hatten sich Hugenberg als Vertreter der Deutschnationalen, Seldte und Duesterberg vom »Stahlhelm«, Dr. Schacht und General von Seeckt, Graf Kalkreuth als Abgesandter der Junker und eine ganze Reihe von Leuten aus der Rhein- und Ruhrindustrie versammelt, um in einer gemeinsamen feierlichen Entschließung den Zusammenschluß aller Rechtsparteien zu verkünden. Sie forderten den sofortigen Rücktritt Brünings und der preußischen Regierung Braun sowie anschließend Neuwahlen im Reich und in Preußen. Hitler hatte nur mit großem Widerstreben eingewilligt, an der Tagung teilzunehmen, und Frick fühlte sich bemüßigt, vor der Nazi-Fraktion eine beschwichtigende Rede zu halten: man wolle die Deutschnationalen nur als Sprungbrett benutzen; auch Mussolini habe mit einer Koalition angefangen und seine Verbündeten später abgeschüttelt. Hitler war von der ganzen Atmosphäre der Tagung gereizt. Der Anblick all dieser Gehröcke, Zylinder, Uniformen und Titel drückte wieder einmal auf sein altes Minderwertigkeitsgefühl. Was hier glänzte, war die »Reaktion« — und für die große Galerie der Radikalen war in diesem Theater kein Platz vorgesehen. Um seinen Ärger voll zu machen, trat der »Stahlhelm« in weit größerer Zahl auf als die SA, und statt seiner standen Hugenberg und Seldte im Scheinwerferlicht. Hitler lehnte es dann auch ab, am offiziellen Aufmarsch teilzunehmen; er las mechanisch seine Rede herunter und verschwand, ehe der »Stahlhelm« vorbeimarschierte. Wahrhaftig, die »Harzburger Front« war zusammengebrochen, ehe sie noch aufgebaut war. Der Kampf zwischen den konkurrierenden Rechtsparteien und den rivalisierenden Parteiarmeen, dem »Stahlhelm« und der SA, ging unvermindert weiter, ungeachtet der bitteren Klagen seitens der Deutschnationalen und der Stahlhelmführer über das unkameradschaftliche Verhalten der Nazis[187].

Zwei Tage später, am 13. Oktober, stellte Brüning dem Reichstag eine neue Regierung vor, in der Reichswehrminister General Groener — auf Schleichers Vorschlag — auch das Innenministerium und der Reichskanzler selbst das Außenministerium übernommen hatten. Angesichts der von den Deutschnationalen und Nationalsozialisten erhobenen Rücktrittsforderung schien Brüning jetzt mit wiedergewonnener Zustimmung der Reichswehr und des Reichspräsidenten ein neues politisches Leben beginnen zu wollen.

Hitler goß seine Wut und seine Enttäuschung über den Gang der Ereignisse in einen offenen Brief an den Reichskanzler, den er am 14. Oktober veröffentlichte. In ihm bezeichnete er die Politik der Regierung als schmählichen Verrat an den deutschen Interessen. Die Generale Groener und Schleicher bedachte er mit einer scharfen Nachschrift, die dem offenen Brief angefügt war:

»Das Bedauerlichste aber ist, daß das letzte Instrument, das im allgemeinen noch eine gesunde Auffassung hat — das Instrument, auf das heute allein noch Verlaß ist —, die Reichswehr, jetzt durch seine Vertreter in der Regierung direkt und indirekt in diese Kämpfe verwickelt ist ... Für uns ist die Reichswehr der Ausdruck der Kraft der Nation, deren Interessen sie nach außen hin verteidigt. Für Sie, Herr Reichskanzler Brüning, ist sie letzten Endes eine Institution, um die Regierung im Innern zu verteidigen. Der Sieg unserer Ideen wird der ganzen Nation eine politische Weltanschauung geben, die die Armee geistig in eine wahrhaft enge Beziehung zum ganzen Volk bringen wird und sie so von dem schmerzlichen Zustand befreit, ein Fremdkörper im eigenen Volk zu sein. Die Folge Ihrer Auffassung, Herr Reichskanzler, wird die sein, daß die Reichswehr zur Aufrechterhaltung eines Systems verpflichtet wird, welches nach seiner Tradition und nach seinen innersten Anschauungen der Todfeind des Geistes einer Armee ist. Und so wird schließlich, ob mit oder ohne Absicht, die Reichswehr den Charakter einer Polizeitruppe bekommen, die mehr oder weniger den Zweck hat, im Innern eingesetzt zu werden[188].«

Nachdem er diese Salve losgelassen hatte, fuhr Hitler am 17. Oktober nach Braunschweig, wo sechs Stunden lang mehr als hunderttausend SA- und SS-Leute an seiner Tribüne vorbeimarschierten und wo die donnernden Heilrufe seine verletzte Eitelkeit besänftigten. 38 Sonderzüge und 5000 Lastwagen hatten von allen Seiten die Braunhemden nach Braunschweig gebracht. Hitler weihte vierundzwanzig neue Standarten, und in der Nacht ging ein Fackelzug durchs Land. Es war ein Schauspiel sondergleichen, und weder Hugenberg noch der Stahlhelm, noch die Regierung hätten es inszenieren können: während sie nur immerfort von der Notwendigkeit der Popularität redeten, besaß Hitler sie bereits.

Mochte der erste Verhandlungsversuch auch gescheitert sein — der Fehler war zu reparieren. Die Ereignisse blieben für Hitler weiterhin günstig. Im Dezember 1931 überstieg die Zahl der Arbeitslosen die 5-Millionen-Grenze. Am 8. des Monats unterzeichnete der Reichspräsident eine neue Notverordnung, die wiederum eine Senkung der Preise,

Löhne und Zinsen, und gleichzeitig eine Erhöhung der Steuern verfügte. Es war ein harter Winter für das deutsche Volk. Brüning nannte seine Maßnahme eine ganz außergewöhnliche Belastung, aber es bleibe nichts anderes übrig, als durchzuhalten und zu hoffen, daß der Frühling ein Nachlassen der Krise bringe. Vielleicht sei er dann in der Lage, über den Erlaß der Reparationszahlungen (die inzwischen eingestellt worden waren) zu verhandeln, und auch aus der im kommenden Jahre stattfindenden Abrüstungskonferenz einige Vorteile für Deutschland herauszuschlagen. Aber das war ein geringer Trost für ein Volk, das ganz einfach an Hunger und Kälte, Arbeitslosigkeit und Hoffnungslosigkeit litt. Und Brüning war mit seiner zurückhaltenden Art auch nicht der Mann, ein Programm der Opfer und Einschränkungen durchzusetzen.

Demgegenüber gewannen die Nazis fortgesetzt an Stärke. Ihre Mitgliederzahl stieg im Laufe des Jahres 1931 von 389000 auf über 800000. Ihr wachsender Erfolg zeigte sich im Mai bei den Wahlen in Oldenburg (mehr als 37% der Stimmen), im September in Hamburg und im November in Hessen. Hier schossen sie den Vogel ab: sie verdoppelten die Stimmen, die sie im September 1930 bei den Reichstagswahlen errungen hatten, und die Zahl ihrer Abgeordneten im hessischen Landtag stieg von 1 auf 27. Im Durchschnitt erhielten sie bei den letzten acht Landtagswahlen 35% der Stimmen, gegenüber den 18%, die sie mit über 6 Millionen Wählerstimmen bei der Reichstagswahl im September 1930 erzielt hatten. Die Drohung und die Verheißung hatten also beide an Gewicht gewonnen.

Diese Tatsachen wurden von General Schleicher nicht übersehen; im November und Dezember setzte er seine Gespräche mit Hitler fort. Mehr und mehr war er sich der Notwendigkeit bewußt geworden, Hitler mit ins Spiel zu nehmen und ihn zu benutzen. Der französische Militärattaché in Berlin, Oberst Chapouilly, berichtete am 4. November 1931: »Nach Schleichers Ansicht weiß Hitler sehr gut zwischen der auf eine junge Partei zugeschnittenen Demagogie und den Erfordernissen des nationalen und internationalen Lebens zu unterscheiden. Er hat mehr als einmal die Aktionen seiner Sturmtruppen gedämpft, und man kann sicher noch mehr von ihm erreichen. Im Hinblick auf die Kräfte, über die er verfügt, ist nur eine Politik möglich — ihn zu benutzen und auf die andere Seite zu ziehen, wobei sich mit einiger Sicherheit voraussagen läßt, daß ihm ein Teil des linken Flügels seiner Partei verlorengeht[189].« Von Schleicher beeinflußt, spielte sogar Groener, wie Friedrich Meinecke berichtet, im Laufe des Winters mit dem Gedanken, mit den Nazis einen Kompromiß zu schließen und einzelne Nationalsozialisten in die Regierung aufzunehmen.

Unterdessen setzte Hitler seine Angriffe auf Brüning fort; er sah in ihm die Inkarnation aller Übel des »Systems«, das Deutschland seit 1918 regierte. Auf Brünings Rundfunkrede vom 8. Dezember, worin der Reichskanzler seine neuen Notverordnungen begründete und rechtfertigte, antwortete Hitler wiederum mit einem offenen Brief (13. Dezember 1931). Brünings Appell an die Nation, einig zu sein und mit der eigennützigen Nörgelei einmal aufzuhören, wurde von Hitler mit den Worten zurückgewiesen, daß es ja schließlich noch Redefreiheit in Deutschland gebe. »Sie selbst, Herr Reichskanzler, wachen eifersüchtig darüber, daß allein der Regierung Handlungsfreiheit erlaubt ist; und daraus folgt notwendigerweise, daß sich die Opposition aufs Gebiet der Kritik, der Rede, beschränken muß ... Die Regierung also, Herr Reichskanzler, kann handeln. Sie kann die Richtigkeit ihrer Ansichten durch die Tat beweisen. Und sie wacht eifersüchtig darüber, daß niemand anders von solcher Möglichkeit Gebrauch machen kann. Was bleibt uns da anders übrig, Herr Reichskanzler, als das Mittel des Worts, um das deutsche Volk von unseren Ansichten über Ihre ruinösen Pläne in Kenntnis zu setzen, oder über die Fehler, die ihnen zugrunde liegen, und die verhängnisvollen Folgen, die sich daraus ergeben müssen[190]?«

Dieser Brief ist insofern interessant, als Hitler in ihm freimütig erklärte, was er unter Legalität verstand. In seiner Rundfunkrede hatte Brüning gesagt: »Wenn jemand erklärt, er werde, sobald er die Macht legal errungen habe, die Schranken durchbrechen, so hält er sich in Wirklichkeit nicht an die Legalität.« Hitler antwortete: »Sie weigern sich, als ›Staatsmann‹ zuzugeben, daß, wenn wir auf legalem Wege zur Macht kommen, wir dann mit der Legalität brechen können. Herr Reichskanzler, die grundlegende These der Demokratie lautet: ›Alle Macht kommt vom Volke.‹ Die Verfassung bestimmt, auf welche Weise eine Konzeption, eine Idee, und darum eine Organisation die Berechtigung für die Verwirklichung ihrer Ziele vom Volke erhalten muß. Aber letzten Endes ist es das Volk, das über die Verfassung bestimmt.

Herr Reichskanzler, wenn das deutsche Volk einmal die nationalsozialistische Bewegung ermächtigen wird, eine Verfassung einzuführen, die anders ist als die, die wir heute haben, dann können Sie das nicht verhindern ... Wenn sich eine Verfassung als nutzlos fürs Leben erweist, dann geht nicht die Nation zugrunde, sondern die Verfassung wird geändert[191].«

Hierin lag ein ziemlich deutlicher Hinweis auf das, was Hitler zu tun gedachte, wenn er die Macht erlangt hatte. Aber Schleicher, Papen und die andern waren so sehr von ihrer Fähigkeit überzeugt, diesen ungebildeten Agitator zu lenken, daß sie nur lächelten und keine Notiz davon nahmen.

Brüning machte sich viel weniger Illusionen. Seine ganzen Pläne zielten darauf hin, auszuhalten, bis sich die Wirtschaftslage gebessert oder er mit seiner Außenpolitik etwas Erfolg gehabt hatte. Er war dazu nur in der Lage, wenn Hindenburg wieder zum Reichspräsidenten gewählt wurde. Darin lag ein ziemliches Risiko, denn Hindenburg war 84 Jahre alt und in seiner Gesundheit geschwächt. Aber dennoch glaubte Brüning, sich weiterhin auf Hindenburgs Unterstützung verlassen und ihm seine Notverordnungen zur Unterschrift vorlegen zu können. Der alte Mann verhielt sich zögernd; er stimmte erst zu, als der Reichskanzler ihm versprach, durch Verhandlung mit den Reichstragsfraktionen den Versuch zu machen, eine Zweidrittelmehrheit zustande zu bringen, die für eine Verlängerung der Amtsperiode Hindenburgs ohne Neuwahlen erforderlich war. Ohnehin schien es zu jener Zeit ratsam, einen heftigen Wahlkampf um die Reichspräsidentschaft zu vermeiden. Und so war auch Brüning bereit, mit Hitler weiter zu verhandeln, um ihn für seinen Plan zu gewinnen.

Als Hitler Brünings telegraphische Aufforderung erhielt, befand er sich gerade in der Redaktion des »Völkischen Beobachters«, zusammen mit Heß, Rosenberg und Wilhelm Weiß, einem der Redakteure. Nachdem er das Telegramm gelesen hatte, soll er vor Freude gefaucht und mit der Hand auf das Papier geschlagen haben: »Jetzt habe ich sie in der Tasche! Sie haben mich als Verhandlungspartner anerkannt[192].«

Die Verhandlungen fanden bald nach Neujahr 1932 statt. Am 6. Januar sprach Hitler mit General Groener, am 7. Januar mit Brüning und Schleicher. Weitere Unterredungen folgten am 10. Januar. Bei allen Verhandlungen erschien Hitler in Begleitung von Röhm. Brünings Vorschlag war im wesentlichen der gleiche wie der im vergangenen Herbst: Hitler solle einer Verlängerung von Hindenburgs Amtsperiode um 1 oder 2 Jahre zustimmen, bis sich das Reich wirtschaftlich erholt habe und die Frage der Reparationszahlungen und der deutschen Gleichberechtigung geregelt sei. Als Gegenleistung bot Brüning wieder seinen Rücktritt nach Erledigung der Reparationsfrage an. Einigen Berichten zufolge[193] soll Brüning noch hinzugefügt haben, er werde dann Hitler für das Amt des Reichskanzlers vorschlagen. Dies ist aber anderswo nicht erwähnt und wird auch von Dr. Brüning weder bestätigt noch geleugnet.

Hitler bat um Bedenkzeit und zog sich in den Kaiserhof zurück. In diesem großen Hotel an der Wilhelmstraße, gegenüber der Reichskanzlei und dem Reichspräsidentenpalais, hatte er sein Hauptquartier aufgeschlagen. Hugenberg, mit dem Brüning als dem Führer der Deutschnationalen ebenfalls verhandelt hatte, widersprach heftig einer Verlängerung von Hindenburgs Amtsperiode, da hiermit nur Brünings

Position gestärkt würde. Goebbels vertrat die gleiche Ansicht. Er schrieb in sein Tagebuch: »Es handelt sich hier ja nicht um den Reichspräsidenten. Herr Brüning möchte seine eigene Position und die seines Kabinetts auf unabsehbare Zeit stabilisieren ... Das Schachspiel um die Macht hat begonnen. Vielleicht wird es das ganze Jahr andauern. Eine Partie, die mit Tempo, Klugheit und zum Teil auch Raffinement durchgespielt werden wird. Hauptsache ist, daß wir stark bleiben und keine Kompromisse schließen[194].«

Zwei entgegengesetzte Standpunkte mußten gegeneinander ausgewogen werden. Gregor Strasser war der Meinung, daß Hindenburg auch bei einer von den Nazis erzwungenen Neuwahl nicht zu schlagen sei; darum liege es im Interesse der Partei, vorläufig Waffenstillstand zu schließen. Aber Röhm wie auch Goebbels wandten dagegen ein, es sei gerade im Interesse der Partei ein schwerer Fehler, auch nur den Anschein zu erwecken, als lasse man eine gute Chance fahren, zumal angesichts der kürzlichen Wahlerfolge in den Ländern. Es folgten lange und besorgte Debatten zwischen den Naziführern. Schließlich wurde Röhms Ansicht akzeptiert.

Hugenberg überreichte seine Antwort auf Brünings Vorschlag am 12. Januar 1932; sie enthielt ein glattes Nein. Hitler lehnte Brünings Vorschlag ebenfalls ab, versuchte aber zugleich, einen Keil zwischen Reichskanzler und Reichspräsidenten zu treiben. Dies geschah mittels eines Briefes, den er über Brünings Kopf hinweg an den Reichspräsidenten richtete; in ihm wies er warnend darauf hin, daß Brünings Plan gegen die Verfassung verstoße. Er selbst, fügte Hitler hinzu, werde jedoch Hindenburgs Wiederwahl unterstützen, wenn der Reichspräsident Brünings Vorschlag fallenlassen würde. Hitler lud dann Staatssekretär Meißner zu einer Besprechung in den Kaiserhof ein und erklärte sich ihm gegenüber bereit, Hindenburg als gemeinsamen Kandidaten der Nationalsozialisten und Deutschnationalen aufzustellen, wenn der alte Herr dem Rücktritt Brünings, der Bildung einer »nationalen« Regierung sowie einer Neuwahl des Reichstags und des preußischen Landtags zustimme[195]. Der neugewählte Reichstag, der zweifellos eine Mehrheit der Deutschnationalen und Nationalsozialisten haben werde, würde dann für die Verlängerung von Hindenburgs Amtszeit stimmen.

Nachdem dieses Manöver an Hindenburgs Weigerung gescheitert war, attackierte Hitler den Reichskanzler heftig mit zwei weiteren offenen Briefen (15. und 25. Januar). Der zweite dieser Briefe war eine Entgegnung auf Brünings Antwortschreiben. Hitler wiederholte seine Beschuldigung, daß Brüning mit seinem Vorschlag gegen die Verfassung verstoßen habe, nur um selbst an der Macht zu bleiben, und behauptete, der 1930 gewählte Reichstag habe nicht das Recht, die

Verlängerung von Hindenburgs Amtszeit zu beschließen, da er inzwischen nicht mehr die Volksmeinung vertrete. Als Brüning daraufhin Hitler vorwarf, er betreibe Parteipolitik zum Schaden der Chance Deutschlands, seine internationale Stellung zu verbessern, erwiderte Hitler, nichts würde für die deutsche Außenpolitik vorteilhafter sein als der Sturz des »Systems«, das Deutschland seit 1918 regiere. »Es wäre niemals zu einem Vertrag von Versailles gekommen, wenn die Parteien, die Sie unterstützen — das Zentrum, die Sozialdemokraten und die Demokraten —, nicht das alte Reich untergraben, zerstört und verraten hätten, wenn sie nicht die Revolution (von 1918) vorbereitet und durchgeführt oder zumindest akzeptiert und verteidigt hätten[196].«

Diese Auseinandersetzung machte die Hoffnung zunichte, daß sich eine Neuwahl des Reichspräsidenten vermeiden lasse. Ein zweites Mal war der Versuch, mit Hitler zu verhandeln, fehlgeschlagen. Brüning, der sich niemals viel vom Ergebnis der Verhandlungen versprochen hatte, konzentrierte nun seine ganze Energie auf den Wahlkampf. Und auch Schleicher, der vergebens damit gerechnet hatte, Röhm und die anderen Naziführer zur Annahme der ihnen gemachten Vorschläge bewegen zu können, war nun darauf bedacht, die Wiederwahl des Reichspräsidenten durchzusetzen, da von dessen Stellung und Macht die Verwirklichung seiner Pläne abhing. Solange die Wahl nicht stattgefunden hatte, konnte er an diesen Plänen nicht weiterarbeiten. Infolgedessen wünschte er, daß Brüning weiterhin im Amt blieb, um die Wahlschlacht durchführen zu können. Nachher, so überlegte Schleicher, konnte eine ganze Menge passieren. Der Reichspräsident selbst war von der Weigerung der Rechtsparteien, für die Verlängerung seiner Amtszeit zu stimmen, verletzt, und willigte daher schließlich in seine Wiederwahl ein. So hatte also der Zusammenbruch der Verhandlungen auf seiten der Regierung eine vorläufige Konsolidierung der Kräfte zugunsten von Brüning zur Folge.

II

Im Lager der Nazis war dies keineswegs der Fall. Nach dem mißlungenen Versuch, Hindenburg von Brüning zu trennen, sah sich Hitler nun vor eine unangenehme Entscheidung gestellt. Sollte er es wagen, offen als Gegenkandidat von Hindenburg aufzutreten? Unvermeidlich würde der Reichspräsident auf der einen Seite — durch seinen Nimbus als größte Figur der alten Armee — viele Stimmen der Rechten an sich ziehen, und auf der anderen Seite — als Verteidiger der Republik gegen die Radikalen — von den demokratischen und Mittelparteien unterstützt werden. Hindenburg, oder besser gesagt die Hindenburglegende, war ein furchtbarer Gegner. Ein Mißerfolg konnte den wachsenden Glauben an die Unüberwindlichkeit der Nazis zerstören. Aber andererseits: durften sie es wagen, diesem Kampf aus dem Wege zu gehen ?

Einen ganzen Monat lang zögerte Hitler. Goebbels' Tagebuch gibt ein beredtes Zeugnis von der Unentschiedenheit und Sorge der Nazis. Am 2. Februar entschloß sich zwar Hitler, versuchsweise die Kandidatur zu übernehmen, schob jedoch die Bekanntgabe seines Entschlusses hinaus. Goebbels bemerkt dazu: »Es ist ein Kampf mit Peinlichkeiten ohne Maßen.« Am nächsten Tag berichtet er: »In der Nacht noch kommen einige Gauleiter zu mir. Sie sind deprimiert, weil sie noch keinen Entschluß wissen. Sie haben Sorge, daß der Führer zu lange wartete.« Eine Woche, nachdem die Entscheidung gefallen war, am 9. Februar, schreibt Goebbels: »Der Führer ist wieder in Berlin. Im Kaiserhof aufs neue Debatten über die Präsidentenwahl. Alles bleibt noch in der Schwebe.« 12. Februar: »Die offene Entscheidung um einige Tage vertagt.« 21. Februar: »Das ewige Warten wirkt fast zermürbend.« Erst am 22. Februar erlaubte Hitler Goebbels, vor einer Versammlung im überfüllten Berliner Sportpalast die Kandidatur zu verkünden: »Als ich nach einer Stunde vorbereitender Rede die Kandidatur des Führers öffentlich proklamierte, tobte fast zehn Minuten lang der Begeisterungssturm. Wilde Kundgebungen für den Führer. Die Menschen stehen auf und jubeln und rufen. Das Gewölbe droht zu brechen . . . Die Menschen lachen und weinen durcheinander[197].«

Kurz vor Goebbels' Rede hatten die Deutschnationalen und der »Stahlhelm« verkündet, daß sie einen eigenen Kandidaten aufstellen würden. Damit war die »Harzburger Front« endgültig zusammengebrochen. Oder, wie Goebbels es ausdrückte, »wir müssen nun wohl oder übel den ersten scharfen Kampf mit der Reaktion durchführen«. Die Deutschnationalen stellten als Kandidaten weder Hugenberg noch Seldte auf, an deren Erfolg sie also zweifelten, sondern Duesterberg, den stellvertretenden Führer des Stahlhelms. Das hieß soviel, als sei man sich der Niederlage im voraus bewußt. Für Hitler aber war es bezeichnend, daß er, nachdem er einen Monat gezögert hatte, nun alles daransetzte, um zu gewinnen. Ja, er stürzte sich in den Wahlkampf mit der festen Überzeugung, daß er gewinnen werde. Hinter sich zu blicken, nachdem einmal ein Entschluß gefaßt war, dazu war Hitler nicht der Mann.

Die Wartezeit war nicht nutzlos vertan worden. Noch ehe Hitlers Verhandlungen mit Brüning abgebrochen waren, hatte Goebbels sich daran begeben, den Wahlkampf vorzubereiten. Am 24. Januar notierte er: »Die Wahlen sind bis ins kleinste vorbereitet. Es wird ein Kampf werden, wie ihn die Welt noch niemals gesehen hat.« Am 4. Februar schreibt er: »Der Wahlkampf ist im Prinzip fertig. Wir brauchen jetzt nur noch auf den Knopf zu drücken, und die Maschine setzt sich in Bewegung.«

Eine der größten Sorgen von Goebbels war die Finanzierung der Wahlkampagne. Am 5. Januar schreibt er verzweifelt: »Es fehlt überall an Geld. Es ist schwer, welches aufzutreiben; keiner will uns Kredit geben. Wenn man die Macht hat, kann man Geld genug bekommen, aber dann braucht man es nicht mehr. Hat man die Macht nicht, dann bedarf man des Geldes, aber dann bekommt man es nicht.« Einen Monat später, am 8. Februar, ist er viel zuversichtlicher: »Die Kassenlage bessert sich von Tag zu Tag. Die Finanzierung des Wahlkampfes ist nahezu gesichert.« Einer der Gründe für Goebbels' Stimmungswechsel war ein Besuch, den Hitler am 27. Januar der Stadt Düsseldorf, dem Zentrum der deutschen Stahlindustrie, gemacht hatte.

Die von Fritz Thyssen zustandegebrachte Zusammenkunft fand im Düsseldorfer Parkhotel statt, wo Hitler vor dem Industrieklub eine Rede hielt. Viele der anwesenden westdeutschen Industriellen sahen Hitler zum ersten Male; sie empfingen ihn kühl und reserviert. Aber Hitler, weit entfernt davon, nervös zu sein, sprach pausenlos zweieinhalb Stunden lang und hielt eine der besten Reden seines Lebens. Hier finden sich alle die Grundgedanken wieder, auf denen er seine Propaganda aufbaute, aber glänzend zurechtgemacht für das Publikum, das in diesem Falle angesprochen werden mußte, für die Unternehmer. Die Rede ist es deshalb wert, als ein Beispiel seiner Redetechnik ausführlich zitiert zu werden.

Hitler, noch ganz erfüllt von seinem jüngsten Briefwechsel mit dem Reichskanzler, begann mit einem Angriff auf Brünings Auffassung, daß in dieser Zeit die Pflege der Auslandsbeziehungen die erste Stelle in der deutschen Politik einnehmen müsse. »Man darf nicht sagen, daß die Außenpolitik den Weg eines Volkes ausschlaggebend bestimme ... Immer sind Behauptungen, daß das Schicksal eines Volkes nur vom Ausland bestimmt wird, Ausflüchte schlechter Regierungen gewesen.« Wesentlich seien im Leben der Nation nur der innere Wert und der Geist eines Volkes. In Deutschland sei jedoch dieser innere Wert von den falschen Werten der Demokratie unterhöhlt und der »Persönlichkeitswert durch einen nivellierenden zahlenmäßigen Begriff« ersetzt worden.

Hitler wählte seine Beispiele sehr geschickt. Privateigentum, betonte er, sei nur dann moralisch und ethisch zu rechtfertigen, »wenn ich annehme, daß die Leistungen der Menschen verschieden sind ... Es ist aber ein Widersinn, wirtschaftlich das Leben auf dem Gedanken der

Leistung, des Persönlichkeitswertes, damit praktisch auf der Autorität der Persönlichkeit aufzubauen, politisch aber diese Autorität der Persönlichkeit zu leugnen und das Gesetz der größeren Zahl, die Demokratie, an dessen Stelle zu schieben.« Es sei nicht nur inkonsequent, sondern auch gefährlich, denn »der Gedanke der Gleichheit der Werte ist unterdessen nicht nur politisch, sondern auch schon wirtschaftlich zum System erhoben worden«, wie zum Beispiel im bolschewistischen Rußland: »Der politischen Demokratie analog ist auf wirtschaftlichem Gebiet aber der Kommunismus.«

Hitler erging sich dann ausführlich über die Drohung des Bolschewismus. Denn dieser sei nicht nur »eine in Deutschland auf einigen Straßen herumtobende Rotte, sondern eine Weltauffassung, die im Begriffe steht, sich den ganzen asiatischen Kontinent zu unterwerfen«. Wenn man ihn nicht zum Stehen bringe, werde er »die ganze Welt langsam erschüttern« und sie »genauso einer vollständigen Umwandlung aussetzen wie einst das Christentum«. Dank der Wirtschaftskrise habe der Kommunismus in Deutschland bereits Fuß gefaßt. Die Arbeitslosigkeit habe Millionen Deutsche dazu gebracht, im Kommunismus »die logische weltanschauliche Ergänzung ihrer tatsächlichen praktischen wirtschaftlichen Situation« zu sehen. Das sei der Kern des deutschen Problems — nicht eine Folge außenpolitischer Bedingungen, sondern »das Ergebnis unserer inneren geistigen Verwirrung und Verirrung«. Diese Krankheit könne nicht durch wirtschaftliche Maßnahmen wie Notverordnungen kuriert werden, sondern nur durch politische Macht. Der entscheidende Faktor im Leben der Nation sei nicht die Wirtschaft, sondern die Politik.

»Denn nicht die deutsche Wirtschaft eroberte die Welt und dann kam die deutsche Machtentwicklung, sondern auch bei uns hat erst der Machtstaat der Wirtschaft die allgemeinen Voraussetzungen für die spätere Blüte geschaffen. (Sehr richtig!) Es heißt in meinen Augen das Pferd von rückwärts aufzäumen, wenn man heute glaubt, mit wirtschaftlicher Methodik etwa die Machtstellung Deutschlands wiedergewinnen zu können, statt einzusehen, daß die Machtposition die Voraussetzung auch für die Hebung der wirtschaftlichen Situation ist ... Es gibt nur eine grundsätzliche Lösung. Sie beruht auf der Erkenntnis, daß es keine blühende Wirtschaft gibt, die nicht vor sich und hinter sich den blühenden, mächtigen Staat als Schutz hat ... Es kann keine Wirtschaft geben, ohne daß hinter dieser Wirtschaft der absolut schlagkräftige, entschlossene politische Wille der Nation steht ... Wesentlich ist die politische Willensbildung der gesamten Nation, sie ist der Ausgangspunkt für politische Aktionen.« Dasselbe, fuhr Hitler fort, gelte auch für die Außenpolitik.

»Der Friedensvertrag von Versailles ist selbst nur die Folgeerscheinung unserer langsamen inneren geistigen Verwirrung und Verirrung. ... Im Völkerleben ist die Stärke nach außen durch die Stärke der inneren Organisation bedingt, die Stärke der inneren Organisation aber ist abhängig von der Festigkeit gemeinsamer Anschauungen über gewisse grundsätzliche Fragen.«

Es sei nicht gut, an vaterländisches Denken zu appellieren und Opfer für den Staat zu fordern, wenn »50 Prozent des Volkes überhaupt nur den Wunsch haben, den Staat zu zertrümmern und sich bewußt als Vorposten nicht nur einer fremden Staatsgesinnung und Staatsauffassung, sondern auch eines fremden Staatswillens fühlen ... wenn in einem Volk nur höchstens 50 Prozent bereit sind, für die symbolischen Farben, wenn nötig, zu kämpfen, während 50 Prozent eine andere Fahne aufgezogen haben, die nicht in ihrer Nation, nicht in ihrem Staat, sondern die außerhalb des eigenen Staates schon die staatliche Repräsentation besitzt.«

»Wenn Deutschland dieser inneren geistigen und weltanschaulichen Zerrissenheit nicht Herr wird, dann werden alle Maßnahmen der Gesetzgebung den Verfall der deutschen Nation nicht verhindern können. (Sehr richtig!)« In Erkenntnis dieser Tatsache habe die nationalsozialistische Bewegung eine neue Weltanschauung geschaffen, die das deutsche Volk wiedervereinen und wiederbeleben werde.

»Sie sehen hier eine Organisation vor sich, die ihre Anhänger mit unbändigem Kampfsinn erfüllt, zum ersten Male eine Organisation, die, wenn der politische Gegner erklärt: ›Euer Auftreten bedeutet für uns eine Provokation‹, es nicht für gut befindet, sich dann plötzlich zurückzuziehen, sondern die brutal ihren Willen durchsetzt und ihm entgegenschleudert: ›Wir kämpfen heute! Wir kämpfen morgen! Und haltet Ihr unsere Versammlung heute für eine Provokation, so werden wir nächste Woche wieder eine abhalten — so lange, bis Ihr gelernt habt, daß es keine Provokation ist, wenn auch das deutsche Deutschland seinen Willen bekennt!‹ ... Und wenn man uns unsere Unduldsamkeit vorwirft, so bekennen wir uns stolz zu ihr — ja, wir haben den unerbittlichen Entschluß gefaßt, den Marxismus bis zur letzten Wurzel in Deutschland auszurotten ... Heute stehen wir an der Wende des deutschen Schicksals ... Entweder gelingt es, aus diesem Konglomerat von Parteien, Verbänden, Vereinigungen, Weltauffassungen, Standesdünkel und Klassenwahnsinn wieder einen eisenharten Volkskörper herauszuarbeiten, oder Deutschland wird am Fehlen dieser inneren Konsolidierung endgültig zugrunde gehen... Aber vergessen Sie nicht, daß es Opfer sind, wenn heute viele Hunderttausende von SA- und SS-Männern der nationalsozialistischen

Bewegung jeden Tag auf den Lastwagen steigen, Versammlungen schützen, Märsche machen müssen, Nacht um Nacht opfern, um beim Morgengrauen zurückzukommen — entweder wieder zur Werkstatt und in die Fabrik, oder aber als Arbeitslose die paar Stempelgroschen entgegenzunehmen; wenn sie von dem wenigen, das sie besitzen, sich außerdem noch ihre Uniform kaufen, ihr Hemd, ihr Abzeichen, ja, wenn sie ihre Fahrten selbst bezahlen — glauben Sie mir, darin liegt schon die Kraft eines Ideals, eines großen Ideals! Und wenn die ganze deutsche Nation heute den gleichen Glauben an ihre Berufung hätte wie diese Hunderttausende, wenn die ganze Nation diesen Idealismus besäße: Deutschland würde in der Welt gegenüber heute anders dastehen!«

Als Hitler sich hinsetzte, erhob sich das Publikum, das aus seiner Zurückhaltung längst aufgetaut war, und jubelte ihm begeistert zu. »Die Wirkung auf die Industriellen«, schrieb Otto Dietrich, der zugegen war, »war groß und zeigte sich besonders deutlich in den kommenden harten Kampfmonaten[198].« Wie Thyssen hinzufügt, machte Hitlers Rede einen so großen Eindruck, daß die Schwerindustrie bedeutende Spenden in die Nazikasse fließen ließ. Mit einer Geschicklichkeit, die der bei seinem Appell an die Reichswehr ebenbürtig war, hatte Hitler einen sehr wichtigen Sieg errungen. So wie die Reichswehroffiziere in Hitler den Mann sahen, der Deutschlands militärische Macht wiederherstellen werde, begannen die Industriellen nun in ihm den Mann zu erblicken, der ihre Interessen gegen den drohenden Kommunismus und die Forderungen der Gewerkschaften verteidigen und dem Unternehmertum und der wirtschaftlichen Ausbeutung im Namen des Prinzips der »schöpferischen Persönlichkeit« freie Hand lassen werde.

III

Der Wahlkampf um die Reichspräsidentschaft war nur eine von fünf großen Wahlschlachten, die in weniger als neun Monaten in Deutschland stattfanden. Sie ist jedoch aus mehreren Gründen besonders interessant. Erstens wegen der Schärfe, mit der gekämpft wurde. Goebbels gab insofern den Ton an, als er im Reichstag Hindenburg den »Kandidaten der Deserteurpartei« nannte. Da die Nazis wußten, daß sie gegen schweres Geschütz zu kämpfen hatten, verschonten sie in ihren Angriffen auf das »System« weder den Reichspräsidenten noch sonst jemand. Ihre Heftigkeit spornte wiederum die republikanischen Parteien zu größeren Anstrengungen an: die Wahlbeteiligung betrug nahezu 85%, mancherorts sogar 95%. Zweitens wegen der außergewöhnlichen Parteienverwirrung. Hindenburg, der Protestant, Preuße und Monarchist, erhielt die meisten Stimmen aus den Reihen der Sozialdemokraten und Gewerkschaften, aus dem katholischen Zentrum und den andern kleineren demokratischen Parteien, denen der alte Mann zum Symbol der Verfassung geworden war. Die konservativen Oberschichten des protestantischen Nordens dagegen stimmten entweder für Duesterberg, den Kandidaten der Deutschnationalen Partei (der Hindenburg eigentlich selbst angehörte) oder für den österreichischen Demagogen Hitler, der noch schnell am Vorabend der Wahl im nationalsozialistischen Braunschweig zum deutschen Staatsbürger gemacht worden war. Industrie und Handel teilten ihre Stimmen zwischen den drei Kandidaten, während die Arbeiter infolge der äußerst heftigen Angriffe der Kommunisten auf Sozialdemokratie und Gewerkschaften ihre Stimmen zersplitterten.

Der dritte bemerkenswerte Faktor war der Charakter der nationalsozialistischen Wahlkampagne — als Versuch, Deutschland im Sturm zu nehmen, ein Meisterstück organisierter Agitation. Jeder Wahlkreis wurde bis ins abgelegenste Dorf hinein bearbeitet. In dem kleinen bayrischen Ort Dietramszell, wo der Reichspräsident seine Sommerferien zu verbringen pflegte, setzten die Nazis ihre besten Redner ein und konnten so 228 Stimmen für sich gewinnen, während Hindenburg nur 157 erhielt — ein typisches Beispiel für die nationalsozialistische Niedertracht. Die Häuserwände in den Städten waren mit schreienden Naziplakaten beklebt. Es wurden Filme von Hitler und Goebbels gedreht und überall vorgeführt, was 1932 noch eine Neuheit war. Man stellte Grammophonplatten her, die mit der Post versandt werden konnten. In einer Woche allein wurden 200000 Mark für Propaganda ausgegeben. Aber die hauptsächliche Anstrengung der Nazis galt — getreu dem Hitlerschen Glauben an die Überlegenheit des gesprochenen Wortes — der Organisierung von Massenversammlungen, auf denen die Hauptredner Hitler, Goebbels, Gregor Strasser ihr Publikum durch hemmungsloseste Pöbelreden in hysterischen Enthusiasmus hineinsteigerten. Nur schon das Programm von Goebbels ist, wie sich aus seinem Tagebuch rekonstruieren läßt, eindrucksvoll genug. In der Zeit vom 22. Februar bis zum 12. März hielt er 19 Reden in Berlin (davon allein 4 im riesigen Sportpalast) und sprach außerdem auf Massenversammlungen in neun weit auseinanderliegenden Städten wie Breslau, Dresden, Köln, Hamburg und Nürnberg; jedesmal fuhr er im Nachtzug nach Berlin zurück, um die zentrale Propagandaorganisation zu überwachen. Hitler sprach in Breslau vor 60000 Menschen; in andern Städten wurde seine Massenzuhörerschaft sogar auf 150000 geschätzt.

Das Ergebnis war jedoch niederschmetternd. Nach Abschluß der Wahlen am Abend des 13. März stellte sich heraus, daß zwar die Zahl der für die Nazis abgegebenen Stimmen gegenüber der Reichstagswahl im September 1930 um 86%, d. h. von etwa 6 auf 11½ Millionen gestiegen war und Hitler damit fast ein Drittel aller deutschen Stimmen erhalten hatte, daß aber diese Zahl trotz aller Anstrengungen um mehr als 7 Millionen hinter den für Hindenburg abgegebenen Stimmen (18 661 736) zurückgeblieben war. In Berlin hatte Hindenburg 45% der Stimmen, die Kommunisten 28,7%, Hitler nur 23% erhalten. Das war eine vollkommene Niederlage, und Goebbels war verzweifelt.

Ein launiger Zufall wollte es, daß Hindenburgs Stimmenzahl dennoch für die erforderliche absolute Mehrheit nicht ausreichte; es fehlten ihm nicht ganz 200 000 Stimmen (0,4%). Deshalb mußte ein zweites Mal gewählt werden. Während Goebbels in Berlin noch die Hände rang, gab Hitler in München sofort bekannt, daß er auch diesmal wieder kandidieren werde. Schon in den ersten Morgenstunden des 14. März verbreitete der »Völkische Beobachter« ein Extrablatt mit Hitlers neuem Wahlaufruf: »Der erste Wahlkampf ist beendet, der zweite hat mit dem heutigen Tag begonnen. Ich werde auch ihn mit meiner Person führen.«

Es wurde ein überaus harter Kampf. Hitler mußte eine müde und entmutigte Partei vorantreiben, aber Goebbels, der inzwischen seine Fassung wiedergewonnen hatte, glänzte mit einem neuen Einfall: Der Führer solle im Flugzeug Deutschland bereisen — »Hitler über Deutschland«. Der Rundflug begann am 3. April mit vier Massenkundgebungen in Sachsen, auf denen Hitler zu einer Viertelmillion Menschen sprach. Nach den Kundgebungen in Dresden, Leipzig, Chemnitz und Plauen folgten weitere in Berlin, Königsberg, Nürnberg, Frankfurt, Essen, Stuttgart und München — insgesamt in zwanzig verschiedenen Städten zwischen Ostpreußen und Westfalen, zwischen der Ostsee und Bayern, und das alles im Laufe einer Woche. Am 8. April tobte ein Orkan über Westdeutschland, und der gesamte Flugverkehr wurde stillgelegt. Dennoch flog Hitler nach Düsseldorf und hielt seinen Termin ein, worauf die Nazipresse mit lauten Trompetenstößen verkündete, daß hier endlich der mutige Mann sei, den Deutschland brauche.

Auch diesmal war ihm die Niederlage gewiß. Aber es gelang dem unermüdlichen Hitler, seine Stimmenzahl um mehr als 2 Millionen Stimmen auf 13 417 460 zu erhöhen. Der Reichspräsident, der mehr als 19¼ Millionen Stimmen erhielt, errang eine sichere Mehrheit von 53%. Aber Hitler hatte durch Zähigkeit und Kühnheit eine Katastrophe vermieden: er jagte nicht nur den Deutschnationalen die Stimmen ab, sondern auch den Kommunisten, die beim zweiten Wahlgang mehr als 1 Million Stimmen einbüßten. Am Tage nach der Wahl schrieb Goebbels in sein Tagebuch: »Der Preußenkampf ist fertig. Es geht ohne Atempause weiter.«

Doch wieder einmal erhob sich die peinliche Frage: wie konnte man den Wahlerfolg, der zwar bedeutend, aber von einer klaren Mehrheit noch weit entfernt war, politisch ausnutzen? Am 11. März notierte Goebbels: »Mit SA- und SS-Führung Verhaltungsmaßregeln für die nächsten Tage durchgesprochen. Überall herrscht eine tolle Unruhe. Das Wort Putsch geistert um.« Und noch einmal am 2. April: »Die SA wird zum Teil ungeduldig. Man kann es gut verstehen, daß die wehrhaften Männer, in diesen zermürbenden Wahlkämpfen aufgerieben, die Nerven verlieren. Aber man muß alles tun, um das zu verhindern. Ein vorzeitiges Vorprellen oder etwa eine Aktion der Gewalt könnte mit einem Schlage unsere ganze Zukunft vernichten.« Gregor Strasser, der von Anfang an gegen eine Beteiligung an den Präsidentschaftswahlen opponiert hatte, wiederholte seine Bedenken. Die Aussicht auf einen Erfolg der Legalitätspolitik, meinte er, werde durch Hitlers »alles oder nichts« und seine Weigerung, mit der Regierung zu verhandeln, wenn man nicht auf seine übertriebenen Bedingungen eingehe, zunichte gemacht. Was hätte Hitlers virtuose Agitation schon für einen Sinn, fragte Strasser, wenn sie die Partei nicht an die Macht, sondern in eine politische Sackgasse führe?

Im Augenblick hatte jedoch Hitler anderes zu tun, als die ungeduldige SA oder den kritischen Strasser zu beschwichtigen. Es war nun die Regierung, die, durch die Wahlen gestärkt, die Initiative ergriff und ihren Vorteil ausnutzte, um endlich gegen die SA vorzugehen.

Ende November 1931 hatten die hessischen Behörden gewisse Dokumente beschlagnahmt, die von dem Rechtsberater der Partei in Hessen, Dr. Werner Best, nach geheimen Besprechungen mit einer kleinen Gruppe örtlicher Naziführer im »Boxheimer Hof«, dem Hause eines Dr. Wagner, abgefaßt worden waren. Diese Papiere — Boxheimer Dokumente genannt — enthielten Auszüge aus einer Proklamation, die von der SA im Falle eines kommunistischen Aufstands verkündet werden sollte, sowie Vorschläge für Notverordnungen, die nach dem Sieg über die Kommunisten von der provisorischen Naziregierung zu erlassen seien. Für den Notfall waren — den Dokumenten zufolge — drastische Maßnahmen vorgesehen: sofortige Hinrichtung derjenigen, die Widerstand leisteten oder sich weigerten, mitzuarbeiten, oder im Besitz von Waffen waren. Andere der vorgesehenen Maßnahmen waren: Aufhebung des Privateigentums, Löschung der Schuldverpflichtungen, Aufhebung der Sparzinsen und aller privaten Einkommen. Die SA sollte berechtigt sein, das Vermögen des Staats und der Zivilbevölkerung zu verwalten. Es gab nur eine Arbeit — entschädigungslose Zwangsarbeit; die Ernährung der Bevölkerung war durch ein Lebensmittelkartensystem und durch Gemeinschaftsküchen zu sichern. Es sollten Vorkehrungen für die Errichtung von Militärgerichtshöfen unter Vorsitz von Nazis getroffen werden.

Die Entdeckung dieser Pläne rief eine Sensation hervor und brachte Hitler ernstlich in Verlegenheit. Er erklärte (wahrscheinlich zu Recht), daß er nichts von ihnen gewußt habe und, wenn er davon gewußt hätte, sie nicht anerkannt haben würde. Trotz des Druckes, den die preußische Regierung auf die Reichsregierung ausübte, lehnte diese es ab, Maßnahmen gegen die Nazis zu ergreifen. General Groener, der Reichsinnenminister, war überzeugt, daß Hitler seine Legalitätspolitik beibehalten werde[199].

Die Beweise, daß die Nazis eine gewaltsame Machtergreifung planten, häuften sich jedoch. Mochte Hitler auch noch so nachdrücklich sein Festhalten an der Legalität betonen — es lag im Wesen der SA, daß für Männer, die in einer Atmosphäre der Gewalt und der halben Legalität ihre Politik betrieben, der Gedanke an einen Putsch etwas ganz Natürliches war. Am Tage der ersten Präsidentschaftswahl hatte Röhm seinen SA- und SS-Truppen befohlen, alarmbereit in ihren Unterkünften zu bleiben, während die Reichshauptstadt von SA-Kräften umringt war. Als die preußische Landespolizei das SA-Hauptquartier aushob, fand sie Abschriften der Röhmschen Befehle und mit Zeichen versehene Landkarten. Diese Funde bestätigten die Berichte, nach denen die SA einen Staatsstreich vorbereitete für den Fall, daß Hitler die Mehrheit erreichen sollte. In der Nähe der polnischen Grenze fand man andere Befehle, durch die die SA in Pommern angewiesen wurde, im Falle eines überraschenden polnischen Angriffs nicht an Verteidigungsmaßnahmen teilzunehmen.

Auf Grund dieser Funde stellten die Landesregierungen, Preußen und Bayern an der Spitze, Groener ein Ultimatum. Die Reichsregierung solle gegen die SA vorgehen, andernfalls, so deutete man an, die Landesregierungen selbständig handeln müßten. In seinem Brief aus dem Jahre 1947 vertritt Brüning die Ansicht, solch eine Aktion sei damals verfrüht gewesen, doch begründet er seine Auffassung nicht[200]. Groener jedoch fühlte sich nun veranlaßt zu handeln; einmal, um die Reichsregierung nicht in die Lage zu bringen, die ihre Autorität untergraben würde; zum andern, um nicht die Unterstützung der Sozialdemokratie zu verlieren, von der Brüning abhängig war und die wahrscheinlich zurückgezogen werden würde, wenn man den Forderungen der preußischen Staatsregierung nicht entsprach. Am Tage des zweiten Wahlganges, dem 10. April, bestätigte eine Ministerkonferenz unter dem Vorsitz des Reichskanzlers die Ansicht Groeners, und so wurde am 14. April ein Erlaß bekanntgegeben, der die Auflösung von SA, SS und allen ihren Unterorganisationen anordnete. Als Grund für die späte Aktion wurde angegeben: »Diese Organisationen sind eine Art

Privatarmee, die einen Staat im Staate bildet, eine ständige Quelle der Beunruhigung für die Zivilbevölkerung ... Es ist ausschließlich Sache des Staates, organisierte Streitkräfte zu unterhalten. Die Duldung solcher Organisationen führt unvermeidlich zu Zusammenstößen und schafft Verhältnisse, die vom Bürgerkrieg nicht weit entfernt sind.«

Röhm dachte im ersten Augenblick an Widerstand: die SA, die jetzt 400000 Mann zählte, war schließlich viermal so stark wie das durch den Versailler Vertrag beschränkte reguläre Heer. Aber Hitler blieb fest: die SA mußte gehorchen. Seine Autorität behielt die Oberhand, und über Nacht verschwanden die Braunhemden von den Straßen. Aber als Organisation blieb die SA intakt; ihre Angehörigen wurden als gewöhnliche Parteimitglieder weitergeführt. Die preußischen Landtagswahlen, so erklärte Hitler, würden Groener und Brüning eine Antwort erteilen.

Preußen war der bei weitem größte der deutschen Staaten. Er umfaßte nahezu zwei Drittel des Reichsgebiets, und seine Bevölkerungszahl betrug 40 Millionen. In der Zeit der Weimarer Republik bildeten der preußische Landtag und die preußische Regierung, durch die Koalition der Sozialdemokraten mit den Parteien der Mitte, das Bollwerk der deutschen Demokratie. Innenminister in Preußen war der Sozialdemokrat Carl Severing; ihm unterstanden der größte Verwaltungsapparat und die stärkste Polizeimacht. Seine Behörde war weitaus aktiver gewesen als alle andern, um die Übergriffe der Nazis einzuschränken, so daß deren giftigste Angriffe sich gegen Severing richteten. Ein Wahlsieg in Preußen mußte daher für die Nazis fast ebenso wichtig sein wie ein Wahlsieg im Reich.

Für die Landtagswahlen in Preußen — und ebenso in Bayern, Anhalt, Württemberg und Hamburg — wurde der 24. April ausersehen. An diesem Tage sollten vier Fünftel des deutschen Volkes zur Wahlurne schreiten, und sofort wurde die Propagandamaschine der Nazis von den Präsidentenwahlen auf die Landtagswahlen umgestellt. Wieder reiste Hitler im Flugzeug, was propagandistisch ausgeschlachtet wurde, und sprach zwischen dem 15. und 23. April in 26 Städten. Diesmal wandte er sich mit seinen Angriffen gegen die Sozialdemokratie, so daß es in den Arbeitervierteln der Großstädte zu Tumulten kam.

Das Ergebnis der preußischen Landtagswahlen entsprach etwa dem der zweiten Präsidentenwahl: die Nazis erhielten 8 Millionen Stimmen, d. h. 36% der Gesamtstimmenzahl, und wurden damit zur stärksten Partei im preußischen Landtag. Die bisherige Koalition der Sozialdemokraten und der Mittelparteien hatte nun ihr Übergewicht verloren: ohne die Mitarbeit der Nazis war die Bildung einer preußischen Regierung unmöglich geworden. Aber die erhoffte absolute Mehrheit hatten die Nazis auch diesmal nicht erreicht. Selbst mit Unterstützung der Deutschnationalen waren sie nicht stark genug, um die Verwaltung in Preußen zu übernehmen.

In den andern Ländern war das Ergebnis noch ungünstiger. In Württemberg erzielten die Nazis 26,4%, in Bayern 32,5% und in Hamburg 31% der Gesamtstimmenzahl — sie waren also in allen drei Ländern von der Mehrheit weit entfernt. Der Engpaß war bestehengeblieben. Dreimal hatte man die Trompeten laut erschallen lassen, aber noch immer wollten die Mauern nicht fallen. Goebbels kommentierte in seinem Tagebuch recht verzagt die Wahlergebnisse: »Jetzt muß irgend etwas geschehen. Wir müssen in absehbarer Zeit an die Macht kommen. Sonst siegen wir uns in Wahlen tot[201].«

Doch in diesem Augenblick trat der *deus ex machina* in Gestalt des Generals von Schleicher auf. Er zeigte sich bereit, mit den Nazis noch einmal über ihre Einlassung durch die Hintertür zu verhandeln.

IV

Schon vor den Präsidentenwahlen hatte General von Schleicher seine Beziehungen zu Röhm und dem Berliner SA-Führer Graf Helldorf wiederaufgenommen. Er scheint damals mit dem Gedanken gespielt zu haben, die SA von Hitler zu lösen und sie als Miliz unter die Jurisdiktion des Staates zu bringen — was sich Röhm immer schon gewünscht hatte[202]. Ohne Wissen Hitlers hatten Röhm und Schleicher bereits abgesprochen, die SA im Kriegsfall der Reichswehr zu unterstellen. Aber Schleicher hoffte auch immer noch, Hitler selbst auf die Seite der Regierung zu bringen. Jedenfalls war in beiden Fällen ein Verbot der SA seinen Plänen hinderlich.

Obwohl Schleicher am 8. April, als Groeners Maßnahme zum erstenmal erörtert worden war, dieser zugestimmt hatte, erhob er schon am nächsten Tage Einwände und schlug vor, den Plan zu modifizieren — zum Beispiel, daß man Hitler eine letzte Warnung gebe. Bei einer Besprechung in der Reichskanzlei am 10. April wurden diese Vorschläge abgelehnt; dennoch fuhr Schleicher fort, die Opposition in der Reichswehr zu schüren, und hinter Groeners Rücken ging er zum Reichspräsidenten. Er ließ Hitler wissen, daß er mit dem Verbot nicht einverstanden sei, und überredete Hindenburg zu einem gereizten Schreiben an Groener, in dem die Tätigkeit des »Reichsbanners«, der Organisation der Sozialdemokraten, beanstandet und darauf hingewiesen wurde, daß das Verbot der SA demnach eine einseitige Maßnahme sei. Wie Groener entdeckte, stammte das Material zu diesem Schreiben aus einer unter Schleicher stehenden Abteilung seines eigenen Reichswehrministeriums. Und der Brief gelangte an die Öffentlichkeit fast noch früher, als er ihn gelesen hatte. Damit begann eine boshafte Flüsterpropaganda gegen Groener persönlich; am 10. Mai griff ihn Göring im Reichstag heftig an. Als Groener, nun ein gebrochener Mann, den Angriffen zu begegnen versuchte, löste er auf seiten der Nazis einen Sturm der Entrüstung und Beschimpfung aus. Er hatte sich, von der Anstrengung erschöpft, kaum hingesetzt, als ihm Schleicher, der Mann, den er beinahe wie seinen eigenen Sohn betrachtet hatte, und Hammerstein, der Chef der Heeresleitung, in aller Gelassenheit mitteilten, daß er nicht mehr das Vertrauen der Reichswehr besitze; es sei das beste, wenn er seinen Rücktritt einreiche. Brüning hielt Groener die Treue; aber am 12. Mai kam es im Reichstag zu so tumultuarischen Szenen, daß die Polizei eingreifen mußte. Am nächsten Tag legte Groener sein Amt nieder. Die Nazis triumphierten.

Der von Schleicher verräterisch eingeleitete Sturz Groeners bedeutete einen schweren Schlag für die deutsche Demokratie. Eine der größten Schwächen der Weimarer Republik war die zweideutige Haltung der Armee gegenüber dem republikanischen Regime. Groener war der einzige unter den Führern der Armee, der ihm mit zuverlässiger Treue gedient hatte, und es gab niemanden, der ihn ersetzen konnte.

Groeners Rücktritt war jedoch nur der Anfang. Inzwischen hatte Schleicher erkannt, daß das hauptsächliche Hindernis, das seinen Plänen für ein Paktieren mit den Nazis im Wege stand, Brüning war. Da dieser keine Konzession machen wollte, um die Nazis zu gewinnen, war er zur Zielscheibe der nationalsozialistischen Angriffe auf das »System« geworden. Der Mann, den Schleicher selbst im März 1930 zum Reichskanzler vorgeschlagen hatte, war nun nicht mehr zu gebrauchen. Und mit der gleichen zynischen Treulosigkeit, mit der er Groener den Dolchstoß versetzt hatte, schickte sich Schleicher nun an, Brüning zu stürzen.

Brüning befand sich nicht in einer so starken Position, um sich selbst verteidigen zu können. Obwohl er sich zwei Jahre lang ehrlich und beharrlich bemüht hatte, der Krise Herr zu werden, war ihm der Erfolg bisher versagt geblieben. Es war ihm nicht gelungen, eine sichere Mehrheit im Reichstag zu gewinnen, und ebensowenig, den Wohlstand in Deutschland wiederherzustellen. Dennoch glaubte er, daß die nächsten Monate ein allmähliches Nachlassen der Krise bringen würden. Seine große Hoffnung, die bei der geplanten deutsch-österreichischen Zollunion empfangene Demütigung wettzumachen und die innenpolitischen Fehlschläge durch einen großen außenpolitischen Erfolg ausgleichen zu können — Aufhebung der Reparationen und militärische Gleichberechtigung —, war gescheitert; im einen Fall, weil die Reparationskonferenz von Lausanne auf den Juni 1932 verschoben worden war; im andern, weil Frankreich durch hinzögernde Opposition die

Abrüstungskonferenz in die Länge zog. Später mußte Brüning zu seinem Leidwesen mit ansehen, wie seine Nachfolger die Früchte seiner außenpolitischen Bemühungen ernten sollten; zur Behebung seiner eigenen Schwierigkeiten aber trugen diese Mühen um Deutschlands außenpolitische Stellung nichts bei. Es war eine Ironie des Schicksals, daß sein einziger Erfolg, die Wiederwahl des Reichspräsidenten, seine Position eher schwächte, als gestärkt hatte. Denn nach der Wahl schien Brüning entbehrlich geworden zu sein: der alte Mann, von Schleicher und andern aufrichtigen Freunden behutsam gelenkt, begann nun dem Kanzler zu grollen, der ihn beharrlich dazu gezwungen hatte, eine Wahlschlacht auf sich zu nehmen und sich als Kandidat der Linken gegen seine eigentlichen Freunde auf der Rechten zu stellen.

Außerdem hatte sich Brüning mächtige Gegner geschaffen, die großen Einfluß auf den Präsidenten hatten, also auf den Mann, von dessen weiterer Bereitschaft zur Unterstützung von Notverordnungen der Kanzler in höchstem Maße abhing. Die Industrie beschwerte sich über seine Betrebungen, die Preise niedrigzuhalten, und ebenso über die Sozialpolitik von Stegerwald, dem Führer der katholischen Gewerkschaften, der gegenwärtig Arbeitsminister war. Die Großgrundbesitzer waren erbittert über Brünings Plan, die bankrotten Güter im Osten aufzuteilen und für Siedlungszwecke nutzbar zu machen. Als Hindenburg zu Pfingsten auf seinem Gut Neudeck weilte, benutzten sie die Gelegenheit, ihren Forderungen dadurch besonderen Nachdruck zu verleihen, daß sie Brüning als Förderer des »Agrarbolschewismus« hinstellten. Und Schleicher schließlich, der vorgab, im Namen der legendären Autorität der Reichswehr zu sprechen, erklärte, daß die Armee dem Kanzler nicht mehr länger ihr Vertrauen schenke. Es sei ein stärkerer Mann nötig, um mit der Situation fertig zu werden, und er, Schleicher, habe bereits solch einen Mann gefunden — Papen. Er gab dann noch die ausschlaggebende Versicherung, daß die Nazis bereit seien, in der neuen Regierung mitzuarbeiten. Ein Kabinett Papen gebe dem Reichspräsidenten die Gewähr, daß es sowohl für seine Freunde auf der Rechten wie auch für die Reichswehr annehmbar sei und gleichzeitig auf die Unterstützung des Volkes rechnen könne — eine Kombination, die zu erreichen Brüning sich vergeblich bemüht hatte.

Angeblich spielte Hitler bei den Machenschaften, die zu Brünings Sturz führten, keine Rolle. Nach außen hin waren die Naziführer mit Verhandlungen über eine mögliche Koalition in Preußen und mit den Landtagswahlen in Mecklenburg beschäftigt. Brüning war an einer Koalition zwischen den Nazis und dem katholischen Zentrum durchaus interessiert, denn er hoffte, die Nazis auf diese Weise zwingen zu können, einen Teil der Verantwortung zu übernehmen. Um sicherzugehen, konnte man das Amt des preußischen Ministerpräsidenten mit dem des Reichskanzlers verbinden, wie es schon Bismarck getan hatte, und die Kontrolle über die Polizei in Preußen und den andern Bundesstaaten dem Reichsinnenminister übertragen. Auf der Naziseite wurde Brünings Angebot von Gregor Strasser unterstützt, der immer noch nach einer Kompromißlösung suchte. Und selbst Goebbels, der Strasser haßte, war beeindruckt. Am 26. April notiert er in seinem Tagebuch: »Wir stehen vor einer schweren Entscheidung: Mit dem Zentrum an die Macht oder gegen das Zentrum gegen die Macht. Parlamentarisch ist ohne das Zentrum nirgends etwas zu machen, weder in Preußen noch im Reich. Das muß reiflich überlegt werden.« Aber Schleicher, der über Röhm und Helldorf mit den Naziführern in Fühlung geblieben und darauf bedacht war, Brünings Pläne zu vereiteln, machte verlockende Angebote. Und so kamen die Verhandlungen mit dem Zentrum plötzlich zum Stillstand.

Am 28. April hatte Hitler persönlich eine Unterredung mit Schleicher. Neben der Bemerkung, daß das Gespräch gut verlaufen sei, notierte Goebbels: »Der Führer will vorläufig abwarten. Nur nichts überstürzen.« Am 8. Mai fand eine zweite Zusammenkunft statt. Um in Brüning keinen Verdacht aufkommen zu lassen, wurde beschlossen, daß Hitler von Berlin wegfahren sollte. Und so verbrachte er die Zeit bis zum Ende des Monats in Mecklenburg und Oldenburg, wo Wahlen vor der Tür standen, oder in Bayern. Seine Stellvertreter in Berlin waren Röhm und Göring; aber sie hatten kaum etwas anderes zu tun, als mit Schleicher in Fühlung zu bleiben und die Entwicklung abzuwarten.

Was Schleicher den Nazis angeboten hatte, war dies: Sturz des Kabinetts Brüning, Aufhebung des Verbots von SA und SS, neue Reichstagswahlen. Als Gegenleistung für diese handfesten Vorteile verlangte er von den Nazis nur stillschweigende Unterstützung und »Neutralität« dem von Papen zu bildenden neuen Präsidialkabinett gegenüber. Ein derartiges Versprechen kostete Hitler nichts. Mit der Zeit würde sich zeigen, wer der Betrogene war, Schleicher oder die Nazis. Unterdessen hatte Schleicher mit Hitlers Zusage ein wichtiges Argument in der Hand, um Hindenburg zu gewinnen. Was Brüning mißlungen war, würde Papen zusichern können: Hitlers Unterstützung, ohne daß man ihn in die Regierung aufzunehmen brauchte. Notfalls — auch das hatte Schleicher erwogen — ließ sich das Bündnis widerrufen; die Hauptsache war, daß Brüning ab- und Papen eingesetzt wurde.

Groeners Sturz am 13. Mai erweckte bei den Naziführern große Hoffnungen. Goebbels notierte am 18. Mai: »Wieder in Berlin.« — Er war in München gewesen, um Hitler zu berichten —»Hier ist alles in Pfingststimmung. Nur bei Brüning scheint der Winter eingekehrt zu sein ... Die geheime Aktion gegen ihn geht unentwegt weiter. Er ist bereits vollkommen isoliert. Sucht händeringend nach Mitarbeitern. Ein Königreich für einen Minister! General Schleicher hat die Übernahme des Reichswehrministeriums abgelehnt[203] ... Unsere Wühlmäuse sind bei der Arbeit, die Brünings Position vollkommen zernagen.« Um die Rolle zu beschreiben, die General von Schleicher spielte, wäre das Wort »Ratte« vielleicht besser am Platz gewesen. Goebbels fügt dann noch eine giftige Bemerkung über Gregor Strasser hinzu. Strasser bemühte sich immer noch, den Glauben an eine Koalition mit dem Zentrum wachzuhalten, und stellte zu dem Abkommen mit Schleicher einen Kompromiß mit Brüning in Alternative. Aber Strasser kam zu keinem Ergebnis. Unter dem Datum des 24. schreibt Goebbels: »Am Sonnabend schon soll Brüning auffliegen ... Die Ministerliste steht im großen ganzen fest. Für uns ist die Hauptsache, daß der Reichstag aufgelöst wird.«

Nachdem Brüning die Annahme der Finanzvorlage im Reichstag sichergestellt hatte, bestand keine Notwendigkeit mehr, länger zu zögern. Die Intrigen Schleichers und der Großagrarier fanden Ende Mai ihre Krönung insofern, als der Reichspräsident den Kanzler zum Rücktritt aufforderte. Brüning legte sein Amt am 30. Mai nieder. Die fatale Abhängigkeit vom Präsidenten, die hinzunehmen er gezwungen gewesen war, weil sie den einzigen Ausweg aus der politischen Sackgasse bildete, hatte nun eine Situation heraufbeschworen, in der Regierungen allein noch durch ein Ja oder Nein des Reichspräsidenten gebildet oder aufgelöst werden konnten. Wer für diese Situation verantwortlich gewesen ist, diese Frage wird noch lange Gegenstand von Kontroversen bleiben. Das Ergebnis aber war eindeutig genug: es war das Ende des demokratischen Regierens in Deutschland. Der Schlüssel zur Macht über ein 65-Millionen-Volk lag nun offen in den Händen eines greisen, fünfundachtzigjährigen Soldaten und der kleinen Gruppe von Männern, die seine Ansichten bestimmte.

Hitler befand sich in Horumersiel an der Nordsee, wo er an der Wahlschlacht um Oldenburg teilnahm. Die oldenburgischen Landtagswahlen fanden am 29. Mai statt, und ihr großer Erfolg kam den Nazis gerade zur rechten Zeit: mehr als 48% aller abgegebenen Stimmen und eine klare Mehrheit im Landtag. Zum Wochenende fuhr Hitler nach Mecklenburg. Er hatte dort kaum mit der Arbeit begonnen, als ihn die Nachricht von Brünings Rücktritt erreichte. Goebbels rief ihn am frühen Nachmittag von Berlin aus an und fuhr ihm, um zu berichten, bis Nauen entgegen. Auf dem Rückweg nach Berlin erörterten sie die Lage. Für eine längere Aussprache war nicht viel Zeit, denn Hitler mußte um 4 Uhr beim Reichspräsidenten sein. Göring begleitete ihn, und die Audienz dauerte nur wenige Minuten. Hindenburg teilte ihnen nur kurz mit, daß er beabsichtige, Papen zum Reichskanzler zu ernennen. Man habe ihm gesagt, daß Hitler damit einverstanden sei. Ob das stimme? Hitler antwortete: »Ja.« Nach Berlin zurückgekehrt, schrieb Goebbels in sein Tagebuch: »Von Papen ist als Reichskanzler vorgesehen. Aber das interessiert nun nicht so. Wählen, wählen! Heran ans Volk! Wir sind alle sehr glücklich.«

V

Der neue Reichskanzler, Franz von Papen, ein Mann in den Fünfzigern, entstammte einer westfälischen katholischen Adelsfamilie. Er hatte in einem feudalen Kavallerieregiment gedient, war ein berühmter Herrenreiter gewesen und gehörte jetzt als Mitglied den feudalen Klubs »Herrenklub« und »Union« an. Er war sehr charmant, in der Gesellschaft weithin bekannt, hatte gute Beziehungen sowohl zur deutschen wie zur französischen Industrie (seine Frau war die Tochter eines reichen Saarindustriellen) und einen beträchtlichen politischen Ehrgeiz. Bis dahin war sein Ehrgeiz allerdings von niemand ernst genommen worden. Nominelles Mitglied der Zentrumspartei, besaß er einen großen Teil der Aktien des Zentrumsorgans »Germania«. Im Reichstag hatte er jedoch keinen Sitz inne; er war nur preußischer Landtagsabgeordneter und als solcher der einzige in seiner Fraktion, der in Opposition stand zu der Koalition zwischen Zentrum und Sozialdemokratie, die bis zu den Wahlen im April in Preußen regiert hatte. Papen war kein Demokrat; er redete vage von christlichem Konservatismus. In der Praxis bedeutete das: Wiederherstellung der Privilegien und der Macht der alten Herrscherkaste aus der Kaiserzeit in einem autoritären Staat mit dem Firnis demokratischer Wohlanständigkeit. Wenn Schleicher auch nicht so weit wie Clemenceau ging, von dem erzählt wird, daß er mit der Devise »Wählt den Dümmsten« auf die Wahl Sadi Carnots zum französischen Präsidenten gedrängt habe, so glaubte er jedoch sicher, ein biegsames Instrument in die Hände zu bekommen, indem er diese unwahrscheinliche Wahl Papens zum Reichskanzler traf. Es sollte sich später herausstellen, daß er Papens Ehrgeiz und Beharrlichkeit und nicht zuletzt auch seine Skrupellosigkeit verhängnisvoll unterschätzt hatte. Von der Wahl Papens waren alle überrascht und nur wenige erfreut — mit einer sehr wichtigen Ausnahme: der Reichspräsident war entzückt von einem Kanzler, der es so glänzend verstand, ihn zu bezaubern und ihm zu schmeicheln. Sehr bald stand er zu ihm in einem Verhältnis wie zu keinem andern Minister jemals zuvor.

Wenn Schleicher geglaubt hatte, daß Papen fähig sei, eine Koalition zwischen Zentrum und Rechtsparteien zustande zu bringen, so wurde er bald ernüchtert. Die Zentrumspartei, wütend über die Willkür, mit der Brüning entlassen worden war, trat entschlossen zur Opposition über. Hugenberg, der Führer der Deutschnationalen, war entrüstet, daß man seine eigenen Ansprüche nicht berücksichtigt hatte, während Hitler sich nur durch ein vages Unterstützungsversprechen gebunden hatte und die Nazis nicht im Kabinett vertreten waren. Tatsächlich stand die Zusammensetzung der neuen Regierung in so krassem Gegensatz zu der Stimmung im Lande, daß sie einen Sturm von Beschimpfungen auslöste. Nur unter großen Schwierigkeiten und mit dem ganzen Gewicht der persönlichen Autorität des Reichspräsidenten war es möglich gewesen, Männer fürs Kabinett zu finden, die gewillt waren, unter Papen zu amtieren. Unter den zehn Kabinettsmitgliedern befand sich keine politische Persönlichkeit von Format. Sieben gehörten dem Adel an und waren bekanntermaßen rechtsgerichtet. Von den übrigen stand Professor Warmbold, der Wirtschaftsminister, dem großen IG-Farben-Konzern nahe; Schäffer, der Arbeitsminister, war Direktor bei Krupp, und der Justizminister, Franz Gürtner, war jener bayrische Minister, der in den zwanziger Jahren so überaus beharrlich Hitler geschützt hatte.

Wenn auch Brüning nichts anderes übriggeblieben war, als sich auf die Notverordnungsvollmachten des Reichspräsidenten zu verlassen, so war er doch immerhin ein parlamentarischer Kanzler gewesen, und zwar insofern, als er nur einmal im Reichstag eine Niederlage erlitten und sich dann an die Wähler gewandt hatte. Papen aber hatte von Anfang an nicht die geringste Aussicht, eine überwältigende Niederlage zu vermeiden, wenn er sich dem Parlament stellte. Die Macht des »Kabinetts der Barone« war offen und ungeniert auf die Unterstützung des Reichspräsidenten und der Reichswehr gegründet. Man konnte es dem sozialdemokratischen »Vorwärts« nicht verübeln, wenn er in berechtigter Übertreibung schrieb: »Diese kleine Clique feudaler Monarchisten ist mit Hitlers Unterstützung durch Hintertreppenmethoden an die Macht gekommen, und damit kündigt sich der Klassenkampf von oben an.«

Von den vier deutschen Parteien, die eine Massengefolgschaft hinter sich hatten, mußten zwei — die Kommunisten und die Sozialdemokraten — zwangsläufig in Opposition zu Papens Regierung stehen. Die dritte, das Zentrum, hatte den neuen Kanzler aus seinen Reihen ausgestoßen. So blieb für ein mögliches Bündnis nur die vierte übrig — die Nationalsozialisten. Mit zwei Konzessionen — der Auflösung des Reichstags und der Aufhebung des SA-Verbots — war von den Nazis eine vorübergehende Tolerierung des Papen-Kabinetts erreicht worden. Die Frage nun, ob sich das vorübergehende Abkommen in eine dauernde Koalition verwandeln lasse, beherrschte die deutsche Politik in der Zeit von Ende Mai 1932 bis Ende Januar 1933.

Beide Seiten waren willens, diese Möglichkeit zu erwägen — Hitler, weil sie für ihn, wenn es ihm nicht gelang, die klare Mehrheit zu gewinnen, der einzige Weg zur Macht war, da er ja den Gedanken an einen Putsch aufgegeben hatte; die Gruppe um den Reichspräsidenten, Papen und Schleicher, weil sich ihnen hier die einzige Aussicht bot, die Unterstützung einer breiteren Masse für ihre Herrschaft zu erlangen, und auch, wie sie annahmen, die beste Chance, den Nazis den Wind aus den Segeln zu nehmen. Die Elemente zu einer Verbindung waren die ganze Zeit über vorhanden; die Frage war nur, ob Hitlers oder Papens Bedingungen maßgebend sein sollten. Hitler war jetzt noch weniger als 1923 bereit, den Trommler abzugeben und es den Adligen und Generalen zu überlassen, die Entscheidungen zu treffen. Papen und Schleicher andererseits beharrten in dem Glauben, daß sie die Gefolgschaft der Nazis billiger erlangen könnten, als von Hitler gefordert wurde. Darum versuchte jede Seite, die andere zu blockieren. Als Papen mit seinen Bedingungen nicht durchdrang, ließ er die Nazis sich die Hacken abkühlen; er rechnete damit, daß das dauernde Fehlschlagen ihrer Anstrengungen die Spannung in der Partei erhöhen und Hitler zwingen würde, seine Forderungen herunterzuschrauben. Hitler wiederum bemühte sich durchzuhalten, ohne zu kapitulieren. Dies war der verborgene Hintergrund der Ereignisse gegen Ende 1932. Der zweite, noch tiefere Hintergrund bildete sich aus der Tatsache, daß man sich auf beiden Seiten, weder in der Gruppe um den Präsidenten, noch unter den Naziführern, darüber einigen konnte, welches die richtige Taktik war. Auf der einen Seite machte das eine Spaltung zwischen Papen und Schleicher sichtbar, auf der anderen eine Kontroverse zwischen Hitler und Strasser.

Berücksichtigt man diese Zusammenhänge, so läßt sich die Periode zwischen Papens Regierungsantritt und Hitlers Machtergreifung in vier Abschnitte einteilen.

Der erste reichte von Brünings Rücktritt am 30. Mai 1932 bis zu den Reichstagswahlen am 31. Juli.

Der zweite von den Reichstagswahlen im Juli bis zu den Reichstagswahlen am 6. November 1932.

Der dritte von den Reichstagswahlen im November bis zu Schleichers Ernennung zum Reichskanzler am 2. Dezember 1932.

Der vierte von Schleichers Regierungsantritt bis zu Hitlers Ernennung zum Reichskanzler am 30. Januar 1933.

Der erste dieser Abschnitte verlief, wie nicht anders zu erwarten war, ergebnislos. Denn bis zu den Wahlen war weder die eine noch die andere Seite in der Lage, die eigene Stärke oder die des Gegners abzuschätzen. Hitler hoffte immer noch, bei den Wahlen — den ersten Reichstagswahlen seit September 1930 — eine glatte Mehrheit zu erringen. Die Landtagswahl in Mecklenburg hatte den Nazis am 5. Juni 49% der Stimmen eingebracht, die Wahl in Hessen kurz darauf 44%. Die Strömung schien immer noch günstig für sie zu sein.

Papen löste den Reichstag am 4. Juni auf und setzte für die Neuwahlen den 31. Juli an. Schon dieser kurze Termin erregte den Argwohn der Nazis; und als dann noch die Aufhebung des SA-Verbots auf die Mitte des Monats verschoben wurde, entstanden Spannungen zwischen Hitler und der neuen Regierung. Am 5. Juni notierte Goebbels: »Wir müssen uns von dem bürgerlichen Übergangskabinett so schnell wie möglich absentieren.« Als Hitler am 9. September mit Papen zusammentraf, machte er aus seiner Haltung keinen Hehl. »Ich betrachte Ihr Kabinett lediglich als Übergangslösung«, sagte er zum Kanzler, »und ich werde auch fernerhin keine Mühe scheuen, meine Partei zur stärksten des Landes zu machen. Dann wird das Kanzleramt auf mich übergehen[204].« Innerhalb der Partei wurde ohnehin ziemlich gemurrt über den »Kompromiß mit der Reaktion«. Wenn die Nazis nicht mit der Reaktion in einen Topf geworfen werden und es den Linksparteien allein überlassen wollten, das »Kabinett der Barone« anzugreifen, so mußten sie ihre Unabhängigkeit bekunden.

Als das SA-Verbot aufgehoben wurde, sprach Thälmann, der Führer der Kommunisten, von einer offenen Aufforderung zum Mord. Dies erwies sich als buchstäblich wahr, denn in den folgenden Wochen waren Mord und Gewalttat auf den Straßen der deutschen Großstädte an der Tagesordnung. Grzesinski, der damalige Berliner Polizeipräsident, berichtet, daß allein zwischen dem 1. Juni und 20. Juli 1932 in Preußen 461 politische Zusammenstöße stattfanden, bei denen 82 Menschen getötet und 400 schwer verletzt wurden[205]. Die erbittertsten Kämpfe waren die zwischen Nazis und Kommunisten; von 86 Personen, die im Juli 1932 getötet wurden, hatten 30 auf seiten der Kommunisten und 38 auf seiten der Nazis gestanden. Es war gewiß nicht nur eine Seite, die provozierte: Als Goebbels anläßlich der Juli-Wahlen ins Ruhrgebiet reiste, wurde ihm ein rauher Empfang bereitet, und die Nazis wiederum nahmen die Beisetzung der hierbei umgekommenen SA-Leute wahr, um große Kundgebungen zu veranstalten. Am Sonntag dem 10. Juli kam es zu hitzigen Kämpfen, in denen 18 Personen den Tod fanden. Am Sonntag darauf, dem 17. Juli, fand der schlimmste Zusammenstoß des Sommers statt. In Altona, der Schwesterstadt des »roten« Hamburg, veranstalteten die Nazis einen von Polizei eskortierten Aufmarsch durch die Arbeiterviertel; dabei wurden sie von den Dächern und aus den Fenstern mit einem Kugelregen überschüttet, den sie sofort erwiderten. Der Polizeibericht meldete an diesem Tag 19 Tote und 285 Verletzte.

Die Altonaer Krawalle boten Papen den gewünschten Anlaß, um in Preußen, wo die Koalition von Sozialdemokratie und Zentrum ohne Landtagsmehrheit regierte, den toten Punkt zu überwinden. Unter dem fadenscheinigen Vorwand, es sei auf die preußische Regierung kein Verlaß mehr, da sie nicht energisch genug gegen die Kommunisten vorgehe, machte Papen am 20. Juli von der Notverordnungsvollmacht des Reichspräsidenten Gebrauch und verhängte den Ausnahmezustand. Er setzte nun endlich die preußischen Minister ab, machte sich selbst zum Reichskommissar für Preußen und den Oberbürgermeister von Essen, Dr. Bracht, zu seinem Stellvertreter und preußischen Innenminister. Damit hoffte Papen, die Nazis zu versöhnen und ihnen gleichzeitig einen Vorwand zu nehmen, gegen den »Marxismus« zu wettern. Um seinen Plan durchzuführen, hatte er von der konstitutionellen Vollmacht des Präsidenten bis zur äußersten Grenze Gebrauch machen und Karl Severing, dem sozialdemokratischen preußischen Innenminister, noch bevor er zu weichen bereit war, eine Demonstration der Kraft vorführen müssen. Aber es war auch nur eine Demonstration. Die Gewerkschaften und die Sozialdemokratische Partei, die 1920 den Kapp-Putsch durch einen Generalstreik unterbunden hatten, besprachen die Möglichkeit eines neuen Generalstreiks, doch nur, um sie zu verwerfen. Ob ihr Nachgeben richtig war, oder ob sie Widerstand hätten leisten sollen und ob sie damit Erfolg gehabt hätten, darüber ist seitdem viel debattiert worden[206]. Wie man auch immer über das Verhalten der Arbeiterführer denken mag, die Tatsache, daß die beiden größten Arbeiterorganisationen, die Sozialdemokratische Partei und die Gewerkschaften, nicht einmal den Schein eines Widerstandes gegen den Papenschen Staatsstreich aufbrachten, war für Hitler ein bedeutungsvoller Hinweis auf den Umfang der Opposition (oder des Mangels an Opposition), mit dem er, wenn er an die Macht kam, zu rechnen hatte.

Mochte die Absetzung der preußischen Regierung auch nichts anderes sein als die logische Folge der Niederlage der Regierungsparteien bei den preußischen Landtagswahlen im April 1932, so war sie doch für diejenigen, die der Weimarer Republik die Treue hielten, ein schwerer Schlag. Sie bewies, daß die republikanischen Parteien in die Defensive gedrängt worden waren und daß es ihnen an der nötigen Überzeugungskraft fehlte, um mehr als einen passiven Widerstand zu leisten. Aber mochten Papen und Schleicher auch noch so sehr glauben, mit dieser Kraftdemonstration ihrer neuen Regierung Ansehen verschafft zu haben, so gereichte doch jeder Schlag, der die demokratische und konstitutionelle Regierung in Mißkredit brachte, den beiden radikalen Parteien zum Vorteil, den Nazis und den Kommunisten. Der Eindruck, daß die Ereignisse nur den Triumph des Radikalismus, sei es in der einen oder in der anderen Form, begünstigten, verstärkte sich immer mehr und half diesen Parteien, bei den kommenden Wahlen Stimmen zu gewinnen.

Die Wahlen fanden am 31. Juli statt. Goebbels hatte schon Anfang Mai mit den Vorbereitungen begonnen, und so war die Naziorganisation in bester Form, obwohl es sich um die vierte Wahlschlacht innerhalb von fünf Monaten handelte. Das Argument, es müsse alles anders werden und die Nazis würden schon dafür sorgen, daß alles anders werde, sobald sie an der Macht seien, besaß mächtige Anziehungskraft in einem Lande, das durch zwei Jahre Wirtschaftskrise und Massenarbeitslosigkeit und die Unfähigkeit der Regierung, die Leiden des Volkes zu lindern, bis an die Grenze des Erträglichen geführt worden war. Es war der durch diese Zustände hervorgerufene Geist der Empörung, dem der Nationalsozialismus Ausdruck verlieh. Und dieser war nicht, wie der Kommunismus, durch Doktrinen und Klassenkampftheorien eingeschränkt.

»Der Anfang der nationalsozialistischen Bewegung«, sagte Gregor Strasser am 10. Mai im Reichstag, »ist der Protest des Volkes gegen einen Staat, der das Recht auf Arbeit und die Wiederherstellung des natürlichen Auskommens verweigert. Wenn der Verteilungsapparat des weltwirtschaftlichen Systems von heute es nicht versteht, den Ertragsreichtum der Natur richtig zu verteilen, dann ist dieses System falsch und muß geändert werden ... Das wesentliche an der gegenwärtigen Entwicklung ist die große antikapitalistische Sehnsucht, die durch unser Volk geht. Sie ist der Protest des Volkes gegen eine entartete Wirtschaft, und sie verlangt vom Staate, daß er, um das eigene Lebensrecht zu sichern, mit den Dämonen Gold, Weltwirtschaft, Materialismus, mit dem Denken in Ausfuhrstatistik und Reichsbankdiskont bricht und ehrliches Auskommen für ehrlich geleistete Arbeit wiederherzustellen in der Lage ist. Diese antikapitalistische Sehnsucht ist ein Beweis dafür, daß wir vor einer großen Zeitwende stehen: die Überwindung des Liberalismus und das Aufkommen eines neuen Denkens in der Wirtschaft und einer neuen Einstellung zum Staat[207].«

Man ist geneigt zu fragen, wie sich denn Strassers Rede mit derjenigen vereinen ließ, die Hitler einige Monate vorher vor dem Industrieklub in Düsseldorf hielt, oder was die Nazis überhaupt unter dem »neuen Denken in der Wirtschaft und der neuen Einstellung zum Staat« verstanden. Aber im Jahre 1932 waren große Teile der Bevölkerung nicht in der Stimmung, zu den Widersprüchen im Naziprogramm kritisch Stellung zu nehmen. Sie fühlten sich angezogen von der Radikalität seiner Forderungen und von seinem Protest gegen das »System«, das sie — ganz gleich, was an seine Stelle treten würde — mit aller Leidenschaft gestürzt zu sehen wünschten.

Diese Gründe wurden durch geschickte Wahlagitation ausgenützt. »Es beginnt die Reiserei wieder«, klagt Goebbels am 1. Juli. »Die Arbeit muß im Stehen, Gehen, Fahren und Fliegen erledigt werden. Die wichtigsten Unterredungen hält man auf der Treppe, im Hausflur, an der Türe, auf der Fahrt zum Bahnhof ab. Man kommt kaum zur Besinnung. Man wird von Eisenbahn, Auto und Flugzeug kreuz und quer durch Deutschland getragen ... Das Publikum hat meistens gar keine Ahnung davon, was der einzelne Redner am Tage schon alles durchgemacht hat, bevor er abends zum Reden kommt ... Unterdes aber müht er sich ab mit der Hitze, mit dem Wort, mit der Logik des Gedankens, mit einer Stimme, die heiserer und heiserer wird, mit der Tücke der schlechten Akustik, mit der schweren Luft, die von 10 000 aufeinandergepferchten Menschen auf ihn dringt[208].«

Der ganze bekannte Apparat des Nazipropagandarummels wurde in Gang gesetzt — Plakate, Presse, sensationelle Beschuldigungen und Gegenbeschuldigungen, Massenversammlungen, Kundgebungen und SA-Aufmärsche. Allein schon als körperliche Leistung war das Wahlreiseprogramm von Männern wie Hitler und Goebbels bemerkenswert. Hitler nahm wieder seine Zuflucht zum Flugzeug. Bei diesem dritten »Flug über Deutschland« besuchte er nahezu fünfzig Städte, in denen er im Laufe der beiden letzten Juli-Wochen sprach. Einmal traf Hitler, vom schlechten Wetter aufgehalten, auf einer Versammlung bei Stralsund erst um $\frac{1}{2}3$ morgens ein. Die nach Tausenden zählende Menge hatte im strömenden Regen auf ihn gewartet. Nach Schluß seiner Rede wurde die Morgendämmerung mit dem gemeinsamen Lied begrüßt: »Deutschland, Deutschland über alles.« Das war mehr als geschickte Wahlagitation. Überhaupt hätte die Nazikampagne mit ihren sinnreichen Methoden allein einen so großen Erfolg nicht errungen, wenn sie nicht auch gleichzeitig der Stimmung eines beträchtlichen Teiles des deutschen Volkes entsprochen hätte.

Als in der Nacht des 31. Juli die Wahlergebnisse bekanntgegeben wurden, zeigte sich, daß die Nazis alle ihre Konkurrenten aus dem Felde geschlagen hatten. Mit 13 745 000 Stimmen und 230 Reichstagsmandaten hatten sie ihre Anhängerschaft seit den Wahlen im September 1930 mehr als verdoppelt. Sie waren jetzt die weitaus größte deutsche Partei. Ihr wichtigster Rivale, die Sozialdemokratische Partei, hatte knapp 8 Millionen Stimmen erhalten, die Kommunistische Partei 5,25 Millionen und das Zentrum 4,5 Millionen. Zieht man die Wahlen von 1928 zum Vergleich heran, so ist Hitlers Stimmengewinn — fast 13 Millionen in vier Jahren — noch überraschender. Wenn es ihm auch nicht möglich gewesen war, den festen Block der sozialdemokratischen und Zentrumswähler besonders zu erschüttern, so hatte er doch den Rechtsparteien 6 Millionen Stimmen abgejagt und auch den größten Teil jener 6 Millionen Wähler eingefangen, die zum erstenmal ihre Stimme abgaben. Die den Nazis 1932 zuströmenden Massen kamen aus den Reihen der Wähler, die 1928 für die Mittelparteien, wie Deutsche Volkspartei, Demokratische Partei und Wirtschaftspartei, gestimmt hatten, denn die Gesamtstimmenzahl dieser Parteien war von 5 582 500 im Jahre 1928 auf 945 700 im Jahre 1932 abgesunken. Der Massenzustrom kam auch von den Wählern der Deutschnationalen Partei, die 1½ Millionen Stimmen verlor, aus der Jugend, die vielfach arbeitslos war und zum erstenmal wählte, und schließlich aus den Reihen derer, die früher an den Wahlen nicht teilgenommen hatten, diesmal aber, von den Ereignissen und von heftigen Propagandaparolen aufgewühlt, doch zur Wahlurne geschritten waren.

Der zweite Abschnitt begann also mit einem weithin widerhallenden Erfolg für die Nazis. Und doch war es kein überzeugender Erfolg; er überließ es Papen und Hitler, die Situation jeweils auf eigene, d. h. auf sehr verschiedene Weise zu deuten. Denn die klare Mehrheit, auf die die Nazis gehofft hatten, war immer noch nicht erreicht (37,3% aller Stimmen). Außerdem zeigte, trotz zahlenmäßigen Stimmenzuwachses, der Grad des Zuwachses eine fallende Tendenz:

September 1930 (Reichstagswahl) . . . . . 18,3% aller Stimmen
März 1932 (1. Präsidentschaftswahl) . . . 30,0% aller Stimmen
April 1932 (2. Präsidentschaftswahl) . . . 36,7% aller Stimmen
April 1932 (Preußische Landtagswahl) . . . 36,3% aller Stimmen
Juli 1932 (Reichstagswahl) . . . . 37,3% aller Stimmen

Der britische Botschafter bemerkte in einer Depesche an seinen Außenminister: »Hitler scheint jetzt seine Reserven erschöpft zu haben. Die kleinen bürgerlichen Parteien der Mitte und der Rechten hat er geschluckt, und es sieht nicht so aus, als ob er in der Lage sei, eine Bresche in das Zentrum, in die Kommunistische und in die Sozialdemokratische Partei zu schlagen . . . Alle anderen Parteien sind natürlich befriedigt darüber, daß es Hitler nicht gelungen ist, bei dieser Gelegenheit so etwas wie eine Mehrheit zu erreichen, insbesondere, weil sie überzeugt sind, daß er jetzt seinen Höhepunkt überschritten hat[209].«

Allerdings fühlte sich Hitler, was einen Pakt mit Papen und Schleicher betraf, in einer sehr starken Position. Die Deutschnationale Partei und die Deutsche Volkspartei, die außer den Nazis als einzige die Regierung stützen konnten, erhielten im neuen Reichstag zusammen nicht mehr als 44 von 608 Mandaten. Die beiden radikalen Parteien dagegen,

Nazis und Kommunisten, hatten zusammen (230 und 89) mehr als 50% der Reichstagsmandate. Das genügte, um ein parlamentarisches Regieren unmöglich zu machen, sofern die Nazis nicht dazu gebracht werden konnten, die Regierung zu unterstützen. Mit 13,7 Millionen Wählerstimmen, mit einer Partei von mehr als 1 Million Mitglieder und mit einer Privatarmee von 400000 SA- und SS-Leuten war Hitler der mächtigste politische Führer in Deutschland, und als Haupt dieser mächtigsten politischen Partei, die Deutschland je gesehen hatte, klopfte er an die Tür der Reichskanzlei.

Durch die Wahlschlacht aufgerührt und im Glauben, daß der langersehnte Tag in Sicht sei, drohte die SA unruhig zu werden. Am 8. August notiert Goebbels: »In Berlin rumort es. Vor allem auch in der eigenen Partei und SA ... Die ganze Partei hat sich bereits auf die Macht eingestellt. Die SA verläßt ihre Arbeitsplätze, um sich bereitzumachen. Wenn es gut geht, dann ist alles in Ordnung. Geht es aber schlecht, dann gibt es einen furchtbaren Rückschlag.« Und zwei Tage später: »Die SA steht alarmbereit Gewehr bei Fuß ... Immer dichter wird die SA um Berlin zusammengezogen. Dieses Schauspiel vollzieht sich mit einer imponierenden Genauigkeit und Disziplin.« Die Straßenschlachten flammten wieder auf, besonders in Schlesien und Ostpreußen. In den ersten neun Tagen des August wurden jeden Tag mehrere Zwischenfälle gemeldet; sie fanden ihren Höhepunkt am 9. August in der Ermordung eines Kommunisten mit Namen Pietrzuch, der in Potempa, einem Dorf in Schlesien, vor den Augen seiner Mutter in brutaler Weise von fünf Nazis zu Tode getrampelt wurde. Am gleichen Tage noch verhängte die Regierung Papen die Todesstrafe für Tätlichkeiten, die den Tod von Menschen zur Folge hatten. Die Nazis protestierten umgehend und voller Entrüstung.

Hitler, der sich der starken Ungeduld in der Partei bewußt war, nahm sich Zeit zum Handeln. Am 2. August hatte er mit seinen Führern eine Besprechung in Tegernsee in Bayern, traf jedoch keine endgültige Entscheidung. Eine Koalition mit dem Zentrum würde eine Mehrheit im Reichstag ergeben haben, aber Hitler war in einer »Alles-oder-nichts-Stimmung«. Er wollte die ganze Macht, nicht nur einen Teil. Am 5. August traf er in Fürstenberg, nördlich von Berlin, mit General von Schleicher zusammen und trug ihm seine Forderungen vor: das Amt des Reichskanzlers für sich selbst, das Amt des preußischen Ministerpräsidenten und die beiden Innenministerien im Reich und in Preußen für andere Nazis. Außerdem sollte das Justizministerium von den Nazis übernommen und ein ganz neues Ministerium eingerichtet werden, ein Ministerium für Volksaufklärung und Propaganda, für das Goebbels vorgesehen war. Sodann sollte dem Reichstag ein Ermächtigungsgesetz vorgelegt werden, das Hitler uneingeschränkte Macht einräumte, durch Erlasse zu regieren; wenn das Parlament die Annahme der Vorlage verweigerte, sollte es aufgelöst werden. Was Schleicher auch darauf erwidert haben mag — Hitler schied von ihm in der Zuversicht, daß der General seinen ganzen Einfluß aufbieten würde, um ihn zum Reichskanzler zu machen. Er war so hochgestimmt, daß er Schleicher vorschlug, zum Gedenken an die historische Begegnung eine Erinnerungstafel an der Wand des Hauses anbringen zu lassen. Dann kehrte er nach Berchtesgaden zurück, um die Ereignisse abzuwarten.

Am 9. August suchten ihn jedoch Strasser und Frick auf und brachten beunruhigende Nachrichten mit. Die Gewalttätigkeit der SA und einige der Zügellosigkeiten, die sich während und nach der Wahl abspielten, hatten im Volk die Frage auftauchen lassen, ob denn die Nazis für die Machtausübung geeignet seien. Funk, der mit einer Botschaft von Schacht eintraf, bestätigte diese Stimmung. In den Kreisen des Handels und der Industrie fragte man sich besorgt, ob eine Kanzlerschaft Hitlers nicht zu radikalen Wirtschaftsexperimenten von der Art, wie die Gottfried Feder und Gregor Strasser häufig angedroht hatten, führen werde. Aus Berlin war noch keine Nachricht gekommen.

Am 11. August beschloß Hitler, die Sache selber voranzutreiben[210]. Er verließ seine Berge und schickte Botschafter voraus, die ein Zusammentreffen mit dem Reichskanzler und dem Reichspräsidenten einleiten sollten. Unterwegs hielt er mit seinen engeren Mitarbeitern am Chiemsee wieder einmal eine Konferenz ab und fuhr dann im Wagen nach Berlin. Goebbels faßte das Ergebnis der Konferenz wie folgt zusammen: »Wenn man uns nicht die Möglichkeit gibt, mit dem Marxismus abzurechnen, dann ist unsere Machtübernahme vollkommen zwecklos[211].« Diese Versicherung war Hitlers Besänftigungspille für seine ungeduldige SA.

Spät am Abend des 12. August kam Hitler in Berlin an. Um nicht gesehen zu werden, fuhr er nach Caputh zu Goebbels' Wohnung. Röhm war bereits bei Papen und Schleicher gewesen und hatte unverblümt gefragt, wer nun Reichskanzler werden würde. War Schleicher von Hitler etwa mißverstanden worden? Die Antwort, die Röhm erhalten hatte, war keineswegs befriedigend gewesen. Nachdem Goebbels über die Neuigkeiten berichtet hatte, schritt Hitler lange Zeit im Zimmer auf und ab und kalkulierte beunruhigt seine Chancen. Hundertmal dürfte er sich selbst gefragt haben, ob er nicht seine Forderungen zu hoch geschraubt hatte. Sie niedriger anzusetzen und sich mit etwas Geringerem als der ganzen Macht zufriedenzugeben, hätte dagegen in Partei und SA Unheil heraufbeschworen. Nachdem er noch etwas Musik angehört hatte, ging Hitler an diesem Abend spät zu Bett. Die entscheidende Unterredung mit Papen und Schleicher war für den Mittag des nächsten Tages angesetzt.

Was sich seit der Wahl auf seiten der Regierung zugetragen hat, ist weit schwieriger zu verfolgen. Trotz des Mißerfolges der beiden Parteien, auf deren Unterstützung man gerechnet hatte — der Deutschnationalen und der Deutschen Volkspartei —, war Papen von Hitlers Erfolg weniger beeindruckt, als man hätte erwarten sollen. Es war Hitler nicht gelungen, die erhoffte Mehrheit zu gewinnen, und so konnte Papen einwenden, daß die Wahlergebnisse und die Zerrissenheit im Reichstag weiterhin ein von zusammenhanglosen Parteigruppierungen unabhängiges Präsidialkabinett rechtfertigten. Tatsächlich sah Papen keinerlei Grund, warum er zugunsten Hitlers zurücktreten sollte. Er erfreute sich der Gunst des Reichspräsidenten in viel höherem Maße als irgendeiner vor ihm, und der Präsident hatte gewiß nicht den Wunsch, den weltgewandten und charmanten Papen gegen einen Mann auszutauschen, den er nicht mochte und den er »sonderbar« fand. Die Gewaltakte der Nazis während und nach der Wahl hatten die schlechte Meinung über sie nicht nur in der Umgebung des Präsidenten, sondern ganz allgemein in den besitzenden Klassen und, was am wichtigsten war, in der Reichswehr verschärft. Berichte aus dem Ausland über die möglichen Auswirkungen einer Machtübernahme Hitlers hatten sowohl beim Kabinett wie bei der Reichswehr ihren Eindruck nicht verfehlt, während dem Präsidenten allein die Tatsache genügte, daß Hitler sein Versprechen gebrochen und die Regierung, die er unterstützen wollte, angegriffen hatte. Und schließlich war Papen ebenso wie andere politische Beobachter überzeugt, daß die Nazis ihren Höhepunkt überschritten hatten und fortan Stimmen verlieren würden. Wenn er nun noch zu einer Übereinkunft mit Hitler bereit war, konnten nur seine Bedingungen und nicht die von Hitler maßgebend sein.

Auch Schleichers Haltung hatte sich seit dem Treffen in Fürstenberg am 5. August geändert. Das Höchste, was man Hitler bei seiner Zusammenkunft mit Papen und Schleicher zu bieten geneigt war, war das Amt des Vizekanzlers und das des preußischen Innenministers für einen Mann aus seiner engeren Umgebung. Hitlers Anspruch auf die Macht als Führer der größten Partei im Reichstag wurde höflich zurückgewiesen. Der Reichspräsident, sagte Papen, bestehe auf Beibehaltung eines Präsidialkabinetts, und ein solches könne nicht einen Parteiführer wie Hitler an der Spitze haben. Hitler schlug Papens Angebot rundweg ab, verlor die Fassung und begann zu schreien. Er verlange die ganze Macht, und nicht weniger. In wilden Worten sprach er vom »Niedermähen« der Marxisten, von einer Bartholomäusnacht: »Drei Tage Straße frei für die SA!« Sowohl Papen wie Schleicher waren betroffen von der zornwütigen, unbeherrschten Gestalt, die diesmal vor ihnen stand. Und sie ließen sich wohl kaum von Hitlers Erklärung beunruhigen, daß er weder das Außenministerium noch das Reichswehrministerium haben wolle, sondern nur die gleiche Macht, die Mussolini 1922 gefordert hatte. Während Hitler damit eine Koalitionsregierung meinte, wie sie Mussolini unter Einschluß von Nichtfaschisten anfänglich gebildet hatte, verstanden Papen und Schleicher nichts anderes, als daß er eine Diktatur anstrebe, in der er allein und ohne sie regieren würde — und damit hatten sie, wie Hitlers Ernennung zum Reichskanzler später erweisen sollte, vollkommen recht.

Nach langen und hitzigen Auseinandersetzungen verließ Hitler sie und fuhr, wütend vor Enttäuschung, zu Goebbels' Wohnung am Reichskanzlerplatz. Als um drei Uhr angerufen wurde, daß der Reichspräsident Hitler erwarte, antwortete Frick oder Goebbels, es habe keinen Sinn mehr, denn die Entscheidung sei ja bereits gefallen. Aber der Präsident war hartnäckig. Solange er nicht mit Hitler gesprochen habe, sei nichts entschieden, lautete die Antwort. Und Hitler ging hin, zitternd und ärgerlich.

Der Präsident empfing ihn stehend und auf seinen Stock gestützt. Er war sehr kühl. Hitlers Argument, daß er die Macht legal erringen wolle, zu diesem Zweck aber die volle Gewalt über die Regierungspolitik haben müsse, machte auf den alten Herrn keinen Eindruck. Einer der Anwesenden, Meißner, berichtet, daß Hindenburg erwiderte, er könne es bei der gegenwärtigen gespannten Lage nicht verantworten, die Regierungsgewalt einer neuen Partei zu übertragen, die nicht die Mehrheit der Wähler repräsentiere und die unduldsam, lärmend und undiszipliniert sei.

»Hier bezog sich Hindenburg mit sichtlicher Erregung auf verschiedene Vorgänge der jüngsten Zeit — Zusammenstöße zwischen den Nazis und der Polizei, Gewaltakte von Hitler-Anhängern gegen Andersgesinnte, Ausschreitungen gegen Juden und andere illegale Handlungen. Alle diese Zwischenfälle hatten ihn in seiner Überzeugung bestärkt, daß in der Partei eine Menge zügelloser Elemente waren, die man nicht genug in der Hand hatte. Konflikte mit dem Ausland mußten ebenfalls unter allen Umständen vermieden werden. Hindenburg schlug Hitler vor, mit den andern Parteien, vor allem mit Rechtsparteien und dem Zentrum, zusammenzuarbeiten. Er sollte den einseitigen Gedanken aufgeben, die ganze Macht haben zu müssen. Durch eine Zusammenarbeit mit andern Parteien würde er zu zeigen vermögen, was er leisten und besser machen könne. Wenn er positive Ergebnisse aufweisen könnte, würde er selbst in einer Koalitionsregierung zunehmenden Einfluß gewinnen. Dies würde auch die weitverbreitete Befürchtung entkräften, daß eine nationalsozialistische Regierung ihre Macht mißbrauche. Hindenburg fügte hinzu, daß er bereit sei, Hitler und seine Bewegung innerhalb einer Koalitionsregierung zu akzeptieren, über deren genaue Zusammensetzung man noch verhandeln könne. Aber man könne es nicht verantworten, Hitler allein die ausschließliche Macht zu erteilen. Aber Hitler blieb felsenfest bei seiner Weigerung, sich in eine Lage zu begeben, in der er mit den Führern anderer Parteien verhandeln und einer Koalitionsregierung gegenüberstehen mußte[212].«

Vor Schluß der Unterredung nahm Hindenburg die Gelegenheit wahr, Hitler an das von ihm gebrochene Versprechen zu erinnern, daß er die Regierung Papen unterstützen werde. Nach dem Wortlaut des Kommuniqués »ermahnte er Herrn Hitler ernstlich, die Opposition der NSDAP ritterlich zu führen und sich der Verantwortung vor seinem Vaterland und dem deutschen Volk bewußt zu bleiben«. Diesmal waren die Nazis mit ihrer Propagandamaschine nicht auf dem Posten; ehe ihnen noch klar wurde, was geschehen war, hatte die Regierung eine für Hitler ungünstige Darstellung dieser Unterredung an die Öffentlichkeit gebracht, die nun um die halbe Welt ging. Darin wurde gesprochen von Hitlers »Forderung nach vollständiger und ausschließlicher Herrschaft«, von Hindenburgs Weigerung, »einer Partei die Macht zu übertragen, die die Absicht hat, einseitig von ihr Gebrauch zu machen«, von Hitlers Mißachtung des vor der Wahl gegebenen Versprechens, die Regierung Papen zu unterstützen, und schließlich Hindenburgs Mahnung wiederholt, die Opposition ritterlich zu führen. Vor den Augen der Welt, vor den Augen seiner eigenen Partei war Hitlers Demütigung vollkommen.

VI

Wenn Hitler jemals Vertrauen in sein eigenes Urteilsvermögen nötig hatte, so war es jetzt. Ein falscher Schritt konnte seine Aussichten auf Erfolg vernichten; und ein falscher Schritt war leicht getan. Die Legalitätspolitik schien in Mißkredit geraten und bankrott zu sein. Hitler hatte eine so zahlreiche Wählerschaft hinter sich, wie sie seit dem ersten Weltkrieg keine andere Partei jemals gehabt hatte. Er hatte sich strikt an den Wortlaut der Verfassung gehalten und an die Tür der Reichskanzlei gepocht, und die war ihm in aller Öffentlichkeit vor der Nase zugeschlagen worden. Die Art und Weise, mit der man seine Forderungen zurückgewiesen hatte, rührten an eine wunde Stelle Hitlers. Wieder einmal war er nicht gut genug, ein ungebildeter, grober Geselle, den man nicht zum Reichskanzler machen konnte. Wieder einmal war es gewesen wie mit Lossow, Kahr und München; es flammte sein alter Haß wieder auf, seine Verachtung für das Bürgertum und dessen respektable Politiker — für Zylinder und Gehrock und den »Herrn Doktor«. Er war ärgerlich und grollte. Er spürte, daß er in eine Falle gegangen war und daß die Überlegenen, die ihn zum Narren gehalten hatten, ihn auslachten. Er hatte den Fehler gemacht, mit zu hohem Einsatz zu spielen; nun war sein Bluff entlarvt worden, und statt zur Macht emporgetragen zu werden, hatte er stehend anhören müssen, wie ihn der Reichspräsident wegen seiner schlechten Manieren und seines unritterlichen Benehmens herunterputzte. In solcher Verfassung war die Versuchung groß, jenen Leuten zu zeigen, daß er nicht gebluff hatte, die SA ihren Kopf durchsetzten und diese sauberen bürgerlichen Politiker spüren zu lassen, daß er nicht nur ein »Revolutionär mit großem Maulwerk« sei, wie Goebbels einmal Strasser genannt hatte.

Von der Partei wurde ein starker Druck ausgeübt, der in diese Richtung ging. Schon immer war ein beträchtlicher, am stärksten in der SA vertretener Teil der Legalitätspolitik abgeneigt gewesen und nur unter großen Schwierigkeiten dazu gebracht worden, sich ihr zu fügen. Jetzt, nachdem das Legalitätsprinzip zu einem offensichtlichen Rückschlag geführt hatte, wurde man noch widerspenstiger und kritischer. Der Fall Potempa wirft ein helles Licht auf die Schwierigkeiten, denen Hitler gegenüberstand. Die fünf Nazis, die den Mord an dem kommunistischen Bergarbeiter Pietrzuch begangen hatten, wurden am 22. August zum Tode verurteilt. Alle fünf waren SA-Leute, und der Fall erregte Aufsehen in der breitesten Öffentlichkeit. Die SA war wütend: das hieße ja, die nationalgesinnten Nazis mit den vaterlandslosen Kommunisten auf die gleiche Stufe zu stellen. Und das war einfach das Gegenteil von dem, was Hitler und die Nazis unter Gerechtigkeit verstanden.

So stand Hitler vor der Wahl, sich entweder auf die Seite der Mörder zu stellen und damit die öffentliche Meinung zu verletzen und seine eigene Legalitätspolitik zu verhöhnen, oder sie fallenzulassen, womit er das Vertrauen der SA aufs Spiel setzte und öffentlich seine Unfähigkeit bekundete, die eigenen Gefolgsleute zu schützen. Hitler zog sich aus der Affäre, indem er den fünf Mördern ein Telegramm schickte: »Meine Kameraden, angesichts dieses ungeheuerlichsten und blutigsten Urteils fühle ich mich Euch in restloser Treue verbunden. Eure Befreiung ist für uns Ehrensache. Es ist unsere Pflicht, gegen eine Regierung zu kämpfen, die so etwas zugelassen hat.« Darauf ließ er einen scharfen Aufruf folgen, in dem er Papen der vorsätzlichen Verfolgung »nationalgesinnter« Elemente beschuldigte:

»Deutsche Volksgenossen, wer von Ihnen mit unserm Kampf für die Ehre und Freiheit der Nation einverstanden ist, wird verstehen,

warum ich es ablehnte, ein Amt in diesem Kabinett zu übernehmen.
... Herr von Papen, jetzt verstehe ich Ihre blutige ›Objektivität‹. Ich will den Sieg des nationalen Deutschlands und die Vernichtung der marxistischen Verderber; ganz gewiß aber bin ich nicht geeignet, der Henker der nationalen Kämpfer für die Freiheit des deutschen Volkes zu sein[213].«

Röhm besuchte die Verurteilten und gab ihnen die Zusicherung, daß sie nicht hingerichtet würden. Das war keine leere Prahlerei: einige Tage nach Hitlers Telegramm wurde die Todesstrafe in lebenslange Haft umgewandelt.

Es steht außer Zweifel, daß Hitlers Verhalten im Fall Potempa die öffentliche Meinung in Deutschland empörte, denn über die Gerechtigkeit des Urteils war kaum zu streiten. Aber Hitler mußte diesen Preis zahlen, wenn er seine Bewegung zusammenhalten und seine Autorität aufrechterhalten wollte. Allerdings besteht auch kein Grund anzunehmen, daß er wegen des Mordes in Potempa tiefere Bedenken empfunden hätte; gewiß, das Aufsehen, das er erregte, war lästig, aber einen politischen Gegner mit den Füßen zu Tode zu trampeln, lag durchaus noch innerhalb der Grenzen dessen, was Hitler unter Legalität verstand.

Obwohl in der Zeit zwischen August und den zweiten Reichstagswahlen im November die Nazis in Presse und Reden immer radikaler wurden, und obwohl Hitler der Regierung Papen gegenüber in kompromißloser Opposition stand, hütete er sich doch, von der Taktik der Legalität abzuweichen oder sich zu dem Risiko verleiten zu lassen, die Macht gewaltsam zu ergreifen. Noch am Tage der demütigenden Unterredung mit dem Reichspräsidenten versammelte er Röhm und die andern SA-Führer um sich und machte ihnen beharrlich klar, daß sie den Gedanken an einen Putsch aufgeben müßten. Goebbels fügt seinem Bericht über diese Zusammenkunft hinzu: »Für sie ist es am schwersten. Wer weiß, ob ihre Formationen gehalten werden können. ... Der Stabschef bleibt noch lange bei uns zu Hause. Er hat schwere Sorgen um die SA[214].« Hitler blieb dieser politischen Linie die ganze Zeit über treu. Er war fest entschlossen, einen offenen Konflikt mit der Reichswehr zu vermeiden und auf legalem Wege an die Macht zu gelangen. Die Zeit sei noch nicht reif, sagte er zu Goebbels; Papen und Hindenburg hätten noch nicht begriffen, daß sie seine Bedingungen annehmen müßten. Aber immer noch sah er das Mittel, um an die Macht zu kommen, in einer Übereinkunft, nicht in einer Revolution.

Kurz nach dem Potempa-Zwischenfall besuchte Hermann Rauschning, eines der führenden Mitglieder des Danziger Senats, Hitler in Haus Wachenfeld auf dem Obersalzberg. Die kleine Danziger Gruppe traf Hitler in schlechter Laune an. In Gedanken versunken saß er auf der Veranda und starrte auf die Berglandschaft. Er unterbrach dann sein Schweigen und machte ein paar erregte Bemerkungen über das Wesen des nächsten Krieges, von denen viele geradezu prophetisch waren. Er legte großes Gewicht auf psychologische Kriegführung — wäre diese sorgfältig genug vorbereitet, dann hätte man den Friedensvertrag schon in der Tasche, ehe der Krieg überhaupt begonnen habe. »Was die artilleristische Vorbereitung für den frontalen Angriff der Infanterie im Grabenkampf bedeutet hat, das wird in Zukunft die psychologische Zermürbung des Gegners durch revolutionäre Propaganda zu tun haben, ehe die Armeen überhaupt in Funktion treten ... Die moralische Niederkämpfung des Gegners — wie erreichen wir sie vor dem Kriege? ... Wir werden so sicher eine Revolution in Frankreich haben, wie wir sie diesmal in Deutschland nicht haben werden. Ich werde den Franzosen als ihr Befreier vorkommen. Wir werden dem kleinen Mann des Mittelstandes als die Bringer einer gerechten sozialen Ordnung und eines ewigen Friedens kommen. Diese Leute wollen ja alle nicht mehr Krieg und Größe[215].« Über die damalige politische Situation konnte Rauschning jedoch nicht viel aus Hitler herausbekommen. Er war ärgerlich und unsicher, »zerstreut und sprunghaft«, meinte Rauschning. »Er befand sich selbst im Zwiespalt zwischen seinem eigenen revolutionären Temperament, das ihn zur leidenschaftlichen Aktion drängte, und seiner politischen Verschlagenheit, die ihm riet, den sicheren Weg der politischen Kombination zu gehen, um erst dann seine ›Rache zu nehmen‹[216].« Hitler sprach noch viel von Rücksichtslosigkeit und teilte an alle, die ihn reizten, Hiebe aus. Über die wirtschaftlichen Fragen, auf die Rauschning ihn aufmerksam zu machen versuchte, äußerte er sich verächtlich und ungeduldig: es brauche nur der nötige Wille da zu sein, dann würden sich die Probleme von selber lösen. Nur als man auf Danzig zu sprechen kam, zeigte Hitler ein Interesse an der tatsächlichen politischen Situation in Deutschland. Seine erste Frage war, ob zwischen Danzig und dem Deutschen Reich ein Auslieferungsvertrag bestehe. Es stellte sich dann heraus, daß er sich in Gedanken mit der Möglichkeit beschäftigte, irgendwo untertauchen zu müssen, wenn die Regierung etwas gegen die Partei unternehmen oder sie verbieten sollte. In diesem Falle wäre Danzig mit seiner vom Völkerbund garantierten Selbständigkeit ein sehr geeignetes Asyl gewesen.

Als sich die Danziger verabschiedeten, um nach München zu fahren, kam Goebbels den Weg zum Haus heraufgestelzt. Er war aus Berlin herzitiert worden, um an den weiteren sorgenvollen Beratungen teilzunehmen, wie man die Partei aus der Sackgasse, in die sie geraten war, wieder herausmanövrieren könnte.

Mit der Regierung unterhielt man bis in den Herbst hinein lockere Beziehungen, was aber zu nichts führte. Papen baute immer noch darauf, Hitler durch den Zermürbungsprozeß, bei dem er die Nazis an der Schwelle der Macht warten ließ, zur Annahme seiner Bedingungen zwingen zu können. Es handelte sich darum, wer zuerst nachgab.

Im August und September machten die Nazis den Versuch einer Annäherung an die Zentrumspartei: zusammen, meinten sie, verfüge man ja doch über eine Mehrheit im Reichstag. Unter anderem schlug Hitler vor, eine gemeinsame Aktion zur Absetzung des Präsidenten zu starten und auf diese Weise Neuwahlen in die Wege zu leiten. Goebbels notierte am 25. August: »Wir haben Verbindungen zum Zentrum anknüpfen lassen, wenn auch nur als Druckmittel der Gegenseite gegenüber ... Es bleiben drei Möglichkeiten übrig. Erstens: Präsidialkabinett, zweitens: Koalition, drittens: Opposition ... In Berlin stellte ich fest, daß General Schleicher bereits von unseren Fühlern zum Zentrum erfahren hat. Das ist ein sehr praktisches Druckmittel. Ich lasse ihn in dieser Meinung noch bestärken. Vielleicht kommen wir dann eher bei der ersten Lösung zu einem Ergebnis[217].« Das praktische Ergebnis dieser Unterhandlungen bestand darin, daß Göring am 30. August mit den Stimmen der Nazis, des Zentrums und der Deutschnationalen zum Reichstagspräsidenten gewählt wurde.

Papen lehnte es ab, in einer Kombination zwischen Nazis und Zentrum eine Gefahr für seine Stellung zu sehen. Er war fest überzeugt, daß die Verlängerung des Leerlaufs für die Nazis nachteilig sei und daß sie bei jeder neuen Wahl Stimmen verlieren müßten. Mit der Drohung der Reichstagsauflösung und eines neuen Appells an das Volk glaubte er, das Trumpf-As in der Hand zu halten, und war entschlossen, es notfalls auszuspielen.

Am 12. September erreichten die intrigenreichen Wochen ihren Höhepunkt. Nach der Wahl Görings zum Reichstagspräsidenten hatte sich der Reichstag bis zum 12. September vertagt, und an diesem Tage fand die erste Plenarsitzung seit den Juli-Wahlen statt. Da Papen Schwierigkeiten kommen sah, hatte er sich vom Reichspräsidenten einen Erlaß zur Auflösung des Reichstags im voraus geben lassen. Mit diesem Papier in der Tasche fühlte er sich völlig als Herr der Situation. Der tatsächliche Verlauf der Ereignisse des 12. September war jedoch für beide Seiten überraschend. Nach Eröffnung der Sitzung, der eine dichtgedrängte Menge auf der Galerie und in der Diplomatenloge beiwohnte, beantragte der kommunistische Abgeordnete Torgler, der Regierung das Mißtrauen auszusprechen und die Tagesordnung zu ändern. Die andern Parteien waren sich einig gewesen, daß mit solcher Aktion nichts zu gewinnen sei, und hatten die Vereinbarung getroffen, daß ein Abgeordneter der Deutschnationalen dem Antrag formell widersprechen sollte, da der Einspruch eines einzigen Abgeordneten genügte, um eine ohne vorherige Ankündigung beantragte Änderung der Tagesordnung zu verhindern. Als jedoch der entscheidende Augenblick gekommen war, verhielten sich die Deutschnationalen passiv. Nach einer Pause verlegener Stille erhob sich Frick und beantragte einen Aufschub von einer halben Stunde. In den Wandelgängen erzählte man sich dann in der aufgeregten Menge, Papen habe die Auflösung des Reichstags beschlossen, und das Verhalten der Deutschnationalen sei auf ein Übereinkommen mit ihm zurückzuführen. Unterdessen fand eine hastige Besprechung im Palais des Reichstagspräsidenten statt: Göring, Hitler, Strasser und Frick beschlossen, dem Kanzler zuvorzukommen, mit den Kommunisten zu stimmen und die Regierung zu stürzen, ehe der Reichstag aufgelöst werden konnte.

Sobald die Abgeordneten ihre Sitze wieder eingenommen hatten, verkündete Göring die sofortige Abstimmung über den kommunistischen Mißtrauensantrag. Papen stand protestierend auf und bat ums Wort. Aber Göring, der den Kanzler geflissentlich übersah, blickte in eine andere Richtung, und die Abstimmung begann. Weiß vor Zorn zog Papen jetzt die traditionelle rote Mappe hervor, die das Auflösungsdekret enthielt, warf es auf Görings Schreibtisch und verließ dann ostentativ den Sitzungssaal, begleitet von den anderen Mitgliedern seines Kabinetts. Noch immer hatte Göring für nichts anderes Augen als für den Abstimmungsvorgang. Der kommunistische Mißtrauensantrag wurde mit 513 gegen 32 Stimmen angenommen, und sofort erklärte Göring die Regierung für abgesetzt. Was den Fetzen Papier auf seinem Tisch angehe, den zu lesen er im übrigen jetzt keine Zeit habe, so sei er offensichtlich ungültig, da er von einem inzwischen gestürzten Kanzler gegengezeichnet sei.

Ob diese Reichstagsfarce und das fast einstimmige Mißtrauen gegen Papen diesem wirklich geschadet hat — wie die Nazis zu glauben geneigt waren — oder auch nicht, im Augenblick war der Kanzler im Vorteil. Denn Papen insistierte, daß das Auflösungsdekret bereits vor der Abstimmung unterzeichnet und auf Görings Tisch gelegt worden war und daß infolgedessen das Abstimmungsergebnis ungültig sei. Der Reichstag war nach kaum halbtägiger Sitzung aufgelöst, und die Nazis standen vor dem fünften großen Wahlkampf des Jahres.

Unter sich waren sie sich nur allzusehr im klaren darüber, daß Papen recht hatte und sie mit einer Stimmenabnahme rechnen mußten. Hitler lehnte es zwar ab, einen Kompromiß auch nur in Erwägung zu ziehen, und nahm Papens Herausforderung an, aber es war kein Geheimnis, daß dieser Wahlkampf der härteste von allen sein würde. Schweren Herzens notierte Goebbels am 16. September: »Nun geht es wieder in den Wahlkampf. Man hat manchmal das Gefühl, als wenn das immer so bleiben sollte ... Unsere Gegner rechnen auch damit, daß wir in diesem Kampf die Nerven verlieren und mürbe werden. Wir wissen das und wollen ihnen diesen Gefallen nicht tun. Gäben wir nach, dann wären wir verloren und alle bisherige Arbeit umsonst getan... auch wenn unser Kampf aussichtslos erscheint[218].« Einen Monat später gab er zu: »Die Organisation ist natürlich durch die vielen Wahlkämpfe sehr nervös geworden. Sie ist überarbeitet wie eine Kompanie, die zu lange im Schützengraben lag ... Die vielen Schwierigkeiten machen einen innerlich ganz wund[219].«

Eine der größten Schwierigkeiten war der Mangel an Geld. Vier Wahlen seit März, das hatte ein tiefes Loch in die Parteikasse gerissen, und zudem begannen in letzter Zeit die unschätzbaren Beiträge von außerhalb spärlicher zu fließen. Hitlers Weigerung, ein Abkommen zu schließen, sein arroganter Anspruch auf die totale Macht, seine nachsichtige Haltung den Mördern von Potempa gegenüber, der zum Radikalismus einschwenkende Kampf gegen die »Regierung der Reaktion« — das alles, und dazu zweifellos auch ein kräftiger Wink, den Papen den Industrie- und Handelskreisen gab, hatte die Partei in einen Engpaß geführt. Mitte Oktober klagte Goebbels: »Die Geldbeschaffung ist außerordentlich schwer. Die Herren von ›Besitz und Bildung‹ stehen alle bei der Regierung[220].«

Unter diesen Verhältnissen war es allein die entschlossene Führung Hitlers, die die Partei am Leben erhielt. In seinem Selbstvertrauen schwankte er niemals. Auf einer Tagung der Gauleiter in München Anfang Oktober wandte er alle seine Künste an, um ihnen neues Leben und neue Energie einzuhauchen. »Er ist in der Tat der Große über uns allen«, schrieb Goebbels begeistert. »Er reißt die Partei aus jeder verzweifelten Stimmung wieder hoch. Mit ihm an der Spitze muß die Bewegung siegen[221].«

Ein anderes Bild von Hitler aus jener Zeit stammt von Kurt Lüdecke[222]. Lüdecke besuchte Hitler Ende September in München, und nachdem er in dessen Münchener Wohnung einen Abend mit ihm verbracht und sich eine Anprangerung des Christentums angehört hatte, begleitete er ihn im Wagen zu einer Massenkundgebung der Hitler-Jugend in Potsdam.

Lüdecke fand Hitler in seiner Zuversicht unerschütterlich. Er sprach bereits von dem, was er als Kanzler tun würde. Man verließ München am Spätnachmittag in drei mächtigen Mercedes-Wagen, von denen einer mit Hitlers Leibwache besetzt war. Diese bestand aus acht Mann, die mit Pistolen und Nilpferdpeitschen bewaffnet waren; ihr Befehlshaber war Sepp Dietrich, der später als SS-General zu Ruhm gelangen sollte. Hitler hatte eine Passion für schnelles Fahren, obwohl er selbst niemals chauffierte, und so ging es in rasendem Tempo durch Bayern auf die sächsische Grenze zu. Lüdecke erzählte von Amerika, und Hitler, der nie außerhalb der deutschen Sprachgrenzen gewesen war, stellte interessiert Fragen. Als Knabe hatte er Karl May gelesen, und mit Lüdecke teilte er die Begeisterung für Old Shatterhands und Winnetous Abenteuer. Jedesmal, wenn Hitler einnickte, raffte er sich rasch wieder auf und sagte: »Weiter, weiter, ich darf nicht einschlafen. Ich höre zu.« In Nürnberg erwartete sie Julius Streicher, während in Berneck, wo die Fahrt für einen kurzen Schlaf unterbrochen wurde, Göring zu ihnen stieß und sich bis 4 Uhr morgens mit Hitler beriet. Kurz nach neun ging es weiter über eine Straße, auf der Hitler jede Kurve und jede Neigung kannte. Es wurde nur angehalten, um einen Imbiß einzunehmen. Darauf begann die Fahrt durch die überwiegend kommunistischen Gebiete Sachsens. An einer Stelle überholte man eine Reihe von Lastwagen, die mit kommunistischen Demonstranten besetzt waren. »Wir verlangsamten unser Tempo. Der schlechten Straße wegen mußten wir sie offenbar langsam überholen. Ich beobachtete, daß Sepp Dietrich die Zähne zusammenbiß. Alle hörten auf zu sprechen, und ich bemerkte, daß im vorderen Wagen die Hand eines jeden der Männer in der Seitentasche verschwand. Wir schlichen förmlich vorbei. Jeder, auch der Führer, sah den Kommunisten direkt ins Gesicht.« Er wurde erkannt und angezischt, aber niemand wagte es, sich mit seiner Leibgarde einzulassen.

In Potsdam hatten sich mehr als hunderttausend Jungen und Mädchen in dem von Fackeln erhellten Stadion versammelt. Nach einer kurzen Ansprache verbrachte Hitler den Rest des Abends damit, für die Tausende, die unerwartet herbeigeströmt waren, Unterkünfte zu beschaffen. Am nächten Vormittag um 11 Uhr, es war ein sonniger Oktobertag, begann der Vorbeimarsch. Bis 6 Uhr abends, also sieben Stunden lang, nahm Hitler stehend die Ehrenbezeigung entgegen, während die nicht endenwollenden Kolonnen der Hitler-Jugend in ihren braunen Hemden an ihm vorbeimarschierten. Einmal trat er auf Lüdecke zu und sagte: »Sehen Sie das? Nur keine Angst — das deutsche Volk marschiert.« Am späten Abend, nachdem Hitler mit dem Prinzen »Auwi«, einem der Kaisersöhne, der in die SA eingetreten war, diniert hatte, sah Lüdecke ihn im Zug nach München wieder. »Als wir den Eisenbahnwagen bestiegen, versperrte uns Brückner, Hitlers Adjutant, den Weg: ›Lassen Sie ihn allein‹, sagte er, ›der Mann ist erledigt‹. Völlig erschöpft saß er in der Ecke des Abteils. Hitler winkte uns matt zu sich heran. Er blickte mir eine Sekunde lang in die Augen, gab mir müde die Hand, und ich ging.«

»Als ich ihn das nächstemal sah, war er Reichskanzler[223].«

Die Aufrichtigkeit der radikalen Kampagne gegen die »Klassenregierung der Reaktion« wurde einige Tage vor der Wahl durch einen Verkehrsstreik in Berlin auf die Probe gestellt. Der Streik war eine Folge der Lohnkürzungen, die einen Teil von Papens Kampf gegen die Krise bildeten. Von den Sozialdemokraten und den Gewerkschaften war der Streik abgelehnt worden, aber die Kommunisten unterstützten ihn. Zur allgemeinen Überraschung gesellten sich die Nazis in diesem Falle zu den Kommunisten. Über die Gründe schreibt Goebbels in seinem Tagebuch ganz offen: »Die ganze Presse schimpft toll auf uns. Sie nennt das Bolschewismus; und dabei blieb uns eigentlich gar nichts anderes übrig. Wenn wir uns diesem Streik entzogen hätten, dann wäre damit unsere feste Position im arbeitenden Volke ins Wanken gekommen. Hier haben wir vor der Wahl noch einmal die große Gelegenheit, der Öffentlichkeit zu zeigen, daß unser antireaktionärer Kurs wirklich von innen heraus gemeint und gewollt ist, daß es sich bei der NSDAP in der Tat um eine neue Art des politischen Handelns und um eine bewußte Abkehr von den bürgerlichen Methoden handelt[224].«

Aber der Kurs der Nazis hatte auch noch andere Folgen. Am nächsten Tag schrieb Goebbels: »Der Geldmangel ist zu einer chronischen Krankheit geworden ... Die reaktionären bürgerlichen Blätter haben im Streik ein willkommenes Fressen gefunden. Sie hetzen in der unerhörtesten Weise gegen uns. Selbst viele unserer alten Parteigenossen werden irre ... Die sich aus dem Streik ergebenden Folgen stellen uns täglich vor neue Situationen[225].«

Die Wahlschlacht fand am Abend des 5. November ihr Ende. »Letzter Ansturm«, kommentiert Goebbels. »Verzweifeltes Aufbäumen der Partei gegen die Niederlage .... Es gelingt uns in letzter Minute noch, zehntausend Mark aufzutreiben, die wir am Sonnabendnachmittag noch in die Propaganda hineinpfeffern. Was getan werden konnte, das haben wir getan. Nun mag das Schicksal entscheiden[226].«

VII

Die Naziführer hatten sich über das Ergebnis der Wahl keine Illusionen gemacht. Es war die fünfte Wahl im Jahr, und gegen die zunehmende Apathie, die Gleichgültigkeit und Ungläubigkeit im deutschen Volk kämpften Propaganda und Agitation vergebens. Es war genau das, womit Papen gerechnet hatte, und seine Rechnung stimmte beinahe. Denn zum erstenmal seit 1930 verloren die Nazis Stimmen: 2 Millionen von den 13 745 000, die sie im Juli 1932 erhalten hatten, wodurch ihr Prozentsatz von 37,3 auf 33,1 absank. Ihre Reichstagsmandate verringerten sich von 230 (der insgesamt 608 Sitze) auf 196 (von insgesamt 584). Trotzdem blieben sie immer noch die weitaus größte Partei im Parlament.

Dieser Rückschlag erhielt seine besondere Ausprägung durch den Erfolg von zwei anderen Parteien. Die Deutschnationalen, die seit 1924 ständig Stimmverluste zu verzeichnen hatten, erhöhten plötzlich die Zahl ihrer Reichstagssitze von 37 auf 52; und die Kommunisten, die nahezu 6 Millionen Stimmen erhielten, sicherten sich damit 100 Mandate. Der Erfolg der Kommunisten war besonders überraschend, denn er bewies, daß die Nazis in der revolutionären Strömung, die sie bisher vorangetragen hatte, ihren Halt verloren. Es war schließlich kein Geheimnis, daß der größte Teil der neuen kommunistischen Wähler enttäuschte Anhänger des Nationalsozialismus und der Sozialdemokratie waren, die sich auf der Suche nach einer wahrhaft revolutionären Partei befanden.

Papen war von dem Wahlergebnis entzückt. Es sah in ihm einen moralischen Sieg seiner Regierung und hielt Hitlers Niederlage für schwerer, als sie in den Zahlen ausgedrückt war. Die Nazibewegung war immer mit dem Anspruch aufgetreten, etwas ganz anderes als die anderen Parteien, nämlich eine Bewegung der nationalen Erhebung zu sein. Jetzt war der Zauber gebrochen, die Leere ihrer Ziele enthüllt und Hitler zur Normalgröße irgendeines andern, sich um die Macht balgenden Politikers zusammengeschrumpft. Sein Abstieg, so glaubte Papen, würde sich ebenso rasch vollziehen wie sein Aufstieg. Wenn Hitler die Macht wollte, sollte er sich lieber mit ihm einigen, ehe ihm seine Wähler davonliefen.

Infolgedessen sah es zunächst so aus, als sollte den November-Wahlen eine Wiederholung dessen folgen, was sich nach dem 31. Juli ereignet hatte. Die Auseinandersetzung mit Hitler ließ sich in die Länge ziehen, und unterdessen wuchs die Wahrscheinlichkeit, daß er gezwungen sein würde, Papens Bedingungen anzunehmen. In diesem Zeitabschnitt — dem dritten — war jedoch Papen derjenige, der den Bogen überspannte, und das hatte unerwartete Folgen.

Hitler, trotz der Wahlniederlage entschlossen, nicht wieder wie am 13. August in die Falle zu gehen, verhielt sich still und lehnte es ab, auf Papens erste indirekte Annäherungsversuche einzugehen. Am 9. November berichtet Goebbels in seinem Tagebuch: »Die Wilhelmstraße hat einen Sendboten an den Führer geschickt. Es werden ihm dieselben Bedingungen wie am 13. August vorgelegt (das Amt des Vizekanzlers). Er aber bleibt hart und unerbittlich.« Drei Tage später schrieb Goebbels: »Der Führer hält sich ganz von Berlin fern. Die Wilhelmstraße kann lange auf ihn warten. Das ist gut so. Wir dürfen nicht weich werden wie vor dem 13. August[227].«

Am 13. November richtete Papen ein offizielles Schreiben an Hitler und machte ihm den Vorschlag, die alten Differenzen zu begraben und erneut die Verhandlungen über einen Zusammenschluß aller nationalgesinnten Parteien aufzunehmen[228]. Hitler ließ ein paar Tage verstreichen und schrieb erst am 16. eine ausführliche Antwort, die eine offene Abweisung enthielt. Als Voraussetzung für irgendwelche Verhandlungen stellte er vier Bedingungen: die Verhandlungen sollten schriftlich geführt werden, um diesmal Mißverständnisse zu vermeiden; der Reichskanzler solle für seine Aktion die ganze Verantwortung selber übernehmen und nicht wieder, wie im August, den Versuch machen, sich hinter der Person des Reichspräsidenten zu verschanzen; Hitler müsse im voraus mitgeteilt werden, welche Politik er unterstützen solle, »da ich trotz langen Nachdenkens das Programm der gegenwärtigen Regierung niemals ganz verstanden habe«; und schließlich solle der Reichskanzler ihm versichern, daß auch Hugenberg, der Führer der Deutschnationalen, bereit sei, dem nationalen Block beizutreten[229]. Mit dieser Antwort machte Hitler alle weiteren Verhandlungen zwischen ihm und Papen im gegenwärtigen Stadium unmöglich. Im übrigen hatte er schon gleich nach der Wahl mit einem Aufruf, in dem er nachdrücklich feststellte, daß 90% des deutschen Volkes gegen die Regierung seien, Papen für das Anwachsen der kommunistischen Wählerstimmen verantwortlich gemacht. Durch seine reaktionäre Politik, hatte Hitler erklärt, treibe Papen die Massen dem Bolschewismus in die Arme. Mit solch einem Regime könne man keine Kompromisse schließen.

Während dieser Auseinandersetzung stieß Papen, der ohne weiteres bereit war, noch eine Wahl auszuhalten, um die Nazis auf die Knie zu zwingen, auf unerwarteten Widerstand in seinem eigenen Kabinett, besonders bei Schleicher. Schleicher war nicht allein durch Papens wachsende Unabhängigkeit und seine engen Beziehungen zum Reichspräsidenten beunruhigt, sondern er begann auch, in Papens persönlichem Streit mit Hitler und in seiner Entschlossenheit, bis zum äußersten zu gehen, ein Hindernis für die Konzentration der »nationalen« Kräfte zu sehen. Nach Schleichers Auffassung war diese Konzentration der einzige Anlaß gewesen, Papen zum Reichskanzler zu machen. Papen redete bereits zuversichtlich von einer diktatorischen Regierung, falls Hitler keine Vernunft annehme. Andererseits war Schleicher die unheimliche Zunahme der kommunistischen Stimmen ebensowenig entgangen wie der wachsende Radikalismus der Nazis und ihre Zusammenarbeit mit den Kommunisten anläßlich des Berliner Verkehrsstreiks. Mehr denn je alarmierte ihn die Möglichkeit eines Bürgerkrieges, in dem beide, Kommunisten wie Nazis, auf der anderen Seite der Barrikaden stehen konnten. Er brauchte nicht lange zu überlegen, um zu dem Schluß zu kommen, daß Papen ihm auf dem Wege zu einer Übereinkunft mit den Nazis, die er immer noch anstrebte, eher hinderlich als förderlich war.

Mit seinen Ansichten drang Schleicher im Kabinett durch. Man legte

Papen nahe, zurückzutreten, um dem Reichspräsidenten die Möglichkeit zu geben, mit den Parteiführern zu verhandeln und einen Ausweg zu suchen, was ausgeschlossen schien, solange Papen im Amt blieb. Papen war schlau genug, seinen Ärger zu unterdrücken. Im Vertrauen darauf, daß durch Verhandlungen mit Hitler und den andern Parteiführern die Schwierigkeiten keineswegs zu beseitigen seien, willigte er ein. Nach einem Fehlschlag der Verhandlungen würde er gestärkt auf seinen Posten zurückkehren und auf jedem ihm ratsam erscheinenden Kurs bestehen können. Er rechnete mit seinem persönlichen Einfluß auf den Reichspräsidenten und der Tatsache, daß Hindenburg, den die ganze Angelegenheit offensichtlich irritierte und der Schleicher gegenüber immer mißtrauischer geworden war, keinen Anlaß sah, sich von Papen zu trennen. Infolgedessen reichte Papen am 17. November seinen Rücktritt ein und gab Hindenburg den Rat, Hitler zu sich kommen zu lassen.

Die Ereignisse verliefen so, wie Papen vorausgesehen hatte. Am 18. November traf Hitler in Berlin ein und führte stundenlange Besprechungen mit Goebbels, Frick und Strasser. Göring, der in Rom weilte und mit Mussolini verhandelte, wurde eiligst zurückgerufen. Am nächsten Tage fuhr Hitler, von der Menge umjubelt, zum Palais des Reichspräsidenten. Die Unterredung war zumindest freundlicher als der kühle Empfang vom 13. August. Hitler wurde aufgefordert, Platz zu nehmen, und blieb länger als eine Stunde. Am 21. fand eine zweite Konferenz statt. In drei Sätzen des amtlichen Berichts über diese zweite Konferenz sind die Hauptpunkte von Hindenburgs Angebot enthalten. »Sie haben erklärt«, sagte der Präsident, »daß Sie Ihre Bewegung nur dann einer Regierung zur Verfügung stellen werden, wenn Sie als Führer Ihrer Partei das Oberhaupt dieser Regierung sein werden. Wenn ich Ihren Vorschlag berücksichtigen soll, muß ich verlangen, daß Ihr Kabinett über eine Mehrheit im Reichstag verfügt. Infolgedessen bitte ich Sie als den Führer der größten Partei, sich zu vergewissern, ob und unter welchen Bedingungen Sie eine sichere und arbeitsfähige Mehrheit im Reichstag für die Durchführung eines definitiven Programms erreichen können.«

Auf den ersten Blick war das ein faires Angebot; aber es war so gehalten, daß Hitler scheitern mußte. Denn er konnte nicht eine Mehrheit im Reichstag garantieren. Vielleicht war das Zentrum, das Papen Rache geschworen hatte, zu einer Koalition mit Hitler bereit — und Göring verhandelte bereits mit den Zentrumsführern —, aber Hugenberg und die Deutschnationalen würden niemals mitmachen. Überhaupt wollte Hitler nicht ein parlamentarischer und an eine Koalition gebundener Kanzler sein, sondern ein Präsidialkabinett führen mit den gleichen umfassenden Vollmachten, die Hindenburg Papen zugestanden hatte. Dies aber verweigerte ihm der alte Herr hartnäckig. Wenn Deutschland weiter durch Notverordnungen regiert werden solle, dann bestehe kein Hindernis, Papen wieder einzusetzen; denn der einzige Beweggrund zu seinem Rücktritt sei der gewesen, daß Hitler eher in der Lage sein würde, das zustande zu bringen, was Papen mißlungen sei: eine parlamentarische Mehrheit.

Ein ausgedehnter Briefwechsel zwischen Hitler und Staatssekretär Meißner trug ebenfalls nicht dazu bei, an den Bedingungen des Angebots etwas zu ändern. Meißner wies darauf hin, daß Papens Präsidialkabinett zurückgetreten sei, »weil es nicht die erforderliche parlamentarische Mehrheit gefunden hat ... Infolgedessen würde ein neues Präsidialkabinett nur dann eine Verbesserung bedeuten, wenn es diesen Mangel beheben könnte[230].« In seinem abschließenden Brief vom 24. führte Meißner aus, daß der Präsident es nicht vertreten könne, dem Führer einer Partei seine präsidiale Vollmacht zu geben, weil er unter diesen Umständen befürchten müsse, »daß ein von Ihnen geführtes Präsidialkabinett sich zwangsläufig zu einer Parteidiktatur mit allen ihren Folgen für eine außerordentliche Verschärfung der Gegensätze im deutschen Volk entwickeln würde«. Dafür könne der Präsident, der einen Eid auf die Verfassung abgelegt habe, die Verantwortung vor seinem Gewissen nicht übernehmen. Hitler hatte darauf nichts anderes zu erwidern, als daß die Verhandlungen schon im voraus zum Scheitern verurteilt gewesen seien, da ja Hindenburg entschlossen gewesen sei, Papen um jeden Preis zu halten. Es blieb ihm nichts anderes übrig, als seine Niederlage zuzugeben und die Verhandlungen abzubrechen. Wiederum hatte die Legalitätspolitik zu einer öffentlichen Demütigung geführt; wiederum war der Führer mit leerer Hand aus dem Palais des Reichspräsidenten zurückgekehrt.

Verhandlungen, die der Reichspräsident mit andern Parteiführern führte, hatten keine besseren Resultate. Aber nun war der Augenblick erreicht, von dem an Papens Berechnungen nicht mehr stimmten. Denn auch Schleicher war nicht müßig gewesen. Jetzt sondierte er über Gregor Strasser die Möglichkeit, die Nationalsozialisten an einem Kabinett zu beteiligen, in dem nicht Papen, sondern er selbst, Schleicher, das Amt des Reichskanzlers übernehmen würde. Hitler erfuhr davon in München und reiste am Abend des 29. November mit dem Zug in nördlicher Richtung. Einer der Versionen zufolge war Hitler geneigt, Schleichers Angebot anzunehmen, wurde aber unterwegs, in Jena, von Göring abgefangen und dazu überredet, nicht nach Berlin weiterzufahren, sondern an einer Tagung der Naziführer in Weimar teilzunehmen. In diesem Falle klingt aber die nationalsozialistische Version, wie sie von Otto Dietrich und Goebbels wiedergegeben wird, wahrscheinlicher: danach soll Hitler Schleichers Angebot abgelehnt und seine Leute zu einer Besprechung nach Weimar berufen haben. In Thüringen standen nämlich Landtagswahlen bevor, und Hitler hatte bereits vorher die Absicht gehabt, am Wahlkampf teilzunehmen. Während dieser Weimarer Konferenz am 1. Dezember setzte sich Strasser entschieden für eine Beteiligung an dem Schleicherschen Kabinett ein, und Frick unterstützte ihn. Göring und Goebbels aber waren dagegen, und Hitler teilte ihren Standpunkt.

Auch ein langes Gespräch mit einem Offizier, Major Ott, den Schleicher nach Weimar entsandt hatte, konnte nichts an Hitlers Entschluß ändern; er blieb standhaft und erklärte sich nur dann zu einer Übereinkunft bereit, wenn man auf seine Bedingungen eingehe. Goebbels schrieb in sein Tagebuch: »Jeder mit gesundem Menschenverstand sieht, daß das System in den letzten Zuckungen liegt und daß es geradezu ein Verbrechen wäre, wenn wir uns in diesem Augenblick noch einmal mit ihm verbündeten[231].«

Am Abend des gleichen Tages waren Schleicher und Papen gemeinsam bei Hindenburg. Papens Plan war völlig klar: da der Versuch einer neuen Regierungsbildung mißlungen war, schlug er vor, sein Amt wieder zu übernehmen, den Reichstag auf unbestimmte Zeit zu vertagen und eine Verfassungsreform vorzubereiten, um ein neues Wahlgesetz und eine zweite Kammer zu schaffen. Bis zur Durchführung dieser Maßnahmen solle der Ausnahmezustand verhängt, weiter durch Notverordnungen regiert und jede Opposition gewaltsam niedergeschlagen werden. Schleicher wandte dagegen dreierlei ein: erstens sei ein solcher Kurs verfassungswidrig; er berge auch die Gefahr eines Bürgerkrieges in sich, da ja die letzten beiden Wahlen deutlich bewiesen hätten, daß die große Mehrheit des Volkes gegen Papen sei. Zweitens sei er überflüssig. Und drittens sei er, Schleicher, überzeugt, daß er selber die parlamentarische Mehrheit im Reichstag erhalten werde.

Er war zuversichtlich, daß er, falls Hitler ihm nicht beistünde, Gregor Strasser und nicht weniger als 60 Abgeordnete der Nazi-Partei auf seine Seite bringen könnte. Schleicher glaubte auch, dazu noch die Parteien der Mittelklasse und die Sozialdemokraten zählen zu können und vielleicht sogar die Unterstützung der Gewerkschaften zu gewinnen.

In der anschließenden Diskussion hatte Papen noch einmal einen Triumph zu verzeichnen. Der alte Präsident war schockiert über Schleichers Ansinnen und übertrug deshalb Papen die Aufgabe einer neuen Regierungsbildung[232]. Schleicher aber hatte das letzte Wort. Als er und Papen auseinandergingen, gebrauchte er ein Wort, das man an Luther am Abend seiner Reise zum Reichstag in Worms gerichtet hatte: »Mönchlein, Mönchlein, du gehst einen schweren Gang.«

Am nächsten Tag, dem 2. Dezember, spielte Schleicher seinen Trumpf noch einmal aus. Bei einer Kabinettsitzung, die um neun Uhr abends einberufen wurde, erklärte er, daß die Reichswehr kein Vertrauen mehr zu Papen habe und nicht bereit sei, das Risiko eines durch Papens Politik heraufbeschworenen Bürgerkrieges auf sich zu nehmen, in dem die Nazis und die Kommunisten auf der Seite der Opposition stünden. Während Schleicher seine Beweggründe ausführlich darlegte, ließ er zu ihrer Erhärtung einen seiner Offiziere, Major Ott (später Hitlers Botschafter in Tokio), mit umfangreichem Beweismaterial als Zeugen auftreten. Im November nämlich hatte Schleicher das Reichswehrministerium veranlaßt, mit der Polizei und den Reichswehrbehörden die im Falle eines Bürgerkrieges zu unternehmenden Schritte zu erwägen. Man war dabei zu dem Schluß gekommen, daß der Staat bei einem etwaigen polnischen Überraschungsangriff und gleichzeitigen Aufständen der Nazis und Kommunisten und einem Generalstreik nicht über ausreichende Kräfte verfüge, um Ordnung und Sicherheit zu gewährleisten. Man müsse infolgedessen der Regierung anraten, den Ausnahmezustand nicht zu verhängen[233]. Ob dies eine richtige Einschätzung der Lage war oder nicht — Schleichers Eröffnung gerade in diesem Augenblick war zu durchsichtig, um keinen Verdacht zu erregen —, Tatsache war jedenfalls, daß an Schleichers Autorität als Vertreter der Reichswehr nicht zu rütteln war.

Wieder einmal zeigte sich, daß die Reichswehr der oberste Schiedsrichter in der deutschen Politik war, und Papen mußte es widerspruchslos hinnehmen. »Ich ging zu Hindenburg«, erklärte Papen vor dem Nürnberger Gerichtshof,

»und berichtete ihm. Herr von Hindenburg, tief bewegt durch meinen Bericht, sagte mir: ›Ich bin ein alter Mann und fühle mich einem Bürgerkrieg in meinem Lande nicht mehr gewachsen. Wenn General von Schleicher dieser Meinung ist, dann muß ich — so sehr ich es auch bedaure — den Auftrag, den ich Ihnen gestern abend erteilte, zurücknehmen‹[234].«

Nur zwei Dinge waren es, mit denen sich Papen trösten konnte, aber sie sollten sich auch als wesentlich erweisen. Endlich mußte nun der Mann, der durch seinen Einfluß hinter den Kulissen Müller, Groener, Brüning und jetzt auch Papen gestürzt hatte, die Verantwortung für das Gelingen oder Mißlingen seiner Pläne selbst übernehmen. Am 2. Dezember wurde General von Schleicher Reichskanzler, der letzte im Vor-Hitler-Deutschland. Er trat sein Amt in einem Augenblick an — und das war Papens zweiter Trost —, in dem sein Ansehen beim Reichspräsidenten, von dem er im vergangenen Jahr so reichlich Gebrauch gemacht hatte, bereits zerstört war. Der alte

Mann, der die Intrigen, die zur Entlassung Groeners und Brünings führten, geduldet hatte, sollte die Methoden, mit denen Schleicher Papen stürzte, weder vergessen noch vergeben. Mochte Schleicher zeigen, was er konnte; würde er aber versagen und den Präsidenten um Unterstützung angehen, so durfte er mit keiner größeren Treue oder Gnade rechnen als der, die auch er seinen Opfern bewiesen hatte.

VIII

Mit dem Beginn des vierten und letzten Zeitabschnitts, d. h. von Schleichers Regierungsantritt am 2. Dezember 1932 bis zu Hitlers Machtergreifung am 30. Januar 1933, nimmt die verwickelte Geschichte der politischen Intrigen ihr Ende. Diesem letzten Abschnitt aber waren die überraschendsten Verwicklungen vorbehalten.

Schleicher mußte nun seine Behauptung unter Beweis stellen, die Behauptung nämlich, das, was er seit zwei Jahren dauernd angestrebt hatte und was Papen nicht gelungen war, vollbringen zu können: die Bildung einer nationalen Front unter Einschluß der Nazis. Bei all seiner Vorliebe für Intrigen und seiner Skrupellosigkeit war Schleicher ein kluger Mann. Frei von Papens Standesvorurteilen, war er sich deutlicher als irgendein anderer in der Umgebung des Reichspräsidenten der Schwere und des Ernstes der sozialen Krise bewußt, die Deutschland seit Ende 1929 durchmachte. Er war nie dem Irrtum verfallen zu glauben, daß man allein mit einer »starken« Regierung die Krise beheben könne; und er unterschätzte auch nicht die Kraft der von den Nazis und Kommunisten vertretenen radikalen Strömung. Sein Ziel, darauf hatte er in diesen Jahren immer und immer wieder hingewiesen, war es, eine dieser Bewegungen, die Nazis, in den Dienst des Staates zu stellen.

Der Mann, über den Schleicher damals den engsten Kontakt zur Nazipartei unterhielt, war Gregor Strasser. Repräsentierte Hitler in der Partei den Willen zu Macht, Röhm den Hang zur Gewalttätigkeit, so verkörperte Strasser ihren Idealismus — einen zwar brutalen Idealismus —, aber immerhin hatte er den aufrichtigen Wunsch, auf Sauberkeit zu halten. Anders als Hitler, der im Nationalsozialismus ein Instrument seines Ehrgeizes sah, erblickte Strasser in ihm wirklich eine politische Bewegung. Er nahm das Parteiprogramm ernst, was Hitler nie getan hatte. Er war der Führer des linken Parteiflügels, der zum Ärger von Hitlers Industriefreunden immer noch von einem deutschen Sozialismus träumte und gerade durch seinen antikapitalistischen Radikalismus der Partei viele Stimmen gewonnen hatte. Aber wenn Strasser auch mehr nach links neigte als die andern Parteiführer, so war er doch auch der Leiter der Parteiorganisation und stand als solcher in viel engerer Fühlung zu den Ortsgruppen als irgendein anderer. So war er denn auch mehr als alle andern von den Rückschlägen beunruhigt, die ihren Höhepunkt bei der November-Wahl in dem Verlust von 2 Millionen Wählerstimmen gefunden hatten. Ganz besonders stark beeindruckten ihn die Enttäuschung der radikaleren Parteielemente und ihre Neigung, zum Kommunismus überzugehen. Er war überzeugt, daß es nur noch eine einzige Möglichkeit gab, die Partei vor dem Verfall zu retten: einen Kompromiß zu schließen, um sofort an die Macht zu gelangen — und sei es nur im Rahmen einer Koalition. Hitlers Verhalten sah er als unlogisch an. Einerseits erweckte Hitlers Beharren auf Legalität Mißtrauen und Ressentiments bei denjenigen, die sich eine Revolution wünschten; andererseits war es ein Widerspruch, kompromißlos »alles oder nichts« zu fordern, wenn dann ein Teil der Macht angeboten wurde. Strasser hatte sich zwar ebenfalls zur Legalitätspolitik bekehrt, aber er erkannte auch, daß die Chancen der Partei, Einfluß auf die Regierung zu nehmen und damit wenigstens einen Teil des Parteiprogramms durchführen zu können, dem Ehrgeiz Hitlers und seiner Weigerung, etwas Geringeres als die »totale Macht« zu akzeptieren, geopfert wurden.

Diese Meinungsverschiedenheit in der Parteiführerschaft und die durch sie hervorgerufenen Spannungen bestanden schon eine geraume Zeit. Goebbels, Strassers Todfeind, erwähnt, daß Hitler diesen Konflikt am 31. August 1932 zum erstenmal zur Sprache brachte, und erörtert dann zwischen September und Anfang Dezember Dutzende von Malen Strassers »Intrigen«.

Am Tage nach seiner Ernennung zum Reichskanzler ließ Schleicher Strasser zu sich kommen und machte den Nazis ein Angebot. Da es ihm nicht gelungen sei, mit Hitler zu einer Verständigung zu kommen, schlage er Strasser vor, das Amt des Vizekanzlers in seinem Kabinett und gleichzeitig das des preußischen Ministerpräsidenten zu übernehmen. Wenn Strasser ja sage, könne er es übernehmen, Schleichers Pläne zur Beseitigung der Arbeitslosigkeit durchzuführen und dazu beitragen, die Mitarbeit der Gewerkschaften zu gewinnen. Neben energischen Maßnahmen gegen die Arbeitslosigkeit plante nämlich Schleicher die Bildung einer breiten Front, die von den »vernünftigen« Nationalsozialisten bis zu den »vernünftigen« Sozialdemokraten gehen sollte. Schleichers Angebot an Strasser war ein Akt der Klugheit. Es war für Strasser ein verlockender Ausweg aus der Parteikrise, würde aber auch so gut wie sicher die Führer der Partei entzweien. Falls Hitler nicht mitmache, schloß Schleicher, könne ja Strasser dem Kabinett auf eigene Faust beitreten und seine Anhängerschaft aus der Partei mitbringen. An jenem selben 3. Dezember erlitten die Nazis in Thüringen einen Stimmenverlust von nahezu 40% gegenüber den Juli-

Wahlen. Das vermehrte Strassers Beweggründe, Schleichers Angebot anzunehmen, um weitere Reichstagswahlen unter allen Umständen zu vermeiden.

Am 5. Dezember hielten die Führer der Partei im Kaiserhof eine Besprechung ab. Frick, der Führer der Reichstagsfraktion, unterstützte Strasser. Die Fraktionsmitglieder waren tief beeindruckt von den thüringischen Wahlergebnissen; sie befürchteten, im Falle einer neuen Reichstagswahl Mandate und Diäten zu verlieren. Göring und Goebbels jedoch widersprachen heftig und zogen Hitler auf ihre Seite. Hitler formulierte dann die Bedingungen für ein Gespräch mit Schleicher und beauftragte Göring und Frick — nach einer anderen Version Göring und Röhm —, die Verhandlungen mit dem Reichskanzler zu führen. Strasser wurde absichtlich ausgeschlossen. Am 7. Dezember gab es im Kaiserhof eine zweite Auseinandersetzung zwischen Hitler und Strasser; in ihrem Verlauf klagte Hitler mit bitteren Worten Strasser der Treulosigkeit an — er habe versucht, ihn zu hintergehen und die Parteiführung an sich zu reißen. Strasser erwiderte zornig, daß er sich völlig loyal verhalten und nur die Parteiinteressen im Sinne gehabt habe. Er kehrte in sein Zimmer im Hotel Excelsior zurück und schrieb an Hitler einen langen Brief, mit dem er sämtliche Parteiämter niederlegte. Er gab einen Überblick über ihre Beziehungen seit 1925, kritisierte die Unverantwortlichkeit und Unbeständigkeit der Hitlerschen Taktik und prophezeite Unheil, wenn er auf ihr beharre.

Es ist möglich, daß Strasser, wenn er geblieben wäre und seinen Kampf mit Hitler durchgefochten hätte, die Mehrheit in der Partei auf seine Seite bekommen haben würde. Aber es wäre unklug, die Verschlagenheit Hitlers in Zeiten der Bedrängnis zu unterschätzen. Zweifellos hat Strassers Abfall Hitler mehr erschüttert als jemals irgendeine Wahlniederlage. Die Bedrohung seiner eigenen Autorität in der Partei berührte ihn stärker als der Verlust von Wählerstimmen oder das Scheitern von Verhandlungen. Goebbels schrieb in sein Tagebuch: »Abends ist der Führer bei uns zu Hause. Es will keine rechte Stimmung aufkommen. Wir sind alle sehr deprimiert, vor allem, weil nun die Gefahr besteht, daß die ganze Partei auseinanderfällt und alle unsere Arbeit umsonst getan ist. Wir stehen vor der entscheidenden Probe ... Anruf von Dr. Ley: Die Lage in der Partei spitzt sich von Stunde zu Stunde zu. Der Führer muß augenblicklich wieder in den Kaiserhof zurück ... Verrat! Verrat! Verrat! ... Der Führer geht stundenlang mit langen Schritten im Hotelzimmer auf und ab ... Einmal bleibt er stehen und sagt nur: ›Wenn die Partei einmal zerfällt, dann mache ich in drei Minuten mit der Pistole Schluß‹[235].«

Aber Strasser hatte es immer an der erforderlichen Hartnäckigkeit gefehlt, Hitler offen herauszufordern. Schon früher einmal hatte er vor Hitler kapituliert. Als sein Bruder Otto getrotzt hatte und aus der Partei ausgestoßen wurde, hatte Gregor mit Hitler Frieden geschlossen und war geblieben. Er hatte niemals eine Revolte von der Art geplant, deren Hitler ihn beschuldigte, und warf nun, statt die latente Opposition innerhalb der Partei auszunutzen, alles hin und verschwand wortlos. Während Frick voller Unruhe in Berlin nach ihm suchte, saß er im Zug nach München und fuhr anschließend mit seiner Familie auf Ferienreise nach Italien.

Strassers Verschwinden gab Hitler Zeit, seine Zuversicht wiederzugewinnen und jedwedes Anzeichen von Meuterei zu ersticken. Die politische Organisationsabteilung wurde zerschlagen, ein Teil der Arbeit Ley mit unmittelbarer Beaufsichtigung durch Hitler, der Rest Goebbels und Darré übertragen. Am 9. Dezember wurde einer im Reichstagspräsidenten-Palais tagenden Versammlung der Parteiführer und Gauleiter eine Erklärung zur Unterschrift vorgelegt, die Strasser verdammte. Als Feder, der Strassers sozialistische Ideen teilte, die Unterschrift verweigerte, wurde ihm bedeutet, er möge unterschreiben oder gehen. Er unterschrieb. Hitler appellierte mit seiner ganzen Geschicklichkeit an die Treue seiner alten Kameraden und rührte sie zu Tränen. Mit schluchzender Stimme beschwor er, daß er Strasser niemals einen solchen Verrat zugetraut hätte. Julius Streicher rief: »Empörend, daß Strasser unserm Führer so etwas antun konnte!« Am Schluß dieser seelischen Parforcetour »brechen die anwesenden Gauleiter und Abgeordneten in spontane Treuekundgebungen für den Führer aus. Alle geben ihm die Hand und versprechen, komme was wolle, mit ihm weiterzukämpfen und, wenn es ihr Leben kosten sollte, nicht von der großen Sache zu weichen. Strasser ist nun vollkommen isoliert. Ein toter Mann. Wir sitzen im kleinen Kreis noch lange mit dem Führer zusammen. Er ist jetzt wieder ganz glücklich und innerlich erhoben. Das Gefühl, daß die ganze Partei in nie gesehener Treue zu ihm hält, hat ihn, den Unerschütterlichen, aufgerichtet und gestärkt[236].« Einige Tage später, am 15. Dezember, wurde ein zentraler Parteiausschuß unter Rudolf Heß gebildet, um die Politik der Partei in ganz Deutschland zu überwachen und zu koordinieren.

Während Hitler daran arbeitete, die bedrohte Einigkeit in seiner Partei wiederherzustellen, setzte Schleicher seine Gespräche mit den Führern der anderen Parteien und auch mit den Vertretern der Gewerkschaften fort. Daß es ihm nicht gelungen war, die Nazis heranzuziehen, bedrückte ihn nicht übermäßig. Am 15. Dezember legte er in einer Rundfunkansprache an das deutsche Volk seine Pläne dar. Er bat seine Zuhörer, zu vergessen, daß er Soldat sei, und in ihm den »unparteiischen Vertrauensmann aller Notleidenden« zu sehen. Er unterstütze weder den Kapitalismus noch den Sozialismus, erklärte er: sein Ziel sei, für Arbeit zu sorgen. Es sei ein Reichskommissar eingesetzt worden, um Pläne zur Verminderung der Arbeitslosigkeit auszuarbeiten; bis dahin werde es keine neuen Steuern oder Gehaltskürzungen geben. Die Einfuhrbeschränkungen zum Schutz der Landwirtschaft sollten aufgehoben und ein großzügiges Siedlungsprogramm in den östlichen Provinzen durchgeführt werden; die Regierung werde eine Preiskontrolle vor allem für Fleisch und Kohle einführen. Nach seiner Ansprache verkündete der Kanzler die Aufhebung der kürzlich erfolgten Lohn- und Unterstützungskürzungen und die Genehmigung größerer Presse- und Versammlungsfreiheit.

Schleicher setzte sich mit diesen Maßnahmen zwischen zwei Stühle. Es gelang ihm nicht, das Mißtrauen und die Feindseligkeit der Sozialdemokratie und der Gewerkschaften, ja nicht einmal des Zentrums zu überwinden. Im Zentrum erinnerte man sich nur zu gut der Rolle, die er bei Brünings Sturz gespielt hatte; man ließ sich auch nicht dadurch betören, daß er eine Politik verfocht, die der Brüningschen nicht ganz unähnlich war. Gleichzeitig machte er sich die mächtige Industrie und Landwirtschaft zu heftigen Opponenten. Den Industriellen mißfiel seine versöhnliche Haltung der Arbeiterschaft gegenüber; die Bauern waren wütend über die Aufhebung der Schutzmaßnahmen für die Landwirtschaft; die ostelbischen Großgrundbesitzer nannten seine Siedlungspläne »Agrarbolschewismus« und traten ihm mit demselben unversöhnlichen Kastengeist gegenüber, den sie auch Brüning hatten spüren lassen.

Schleicher hatte den schweren Fehler begangen, die Kräfte der Opposition zu unterschätzen. Im Januar 1933 stattete Kurt von Schuschnigg, damals österreichischer Justizminister, dem Reichskanzler während eines Aufenthaltes in Berlin einen Besuch ab. »General von Schleicher«, schrieb er später, »zeigte sich über die reichsdeutsche Lage, von der er mit lebhaften Akzenten, insbesondere die wirtschaftspolitischen Aussichten betreffend, sprach, außerordentlich optimistisch. ... Ich entsinne mich genau der Worte, die er in diesem Zusammenhang gebrauchte: er sei daran, eine Querverbindung durch die Gewerkschaftsbewegungen zu schaffen, und hoffe, auf diese Weise eine neue tragfähige politische Plattform zu finden, die eine ruhige und gedeihliche Fortentwicklung gewährleisten solle; Herr Hitler sei kein Problem mehr, die Frage gelöst, seine Bewegung bedeute keine politische Gefahr, diese Sorge sei nunmehr von gestern[237].«

Von Schleichers Optimismus, den sonst niemand in Berlin teilte, war Schuschnigg derart überrascht, daß er diese Unterredung und ihr Datum aufschrieb: es war am 15. Januar. Vierzehn Tage später sollte Schleicher eine bittere Enttäuschung erleben.

Des Kanzlers Zuversicht beruhte auf der Annahme, daß seine Gegner nicht in der Lage seien, sich gegen ihn zu verbünden. Was die Nazis betraf, so gab es gute Gründe für die Vermutung, daß ihr Stern im Sinken war. Die drei letzten Monate vor Hitlers Machtergreifung — die Zeit von November 1932 bis zum Januar 1933 — bedeuteten seit 1930, dem Jahr, in dem er in die deutsche Politik eingebrochen war, den größten Tiefstand in Hitlers Laufbahn. Sein dringendstes Problem war der Geldmangel. Die Parteiorganisation — nach Hitler ein Embryostaat im Leib des alten Staates — kostete sehr viel Geld. Tausende von Angestellten bezogen Gehälter von der Partei, ohne bestimmte Funktionen auszuüben, oder sie hatten Ämter inne, die an sich überflüssig waren oder bereits von anderen verwaltet wurden. Die SA, die im Kern aus Arbeitslosen bestand und in Unterkünften hauste, muß Unsummen verschlungen haben, mochte der Betrag für den einzelnen auch noch so gering sein. Nimmt man nur einen Sold von 1 Mark pro Tag an, was wahrscheinlich zu niedrig geschätzt ist, so ergibt sich eine Belastung von wöchentlich 2 800 000 Mark. Goebbels kommentiert die Parteifinanzen recht verzagt:

»11. November. Ich nehme einen Bericht über die Kassenlage der Berliner Organisation entgegen. Diese ist ganz trostlos. Nur Ebbe, Schulden und Verpflichtungen, dazu die vollkommene Unmöglichkeit, nach dieser Niederlage irgendwo Geld in größerem Umfange aufzutreiben. — 10. Dezember. Die Finanzlage des Gaues Berlin ist trostlos. Wir müssen ganz rigorose Sparmaßnahmen durchführen und den Gau unter eine selbstgewählte Zwangsverwaltung stellen. — 22. Dezember. Wir müssen die Gehälter im Gau abbauen, da wir sonst finanziell nicht durchkommen[238].«

Es war die Zeit, in der die SA-Leute auf die Straße geschickt wurden, um Geld zusammenzubetteln. Sie klapperten mit ihren Büchsen und baten die Vorübergehenden, etwas »für die bösen Nazis« zu spenden. Konrad Heiden spricht von Schulden in Höhe von 12 Millionen, andere von 20 Millionen Mark.

Eine noch ernstere Gefahr war die defaitistische und demoralisierte Stimmung in der Partei. Schon am Tage nach der Treuekundgebung in Görings Palais notierte Goebbels: »Die Stimmung in der Parteigenossenschaft ist noch geteilt. Alle warten, daß etwas geschieht[239].« Nach der Strasser-Krise bereisten Hitler, Göring, Ley und Goebbels an jedem Wochenende die verschiedenen Gaue, um durch Gespräche mit den Amtswaltern das Vertrauen in die Führung wiederherzustellen. Goebbels berichtet, daß Hitler z. B. am 12. Dezember von einer Reise durch Sachsen zurückkehrte, auf der er dreimal täglich Reden gehalten hatte. Am selben Abend sprach er dann noch in Breslau. Goebbels vereinigte sich, nachdem er am 18. in Hagen und Münster gesprochen hatte, mit Ley, um dem Ruhrgebiet einen Besuch abzustatten. In Essen sprachen sie beide vor 8000 Amtswaltern, in Düsseldorf vor 10000. Obwohl Goebbels sich ebenso anstrengte wie ein Junge, der, um sich Mut zu machen, im Dunkeln vor sich hin pfeift, schrieb er doch Ende 1932, zweieinhalb Jahre nach der ersten großen Wahlschlacht, in sein Tagebuch: »Das Jahr 1932 war eine ewige Pechsträhne ... Die Vergangenheit war schwer, und die Zukunft ist dunkel und trübe; alle Aussichten und Hoffnungen vollends entschwunden[240].«

Plötzlich, mit der Jahreswende, trat auch in Hitlers Geschick eine Wendung ein — es bot sich ganz von selber eine Chance. Unerwartet fanden die verschiedenen Gegner, die Schleicher sich gemacht hatte, einen gemeinsamen Anwalt in der Person Franz von Papens. Am 4. Januar fand im Hause des Kölner Bankiers von Schroeder eine heimliche Zusammenkunft zwischen Hitler und Papen statt. Über die Umstände und den Zweck dieses Zusammentreffens ist viel diskutiert worden; unsere Darstellung folgt hauptsächlich der Aussage, die Schroeder am 5. Dezember 1945 in Nürnberg machte[241]. Danach ist das Treffen durch Wilhelm Keppler, einen der »Verbindungsmänner« zwischen Nazis und Industrie- und Handelskreisen, vermittelt worden. Papen hatte den Gedanken um den 10. Dezember 1932 an Schroeder herangetragen. Fast zur selben Zeit nahm Keppler Fühlung mit Schroeder auf und überbrachte einen ähnlichen Vorschlag Hitlers. Man einigte sich auf Anfang Januar, eine Zeit, in der Papen an die Saar reisen und Hitler den Wahlkampf in Lippe-Detmold führen wollte. Es wurden umfangreiche Vorsichtsmaßnahmen getroffen, um das Zusammentreffen geheimzuhalten. Hitler nahm den Nachtzug bis Bonn, fuhr nach Godesberg, um dort den Wagen zu wechseln, und verschwand, nachdem er seine Begleiter nach einem Punkt außerhalb Kölns bestellt hatte, mit unbekanntem Ziel in einem verschlossenen Wagen.

Hitler nahm Heß, Himmler und Keppler mit, aber an dem Gespräch selbst, das mehr als zwei Stunden dauerte und in Schroeders Arbeitszimmer stattfand, waren nur Hitler und Papen in Anwesenheit des Bankiers beteiligt. Zunächst einmal mußten Mißverständnisse ausgeräumt werden: das Urteil von Potempa und Papens Verhalten am 13. August. Seiner Mitschuld an Hitlers Demütigung entledigte sich Papen dadurch, daß er die ganze Verantwortung an Hindenburgs Weigerung, Hitler zum Reichskanzler zu ernennen, Schleicher zuschob. Für ihn selbst, sagte er, sei der Gesinnungswechsel des Reichspräsidenten sehr überraschend gewesen. Aber im Grunde wollte Papen mit Hitler die Frage erörtern, wie man Schleichers Kabinett durch ein anderes ersetzen könne; er schlug deshalb eine Koalition zwischen

Deutschnationalen und Nationalsozialisten vor, in der er zusammen mit Hitler die Reichskanzlerschaft übernehmen werde.

»Darauf hielt Hitler eine lange Rede, worin er sagte, daß er, wenn er Kanzler werden würde, der alleinige Regierungschef sein müsse. Aber Papens Anhänger könnten Ministerposten erhalten, sofern sie willens seien, eine Politik mitzumachen, die viele Dinge ändern würde. Unter den Änderungen, die er zu diesem Zeitpunkt andeutete, waren die Entfernung der Sozialdemokraten, Kommunisten und Juden aus führenden Stellungen und die Wiederherstellung der Ordnung im öffentlichen Leben. Papen und Hitler einigten sich grundsätzlich, so daß viele Reibungspunkte zwischen ihnen beseitigt wurden und sie gemeinsam vorgehen konnten.«

Nach dem Mittagessen blieben Schroeders Gäste noch eine Weile plaudernd beisammen und trennten sich um 4 Uhr.

Zur peinlichen Überraschung der beiden Gesprächspartner war ihre Unterredung am nächsten Tage Gegenstand von Schlagzeilen der Berliner Zeitungen. Man mußte verlegene Erklärungen abgeben. Papen stritt ab, daß sich das Zusammentreffen in irgendeiner Weise gegen Schleicher gerichtet habe, und bei seiner Vernehmung in Nürnberg[242] wies er nicht nur Schroeders Darstellung als völlig unrichtig zurück, sondern behauptete auch, der wesentliche Zweck dieser Unterredung sei gewesen, Hitler zum Eintritt in das Kabinett Schleicher zu bewegen. Es besteht jedoch kein Grund anzunehmen, daß Schroeders Darstellung ungenau sei; vielleicht hat das Gedächtnis Papen diesmal im Stich gelassen.

Allerdings darf man sich auch nicht zu der Annahme verleiten lassen, daß bereits in Köln eine Einigung über eine an die Stelle des Kabinetts Schleicher zu setzende Regierung Hitler/Papen erzielt worden sei. Ein langes, schwieriges Aushandeln stand noch bevor; außerdem mußte Schleichers Position zunächst noch gründlicher untergraben werden. Aber ein erster Kontakt war hergestellt; die beiden Männer hatten sich in ihrer gemeinsamen Abneigung gegen Schleicher ebenso wie in ihrem Wunsch, an ihm Rache zu nehmen, gefunden. Jeder hatte bei dem andern vorgefühlt, wie weit er zu einer Übereinkunft bereit war. Darüber hinaus erhielt Hitler noch die für ihn wertvolle Information, daß Schleicher vom Reichspräsidenten nicht die Ermächtigung erhalten hatte, den Reichstag aufzulösen. Sodann wurden Maßnahmen getroffen, um die finanziellen Schwierigkeiten der Nazis zu beheben — ein Punkt, über den Schroeder bescheiden schweigt. Schroeder gehörte zu der Gruppe der Industriellen und Bankleute, die im November 1932 sich mit einem gemeinsamen Schreiben an Hindenburg gewandt und ihn zu bewegen versucht hatten, Hitler mit der Bildung eines Präsidialkabinetts zu betrauen[243]. Unter denen, die für diesen Brief Unterschriften gesammelt hatten, befand sich Dr. Schacht[244], und unter den Unterzeichneten waren viele prominente Persönlichkeiten der westdeutschen Industrie. Früher hatte Papen sich ins Mittel gelegt, um eine finanzielle Unterstützung der Nazis zu verhindern; jetzt aber gab er seinen Segen zu den von Schroeder eingeleiteten Maßnahmen, um die Schulden der Nazis abzudecken. Hitlers Bruch mit Gregor Strasser, dem anerkannten Führer des linksradikalen, antikapitalistischen Flügels der Partei, mag wohl zum Zustandekommen der Übereinkunft beigetragen haben. Einige Tage später notierte Goebbels: »Die Finanzen haben sich sehr plötzlich gebessert[245].« Gleichzeitig waren auch in politischer Hinsicht die Hoffnungen der Nazis gestiegen. Am 5. Januar bemerkte Goebbels im Anschluß an die Zeitungsnachrichten über das Kölner Zusammentreffen: »Eins wird die amtierende Regierung auch wissen: daß es im Ernst um ihren Sturz geht. Wenn dieser Coup gelingt, dann sind wir nicht mehr weit von der Macht entfernt[246].«

Bei den Intrigen gegen Schleicher konnten die Nazis nur wenig helfen; das mußte man Papen überlassen, der dazu, da er immer noch mit dem Reichspräsidenten Tür an Tür wohnte und in seinem Hause ein ebenso willkommener wie häufiger Gast war, die beste Gelegenheit hatte[247]. Dagegen war es für die Nazis wichtig, den Eindruck zu verwischen, als lasse ihre Kraft nach. Deshalb beschloß Hitler, alle Mittel der Partei auf die lippischen Wahlen zu konzentrieren. Es handelte sich um eine Gesamtstimmenzahl von nicht mehr als etwa 90 000; aber Hitler und Goebbels schlugen ihr Hauptquartier in Vinsebeck, dem Schloß des Barons von Oeynhausen, auf und redeten Tag für Tag in den Dörfern und kleinen Städten des Landes. In Schwalenberg erklärte Hitler: »Nur der wird in Deutschland schließlich zur Macht kommen, dessen Macht im Volk am tiefsten verankert ist[248].« Am 15. Januar wurden die Nazis mit einem Wahlsieg belohnt, der ihnen 39,6% aller abgegebenen Stimmen und eine Zunahme von 17% gegenüber der letzten Wahl einbrachte. Sie ließen Transparente anfertigen mit der Aufschrift: Die Partei marschiert wieder. Goebbels' Leitartikel erschien unter der Parole »Signal Lippe«. Überhaupt veranstalteten die Nazis einen so großen Propagandalärm, daß sogar die Männer in der Umgebung des Reichspräsidenten wider besseres Wissen beeindruckt wurden.

Nach ihrem Wahlsieg in Lippe organisierten die Nazis in Berlin eine Massenkundgebung vor dem kommunistischen Hauptquartier, dem Karl-Liebknecht-Haus. »Wir werden es darauf ankommen lassen und, koste es, was es wolle, die Straßen Berlins wieder für das nationale Deutschland zurückgewinnen«, schrieb Goebbels. Nach einigem Zögern verbot die Regierung eine Gegendemonstration der Kommunisten, und so marschierten am 22. Januar 10 000 SA-Leute unter dem Schutz bewaffneter Polizei auf dem Bülowplatz auf, um eine schwülstige Rede Hitlers anzuhören. »Der Bülowplatz gehört uns«, frohlockte Goebbels. »Die KPD erhält eine furchtbare Niederlage ... Dieser Tag bedeutet einen stolzen, heroischen Sieg der SA für die Partei[249].«

Um den 20. Januar herum war es offensichtlich geworden, daß Schleichers Versuch, eine Front auf breiter Parteienbasis unter Ausschluß der Radikalen zu bilden, fehlgeschlagen war. Anfang Januar war Strasser nach Berlin zurückgekehrt, und Schleicher hatte noch einmal den Gedanken aufgegriffen, ihn in sein Kabinett aufzunehmen. An dem Tage, an dem Hitler und Papen sich in Köln trafen, hatte Schleicher eine Unterredung zwischen Hindenburg und Strasser vermittelt. Noch am 14. Januar knüpft Goebbels ängstliche Spekulationen an einen möglichen Eintritt Strassers in das Kabinett. Aber am 16. schreibt er, daß die Zeitungen den Fall Strasser kaum noch erwähnten und daß sein Spiel verloren sei. Am 19. versuchte Strasser, Hitler zu sprechen, wurde jedoch abgewiesen.

Ein Parteiführer nach dem andern lehnte Schleichers Annäherungsversuche ab. Die Deutschnationalen waren verärgert durch Schleichers Siedlungspläne und die Drohung, einen geheimen Reichstagsbericht über den Osthilfe-Skandal zu veröffentlichen; einen Bericht über die »Anleihen«, die die verschiedenen Regierungen den bankrotten Grundbesitzern im Osten hatten zukommen lassen. Am 21. Januar brachen sie endgültig mit Schleicher und wandten sich den Nazis zu. Hitler hatte bereits am 17. mit Hugenberg gesprochen, und am Abend des 22. traten in Ribbentrops Haus in Dahlem die Verhandlungen über eine Koalition zwischen Nationalsozialisten und Deutschnationalen in ihr letztes Stadium.

Bis kurz vor dem Tag, an dem Hitler Reichskanzler wurde, wog Papen fortgesetzt zwei Möglichkeiten gegeneinander ab. Die eine war: mit Unterstützung der Deutschnationalen selber Reichskanzler in einem Präsidialkabinett zu werden und den Reichstag auf unbestimmte Zeit zu vertagen; die andere: in einem Hitler-Kabinett Vizekanzler zu werden und mit Hilfe der Deutschnationalen und vielleicht sogar des Zentrums eine parlamentarische Mehrheit anzustreben und den Reichstag erst im Notfall aufzulösen, um durch Neuwahlen die Mehrheit zu erringen. Im zweiten Fall mußten verschiedene Sicherheiten gegen einen Machtmißbrauch der Nazis geschaffen werden. Man konnte sie durch ihre Koalitionspartner in Schach halten, mußte zuvor aber noch die Abneigung des Präsidenten, Hitler als Reichskanzler zu sehen, überwinden. Hitler bestand zwar immer noch darauf, selber Reichskanzler zu werden, war aber jetzt zu einer Koalition bereit, um zu einer parlamentarischen Mehrheit zu gelangen. Dennoch blieb genug Spielraum, um die Zusammensetzung des Kabinetts auszuhandeln und gewisse Ämter — wie das des Außenministers, des preußischen Ministerpräsidenten, des Reichswehr- und des Finanzministers — für Kandidaten aus der Umgebung des Reichspräsidenten zu reservieren.

Hauptunterhändler auf seiten der Nazis war Göring. Er wurde am 22. Januar eilig aus Dresden herbeigeholt, um einer am Abend des gleichen Tages stattfindenden Zusammenkunft zwischen Papen, Meißner und Oscar von Hindenburg auf der einen Seite, und Hitler, Göring und Frick auf der andern beizuwohnen[250]. Hitler machte an diesem Abend eine wichtige Eroberung: er gewann Oscar von Hindenburg für sich, mit dem er sich eine Stunde lang privat unterhielt. Man glaubt, daß Hitler sich seine Unterstützung durch eine Mischung von Bestechung und Erpressung sicherte. Wahrscheinlich hat er damit gedroht, eine Untersuchung über den Osthilfe-Skandal in Gang zu bringen, was zu einer öffentlichen Bloßstellung des Präsidenten und zur Aufdeckung von Oscars Rolle in diesem Skandal sowie von unterlassenen Steuerzahlungen auf Gut Neudeck hätte führen können. Es ist in diesem Zusammenhang vielleicht nicht ganz unwichtig, darauf hinzuweisen, daß dem Hindenburgschen Besitz im August 1933 5000 Morgen steuerfreies Land zugeteilt wurden und Oscar ein Jahr später vom Oberst zum Generalmajor befördert wurde. »Während der Heimfahrt«, berichtete Meißner, »war Oscar von Hindenburg außergewöhnlich still. Seine einzige Bemerkung war, es helfe nun alles nichts mehr — die Nazis müßten in die Regierung aufgenommen werden[251].«

Die Verhandlungen gingen eine Woche lang weiter. Am 23., dem Tag nach Hitlers Zusammentreffen mit Papen und Oscar von Hindenburg, sprach Schleicher beim Präsidenten vor. Seine Hoffnungen, die Nationalsozialistische Partei zu zersplittern, waren fehlgeschlagen. Er gab zu, keine parlamentarische Mehrheit finden zu können, und bat um Vollmacht, den Reichstag aufzulösen und mittels Notstandsverordnung zu regieren. Das lehnte Hindenburg mit dem gleichen Argument ab, das Schleicher selbst am 2. Dezember gegen Papen angewandt hatte: daß nämlich ein solches Beginnen zu einem Bürgerkrieg führen werde. Es war eine Ironie des Schicksals, daß Schleicher nun in der gleichen Lage war, in der Papen sich Anfang Dezember befunden hatte und von Schleicher zum Rücktritt gezwungen worden war, weil er gegen Hitler war, während Schleicher selbst es für dringend erforderlich gehalten hatte, eine Regierung *mit* den Nationalsozialisten zu bilden. Jetzt war es genau umgekehrt: heute war es Papen, der dem Reichspräsidenten die Lösung anbieten konnte, die Schleicher im Dezember befürwortet hatte, nämlich die Bildung einer Regierung auf parlamentarischer Mehrheitsbasis, in welcher der Führer der Nazipartei selbst an verantwortlicher Stelle stehen würde. Da der Präsident wußte, daß an dieser Lösung jetzt hinter Schleichers Rücken gearbeitet wurde (Hitler und Papen waren am 24. Januar noch einmal zusammengetroffen), verweigerte er ihm am 28. Januar wiederum die Vollmacht zur Reichstagsauflösung, und so blieb dem General keine andere Wahl, als zurückzutreten. Am Mittag des 28. Januar beauftragte Hindenburg Papen offiziell, über die Bildung einer neuen Regierung zu unterhandeln.

Immer noch war es ungewiß, ob eine Koalition zwischen Hitler und Hugenberg möglich sei, und so hatte Papen den Gedanken, mit alleiniger Unterstützung von Hugenberg und den Deutschnationalen ein Präsidialkabinett unter seiner Kanzlerschaft zu bilden, noch nicht ganz aufgegeben. Aber Schleicher war bestrebt, dies unter allen Umständen zu verhindern, da er immer noch eine Regierung mit Hitler als die einzige praktische Lösung ansah. Daher sandte Schleicher am Nachmittag des 29. Januar, einem Sonntag, den Chef der Heeresleitung, General von Hammerstein, zu einer Unterredung mit Hitler ins Haus Bechstein in Charlottenburg. Schleicher ließ Hitler warnen: es bestehe immer noch die Möglichkeit, daß sie beide von Papen an die Wand gedrückt würden. Für diesen Fall schlage er eine von Reichswehr und Nazis gemeinsam unterstützte Koalition Hitler–Schleicher vor. Aber Hitler gab eine ausweichende Antwort; er hoffte noch, daß sich zwischen ihm, Papen und Hugenberg eine Koalitionsvereinbarung erzielen lasse.

Viel beunruhigender war für Hitler die Möglichkeit, daß die Reichswehr unter Schleicher und Hammerstein in letzter Minute eingreifen könnte, um die Bildung der vorgesehenen Koalition zu verhindern. Am Abend des 29. verbreitete sich das Gerücht, Schleicher habe die Potsdamer Garnison aufgerufen und bereite einen Putsch vor. Wie Hitler später einmal gestand, befürchtete er, daß Schleicher den Präsidenten nach Ostpreußen entführen und den Ausnahmezustand verhängen werde[252].

Wieviel an diesem Gerücht wahr gewesen sein mag, ist schwer zu sagen[253]. Wenn Schleicher und Hammerstein solch einen Plan jemals ernsthaft erwogen haben sollten, so haben sie doch keinen Schritt zu seiner Verwirklichung unternommen. Aber Hitler konnte es auf ein Risiko nicht ankommen lassen. In der Nacht des 29. Januar setzte er die Berliner SA unter Helldorf in Alarmbereitschaft und bestimmte Wecke, einen nationalsozialistischen Polizeimajor, sechs Polizeibataillone bereitzuhalten, um notfalls die Wilhelmstraße zu besetzen. Papen und Hindenburg wurden davon unterrichtet. Schließlich traf man noch Vorkehrungen für General von Blombergs Empfang beim Reichspräsidenten. Blomberg, der im neuen Kabinett das Amt des Reichswehrministers übernehmen sollte, war aus Genf zurückgerufen worden. Gleich nach seiner Ankunft sollte er am nächsten Morgen zu Hindenburg gebracht werden.

Für die Haltung der Reichswehr entscheidend waren der Reichspräsident, der die militärische Tradition verkörperte und so in der Lage war, jeden eventuellen Putschversuch zu unterdrücken, und General von Blomberg. Hindenburg hatte in ein Kabinett mit Hitler als Reichskanzler eingewilligt und Blomberg zum Reichswehrminister unter Hitler bestimmt. Wenn Blomberg den Auftrag des Präsidenten annahm, konnte Hitler der Unterstützung durch die Reichswehr absolut sicher sein. Es wäre interessant zu wissen, wie weit Blomberg schon vorher von den Nazis umworben wurde. Sowohl Blomberg wie auch Oberst von Reichenau, der während Blombergs Kommando in Ostpreußen Chef seines Stabes war, standen mit Hitler in Verbindung[254], und Blomberg, soeben noch militärischer Berater der deutschen Delegation bei der Abrüstungskonferenz, war eiligst und ohne Wissen Schleichers und Hammersteins herbeigeholt worden. Hammersteins Adjutant, Major von Kuntzen, erwartete Blomberg auf dem Bahnhof, als er in der Frühe des 30. Januar ankam, und er forderte den General auf, dem Oberbefehlshaber sofort Bericht zu erstatten. Außer Kuntzen jedoch war noch ein anderer Offizier zur Stelle, nämlich Oscar von Hindenburg, der Adjutant bei seinem eigenen Vater war. Er befahl Blomberg, sofort dem Präsidenten der Republik zu berichten. Es war Hitlers Glück, daß der General der letztgenannten Aufforderung nachkam. Blomberg nahm seinen neuen Auftrag vom Reichspräsidenten an, und damit war die Gefahr, daß die Reichswehr in letzter Minute abfallen werde, gebannt.

Im September 1933 erklärte Hitler:

»Wir wollen an diesem Tage aber auch besonders unserer Armee gedenken, denn wir alle wissen genau, wenn das Heer nicht in den Tagen unserer Revolution auf unserer Seite gestanden hätte, dann stünden wir heute nicht hier[255].«

Diesmal sprach er die reine Wahrheit.

Es ist möglich, daß die Angst vor einer Aktion Schleichers Papen und Hugenberg rascher zu einem Entschluß kommen ließ. Die letzten noch bestehenden Differenzen mit den Nazis wurden hastig beseitigt. Am Morgen des 30. Januar jedenfalls, nach einer schlaflosen Nacht, die er mit Göring und Goebbels durchwachte, um für alle Fälle bereit zu sein, erhielt Hitler die langersehnte Aufforderung, zum Präsidenten zu kommen. Das Ziel, dem Schleicher mit seiner Politik zugestrebt und für das Strasser gearbeitet hatte, war nun endlich erreicht — aber ohne Schleicher und Strasser.

Während des Vormittags füllte eine schweigende Menge die Straße zwischen dem Kaiserhof und der Reichskanzlei.

Schon aber waren die Mitglieder der neuen Koalition in Streit geraten: Während sie in Meißners Büro darauf warteten, beim Präsidenten vorgelassen zu werden, begann Hitler sich zu beklagen, daß er nicht zum Bevollmächtigten für Preußen ernannt worden sei. Sollte seine Vollmacht eingeschränkt werden, so würde er auf neuen Reichstagswahlen bestehen. Das brachte Hugenberg sofort in Opposition, und es entwickelte sich ein erhitztes Wortgefecht, das nur dadurch beendet wurde, daß Meißner erklärte, der Präsident warte nicht länger, und sie in dessen Zimmer drängte[256].

Inzwischen hielt Röhm am Fenster des Kaiserhofs seinen Blick sorgenvoll auf die Tür gerichtet, aus der Hitler kommen mußte. Kurz nach Mittag erhob sich ein Brausen in der Menge: der Führer war erschienen. Er eilte die Treppen hinab zu seinem Wagen und befand sich wenige Minuten später im Kaiserhof. Als er sein Zimmer betrat, umringten ihn seine Paladine, um ihm zu huldigen. Das Unwahrscheinliche war wahr geworden: Adolf Hitler, der Sohn eines kleinen österreichischen Beamten, der Gestrandete aus dem Obdachlosenasyl, der Meldegänger des Regiments List, war Kanzler des Deutschen Reiches geworden.

ZWEITES BUCH

REICHSKANZLER

1933—1939

KAPITEL V

Die Revolution nach der Machtübernahme

30. Januar 1933 bis August 1934

I

Die Nazipropaganda hat später aus Hitlers Machtübernahme die Legende einer großen nationalen Erhebung gemacht. Die Wahrheit ist viel prosaischer. Trotz seiner Massenanhängerschaft ist Hitler 1933 nicht durch eine unaufhaltsame revolutionäre oder nationale Bewegung an die Macht getragen worden, ja nicht einmal durch einen populären Wahlsieg, sondern auf Grund eines schoflen politischen Paktierens mit der »alten Verbrecherclique«, die er in früheren Monaten rücksichtslos angegriffen hatte. Hitler hat die Macht nicht ergriffen; er ist durch Hintertreppenintrigen in sein Amt geschoben worden.

Hitler verdankt seinen Erfolg, der durchaus nicht unvermeidlich war, zu einem großen Teil seinem Glück und noch mehr der mangelnden Urteilsfähigkeit seiner politischen Gegner und Rivalen. Während die Kurve der kommunistischen Wahlerfolge unausgesetzt gestiegen war hatten die Nazis im November 1932, als sie 2 Millionen Stimmen verloren, ihren schwersten Rückschlag erlitten. Später gab Hitler offen zu, daß die Partei in dem Augenblick, als ihm durch Papens unerwartete Intervention eine kaum vorauszusehende Chance geboten wurde, ihren äußersten Tiefstand erreicht hatte.

Vor der Machtübernahme war es Hitler niemals gelungen, bei einer freien Wahl mehr als 37% aller abgegebenen Stimmen zu erhalten. Hätten sich die restlichen 63% des deutschen Volkes zur Opposition vereint, würde er niemals auch nur haben hoffen können, auf legalem Wege Reichskanzler zu werden. Er hätte zwischen dem Risiko einer gewaltsamen Machtergreifung und der fortgesetzten Vereitelung seiner ehrgeizigen Wünsche wählen müssen. Vor diesem fatalen Dilemma ist er durch zwei Faktoren bewahrt geblieben: erstens durch die Uneinigkeit und mangelnde Tatkraft derer, die gegen ihn opponierten, zweitens durch die Bereitwilligkeit der deutschen Rechten, ihn als Regierungspartner zu akzeptieren.

Die Unfähigkeit der deutschen Parteien, sich zum Schutz der Republik zusammenzuschließen, lag seit 1930, als Brüning keine feste

Mehrheit im Reichstag und bei den Wahlen mehr zustande bringen konnte, wie ein Fluch über der deutschen Politik. Die Kommunisten verkündeten ganz offen, sie sähen lieber die Nazis an der Macht, als daß sie auch nur einen Finger zur Rettung der Republik rührten. Trotz der heftigen Straßenschlachten befolgte die Führung der Kommunisten eine von Moskau gutgeheißene politische Linie, die hauptsächlich darauf hinzielte, die Sozialdemokraten als rivalisierende Arbeiterpartei auszuschalten.

Nachdem dann die Nazis an die Macht gekommen und die Organisation der Sozialdemokratischen Partei und der Gewerkschaften zerstört worden waren, glaubten die Kommunisten, die Errichtung einer Diktatur des Proletariats sei nun in greifbare Nähe gerückt. Sektiererischer Haß und dogmatische Fehlspekulationen diktierten ihre Aktionen selbst dann noch, als Hitler Reichskanzler geworden war. Sie wiesen jeden Vorschlag, mit den Sozialdemokraten eine gemeinsame Front zu bilden, zurück, bis dann ihre Partei von der neuen Regierung aufgelöst wurde. Die Sozialdemokraten wiederum waren, obwohl sie die nationalsozialistische Drohung wachsamer verfolgt hatten, längst zu einer konservativen Gewerkschaftspartei geworden; sie besaßen nicht eine einzige Führerpersönlichkeit, die in der Lage gewesen wäre, den Widerstand gegen die Nazis erfolgreich zu organisieren. Zwar hielten sie der Republik die Treue, aber seit 1930 waren sie mehr und mehr in die Defensive gedrängt worden; die Wirtschaftskrise hatte sie schwer betroffen, und die kommunistischen Angriffe setzten ihnen mächtig zu.

Das katholische Zentrum hat ebenso wie die Sozialdemokraten seine Stimmenzahl bis zuletzt behalten, aber es war bekanntlich eine Partei, die niemals eine starke unabhängige Richtung verfolgt hat, sondern hauptsächlich darauf bedacht war, sich jeder Regierung anzupassen, um ihre eigenen Interessen zu schützen. 1932/33 war die Zentrumspartei so weit entfernt davon, die Gefahr einer Nazidiktatur zu erkennen, daß sie die Koalitionsverhandlungen mit den Nazis fortsetzte und nach Hitlers Regierungsantritt für das Ermächtigungsgesetz stimmte, das Hitler umfassende Macht verlieh.

Es gab in den dreißiger Jahren in Deutschland keine starke liberale Mittelstandspartei — das Fehlen einer solchen Partei ist in der deutschen politischen Entwicklung schon mehr als einmal die Ursache eines Desasters gewesen. Die Mittelstandsparteien, die eine Rolle hätten spielen können — die Deutsche Volkspartei und die Demokraten —, hatten an die Nazis mehr Stimmen verloren als irgendeine andere deutsche Partei. Dieser Hinweis genügt, um sich darüber klarzuwerden, wie wenig Widerstand sie zu leisten vermochten.

Aber die größte Schuld trifft die deutsche Rechte, die nicht allein versagte, als es galt, sich mit den andern Parteien zur Verteidigung der Republik zusammenzuschließen, sondern Hitler auch noch zum Partner in einer Koalitionsregierung machte. Die alte herrschende Kaste des kaiserlichen Deutschland hatte sich niemals mit dem verlorenen Krieg und dem Sturz der Monarchie abgefunden. Dabei ist sie von dem nachfolgenden republikanischen Regime außerordentlich gut behandelt worden. Viele ihrer Angehörigen behielten ihre macht- und einflußreichen Stellungen; ihr Vermögen und ihr Besitz blieben von Enteignung oder Verstaatlichung verschont; den Armeeführern wurde gestattet, ihre unabhängige Position aufrechtzuerhalten; die Unternehmer nützten eine schwache und willfährige Regierung aus, um riesige Profite zu machen, und die Junker erhielten die »Osthilfe«, die sich zum größten Finanzskandal des Jahrhunderts entwickeln sollte. Dies alles brachte dem republikanischen Regime weder Dankbarkeit noch Anhänglichkeit ein. Was auch immer über den einzelnen gesagt werden mag, als Klasse war man unversöhnlich; man verachtete und haßte das Regime, scheute sich aber nicht, es fortgesetzt auszubeuten. Das Wort »national«, auf das die größte Rechtspartei so stolz war, wurde zum Begriff der Untreue gegen die Republik.

Gewiß war Hindenburg nach seiner Wahl zum Reichspräsidenten 1925 eine Zeitlang gemäßigt, aber von 1929 an versteifte sich wieder seine Haltung, und sowohl Papen wie Hugenberg teilten sie uneingeschränkt. Die deutsche Rechte wollte ihre alte Stellung als herrschende Klasse in Deutschland zurückgewinnen, die verhaßte Republik zerstören und die Monarchie wiederherrichten, die Arbeiterklasse »auf ihren Platz« verweisen, die deutsche Militärmacht wieder aufbauen, die Entscheidung von 1918 umwerfen und Deutschland — ihrem Deutschland — die Vorherrschaft in Europa verschaffen. Von Interessenpolitik und Vorurteilen geblendet, verriet sie die Sache des wahren Konservativismus. Sie wich von ihrer Tradition ab und verfiel dem schweren Irrtum, anzunehmen, daß Hitler der Mann sei, der die Erreichung ihrer Ziele durchsetzen könne. Und ihrer Führung folgten, von Hitlers Nationalismus mächtig angezogen, große Teile des deutschen Mittelstandes und viele Angehörige des deutschen Offizierkorps.

Diese Politik war es, die Ende Januar 1933 zur Bildung einer Koalition zwischen den Nazis und den Rechtsparteien führte. Die Voraussetzung, auf der sie sich aufbaute, war der Glaube, Hitler und die Nazis in Schach halten zu können, sobald sie an der Regierung beteiligt waren. Und auf den ersten Blick schienen auch die Bedingungen, denen Hitler zugestimmt hatte, diesen Glauben zu rechtfertigen.

Er war nicht einmal Kanzler eines Präsidialkabinetts; als man Hindenburg überredete, den »böhmischen Gefreiten« zu akzeptieren, geschah es mit der Begründung, daß es Hitler diesmal gelingen werde, eine parlamentarische Mehrheit zu gewinnen — was im November 1932 nicht der Fall gewesen war. Noch vor der Zusammenstellung des Kabinetts verhandelte Hitler mit dem Zentrum, um es mit in die Koalition aufzunehmen. Die 70 Sitze des Zentrums zusammen mit den 247 der Nazis und Deutschnationalen würden der neuen Regierung die Mehrheit im Reichstag geben. Man hatte zu diesem Zweck den Posten des Justizministers offengehalten. Als dann die Verhandlungen zu keinem Ergebnis führten, war es Hitler, der, gegen Hugenbergs Opposition, auf Neuwahlen bestand, um für die Koalition eine parlamentarische Basis zu schaffen.

Papen dürfte über Hitlers Aufrichtigkeit in diesem emsigen Bemühen um eine parlamentarische Mehrheit einigermaßen skeptisch gewesen sein; aber noch sah er darin nichts anderes als einen Anlaß, sich zu seinem eigenen Scharfsinn zu beglückwünschen. Er hatte mit Schleicher abgerechnet, doch gleichzeitig Schleichers Traum, die Nazis in den Dienst des Staates einzuspannen, verwirklicht, und zwar zu seinen, nicht zu Hitlers Bedingungen. Denn Hitler, versicherte Papen seinen Freunden, sei ein Gefangener, an Händen und Füßen durch die von ihm akzeptierten Bedingungen gebunden. Freilich sei Hitler Reichskanzler, aber die wirkliche Macht bleibe ihm, dem Vizekanzler, vorbehalten.

Es sei der Vizekanzler, nicht der Reichskanzler, der das besondere Vertrauen des Reichspräsidenten genieße; es sei der Vizekanzler, der — als preußischer Ministerpräsident — eine Schlüsselstellung innehabe, da er ja die Verwaltung und Polizei in Preußen kontrolliere; und es sei der Vizekanzler, dem neuerdings das Recht zustehe, bei jedem Vortrag des Reichskanzlers beim Reichspräsidenten zugegen zu sein.

Nur 3 von 11 Ministerposten seien mit Nazis besetzt worden, und mit Ausnahme des Reichskanzleramtes seien es zweitrangige Ministerien. Die Ämter des Außenministers und des Reichswehrministers seien für Männer reserviert worden, die der Präsident selbst ausgewählt habe — das erste für Freiherrn von Neurath, einen Berufsdiplomaten mit konservativen Ansichten, das zweite für General von Blomberg. Die wirtschaftlichen Schlüsselpositionen — das Wirtschaftsministerium und das Ministerium für Ernährung und Landwirtschaft — seien Hugenberg und das Arbeitsministerium Seldte, dem Führer des »Stahlhelm«, überantwortet worden. Das bedeute für Industrie und Großgrundbesitz eine ziemliche Beruhigung. So sei für Hitlers Partei nur das Reichsinnenministerium (das keine Macht über die Landespolizei besitze) unter Frick und ein Ministerium ohne Portefeuille unter Göring übriggeblieben. Zwar werde Göring auch preußischer Innenminister sein, aber da Papen ja an der Spitze der preußischen Regierung stehe, sei Göring ebenfalls festgenagelt.

Mit diesen Argumenten überwand Papen Hindenburgs Widerstreben, Hitler zum Reichskanzler zu machen. Man werde nun die Masse hinter sich bekommen, die dem »Kabinett der Barone« in so verhängnisvoller Weise gefehlt hatte. Hitler müsse wieder die Rolle des »Trommlers« übernehmen, die Rolle des Ausrufers für den Zirkus, in dem er nun selbst mitwirkte und auf dessen Programm sein Name an der Spitze stehe. Doch die wirkliche Entscheidung liege bei den Männern, die mit 8:3 im Kabinett das Übergewicht hätten. Das sei es, was er, Papen, unter »Realpolitik« verstehe: er wisse — so brüstete er sich — zwischen Realität und scheinbarer äußerer Macht wohl zu unterscheiden.

Selten ist ein Mensch so rasch und restlos seiner Illusion beraubt worden. Wer wie Papen geglaubt hatte, Hitler durchschaut zu haben, sollte bald einsehen, wie sehr er die Partei und ihren Führer unterschätzt hatte. Denn Hitlers Originalität lag in der Erkenntnis, daß heutzutage wirksame Revolutionen *mit* der Staatsmacht, nicht *gegen* sie durchgeführt werden: der normale Verlauf war also der, sich erst Zutritt zu dieser Macht zu verschaffen und dann mit der Revolution zu beginnen. Hitler hat den Schein der Legalität immer gewahrt: er hatte erkannt, daß es psychologisch von ungeheurem Wert war, das Gesetz auf seiner Seite zu haben. Statt das Gesetz zu brechen, verdrehte er es und machte die Illegalität legal.

In den sechs Monaten, die der Bildung der Koalitionsregierung folgten, sollten Hitler und seine Helfershelfer einen Zynismus und eine Skrupellosigkeit zeigen — Eigenschaften, auf die seine Leute noch besonders stolz waren —, die Papen und Hugenberg den Atem verschlugen. Am Ende dieser sechs Monate mußten sie — wie im Volkslied das Fräulein von Riga — feststellen, daß es gefährlich ist, auf einem Tiger zu reiten[1].

Am Montag dem 30. Januar, 5 Uhr nachmittags, hielt Hitler seine erste Kabinettsitzung ab. Das Sitzungsprotokoll befindet sich unter den deutschen Dokumenten, die nach dem Krieg beschlagnahmt wurden[2]. Das Kabinett war immer noch bemüht, mit Unterstützung des Zentrums die parlamentarische Mehrheit zustande zu bringen. Göring berichtete ordnungsgemäß über den Fortgang seiner Verhandlungen mit dem Zentrumsführer, Prälat Kaas. Für den Fall, daß diese fehlschlagen sollten, schlug Hitler vor, den Reichstag aufzulösen und Neuwahlen abzuhalten. Wenigstens einer von Hitlers Partnern, Hugenberg, erkannte die sich aus einer Wahlschlacht, bei der Hitler die Macht des Staates zu Gebote stand, ergebende Gefahr. Andererseits war es gerade Hugenberg, der sich mehr als alle anderen gegen die Aufnahme des Zentrums in die Koalition sträubte. Er schlug vor, den Reichstag ganz einfach zu entlassen und ein autoritäres Regime einzuführen. Das hätte jedoch gegen das Versprechen verstoßen, das Hindenburg gegeben worden war. Der Reichspräsident hatte der Ernennung Hitlers zum Reichskanzler nur unter der Bedingung zugestimmt, daß ihm die schwere Verantwortung, durch Notverordnungen regieren zu müssen, abgenommen werde und man für die konstitutionelle Unterstützung durch eine Reichstagsmehrheit sorgen würde. Sehr widerstrebend ließ sich Hugenberg bewegen, der Reichstagsauflösung und Abhaltung von Neuwahlen im Falle des Scheiterns der Verhandlungen mit dem Zentrum zuzustimmen. Dafür erhielt er Hitlers feierliche Versicherung — die dann auch in der Kabinettsitzung vom 30. Januar erneuert wurde —, daß sich, wie auch die Wahlen ausfielen, an der Zusammensetzung der Regierungskoalition nichts ändern würde.

Bei seiner Zusammenkunft mit Prälat Kaas am nächsten Tag war Hitler sehr darauf bedacht, die Verhandlungen mit dem Zentrum scheitern zu lassen. Nachdem Kaas eine Liste von Fragen und Garantiewünschen, die das Zentrum in erster Linie berücksichtigt sehen wollte, vorgelegt hatte — eine Liste, die ganz einfach nur als Diskussionsbasis gedacht war —, erklärte Hitler seinen Kollegen im Kabinett, seine Sondierung habe nicht die Möglichkeit einer Übereinstimmung mit dem Zentrum ergeben, und so bleibe als einzige Lösung, den Reichstag sofort aufzulösen. Aufs überzeugendste gab er seinen Partnern Loyalitätsversicherungen, und auf Papens Rat unterschrieb Hindenburg noch einmal einen Erlaß zur Auflösung des Reichstags, »da es sich als unmöglich erwiesen hat, eine arbeitsfähige Mehrheit zustande zu bringen«. Das Zentrum legte beim Reichspräsidenten Protest ein: das alles sei nicht wahr; die Fragen, die man Hitler vorgelegt habe, seien nichts anderes als die Grundlage zu weiteren Diskussionen gewesen, und der Reichskanzler habe von sich aus die Verhandlungen abgebrochen. Doch es war bereits zu spät: der Erlaß war unterzeichnet, der Termin für die Neuwahl festgesetzt und damit das erste und schwierigste Hindernis auf dem Wege zu Hitlers Sieg überwunden. Papen und Hugenberg hatten sich sanft in die Falle locken lassen. Zum letztenmal sollte das deutsche Volk zu den Wahlurnen schreiten: diesmal, schrieb Goebbels voller Zuversicht in sein Tagebuch, werde es keinen Fehlschlag geben: »Nun ist es leicht, den Kampf zu führen, denn wir können alle Mittel des Staates für uns in Anspruch nehmen. Rundfunk und Presse stehen uns zur Verfügung. Wir werden ein Meisterstück der Agitation liefern. Auch an Geld fehlt es natürlich diesmal nicht[3].«

Um unter den führenden deutschen Industriellen keinen Zweifel an ihren Erwartungen aufkommen zu lassen, lud Göring eine Anzahl von ihnen für den Abend des 20. Februar in sein Palais ein. Unter den Anwesenden befanden sich Krupp von Bohlen, Voegler von den Vereinigten Stahlwerken, Schnitzler und Basch von der I. G. Farben und Walter Funk — insgesamt etwa 20 bis 25 Personen. Dr. Schacht machte den Gastgeber[4]. Hitler sprach so ziemlich über die gleichen Themen wie ein Jahr vorher in Düsseldorf. »Jetzt stehen wir«, sagte er seinen Zuhörern, »vor der letzten Wahl. Wie auch immer ihr Resultat sein wird, es gibt kein Zurück mehr. Bringt die Wahl keine Entscheidung, so muß sie durch andere Mittel erreicht werden.« Göring, der nach ihm sprach, war deutlicher: »Die Kreise, die an diesem politischen Kampf nicht aktiv teilnehmen, sollten wenigstens die finanziellen Opfer bringen, die dafür erforderlich sind ... Das Opfer wird um so leichter zu tragen sein, wenn man sich vor Augen hält, daß diese Wahlen bestimmt die letzten sein werden, mindestens in den nächsten zehn Jahren, wahrscheinlich aber in den nächsten hundert Jahren[5].« Nachdem Krupp von Bohlen ein paar Dankesworte gesprochen hatte, wurde auf Schachts Vorschlag hin beschlossen, von den führenden deutschen Firmen einen Wahlbeitrag in Höhe von 3 Millionen Reichsmark zu erheben. Das Geld sollte unter die Koalitionspartner aufgeteilt werden, aber es bestand kaum ein Zweifel darüber, daß die Nazis den Löwenanteil beanspruchen und auch erhalten würden.

Während der ganzen Wahlschlacht weigerte sich Hitler, sich auf ein Programm für seine Regierung festzulegen. In München sagte er: »Wenn wir heute nach dem Programm dieser Bewegung gefragt werden, dann können wir dies in ein paar ganz allgemeinen Sätzen zusammenfassen: auf Programme kommt es nicht an, entscheidend ist die Entschlußkraft ... Daher ist der erste Punkt unseres Programms: Fort mit allen Illusionen[6].«

In Kassel hielt er seinen Gegnern entgegen: »Sie haben kein Programm gehabt. Jetzt ist es zu spät, die Zeit für ihre Ideen ist vorbei ... Die Zeit des internationalen Geschwätzes, der Verheißung von Völkerversöhnung ist vorbei, an ihre Stelle wird die deutsche Volksgemeinschaft treten. Niemand in der Welt wird uns helfen — nur wir selbst[7].«

In ihrer Wahlpropaganda wandten sich die Nazis gegen die vierzehn Jahre der Parteienregierung in Deutschland, vor allem gegen die sozialdemokratische und die Zentrumspartei. »Irrtum auf Irrtum, Illusion auf Illusion hat das jetzt überwundene System in vierzehn Jahren gehäuft[8].« Was konnten die Nazis an seine Stelle setzen? Er sei kein demokratischer Politiker, wiederholte Hitler immer wieder, der mit ein paar leeren Versprechungen das Volk verführt habe, ihn zu wählen. »Ich verlange von dir, deutsches Volk, daß du uns, nachdem du den andern vierzehn Jahre Zeit gegeben hast, vier Jahre Zeit gibst[9].« »Was ich verlange, ist recht und billig: nur vier Jahre für uns, und dann soll man über uns richten und urteilen. Ich werde nicht ins Ausland fliehen, ich werde nicht versuchen, mich dem Urteil zu entziehen[10].«

Hitler beschränkte sich indes nicht aufs Reden. Wenn auch den andern Parteien noch erlaubt war, sich zu betätigen, so wurden doch ihre Versammlungen gestört, ihre Redner überfallen und geschlagen, ihre Plakate abgerissen und ihre Zeitungen andauernd verboten. Sogar amtlich wurde zugegeben, daß im Laufe des Wahlkampfes 51 Personen getötet und mehrere Hundert verletzt wurden. Diesmal befanden sich die Nazis innerhalb der Umzäunung und hatten nicht die Absicht, sich durch Rücksichtnahme auf faires Spiel oder Redefreiheit die Macht rauben zu lassen.

Papen glaubte, er habe Hitler damit die Hände gebunden, daß er die von Nazis besetzten Ministerposten auf ein Minimum beschränkt hatte. Aber während Hugenberg nur seine wirtschaftlichen Pläne im Auge behielt und das Außenministerium in sicheren Händen ruhte, lag der wahre Schlüssel zur Macht im Staate in Görings Hand: er kontrollierte die preußische Polizei und die preußische Verwaltung. Infolge des seltsamen zweigleisigen Regierungssystems in Deutschland erledigte das preußische Innenministerium zwei Drittel der gesamten Verwaltungsarbeit und war weitaus wichtiger als das Reichsinnenministerium, das einem Kopf ohne Rumpf glich. Während der kritischen Zeit von 1933/34 spielte in der nationalsozialistischen Revolution neben Hitler keiner eine so große Rolle wie Göring. Seine Energie und Rücksichtslosigkeit im Verein mit seiner Machtstellung in Preußen sind für Hitlers Erfolg unentbehrlich gewesen. Die Annahme, daß Göring als preußischer Innenminister durch Papen, den Reichskommissar für Preußen, in Schach gehalten werden könne, erwies sich als Irrtum. Göring hatte nicht die Absicht, sich von irgendwem bevormunden zu lassen: er erließ Anordnungen und setzte seinen Willen durch, als sei er bereits im Besitz der absoluten Macht.

Gleich nach seinem Amtsantritt begann Göring mit einer drastischen Säuberungsaktion in den preußischen Staatsbehörden; dabei wurden Hunderte von Beamten entlassen und durch Männer ersetzt, auf die die Nazis sich verlassen konnten. Ganz besondere Aufmerksamkeit widmete Göring den höheren Polizeioffizieren; mit ihnen machte er kurzen Prozeß und setzte an ihrer Stelle seine eigenen Leute ein, darunter viele aktive SA- und SS-Führer. Mitte Februar erließ Göring eine Verfügung an die preußische Polizei des Inhalts, daß die Polizei unter allen Umständen alles zu vermeiden habe, was auf eine feindselige Einstellung gegenüber SA, SS und »Stahlhelm« schließen lassen könne, da diese Organisationen die wichtigsten konstruktiven nationalen Elemente umfaßten. »Es ist Aufgabe der Polizei, jede Form von nationaler Propaganda zu unterstützen.« Nach einer eindringlichen Aufforderung an die Polizei, »staatsfeindlichen Organisationen« gegenüber keine Gnade walten zu lassen — gemeint waren Kommunisten und Marxisten im allgemeinen — fuhr Göring fort: »Jeder Beamte, der ohne Rücksicht auf die Folgen bei der Ausübung seiner Pflicht von der Waffe Gebrauch macht, wird meines Schutzes sicher sein; diejenigen, die aus unangebrachter Rücksicht auf die Folgen ihre Pflicht nicht erfüllen, werden den Bestimmungen gemäß bestraft.« Mit anderen Worten: im Zweifelsfall wird geschossen. Um seine Absichten völlig deutlich zu machen, fügte Göring noch hinzu: »Jeder Beamte muß sich vor Augen halten, daß mangelnde Tatkraft strenger beurteilt werden wird als ein Irrtum bei seiner Pflichtausübung[11].«

Am 22. Februar ging Göring noch einen Schritt weiter. Mit der Begründung, daß die reguläre Polizei bis an die Grenzen ihrer Leistungsfähigkeit beansprucht sei und verstärkt werden müsse, verkündete er die Aufstellung einer Hilfspolizei. 50000 Mann wurden eingestellt, darunter 25000 SA-Leute und 15000 SS-Leute. Sie brauchten nichts anderes zu tun, als sich eine weiße Armbinde umzulegen: damit repräsentierten sie die Macht des Staates. Das bedeutete soviel, wie die Polizeigewalt den Schlägerbanden zu übertragen. Für den Bürger war es nun gefährlicher, bei der Polizei Schutz zu suchen, als schweigend Überfall und Raub über sich ergehen zu lassen. Im günstigsten Fall kehrte die Polizei den Rücken und blickte in eine andere Richtung; häufiger aber noch half die Hilfspolizei ihren Kameraden aus der SA beim Verprügeln ihrer Opfer. So sah die »Legalität« in der Praxis aus. Der britische Botschafter wies in einem seiner Berichte darauf hin, daß die Tagespresse jetzt drei regelmäßig erscheinende Listen enthalte:

»1. Eine Liste von Verwaltungs- und Polizeibeamten, die entweder beurlaubt oder entlassen worden sind,
2. eine Liste der dauernd oder vorübergehend verbotenen Zeitungen und
3. eine Liste von Personen, die bei politischen Unruhen ums Leben gekommen oder verletzt worden sind[12].«

Am ersten Tag, nachdem Hitler Reichskanzler geworden war, schrieb Goebbels in sein Tagebuch: »In einer Unterredung mit dem Führer legen wir die Richtlinien im Kampf gegen den roten Terror fest. Vorläufig wollen wir von direkten Gegenmaßnahmen absehen. Der bolschewistische Revolutionsversuch muß zuerst einmal aufflammen. Im geeigneten Moment werden wir dann zuschlagen[13].« Goebbels' Forderung sollte buchstäblich in Erfüllung gehen. Am 24. Februar besetzte die Polizei das Karl-Liebknecht-Haus, das kommunistische Hauptquartier in Berlin. In einer amtlichen Verlautbarung hieß es, es seien Pläne für eine kommunistische Revolution aufgedeckt worden. Die Veröffentlichung der beschlagnahmten Dokumente wurde für die allernächste Zeit zugesagt. Das geschah indessen niemals, aber das Nachforschen nach einer Gegenrevolution wurde verstärkt, und in der Nacht des 27. Februar ging auf geheimnisvolle Weise das Reichstagsgebäude in Flammen auf.

Während sich das Feuer weiter ausbreitete, nahm die Polizei einen jungen holländischen Kommunisten namens van der Lubbe fest, den man in dem verlassenen Gebäude gefunden hatte — unter Umständen, die keinen Zweifel an seiner Schuld ließen.

Göring hatte nach einem Vorwand gesucht, die Kommunistische Partei zu vernichten, und erklärte sofort, van der Lubbe sei lediglich eine Schachfigur in einer kommunistischen Verschwörung größeren Ausmaßes. Diese wolle eine Terroraktion starten, für die der Reichstagsbrand das Signal sei. Die Verhaftung der Kommunistenführer, unter ihnen auch der Bulgare Dimitroff, erfolgte gleich anschließend. Der Prozeß um den Reichstagsbrand wurde von den Nazis in Leipzig mit allem nur möglichen Propagandaaufwand durchgeführt. Diese Propaganda jedoch wirkte sich in der falschen Richtung aus. Dimitroff verteidigte sich nicht nur sehr geschickt, sondern die Anklage versagte auch vollständig und konnte keinerlei Zusammenhang zwischen van der Lubbe und den anderen Angeklagten beweisen. Der Prozeß endete in einem Fiasko mit Freispruch und Haftaufhebung für die Kommunistenführer; der unglückliche van der Lubbe jedoch wurde schnellstens hingerichtet.

Görings einleuchtender Vorwand für die Eröffnung des Angriffs auf die Kommunisten veranlaßte viele (darunter auch den Autor dieses Buches) anzunehmen, daß der Reichstagsbrand in Wirklichkeit von den Nazis geplant und ausgeführt worden sei. Eine recht umständliche Version der Ereignisse beschreibt, wie eine Gruppe von Berliner SA-Leuten unter der Führung von Karl Ernst durch einen unterirdischen Tunnel in das Gebäude eindrang und es in Flammen setzte. Van der Lubbe, der von der SA aufgegriffen worden war, nachdem er aus Protest gegen die Behandlung seitens der Gesellschaft versucht hatte, an andere Gebäude Feuer anzulegen, wurde dann als Marionette benutzt: Man gestattete ihm, in das Reichstagsgebäude zu klettern und in einem anderen Teil noch ein zweites Feuer anzulegen.

Welche Version man auch akzeptiert, die Rolle van der Lubbes bleibt zweifelhaft; das veranlaßte Fritz Tobias dazu, 1955 eine unabhängige Prüfung der Beweisstücke zu unternehmen. Seine Ansicht (die 1959 *Der Spiegel* veröffentlichte) ist mit keiner der beiden Versionen identisch. Maßgeblich für ihn ist van der Lubbes eigene Erklärung, von der er niemals abging, daß nämlich er allein für das Feuer verantwortlich sei und daß er allein es als Protestakt geplant habe. Fritz Tobias mag recht haben mit seiner Behauptung, daß diese einfachste aller Erklärungen die richtige ist[14].

Die Frage, wer das Feuer legte, bleibt offen, doch gibt es keinen Zweifel über die Antwort auf die Frage, wer davon profitierte. Hitler brauchte keine Eingebung.

»Schon der Reichstagsbrand habe uns — zumindest in unserem Ansehen vor der deutschen Öffentlichkeit — schwer schaden können. Er sei deshalb sofort morgens um 2 Uhr in die Redaktion des ›Völkischen Beobachters‹ (VB) gefahren, habe dort aber lediglich den Redakteur vom Dienst angetroffen und im ersten Abzug der VB-Morgenausgabe lediglich eine 10-Zeilen-Notiz über den Brand gefunden. Er habe sich daraufhin sofort mit Goebbels an die Arbeit gemacht und für die Morgenausgabe Artikel, Berichte und so weiter über den Brand, die die ganze erste Seite der Morgenausgabe füllten, abgefaßt und zusammengestellt[15].«

Am Tage nach dem Brand, am 28. Februar, erließ Hitler ein vom Reichspräsidenten unterzeichnetes Gesetz zum »Schutz von Volk und Staat«. Die Verordnung wurde als »eine Abwehrmaßnahme gegen kommunistische Gewaltakte« bezeichnet. Sie begann damit, daß sie die nach der Weimarer Verfassung garantierten persönlichen Freiheiten aufhob:

»Es sind daher Beschränkungen der persönlichen Freiheit, des Rechts der freien Meinungsäußerung, einschließlich der Pressefreiheit, des Vereins- und Versammlungsrechts, Eingriffe in das Brief-, Post-, Telegraphen- und Fernsprechgeheimnis, Anordnungen von Haussuchungen und Beschlagnahmen sowie Beschränkungen des Eigentums auch außerhalb der sonst hierfür bestimmten gesetzlichen Grenzen zulässig.« Artikel 2 ermächtigte die Reichsregierung, im Notfall die ganze Macht in den Ländern zu übernehmen. Artikel 5 sah für Hochverrat, Brandstiftung und Sabotage die Todesstrafe vor. Auch für Verschwörungen gegen das Leben der Regierungsmitglieder und zur Störung des inneren Friedens wurde die Todesstrafe oder lebenslängliche Zwangsarbeit festgesetzt«.

Im Besitze dieser umfassenden Vollmachten waren Hitler und Göring nun in der Lage, jede beliebige Maßnahme gegen ihre Gegner zu treffen. Klugerweise verschoben sie das formelle Verbot der Kommunistischen Partei bis nach den Wahlen, damit die Stimmen der Arbeiterschaft weiterhin auf die beiden rivalisierenden Parteien der Kommunisten und Sozialdemokraten verteilt blieben. Aber die Terrorakte gegen Führer, Presse und Organisationen der Linksparteien wurden jetzt verschärft. Als der britische Korrespondent Sefton Delmer vom »Daily Expreß« Hitler fragte, ob etwas Wahres an den Gerüchten über ein geplantes Massaker an seinen politischen Gegnern sei, erwiderte

Hitler: »Mein lieber Delmer, ich brauche keine Bartholomäusnacht. Durch gesetzlich verankerte Erlasse haben wir Sondergerichte geschaffen, die mit den Staatsfeinden nach Recht und Gesetz verfahren und sie legal verurteilen werden, damit diese Verschwörungen aufhören[16].«

Unterdessen, es war die letzte Woche vor der Wahl, hatte die nationalsozialistische Propagandamaschine ihre Angriffe auf die »Marxisten« verschärft; sie verbreitete die haarsträubendsten Berichte über kommunistische Revolutionsvorbereitungen und ein bevorstehendes »Blutbad«, wobei der Reichstagsbrand und die Verhaftung van der Lubbes zur Bekräftigung herangezogen wurden. Selbst wer die amtliche Darstellung der Reichstagsbrandstiftung mit Skepsis betrachtete, wurde von der Rücksichtslosigkeit der nationalsozialistischen Taktik beeindruckt und eingeschüchtert. Hitler jagte im letzten Abschnitt der Wahlkampagne wie ein Wirbelwind durch das Land und verkündete überall seine Entschlossenheit, den Marxismus und die Linksparteien gnadenlos zu zerstampfen. Zum ersten Male trug der Rundfunk seine Worte in jeden Winkel des Landes.

Um keine Zweifel über ihre Absichten aufkommen zu lassen, versicherte Göring auf einer Wahlversammlung am 3. März in Frankfurt:

»Deutsche Volksgenossen! Meine Maßnahmen werden nicht angekränkelt sein durch juristische Bedenken und Bürokratie. Ich habe keine Gerechtigkeit auszuüben, sondern nur zu vernichten und auszurotten. Das wird ein Kampf sein gegen das Chaos, und diesen Kampf werde ich nicht nur mit polizeilichen Machtmitteln führen. Das hätte ein bürgerlicher Staat getan. Gewiß, ich werde die Macht des Staates und der Polizei bis zum äußersten gebrauchen, meine lieben Kommunisten, darum macht euch keine falschen Hoffnungen; aber den Kampf auf Leben und Tod, bei dem ihr meine Faust im Nacken spüren werdet, werde ich mit denen da unten führen — mit den Braunhemden[17].«

Der Wahlkampf erreichte seinen Höhepunkt am Sonnabend dem 4. März, dem »Tag der erwachenden Nation«, als Hitler in Königsberg, der alten Krönungsstadt und Hauptstadt der abgeschnittenen Provinz Ostpreußen, in einer Rede die »Novemberpolitiker« angriff, indem er erklärte:

»Heute steht diese Welt auf und sagt: Was habt ihr denn für ein Programm? Wir können diese einzige Antwort geben: Ihr habt begonnen mit einer Lüge, wir aber wollen beginnen mit der Wahrheit! ... Und der erste Gedanke dieser Wahrheit ist der, daß ein Volk verstehen muß, daß seine Zukunft nur in seiner Kraft liegt, in seiner Fähigkeit, in seinem Fleiß, in seinem Mut ...«

»Einmal muß wiederkommen ein deutsches Volk, dem man sagen kann: Volk, trage dein Haupt jetzt wieder hoch und stolz. Nun bist du nicht mehr versklavt und unfrei, du bist nun wieder frei, du kannst nun wieder mit Recht sagen: wir alle sind stolz, daß wir durch Gottes gnädige Hilfe wieder zu wahrhaften Deutschen geworden sind[18].«

Nachdem Hitler seine Rede beendet hatte, flammten auf den Hügeln entlang der ganzen »bedrohten Grenze« im Osten Freudenfeuer auf. Das war der krönende Abschluß eines Monats stampfender SA-Aufmärsche, glanzvoller Fackelparaden, Riesendemonstrationen, Massenjubels und brüllender Lautsprecher, pöbelhafter Ansprachen und mit Hakenkreuzfahnen geflaggter Straßen, offener Anwendung von Brutalität und Gewalt mit einer schweigend daneben stehenden Polizei. Und das alles hatte dazu gedient, den Eindruck unwiderstehlicher und jedes Hindernis wegfegender Gewalt zu erwecken.

Angesichts dieses Aufwandes ist es eine bemerkenswerte Tatsache, daß das deutsche Volk Hitler immer noch nicht die Mehrheit gab, die er angestrebt hatte. Bei einer Wahlbeteiligung von nahezu 90% erhöhte sich die Stimmenzahl der Nazis um 5,5 Millionen. Von insgesamt 39 343 300 Stimmen erhielten sie 17 277 200, also 43,9%. Trotz der gewaltigen Anstrengung der Nazis konnte das Zentrum seine Stimmenzahl von 4 230 600 auf 4 424 900 erhöhen; die Sozialdemokraten behielten 7 181 600 und verloren nur 66 400 Stimmen, wogegen die Kommunisten sogar über 1 Million verloren, aber immer noch 4 848 100 Stimmen zählten. Zusammen mit den Deutschnationalen, die durch eine magere Zunahme von 180 000 auf 3 136 800 Stimmen kamen, hatte Hitler eine knappe Mehrheit im neuen Reichstag: 288 plus 52 Mandate von insgesamt 647 Abgeordnetensitzen.

So enttäuschend dieses Ergebnis auch sein mochte — es reichte gerade noch aus. Außerdem war der Aufmerksamkeit der Naziführer nicht entgangen, daß sie, wenn sie die kommunistischen Abgeordneten entfernten, mit ihren Mandaten allein eine klare parlamentarische Mehrheit haben würden und auf die deutschnationalen Stimmen verzichten konnten. Nach den Erfahrungen der letzten Wochen erschien die Aussicht gering, daß Papen, Hugenberg und die Deutschnationalen ihre Koalitionspartner tatkräftig bremsen würden.

II

Nur ein einziges Gesetz bildete die verfassungsrechtliche Grundlage von Hitlers Diktatur. Weder eine National- noch eine Verfassunggebende Versammlung war einberufen worden, und die Weimarer Verfassung wurde niemals aufgehoben. Wenn nötig, wurden einfach neue Gesetze erlassen. Hitlers Ziel war die unumschränkte Macht. Er brauchte einige Zeit, bis er sie erreichte, aber er hat von Anfang an nicht die Absicht gehabt, sich durch irgendeine Verfassung die Hände binden zu lassen. Ein Gegenstück zum Großen Faschistischen Rat, durch den Mussolini am Ende gestürzt werden sollte, war nicht vorhanden. Schon lange vor dem Zweiten Weltkrieg hörte in Deutschland sogar das Kabinett auf, Sitzungen abzuhalten.

Das grundlegende Gesetz für das Hitler-Regime war das sogenannte Ermächtigungsgesetz (Gesetz zur Behebung der Not von Volk und Reich). Da das Gesetz eine Verfassungsänderung darstellte, für die im Reichstag eine Zweidrittelmehrheit erforderlich war, galt Hitlers erste Sorge nach der Wahl der Sicherstellung dieser Mehrheit. In einer Hinsicht war das einfach: mit den 81 kommunistischen Abgeordneten brauchte nicht mehr gerechnet zu werden; wer von ihnen noch nicht verhaftet war, würde zuverlässig festgenommen werden, wenn er sich im Reichstag sehen ließ. Die Verhandlungen mit dem Zentrum wurden wiederaufgenommen, und während dieser Zeit zeigte sich Hitler seinen deutschnationalen Partnern gegenüber in der versöhnlichsten Stimmung. Die Auseinandersetzungen im Kabinett[19] und die Verhandlungen mit dem Zentrum[20] waren gleichermaßen unbehaglich angesichts der Macht, die die Regierung für sich beanspruchte. Aber die Nazis hielten mit dem Erlaß vom 28. Februar die Peitsche in der Hand. Notfalls, so drohten sie, würden sie die erforderliche Zahl von Verhaftungen vornehmen, um sich auch ohne die Stimmen des Zentrums die Mehrheit zu sichern. Die Deutschnationalen trösteten sich mit einer Klausel des neuen Gesetzes, nach der die Rechte des Reichspräsidenten unangetastet blieben. Das Zentrum, das von Hitler mit Versprechungen überschüttet worden war, erhielt zudem vom Reichspräsidenten einen Brief, in dem dieser schrieb, daß »der Reichskanzler mir versichert hat, auch ohne durch die Verfassung hierzu genötigt zu sein, von den Vollmachten, die ihm durch das Ermächtigungsgesetz übertragen worden sind, keinen Gebrauch zu machen, ohne mich vorher zu befragen[21]«. Das waren weitere papierene Deiche, die eine Sturmflut zurückhalten sollten, aber Hitler war in dieser Zeit bereit, alles mögliche zu versprechen, um sein Gesetz durchzubringen und dabei den Anschein der Legalität zu wahren.

Hitlers Meisterstück im Bestreben, den Reichspräsidenten, die Reichswehr und die Deutschnationalen versöhnlich zu stimmen, war die Zeremonie in der Potsdamer Garnisonkirche am 21. März anläßlich der Eröffnung des neuen Reichstags, zwei Tage vor der Reichstagssitzung, in der über das Ermächtigungsgesetz debattiert werden sollte. Mit der Zeremonie brachte Hitler gleichzeitig zum Ausdruck, daß das neue Regime den Anspruch erhob, die Erbschaft der alten preußischen Militärtradition und der Hohenzollernkönige anzutreten.

Potsdam, die Residenz der Hohenzollern, und seine Garnisonkirche, die von Friedrich Wilhelm I. erbaut worden war und das Grab Friedrichs des Großen enthielt, bildete den bewußten Gegensatz zu Weimar, der Stadt Goethes und Schillers, wo 1919 die Nationalversammlung der »Novemberrepublik« abgehalten wurde. Der 21. März war das Datum, an dem 1871 Bismarck den ersten Reichstag des Deutschen Kaiserreichs eröffnet hatte. Unter dem gleichen Datum eröffnete Hitler jetzt den ersten Reichstag des Dritten Reichs. Eine Ehrenkompanie der Armee auf der einen Seite und eine der SA auf der andern vertraten symbolisch das alte und das neue Deutschland, nunmehr verbunden durch den Händedruck von Reichspräsident und Reichskanzler.

Es war ein strahlender Frühlingstag, und die Häuser in Potsdam waren abwechselnd mit riesigen Hakenkreuzbannern und den schwarzweißroten Fahnen des alten Kaiserreichs geschmückt. In der Kirche selbst war eine ganze Galerie von Generalfeldmarschällen, Generalen und Admiralen der Kaiserzeit besetzt, an der Spitze Generalfeldmarschall von Mackensen in der Uniform der Totenkopfhusaren. Der Stuhl, den früher der Kaiser einnahm, war leer geblieben. Unmittelbar dahinter saß der Kronprinz in Galauniform. Im Schiff der Kirche saßen der Rangordnung nach die nationalsozialistischen Abgeordneten in ihren braunen Hemden, flankiert von den Abgeordneten der Deutschnationalen und des Zentrums. Von den Sozialdemokraten war kein einziger anwesend.

Als sich die Tür öffnete, erhoben sich die Anwesenden. Die Mitglieder der Regierung betraten die Kirche. Aller Augen waren auf zwei Männer gerichtet: den Österreicher Adolf Hitler, in einen korrekten Cutaway gekleidet, linkisch, aber respektvoll; und die massive Gestalt des greisen Reichspräsidenten neben ihm. Der preußische Generalfeldmarschall hatte das erstemal 1866 in dieser Kirche gestanden, als er, damals ein junger Gardeleutnant, heimgekehrt war aus dem Preußisch-Österreichischen Krieg, durch den die Einheit Deutschlands geschmiedet worden war. Langsam, auf seinen Stock sich stützend, schritt der alte Mann durch das Kirchenschiff. Als er die Kirchenmitte erreicht hatte, wandte er sich um und grüßte mit seinem Marschallstab feierlich den leeren Thron des Kaisers und den Kronprinzen.

Die Ansprache des Präsidenten, die er vom Blatt ablas, war kurz. »Möge der Geist dieser alten ehrwürdigen Stätte«, schloß er, »auf die heutige Generation übergehen, möge er uns von Selbstsucht und Parteihader befreien und uns im Nationalbewußtsein zum Segen eines stolzen, freien und geeinten Deutschlands zusammenschließen.«

Hitlers Rede war abgestimmt auf die Vertreter des alten Regimes, die vor ihm saßen:

»Die Revolution des November 1918 beendete einen Kampf, in dem die deutsche Nation in der heiligsten Überzeugung, nur ihre Freiheit und damit ihr Lebensrecht zu schützen, gezogen war. Denn weder der Kaiser noch die Regierung, noch das Volk haben diesen Krieg gewollt. Nur der Verfall der Nation, der allgemeine Zusammenbruch zwangen ein schwaches Geschlecht wider das eigene bessere Wissen und gegen die heiligste innere Überzeugung, die Behauptung unserer Kriegsschuld hinzunehmen ... In einer einzigartigen Erhebung hat das Volk in wenigen Wochen die nationale Ehre wiederhergestellt, und dank Ihrem Verstehen, Herr Generalfeldmarschall, die Vermählung vollzogen zwischen den Symbolen der alten Größe und der jungen Kraft ... Wir erheben uns vor Ihnen, Herr Generalfeldmarschall. Heute läßt Sie die Vorsehung Schirmherr sein über die neue Erhebung unseres Volkes[22].«

Mit diesen Worten schritt Hitler zum Stuhl des greisen Feldmarschalls hinüber und ergriff mit einer tiefen Verbeugung dessen Hand: die apostolische Nachfolge war angetreten.

Ganz allein ging der alte Mann mit steifen Schritten zur Gruft Friedrichs des Großen hinunter. Draußen, in der Märzsonne, während aus den Kanonen Salutschüsse donnerten und Trompeten und Trommeln schmetterten und dröhnten, hielt die Reichswehr, gefolgt von SA und Stahlhelm, eine Parade zu Ehren des Reichspräsidenten, des Reichskanzlers und des Kronprinzen ab. Nach Einbruch der Dunkelheit marschierte ein Fackelzug der SS unter dem Jubel einer riesigen Menschenmenge durchs Brandenburger Tor, während Furtwängler in der Staatsoper eine Galaaufführung von Wagners »Meistersingern« dirigierte.

Der französische Botschafter schrieb später: »Wie konnten jetzt noch Hindenburg und seine Freunde, geblendet durch Hitlers Gelöbnis in Potsdam, ihr anfängliches Bedenken gegen die Ausschreitungen und Verfehlungen seiner Partei aufrechterhalten? Gab es jetzt noch ein Zögern, ihm ihr volles Vertrauen zu schenken, ihm alle Macht, die er forderte, einzuräumen[23]?«

Zwei Tage später bekam man im Reichstag, der in der provisorisch hergerichteten Krolloper zusammentrat, das andere Gesicht des Nationalsozialismus zu sehen. Das Ermächtigungsgesetz, das dem Hause vorgelegt wurde, enthielt fünf Artikel. Der erste und der fünfte ermächtigten die Reichsregierung für die Dauer von vier Jahren, Gesetze ohne Befragung des Reichstags zu beschließen. Der zweite und der vierte stellten ausdrücklich fest, daß diese Ermächtigung das Recht einschließe, von der Verfassung abzuweichen und Verträge mit fremden Staaten abzuschließen. Nur die Einrichtungen des Reichstags und des

Reichsrats als solche waren nicht betroffen. Der dritte Artikel sah vor, daß die von der Regierung beschlossenen Gesetze vom Reichskanzler ausgefertigt und schon am Tage nach ihrer Verkündung in Kraft treten sollten[24].

Als die Abgeordneten den Saal betraten, sahen sie hinter der Tribüne, auf der das Kabinett und der Reichspräsident ihre Plätze hatten, eine riesige Hakenkreuzfahne über die ganze Wand ausgebreitet. Draußen hatten sie eine dichte Kette schwarzbehemdeter SS-Leute durchschreiten müssen; drinnen standen entlang der Gänge und Wände SA-Leute in braunen Hemden Spalier.

Hitlers Eröffnungsrede war zurückhaltend. Er sprach davon, daß die Revolution mit Disziplin und ohne Blutvergießen durchgeführt worden sei und daß der Geist der nationalen Einigkeit die Stelle von Parteien- und Klassenhader eingenommen habe.

»Die Regierung beabsichtigt, von diesem Gesetz nur insoweit Gebrauch zu machen, als es zur Durchführung der lebensnotwendigen Maßnahmen erforderlich ist. Weder die Existenz des Reichstags noch des Reichsrats soll dadurch bedroht sein. Die Stellung und die Rechte des Herrn Reichspräsidenten bleiben unberührt. Die innere Übereinstimmung mit seinem Willen herbeizuführen, wird stets die oberste Aufgabe der Regierung sein. Der Bestand der Länder wird nicht beseitigt. Die Rechte der Kirchen werden nicht geschmälert, ihre Stellung zum Staat nicht geändert. Da die Regierung an sich über eine klare Mehrheit verfügt, ist die Zahl der Fälle, in denen eine innere Notwendigkeit vorliegt, zu einem solchen Gesetz die Zuflucht zu nehmen, eine begrenzte. Um so mehr aber besteht die Regierung der nationalen Erhebung auf der Verabschiedung dieses Gesetzes. Sie zieht in jedem Fall eine klare Entscheidung vor. Sie bittet die Parteien des Reichstags um die Möglichkeit einer ruhigen deutschen Entwicklung und einer sich daraus in der Zukunft anbahnenden Verständigung. Sie ist aber ebenso entschlossen und bereit, die Bekundung der Ablehnung und damit die Ansage des Widerstandes entgegenzunehmen. Mögen Sie, meine Herren, nunmehr selbst die Entscheidung treffen über Frieden und Krieg!«

Nach der Pause war die Reihe des Sprechens an Otto Wels, dem Führer der Sozialdemokraten. Als er zum Rednerpult schritt, herrschte tiefes Schweigen, so daß man von draußen die Sprechchöre von SA und SS hören konnte: »Wir wollen das Gesetz — sonst Mord und Totschlag!« Es gehörte Mut dazu, sich vor diese Versammlung hinzustellen — die meisten kommunistischen und etwa ein Dutzend sozialdemokratische Abgeordnete saßen bereits im Gefängnis — und Hitler und den Nazis offen heraus zu sagen, daß die Sozialdemokratische Partei gegen das Gesetz stimmen werde. Wels sprach mit Mäßigung; wehrlos zu sein, sagte er, bedeute nicht, auch ehrlos zu sein. Aber schon die leiseste Andeutung von Widerstand hatte genügt, Hitler in Wut zu versetzen; er besaß nicht einen Funken Großmut für einen geschlagenen Gegner. Indem er Papen, der ihn zurückzuhalten versuchte, beiseite stieß, bestieg er zum zweiten Male das Rednerpult, um dem Reichstag, dem Kabinett und dem diplomatischen Korps einen Vorgeschmack seines wahren, wilden, sarkastischen und brutalen Wesens zu geben. »Ich brauche Ihre Stimmen nicht«, schrie er den Sozialdemokraten zu, »Deutschland wird frei sein, aber nicht durch Sie. Halten Sie uns nicht für bürgerlich. Deutschlands Stern ist im Aufsteigen, der Ihre im Untergehen. Ihre Stunde hat geschlagen.«

Die übrigen Reden brachten keine Höhepunkte mehr. Prälat Kaas, der immer noch an Hitlers Zusicherungen glaubte, erhob sich, um anzukündigen, daß das Zentrum, das einst von Bismarck im »Kulturkampf« gedemütigt worden sei, für das Gesetz stimmen werde. Das entsprach genau der schäbigen Politik des Kompromissemachens mit den Nazis, die das Zentrum seit dem Sommer 1932 verfolgte. Dann kam die Abstimmung, und die Erregung nahm wieder zu. Nachdem Göring das Ergebnis bekanntgegeben hatte — 441 Stimmen für, 94 gegen das Gesetz —, sprangen die nationalsozialistischen Abgeordneten von ihren Sitzen auf und sangen, den Arm zum Gruß ausgestreckt, das Horst-Wessel-Lied.

Draußen auf dem Platz vor der Krolloper brüllte eine riesige Menge Beifall. Die Nazis hatten allen Grund, entzückt zu sein: mit dem Ermächtigungsgesetz hatte sich Hitler nicht nur vom Reichstag, sondern auch vom Reichspräsidenten unabhängig gemacht. Seine Vorgänger, Brüning, Papen und Schleicher, waren von der in Artikel 48 der Verfassung verankerten Notverordnungsvollmacht des Präsidenten abhängig gewesen; jetzt verfügte Hitler selbst über dieses Recht und dazu noch über die Vollmacht, von der Verfassung abzuweichen. Die Straße hatte die Herrschaft über die Machtmittel eines großen, modernen Staates angetreten, der Pöbel war an die Macht gekommen.

III

Aber dennoch war Hitler im März 1933 immer noch nicht Diktator in Deutschland. Es mußte erst noch die »Gleichschaltung«, die alle Gebiete des öffentlichen Lebens unter die alleinige Kontrolle der NSDAP bringen sollte, durchgeführt werden. Was »Gleichschaltung« in der Praxis bedeutete, läßt sich am besten an drei wichtigen Beispielen erläutern: an den Ländern, an den Gewerkschaften, an den

Parteien. Um die Länderregierungen in ihre Gewalt zu bekommen, hatten Hitler und Frick nicht einmal die Annahme des Ermächtigungsgesetzes abgewartet. Hitler hatte nicht die Absicht, etwa einen Konflikt zwischen Bayern und dem Reich, wie er selbst ihn 1923 für seine Zwecke ausgenutzt hatte, aufkommen zu lassen. Er wußte, daß in Bayern seit dem 30. Januar erneut über die Wiederherstellung der Monarchie, ja sogar über die Loslösung vom Reich gesprochen wurde. Und so machte von Epp, dem man in Berlin uneingeschränkte Vollmachten erteilte, am Abend des 9. März in München einen Staatsstreich. Nachdem die Regierung Held abgesetzt worden war, wurden alle wichtigen Stellen mit Nazis besetzt. Hitler kannte sehr gut die Tricks des politischen Spiels in Bayern. Als Ministerpräsident Held sich an den Wehrkreiskommandeur General von Leeb um Hilfe gegen die Nazis wandte, rief von Leeb in Berlin an. Von Oberst von Reichenau im Reichswehrministerium erhielt er daraufhin umgehend den Befehl, sich aus der Innenpolitik herauszuhalten und die Reichswehr von der Straße fernzuhalten. Der Geist von Lossows existierte nicht mehr.

Ähnlich ging man in den andern Ländern vor. Auf Grund des Erlasses vom 28. Februar setzte Frick in Baden, Württemberg und Sachsen Reichspolizeikommissare ein. In allen drei Fällen waren es Nazis, die dann von ihrer Vollmacht, die Länderregierungen abzusetzen und an ihre Stellen von Nationalsozialisten kontrollierte Ministerien einzusetzen, Gebrauch machten. Preußen war bereits in Görings rauher Hand; die preußische Landtagswahl am 5. März zeitigte dieselben Resultate wie die Reichstagswahl. Am 31. März erließen Hitler und Frick ein Gesetz, durch das die Landtage aller Länder aufgelöst und ohne vorherige Wahlen neu gebildet wurden »nach den Stimmenzahlen, die bei der Wahl zum Reichstag innerhalb eines jeden Landes auf die Wahlvorschläge entfallen sind. Hierbei werden die auf Wahlvorschläge der kommunistischen Partei entfallenden Sitze nicht zugeteilt[25].« Eine Woche darauf ernannte Hitler für jedes Land einen Reichsstatthalter, der die Vollmacht hatte, eine Landesregierung ein- oder abzusetzen, den Landtag aufzulösen, Gesetze zu beschließen und Staatsbeamte einzustellen oder zu entlassen[26]. Alle achtzehn Reichsstatthalter waren Nationalsozialisten, gewöhnlich die jeweiligen Gauleiter. In Preußen bot das neue Gesetz Gelegenheit, Papen abzusetzen, der bis dahin neben dem Amt des Vizekanzlers das des Reichskommissars für Preußen innegehabt hatte und dem Göring unterstellt gewesen war. Hitler ernannte nun sich selbst zum Reichsstatthalter für Preußen und übertrug prompt seine Macht auf Göring als preußischem Ministerpräsidenten. Papen »bat darum, von seinem Amt entlastet« zu werden; das Amt des Reichskommissars für Preußen, das im Juli 1932 in der Zeit von Papens Staatsstreich eingerichtet worden war, wurde wieder abgeschafft.

Am ersten Jahrestag der Machtergreifung, am 30. Januar 1934, schloß Hitler sein Werk, die Bundesländer der Macht der Reichsregierung zu unterwerfen, mit dem »Gesetz über den Neuaufbau des Reichs« ab. Die Landtage wurden aufgehoben, die Hoheitsrechte der Länder auf das Reich übertragen, die Reichsstatthalter und die Landesregierungen der Reichsregierung unterstellt[27]. Das Jahr der Gleichschaltung hatte seinen Höhepunkt erreicht: jede Form der Selbstverwaltung, von den Landesregierungen bis hinab zur Gemeindebehörde, war ausgelöscht worden. Obwohl die einzelnen Länder formell weiterbestanden, wurde damit doch in Wahrheit das dualistische Regierungssystem der Scheidung von Reich und Ländern, das sowohl von der Bismarckschen wie auch von der Weimarer Verfassung hatte toleriert werden müssen, weggefegt. Im März 1934 umriß Hitler die Stellung der Reichsstatthalter mit Worten, die keinen Zweifel über seine Absichten aufkommen ließen. »Sie sind nicht die Administratoren der einzelnen Länder, sondern führen den Willen der obersten Führung des Reiches durch; sie erhalten ihren Auftrag nicht von den Ländern, sondern vom Reich. Sie sind nicht die Vertreter der Länder dem Reich gegenüber, sondern die Vertreter des Reichs den Ländern gegenüber ... Der Nationalsozialismus hat sich den Neuaufbau des Reichs, nicht aber die Erhaltung der deutschen Länder zur Aufgabe gemacht[28].«

Der Prozeß der Gleichschaltung beschränkte sich nicht auf die staatlichen Einrichtungen. Wenn Hitler den Marxismus in Deutschland vernichten wollte, so bedeutete das ganz offensichtlich, daß er die unabhängige Macht der riesigen deutschen Gewerkschaftsbewegung, dieser Stütze der Sozialdemokratischen Partei, brechen mußte. Im März und April überfiel und plünderte die SA viele örtliche Büros der Gewerkschaften. Dennoch hofften die Gewerkschaftsführer immer noch, von der Regierung anerkannt zu werden. Schließlich war bisher keine deutsche Regierung so weit gegangen, die Gewerkschaften anzutasten. Auch sie sollten ihrer Illusionen bald beraubt werden. Geschickt tarnten die Nazis ihre Absichten, indem sie den 1. Mai zum Nationalen Feiertag erklärten und in Berlin eine riesige Arbeiterkundgebung veranstalteten, auf der Hitler sprach. Am Morgen des nächsten Tages wurden alle Gewerkschaftsbüros im ganzen Land von SA- und SS-Leuten besetzt. Viele Gewerkschaftsfunktionäre wurden verhaftet, verprügelt und in Konzentrationslager gesteckt. Darauf wurden alle Gewerkschaften zu einer neuen »Deutschen Arbeitsfront« zusammengeschlossen. »Sind die Gewerkschaften in unserer Hand«, hatte Goebbels am 17. April notiert, »dann werden sich auch die anderen Parteien und Organisationen nicht mehr lange halten können ... In einem Jahr wird ganz Deutschland in unserer Hand sein[29].«

Hitler vermied es absichtlich, die Gewerkschaften der bereits bestehenden NSBO (Nationalsozialistische Betriebszellen-Organisation) einzugliedern, die durchsetzt war mit sozialistischen Ideen und »Strasserismus«. Mit der Leitung der Arbeitsfront betraute er Robert Ley, der schon seit 1925 ein Gegner Strassers gewesen war und an dessen Stelle im Dezember 1932 die Führung der Politischen Organisation übernommen hatte. Im Verlauf seiner Antrittsrede erklärte Ley: »Arbeiter! Eure Einrichtungen sind uns Nationalsozialisten heilig. Ich selbst bin ein armer Bauernsohn und kenne die Not; ich selbst habe sieben Jahre lang in einem der größten deutschen Industriewerke gearbeitet und kenne die Ausbeutung durch die anonyme Macht des Kapitals. Arbeiter! Ich schwöre euch, ihr werdet nicht nur alles bereits Bestehende behalten, wir werden sogar noch den Schutz und die Rechte des Arbeiters weiter ausbauen[30].«

Ähnliche Zusicherungen machte Hitler, als er auf dem Kongreß der Deutschen Arbeitsfront am 10. Mai eine Rede hielt. Diese Rede ist es wert, mit der verglichen zu werden, die er ein Jahr vorher im Industrieklub in Düsseldorf gehalten hatte. Sie ist beispielhaft für die Gerissenheit, mit der Hitler sich seiner jeweiligen Zuhörerschaft anzupassen verstand. Doch die Absichten, die sich hinter dem Gerede von der Ehre der Arbeit und der Überwindung des Klassenkampfes verbargen, wurden bald offenbar. Noch ehe der Monat vorüber war, beendete ein neues Gesetz die Möglichkeit des Verhandelns zwischen Arbeitgeber und Arbeitnehmer. Statt dessen wurden Treuhänder der Arbeit eingesetzt, die nach den Anweisungen der Regierung die Arbeiterangelegenheiten zu regeln hatten[31].

So wie die Gewerkschaftsführer Leipart und Grassmann gehofft hatten, ihre Organisationen dadurch intakt zu halten, daß sie die neuen Herrscher möglichst nicht provozierten, so versuchten auch die Sozialdemokraten eine Zeitlang, loyal zu bleiben, und das sogar nach Annahme des Ermächtigungsgesetzes. In beiden Fällen waren alle Mühen umsonst. Am 10. Mai befahl Göring die Besetzung der Parteihäuser und Zeitungen und die Beschlagnahme der Parteigelder. Einige der sozialdemokratischen Führer, wie z. B. Otto Wels, gingen nach Prag und bildeten dort ein Widerstandszentrum; andere, wie Carl Severing, zogen sich einfach ins Privatleben zurück. Erst am 19. Juni wurde in Berlin ein neues, vierköpfiges Parteikomitee gewählt, aber drei Tage später setzte Frick der Ungewißheit ein Ende und verbot die Sozialdemokratische Partei als volks- und staatsfeindlich. Alle sozialdemokratischen Vertretungen in gewählten oder sonstigen öffentlichen Körperschaften wurden, wie schon die der Kommunisten, aufgehoben[32]. Die Kommunisten waren natürlich schon seit dem Reichstagsbrand geächtet, aber aus taktischen Gründen hatte man ihnen erlaubt, eine Liste für die Reichstagswahl aufzustellen. Dennoch hatte kein einziger ihrer Abgeordneten seinen Sitz jemals einnehmen können; am 26. Mai erließen Hitler und Frick ein Gesetz, das die Beschlagnahme des gesamten Vermögens der Partei bestimmte.

Die übrigen Parteien bildeten ein delikateres Problem, was aber ihr Verschwinden nicht allzu lange verzögerte. Nachdem die Bayrische Volkspartei, eine Verbündete des Zentrums, hatte zusehen müssen, wie am 22. Juni ihre Geschäftsstellen besetzt und ihre Führer verhaftet wurden — unter dem Vorwand einer Verschwörung mit den österreichischen Christlichsozialen —, gab die Partei am 4. Juli ihre Selbstauflösung bekannt. Das Zentrum folgte ihr am 5. Juli. Die Tatsache, daß nun in Deutschland keine katholische Partei mehr bestand, ist vom Vatikan, der noch im gleichen Sommer mit der Hitler-Regierung ein Konkordat abschloß, hingenommen worden. Die Demokraten (Staatspartei) und Stresemanns Deutsche Volkspartei waren durch die erfolgreiche nationalsozialistische Eroberung der Mittelstandswähler nur noch Schattengebilde und lösten sich schon vorher auf[33]. Nicht einmal Hitlers Koalitionspartner, die Deutschnationalen, blieben verschont. Hugenbergs Widerstand im Kabinett und sein wütender Appell an den Reichspräsidenten waren wirkungslos. Am 21. Juni besetzten Polizei und SA in einer Anzahl deutscher Städte die Parteibüros der Deutschnationalen, und eine Woche später fügten sich ihre Führer ins Unvermeidliche und lösten die Partei auf.

Am 14. Juli stand im Reichsgesetzblatt die kurze Bekanntmachung: »Die Reichsregierung hat das folgende Gesetz beschlossen, das hiermit verkündet wird:

§ 1

In Deutschland besteht als einzige politische Partei die Nationalsozialistische Deutsche Arbeiterpartei.

§ 2

Wer es unternimmt, den organisatorischen Zusammenhalt einer anderen politischen Partei aufrechtzuerhalten oder eine neue politische Partei zu bilden, wird, sofern nicht die Tat nach anderen Vorschriften mit einer höheren Strafe bedroht ist, mit Zuchthaus bis zu drei Jahren oder mit Gefängnis von sechs Monaten bis zu drei Jahren bestraft.

Berlin, den 14. Juli 1933. Der Reichskanzler
Adolf Hitler
Der Reichsminister des Innern
Frick
Der Reichsminister der Justiz
Dr. Gürtner[34]«

Der »Stahlhelm« brauchte etwas länger Zeit, um absorbiert zu werden. Hitlers erster erfolgreicher Schritt in dieser Hinsicht war, daß er Seldte, den Führer des »Stahlhelm« und dessen Vertreter im Kabinett, dazu bewegen konnte, seinen Stellvertreter Duesterberg zu entlassen und selbst Mitglied der NSDAP zu werden. Eine Reihe unangenehmer Zugeständnisse an die SA, unterbrochen von Kämpfen zwischen den rivalisierenden Privatarmeen, Überfälle und Verhaftungen von Stahlhelmführern führten dann schließlich Ende 1933 zur Eingliederung des »Stahlhelm« in die SA und im November 1935 zu seiner formellen Auflösung.

Die Überreste der alten Freikorps wurden am 10. Jahrestag des gescheiterten Putsches vom 9. November 1923 in München feierlich aufgelöst. Der Agitator, der damals vor den Schüssen der bayrischen Polizei geflohen und nun deutscher Reichskanzler war, legte am Grab der Märtyrer der Bewegung einen Kranz nieder, auf dem geschrieben stand: »Und Ihr habt doch gesiegt«. Die Freikorps wurden einzeln nacheinander aufgerufen — Baltikum, Schlesien, Ruhr, Brigade Ehrhardt, Bund Oberland, Roßbach usw. Jede Gruppe antwortete mit »Hier«, erhob zum letztenmal ihre fleckige, zerfetzte Fahne und legte sie feierlich in Gegenwart einer Ehrengarde der SA in der Halle des »Braunen Hauses« nieder. Das war der Abschluß eines seltsamen und düsteren Kapitels der deutschen Nachkriegsgeschichte. So wie die Nazis mit der Potsdamer Zeremonie im März den Anspruch erhoben hatten, die Erben des alten Preußentums zu sein, so erhoben sie mit der Münchener Zeremonie im November den Anspruch, die Tradition der Freikorps zu verkörpern.

Die Koalitionsbasis, die Hitler an die Macht gebracht hatte, war nach dem Verbot der Parteien nicht mehr vorhanden. Mit der Annahme des Ermächtigungsgesetzes war sie überflüssig geworden. Über Papens und Hindenburgs Absicht, ihm die Hände zu binden, hatte sich Hitler niemals irgendwelche Illusionen gemacht. Aber er hatte auch niemals daran gezweifelt, die Einschränkungen, die sie ihm auferlegt hatten, beseitigen zu können. Nach dem Reichstagsbrand sagte Hitler zu Rauschning: »Die Reaktion glaubt, mich an die Kette gelegt zu haben. Sie werden mir Fallen stellen, wo sie können. Aber wir werden nicht warten, bis *sie* handeln. Unsere Chance ist, daß wir schneller handeln als sie. Und wir kennen keine Rücksicht. Ich habe keine bürgerlichen Bedenken! ... Sie halten mich für ungebildet, für einen Barbaren. Ja, wir sind Barbaren. Wir *wollen* es sein. Es ist ein Ehrentitel[35].«

Wie später so oft in seiner Außenpolitik wandte Hitler seine Lieblingstaktik an, die Überraschung. Mit lächelnder Verachtung für Konvention und Tradition tat er genau das, von dem jedermann glaubte, er werde es nicht zu tun wagen. Innerhalb weniger Wochen hatte er die Kommunistische und die Sozialdemokratische Partei verboten, das katholische Zentrum und die Deutschnationale Partei aufgelöst, den »Stahlhelm« und die Gewerkschaften aufgesogen, also sechs der mächtigsten Organisationen in Deutschland beseitigt — und entgegen allen Erwartungen war nichts geschehen. Die Stärke dieser Organisationen, ja selbst die einer revolutionären Partei wie der Kommunisten, erwies sich als leerer Schein. Hitler hatte sich über die Tradition, den partikularistischen Gefühlen der Bayern Rechnung zu tragen, spöttisch hinweggesetzt und war mit dem gleichen Erfolg und mit der gleichen Rücksichtslosigkeit gegen die Rechte der Länder vorgegangen. Die Anwendung von politischen Gangstermethoden, von roher, hemmungsloser Gewalt als erstem, nicht als letztem Mittel, zeitigte überraschende Resultate.

Vor der Woge der Gewalt, die auf der deutschen Bühne alle politischen Schranken hinwegschwemmte, zerbröckelte im Kabinett jeder Widerstand. Papen, seiner Macht als Reichskommissar für Preußen entkleidet, war zu einer unbedeutenden Figur geworden. Hitler beachtete einfach nicht mehr die Bestimmung, daß der Vizekanzler bei seinen Besprechungen mit dem Reichspräsidenten zugegen sein müsse; überhaupt legte er jetzt, nachdem er selber die Macht hatte, Verordnungen zu erlassen, kaum noch Wert darauf, mit dem Reichspräsidenten zu sprechen. Seldte, der Stahlhelmführer und Arbeitsminister, war sehr bald veranlaßt worden, seine Organisation und damit seine Unabhängigkeit an Hitler auszuliefern. Hugenberg hielt noch bis Ende Juni stand, verlor aber seinen Kampf um die Erhaltung der Deutschnationalen Partei und wurde am 29. Juni zum Rücktritt gezwungen. Sein Nachfolger im Wirtschaftsministerium wurde Dr. Schmitt, im Ministerium für Ernährung und Landwirtschaft Darré, der bereits seinem »Agrarpolitischen Apparat der NSDAP« den einst so mächtigen Reichslandbund zwangsweise angeschlossen und dessen Vorsitzenden, Graf Kalckreuth, wegen angeblicher Korruption entlassen hatte. Gleich nach den Wahlen, laut

Dekret vom 13. März 1933, war Goebbels als Leiter des neuen Ministeriums für Volksaufklärung und Propaganda ins Kabinett eingetreten. Drei Tage später legte der Reichsbankpräsident Dr. Luther nach einer kurzen Unterredung mit Hitler plötzlich sein Amt nieder. Seine Stelle übernahm der frühere Reichsbankpräsident Dr. Schacht, der im August 1932 an Hitler geschrieben hatte: »Ich versichere Sie meiner unveränderlichen Sympathie — Sie können stets auf mich als ihren zuverlässigen Helfer rechnen[36].«

So war Hitler im Sommer 1933 zum unumschränkten Herrn in seiner Regierung geworden, in der nur noch Papen geduldet wurde und die vom Reichstag ebenso unabhängig war wie vom Reichspräsidenten und von politischen Verbündeten. Alle Voraussagen, die Papen im Januar gemacht hatte, seine Versicherung, daß die Nazis, wenn sie einmal in der Regierung seien, gezähmt werden würden, erwiesen sich als wertlos. Denn Hitler hatte eine Wahrheit erkannt, von der Papen, der politische Dilettant, nichts wußte, nämlich daß der Schlüssel zur Macht nicht mehr im Intrigieren um Parlament und Präsidenten lag, durch das er zur Tür hineingeschlüpft war — und mit dem er Hitler immer noch zu bändigen hoffte —, sondern außerhalb, in der Masse des deutschen Volkes. Papen hatte sich durch Hitlers Legalitätstaktik täuschen lassen und niemals begriffen, daß der revolutionäre Charakter der Nazibewegung erst dann offenbar werden würde, wenn Hitler an der Macht war. Nun stand er überrascht und eingeschüchtert vor den Geistern, die er losgelassen.

Denn es war Papens Irrtum gewesen, anzunehmen, daß, weil Hitler über die Hintertreppe zur Macht gelangt war, der Nazipartei keine echte revolutionäre Kraft innewohne. Die SA sah in Hitlers Machtantritt und im Wahlsieg vom 5. März das Signal für die ihr schon seit langem versprochene Abrechnung. Angesichts der besonderen Verhältnisse, die zwischen 1930 und 1933 in Deutschland herrschten — langanhaltende Wirtschaftskrise, politische Unsicherheit und Verbitterung — mußten die revolutionären Impulse der SA bei einem großen Teil des deutschen Volkes ein starkes Echo hervorrufen. Diese Welle revolutionärer Erregung, die Deutschland 1933 überflutete, trat in verschiedenen Formen auf.

Ihr erster und sichtbarster Ausdruck war die Gewalt. Zwar waren Gewaltakte schon viele Monate vor 1933 in Deutschland an der Tagesordnung gewesen, aber zwischen dem Reichstagsbrand und dem Jahresende trugen sie einen ganz anderen Charakter als alles bisher Dagewesene. Ganz bewußt machte nun die Regierung selber die Anwendung von Gewalt und Terror zur Regierungsmethode: sie benutzte dazu Einrichtungen wie die Gestapo (die von Göring aufgezogene

Geheime Staatspolizei in Preußen) und die Konzentrationslager in Oranienburg, Dachau und anderen Orten. Diese offene Mißachtung von Gerechtigkeit und Ordnung von seiten des Staates ermutigte gleichzeitig die Instinkte der Grausamkeit, des Neids und der Rachsucht, die normalerweise in der menschlichen Gesellschaft unterdrückt werden oder sich unterirdische Ventile suchen. Um einen persönlichen Groll zu befriedigen, um die Stellung oder die Wohnung eines andern zu bekommen oder um sadistischen Gefühlen freien Lauf zu lassen, wurden Menschen verhaftet, geschlagen, ermordet. In Berlin und anderen Großstädten richtete die SA in leerstehenden Lagerhäusern oder Kellern sogenannte »Heldenkeller« ein, in die sie jeden schleppte, der ihr mißfiel, um ihn entweder zu mißhandeln oder als Geisel in Haft zu behalten. Polizei und Gerichte, die normalerweise hätten eingreifen müssen, hielten sich zurück; gemeine Verbrechen bis zu Raub und Mord wurden unverschämt als »politisch notwendig« hingestellt. Die einzige Maßnahme der Regierung war ein Amnestieerlaß für »strafbare Handlungen, die während der nationalen Revolution begangen wurden«.

Dieser Zusammenbruch von Gerechtigkeit und Sicherheit im alltäglichen Leben — nicht aus Autoritätsmangel des Staates, sondern mit seiner Duldung — war ein schwerer Schlag für die gesellschaftliche Ordnung, die bereits durch die Jahre der Krise und der Massenarbeitslosigkeit erschüttert war. Wenn die Gewalttätigkeit manchen abstieß, so zog sie doch auch viele an, besonders in der jüngeren Generation. Sie war tatsächlich ein wesentlicher Teil des revolutionären Idealismus. Denn wie auch bei anderen Revolutionen wurden 1933 neue Hoffnungen erweckt; man sah neue Möglichkeiten, das Ende des Elends, den Beginn einer neuen Aktivität; nach Jahren der Hoffnungslosigkeit wurde man wieder froh und optimistisch. Hitler wußte von dieser Stimmung, als er dem deutschen Volk zuredete, den Kopf hochzuhalten und wieder stolz und selbstbewußt zu sein; ein einiges und starkes Deutschland werde die innere Zerrissenheit, die es gehemmt hätte, überwinden und den ihm gebührenden Platz in der Welt wieder einnehmen. Tatsächlich glaubten 1933 viele Menschen, daß eine neue Ära begonnen habe. Hitler gelang es, die aufgestauten Energien der Nation zu befreien und den Glauben an die Zukunft des deutschen Volks wieder zu beleben. Es wäre falsch, hier nur das Element der Zwangsherrschaft zu betonen und das Ausmaß echter Popularität, über die Hitler in Deutschland verfügte, nicht zu beachten. Um so weniger, als die Mehrheit des Volkes, wie Mill einmal bemerkt, die Gewalt der Freiheit vorzieht. Das Gesetz über die Volksabstimmung beweist zur Genüge, daß Hitler darauf baute, die Mehrheit des deutschen Volkes, wenn er einmal an der Macht war und allen organisatorischen Widerstand gebrochen hatte, mit sich reißen zu können[37]. Wer annimmt, die gewaltigen Stimmenzahlen, die er bei diesen Volksabstimmungen erzielte, seien allein oder vorwiegend der Furcht vor der Gestapo und dem Konzentrationslager zu verdanken gewesen, übersieht etwas, was Hitler nur allzu gut kannte: die ungeheure Anziehungskraft von Macht plus Erfolg bei den Massen.

Hand in Hand damit ging — als ein weiteres Zeichen für die Stimmung in Deutschland im Jahre 1933 — die bekannte, häßliche Begleiterscheinung aller revolutionären Umbrüche: die eifrige Jagd nach den Posten und die Balgerei um Vorteile. Für diese Opportunisten, die der Partei im März 1933 noch schnell beigetreten waren, um sich die Gunst ihrer neuen Vorgesetzten zu sichern, erfanden die Deutschen den Namen »Märzgefallene«. Die Säuberung der Beamtenschaft, der numerus clausus für Juden[38], die Errichtung neuer Stellen in der Verwaltung des Reichs und der Länder, in Industrie und Handel, regten den Appetit der Erfolglosen, Neidischen und Ehrgeizigen an. Die meisten Männer, die jetzt in Deutschland die Macht in ihren Händen hielten, Hitler, Göring, Goebbels und die Tausende von Nazis, die jetzt Bürgermeister, Reichstags- oder Landtagsabgeordnete, Regierungsbeamte, Abteilungsleiter, Aufsichtsratsvorsitzende und Direktoren geworden waren, gehörten entweder der einen oder der anderen jener Gruppen an. »Alte Kämpfer« und viele, die sich nur anmaßten, alte Parteimitglieder zu sein, bevölkerten nun die Vorzimmer, um einen Posten zu ergattern. Rauschning berichtet, wie ihn ein Mann, der ihn in Danzig um eine Stelle anging, anschrie: »Ich will nicht wieder herunter. Sie können vielleicht warten und sitzen in keinem Feuer! Mensch, hören Sie: stellungslos! Ich halt' mich oben, und wenn ich sonst noch was tun müßte. Wir stoßen nicht noch einmal hoch[39]!« Die sechs Millionen Arbeitslosen in Deutschland, die mit Hitlers Machtantritt nicht über Nacht verschwunden waren, stellten einen Druck dar, der nicht leicht einzudämmen war.

Gerade mit diesen Elementen der Unzufriedenheit und der Empörung hatte Hitler seine nationalsozialistische Bewegung geschaffen. Aber noch im Juni 1933, auf einer Führertagung der Partei in Berlin, hielt er es für nötig zu erklären: »Das Gesetz der nationalsozialistischen Revolution hat sich noch nicht durchgesetzt. Seine dynamische Kraft aber beherrscht immer noch die Entwicklung in Deutschland, eine Entwicklung, die unwiderstehlich zu einer vollständigen Umbildung des deutschen Lebens hindrängt.« Es müsse für eine neue politische Führerschicht gesorgt werden, und es sei die Aufgabe der nationalsozialistischen Bewegung, diese neue Herrscherklasse hervorzubringen. »So wie ein Magnet aus einer zusammengewürfelten Menge nur die Stahlspäne herauszieht, so muß eine Bewegung, die ausschließlich dem politischen Kampf dient, nur solche Naturen anziehen, die zur politischen Führung bestimmt sind ... Die deutsche Revolution wird nicht vollzogen sein, ehe nicht das ganze deutsche Volk umgeformt, ehe es nicht neuorganisiert und neu aufgebaut ist[40].«

Der SA gegenüber bediente sich Hitler derselben Worte. Am 7. Mai sprach er in Kiel zu ihr: »Ihr seid die Garde der nationalen Revolution gewesen. Ihr müßt der Garant sein für den siegreichen Vollzug dieser Revolution, und diese wird nur dann siegreich vollzogen, wenn durch eure Schule ein neues deutsches Volk herangebildet wird[41].«

Im Frühsommer 1933 sah es so aus, als werde die revolutionäre Welle mit ihrer seltsamen Mischung aus echtem Radikalismus und Postenjägerei sich erst dann erschöpfen, wenn die letzte Institution in Deutschland umgeformt und unter die Herrschaft der NSDAP gebracht worden sei.

Aber über einen gewissen Punkt konnte dieser Prozeß nicht hinausgehen, ohne die Leistungsfähigkeit des Staates und der deutschen Wirtschaft ernsthaft zu gefährden. Hitler, der jetzt sowohl alleiniger Chef der Regierung wie oberster Führer der Partei war, konnte einer solchen Gefahr gegenüber nicht gleichgültig bleiben. Es waren vor allem zwei Dinge, denen er seine Aufmerksamkeit schenken mußte: dem drohenden Auseinanderreißen der wirtschaftlichen Organisation des Landes und dem Versuch, die Unverletzlichkeit der Reichswehr anzutasten.

Mit Hitlers Machtübernahme waren die nationalsozialistischen Angriffe auf das Großkapital wieder aufgelebt. Otto Wagner, Leiter der Wirtschaftsabteilung der Partei im Braunen Haus, bemühte sich, die Arbeitgeberverbände, die sich zu einem »Reichsstand der deutschen Industrie« zusammengeschlossen hatten, unter seine Kontrolle zu bringen. Dr. Adrian von Renteln, Leiter des Kampfbundes für den gewerblichen Mittelstand, machte sich selbst zum Präsidenten des Industrie- und Handelsausschusses (eines Verbandes der deutschen Handelskammern) und erklärte, die Handelskammern seien der Eckstein im Gebäude der Reichsstände. Die Feindseligkeit des von Renteln vertretenen Einzelhandels richtete sich hauptsächlich gegen die Warenhäuser und großen Konsumgenossenschaften. Walter Darré, der neue Landwirtschaftsminister, forderte eine drastische Streichung der Schulden in der Landwirtschaft und eine Herabsetzung des Zinsfußes auf 2%. Männer wie Gottfried Feder hielten nunmehr die Zeit für gekommen, die wirtschaftspolitischen Punkte des ursprünglichen Parteiprogramms in die Praxis umzusetzen: weitgehende Verstaatlichungen, Gewinnbeteiligungen, Abschaffung arbeitsloser Einkommen und »Brechung der Zinsknechtschaft« (Punkte 13, 14 und 11).

Hitler war nie Sozialist gewesen; wirtschaftlichen Fragen gegenüber verhielt er sich gleichgültig. Wohl aber sah er ein, daß radikale Wirtschaftsexperimente gerade in damaliger Zeit Deutschland in ein wirtschaftliches Durcheinander stürzen und die Aussichten auf eine Zusammenarbeit mit Industrie und Handel zwecks Beendigung der Krise und Minderung der Arbeitslosigkeit trüben, wenn nicht gar zerstören würden. Dieses Argument, ein Argument, das seine eigene Macht unmittelbar berührte, ging ihm *über* die wirtschaftlichen Allheilmittel, mit denen Feder hausierte, und auch über die aufdringlichen Wünsche derer, die — wie Hitler zu Rauschning sagte — glaubten, Sozialismus heiße, sich am Raub zu beteiligen. Im Laufe des Juli ließ Hitler seine veränderte Haltung völlig deutlich werden.

Den am 6. Juli in der Reichskanzlei versammelten Reichsstatthaltern erklärte er jetzt in aller Offenheit:

»Die Revolution ist kein permanenter Zustand, sie darf sich nicht zu einem Dauerzustand ausbilden. Man muß den frei gewordenen Strom der Revolution in das sichere Bett der Evolution hinüberleiten... Man darf daher nicht einen Wirtschaftler absetzen, wenn er ein guter Wirtschaftler, aber noch kein Nationalsozialist ist. Zumal dann nicht, wenn der Nationalsozialist, den man an seine Stelle setzt, von der Wirtschaft nichts versteht. In der Wirtschaft darf nur das Können Ausschlag geben... Die Geschichte wird ihr Urteil über uns nicht danach abgeben, ob wir möglichst viele Wirtschaftler abgesetzt und eingesperrt haben, sondern danach, ob wir es verstanden haben, Arbeit zu schaffen... Die Ideen des Programms verpflichten uns nicht, wie Narren zu handeln und alles umzustürzen, sondern klug und vorsichtig unsere Gedankengänge zu verwirklichen. Auf die Dauer wird die machtpolitische Sicherheit um so größer sein, je mehr es uns gelingt, sie wirtschaftlich zu untermauern. Die Reichsstatthalter haben dafür zu sorgen, daß nicht irgendwelche Organisationen oder Parteistellen sich Regierungsbefugnisse anmaßen, Personen absetzen und Ämter besetzen, wofür allein der Reichswirtschaftsminister zuständig ist[42].«

Eine Woche darauf bestellte Hitler die Gauleiter nach Berlin und setzte ihnen ebenfalls seinen Standpunkt auseinander: »Die politische Macht haben wir schnell und in einem Zug erobern müssen; auf dem Gebiet der Wirtschaft aber sind andere Entwicklungsgesetze maßgebend. Hier muß man Schritt für Schritt vorwärts gehen, ohne das Bestehende radikal zu zertrümmern und unsere eigene Lebensgrundlage zu gefährden[43].«

Ende Juni, nachdem Hugenberg von seinem Posten als Wirtschaftsminister zurückgetreten war, machte Hitler Dr. Schmitt, den Generaldirektor der größten deutschen Versicherungsgesellschaft, der Allianz, zu Hugenbergs Nachfolger. So wie Schacht stand auch Schmitt in schärfster Opposition zu den Plänen wirtschaftlicher Wirrköpfe wie Feder, der nur zum Unterstaatssekretär ernannt worden war. Wagner wurde entlassen und an seine Stelle der »zuverlässige« Wilhelm Keppler gesetzt, der nun als »Staatssekretär zur besonderen Verwendung« Hitlers Berater in Wirtschaftsfragen wurde. Krupp von Bohlen blieb Präsident des Reichsstands der deutschen Industrie, und Thyssen wurde Vorsitzender der beiden mächtigen rheinischen Gruppen, des »Langnamvereins« und des Nordwestdeutschen Arbeitgeberverbandes. Der Kampfbund für den gewerblichen Mittelstand wurde Mitte August aufgelöst; am 7. Juli hatte bereits Heß, der Stellvertreter des Führers, den Parteimitgliedern die Teilnahme an irgendwelchen Aktionen gegen Warenhäuser oder ähnliche Unternehmen untersagt. Darré blieb Landwirtschaftsminister; aber man hörte nichts mehr von der Herabsetzung des Zinsfußes auf 2% für landwirtschaftliche Schulden. Schließlich gab Schmitt bekannt, daß weitere Experimente in der ständischen Entwicklung der Volkswirtschaft nicht stattfinden würden, während Heß unter Androhung disziplinarischer Maßnahmen alles Diskutieren über diesen Gegenstand in der Partei verbot.

Tatsächlich bedeutete der Juli 1933 einen Wendepunkt in der Geschichte der Revolution. Ende Juni, etwa zu der Zeit, als die Fragen der Wirtschaftspolitik ihr kritisches Statium erreichten, war Hitler nach Neudeck gerufen worden. Der Reichspräsident erhob Einspruch gegen die Unruhe, die von den nationalsozialistischen »Deutschen Christen« in die protestantische Kirche hineingetragen worden war. Nach Berlin zurückgekehrt, wusch Hitler den Kirchenführern die Köpfe und erzwang dem kirchlichen Frieden zuliebe einen Kompromiß. In einer Rede, die er wenige Tage später in Leipzig hielt, sprach er vom Ende der zweiten Phase der Schlacht um Deutschland: »Wir haben mit einem einzigen revolutionären Schwung den Kampf um die Macht bestanden. Und nun steht vor uns allen die für die Zukunft entscheidende Frage unseres Ringens ... Die große Kampfbewegung des deutschen Volkes geht in ein neues Stadium ein[44].« Die Aufgabe in dieser neuen Phase umschrieb Hitler mit den Worten: »Erziehung der Millionen, die mit ihren Herzen noch nicht zu uns gehören.«

Hitlers Wunsch, die Revolution zumindest für eine Zeitlang zu beenden, um seine Errungenschaften zu konsolidieren, war also ziemlich deutlich. Noch ein anderer Satz aus seiner Rede vor den Reichsstatthaltern am 6. Juli sei zitiert: »Es sind mehr Revolutionen im ersten Ansturm gelungen, als gelungene aufgefangen und zum Stehen gebracht worden.«

Aber Hitler war weit davon entfernt, alle seine Anhänger von der Notwendigkeit seiner neuen Politik überzeugen zu können. Wieder einmal war es die SA, in der die Opposition am stärksten zum Ausdruck kam. Anführer dieser Opposition war Ernst Röhm, der Stabschef der SA. Er sprach im Namen von Hunderten und Tausenden verbitterter Nazis, die keine Berücksichtigung erfahren hatten und die so lange die Revolution nicht beendigt zu sehen wünschten, als sie nicht versorgt waren. Anfang August verkündete Göring in Anpassung an den Kurswechsel die Auflösung der SA- und SS-Hilfspolizei: sie werde nun nicht mehr gebraucht. Röhm gab darauf bei einer Parade von 80000 SA-Leuten auf dem Tempelhofer Feld die Antwort: »Jeder, der glaubt, daß die Aufgabe der SA erfüllt sei, wird sich an den Gedanken gewöhnen müssen, daß wir noch da sind und daß wir dazubleiben beabsichtigen, komme was wolle[45].«

Dieser Streit über die »Zweite Revolution« sollte vom Sommer 1933 bis zum Sommer 1934 in der deutschen Politik die dominierende Rolle spielen.

IV

Im Laufe der folgenden neun Monate bis zum Frühjahr 1934 wurden die Forderungen nach einer Erneuerung und Ausdehnung der Revolution immer lauter und drohender. Röhm, Goebbels und viele SA-Führer griffen offen die »Reaktion« an; dies war die Sammelbezeichnung für alle, die der SA mißfielen, von den Kapitalisten, Junkern, konservativen Politikern und halsstarrigen Generalen bis hin zu den Spießbürgern, die einen Beruf ausübten, und den Bürokraten. Voller Sehnsucht blickte die SA auf das vergangene Frühjahr zurück, als die Pforten zum verheißenden Land aufgestoßen worden waren, als ganz Deutschland ihr zu gehören schien, so daß man es nach Belieben ausplündern und terrorisieren konnte. Damals bereits war jedem SA-Unterführer ein Regierungsamt, ein Mercedes, ein Spesenkonto greifbar nahe erschienen. Jetzt, murrten sie, seien die Nazis verspießert, und so manch einer, der gerade erst in die Partei eingetreten war, durfte sein Amt weiterführen, während verdienstvolle »Alte Kämpfer« auf der Straße lagen. In der für sie charakteristischen Ausdrucksweise sprach die SA davon, den Saustall säubern und ein paar der gierigen Schweine von den Trögen fortjagen zu müssen.

Während aber die SA, die eine echte Massenbewegung mit stark radikaler und antikapitalistischer Tendenz war, nur einfach widerspenstig wurde und alle Unzufriedenen an sich zog, die die Revolution zu verewigen wünschten, wurden Röhm und die Führer der SA in einen Zank mit der Reichswehr verwickelt. Es handelte sich um die alte Streitfrage, die Röhm bereits in den zwanziger Jahren mit Hitler durchgefochten hatte. Hitler war in dieser Hinsicht nie schwankend geworden: er stand Röhms hartnäckigem Wunsch, aus den SA-Leuten Soldaten zu machen und die Reichswehr umzugestalten, so ablehnend gegenüber wie nur je zuvor.

Es gab besonders schwierige Gründe, die Hitler veranlaßten, zu dieser Zeit jede Auseinandersetzung mit den Reichswehrführern zu vermeiden. Die Reichswehr hatte bereitwillig zugesehen, wie Hitler Reichskanzler wurde, und in den Monaten nach dem 30. Januar, in denen er erfolgreich jeden Widerstand erstickt und immer mehr Macht an sich gerissen hatte, eine wohlwollende Neutralität bewahrt. Dies war für die Errichtung des Naziregimes entscheidend gewesen, so entscheidend wie umgekehrt im Jahre 1923 für Hitlers Niederlage, als die Reichswehr ihn abgelehnt hatte. Die Schlüsselfigur für die Garantie einer entgegenkommenden Haltung der Reichswehr war General von Blomberg, der in Hitlers Kabinett den Posten des Verteidigungsministers einnahm. Am 2. Februar, drei Tage nach seiner Ernennung zum Kanzler, besuchte Hitler das Haus Hammersteins, des Chefs der Heeresleitung, und hielt eine zweistündige Ansprache vor den führenden Generalen und Admiralen[46].

Er betonte besonders zwei Punkte, die seine Zuhörer stark beeindruckten. Der erste Punkt war sein Versprechen, Deutschlands militärische Stärke durch Aufrüstung wiederherzustellen, der zweite seine Zusicherung, die Reichswehr im Falle eines Bürgerkrieges nicht zu einem Eingreifen zu veranlassen. Zur Verdeutlichung seines Willens, die unabhängige Stellung der deutschen Reichswehr im Staat zu sichern, verkündete Hitler am 20. Juli ein neues Reichswehrgesetz, das die Gerichtsbarkeit der zivilen Gerichtshöfe über die militärischen aufhob und der republikanischen Praxis ein Ende setzte, die die Wahl von Vertretern der Unteroffiziere und Mannschaften erlaubte.

Die Reichswehr hat sich an die Bedingungen dieses Abkommens gehalten, und Hitlers Beziehungen zu Blomberg wurden noch enger, als er die ersten Schritte zum Wiederaufbau der deutschen Wehrmacht unternahm. Hitler war von den Generalen abhängig, da diese die technischen Kenntnisse besaßen, die die Planung und Durchführung der Wiederbewaffnung Deutschlands erforderten. Sodann rechnete Hitler damit, daß der bejahrte Präsident eines Tages sterben werde, und es war ihm klar, wie wichtig es sein werde, die Reichswehr, wenn er sich die Nachfolge Hindenburgs sichern wollte, wieder auf seiner Seite zu haben. Aus diesen beiden Gründen war Hitler darauf bedacht, das Vertrauen der Reichswehrführer in das neue Regime durch nichts erschüttern zu lassen.

Röhm war anderer Ansicht. Ende 1933 zählte die SA zwischen zwei und drei Millionen Mann, und Röhm stand also an der Spitze einer Armee, die mehr als zwanzigmal so groß war wie die Reichswehr. Die SA-Führer, ehrgeizig und machthungrig, sahen in ihrer Organisation die Armee der Revolution, die ihnen im neuen Deutschland die militärische Macht sichern sollte. Die meisten SA-Führer waren durch die rauhe Schule der Freikorps gegangen; sie blickten verächtlich auf die starre militärische Hierarchie des Berufsheeres und waren wütend über die Art und Weise, wie sie vom Offizierskorps behandelt wurden. Als die Gangster, die sie waren, neideten sie den Offizieren ihr Ansehen und gierten nach der Macht und den Nebengewinnen, die sie zu erlangen hofften, wenn sie die Generale verdrängten. In ihren Motiven waren sie ebenso brutal wie in ihren Umgangsformen; aber es ist nicht zu leugnen, daß Männer wie Röhm und Heines sehr zäh und tüchtig waren und über eine mächtige Streitmacht verfügten. Röhm beklagte sich bei Rauschning: »Das Fundament (der neuen Armee) muß revolutionär sein. Aufpfropfen läßt sich das hernach nicht. Hier gibt es nur einmal die Gelegenheit zu was Neuem, Großem, womit wir, weiß der Himmel, die Welt aus den Angeln heben können. Aber der Hitler tut mich vertrösten ... Er will die fertige Armee erben. Er will sie von den ›Fachmännern‹ zurechtschustern lassen. Wenn ich das Wort höre, gehe ich hoch. Hernach will er sie nationalsozialistisch machen, sagt er. Aber erst überantwortet er sie den preußischen Generalen. Wo da nachher revolutionärer Geist herkommen soll! Es bleiben alte Böcke, Kerls, die den neuen Krieg sicher nicht gewinnen[47].«

Im späteren Verlauf hat Hitler die deutschen Generale ebenso schlecht behandelt, wie Röhm sie behandelt haben würde, aber 1933/34 brauchte er noch ihre Unterstützung und war nicht bereit, sich seine Pläne durch Röhm und die SA verderben zu lassen. Die Generale ihrerseits weigerten sich hartnäckig, die SA mit der Reichswehr auf gleichen Fuß zu stellen, und sie waren entschlossen, die privilegierte Stellung der Reichswehr im Staat zu behaupten. Sie stellte eine Institution dar, die, wie sie felsenfest glaubten, nicht nazifiziert werden sollte, und sie wiesen Röhms Prätentionen verächtlich zurück.

In einer Reihe von Reden während der zweiten Hälfte des Jahres 1933 versicherte Hitler den Generalen immer wieder, daß er sich an das Abkommen mit ihnen halten werde. Am 1. Juli erklärte er in Bad Reichenhall seinen SA-Führern: »Dieses Heer politischer Soldaten der deutschen Revolution wollte niemals unser Heer ersetzen oder in Konkurrenz zu ihm treten.«

In Bad Godesberg wiederholte er am 19. August: »Das Verhältnis der SA zur Armee muß das gleiche sein, wie das der politischen Führung zur Armee.« Am 23. September sagte er, nachdem er betont hatte, wieviel die Bewegung der Reichswehr in der Kampfzeit zu verdanken gehabt habe: »Wir können der Armee versichern, daß wir dies niemals vergessen werden, daß wir in ihr die Trägerin der Tradition unserer alten siegreichen Armee sehen und daß wir mit ganzem Herzen und mit ganzer Kraft den Geist dieser Armee unterstützen werden[48].«

Aber die SA blieb weiterhin ein Problem. Wenn sie nicht in die Armee eingegliedert werden sollte, was sollte dann aus ihr werden? Die SA bildete das lästige Erbe der Kampfzeit. In ihr waren sie alle versammelt, die »Alten Kämpfer«, die für die Straßenkämpfe gut genug gewesen waren, für die die Partei aber jetzt, nachdem sie zur Macht gekommen war, keine Verwendung mehr hatte; zu ihr gehörten die enttäuschten Radikalen, die Hitler wegen seiner Kompromisse mit den bestehenden Einrichtungen grollten; die Ehrgeizigen, denen es nicht gelungen war, einen Posten zu bekommen, wie sie ihn gewünscht hatten, und die Erfolglosen, die ganz ohne Beschäftigung waren. Nachdem der revolutionäre Schwung nachgelassen hatte und wieder normalere Verhältnisse eingekehrt waren, fühlte die SA sich überflüssig, zumal sie wußte, daß sie sich durch ihre Ausschreitungen im Volk unbeliebt gemacht hatte. Im November 1933 verlieh Röhm dieser Enttäuschung in einer Rede vor 15 000 SA-Leuten im Berliner Sportpalast Ausdruck, als er die »Reaktion« heftig angriff, d. h. die angesehenen Beamten, Wirtschaftler und Offiziere, die Hitler jetzt zur Mitarbeit heranzog. »Man hört oft Stimmen aus dem bürgerlichen Lager, daß die SA jede Existenzberechtigung verloren hätte«, erklärte er. Aber er werde diesen Herren klarmachen, daß der alte bürokratische Geist immer noch »sanfte und notfalls unsanfte Veränderungen« erfahren müsse[49].

So wurde der besondere Streitfall SA—Reichswehr Teil eines viel größeren Problems. Indem er die ganze Frage der sogenannten Zweiten Revolution in sich barg — also den Punkt, an dem die Revolution zum Stillstand kommen mußte —, wurde er zum Schulbeispiel des klassischen Problems aller zur Macht gelangten Revolutionsführer: es ging um die Liquidierung der schimpflichen Vergangenheit der Partei.

Hitler versuchte zunächst, dieses Problem durch Entgegenkommen und Kompromisse zu lösen, eine Politik, an der er trotz wachsender Schwierigkeiten bis zum Juni 1934 festhielt. Ein am 1. Dezember erlassenes Gesetz zur Sicherung der Einheit von Partei und Staat machte sowohl Röhm, den Stabschef der SA, wie auch Heß, den Stellvertreter des Führers, zu Mitgliedern der Reichsregierung. Was

Röhm betraf, so wurde hiermit eine für die SA schon lange kränkend gewesene Unterlassung gutgemacht.

Zum Jahreswechsel richtete Hitler einen ungewöhnlich freundschaftlichen Brief an Röhm, in dem er ihn durchgehend in der zweiten Person anredet. Der Brief wurde vom »Völkischen Beobachter« am 2. Januar 1934 veröffentlicht:

»Mein lieber Stabschef!
Der Kampf der nationalsozialistischen Bewegung und die nationalsozialistische Revolution wurden nur ermöglicht durch das konsequente Niederwerfen des marxistischen Terrors durch die SA. Wenn das Heer den Schutz der Nation nach außen zu garantieren hat, dann ist es die Aufgabe der SA, den Sieg der nationalsozialistischen Revolution, den Bestand des nationalsozialistischen Staates und unserer Volksgemeinschaft im Innern zu sichern. Als ich Dich, mein lieber Stabschef, in Deine heutige Stellung berief, durchlebte die SA eine schwere Krise. Es ist in erster Linie Dein Verdienst, wenn schon nach wenigen Jahren dieses politische Instrument jene Kraft entfalten konnte, die es mir ermöglichte, den Kampf um die Macht durch die Niederringung des marxistischen Gegners endgültig zu bestehen.

Am Abschluß des Jahres der nationalsozialistischen Revolution drängt es mich daher, Dir, mein lieber Ernst Röhm, für die unvergänglichen Dienste zu danken, die Du der nationalsozialistischen Bewegung und dem deutschen Volke geleistet hast, und Dir zu versichern, wie sehr ich dem Schicksal dankbar bin, solche Männer wie Du(!) als meine Freunde und Kampfgenossen bezeichnen zu dürfen. In herzlicher Freundschaft und dankbarer Würdigung
Dein
Adolf Hitler.«

Nachdem Röhm und Heß Kabinettsmitglieder geworden waren, schenkte man den Nöten der »Alten Kämpfer« mehr Aufmerksamkeit; das erste Jahr von Hitlers Kanzlerschaft schloß mit einem im Februar 1934 erlassenen Gesetz ab, das »die Versorgung der Kämpfer für die nationalsozialistische Bewegung« betraf. Mitglieder der Partei oder der SA, die im politischen Kampf für die nationale Bewegung Krankheiten oder Verletzungen erlitten hatten, sollten nach diesem Gesetz die gleichen staatlichen Renten erhalten wie die Versehrten des ersten Weltkrieges.

Röhm war jedoch mit solchen Beruhigungspillen nicht zum Schweigen zu bringen. Im Februar machte er im Kabinett den Vorschlag, die Reichswehr durch Einbeziehung der SA in ein Volksheer zu verwandeln und ein besonderes Ministerium für die gesamten Streitkräfte einschließlich der halbmilitärischen und der Frontkämpferverbände zu schaffen. Kandidat für dieses Ministeramt war augenscheinlich Röhm selbst. Das hieß, die Reichswehr an ihrer empfindlichsten Stelle treffen. Hindenburg hatte Hitlers Kanzlerschaft nur unter der ausdrücklichen Bedingung zugestimmt, daß er, und nicht Hitler, den Verteidigungsminister ernennen werde. Die Reichswehr hätte in solcher Stellung auch niemals einen Nationalsozialisten geduldet, am allerwenigsten Röhm. Das Oberkommando erhob einhellig Einspruch gegen den Vorschlag und appellierte an den Reichspräsidenten als den Hüter der Armeetradition, Röhms Einmischungsversuch zu unterbinden.

Hitler lehnte es ab, in dieser Auseinandersetzung für Röhm Partei zu nehmen, und der Plan wurde zunächst fallengelassen. Als Eden, der damalige Lordsiegelbewahrer, am 21. Februar Berlin besuchte, war Hitler persönlich bereit, eine Reduzierung der SA um zwei Drittel anzubieten und ein Überwachungssystem für den verbleibenden Teil zuzulassen, der dann weder Waffen noch militärische Ausbildung erhalten sollte. Im April wiederholte er dieses Angebot. Das war nicht nur ein Akt diplomatischer Klugheit, sondern es wirft auch ein Licht auf die Richtung, in der er sich bewegte. Denn Röhm, wenn auch vorübergehend gedämpft, übte weiterhin Druck auf die Reichswehr aus, und seine Beziehungen zu Reichswehrminister von Blomberg wurden immer gespannter. Unter den beschlagnahmten deutschen Dokumenten befindet sich ein Brief Blombergs vom 2. März 1934, in dem er Hitler auf die Aufstellung und Bewaffnung besonderer SA-Stabswachen aufmerksam macht: »Zahlenmäßig würde sich das im Bereich des Wehrkreiskommandos VI allein auf 6000 bis 8000 Mann ständig mit Gewehr und Maschinengewehr bewaffneter SA-Leute auswirken[50].« Offensichtlich nahmen beide Parteien jede Gelegenheit wahr, die andere anzuschwärzen.

Ende März wies Hitler entrüstet — beinahe zu entrüstet — eine Andeutung des Korrespondenten der Associated Press zurück, daß Meinungsverschiedenheiten in der Parteiführung aufgetreten seien. Einige Tage später änderte sich jedoch die Situation für Hitler: er und Blomberg erhielten die geheime Mitteilung, daß es mit Reichspräsident Hindenburg zu Ende gehe. In wenigen Monaten, vielleicht nur Wochen, war die Frage der Nachfolge zu klären.

V

Lange Zeit hatten konservative Kreise auf die Wiederherstellung der Monarchie nach Hindenburgs Tod gehofft. Dies war auch der Wunsch des Reichspräsidenten, und er brachte ihn insgeheim in einem politischen Testament, das er am 11. Mai 1934 unterzeichnete, zum Ausdruck. Obwohl Hitler es einmal für politisch nötig erachtet hatte, in vagen Begriffen von der Möglichkeit einer Restauration zu sprechen, so hatte er ein solches Projekt doch niemals ernsthaft erwogen; in seiner Reichstagsrede vom 30. Januar 1934 erklärte er, derartige Vorschläge seien zur Zeit unangebracht. Aber er war auch nicht für eine Beibehaltung der gegenwärtigen Situation. Solange neben seiner eigenen Machtstellung noch die unabhängige des Reichspräsidenten bestand, solange der Präsident Oberster Befehlshaber der Armee war und der Treueid auf ihn und nicht auf Hitler geschworen wurde, war seine Macht nicht ganz vollkommen. Solange der alte Generalfeldmarschall noch lebte, mußte er diese Einschränkung hinnehmen; er war aber entschlossen, nach dem Tode des Präsidenten die Nachfolge keinem andern zu überlassen als sich selbst. Auf Adolf Hitler und nicht auf einen möglichen Rivalen sollte die Reichswehr den neuen Treueid schwören. Der erste und wichtigste Schritt war daher, sich der Reichswehr zu versichern, deren Führer, wie einst General von Seeckt, dem Grundsatz huldigten, unabhängig vom Auf und Ab der Regierungen und Parteien Hüter der nationalen Interessen zu sein. Früher oder später mußte Hitler diesem Grundsatz sicherlich den Kampf ansagen; aber vorerst begnügte er sich damit, seine Zeit abzuwarten und mit den Generalen zu deren Bedingungen über die Unterstützung seitens der Armee zu verhandeln.

In der zweiten Aprilwoche bot sich eine günstige Gelegenheit. Am 11. April schiffte Hitler sich in Kiel auf dem Kreuzer »Deutschland« ein, um an den Manövern der Marine teilzunehmen. In seiner Begleitung befanden sich General von Blomberg, Generaloberst Freiherr von Fritsch, der Chef der Heeresleitung, und Admiral Raeder, der Chef der Marineleitung. Man nimmt an, daß Hitler während dieser kurzen Fahrt zu einem Abkommen mit den Generalen gelangte: die Nachfolge für ihn, als Gegenleistung Unterdrückung der Röhmschen Pläne und weiterhin Unantastbarkeit der Reichswehr als der einzigen bewaffneten Streitmacht im Staat. Nach seiner Rückkehr aus Ostpreußen erneuerte Hitler im stillen sein Angebot an die britische und die französische Regierung, die SA zu reduzieren. Am 16. Mai fand in Bad Nauheim eine Konferenz höherer Offiziere unter dem Vorsitz von Fritsch statt, auf der die Frage der Nachfolge diskutiert wurde; hier wurde Blombergs Entscheidung zugunsten Hitlers erst gutgeheißen, nachdem — und erst nachdem — die Bedingungen des auf der »Deutschland« abgeschlossenen Paktes mitgeteilt worden waren.

Die Nachrichten über ein Angebot Hitlers zur zahlenmäßigen Beschränkung der SA, die durchgesickert und in Prag veröffentlicht worden waren, verschärften die Spannung zwischen Röhm und der Reichswehr. Röhm hatte in der Partei ebenso mächtige Feinde wie in der Reichswehr. Göring, der zu seinem größten Entzücken von Hindenburg Ende August 1933 zum General befördert worden war, tendierte natürlich, nachdem er an die Macht gekommen war, nach der Seite der Privilegierten und der Autorität; er stand mit dem Stabschef der SA auf schlimmstem Fuße. Inzwischen hatte er begonnen, eine mächtige Polizeitruppe »zur besonderen Verwendung« aufzustellen, die er in der Lichterfelder Kadettenanstalt in Berlin unterbrachte. Am 1. April ernannte er überraschend Himmler zum Leiter der preußischen Gestapo, obwohl dieser bereits Führer der bayrischen Polizei und Reichsführer der SS war. Himmler erhielt den Auftrag, unter Mitwirkung von Reinhard Heydrich einen Polizeistaat im NS-Staat aufzubauen, und es sah so aus, als trete Göring seine autoritäre Stellung in der Gestapo nur widerwillig ab. Aber in Wirklichkeit hatte er in Himmler einen Verbündeten gegen den gemeinsamen Feind gefunden, denn das erste Hindernis, das Himmler aus dem Wege zu räumen suchte, war Ernst Röhm. Himmler und seine SS bildeten nämlich immer noch einen Teil der SA und unterstanden infolgedessen Röhms Befehl. Trotzdem existierte eine heftige Rivalität zwischen SA und SS, und so konnte auch Röhms Verhältnis zu Himmler kaum herzlich sein. Als die Zeit gekommen war, wurden die Exekutionskommandos zur Liquidierung der SA-Führer aus dem Elitekorps der SS zusammengestellt, und Himmler sollte aus der Demütigung der SA einen weit größeren Nutzen ziehen als die Generale. Heß, Bormann und Major Buch trugen inzwischen fleißig Beschwerden und Skandalgeschichten über Röhm und die andern SA-Führer zusammen — und es gab deren genug.

Röhms einzige Freunde in der Parteiführung waren Goebbels und — paradoxerweise — Hitler, der Mann, der ihn später ermorden ließ. Goebbels war seinem Temperament nach ein Radikaler und neigte mehr zu einer »Zweiten Revolution« als zu einem Kompromiß mit der »Reaktion«, die er in seinen Reden und Aufsätzen fortgesetzt angriff. Es war Goebbels, der immer noch die Beziehung zu Röhm aufrechterhielt und bis Mitte Juni das Bindeglied zwischen Hitler und dem Stabschef der SA bildete. Erst im letzten Augenblick ging der Propagandaminister zur anderen Seite über und verriet Röhm ebenso, wie er 1926 O. Strasser verraten hatte. Welcher Konflikt sich auch in Hitlers Brust abgespielt haben mag — vor Ende Juni war er nicht davon zu überzeugen, daß er gegen Röhm und die SA vorgehen müsse, obwohl Göring und Himmler ihn schon seit langem bedrängten.

Röhms Stärke lag in seiner SA, und seine engsten Gefährten waren sämtlich prominente SA-Führer. Aber Röhm und andere SA-Führer, wie der brutale und korrupte Heines, waren durch ihr ungezügeltes und luxuriöses Leben und ihre Perversität in Verruf geraten. Wenn diese Dinge auch nach Röhms Ermordung von Hitler und Röhms Feinden aufgebauscht wurden, ist doch nicht daran zu zweifeln, daß sie Röhms Stellung ernsthaft geschwächt haben, so wenig auch die andern Naziführer über jeden Tadel erhaben waren[51]. Mitte Mai war Röhm sich so weit im klaren, daß die SA in die Defensive gedrängt worden war. Am 16. Mai ordnete er bei seinen Gebietsführern an, über alle Beschwerden und Angriffe gegen die SA Bericht zu erstatten[52].

Die Geschichte der folgenden Wochen ist nur sehr schwer zu rekonstruieren. In ihren Umrissen ist die Situation ziemlich deutlich, aber welche Rollen die einzelnen spielten, zum Beispiel Goebbels und Strasser, und welche Absichten die beiden Hauptfiguren, Hitler und Röhm, verfolgten, ob es überhaupt jemals eine Verschwörung gegeben hat und wenn ja, wer in sie verwickelt war — auf jede dieser Fragen gäbe es mehr als eine Antwort. Die offiziellen Berichte gehen nicht auf alle bekanntgewordenen Tatsachen ein und sind offensichtlich widerspruchsvoll, während die Darstellungen überlebender Augenzeugen und die auf Hörensagen fußenden Berichte naturgemäß mancherlei enthalten, was nicht nachzuweisen ist, wiewohl es wahr zu sein scheint. Unglücklicherweise hat das in Deutschland am Ende des Zweiten Weltkriegs erbeutete Dokumentenmaterial so gut wie nichts zutage gefördert: möglicherweise durfte über diese Episode in der Geschichte des Dritten Reichs keine Aufzeichnung gemacht werden.

Die Lage, der Hitler gegenüberstand, hatte sich aus drei verschiedenen Problemen ergeben: dem der »Zweiten Revolution«, dem des Konflikts zwischen SA und Reichswehr und dem der Nachfolgeschaft im Amt des Präsidenten. Weder das erste noch das zweite Problem war für Hitler etwas Neues, und sein Instinkt riet ihm, die Krise abebben zu lassen und sich nicht durch eine Entscheidung für die eine oder andere Seite festzulegen. Das dritte Problem war dagegen für Hitler dringend: Von seiner Lösung hing die eigene Stellung ab.

Wenn Hitler sich die Nachfolge in der Präsidentschaft sichern wollte, würden die Reichswehr und die mit ihrer Führung identischen konservativen Interessen darauf dringen, daß die Drohung der SA, die Reichswehr zu schlucken und die Revolution zu erneuern, beseitigt werde. Dieser Bedingung gegenüber gab es nur eine einzige Alternative — daß Hitler, wie Röhm es verlangte, selber die Führung bei der zweiten Revolution übernähme und mit Hilfe der SA jeden Widerstand gewaltsam erstickte. Aber damit würden mehr neue Probleme entstanden als alte verschwunden sein. Es hieß dann, das Risiko eines offenen Konflikts mit der Reichswehr auf sich zu nehmen. Das aber zu vermeiden, war seit dem Fiasko von 1923 immer Hitlers

Leitprinzip gewesen; es hätte zur Spaltung und Schwächung der Nation geführt, die wirtschaftliche Erholung unmöglich gemacht und unter Umständen internationale Verwicklungen, vielleicht sogar eine Intervention des Auslandes heraufbeschworen.

Wochenlang ging Hitler mit sich zu Rate. Als er schließlich zu einem Entschluß kommen mußte, blieb er dem Abkommen mit der Reichswehr treu und verwarf den Gedanken an eine zweite Revolution. Solange wie möglich versuchte er jedoch, die Entscheidung aufzuschieben; als er sie dann schließlich getroffen hatte, erklärte er, die Aktion sei ihm aufgezwungen worden, und zwar nicht durch den Druck von rechts, sondern durch Untreue und Verschwörung auf seiten der Linken.

Am 4. Juni bestellte Hitler Röhm zu sich und führte mit ihm eine fünfstündige Unterredung. Später erklärte Hitler, daß er Röhm in diesem Gespräch davor gewarnt habe, den Versuch zu einer zweiten Revolution zu unternehmen. »Ich beschwor ihn zum letztenmal, von sich aus diesem Wahnsinn entgegenzutreten und seine Autorität anzuwenden, um eine Entwicklung zu verhindern, die nur so oder so in einer Katastrophe enden konnte[53].« Er versicherte Röhm, daß er nicht die Absicht habe, die SA aufzulösen, und machte ihm gleichzeitig Vorwürfe über sein und seiner engsten Mitarbeiter skandalöses Benehmen. Was sonst noch zur Sprache kam, ist nicht bekannt, doch wäre es verwunderlich, wenn Hitler die Nachfolge in der Präsidentschaft und die sich für ihn aus Röhms Haltung der Reichswehr gegenüber ergebenden Schwierigkeiten nicht erwähnt hätte. Und ebenso verwunderlich wäre es, wenn Röhm nicht wieder Hitler für seine Idee zu gewinnen versucht hätte, aus der SA den Kern des neuen Volksheeres zu machen. Was auch immer zwischen den beiden Männern verhandelt worden sein mag — einen oder zwei Tage später beurlaubte Hitler die SA für den Monat Juli. Die Wiederaufnahme des Dienstes wurde auf den 1. August festgesetzt, und am 7. Juni gab Röhm bekannt, daß er selbst im Begriff sei, einen Krankheitsurlaub anzutreten. Der SA wurde verboten, während des Urlaubs Uniformen zu tragen oder an irgendwelchen Kundgebungen oder Übungen teilzunehmen. Offensichtlich versuchte Hitler, damit die Spannung zu beheben und sich zunächst einmal aus der Verlegenheit, in die ihn seine radikalen Anhänger gebracht hatten, herauszuziehen. Um jedoch keine Mißverständnisse aufkommen zu lassen, gab Röhm ein eigenes Kommunique an die SA heraus:

»Ich erwarte, daß am 1. August die SA wieder voll ausgeruht und gekräftigt bereitsteht, um ihren ehrenvollen Aufgaben zu dienen, die Volk und Vaterland von ihr erwarten dürfen. Wenn die Feinde der SA sich in der Hoffnung wiegen, die SA werde aus ihrem Urlaub nicht mehr oder nur zum Teil wieder einrücken, so wollen wir ihnen diese kurze Hoffnungsfreude lassen. Sie werden zu der Zeit und in der Form, in der es notwendig erscheint, darauf die gebührende Antwort erhalten. Die SA ist und bleibt das Schicksal Deutschlands[54]!«

Röhms Erklärung läßt mit Gewißheit darauf schließen, daß es Hitler nicht gelungen war, ihn zu einer Mäßigung zu bewegen. Aber Röhm verließ Berlin in dem Glauben, daß in nächster Zukunft keine Entscheidung getroffen werde. Hitler war sogar bereit, an der Tagung der SA-Führer am 30. Juni in Wiessee, unweit von München, teilzunehmen, um mit ihnen über die Zukunft der Bewegung zu diskutieren. Er hat dieses Rendezvous denn auch nicht versäumt.

Was geschah nun zwischen dem 8. und 30. Juni 1934?

Hitler gab seine eigene Version in der Reichstagsrede vom 13. Juli. Danach hat Röhm seine alten Beziehungen zu General von Schleicher durch Vermittlung eines gewissen Herrn von A. (identifiziert als Werner von Alvensleben) wiederaufgenommen. Die beiden Männer sollen sich — nach Hitler — auf ein konkretes Programm geeinigt haben:

»1. Das heutige Regime sei unhaltbar,
2. vor allem müßten die Wehrmacht und sämtliche nationalen Verbände in einer Hand zusammengefaßt werden,
3. der dafür allein gegebene Mann könne nur Stabschef Röhm sein,
4. Herr von Papen müßte entfernt werden und Schleicher selbst wäre bereit, zunächst die Stelle eines Vizekanzlers einzunehmen, weiter müßten aber auch noch andere wesentliche Veränderungen im Reichskabinett vorgenommen werden[55].«

Da Röhm sich nicht sicher gewesen sei, ob Hitler diesem Programm zustimmen werde — offenbar habe man die Absicht gehabt, Hitler als Reichskanzler beizubehalten —, seien von Röhm Vorbereitungen für einen Staatsstreich getroffen worden. Den Hauptanteil an diesem Putsch hätten die SA-Stabswachen übernehmen sollen — es handelte sich um die, auf die Blomberg, wie bereits erwähnt, Hitler aufmerksam gemacht hatte. Um die Verschwörung vollständig zu machen, fuhr Hitler fort, sei durch Schleicher und General von Bredow Verbindung mit einer »ausländischen Macht« (gemeint war Frankreich) aufgenommen worden. Gleichzeitig habe man Gregor Strasser — der sich, nachdem Hitler Reichskanzler geworden war, ins Privatleben zurückgezogen hatte — in das Komplott hereingezogen.

Nach seinem Gespräch mit Hitler am 4. Juni seien von Röhm — immer noch nach Hitlers Version — seine Vorbereitungen zur Besetzung des Regierungsviertels und der Festnahme Hitlers in der Hoffnung beschleunigt worden, auf Grund seiner Autorität die SA aufrufen und die andern Streitkräfte des Staates lahmlegen zu können. Die Aktion vom 30. Juni, behauptete Hitler, habe stattgefunden, um dem wenige Stunden später geplanten Putsch Röhms zuvorzukommen.

Ein Teil dieser Darstellung ist mit ziemlicher Sicherheit von Anfang an unwahr. Wenn Röhm wirklich einen Putsch vorbereitet hat, so waren seine Vorbereitungen bestimmt noch nicht so weit gediehen, daß sie schon Ende Juni in die Tat hätten umgesetzt werden können. Alles deutet darauf hin, daß die SA-Führer völlig überraschend festgenommen wurden. An dem Tag, an dem er angeblich die Reichskanzlei in Berlin stürmen wollte, wurde Röhm in einem Hotel in Wiessee, wo er zur Kur weilte und auf Hitlers Eintreffen zur Teilnahme an der anberaumten Konferenz wartete, aus dem Bett heraus verhaftet. Die meisten andern SA-Führer waren unterwegs nach Wiessee oder bereits dort eingetroffen. Karl Ernst, der Berliner SA-Gruppenführer (laut Hitler eine der wichtigsten Figuren der Verschwörung), wurde auf einem Schiff in Bremen in dem Augenblick verhaftet, als er seine Hochzeitsreise nach Madeira antreten wollte. Die ganze Geschichte von einem bevorstehenden Staatsstreich war eine Lüge. Entweder ist sie nachträglich von Hitler selbst erfunden worden, um seiner Aktion einen Vorwand zu geben, oder möglicherweise von Göring und Himmler, um Hitler zu täuschen und zu zwingen, daß er etwas gegen Röhm unternehme. Frick, der damalige Innenminister, erklärte nach dem Kriege, es sei Himmler gewesen, der Hitler von einer Putschabsicht Röhms überzeugt habe[56]. Tatsächlich würde es zu Hitlers damaligem Verhalten gut gepaßt haben, daß er, wenn auch irrtümllch, wirklich überzeugt gewesen ist, es mit einer Verschwörung zu tun zu haben. Aber Hitlers Fähigkeit der Selbstdramatisierung und seine Doppelzüngigkeit waren so groß — und der Vorwand kam ihm so gelegen —, daß es angesichts des geringfügigen Beweismaterials richtiger ist, die Frage offenzuhalten.

Sogar schon in der Zeit, in der er seine Reichstagsrede hielt, scheint Hitler eingesehen zu haben, daß seine Anschuldigungen in bezug auf Intrigen mit einer ausländischen Macht sehr wenig stichhaltig waren[57]. Welcher Kontakt auch immer zwischen Schleicher oder Röhm und dem französischen Botschafter oder irgendeinem andern fremden Diplomaten bestanden haben mag, es dürfte sich dabei um eine ganz zufällige Verbindung gehandelt haben. Das Auswärtige Amt stellte später in einer Note an den Quai d'Orsay offiziell fest, daß der Verdacht gegen den französischen Botschafter jeglicher Grundlage entbehre[58].

Sieht man von diesen mysteriösen Verbindungen zum Ausland und dem unwahrscheinlichen Marsch der SA auf Berlin ab, so bleiben nur zwei Belastungsmomente übrig: erstens, daß Röhm mit Schleicher — und wahrscheinlich auch mit Strasser — Hitlers Programm diskutiert habe, und zweitens, daß in der SA-Führung die Rede davon gewesen sei, Hitler zur Zweiten Revolution zu zwingen, durch die die SA zur Keimzelle einer neuen deutschen Volksarmee geworden wäre. Keine dieser beiden Anschuldigungen klingt unglaubwürdig. Röhm besaß sicherlich solchen Ehrgeiz für seine SA, und er machte ja auch kein Geheimnis daraus. Zu Schleicher hatte er schon vor dem 30. Januar 1933 in enger Beziehung gestanden, und ebenso zu Gregor Strasser, der Schleichers Vizekanzler werden sollte. Schleicher war ein fähiger, ehrgeiziger und skrupelloser Intrigant. Er hatte eine Zeitlang daran gedacht, die SA der Reichswehr als Reservearmee anzugliedern; auch besaß er reichlich Grund, sich sowohl an Papen wie auch an Blomberg und den anderen Generalen zu rächen, die seinen Rücktritt im Januar 1933 widerspruchslos hingenommen hatten. Doch alles das bleibt Spekulation. Die einzige feststehende Tatsache, daß nämlich Schleicher und Strasser zusammen mit Röhm bei der gleichen Säuberungsaktion erschossen wurden, bietet Raum für eine ganz andere Deutung. Denn wenn es in Deutschland zwei Männer gab, die sich im Falle einer Säuberungsaktion unsicher fühlen, zwei Männer, die, was sie auch immer taten, Hitler gefährlich erscheinen mußten, dann waren es Gregor Strasser und Kurt von Schleicher. Am Wochenende des 30. Juni waren eben viele alte Rechnungen beglichen worden, und der Mord an Schleicher und Strasser dürfte in diese Kategorie fallen.

Was das zweite Belastungsmoment angeht, so besteht sehr wohl die Möglichkeit, daß Röhm mit denen, die seine Ansichten teilten, über die Frage diskutiert hat, wie man Hitler gewinnen und zum Handeln zwingen könne. Aber es gibt keinerlei Beweis dafür, daß diese Diskussionen weit genug gegangen sind, um den Namen Verschwörung zu verdienen. Die Verschwörer des Juni 1934 waren nicht Röhm und die SA-Führer, sondern Röhms Feinde, Göring und Himmler, nicht Röhm beging Verrat und Untreue, sondern sie und Hitler. Und wenn jemals Männer in der Überzeugung starben — und das nicht ohne Grund — Opfer einer Intrige geworden zu sein, so waren es die, die am 30. Juni erschossen wurden.

Infolgedessen hat man, ohne dogmatisch zu sein, alle Ursache, Hitlers Bericht über diese Ereignisse mit Argwohn zu betrachten. Es war die verlegene Verteidigungsrede eines Mörders, der sein Verbrechen damit zu rechtfertigen suchte, daß er seine Opfer diffamierte.

VI

Die unheimliche Spannung, die den ganzen Juni über in Berlin herrschte, wurde noch verstärkt durch Gerüchte und Spekulationen verschiedenster Art. Ende Mai erhielten sowohl Brüning wie auch Schleicher die Warnung, daß ihr Leben im Falle einer Säuberungsaktion in Gefahr sei. Die Möglichkeit einer solchen Aktion wurde nunmehr in weiten Kreisen erörtert, obwohl es über die Frage, wer die Aktion durchführen und wer ihr Opfer sein solle, die abweichendsten Vermutungen gab. Brüning nahm die Warnung ernst und reiste in die Schweiz; Schleicher fuhr nur bis zum Starnberger See, kehrte zurück und wurde erschossen.

Am 14. Juni machte Hitler seinen ersten Auslandsbesuch, nachdem er Reichskanzler geworden war. Er flog nach Venedig zu dem ersten seiner berühmten Gespräche mit Mussolini. Wie es der Zufall wollte, stand dieses erste Gespräch unter wenig günstigen Vorzeichen. Mussolini, auf der Höhe seines Ruhms und in voller Kriegsbemalung, trat dem sorgenbeladenen Hitler, der in Regenmantel und weichem Hut erschien, gönnerhaft entgegen. Mussolini setzte ihn unter Druck wegen Österreich, wo noch vor Sommers Ende nationalsozialistische Intrigen zu Schwierigkeiten führen sollten. Außerdem äußerte er sich sehr offen über die innerpolitische Situation in Deutschland. Er gab Hitler den Rat, den linken Flügel der Partei zu dämpfen, und Hitler kehrte niedergeschlagen und gereizt aus Venedig zurück.

Keine Rolle ist in dieser verworrenen Geschichte schwieriger zu verfolgen als die Gregor Strassers — sofern er überhaupt eine andere Rolle gespielt hat als die des Opfers. Offenbar hatte Hitler im Laufe des Jahres seine Beziehungen zu Strasser wiederaufgenommen; wie Gregors Bruder Otto berichtet, traf Hitler mit Strasser am Tag vor seiner Abreise nach Venedig zusammen, um ihm das Wirtschaftsministerium anzubieten. Strasser, der immer ein schlechter Politiker gewesen war, beging den Fehler, zu hohe Forderungen zu stellen: er verlangte die Entfernung von Göring und Goebbels. Das war mehr, als Hitler gewähren konnte, und so ließ er Strasser fallen. Etwa zur gleichen Zeit hatte, wie ebenfalls Otto Strasser berichtet, Goebbels eine heimliche Zusammenkunft mit Röhm in einer Hinterstube des Münchner »Bratwurstglöckles«. Gleich nach Hitlers Rückkehr aus Venedig erstattete Goebbels Bericht über seine Besprechung mit dem Stabschef der SA.

Die Bemühungen, mit Strasser, dem ehemaligen Führer des linken Parteiflügels, und Röhm, dem Führer der radikalen SA, in Verbindung zu bleiben, hingen offensichtlich mit einem inneren Konflikt zusammen. Worin bestand dieser Konflikt? Es gibt dafür zwei mögliche

Erklärungen. Die erste und am häufigsten gegebene ist die, daß Hitler immer noch überlegte, was für ihn vorteilhafter sei: ein Vorgehen mit den Radikalen gegen die »Reaktion« oder umgekehrt mit der Reichswehr und der Rechten gegen die Radikalen. Darum habe er die Verbindung zu Röhm aufrechterhalten und, weil er sich nocht nicht entschieden hatte, Goebbels erlaubt, die Verhandlungen mit Röhm fortzusetzen. Die zweite Erklärung gibt Hitler selbst. In seiner Reichstagsrede vom 13. Juli sagte er: »Ich nährte insgeheim immer noch die Hoffnung, daß es mir gelingen würde, der Bewegung und meiner SA die Schande solcher Uneinigkeit zu ersparen, und daß es möglich sein würde, den Schaden ohne schwere Konflikte zu beheben.«

Von diesem Gesichtspunkt aus betrachtet, war Hitler also nicht so sehr von der Wahl zwischen Radikalen und »Reaktion«, zwischen SA und Reichswehr, in Anspruch genommen als von der Frage, wie man die Entscheidung hinausschieben und bis zur Klärung der Präsidentschaftsnachfolge eine Kompromißlösung finden könne. Dies ist eine plausiblere Begründung für Hitlers Zögern als die, daß er in der Wahl zwischen der reaktionären und der revolutionären Linie geschwankt habe. Es ist auch kaum anzunehmen, daß Hitler einen offenen Konflikt mit der Reichswehr jemals in Erwägung gezogen hat; viel eher darf man vermuten, daß ihm daran gelegen war, eine heftige Auseinandersetzung mit der Partei zu vermeiden und eine Aktion in der Hoffnung, Hindenburg könne plötzlich sterben, hinauszuschieben. Vielleicht hoffte er auch, daß sich die Krise auf die eine oder andere Weise ohne unwiderrufliche Entscheidung lösen lassen werde. Es fehlt vorläufig noch an genügendem Beweismaterial, um sich für die eine oder andere Ansicht zu entscheiden.

In dieser Situation wurde Hitler von ganz unerwarteter Seite und mit aller Deutlichkeit an die Wirklichkeit erinnert. Papen war seit dem Frühjahr 1933 in den Hintergrund getreten. Aber er war Vizekanzler geblieben und erfreute sich immer noch des besonderen Vertrauens des alten Reichspräsidenten. Die Spannungen innerhalb der Partei boten ihm die Gelegenheit, seinen Einfluß wieder zur Geltung zu bringen, und zum letzten Male machte er von der Gunst des Präsidenten Gebrauch, um öffentlich gegen den bisherigen und auch künftigen Verlauf der Dinge in Deutschland zu protestieren. Papen hoffte und glaubte, mit der Unterstützung Hindenburgs rechnen zu können, wenn Hitler sich weigern sollte, ihn anzuhören, oder wenn sein Protest Schwierigkeiten heraufbeschwören würde, denn auch Hindenburg war unglücklich über den Stand der Dinge in Deutschland. Im Notfall zählte Papen darauf, daß der Präsident der Reichswehr Befehl zum Eingreifen geben werde.

Papens Protestrede ist von Edgar Jung in Zusammenarbeit mit einer Reihe anderer, der Katholischen Aktion angehörender, Personen entworfen worden. Unter diesen Männern, die gehofft hatten, Papen zum Sprachrohr ihrer eigenen Ideen zu machen, befanden sich Papens Sekretäre von Bose und von Detten sowie Erich Klausener, der Führer der Katholischen Aktion. Die Protestrede, die am 17. Juni an der Universität Marburg gehalten wurde, war eine Kristallisation der ganzen Angst und Unsicherheit im Volke. Sie war durchsetzt mit Anspielungen auf katholische und konservative Prinzipien; doch in ihren wichtigsten Abschnitten befaßte sie sich mit dem Gerücht über eine zweite Revolution und mit der Lügenhaftigkeit der nationalsozialistischen Propaganda.

»Zwar ist es selbstverständlich«, erklärte Papen, »daß die Träger des revolutionären Prinzips zunächst auch die Machtpositionen besetzen. Ist aber eine Revolution vollzogen, so repräsentiert die Regierung nur die Volksgesamtheit ... Wir können nicht daran denken, eine Teilung des Volkes in Spartaner und Heloten nach dem Muster der alten Griechen zu wiederholen ... Auslese ist natürlich notwendig, aber das Prinzip der natürlichen Auslese darf nicht ersetzt werden durch das Bekenntnis der Zugehörigkeit zu bestimmten politischen Formationen.«

Der Vizekanzler wandte sich dann besonders dem Gerücht über eine zweite Revolution zu.

»Wer verantwortungslos mit solchen Gedanken spielt, sollte sich nicht verhehlen, daß einer zweiten Welle leicht eine dritte folgen könnte, und daß derjenige, der mit Guillotine droht, am ersten unter das Fallbeil geraten könnte. Es ist auch nicht ersichtlich, wohin die zweite Welle führen soll. Es wird viel geredet von einer kommenden Sozialisierung. Haben wir eine antimarxistische Revolution erlebt, um das Programm des Marxismus durchzuführen? ... Würde das deutsche Volk damit besser fahren, abgesehen von denen, die vielleicht bei einer solchen Plünderung Beute wittern? ... Kein Volk kann sich eine permanente Revolution von unten leisten, wenn es vor der Geschichte bestehen will. Einmal muß die Bewegung zum Stillstand kommen und eine solide Sozialstruktur sich abzeichnen ... Deutschland darf nicht ein Zug ins Blaue werden, von dem niemand weiß, wann er zum Halten kommt. Die Geschichte hat ihren eigenen Rhythmus. Man braucht ihn nicht dauernd zu beschleunigen.«

Nicht weniger deutlich waren die Hinweise auf den Mißbrauch der Propaganda:

»Große Männer werden nicht durch Propaganda gemacht, sondern wachsen durch ihre Taten, die ihnen die Legitimation vor dem Richterstuhl der Geschichte geben, noch kann der Byzantinismus diese Naturgesetze überdecken. Wer vom Preußentum spricht, sollte zunächst an selbstloses Dienen denken, und zu allerletzt erst an Lohn und Anerkennung, am besten überhaupt nicht.«

In seinem Schlußsatz kam Papen auf Umfang und Sinn der Propaganda zu sprechen:

»Wenn man Volksnähe und Volksverbundenheit will, so darf man die Klugheit des Volkes nicht unterschätzen, muß sein Vertrauen erwidern und es nicht unausgesetzt bevormunden wollen ... Keine Organisation, keine Propaganda, mag sie noch so ausgezeichnet sein, kann auf die Dauer das Vertrauen heben. Nicht durch Aufreizung, insbesondere der Jugend, nicht durch Drohungen gegenüber hilflosen Volksteilen, sondern nur durch vertrauensvolle Aussprache mit dem Volke kann die Zuversicht und Einsatzfreude gehoben werden ... Es ist an der Zeit, in Bruderliebe und Achtung vor den Volksgenossen zusammenzurücken und das Werk ernster Männer nicht zu stören und Fanatiker zum Schweigen zu bringen.«

Am selben Tage, an dem Papen seine Rede in Marburg hielt, sprach Hitler in Gera. »Lächerlich«, sagte er in verletzender Anzüglichkeit, »wenn ein kleiner Zwerg sich einbildet, durch ein paar Redensarten die gigantische Erneuerung des Volkes hemmen zu können.« Aber Papens Protest war nicht so einfach beiseite zu schieben. Goebbels unternahm sofort Schritte, um die Verbreitung der Rede zu unterbinden; er ließ eine Broschüre, in der sie wiedergegeben war, und die Frankfurter Zeitung beschlagnahmen, die sie abgedruckt hatte. Da aber einige Exemplare aus Deutschland hinausgeschmuggelt wurden, ist die Rede im Ausland publiziert worden. Dort rief sie große Sensation hervor, was wiederum nach Deutschland durchsickerte. Als Papen sich am 24. Juni in Hamburg in der Öffentlichkeit zeigte, wurde er mit lautem Jubel begrüßt. Ganz offensichtlich hatte er einem großen Teil des Volkes aus der Seele gesprochen.

Am 20. Juni suchte Papen Hitler auf und verlangte von ihm, das Verbot der Veröffentlichung seiner Rede aufzuheben. Im Verlauf dieser stürmischen Auseinandersetzung drohte Papen nicht nur seinen eigenen, sondern auch den Rücktritt der andern konservativen Kabinettsmitglieder an — des Außenministers von Neurath und des Finanzministers Schwerin von Krosigk. Goebbels griff zwar weiter die oberen Klassen und die »Reaktion« als Feinde des Nationalsozialismus an (Essen, 25. Juni 1934), aber Hitler war sich nun völlig im klaren, daß er einer großen Krise unmittelbar gegenüberstand und den Entschluß zur Initiative nicht mehr lange hinausschieben konnte. Wenn er noch Zweifel gehabt haben sollte, so wurden sie endgültig zerstreut durch den Empfang, der ihm am 21. Juni in Neudeck bereitet wurde, wohin er zum Besuch des kranken Präsidenten geflogen war. Hier stieß er auf Reichswehrminister von Blomberg, der ihm eine kompromißlose Forderung unterbreitete: die Regierung müsse für eine Entspannung der Lage sorgen, sonst werde der Präsident den Ausnahmezustand verhängen und der Reichswehr die entsprechenden Vollmachten übertragen. Hitler durfte nur wenige Minuten bei Hindenburg bleiben, aber so kurz die Unterredung auch war, so bestätigte sie ihm doch zur Genüge Blombergs Forderung. Die Reichswehr verlangte die Erfüllung des getroffenen Abkommens, und in diesem Augenblick muß Hitler eingesehen haben, daß noch mehr auf dem Spiel stand als die Präsidentschaftsnachfolge: es ging um die Zukunft des ganzen Regimes.

Es ist unmöglich, das, was in Hitlers Brust während der letzten Juniwoche vorging, zu durchschauen. Offensichtlich hat er von den Vorbereitungen, die jetzt beschleunigt wurden, gewußt und sie stillschweigend gebilligt. Aber bis zum allerletzten Tag scheint er gezögert zu haben, den entscheidenden Schritt zu tun. In diesem Stadium war es nicht Hitler, der die Befehle erteilte, sondern Göring und Himmler; sie trafen ihre Vorbereitungen, um ihre Rivalen in der Parteiführung zu beseitigen. Im Hintergrund agierte die Reichswehr nach ihren eigenen Richtlinien. Am 25. Juni setzte der Chef der Heeresleitung, General von Fritsch, die Armee in Alarmbereitschaft. Er verhängte allgemeine Urlaubssperre und befahl der Truppe, in den Kasernen zu bleiben. Am 28. Juni wurde Röhm aus dem Deutschen Offiziersbund ausgeschlossen, und am 29. Juni brachte der »Völkische Beobachter« einen von Reichswehrminister General von Blomberg unterzeichneten Aufsatz, der in aller Deutlichkeit die Stellung der Reichswehr umriß:

»Die Rolle der Reichswehr ist eindeutig und klar. Sie dient diesem Staat, den sie aus innerster Überzeugung bejaht, und sie steht zu dieser Führung, die ihr das vornehmste Recht wiedergab, nicht nur Träger der Waffe, sondern auch der von Staat und Volk anerkannte Träger des unbegrenzten Vertrauens zu sein. In engster Verbundenheit mit dem ganzen Volke steht die Wehrmacht in Treue und Mannszucht hinter der Führung des Staates, dem Feldmarschall des großen Krieges, Reichspräsident von Hindenburg, ihrem Oberbefehlshaber, und dem Führer des Reiches, Adolf Hitler, der einst aus unseren Reihen kam und stets einer der unseren bleiben wird.«

Die Führer der Reichswehr waren ganz zufrieden damit, Göring und Himmler die Durchführung der Säuberungsaktion überlassen zu können, aber Blombergs Aufsatz ließ niemand im unklaren, daß die Reichswehr, was auch geschehen mochte, ihren Segen geben würde.

Am Donnerstag dem 28. Juni fuhr Hitler, der gerade aus Bayern zurückgekehrt war, von Berlin nach Essen, um an der Hochzeit des Gauleiters Terboven teilzunehmen. Möglicherweise begab er sich auch, wie aus einigen Darstellungen hervorgeht, dorthin, um Krupp und Thyssen zu sprechen. Wie es aber gewesen sein mag, seine Abwesenheit von Berlin in einer so kritischen Zeit ist zumindest seltsam und läßt darauf schließen, daß er entweder vorsätzlich das Mißtrauen der Wachsamen einschläfern wollte oder aber sich weigerte, an den Vorbereitungen teilzunehmen, mit denen er nur halb einverstanden war. Am 28., also während seiner Abwesenheit, befahlen Göring und Himmler der Polizei und SS, sich bereit zu halten.

Am Ufer des Tegernsees, fern von Berlin und seiner Nervosität und seinen Gerüchten, genoß Röhm seinen Erholungsurlaub wie üblich im Kreise junger Männer. Er bereitete sich in aller Ruhe auf die zum Wochenende angesetzte SA-Führertagung vor, auf der er Hitler erwartete. Er war sich der wirklichen Vorgänge so wenig bewußt, daß er seine Stabswachen in München gelassen hatte. Seine Sorglosigkeit und seine Vertrauensseligkeit waren erstaunlich. Selbst in Berlin war der dortige SA-Führer, Karl Ernst, der in dem unbehaglichen Gefühl, daß etwas in der Luft liege, die Berliner SA am Nachmittag des 29. Juni in Alarmbereitschaft gesetzt hatte, so ahnungslos, daß er glaubte, es bestünde die Gefahr eines Rechtsputsches gegen Hitler. Ernst hatte auch nach seiner Verhaftung nicht begriffen, was vor sich ging. Er starb mit dem Ruf: »Heil Hitler!«

Hitler, immer noch von Berlin abwesend, machte am 29. Juni eine Rundfahrt zur Besichtigung der Arbeitsdienstlager in Westfalen und fuhr am Nachmittag nach Godesberg, demselben Ort, wo er später, 1938, Neville Chamberlain empfing. In Godesberg rang er sich zur endgültigen Entscheidung durch. Goebbels, der in den letzten Tagen schleunigst seine radikalen Neigungen und seine Beziehungen zu Röhm fallengelassen hatte, kam mit der Nachricht, daß für die Berliner SA Alarm angeordnet worden sei, obwohl sie doch am nächsten Tag ihren Urlaub antreten sollte. Aus München lagen angeblich ebenfalls beunruhigende Nachrichten über einen Alarmzustand der SA vor. Ob Hitler wirklich geglaubt hat, es hier mit dem Vorspiel einer SA-Meuterei zu tun zu haben, wie er später behauptete, ist schwer zu sagen. Möglicherweise stand er unter dem Einfluß einer anderen Nachricht: Prof. Sauerbruch, der hervorragende deutsche Facharzt, war plötzlich an Hindenburgs Krankenlager gerufen worden. Am

Abend des 29. wurde im Flugzeug Viktor Lutze, einer der zuverlässigsten SA-Führer (als Nachfolger Röhms später Stabschef der SA), von Hannover nach Godesberg geholt, um an einer Besprechung zwischen Hitler, Goebbels und Otto Dietrich teilzunehmen. Um 2 Uhr nachts flog Hitler vom Flugplatz Hangelar bei Bonn nach München ab. Vor seinem Abflug hatte er Röhm telegraphiert, er solle ihn am nächsten Tag in Wiessee erwarten. »Es war mir endlich klar geworden, daß nur einer dem Stabschef entgegentreten konnte und mußte[59].«

Als Hitler am Sonnabend früh um 4 Uhr auf dem Flugplatz Oberwiesenfeld landete, hatte die Säuberungsaktion in München bereits ihren Anfang genommen. Am Abend des 29. war von Major Buch, dem Leiter der USCHLA, und Adolf Wagner, dem bayrischen Innenminister, eine Aktionsgruppe zusammengestellt worden, zu der Christian Weber, Emil Maurice und Josef Berchtold gehörten, lauter trübe Gestalten aus Hitlers alten Tagen. Diese Gruppe verhaftete die lokalen SA-Führer unter dem Vorwand, sie stünden im Begriff, einen Staatsstreich auszuführen. Der SA-Obergruppenführer Schneidhuber und sein Stellvertreter waren unter Bewachung ins Innenministerium gebracht worden, wo ihnen dann Hitler, der sich inzwischen in Wut gesteigert hatte, die Schulterstücke abriß und sie wegen ihres Verrats beschimpfte.

In den frühen Morgenstunden des 30. raste eine Wagenkolonne über die Landstraße von München nach Wiessee, wo Röhm und Heines im Hotel Hanselbauer noch ruhig in ihren Betten schliefen. Die Darstellungen der Ereignisse von Wiessee widersprechen einander. In einem der Berichte heißt es, daß Heines, der Obergruppenführer von Schlesien, ein überführter Mörder, mit einem von Röhms Jünglingen im Bett angetroffen, auf die Straße geschleppt und dort erschossen worden sei. Nach anderen Berichten soll er mit Röhm zusammen nach München gebracht und dort füsiliert worden sein.

Unterdessen waren 700 bis 800 Mann von Sepp Dietrichs »SS-Leibstandarte Adolf Hitler« nach München geschafft worden; für den Transport hatte die Reichswehr gesorgt. Sie erhielten den Befehl, im Strafgefängnis von Stadelheim ein Erschießungskommando aufzustellen. Hier hatte Röhm schon einmal — nach dem mißglückten Putsch vom 9. November 1923 — in Haft gesessen, und hier wurde er nun auf Befehl des Mannes erschossen, der ihm seine politische Karriere verdankte und der ihm noch sieben Monate vorher in einem Brief für seine unvergänglichen Verdienste gedankt hatte. Hitler ordnete an, daß man Röhm einen Revolver in seiner Zelle lasse; Röhm lehnte jedoch ab, ihn zu benutzen. »Wenn ich getötet werden soll, so mag Adolf Hitler es selbst tun.« Nach dem Bericht eines

Augenzeugen beim Münchner Prozeß von 1957 gegen die damals Beteiligten wurde er von zwei SS-Offizieren erschossen, die ihre Revolver mehrfach aus nächster Nähe auf ihn abfeuerten.

In Berlin wurden die Erschießungen unter Leitung von Göring und Himmler in der Nacht vom 29. zum 30. Juni begonnen und den ganzen Sonnabend und Sonntag über fortgesetzt. Der hauptsächliche Schauplatz der Exekutionen war die Lichterfelder Kadettenanstalt, und auch hier waren die Opfer vorwiegend SA-Führer. Aber in Berlin hatte man das Netz noch weiter ausgeworfen. Als in General von Schleichers Villa die Türglocke läutete und den Mördern geöffnet wurde, wurde Schleicher ohne weiteres niedergeknallt, seine Frau mit ihm. Sein Freund, General von Bredow, fand am gleichen Abend auf der Türschwelle seiner Wohnung den Tod. Gregor Strasser, der am Sonnabendnachmittag verhaftet worden war, wurde im Gefängnis in der Prinz-Albrecht-Straße hingerichtet. Göring würde sicherlich auch Papen liquidiert haben, wenn er nicht Vizekanzler gewesen wäre und unter dem besonderen Schutz des Reichspräsidenten gestanden hätte. Papens Amtszimmer wurde jedoch demoliert und er selbst vier Tage in Hausarrest gehalten. Zwei seiner Mitarbeiter, Bose und Edgar Jung, wurden erschossen, zwei andere verhaftet.

Spät am Sonnabend kehrte Hitler aus München zurück. Unter denen, die sich auf dem Tempelhofer Feld eingefunden hatten, befand sich H. B. Gisevius, der die Ankunftsszene beschrieben hat. Göring, Himmler, Frick und eine Gruppe von Polizeioffizieren warteten auf die Ankunft des Flugzeuges. Eine Ehrenwache präsentierte das Gewehr, während das Flugzeug vom Himmel herabglitt und über das Feld rollte. Der erste, der ausstieg, war Hitler. »Braunes Hemd, schwarzer Schlips, dunkelbrauner Ledermantel, lange schwarze Kommißstiefel, alles dunkel in dunkel. Darüber, barhäuptig, ein kreidebleiches, durchnächtigtes, unrasiertes Gesicht, das eingefallen und aufgedunsen zugleich erscheint und aus dem, durch die verklebt herabhängenden Haarsträhnen schlecht verdeckt, ein paar erloschene Augen stieren.« Wortlos drückte Hitler den Anwesenden die Hände; das Schweigen wurde nur von wiederholtem Hackenzusammenklappen unterbrochen. Langsam schritt er an der Ehrenwache vorbei, und erst, als er sich seinem Wagen näherte, begann er mit Göring und Himmler zu sprechen. »Nun zieht Himmler aus der Ärmelklappe eine große, zerknitterte Liste. Hitler liest sie, während Göring und Himmler unentwegt auf ihn eintuscheln. Man sieht genau, wie Hitlers Finger langsam das Papier hinuntergleitet. Ab und zu verweilt er bei einem Namen etwas länger. Dann flüstern die beiden um so erregter. Plötzlich wirft er seinen Kopf zurück. Es ist eine Geste so heftiger Aufwallung, um nicht zu sagen Ablehnung, daß jeder Umstehende sie bemerken muß ... Jetzt werden sie ihm wohl, denken wir, Strassers ›Selbstmord‹ beigebracht haben ... Dieses falsche Pathos, die Leichenbittermienen, diese kriminalromanhafte Mischung aus üppiger Phantasie und blutigster Wirklichkeit, dazu noch ein dunkelroter Abendhimmel frei nach Richard Wagner — nein, das alles ist zuviel[60].«

Die Hinrichtungen wurden noch den ganzen Sonntag über — während Hitler im Garten der Reichskanzlei eine Teegesellschaft gab — fortgesetzt und beschränkten sich nicht auf Berlin. Eine beträchtliche Zahl von Menschen — nach dem später in Paris veröffentlichten Weißbuch waren es 54 — wurden in Breslau erschossen, weitere 32 im restlichen Schlesien. Erst am Montag früh hörten die Exekutionen auf: als das deutsche Volk, entsetzt und erschüttert, an seine Arbeit zurückkehrte und Hindenburg dem Reichskanzler dankte, »daß Sie durch Ihr entschlossenes Vorgehen und Ihr mutiges persönliches Eingreifen alle hochverräterischen Umtriebe im Keime erstickt haben«. Am Dienstag übermittelte General von Blomberg dem Kanzler die Glückwünsche des Kabinetts. In einem Tagesbefehl hatte der General bereits die Ergebenheit und Treue der Reichswehr zum Ausdruck gebracht: »Der Führer bittet uns, zu der neuen SA in herzliche Beziehung zu treten. Dies zu tun, werden wir in dem Glauben an ein gemeinsames Ideal freudig bestrebt sein[61].« Die Reichswehr war mit den Ereignissen des Wochenendes sehr zufrieden.

VII

Wie viele Menschen getötet wurden, hat sich niemals feststellen lassen. Nach Gisevius soll Göring die Verbrennung aller die Säuberungsaktion betreffenden Dokumente angeordnet haben. Nach und nach kam eine Liste von Namen zustande. In seiner Reichstagsrede gab Hitler die Hinrichtung von 58 und den Tod von weiteren 19 Personen zu. Außerdem erwähnte er eine Anzahl von Gewaltakten, die nicht im Zusammenhang mit dieser Verschwörung gestanden hätten und den ordentlichen Gerichten zur Aburteilung überantwortet seien. Das in Paris veröffentlichte Weißbuch gibt insgesamt 401 Personen an, von denen 116 namentlich genannt werden.

Der größte Teil der Opfer hatte der SA angehört: neben Röhm die drei Obergruppenführer Heines, von Kraußer und Schneidhuber; Hans Hayn und Peter von Haydebreck, die Gruppenführer von Sachsen und Pommern, und Karl Ernst, ein ehemaliger Hotelportier, der SA-Gruppenführer für Berlin war und den bewaffnete SS-Leute auf seiner Hochzeitsreise in Bremen stellten. Seine Frau und sein Chauffeur wurden verwundet; ihn selbst brachte man bewußtlos zur Hinrichtung nach Berlin zurück. Eine andere Gruppe bildeten Schleicher und seine Frau, General von Bredow, Schleichers Mitarbeiter im Reichswehrministerium, Georg Strasser sowie von Bose und Edgar Jung, Mitarbeiter Papens, die an seiner Stelle hingerichtet worden waren. Bose konferierte in der Vizekanzlei gerade mit zwei rheinischen Industriellen, als er gebeten wurde, ins Nebenzimmer zu kommen, wo ihn drei SS-Leute sprechen wollten. Es fielen Schüsse, und als man die Tür öffnete, waren die SS-Leute verschwunden und Bose lag tot am Boden. Noch eine Reihe anderer Katholiken wurde erschossen, darunter als bedeutendster Erich Klausener, Führer der deutschen Katholischen Aktion.

Viele der Ermordeten hatten mit Röhm oder der SA sehr wenig oder gar nichts zu tun gehabt; sie waren die Opfer persönlicher Ranküne. Kahr, der 1923 eine große Rolle gespielt hatte, seither aber zurückgezogen lebte — er war inzwischen 73 Jahre alt —, wurde im Dachauer Moos gefunden; seine Leiche war entstellt. Pater Bernhard Stempfle, der einmal »Mein Kampf« redigiert hatte, lag tot in einem Walde außerhalb Münchens; er war »auf der Flucht« erschossen worden. In Hirschberg, Schlesien, wurde eine Reihe von Juden ermordet, offenbar aus reinem Übermut der dortigen SS. In München spielte am Abend des 30. Juni der Musikkritiker der Münchner Neuesten Nachrichten, Dr. Willi Schmidt, auf dem Cello, während seine Frau das Abendbrot bereitete und ihre Kinder umhertollten. Plötzlich ging die Türklingel, vier bewaffnete SS-Männer kamen herein und nahmen Dr. Schmidt ohne jede Erklärung mit. Auch nachher gab es keine andere Erklärung als die, daß die SS-Leute einen andern mit Namen Schmidt gesucht und den Falschen erschossen hatten. Als Frau Schmidt die Leiche ihres Mannes gebracht wurde, warnte man sie ausdrücklich, den Sarg zu öffnen; die SS überwies ihr eine Geldsumme als Entschädigung für den Verlust und zur Wiedergutmachung des Irrtums. Da Frau Schmidt sich weigerte, das Geld anzunehmen, wurde sie von Himmler angerufen: sie solle das Geld annehmen und schweigen. Als sie sich dann immer noch weigerte, suchte Heß sie auf; durch seine Vermittlung erhielt Frau Schmidt schließlich eine Pension: sie möge, sagte Heß, den Tod ihres Gatten als den Tod eines Märtyrers für eine große Sache betrachten[62].

Um zu verhindern, daß von diesen Dingen zu viel an die Öffentlichkeit gelangte, verbot Goebbels den deutschen Zeitungen, Todesanzeigen der Hingerichteten oder durch »Selbstmord« Geendeten aufzunehmen. Dieses Verbot, nichts von dem zu erwähnen, was geschehen war, führte aber nur zu übertriebenen Gerüchten und steigerte Angst und Schrecken. Erst am 13. Juli trat Hitler im Reichstag auf und machte über einen Teil der Vorgänge Enthüllungen.

Hitler befand sich, wenigstens bis kurz vor Schluß seiner Rede, stark in der Defensive. Er begann mit einer langatmigen Verteidigung seiner Politik als Reichskanzler, indem er die Leistungen des Nationalsozialismus aufzählte. Dann ging er zu den Ereignissen über, die zum 30. Juni geführt hatten. Er gab alle Schuld Röhm, der ihn gezwungen habe, gegen seinen eigenen Wunsch zu handeln. Hitler bezichtigte die Gruppe um Röhm aufs schärfste der Korruption, Günstlingswirtschaft und Homosexualität. Im Gegensatz zu seinen früheren Äußerungen handelte es sich nun plötzlich um verkommene, skrupellose Subjekte, die den einfachen, anständigen SA-Mann verraten und mißbraucht hatten. Allerdings machte Hitler nicht den Versuch, die wahren Beweggründe seiner Anklage gegen Röhm zu verschweigen. Er sprach von denen, die »entwurzelt worden sind und damit überhaupt jede innere Beziehung zur geregelten menschlichen Gesellschaftsordnung verloren haben. Es sind Revolutionäre geworden, die der Revolution als Revolution huldigen und in ihr einen Dauerzustand sehen möchten.« »Aber«, führte Hitler aus, »die Revolution ist für uns kein permanenter Zustand. Wenn der natürlichen Entwicklung eines Volkes mit Gewalt eine tödliche Hemmung auferlegt wird, dann mag die künstlich unterbrochene Evolution durch einen Gewaltakt sich wieder die Freiheit der natürlichen Entwicklung öffnen. Allein es gibt keinen Zustand einer permanenten Revolution oder gar eine segensreiche Entwicklung mittels periodisch wiederkehrender Revolten.«

Auf die Spannungen zwischen Röhm und der Reichswehr spielte Hitler noch deutlicher an. Er verbreitete sich über Röhms Plan, Reichswehr und SA zu einer neuen Organisation zusammenzuschweißen, wobei Röhm sich das Amt des Reichswehrministers zugedacht habe, und betonte dann ausdrücklich, daß er zu Röhms Ideen in unveränderlicher Opposition gestanden habe. »Seit vierzehn Jahren habe ich unentwegt versichert, daß die Kampforganisationen der Partei politische Institutionen sind und nichts mit dem Heer zu tun haben.« Er erinnerte an das Versprechen, das er Hindenburg gegeben habe, die Reichswehr aus der Politik herauszuhalten, und sprach mit glühenden Worten von seiner Dankesschuld gegenüber General von Blomberg, »der die Armee aus innerstem Herzen versöhnt hat mit den Revolutionären von einst und verbunden mit ihrer Staatsführung von heute«. Zum Schluß wiederholte er noch einmal den Satz, der für die Reichswehr die Bedeutung eines Vertrages hatte, auf den sie bauen konnte: »Im Staat gibt es nur einen Waffenträger, die Wehrmacht, und nur einen Träger des politischen Willens, das ist die Nationalsozialistische Partei.«

Das Offizierskorps, das ausschließlich darauf bedacht war, die privilegierte Stellung der Armee aufrechtzuerhalten und gegenüber allem, was in Deutschland geschah, indifferent blieb, solange die Naziregierung vor den militärischen Einrichtungen haltmachte, vermochte nicht über seine Nasenspitze hinauszusehen. Die Drohung der SA war nach dem Wochenende des 30. Juni für immer beseitigt. Unter ihrem neuen Stabschef, Viktor Lutze, spielte sie nie wieder eine unabhängige oder gar prominente Rolle im Dritten Reich. Aber schon meldete sich eine neue, weit gefährlichere Bedrohung für die Autonomie des Militärs. In Anerkennung ihrer Dienste in der Röhm-Affäre wurde die SS nun mit Himmler als »Reichsführer der SS« Hitler unmittelbar unterstellt, d. h. von der SA unabhängig gemacht. So war denn der langjährige Disput zwischen Röhm und Hitler beendet, und Hitler bekam, was er schon immer gefordert hatte: ein von ihm völlig abhängiges, unumstrittenes Instrument für politische Aktionen. Als Himmler dann noch im Jahre 1936 die Kontrolle über die gesamte deutsche Polizei erhielt, war Hitlers Polizeistaat als Apparat vollkommen. Die Reichswehrführung ahnte nicht, daß die SS in weniger als zehn Jahren nach Röhms Ermordung das erreichen werde, was der SA mißlungen war — nämlich eine Parteiarmee aufzubauen, die mit der Armee der Generale offen rivalisierte und tagtäglich mehr von ihrer einst so stolzen, mittlerweile traurig reduzierten Machtstellung an sich riß. Keine andere Gruppe hat sich in ihren Berechnungen so schwer geirrt wie das Offizierskorps der deutschen Armee, das sich im Sommer 1934 so ostentativ von den Geschehnissen in Deutschland fernhielt und noch eine arrogante Zufriedenheit darüber äußerte, daß der Reichskanzler so rasch erkannt habe, wer die wirkliche Macht in Deutschland besitze.

Bei all denen, die weniger blind waren als die Generale, muß die Art und Weise, wie Hitler gegen die Gefahr einer Zweiten Revolution vorgegangen war, eher Bestürzung als Befriedigung ausgelöst haben. Niemals zuvor hatte Hitler so unverhohlen seine Gleichgültigkeit gegenüber den Gesetzen der Menschlichkeit und seine Entschlossenheit, um jeden Preis seine Macht zu erhalten, zum Ausdruck gebracht. Niemals zuvor hatte sich der revolutionäre Charakter seines Regimes so deutlich enthüllt wie bei der Niederschlagung dieser Zweiten Revolution. Gegen Schluß seiner Rede tat Hitler den Einwand, daß ein Schuldiger erst auf Grund eines ordnungsgemäßen Gerichtsurteils hingerichtet werden könne, mit den Worten ab: »Wenn man mir zum Vorwurf macht, weshalb man nicht die ordentlichen Gerichte zur Aburteilung herangezogen hätte, dann kann ich nur sagen: in dieser Stunde war ich verantwortlich für das Schicksal der deutschen Nation und damit des deutschen Volkes oberster Gerichtsherr.« Und damit niemand über die Moral zweifelte, die daraus zu ziehen war, fügte Hitler hinzu: »... es soll jeder für alle Zukunft wissen, daß, wenn er die Hand zum Schlag gegen den Staat erhebt, der sichere Tod sein Los ist[63].«

Wer durch Hitlers Zögern in den letzten zehn Junitagen zu der Annahme verführt worden war, er habe im Grunde schon abgedankt, sollte am nächsten Wochenende erfahren, daß er seine Autorität nicht nur behauptete, sondern erweiterte. Papens Marburger Rede hatte zwar ihr Echo gefunden, aber es waren nicht Papen und die »Reaktion«, die Hausierer des christlichen Konservatismus, sondern es war Hitler, der aus der Kraftprobe des Juni 1934 triumphierend hervorging.

Als Rauschning kurz nach der Röhm-Affäre Hitler aufsuchte, bemerkte dieser: »Sie unterschätzen mich, weil ich von unten komme, aus der ›Hefe des Volkes‹, weil ich keine Bildung habe, weil ich mich nicht zu benehmen weiß, wie es in ihren Spatzengehirnen als richtig gilt... Aber ich habe ihnen ihr Konzept verdorben. Sie dachten, ich würde es nicht wagen; ich wäre zu feige. Sie sahen mich schon in ihren Schlingen zappeln. Sie hielten mich schon für ihr Werkzeug. Und hinter meinem Rücken machten sie Späße, ich hätte nun keine Macht mehr. Meine Partei sei ich losgeworden. Ich habe das alles längst durchschaut. Ich habe ihnen auf die Finger geschlagen, daß sie den Schlag noch lange spüren werden. Was ich in dem Gericht über die SA eingebüßt habe, das bringt mir das Gericht an diesen feudalen Spielern und professionalen Hasardeuren wieder ein.... Ich stehe da, stärker als je zuvor. Heran, meine Herren Papen und Hugenberg, ich bin zur nächsten Runde fertig[64].« Von Neuraths leichtfertige Zuversicht, die er im Frühjahr 1934 Rauschning gegenüber äußerte »Ablaufen lassen; in fünf Jahren spricht kein Mensch mehr davon[65]«, war ebenso fehl am Platze wie Papens Zuversicht im Januar 1933. Papen war jetzt froh, daß er mit dem Leben davongekommen war und nahm eiligst Hitlers Angebot an, als Botschafter nach Wien zu gehen. Recht spät hatte der ehemalige Vizekanzler begriffen, daß man, wenn man mit dem Teufel speist, einen sehr langen Löffel braucht.

Nachdem Hitler nun mit einem Schlage den Druck von rechts und links losgeworden war, konnte er in aller Ruhe darangehen, die Frage der Präsidentschaftsnachfolge zu klären. Da er schließlich den auf ihn fallenden Teil des Abkommens mit der Reichswehr ehrenvoll erfüllt hatte, durfte er nun darauf pochen, daß auch die Armee ihr Versprechen einhalte. In General von Blomberg hatte er den Mann gefunden, auf den er sich verlassen konnte. Als Reichspräsident von Hindenburg am Morgen des 2. August starb, war bereits alles geregelt. Es gab kein Hindernis und keine Verzögerung. Schon nach einer Stunde wurde bekanntgegeben, daß das Amt des Reichspräsidenten mit dem des Reichskanzlers verkoppelt werde; damit war Hitler nicht nur Staatsoberhaupt geworden, sondern auch Oberster Befehlshaber der Wehrmacht des Reichs. Das Gesetz, das diese Veränderung verkündete, war unterschrieben von Papen, Neurath, Schwerin von Krosigk, General von Blomberg und Schacht; die Repräsentanten des Konservativismus hatten ihre eigene Niederlage besiegelt.

Noch am gleichen Tage leisteten Offiziere und Mannschaften der deutschen Armee ihrem Obersten Befehlshaber den Treueid. Die Eidesformel war bezeichnend. Die Armee wurde aufgerufen, nicht auf die Verfassung oder das Vaterland, sondern auf Hitler persönlich zu schwören: »Ich schwöre bei Gott diesen heiligen Eid, daß ich dem Führer des deutschen Reiches und Volkes, Adolf Hitler, dem Oberbefehlshaber der Wehrmacht, unbedingten Gehorsam leisten und als tapferer Soldat bereit sein will, jederzeit für diesen Eid mein Leben einzusetzen.« Am 6. August, als der Reichstag in der Krolloper zusammentrat, um Hitlers Gedenkrede zu hören, und am 7. August, als der Generalfeldmarschall mit einem Staatsbegräbnis in dem zur Erinnerung an seinen Sieg von Tannenberg errichteten Nationaldenkmal beigesetzt wurde, wiederholte Hitler die symbolische Geste von Potsdam — allerdings mit einer kleinen Abweichung. Inzwischen, d. h. in der Zeit vom März 1933 bis August 1934, hatte sich das Gleichgewicht der Macht entscheidend zugunsten Hitlers verschoben. In diesen anderthalb Jahren war er der Herr über die Staatsmaschine geworden, hatte er die Opposition unterdrückt, seine Verbündeten abgeschüttelt, sich erneut die Autorität in Partei und SA gesichert und sich der Vorrechte des Staatsoberhaupts und Obersten Befehlshabers der Wehrmacht bemächtigt. Die nationalsozialistische Revolution war vollendet: Hitler war Diktator von Deutschland geworden.

Am 19. August wurde das deutsche Volk aufgerufen, in einem Volksentscheid seine Zustimmung zu Hitlers Übernahme der Reichspräsidentschaft zu bekunden. Von nun an sollte Hitler den offiziellen Titel »Führer und Reichskanzler« führen. Der Augenblick schien jetzt auch günstig, Hindenburgs politisches Testament zu veröffentlichen, über dessen Inhalt lebhaft diskutiert wurde, obwohl von ihm nichts bekanntgeworden war. Wie Papen sagte, hatte Hindenburg sich entschlossen, in seinem Testament keinerlei Anspielung auf eine Wiederherstellung der Monarchie zu machen. In einem gesonderten Brief an Hitler jedoch legte er ihm einen solchen Weg nahe. Beide Dokumente wurden Hitler überbracht, aber den Brief sah man nie wieder, und man hörte auch nichts mehr von einer Wiederherstellung der Monarchie. Um alle Zweifel zu zerstreuen, wurde Oskar von Hindenburg beauftragt, am

Vorabend des Volksentscheids im Rundfunk zu sprechen. »Mein nunmehr verewigter Vater selbst«, sagte er zum deutschen Volk, »hat in Adolf Hitler seinen unmittelbaren Nachfolger als Oberhaupt des deutschen Reiches gesehen, und ich handle in Übereinstimmung mit meines Vaters Absicht, wenn ich alle deutschen Männer und Frauen aufrufe, für die Übergabe des Amtes meines Vaters an den Führer und Reichskanzler zu stimmen[66].«

Am Tage der Volksabstimmung schritten 95,7% von 54,5 Millionen Stimmberechtigten zu den Wahlurnen, und mehr als 38 Millionen stimmten mit »Ja«. Das waren 89,93% aller abgegebenen Stimmen. 4,25 Millionen hatten den Mut gehabt, mit »Nein« zu stimmen; weitere 870000 gaben ungültige Wahlzettel ab.

Das war eine eindrucksvolle Mehrheit. Als im September der Nürnberger Parteitag abgehalten wurde, war Hitler in guter Stimmung. In seiner Rede sprach er viel von der nationalsozialistischen Revolution, die nunmehr, wie er verkündete, ihren Zweck erfüllt und ihr Ende erreicht habe. »So wie die Welt nicht von Kriegen lebt, so leben die Völker nicht von Revolutionen ... Im deutschen Volk«, fügte er hinzu, »sind Revolutionen stets selten gewesen. Das nervöse Zeitalter des neunzehnten Jahrhunderts hat bei uns endgültig seinen Abschluß gefunden. In den nächsten tausend Jahren findet in Deutschland keine Revolution mehr statt[67].«

Es war ein anspruchsvolles Epitaph.

KAPITEL VI

Der Scheinfrieden

1933—1937

I

Es gehört nicht zum Aufgabenbereich dieser Studie, ein Bild des totalitären Systems in Deutschland zu geben, seine vielfältige Aktivität auf wirtschaftlichem und sozialpolitischem Gebiet, den sorgfältig durchdachten Aufbau des Polizeistaats, die Kontrolle des Rechtswesens, die Haltung den Kirchen gegenüber und die Ausrichtung des Bildungswesens zu behandeln[68]. Für alles, was unter diesem Regime geschah, trug Hitler die Verantwortung. Aber er haßte die laufende Regierungsarbeit und zeigte, nachdem er seine Macht gefestigt hatte, verhältnismäßig geringes Interesse für das, was seine Minister taten; er selbst beschränkte sich darauf, allgemeine politische Richtlinien zu geben. Im Dritten Reich schuf sich jeder der Parteihäuptlinge, Göring, Goebbels, Himmler und Ley, ein eigenes Reich, während auf einer Rangstufe tiefer sich die Gauleiter der Paschawürde in ihren Gauen erfreuten. Hitler ließ die auf diese Weise entstehenden Rivalitäten absichtlich zu, da sie seine eigene Macht als oberster Schiedsrichter vermehrten. Keiner hat jemals daran gezweifelt, in wessen Händen die letzte Autorität lag — die Beispiele Röhm und Gregor Strasser waren deutlich genug, sofern noch jemand an sie erinnert werden mußte —, und Hitler duldete keinen Rivalen. Solange er keinen Verdacht hatte, überließ er die Regierungsgeschäfte seinen Mitarbeitern. Erst wenn seine eigene Stellung oder seine besonderen Interessen berührt wurden, griff er ein. Der Fall Schacht ist ein deutliches Beispiel. »Solange ich im Amt war«, schrieb Schacht später, »sei es in der Reichsbank oder im Wirtschaftsministerium, hat sich Hitler niemals in meine Tätigkeit eingemischt. Auch hat er niemals versucht, mir eine Direktive zu geben, sondern hat mich meine Ideen, ohne sie zu kritisieren, selbständig und unabhängig ausführen lassen... Als er jedoch sah, daß meine maßvolle Wirtschaftspolitik seinen maßlosen Plänen [in der Außenpolitik] zuwiderlief, hat er mit Hilfe Görings heimlich und hinterrücks versucht, meine Tätigkeit zu konterkarieren[69].«

Gewisse innere Angelegenheiten — zum Beispiel Bauprogramme oder Judengesetze — interessierten Hitler immer; aber sehr bald wurde er völlig von zwei anderen Dingen in Anspruch genommen, von der Außenpolitik und von den Kriegsvorbereitungen. Göring erklärte vor dem Nürnberger Gerichtshof:

»Vor allem die Außenpolitik war das ureigenste Gebiet des Führers. Ich möchte sagen, die Außenpolitik einerseits und die Führung der Wehrmacht andererseits nahmen das größte Interesse und die Hauptarbeit des Führers in Anspruch . . . Er hat sich außerordentlich um die Einzelheiten auf beiden dieser Gebiete angenommen[70].«

Das war kein Zufall. Hitler interessierte sich nicht für Verwaltungsdinge oder für die Durchführung eines Reformprogramms — was ihn interessierte, war die Macht. Die Partei war das Instrument gewesen, durch das er in Deutschland die Macht erlangt hatte; jetzt war der Staat das Instrument, durch das er in Europa die Macht erlangen wollte. Seit seinen Linzer Schultagen war Hitler ein leidenschaftlicher Nationalist; die deutsche Niederlage war für ihn gleichbedeutend mit einem persönlichen Unglück. Vom Beginn seiner politischen Laufbahn an hatte er seine eigenen Ambitionen mit der Wiedererrichtung und Ausdehnung der deutschen Machtstellung identifiziert. Die Entscheidung von 1919 rückgängig zu machen, den Friedensvertrag von 1919 zu beseitigen, den pangermanischen Traum eines von Deutschland beherrschten Europa zu verwirklichen — das war der Kernpunkt seines politischen Programms.

Die aggressive — oder um ein Lieblingswort der Nazis zu verwenden — dynamische Außenpolitik, die Deutschland unter Hitlers Führung einzuschlagen begann, entsprach der mächtigsten Kraft in der modernen deutschen Geschichte, dem deutschen Nationalismus und seiner überspannten Forderung nach dem »Machtstaat«. Sie war ein Ausdruck für die schon lange schwelende Empörung des deutschen Volkes gegen die Niederlage von 1918 und die Demütigungen des Friedensvertrages. Sie förderte das Gefühl nationaler Einigkeit und stärkte durch ihre Popularität die politischen Grundlagen des Regimes. Die wirtschaftliche Belebung, die das Wiederaufrüstungsprogramm mit sich brachte, trug dazu bei, die Wirtschaftskrise zu überwinden, an der die Republik gescheitert war. Die Wiederherstellung der deutschen Macht dem Ausland gegenüber war ein befriedigender Ersatz für die im Innern gescheiterte soziale Revolution; die revolutionären Impulse des Nationalsozialismus wurden zu einer Herausforderung der jenseits der deutschen Grenzen bestehenden Ordnung hingelenkt. Eine neue Ordnung sollte in Europa geschaffen werden, in der die großen Aufträge und Privilegien dem »Herrenvolk«

zufallen würden. Vor allem aber war solche Außenpolitik die logische Projektion jenes unersättlichen Machtwillens sowohl in Hitler selbst als in der Nazipartei, die nun, nachdem sie in Deutschland die Macht erobert hatten, danach strebten, ihre Herrschaft weiter auszudehnen.
1923, zur Zeit der Ruhrbesetzung, hatte Hitler nachdrücklich betont, daß die erste politische Aufgabe nicht darin bestehe, die Kraft des deutschen Volkes in einem Kampf mit Frankreich zu vergeuden, da es ihn ohnehin verlieren müsse, sondern darin, die Republik zu stürzen. Man hätte erkennen müssen wiederholte er in »Mein Kampf«, »daß die Kraft eines Volkes nicht in erster Linie in seinen Waffen liegt, sondern in seinem Willen, so daß man erst den inneren Feind und dann den äußeren Feind schlagen muß[71].« Hitler war bei dieser Ansicht geblieben. 1932 führte er in Düsseldorf aus, daß Deutschlands Unglück weniger aus dem Versailler Vertrag herrühre als aus seiner inneren Schwäche und Zerrissenheit, durch die der Versailler Vertrag überhaupt erst möglich geworden sei. »Wir sind daher nicht das Opfer der Verträge, sondern die Verträge sind die Folgen unserer Fehler, und ich muß, wenn ich überhaupt die Situation bessern will, erst den Wert der Nation wieder ändern. Ich muß vor allem eines erkennen: Nicht der außenpolitische Primat kann unser inneres Handeln bestimmen, sondern die Art unseres inneren Handelns ist bestimmend für die Art unserer außenpolitischen Erfolge ...[72].«
Die erste Vorbedingung war also gewesen, die Republik durch eine starke, autoritäre Regierung in Berlin zu ersetzen. Das war geschehen; nun war die Bahn frei für die zweite Phase, für die Beseitigung der Freiheitsbeschränkungen, die Deutschland nach seiner Niederlage von 1918 auferlegt worden waren und die — nach Hitlers Ansicht — die Folgen der Schwäche der republikanischen Regierung und ihres Verrats an den nationalen Interessen gewesen waren.

II

In den zwanziger Jahren hatte Hitler in »Mein Kampf« geschrieben: »Was konnte man aus dem Friedensvertrag von Versailles machen! ... Wie konnte man jeden einzelnen dieser Punkte dem Gehirn und der Empfindung dieses Volkes so lange einbrennen, bis endlich in sechzig Millionen Köpfen, bei Männern und Weibern, die gemeinsam empfundene Scham und der gemeinsame Haß zu jenem einzigen feurigen Flammenmeer geworden wäre, aus dessen Gluten dann stahlhart ein Wille emporsteigt und ein Schrei sich herauspreßt: Wir wollen wieder Waffen![73]«
Es konnte wenig Zweifel darüber bestehen, daß Hitler, wenn er einmal zur Macht gelangte, in der Beseitigung des Versailler Vertrags

sein erstes außenpolitisches Ziel sehen würde. Es geschah nicht ohne Berechtigung, wenn er im Januar 1941 sagte:

»Mein Programm war die Beseitigung von Versailles. Man soll heute in der anderen Welt nicht so blöde tun, als ob das etwa ein Programm wäre, das ich im Jahre 1933 oder 1937 erst entdeckt hätte. Die Herren hätten bloß, statt sich ein dummes Emigrantengeschwafel anzuhören, einmal das lesen sollen, was ich geschrieben habe, und zwar tausendmal geschrieben habe. Öfter hat kein Mensch erklärt und kein Mensch niedergeschrieben, was er will, als ich es getan habe, und ich schrieb immer wieder: Beseitigung von Versailles![74]«

Da die Reparationen inzwischen aufgehoben waren, konnte das praktisch nur heißen, daß Deutschland auf der Grundlage völliger Gleichberechtigung mit andern Nationen das Recht haben sollte, wieder aufzurüsten, und daß es ferner zumindest einen Teil der 1918/19 abgetretenen Gebiete zurückerhalten müsse: die Saar, Elsaß-Lothringen, die deutschen Kolonien, vor allem aber Danzig und die dem neuen polnischen Staat einverleibten Gebiete.

Jedoch war das nur ein Teil von Hitlers außenpolitischem Programm. In »Mein Kampf« sprach er selbst ganz deutlich aus: »Die Forderung nach Wiederherstellung der Grenzen des Jahres 1914 ist ein politischer Unsinn ... Die Grenzen des Reiches im Jahre 1914 waren alles andere eher als logische. Denn sie waren in Wirklichkeit unvollständig in bezug auf die Zusammenfassung der Menschen deutscher Nationalität ... Sie waren Augenblicksgrenzen eines in keinerlei Weise abgeschlossenen politischen Ringens[75].«

Was Hitler damit meinte, ist unschwer zu erkennen. Es war sein Ziel, die Grenzen Deutschlands so zu erweitern, daß auch sogar die vor 1914 außerhalb des Reiches lebenden deutschblütigen und deutschsprachigen Völkerschaften, nämlich die Deutschen in Österreich und die Sudetendeutschen in der Tschechoslowakei, in den Reichsverband aufgenommen wurden. Diese Völkerschaften hatten vor 1914 nicht einen Teil des deutschen Kaiserreiches, sondern der Habsburger Monarchie gebildet.

Hitler war Österreicher. Dies ist zum Verständnis seiner Außenpolitik von größter Bedeutung. Als Bismarck nach 1862 die Einheit Deutschlands schuf und das deutsche Kaiserreich gründete, hatte er die Deutschen der Habsburger Monarchie absichtlich ausgeschlossen. So waren diese Deutschen auch nach dem Zusammenbruch der Habsburger Monarchie außerhalb des Reiches geblieben, entweder als Staatsbürger der neugeschaffenen Republik Österreich oder als Angehörige der anderen Nachfolgestaaten. Schon vor dem Krieg war gerade unter diesen Deutschen der alten Habsburger Monarchie ein extremer pangermanischer Nationalismus verbreitet, der die Zusammenfassung aller Deutschen in einem einheitlichen Großdeutschland anstrebte und jetzt in schärfstem Gegensatz stand zu den Ansprüchen der Tschechen und anderen Untertanen der ehemaligen Monarchie auf nationale Gleichberechtigung mit den Deutschen. Die einzige Ausnahme, die Hitler bereits in »Mein Kampf« gelten ließ, war die deutsche Bevölkerung von Südtirol, die er dann auch später dem Bündnis mit dem faschistischen Italien opfern sollte.

Hitler hatte das Erbe dieser Bestrebungen und Animositäten der pangermanischen Nationalisten der alten Monarchie angetreten. Er hielt sich für den Mann, der auserwählt war, nicht nur die Entscheidung von 1918, sondern auch die von 1866 rückgängig zu machen. An der Grenze zwischen Österreich und Deutschland geboren, fühlte er sich — wie es auf den ersten Seiten von »Mein Kampf« zu lesen ist — berufen, die durch Bismarcks Lösung getrennt gebliebenen beiden deutschen Staaten zu vereinen[76]. Dies ist der Hintergrund der Annexion Österreichs und des Sudetenlands. Sein Haß gegen die Tschechen ist das Produkt seiner frühen Lebensjahre in einem Reich, in dem sich die Deutschen vor der wachsenden Flut des slawischen Nationalismus in die Verteidigung gedrängt sahen; sein Erlebnis mit dem tschechischen Arbeiter, dem er in Wien begegnet, ist ein äußerst treffendes Beispiel dafür. Hier sind auch die Wurzeln zu suchen für Hitlers Unterscheidung zwischen »Volk«, d. h. allen Deutschstämmigen und Deutschsprachigen, und »Staat«, der sich nicht mit dem Begriff »Volk« zu decken braucht oder — wie im Falle der alten Habsburger Monarchie oder der Tschechoslowakei — verschiedene Völker umfassen kann.

Aber selbst damit ist noch nicht die Bedeutung dessen erschöpft, was Hitler unter der Unzulänglichkeit der deutschen Grenzen von 1914 verstand. Im Parteiprogramm von 1920 folgt den beiden ersten Punkten — Zusammenschluß aller Deutschen in einem Großdeutschland und Beseitigung der Friedensverträge von Versailles und St. Germain — ein dritter Punkt: Forderung nach Land und Raum zur Sicherstellung der Ernährung des Volkes und zur Ansiedlung des Bevölkerungsüberschusses. Die Außenpolitik Hitlers gipfelt in der Forderung nach »Lebensraum«, und diese ist die Grundlage seines Expansionsprogramms.

Seit dem starken Bevölkerungszuwachs und Deutschlands raschem wirtschaftlichen Aufstieg in der zweiten Hälfte des neunzehnten Jahrhunderts war die Forderung nach Lebensraum schon immer ein beliebtes Diskussionsthema in Deutschland. Hitlers Kritik an der bis 1914 verfolgten deutschen Außenpolitik ist interessant und scharf. In »Mein Kampf« sagt er, es seien vier verschiedene Lösungen bei dem Problem des deutschen Expansionsbedürfnisses möglich. Die beiden ersten — Geburtenregelung und das, was er Kolonisation im Innern nennt, nämlich die intensivere Bewirtschaftung des vorhandenen Bodens — tut er als defätistisch ab. Eine dieser beiden Möglichkeiten anzuwenden, heiße, den Kampf aufzugeben; da aber der Kampf ein Lebensgesetz sei, könne eine Nation, die zu kämpfen aufhöre, nicht mehr »groß« genannt werden.

Eine dritte Lösung sei in der überseeischen wirtschaftlichen Expansion nach dem Vorbild Englands zu sehen. Dies sei die Politik des kaiserlichen Deutschlands gewesen und habe unvermeidlich zu dem verhängnisvollen Zusammenstoß mit England führen müssen. Solche Politik entspreche weder dem Geist noch der Tradition des deutschen Volkes. Dafür um so mehr die vierte Lösung, nämlich die von Hitler befürwortete Politik einer territorialen Expansion im Osten; Lebensraum für Deutschland müsse in Osteuropa, in den fruchtbaren Ebenen Polens, der Ukraine und Rußlands gewonnen werden. Eine solche Politik bedeute die Wiederaufnahme einer alten Tradition, nämlich des Kampfes gegen die Slawen, der die Grundlage Österreichs bilde, der alten Ostmark, und die deutschen Ordensritter am südlichen Gestade der Ostsee bis nach Ostpreußen und darüber hinaus geführt habe.

In allen diesen Gedankengängen läßt sich fraglos der Einfluß Rosenbergs erkennen, des Baltendeutschen, der nach der Revolution aus Rußland geflohen war. Aber der Glaube, daß Deutschland wegen seiner kulturellen Überlegenheit zivilisatorische Aufgaben in Osteuropa habe, war von alters her ein deutscher Traum. Zum Beispiel schildert General Ludendorff, ein Mann von wenig Phantasie, in seinen Memoiren, was er empfand, als er in Kowno Quartier bezog:

> »Kowno ist der Typ einer russischen Stadt mit niedrigen, unansehnlichen Holzhäusern und verhältnismäßig breiten Straßen. Von den Höhen, die die Stadt eng umschließen, hat man einen interessanten Blick auf die Stadt und den Zusammenfluß des Njemen mit der Wilija. Jenseits des Njemen liegt der Turm eines alten deutschen Ordensschlosses als ein Zeichen deutscher Kulturarbeit im Osten... Gewaltige geschichtliche Eindrücke stürmten auf mich ein: Ich beschloß, die Kulturarbeit, die die Deutschen während vieler Jahrhunderte in jenen Ländern getan hatten, in dem besetzten Gebiet aufzunehmen. Aus sich heraus schafft die buntgemischte Bevölkerung keine Kultur, auf sich allein angewiesen, verfällt sie dem Polentum[77].«

1918, als er den Vertrag von Brest-Litowsk diktierte, der das europäische Rußland buchstäblich in Stücke riß, und eine deutsche Besatzungsarmee sich anschickte, die Ukraine zu plündern, muß Ludendorff das Gefühl gehabt haben, daß er durchaus auf dem richtigen

Wege war, seine historischen Träume in die Tat umzusetzen. Und kaum zwanzig Jahre später, als die deutsche Armee wiederum die Ukraine eroberte und deutsche Kanonen Leningrad beschossen, sollte Hitler noch grandiosere Pläne entwickeln. Die Kontinuität der deutschen Ostpolitik ist wirklich eindrucksvoll.

Die logische Folgerung aus solch einer Politik war natürlich der Krieg mit Rußland. Hitler faßte sie schon ins Auge in den zwanziger Jahren, als er »Mein Kampf« schrieb:

> »Wir stoppen den ewigen Germanenzug nach dem Süden und Westen Europas«, schrieb er, »und weisen den Blick nach dem Land im Osten. Wir schließen endlich ab die Kolonial- und Handelspolitik der Vorkriegszeit und gehen über zur Bodenpolitik der Zukunft. Wenn wir aber heute in Europa von neuem Grund und Boden reden, können wir in erster Linie nur an Rußland und die ihm untertanen Randstaaten denken. Das Schicksal selbst scheint uns hier einen Fingerzeig geben zu wollen ... Das Riesenreich im Osten ist reif zum Zusammenbruch[78].«

Bismarck hatte Rußland gegenüber eine andere Politik verfolgt. Er legte großes Gewicht darauf, zwischen Berlin und St. Petersburg enge Beziehungen aufrechtzuerhalten. Diese außenpolitische Konzeption tauchte nach 1918 in dem Argument wieder auf, Deutschland und Rußland hätten, da sie beide unbefriedigt seien, ein gemeinsames Interesse an einer Änderung der Friedensverträge von 1919 und sollten deshalb zusammengehen. Eine solche Ansicht hatte ihre Fürsprecher sowohl in der Reichswehr wie auch im Auswärtigen Amt; im Rapallovertrag von 1922 nahm sie sogar vorübergehend sensationelle Gestalt an. Hitler war ein ausgesprochener Gegner von allen derartigen Plänen. Das Nachkriegsrußland, so behauptete er, sei nicht mehr das Rußland, mit dem Bismarck zu tun gehabt habe. Moskau sei nicht nur die Heimat des Bolschewismus, sondern auch die der jüdischen Weltverschwörung geworden — dieser beiden unversöhnlichsten Gegner Deutschlands. Der Streit darüber, welche Politik man Rußland gegenüber einzuschlagen habe, ist in der deutschen Außenpolitik niemals ganz zur Ruhe gekommen, selbst nicht innerhalb der Führerschaft der Partei[79]. Die prorussische Richtung schien sich in der Zeit des Rußlandpaktes durchgesetzt zu haben. Aber an Hitlers persönlicher Auffassung hatte sich auffallend wenig geändert. Für ihn war der Pakt nichts anderes als ein vorübergehendes Mittel zum Zweck; und als 1941 die deutschen Heere in die Sowjetunion einfielen, geschah es nach dem Rezept, das Hitler schon in »Mein Kampf« umrissen hatte.

In der Eroberung Osteuropas und Rußlands sah Hitler die Gelegenheit, seine »Neuordnung« zu errichten, das Imperium des »Herrenvolks«, das durch die Sklavenarbeit der minderen Rassen gestützt werden sollte. Ein Jahr vor seiner Machtübernahme, im Sommer 1932, sprach Hitler zu der im »Braunen Haus« versammelten Parteielite: »Im Osten ist unser großes Experimentierfeld. Hier wird die neue europäische Sozialordnung entstehen. Und dies ist die große Bedeutung unserer Ostpolitik. Gewiß werden wir in den neu entstehenden Herrenstand auch Vertreter anderer Nationen aufnehmen, die sich um unseren Kampf verdient gemacht haben ... Wir werden überhaupt sehr bald über die Grenzen des heutigen engen Nationalismus hinausgelangen. Weltimperien entstehen zwar auf einer nationalen Basis, aber sie lassen diese sehr bald weit hinter sich[80].« In solche Pläne eingeschlossen waren die Umsiedlung ganzer Völker, die zwangsweise Herabsetzung ihres Lebensstandards, die Beseitigung jeder Ausbildungsmöglichkeit, die Verweigerung ärztlicher Hilfsmittel und sogar, wie im Falle der Juden, systematische Ausrottung.

Seine Entwürfe zur Umgestaltung der Weltkarte und zu einer neuen Machtverteilung auf der Grundlage biologischer Prinzipien geben einen wahren Geschmack vom Aroma der nazistischen Geopolitik. Hitlers überhitzte Phantasie kannte keine Grenzen für die Expansion der Nazimacht. Papen stellte nach dem Kriege fest: »Es war die Schrankenlosigkeit der nationalsozialsitischen Ziele, an der wir zugrunde gingen[81].« Anfang 1930 schienen diese Erörterungen nichts anderes zu sein als die Phantasien, mit denen Hitler sich und seinen Zuhörern vor dem Kamin auf dem Berghof die Zeit bis zum frühen Morgen vertrieb; Anfang 1940 jedoch stand er dicht davor, die Phantasie zur Wirklichkeit werden zu lassen[82].

III

Diese Ideen sind nicht erst auf Grund der Erfolge von 1938—1941 konzipiert worden. Sie lassen sich verfolgen von »Mein Kampf« an, über die Unterhaltungen, die Rauschning von 1932 bis 1934 aufzeichnete, bis zu den Gesprächen im Führerhauptquartier 1941—1943 und zu Himmlers Reden an die SS während des Krieges. Aber 1933/34, in den ersten zwei Jahren nach Hitlers Machtantritt, lag die Annexion Österreichs, von Rußland ganz zu schweigen, noch in weiter Ferne. Deutschland war politisch isoliert. Wirtschaftlich begann es sich gerade erst vom schlimmsten Sturz in seiner Geschichte zu erholen. Seine Armee, durch den Versailler Vertrag auf 100 000 Mann beschränkt, war allein schon der französischen gegenüber zahlenmäßig weit unterlegen. In welcher Richtung sie sich auch bewegen würde —

ob gegen Westen, gegen Österreich, gegen die Tschechoslowakei oder gegen Polen —, sie mußte sich so gut wie sicher im Netz der Bündnisse totlaufen, das Frankreich zur Erhöhung seiner Sicherheit gelegt hatte. Die deutsche Diplomatie und die deutsche Generalität waren sich der Größe der Hindernisse so sehr bewußt, daß sie bis 1938, ja selbst noch bis zur Schlacht um Frankreich 1940 zur Vorsicht geraten haben.

Aber je mehr Hitler seiner selbst sicher wurde, um so mehr mißachtete er die Ratschläge der Fachleute. Er war überzeugt, daß er die politischen oder militärischen Dinge weitaus scharfsinniger beurteile als das Oberkommando oder das Auswärtige Amt, und er blendete sie mit den glänzenden Erfolgen der von ihm angewandten verwegenen Taktik. Hitler hatte das Reichskanzleramt übernommen, ohne irgendwelche Erfahrungen in Regierungsgeschäften zu haben. Er war niemals Reichstagsabgeordneter gewesen, geschweige denn Minister. Neben Deutschland und Österreich kannte er keine anderen Länder und sprach auch keine einzige fremde Sprache. Er besaß keinerlei politische Erfahrung außer der eines Parteiführers und Agitators. Er wußte nichts und kümmerte sich wenig um amtliche Gesichtspunkte und Traditionen; er war gegen jeden mißtrauisch, der etwa versuchte, ihn zu belehren. Auf kurze Sicht gesehen, war das vorteilhaft. Er weigerte sich, einzusehen, daß seine Pläne auf starken Widerstand stoßen könnten oder daß er sich an die konventionellen Methoden der Diplomatie halten müßte. Er verfügte über eine große propagandistische Geschicklichkeit, war ein Meister der Täuschung, besaß ein feines Gefühl dafür, wie er die Schwächen seiner Gegner ausnutzen konnte und verstand es, brutal die Stärke seiner eigenen Machtposition auszuwerten — Eigenschaften, die er sich im Kampf um die Macht in Deutschland angeeignet hatte und die er jetzt mit noch beachtenswerten Ergebnissen auf dem Gebiet der internationalen Beziehungen anwandte.

Dies darf jedoch nicht zu der Annahme verleiten, daß Hitler im Jahre 1933 in irgendeiner Weise besser als Bismarck um 1860 die Entwicklung der nächsten zehn Jahre vorausgesehen habe. Es hat niemals einen größeren Opportunisten gegeben, wie der Rußlandpakt zeigen sollte. Es hat auch niemals jemand mehr Glück gehabt. Allerdings verstand Hitler es, die Ereignisse zu seinen Gunsten zu wenden. Er wußte, was er wollte, und in seiner Hand lag die Initiative. Seine Hauptgegner, Großbritannien und Frankreich, wußten nur, was sie *nicht* wollten — den Krieg — und waren darum immer in der Defensive. Die Tatsache, daß Hitler bereit war, den Krieg zu wagen und ihn vom ersten Tage seines Machtantritts an vorbereitete, war für ihn von noch größerem Vorteil. England und Frankreich, die der Unruhe abgeneigt waren, bemühten sich eifrig, einen Konflikt zu vermeiden, und waren darum nur allzugern bereit, weiterhin an Hitlers Friedensbeteuerungen zu glauben.

Der erste unumgängliche Schritt war die Wiederaufrüstung. Solange Hitler keine militärische Rückendeckung hatte, waren seiner Außenpolitik Grenzen gesteckt. Aber der Zeitraum, in dem die Verstärkung und Neuausrüstung der deutschen Streitkräfte vollzogen wurde, barg erhebliche Gefahren in sich. Solange die Wiederaufrüstung nicht ein bestimmtes Stadium erreicht hatte, war Deutschland äußerst verwundbar; von seiten Frankreichs oder der andern Mächte konnten Präventivmaßnahmen ergriffen werden, und die Bestimmungen des Versailler Vertrags hätten für eine derartige Intervention Handhaben genug geboten. Infolgedessen war es das vordringliche Ziel der deutschen Außenpolitik in den ersten Jahren des Hitler-Regimes, solche Aktionen zu verhindern, um genügend Zeit und Freiheit zum Wiederaufbau der deutschen Militärmacht zu gewinnen.

Hitlers damalige Reden sind Meisterleistungen in der Kunst der Propaganda. Er wählte mit Vorbedacht einen sicheren Boden. Der Tatsache wohl bewußt, daß viele Menschen im Ausland — besonders in Großbritannien — seit langem Unbehagen empfanden über die Mängel der Friedensverträge, argumentierte Hitler in allen seinen Reden gegen die ungerechte Behandlung Deutschlands nach dem Kriege und gegen eine Verewigung der Scheidung in Sieger und Besiegte. Das hatte drei große Vorteile. Es erweckte Sympathie für das unfair behandelte besiegte Deutschland. Es erlaubte Hitler, als Repräsentant von Vernunft und Gerechtigkeit aufzutreten und gegen die Unvernunft und Ungerechtigkeit der ehemaligen Feinde Deutschlands zu protestieren. Es versetzte ihn in die Lage, den Spieß umzudrehen und mit Hilfe aller Schlagworte des Wilsonschen Idealismus, von der »Selbstbestimmung« bis zum »gerechten Frieden«, mächtig auf die Förderer des Völkerbunds einzuwirken.

In seiner berühmten »Friedensrede«, die er am 17. Mai 1933 im Reichstag hielt, traf Hitler diesen Ton großartig. Mit einem Auge auf die Genfer Abrüstungskonferenz schielend, stellte er Deutschland als die einzige Nation dar, die bisher abgerüstet habe, und forderte nun auch von den andern Mächten die Erfüllung ihrer Versicherungen. Wenn sie sich weigern sollten, ihr Versprechen zu halten und abzurüsten, führte Hitler aus, so könne er darin nur den Versuch sehen, unter dem Deckmantel des Friedensvertrags und des Völkerbundes Deutschland für dauernd zu einer zweitrangigen Nation herabzuwürdigen, die unfähig sei, sich selbst zu verteidigen.

Im Brustton der Überzeugung sprach Hitler von seiner Abneigung gegen den Krieg:

»Daß die heute vorliegenden Probleme eine vernünftige und endgültige Lösung erfahren, liegt im Interesse aller... Weder politisch noch wirtschaftlich könnte die Anwendung irgendwelcher Gewalt in Europa irgendeine günstigere Situation hervorrufen, als sie heute besteht... Der Ausbruch eines solchen Wahnsinns ohne Ende aber müßte zu einem Zusammenbruch der heutigen Gesellschafts- und Staatenordnung führen... Umgekehrt kann die Disqualifizierung eines großen Volkes nicht ewig aufrechterhalten werden, sondern muß einmal ihr Ende finden. Wie lange glaubt man ein solches Unrecht einer großen Nation zufügen zu können? Wenn Deutschland heute die Forderung nach einer tatsächlichen Gleichberechtigung im Sinne der Abrüstung der anderen Nationen erhebt, dann hat es dazu ein moralisches Recht, denn Deutschland hat abgerüstet, abgerüstet unter schärfster internationaler Kontrolle.«

Deutschland sei durchaus bereit, fuhr Hitler fort, seinen ganzen militärischen Apparat abzubauen, auf alle Angriffswaffen zu verzichten, in jeden ernsthaften Nichtangriffspakt einzuwilligen — allein unter der Bedingung, daß die anderen Mächte dasselbe täten. Deutschland sei die einzige Nation, die Grund habe, eine Invasion zu befürchten; dennoch fordere es nicht die Wiederaufrüstung, sondern lediglich die Abrüstung der andern Staaten. »Wir haben keinen ernsteren Wunsch«, schloß er, »als beizutragen zu der schließlichen Heilung der Wunden, die der Krieg und der Versailler Vertrag verursacht haben.«

Im Oktober 1933 wurde es offenkundig, daß Frankreich — im unbehaglichen Bewußtsein, mit seinem Menschen- und Industriepotential Deutschland unterlegen zu sein — nicht bereit war, abzurüsten. Hitler ging nun einen Schritt weiter. Am 14. Oktober verkündete er, daß Deutschland angesichts der ihm verweigerten Gleichberechtigung gezwungen sei, sich von der Abrüstungskonferenz und aus dem Völkerbund zurückzuziehen. Deutschland habe versucht mitzuarbeiten, sei aber bitter enttäuscht und schwer gedemütigt worden. Nicht aus Zorn, sondern aus Sorge habe er sich zu diesem Schritt entschlossen, den die Selbstachtung des deutschen Volkes verlange.

»Die früheren deutschen Regierungen sind einst vertrauensvoll in den Völkerbund eingetreten in der Hoffnung, in ihm ein Forum zu finden für einen gerechten Ausgleich der Völkerinteressen, der aufrichtigen Versöhnung, vor allem aber der früheren Gegner. Dies setzte aber voraus die Anerkennung der endlichen Wiederherstellung der Gleichberechtigung des deutschen Volkes... Die Deklassierung zu einem nicht gleichberechtigten Mitglied einer solchen Institution

ist für eine ehrliebende Nation von 65 Millionen Menschen und nicht minder ehrliebende Regierung eine unerträgliche Demütigung...«
»Kein Krieg kann Dauerzustand der Menschheit werden. Kein Friede kann die Verewigung des Krieges sein. Einmal müssen Sieger und Besiegte den Weg in die Gemeinschaft des gegenseitigen Verständnisses und Vertrauens wiederfinden. Eineinhalb Jahrzehnte lang hat das deutsche Volk gehofft und gewartet, daß das Ende des Krieges endlich auch das Ende des Hasses und der Feindschaft werde. Allein der Zweck des Friedensvertrages von Versailles schien nicht der zu sein, der Menschheit den endlichen Frieden zu geben, als vielmehr sie in unendlichem Haß zu erhalten[83].«

Der Austritt aus dem Völkerbund war angesichts der militärischen Unterlegenheit Deutschlands nicht ganz ohne Risiko, und so gab General von Blomberg der Reichswehr geheime Direktiven für den Fall, daß der Völkerbund Sanktionen veranlassen würde. Es war dies das erste der Hitlerschen Hasardspiele in der Außenpolitik — und er gewann es. Die Ereignisse gaben seiner Diagnose der Gemütsverfassung seiner Gegner völlig recht — diese waren verlegen, weil sie spürten, daß Deutschlands Schritt nicht ganz ohne Berechtigung geschehen war. Die öffentliche Meinung in Großbritannien und in Frankreich gab sich geteilt, man strebte nach Sicherheit und neigte zum Kompromiß, und Hitler spielte mit großer Geschicklichkeit alle diese Strömungen gegeneinander aus. Das war auch der Sinn einer offiziellen Erklärung, in der er verkündete, daß Gewaltanwendung ein untaugliches Mittel zur Beseitigung internationaler Differenzen sei, in der er ferner aufs neue den Wunsch des deutschen Volkes nach Abrüstung bestätigte und sein Angebot wiederholte, jederzeit Nichtangriffspakte abzuschließen.

Vier Tage darauf, in einem Interview mit Ward Price, dem Korrespondenten der »Daily Mail«, überbot Hitler sich geradezu an Überzeugungskraft.

»Niemand wünscht hier«, sagte er zu ihm, »eine Wiederholung des Krieges. Fast alle Führer der nationalsozialistischen Bewegung waren Frontkämpfer. Ich möchte den Frontkämpfer sehen, der eine Wiederholung der Schrecken jener viereinhalb Jahre wünscht... Unsere Jugend ist unsere einzige Zukunftshoffnung. Glauben Sie, daß wir sie aufziehen, nur um sie wieder auf dem Schlachtfeld hinzuopfern?
Wir sind Manns genug einzusehen, daß man, wenn man einen Krieg verloren hat, die Folgen zu tragen hat, ob man nun schuldig ist oder nicht. Wir haben sie getragen, aber es ist für uns, ein 65-Millionen-Volk, unerträglich, daß wir fortgesetzt entehrt und

gedemütigt werden sollen. Wir wollen mit dieser dauernden Diskriminierung Deutschlands aufräumen. Solange ich lebe, werde ich als Staatsmann niemals meine Unterschrift unter einen Vertrag setzen, den ich auch als Privatmann aus Selbstachtung nicht unterzeichnen würde. An diesem Entschluß halte ich fest, und wenn es mein Untergang ist. Denn ich werde kein Dokument unterzeichnen, mit dem inneren Vorbehalt, es nicht zu erfüllen. Ich stehe gerade für das, was ich unterzeichne. Wofür ich nicht geradestehen kann, das werde ich nicht unterzeichnen[84].«

In einem anderen Interview, das die Pariser Zeitung »Le Matin« am 22. November veröffentlichte, erklärte Hitler ausdrücklich, nach der Regelung der Saarfrage werde es keine weitere Streitfrage zwischen Deutschland und Frankreich mehr geben. Er habe auf Elsaß-Lothringen für immer verzichtet und dies dem deutschen Volk mitgeteilt.

Hitlers klügster Schachzug war jedoch, daß er am Tag des Austritts aus dem Völkerbund verkündete, seine Entscheidung sofort einem Volksentscheid unterwerfen zu wollen. Das bedeutete die Anwendung demokratischer Mittel gegen die demokratischen Nationen. Der Volksentscheid wurde auf den 12. November, also einen Tag nach dem Jahrestag des Waffenstillstandes von 1918, angesetzt. »Sorgt dafür«, sagte er in einer überfüllten Versammlung in Breslau, »daß dieser Tag als der Tag der Befreiung in die Geschichte unseres Volkes eingehen wird; daß man sagen wird: an einem 11. November verlor das deutsche Volk seine Ehre, aber dann kam fünfzehn Jahre später ein 12. November, an dem das deutsche Volk seine Ehre selber wiederherstellte[85].« Alle unterdrückten Ressentiments, die das deutsche Volk wegen des verlorenen Krieges und des Versailler Vertrags empfand, kamen bei dieser Abstimmung zum Ausdruck: 96% aller Wahlberechtigten nahmen an der Abstimmung teil, und 95% stimmten Hitlers Politik zu. Am selben Abend wurde auf besonderen Stimmzetteln für den Reichstag gewählt, und die Nazipartei errang eine solide Mehrheit von 92%.

Rauschning gegenüber, der kurz nach Deutschlands Austritt aus dem Völkerbund aus Genf zurückkehrte, bemerkte Hitler, daß er jetzt, nachdem er aus dem Völkerbund ausgetreten sei, mehr denn je sich der Sprache des Völkerbundes bedienen werde. »Und meine Parteigenossen«, fügte er hinzu, »werden genau wissen, was sie davon zu halten haben, wenn ich von Weltfrieden, von Abrüstung und Sicherheitspakt spreche.« Es war die Legalitätstaktik, die er im Kampf um die Macht in Deutschland erprobt hatte und nun mit noch größerem Erfolg auf dem Gebiet der internationalen Beziehungen anwandte.

Hitler hatte sich jetzt in die stärkstmögliche Position hineinmanövriert, um mit der deutschen Wiederaufrüstung zu beginnen. Als die andern Großmächte versuchten, die Verhandlungen wiederaufzunehmen, antwortete Hitler, daß nun eine Abrüstung nicht mehr in Frage komme. Bestenfalls sei noch ein Abkommen über Rüstungsbeschränkung zu erwarten, aber Deutschland würde nur dann mitarbeiten, wenn man ihm das Recht zuerkenne, eine auf der allgemeinen Wehrpflicht basierende Armee von 300000 Mann aufzustellen. Den ganzen Winter über bis zum Frühjahr 1934 wurden Noten gewechselt, ohne daß ein Abkommen zustande kam. Aber Hitler war damit sehr zufrieden. Die Wiederaufrüstung hatte bereits begonnen[86], während England und Frankreich sich in die ungünstige und bis zum Kriegsausbruch anhaltende Lage brachten, den deutschen Diktator fragen zu müssen, mit welchen Konzessionen er einverstanden sei, um seinen Preis herabzusetzen.

Während diese Verhandlungen fortgesetzt wurden und Mr. Eden im April 1934 die erste der vielen fruchtlosen Reisen britischer Staatsmänner nach Berlin im Laufe dieser Jahre antrat, konnte Hitler seine Position auf eine ganz unerwartete Weise stärken. Keine Folge des Versailler Vertrages hatte in Deutschland größere Verbitterung hervorgerufen als der Verlust des an den neuen polnischen Staat abgetretenen Gebiets. Die Beziehungen zwischen Polen und Deutschland waren schon in der Zeit der Weimarer Republik gespannt gewesen, und selbst Stresemann hatte sich geweigert, den Locarno-Pakt durch ein »Ost-Locarno« zu ergänzen, weil ein solcher Pakt den Verzicht Deutschlands auf Rückgabe von Danzig, Ostoberschlesien, Posen und andere durch den Krieg verlorene Gebiete bedeutet haben würde. So war denn der nationalsozialistische Aufstieg zur Macht nirgendwo mit größerer Beunruhigung beobachtet worden als in Warschau.

Infolgedessen verursachte es eine diplomatische Sensation, als Hitler am 26. Januar 1934 verkündete, daß das erste Land, mit dem Deutschland einen Nichtangriffspakt abgeschlossen habe, Polen sei. Dieser Pakt ist in Deutschland niemals populär gewesen, aber es war sehr klug von Hitler, daß er den Schritt tat. Letzten Endes gab es in Hitlers Europa keinen Raum für ein unabhängiges Polen; es konnte bestenfalls auf die Stellung eines Vasallenstaates hoffen. Aber Hitler vermochte für Jahre hinaus nichts gegen Polen zu unternehmen. Statt diese Situation grollend hinzunehmen, wie es sentimentale Nationalisten getan hätten, wendete er sie zu seinen Gunsten und machte ostentativ aus der Not eine Tugend.

Hitler war nun in der Lage, seine friedlichen Absichten handgreiflich unter Beweis zu stellen. Er durfte darauf hinweisen, daß er mit seiner ersten diplomatischen Aktion nach dem Austritt aus dem Völkerbund einen völlig neuen Kurs eingeschlagen habe und mit einem der schwierigsten und gefährlichsten Probleme Europas, den deutschpolnischen Beziehungen, fertig geworden sei. Im üblichen Brustton der Überzeugung sagte Hitler im Reichstag: »Deutsche und Polen werden sich mit der Tatsache ihrer Existenz gegenseitig abfinden müssen. Es ist daher zweckmäßiger, einen Zustand, den tausend Jahre vorher nicht zu beseitigen vermochten und nach uns genau so wenig beseitigen werden, so zu gestalten, daß aus ihm für beide Nationen ein möglichst hoher Nutzen gezogen werden kann[87].« In seinen Friedensreden, die er in den Jahren 1934, 1935 und 1936 wieder und wieder hielt, erwähnte dann auch Hitler ständig seinen Pakt mit Polen.

Aber dieser Pakt hatte einen größeren als nur propagandistischen Wert. Polen, seit 1921 Frankreichs Verbündeter, bildete eine der Bastionen des französischen Sicherheitssystems in Osteuropa. Es war kein Geheimnis, daß die Polen infolge der beiläufigen Art, mit der sie von Frankreich behandelt wurden, allmählich aufsässig geworden waren. Die polnische Regierung hatte sich mehr und mehr von Frankreichs Politik der kollektiven Sicherheit entfernt und strebte dafür eine unabhängige Neutralität an, von der sie hoffte, daß sie das Gleichgewicht zwischen den beiden großen Nachbarn Polens, Deutschland und Rußland, herstellen würde. Das deutsche Angebot eines Zehn-Jahres-Pakts paßte vorzüglich in diese neue Politik; Hitler wiederum war dadurch in der Lage, jede mögliche gemeinsame Front gegen Deutschland zu schwächen. Mit diesem ersten Einbruch in das französische Bündnissystem leitete Hitler auch seine Taktik des »Nacheinander« ein, mit der er soviel Erfolg haben sollte.

Das war ein guter Anfang. Aber die Situation von 1934 barg noch Gefahren in sich, insbesondere im Hinblick auf Österreich. Hitlers Wahlerfolge zwischen 1930 und 1933 und die ihnen folgende Machtübernahme hatten den Nationalsozialismus in Österreich wieder aufleben lassen. Dort war die Partei von Alfred Eduard Frauenfeld reorganisiert worden, einem 30jährigen Büroangestellten der Wiener Bodenkreditanstalt, der beim Konkurs der Bank arbeitslos geworden war und seitdem ganztägig für die Partei arbeitete. Im Laufe von drei Jahren war die Mitgliedschaft der Wiener Partei von 300 auf 40000 gestiegen.

Die Einbeziehung Österreichs in ein Großdeutsches Reich nimmt sowohl im Parteiprogramm von 1920 wie auch auf den ersten Seiten von »Mein Kampf« den ersten Platz ein. Die österreichischen Nazis, seit 1926 Teil der deutschen Partei unter Hitlers Führung, lebten und arbeiteten für den Tag, an dem der »Anschluß« erfolgen sollte. Mit Hilfe von Theodor Habicht, einem deutschen Reichstagsabgeordneten, den Hitler zum »Landesinspektor« der österreichischen Partei ernannt hatte, führten Frauenfeld, Prokosch und andere Gebietsführer einen heftigen Propagandafeldzug, dem sie durch Akte der Einschüchterung und des Terrors Nachdruck verliehen. Über die Herkunft der Geldmittel gab es keine Zweifel: jedermann in Österreich brauchte nur seinen Rundfunkapparat auf die Münchner Welle einzustellen, um von jenseits der Grenze die Bestätigung zu erfahren, daß die österreichischen Nazis von Deutschland unterstützt wurden. Es schien nur noch eine Frage von Monaten oder gar Wochen zu sein, daß die Nationalsozialisten in Österreich versuchen würden, durch einen Aufstand die Macht an sich zu reißen.

Aber die Beziehungen zwischen Deutschland und Österreich waren nicht, wie Hitler zu behaupten versuchte, eine reine Familienangelegenheit. Frankreich, Bündnispartner der Tschechoslowakei, und Italien als Schutzpatron des Dollfußschen faschistischen Regimes in Österreich wie auch Ungarns, mußten sich im Hinblick auf den »Anschluß« und das ihm folgende Vordringen der Nazis bis an die Schwelle des Balkans beunruhigt fühlen. Die wachsende nationalsozialistische Agitation in Österreich, die von der Dollfuß-Regierung zusammengetragenen Informationen über Putschpläne und Hitlers unfreundliche Bemerkungen über Österreich in seiner Rede vom 30. Januar 1934 trugen dazu bei, diese Besorgnisse zu steigern. Hitler war zweifellos aufrichtig, als er die Absicht eines Angriffes auf Österreich abstritt: wenn alles gut ging, war eine deutsche Intervention ohnehin überflüssig. Aber in diesem Stadium waren die Mächte, und auch Mussolini, der ihren Wirklichkeitssinn teilte, noch nicht so gutgläubig, wie sie es später werden sollten. Am 17. Februar gaben die Regierungen von Frankreich, England und Italien die gemeinsame Erklärung ab, sie seien »übereinstimmend der Ansicht, daß im Einklang mit den Verträgen Österreichs Unabhängigkeit und Integrität erhalten werden müssen«. Genau einen Monat später unterstrich Mussolini mit den von Österreich und Ungarn mitunterzeichneten Römischen Protokollen Italiens Interessen in Mitteleuropa. Wenn auch in den Protokollen in erster Linie die wirtschaftlichen Beziehungen behandelt wurden, so festigten sie doch die politischen Bande zwischen Italien und den beiden mit ihm verbündeten Donaustaaten.

Die nationalsozialistische Agitation in Österreich ging jedoch weiter, und Mussolinis Verdacht wurde nicht durch die beruhigenden Zusicherungen zerstreut, die Hitler ihn im Juni bei ihrer Zusammenkunft in Venedig gab. Am 25. Juli endlich, während Frau Dollfuß mit ihren Kindern bei Mussolini zu Besuch weilte, machten die österreichischen Nazis ihren Putschversuch. Sie drangen in die Wiener Bundeskanzlei ein und schossen Dollfuß nieder; unterdessen besetzte ein anderer

Trupp den Rundfunksender und gab die Ernennung Rintelens zum Bundeskanzler bekannt. Hitler befand sich in Bayreuth, als die Nachricht von dem Putschversuch eintraf. Während er in seiner Loge saß und Wagners »Rheingold« anhörte, hielten ihn seine beiden Adjutanten Schaub und Brückner flüsternd auf dem laufenden. »Nach der Vorstellung«, schreibt Friedelind Wagner, »war der Führer sehr aufgeregt... Es war furchtbar anzusehen. Obwohl er die Freude in seinem Gesicht kaum verbergen konnte, ging er vorsichtshalber zu dem üblichen Abendessen im Restaurant (des Festspielhauses). ›Ich muß für eine Stunde hinüber und mich sehen lassen‹, sagte er, ›sonst glauben die Leute, ich hätte etwas damit zu tun‹[88].«

Genau das glaubten denn auch die Leute. Denn die deutsche Gesandtschaft in Wien war in erheblichem Maße an dem Komplott beteiligt, und in München und Berlin waren schon 24 Stunden vor der Aktion Gerüchte über den Putschversuch umgelaufen. Es ist in der Tat unwahrscheinlich, daß Hitler wußte, was geplant war. Dies war, so kurz nach den Ereignissen des 30. Juni, kein Zeitpunkt für Wagnisse im Ausland; auch war ja die Nachfolge Hindenburgs noch ungelöst. Ferner — und das war für Hitler entscheidend — war der Putsch fehlgeschlagen, wenn auch Dollfuß seinen Verletzungen erlag. Die Wiener Rebellen waren bald überwältigt, und nach einigen Tagen des Kampfes konnte die Ordnung in der Steiermark und in Kärnten wiederhergestellt werden. Die Anführer und mit ihnen Tausende von österreichischen Nazis entkamen nur, weil sie über die Grenze nach Deutschland flüchteten. Doch bedeutungsvoller war die Nachricht, daß Mussolini im Zorn über Hitlers Vertrauensbruch italienische Divisionen an die österreichische Grenze beordert und in einem Telegramm an die österreichische Regierung umgehend seine Unterstützung zur Verteidigung der Unabhängigkeit ihres Landes zugesagt hatte.

Die Nazis hatten sich übernommen, und Hitler mußte sich beeilen, jede Verbindung mit den Verschwörern abzuleugnen. Die ersten begeisterten Meldungen des offiziellen Deutschen Nachrichtenbüros wurden schleunigst unterdrückt, die Dollfuß-Mörder an die österreichische Regierung ausgeliefert, Habicht, der Parteiinspektor für Österreich, wurde seines Postens enthoben und der deutsche Gesandte in Wien abberufen. Um den Schaden wiedergutzumachen, bestellte Hitler Papen zum außerordentlichen Gesandten für Österreich. Mit der Wahl Papens, eines Katholiken und Konservativen, der Vizekanzler in Hitlers Kabinett war, hoffte man, die Österreicher wieder zu versöhnen. Zugleich wurde man damit auf solch angenehme Weise den Mann los, der die Marburger Rede gehalten und das Glück gehabt hatte, am 30. Juni lebend davongekommen zu sein. Mit diesen hastigen Maßnahmen half man sich über die Krise hinweg und wahrte sein Gesicht. Aber Hitler war es klargeworden, daß seine Stellung noch nicht stark genug war für solche hochfahrenden Methoden und daß er die Gegner seiner Pläne erst auseinandertreiben mußte, um sie zu überwinden.

Angesichts der Möglichkeit weiterer deutscher Abenteuer führte der restliche Teil des Jahres 1934 eher zu einer Stärkung als zu einer Schwächung der Einmütigkeit unter den anderen Mächten. Im Sommer unternahm der französische Außenminister Louis Barthou eine Rundreise durch die osteuropäischen Hauptstädte, um die Bündnisse mit der Tschechoslowakei, mit Rumänien, Jugoslawien und Polen aufzufrischen. Frankreich wandte sich im Mai in aller Schärfe gegen Sir John Simons Vorschlag, Hitler die Rüstungsgleichheit zuzubilligen. Sodann machte sich Barthou zum aktiven Fürsprecher eines Ost-Locarno (unter Einschluß sowohl von Rußland wie Deutschland), um Hitler nicht nur im Westen, sondern auch in Osteuropa die Hände zu binden. Die Tatsache, daß die Sowjetunion, bisher einer der schärfsten Gegner der Genfer Institution, jetzt bereit war, dem Völkerbund beizutreten, und im September in den Völkerbundrat gewählt wurde, spricht sehr dafür, daß die Großmächte sich der Gefahr eines wiederauflebenden Nationalismus sehr wohl bewußt waren.

Hitler konnte vorläufig nur weiter die Harmlosigkeit seiner Absichten beteuern. »Wenn es auf Deutschland allein ankäme«, sagte er im August in einem neuen Interview zu Ward Price, »dann wird es keinen Krieg mehr geben. Dieses Land hat wie kein anderes das Elend zu spüren bekommen, das der Krieg mit sich bringt ... Nach unserer Meinung können Deutschlands gegenwärtige Probleme nicht durch einen Krieg gelöst werden[89].« Als Jean Goy, ein französischer Deputierter, Hitler im November aufsuchte, wies dieser wiederholt auf die gemeinsamen Erfahrungen deutscher und französischer Frontsoldaten hin; sie hätten auf beiden Seiten im letzten Krieg zu viel durchgemacht, um eine Wiederholung zuzulassen. »Wir beide, Sie und ich, kennen nur allzugut die Schrecken und die Sinnlosigkeit des Krieges.« Sein einziges Ziel sei es, eine neue soziale Ordnung in Deutschland aufzurichten; für einen Krieg habe er weder Zeit noch Energie übrig, und er werde sich mit der Durchführung seiner Sozialpläne einen dauerhafteren Nachruhm schaffen als irgendein großer Feldherr mit den glänzendsten Siegen. Das Interview wurde in »Le Matin« gebührend abgedruckt; tatsächlich hat das Wort »Frieden« damals in Hitlers Wortschatz nie gefehlt.

So ging das Jahr ruhig zu Ende, allerdings für Hitler nicht ohne einen neuen Anlaß, sich beglückwünschen zu können. Am 9. Oktober fiel Louis Barthou, der energische französische Außenminister, der angesichts der nationalsozialistischen Forderungen für eine Politik der Festigkeit eingetreten war, in Marseille beim Empfang des Königs Alexander von Jugoslawien einem Attentat zum Opfer. Sein Nachfolger am Quai d'Orsay wurde Pierre Laval, ein Meister der »combinazioni«, des dunklen politischen Aushandelns. Dem Anschein zum Trotz hielt Hitler an seinem Glauben fest, daß die Einmütigkeit der andern Mächte nur eine Fassade sei, hinter der sich der mangelnde Wille zum Widerstand oder zur dauernden Zusammenarbeit verberge. 1927 hatte Hitler zu Otto Strasser gesagt: »Es gibt in Europa keine Solidarität, es gibt nur Unterordnung[90].« Das war die wesentliche Voraussetzung, auf der alle seine Pläne fußten; das folgende Jahr 1935 sollte zeigen, wie richtig seine Diagnose gewesen war.

IV

Vom Sommer 1934 an sah die Diplomatie der Westmächte ihr Hauptziel darin, Deutschland zu bewegen, einen Beistandspakt mit den osteuropäischen Staaten abzuschließen. So wie der Locarno-Pakt Frankreich, Deutschland, Belgien, Großbritannien und Italien umfaßte und jede der Mächte Frankreich und Belgien oder Deutschland im Falle eines Angriffs von der einen oder anderen Seite zu Hilfe eilen mußte, sollte dieses Ost-Locarno Rußland, Deutschland, Polen, die Tschechoslowakei und andere osteuropäische Staaten in gleicher Weise zu gegenseitiger automatischer Beistandsleistung im Falle eines Angriffs verpflichten.

Hitler hatte nicht die Absicht, sich auf ein solches Schema einzulassen: was er fürchtete, war ja nicht eine Aggression, sondern die Beschränkung seiner Handlungsfreiheit. Aus guten Gründen zog er zweiseitige Abkommen vor; er hätte nur dann einen mehrseitigen Nichtangriffspakt unterzeichnet, wenn er keine Vorkehrungen für eine gegenseitige Beistandsleistung enthalten hätte, also nur eine Bekundung des guten Willens ohne bindende Verpflichtungen gewesen wäre. Der deutsche Widerstand, der schon 1934 deutlich geworden war, wurde durch die Opposition Polens kraftvoll unterstützt. Pilsudski war Rußland gegenüber außerordentlich mißtrauisch und befürchtete, daß Polen in die Frontlinie einer antideutschen Kombination gedrängt werden könnte — was nur bedeutet hätte, daß Polen entweder das Schlachtfeld bei einem neuen Zusammenstoß zwischen seinen beiden Nachbarn oder aber, wie es 1939 dann auch geschah, Opfer eines Übereinkommens zwischen den beiden werden würde. Weitere Gründe für Pilsudskis Widerstreben, einem so umfassenden Pakt beizutreten, waren die Streitigkeiten der Polen mit Litauen und ihre Abneigung gegen die

Tschechen. Pilsudski, wie auch sein Nachfolger Beck, sahen die einzige Lösung der polnischen Schwierigkeiten in einer Gleichgewichtspolitik zwischen Moskau und Berlin, einer Politik, die auf der verhängnisvollen Überschätzung der Kraft Polens ebenso wie auf der Unterschätzung der deutschen Gefahr beruhte.

Hitler machte Polen emsig den Hof, indem er fortgesetzt die gemeinsamen polnischen und deutschen Interessen Rußland gegenüber betonte. »Polen«, sagte er im November 1933 zu dem polnischen Außenminister, »ist ein Vorposten gegen Asien ... Die andern Staaten sollten sich über diese wichtige Rolle Polens klarwerden[91].«

Göring, der in Hitlers Auftrag die Rolle des aufrichtigen Polenfreundes spielte, sprach bei seinem Besuch in Warschau Ende Januar 1935 sogar noch offener. Er begann seine Unterredungen im polnischen Außenministerium mit einer Anspielung auf die Möglichkeit einer neuen Teilung Polens zwischen Deutschland und Rußland, um sie jedoch gleich darauf als praktisch unmöglich abzutun: in Wirklichkeit, fuhr er fort, brauche Hitler ein starkes Polen, das gemeinsam mit Deutschland ein Bollwerk gegen die Sowjetunion bilde. In seinen Gesprächen mit polnischen Generalen und mit Marschall Pilsudski umriß Göring »weitgespannte Pläne, die beinahe soviel wie ein antirussisches Bündnis bedeuteten und einen Angriff auf Rußland nahelegten. Er ließ durchblicken, daß die Ukraine polnisches, und Nordwestrußland deutsches Einflußgebiet werden würde[92].« Die Polen waren solch verführerischen Vorschlägen gegenüber vorsichtig, aber das freundschaftliche Verhalten der deutschen Führer machte großen Eindruck auf sie, und im Laufe des Jahres 1935 wurden die Beziehungen zwischen den beiden Regierungen beständig enger. Im Mai fuhr Göring zu Pilsudskis Beisetzung nach Krakau. Im gleichen Monat fand zwischen Hitler und dem polnischen Botschafter eine lange Unterredung statt, und nach einem Besuch des polnischen Außenministers Oberst Beck in Berlin im Juli sprach die amtliche Verlautbarung von einer »weitgehenden Übereinstimmung der Ansichten«. Die Aufmerksamkeit, die Hitler den polnisch-deutschen Beziehungen widmete, sollte sich außerordentlich gut bezahlt machen.

Unterdessen erneuerten die Regierungen Großbritanniens und Frankreichs ihre Versuche, mit Deutschland zu einer Regelung zu kommen. Bei der Volksabstimmung an der Saar im Januar 1935 hatten 90% für die Rückgabe des Saargebietes an Deutschland gestimmt. Über das Ergebnis hatte es kaum einen Zweifel gegeben, dennoch posaunten die Nazis es innerhalb Deutschlands als einen großen Sieg aus: die erste der Versailler Fesseln sei gefallen. Nach Beseitigung dieser — wie Hitler ständig betont hatte — einzigen territorialen Streitfrage zwischen Frankreich und Deutschland schien sich eine günstigere Gelegenheit zu bieten, den Führer zur Vernunft zu bringen.

Die Vorschläge, die Hitler Anfang Februar 1935 von den britischen und französischen Botschaftern übermittelt wurden, enthielten die Umrisse einer allgemeinen und ganz Europa umfassenden Regelung. Der bereits bestehende Locarno-Pakt, der sich auf Westeuropa bezog, sollte durch ein Abkommen zum Schutz gegen ungerechtfertigte Luftangriffe erweitert werden und gleichzeitig eine Ergänzung erfahren durch zwei ähnliche Beistandspakte, von denen der eine mit den osteuropäischen, der andere mit den mitteleuropäischen Staaten abgeschlossen werden sollte.

Hitler stand einer schwierigen Entscheidung gegenüber. Die deutsche Wiederaufrüstung hatte inzwischen ein Stadium erreicht, in dem eine weitere Geheimhaltung nur hinderlich gewesen wäre. Aus den Vorschlägen der Westmächte schien ziemlich klar hervorzugehen, daß sie bereit waren, ihren Widerstand gegen die deutsche Wiederaufrüstung aufzugeben, wenn Deutschland dafür ihre Vorschläge zur Stärkung und Erhaltung der allgemeinen Sicherheit annehmen werde. Demgegenüber standen Hitlers Sorge, sich binden zu müssen, und die Notwendigkeit eines dramatischen außenpolitischen Schlages, um die bisher wenig zu ihrem Recht gekommenen nationalistischen Erwartungen in Deutschland zu befriedigen. Aus diesen beiden Gründen hätte es ihm viel besser gepaßt, die Abrüstungsklauseln des Versailler Vertrages kühn und einseitig, weil unberechtigt, zurückzuweisen, als mit den Westmächten zu verhandeln, wobei er gezwungen gewesen wäre, als Gegenleistung für die französische und englische Zustimmung Konzessionen zu machen. Konnte er sich dieses Risiko leisten?

In seiner ersten Antwort zeigte Hitler sich unsicher. Er begrüßte den Gedanken, den Vertrag von Locarno durch ein Luftabkommen zu erweitern, antwortete aber ausweichend hinsichtlich der vorgeschlagenen Pakte mit den osteuropäischen und den Donauländern. Die deutsche Regierung lud die britische zur mündlichen Weiterführung der Verhandlungen ein, und ein Besuch des britischen Außenministers, Sir John Simon, wurde auf den 7. März angesetzt. Ehe jedoch der Besuch stattfand, veröffentlichte die britische Regierung am 4. März ein Weißbuch, in dem sie ihre eigenen Pläne für eine Rüstungserweiterung damit begründete, »daß Deutschland im Widerspruch zu Teil V des Versailler Vertrages offen und in großem Umfang wieder aufrüste[93]«. Das britische Weißbuch bemerkt dann noch, »daß nicht nur die Aufrüstung, sondern auch der in der deutschen Bevölkerung, namentlich in der Jugend, lebende Geist das unleugbar schon bestehende allgemeine Gefühl der Unsicherheit erhöhe«. In Deutschland gab sich sofort größte Empörung kund, und Hitler zog sich eine »Erkältung« zu, so daß Sir John Simons Besuch verschoben werden mußte. Am 9. März setzte die deutsche Regierung die ausländischen Regierungen offiziell davon in Kenntnis, daß Deutschland bereits wieder eine Luftwaffe aufgebaut habe. Dies scheint ein Versuchsballon gewesen zu sein, um die Reaktion der Westmächte zu erproben. Als darauf Sir John Simon im Unterhaus nur erklärte, er und Mr. Eden hätten immer noch die Absicht, nach Berlin zu reisen, schien man sich sicher genug zu fühlen, um am nächsten Wochenende mit einer noch sensationelleren Ankündigung aufzuwarten. Am 16. März 1935 gab die deutsche Regierung ihre Absicht bekannt, die allgemeine Wehrpflicht wieder einzuführen und eine neue Wehrmacht mit 36 Divisionen in Friedensstärke von 550000 Mann aufzustellen[94].

Vier Tage vorher hatte die französische Regierung die Dienstzeit in ihrer Armee verdoppelt und das wehrpflichtige Alter herabgesetzt, um die infolge der Geburtenausfälle der Jahre 1914/18 abgesunkene Zahl der Dienstpflichtigen auszugleichen. Das diente Hitler zum Vorwand für sein eigenes Vorgehen. Er konnte nun die Sache so darstellen, als ob Deutschland nur widerstrebend und allein, um sich gegen die Kriegsdrohung seiner Nachbarn zur Wehr zu setzen, zu seinem Schritt gezwungen worden sei. Von dem Tage an, da das deutsche Volk im Vertrauen auf Wilsons vierzehn Punkte und im Glauben, der Menschheit einen großen Dienst zu erweisen, seine Waffen niedergelegt habe, sei es in seiner Hoffnung, von den andern Gerechtigkeit und Beweise des guten Willens zu erfahren, wieder und wieder enttäuscht worden. Deutschland, erklärte Hitler, sei die einzige Macht, die abgerüstet habe; jetzt aber, nachdem die andern Mächte, weit entfernt, ebenfalls abzurüsten, begonnen hätten, ihre Aufrüstung zu erweitern, bleibe ihm keine andere Wahl, als ihrem Beispiel zu folgen[95].

Diese Stellungnahme wurde in Deutschland begeistert aufgenommen; am 17. März, dem Heldengedenktag, fand in der Staatsoper eine glanzvolle militärische Feier zur Wiedergeburt der deutschen Armee statt. Neben Hitler saß von Mackensen, der einzige noch lebende Feldmarschall der alten Armee. Nach der Feier nahm Hitler unter dem Jubel der Menge eine Parade seiner Armee ab, an der sich auch eine Abteilung der Luftwaffe beteiligte. In Deutschland richtete sich die Stimmung so allgemein gegen den Versailler Vertrag und war der Stolz auf die militärische Tradition so groß, daß man sich der Befriedigung über die Verkündung sicher gewesen war. Jetzt hing alles davon ab, wie das Ausland auf diesen ersten offenen Bruch des Versailler Vertrages reagierte. Auf Proteste war Hitler vorbereitet; die

Frage war nur, welche Aktionen die anderen Signatarmächte des Friedensvertrags unternehmen würden, um ihre Proteste zu unterstützen. Was herauskam, war mehr als eine Rechtfertigung des eingegangenen Risikos. Die britische Regierung protestierte zwar feierlich, fragte dann aber an, ob der Führer noch bereit sei, Sir John Simon zu empfangen. Die Franzosen wandten sich an den Völkerbund. Es wurde eine außerordentliche Sitzung des Völkerbundrats einberufen und vorher in Stresa eine Konferenz zwischen Großbritannien, Frankreich und Italien abgehalten. Aber auch in der französischen Note wurde davon gesprochen, daß man Mittel und Wege finden müsse, eine Aussöhnung zustande zu bringen, und daß es erforderlich sei, die aufgetretene Spannung zu beseitigen. Das war nicht die Sprache von Männern, die den Willen hatten, sich mit ihren Protesten durchzusetzen. Als schließlich Sir John Simon und Mr. Eden Ende März nach Berlin kamen, begegneten sie einem höflichen, ja sogar charmanten Hitler, der allerdings völlig selbstsicher war und sich beharrlich weigerte, über irgendeinen Beistandspakt zu diskutieren, in den Rußland eingeschlossen war. Er brüstete sich damit, daß Deutschland der europäischen Sicherheit im Kampf gegen den Kommunismus einen großen Dienst erweise, und als die Rede auf die deutsche Wiederaufrüstung kam, fragte er: »Hat sich vielleicht Wellington, als ihm Blücher zu Hilfe kam, zunächst im englischen Auswärtigen Amt bei den Juristen erkundigt, ob die preußische Mannschaftsstärke auch im Einklang mit den geltenden Verträgen stand[96]?« Während die Engländer mit der Bitte um Zusammenarbeit gekommen waren, befand Hitler sich in der vorteilhaften Lage, »nein« sagen zu können, ohne eine Gegenbitte stellen zu müssen. Allein schon die Anwesenheit britischer Regierungsmitglieder in Berlin war nach der Verkündung vom 16. März ein Triumph für seine Diplomatie.

In den folgenden Wochen fuhren die Westmächte fort, die europäische Solidarität, wenn auch formell, etwas eindrucksvoller zur Schau zu stellen. Die Regierungen von England, Frankreich und Italien verurteilten in Stresa am 11. April Deutschlands Vorgehen, bestätigten ihr Festhalten am Locarno-Pakt und wiederholten ihre Erklärung über Österreichs Unabhängigkeit. Der Völkerbundsrat in Genf übte pflichtgemäß Kritik an Deutschland und stellte einen Ausschuß zusammen, der die in Zukunft zu unternehmenden Schritte erwägen sollte, wenn ein Staat den Frieden gefährdete und sich über seine Verpflichtungen hinwegsetzte. Ende Mai schließlich unterzeichnete die französische Regierung, nachdem es ihr nicht gelungen war, mit ihrem Plan eines allgemeinen Beistandspakts für Osteuropa durchzudringen, einen Bündnisvertrag mit der Sowjetunion, nach dem jeder Partner dem andern im Falle eines nichtprovozierten Angriffs zu Hilfe kommen sollte. Dieser Vertrag wurde ergänzt durch einen zur gleichen Zeit abgeschlossenen ähnlichen Pakt zwischen Rußland und dem zuverlässigsten Verbündeten Frankreichs, der Tschechoslowakei.

Mochte Hitler auch von der Stärke dieser verspäteten Reaktion betroffen sein, mochten gerade der französisch-russische und der tschechisch-russische Pakt ihn vor neue unangenehme Möglichkeiten stellen, so war doch sein Vertrauen in die eigene Taktik keineswegs erschüttert. Er begann nun, die Stärke dieser neuen Solidarität zu erproben, und es sollte nicht lange dauern, daß sie sich als schwach erwies.

Am 21. Mai verkündete Hitler unter Ausschluß der Öffentlichkeit das Reichsverteidigungsgesetz, das Schacht die wirtschaftlichen Vorbereitungen für einen Krieg übertrug, das Kommando über die Streitkräfte neu regelte und ihn selbst zum Oberbefehlshaber der Wehrmacht einsetzte. Dies war jedoch nicht das Gesicht, das Hitler in der Öffentlichkeit zeigte. Am Abend desselben Tages erschien Hitler vor dem Reichstag, um eine lange und sorgfältig ausgearbeitete außenpolitische Rede zu halten. Diese Rede ist es wert, genau studiert zu werden, denn in ihr stößt man auf die meisten jener Tricks, mit denen Hitler das Mißtrauen einzuschläfern und die Hoffnungen der Leichtgläubigen zu erwecken verstand. Seine Antwort auf die Kritik der Westmächte war keineswegs herausfordernd. Vielmehr verdoppelte er seine Friedensbeteuerungen und appellierte an Vernunft, Gerechtigkeit und Gewissen. Das neue Deutschland, rief er protestierend, werde mißverstanden, seine eigene Haltung falsch interpretiert.

Niemals hat ein Mensch mit größerer Bewegung von den Schrecken und der Torheit des Krieges gesprochen als Adolf Hitler.

»Das Blut, das auf dem europäischen Kontinent seit dreihundert Jahren vergossen wurde, steht außer jedem Verhältnis zu dem volklichen Ergebnis der Ereignisse. Frankreich ist am Ende Frankreich geblieben, Deutschland Deutschland, Polen Polen, Italien Italien, usw. Was dynastischer Egoismus, politische Leidenschaft und patriotische Verblendung an scheinbaren tiefgreifenden staatspolitischen Veränderungen unter Strömen von Blut erreicht haben, hat in nationaler Beziehung stets nur die Oberfläche der Völker geritzt, ihre grundsätzliche Markierung aber wesentlich kaum mehr verschoben. Hätten diese Staaten nur einen Bruchteil ihrer Opfer für klügere Zwecke angesetzt, so wäre der Erfolg sicher größer und dauerhafter gewesen... Wenn den Völkern soviel an einer zahlenmäßigen Vermehrung der Einwohner eines Staates liegt, dann können sie dies statt mit Tränen auf eine einfachere und vor allem natürlichere Weise erreichen. Eine gesunde Sozialpolitik kann bei einer Steigerung der Geburtenfreudigkeit einer Nation in wenigen Jahren mehr Kinder dem eigenen Volk schenken, als durch einen Krieg an fremden Menschen erobert und damit unterworfen werden könnten.«

Kollektive Sicherheit, fuhr Hitler fort, sei eine Wilsonsche Idee, aber der Glaube Deutschlands an Wilsons Ideen oder zumindest an ihre praktische Ausführung seitens der früheren Alliierten sei durch die Behandlung, die Deutschland nach dem Kriege erfahren habe, zerstört worden. Deutschland sei der Anspruch auf Gleichberechtigung verweigert worden; man habe es als zweitrangige Nation behandelt und, da die anderen Mächte ihrer Abrüstungsverpflichtung nicht nachgekommen seien, zur Wiederaufrüstung gezwungen. Trotz dieser trüben Erfahrungen sei Deutschland immer noch zur Mitarbeit an einem allgemeinen Sicherheitsplan bereit, aber es habe tiefbegründete Einwände gegen die vorgeschlagenen mehrseitigen Verträge, denn dadurch werde ein Krieg ausgeweitet, nicht lokalisiert. Außerdem, erklärte Hitler, sei Osteuropa ein Sonderfall; es gebe dort einen Staat, das bolschewistische Rußland, der sich zum Ziel gesetzt habe, die Unabhängigkeit Europas zu zerstören, und mit dem ein nationalsozialistisches Deutschland niemals zu einer Einigung gelangen würde.

Hitler bot dann an Stelle des »unrealistischen« Vorschlags mehrseitiger Verträge Nichtangriffspakte mit sämtlichen deutschen Nachbarn an. Er machte eine einzige Ausnahme: Litauen. Litauen sei immer noch im Besitz des deutschen Memellandes, was ein für das deutsche Volk niemals annehmbares Unrecht und eine glatte Verweigerung des von Wilson proklamierten Rechtes der Selbstbestimmung bedeute. Hitler versäumte nicht hinzuzufügen, daß Deutschlands neuerdings so gute Beziehungen zu Polen ein Beweis dafür seien, wie sehr ein solcher Pakt zur Festigung des Friedens beitrage: damit habe Deutschland den praktischen Weg gezeigt, um internationale Mißverständnisse zu beseitigen.

Hitler unterstützte sein Angebot mit der überzeugendsten Betonung seines guten Willens. Die Tatsache, daß Deutschland sich über die Abrüstungsbestimmungen des Versailler Vertrages hinweggesetzt habe, bedeute keineswegs die Nichtbeachtung der andern Vertragsbestimmungen — die Entmilitarisierung des Rheinlandes einbegriffen — oder die Nichteinhaltung der durch den Locarno-Pakt eingegangenen Verpflichtungen. Er trage sich nicht mit der Absicht, Österreich zu annektieren, und er sei durchaus bereit, das von Großbritannien und Frankreich vorgeschlagene Luftabkommen zur Ergänzung des Locarno-

Vertrages abzuschließen. Deutschland sei ferner bereit, dem Verbot schwerer Waffen — wie schwerer Tanks und schwerer Artillerie — und, auf der Grundlage einer internationalen Konvention, der Anwendungsbeschränkung anderer Waffen, wie Bombenflugzeuge und Giftgas, zuzustimmen, kurzum, in eine allgemeine Rüstungsbeschränkung einzuwilligen, unter der Voraussetzung, daß sie für alle Mächte bindend sei. Sehr starken Nachdruck legte Hitler auf seine Bereitschaft, die deutschen Seestreitkräfte auf 35% der britischen Flottenstärke zu beschränken. Er habe sehr viel Verständnis für die besonderen Bedürfnisse des Britischen Reiches, erklärte er, und er beabsichtige nicht, mit Großbritannien in eine erneute Rivalität zu treten. Er schloß seine Rede mit dem Bekenntnis, daß er an den Frieden glaube: »Wer in Europa die Brandfackel des Krieges erhebt, kann nur das Chaos wünschen. Wir aber leben in der festen Überzeugung, daß sich in unserer Zeit nicht erfüllt der Untergang des Abendlandes, sondern seine Wiederauferstehung. Daß Deutschland zu diesem großen Werk einen unvergänglichen Beitrag liefern möge, ist unsere stolze Hoffnung und unser unerschütterlicher Glaube.«

Für die Meisterschaft, mit der Hitler die Sprache von Genf beherrschte, gibt es keinen Vergleich. Es ist überraschend, wie gut Hitler die Stimmung der öffentlichen Meinung in den westlichen Demokratien erfaßt hatte, wenn man bedenkt, daß er kaum je im Ausland gewesen war und keine fremde Sprache beherrschte. Er begriff intuitiv die Sehnsucht der Menschen nach Frieden, den Idealismus der Pazifisten, das schlechte Gewissen der Liberalen und das Widerstreben der breiten Masse der Völker gegen das, was über ihre eigenen Angelegenheiten hinausging. Dies alles war in diesem Spiel von größerer Bedeutung als die unvollständigen Panzerdivisionen und die noch im Bau befindlichen Bombengeschwader, und Hitler machte davon mit derselben Geschicklichkeit Gebrauch, wie er sie im Spiel mit den deutschen Mißhelligkeiten und Illusionen bewiesen hatte.

In »Mein Kampf« hatte Hitler geschrieben: »Wenn wir Ausschau halten wollen nach europäischen Bundesgenossen, so bleiben nur zwei Staaten übrig: England und Italien[97].« Es sei der größte Fehler der kaiserlichen Regierung gewesen — ein prophetisches Wort — gleichzeitig mit England und Rußland anzubinden: Deutschlands Zukunft liege im Osten, auf dem Kontinent, und sein natürlicher Verbündeter sei Großbritannien, das als Kolonial-, Handels- und Seemacht keine territorialen Interessen auf dem europäischen Kontinent habe. »Nur mit England allein vermochte man, den Rücken gedeckt, den neuen Germanenzug beginnen ... Englands Geneigtheit zu gewinnen, durfte dann aber kein Opfer zu groß sein. Es war auf Kolonien und Seegeltung zu verzichten[98].«

Obwohl Hitler seine Haltung England gegenüber später änderte und in zunehmendem Maße die Schwäche seiner Politik und die Leichtgläubigkeit seiner Regierungen verachtete, hat ihn doch der Gedanke an ein Bündnis mit ihm sein Leben hindurch verfolgt. Ein solches Bündnis konnte nach Hitlers Ansicht nur unter der Bedingung geschlossen werden, daß England seine alte Gleichgewichtspolitik in Europa aufgab, die deutsche Vorherrschaft auf dem Kontinent anerkannte und Deutschland freie Hand ließ. Selbst noch während des Krieges beharrte Hitler auf dem Glauben, ein unter diesen Voraussetzungen geschlossenes Bündnis mit Deutschland liege in Englands eigenstem Interesse. Wiederholt drückte er sein Bedauern aus, daß die Briten so töricht gewesen seien, dies nicht eingesehen zu haben, und niemals hat er ganz die Hoffnung aufgegeben, daß er Englands Hartnäckigkeit überwinden und es von seiner Ansicht überzeugen könne[99]. Zu solchen Bedingungen ließ sich allerdings keine englische Regierung auf ein Bündnis ein, auch vor dem Kriege nicht. Aber Hitlers Argumente hatten bei einem Teil der öffentlichen Meinung in England genügend Eindruck hinterlassen, um sie geneigt zu machen für eine Regelung, die ihm, genau genommen, freie Hand in Mittel- und Osteuropa gelassen haben würde. Wenn es Hitler auch nie gelang, sein Hauptziel zu erreichen, so brachte er es doch in bemerkenswerter Weise für eine Zeitlang fertig, die Opposition gegen die Verwirklichung seiner Pläne in England zu schwächen. Die Verständigungspolitik ist nicht zu verstehen, solange man nicht erkannt hat, welche Gedanken ihr zugrunde lagen; es handelte sich schließlich darum, daß die englische Regierung zumindest teilweise Hitlers Ansichten über das, was englische Politik sein sollte, akzeptiere.

Mit seiner Rede vom 21. Mai beabsichtigte Hitler, die öffentliche Meinung in Großbritannien zu seinen Gunsten zu beeinflussen. Die Schnelligkeit der englischen Reaktion war überraschend. Als Sir John Simon im März Berlin besuchte, machte auf ihn eine Anspielung des Führers ziemlichen Eindruck; Hitler regte nämlich an, deutsche Vertreter nach London zu schicken, um die Möglichkeiten eines Flottenabkommens zwischen den beiden Ländern zu besprechen. Von der Schnelligkeit, mit der der britische Außenminister auf seinen Köder anbiß, muß Hitler entzückt gewesen sein, und so betonte er in seiner Rede vom 21. Mai noch einmal seine Bereitschaft zu einem solchen Abkommen. Aber selbst Hitler dürfte kaum damit gerechnet haben, daß die britische Regierung so ungeschickt sein würde, den andern Mächten, mit denen sie während der vergangenen Wochen in so großer Übereinstimmung Deutschlands Verstoß gegen die Abrüstungsbestimmungen des Versailler Vertrags kritisiert hatte, nichts von ihren Absichten mitzuteilen.

Anfang Juni flog Ribbentrop, den Hitler jetzt für Sondermissionen zu verwenden begann, nach London. Trotz der brüsken und taktlosen Art, mit der er sich eine Diskussion über Hitlers Angebot verbat, kehrte er mit einem Flottenabkommen heim, das die britische Unterschrift trug. Die Deutschen verpflichteten sich, beim Wiederaufbau ihrer Flotte nicht über 35% der englischen Flottenstärke hinauszugehen. Damit war Deutschlands Recht, mit der Wiederaufrüstung zur See zu beginnen, stillschweigend anerkannt. In einer besonderen Klausel wurde Deutschland außerdem das Recht zuerkannt, seine U-Boot-Flotte bis zu 100% der U-Boot-Flottenstärke des britischen Commonwealth auszubauen. Dieser Affront gegen die Partner Englands, gegen Frankreich und Italien, die beide Seemächte waren und nicht einmal zu Rate gezogen wurden, erregte offenen und starken Groll. Die Solidarität der Stresafront, die Einmütigkeit der Mächte in der Verurteilung der deutschen Wiederaufrüstung, war zerbrochen. In ihrem Eifer, sich eigene Vorteile zu sichern, hatte die britische Regierung einen katastrophalen Eindruck mangelnder Vertrauenswürdigkeit erweckt. So wie Polen, aber ohne wie dieses durch die schwierige Lage zwischen Deutschland und Rußland entschuldigt zu sein, hatte England Hitlers sorgfältig berechnetes Angebot angenommen, ohne an seine letzten Konsequenzen zu denken.

Im September erschien der Führer auf dem Nürnberger Parteitag. Zum erstenmal nahmen Abteilungen der neuen deutschen Wehrmacht am Vorbeimarsch teil, und Hitler pries die militärische Tradition Deutschlands: »Sie war nicht nur im Krieg die große Wehr der Nation, sie war im Frieden die herrliche Schule unseres Volkes. Diese Armee hat uns zu Männern gemacht, und der Blick auf sie hat uns den Glauben immer aufrechterhalten an die Zukunft unseres Volkes. Und diese alte herrliche Armee, sie ist nicht tot, sie ruhte nur und ist wieder auferstanden nun in euch[100].«

Aus Hitlers Reden während des Parteitages spricht das Selbstvertrauen eines Mannes, der sich des Volkes, das er führt, sicher ist. Der Reichstag wurde zu einer Sondersitzung nach Nürnberg einberufen, und hier legte Hitler ihm die Nürnberger Judengesetze zur einstimmigen Annahme vor. Das erste Gesetz nahm allen Deutschen jüdischer Abstammung die Staatsbürgerschaft, das zweite — das Gesetz zum Schutze des deutschen Blutes und der deutschen Ehre — verbot die Eheschließung zwischen Deutschen und Juden und die Beschäftigung von deutschen Hausangestellten in jüdischen Häusern. Diese Gesetze, erklärte Hitler, »tragen eine Dankesschuld an die Bewegung ab, unter deren Symbol (das Hakenkreuz war inzwischen zum nationalen Emblem erhoben) Deutschland die Freiheit zurückgewonnen hat[101]«.

Im selben Monat, in dem Hitler in Nürnberg seine Macht über Deutschland zur Befriedigung seines Judenhasses benutzte, entstanden in Genf Streitigkeiten, die ihm eine günstige Gelegenheit bieten sollten, seine Macht über die deutschen Grenzen von 1914 hinaus auszudehnen.

Das Bündnis mit dem Italien Mussolinis, das Hitler schon während der Niederschrift von »Mein Kampf« vorgeschwebt hatte, war bisher durch Mussolinis Ambitionen hinsichtlich der Donaustaaten und seine selbstherrliche Rolle als Schirmherr der österreichischen Unabhängigkeit vereitelt worden. Nach dem Mord an Dollfuß hatte Mussolini eine ausgesprochene Feindseligkeit und Verachtung für die »Barbaren« nördlich der Alpen bekundet und später zusammen mit den andern Mächten die deutsche Wiederaufrüstung verurteilt. Mussolini war jedoch schon lange auf einen sichtbaren Erfolg seines Regimes in Abessinien bedacht. Möglich, daß er von der unbehaglichen Furcht getrieben wurde, in Europa angesichts des Anwachsens der deutschen Macht bald keine Expansionsaussichten mehr zu haben; möglich auch, daß er von dem Gefühl, mit dem deutschen Diktator rivalisieren zu müssen, angestachelt wurde; beinahe sicher aber ist, daß er hoffte, von der Inanspruchnahme Frankreichs und Englands durch Deutschlands Wiederaufrüstung profitieren und mit seinem Abenteuer billig davonkommen zu können.

Abessinien hatte im März den Völkerbund unter Berufung auf Artikel 15 angerufen. Bisher war der Streitfall diskret im Hintergrund gehalten worden. Im September jedoch versetzte die englische Regierung, die gerade Deutschland gegenüber mit dem Flottenabkommen vom Juni eine sensationelle Geste der Verständigung gemacht hatte, die Welt ein zweites Mal in Erstaunen: in Genf forderte sie Sanktionen gegen Italien. Um dieser Forderung Nachdruck zu verleihen, war die englische Mittelmeerflotte verstärkt worden. Den Franzosen, die die größere Gefahr für die europäische Sicherheit nicht in Italien, sondern in Deutschland sahen, mußte es so vorkommen, als stünden die Engländer auf dem Kopf und wüßten nicht, was oben und was unten sei.

Es gab nur eine einzige Voraussetzung, die diese britische Politik gerechtfertigt hätte. Wenn nämlich die Engländer bereit gewesen wären, auch bis zu einem möglichen Kriegsfall Sanktionen gegen Italien durchzuführen, womit sie der Autorität des Völkerbundes die bisher fehlende nötige Rückendeckung gegeben hätten, dann würde solche Aktion tatsächlich zur Stärkung der allgemeinen Sicherheit beigetragen und jeder Aggression, ob von seiten Italiens oder Deutschlands, einen Riegel vorgeschoben haben. Aber der Ausbruch der Feindseligkeiten zwischen Italien und Abessinien im Oktober sollte die

Absichten der Engländer auf die Probe stellen und beweisen, daß der von der Baldwin-Regierung eingeschlagene Kurs in jeder Hinsicht verfehlt war. Mit ihrem Beharren auf Sanktionsmaßnahmen machte sie sich Mussolini zum Feind und vereitelte dadurch jede Hoffnung auf eine gemeinsame Front gegen die deutsche Aggression; und mit ihrer Weigerung, dem tobenden Mussolini gegenüber die Sanktionspolitik aufzugeben, versetzte sie der Autorität des Völkerbundes wie auch ihrem eigenen Prestige einen verhängnisvollen Schlag und zerstörte damit jede Aussicht, in der kollektiven Sicherheit eine wirksame Alternative für die gemeinsame Front der Großmächte gegen die deutsche Aggression zu finden.

Wenn die britische Regierung mit den Sanktionen nur eine Demonstration bezweckte, dann wäre es für sie besser gewesen, von vornherein die zynischere, aber realistischere Politik Lavals zu akzeptieren und mit Italien ein Abkommen abzuschließen. Selbst der Hoare-Laval-Pakt vom Dezember 1935 wäre eine bessere Alternative gewesen, als die Farce der Sanktionen bis zu ihrem fruchtlosen und schmählichen Ende ablaufen zu lassen. Denn die Folgen dieser Fehler reichten weit über Abessinien und das Mittelmeer hinaus: ihr Nutznießer war letzten Endes nicht Mussolini, sondern Hitler.

Deutschland bewahrte in der Abessinien-Affäre zunächst strikte Neutralität, aber es entging Hitler nicht, welche Vorteile er aus diesem Streit zwischen Italien und den Westmächten ziehen konnte. Verlor Italien den Krieg, so bedeutete das eine Schwächung des hauptsächlichen Hindernisses für die deutschen Ambitionen in Mittel- und Südosteuropa. Siegte dagegen Italien, so ergaben sich für Hitler immer noch gute Aussichten. Seine einzige Sorge war, daß der Streit durch irgendeine Kompromißlösung, wie z. B. den Hoare-Laval-Pakt, beigelegt werden könnte; als ihn der polnische Botschafter zwei Tage nach Bekanntgabe der Bestimmungen des Hoare-Laval-Abkommens aufsuchte, war er angesichts dieser Lösung aufs höchste erregt und beunruhigt[102]. Allerdings gab ihm der fernere Verlauf der Auseinandersetzung eher Anlaß, zufrieden zu sein. Nicht nur wurde Italien in eine isolierte Stellung gedrängt, was Mussolini zwang, sich den deutschen Hilfsangeboten gegenüber zugänglicher zu zeigen, sondern auch die Autorität des Völkerbundes in nicht wiedergutzumachendem Maße geschwächt, zumal vorher noch die Bemühungen, der japanischen Aggression Einhalt zu gebieten, zu einem Fehlschlag geführt hatten. Außerdem war Frankreichs Vertrauen zu England erschüttert worden, und es bestätigte sich aufs schlimmste der Eindruck, daß in der internationalen Politik Großbritannien seine Kraft erschöpft habe.

So boten die Ereignisse des Jahres 1935 Hitler die unerwartete Gelegenheit, seine Pläne in bezug auf Italien zu verwirklichen:

Mussolini hat später zugegeben, daß die Idee der Achse Rom—Berlin im Herbst 1935 geboren wurde. Von nicht geringerer Bedeutung war, daß Hitler durch den schwachen Widerstand gegen Aggressionen ermutigt wurde, seine Politik ohne Beachtung der Risiken fortzusetzen. »Damals stellte sich heraus«, schreibt Churchill, »daß die Hoffnung, den Krieg abzuwenden oder durch eine Kraftprobe hinausschieben zu können, gering war. Den Zeitpunkt der Herausforderung abzuwarten und dann sein möglichstes zu tun, war beinahe alles, was Frankreich und England übrigblieb[103].«

V

Den Herbst und Winter 1935/36 über beobachtete Hitler die Entwicklung und wartete ab. Im März 1936 hielt er den Augenblick für gekommen, einen neuen außenpolitischen Coup zu führen. In welcher Richtung sich sein nächster Schritt bewegen würde, war bereits ziemlich deutlich angekündigt worden. In seiner Rede vom 21. Mai 1935 hatte er geäußert, das Bündnis zwischen Frankreich und Rußland bringe »ein Element der Unsicherheit in den Locarno-Pakt« und sei, wie er meinte, mit dessen Bestimmungen nicht vereinbar. In einer Note an die französische Regierung wiederholte das deutsche Auswärtige Amt diese Auffassung, und obwohl sie sowohl von Frankreich wie auch den andern Partnern des Locarno-Pakts zurückgewiesen wurde, beharrte Hitler auf seinem Standpunkt. Nach einer Besprechung, die der französische Botschafter François-Poncet am 21. November mit Hitler hatte, berichtete er nach Paris, daß Hitler entschlossen sei, den sowjetisch-französischen Vertrag zum Vorwand zu nehmen, um den Locarno-Vertrag zu kündigen und die entmilitarisierte Zone des Rheinlands wieder in Besitz zu nehmen. Er warte nur auf den geeigneten Zeitpunkt für seine Aktion.

Der Vertrag zwischen Frankreich und Rußland war noch nicht ratifiziert. Er war zum Gegenstand scharfer Kontroversen innerhalb der französischen Politik geworden; sogar noch Anfang Juli 1935 wurde er von der französischen Rechten und ihrer Presse heftig bekämpft. Es handelte sich hierbei weniger um die Außenpolitik, als um eine Ausdehnung der internen französischen Klassen- und Parteikämpfe auf die Außenpolitik. Hitler nahm also absichtlich einen Gegenstand zum Vorwand, über den in Frankreich Uneinigkeit bestand; außerdem war er sich bewußt, daß man auch in London über Frankreichs neueste Bindung nicht begeistert war.

Am 11. Februar 1936 wurde der französisch-sowjetische Vertrag endlich der französischen Deputiertenkammer vorgelegt und am 27. mit 353 gegen 164 Stimmen ratifiziert. Die Frage, welche Aufnahme die Nachricht in Berlin finden werde, scheint die französische Regierung nervös gemacht zu haben. Am Tage nach der Ratifizierung des französisch-sowjetischen Pakts veröffentlichte »Paris-Midi« verspätet ein Interview mit Hitler, in dem dieser noch mit freundlichen Worten den Wunsch geäußert hatte, mit Frankreich zu einem Abkommen zu gelangen. Auf Grund dieses Interviews wurde der französische Botschafter angewiesen, den Führer zu fragen, wie nach seiner Meinung diese Annäherung erreicht werden könne. Als aber François-Poncet am 2. März Hitler aufsuchte, wurde er alles andere als freundlich aufgenommen. Hitler erklärte ärgerlich, man habe ihn zum Narren gehalten und in Paris das Interview für den »Paris-Midi« absichtlich bis nach der Ratifizierung des Vertrages zurückgehalten. Er sei jedoch immer noch gewillt, die Anfragen der französischen Regierung zu beantworten, und er versprach dem Botschafter, in nächster Zukunft eingehende Vorschläge zu unterbreiten.

Wie François-Poncet vorausgesehen hatte, war Hitlers Antwort die, daß er deutsche Truppen in das entmilitarisierte Rheinland einmarschieren ließ. Blomberg hatte in seiner ersten Direktive für die unorganisierten Streitkräfte im Mai 1935 die Vorbereitung von Plänen für einen solchen Schritt angeordnet. Nichtsdestoweniger wurden Hitlers Generale durch ein solches Vorgehen aufs höchste alarmiert. Die deutsche Wiederaufrüstung stand noch am Anfang, und der erste Jahrgang der Wehrpflichtigen war erst wenige Monate vorher zur Wehrmacht einberufen worden. Zusammen mit seinen polnischen und tschechischen Verbündeten könne Frankreich unmittelbar 90 Divisionen mobilisieren; es stünden ihm ferner 100 Reservedivisionen zur Verfügung, ganz zu schweigen von den russischen Streitkräften. Wenn die Franzosen und ihre Verbündeten marschierten, seien die Deutschen an Zahl weit unterlegen, und ferner müsse bedacht werden, daß ein Einmarsch ins Rheinland nicht nur den Bruch des Versailler Vertrags, sondern auch den »casus foederis« nach dem Locarno-Pakt bedeute. Hitler ließ sich über diese Tatsachen nicht aus. Seine Entscheidung beruhte auf dem Glauben, daß die Franzosen nicht marschieren würden — und er hatte recht! Nach Darstellung von General Jodl haben die bei der Rheinlandbesetzung eingesetzten deutschen Truppen ungefähr die Stärke einer Division gehabt[104] und von ihnen nur drei Bataillone den Rhein überschritten, um in Aachen, Trier und Saarbrücken einzurücken. Der Generalstab, von den ersten Berichten aus Paris und London alarmiert, habe diese drei Bataillone wieder hinter den Rhein zurückziehen wollen, und General Beck, dem Chef des Generalstabs, sei vorgeschlagen worden, westlich des Rheins keine Befestigungen anzulegen[105]. Ohne zu zögern habe Hitler jedoch beide Vorschläge abgelehnt. Die deutschen Generale hätten einfach nicht glauben wollen, daß die Franzosen diesmal nicht marschieren würden. aber Hitler sei der Meinung gewesen, daß seine Diagnose die öffentliche Meinung in Frankreich und Großbritannien richtig einschätze.

Jahre später, als er während eines Essens seinen Gedanken an die Vergangenheit nachhing, fragte Hitler:

»Was wäre wohl geschehen, wenn jemand anders als ich an der Spitze des Reiches gestanden hätte ? Sie können mir nennen, wen Sie wollen, alle hätten die Nerven verloren. Ich war gezwungen zu lügen, und was mich gerettet hat, war meine unerschütterliche Hartnäckigkeit und meine ungewöhnliche Standfestigkeit. Ich drohte für den Fall, daß sich die Lage nicht entspannen sollte, damit, sechs weitere Divisionen ins Rheinland zu schicken. In Wirklichkeit hatte ich nur vier Regimenter. Am nächsten Tage schrieben die englischen Zeitungen, die Lage hätte sich entspannt[106].«

Blombergs Richtlinien für die Rheinlandbesetzung tragen das Datum des 2. März 1936, des gleichen Tages also, an dem Hitler François-Poncet empfing[107]. Als die deutschen Soldaten am Morgen des 7. März ins Rheinland einmarschierten, wurden sie von einer begeisterten Menge mit Blumen überschüttet. Neurath, der deutsche Außenminister, bestellte den britischen, den französischen und den italienischen Botschafter in die Wilhelmstraße und überreichte ihnen eine Denkschrift, die neben einer Aufzählung der Gründe für die Kündigung des Locarno-Vertrages (das französisch-sowjetische Bündnis sei mit dessen Bestimmungen unvereinbar) neue und weitreichende Friedensvorschläge enthielt. François-Poncet charakterisiert diese wie folgt: »Hitler schlug seinen Gegnern ins Gesicht und erklärte dann: ›Ich mache Ihnen Friedensvorschläge!‹[108]« An Stelle des von ihm als hinfällig betrachteten Locarno-Vertrages unterbreitete Hitler Frankreich und Belgien das Angebot eines Nichtangriffspaktes für 25 Jahre, der sich auch auf Luftangriffe erstrecken sollte, worauf England so großen Wert legte. Der Pakt sollte von Großbritannien, Italien und auch Holland — sofern es dazu gewillt war — garantiert und eine neue entmilitarisierte Zone unter gleichen Bedingungen für Frankreich und Deutschland beiderseits der deutschen Westgrenze errichtet werden. Gleichzeitig bot Deutschland seinen östlichen Nachbarn Nichtangriffspakte nach dem Muster des deutsch-polnischen Paktes an. Schließlich sei Deutschland, nachdem nunmehr die Gleichberechtigung wiederhergestellt sei, auch bereit, in den Völkerbund zurückzukehren und über Kolonialfragen und eine Reform des Völkerbundvertrags zu diskutieren.

Mittags sprach Hitler vor dem Reichstag. Seine Rede war wieder einmal ein ausgeklügeltes Meisterstück.

»Sie, meine Abgeordneten, Männer des Reichstags, kennen den schweren Weg, den ich gehen mußte seit dem 30. Januar 1933, um das deutsche Volk aus seiner unwürdigen Stellung zu erlösen, um ihm Schritt für Schritt Gleichberechtigung zu sichern, ohne es dabei aus der politischen und wirtschaftlichen Gemeinschaft der europäischen Nationen zu entfernen und besonders ohne aus der Abwicklung der Folgen einer alten Feindschaft wieder eine neue zu erzeugen! ... Ich werde einmal von der Geschichte die Bestätigung beanspruchen können, daß ich in keiner Stunde meines Handelns für das deutsche Volk die Pflicht vergessen habe, die ich und wir alle der Aufrechterhaltung der europäischen Kultur und Zivilisation gegenüber zu tragen schuldig sind ...
Warum soll es denn nicht möglich sein, den zwecklosen jahrhundertealten Streit (zwischen Frankreich und Deutschland), der keinem der beiden Völker einen endgültigen Entscheid gebracht hat und bringen konnte, abzubrechen und durch die Rücksichtnahme einer höheren Vernunft zu ersetzen? Das deutsche Volk ist nicht interessiert daran, daß das französische Volk leidet, und umgekehrt: wo läge der Vorteil für Frankreich darin, wenn Deutschland in Not verkommt? ... Warum soll es nicht möglich sein, das Problem der allgemeinen europäischen Volks- und Staatsgegensätze aus der Sphäre des Unvernünftigen, Leidenschaftlichen herauszuheben und unter das ruhige Licht einer höheren Einsicht zu stellen?«

Es sei Frankreich, erklärte Hitler, das Europa verraten habe durch sein Bündnis mit der asiatischen Macht des Bolschewismus, die auf die Zerstörung aller europäischen Kulturwerte hinziele, und es sei auch Frankreich, das hierdurch den Locarno-Vertrag hinfällig gemacht habe. Zwar widerstrebend, aber ohne zurückzuschrecken, habe er wieder einmal sich ins Unvermeidliche fügen und die erforderlichen Schritte zur Verteidigung der deutschen Interessen unternehmen müssen. Er schloß mit dem heiligen Schwur, jetzt mehr denn je für die Förderung der Verständigung zwischen den europäischen Völkern arbeiten zu wollen. Doch die Begeisterung, mit der der überfüllte Reichstag seine Ankündigung vom Einmarsch deutscher Truppen ins Rheinland begrüßte, strafte alle Friedensreden Lügen. Es war schon so, wie Hitler es Rauschning gegenüber ausgedrückt hatte: »Meine Parteigenossen werden genau wissen, was sie davon zu halten haben, wenn ich von Weltfrieden, von Abrüstung und Sicherheitspakt spreche.« Es war die Zurschaustellung der deutschen Macht, nicht das Friedensangebot, das die Reichstagsabgeordneten aufspringen, mit den Füßen trampeln und vor Entzücken aufschreien ließ.

Später hat Hitler zugegeben: »Die 48 Stunden nach dem Einmarsch ins Rheinland sind die aufregendste Zeitspanne in meinem Leben gewesen. Wären die Franzosen damals ins Rheinland eingerückt, hätten wir uns mit Schimpf und Schande wieder zurückziehen müssen, denn die militärischen Kräfte, über die wir verfügten, hätten keineswegs auch nur zu einem mäßigen Widerstand ausgereicht[109].« Aber die Ereignisse nahmen genau denselben Verlauf wie im Jahr zuvor. Zwischen Paris und London gab es ängstliche Beratungen; es wurde an Vernunft und Ruhe appelliert — und am Ende hieß es, das Rheinland sei eben ein Teil Deutschlands. Die sich aus Hitlers Vorschlägen ergebenden Friedensmöglichkeiten wurden eifrig diskutiert — »Eine Chance zum Neuaufbau« lautete die Überschrift des Leitartikels der »Times«. Die Locarno-Mächte berieten; der Völkerbundsrat beriet; zu beraten bereit war der Haager Internationale Gerichtshof, sofern Hitler auf sein Argument, daß der französisch-sowjetische Vertrag mit dem Locarno-Pakt unvereinbar sei, verzichten würde. Deutschlands Handlungsweise wurde erneut feierlich verworfen, diese Kritik wiederum von Hitler zurückgewiesen. Aber keiner marschierte — außer den Deutschen. Keiner sprach öffentlich von Sanktionen; keiner davon, den Locarno-Vertrag in Kraft zu setzen. Die polnische Regierung, die nicht glauben konnte, daß Frankreich die deutsche Aktion im Rheinland jemals duldete, machte am 9. März plötzlich das Angebot, die Folgerungen aus ihrem Militärbündnis mit Frankreich zu ziehen; als die Polen dann merkten, daß Frankreich sich nicht rührte, gerieten sie in einige Verlegenheit, für ihre Geste, die in Berlin bekannt geworden war, eine Erklärung zu finden.

Unterdessen löste Hitler den Reichstag auf, um das deutsche Volk aufzufordern, daß es sein Urteil unmittelbar über seine Politik abgab. Er trat ihm als Friedensbringer entgegen. »Wir und alle andern Völker«, sagte er am 22. März 1936 in Breslau, »haben das Gefühl, daß wir an einer Zeitwende stehen ... Nicht wir allein, die Besiegten von gestern, sondern auch die Sieger haben die innere Überzeugung, daß etwas nicht stimmt, daß die Vernunft die Menschen verlassen hat ... Die Völker finden es wohl überall: es muß besonders auf diesem Kontinent, der die Völker so eng aneinander drängt, eine neue Ordnung kommen ... Aber über dieser neuen Ordnung müssen die Worte stehen: Vernunft und Logik und gegenseitiges Verständnis. Diejenigen irren sich, die glauben, daß am Eingang dieser neuen Ordnung das Wort ›Versailles‹ stehen kann. Das wäre nicht der Grundstein einer Neuordnung, sondern ihr Grabstein.«

Die Wahl fand am 29. März statt; ihr Ergebnis wurde wie folgt bekanntgegeben:

Gesamtzahl der Wahlberechtigten 45 453 691
Gesamtzahl der abgegebenen Stimmen 45 001 489 (99%)
Nein-Stimmen oder ungültige Stimmen . . .   540 211
Ja-Stimmen 44 461 278 (98,8%)

Wenn auch das Wahlergebnis eine verdächtige Einstimmigkeit zeigte, so darf doch kaum daran gezweifelt werden, daß die überwiegende Mehrheit des deutschen Volkes Hitlers Aktion gebilligt oder daß diese dem Führer eine noch größere Popularität in Deutschland verschafft hat.

Kein Ereignis markiert deutlicher Hitlers Fortschritte im diplomatischen Spiel als die Wiederbesetzung des Rheinlandes. Von den Garantien zur Sicherung gegen einen neuen deutschen Angriff, um deren Erhaltung sich Frankreich seit 1918 bemüht hatte, war ihm als einzige das entmilitarisierte Rheinland verblieben. Militärisch hatte Frankreich immer noch der deutschen Wehrmacht gegenüber die unumstrittene Überlegenheit; nach den Bestimmungen des Locarno-Pakts war die deutsche Aktion ein casus foederis, und der französische Botschafter in Berlin hatte eindringlich darauf hingewiesen. Zwar konnte die französische Regierung von der Baldwin-Regierung in London gewiß nicht viel Hilfe erwarten — aber Hitler ungestraft handeln zu lassen, war gleichbedeutend mit dem Eingeständnis, daß Frankreich nicht mehr in der Lage war, sein seit 1918 nach und nach sorgfältig aufgebautes Sicherungssystem zu verteidigen. Dies stellte eine politische Tatsache dar, die hauptsächlich in Mittel- und Osteuropa Folgen nach sich ziehen mußte.

Während die Westmächte ihren nutzlosen Notenwechsel mit Berlin fortsetzten, begannen die anderen europäischen Regierungen sich dem veränderten Gleichgewicht der Kräfte anzupassen.

VI

Die österreichische Regierung war die erste, die die Auswirkungen des Wechsels zu spüren bekam. Die Grundlage, auf der Österreichs Unabhängigkeit beruhte, nämlich die Solidarität Italiens, Frankreichs und Englands und ihre militärische Überlegenheit gegenüber Deutschland, war zerstört worden. Früher oder später würde sich Mussolini enger an Deutschland anschließen müssen; früher oder später würde die von ihm 1934 gegebene Garantie, italienische Divisionen an die Brenner-Grenze zu schicken, hinfällig werden.

In einem Brief vom 18. Oktober 1935 schrieb Papen, nunmehr deutscher Gesandter in Wien, an Hitler: »Im übrigen können wir die weitere Entwicklung getrost der nahen Zukunft überlassen. Ich bin überzeugt, daß die Kräfteverschiebung auf dem europäischen Schachbrett uns in nicht ferner Zeit erlauben wird, die Frage unserer Einflußnahme auf dem Südostraum aktiv anzufassen[110].« 1936 hatte Papen, dessen Ziel es war, die österreichische Unabhängigkeit von innen her auszuhöhlen und den »Anschluß« auf friedlichem Wege zu vollziehen, seinen ersten Erfolg zu verzeichnen. Am 13. Mai sah sich der österreichische Vizekanzler, Fürst Starhemberg, ein ausgesprochener Gegner der Nazis, zum Rücktritt gezwungen. Starhemberg war ein besonderer Freund Mussolinis, aber der Duce beschränkte seine Fürsprache auf Starhembergs persönliche Sicherheit. Wie Guido Zernatto, ein gut informierter Österreicher, berichtet, hatte Schuschnigg, der österreichische Bundeskanzler, von Mussolini den Wink bekommen, Starhemberg fallenzulassen, um Hitler entgegenzukommen.

Als Starhemberg im Frühling 1936 Rom besuchte, fand er den Duce bereits voll in Anspruch genommen von der Gefahr des deutschen Machtzuwachses und von dem Ausmaß der Vorteile, die sein eigener Streit mit Großbritannien und Frankreich Hitler gebracht hatte. Als drei Wochen nach Starhembergs Rücktritt der österreichische Kanzler Schuschnigg Mussolini darüber unterrichtete, daß die österreichische Regierung im Begriff sei, ein Abkommen mit Deutschland zu unterzeichnen, gab der Duce seine Zustimmung, obwohl er wiederholt versichert hatte, die österreichische Unabhängigkeit stützen zu wollen.

Das österreichisch-deutsche Abkommen vom 11. Juli 1936 diente nach außen hin der Entspannung und Verbesserung der Beziehungen zwischen beiden Ländern. Obwohl Hitler schon im voraus seine Zustimmung gegeben hatte, war er über Papen verärgert, als er erfuhr, daß das Abkommen unterzeichnet war.

»Anstatt mir seine Befriedigung für die wahrlich nicht leichte Arbeit zweier Jahre auszusprechen, brach er in ein wüstes Geschimpfe aus. Ich hätte ihn verleitet, viel zu weitgehende Konzessionen zu machen, während die österreichische Regierung nur platonische Zugeständnisse biete. Das Ganze schiene ein großer Reinfall für ihn[110a].«

Die drei Klauseln, die veröffentlicht wurden, enthielten erstens die Bestätigung, daß Hitler die österreichische Souveränität voll anerkenne, zweitens das gegenseitige Versprechen, sich nicht in die inneren Angelegenheiten des anderen Landes einzumischen, und drittens die Feststellung, Österreichs Außenpolitik werde, »wenn sie auch auf dem Prinzip beruht, daß Österreich sich als deutscher Staat betrachtet«, die in den Römischen Protokollen von 1934 niedergelegten besonderen Beziehungen zu Italien und Ungarn nicht berühren. Die geheimen Klauseln betrafen Maßnahmen für eine Entspannung des Pressekrieges zwischen den beiden Ländern, eine Amnestie für politische Häftlinge in Österreich, Richtlinien für die Behandlung der nach Deutschland geflohenen österreichischen Nazis, die Wiederaufnahme normaler wirtschaftlicher Beziehungen und die Beseitigung der deutscherseits getroffenen Einschränkungen des Reiseverkehrs zwischen den beiden Ländern. Das Wichtigste war jedoch, daß die österreichische Regierung darein einwilligte, Vertretern der sogenannten Nationalen Opposition in Österreich, »anständigen« Nazis wie Glaise-Horstenau und später Seyß-Inquart, einen Teil der politischen Verantwortung zu übertragen[111].

Nach außen hin bewegten sich die österreichisch-deutschen Beziehungen jetzt auf einer für beide Teile befriedigenden Grundlage. Aber in Wirklichkeit benutzten die Deutschen in den folgenden 18 Monaten das Abkommen, um einen immer stärkeren Druck auf die österreichische Regierung auszuüben und weitere Konzessionen zu erpressen. Seinen Höhepunkt fand dieser Prozeß des Zersplitterns der österreichischen Unabhängigkeit in der berühmten Unterredung zwischen Hitler und Schuschnigg im Februar 1938. So bildete das Abkommen, wie es von den Deutschen benutzt wurde, einen großen Schritt vorwärts für die Politik der friedlichen Eroberung Österreichs, zu der Hitler nach dem mißlungenen Putschversuch vom Juli 1934 Zuflucht genommen hatte.

Doch die Bedeutung des Abkommens war nicht auf die deutsch-österreichischen Beziehungen beschränkt. Mit seiner Unterzeichnung wurden Hitlers Aussichten auf eine Annäherung an Italien wesentlich verbessert. Und hier hatte er wieder einmal außerordentliches Glück. Am 4. Juli 1936 hoben die Völkerbundmächte die Sanktionen auf, die sie versucht hatten, gegen Italien anzuwenden — ein stillschweigendes Eingeständnis ihrer Niederlage. Keine vierzehn Tage später, am 17. Juli, brach in Spanien der Bürgerkrieg aus und schuf eine Situation, aus der Hitler keinen geringeren Vorteil ziehen konnte als aus Mussolinis abessinischem Abenteuer.

Es gibt keinen Beweis dafür, daß Hitler bei den Ereignissen, die zum Bürgerkrieg führten, seine Hand im Spiele hatte. Am 22. Juli war er in Bayreuth, als ihm ein deutscher Kaufmann aus Marokko und der dortige Ortsgruppenleiter einen persönlichen Brief von General Franco überbrachten. Nach seiner Rückkehr aus dem Theater ließ Hitler Göring und seinen Kriegsminister Blomberg zu sich kommen. Und in jener Nacht faßte er den Entschluß, Franco mit aktiver Hilfe zu unterstützen. In den folgenden drei Jahren schickte Deutschland Soldaten, Kriegsmaterial, Fachleute, Techniker aller Art und die berühmte Legion Condor nach Spanien. Die deutsche Hilfe für Franco ist niemals sehr bedeutend gewesen, jedenfalls nicht so ausreichend, daß Franco ihr seinen Sieg verdankte, oder gar gleichwertig den von Mussolini zur Verfügung gestellten Kräften, die im März 1937 eine Stärke von 60 000 bis 70 000 Mann hatten[112]. Hitlers Politik bestand im Gegensatz zu der Mussolinis nicht darin, Francos Sieg zu sichern, sondern den Krieg zu verlängern. Ein Beamter der deutschen Wirtschaftspolitischen Abteilung, der sich im April 1939 bemühte, nachzurechnen, wieviel bis dahin die deutsche Hilfeleistung für Franco gekostet hatte, kam auf die runde Summe von 500 Millionen Reichsmark[113]. Im Vergleich zu den Aufwendungen für die Wiederaufrüstung war das keine große Summe. Aber sie stand in keinem Verhältnis zu den Vorteilen, die sich Deutschland dadurch sicherte — auf wirtschaftlichem Gebiet (in Gestalt wertvollen Rohmaterials aus den spanischen Erzminen), auf militärischem (nützliche Erfahrungen für die Luftwaffe, praktische Kampferprobung der Panzer) und vor allem auf strategischem und politischem Gebiet.

Man braucht nur auf die Landkarte zu blicken, um zu erkennen, in welch ernste Lage Frankreich durch die Ereignisse jenseits der Pyrenäen geriet. Ein Sieg Francos konnte nur bedeuten, daß es noch einen dritten faschistischen Nachbarn bekam, daß es im Kriegsfall drei statt zwei Grenzen zu verteidigen hatte. Allein schon aus geographischen Gründen war daher Frankreich mehr als irgendeine andere Großmacht an den spanischen Ereignissen interessiert. Dennoch trug der ideologische Charakter des spanischen Bürgerkriegs eher zur Spaltung als zur Einigung der öffentlichen Meinung in Frankreich bei. Aus den Wahlen, die in Frankreich kurz vor Ausbruch der spanischen Unruhen abgehalten wurden, war die linksgerichtete Volksfrontregierung Léon Blums hervorgegangen. Die politischen und klassenkämpferischen Auseinandersetzungen in Frankreich waren so erbittert, daß auch diesmal wieder, wie beim Abschluß des französisch-sowjetischen Vertrags, die innerpolitischen Angelegenheiten den Vorrang vor den außenpolitischen hatten, und viele Franzosen neigten dazu, Franco zu unterstützen, um dadurch die eigene Regierung zu schwächen. Alle derartigen Faktoren der Uneinigkeit in Frankreich, auf die Hitler immer seine Hoffnung gesetzt hatte, erhielten durch den spanischen Bürgerkrieg eine größere Schärfe, und solange dieser andauerte, war die französische Außenpolitik zur Schwäche verurteilt.

Mussolinis Intervention in Spanien war von Anfang an ganz offen. Um Franco zum Sieg zu verhelfen, ließ er ihm alle nur mögliche Unterstützung zukommen. Und das gerade in dem Augenblick, in dem sich infolge der Aufhebung der Sanktionen ein besseres Verhältnis zwischen Italien und den Westmächten hätte ermöglichen lassen. So aber ging der Streit weiter: die italienische Intervention stieß fortgesetzt mit den französischen und englischen Bemühungen um Nichteinmischung zusammen. Der deutsche Botschafter in Rom, von Hassell, bemerkte ganz richtig:

>Die Rolle, die der spanische Konflikt in Italiens Beziehungen zu Frankreich und England spielt, könnte die gleiche sein wie beim Abessinienkonflikt. Die entgegengesetzten Interessen der Mächte würden sich dadurch klarer herausschälen und infolgedessen Italien davor bewahren, den Westmächten ins Netz zu gehen ... Der Kampf um den dominierenden politischen Einfluß in Spanien läßt den natürlichen Gegensatz zwischen Italien und Frankreich offen zutage treten; gleichzeitig tritt Italien als Macht im westlichen Mittelmeer mit England in Wettbewerb[114].«

Wie jetzt aus den inzwischen veröffentlichten diplomatischen Dokumenten klar hervorgeht, mußten alle Bemühungen Londons und Paris', Mussolini in der Zeit zwischen 1936 und 1939 auf ihre Seite zu ziehen, am Streit über Spanien und an dem aus der Sanktionsepisode verbliebenen Mißtrauen Schiffbruch erleiden. Wahrhaftig, es war die gemeinsame Spanienpolitik Italiens und Deutschlands, die eine der wichtigsten Grundlagen für die Achse Rom—Berlin schuf. Der spanische Bürgerkrieg bot ein viel weiteres Feld für eine solche Zusammenarbeit als der Abessinien-Krieg, von dem Deutschland sich ferngehalten hatte.

Im September 1936 hielt Hitler den Augenblick für günstig, die Beziehungen zwischen Deutschland und Italien enger zu gestalten, um Nutzen zu ziehen aus einer Situation, in der beide Länder begonnen hatten, einen parallelen Kurs einzuschlagen. In dem Jahr, das seit dem Ausbruch des Abessinien-Kriegs verflossen war, hatten sich die großen Veränderungen in den Beziehungen der Großmächte vollzogen. Bisher hatte sich Hitler mit der Rolle des Zuschauers begnügt; jetzt aber war die Zeit gekommen, die Vorteile, die ihm diese Veränderungen boten, auszunutzen. Durch das deutsch-österreichische Abkommen vom Juli war das größte Hindernis für eine Verständigung zwischen Rom und Berlin aus dem Wege geräumt worden, und am 29. Juni hatte Hitler durch den deutschen Botschafter dem italienischen Außenminister Ciano ein Angebot übermittelt, nach dem er sich bereit erklärte, die Anerkennung des neuen italienischen Kaiserreichs — bekanntlich ein empfindlicher Punkt Mussolinis — in Erwägung zu ziehen, wann immer Mussolini es wünsche. Im September nun schickte Hitler seinen ehemaligen bayrischen Justizminister Hans Frank, der zufällig fließend Italienisch sprach, nach Rom, um die Lage zu erkunden.

Frank wurde von Mussolini im Palazzo Venezia am 23. September empfangen. Er überbrachte des Führers herzliche Einladung an

Mussolini und Ciano, Deutschland einen Besuch abzustatten. Den spanischen Nationalisten, sagte er, habe Deutschland aus Gründen der ideologischen Solidarität geholfen, aber es verfolge im Mittelmeergebiet weder eigene Interessen noch Ziele. »Der Führer«, heißt es in einer Notiz Cianos, »ist bemüht, uns wissen zu lassen, daß in seinen Augen das Mittelmeer ein rein italienisches Meer ist. Italien habe ein Anrecht auf Privilegien und auf die Herrschaft im Mittelmeer. Das deutsche Interesse sei auf die Ostsee gerichtet; sie sei das deutsche Mittelmeer.« In Deutschland, erklärte Frank weiter, betrachte man die österreichische Frage nunmehr als erledigt. Nachdem er dann hinsichtlich der Kolonialforderungen eine gemeinsame Politik vorgeschlagen und das Angebot wiederholt hatte, das italienische Kaiserreich anzuerkennen, schloß Frank mit den Worten, daß Hitler an die wachsende Notwendigkeit einer engen Zusammenarbeit zwischen Deutschland und Italien glaube[115]. Während der Unterredung war Mussolini darauf bedacht gewesen, nicht allzuviel Entgegenkommen zu zeigen, und er hatte eine gewisse Interesselosigkeit geheuchelt. Aber einen Monat später reiste Ciano nach Deutschland.

Nach einer Unterredung, die Ciano am 21. Oktober in Berlin mit dem deutschen Außenminister von Neurath führte, reiste er am 24. nach Berchtesgaden weiter, um Hitler persönlich zu sprechen. Hitler bemühte sich, liebenswürdig zu sein; er sei tief bewegt über die herzlichen Grüße des »größten Staatsmannes der Welt, mit dem sich keiner auch nur entfernt vergleichen kann«. Zweimal telefonierte er nach München, um selber die Einzelheiten für Cianos Empfang zu bestimmen, und obwohl er die Unterhaltung an sich riß, war er doch offensichtlich bemüht, mit seiner Freundlichkeit auf Ciano Eindruck zu machen.

Hitlers Auslassungen gipfelten in der Betonung der Notwendigkeit für Italien und Deutschland, eine gemeinsame Front gegen den Bolschewismus und die Westmächte zu bilden. Die Möglichkeit, Polen, Jugoslawien, Ungarn und Japan in diese Front einzubeziehen, wurde kurz gestreift. England gegenüber zeigte Hitler sich immer noch unentschlossen. Wenn England erst einem starken deutsch-italienischen Block gegenüberstehe, werde es sich wohl oder übel bemühen müssen, mit den beiden Mächten auf gutem Fuß zu stehen. Arbeite es dagegen weiter gegen sie, würden Deutschland und Italien genügend Macht besitzen, um es zu schlagen.

»In Deutschland und Italien geht die Aufrüstung schneller voran, als das in Großbritannien möglich ist. Dort ist sie nicht allein eine Sache des Schiffbaus, der Konstruktion von Kanonen und Flugzeugen, sondern es handelt sich auch um eine psychologische Aufrüstung, die mehr Zeit in Anspruch nimmt und schwieriger ist. In drei Jahren wird Deutschland vorbereitet sein, in vier Jahren mehr als vorbereitet, und in fünf noch mehr ... Die Engländer behaupten, es gäbe heute zwei Länder in der Welt, die von Abenteurern geführt werden: Deutschland und Italien. Aber England ist auch einmal von Abenteurern geführt worden, als es sein Empire aufbaute. Heute wird es nur noch von Unfähigen regiert[116].«

Vor Cianos Besuch war vom italienischen und vom deutschen Außenministerium ein Protokoll vorbereitet worden, das jetzt in Berlin von den beiden Außenministern unterzeichnet wurde. Es behandelte alle Einzelheiten der deutsch-italienischen Zusammenarbeit — Vorschläge für einen neuen Locarno-Pakt, die Völkerbundspolitik, Spanien, Österreich, die Donaustaaten (die Deutschen bemühten sich um eine Annäherung zwischen Italien und Jugoslawien), Abessinien und Anerkennung des japanischen Satellitenstaats Mandschuko. Dieses unter dem Namen Oktober-Protokolle bekannte Dokument wurde in der amtlichen Verlautbarung nach Abschluß von Cianos Deutschlandbesuch nicht erwähnt; aber als Mussolini am 1. November 1936 nach Mailand fuhr, sprach er offen von einem Abkommen zwischen den beiden Ländern und benutzte dabei zum ersten Male das berühmte Symbol von der Achse, »um die herum alle jene europäischen Staaten, die den Wunsch nach Zusammenarbeit und Frieden hegen, sich zu gemeinsamer Arbeit gruppieren mögen«.

VII

So war es Hitler gegen Ende 1936 gelungen, eine der beiden Bedingungen — eine Allianz mit Italien — zu schaffen, auf die er schon in »Mein Kampf« hingewiesen hatte. Denn fraglos wurde die Achse durch Hitlers Initiative geschmiedet: er nützte mit großer Geschicklichkeit die Situation aus, in die Mussolini geraten war. Aber das zweite Bündnis — das mit England — war ihm noch nicht geglückt.

Im August hatte sich Hitler zu einem neuen Annäherungsversuch an London entschlossen: er ernannte Ribbentrop zum deutschen Botschafter am Hof von St. James. Ribbentrop war vier Jahre jünger als der Führer, bewunderte ihn sklavisch und ahmte ihn nach. Er hatte den Ersten Weltkrieg mitgemacht und war nachher Weinreisender geworden. 1920 hatte er Anna Henkell, die Tochter eines bedeutenden Sektfabrikanten, geheiratet und die Zeit nach dem Krieg, wie auch schon vorher, mit Auslandsreisen verbracht. Er trat der Partei Anfang der dreißiger Jahre bei, als Hitler bereits ein prominenter Politiker war, und es war in seiner Villa in Dahlem, wo die entscheidende Besprechung vom 22. Januar, die zur Bildung der Koalitionsregierung führte, stattfand. Ribbentrop war ein ehrgeiziger Mann. Es gelang ihm, den neuen Reichskanzler davon zu überzeugen, daß er ihm über das, was im Ausland vorging, zuverlässigere Informationen beschaffen könne als die, die ihn durch die offiziellen Kanäle des Auswärtigen Amts erreichten. Mit Parteigeldern richtete er sich in der Wilhelmstraße, gegenüber dem Auswärtigen Amt, die »Dienststelle Ribbentrop« ein. Sie wurde besetzt mit Journalisten, arbeitslosen Kaufleuten und Parteimitgliedern, die in die diplomatische Laufbahn drängten. Nachdem er 1934 eine Zeitlang Sonderbeauftragter für die Abrüstung gewesen war, erhielt Ribbentrop im Jahre 1935 seine große Chance. Es gelang ihm, hinter dem Rücken des Auswärtigen Amtes das englisch-deutsche Flottenabkommen unter Dach zu bringen. Dadurch gelangte er zu hohem Ansehen.

Die Wahl des anmaßenden, eitlen, humorlosen, boshaften Ribbentrop war eine der schlechtesten, die Hitler jemals für ein hohes Amt getroffen hat. Aber Ribbentrop teilte viele von Hitlers sozialen Ressentiments (besonders gegen die Berufsdiplomaten) und war bereit, sich dem Genie des Führers unterzuordnen. Seine Ernennung gab Hitler die Möglichkeit, die Pflege der Beziehungen zu Großbritannien selber nachdrücklicher in die Hand zu nehmen. Zwar bestand Ribbentrops ganzer Ehrgeiz darin, Neurath zu verdrängen und selber Außenminister zu werden. Er nahm daher den Londoner Posten nur widerwillig an, weil er — nicht ohne Berechtigung — glaubte, daß Neurath ihn aus dem Wege zu schaffen bestrebt sei. Aber ein neuer Erfolg von der Art des englisch-deutschen Flottenabkommens würde eine große Feder mehr auf seiner Kappe gewesen sein, und so knüpften beide, Ribbentrop und Hitler, erhebliche Hoffnungen an die neue Besetzung des Londoner Postens.

Was aber Hitler und Ribbentrop einiges Kopfzerbrechen bereitete, war die Tatsache, daß die Engländer, obwohl sie keine Neigung zeigten, auf dem Kontinent wirksame Maßnahmen zu ergreifen, und nur allzu bereit waren, unangenehme Entscheidungen hinauszuschieben, sich vor einer Zusammenarbeit mit Deutschland hüteten. In der Zeit von Cianos Besuch war Hitler noch im Zwiespalt über die Engländer: er widerstrebte einer offenen Aktion, die ihre Feindseligkeit hervorrufen konnte, weil er immer noch hoffte, sie für sich zu gewinnen, und war trotzdem mitunter versucht, die Engländer für »erledigt« zu halten und ihren Wert als Freund oder Feind niedrig einzuschätzen. Diese wechselnden Stimmungen hielten, im Grad variierend, bis zum Ausbruch des Krieges an und verschwanden niemals ganz aus Hitlers Haßliebe zu den Engländern.

Das beste Argument, mit dem Hitler der konservativen Regierung in Großbritannien gegenüber operierte, ein Argument übrigens, das nicht nur in London, sondern auch in vielen anderen Hauptstädten Beachtung gefunden hatte und das er nach Ausbruch des spanischen Bürgerkriegs noch häufiger benutzte, war dieses: Interessengemeinschaft der europäischen Staaten dem Kommunismus gegenüber. Seit 1919 hatte Hitler von Deutschland als einem »Bollwerk gegen den Bolschewismus« gesprochen. Aber der spanische Bürgerkrieg verschärfte den ideologischen Konflikt in Westeuropa. Es war die Zeit der Volksfrontregierungen, der Bemühungen, alle »progressiven« Parteien und Organisationen im Widerstand gegen den Faschismus zu vereinen; und es war auch die Zeit, in der der französische Rechtsradikalismus das Wort prägte: »Lieber Hitler als Blum.« In England und auch in Frankreich standen viele Menschen, die normalerweise einen lärmenden deutschen Nationalismus nur sehr ungern gesehen haben würden, unter dem Eindruck von Hitlers Antikommunismus, der damals dem gleichen Zweck diente wie Rußlands eigene Friedenskampagne und ähnliche Schritte nach dem zweiten Weltkrieg. Immer wieder führte Hitler das Beispiel Spaniens als eines vom Bolschewismus verwüsteten Landes an; er wies auf die Volksfrontregierung in Frankreich hin und verglich sie mit den Girondisten, die den radikaleren Jakobinern hatten weichen müssen, oder mit Kerenskijs provisorischer Regierung in Rußland, die in der zweiten Oktober-Revolution von 1917 von den Bolschewisten hinweggefegt wurde. Im November 1936 erklärte Hitler: »Vielleicht kommt schneller als wir alle denken die Zeit, in der auch das übrige Europa in unserem Deutschland den stärksten Hort einer wirklichen europäischen und damit menschlichen Kultur und Zivilisation sehen wird. Vielleicht kommt die Zeit schneller als wir denken, daß dieses übrige Europa nicht mehr mit Grollen die Aufrichtung eines nationalsozialistischen Deutschen Reiches sieht, sondern froh sein wird, daß dieser Damm gegen die bolschewistische Flut gebaut wurde[117].«

Der Antikommunismus war auch als Basis gedacht für den Machtblock, von dem Hitler mit Ciano gesprochen hatte. Seit Monaten hatte Ribbentrop — völlig unabhängig vom Auswärtigen Amt — auf ein Abkommen mit Japan hingearbeitet. Im November krönte der Erfolg seine Bemühungen: er flog von London nach Berlin zur Unterzeichnung des Antikomintern-Paktes. Die ideologischen Ziele des Paktes — der Kampf gegen die kommunistische »Weltverschwörung« — verliehen ihm einen so universalen Charakter, wie ihn ein offen gegen Rußland gerichtetes Abkommen nicht hätte haben können. Er hatte ausdrücklich den Zweck, andere Staaten als Anhänger zu gewinnen, und es dauerte dann auch nicht lange, daß Hitler neue Unterschriften zu sammeln begann. Die offiziellen Bestimmungen des Pakts bezogen sich lediglich auf den Austausch von Informationen über die Tätigkeit der Komintern, auf gemeinsame Abwehrmaßnahmen und ein strenges Vorgehen gegen Komintern-Agenten. Aber es gab noch ein Geheimprotokoll, das sich besonders mit Rußland befaßte und die beiden Partner verpflichtete, keine politischen Verträge mit der UdSSR abzuschließen. Im Falle eines nicht provozierten Angriffs oder einer Angriffsdrohung der Russen gegen eine der beiden Mächte, hieß es ferner in dem Protokoll, sei jeder verpflichtet, »keine Maßnahme zu ergreifen, die dazu dienen könnte, die Situation der UdSSR zu erleichtern[118]«. Das war eine ziemlich vage Formulierung, aber die Erklärung, die Ribbentrop am Tage der Unterzeichnung des Paktes abgab, ließ wenig daran zweifeln, daß Deutschland aus dieser neuen politischen Gruppierung mehr zu machen hoffte. »Japan«, sagte Ribbentrop, »wird im Fernen Osten eine Ausbreitung des Bolschewismus niemals zulassen. Deutschland ist im Begriff, in Mitteleuropa ein Bollwerk gegen die bolschewistische Pest zu errichten. Und im Süden schließlich wird Italien, wie der Duce die Welt hat wissen lassen, das antibolschewistische Banner hissen[119].« In Hitlers Augen sollten die von Italien unterzeichneten Oktober-Protokolle und der mit Japan abgeschlossene Antikomintern-Pakt die Grundlagen für ein neues Militärbündnis werden.

In jeder Hinsicht also konnte Hitler mit dem vierten Jahr seiner Regierung zufrieden sein. Die Wiederbesetzung des Rheinlandes, Deutschlands umfangreiche Wiederaufrüstung, seine selbstbewußte Führung im Gegensatz zu der Schwäche der Westmächte hatten sein Ansehen im In- und Ausland mächtig gestärkt. Prominente Persönlichkeiten beeilten sich, ihn aufzusuchen — darunter Lloyd George, von dem man den peinlichen Eindruck erhielt, daß er Hitler in seiner Ansicht, Deutschland würde den Krieg gewonnen haben, wenn es 1918 durchgehalten hätte, noch bestärkt habe. Die meisten dieser Schaulustigen waren, wenn sie zurückkehrten, halb und halb überzeugt von den Ansprüchen des neuen europäischen Schicksalsgottes und tief beeindruckt von dem dynamischen neuen Deutschland, das er ins Leben gerufen hatte. Als im August 1936 die Olympischen Spiele in Berlin abgehalten wurden, besuchten Tausende von Ausländern die Reichshauptstadt, und diese Gelegenheit wurde außerordentlich geschickt ausgenutzt, um das Dritte Reich von seiner besten Seite zu zeigen. Die neuen Herren Deutschlands entfalteten einen Glanz, der mit dem des Sonnenkönigs oder der russischen Zaren hätte wetteifern können. Und auch der Parteitag in Nürnberg im September, der eine ganze Woche dauerte, wurde mit einem Aufwand durchgeführt, der alle bisherigen nationalsozialistischen Prunkveranstaltungen in den Schatten stellte.

Zum Abschluß der ersten vier Jahre seiner Amtszeit hielt Hitler am 30. Januar 1937 im Reichstag eine lange Rede. Hierin zog er in aller Form Deutschlands Unterschrift von jenen Bestimmungen des Versailler Vertrags zurück, die ihm die Gleichberechtigung absprachen und die Schuld am Kriege aufbürdeten. »Ich muß an diesem Tage«, fügte Hitler hinzu, »demutsvoll der Vorsehung danken, deren Gnade es mir, dem einstigen Soldaten des Weltkriegs, gelingen ließ, unserm Volk wieder seine Ehre und Rechtschaffenheit zurückzuerkämpfen.«

Es war ein eindrucksvoller Leistungsbericht, den Hitler geben konnte. Nicht nur war das deutsche Ansehen im Ausland gestiegen, sondern im Innern auch die Wirtschaft aufgeblüht und die nationale Zuversicht wiederhergestellt. Es wäre sinnlos, zu leugnen, daß es Hitler gelungen war, im deutschen Volk große Energiereserven freizumachen und sein Selbstvertrauen, das in den Jahren der Wirtschaftskrise schwer gelitten hatte, wieder zu beleben. Die Deutschen waren empfänglich für eine Regierung, deren autoritäre Führung sich weder vor dem Wagnis noch vor der Verantwortung fürchtete. So war, um nur ein Beispiel zu nennen, die Zahl der Arbeitslosen in der Zeit vom Januar 1933 bis zum Dezember 1934 von 6 Millionen auf 2,6 Millionen gesunken und die der Beschäftigten von 11,5 auf 14,5 Millionen gestiegen[120]. Wenn man auch zugeben muß, daß die wirtschaftliche Erholung damals in gewissem Umfang eine allgemeine Erscheinung war, so muß man doch anerkennen, daß sie in Deutschland rascher vonstatten ging. Außerdem hatte sie größere Auswirkungen als anderswo, was in beträchtlichem Maße den Ausgaben der Regierung für öffentliche Arbeiten und für die Verbesserung der Hilfsquellen des Landes zu verdanken war.

Es ist daher naheliegend zu fragen — wie es auch viele Deutschen heute noch tun —, ob die Nazibewegung nicht doch bis zu einem gewissen Grade eine Kraft des Guten gewesen ist, deren ursprünglicher Idealismus erst später entartete. Wieviel Wahrheit nun auch in dieser Ansicht — auf die große Masse der Partei bezogen — liegen mag, so wird sie doch, was Hitler und die Naziführer betrifft, durch das vorliegende Beweismaterial widerlegt. Denn alle Zeugnisse bestätigen nur die gegenteilige Ansicht, nämlich, daß Hitler und die andern Naziführer von Anfang an nichts anderes als an die Macht gedacht haben, an ihre eigene und an die des von ihnen beherrschten Landes.

In einer Denkschrift vom 3. Mai 1935 bemerkt Dr. Schacht, der Mann, dem in erster Linie die wirtschaftliche Erholung Deutschlands zu verdanken war: »Die nachfolgenden Ausführungen gehen davon aus, daß die Durchführung des Rüstungsprogramms nach Tempo und Ausmaß *die* Aufgabe der deutschen Politik ist, daß demnach alles andere diesem Zweck untergeordnet werden muß, soweit nicht durch

Vernachlässigung anderer Fragen das eine Hauptziel etwa gefährdet wird[121].« Diese Ansicht wird immerzu wiederholt in allen wirtschaftspolitischen Besprechungen jener Jahre. Daß Schacht später zu Hitlers Politik in Opposition trat — was 1937 zur Zuspitzung und zu Schachts Rücktritt führte —, geschah auf Grund von Hitlers hartnäckiger Weigerung, irgendwelche anderen wirtschaftlichen oder sozialen Dinge in Rechnung zu ziehen. Nur eines war für Hitler ausschlaggebend: der in kürzester Frist zu vollziehende Aufbau des denkbar leistungsfähigsten Militärapparates. Hitler war die treibende Kraft, die hinter der deutschen Aufrüstung stand. Als er sich während des Rußlandfeldzuges einmal an frühere Zeiten erinnerte, sagte er zu Jodl:

»Die Marine hat auch nicht ein einziges Mal Forderungen aus eigenem Antrieb gestellt. Immer mußte ich es für sie tun, und dann — Sie mögen es mir glauben oder nicht — machten sie auch noch Abstriche an dem Programm, das ich ihnen vorgeschlagen hatte. Beim Heer war es nicht besser. Auch hier mußte ich auf die Annahme eines echten Aufbauprogramms drängen, und dann wurde zögernd und ausweichend geantwortet. Ich war darüber so enttäuscht, daß ich schließlich und endlich gezwungen war, dem Heer seine Vorrechte zu streichen und sie selber zu übernehmen[122].«

Im August 1936 wurde die Wehrdienstzeit auf zwei Jahre erhöht, und im September verkündete Hitler in Nürnberg einen Vierjahresplan. Die Schwierigkeiten mit den Wirtschaftssachverständigen hatten ihn ungeduldig gemacht, und so beauftragte er mit der Durchführung des Vierjahresplans Göring, den er mit den erforderlichen Vollmachten versah, um, koste es was es wolle, zum Ergebnis zu kommen. Von nun an diente die deutsche Wirtschaft nur noch einem einzigen Zweck, der Vorbereitung zum Kriege. Aus dieser Tatsache erklärt sich, daß sich die günstige Entwicklung in Deutschland — es hatte sich wirtschaftlich bemerkenswert rasch erholt und war am Ende jenes Zeitabschnitts eines der bestausgerüsteten Industrieländer der Welt — nicht in der Hebung des nationalen Lebensstandards widerspiegelt: dieser wurde absichtlich niedriggehalten, während die militärische Stärke anwuchs.

Ferner muß hier noch gesagt werden, daß es gerade dieses Machtgefühl, dieser wiederentdeckte Glaube an die »deutsche Mission« war, was wesentlich zur Wiederherstellung von Vertrauen und Zuversicht in Deutschland beitrug. Es äußerte sich in einem zunehmend aggressiven Nationalismus, der nicht viel Sinn hatte für die Rechte anderer, weniger mächtiger Nationen. Sowohl die Psychologie wie die Wirtschaftspolitik der Nazis dienten nur einem Ziel: der Kriegsvorbereitung. Und beider Erfolg hing auf die Dauer von der Aufrechterhaltung des nationalen Geistes und der nationalen Anstrengung ab, was früher oder später in aggressiven Handlungen Ausdruck finden mußte. Der Krieg, der Glaube an die Gewalt, das Recht des Stärkeren — sie waren keine Entartung des Nationalsozialismus, sie waren sein Wesen. Jedermann, der Deutschland in den Jahren 1936/37 besuchte, konnte erkennen, sofern er nicht völlig blind war, auf welches Ziel diese ganze umfangreiche Aktivität gerichtet war. Die Anerkennung, daß Hitlers Herrschaft in den ersten vier Jahren für Deutschland Gutes gebracht hat, muß daher eingeschränkt werden durch die Erkenntnis, daß diese günstige Entwicklung für den Führer — und für einen beträchtlichen Teil des deutschen Volkes — die Nebenwirkung der wahren Absicht war — der Absicht, ein Machtinstrument zu schaffen, mit dem sich eine Expansionspolitik betreiben ließ, die letzten Endes keine Grenzen mehr kennen sollte.

VIII

Das Jahr 1937 hindurch verfolgte Hitler die im Jahre vorher eingeschlagene politische Linie. Es war ein Jahr der Vorbereitung — und des wachsenden Vertrauens in die deutsche Stärke. Denn wenn auch Hitler sich immer noch bemühte, seine Friedensliebe zu beteuern, so gab es doch einen neuen Ton in seiner Stimme, einen Ton der Ungeduld. In seiner Rede vom 30. Januar beschäftigte er sich ausführlich mit Deutschlands Forderung nach Rückgabe der Kolonien, die ihm bei Kriegsende genommen worden waren. In derselben Rede sprach er von der »berechtigten Empfindung des nationalen Stolzes und Bewußtseins der Nationalitäten, die als Minoritäten in fremden Völkern zu leben gezwungen sind«[123]. Die Forderung nach Kolonien wurde im Laufe des Jahres 1937 immer häufiger erhoben, und gegen Ende des Jahres, in einer Rede, die er in Augsburg hielt, erklärte Hitler: »In einem Jahr wird die Welt nicht mehr ignorieren können, wovor sie heute noch die Ohren verschließt. Was sie heute noch nicht hören will, darüber wird sie in drei Jahren nachdenken, und in fünf oder sechs praktisch in Erwägung ziehen müssen. Wir werden immer lauter unsere Forderung nach Lebensraum in den Kolonien erheben, bis die Welt unseren Anspruch anerkennen wird[124].«

Hitlers Zuversicht hatte zwei besondere Gründe: den Fortschritt der deutschen Wiederaufrüstung und die Konsolidierung der »Achse«. Göring, der nun Wirtschaftsdiktator in Deutschland war, besaß vor der Wirtschaft ebensowenig Respekt wie Hitler. Seine Methoden waren brutal, aber nicht unwirksam.

Im Dezember 1936 verkündete Göring einer Versammlung von Großindustriellen, daß es jetzt nicht mehr darauf ankomme, wirtschaftlich zu produzieren, sondern einfach darauf, überhaupt zu produzieren. Was die Devisenbeschaffung angehe, so sei es ganz unwesentlich, ob die gesetzlichen Bestimmungen eingehalten würden oder nicht, vorausgesetzt, daß eben Devisen hereinkämen. Bestraft werde nur derjenige, der gegen die Bestimmungen verstoße, ohne Devisen hereinzubringen.

»Es ist kein Ende der Aufrüstung abzusehen. Allein entscheidend ist hier Sieg oder Untergang ... Wir ständen in einer Zeit, in der sich die letzten Auseinandersetzungen ankündigten. Wir stehen bereits in der Mobilmachung und im Krieg, es wird nur noch nicht geschossen[125].«

Hitlers und Görings Autarkieprogramm und die Suche nach »Ersatzstoffen« wurde damals von Dr. Schacht scharf kritisiert, aber seine wirtschaftlichen Argumente trafen auf taube Ohren. Diese Männer hatten es eilig, die Kosten oder die wirtschaftlichen Folgen waren ihnen gleichgültig; es ging ihnen nur darum, die rasch benötigten Waffen zu bekommen. Als Schacht auf seinem Widerstand beharrte, nahm man sein Rücktrittsgesuch an, und Göring fuhr fort, sich über wirtschaftliche Theorien ebenso wie über wirtschaftliche Tatsachen hinwegzusetzen. Im Frühjahr 1939 hatte dann Hitler die militärische Macht Deutschlands in einem Maße ausgebaut, das in der deutschen Geschichte nicht seinesgleichen hat.

Die Konsolidierung der Achse Rom—Berlin wurde gekennzeichnet durch immer häufiger werdende Beratungen zwischen den beiden Partnern und gegenseitige Besuche, die ihren Höhepunkt fanden mit Mussolinis Staatsempfang in Deutschland im September und der italienischen Unterzeichnung des Antikomintern-Paktes im November. Unter denen, die Hitler nach Rom schickte, befanden sich Göring (im Januar), Außenminister Neurath (im Mai), Kriegsminister Blomberg (im Juni) und Ribbentrop (im Oktober). Noch immer ging die Initiative von Berlin aus, und wie aus den erbeuteten diplomatischen Papieren hervorgeht, hat Hitler die Versuche der Engländer und Franzosen, ihre freundschaftlichen Beziehungen zum Duce zu erneuern, mit einiger Nervosität beobachtet.

Am 2. Januar 1937 unterzeichnete Ciano ein »gentleman's agreement« mit England. Hierin erkannte jedes der beiden Länder das vitale Interesse des andern an der Freiheit des Mittelmeeres an, und sie stimmten überein, daß der Status quo in diesem Gebiet keine Änderung erfahren solle. (Die Engländer waren besorgt gewesen, daß die Italiener möglicherweise die Balearen von Spanien erwerben könnten.) Kurz darauf schickte Hitler Göring auf Erkundungsfahrt nach Rom. In den beiden Unterredungen, die er mit Mussolini am 15. und am 23. Januar führte, ging Göring sehr plump vor, um die Ansichten des Duce über verschiedene Dinge herauszubekommen. Aus dem Bericht über die beiden Gespräche wird deutlich, daß jeder die Bemühungen des andern um eine Verständigung mit England ziemlich mißtrauisch betrachtete. Darüber hinaus war immer noch Österreich ein Gefahrenpunkt für die deutsch-italienischen Beziehungen, und Mussolini behagte es nicht, daß Göring ganz offen vom »Anschluß« als einer unvermeidlichen Voraussetzung sprach. Paul Schmidt, der als Dolmetscher zugegen war, berichtet, Mussolini habe heftig den Kopf geschüttelt, und Hassell, der deutsche Botschafter, schrieb nach Berlin: »Ich hatte den Eindruck, daß General Görings Erklärung hinsichtlich Österreichs kühl aufgenommen wurde und daß er, da er es merkte, keineswegs alles sagte, was er sich vorgenommen hatte[126].«

Bei seiner zweiten Unterredung mit dem Duce am 23. Januar war Göring umsichtiger. Er bedrängte Mussolini nur, die österreichische Regierung dringend an die Einhaltung der Bestimmungen des österreichisch-deutschen Abkommens zu erinnern. Und obwohl er kein Hehl aus Deutschlands Abneigung gegen die Regierung Schuschnigg machte und deutlich zu verstehen gab, daß Deutschland eine Restauration der Habsburger Monarchie in Österreich nicht dulden werde, so versicherte er doch ausdrücklich, daß von seiten Hitlers keine Überraschungen in bezug auf Österreich zu erwarten seien[127]. Nach Auffassung Hassells, der kurz darauf eine Unterredung mit Ciano hatte, soll Görings taktvolleres Benehmen bei der zweiten Besprechung die Italiener wieder beschwichtigt haben. »Von besonderer Bedeutung«, schrieb Hassell an Göring, »war die Tatsache, daß Sie klar zum Ausdruck brachten, daß jeder Schritt in der österreichischen Frage, der auf eine Änderung der gegenwärtigen Situation abzielt, im Rahmen der deutsch-italienischen Freundschaft nur in Fühlung mit Rom unternommen werde. Ich fügte noch hinzu, daß wir unsererseits erwarteten, gegen eine Erneuerung der früheren Partnerschaft Italiens mit anderen Mächten (Die Wacht am Brenner) versichert zu werden. Ciano stimmte mir zu: das sei selbstverständlich[128].«

Diese Verdachtsmomente und Schwierigkeiten waren nicht leicht zu überwinden. Die Italiener zeigten sich rasch beleidigt, wenn die Deutschen — wozu sie nur allzusehr neigten — geringschätzige Bemerkungen über ihre militärischen Fähigkeiten machten. General von Blombergs Besuch in Italien im Juni war weit davon entfernt, ein runder Erfolg zu sein, und die Nachricht wiederum, daß der deutsche Außenminister Neurath sich für eine Reise nach London vorbereite, erregte Cianos Mißtrauen. Vor allem aber hatten Görings Unterredungen mit Mussolini gezeigt, daß Hitler in der österreichischen Frage immer noch behutsam vorgehen mußte. Als Neurath im Mai den Duce aufsuchte, versicherte er ihm, »daß der Führer die Absicht hat, in seiner Politik Österreich gegenüber sich an den Vertrag vom 11. Juli als Basis zu halten. Obwohl Deutschland an dieser Frage lebhaft interessiert ist, sieht es sie nicht als dringend an[129].« Mit einer einzigen Ausnahme: wenn die Habsburger Monarchie wiederhergestellt werde.

Nichtsdestoweniger war der Sog der Ereignisse zu stark für Mussolini. Seine Ambitionen im Mittelmeer, seine Intervention in Spanien, sein Eifer, auf der Seite der Sieger zu stehen und sich seinen Anteil an der Plünderung der dekadenten Demokratien zu sichern, und nicht zuletzt sein Groll über die britische und französische Politik der jüngsten Vergangenheit verbanden sich mit der Eitelkeit eines Diktators, der im Hinblick auf seine internationalen Beziehungen starke Minderwertigkeitskomplexe hatte, und dem Begehren nach den Vorteilen einer Partnerschaft, wie sie ihm von Hitler beständig aufgedrängt wurde. Am 4. September wurde eine Zusammenkunft der beiden Staatsführer in Deutschland angekündigt, und am 23. reiste der Duce in einer neuen Uniform, die eigens für diese Gelegenheit angefertigt worden war, nach Deutschland ab. Es war ein verhängnisvoller Schritt Mussolinis, der Anfang der Preisgabe seiner Unabhängigkeit; er sollte sein Regime zum Zusammenbruch und ihn selbst an den Galgen der Piazzale Loreto in Mailand führen.

Hitler empfing den Duce in München, wo die Nazipartei eine prächtig organisierte Kundgebung und SS-Verbände eine zeremonielle Parade veranstalteten. Kaum war Mussolini zu Atem gekommen, als man ihn, um ein eindrucksvolles Bild von der deutschen Militärmacht und der deutschen Industriekapazität zu geben, zu den Heeresmanövern in Mecklenburg und den Kruppwerken in Essen schleppte. Seinen Höhepunkt erreichte der Besuch in Berlin. Die Hauptstadt hatte sich festlich geschmückt, um den Duce zu begrüßen, der dafür sehr empfänglich war. Seite an Seite zeigten sich die beiden Diktatoren einer 800 000 Köpfe zählenden Menschenmenge auf dem Maifeld des Olympiastadions. Noch ehe die Reden zu Ende waren, trieb ein furchtbares Unwetter die Massen auseinander, und in der allgemeinen Verwirrung mußte der Duce seinen Weg in die Innenstadt alleine finden, bis auf die Haut durchnäßt und völlig erschöpft. Aber nicht einmal diese offensichtliche Ungunst des Wetters vermochte den Bann zu brechen, in den ihn der Deutschlandbesuch geschlagen hatte. Tief beeindruckt von der seinetwillen sorgsam inszenierten Machtdemonstration kehrte er nach Italien zurück. Für diplomatische Gespräche war den beiden Staatsoberhäuptern keine Zeit geblieben, aber Hitler hatte mehr erreicht, als ein Dutzend Protokolle vermocht hätte: der unauslöschliche Eindruck von der deutschen Macht, den er Mussolini vermittelt hatte, ließ den Duce niemals mehr los.

Hitler hatte sich indes nicht nur bemüht, Eindruck zu machen, sondern auch liebenswürdig zu sein. Er pries den Duce öffentlich »als einen jener einsamen Männer der Zeiten, an denen sich nicht die Geschichte erprobt, sondern die selbst Geschichte machen«[130]. Hitlers Bewunderung für Mussolini war keineswegs geheuchelt. Mussolini war — wie er selbst und auch wie Stalin, den Hitler ebenfalls bewunderte — ein Mann aus dem Volke; ihm gegenüber fühlte sich Hitler freier als den Vertretern der alten herrschenden Kasten gegenüber, und trotz seiner späteren Enttäuschung über Italiens geringe Leistungsfähigkeit im Krieg hat er ihn niemals verraten oder verlassen. Dieser Deutschlandbesuch tilgte auch alle unseligen Erinnerungen an die Zusammenkunft in Venedig vom Jahre 1934. Mit der »Achse« stellte Hitler der Welt einen starken Block von 115 Millionen Menschen entgegen.

»Aus der Gemeinsamkeit der faschistischen und der nationalsozialistischen Revolution ist heute eine Gemeinsamkeit nicht nur der Ansichten, sondern auch des Handelns gekommen«, verkündete Hitler. »Das faschistische Italien ist durch die geniale schöpferische Tätigkeit eines gestaltenden Mannes zu einem neuen Imperium geworden. Sie, Benito Mussolini, werden in diesen Tagen mit eignen Augen aber die Tatsache am nationalsozialistischen Staat festgestellt haben: Auch Deutschland ist in seiner volklichen Haltung und seiner militärischen Stärke wieder eine Weltmacht. Die Kraft dieser beiden Reiche bildet heute den stärksten Garanten für die Erhaltung eines Europas, das noch eine Empfindung besitzt für seine kulturelle Mission und nicht gewillt ist, durch destruktive Elemente der Auflösung zu verfallen.«

Drei Wochen später erschien Ribbentrop in Rom, um den Duce zu bewegen, den ein Jahr alten Antikomintern-Pakt zwischen Deutschland und Japan mit zu unterzeichnen. Ribbentrops Offenherzigkeit war entwaffnend. In London sei seine Mission gescheitert, eröffnete er Mussolini, und er sähe nun ein, daß sich die Interessen Deutschlands und Englands nicht miteinander vereinen ließen. Das war Musik in Mussolinis Ohren, und so machte er kaum Schwierigkeiten, den Pakt zu unterzeichnen. Nach der Zeremonie, die am 6. November stattfand, erklärte Mussolini, es sei »mit dieser Geste eine viel engere Verständigung in politischer und militärischer Hinsicht zwischen den drei Mächten« eingeleitet. Und Ribbentrop, den sein Mißerfolg in London noch wurmte, fügte nicht ohne Befriedigung hinzu, daß die Reaktion der Engländer heftig sein werde, »denn man wird den Pakt als ein

Bündnis der Angreifernationen gegen die saturierten Länder interpretieren[131].«

Was Ribbentrop von Mussolinis Auslassungen über Österreich berichtete, kann Hitler nur entzückt haben. Der österreichische Bundeskanzler Schuschnigg hatte schon bei seinem Staatsbesuch in Venedig im April 1937 eine Wandlung in der italienischen Haltung bemerkt. Obwohl Mussolini ihm versichert hatte, daß er auf Österreichs Unabhängigkeit Wert lege, hatte er doch ebenso die Notwendigkeit hervorgehoben, daß Österreich den deutschen Forderungen im Sinne des Juli-Abkommens entspreche und daß Österreichs Integrität auch im Rahmen der Achse Rom—Berlin erhalten bleibe[132]. Jetzt, im November, sagte Mussolini zu Ribbentrop, er sei es müde, den Wächter der österreichischen Unabhängigkeit zu spielen, zumal wenn die Österreicher selbst ihre Unabhängigkeit nicht mehr wünschten.

»Österreich ist der deutsche Staat Nr. 2. Es wird niemals in der Lage sein, etwas ohne Deutschland, geschweige denn gegen Deutschland zu unternehmen. Italien ist an Österreich nicht mehr so lebhaft interessiert wie vor einigen Jahren. Infolge der Entwicklung zum Imperium konzentriert sich das italienische Interesse nunmehr auf den Mittelmeerraum und die Kolonien ... Das beste ist, den Ereignissen ihren natürlichen Lauf zu lassen. Man soll die Situation nicht erschweren, damit internationale Krisen vermieden werden. Andererseits weiß Frankreich, daß Italien nichts unternehmen würde, wenn in Österreich eine Krise entstünde. Man hat das auch Schuschnigg gesagt anläßlich der Unterredung in Venedig. Wir können Österreich die Unabhängigkeit nicht aufzwingen ... Man muß daher bei der Formel bleiben: Nichts wird geschehen ohne vorherigen Austausch von Informationen[133].«

Aus jeder Zeile von Cianos Aufzeichnungen wird Mussolinis Verlegenheit deutlich, und das war gewiß für Hitler kein Nachteil. Die Ausnutzung des Streits zwischen Italien und den Westmächten begann Früchte zu tragen; in der Pflege seiner Freundschaft mit Mussolini hatte Hitler den Schlüssel zum Tor nach Mitteleuropa gefunden. Vier Monate später wurde das Tor mühelos geöffnet, und an der alten österreichisch-italienischen Grenze auf dem Brennerpaß standen deutsche Truppen.

Das Interesse, das Hitler an Italien bekundete, verleitete ihn nicht dazu, Polen zu vernachlässigen. Die Polen, voller Sorge über den wachsenden Einfluß der Nazis in Danzig und immer noch mißtrauisch Deutschlands schönen Worten gegenüber, hatten 1936 versucht, ihre Bindungen an Frankreich zu festigen. Die Freundschaft mit Frankreich sollte ebenso wie die mit Deutschland dazu beitragen, Polens unabhängige Stellung zu stärken, die das Ziel von Oberst Becks Politik war. Die Wiederbesetzung des Rheinlandes hatte Oberst Becks Selbstzufriedenheit einen schweren Stoß versetzt, und die unmittelbare Folge war gewesen, daß die Polen ihr Angebot erneuerten, Frankreich zu Hilfe zu kommen, falls Frankreich sich entschließen sollte, daraus eine Streitfrage zu machen.

Diese Versteifung in der Haltung Polens war Hitler und Ribbentrop nicht entgangen, und sie hatten dem polnischen Unterstaatssekretär des Äußeren, Graf Szembek, als er im August 1936 von ihnen in Berlin empfangen wurde, die überzeugendsten Zusicherungen gegeben. In Danzig, hatte Hitler erklärt, werde Deutschland nur im vollsten Einverständnis mit Polen und unter Berücksichtigung aller polnischen Rechte handeln. Ribbentrop bezeichnete Danzig als eine zweitrangige Frage und wies nachdrücklich auf die gemeinsamen Interessen Polens und Deutschlands angesichts der bolschewistischen Drohung hin.

Nunmehr, in seiner Rede vom 30. Januar 1937, begann Hitler, Polen mit Deutschland und Italien in einem Atem zu nennen. »Eine wahre Staatskunst wird Realitäten nicht übersehen, sondern sie berücksichtigen. Das italienische Volk, der neue italienische Staat, sie sind eine Realität. Das deutsche Volk und das Deutsche Reich, sie sind desgleichen eine Realität. Und für meine eigenen Mitbürger möchte ich aussprechen, das polnische Volk und der polnische Staat sind ebenso eine Realität geworden.« Kurz nachdem Göring Ende Januar aus Rom zurückgekehrt war, schickte Hitler ihn nach Warschau. Um das polnische Mißtrauen einzuschläfern, wandte er jenen heuchlerischen Bluff an, der immer schon sein diplomatisches Allheilmittel gewesen war.

Deutschland, sagte Göring zu Marschall Rydz-Śmigły, habe sich mit seinem gegenwärtigen territorialen Status abgefunden. Deutschland werde Polen nicht angreifen, und es habe auch nicht die Absicht, den polnischen Korridor zu besetzen. »Wir wollen den Korridor nicht. Ich sage das aufrichtig und kategorisch: Wir brauchen den Korridor nicht.« Beweisen könne er es nicht; es bleibe nichts anders übrig, als ihm zu glauben oder nicht zu glauben[134].

Wahrhaftig, bei dieser Gelegenheit übertraf Göring sich selber. Im Vertrauen erzählte er den Polen, es habe in Deutschland eine Menge Leute gegeben, die sich für eine Annäherung an Rußland eingesetzt hätten, und in der früheren Reichswehr habe die Rapallo-Politik eine ziemliche Rolle gespielt. Aber Hitler habe damit aufgeräumt. Deutschland brauche ein starkes Polen. Ein schwaches Polen würde die Russen nur zum Angriff herausfordern, und deshalb habe Deutschland auch nichts gegen ein französisch-polnisches Bündnis einzuwenden.

Diesen Zusicherungen ließ Hitler das Angebot folgen, mit Polen über ein Minderheiten-Abkommen zu verhandeln. Es wurde am 5. November in Berlin unterzeichnet — zu einem Zeitpunkt, an dem es, wie sich noch zeigen wird, bedeutungslos war. Als Hitler den polnischen Botschafter Lipsky empfing, äußerte er nicht nur seine Zufriedenheit über die Regelung der Minderheitenfrage, sondern erklärte auch in aller Bestimmtheit, daß sich an Danzigs Stellung nichts ändern, daß die polnischen Rechte im Freistaat voll und ganz respektiert werden würden. Zweimal sagte er zu Lipsky: »Danzig ist mit Polen verbunden[135].« Weitere Besuche, wie der von Oberst Beck in Berlin (Januar 1938) und der von Göring in Warschau (Februar 1938) dienten nur dazu, Hitlers freundschaftliche Absichten erneut zu betonen. Die polnische Neutralität, die Hitler sich auf diese Weise für die Dauer seiner Operationen im Jahre 1938 sicherte, war für ihn von größtem Wert. Solange Polen abseits stand und es ablehnte, an einer Politik gegen Deutschland mitzuarbeiten, war es unmöglich, Hitlers Ambitionen im Osten wirksamen Widerstand entgegenzusetzen. So wie die Freundschaft mit Italien der Schlüssel zu Österreich war, so war die mit Polen einer der Schlüssel zur Tschechoslowakei.

Die Westmächte waren unterdessen weiterhin von den Vorgängen in Spanien in Anspruch genommen. Ihre Bemühungen, durch Zusammenarbeit mit den offen intervenierenden Regierungen Italiens und Deutschlands zu einem Nichteinmischungsabkommen zu gelangen, waren zwar gut gemeint, schadeten aber nur ihrem Ansehen. Einen weit größeren, wenn auch erschütternden Eindruck machte auf die Welt die Bombardierung des Hafens von Almeria, die als Vergeltung für einen Bombenangriff auf den Kreuzer »Deutschland« unternommen wurde. Seit der Veröffentlichung der Archive des deutschen Auswärtigen Amtes besteht kaum ein Zweifel darüber, daß Hitler viel weniger an einem Sieg Francos als an der Verlängerung des Krieges interessiert war. Dadurch konnte er den Bruch zwischen Italien und den Westmächten offenhalten, während England und Frankreich sich mit ihrer Verzögerungstaktik im Nichteinmischungsausschuß lächerlich machten, sowie hervorragendes Material sammeln, um den Kreuzzug gegen den Bolschewismus zu predigen. Seine Schlußrede auf dem Nürnberger Parteitag 1937 ist geradezu bemerkenswert wegen der Heftigkeit der Angriffe auf den Kommunismus. In dieser Rede verglich er den Widerstreit der rivalisierenden »Weltanschauungen« des Nationalsozialismus und des Bolschewismus mit der Gegnerschaft von Christentum und Islam. Er identifizierte den Kommunismus mit der jüdischen Weltverschwörung, die von Moskau ausgehe und eine durch »unwiderlegbares Beweismaterial erwiesene Tatsache« sei. Die Juden hätten in Rußland eine brutale Diktatur errichtet, die sie über

Europa und die übrige Welt auszudehnen versuchten. Darum gehe jetzt der Kampf — erklärte er in einem wahnsinnig übersteigerten Schlußsatz —, der auf spanischem Boden ausgefochten werde, und es sei dies die historische Tatsache, der gegenüber die dilettantischen Staatsmänner in London und Paris blind seien[136].

IX

Nachdem Deutschland dem Locarno-Pakt den Rücken gekehrt hatte, wandte auch Belgien sich wieder einer Neutralitätspolitik zu, die, nach König Leopolds Worten, »entschlossen darauf hinzielt, uns von allen Auseinandersetzungen unserer Nachbarn fernzuhalten«[137]. Belgiens Rückzug, der im April 1937 von Frankreich und England akzeptiert wurde, war ein weiterer Schritt zur Auflösung des Europäischen Sicherheitssystems, das nach Deutschlands Niederlage im Jahre 1918 geschaffen worden war. Dennoch gaben London und Paris ihre Bemühungen nicht auf, in irgendeiner Form zu einer Übereinkunft mit Hitler zu gelangen, so daß der planlose Notenwechsel, die Anfragen und diplomatischen Annäherungsversuche fortgesetzt wurden.

Diese sich hinschleppenden Verhandlungen erfuhren einen neuen Impuls, als Ende Mai 1937 Neville Chamberlain an Stelle von Baldwin englischer Premierminister wurde. Churchill sagt von Baldwin, daß er ein Genie im Abwarten gewesen sei, daß er nur wenig von Europa gewußt und daß das wenige, was er wußte, ihm auch noch mißfallen habe. »Neville Chamberlain dagegen war wachsam, geschäftstüchtig, eigensinnig und in hohem Grade von sich eingenommen. Anders als Baldwin, hielt er sich für fähig, ganz Europa, ja die ganze Welt zu begreifen ... Er war von der Hoffnung durchdrungen, als Friedensstifter in die Geschichte einzugehen; darum war er bereit, sich fortgesetzt mit den Tatsachen auseinanderzusetzen und große Risiken für sich und sein Land einzugehen[138].« Vor allem war Chamberlain entschlossen, einen neuen Versuch zu machen, um mit den beiden Diktatoren zu einer umfassenden Regelung zu gelangen.

Das erste Ergebnis der Chamberlainschen Politik war, daß Lord Halifax, damals Lordpräsident des Geheimen Staatsrates, Deutschland im November 1937 einen Besuch abstattete. Den äußeren Vorwand zu dieser Reise bildete eine Einladung Görings zum Besuch der Jagdausstellung in Berlin. Aber Halifax war vom britischen Premierminister ermächtigt, auch Hitler aufzusuchen und herauszufinden, was der Führer im Sinne habe.

Hitler zeigte keinerlei Neigung, nach Berlin zu kommen, war indessen bereit, Lord Halifax in Berchtesgaden zu empfangen. Als Halifax ankam, gab sich Hitler zugleich eigensinnig und ausweichend. Es sei unmöglich, erklärte er, mit Ländern übereinzukommen, in denen politische Entscheidungen von der Parteipolitik diktiert würden und von der Gnade der Presse abhingen. Die Engländer könnten sich nicht an die Tatsache gewöhnen, daß Deutschland nicht mehr schwach und uneinig sei; alle seine Vorschläge würden automatisch verdächtigt usw. Er brachte dann die Frage der Kolonien zu Sprache — »die einzige noch verbliebene Streitfrage zwischen Deutschland und England« —, allein um zu behaupten, daß die Briten nicht bereit seien, vernünftig darüber zu diskutieren; zugleich war er vorsichtig genug, Deutschlands Kolonialansprüche nicht genau zu fixieren.

Das deutsche Memorandum dieser Unterredung erweckte den Eindruck, daß Hitler die Schwierigkeiten des Verhandlungsweges absichtlich übertrieben hat. Er bezweifelte den Wert der Versuche, durch Verhandlungen zu einer umfassenden Regelung zu kommen, und bestand darauf, daß solche Diskussionen sorgfältig vorbereitet werden müßten; es sei besser, sich Zeit zu lassen, und den von England vorgeschlagenen direkten Verhandlungen sei ein diplomatischer Austausch vorzuziehen[139]. Es ist unmöglich zu entscheiden, ob dies überlegte Taktik war oder ein Ausdruck seines Temperaments.

Später, nachdem Halifax Bericht erstattet hatte, schrieb Chamberlain in sein privates Tagebuch: »Der Besuch in Deutschland war nach meiner Ansicht ein großer Erfolg, weil er sein Ziel erreichte, nämlich eine Atmosphäre schuf, die eine Diskussion mit Deutschland über die praktischen Fragen im Zusammenhang mit einer europäischen Regelung ermöglicht[140].« Halifax hatte dies Hitler gegenüber bereits angedeutet. Er sprach von Fragen, »die in die Kategorie der Änderungen innerhalb der europäischen Ordnung fielen, die möglicherweise im Laufe der Zeit geschehen könnten«. Dabei erwähnte er besonders Danzig, Österreich und die Tschechoslowakei. Wie er Hitler mitteilte, waren die Engländer nicht der Ansicht, daß der Status quo unter allen Umständen beibehalten werden sollte. »Man hat erkannt, daß man wohl eine Anpassung an die neuen Verhältnisse in Betracht ziehen muß.« Halifax bestand jedoch darauf, daß diese »Anpassungen« auf friedliche Weise durchgeführt würden[141].

So ernst Chamberlains Wunsch, eine Einigung mit Deutschland zu erzielen, auch gemeint war, in der Praxis lief er auf die »Einladung« zu einer diplomatischen Erpressung hinaus, die Hitler sehr bald annehmen sollte.

Genau vierzehn Tage vor jenem Tag, an dem er Chamberlains gutgemeinte Botschaft anhörte, am 5. November, hatte Hitler während einer geheimen Sitzung in der Reichskanzlei einer kleinen Gruppe von Männern einige seiner eigenen Gedanken enthüllt. Außer ihm und

Oberst Hoßbach, dem Adjutanten, dessen Aufzeichnungen unsere Informationsquelle sind[142], waren nur fünf andere Personen anwesend: Feldmarschall von Blomberg, der deutsche Kriegsminister, Generaloberst von Fritsch, der Oberbefehlshaber des Heeres, Admiral Raeder, der Oberbefehlshaber der Marine, Göring, der Oberbefehlshaber der Luftwaffe, und von Neurath, der Außenminister.

Hitler begann mit der Erklärung, daß das, was er zu sagen habe, die Frucht seiner Überlegungen und Erfahrungen der vergangenen viereinhalb Jahre sei. Dann faßte er das Problem in die einfachsten Worte: »Das Ziel der deutschen Politik ist es, die deutsche Volksgemeinschaft zu sichern, zu erhalten und zu erweitern. Es geht also um die Frage des Lebensraumes.« Er erwähnte zwei mögliche Lösungen, um sie gleich wieder zu verwerfen: Autarkie oder stärkere Beteiligung an der Weltwirtschaft. Deutschland werde seinen Rohstoffbedarf nur noch zum Teil decken und seine wachsende Bevölkerung niemals mehr aus eigener Kraft ausreichend ernähren können. Aber auch eine Ausdehnung des Außenhandels sei keine Lösung; in dieser Hinsicht seien Deutschland in Gestalt des internationalen Wettbewerbs Grenzen gesetzt, und es liege nicht in seiner Macht, diese zu beseitigen.

Deutschlands Zukunft, erklärte dann Hitler, sei nur durch die Erwerbung zusätzlichen Lebensraums zu sichern. Dieser Lebensraum könne nicht in Übersee, sondern müsse in Europa gesucht werden, und dies schließe das Risiko eines Krieges in sich. »Die Geschichte aller Zeiten hat bewiesen, daß eine Expansion nur durchgeführt werden konnte, indem man Widerstände brach und Risiken auf sich nahm. Rückschläge waren unvermeidlich. Weder früher noch heute hat es jemals herrenlosen Raum gegeben; der Angreifer stößt stets auf den Besitzer. Für Deutschland lautet die Frage, wo größter Gewinn unter geringstem Einsatz zu erreichen ist.«

Deutschland habe mit zwei haßerfüllten Gegnern zu rechnen — nicht mit Rußland, obwohl er fortgesetzt von der bolschewistischen Drohung rede, sondern mit England und Frankreich. Keines dieser beiden Länder sei so stark, wie es den Anschein habe. Anzeichen sprächen dafür, daß das Britische Empire sich auflöse — Irland und Indien —, und es sei bedroht im Fernen Osten von Japan und im Mittelmeer von Italien. Auf die Dauer werde das Empire seine Machtstellung nicht aufrechterhalten können. Frankreichs Situation sei zwar günstiger als die Englands, aber es stehe großen innenpolitischen Schwierigkeiten gegenüber. Nichtdestoweniger müßten England, Frankreich, Rußland und ihre Satelliten als Machtfaktoren in die deutschen politischen Kalkulationen eingesetzt werden.

Infolgedessen, schloß Hitler, könne das deutsche Problem nur durch Gewalt gelöst werden, und dabei sei ein Risiko nicht zu vermeiden.

Gehe man nun davon aus, daß man seine Zuflucht zur Gewalt nehmen müsse, so seien zwei Fragen zu klären: »wann?« und »wie?«. Bei der Erörterung dieser Fragen unterschied Hitler drei Möglichkeiten.

Erstens: die deutsche Militärmacht werde ihren Gipfelpunkt in den Jahren 1943/45 erreichen. Danach werde das Rüstungsmaterial zu veralten beginnen, und die andern Mächte könnten mit ihrer Rüstung den deutschen Vorsprung beeinträchtigen. »In diesem Falle wären wir gezwungen, die Offensive zu ergreifen, solange die übrige Welt noch mit Rüstungsvorbereitungen beschäftigt ist... Eins wäre dann sicher: wir könnten nicht mehr länger warten.« Wenn er bis dahin am Leben bleibe, so sei es sein unabänderlicher Entschluß, das Problem des deutschen Lebensraums spätestens 1943/45 zu lösen.

Im zweiten und dritten Fall würde die Notwendigkeit zu handeln schon vor diesem Zeitpunkt eintreten. Der zweite Fall sei dann gegeben, wenn sich der innenpolitische Hader in Frankreich so sehr zuspitze, daß die französische Armee ihre Schlagkraft verliere. Das müsse, ganz gleich wann es dazu komme, sofort zu einem Schlag gegen die Tschechen ausgenutzt werden. Der dritte Fall sei die Möglichkeit, daß Frankreich mit einem anderen Land in einen Krieg verwickelt würde und so nichts gegen Deutschland unternehmen könnte. »Der Führer sah den dritten Fall ganz deutlich näherrücken; er könne sich etwa aus den gegenwärtigen Spannungen im Mittelmeerraum ergeben, und der Führer war fest entschlossen, Vorteile daraus zu ziehen, ganz gleich was geschähe, auch wenn es schon 1938 sein sollte.« Es lag in Deutschlands Interesse, den Krieg in Spanien zu verlängern. Möglicherweise sei ein casus belli durch die Besetzung der Balearen seitens der Italiener gegeben. In diesem Falle werde der Schwerpunkt der Ereignisse in Nordafrika liegen. Sollte sich ein solcher Konflikt ergeben, mußte Deutschland aus dem Engagement der Franzosen und Engländer Nutzen ziehen, um die Tschechen anzugreifen.

In allen drei Fällen müsse es das vordringlichste Ziel sein, Österreich und die Tschechoslowakei zu überrennen, um auf diese Weise Deutschlands Flanken im Osten und Süden zu sichern. Hitler wog die mögliche Haltung der anderen Mächte gegenüber einer solchen Aktion ab. »Tatsächlich glaubte der Führer, daß ganz sicher England, vielleicht aber auch Frankreich, die Tschechen schon stillschweigend abgeschrieben hätten und sich mit der Tatsache abfinden würden, daß diese Frage zum gegebenen Zeitpunkt von Deutschland gelöst würde.« Auf jeden Fall sei es unwahrscheinlich, daß Frankreich ohne die Hilfe der Engländer einen Angriff wage, und es sei allenfalls nötig, die Verteidigungsanlagen im Westen stark zu halten. Seien Österreich und die Tschechoslowakei erst einmal überrannt, so würden Deutschlands wirtschaftliche Hilfsquellen beträchtlich erweitert und die Armee um

12 Divisionen stärker werden. Die Neutralität Italiens hänge von Mussolini ab, die Polens und Rußlands von der Schnelligkeit der militärischen Entscheidung.

Über die Bedeutung dieses Treffens im November 1937 hat es heftige Debatten gegeben. Sicher ist die Annahme falsch, daß bei dieser Gelegenheit »die Würfel gefallen seien«. Hitler habe seine »unwiderrufliche Entscheidung, Krieg zu beginnen, öffentlich kundgetan«[143]. Er war ein viel zu geschickter Politiker, als daß er eine endgültige Entscheidung auf Grund einer Reihe von hypothetischen Voraussetzungen getroffen hätte. Hitler war Opportunist und daher weit davon entfernt, nach einem bestimmten Plan zu handeln. Er war bereit, aus allem, was kommen könnte, seinen Nutzen zu ziehen, die Fehler der anderen abzuwarten. Während des größten Teils der beiden Jahre nach dem November 1937 setzte Hitler seine ganze Geschicklichkeit ein, um aus einer Diplomatie, die mit Gewalt drohte, ohne jedoch tatsächlich Zuflucht zu einem Krieg zu nehmen, den größtmöglichen Vorteil zu ziehen.

Es ist daher weitaus wahrscheinlicher, daß es der Zweck des Treffens, von dem Hoßbach berichtete, war, die Bedenken hinsichtlich der Aufrüstung zu zerstreuen, die von General Fritsch und schon zuvor von Schacht geäußert worden waren, nicht aber die Absicht, neue Entscheidungen bekanntzugeben, die Deutschland ganz bewußt auf einen Kriegskurs bringen mußten.

Nach einer solchen Entscheidung überhaupt Ausschau halten, heißt den Charakter von Hitlers Außenpolitik und seine Verantwortung für den kommenden Krieg mißverstehen. Denn während seine Handlungsweise stets die eines Opportunisten war, änderte sich das Ziel seiner Außenpolitik nicht ein einziges Mal von der ersten Definition ab, die er in den zwanziger Jahren in »Mein Kampf« gegeben hatte, bis hin zum Angriff auf Rußland im Jahre 1941. Dieses Ziel war die Expansion Deutschlands gen Osten. Eine solche Politik schloß die Anwendung von Gewalt und das Risiko eines Krieges ein; das hatte Hitler schon in »Mein Kampf« deutlich erkennen lassen. Er wiederholte es im November 1937. »Das Problem Deutschlands könne nur durch Gewalt gelöst werden, und dies sei niemals ohne gleichzeitiges Risiko möglich gewesen.« Was sich änderte, waren nicht das Ziel oder die Mittel, sondern war die Art, in der Hitler das Risiko beurteilte, das er sich leisten konnte.

Während der ersten vier Jahre seiner Macht war Hitler vorsichtig. Er verließ sich auf sein Geschick als Politiker, die Differenzen, die schwankenden Absichten und das schlechte Gewissen der anderen Mächte auszunutzen; so verzeichnete er eine Reihe politischer Erfolge, ohne Gewaltmaßnahmen auch nur anzudeuten. In den beiden Jahren

1938 und 1939, als die deutsche Aufrüstung Fortschritte machte und sein Selbstvertrauen durch Erfolge gestärkt wurde, war er bereit, größere Risiken zu tragen und mit Gewaltanwendung zu drohen, falls seine Ansprüche zurückgewiesen würden. Im September 1939 war er dann tatsächlich entschlossen, gewaltsam gegen Polen vorzugehen und das Risiko eines allgemeinen Krieges in Europa auf sich zu nehmen. 1940 war er bereit, einen solchen Konflikt in Europa durch seinen Angriff im Westen selbst heraufzubeschwören; 1941 schließlich entschied er sich, bis zum Letzten zu gehen und den Konflikt durch seinen Einmarsch in die Sowjetunion und seine Kriegserklärung an die Vereinigten Staaten zu einem Weltkrieg auszuweiten. Um es noch einmal zusammenzufassen: Was sich änderte, waren nicht das Ziel oder die Mittel, sondern war die Art, in der Hitler das Risiko beurteilte, das er sich leisten konnte.

In diesem Zusammenhang muß man das Treffen vom November 1937 sehen. Hitlers Rede spiegelt den Stimmungsumschwung zwischen dem Ende der ersten und dem Anfang der zweiten Periode wieder. Nun begann eine neue Phase: Hitler war bereit, den Druck zu verstärken und die Risiken seiner Außenpolitik auszuweiten.

Das Bild, das er von der nächsten Zukunft entworfen hatte, war unrichtig. Der Lauf der Ereignisse entsprach nicht Hitlers Voraussagen; der Krieg brach zu einem Zeitpunkt und als Ergebnis einer Situation aus, die er in seine Kalkulation nicht eingesetzt hatte. Aber kleine Ungenauigkeiten dieser Art hatten nicht viel zu bedeuten, denn Hitler war ein Opportunist, darauf vorbereitet, aus jeder neuen Wendung seinen Nutzen zu ziehen. Die Bedeutung der referierten Ansprache liegt in dem veränderten Ton, in dem Hitler sprach, in seiner Bereitschaft, das Risiko eines Krieges auf sich zu nehmen und die Tschechoslowakei zu annektieren, wann immer die Umstände dafür günstig waren — und sollte es auch »schon 1938 sein«. Seine Rede, die er an jenem Nachmittag in der Reichskanzlei hielt, faßte, wie er selbst es formulierte, die Erfahrungen von viereinhalb Jahren zusammen und gab einen Ausblick auf die kommenden Jahre. Am 21. November 1937 sprach Hitler in Augsburg vor seinen alten Kämpfern und sagte: »Ich bin der Überzeugung, daß die schwersten Vorarbeiten bereits geleistet wurden... Heute stehen uns neue Aufgaben bevor, denn der Lebensraum unseres Volkes ist zu eng[144].«

Die Jahre der Vorbereitung und des Versteckspielens waren vorbei: Der Mann des Friedens machte dem Mann des Schicksals Platz — eine neue Rolle für Hitler, in der er (bis März 1939) beide Ziele verwirklichte, die er im November 1937 ins Auge gefaßt hatte, nämlich den Anschluß Österreichs und die Eroberung der Tschechoslowakei.

KAPITEL VII

Der Diktator

I

Im Frühjahr 1938, am Vorabend seiner größten Triumphe, trat Adolf Hitler in sein 50. Lebensjahr. Seine äußere Erscheinung war nicht sehr eindrucksvoll, sein Auftreten immer noch linkisch. Die in die Stirn fallende Haarsträhne und der kleine Schmutzfleck von Schnurrbart fügten dem groben und seltsam durchschnittlichen Gesicht, in dem nur die Augen auffallend waren, nichts hinzu. Zumindest seiner Erscheinung nach konnte Hitler beanspruchen, ein Mann aus dem Volke zu sein. Er war durch und durch ein Plebejer und besaß kein einziges der körperlichen Merkmale rassischer Überlegenheit, auf die er sich immer berief. Seinem Gesicht war allerdings eine große Beweglichkeit gegeben, die Fähigkeit, die äußerst rasch wechselnden Stimmungen zum Ausdruck zu bringen. Von einem Augenblick zum andern konnte es mal freundlich und liebenswürdig, mal kalt und herrisch, mal zynisch und sarkastisch, mal zornesbleich und wutverzerrt sein.

Das wesentliche Medium seiner Macht war die Rede, ein Medium, das nicht nur auf seine Zuhörer wirkte, sondern auch auf sein eigenes Temperament. Hitler redete unaufhörlich. Häufig dienten seine Worte nicht dazu, Gedanken mitzuteilen, sondern um sich selbst und in andern verborgene Gefühle zu wecken, sich und seine Zuhörer allein durch den Klang seiner Stimme zu Wut oder Erregung aufzupeitschen. Und noch eine andere Funktion hatte das Reden. »Das Wort«, sagte er einmal, »baut Brücken in unerforschte Gebiete[145].« Erst beim Sprechen würde eine Überzeugung ihm langsam zur Gewißheit, und damit sei das Problem gelöst.

Kritischen Einwänden gegenüber war Hitler immer mißtrauisch. Des kühlen Abwägens selber unfähig, hatte er seit seinen frühesten Wiener Tagen immer seine Zuflucht im Niederschreien des Gegners genommen. Er wurde nervös und geriet aus dem Konzept, wenn man seine Behauptungen oder die von ihm angeführten Tatsachen in Frage stellte, und zwar weniger aus irgendeiner geistigen Inferiorität, als aus dem Grunde, daß für ihn Worte und selbst Tatsachen nicht Mittel vernünftiger Mitteilung oder Ergebnis logischer Analyse waren, sondern dazu dienten, Empfindungen zu manipulieren. Die Einführung geistiger Prozesse, wie der Kritik und der Analyse, bedeutete für ihn das Eindringen feindlicher Elemente, die ihn in der Ausübung seiner Macht störten. Daher rührte Hitlers Haß gegen die Intellektuellen: »In den Massen herrscht noch mehr der Instinkt, und aus dem Instinkt kommt der Glaube ... Während das breite, gesunde Volk sich instinktmäßig sofort zusammenschließt zu einer Volksgemeinschaft, laufen die Intellektuellen auseinander wie die Hühner in einem Hühnerhof. Man kann mit ihnen daher auch nicht Geschichte machen, sie sind unbrauchbar als tragende Elemente einer Gemeinschaft[146].«

Aus demselben Grund setzte Hitler das gesprochene Wort über das geschriebene: »Falsche Begriffe und schlechtes Wissen können durch Belehrung beseitigt werden. Widerstände des Gefühls niemals. Einzig ein Appell an diese geheimnisvollen Kräfte selbst kann hier wirken; und das kann kaum je der Schriftsteller, sondern fast einzig nur der Redner[147].«

Als Redner hatte Hitler ganz offensichtlich Mängel. Das Timbre seiner Stimme war rauh, ganz im Gegensatz zu Goebbels' schönem, klangvollem Organ. Seine Reden waren zu lang; er wiederholte sich zu oft und war zu wortreich; es mangelte ihm an Klarheit, und er verlor sich in nebelhafte Phrasen. Diese Mängel jedoch bedeuteten nur wenig neben dem Eindruck von außergewöhnlicher Kraft, von der Unmittelbarkeit der Leidenschaft, von der Intensität des Hassens, des Drohens und der Wut, den unabhängig vom Gesagten allein schon der Klang seiner Stimme hervorrief.

Eines der Geheimnisse seiner Gewalt über eine große Zuhörerschaft war sein instinktives Einfühlen in die Stimmung der Masse, seine feine Witterung für ihre verborgenen Leidenschaften, Ressentiments und Sehnsüchte. In »Mein Kampf« sagt er vom Redner: »Er wird sich von der breiten Masse immer so tragen lassen, daß ihm daraus gefühlsmäßig gerade die Worte flüssig werden, die er braucht, um seinen jeweiligen Zuhörern zu Herzen zu sprechen[148].«

Einer seiner unerbittlichsten Kritiker, Otto Strasser, schrieb:

»In dem menschlichen Porträt, das wir hier skizzieren wollen, werden wir den Versuch machen, die Gründe zu entdecken, die diesen ungewöhnlich empfindlichen Seismographen der Seelen auersah, geradezu das Zerstörungsprinzip selbst zu werden. Wie eine empfindliche Membrane hat dieser Mann es mit einer Intuition, die durch keine rationalen Fähigkeiten ersetzt werden könnte, verstanden, sich zum Sprecher der geheimsten Wünsche, der peinlichsten Instinkte, der Leiden und inneren Unruhe eines Volkes zu machen ... Wie oft bin ich gefragt worden, worin denn die außergewöhnliche

Rednergabe Hitlers bestehe. Ich kann es nicht anders erklären als durch jene wunderbare Intuition, die ihm die unfehlbare Diagnose von der Unzufriedenheit vermittelt, unter der seine Zuhörer leiden. Wenn er versucht, seine Reden mit gelehrten Theorien zu stützen, die er sich aus halbverstandenen Werken anderer geholt hat, erhebt er sich kaum über eine armselige Mittelmäßigkeit. Aber wenn er alle Krücken fortwirft, wenn er vorwärtsstürmt und das ausspricht, was ihm sein Geist gerade eingibt, dann verwandelt er sich sofort in einen der größten Redner des Jahrhunderts... Adolf Hitler betritt einen Saal. Er prüft die Atmosphäre... einige Minuten lang tastet er, sucht er, paßt er sich an... Dann plötzlich bricht er los. Seine Rede schnellt wie ein Pfeil von der Sehne des Bogens, er trifft jeden einzelnen an seiner verwundbaren Stelle, er legt das Unterbewußtsein der Masse frei. Er sagt, was das Herz seiner Zuhörer zu hören wünscht[149].«

Hitlers Fähigkeit, seine Zuhörer in Bann zu schlagen, ist mit den okkulten Kräften eines afrikanischen Medizinmannes oder eines asiatischen Schamanen verglichen worden; andere haben sie verglichen mit der Sensibilität eines Mediums und der Suggestivkraft eines Hypnotiseurs.

Die Gespräche, über die Hermann Rauschning für die Zeit von 1932 bis 1934 berichtet und die durch die Tischgespräche im Hauptquartier besonders für die Zeit von 1941 bis 1942 belegt sind[150], zeigen Hitler noch in einer anderen Lieblingsrolle, in der Rolle des Sehers und Propheten. In schwärmerischer Stimmung schwelgte Hitler, wenn er bis tief in die Nacht hinein redete, sei es in seinem Haus am Obersalzberg, umgeben von den einsamen Gipfeln und den schweigenden Wäldern der bayrischen Alpen, oder in dem Adlernest, das er sich auf dem 2000 m hohen Kehlstein oberhalb des Berghofs hatte bauen lassen und zu dem man nur über einen ausgehauenen Felsenweg und mit einem durch Bronzetüren verschlossenen Fahrstuhl gelangen konnte[151]. Dort pflegte er seine phantastischen Pläne für ein großes Reich zu entwickeln, das das »eurasische Kernland« der Geopolitiker umfaßte. Auch seine Pläne zur Aufzucht einer neuen Elite nach dem biologischen Ausleseverfahren und sein Gedanke, bei der Gründung seines neuen Reiches ganze Nationen der Sklaverei zu unterwerfen, kamen hier zum Ausdruck. Solche Träumereien faszinierten Hitler schon seit der Zeit, da er »Mein Kampf« schrieb. Ende der zwanziger Jahre und zu Beginn der dreißiger konnte man sie noch leicht als Produkt einer verworrenen und überhitzten Phantasie abtun, die durchtränkt war von politischem Romantizismus à la Wagner und Houston Stewart Chamberlain. Doch noch während der Jahre 1941/42 waren dies die Hauptthemen bei Hitlers Tischgesprächen, und zu diesem Zeitpunkt — er war damals schon Herr über den größten Teil Europas und stand (wie er glaubte) kurz vor der Eroberung Rußlands und der Ukraine — hatte Hitler gezeigt, daß er diese Phantasien auf schreckliche Weise verwirklichen konnte. Der Einmarsch in Rußland, die Einsatzkommandos der SS, die Ausrottung der Juden, die Behandlung der Polen und Russen, der »slawischen Untermenschen« — auch das waren Früchte der Hitlerschen Einbildungskraft.

Das alles zusammengenommen ergibt ein Bild, das man am besten mit Hitlers eigenen bekannten Worten beschreibt: »Ich gehe den mir von der Vorsehung vorgeschriebenen Weg mit nachtwandlerischer Sicherheit[152].« Der ehemalige französische Botschafter spricht von ihm als von einem »Besessenen«; Hermann Rauschning schreibt: »Mit seiner krankhaften Übersteigerung und seiner jagenden Hysterie könnte er eine von Dostojewskij erfundene Gestalt sein«; einer der Verteidiger im Nürnberger Prozeß, Dr. Dix, zitierte eine Stelle aus Goethes »Dichtung und Wahrheit«, die sich auf das Dämonische im Menschen bezieht, und wandte sie sehr treffend auf Hitler an[153]. Wahrhaftig, im Falle Hitler hat man immer das unbehagliche Gefühl, nahe der Grenze zum Irrationalen zu sein.

Aber das ist erst die halbe Wahrheit über Hitler. Denn das verwirrend Problematische an dieser seltsamen Gestalt liegt in der Schwierigkeit, zu entscheiden, bis zu welchem Grad er von einem echten Glauben an seine eigene Inspiration getrieben wurde und bis zu welchem Grad er in schlauer Berechnung die irrationale Seite der menschlichen Natur sowohl in sich selbst wie in andern ausnutzte. Denn ehe man den Hitler-Mythos ernst nimmt, ist es ratsam, sich daran zu erinnern, daß Hitler selbst diesen Mythos erfunden hat, daß er ihn fortgesetzt kultivierte und ihn seinen eigenen Zwecken dienstbar machte. Solange er das tat, hatte er glänzende Erfolge zu verzeichnen; erst als er anfing, an seine Magie selber zu glauben und den Mythos um seine Person für wahr zu halten, versagte seine Intuition.

Es ist soviel von der charismatischen[154] Natur Hitlers hergemacht worden, daß man darüber leicht den verschlagenen und zynischen Politiker in ihm vergißt. Gerade diese Mischung aus Berechnung und Fanatismus, die es so schwer macht, zu bestimmen, wo das eine aufhört und das andere anfängt, war das besondere Charakteristikum von Hitlers Persönlichkeit: die Ignorierung oder Unterschätzung des einen oder des andern Elements ergäbe ein verzerrtes Bild.

II

Das verbindende Glied zwischen den beiden Seiten von Hitlers Wesen war seine außergewöhnliche Fähigkeit der Selbstdramatisierung. »Dieses sogenannte ›Wahnsystem‹, d. h. die Fähigkeit der Selbstverblendung«, schrieb der britische Botschafter Sir Neville Henderson, »war einfach ein Teil seiner Technik. Es half ihm, sowohl seine eigene Leidenschaft zu steigern wie auch sein Volk glauben zu machen, daß alles, was er dachte, für es gut sei[155].« Immer wieder ist man verblüfft von der Art und Weise, wie Hitler sich, nachdem er sich durch vernünftige Überlegung für eine bestimmte Handlungsweise entschieden hatte, in eine Leidenschaftlichkeit hineinsteigerte, die ihn befähigte, jeden Widerstand zu überwinden, und ihm die Kraft gab, andern seinen Willen aufzuzwingen. Das deutlichste Beispiel hierfür ist seine künstliche Wut über die Behandlung der deutschen Minderheiten im Ausland: er konnte sie nach Gutdünken aufflammen und abklingen lassen. Als es darum ging, die bitteren Klagen der Deutschen in Südtirol zu überhören oder die Deutschen aus den baltischen Ländern auszusiedeln, opferte er sie kaltherzig den Geboten seiner Bündnisse mit Italien oder Rußland. Solange es für seine Außenpolitik erforderlich war, gute Beziehungen zu Polen zu unterhalten, zeigte er an der deutschen Minderheit in Polen wenig Interesse. Sobald aber das »unerträgliche Unrecht« an den österreichischen Nazis, an den Deutschen in der Tschechoslowakei und in Polen in seine Pläne paßte, als ein Beweggrund, gegen diese Staaten vorzugehen, brachte er sich in schäumende Entrüstung: mit dem umgehenden — und wohlberechneten — Ergebnis, daß London und Paris, um den Frieden besorgt, Warschau oder Prag bedrängten, Zurückhaltung zu üben und den Deutschen weitere Konzessionen zu machen!

Einer der üblichen und von Hitler am meisten gebrauchten Tricks war der, in die Defensive zu gehen und die anzuklagen, die ihm widersprachen oder ihm bei einer Aggression oder bösen Absicht hinderlich waren, und dann rasch vom Ton der beleidigten Unschuld zum Donnergetöse der moralischen Entrüstung überzugehen. Schuld hatten immer die andern; der Reihe nach klagte er die Kommunisten an, die Juden, die republikanische Regierung, die Tschechen, die Polen und die Bolschewisten; ihres »unerträglichen« Verhaltens wegen sei er gezwungen, drastische Maßnahmen zur Selbstverteidigung zu ergreifen.

Geriet Hitler in Wut, so schien er alle Selbstbeherrschung zu verlieren. Sein Gesicht wurde fleckig und schwoll vor Zorn an; er schrie aus voller Kehle, stieß eine Flut von Beschimpfungen aus, schwenkte wild die Arme und trommelte mit den Fäusten auf den Tisch oder gegen die Wand. Und so plötzlich, wie er begonnen hatte, brach er ab;

er glättete dann sein Haar, rückte seinen Kragen zurecht und sprach wieder mit normaler Stimme.

Dieses geschickte und völlig bewußte Auswerten seines eigenen Temperaments wandte er auch an, wenn er nicht zornig war. Wollte er jemand überreden oder für sich gewinnen, konnte er bezaubernd sein. Bis zu den letzten Tagen seines Lebens bewahrte er die unheimliche Gabe einer persönlichen Anziehungskraft, die sich nicht analysieren läßt, aber von vielen, die ihm begegneten, beschrieben worden ist. Sie hing zusammen mit der merkwürdigen Macht seiner Augen, von denen immer wieder gesagt worden ist, daß ihnen eine Art hypnotischer Kraft innegewohnt habe. Ebenso erwies sich Hitler als ein Meister brutaler und drohender Sprache, wenn er jemand erschrecken oder in Angst jagen wollte, wie zum Beispiel bei den berühmten Unterredungen mit Schuschnigg und Präsident Hacha[156].

Eine seiner anderen Rollen war es, den Eindruck von konzentrierter Willenskraft und Intelligenz hervorzurufen, den Führer hervorzukehren, der die Situation völlig beherrschte und über eine Sachkenntnis verfügte, mit der er die zum Befehlsempfang bestellten Generale und Minister blendete. Diese Rolle durchzuführen, erleichterte ihm sein ungewöhnlich gutes Gedächtnis; er war in der Lage, komplizierte Schlachtpläne, technische Spezialausdrücke und lange Namenslisten herunterzuhaspeln, ohne eine Minute zu zögern. Hitler pflegte diese Gabe des Gedächtnisses unablässig. Daß sich hinterher Ungenauigkeiten in den Einzelheiten oder bei den Zahlen herausstellten, machte nichts: er hatte es auf die Augenblickswirkung abgesehen. Die Schnelligkeit, mit der er von einer Stimmung zur andern hinüberzuwechseln vermochte, war überraschend: im Augenblick konnten seine Augen noch mit Tränen gefüllt sein oder flehend dreinschauen, im nächsten loderte der Zorn in ihnen auf, oder sie starrten mit dem glasigen Blick des Visionärs in die Ferne.

Hitler war tatsächlich ein vollendeter Schauspieler. Er besaß die Fähigkeit des Schauspielers und Redners, in seiner Rolle ganz aufzugehen und das, was er im Augenblick sagte, selber für Wahrheit zu halten. In seinen Anfangsjahren war er oft linkisch, und es fehlte ihm an der Sicherheit des Auftretens, aber mit zunehmender Praxis wurde ihm seine Rolle zur zweiten Natur. Gestützt von dem ungeheuren Ansehen seines Erfolgs und von den Machtmitteln eines großen Staats, traf er nur wenige, die seinem durchdringenden Blick, seiner napoleonischen Pose und seiner »historischen« Persönlichkeit widerstehen konnten.

Hitler besaß die Gabe aller großen Politiker, die sich aus einer Situation ergebenden Möglichkeiten schneller zu erfassen als seine Gegenspieler. Wie kein anderer Politiker erkannte er, auf welche Weise die Nöte und Ressentiments des deutschen Volkes und später ebenso die in Frankreich und England herrschende Angst vor Krieg und Kommunismus einzusetzen waren. Daß er in seinem Kampf um die Macht so beharrlich die Form der Legalität wahrte, beweist, wie glänzend er es verstand, die Opposition zu entwaffnen, so wie die Art und Weise, mit der er die Unabhängigkeit der Wehrmacht unterhöhlte, zeigt, daß er die Schwächen des deutschen Offizierskorps klug erfaßt hatte.

Sein Sinn für die Gunst von Zeit und Gelegenheit läßt sich gut mit dem Wort »Fingerspitzengefühl« beschreiben, das man auch wirklich häufig auf Hitler angewandt hat.

»Das Grübeln nützt in solchen Dingen nichts«, sagte Hitler einmal zu Rauschning. »Sie können sich auf den Kopf stellen, wenn eine Sache nicht reif ist, bringen Sie sie nicht zustande. Dann heißt es nur eins, Geduld haben, zurückstellen, wieder hervorholen, nochmal zurückstellen. Im Unterbewußtsein arbeitet das dann. Es reift, manchmal stirbt es ganz ab. Wenn ich nicht die innere, unbestechliche Gewißheit habe: *das ist die Lösung*, so muß sie aussehen, mache ich nichts. Und wenn die ganze Partei mir in den Ohren liegt: handle[157]!«

Daß Hitler abwarten konnte, bewies er im Jahre 1932, als sein hartnäckiges Aushalten bis zur sicheren Erreichung der Reichskanzlerschaft schon Unheil heraufzubeschwören schien. Seine Außenpolitik gibt ein weiteres Beispiel. 1939 sah er, nachdem die direkten Verhandlungen mit Polen gescheitert waren und die Westmächte sich immer noch um ein Abkommen mit Sowjetrußland bemühten, mit größter Geduld der weiteren Entwicklung zu. Da er sich über seine Ziele im klaren war, blieb er bestrebt, seine Pläne biegsam zu halten. Bei der Annexion Österreichs und der Besetzung von Prag unterwarf er seine endgültige Entscheidung der Eingebung des Augenblicks.

Solange Hitler nicht überzeugt war, daß der richtige Augenblick gekommen sei, konnte er für sein Zaudern hunderterlei Entschuldigungen finden. Notorische Fälle solchen Zauderns waren: 1932 seine Weigerung, die Präsidentschaftskandidatur anzunehmen; 1934 sein Versuch, die Aktion gegen Röhm und die SA hinauszuschieben. War er jedoch einmal zum Handeln entschlossen, so ging er kühn und ohne Scheu vor dem Risiko vor, zum Beispiel bei der Rheinlandbesetzung im Jahre 1936 oder bei der Invasion Norwegens und Dänemarks kurz vor Beginn des großen Westfeldzuges.

Einer der von Hitler bevorzugten Schachzüge in Politik, Diplomatie und Krieg war die Überraschung: er maß genau die psychologische Wirkung plötzlicher, unerwarteter Schläge ab, um den Gegner zu lähmen. Daß Hitler, selbst wenn er in der Defensive war, den Wert der Überraschung und der raschen Entscheidung hoch einschätzte, zeigte die zweite Präsidentschaftswahl 1932. Goebbels hatte Wochen gebraucht, um Hitler überhaupt zur Annahme der Kandidatur zu überreden. Die Niederlage beim ersten Wahlgang brachte Goebbels zur Verzweiflung; Hitler war aber jetzt, nachdem er sich einmal zur Kandidatur entschlossen hatte, so geistesgegenwärtig, daß er bekanntgab, auch beim zweiten Wahlgang zu kandidieren, ehe man noch im Lande seine Niederlage begriffen hatte. Und im Krieg war in Hitlers Augen die psychologische Wirkung des »Blitzkrieges« genauso wichtig wie die Strategie: es wurde der Eindruck hervorgerufen, als sei die deutsche Militärmaschine überlebensgroß und unüberwindlich, so daß gewöhnliche Sterbliche gegen sie machtlos seien!

Kein Regime hat jemals in der Geschichte den psychologischen Faktoren in der Politik solch sorgfältige Aufmerksamkeit gewidmet. Hitler war ein Meister in der Lenkung der Gefühle der Masse. An einer seiner großen Versammlungen teilzunehmen, hieß Gefühlserregungen durchzumachen, nicht aber Beweisgründe oder ein Programm anzuhören. Und doch wurde bei solchen Gelegenheiten nichts dem Zufall überlassen. Jedes Mittel, jeder Theatertrick wurde angewandt, um die Erregung zu steigern. Die Nürnberger Parteitage, die alljährlich im September stattfanden, waren Meisterleistungen einer sorgfältig auf Wirkung berechneten Regie. »Ich habe sechs Jahre vor dem Krieg in der besten Zeit des russischen Balletts in St. Petersburg zugebracht«, schrieb Sir Nevile Henderson, »aber ich habe nie ein Ballett gesehen, das sich mit dieser grandiosen Schau vergleichen ließe[158].« Wenn man die Filme von den Nürnberger Parteitagen ansieht, wird man selbst heute noch von der hypnotischen Wirkung eingefangen, die von den in vollkommener Ordnung marschierenden Tausenden von Männern ausgeht, von der Musik der zahllosen Kapellen, vom Wald der Standarten und Fahnen, von den brennenden Fackeln, von der Weite des Stadions und dem sich darüber wölbenden Dom der Scheinwerfer. Der Empfindung von Macht, Kraft und Einigkeit vermochte niemand zu widerstehen; jeder wurde hingerissen von der langsam sich steigernden Erregung, die ihren Höhepunkt erreichte, wenn der Führer persönlich auftrat. Paradoxerweise geriet der Mann, der der Urheber dieser Schauspiele war, nämlich Hitler selbst, in die stärkste Erregung: sie spielten, wie Rosenberg in seinen Memoiren berichtet, im Prozeß der Selbstberauschung eine unerläßliche Rolle.

Wie keiner zuvor hatte Hitler erfaßt, was man durch eine Verbindung von Propaganda und Terror erreichen kann. Dem Zuckerbrot der großen Schauspiele stand die Peitsche der Gestapo, der SS, der Konzentrationslager ergänzend gegenüber, deren Wirkung wiederum durch geschickte Propaganda verstärkt wurde. Dabei half Hitler nicht allein seine Kenntnis von den Machtmitteln in einer modernen verstädterten Massengesellschaft, sondern auch der Besitz der zu ihrer Handhabung erforderlichen technischen Mittel. Albert Speer, Hitlers hochintelligenter Rüstungsminister, hat diesen Punkt in seiner Schlußrede im Nürnberger Prozeß treffend hervorgehoben:

»Die Diktatur Hitlers unterschied sich in einem grundsätzlichen Punkt von allen geschichtlichen Vorgängern. Es war die erste Diktatur in dieser Zeit moderner Technik, eine Diktatur, die sich zur Beherrschung des eigenen Volkes der technischen Mittel in vollkommener Weise bediente.
Durch die Mittel der Technik, wie Rundfunk und Lautsprecher, wurde 80 Millionen Menschen das selbständige Denken genommen; sie konnten dadurch dem Willen eines einzelnen hörig werden...
Frühere Diktaturen benötigten auch in der Führung Mitarbeiter mit hohen Qualitäten, Männer, die selbständig denken und handeln konnten. Das autoritäre System in der Zeit der Technik kann hierauf verzichten. Schon allein die Nachrichtenmittel befähigen es, die Arbeit der unteren Führung zu mechanisieren. Als Folge davon entsteht der neue Typ des kritiklosen Befehlsempfängers...
Oder sie hatten zur Folge eine weitverzweigte Überwachung der Staatsbürger und den hohen Grad der Geheimhaltung verbrecherischer Vorgänge...
Der Alptraum vieler Menschen, daß einmal die Völker durch die Technik beherrscht werden könnten, er war im autoritären System Hitlers nahezu verwirklicht[159].«

Im Gebrauch der auf diese Weise in seine Hände gelegten ungeheuren Macht hatte Hitler noch einen außergewöhnlichen — zum Glück seltenen — Vorteil: er besaß weder Skrupel noch Hemmungen. Er war ein Entwurzelter ohne Heim und Familie, ein Mann, für den es keinerlei Bindungen, keinerlei Traditionen gab, der weder vor Gott noch vor den Menschen Ehrfurcht hatte. Während seiner ganzen Laufbahn ist Hitler stets bereit gewesen, jeden Vorteil wahrzunehmen, der durch Lüge, List, Verrat und Skrupellosigkeit zu erzielen war. Für die heilige Sache Deutschlands forderte er das Opfer von Millionen deutscher Menschenleben, aber im letzten Kriegsjahr war er eher bereit, Deutschland zu zerstören, als von seiner Macht zurückzutreten oder seine Niederlagen zuzugeben.

Wachsam und verschwiegen, mißtraute er aller Welt. Er ließ sich von niemand beraten. »Er sprach nie ein unüberlegtes Wort«, schreibt Schacht, »er versprach oder verplapperte sich nie. Alles war kälteste Berechnung[160].«

Schon 1924, während seiner Landsberger Haftzeit, hatte Hitler seine Stellung in der Partei damit erhalten, daß er die Rivalitäten zwischen den andern Parteiführern förderte, und das gleiche Prinzip des »Teile und herrsche« wandte er an, nachdem er Reichskanzler geworden war. Für jedes Gebiet gab es jeweils immer mehr als ein Amt. Ein Dutzend verschiedener Dienststellen stritt sich um die Leitung der Propaganda, der Wirtschaftspolitik und des Nachrichtendienstes. Vor 1938 machte Hitler dauernd hinter dem Rücken des Auswärtigen Amts von Ribbentrops besonderer Dienststelle Gebrauch, oder er holte sich seine Informationen über die Kanäle der Partei. Dieser Dualismus von Partei und Staat, die beide jeweils eine oder mehrere Abteilungen für das gleiche Aufgabengebiet hatten, war eine bewußte Einrichtung. Zwar verminderte er die Leistungsfähigkeit, aber er stärkte Hitlers Stellung und erlaubte es ihm, die eine Stelle gegen die andere auszuspielen. Aus dem gleichen Grunde schaffte Hitler die regelmäßigen Kabinettssitzungen ab und bestand darauf, mit jedem Minister einzeln zu verhandeln, so daß sich die Minister nicht gegen ihn zusammenschließen konnten. »Ich befolge ein altes Prinzip«, sagte er einmal zu Lüdecke, »ich sage jedem nur soviel, als er wissen muß, und das auch nur dann, wenn er es wissen muß.« Allein der Führer hielt alle Fäden in der Hand und übersah das ganze Gewebe. Wenn je ein Mann die absolute Macht ausgeübt hat, dann war es Adolf Hitler.

Ein besonders tief eingewurzeltes Mißtrauen hegte er gegen Sachverständige. Daß ein Problem vielseitig sein kann, ließ er nicht gelten, sondern betonte bis zum Überdruß, jedes Problem könne gelöst werden, wenn man nur den Willen dazu habe. Schacht, dessen Ratschläge er ablehnte und der ihn nur widerstrebend bewunderte, sagt: »Hitler war ein Genie der Findigkeit. Er wußte für die schwierigsten Situationen oftmals Lösungen, die überraschend einfach waren, auf die andere aber nicht kamen ... Seine Lösungen waren oft brutal, aber fast immer wirksam[161].« In einem Interview mit einem französischen Journalisten Anfang 1936 äußerte Hitler selbst, daß dieser Sinn für Vereinfachung seine größte Gabe sei:

»Man hat gesagt, ich verdanke meinen Erfolg der Tatsache, daß ich eine Mystik geschaffen habe ... oder einfacher ausgedrückt, daß ich Glück gehabt habe. Nun, ich will Ihnen verraten, was mich in meine Stellung hinaufgetragen hat. Unsere Probleme erschienen kompliziert. Das deutsche Volk konnte nichts mit ihnen anfangen. Unter diesen Umständen zog man es vor, sie den Berufspolitikern zu überlassen, um aus dem Schlamassel herauszukommen. Ich dagegen habe die Probleme vereinfacht, und sie auf die einfachste Formel gebracht. Die Masse erkannte dies und folgte mir[162].«

Am wirkungsvollsten war Hitlers gröbste Vereinfachungsmethode: in fast jeder Situation, meinte er, ließen sich die Dinge durch Gewalt oder Gewaltanwendung regeln — und in einer erstaunlich großen Zahl von Fällen hat sich gezeigt, daß er recht hatte.

III

Während seiner Münchner Zeit trug Hitler immer eine schwere Reitpeitsche aus Nilpferdhaut bei sich. Damit wollte er — wie mit jedem Satz und jeder Geste seiner Reden — den Eindruck von Stärke, Entschlossenheit und Willenskraft hervorrufen. Aber Hitler hatte nichts von der selbstverständlichen, selbstsicheren Härte eines Kondottiere wie Göring oder Röhm. Die Stärke seiner Persönlichkeit — ihm keineswegs angeboren — war das Ergebnis einer Willensübung: ihr entsprang das rauhe, sprunghafte und krampfhafte Benehmen, mit dem Hitler im Anfang seiner politischen Laufbahn auffiel. Kein Wort kam häufiger von Hitlers Lippen als das Wort »Wille«, und seine ganze Karriere von 1919 bis 1945 ist eine einzige große Leistung der Willenskraft.

Mit der Behauptung, daß Hitler ehrgeizig gewesen sei, wird man kaum seiner intensiven Begierde nach Macht gerecht, dieses ihn innerlich verzehrenden Verlangens, andere zu beherrschen. Es war der Wille zur Macht in seiner brutalsten und reinsten Form, was nicht identifiziert werden darf mit dem Triumph eines Dogmas wie bei Lenin oder Robespierre — denn das einzige Dogma des Nationalsozialismus war die Macht um ihrer selbst willen —, noch mit dem Genießen der Früchte der Macht, denn im Vergleich zu andern Naziführern, wie z. B. Göring, führte Hitler ein asketisches Leben. Lange Zeit hindurch gelang es Hitler, seine eigene Macht mit der Wiedergewinnung der deutschen Machtstellung zu identifizieren, und in den dreißiger Jahren gab es viele Menschen, die Hitler für einen fanatischen Patrioten hielten. Sobald aber Deutschlands Interessen von den seinen abzuweichen begannen, also von Anfang 1943 an, zeigte sein Patriotismus sein wahres Gesicht — Deutschland war, wie alles andere in der Welt, nur ein Mittel, ein Vehikel für seine eigene Macht, das gleichgültig zu opfern er ebenso bereit war wie die Leben derer, die er an die Ostfront schickte. Im wesentlichen war es ein unersättlicher Appetit, den die Ausübung der Macht nur vorübergehend befriedigte und der dann ruhelos um so mehr begehrte.

Obwohl sich schon, wenn man rückwärts blickt, in Hitlers Jugendjahren Anzeichen dieses monströsen Willens zur Macht erkennen lassen, so blieb dieser doch latent bis zum Ende des ersten Weltkrieges und tritt erst deutlicher in Erscheinung mit Hitlers Eintritt ins dreißigste Lebensjahr. Aus seiner eigenen Darstellung in „Mein Kampf«

geht hervor, daß der Schock der Niederlage und die Revolution von 1918 bei ihm eine Krise hervorriefen, die in ihm schlummernden Kräfte weckten und ihn dazu bestimmten, Politiker zu werden und eine neue Bewegung zu gründen. In seinem Verhalten tritt zu deutlich das Ressentiment zutage, als daß einem nicht der Gedanke käme, es seien die frühen Erlebnisse der Vorweltkriegszeit in Wien und München gewesen, die ihn dazu getrieben haben, Rache an einer Welt zu nehmen, die ihn gering geschätzt und nicht beachtet hatte. Haß, Empfindlichkeit, Eitelkeit, diese Eigenschaften fielen allen, die längere Zeit in seiner Nähe verbrachten, als charakteristisch bei ihm auf. Vom Haß war Hitler geradezu berauscht. Viele seiner Reden waren nichts anderes als haßerfüllte Schmähreden — gegen die Juden, die Marxisten, die Tschechen, die Polen, die Franzosen. Besonders giftig war seine Verachtung der Intellektuellen, des gebildeten Mittelstands, der »Herren Doktoren«; sie gehörten zu jener behaglichen bürgerlichen Welt, die ihn einst abgelehnt hatte und die er entschlossen war, aus ihrer Selbstgefälligkeit aufzustören und mit seiner Rache zu vernichten.

Nicht weniger auffallend war sein ständiges Bedürfnis nach Lob. Seine Eitelkeit war nicht zu befriedigen, und selbst die widerlichsten Schmeicheleien nahm er entgegen, als sei man sie ihm schuldig. Die Atmosphäre der Lobhudelei, in der er lebte, scheint die Kritikfähigkeit aller, die mit ihr in Berührung kamen, abgetötet zu haben. Die banalsten Plattheiten, die groteskesten Geschmacklosigkeiten und Fehlurteile wurden, wenn sie aus dem Munde des Führers kamen, als die Eingebungen eines Genies hingenommen. Es spricht sehr für Röhm und Gregor Strasser, die Hitler schon lange kannten, daß dieser Byzantinismus, vor dem selbst der sonst so zynische Goebbels kapitulierte, sie reizte und sie sich von ihm ganz und gar nicht beeinflussen ließen; zweifellos lag darin einer der Gründe, weshalb sie ermordet wurden.

Hundert Jahre vor Hitlers Reichskanzlerschaft wies Hegel in seiner berühmten Vorlesungsreihe an der Berliner Universität darauf hin, daß der »Wille des Weltgeistes«, der Plan der Vorsehung, in den »weltgeschichtlichen Individuen« als wirkenden Kräften zum Austrag komme.

»Sie sind insofern Heroen zu nennen, als sie ihre Zwecke und ihren Beruf nicht bloß aus den ruhigen, angeordneten, durch das bestehende System geheiligten Lauf der Dinge geschöpft haben, sondern aus einer Quelle, deren Inhalt verborgen und nicht zu einem gegenwärtigen Dasein gediehen ist, aus dem inneren Geiste, der noch unterirdisch ist, der an die Außenwelt wie an die Schale pocht und sie sprengt ... (Wie Alexander, Cäsar und Napoleon) ... Sie waren praktische und politische Menschen. Aber zugleich waren sie denkende, die die Einsicht hatten von dem, was not und was an der Zeit ist. Das ist eben die Wahrheit ihrer Zeit und ihrer Welt ... Ihre Sache war es, die Allgemeine, die notwendige nächste Stufe ihrer Welt zu wissen, diese sich zum Zwecke zu machen und ihre Energie in dieselbe zu legen. Die welthistorischen Menschen, die Heroen einer Zeit, sind darum als die Einsichtigen anzuerkennen; ihre Handlungen, ihre Reden sind das Beste der Zeit[163].«

Auf den Einwand, daß die Taten solcher Persönlichkeiten oft jeder Moral ins Gesicht schlagen und große Leiden für andere heraufbeschwören, entgegnete Hegel:

»Denn die Weltgeschichte bewegt sich auf einem höheren Boden, als der ist, auf dem die Moralität ihre eigentliche Stätte hat, welche die Privatgesinnung, das Gewissen der Individuen ... ist ... Aber von diesem aus müssen gegen welthistorische Taten und deren Vollbringen sich nicht moralische Ansprüche erheben, denen sie nicht angehören. Die Litanei von Privattugenden der Bescheidenheit, Demut, Menschenliebe und Mildtätigkeit muß nicht gegen sie erhoben werden ... Aber solche große Gestalt muß manche unschuldige Blume zertreten, manches zertrümmern auf ihrem Wege[164].«

Ob Hitler nun jemals Hegel gelesen hat oder nicht — wie so manches andere Stück aus der deutschen Literatur des 19. Jahrhunderts — aus Nietzsche, Schopenhauer, Wagner — findet auch diese Hegelsche Textstelle ihren Widerhall in Hitlers Glauben an sich selbst. Obwohl er ein Zyniker war, hielt Hitler doch mit seinem Zynismus vor der eigenen Person inne; er gelangte zu dem Glauben, daß er eine Mission zu erfüllen habe, daß er von der Vorsehung auserwählt sei und darum nicht dem gewöhnlichen Kanon des menschlichen Verhaltens unterliege.

Wahrscheinlich stammt dieser Glaube an sich selbst aus einem frühen Lebensabschnitt Hitlers. Er äußerte sich schon ziemlich deutlich in seiner Rede vor dem Volksgerichtshof im Jahre 1924. Später, nach seiner Haftentlassung, bemerkten die ihm Nahestehenden, daß er sich zu distanzieren begann, daß er zwischen sich und seinen Anhängern eine Schranke aufrichtete. In noch stärkerem Maße zeigte sich dies, nachdem er zur Macht gekommen war. Es geschah im März 1936, daß er die berühmte und hier bereits zitierte Behauptung tat: »Ich gehe den mir von der Vorsehung vorgeschriebenen Weg mit nachtwandlerischer Sicherheit[165].« Im Jahre 1937 sagte er auf einer Versammlung in Würzburg:

»So schwach der Einzelmensch in seinem ganzen Wesen und Handeln am Ende doch ist, gegenüber der allmächtigen Vorsehung und ihrem

Willen, so unermeßlich stark wird er in dem Augenblick, in dem er im Sinne dieser Vorsehung handelt! Dann strömt auf ihn jene Kraft hernieder, die alle großen Erscheinungen der Welt ausgezeichnet hat. Und wenn ich nun auf die fünf Jahre, die hinter uns liegen, zurückblicke, dann darf ich doch sagen: Das ist nicht Menschenwerk allein gewesen[166].«

Kurz vor der Besetzung Österreichs, im Februar 1938, erklärte er im Reichstag:

»Wer sich der Aufgabe verpflichtet fühlt, in einer solchen Stunde die Führung eines Volkes zu übernehmen, ist nicht den Gesetzen parlamentarischer Gepflogenheiten verantwortlich oder einer bestimmten demokratischen Auffassung verpflichtet, sondern ausschließlich der ihm auferlegten Mission. Und wer diese Mission dann stört, ist ein Feind des Volkes[167].«

In diesem Glauben an seine Mission fand Hitler, der weder an Gott noch an das Gewissen glaubte (»eine jüdische Erfindung, eine Schande wie die Beschneidung«), zugleich Rechtfertigung und Absolution. Er war der Siegfried, der gekommen war, Deutschland wieder seine Größe zum Bewußtsein zu bringen, und für den Moral, Leiden und die »Litanei der privaten Tugenden« belanglos waren. Solche Träume waren es, mit denen er die Unbarmherzigkeit und Entschlossenheit seines Willens aufrechterhielt. Solange diesem Glauben an eine Mission durch die zynischen Berechnungen des Politikers die Waage gehalten wurde, stellte er eine Kraftquelle dar, das Ergebnis aber war verhängnisvoll. Als ihm halb Europa zu Füßen lag und keinerlei Zurückhaltung mehr erforderlich war, verfiel Hitler dem Größenwahn. Er war nun überzeugt von der eigenen Unfehlbarkeit. Als er zu glauben begann, das von ihm geschaffene Bild wirke aus eigener Kraft Wunder — statt es als Antrieb zu benutzen —, da ließen ihn seine Gaben und seine Intuition im Stich. Es war eine Ironie des Schicksals, daß sein Versagen derselben Quelle entsprang, der er seinen Erfolg verdankte, nämlich der Fähigkeit der Selbstdramatisierung, der Fähigkeit, von sich selber überzeugt zu sein. Der Glaube an die eigene Kraft, Wunder vollbringen zu können, hielt ihn noch aufrecht, als der skeptischere Mussolini schon gestrauchelt war. Hitler spielte seine »welthistorische« Rolle bis zum bitteren Ende durch. Aber es war der gleiche, ihn in Illusionen hüllende und für das tatsächliche Geschehen blindmachende Glaube, der ihn zu der anmaßenden und seine Niederlage besiegelnden Überschätzung des eigenen Genius führte. Hitler beging die Sünde, die die alten Griechen Hybris nannten, die Sünde der hochmütigen Einbildung, er sei mehr als ein gewöhnlicher Mensch. Wenn je ein Mensch an seinem selbstgeschaffenen Bilde zugrunde ging, dann war es Adolf Hitler.

IV

Nachdem er Kanzler geworden war, mußte Hitler sich bis zu einem gewissen Grade mechanischen Amtspflichten unterwerfen. Das widerstrebte seinen natürlichen Neigungen. Er haßte systematische Arbeit, er haßte es, sich irgendeiner Disziplin zu unterwerfen, auch wenn er sie sich selbst auferlegt hatte. Verwaltungsarbeit langweilte ihn; gewöhnlich überließ er sie soweit wie möglich anderen. Diese wichtige Tatsache erklärt die Macht von Männern wie Heß und Bormann, die ihm eine Menge seiner Büroarbeit abnahmen.

Wenn er eine große Rede vorzubereiten hatte, schob er die Arbeit bis zum letzten Augenblick hinaus. Hatte er sich dann endlich dazu überwunden, mit dem Diktieren zu beginnen, so steigerte er sich in leidenschaftliche Erregung, deklamierte zur Probe und schrie so laut, daß man ihn in allen benachbarten Zimmern hören konnte. Sobald die Rede ausgearbeitet war, fiel ihm sichtlich ein Stein vom Herzen. Dann lud er gewöhnlich seine Sekretärinnen zum Essen ein, lobte sie und schmeichelte ihnen und erheiterte sie mit seinen mimischen Künsten. Allerdings nahm Hitler es mit den Korrekturen sehr genau; es ging ihm vor allem darum, daß er sie auch lesen konnte, wenn er seine Rede hielt. In seinem Büro nämlich trug Hitler eine Brille, weigerte sich aber, sie jemals in der Öffentlichkeit zu tragen. Um dieser Schwierigkeit aus dem Wege zu gehen, wurden seine Reden auf besonders angefertigten Schreibmaschinen mit 12 mm großen Typen geschrieben. Obwohl seine Sekretärinnen und sein Dienstpersonal es lange bei ihm ausgehalten haben, war es doch nicht leicht, für einen Mann mit solch unberechenbaren Stimmungen und Forderungen zu arbeiten.

Für die meisten Norddeutschen stellte solche »Schlamperei« eine typisch österreichische Eigenschaft dar. In Hitlers eigenen Augen aber war sie ein Teil seiner Künstlernatur: er sei dazu bestimmt gewesen, ein großer Maler oder Architekt zu werden, klagte er, keineswegs ein Staatsmann. Über die Kunst hatte er die eigensinnigsten Ansichten, neben denen er keine andere Meinung duldete. Leidenschaftlich haßte er alle Formen der modernen Kunst, und dazu zählte er fast die gesamte Malerei seit dem Impressionismus. Als 1937 das »Haus der Kunst« eröffnet wurde, verwarf Hitler die von der Jury ausgewählten Bilder und drohte, die Ausstellung zu schließen. Schließlich erklärte er sich damit einverstanden, daß sein Photograph Hoffmann eine neue Auswahl traf, die jedoch von seiner endgültigen Zustimmung abhing. Hoffmann füllte einen Raum mit moderneren Gemälden in der Hoffnung, Hitler auf diese Weise zu überzeugen, doch er mußte zusehen, wie sein Werk mit einer ärgerlichen Geste abgetan wurde. Hitlers Geschmack war auf die klassischen Vorbilder der griechischen und römischen Antike und auf die Romantik gerichtet; Gotik und Renaissance waren ihm zu christlich. Eine besondere Vorliebe hatte er für eine gewisse, mehr sentimentale Malerei des 19. Jahrhunderts; er sammelte für ein Museum, das er in Linz bauen wollte, der Stadt, die er als seine Heimatstadt ansah. Was er in der Malerei bewunderte, war die handwerkliche Genauigkeit. Auf seinem Schreibtisch lag gewöhnlich ein Stapel Papier, damit er in Augenblicken der Muße Skizzen anfertigen konnte.

Die Architektur — besonders des Barocks — zog ihn mächtig an; er hatte grandiose Pläne für den Wiederaufbau von Berlin, München, Nürnberg und anderen Großstädten. Ihn reizte das Monumentale und Massive, wie in der Reichskanzlei; die Architektur des Dritten Reiches sollte, wie einst die Pyramiden, die Macht seiner Herrscher widerspiegeln. In München verbrachte Hitler lange Stunden im Atelier von Professor Troost, seinem Lieblingsarchitekten. Als Troost starb, trat Albert Speer an seine Stelle. Bis in seine letzten Lebenstage hinein wurde Hitler es nicht müde, mit Baumodellen und -plänen der großen Städte zu spielen, die eines Tages aus den Trümmern der bombenzerstörten alten erstehen sollten; dabei hatte er besonders Linz im Auge.

Hitler hielt sich nicht nur für einen Kenner der Malerei und eine Autorität in der Architektur, sondern auch für hochmusikalisch. In Wirklichkeit ging jedoch seine Liebe zur Musik nicht viel über Wagner, einige Stücke von Beethoven und Bruckner, leichte Opern und Operetten wie »Die Fledermaus«, wie Lehárs »Lustige Witwe« oder »Die Regimentstochter« hinaus. Hitler versäumte kein einziges der Festspiele in Bayreuth; die »Meistersinger« und die »Götterdämmerung« behauptete er mehr als hundertmal gehört zu haben. Ebenso gern ging er ins Kino; selbst in der Zeit, als der politische Kampf des Jahres 1932 auf seinem Höhepunkt stand, retirierte er mit Goebbels in ein Lichtspielhaus, um »Mädchen in Uniform« oder einen Film mit Greta Garbo zu sehen. Als die Reichskanzlei umgebaut wurde, sorgte er dafür, daß Projektionsapparat und Leinwand eingelassen wurden; abends ließ er sich dann häufig Filme vorführen, darunter auch viele ausländische, die er für Deutschland verboten hatte.

Auch sein Haus auf dem Obersalzberg ließ Hitler umbauen, nachdem er zu Macht gekommen war. Aus dem ursprünglichen »Haus Wachenfeld« wurde dann der berühmte »Berghof«. Er hatte eine Leidenschaft für große Räume, dicke Teppiche und Wandbehänge. Er liebte die Weite: von der großen Halle und der Terrasse des Berghofs aus hatte er eine prächtige Aussicht auf die Berge. Bis auf seine Liebhaberei für Bauen und Innenarchitektur waren Hitlers Neigungen einfach; sie änderten sich auch nur wenig, nachdem er zur Macht gekommen war. Rauschning, der 1933 häufig mit Hitler zusammen war, spricht von der »bekannten Mischung kleinbürgerlichen Vergnügens und revolutionären Geredes«. Er liebte es, in einem schnellen, mächtigen Wagen gefahren zu werden; er liebte Sahnekuchen und Süßigkeiten (von einer Berliner Firma eigens für ihn hergestellt); er liebte Blumen in seinen Zimmern und Hunde; er liebte die Gesellschaft von hübschen — aber nicht klugen — Frauen; er liebte sein Heim oben in den bayrischen Bergen.

Erst am Abend wurde Hitler lebendig. Er haßte es, zu Bett zu gehen — denn er schlief schwer ein —, und nach dem Abendessen versammelte er seine Gäste und die Mitglieder seines Haushalts, die Sekretärinnen eingeschlossen, um den großen offenen Kamin in der großen Halle des Berghofs oder im Empfangsraum der Reichskanzlei. Dort saß er und sprach über jedes Ding unter der Sonne bis zwei oder drei Uhr morgens, oft wurde es noch später. Für lange Stunden artete die Unterhaltung gewöhnlich in einen Monolog aus; zu gähnen aber, oder zu flüstern, hätte sofort seine Ungnade hervorgerufen. Am nächsten Morgen stand Hitler dann nicht vor elf Uhr auf.

Das Leben auf dem Berghof war wenig zeremoniell. Hitler hatte keinen Sinn für Formalitäten oder Gesellschaften größeren Stils; er fühlte sich nur selten wohl dabei und vermied sie soweit wie möglich. Obwohl er ziemlich luxuriös lebte, waren seine Ansprüche gering. Es war ihm gleichgültig, was für Kleidung er trug; er aß wenig, rührte niemals Fleisch an, und er rauchte nicht, noch trank er. Hitler beschäftigte nicht nur einen besonderen Koch, der ihm seine vegetarischen Mahlzeiten zubereiten mußte, sondern er hielt auch streng an der Meinung fest, es sei eine gefährliche Angewohnheit, Fleisch oder gekochte Speisen zu essen, und diese habe zum Verfall vergangener Kulturen geführt.

»Eines kann ich den Fleischessern prophezeien: Die Gesellschaft der Zukunft wird vegetarisch leben[168].«

Der hauptsächliche Grund für seine Enthaltsamkeit scheint die Sorge um sein körperliches Befinden gewesen zu sein. Er führte ein ungesundes Leben, hatte wenig Bewegung und frische Luft. Er trieb keinen Sport, ritt oder schwamm niemals und litt ziemlich häufig an Magenbeschwerden und Schlaflosigkeit. Darüber hinaus hatte er schreckliche Angst vor Erkältungen oder irgendeiner anderen Ansteckung. Der Gedanke, vor der Zeit zu sterben, in der er seine Pläne verwirklicht hätte, bedrückte ihn sehr, und er hoffte, durch sorgfältige Diät und Vermeidung von Alkohol, Kaffee, Tee und Tabak sein Leben um Jahre zu verlängern. Während der nächtlichen Sitzungen vor dem Kamin nahm Hitler niemals Stimulantien, nicht einmal schwarzen Tee. Statt dessen schlürfte er Pfefferminz- oder irgendeinen andern Kräutertee. Er war sowohl ein Sonderling wie ein Hypochonder geworden und predigte seinen Gästen bei Tisch die Vorzüge des Vegetariertums mit der gleichen Beharrlichkeit, die er in seinen politischen Gesprächen zeigte.

Hitler war als Katholik aufgewachsen, und die Organisation und die Macht der katholischen Kirche hatten großen Eindruck auf ihn gemacht. Ihre Hierarchie, ihre Geschicklichkeit in der Menschenführung und die Unwandelbarkeit ihres Glaubensbekenntnisses waren, wie er behauptete, die Grundzüge, von denen er gelernt habe. Für die protestantischen Geistlichen empfand er nur Verachtung: »Es sind kleine dürftige Subjekte, unterwürfig bis zum Handkuß, und sie schwitzen vor Verlegenheit, wenn man sie anredet. Sie haben schließlich gar keinen Glauben, den sie ernst nehmen, und sie haben auch keine große Herrschaftsmacht zu verteidigen wie Rom[169].« Es war »die große Stellung« der Kirche, die er respektierte, die Tatsache, daß sie so viele Jahrhunderte überdauert hatte; ihre Lehre jedoch lehnte er schärfstens ab. In Hitlers Augen war das Christentum eine Sklavenreligion; insbesondere verachtete er seine Ethik. Er erklärte, die Lehre des Christentums sei eine Auflehnung gegen das Naturgesetz, das die Auswahl durch Kampf und das Überleben der Besten vorsehe.

»Wenn man den Gedanken logisch zu Ende denkt, bedeutet das Christentum die systematische Pflege des menschlichen Versagens[170].«

In seinen politischen Betrachtungen hielt Hitler mit seinem Antiklerikalismus zurück, da er sich nur zu sehr der Gefahr bewußt war, daß eine Verfolgung die Kirche nur stärken konnte. Aus diesem Grunde war er mit öffentlichen Angriffen gegen die Kirche vorsichtiger als einige seiner Gefolgsleute wie z. B. Rosenberg und Bormann. Doch wenn der Krieg erst einmal vorbei sei, so sagte er sich, dann würde er den Einfluß der christlichen Kirche zerstören und ausrotten.

»Das Übel, das uns am Lebensmark frißt«, bemerkte er im Februar 1942, »sind die Geistlichen beider Konfessionen. Im Augenblick kann ich ihnen nicht die Antwort geben, die sie verdient haben ... Aber es ist alles notiert. Die Zeit wird kommen, in der ich mit ihnen abrechnen werde. Sie werden bestimmt noch von mir hören, und dann lasse ich mich nicht von Paragraphen aufhalten[171].«

Ernstliche Bemühungen, bewußt heidnische Kulte wieder einzuführen, erregten seinen Zorn und Spott.

»Nichts wäre törichter, als die Wotansverehrung wieder einzuführen. Die alte germanische Religion war nicht mehr lebensfähig, als das

Christentum bei uns eindrang ... Ganz besonders möchte ich nicht, daß die Bewegung religiösen Charakter annähme und eine Art Gottesdienst einführte. Der Gedanke, ich könnte eines Tages in der Haut eines Buddhas sterben, ist mir gräßlich[172].«

Es gibt auch keinerlei Beweis für die Annahme, daß er Zuflucht zur Astrologie genommen habe. Seine Sekretärin behauptet kategorisch, daß er für solche Praktiken nichts als Verachtung übrig hatte, obwohl der Glaube an die Sterne unter einigen seiner Anhänger, wie zum Beispiel Himmler, sicher verbreitet war. Die Wahrheit ist, daß Hitler, zumindest in bezug auf die Religion, Rationalist und Materialist war.

»Das christliche Dogma«, erklärte er während des Krieges in einem seiner Gespräche, »überlebt sich angesichts des Fortschritts der Wissenschaft ... Stück für Stück bröckeln die Mythen ab. Was übrigbleibt, beweist uns, daß es in der Natur keine Grenze zwischen Belebtem und Unbelebtem gibt. Wenn die Kenntnis des Universums umfassender wird, wenn die Mehrzahl der Menschen weiß, daß die Sterne keine Himmelslichter sind, sondern Welten, vielleicht bewohnte Welten wie die unsere, wird die christliche Lehre ad absurdum geführt ... Der Mensch, der eins ist mit der Natur, befindet sich zwangsläufig im Widerspruch zu den Kirchen, und deshalb werden sie untergehen — denn die Wissenschaft muß siegen[173].«

Hitlers Pläne für den Wiederaufbau von Linz sahen ein großes Observatorium und Planetarium als Kernstück vor. Diese Idee stand in Zusammenhang mit seinem (aus dem 19. Jahrhundert stammenden) Glauben, daß die Wissenschaft Ersatz sei für den Aberglauben der Religion.

»Tausende von Ausflüglern werden jeden Sonntag dorthin pilgern. Dort wird sich ihnen die Größe des Alls offenbaren. Der Sockel soll das folgende Motto tragen: ›Die Himmel rühmen des Ewigen Ehre.‹ Auf diese Weise werden wir den Menschen religiöses Gefühl einpflanzen, sie Demut lehren, aber ohne Priester. Für Ptolomäus war die Erde der Mittelpunkt der Welt. Das änderte sich mit Kopernikus. Heute wissen wir, daß unser Sonnensystem nur ein Sonnensystem unter vielen anderen ist. Was könnten wir Besseres tun, als der größtmöglichen Zahl von Menschen das Bewußtsein solcher Wunder zu vermitteln ... Stellen Sie in einem Dorf ein kleines Fernrohr auf, und Sie zerstören eine Welt des Aberglaubens[174].«

Hitlers Glaube an sein eigenes Schicksal hielt ihn vom totalen Atheismus zurück.

»Die Russen durften sich gegen ihre Popen wenden, aber sie durften das nicht umdrehen in einen Kampf gegen die höhere Gewalt. Tatsache ist, daß wir willenlose Geschöpfe sind, daß es eine schöpferische Kraft aber gibt[175].«

Bei einer anderen Gelegenheit beantwortete er seine Frage selbst.

»Den Jenseitsgedanken der christlichen Religion kann ich nicht ersetzen, weil er nicht haltbar ist. Der Ewigkeitsgedanke aber wird in der Art fundiert. Geist und Seele gehen gewiß wieder zurück in das Gesamtreservoir wie der Körper. Wir düngen damit als Grundstoff den Fundus, aus dem neues Leben entsteht. Über das Warum und Weshalb brauche ich mir nicht den Kopf zu zerbrechen! Ergründen werden wir das Wesen der Seele nicht[176]!«

Was Hitler interessierte, war Macht, und sein Glaube an die Vorsehung des Schicksals war lediglich eine Projektion seines eigenen Machtgefühls. Er hatte sowohl für die geistige als auch für die emotionale Seite des menschlichen Lebens weder Gefühl noch Verständnis. Emotionen waren für ihn das Rohmaterial zur Macht. Die Jagd nach Macht warf ihren kalten Schatten wie Mehltau über sein ganzes Leben. Alles wurde dem »welthistorischen« Götzenbild geopfert; daher die Armut seines Privatlebens und seiner menschlichen Beziehungen.

Nach seiner frühen Münchner Zeit hat Hitler wenig Freundschaften geschlossen, sofern sich überhaupt von Freundschaften sprechen läßt. Voller Sehnsucht sprach er von der »Kampfzeit«, von der Kameradschaft, die ihn mit den »Alten Kämpfern« verband. Fast ausnahmslos gingen Hitlers Vertraute aus der alten Nazigarde hervor: Goebbels, Ley, Heß, Martin Bormann, seine beiden Adjutanten Julius Schaub und Wilhelm Brückner, sein Chauffeur Julius Schreck, Max Amann, der Parteiverleger, Franz Xaver Schwarz, der Schatzmeister der Partei, und Hoffmann, der Hofphotograph. In diesem intimen Kreis, von den alten Tagen plaudernd, sei es auf dem Berghof oder in seiner Münchner Wohnung, fühlte Hitler sich am wohlsten. Selbst Leuten wie Julius Streicher oder Christian Weber, die einen zu schlechten Ruf hatten, um hohe Positionen einzunehmen, hielt Hitler die Treue; als Streicher schließlich wegen seines ruchlosen Verhaltens von seinem Posten als Gauleiter von Franken enthoben wurde, genoß er weiter den Schutz Hitlers und konnte friedlich auf seinem Bauernhof leben.

Von einigen wenigen Männern, wie Ribbentrop und Speer, abgesehen, überwand Hitler niemals ganz sein Mißtrauen gegen Menschen bürgerlicher Herkunft. Er glaubte, sich nur auf seine »Alten Kämpfer« verlassen zu können, denn sie waren von ihm abhängig. Überdies paßte ihre Gesellschaft, mochte sie auch rauh sein, mehr zu ihm als die der

Schachts und Neuraths, der Bankiers und Generale, der hohen Beamten und Diplomaten, die dem neuen Regime, nachdem es zur Macht gelangt war, eifrig dienten. Ihre steifen Manieren und ihr »gebildetes« Sprechen weckten in ihm nur den alten sozialen Groll und auch den Verdacht, daß sie hinter seinem Rücken über ihn spotteten — was sie ja auch taten. Für einen Diktator gibt es keine Gleichrangigen, und im Verkehr mit seinen »Alten Kämpfern« war Hitler sich seiner Überlegenheit sicher. Selbst Göring und Goebbels, die sich mehr als irgendwelche anderen Naziführer mit Hitler auf eine Stufe stellen konnten, wußten sehr genau, daß es Grenzen gab, die sie nicht überschreiten durften. »Wenn eine Entscheidung zu treffen ist«, sagte Göring einmal zu Sir Nevile Henderson, »zählt keiner von uns mehr als der Stein, auf dem er steht. Der Führer allein entscheidet[177].«

In der Gesellschaft von Frauen fühlte sich Hitler zu Hause, und er genoß sie. Im Anfang seiner Laufbahn hatte er viel der Ermutigung zu verdanken, die ihm Frauen wie Helene Bechstein, Carola Hoffmann und Winifred Wagner gaben. Viele Frauen waren fasziniert von seiner hypnotischen Kraft; es gibt glaubwürdige Berichte über hysterische Anfälle von Frauen auf seinen Massenversammlungen. Hitler selbst maß der weiblichen Wählerschaft große Bedeutung bei. Hatte er Damen zu Tisch, so konnte er, falls er gut gelaunt war, äußerst aufmerksam und liebenswürdig sein, solange sie keine geistigen Ansprüche stellten und ihm nicht zu widersprechen versuchten. Der Klatsch hat ihn mit einer ganzen Reihe von Frauen, in deren Gesellschaft er häufig gesehen wurde, in Verbindung gebracht und über seine Beziehungen zu ihnen eifrige Spekulationen angestellt, so bei Henny Hoffmann, der Tochter seines Photographen, bei Leni Riefenstahl, der Regisseurin der Nürnberger Parteitag-Filme, und bei Unity Mitford, der Schwägerin von Sir Oswald Mosley, die in München einen Selbstmordversuch beging.

Aus den durchsichtigsten Gründen ist viel über Hitlers Sexualleben geschrieben worden. Von den vielen Vermutungen sind zwei einer ernsthaften Betrachtung wert. Die erste besteht in der Annahme, daß Hitler an der Syphilis gelitten habe.

Es gibt einige Passagen in »Mein Kampf«, in denen Hitler mit überraschender Betonung von »der Geißel der Geschlechtskrankheit« und ihren Auswirkungen spricht. Das Problem der Bekämpfung von Geschlechtskrankheiten müsse, wie er erklärte, der Öffentlichkeit klar vor Augen gestellt werden, nicht als eine Aufgabe unter vielen, sondern als die Hauptaufgabe der Nation. Nach Berichten, wie sie zum Beispiel Hanfstaengl aufgreift, soll Hitler sich die Syphilis zugezogen haben, als er noch als junger Mann in Wien lebte. Dies mag zwar böswilliger Klatsch sein, aber man muß hinzufügen, daß mehr als ein ärztlicher

Spezialist angenommen hat, Hitlers spätere Krankheitssymptome — sowohl psychischer als auch physischer Art — könnten sehr wohl die eines Menschen sein, der bereits im dritten Stadium der Syphilis stand. Wenn nicht freilich eines Tages ein medizinischer Bericht über Hitler ans Licht kommt, muß diese Frage offen bleiben.

Eine zweite Hypothese, die natürlich die erste nicht ausschließt, ist die, daß Hitler zum normalen Geschlechtsverkehr unfähig gewesen sei. Putzi Hanfstaengl, der Hitler während seiner Zeit in Bayern und auch später sehr gut kannte, erklärt offen, er sei impotent gewesen. Hanfstaengl war der Ansicht, daß die überschüssige Kraft, die kein normales Ventil fand, in der Unterwerfung seiner Umgebung, danach seines Vaterlandes und schließlich ganz Europas einen Ausweg suchte... In dem sexuellen Niemandsland, in dem Hitler gelebt habe, sei er nur einmal — und auch diesmal nur beinahe — der Frau begegnet, die ihm hätte Befriedigung geben können[178].
Die Galanterie, seine Vorliebe für den Handkuß, die Blumen — dies alles war Ausdruck der Bewunderung, führte jedoch nicht zu mehr.
Eine Zeitlang sei man der Ansicht gewesen, schreibt Hanfstaengl, Jenny Haugg, die Schwester seines Fahrers, sei seine Freundin... Jenny saß oft im Fond des Wagens und wartete auf ihn. Sie fuhren zusammen weg, aber Hanfstaengl behauptet, sie seien nur in ein Café gegangen und hätten dort die halbe Nacht bei Gesprächen verbracht. Vielleicht sei es zu ein paar Zärtlichkeiten gekommen, aber das sei auch das einzige gewesen, zu dem Hitler fähig war. Frau Hanfstaengl habe das einmal sehr klar in Worte gefaßt: »Putzi«, habe sie gemeint, »ich sage dir, er ist ein Neutrum[179].«

Auch dies muß eine Hypothese bleiben, doch Hanfstaengls Meinung (die auch andere teilten) widerspricht dem nicht, was über Hitlers Beziehungen zu den beiden einzigen Frauen bekannt ist, für die er mehr als nur vorübergehendes Interesse zeigte; wir sprechen von den Beziehungen zu seiner Nichte Geli Raubal und zu der Frau, die er einen Tag vor seinem Selbstmord heiratete, Eva Braun.

Geli und Friedl Raubal, die Töchter von Hitlers verwitweter Stiefschwester Angela Raubal, begleiteten ihre Mutter, als sie 1925 auf den Obersalzberg zog, um Hitler den Haushalt zu führen. Geli war damals siebzehn, ein schlichtes und anziehendes Mädchen mit einer angenehmen Stimme, die sie gern ausbilden lassen wollte. Während der folgenden sechs Jahre war sie Hitlers ständige Gefährtin. Als ihr Onkel sich eine Wohnung in der Prinzregentenstraße nahm, war sie ebensooft bei ihm in München wie auf dem Obersalzberg. Später hat Hitler diese Zeit die glücklichste seines Lebens genannt. Er vergötterte das Mädchen, das zwanzig Jahre jünger war als er; er nahm sie mit, wohin er konnte — kurzum, er verliebte sich in sie. Ob auch Geli ihn jemals geliebt hat, ist zweifelhaft. Sie fühlte sich geschmeichelt; ihr inzwischen berühmt gewordener Onkel imponierte ihr. Es machte ihr Spaß, mit ihm auszugehen, aber sie litt unter seiner überempfindlichen Eifersucht. Hitler verweigerte es ihr, ein eigenes Leben zu führen; er verweigerte es ihr, nach Wien zu fahren, um ihre Stimme ausbilden zu lassen. Er geriet außer sich vor Wut, als er entdeckte, daß sein Chauffeur Emil Maurice ihr den Hof machte, und er verbot ihr, sich mit irgendeinem andern Mann auf irgendeine Weise einzulassen. Geli war beleidigt und unglücklich über solche häusliche Tyrannei.

Am Morgen des 17. September verließ Hitler München — zusammen mit Hoffmann, der zugleich sein Photograph und Freund war —, nachdem er sich von Geli verabschiedet hatte. Er wollte nach Hamburg fahren, doch schon kurz hinter Nürnberg wurde er von Heß telephonisch darüber informiert, daß Geli tot sei. Nach seiner Abreise hatte sie sich in ihrer Wohnung erschossen. Warum?

Hoffmann, der sowohl Hitler als auch das Mädchen gut kannte, glaubte, sie habe einen anderen geliebt und Selbstmord begangen, weil sie die despotische Behandlung ihres Onkels nicht ertragen konnte. Frau Winter, die Haushälterin, nahm an, daß sie Hitler geliebt habe und daß ihr Selbstmord die Folge einer Enttäuschung gewesen sei[180]. Was auch immer der Grund war, Gelis Tod versetzte Hitler einen schwereren Schlag als irgendein anderes Erlebnis in seinem Leben. Tagelang war er untröstlich, und seine Freunde fürchteten, er würde sich das Leben nehmen. Einigen Berichten zufolge stammt seine Weigerung, Fleisch zu essen, aus jener kritischen Zeit. Für den Rest seines Lebens konnte er nie von Geli sprechen, ohne daß ihm Tränen in die Augen traten; wie er einigen Menschen gegenüber geäußert hat, war sie die einzige Frau, die er jemals geliebt hat. Ihr Zimmer auf dem Berghof blieb genauso erhalten, wie sie es verlassen hatte und wurde auch nicht angerührt, als das ursprüngliche Haus Wachenfeld umgebaut wurde. Ihre Photographie hing in seinen Zimmern in München und Berlin und wurde alljährlich zu ihrem Geburtstag und ihrem Todestag mit Blumen geschmückt. War es Reue, Sentimentalität, eine seiner Posen oder echte Leidenschaft? In jedem Menschen, nicht zuletzt in einem so seltsamen, widerspruchsvollen und verzerrten Wesen wie Adolf Hitler, gibt es Geheimnisse, und es ist das beste, den Fall Geli Raubal ein Geheimnis bleiben zu lassen.

Hitlers Beziehungen zu Eva Braun liegen auf einer anderen Ebene. Wie Speer später bemerkte, »wird Eva Braun für alle Geschichtsschreiber eine Enttäuschung bedeuten«.

Eva war die mittlere der drei Töchter Fritz Brauns, eines Gewerbelehrers aus Simbach am Inn. Sie war eine hübsche, dümmliche Blondine mit einem runden Gesicht und blauen Augen. Sie arbeitete als Ladengehilfin in Hoffmanns Photoatelier; dort traf Hitler sie, machte ihr einige belanglose Komplimente, schenkte ihr Blumen und lud sie auch gelegentlich ein, bei einem Ausflug unter seinen Gästen zu sein. Die gesamte Initiative kam von Evas Seite: Sie erzählte ihren Freunden, Hitler sei in sie verliebt, und sie brächte ihn schon dahin, sie zu heiraten.

Im Sommer 1932 (weniger als ein Jahr nach Gelis Tod) versuchte Eva Braun, damals einundzwanzigjährig, Selbstmord zu begehen. Zu einem Zeitpunkt, da ihm daran lag, jeglichen Skandal zu vermeiden, war Hitler verständlicherweise einer solchen Drohung gegenüber sehr empfindlich. Wie Hoffmann sagt[181], »gelang es Eva Braun auf diese Weise, ihr Ziel zu erreichen und Hitlers Geliebte zu werden«.

Eva mußte stets im Hintergrund bleiben. Sie wohnte in Hitlers Münchner Domizil, wo Hitler sie besuchte, wenn sich eine Gelegenheit dazu ergab, oder sie reiste zum Berghof, wenn er dort residierte. Dies führte zu Spannungen mit Hitlers Halbschwester, Frau Raubal, die auch nach Gelis Tod noch den Haushalt im Berghof führte und die »emporgekommene« Eva haßte. Nach einer Reihe von Streitigkeiten ging Frau Raubal 1936 um des lieben Friedens willen. Danach nahm dann Eva ihren Platz als Hausfrau ein und saß zur Linken Hitlers, wenn er beim Mittagessen an der Tafel präsidierte.

Nur selten erlaubte Hitler Eva Braun, nach Berlin zu kommen oder mit ihm gemeinsam in der Öffentlichkeit zu erscheinen. Bei großen Empfängen oder Diners mußte sie oben in ihrem Zimmer bleiben. Erst nachdem Evas Schwester Gretl Braun Himmlers persönlichen Vertreter beim Führer, Hermann Fegelein, während des Krieges geheiratet hatte, war es ihr gestattet, sich in der Öffentlichkeit etwas freier zu bewegen. Nun konnte sie ja als Frau Fegeleins Schwester vorgestellt werden, und der Ruf des Führers blieb unangetastet.

Eva erhob keinen Anspruch auf geistige Fähigkeiten oder politisches Verständnis. Ihre Interessen waren Sport — sie war eine ausgezeichnete Skiläuferin und Schwimmerin —, Tiere, Kino, Liebe und Kleider. Ihre Gedanken und Vorstellungen bezog sie aus billigen Romanen und Filmen, in denen sich alles um »Liebe« drehte. Als Gegenleistung für ihre bevorzugte Stellung mußte sie sich der gleichen kleinlichen Tyrannei unterwerfen, die Hitler über Geli auszuüben versucht hatte. Sie wagte es nur heimlich, zu tanzen oder zu rauchen, weil der Führer beides mißbilligte; auch lebte sie in ständiger Angst, daß eine zufällig entstandene Photographie oder irgendeine Bemerkung Hitler über ihr Zusammensein mit anderen Männern informieren oder verärgern könne; sie selbst jedoch litt höchste Eifersuchtsqualen wegen Hitlers Interesse an den Frauen, mit denen er zusammentraf. Manchmal besuchte er sie wochenlang nicht, und die Furcht, er könnte sie um einer anderen willen verlassen, machte sie unglücklich. Sie war unzufrieden mit ihrer zweifelhaften Stellung und sehnte sich nach der vollen Anerkennung, die ihr durch die Heirat zuteil geworden wäre.

Nach Beginn des Krieges wurde Evas Stellung sicherer. Hitler sonderte sich ganz vom gesellschaftlichen Leben ab, und sein Interesse galt nur noch dem Krieg. Sie brauchte keine Rivalinnen mehr zu fürchten, und die Verbindung zwischen beiden hatte nun schon so lange gedauert, daß Hitler sie als ganz natürlich ansah. Auf der anderen Seite sah sie ihn jedoch weitaus seltener. In der letzten Phase des Krieges ließ sich Hitler auf dem Berghof nur noch wenig blicken, sie aber durfte nicht in das Hauptquartier des Führers übersiedeln. Zu keinem Zeitpunkt erlaubte es ihre Stellung, auf irgendwelche Diskussionen, auch auf die nebensächlichsten, Einfluß zu nehmen.

Nichtsdestoweniger war Hitler mit der Zeit Eva mehr und mehr zugetan. Ihre Dummheit störte ihn nicht, im Gegenteil, er verabscheute Frauen mit eigenen Ansichten. Durch ihre Treue gewann sie seine Zuneigung, und es war die Belohnung für ihre Treue, daß Hitler nach einer mehr als zwölfjährigen Beziehung, die eher auf »häuslicher« als auf erotischer Ebene lag, nachgab und sie am letzten Tag seines Lebens heiratete. Vorher hatte er jegliche Diskussion über eine Heirat stets mit der Begründung abgelehnt, sie bedeute ein Hindernis für seine Karriere. In seinem Testament erklärte er seine Handlungsweise und sprach von »vielen Jahren echter Freundschaft«, und es besteht wohl kaum Grund, die Aufrichtigkeit dieser Aussage zu bezweifeln. In Evas Gesellschaft war er frei von allem Zwang und brauchte nicht länger mehr eine Rolle zu spielen. Er war am ehesten ganz Mensch, glücklich, wie man so sagt, in den Stunden, die er, in seinem Stuhl zurückgelehnt, am Spätnachmittag bei ihr verbrachte; wenn er mit ihr auf der Terrasse des Berghofes auf und ab ging oder mit einigen Freunden ein Picknick veranstaltete.

Egoismus ist ein ebenso bösartiges wie häßliches Laster. So darf man wohl stark bezweifeln, daß Hitler, ganz in den Traum seiner eigenen Größe vertieft, überhaupt jemals fähig gewesen ist, für einen anderen Menschen wirkliche Liebe zu empfinden. Auch in seinen besten Stunden war mit Hitler nicht leicht auszukommen: seine Launen waren unberechenbar, sein Mißtrauen nur allzuleicht zu erwecken. Sehr rasch argwöhnte er sich zu wenig beachtet, und nur sehr langsam konnte er eine scheinbare Nichtachtung vergessen; er hatte einen ausgeprägten Hang zur Rachsucht, der sich oft in böswilligem und kleinlichem Groll ausdrückte. Großzügigkeit war ihm eine unbekannte Tugend; er verfolgte seine Feinde unnachsichtig.

Es steht außer Zweifel, daß Hitler, wenn er in der entsprechenden Stimmung war, ein faszinierender Gesellschafter sein konnte. Namentlich auf Spaziergängen, die er sehr gern unternahm, vermochte er ausgesprochen fröhlich zu sein und andere zu Zwanglosigkeit zu bewegen. Er war ein guter Erzähler und besaß ein geradezu schauspielerisches Nachahmungstalent, mit dem er seine Begleiter amüsierte. Auf der anderen Seite war sein Sinn für Humor eng mit Schadenfreude verbunden, mit einem boshaften Vergnügen an dem Pech und den Dummheiten anderer. Die Behandlung der Juden erheiterte ihn nur, und gewöhnlich lachte er höchst erfreut, wenn Goebbels ihm berichtete, welche Schmach die Juden unter den Händen der Berliner SA erlitten hatten. Er war gleichgültig gegenüber dem Leid anderer und besaß keinerlei Mitleid; er war intolerant und abgebrüht; für die allgemeine Neigung zur Humanität kannte er nur Verachtung. Mitleid und Barmherzigkeit galten ihm als humanitäre Duseleien und als Zeichen der Schwäche. Die einzige Tugend war Härte, Unbarmherzigkeit war das Kennzeichen der Überlegenheit. Je mehr er sich dem Glauben an seine Mission und seine Unfehlbarkeit hingab, desto größer wurde seine Einsamkeit, bis er schließlich in den letzten Jahren seines Lebens keinerlei menschlichen Kontakt mehr hatte; er stand verloren in einer Welt unmenschlicher Phantasie, in der das einzige Reale, das einzige, was zählte, sein eigener Wille war.

V

»Ein Mensch, der kein Gefühl für Geschichte hat«, erklärte Hitler, »ist wie einer ohne Augen und Ohren.« Seit seiner Schulzeit, so behauptete er, habe er sich leidenschaftlich für Geschichte interessiert, und der Gang der europäischen Geschichte war ihm recht geläufig. In seinen Gesprächen zitierte er immer wieder historische Beispiele und Parallelen. Noch mehr: Hitlers gesamtes Denken war historisch orientiert, und sein Sendungsbewußtsein leitete sich von geschichtlichen Vorstellungen her.
Wie seinem Zeitgenossen Spengler hatten es ihm Aufstieg und Verfall der Zivilisation angetan. »Ich frage mich oft«, erklärte er in seinen Tischgesprächen, »warum die alte Welt zusammenbrach.« Das war keine müßige Gedankenspielerei; er empfand sich selber als Mensch an einer kritischen Grenzscheide der europäischen Geschichte, an der die liberale bürgerliche Welt des 19. Jahrhunderts auseinanderfiel. Was würde an ihre Stelle treten? Die Zukunft gehörte der »jüdisch-bolschewistischen« Massenideologie, wenn Europa nicht durch die nationalsozialistische Theorie der rassischen Elite gerettet werden könnte. Das war seine Mission, und er hielt sich an die Geschichte, um sich

darin zu bestärken. Daher rührte auch sein Interesse für das römische Weltreich, in dem das Christentum — eine Erfindung des Juden Saul aus Tarsus — dieselbe zerstörerische Rolle gespielt hatte wie der Bolschewismus — die Erfindung des Juden Karl Marx — im Europa seiner Zeit.

Dieser Geschichtsauffassung, dieser »Weltanschauung«, sosehr sie auch hinken mochte, blieb Hitler bemerkenswert treu. Was sich bei ihm einmal festgesetzt hatte, blieb starr und unbiegsam. Hitler war ein Mensch mit Scheuklappen, der heftig jedes Entweder-Oder ablehnte. Einmal gefaßte Ideen betrachtete er nie selbstkritisch und erlaubte auch anderen keine Kritik. Er las und hörte anderen zu, nicht um zu lernen, sondern um sich zu informieren und zusätzliche Stützen für seine Vorurteile und vorgefaßten Meinungen zu finden. Echtes historisches Studium mit kritischer Wertung oder das reiche Gebiet menschlicher Geschichte jenseits des nackten Machtstrebens, des Kriegführens und der Gründung von Reichen waren ihm ein Buch mit sieben Siegeln.

Die Feindseligkeit, die Hitler der Gedankenfreiheit oder der Diskussion gegenüber an den Tag legte, stellte nicht nur eine persönliche Abneigung, sondern nicht minder ein politisches Aushilfsmittel dar. Gelegentlich konnte er ein guter Zuhörer sein und sich durch das Ausfragen seiner Besucher belehren lassen; aber wenn er erst selber zu sprechen begonnen hatte, duldete er keinen Einwand und keine Unterbrechung mehr. Sein Despotismus griff vom politischen ins persönliche Leben hinüber, und er gewöhnte sich daran, daß seine Ansichten über jeden Gegenstand als *ex-cathedra*-Aussprüche eines Orakels hingenommen wurden, ganz gleich, wie unzulänglich und unbegründet sie sein mochten.

In der Tat waren Hitlers Ansichten zu allen Bereichen jenseits der Politik nicht minder dogmatisch und intolerant. Noch mehr: sie waren banal, engstirnig, grausam und brutal. Was er über die Ehe, über Frauen, Erziehung und Religion zu sagen wußte, trug den unverkennbaren Stempel angeborener Gemeinheit und geistiger Unausgegorenheit. Nicht nur waren ihm die reichen Erlebnisse des normalen menschlichen Lebens — Liebe, Ehe, Familie, menschliche Zuneigung und Freundschaft — fremd; auch die gesamte Vorstellungswelt der europäischen Literatur blieb ihm verschlossen. Seine Sekretärin erinnert sich, daß sein Bücherschrank nicht ein einziges Werk eines Klassikers enthielt, nicht ein einziges Buch, das von einer besonderen Vorliebe zeugte.

Die Grundlage von Hitlers politischem Glauben war ein primitiver Darwinismus. »Der Kampf hat den Menschen groß gemacht... Welches

Ziel der Mensch auch erreicht hat, er verdankt es seiner Schöpferkraft *und* seiner Brutalität ... Das gesamte Leben läßt sich in drei Thesen zusammenfassen: der Kampf ist der Vater aller Dinge, die Tugend ist eine Angelegenheit des Bluts, Führertum ist primär und entscheidend...[182]« Bei anderer Gelegenheit erklärte er: »Die ganze Natur ist ein gewaltiges Ringen zwischen Kraft und Schwäche, ein ewiger Sieg des Starken über den Schwachen. Nichts als Fäulnis wäre in der ganzen Natur, wenn es anders wäre. Verfaulen würden die Staaten, die gegen dieses Elementargesetz sündigen[183].« Infolgedessen sind »durch alle Jahrhunderte hindurch Kraft und Macht die entscheidenden Faktoren ... Nur die Kraft herrscht. Kraft ist oberstes Gesetz[184].« Die Kraft sei in jeder Situation der entscheidende Faktor; die Kraft allein habe das Recht geschaffen. »Stets hat vor Gott und der Welt der Stärkere das Recht, seinen Willen durchzusetzen. Die Geschichte beweist: Wer nicht die Kraft hat, dem nutzt das ›Recht an sich‹ gar nichts[185]!«

Die Fähigkeit, im Daseinskampf die entscheidende Überlegenheit zu erlangen und zu erhalten, drückte Hitler in der Idee der Rasse aus, die in der Nazimythologie eine ebenso zentrale Rolle spielte wie die Idee der Klassen im Marxismus. Alles, was die Menschheit erreicht hat, erklärt Hitler in »Mein Kampf«, verdankt sie der Leistungsfähigkeit der arischen Rasse: »Was wir heute an menschlicher Kultur vor uns sehen, ist nahezu ausschließlich schöpferisches Produkt des Ariers[186].« Aber wer sind denn nun die Arier?

Obwohl Hitler häufig so tat, als sei das gesamte deutsche Volk rein — was immer es bedeuten mag — arischen Geblüts, so hatte er doch in Wahrheit eine andere Ansicht. Nur ein Teil in jeder Nation (auch in der deutschen) könne als Arier angesehen werden. Innerhalb der Nation bildeten sie eine Elite (repräsentiert durch die Nazipartei, insbesondere durch die SS), deren Ideen der Entwicklung des ganzen Volkes ihren Stempel aufprägten und deren Führung dem Rassengemisch einen, ursprünglich nur einem Teil des Volkes eigentümlichen, arischen Charakter verliehen[187]. So rechtfertigte Hitlers Rassentheorie einerseits das rücksichtslose Vorgehen des deutschen Volkes gegen minderwertige Völker wie die stumpfen Slawen und die degenerierten Franzosen, andererseits den Anspruch der Nazis, die ja eine durch den Kampf um die Macht erprobte und gesiebte Elite darstellten, über das gesamte deutsche Volk zu herrschen. Hieraus erklärt sich auch, warum Hitler häufig die Machtübernahme der Nazis eine Revolution der Rasse nannte, die Ablösung einer Herrscherkaste durch die andere. Im Mai 1930 sagte Hitler zu Otto Strasser: »Was wir brauchen, das ist eine Auslese: Männer, aus einer neuen Schicht von Herrenmenschen ausgewählt, die sich nicht — wie Sie — von einer Mitleidsmoral treiben lassen. Diese Herrenschicht muß wissen, daß sie das Recht hat zu befehlen, und zwar eben auf Grund der Tatsache, daß sie einer höheren Rasse angehört[188].«

Nach den Plänen, die Hitler und Himmler für die SS hatten — eine nach den Gesichtspunkten der nationalsozialistischen Rassenhygiene sorgfältig ausgewählte Elite zu schaffen —, sollten nicht nur deutsche, sondern auch Arier aus andern Nationen herangezogen werden.

»Der Begriff Nation ist leer geworden«, sagte Hitler in einem Gespräch mit Rauschning, »wir müssen diesen falschen Begriff wieder auflösen und ihn durch den politisch noch nicht verbrauchten der Rasse ersetzen. Nicht die historisch gewordenen Völker sind der Ordnungsbegriff der Zukunft, sondern der von ihm überdeckte Rassebegriff ... Ich weiß natürlich so gut wie alle diese neunmal klugen Intellektuellen, daß es im wissenschaftlichen Sinne keine Rasse gibt. Aber Sie als Landwirt und Züchter kommen ohne den Begriff der Rasse zur Ordnung Ihrer Züchtungsergebnisse nicht aus. Und ich als Politiker brauche einen Begriff, der es erlaubt, die bisher auf geschichtlichen Zusammenhängen beruhende Ordnung aufzulösen und eine ganz neue antihistorische Ordnung zu erzwingen und gedanklich zu unterstützen ... Und dafür ist mir der Rassebegriff gut ... Mit dem Begriff Nation hat Frankreich seine große Revolution über seine Grenzen geführt. Mit dem Begriff der Rasse wird der Nationalsozialismus seine Revolution bis zur Neuordnung der Welt durchführen.
Ich werde durch ganz Europa und die ganze Welt diese neue Auslese in Gang bringen, wie sie in Deutschland der Nationalsozialismus darstellt ... Der aktive Teil der Nation, der kampfwillige, der nordische, wird wieder heraufsteigen und über diese Krämer und Pazifisten, diese Puritaner und Geschäftemacher zu dem beherrschenden Element werden ... Von dem landläufigen Nationalismus wird dann nicht viel übriggeblieben sein, auch bei uns Deutschen nicht. Dafür wird ein Verständnis zwischen den verschieden sprechenden Angehörigen derselben guten Herrenrasse vorhanden sein[189].«

Das ist glühendster Hitler, und man darf ihn nicht zu wörtlich nehmen. Er verstand es meisterhaft, an die nationalen Gefühle zu appellieren, und der veraltete Nationalismus hatte seine Rolle in Europa noch längst nicht ausgespielt. Hitlers Außenpolitik war ganz nationalistisch, und am Nationalismus sowohl der besetzten Länder wie der Deutschen scheiterte der Versuch, aus den Quislingen zusammen mit der SS eine internationale Nazi-Elite zu bilden, so wie auch der Nationalismus der Jakobiner um 1790 außerhalb der französischen Grenzen als zu starr empfunden wurde. Aber jene Auslassung ist auch sonst noch charakteristisch für Hitler: der unverblümte Anspruch auf unumschränkte Macht wurde in den Mythos der »reinen« Rasse gekleidet; mitunter gab Hitler ihm auch eine Wagnerische Färbung und sprach von der Gründung eines neuen Ritterordens.

Was Hitler mit dem Wort »Rasse« auszudrücken versuchte, war seine Überzeugung von der Ungleichheit — sowohl unter den Völkern wie unter den Einzelwesen — als eines anderen ehernen Naturgesetzes. Er lehnte leidenschaftlich die demokratische Lehre der Gleichheit auf allen Gebieten ab, wirtschaftlich, politisch und international.

»Es sind vor allem zwei innerlich verwandte Erscheinungen«, sagte er in seiner Rede im Industrieklub in Düsseldorf, »die wir in den Verfallszeiten der Nationen immer wieder feststellen können. Die eine ist der Ersatz des Persönlichkeitswertes durch einen nivellierenden, zahlenmäßigen Begriff in der Demokratie. Die andere ist die Negierung des Volkswerts, die Verneinung der Verschiedenartigkeit der Veranlagung, der Leistung usw. der einzelnen Völker ... Internationalismus und Demokratie sind unzertrennliche Begriffe[190].«

Beide lehnte Hitler ab zugunsten der Vorrechte des »Herrenvolks« in internationalen Angelegenheiten und der der Nazi-Elite in der Regierung des Landes.

So wie er dem demokratischen Glauben an die Gleichheit den Begriff der »Rasse« entgegenstellte, ordnete er auch die Idee der persönlichen Freiheit den höheren Rechten der Volksgemeinschaft unter.

»Der Nationalsozialismus«, erklärte Hitler, »hat weder im Individuum noch in der Menschheit den Ausgangspunkt seiner Betrachtungen, seiner Stellungnahmen und Entschlüsse. Er rückt bewußt in den Mittelpunkt seines ganzen Denkens das Volk. Dieses Volk ist für ihn eine blutsmäßig bedingte Erscheinung, in der er einen von Gott geweihten Baustein der menschlichen Gesellschaft sieht. Das einzelne Individuum ist vergänglich, das Volk ist bleibend. Wenn die liberale Weltanschauung in ihrer Vergötterung des einzelnen Individuums zur Zerstörung des Volkes führen muß, so wünscht dagegen der Nationalsozialismus das Volk zu schützen, wenn nötig auf Kosten des Individuums. Es ist notwendig, daß der einzelne sich langsam zur Erkenntnis durchringt, daß sein eigenes Ich unbedeutend ist, gemessen am Sein des ganzen Volkes ..., daß vor allem die Geistes- und Willenseinheit einer Nation höher zu schätzen sind als die Geistes- und Willenseinheit des einzelnen[191].«

In einem Interview für die »New York Times« faßte Hitler seine Ansicht in den Satz zusammen: »Der grundlegende Gedanke ist der, den Egoismus zu überwinden und das Volk zu einem geheiligten Gesamtegoismus zu führen, welcher die Nation ist[192].«

Das Volk gebe nicht nur dem Leben des Einzelwesens Sinn und Inhalt, sondern es sei auch der Maßstab, nach dem sich alle andern Einrichtungen und Ansprüche zu richten hätten.

»Das Volk ist das Primäre. Partei, Staat, Armee, Wirtschaft, Justiz usw. sind sekundäre Erscheinungen, Mittel zum Zweck der Erhaltung dieses Volkes. In eben dem Maße, in dem sie dieser Aufgabe gerecht werden, sind sie richtig und nützlich. Wenn sie dieser Aufgabe nicht genügen, sind sie schädlich und müssen entweder reformiert oder beseitigt und durch Besseres ersetzt werden[193].«

Hierin lag die Rechtfertigung für den Kampf der Nazis und anderer völkischer Gruppen gegen die Weimarer Republik: ihre Loyalität galt nicht dem republikanischen Staat, sondern dem Volk, dessen Interessen von Männern wie Rathenau und Erzberger angeblich verraten worden waren, so daß man sie hatte ermorden müssen. Gerechtigkeit, Wahrheit und die Freiheit der Kritik — sie mußten den ausschlaggebenden Rechten des Volkes und seiner Erhaltung untergeordnet sein.

Die Strassers und der linke Flügel der Partei folgerten daraus, daß man das gleiche Kriterium auch auf das System der Wirtschaft anwenden müsse, d. h., daß eine Sozialisierung der nationalen Wirtschaft im Interesse des Volkes liege. Hitler dachte aber über die Wirtschaft völlig opportunistisch. Im Grunde war er überhaupt nicht an der Wirtschaft interessiert. Er predigte die unverwässerte Doktrin vom totalitären Staat — was auch die Beherrscher Sowjetrußlands tun, doch nur ungern zugeben —, d. h., daß die Politik den Vorrang vor der Wirtschaft habe. Nicht die Wirtschaft, sondern die Macht sei entscheidend. Schon 1923, zur Zeit der Ruhrbesetzung und Inflation, hatte Hitler immer wieder gesagt, Deutschland werde seine Probleme erst dann lösen, wenn »das deutsche Volk wieder begreift, daß man Politik nur mit Macht und wieder Macht treiben kann. Dann ist der Wiederaufstieg möglich ... Was jetzt an das deutsche Volk herantritt, ist keine wirtschaftliche Frage, sondern eine politische: die Frage der Wiedergewinnung der nationalen Entschlossenheit[194].« In der Zeit der Inflation und der Wirtschaftskrise war das eine geschickte Propaganda. Er konnte damit die fachlichen Einwände der Wirtschaftler ausschalten und erklären, zur Behebung der Schwierigkeiten sei nur die Einigkeit des deutschen Volkes erforderlich — alles übrige ergebe sich dann von selber. Dem entsprach denn auch die Praxis, die Hitler nach seiner Machtübernahme ausübte: stand man wirtschaftlichen Problemen gegenüber, so wurde der Befehl erteilt, sie zu lösen, wurde der Befehl nicht ausgeführt, so erschoß man die Leute. Das war die Grundlage, auf der Hitler und Göring im Dritten Reich Wirtschaftspolitik betrieben. Was dann noch zu tun übrigblieb, überließen sie Dr. Schacht und seinen Nachfolgern.

VI

Sobald Hitler über die Organisation des Staates nachdachte oder sprach, hatte er wie selbstverständlich das Bild einer Armee im Kopfe. Er sah im Staat ein Machtinstrument, in dem nur Disziplin, Einigkeit und Opfer wertvolle Eigenschaften waren. Aus der Armee hatte Hitler das »Führerprinzip« abgeleitet, nach dem zunächst die Nazipartei und später der nationalsozialistische Staat aufgebaut wurden.

Nach Hitlers Ansicht bestand die Schwäche der Demokratie in der Scheu vor der Verantwortung: sie überlasse die Entscheidungen immer nur anonymen Majoritäten, belohne also im Grunde das Ausweichen vor schwierigen und unpopulären Entscheidungen. Gleichzeitig werde die Einigkeit der Nation von dem Parteiensystem, der Diskussions- und Pressefreiheit untergraben — Diskussion nannte er gewöhnlich »zersetzend«. »Daraus«, sagte er zur Hitler-Jugend, »haben wir eine Erkenntnis zu schöpfen: Ein Wille muß uns beherrschen, eine Einheit müssen wir bilden, eine Disziplin muß uns zusammenschmieden, ein Gehorsam, eine Unterordnung muß uns alle erfüllen: denn über uns steht die Nation[195].«

»Unsere Verfassung«, schrieb Dr. Frank, der führende Jurist des nationalsozialistischen Deutschlands, »ist der Wille des Führers[196].« Das war buchstäblich wahr. Die Weimarer Verfassung ist niemals durch eine andere ersetzt, sondern einfach durch das Ermächtigungsgesetz, das in periodischen Abständen erneuert wurde und Hitler alle Macht gab, außer Kraft gesetzt worden. Auf diese Weise genoß Hitler eine viel umfassendere Macht als Napoleon oder Stalin oder Mussolini, zumal er darauf bedacht gewesen war, keine Institution so mächtig werden zu lassen, daß sie notfalls dazu benutzt werden konnte, ihm Einhalt zu gebieten.

Gleicherweise war Hitler darauf bedacht, immer wieder zu betonen, daß seine Macht im Volke wurzele, daß seine Diktatur volkstümlich sei, ein demokratischer Cäsarismus. In dieser Hinsicht unterscheide sich das Dritte Reich vom kaiserlichen Deutschland: »Denn seine Führer wurzelten nicht im Volke; es war ein Klassenstaat[197].« Im frühen Stadium seiner Außenpolitik ließ Hitler pflichtgemäß jeden seiner Coups durch eine Volksabstimmung sanktionieren. Während des Wahlkampfes, der auf die Kündigung des Locarno-Paktes und die Wiederbesetzung des Rheinlandes folgte, erklärte Hitler öffentlich:

»In Deutschland tyrannisieren nicht die Bajonette ein Volk, sondern hier wird eine Regierung getragen vom Vertrauen des ganzen Volkes. Ich bin aus dem Volk gekommen. In fünfzehn Jahren habe ich mich aus diesem Volk langsam mit dieser Bewegung emporgearbeitet. Ich bin nicht von jemand eingesetzt worden über dieses Volk. Aus dem Volk bin ich gewachsen, im Volk bin ich geblieben, zum Volk kehre ich zurück. Ich setze meinen Ehrgeiz darin, keinen Staatsmann auf der Welt zu kennen, der mit mehr Recht als ich sagen kann, Vertreter seines Volkes zu sein[198].«

Solche Feststellungen dürfen nicht allzu ernst genommen werden, und doch spürte Hitler — nicht zu Unrecht — ganz offensichtlich, daß seine Macht, trotz Gestapo und Konzentrationslager, von der Popularität getragen wurde, und zwar in einem Grade, den nur wenige Leute zugegeben bereit waren oder noch sind.

Wenn das Führerprinzip der Rolle entsprach, die nach Hitlers Auffassung die Persönlichkeit in der Geschichte spielt, so war die Nazipartei und besonders die SS Beispiel für das aristokratische Prinzip, für die Rolle, die die »Elite« spielt. Die oberste Aufgabe der Partei bestand jedenfalls darin, eine Elite heranzubilden, aus der die Führerschaft des Staates hervorgehen sollte. »So wie die Armee in der militärischen Führung, hat die Partei die Aufgabe, die als fähig erkannten und zur Führung berufenen Volksgenossen in den inneren Verband ihrer Organisation zu übernehmen[199].«

Wie alle revolutionären Bewegungen bezog auch der Nationalsozialismus einen großen Teil seiner Kraft aus einer neuen *carrière ouverte aux talents*, aus der Bildung einer neuen Führerschicht, die aus andern als den traditionellen Klassen stammte.

»Der Grundgedanke dieser Arbeit war, mit überlieferten Vorrechten zu brechen und die Führung der Nation auf allen Gebieten des Lebens, an der Spitze jedoch auf dem Gebiet der Politik, in die Hände einer neuen Auslese zu legen, die ohne Rücksicht auf Herkommen, Geburt, gesellschaftliche oder konfessionelle Zugehörigkeit nach der inneren Veranlagung und Würdigkeit ausgesucht und gefunden wird[200].«

Die vierzehn Kampfjahre der Partei stellten einen natürlichen Ausleseprozeß dar — »wie ein Magnet, der die Stahlspäne anzieht[201]«. Und so habe die Partei schon vor der Machtübernahme aus allen Klassen und Lebensbereichen die Kräfte gesammelt, die das deutsche Volk formen und auch den Staat erhalten könnten. Welch ein Unterschied zwischen Verheißung und Erfüllung bestand, wird sich im Laufe dieser Darstellung noch zeigen.

Nach der Machtübernahme blieb die Partei der Garant für den

nationalsozialistischen Charakter des Staates.»Diese Staatsführung wird von zwei Teilen getragen: politisch von der in der nationalsozialistischen Bewegung organisierten Volksgemeinschaft, militärisch von der Armee[202].« Sie bildeten, um eine andere Redensart von Hitler zu gebrauchen, die beiden Säulen des Staates. Die Partei war eine Macht, die in der Reserve gehalten wurde, um zu handeln, wenn der Staat in der Wahrung der Volksinteressen versagen sollte; sie war das Bindeglied zwischen Führer und Volk und schließlich das Organ zur Schulung des Volkes in der nationalsozialistischen Weltanschauung. Schulung ist in diesem Zusammenhang ein vieldeutiges Wort; bei anderer Gelegenheit sagte Hitler, es gelte, »die neue Weltanschauung in Deutschland so tragfähig auszuprägen, daß sie das zusammenhaltende Element in unserem Volke darstellt[203]«. Denn die höchste Pflicht war Intoleranz: »Nur härteste Grundsätze und eine eiserne Entschlossenheit vermögen es, eine infolge ihrer inneren, nicht ganz einheitlichen Zusammensetzung ohnehin belastete Nation zu einem widerstandsfähigen Körper zusammenzufügen und damit politisch erfolgreich zu führen[204].«»Unser nationalsozialistisches Programm setzt an Stelle des liberalen Begriffs des Individuums, des marxistischen Begriffs der Menschheit, das blutbedingte, mit dem Boden verbundene Volk[205].«

Während Hitler den Liberalismus nur verachtete, zeigte er dem Marxismus gegenüber eine unversöhnliche Feindseligkeit. Dieser Unterschied ist bezeichnend. Hitler sah im Liberalismus keine ernsthafte Bedrohung mehr; seine Werte hatten im Zeitalter der Massenpolitik ihre Anziehungskraft verloren, insbesondere in Deutschland, wo der Liberalismus niemals feste Wurzeln geschlagen hatte. Der Marxismus dagegen, ganz gleich ob in Gestalt der gemäßigteren Sozialdemokratie oder des revolutionären Kommunismus, war eine rivalisierende Weltanschauung, die auf die Massen eine ebenso mächtige Anziehungskraft ausübte wie der Nazismus. Da Hitler aber die tiefen Unterschiede zwischen Kommunismus und Sozialdemokratie und die bittere Feindschaft zwischen diesen beiden Arbeiterparteien nicht erkannte, sah er in der ihnen gemeinsamen Ideologie die Verkörperung alles dessen, was er verabscheute — Massendemokratie und nivellierende Gleichmacherei im Gegensatz zur autoritären Staatsform und zur aristokratischen Herrschaft einer Elite; Gleichheit und Freundschaft unter den Völkern im Gegensatz zu rassischer Verschiedenheit und der Herrschaft des Stärkeren; Klassensolidarität im Gegensatz zu nationaler Einheit; Internationalismus im Gegensatz zu Nationalismus.

Mit dem Marxismus könne man keine Kompromisse schließen. »Wenn man uns unsere Unduldsamkeit vorwirft, so bekennen wir uns stolz zu ihr — ja, wir haben den unerbittlichen Entschluß gefaßt, den

Marxismus bis zur letzten Wurzel in Deutschland auszureißen[206].«
Dieser Satz wurde 1932 ausgesprochen in einer Zeit, als Hitler in der
ungebrochenen Organisation der Sozialdemokratischen Partei und in
den Gewerkschaften das ernsteste Hindernis für seine Ambitionen und
in der an Radikalität mit ihm rivalisierenden Kommunistischen Partei
Deutschlands die einzige Partei sah, deren Stimmenzahl sich der
seinen näherte.

Hitler betrachtete den marxistischen Begriff des Klassenkampfes
und der internationalen Klassensolidarität als eine besondere Bedrohung für seine überspannte Idee der auf der Volksgemeinschaft beruhenden Einheit. Das Ziel der nationalsozialistischen Politik sei die
klassenlose Gesellschaft. »Man hat geredet, daß die Herrschaft der
Bourgeoisie abgelöst werden müsse durch die Herrschaft des Proletariats. Das heißt, daß es sich nur um den Wechsel der Diktatur von
Klassen und Ständen handelt, während wir dem Volk die Diktatur des
Volkes in seiner Gesamtheit auferlegen wollen ... Denn nur dann wird
für die vielen Millionen Menschen wieder die Überzeugung lebendig
werden, daß der Staat nicht eine Interessenvertretung einer Gruppe
oder eines Standes ist und daß die Regierung nicht die Sachverwalterin
einer Gruppe oder eines Standes ist, sondern des Volkes[207].« Dieser
redliche Begriff des nationalen Interesses sollte sich im Absolutismus
des Staates verkörpern und von ihm garantiert werden wie zur Zeit
Friedrichs des Großen und in der von Hegel verherrlichten preußischen
Staatstradition.

So wie Hitler dem »Arier« alle von ihm bewunderten Tugenden
und Leistungen zuschrieb, so verkörperte für ihn alles, was er haßte,
eine andere mythologische Gestalt: *der* Jude. Es ist kaum daran zu
zweifeln, daß Hitler selber glaubte, was er über die Juden sagte; seine
ganze politische Laufbahn hindurch ist der Antisemitismus bei ihm
eines der am häufigsten wiederkehrenden Themen, die Leitidee, welche
die ganze Spannweite seiner Gedanken umfaßt. In welcher Richtung
man auch seinen Gedankengängen folgen mag, früher oder später stößt
man auf die satanische Gestalt des Juden. Der Jude ist der universale
Sündenbock. Jüdisch ist die Demokratie — die Geheimherrschaft der
Juden. Jüdisch sind der Bolschewismus und die Sozialdemokratie, der
Kapitalismus und die »Zinsknechtschaft«, der Parlamentarismus und
die Pressefreiheit, der Liberalismus und der Internationalismus, der
Antimilitarismus und der Klassenkampf, das Christentum, die moderne
Kunst (»Kulturbolschewismus«), die Prostitution und die Rassenvermischung. Sie alle helfen dem Juden, über die arischen Völker zu
herrschen. Eine von Hitlers Lieblingsparolen — die recht eigenwillige
Interpretation eines Satzes von Mommsen — war: »Der Jude ist der

Spaltpilz der Völker.« Dies war nach Hitlers Ansicht eine fundamentale Tatsache; anders als der Arier, sei der Jude unfähig, Staaten zu gründen, und daher auf keinem einzigen Gebiet schöpferisch. Er könne nur nachahmen und stehlen — oder aber aus Neid zerstören.

»Er hat noch keine Kultur gegründet, aber hunderte zerstört. Er besitzt nichts Eigenes, auf was er hinweisen könnte. Was er hat, ist alles gestohlen. Fremde Völker, fremde Arbeiter läßt er seine Tempel bauen, Fremde sind es, die für ihn schaffen und arbeiten, Fremde sind es, die für ihn bluten ... Er hat keine eigene Kunst, es ist alles nach und nach den übrigen Völkern teils gestohlen, teils abgeguckt. Ja, er versteht es nicht einmal, das kostbare Gut auch nur zu bewahren ... Der Arier allein war es letzten Endes, der Staaten bilden und einer Zukunft entgegenzuführen vermochte. Das alles kann der Jude nicht. Und weil er das nicht kann, deshalb müssen seine Revolutionen alle ›international‹ sein. Sie müssen sich fortverbreiten, so wie eine Krankheit sich verbreitet ... Rußland ist bereits zerstört; und so kommt nun Deutschland in jenes Stadium. In seinem Trieb zur Zerstörung versucht er, das Nationalgefühl der Deutschen zu zerstören und ihr Blut zu verseuchen[208].«

Von dieser frühen Rede des Jahres 1922 an, über die Nürnberger Gesetze von 1935 und das Pogrom vom November 1938, bis zur Zerstörung des Warschauer Gettos und den Todeslagern von Mauthausen und Auschwitz ist Hitler in seinem Vorhaben niemals schwankend geworden. Er hatte die Absicht, das Judentum in Europa auszurotten, im buchstäblichen und nicht im übertragenen Sinne des Wortes, und er hat sie, als bewußte Politik des deutschen Staates, ausgeführt — in ungeheurem Ausmaß. Nach einer vorsichtigen Schätzung kamen in Europa unter Hitlers Herrschaft viereinhalb Millionen Juden ums Leben — ganz abgesehen von denen, die aus ihrer Heimat vertrieben wurden und im Ausland Zuflucht fanden. Die Geschichte berichtet, wenn überhaupt, nur von wenigen Verbrechen solchen Ausmaßes, die vorsätzlich und auf so kaltblütige Art und Weise begangen wurden.

VII

Nimmt man Hitlers Ideen als romantische Verbrämung, so lassen sie sich alle auf einen nackten Machtanspruch reduzieren, der nur eine Form der menschlichen Beziehung anerkannte: die Herrschaft über andere; und nur ein Mittel: die Gewalt. »Die Zivilisation«, schrieb einmal der spanische Philosoph Ortega y Gasset, »besteht in dem Versuch, die Gewalt auf die *ultima ratio*, der Weisheit letzten Schluß, zu beschränken. Das wird uns allen jetzt klar und deutlich, denn nun handelt man genau umgekehrt und proklamiert die Gewalt als *prima ratio*, oder besser noch als *unica ratio*, als der Weisheit einzigen Schluß. Es ist die Norm, die alle andern ausschaltet.«

In dieser Hinsicht war Hitler nicht originell. Jede einzelne seiner Ideen — die Erhöhung des heroischen Führers, der Rassenmythos, der Antisemitismus, die Volksgemeinschaft, die Angriffe auf den Intellekt, die Idee einer herrschenden Elite, die Unterordnung des Individuums und die Lehre, daß Macht Recht sei — das alles findet sich bereits in der antinationalistischen und das Thema Rasse behandelnden Literatur (nicht nur Deutschlands, sondern auch Frankreichs und anderer europäischer Länder) während der hundert Jahre, die zwischen der Romantik und der Gründung des Dritten Reiches liegen. Schon um 1914 gehörte es zu den abgedroschenen Gemeinplätzen eines radikalen, antisemitischen und pangermanischen Journalismus in jeder mitteleuropäischen Großstadt, darunter auch in Wien und München, wo Hitler es aufgegriffen hat.

Hitlers Originalität lag nicht in seinen Ideen, sondern in der erschreckend buchstäblichen Art und Weise, mit der er daranging, Phantasie in Wirklichkeit umzusetzen, und in seiner beispiellosen Erkenntnis der hierfür erforderlichen Mittel. Hitlers Reden und Tischgespräche lesen, heißt immer wieder betroffen werden von dem Mangel an Großmut und den Spuren menschlicher Größe. Seine Bemerkungen — ausgenommen die über Politik — zeugen von selbstherrlicher Ignoranz und unverhohlener Vulgarität. Aber diese vulgäre Gesinnung läßt sich, wie auch seine unbedeutende äußere Erscheinung, der schlechtsitzende Regenmantel und die auf der Stirn klebende Haarsträhne, durchaus mit glänzenden politischen Fähigkeiten vereinen. Unsere Vorstellung hat sich daran gewöhnt, solche Fähigkeiten mit den hervorragenden geistigen Qualitäten eines Napoleon oder Bismarck, oder mit der Charakterstärke eines Lincoln oder Cromwell zu verbinden, so daß sie uns in der Hitlerschen Kombination überraschen und abstoßen. Aber Hitler als Politiker zu unterschätzen oder ihn als hysterischen Demagogen abzutun, bedeutet, genau den gleichen Irrtum zu begehen, dem zu Beginn der dreißiger Jahre so viele Deutsche unterlagen.

Diejenigen, die eng mit ihm zusammenarbeiteten, begingen diesen Fehler nicht. Was sie auch diesem Mann gegenüber empfunden haben mögen, und so wenig sie von der Richtigkeit dieser oder jener Entscheidung überzeugt gewesen sind, sie unterschätzten doch niemals die überlegene Kraft seines Einflusses auf alle, die häufig mit ihm in Berührung kamen. Admiral Dönitz, der Oberbefehlshaber der deutschen Marine, sagte in Nürnberg:

»Ich habe bewußt nur selten meinen Weg ins Hauptquartier genommen, weil ich das Gefühl hatte, daß ich so am besten meine Stoßkraft behalte, und zweitens, weil ich nach mehreren Tagen Aufenthalt im Hauptquartier das Gefühl hatte, mich von seiner suggestiven Kraft wieder absetzen zu müssen. Ich erzähle das, weil ich in dieser Beziehung zweifelsohne es besser hatte als sein Stab, der dauernd einer so gewaltigen Persönlichkeit mit dieser suggestiven Kraft ausgesetzt war[209].«

Der Erfahrung, die Dönitz machte, ließen sich hundert andere der gleichen Art an die Seite stellen. Generale fuhren ins Führerhauptquartier mit dem festen Entschluß, die Hoffnungslosigkeit der Lage darzustellen; wenn sie aber Hitler von Angesicht zu Angesicht gegenüberstanden, kam nicht einmal ein Widerspruch von ihren Lippen, und sie kehrten, an ihrem eigenen Urteilsvermögen irre geworden und halb und halb überzeugt, daß er letzten Endes doch recht habe, zurück.

»Ich erinnere mich«, berichtet Schacht, »daß ich Göring einmal so weit hatte, eine Forderung auf wirtschaftliche Mäßigung in irgendeiner Sache bei Hitler zu vertreten, nachher aber erfuhr ich, daß er nicht gewagt hatte, die Forderung vorzutragen. Von mir zur Rede gestellt, antwortete er: ›Ich nehme mir oft vor, ihm etwas zu sagen, aber jedesmal, wenn ich ihm gegenüberstehe, fällt mir das Herz in die Hose‹[210].«

Bei einer anderen Gelegenheit, als Schacht dem Kriegsminister General von Blomberg das Aussichtslose einer bestimmten politischen Situation klarstellte, erwiderte Blomberg: »Ich weiß, daß Sie recht haben, aber ich habe das Vertrauen zu Hitler, daß er schon einen Ausweg finden wird[211].«

Diese Überlegenheit sollte erst in einem späteren Stadium auf die letzte Probe gestellt werden: als das Prestige seiner Erfolge zerstört war, als es in den deutschen Städten nur noch Trümmer gab und der größte Teil des Landes bereits besetzt war, brachte es dieser Mann, von dem sein Volk nichts mehr sah und hörte, noch fertig, den Krieg über das Stadium der Hoffnungslosigkeit hinaus zu verlängern, bis der Feind in den Straßen Berlins stand und er selbst sich entschließen mußte, den Bann zu brechen. Um aber die Ereignisse in den Jahren vorher zu verstehen, muß man feststellen, daß es Hitler, mochte es ihm auch vom heutigen Standpunkt aus gesehen an wahrer Größe fehlen, in den Jahren 1938 bis 1941, auf der Höhe seines Ruhmes, gelungen war, einen großen Teil des deutschen Volkes zu überzeugen, daß es einen Herrscher von mehr als menschlichen Fähigkeiten gefunden habe, ein Genie, das von der Vorsehung bestimmt war, das Volk ins verheißene Land zu führen.

KAPITEL VIII

Von Wien bis Prag

1938—1939

I

Der Winter 1937/38 bedeutet einen Umschwung in Hitlers Politik. Bisher hatte er sich damit begnügt, die Beschränkungen zu beseitigen, die Deutschland durch den Versailler Vertrag auferlegt worden waren. Jetzt schlug er einen kühneren Kurs ein, und dieser führte zu den auffallenden Triumphen der Jahre 1938/41. Es handelte sich weniger um einen Wechsel in Richtung oder Charakter seiner Außenpolitik, die sich seit der Niederschrift von »Mein Kampf« wenig geändert hatte — als um den Beginn einer neuen Entwicklungsphase. Die Zeit sei reif, meinte er, um die so lange gehegten Absichten in die Tat umzusetzen.

Über die Art und Weise, wie er vorzugehen habe, hatte Hitler zwar noch keine ganz feste Meinung, aber aus Hoßbachs Niederschrift über die Besprechung vom 5. November 1937 geht hervor, daß er verschiedene Möglichkeiten in Erwägung zog und bereit war, schon zu Beginn des Jahres 1938 gegen Österreich und die Tschechoslowakei vorzugehen, sofern sich eine günstige Gelegenheit biete.

Indessen riefen die Pläne, die Hitler in dieser Besprechung entwickelte, zumindest bei einem Teil der Anwesenden Bestürzung hervor. So knapp auch die Darstellung der auf die Hitlerschen Ausführungen folgenden Diskussion ist, so zeigt sie doch deutlich genug, welche starken Zweifel Blomberg und Fritsch im Hinblick auf das Risiko eines Krieges mit England und Frankreich hatten. Voller Beklemmung wiesen sie auf die noch unvollendeten Befestigungsanlagen an der deutschen Westgrenze hin, auf Frankreichs militärische Macht und auf die Stärke der tschechischen Befestigungen. Außenminister Neurath unterstützte ihre Einwände, indem er darauf aufmerksam machte, daß mit einem italienisch-englisch-französischen Konflikt weder in so naher Zukunft noch mit so großer Sicherheit zu rechnen sei, wie Hitler anzunehmen scheine.

Hitler versicherte gereizt, er sei überzeugt, daß England niemals kämpfen werde, und er glaube auch nicht, daß Frankreich allein einen

Krieg auf sich nehme; aber damit vermochte er nicht die Bedenken zu entkräften. Am 9. November bat Fritsch um eine weitere Unterredung mit Hitler und wiederholte seine Einwände: Deutschland, so argumentierte er, sei nicht in der Lage, das Wagnis eines Krieges auf sich zu nehmen. Auch Neurath versuchte, Hitler zu sprechen und ihn von dem geplanten Kurs abzubringen. Aber Hitler war inzwischen so verärgert, daß er Berlin plötzlich verließ, nach Berchtesgaden fuhr und sich weigerte, den Außenminister vor seiner Rückkehr Mitte Januar zu empfangen.

Jegliche Kritik, mochte sie auch noch so berechtigt sein, hat Hitlers Zorn immer erregt: er haßte es, sich in seinen Intuitionen durch Vernunftgründe stören zu lassen. Möglicherweise hatte er sich bereits entschlossen, die letzten Nicht-Nationalsozialisten aus den entscheidenden Positionen zu entfernen, weil sie etwa mit den beschleunigten Maßnahmen seiner Außenpolitik nicht einverstanden sein könnten. Jedenfalls waren innerhalb von drei Monaten nach dem Treffen vom 5. November drei Männer, die ihm zugehört hatten — Blomberg, Fritsch und Neurath — ihres Amtes enthoben, während die beiden blieben, die, trotz eventueller Zweifel, stillgeschwiegen hatten, nämlich Göring und Raeder.

Schacht war schon Ende 1937 gegangen. Er war nicht gegen die deutsche Aufrüstung, im Gegenteil; die Armeezeitung »Militär-Wochenblatt« schrieb anläßlich seines sechzigsten Geburtstages, Schacht sei »der Mann, der den Wiederaufbau der Wehrmacht ermöglicht« habe. Schacht hatte seine Aufgabe als Generalbevollmächtigter für die Kriegswirtschaft und als Wirtschaftsminister mit einigem Enthusiasmus erfüllt.

Schacht war es, der mit seiner Erfindung der Mefo-Wechsel Hitler die Finanzierung des großen Programms der Aufrüstung und der öffentlichen Arbeiten ohne übermäßige Inflation ermöglichte. Schacht war es auch, der das umfangreiche Kontrollsystem für den deutschen Import und Export und die Devisenbewirtschaftung schuf, dessen Tauschhandel, Sperrmarktkonten und Clearing-Abkommen den deutschen Außenhandel auf eine neue Basis stellten; und er bewies dabei so viel Geschick, daß sich daraus große Vorteile für die deutschen Handelsbeziehungen ergaben.

Es gab jedoch Grenzen, von denen Schacht als Wirtschaftspolitiker glaubte, es sei gefährlich, noch über sie hinaus immer höhere Forderungen zu Zwecken der Aufrüstung an die Wirtschaft zu stellen; 1935/36 warnte er Hitler mehrere Male, daß diese Grenzen erreicht seien. Hitler war entrüstet; unter wirtschaftlichen Gesichtspunkten betrachtete er die ganze Angelegenheit überhaupt nicht. Er glaubte, daß es ihm auf lange Sicht möglich sein würde, Deutschlands wirtschaftliche Schwierigkeiten mit anderen Mitteln als mit denen der Wirtschaft zu lösen. Auf der anderen Seite brauchte er Schacht aber; er brauchte seine beispiellose Fähigkeit, mit der er das Finanzwesen und den Außenhandel im Griff zu behalten wußte, um Deutschland durch die ersten schwierigen Jahre zu steuern — bis es stark genug war, sich zu nehmen, was es haben wollte.

Die Situation komplizierte sich durch Görings Eingreifen auf wirtschaftlicher Ebene. Es liegt eine gewisse Ironie darin, daß es Schacht war, der im April 1936 Hitler überredete, Göring zum Kommissar für Rohstoffe und Devisen zu ernennen. Er hatte gehofft, dadurch der außerordentlichen Verschwendung, die von Parteidienststellen — wie zum Beispiel dem Propagandaministerium — mit Devisen und knappen Rohstoffen betrieben wurde, einen Riegel vorzuschieben. Aber Göring begann, nachdem er einmal das Gebiet der Wirtschaftspolitik betreten hatte, sich nun für alles, was in diesem Bereich vorging, zu interessieren und immer mehr Macht an sich zu reißen. Im September 1936 ernannte Hitler ihn zum Bevollmächtigten für den Vierjahresplan, der vorsah, Deutschland wirtschaftlich unabhängig zu machen, was Schacht für unmöglich hielt. Zu Schachts Verachtung gegenüber Görings Unwissenheit, was die wirtschaftlichen Gegebenheiten anbetraf, gesellte sich noch der Groll eines eitlen und ehrgeizigen Mannes, der einen Rivalen neben sich auftauchen sieht. Nach monatelangen Streitigkeiten, in denen er Görings Politik als wirtschaftlich ungesund bezeichnete, reiste Schacht im August 1937 zum Obersalzberg und bestand auf seinem Rücktritt.

Hitler widersetzte sich Schachts Rücktritt aufs äußerste. Im August, während einer stürmischen Auseinandersetzung auf dem Berghof, gab Hitler sich die größte Mühe, Schacht zum Bleiben zu bewegen; es kam zu keinem Ergebnis, wiewohl Hitler nachher auf die Terrasse hinausging und aufgeregt erklärte, er könne nicht mehr weiter mit ihm zusammenarbeiten. Am 5. September ließ Schacht sich von seinem Amt als Wirtschaftsminister beurlauben, und nach weiteren Protesten wurde schließlich sein Rücktrittsgesuch am 8. Dezember 1937 angenommen. Um den Schein zu wahren, blieb er noch Minister ohne Portefeuille und fürs erste auch Reichsbankpräsident. Doch fortan konnte Göring unbehindert Hitlers Wirtschaftspläne durchführen.

Zum Nachfolger Schachts als Wirtschaftsminister wurde Walter Funk ernannt, einer von Hitlers früheren »Verbindungsmännern« zu den Kreisen der Wirtschaft. Aber der Posten, nunmehr völlig Göring als dem Bevollmächtigten für den Vierjahresplan unterstellt, war der Macht, die mit ihm verbunden war, größtenteils beraubt worden. Schon die beiläufige Art der Ernennung Funks zeigte deutlich genug,

mit welch geringer Autorität sich der neue Minister abfinden mußte.
Als Hitler eines Abends Funk in der Oper traf, nahm er ihn während
der Pause beiseite, sagte ihm, daß er Schachts Nachfolge antreten
solle und schickte ihn zu Göring, um weitere Instruktionen entgegenzunehmen. Aber erst nachdem Göring das Ministerium gründlich neu
organisiert hatte, wurde es schließlich im Februar 1938 Funk übergeben.

Nachdem Göring an die Stelle Schachts gesetzt worden war, wandte
sich Hitler den beiden wichtigsten staatlichen Einrichtungen zu, die
bis dahin der »Gleichschaltung« entgangen waren — dem Auswärtigen
Amt und der Armee. Sie stellten beide Hochburgen der konservativen
Oberschicht dar, gegen die Hitler tiefes Mißtrauen und Abneigung
empfand. Zunächst hatte er die Zusammenarbeit mit den Berufsdiplomaten und den Generalen für unerläßlich gehalten. Aber sehr
bald begann er, für die Ratschläge des Auswärtigen Amtes Verachtung
zu empfinden. Er schätzte dessen politische wie auch gesellschaftliche
Traditionen als zu ehrsam und engherzig für die neue, halb revolutionäre, halb gangsterhafte Taktik ein, mit der er seine Außenpolitik
zu führen gedachte. Was ihn ärgerte, waren weniger die moralischen
Skrupel der Wilhelmstraße — diese, meinte er, werde man leicht
überwinden können — als die gesellschaftlichen Prätentionen, die
Überempfindlichkeit und der Mangel an Vorstellungskraft. Nach seiner
Auffassung bewegte man sich zu sehr noch in den Gedankengängen
der alten Diplomatie und nicht in der revolutionären Technik der
Fünften Kolonne, also der Propaganda, der Korruption und der Aufreizung, die Hitler zur Überwindung des Gegners vorschlug. Neurath,
dem noch von Hindenburg eingesetzten Außenminister, war es gelungen, sich eine einigermaßen unabhängige Stellung zu bewahren.
Nunmehr aber hatte Hitler in dem unterwürfigen Ribbentrop den
Mann gefunden, den er sich wünschte, um Neurath zu ersetzen, und
Anfang 1938 hielt er die Situation für reif, den Wechsel vorzunehmen.

Ein kritischer Punkt war jedoch sein Verhältnis zur Armee. Das
Abkommen, das er 1934 mit der Generalität geschlossen hatte, funktionierte soweit ganz gut, aber es hatten sich dennoch einige Schwierigkeiten gezeigt, die sich für die Zukunft unheilvoll auswirken konnten.
Die Generale waren zwar über Deutschlands Wiederaufrüstung hocherfreut gewesen, kritisierten jedoch das rasende Tempo ihrer Durchführung. Der Strom der in die Kasernen flutenden Wehrdienstpflichtigen
war zu mächtig, um von den 4000 Offizieren der regulären kleinen
Armee genügend ausgebildet werden zu können. Als Hitler 1935 die
Friedensstärke des Heeres auf 36 Divisionen festsetzte, handelte er
eigenmächtig und ohne Abstimmung mit dem Generalstab, der
21 Divisionen vorgezogen haben würde. Für das Höchste, was man

verkraften konnte, hielt die Generalität die Zahl von 24 Divisionen, also das Dreifache der bereits bestehenden acht Divisionen. Manstein, damals Chef des Stabes im Kommando des wichtigen Wehrkreises III (Berlin), erklärte, daß er und sein Kommandierender von Hitlers Beschluß zum ersten Male durch den Rundfunk erfuhren.

1936 setzte sich Hitler mit seiner Entscheidung, das Rheinland zu besetzen, wiederum möglichst unauffällig über das Oberkommando der Wehrmacht hinweg. Manstein, der die Befehle für die Besetzung auszustellen hatte, erhielt dafür einen Nachmittag Zeit, und schon am nächsten Morgen kamen die Generale, um ihre Instruktionen zu empfangen. Bei dieser Gelegenheit protestierten Blomberg und der Oberbefehlshaber des Heeres, Fritsch, bei Hitler und warnten ihn vor dem Risiko, das er einging. Hitler hat das nicht vergessen, zumal die Ereignisse dann ihm und nicht ihnen recht gaben.

Wenn es für Hitler schwierig war, mit der steifen, bis oben hin zugeknöpften Hierarchie der Armee fertig zu werden, so hatten die Generale ebenfalls ihren Kummer. Sie erfuhren nur wenig von dem, was in Hitlers Umkreis besprochen wurde, und der einzige Vertreter der Wehrmacht, der mit Hitler auf gutem Fuße stand — der Kriegsminister, General und spätere Generalfeldmarschall von Blomberg —, stand nach ihrer Auffassung so sehr unter Hitlers Einfluß und war seinen Wünschen so willfährig, daß man ihm die Spitznamen »Gummilöwe« und »Hitlerjunge Quex« (nach einem Nazibuch und -film) gegeben hatte. Die Armee hatte ihre alte unabhängige Stellung verloren, die sie im Kaiserreich und — dank Seeckt und Schleicher — auch in der Republik noch innegehabt hatte. Nun gab es einen neuen Herrn in Deutschland, einen Herrn, mit dessen Außen- und Innenpolitik die Generale durchaus nicht einverstanden waren. Sie schätzten keineswegs das Abkommen mit Polen; der Seecktschen Tradition folgend, neigten sie dazu, mit Rußland und China Freundschaft zu halten, während sie für ein Bündnis mit Japan wenig übrig hatten und Italien gegenüber nur Verachtung empfanden. Die Möglichkeit eines Zweifrontenkrieges infolge des französisch-russischen Bündnisses beunruhigte sie sehr, zumal sie vor Frankreich als einer großen Militärmacht traditionellen Respekt hatten, im Gegensatz zu Hitler, der Frankreich verächtlich eine zerrissene Nation nannte. Die Einstellung der Partei zu den Kirchen — insbesondere die Verhaftung Pastor Niemöllers im Juli 1937 — erregte beträchtlichen Unwillen im Offizierskorps. Dieser wurde noch verstärkt durch die Abneigung gegen die SS und die SA, deren Ideen — eine unvermeidliche Folge der allgemeinen Wehrpflicht — in die Reihen der Armee einzusickern begannen. Der Führer der SS, Himmler, und sein Hauptstellvertreter, Heydrich — der 1930 wegen skandalösen Benehmens aus dem Offizierskorps der Marine ausgestoßen worden war —, hatten sich 1936 die unumschränkte Kontrolle über die Polizei in Deutschland gesichert. Nun zeigten sie den Ehrgeiz, das Offizierskorps, das auf seine Unabhängigkeit so stolz gewesen war und einst die SS und deren »Offiziere« mit eiskalter Verachtung behandelt hatte, zu demütigen.

Der Mann, von dem sich die Armee die Verteidigung ihrer Interessen erwartete, war nicht Blomberg, sondern der Oberbefehlshaber des Heeres, Generaloberst von Fritsch. Fritsch hatte der Armee bis dahin die Partei vom Leibe gehalten, aber er besaß keineswegs die Größe eines Seeckt und sollte die in ihn gesetzten Hoffnungen enttäuschen.

Ausschlaggebend für das Verhältnis zwischen Armee und Naziregime war Hitlers eigenes Verhalten. Der übertriebene Respekt, den er ursprünglich vor den Generalen gehabt hatte, war durch die nähere Bekanntschaft mit ihnen geringer geworden. Nach 1935/36 sah er in ihnen nur noch eine Gruppe von Männern, denen es, von wenigen Ausnahmen abgesehen, an Verständnis mangelte für alles, was außerhalb ihres zwar höchst wichtigen, aber engen Fachgebiets lag, eine Kaste, deren Prätentionen in keinem Verhältnis standen zu ihren politischen Fähigkeiten oder zu ihrem Gemeinschaftsgefühl, das sie, wenn es auf die Probe gestellt wurde, ihren eigenen Interessen unterordneten. Hitler war tatsächlich einer der wenigen Deutschen, die sich von dem Bann, den der legendäre Nimbus des deutschen Militarismus ausstrahlte, freimachten. Anfang 1938, nachdem seine Macht gesichert war und die Wiederaufrüstung Deutschlands eine solide Grundlage erhalten hatte, empfand er nicht mehr wie 1933/34, als die stillschweigende Unterstützung der Militärs der entscheidende Faktor für die Sicherung und Aufrechterhaltung seiner Macht gewesen war, das Bedürfnis, sich um die Hilfe der Armee zu bemühen und auf ihre Bedingungen einzugehen. Als daher Blomberg und Fritsch die Entwicklung seiner Außenpolitik zu hemmen versuchten, weil sie der Meinung waren, daß Deutschland zu wenig vorbereitet sei, hielt er es nicht für nötig, ihr Urteil zu beachten oder ihre Zweifel zu zerstreuen.

II

Der Groll über die Opposition, die Fritsch im Sommer 1937 zum Ausdruck gebracht hatte, rumorte noch in Hitler, als diesem eine scheinbar unzusammenhängende Reihe von Ereignissen die Gelegenheit gab, mit den vom Oberkommando behaupteten unabhängigen Ansichten ein für allemal Schluß zu machen. Die Falle war von Himmler und Göring gestellt worden, und es ist möglich, daß Hitler nicht bemerkte, was die beiden im Sinn hatten. Aber Hitler ließ sich von niemandem düpieren, und die Nutzanwendung, die er aus dieser ihm in die Hände gespielten günstigen Gelegenheit zog, wirft ein unheimliches Licht auf seine politischen Gaben.

Es begann damit, daß Blomberg die Absicht hatte, sich wieder zu verheiraten. Die Auserwählte war ein gewisses Fräulein Erna Gruhn, von dunkler Herkunft und, wie Blomberg zugab, eine Dame mit »Vergangenheit«. Da er wußte, daß das Offizierskorps mit seinen strengen Ansichten an die Gattin eines Feldmarschalls und Kriegsministers hohe gesellschaftliche Anforderungen stellen und an dieser Heirat Anstoß nehmen würde, zog Blomberg als Offizierskameraden Göring zu Rate. Und Göring ermutigte ihn nicht nur zu der Heirat, sondern half ihm auch, einen unbequemen Nebenbuhler nach Südamerika abzuschieben. Am 12. Januar fand — in aller Stille — die Hochzeit statt; Hitler und Göring waren die beiden Trauzeugen.

In diesem Stadium jedoch entstanden Komplikationen. Es war eine Polizeiakte entdeckt worden, derzufolge die Gattin des Generalfeldmarschalls bei der Polizei als Prostituierte geführt und einmal bestraft worden war, weil sie für unzüchtige Fotos Modell gestanden hatte. Blomberg hatte also das Offizierskorps entehrt, und die Generale sahen keinen Grund, einen Mann zu schonen, der ihnen wegen seiner Haltung Hitler gegenüber schon lange mißfiel. Unterstützt von Göring und gedrängt von General Beck, dem Chef des Generalstabs, bat der Oberbefehlshaber des Heeres, Fritsch, Hitler um eine Unterredung und protestierte im Namen der Wehrmacht: Blomberg müsse gehen. Hitler, der sich anscheinend ebenfalls genasführt fühlte, gab schließlich seine Zustimmung. Doch nun erhob sich die Frage, wer Blombergs Nachfolger als Kriegsminister und Oberbefehlshaber der Wehrmacht werden solle.

Als Kandidat kam offensichtlich Fritsch in Frage, aber es gab mächtige Kräfte, die sich seiner Ernennung widersetzten. Himmler sah in ihm den Mann, der die Verantwortung dafür trug, daß seine Versuche, die Macht der SS auf die Wehrmacht auszudehnen, mißlungen waren. Schon lange suchte er nach einer Gelegenheit, Fritsch auszuschalten. Göring, bereits Oberbefehlshaber der Luftwaffe, hatte den Ehrgeiz, selber an Blombergs Stelle zu treten. Die Rolle, die Göring in der ganzen Angelegenheit spielte, erregt tatsächlich Verdacht: er war es, der Blomberg zu der Heirat ermutigt hatte, und er war es ebenfalls, der Hitler über das, was nach der Eheschließung von Erna Gruhn ans Tageslicht kam, unterrichtete[212]. Und auch Hitler dürfte schließlich gezögert haben, einen Mann zu ernennen, der sich in der Geheimbesprechung vom 5. November dem Genie des Führers gegenüber so lauwarm und wenig gläubig verhalten hatte.

Welche Zweifel Hitler aber auch gehabt haben mag, geregelt wurde die Angelegenheit von Himmler und Göring. Sie holten ein zweites

Aktenstück der Polizei hervor, diesmal des Inhalts, daß General von Fritsch der Homosexualität überführt worden sei. Sie gingen noch weiter: als Hitler am Mittag des 26. Januar Fritsch in die Reichskanzlei bestellte, um ihn wegen der in dem Aktenstück enthaltenen Beschuldigungen zur Rede zu stellen, sorgten sie für die Gegenüberstellung des Oberbefehlshabers mit einem gewissen Hans Schmidt, einem jungen Mann, der davon lebte, wohlhabenden Homosexuellen aufzulauern und sie zu erpressen.

Schmidt identifizierte Fritsch als einen der Männer, denen er Geld abgenötigt habe. Nach dem, was die Polizeiberichte über Schmidts Leumund zu sagen wußten, war dies ein sehr fadenscheiniger Beweis, und er wurde auch später vom Untersuchungsrichter widerlegt. Wie sich herausstellen sollte, handelte es sich überhaupt nicht um Fritsch, sondern um einen pensionierten Kavallerieoffizier mit Namen Frisch. Dieser Sachverhalt war der Gestapo genau bekannt gewesen; sie verhaftete später Frisch, damit er der Verteidigung nicht als Zeuge dienen konnte. Vor Gericht gestand Schmidt dann schließlich, von der Gestapo bedroht worden zu sein, so daß er ihren Forderungen nachgekommen sei und, auf Befehl Himmlers, Fritsch verdächtigt habe. Für diese Indiskretion zahlte Schmidt mit seinem Leben. Aber unterdessen hatte der Trick bereits seinen Zweck erfüllt. Hitlers zornigen Anklagen gegenüber bewahrte Fritsch entrüstetes Schweigen, und als Hitler, ob wirklich überzeugt oder nicht, ihn bis auf weiteres beurlaubte, verzichtete Fritsch darauf, etwas zu seiner Rechtfertigung zu unternehmen[213].

Einige Tage lang sah es so aus, als führe diese Affäre zu einer größeren Krise, ähnlich der des 30. Juni 1934. Hitler verschob seine Rede, die er gewöhnlich am 30. Januar im Reichstag hielt, und hinter den Kulissen wurde ein wütender Kampf um die Frage ausgetragen, ob die gegen Fritsch erhobenen Anklagen einem Untersuchungsgericht vorgelegt werden sollten, und wenn ja, ob einem Kriegsgericht oder einem Parteigericht. Dahinter stand die weit größere Frage, wer Oberbefehlshaber des Heeres werden würde, denn nunmehr war nicht nur das Blombergsche Amt des Kriegsministers und Oberbefehlshabers der Wehrmacht neu zu besetzen, sondern auch das Fritschsche des Oberbefehlshabers des Heeres.

Am 31. Januar begab sich Beck mit Rundstedt, dem dienstältesten General der Wehrmacht, zu einer Besprechung mit Hitler, in der dieser gegen alle Generale tobte. Die einzige Konzession, die sie ihm abrangen, war die nur widerwillig erteilte Zustimmung, im Fall Fritsch eine Untersuchung einzuleiten. Aber Hitler hatte auch bereits erkannt, wie er die Situation zu seinem Vorteil wenden konnte, ohne dabei den Forderungen Görings und Himmlers auf der einen, oder denen der durch Beck und Rundstedt vertretenen Wehrmacht auf der anderen Seite nachzugeben.

Die Lösung, die er für dieses Problem gefunden hatte, legte er dem deutschen Kabinett vor, als es am Montag dem 4. Februar — zum letzten Male in der Geschichte des Dritten Reiches — zusammentrat. Nachdem er Blombergs Rücktritt bekanntgegeben hatte, teilte Hitler zusätzlich mit, daß auch Fritsch darum gebeten habe, wegen seines schlechten Gesundheitszustandes von den Pflichten des Oberbefehlshabers des Heeres entbunden zu werden. Darauf ernannte Hitler zum Nachfolger Blombergs weder Fritsch noch Göring — sondern sich selbst. Seit Hindenburgs Tod war Hitler der Oberste Befehlshaber der Wehrmacht, ein Amt, das mit dem des Staatsoberhauptes zusammenfiel. Nun übernahm er dazu noch das Amt des Oberbefehlshabers der Wehrmacht und liquidierte den Posten des Kriegsministers, den Blomberg ebenfalls innegehabt hatte. Er wünschte nicht, einen Nachfolger auf einem Posten zu sehen, der in den Händen eines unabhängigen Mannes dazu benutzt werden konnte, die Auffassungen der Armee zu den seinigen in Opposition zu stellen. Die Arbeit des Kriegsministeriums sollte fortan ein besonderes Oberkommando der Wehrmacht (das aus den Wehrmachtsberichten bekannte OKW) übernehmen, das in Wirklichkeit dann Hitlers persönlicher Stab wurde. An die Spitze des OKW stellte er einen Mann, der sich als völlig unfähig erweisen sollte, Hitler zu widerstehen, selbst wenn er es gewollt hätte — General Wilhelm Keitel.

In General von Brauchitsch fand Hitler einen dem Offizierskorps genehmen Mann für den Posten des Oberbefehlshabers des Heeres an Stelle von Fritsch, und schließlich gab er noch seine Zustimmung, daß der Fall Fritsch von einem Kriegsgericht untersucht werde. Gleichzeitig nahm er jedoch die Gelegenheit wahr, um 16 der älteren Generale zu pensionieren und 44 andere auf verschiedene Kommandostellen zu versetzen. Um Göring zu trösten, ernannte er ihn zum Feldmarschall: ein Rang, der ihn über die anderen Oberbefehlshaber hinaushob und ihn zum rangältesten Offizier in Deutschland machte.

Die Säuberungsaktion beschränkte sich nicht auf die Wehrmacht. Neurath wurde seines Amtes als Außenminister enthoben und zum Präsidenten eines neu eingesetzten Geheimen Kabinettsrats ernannt, der niemals in Funktion trat. An Neuraths Stelle zog Ribbentrop in die Wilhelmstraße ein. Gleichzeitig wurden die Botschafter in den drei Schlüsselstellungen Wien (Papen), Rom (Hassell) und Tokio (Herbert von Dirksen) von ihren Posten abberufen. Schließlich erhielt der unbedeutende Walter Funk das Reichswirtschaftsministerium, nachdem es aller Macht, die Schacht noch genossen hatte, entkleidet worden war.

So war es Hitler gelungen, mit einem einzigen Schlage die wenigen, seiner Bewegungsfreiheit noch im Wege stehenden Hindernisse zu beseitigen. Er hatte eine von ihm selbst nicht heraufbeschworene Situation ausgenutzt, um seine Herrschaft über die Politik und die Maschinerie des Staates noch mehr zu festigen. Er hatte Blomberg und Fritsch, Neurath und Schacht durch ihm gefügige Kreaturen ersetzt — Keitel, Ribbentrop und Funk — und seine eigene Macht noch dadurch erweitert, daß er die unmittelbare Kontrolle über die Wehrmacht selbst in die Hand nahm. Die Behauptung der Armee, in dem totalitären Staat außerhalb des Prozesses der Gleichschaltung geblieben zu sein, hatte sich, als sie auf die Probe gestellt wurde, als nichtig erwiesen. Nicht einmal die Solidarität des Offizierskorps hatte Hitler daran hindern können, Männer zu finden, die nur zu eifrig waren, ihm zu dienen. In ihrer Sorge um die Ehre ihrer Kaste hatten sich die Generale darauf beschränkt, einer Mesalliance wegen Blombergs Entlassung und der Rechtfertigung Fritschs wegen eine Untersuchung seines Falles durchzusetzen. Nach langer Verzögerung trat am 11. März das Reichskriegsgericht zusammen, um gleich wieder vertagt zu werden — der österreichischen Krise wegen. Als es am 17. die Verhandlungen wiederaufnahm, war inzwischen das Regime, durch den »Anschluß« ruhmbedeckt, unangreifbar geworden. Wieder einmal hatte Hitler gezeigt, wie geschickt er unerwartete Gelegenheiten auszunutzen verstand. Fritsch wurde zwar rehabilitiert, aber das Urteil hatte keine weiteren Folgen: in sein Amt wurde Fritsch nicht wieder eingesetzt, er zog sich vielmehr mit der einfachen Würde eines Ehrenkommandeurs seines alten Regiments ins Privatleben zurück. Damit gaben sich die Generale zufrieden, und auch Fritsch fügte sich. Dem früheren Botschafter von Hassell gab er folgenden erläuternden Kommentar: »Dieser Mann, Hitler, ist Deutschlands Schicksal im Guten und im Bösen. Geht es jetzt in den Abgrund — und das glaubt auch Fritsch —, so reißt er uns alle mit. Zu machen ist nichts[214].«

Über den nun folgenden Triumphen wurde die Fritsch-Affäre vergessen. Nichtsdestoweniger kennzeichnet sie das letzte Stadium der Revolution nach der Machtübernahme; sie setzte den Schlußstrich unter die Hoffnung der Konservativen, die in Schacht, Neurath und Fritsch noch eine kleine Bastion gegen die Rücksichtslosigkeit der Nazis gesehen hatten; sie war das Vorspiel zu einer neuen Ära in der Außenpolitik.

III

Am Abend des 4. Februar (des Tages, an dem in Berlin die Kabinettsitzung stattfand), um neun Uhr etwa, saß Franz von Papen, der außerordentliche Botschafter des Führers in Wien, in der Gesandtschaft in seinem Amtszimmer, als plötzlich das Telefon klingelte. Es meldete sich Staatssekretär Lammers, der aus der Reichskanzlei anrief und Papen kurz mitteilte, daß seine Mission in Wien beendet und er selbst abberufen sei. Er bedauere, fügte Lammers hinzu, keine Erklärungen geben zu können.

Papen war bestürzt, denn er hatte erst eine Woche vorher mit Hitler persönlich gesprochen, und es war von einer Abberufung oder Versetzung keine Rede gewesen. Die Frage, die sich jedermann in Wien stellte, war die, ob Papens Abberufung einen Wechsel in der deutschen Politik gegenüber Österreich nach sich zöge.

In den vergangenen achtzehn Monaten hatten die deutsch-österreichischen Beziehungen unter dem Zeichen des Abkommens vom Juli 1936 gestanden. Allerdings war dieses, wie aus dem diplomatischen Notenwechsel[215] ersichtlich ist, von beiden Seiten sehr verschieden interpretiert worden. Die österreichische Regierung hatte anfänglich die (wenn auch nicht besonders große) Hoffnung gehabt, das Abkommen könne dazu dienen, die Differenzen zwischen Deutschland und Österreich endgültig beizulegen. Für die Deutschen waren jedoch die Abmachungen ein Mittel gewesen, um auf die Österreicher einen Druck auszuüben; Österreichs Unabhängigkeit sollte untergraben und der Anschluß friedlich vollzogen werden, und zwar sollte die Initiative von einer durch Nazis beherrschten Wiener Regierung ausgehen. Der Spielraum, in dem Schuschnigg sich zu bewegen vermochte, um einem solchen Druck zu widerstehen, war gering. In Österreich gab es nämlich eine starke nationalsozialistische Untergrundbewegung, die der von Papen betriebenen Politik der friedlichen Durchdringung feindlich gesinnt war und nur darauf wartete, einen Putsch veranstalten zu können. Hitler hatte sich bisher geweigert, den österreichischen Nazis freie Hand zu geben, doch falls es sich erweisen sollte, daß Schuschnigg den deutschen Forderungen zu eigensinnig oder ausweichend nachkäme, war dies eine Möglichkeit, verstärkten Druck auf die österreichische Regierung auszuüben.

Am 25. Januar 1938 wurden bei einer Razzia der Polizei im Hauptquartier der österreichischen Nazipartei in Wien Pläne für einen Aufstand noch im Jahre 1938 zutage gefördert; auch wollte man Hitler auffordern, dann zu intervenieren. Es gibt keinen Beweis dafür, daß Hitler von diesen Plänen wußte oder sie billigte, doch Schuschnigg war unruhig geworden und sich nur allzusehr der Tatsache bewußt, daß Österreich durch die Gründung der Achse Rom—Berlin immer mehr isoliert wurde. Zu dem Zeitpunkt, da Papen so plötzlich abberufen wurde, bedachte der österreichische Kanzler bereits die Vorteile, die ein persönliches Treffen mit Hitler haben könnte, um die deutsch-österreichischen Beziehungen auf eine klarere Basis zu bringen.

Jetzt hatte Papen selbst guten Grund, ein solches Treffen zu befürworten. Hier konnte für ihn eine Chance liegen, wieder eingesetzt zu werden, und so eilte er am Tage nach seiner Abberufung nach Berchtesgaden, um Hitler diesen Vorschlag persönlich zu unterbreiten. Er fand ihn »erschöpft und zerstreut«, aber die Idee, Schuschnigg könnte ihn aufsuchen, weckte Hitlers Interesse. Er ignorierte die Tatsache, daß er Papen soeben von seinem Posten abberufen hatte, und befahl ihm, sofort nach Wien zurückzukehren und die notwendigen Vorkehrungen zu treffen.

Weder zu diesem Zeitpunkt noch während der nachfolgenden Unterredung mit Schuschnigg gibt es irgendeinen Beweis dafür, daß Hitler doch daran dachte, Truppen in Österreich einmarschieren zu lassen und den Anschluß mit Gewalt durchzuführen. Dies war höchstens eine Drohung, die er, ebenso wie die eines Putsches der österreichischen Nazis, als Mittel benutzte, um Druck auf die österreichische Regierung auszuüben. Hitler hatte »die friedliche Lösung des Österreich-Problems« noch nicht aufgegeben; der neue Faktor war sein Entschluß, das Tempo zu beschleunigen und den österreichischen Ausweichmanövern ein Ende zu setzen, indem er Schuschnigg darauf festlegte, politische Bedingungen zu akzeptieren, gegebenenfalls unter der Drohung einer sofortigen Aktion gegen Österreich.

Rückblickend kommt man leicht zu dem Schluß (wie viele damals), Papens Abberufung aus Wien sei das erste Zeichen dafür gewesen, daß Hitler sich entschlossen hatte, die Beziehungen zu Österreich zur Entscheidung zu bringen. Es ist jedoch weitaus wahrscheinlicher, daß Papen, wie auch Neurath, im Zuge des »Großreinemachens«, das Hitler nach der Fritsch-Affäre veranstaltete, aus seinem Amt entfernt wurde. Seine Abberufung kann recht gut überhaupt nichts mit der Österreich-Frage zu tun gehabt haben, und es mag gut sein, daß Hitler — wie Papen selbst annimmt — seinen Vorschlag, sich mit Schuschnigg zu treffen, nur aufgriff, um die Aufmerksamkeit von der Fritsch-Affäre durch einen neuen außenpolitischen Erfolg abzuwenden. Eine derartige, plötzliche Entscheidung, besonders nach der Spannung der Krise, die gerade beendet war, entsprach ganz Hitlers Art. Papen wies jedoch nur auf die Möglichkeit hin; die Absicht, die er diesem Treffen zugrunde legen wollte, entsprang Hitlers eigenen Überlegungen.

Papen kehrte nach Wien zurück und drängte Schuschnigg, die vielleicht letzte Gelegenheit zu einer befriedigenden Einigung mit dem Führer zu nutzen. Schuschnigg versuchte sich abzusichern und bat um Zusicherung, daß das Abkommen von 1936 die Basis zukünftiger österreichisch-deutscher Beziehungen bliebe. Papen — und auch Hitler — war durchaus bereit, solche Zusicherungen zu geben, und am Abend des 11. Februar verließen Schuschnigg und sein Staatssekretär des

Äußeren, Guido Schmidt, in aller Stille Wien und fuhren per Bahn zum Obersalzberg.

Es war ein kalter Wintermorgen, an dem die beiden Österreicher, die von Salzburg aus mit dem Auto reisten, die Grenze erreichten. Papen, der sie dort in Empfang nehmen wollte, war in bester Stimmung und bemerkte nur beiläufig, Schuschnigg habe hoffentlich nichts dagegen, wenn ein paar Generale, die sich zufällig bei Hitler auf dem Berghof befänden, anwesend sein würden. Bei ihrer Ankunft wurden sie von Hitler auf den Treppenstufen empfangen. Noch vor dem Mittagessen führte er den österreichischen Kanzler zu einer privaten Unterredung in seinen Arbeitsraum.
Sie hatten kaum Platz genommen, als Hitler, der Schuschniggs höfliche Bemerkungen über die schöne Aussicht vor seinem Fenster geflissentlich überging, mit einer ärgerlichen Tirade über die gesamte Politik Österreichs begann. Schuschniggs Versuche, ihn zu unterbrechen und sich zu verteidigen, wurden einfach überschrien.

»Österreichs ganze Geschichte«, erklärte Hitler, »ist ein ununterbrochener Volksverrat. Das war früher nicht anders wie heute. Aber dieser geschichtliche Widersinn muß endlich sein längst fälliges Ende finden. Und das sage ich Ihnen, Herr Schuschnigg: Ich bin fest dazu entschlossen, mit dem allen ein Ende zu machen. Das Deutsche Reich ist eine Großmacht, und es kann und wird niemand dreinreden wollen, wenn es an seinen Grenzen Ordnung macht[216].«

Hitler steigerte sich rasch in rasende Wut hinein. Aufgeregt sprach er von seiner Mission: »Ich habe noch alles erreicht, was ich wollte, und ich bin vielleicht dadurch zum größten Deutschen der Geschichte geworden.« In der für ihn charakteristischen Art begann er Schuschnigg zu beschuldigen: er habe an der Grenze Verteidigungsanlagen bauen lassen. Das sei ein offener Affront gegen Deutschland:

»Hören Sie! Glauben Sie doch nicht, daß Sie auch nur einen Stein bewegen können, ohne daß ich es schon am anderen Morgen in allen Einzelheiten erfahre ... Sie werden doch nicht glauben, daß Sie mich auch nur eine halbe Stunde aufhalten können? ... Nach den Truppen kommt dann die SA und die Legion; und niemand wird die Rache hindern können, auch nicht ich! Wollen Sie aus Österreich ein zweites Spanien machen? Das alles möchte ich, wenn es angeht, vermeiden.«

Österreich, spöttelte Hitler, stehe allein: weder Frankreich noch England, noch Italien würden einen Finger krümmen, um es zu retten. Und jetzt sei seine Geduld erschöpft. Wenn Schuschnigg nicht bereit sei, sofort in alle seine Forderungen einzuwilligen, werde er die Sache mit Gewalt regeln.

»Überlegen Sie es sich gut, Herr Schuschnigg; — ich habe nur mehr Zeit bis heute nachmittag. Wenn ich Ihnen das sage, dann tun Sie gut daran, mich wörtlich zu nehmen. Ich bluffe nicht. Meine ganze Vergangenheit beweist dies zur Genüge.«

Was für Forderungen er aber stellte, darüber sagte Hitler zunächst nichts. Er brach seine Tirade, nachdem sie zwei Stunden gedauert hatte, ab und führte seine Gäste zum Essen. Bei Tisch war er die Liebenswürdigkeit selbst, aber es entging nicht der Aufmerksamkeit der Österreicher, daß auch die Generale mitaßen.

Nach Tisch entschuldigte sich Hitler und überließ Schuschnigg und Schmidt einer zwanglosen Unterhaltung mit seinen anderen Gästen. Während dieser Zeit besprach Hitler sich mit Dr. Mühlmann, einem der österreichischen Naziführer, und Keppler (seinem Agenten in Österreich), deren Besuch keineswegs zufällig mit dem des österreichischen Kanzlers zusammenfiel.

Später am Nachmittag wurde Schuschnigg zu einer Besprechung mit Ribbentrop und Papen aufgefordert. Sie legten ihm einen Entwurf der Hitlerschen Forderungen vor. Diese trugen sehr weitgehenden Charakter. Die österreichische Regierung solle das Verbot der Nazipartei aufheben und anerkennen, daß der Nationalsozialismus eine völlig rechtmäßige Bewegung in Österreich sei. Seyß-Inquart, ein »anständiger« geheimer Nazi, solle zum Innenminister ernannt werden, die Kontrolle über die Partei erhalten und das Recht haben, darüber zu wachen, daß den Nazis eine Betätigung im angedeuteten Rahmen gestattet werde. Sämtliche in Haft befindlichen Nationalsozialisten seien binnen drei Tagen zu amnestieren und alle entlassenen nationalsozialistischen Beamten und Offiziere wieder in ihre Stellungen einzusetzen. Ein anderer Nazi-Anhänger, Glaise-Horstenau, solle zum Kriegsminister ernannt werden, und um die Beziehungen zwischen der deutschen und der österreichischen Armee enger zu gestalten, solle ein systematischer Offiziersaustausch stattfinden. Schließlich sei das österreichische Wirtschaftssystem dem deutschen anzugleichen und ein weiterer Nazi, Dr. Fischböck, solle zum Finanzminister ernannt werden[217].

Schuschniggs Bemühungen, selbst geringfügige Änderungen dieses Entwurfs durchzusetzen, waren vergeblich. Ribbentrop warnte ihn: das sei Hitlers letztes Wort; er müsse den Entwurf als Ganzes annehmen oder die Konsequenzen tragen. Als der österreichische Kanzler kurz darauf zu Hitler gerufen wurde, fand er ihn ebenso unzugänglich:

es gebe nichts mehr zu diskutieren, kein einziges Wort könne geändert werden. Entweder unterzeichne Schuschnigg das Dokument, wie es sei, und erfülle seine Forderungen innerhalb von drei Tagen, oder er, Hitler, gebe den Befehl, in Österreich einzumarschieren. Und als dann Schuschnigg erklärte, daß er, wiewohl er zur Unterzeichnung bereit sei, auf Grund der österreichischen Verfassung weder die Ratifizierung noch die Einhaltung der für die Amnestie gestellten Frist garantieren könne, riß Hitler die Tür auf, wies Schuschnigg hinaus und rief laut nach General Keitel.

Wie Papen mitteilt, eilte Keitel herbei und fragte nach Hitlers Befehlen; da lächelte Hitler und meinte: »Gar nichts, ich wollte Sie nur hier oben haben.«

Die Wirkung, die der Herbeiruf Keitels hervorrief, war wohlberechnet. Schmidt sagte zu dem Bundeskanzler, er werde sich nicht wundern, wenn sie in den nächsten fünf Minuten festgenommen würden. Eine halbe Stunde später jedoch wurde Schuschnigg wieder zu Hitler gerufen. »Ich habe mich entschlossen«, sagte Hitler zu ihm, »zum ersten Male in meinem Leben, von einem gefaßten Entschluß noch einmal abzugehen. Also! Ich wiederhole Ihnen: es ist der allerletzte Versuch. Innerhalb von drei Tagen erwarte ich die Durchführung!«

Das war das Äußerste, was Hitler konzedierte, und dem österreichischen Kanzler blieb keine andere Wahl, als zu unterzeichnen[219]. Darauf wurde Hitler wieder ruhiger und begann, normaler zu sprechen. Aber er ließ nicht mit sich handeln. Als man über das Kommuniqué verhandelte, das an die Presse gegeben werden sollte, bat Schuschnigg um die versprochene Bestätigung des Abkommens von 1936. »O nein!« erwiderte Hitler. »Noch ist es nicht durchgeführt! Es wird folgendes verlautbart: Am Berghof fand heute eine Unterredung statt zwischen dem Führer und deutschen Reichskanzler und dem österreichischen Bundeskanzler. — Schluß!«

Auch darauf mußte Schuschnigg notgedrungen eingehen. Seine einzige Sorge war, heil nach Hause zu kommen. Hitlers Einladung zum Souper lehnte er ab. Während die Österreicher nach Salzburg hinunterfuhren, blieben sie stumm, aber Papen war immer noch in bester Stimmung: »Ja, so kann der Führer sein; nun haben Sie es selber erlebt. Aber, wenn Sie das nächstemal kommen, werden Sie sich sehr viel leichter sprechen. Der Führer kann ausgesprochen charmant sein.«

Genau 24 Stunden nach der Ankunft in Salzburg setzte sich der Zug des österreichischen Kanzlers wieder nach Wien in Bewegung. Oben auf dem Berghof atmete der Führer auf: für ihn war es ein äußerst erfolgreicher Tag gewesen.

IV

Mussolini hat die Zeit zwischen dem Besuch in Berchtesgaden und dem »Anschluß« als die Pause zwischen dem vierten und fünften Akt der österreichischen Tragödie bezeichnet. Hitler hatte seinen Kurs nicht gewechselt. Am Sonnabend, dem 26. Februar, empfing er fünf führende österreichische Nazis, denen befohlen worden war, in Deutschland zu bleiben.

»Der Führer stellte fest, daß er der Partei in der österreichischen Frage eine andere Richtlinie geben müsse, da die österreichische Frage niemals durch eine Revolution gelöst werden könne. Es verblieben nur zwei Möglichkeiten: Gewalt oder Evolution. Er wünsche den evolutionären Kurs einzuschlagen, gleichgültig, ob sich ein Erfolg heute schon voraussehen lasse oder nicht. Das von Schuschnigg unterzeichnete Protokoll sei so weitreichend, daß sich, wenn es durchgeführt würde, das österreichische Problem von selber lösen würde. Er wünsche keine Gewaltlösung, sofern sie sich vermeiden lasse. Denn die Gefahr für uns auf dem Gebiet der Außenpolitik würde von Jahr zu Jahr geringer, in dem Maß, wie unsere militärische Macht stärker würde[220].«

Aber wenn Hitler auch seine Meinung über die Art und Weise der zu verfolgenden Politik nicht geändert hatte, so hegte er doch gewiß die Erwartung, daß die Berchtesgadener Unterredung den Gang der Ereignisse beschleunigen werde. Am 13. Februar berichtete General Jodl über ein Treffen mit Keitel: Keitel habe erläutert, der Auftrag des Führers bestehe darin, den militärischen Druck bis zum 15. aufrechtzuerhalten, indem man eine militärische Aktion vortäuschte. Am nächsten Tag fügte Jodl[221] hinzu: »Die Wirkung ist rasch und kräftig. In Österreich entsteht der Eindruck ernster militärischer Vorbereitungen in Deutschland.« Am 16. verkündete die österreichische Regierung eine Generalamnestie für die Nazis (eingeschlossen die, welche man des Mordes an Dollfuß überführt hatte) und eine Neubildung des Kabinetts mit Seyß-Inquart als Innenminister. Der neue Minister reiste sogleich nach Berlin, um seine Befehle zu empfangen, und als Schuschnigg am 24. Februar in einer Rede versuchte, die öffentliche Meinung Österreichs zu gewinnen, stürmten in der Steiermark die Nazis das Rathaus von Graz und hißten die Hakenkreuzfahne.

Seyß-Inquart begann, sich immer mehr von seinem Kanzler unabhängig zu machen, und die österreichischen Nazis verkündeten bereits prahlerisch, es sei nur noch eine Frage von Wochen, wenn nicht Tagen, daß sie im Sattel sitzen und den Österreichern die Peitsche zu spüren geben würden.

Am Ende der ersten Märzwoche war Schuschnigg bei der Einsicht angelangt, daß die österreichische Regierung, wenn er weiterhin untätig zusah, bald nicht mehr Herr im eigenen Haus sein würde. Er entschloß sich zu einer verzweifelten Maßnahme, mit der er Hitlers stärkstes Argument — daß nämlich die Mehrheit des österreichischen Volkes für den Anschluß an Deutschland sei — zu widerlegen hoffte. Am Abend des 8. März entschied er sich dafür, am kommenden Sonntag, dem 13. März, eine Volksabstimmung abzuhalten, bei der das österreichische Volk sich für oder gegen ein freies, unabhängiges, deutsches und christliches Österreich erklären sollte.

Schuschnigg hatte einen solchen Schritt schon seit Ende Februar erwogen. Mussolini, dessen Stellungnahme am Tage vorher (7. März) von dem österreichischen Militärattaché, Oberst Liebitzky, erkundet worden war, hatte gemeint: »C'è un errore« (das ist ein Fehler). Aber Schuschnigg, einmal entschlossen, beharrte mit halsstarrigem, ja blindem Mut auf seiner Entscheidung.

Die Nachricht über die bevorstehende Volksentscheidung erreichte Hitler ziemlich spät; er scheint sie nicht vor dem Nachmittag des 9. März erhalten zu haben. Am selben Abend kündigte Schuschnigg öffentlich eine Versammlung der Vaterländischen Front in Innsbruck an. Während Schuschnigg in Tirol seine Rede hielt, ergingen von Berlin aus dringende Anweisungen. Hitler war wütend, daß Schuschnigg versuchte, ihn auf diese Weise zu hemmen; aber er hatte sich, da es eine Überraschung war, auf solche Möglichkeit nicht vorbereitet. Göring und Keitel wurden sofort in die Reichskanzlei gerufen, General von Reichenau von einer Tagung des Olympischen Komitees in Kairo zurückbefohlen und Glaise-Horstenau, einer der geheimen Nationalsozialisten in Schuschniggs Kabinett, der sich gerade in der Pfalz aufhielt, eiligst nach Berlin zitiert. Ribbentrop befand sich in London, und so mußte Neurath zurückgeholt werden, um ihn im Auswärtigen Amt zu vertreten.

Der einzige Plan, der für eine militärische Aktion gegen Österreich existierte, war aufgestellt worden, um Otto von Habsburg daran zu hindern, Ansprüche auf den Thron geltend zu machen. Dieser Plan mußte jetzt zur Grundlage der improvisierten Befehle gemacht werden, die der Generalstab in aller Eile erteilte. Hitler billigte die militärischen Pläne am Abend des 10., aber der Kurs, den er einschlug, ließ die Entscheidung noch offen. Er beabsichtigte zwar, in Österreich einzumarschieren, aber nur, »wenn andere Maßnahmen sich nicht als erfolgreich« erweisen würden.

Was ihn am meisten in Anspruch nahm, war die Frage, wie Mussolini auf die Nachricht, daß die deutsche Wehrmacht im Begriff stehe, die österreichische Grenze zu überschreiten, reagieren werde. Ciano hatte kein Hehl aus der italienischen Verstimmung gemacht, der die Tatsache zugrunde lag, daß Italien bei der Besprechung vom 12. Februar in Berchtesgaden übergangen und über sie nicht einmal in Kenntnis gesetzt worden war. Außerdem gab es Anzeichen für eine englisch-italienische Annäherung, was Hitler beunruhigte. Infolgedessen sandte er mittags Prinz Philipp von Hessen zum Duce mit einem Brief, den er ihm persönlich übergeben sollte.

Das Handschreiben begann mit einer Begründung, die so wenig überzeugend war, daß die Deutschen sie später bei der Veröffentlichung des Briefes fortgelassen haben — mit der Begründung, Österreich konspiriere mit den Tschechen, um das Haus Habsburg wieder einzusetzen und »ein Gewicht von mindestens 20 Millionen Menschen notfalls gegen Deutschland in die Waage werfen zu können«. Sodann führte Hitler das schon bekanntere Argument an, daß die Deutschen Österreichs von ihrer eigenen Regierung unterdrückt würden. Über beides, schrieb er, sowohl über die österreichische Verschwörung gegen Deutschland wie auch die schlechte Behandlung der nationalgesinnten Mehrheit in Österreich, habe er sich bei Schuschnigg in Berchtesgaden energisch beklagt. Von Schuschnigg sei dann ein Wandel versprochen worden. Mit dieser Zusage habe Hitler sich zufrieden gegeben, aber Schuschnigg habe sein Versprechen nicht gehalten. Jetzt endlich sei das österreichische Volk im Begriff, sich gegen seine Unterdrücker zu erheben, und Österreich stehe vor der Anarchie. Als verantwortlicher Führer des Deutschen Reiches und als Sohn der österreichischen Erde könne er sich nicht länger passiv verhalten.

> »Ich habe mich nun entschlossen, Gesetz und Ordnung in meinem Heimatland wiederherzustellen und dem Volk die Möglichkeit zu geben, nach eigenem Ermessen und auf unmißverständliche, klare und offene Weise über sein Schicksal zu bestimmen . . .
> Ich möchte hiermit Eurer Exzellenz, dem Duce des faschistischen Italiens, feierlich versichern:
> 1. Sehen Sie in diesem Schritt nichts anderes als eine Maßnahme der Selbstverteidigung . . . Auch Sie, Exzellenz, würden nicht anders handeln können, wenn das Schicksal Italiens auf dem Spiel stünde.
> 2. In einer für Italien kritischen Stunde habe ich Ihnen die Standhaftigkeit meiner Sympathie bewiesen. Seien Sie überzeugt, daß sich daran auch in Zukunft nichts ändern wird.
> 3. Welche Folgen sich auch aus den kommenden Ereignissen ergeben werden, ich habe zwischen Frankreich und Deutschland eine endgültige Grenze gezogen und ziehe nun auch eine ebenso endgültige Grenze zwischen Italien und uns. Das ist der Brenner. An diesem Beschluß wird niemals gerüttelt noch etwas geändert werden[222].«

In der Nacht vom 10. zum 11. März gab Hitler dem noch immer in Berlin wartenden österreichischen Minister Glaise-Horstenau seine Anordnungen und setzte ihn in ein Flugzeug nach Wien. Um 2 Uhr früh ging die Weisung Nr. 1 für das Operationsunternehmen »Otto« hinaus.

»1. Ich beabsichtige, wenn andere Mittel nicht zum Ziele führen, mit bewaffneten Kräften in Österreich einzurücken, um dort verfassungsmäßige Zustände herzustellen und weitere Gewalttaten gegen die deutschgesinnte Bevölkerung zu unterbinden.
2. Den Befehl über das gesamte Unternehmen führe ich ...
Die für das Unternehmen bestimmten Kräfte des Heeres und der Luftwaffe müssen ab 12. März 1938 (Sonnabend), spätestens 12.00 Uhr, einmarsch- bzw. einsatzbereit sein. Die Genehmigung zum Überschreiten und Überfliegen der Grenze und die Festsetzung des Zeitpunktes hierfür behalte ich mir vor. Das Verhalten der Truppe muß dem Gesichtspunkt Rechnung tragen, daß wir keinen Krieg gegen ein Brudervolk führen wollen ...
An den deutschen Grenzen zu den übrigen Staaten sind einstweilen keinerlei Sicherheitsmaßnahmen zu treffen[223].«

Als Hitler am frühen Morgen des 11. März zu Bett ging, begannen bereits Militärlastwagen und Panzer nach Süden zu rollen, der Grenze entgegen.

Am selben Morgen, um halb sechs Uhr, wurde Schuschnigg in seiner Dienstwohnung durch einen Telefonanruf aus dem Schlafe geweckt. Am Apparat war der Chef der Polizei, Skubl: die deutsche Grenze bei Salzburg sei vor einer Stunde geschlossen und der gesamte Zugverkehr zwischen beiden Ländern stillgelegt worden. Der Kanzler zog sich an und fuhr durch die stillen Straßen zur Frühmesse in den Stephansdom. Als er in das Bundeskanzleramt zurückkehrte, waren die Amtsstuben noch leer. Schuschnigg blickte zum Fenster hinaus und beobachtete die Leute auf der Straße, die zu ihrer Arbeit eilten, ohne zu ahnen, was auf der anderen Seite der Grenze bereits im Gange war.

Es gab noch weitere Frühaufsteher an jenem Morgen in Wien. Im Grauen des Tages bestieg Papen ein Flugzeug nach Berlin, und nicht lange danach sah man den österreichischen Innenminister Seyß-Inquart in Erwartung der von Hitler angekündigten Nachricht auf dem Flugplatz auf- und abgehen. Glaise-Horstenau brachte sie mit, und um 9.30 Uhr suchten die beiden Minister den Bundeskanzler auf, um ihm Hitlers Forderungen vorzutragen: die geplante Volksabstimmung müsse abgesagt werden; eine neue habe in drei Wochen stattzufinden. Zwei Stunden lang wogte der Kampf zwischen den drei Männern, aber man kam zu keinem Schluß. Um 11.30 Uhr nahmen Seyß-Inquart und Glaise-Horstenau an einer Versammlung der österreichischen Nazipartei teil. Nach dem Essen kehrten sie ins Bundeskanzleramt zurück, um Schuschnigg noch einmal zu sprechen. Der Bundeskanzler, der inzwischen bei Präsident Miklas gewesen war, sagte ihnen, daß er mit der Verschiebung der Volksabstimmung einverstanden sei. Um 14.45 Uhr begann Göring, eine Reihe von Telefongesprächen mit Wien zu führen, die bis zum späten Abend fortgesetzt und von Görings eigenem »Forschungsamt« mitstenographiert wurden. Diese Stenogramme gehören zu den dramatischsten der nach dem Kriege erbeuteten Dokumente[224].

Nachdem er sich über die Vertagung der Volksabstimmung vergewissert hatte, forderte Göring nunmehr im Auftrage Hitlers Schuschniggs Rücktritt. Als dann dieser Forderung am Nachmittag stattgegeben worden war, verlangte Göring die Ernennung Seyß-Inquarts zum Bundeskanzler. Aber hier stießen die Nazis auf ein unerwartetes Hindernis: der österreichische Bundespräsident Miklas weigerte sich hartnäckig, Seyß-Inquart zum Kanzler zu ernennen, und beharrte auf seinem Widerstand bis kurz vor Mitternacht. Keppler, der am Nachmittag aus Berlin gekommen war und im Bundeskanzleramt sofort eine provisorische Dienststelle eingerichtet hatte, suchte den Präsidenten in Begleitung des deutschen Militärattachés, General Muff, auf. Keppler hatte aus Berlin eine Ministerliste für Seyß-Inquarts Kabinett mitgebracht und drohte mit Einmarsch, wenn der Präsident seine Zustimmung verweigere. Doch noch blieb Miklas standhaft.

Um 17.30 Uhr verlangte der wütende Göring Seyß-Inquart zu sprechen. Von Berlin aus brüllte er in die Leitung:

»Also bitte folgendes: Sie möchten sich sofort zusammen mit dem Generalleutnant Muff zum Bundespräsidenten begeben und ihm sagen, wenn nicht unverzüglich die Forderungen, wie bekannt, Sie kennen sie, angenommen werden, dann erfolgt heute nacht der Einmarsch der bereits an der Grenze aufmarschierten und anrollenden Truppen auf der ganzen Linie, und die Existenz Österreichs ist vorbei!... Sagen Sie ihm, es gibt keinen Spaß jetzt... Der Einmarsch wird nur dann aufgehalten, und die Truppen bleiben an der Grenze stehen, wenn wir bis 7.30 Uhr die Meldung haben, daß der Miklas die Bundeskanzlerschaft Ihnen übertragen hat... Lassen Sie dann im ganzen Land jetzt die Nationalsozialisten hochgehen. Sie dürfen überall jetzt auf die Straße gehen. Also bis 7.30 Uhr Meldung... Wenn der Miklas das nicht in vier Stunden kapiert, muß er jetzt eben in vier Minuten kapieren.«

Gegen Abend füllte eine aufgeregte Menschenmenge die Innenstadt und umflutete das Bundeskanzleramt. Auf den Treppen und in den Gängen bemerkte Schuschnigg unbekannte Gestalten mit Hakenkreuzarmbinden, die sich mit ausgestrecktem Arm begrüßten und ganz unbefangen in den Amtsstuben ein- und ausgingen. Kurz nach 19.30 Uhr verkündete Schuschnigg über den Rundfunk, daß Deutschland ein Ultimatum gestellt habe. Er wies die Behauptung, in Österreich sei der Bürgerkrieg ausgebrochen, als unwahr zurück. Der Präsident weigerte sich immer noch, Seyß-Inquart zum Kanzler zu ernennen, und weder Keppler noch Muff vermochten ihn zu erschüttern.

Kurz nach 20 Uhr rief Göring wieder an. Wenn Schuschnigg auch zurückgetreten sei, sagte er zu Muff, so solle sich Seyß-Inquart nach wie vor als Innenminister betrachten. Er sei also berechtigt, im Namen der Regierung notwendige Maßnahmen durchzuführen. Wer Einwände erhebe oder Widerstand zu leisten versuche, würde nach dem Einmarsch der Truppen vor ein deutsches Kriegsgericht gestellt werden. Da Seyß-Inquart praktisch noch amtiere, könne der Form nach die Legalität gewahrt werden. Mehr sei nicht erforderlich.

Als Keppler kurz nach 21 Uhr in Berlin anrief, um zu berichten, daß Seyß-Inquart weisungsgemäß vorgehe, antwortete Göring:

»Ihr seid jetzt die Regierung. Nun passen Sie auf: Folgendes Telegramm soll der Seyß-Inquart hersenden: Schreiben Sie es auf:
›Die provisorische österreichische Regierung, die nach der Demission der Regierung Schuschnigg ihre Aufgabe darin sieht, Ruhe und Ordnung in Österreich wiederherzustellen, richtet an die deutsche Regierung die dringende Bitte, sie in ihrer Aufgabe zu unterstützen und ihr zu helfen, Blutvergießen zu verhindern. Zu diesem Zweck bittet sie die deutsche Regierung um baldmöglichste Entsendung deutscher Truppen‹.«

Göring gab noch ein paar weitere Instruktionen. Seyß-Inquart solle eine Regierung aus den auf der Liste stehenden Personen bilden, die ihm von Berlin geschickt worden sei; Görings Schwager sei zum Justizminister zu ernennen. Die Grenzen seien zu überwachen, damit niemand entschlüpfen könne. Und zum Telegramm noch:

»Er braucht das Telegramm ja gar nicht zu schicken, er braucht nur zu sagen: Einverstanden.«

Eine Stunde später rief Keppler wiederum in Berlin an: »Sagen Sie bitte dem Generalfeldmarschall, daß Seyß-Inquart einverstanden wäre.«

Im ganzen Land hatten die örtlichen Nazis bereits begonnen, Rathäuser und Regierungsgebäude zu besetzen. Zu ihrem Ärger waren sie weitgehend von den entscheidenden Vorgängen im Bundeskanzleramt ausgeschlossen worden. Hier nämlich spielten die Hauptrollen

Hitlers Bevollmächtigter Keppler, der deutsche Militärattaché Muff und Seyß-Inquart, der von den echten Nazis der illegalen Partei lange Zeit mißfällig als Mitläufer angesehen wurde. Nichtsdestoweniger trugen sie, wie auch die lärmende Menge vor dem Kanzleramt, die sich in die drohende gewaltsame Machtergreifung bereits ergeben hatte, zu der Atmosphäre bei, unter deren Zwang der Präsident schließlich kapitulieren mußte.

Kurz vor Mitternacht gab Präsident Miklas nach: um Blutvergießen zu vermeiden und in der Hoffnung, wenigstens einen Schatten der österreichischen Unabhängigkeit aufrechterhalten zu können, ernannte er Seyß-Inquart zum Bundeskanzler von Österreich. Um 2 Uhr morgens rief General Muff in Berlin an und bat, auf Grund eines Ersuchens von Seyß-Inquart, die deutschen Truppen an der Grenze aufzuhalten. Es war zu spät. Ein Appell an Hitler war fruchtlos: die Besetzung müsse durchgeführt werden.

Hitlers Marschbefehl trägt neben dem Datum des 11. März die Uhrzeit: 20.45. Das läßt darauf schließen, daß er ihn bereits unterschrieben hatte, ehe Göring zwischen 20.48 und 20.54 Uhr am Telefon das vorgetäuschte Telegramm nach Wien diktierte. Für das Überschreiten der Grenze war der Tagesanbruch des Sonnabends, also der 12. März, angesetzt. Vorher erhielt Hitler noch eine Nachricht, auf die er den ganzen Tag über gewartet hatte — die Nachricht aus Rom. Als Prinz Philipp am 11. März, 22.25 Uhr, anrief, war es Hitler, und nicht Göring, der an den Apparat kam:

Hessen: »Ich komme eben zurück aus dem Palazzo Venezia. Der Duce hat die ganze Angelegenheit sehr, sehr freundlich aufgenommen. Er läßt Sie sehr herzlich grüßen ...«
Hitler: »Dann sagen Sie Mussolini bitte, ich werde ihm das nie vergessen.«
Hessen: »Jawohl.«
Hitler: »Nie, nie, nie, es kann sein, was es will ... Wenn die österreichische Sache jetzt aus dem Weg geräumt ist, bin ich bereit, mit ihm durch dick und dünn zu gehen, das ist mir alles gleichgültig.«
Hessen: »Jawohl, mein Führer.«
Hitler: »Passen Sie mal auf — ich mache jetzt auch jedes Abkommen — ich fühle mich auch jetzt nicht mehr in der furchtbaren Lage, die wir doch eben militärisch hatten für den Fall, daß ich in den Konflikt gekommen wäre. Sie können ihm das nur mal sagen, ich lasse ihm wirklich danken, ich werde ihm das nie, nie vergessen.«
Hessen: »Jawohl, mein Führer.«
Hitler: »Ich werde ihm das nie vergessen, es kann sein, was sein will. Wenn er jemals in irgendeiner Not oder irgendeiner Gefahr sein

sollte, dann kann er überzeugt sein, daß ich auf Biegen und Brechen zu ihm stehe, da kann sein, was da will, wenn sich auch die Welt gegen ihn erheben würde.«
Hessen: »Jawohl, mein Führer[225].«

Nachdem dieser Stein von seinem Herzen gewälzt war, fühlte Hitler sich zufrieden und überließ es Göring, die Angelegenheiten in Berlin weiterzuführen. Der Generalfeldmarschall hatte zu einem prunkvollen Empfang im »Haus der Flieger«, auf dem das Ballett der Staatsoper tanzen sollte, tausend auserlesene Gäste geladen, die er eine Stunde lang hatte warten lassen. Sobald er eingetroffen war und Platz genommen hatte, kritzelte er auf die Rückseite seines Programms: »Gleich nach dem Ende der Musik möchte ich Sie sprechen und Ihnen alles erklären.« Die Notiz wurde dem britischen Botschafter überreicht[226]. Wenig später traf Henderson Göring in seinem Zimmer und protestierte »aufs schärfste«. Der Protest hatte keinerlei Wirkung, und man vermag auch kaum anzunehmen, daß die britische Regierung dies jemals erwartet hatte.

Hitler machte sich keine großen Sorgen über das Risiko einer britischen oder französischen Intervention, doch mit den Tschechen war es schon eine etwas andere Sache. Sie hatten eine gut ausgerüstete Armee und waren nahe. Sollte das deutsche Vorgehen seinen friedlichen Charakter behalten, so war es von großer Bedeutung, daß die Tschechen nicht mit deutschen Truppen zusammenstoßen würden. Als der tschechische Gesandte, Dr. Mastný, auf dem Empfang erschien, wurde er sogleich in Görings Zimmer geführt. Der Generalfeldmarschall war übereifrig mit seinen Zusicherungen: die Vorgänge in Österreich würden auf die Beziehungen zwischen Deutschland und der Tschechoslowakei keinerlei Einfluß haben. »Ich gebe Ihnen mein Ehrenwort, daß die Tschechoslowakei nichts vom Reich zu befürchten hat.« Dafür erbitte er von seiten der Tschechoslowakei die Zusicherung, daß sie nicht mobilisieren werde. Mastný verließ Göring sofort, um in Prag anzurufen, und Göring gesellte sich zu seinen Gästen. Nach einer Unterredung mit Henderson kehrte der tschechische Gesandte zurück. Er hatte mit dem tschechischen Außenminister persönlich gesprochen: in Prag wisse man Deutschlands guten Willen zu schätzen und verspreche definitiv, die tschechische Armee nicht zu mobilisieren. Göring war hocherfreut und wiederholte die bereits gegebenen Zusicherungen, diesmal im Namen der deutschen Regierung.

Am 12. mittags befand Hitler sich bei General Keitel im Hauptquartier der 8. Armee. Seine Rundfunkproklamation an das deutsche Volk enthielt eine lange Anklage gegen die schlechte, unterdrückende

Regierung Österreichs und eine wortreiche Darstellung der großen Mäßigung, mit der Hitler versucht habe, mit Wien zu einer Regelung zu gelangen. Die Höhe sei ja nun der Plan gewesen, eine Volksabstimmung unter Bedingungen abzuhalten, die weder Freiheit noch Unparteilichkeit garantierten. So habe der Führer beschlossen, Österreich zu befreien und den notleidenden deutschen Brüdern zu Hilfe zu kommen.

Kurz nach dem Mittagessen überschritt Hitler selbst die Grenze. Er fuhr an geschmückten Dörfern vorbei und schließlich in die von jubelnden Menschen gefüllten Straßen von Linz ein. Hier, in der Stadt, wo er einst zur Schule gegangen war, wurde er von den beiden österreichischen Ministern Seyß-Inquart und Glaise-Horstenau empfangen. Im Hintergrund stand Himmler, der schon in der Nacht vorher in Wien gewesen war, um die Maschinerie der Gestapo und SS in Gang zu bringen und mit den Verhaftungen zu beginnen.

Hitler war sehr erregt: endlich war er heimgekehrt. Am nächsten Tag legte er am Grab seiner Eltern in Leonding einen Kranz nieder. An Mussolini sandte er ein Telegramm: »Duce, das werde ich Ihnen nie vergessen. Adolf Hitler.« Vor der Menge erklärte er:

»Als ich einst aus dieser Stadt auszog, trug ich in mir genau dasselbe gläubige Bekenntnis, das mich heute erfüllt. Ermessen Sie meine innere Ergriffenheit, nach so langen Jahren dieses gläubige Bekenntnis in Erfüllung gebracht zu haben. Wenn die Vorsehung mich einst aus dieser Stadt heraus zur Führung des Reiches berief, dann muß sie mir damit einen Auftrag erteilt haben, und es kann nur ein Auftrag gewesen sein, meine teure Heimat dem Deutschen Reich wiederzugeben. Ich habe an diesen Auftrag geglaubt, habe für ihn gelebt und gekämpft, und ich glaube, ich habe ihn jetzt erfüllt[227].«

Hitler verbrachte die Nacht in Linz, während Seyß-Inquart im Wagen nach Wien zurückkehrte. Hier geschah es, vielleicht unter dem Einfluß des enthusiastischen Empfangs, der ihm in seinem Heimatland zuteil geworden war, daß er sich entschloß, keine Satelliten-Regierung unter Seyß-Inquart einzusetzen, sondern Österreich direkt dem Reich einzuverleiben.

Am Morgen des nächsten Tages, jenes Sonntags, an dem die unglückselige Volksabstimmung hatte stattfinden sollen, flog einer der Staatssekretäre Hitlers, Stuckart, nach Wien, um der neuen österreichischen Regierung Hitlers Pläne vorzulegen. Die Form, in der sie abgefaßt waren, ließ nur eine einzige Antwort zu. Es wurde eiligst eine Kabinettssitzung einberufen, und als Seyß-Inquart am späten Abend des 13. März wieder in Linz eintraf, konnte er dem Führer den Text eines bereits verkündeten Gesetzes vorlegen, dessen erster Abschnitt lautete: »Österreich ist ein Gebiet des Deutschen Reiches[228].« Hitler war sehr bewegt. Tränen rannen ihm über die Wangen, während er sich an seine Umgebung wandte und bemerkte: »Ja, richtiges politisches Handeln erspart Blut[229].« In derselben Nacht begannen die Verhaftungen: in Wien allein wurden 67 000 Menschen festgenommen[229].

Am 13. wartete die Menge in Wien den ganzen Tag über vergebens, um dem Führer einen triumphalen Empfang in der Hauptstadt zu bereiten. Er traf erst am Montag dem 14., nachmittags, ein. Die Gründe der Verzögerung waren einerseits Himmlers Unzufriedenheit über die Sicherheitsmaßnahmen und andererseits Hitlers Zorn über die Pannen, die ein großer Teil der deutschen motorisierten Truppen auf der Landstraße hatte[230]. Hitler war also nicht gerade in bester Laune, als er in Wien eintraf; er blieb nur eine Nacht und flog dann nach München zurück. Aber die riesigen Menschenmengen auf dem Heldenplatz und auf dem Ring, der Empfang in der Hofburg, dem alten Palast der Habsburger, und sein persönlicher Triumph, in die Stadt zurückzukehren, die ihn einst verstoßen hatte — das alles muß ihm eine tiefe Genugtuung gegeben haben. Nachdem er seine Generale verwünscht hatte, besserte sich seine Laune, und jenes Gefühl der Genugtuung, ja der Erhebung, ist aus den Reden herauszuspüren, die er während der kommenden Wahlkampagne hielt. Denn Österreich sollte nun schließlich doch eine Volksabstimmung haben, eine Volksabstimmung, an der nicht nur Österreich, sondern ganz Großdeutschland teilnehmen würde, und zwar diesmal unter Führung der Nazis.

Als er am 18. März im Reichstag seinen Bericht gab, löste Hitler den Reichstag auf und setzte Neuwahlen für den 10. April an, wobei er noch einmal vier Jahre forderte — zur Konsolidierung des neuen Großdeutschland.

Im Laufe der Wahlkampagne reiste Hitler von einem Ende Deutschlands zum andern. In den ersten zehn Apriltagen besuchte er die österreichischen Städte Graz, Klagenfurt, Innsbruck, Salzburg und Linz. Den Abschluß bildete am 9. eine Demonstration in Wien. Hitler erklärte dem Wiener Bürgermeister:

»Seien Sie versichert, in meinen Augen ist diese Stadt ein Kleinod. Ich werde ihm eine Fassung geben, die seiner würdig ist, und werde es der Obhut der ganzen deutschen Nation anvertrauen[231].«

Als er dort stand, Herr dieser Stadt, in der er einst als ein Unbekannter gehungert, nunmehr Erbe der Habsburger, denen sein Vater als Zollbeamter gedient hatte, wuchs der Glaube an seine Mission, an sich selbst als den von der Vorsehung Gesandten, ins Unermeßliche.

»In drei Tagen hat der Herr sie geschlagen ... Und mir wurde am Tage des Verrats die Gnade des Allmächtigen zuteil, der mich befähigte, mein Heimatland mit dem Reich zu vereinigen ... In diesem Augenblick möchte ich nur dem danken, der mich einst von hier weggehen ließ, und der mich zurückkehren ließ in meine Heimat, auf daß ich sie hineinführe ins Deutsche Reich, in mein Deutsches Reich. Möge an diesem morgigen Tag jeder Deutsche die Stunde erkennen, sie ermessen, und möge er sich in Demut verbeugen vor dem Willen des Allmächtigen, der in wenigen Wochen ein Wunder an uns vollzogen hat[232].«

Bei den Wahlmethoden der Nazis war mit Überraschungen nicht zu rechnen — 99,08% hießen mit ihren Stimmen Hitlers Handlungsweise gut; in Österreich war der Prozentsatz noch höher: 99,75%. »Dies ist die stolzeste Stunde meines Lebens«, sagte Hitler zur Presse[233].

V

Österreichs Vereinigung mit Deutschland war die Erfüllung eines alten Traums der Deutschen. Er war älter als der Versailler Vertrag, der den Anschluß ausdrücklich verboten hatte, und auch älter als die von Bismarck geschaffene Reichseinheit, von der er Österreich mit voller Absicht ausgeschlossen hatte. Nach der am Ende des Krieges erfolgten Auflösung der Habsburger Monarchie sahen viele Österreicher im Zusammenschluß mit Deutschland die einzige Zukunftsmöglichkeit für einen Staat, der nach der Abtrennung der nichtdeutschen Provinzen des alten Kaiserreichs in der Luft zu hängen schien. Die nicht allzu glücklichen Erfahrungen, die Österreich in der Nachkriegszeit erlebt hatte, darunter ernste wirtschaftliche Schwierigkeiten wie die Arbeitslosigkeit, gaben jenem Argument noch mehr Bedeutung. Wenn auch das Anwachsen des Nationalsozialismus in Deutschland die Begeisterung für den Anschluß in Österreich gedämpft hatte, so waren doch das Gefühl sprachlicher und geschichtlicher Verbundenheit und der Vorteil, den die Zugehörigkeit zu einer großen Nation bot, stark genug, um beim Niederreißen der Grenzschranken und Einmarsch der blumengeschmückten deutschen Soldaten ein echtes Willkommen auszulösen. Monate, ja Jahre hindurch hatte Österreich sich in einem Zustand der Unsicherheit befunden; niemand vermochte zu erkennen, wohin Schuschniggs Unabhängigkeitspolitik führen sollte, und so breitete sich selbst unter solchen, die weit davon entfernt waren, Nazis zu sein, ein Gefühl der Erleichterung aus, als die Spannung sich löste und das offenbar Unvermeidliche endlich eintrat, und zwar friedlich. Überdies war die Nazipartei in Österreich vor 1938 beträchtlich angewachsen.

Wien, wo die Juden eine große Rolle gespielt hatten wie kaum in irgendeiner anderen europäischen Hauptstadt, war gleichzeitig eine alte Hochburg des Antisemitismus, und in der Provinz, wie zum Beispiel in der Steiermark, hatte der Nationalsozialismus mächtigen Anklang gefunden.

Die Enttäuschung sollte nicht lange auf sich warten lassen. Die aus Deutschland zurückkehrende österreichische Legion war von zwei Gedanken besessen: Posten zu ergattern und Rache zu nehmen; es kam in Wien zu einigen der bösesten antisemitischen Ausschreitungen und viele, die an sich den Anschluß begrüßt hatten, waren aufs tiefste erschrocken von der typisch nationalsozialistischen Mischung aus Arroganz und Ignoranz und einem durch Korruption noch verschlimmerten Terrorismus. Bald beklagten sich sogar österreichische Nazis über die schamlose Art und Weise, mit der die neue Provinz ausgeplündert werde. Wien wurde auf den Platz einer Provinzstadt verwiesen, die historischen Traditionen Österreichs ausgelöscht[234]. Unter denen, die nun in Wien eintrafen, war der Präsident der Reichsbank, Dr. Schacht, der die österreichische Nationalbank übernehmen sollte. Vor seinen Angestellten äußerte er, Adolf Hitler habe eine Verbindung deutschen Willens und Denkens geschaffen. Niemand mehr habe eine Zukunft, der nicht mit ganzem Herzen für Adolf Hitler sei. Für die meisten Österreicher hatte der Honigkuchen bereits seine Zuckerschicht verloren, lange bevor der Krieg gegen Rußland seinen Blutzoll von den österreichischen Regimentern erhob.

Nichtsdestoweniger bot sich Hitler 1938 eine plausible Begründung, als er behauptete, der Anschluß bedeute lediglich die Anwendung des Wilsonschen Prinzips der Selbstbestimmung. Denn wer außerhalb Österreichs stand und seine Angst einschläfern wollte, konnte mit der Schulter zucken und sagen, es sei eben unvermeidlich gewesen — die Österreicher waren ja schließlich Deutsche, und Hitler war Österreicher. »Die nackte Tatsache ist die«, so sagte Chamberlain vor dem Unterhaus am 14. März, »daß man von dem, was nun tatsächlich geschehen ist, nichts hätte verhindern können — es sei denn unser Land und auch die anderen Länder wären bereit gewesen, Gewalt anzuwenden.« Die Linke durfte sich mit dem Gedanken trösten, Schuschnigg ebenso wie Dollfuß habe ein klero-faschistisches Regime vertreten, das im Februar 1934 auf die Wiener Arbeiter hatte schießen lassen. Die deutsche Regierung bestritt hartnäckig, Österreich ein Ultimatum gestellt zu haben, und machte geltend, daß Hitlers Handlungsweise allein Österreich vor dem Schicksal bewahrt habe, ein zweites Spanien im Herzen Europas zu werden.

In Rom bemühte sich Mussolini, das Beste aus der Sache zu machen; die in Italien auftauchenden Bedenken übertönte er mit lauten Hinweisen auf Wert und Stärke der Achse. In Warschau war Göring erst vierzehn Tage vorher bei Oberst Beck zu Gast gewesen: auf dem Weg zum Speisesaal kamen sie an einem Kupferstich vorbei, der darstellte, wie der polnische König Johann Sobieski 1683 dem belagerten Wien zu Hilfe eilte. Beck machte Göring auf den Bildtext aufmerksam und bemerkte dazu: »Keine Sorge, das wird nicht wieder vorkommen[235].« In London und Paris war man zwar beunruhigt, aber nicht geneigt, scharfe Folgerungen zu ziehen. Die Franzosen gaben den Tschechen erneut Zusicherungen, doch Chamberlain weigerte sich in der gleichen Rede vom 14. März trotz seiner Empörung über Hitlers Vorgehen in Österreich, der Tschechoslowakei oder Frankreich zur Unterstützung seiner Verpflichtungen auf Grund des französisch-tschechischen Bündnisses englische Garantien zu geben. Als Rußland eine Viermächtekonferenz vorschlug, um Maßnahmen zur Verhinderung weiterer Aggressionen zu besprechen, lehnte der englische Premierminister ab. Dadurch würde man, erklärte er am 24. März im Unterhaus, die Teilung Europas in zwei Lager nur noch verschärfen. Er verbat sich ausdrücklich, das Wort Gewaltanwendung zu benutzen; damit könne das Gefühl der Unsicherheit verstärkt werden. Chamberlain hatte immer noch nicht die Hoffnung auf eine Verständigung mit den Diktatoren aufgegeben, derzuliebe er einen Monat vorher Eden hatte fallenlassen.

Und doch sollte sich die Ansicht derer, die wie Churchill in der Annexion Österreichs eine entscheidende Verlagerung im europäischen Kräftegleichgewicht sahen, als richtig erweisen. Der Besitz von Wien, seit Jahrhunderten das Tor zum Südosten Europas, brachte die deutsche Wehrmacht an die ungarische Grenze und damit an die Schwelle des Balkans. Im Süden hatte Deutschland jetzt eine gemeinsame Grenze mit Italien und Jugoslawien, die von der Adriaküste nicht mehr als 80 Kilometer entfernt lag. Nördlich davon war Hitler nunmehr in der Lage, die tschechischen Befestigungen zu umklammern und das Land von drei Seiten her unter Druck zu setzen. Deutschland befand sich also, wenn Hitler einen Eroberungsfeldzug beschloß, in einer unermeßlich besseren strategischen Position. Auch war Österreichs Beitrag an Rohstoffen, wie Eisen, Stahl und Magnesium, nicht zu unterschätzen.

Es ist wahr, als Reaktion auf eine Situation, die Hitler nicht vorausgesehen hatte, war der Anschluß in Hast improvisiert worden. Aber Hitler hatte solch einen Schritt als eines der wichtigsten Ziele seiner Außenpolitik schon immer im Auge gehabt, und die Leichtigkeit, mit der er ausgeführt werden konnte, brachte ihn in die Versuchung, sich rascher dem nächsten Ziel zuzuwenden. In Hitlers Außenpolitik seit 1933 war jede neue Maßnahme mit einem größeren Risiko verbunden gewesen, aber er hatte auch noch jedesmal sein Spiel gewonnen. Das Telefongespräch mit Prinz Philipp von Hessen in der Nacht des 11. März beweist zur Genüge, welche Sorge ihm die Möglichkeit einer ausländischen Intervention machte. Zu seiner Überraschung und Freude fand diesmal keine einzige Völkerbundssitzung statt, um ihn zu rügen. Zur Hälfte schien die Tür für weitere erfolgreiche Abenteuer bereits geöffnet zu sein; es bedurfte nur noch eines kräftigen Fußtritts, um sie ganz aufzustoßen.

Die Erfahrung, die von ihm im Falle Österreich gemacht worden war, bekräftigte Hitler in seinen Entschlüssen, die er bereits vor Ende 1937 gefaßt hatte. Deutschlands Aufrüstung wurde jetzt noch schneller vorangetrieben. Nach General Jodls Aussage in Nürnberg standen am 1. April 1938 27 oder 28 Divisionen bereit; bis zum Spätherbst 1938 waren es, unter Einschluß der Reserveeinheiten, 55 Divisionen[236]. Die Rüstungsausgaben schnellten in die Höhe. Im Etatsjahr 1935/36 hatte Deutschland 6,2 Milliarden Mark ausgegeben; 1936/37 10 Milliarden; 1937/38 14,6 Milliarden. Im Jahre 1938/39 stieg die Summe auf 16 Milliarden Mark[237].

Dieses Anwachsen der deutschen militärischen Stärke war vorauszusehen. Deutschland hatte damit zwar noch nicht die militärische Übermacht in Europa, aber unter Einrechnung von Angst, Uneinigkeit und Schwäche der Gegner — jener psychologischen Faktoren, denen Hitler stets größte Bedeutung zuerkannte — konnte Hitler, wie er schätzte, im Herbst 1938 seine nächsten Forderungen mit noch größerer Aussicht auf Erfolg durchsetzen. Gewiß waren mit seinen Plänen große Risiken verbunden, auf die seine Generale denn auch fortgesetzt nachdrücklich hinwiesen. Aber seine ganze Laufbahn hatte ihn bisher immer nur ermutigt, Wagnisse einzugehen, und seit der Reorganisation vom 4. Februar war er in einer so starken Position, daß er die Bedenken der Armee in den Wind schlagen konnte. Infolgedessen ließ Hitler zehn Tage nach der Bekanntgabe des Ergebnisses der Volksabstimmung in Österreich, am 21. April, General Keitel kommen und befahl ihm, durch seinen Stab neue Angriffspläne ausarbeiten zu lassen.

Über Hitlers nächstes Ziel bestand keinerlei Zweifel. Er hatte die Tschechen seit jenen Wiener Tagen gehaßt, als er in ihnen die Prototypen des »slawischen Untermenschentums« und die Bedroher der Vorherrschaft der Deutschen in der Habsburger Monarchie sah. Die Tschechoslowakei verdankte ihre Entstehung dem Friedensvertrag und war infolgedessen für Hitler das Symbol für Versailles — im Wesen demokratisch, eine starke Stütze des Völkerbunds und der Verbündete Frankreichs und Rußlands. Die tschechische Armee, eine erstklassige Streitmacht, die die berühmten Skoda-Werke im Rücken hatte und über Befestigungsanlagen verfügte, die an Stärke der Maginotlinie zu vergleichen waren, stellte einen Machtfaktor dar, den Hitler erst beseitigen mußte, ehe er sich gegen den Osten wenden konnte. Denn das böhmische Viereck ist eine natürliche Festung von fast einzigartigem strategischem Wert im Herzen Europas. Es lag weniger als eine Flugstunde von Berlin entfernt und war darum im Kriegsfall eine Basis, von der aus harte Schläge auf einige der wichtigsten deutschen Industriezentren ausgeteilt werden konnten. Wie Hitler schon in der Besprechung vom November 1937 betont hatte, war nach der Annexion Österreichs die der Tschechoslowakei der zweite notwendige Schritt in der Durchführung seines Programms zur Sicherung von Deutschlands Zukunft.

Die Tschechen gaben sich über ihre deutschen Nachbarn keinen großen Illusionen hin. Sie hatten ihr möglichstes getan, um die eigenen Verteidigungsanlagen auszubauen und ihre Unabhängigkeit durch Bündnisse mit Frankreich und Rußland zu festigen. Daraus ergab sich — auf dem Papier —, daß ein Angriff auf die Tschechoslowakei unweigerlich zu einem allgemeinen Krieg führen mußte. Aber gerade das war, so paradox es klingt, für Hitler günstig: Frankreich und England waren so ängstlich bemüht, einen Krieg zu vermeiden, daß sie zu den größten Zugeständnissen bereit waren, um einer tschechischen Inanspruchnahme der von ihnen gegebenen Garantien vorzubeugen.

Diese Bündnisse hatten ständig an Wert verloren. Rußland konnte der Tschechoslowakei, vom Luftweg abgesehen, nur dann zu Hilfe kommen, wenn ihm der Durchmarsch entweder durch Polen oder durch Rumänien gestattet wurde. Aber beide Länder waren stark antirussisch, beide hatten sich von Frankreich abgewandt und Deutschland genähert, und keines der beiden war geneigt, sich die Feindschaft Deutschlands dadurch zuzuziehen, daß es den Russen den Durchmarsch gestattete. Überdies waren die Russen auf der Hut davor, sich allein in einen Konflikt mit Deutschland einzulassen, zumal der Bündnisvertrag erst dann in Kraft trat, wenn die Franzosen als erste den Tschechen Beistand leisteten. Auf Frankreich aber war kein Verlaß mehr. Obwohl die französische Regierung unmittelbar nach der Annexion Österreichs der Tschechoslowakei gegenüber ihre Verpflichtungen erneut bestätigt hatte, so war sie doch in den vergangenen drei Jahren ständig vor Hitlers Forderungen zurückgewichen und hatte dadurch das von ihr in Mittel- und Osteuropa aufgebaute Sicherheitssystem unterhöhlt. Wie Neurath vorausgesagt hatte, war nach der Wiederbesetzung des Rheinlandes und der deutschen Wiederaufrüstung in der Haltung der Länder im Osten Deutschlands ein sichtbarer Wandel vor sich gegangen. Niemand wagte es, sich mit dem neuen Reich anzulegen, vielmehr drängte man sich bereits in

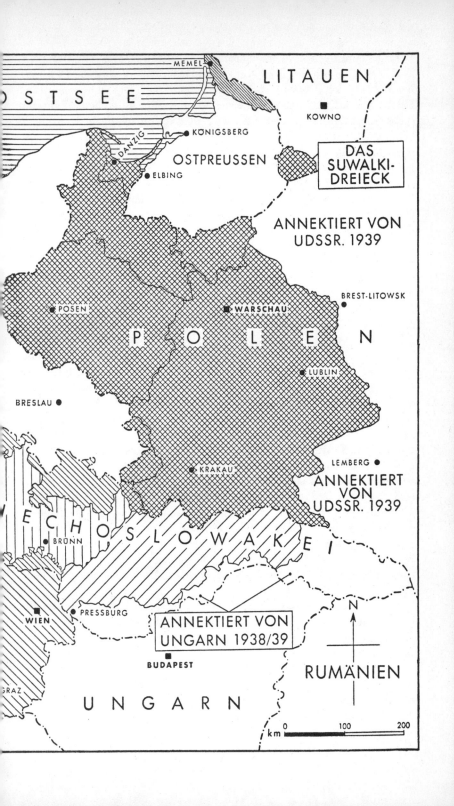

Berlin, beruhigende Versicherungen abzugeben. So mußten die Tschechen im Jahre 1938 voraussichtlich isoliert dastehen, sofern Frankreich sich letzten Endes nicht doch noch entschließen sollte, Hitler Einhalt zu gebieten und sich zum Kampf zu stellen. Während seine Generale immer noch von der Zahl der französischen Divisionen beeindruckt waren, war Hitler, da er ein schärferes Auge für die psychologischen und sozialen Quellen militärischer Stärke hatte, jedoch überzeugt, daß die Franzosen keinen Krieg riskieren würden, wenn es eine Möglichkeit gab, ihn zu verhindern.

Was die Engländer betraf, so zeigten alle Berichte aus London, daß Chamberlain entschlossen war, die Tschechen dazu zu zwingen, den deutschen Forderungen nachzukommen, um die Gefahr eines Krieges zu vermeiden und den Weg zu einer allgemeinen europäischen Einigung zu öffnen, zu der man nach seiner Überzeugung Hitler wohl überreden konnte, wenn erst einmal das tschechische Problem aus dem Weg geräumt war.

VI

Der Hebel, den Hitler anzusetzen gedachte, um die tschechische Republik zu unterminieren, war die in der Tschechoslowakei vorhandene deutsche Minderheit von etwa 3,25 Millionen ehemaliger habsburgischer Untertanen. Die Klagen dieser Sudetendeutschen bildeten für die tschechische Politik seit Gründung der Republik eine Quelle ständiger Sorge. Der Machtaufstieg der Nazis jenseits der Grenze und Deutschlands wachsende Stärke hatten zur Folge, daß die Sudetendeutschen in aller Schärfe ein größeres Maß an Autonomie forderten und daß sich innerhalb der deutschen Minderheit nationalsozialistisches Gedankengut und nationalsozialistische Organisationen ausbreiteten. Von 1935 an erhielt die unter Führung von Konrad Henlein stehende sudetendeutsche Nazipartei durch das deutsche Auswärtige Amt eine geheime Unterstützung von monatlich 15000 Mark, und im Laufe des Jahres 1938 gelang es Henlein, die rivalisierenden Parteien innerhalb der deutschen Minderheit aus dem Feld zu schlagen.

Im Bewußtsein der Gefahr, die dieses trojanische Pferd innerhalb ihrer Mauern darstellte, machte die tschechische Regierung gegen Ende 1937 erneut Anstrengungen, zu einer befriedigenden Regelung mit den Führern der Sudetendeutschen zu gelangen. Angeblich ging es auch während der ganzen Tschechenkrise nur um diese Frage, d. h. um eine gerechte Lösung für die deutsche Minderheit in der Tschechoslowakei, und nicht um die Beziehungen zwischen den beiden souveränen Staaten Deutschland und Tschechoslowakei. Diese waren nur insofern betroffen, als Hitler auf der Erfüllung der sudetendeutschen Forderungen bestand, was für die Verbesserung der deutsch-tschechischen Beziehungen unerläßlich sei. Den Streitfall so auslegend, konnte Hitler die öffentliche Meinung in der übrigen Welt irreführen und Sympathie für eine zu Unrecht unterdrückte Minderheit wecken, was ihm nicht gelungen wäre, wenn er die aggressiven Forderungen einer Großmacht gegenüber einem ihrer kleineren Nachbarn herausgestellt hätte.

Nach der Annexion Österreichs war jedoch die Frage der deutschen Minderheit nichts anderes mehr als ein Vorwand für Hitler, seinen Fuß zwischen die Tür zu setzen. Denn am 28. März 1938 hatte Konrad Henlein, der Führer der Sudetendeutschen, eine dreistündige Unterredung mit Hitler, Ribbentrop und Heß in Berlin, worin ihm bedeutet wurde, daß er sich fortan als der Vertreter des Führers betrachten solle. Er erhielt die Anweisung, mit seinen Forderungen so weit zu gehen, daß sie für die tschechische Regierung unannehmbar seien. »Henlein«, heißt es in dem deutschen Bericht, »faßte seine Ansicht wie folgt zusammen: Wir müssen immer so hohe Forderungen stellen, daß sie niemals erfüllt werden können. Der Führer billigte diese Ansicht[238].« Auf solche Weise gedachte Hitler, in der Tschechoslowakei einen Herd ständiger Unruhe zu schaffen, die fortgesetzt geschürt werden konnte, bis sie dann einen Punkt erreichte, an dem er glaubwürdig behaupten konnte, wieder einmal zur Intervention gezwungen zu sein, um einen Bürgerkrieg und die weitere Unterdrückung einer deutschen Minderheit zu verhindern.

Die Vorgänge in Österreich hatten bereits zu großen Demonstrationen im Sudetenland geführt, zu wilden »Heim-ins-Reich«-Rufen und zur Terrorisierung der dicht an der Grenze wohnenden Tschechen. Am Tage vor Henleins Besuch bei Hitler marschierten in Saaz 15000 Deutsche durch die Straßen und riefen: »Ein Volk, ein Reich, ein Führer«. In Eger, wo 25000 demonstrierten, läuteten zur Feier des Tages die Kirchenglocken. Es liefen Gerüchte um über Truppenansammlungen auf der deutschen Grenzseite und über einen bevorstehenden Einmarsch. Aber die Ereignisse durften nicht schneller laufen als die deutschen Vorbereitungen, denn Hitler wollte ein improvisiertes Handeln wie im März, als die deutschen Panzer und Lastwagen am Straßenrand liegengeblieben waren, nicht wiederholen. Also wurde Henlein angewiesen, seine Anhänger in der Hand zu behalten, und als Hitler am 21. April Keitel kommen ließ, bestimmte er, daß die Pläne, die tschechischen Befestigungen zu durchbrechen, bis in die letzte Einzelheit vorzubereiten seien.

Die ersten vier Tage der militärischen Aktion seien, politisch gesehen, entscheidend. Sollten auffallende militärische Erfolge ausbleiben, würde mit Sicherheit eine europäische Krise die Folge sein. Faits accomplis müßten die fremden Mächte von der Sinnlosigkeit einer militärischen Intervention überzeugen[239].

Hitlers Ziel war von Anfang an die Vernichtung des tschechischen Staats. Im Westen begriff man das erst ein Jahr später, als Hitler Prag besetzte. Allerdings war im Jahre 1938 während der tschechischen Krise nur vom Sudetenland die Rede, von einer Selbstverwaltung für die Sudetendeutschen oder höchstens von einer Abtretung jener Grenzgebiete (in denen die tschechischen Befestigungen lagen) an Deutschland. Am 24. April verkündete Henlein während einer Rede in Karlsbad seine »Acht Punkte«, die für ihn ein Programm bildeten, um die Sudetendeutschen zusammenzuschließen, die tschechische Regierung in Unruhe zu halten und die öffentliche Meinung im Ausland zu täuschen.

Nachdem er dies alles in Gang gebracht hatte, reiste Hitler am 2. Mai zu einem Staatsbesuch nach Rom, zu dem er im vorigen Herbst, als Mussolini in Deutschland weilte, eingeladen worden war. Alle Parteibonzen und der ganze Nazianhang versuchten, sich in einen der vier Sonderzüge zu drängen, die erforderlich waren, um die deutsche Delegation mitsamt ihrem riesigen Gepäck an Spezialuniformen nach Rom zu befördern. Es war ein äußerst lebhafter Wettbewerb um die Teilnahme an den endlosen Galaempfängen und Banketten auf Kosten der Italiener. Nichts behagte der deutschen Gossen-Elite mehr als eine kostenlose Reise in den Süden.

Hitler war von Italien entzückt. Keine Stadt der Welt, erklärte er später[240], könne sich mit Florenz oder Rom vergleichen, nichts reiche an die Schönheit der Toskana und Umbriens heran. Der verhinderte Künstler in ihm begeisterte sich an den unvergleichlichen Bauwerken und ihrer Lage unter dem südlichen Himmel. Weniger erfreut war er von der Tatsache, daß das Protokoll von ihm als einem Staatsoberhaupt verlangte, im Quirinal beim König zu wohnen. Der zeremonielle Empfang im Palast langweilte ihn und hinterließ in ihm ein Gefühl ständiger Abneigung gegen das italienische Königshaus.

Seit der Zusammenkunft der beiden Diktatoren im September 1937 hatte die Achse eine ziemliche Belastung aushalten müssen. Zum erstenmal begegneten sie sich jetzt als Nachbarn. Der Anschluß war in Italien noch nicht vergessen, die Sorge um Südtirol neu erwacht, während andererseits das englisch-italienische Abkommen vom April in Berlin nicht gerade mit Begeisterung aufgenommen worden war. Als Mussolini und Ciano von Ribbentrop der Entwurf eines deutsch-italienischen Bündnisvertrages vorgelegt wurde, wichen sie aus. Nach solchem großen Freundschaftsbeweis, meinte Ciano, sei ein formeller Vertrag überflüssig. Für politische Gespräche blieb überhaupt wenig

Zeit infolge der einander jagenden Rundfahrten, die sich nicht auf Rom beschränkten, sondern auch auf Neapel und Florenz ausdehnten. Aber während eines Staatsbanketts im Palazzo Venezia am 7. Mai legte Hitler in seiner Rede besonderen Nachdruck auf die Solidarität der Achsenmächte und versicherte seinen Gastgebern, daß er keinen Anspruch auf Südtirol erheben werde. »Es ist mein unabänderlicher Wille und mein Vermächtnis an das deutsche Volk, daß es die Alpengrenze, die von der Natur zwischen uns errichtet wurde, für alle Zeiten als unverletzlich ansieht[241].«

Hitler machte über das neue Italien überaus freundliche Bemerkungen, und bevor er abreiste, gelang es ihm, wieder Herzlichkeit in die Beziehungen der beiden Diktaturen zu bringen. Wie aus späteren Äußerungen hervorgeht, hat Hitler Mussolini möglicherweise ganz allgemein über seine Absicht, die tschechische Frage als nächste in Angriff zu nehmen, informiert. Mussolini, der die Tschechen nicht mochte, erhob keine Einwände. Trotzdem zeigte er sich am Ende des Sommers sehr beunruhigt über die sich aus Hitlers Forderungen ergebende Gefahr eines allgemeinen Krieges.

Die Berichte, die Hitler bei seiner Rückkehr nach Deutschland vorfand, waren höchst zufriedenstellend. Die diplomatische Situation entwickelte sich erfolgversprechender, als er erwartet hatte. Ende April 1938 hatte in London zwischen dem französischen Ministerpräsidenten und dem französischen Außenminister einerseits, Chamberlain und Lord Halifax andererseits eine Konferenz stattgefunden, aber beide Seiten waren — jede für sich — peinlich darauf bedacht gewesen, Hitler zu beruhigen. Tatsächlich bildete das erste Ergebnis dieser englisch-französischen Konferenz eine gemeinsame Demarche in Prag, mit der man den Tschechen dringend ans Herz legte, den Sudetendeutschen soweit wie möglich entgegenzukommen. Nicht zufrieden damit, wies Lord Halifax noch den britischen Botschafter in Berlin an, Ribbentrop aufzusuchen und ihm mitzuteilen, daß England die Tschechen gedrängt habe, mit Henlein zu einer Verständigung zu gelangen und die Deutschen zur Mitarbeit aufzufordern. Ribbentrop erwiderte, daß der Führer das Verhalten Englands und Frankreichs aufs wärmste begrüße — und tatsächlich dürfte Hitler entzückt gewesen sein von der Art und Weise, wie die anderen Mächte die Arbeit für ihn taten. Einen oder zwei Tage später fragte Schmundt, der Adjutant des Führers, im Generalstab an, wie viele der an der tschechischen Grenze stehenden deutschen Divisionen innerhalb von zwölf Stunden in Marsch gesetzt werden könnten — die Antwort war: zwölf — und wie die genaue Stärke der tschechischen Truppen sei.

Am 20. Mai sandte Keitel Hitler einen Entwurf für den militärischen

Kurs der »Operation Grün« (Deckname für die Tschechoslowakei), der auf den Anweisungen des Führers basierte.

»Es liegt nicht in meiner Absicht, die Tschechoslowakei ohne Herausforderung schon in nächster Zeit durch eine militärische Aktion zu zerschlagen, es sei denn, daß eine unabwendbare Entwicklung der politischen Verhältnisse innerhalb der Tschechoslowakei dazu zwingt, oder die politischen Ereignisse in Europa eine besonders günstige und vielleicht nie wiederkehrende Gelegenheit dazu schaffen.«

Die Operationen würden beginnen:

a) nach einer Periode wachsender Spannungen und verschärfter diplomatischer Kontroversen, verbunden mit militärischen Vorbereitungen, die man nutzen müsse, um die Schuld am Kriege dem Feind zuzuschieben.

b) durch eine blitzartige Aktion nach einem ernsten Zwischenfall, der für Deutschland als unerträgliche Provokation erscheinen müsse und in der Sicht eines Teils der Weltmeinung die moralische Rechtfertigung für militärische Maßnahmen bedeute.

Der *Fall b)* erscheine sowohl in militärischer als auch in politischer Betrachtungsweise günstiger[242].

Dieser Kurs setzte eine Aktion seitens Ungarns und Polens gegen die Tschechoslowakei voraus, ebenso wie das Zögern Frankreichs, »durch eine Intervention gegen Deutschland einen europäischen Krieg zu entfesseln«. Militärische Hilfe für die Tschechen durch Rußland wurde als unwahrscheinlich angenommen; alles aber, wie Hitler betonte, hing von der Geschwindigkeit ab, mit der diese Operation durchgeführt werden konnte, bevor es möglich war, eine Intervention zu organisieren. Aus diesem Grunde sollten nur ganz wenige Truppen im Westen stationiert bleiben und die anderen sich auf die Hauptaufgabe konzentrieren: nämlich »die tschechoslowakische Armee zu zerschlagen und Böhmen und Mähren so schnell wie möglich zu besetzen«.

An diesem wichtigen Punkt gab es jedoch eine plötzliche und unerwartete Wendung. Am 20. Mai befahl die tschechische Regierung eine Teil-Mobilmachung ihrer Streitkräfte. Sie war durch Berichte alarmiert worden, daß die Deutschen in der Nähe der Grenze Truppen zusammenzögen; auch hatte es ständig Gerüchte um die Vorbereitungen zu einem deutschen Angriff gegeben. Die Tschechen können sehr wohl durch diese Berichte irregeführt worden sein, oder sie mögen sich entschlossen haben, die allmähliche Entwicklung der Situation zugunsten Deutschlands zum Stillstand zu bringen, indem sie den Angriff provozierten. Ganz gleich, wie die Erklärung nun lautet, jedenfalls hatte das Vorgehen der Tschechen eine schnelle Reaktion zur Folge. Die britische und französische Regierung wurden sofort in Berlin vorstellig und warnten vor der Gefahr eines allgemeinen Krieges, die dann gegeben sei, wenn die Deutschen den Tschechen gegenüber eine aggressive Haltung einnehmen würden. Gleichzeitig wiederholte Frankreich, unterstützt von Rußland, noch einmal sein Versprechen, der Tschechoslowakei sofortige Hilfe zu gewähren. Am 22. Mai, einem Sonntag, wurde im Berghof schnellstens ein Kriegsrat einberufen und in Anwesenheit Henleins mit der Tatsache konfrontiert, daß die europäischen Mächte eine Solidarität zur Schau trugen, die Hitler nach der einhelligen Ansicht seiner militärischen Ratgeber keine andere Wahl ließ, als den Befehl zum Rückzug zu geben. Hitler war wütend, um so mehr, als seine Vorbereitungen noch nicht vollständig waren und die Gerüchte, auf Grund derer die Tschechen gehandelt hatten, übertrieben und voreilig gewesen waren. Jetzt mußte er jedoch den Sturm beruhigen, den er heraufbeschworen hatte.

Am 23. Mai wurde dem tschechischen Gesandten in Berlin versichert, daß Deutschland keinerlei Angriffsabsichten gegen sein Land habe; Henlein wurde in die Tschechoslowakei zurückgeschickt, um mit Prag zu verhandeln, und das Auswärtige Amt dementierte empört die Berichte über Truppenzusammenziehungen.

Die Beunruhigung, die in London und Paris bei der Aussicht auf ein militärisches Vorgehen der Deutschen aufkam, verwandelte sich sehr bald in Entrüstung gegenüber den Tschechen. In London und Paris nannten die Fürsprecher der Verständigung die Maikrise einen großen Schnitzer; sie tadelten Präsident Benesch wegen seiner »provokativen« Handlungsweise, während Chamberlain sich entschied, nicht noch einmal ein so ernstes Risiko auf sich zu nehmen.

Hitler reagierte anders. Eine Woche lang blieb er auf dem Berghof, erfüllt von finsterem Zorn, der durch das Triumphgeschrei der ausländischen Presse über seinen Rückzug nicht gerade besänftigt wurde. Am 28. Mai erschien er dann plötzlich in Berlin und hielt eine neue Konferenz in der Reichskanzlei ab. Unter den Anwesenden befanden sich Göring, Ribbentrop, Neurath, die Generale Beck, Keitel, Brauchitsch und der Oberbefehlshaber der Marine, Raeder. Auf dem Tisch im Wintergarten lag eine Landkarte ausgebreitet, auf der Hitler mit zornigen Handbewegungen genau aufzeichnete, wie er den Staat, der es gewagt hatte, ihm solche Demütigung zuzufügen, auszumerzen gedachte.

Zwei Tage später verbesserte er den Eröffnungssatz des Entwurfs für die »Operation Grün«. Er lautete jetzt: »Es ist mein unabänderlicher Entschluß, die Tschechoslowakei in absehbarer Zeit durch eine militärische Aktion zu zerschlagen. Den politisch und militärisch geeigneten Zeitpunkt abzuwarten oder herbeizuführen, ist Sache der politischen Führung[243].«

Die Einzelheiten der vorgeschlagenen militärischen Aktion blieben gegenüber dem ursprünglichen Entwurf unverändert, aber Keitel sandte zu dieser Weisung ein Begleitschreiben mit folgender Instruktion: »Ihre Ausführung muß spätestens ab 1. Oktober 1938 sichergestellt sein.«

VII

Die deutschen und die britischen diplomatischen Akten illustrieren deutlich genug Hitlers Taktik in den nächsten drei Monaten Juni, Juli und August 1938. Scheinbar handelte es sich immer noch um eine Auseinandersetzung zwischen der Sudetendeutschen Partei und der tschechischen Regierung; die deutsche Regierung war behutsam darauf bedacht, jede Verantwortung abzulehnen. Hitler selbst schwieg, er verbrachte den größten Teil des Sommers im Berghof und ließ die Spannung auf den Höhepunkt zu, der, nach Berichten aus Berlin, für den Parteitag im September in Nürnberg festgesetzt war, langsam steigen. Die britische Regierung war von der Gefährlichkeit der Situation so beeindruckt, daß Chamberlain Ende Juli die Abreise Lord Runcimans in die Tschechoslowakei bekanntgab; seine Mission war es, die Vorfälle zu untersuchen und zu vermitteln. In ihrem ängstlichen Bemühen, einen Krieg zu vermeiden, drängten London und Paris die Tschechen zu immer weiteren Konzessionen. Mit Befriedigung bemerkte Hitler, wie sehr die Tschechen in Anspruch genommen waren durch die Intervention der Engländer und Franzosen, wie sie sich von ihren eigenen Freunden gedrängt und getrieben fühlten, wie sie spürten, isoliert zu werden.

Im Osten übte Hitler einen Druck auf die Rumänen aus, um sie davon abzuhalten, den Russen den Durchmarsch zu gestatten. Gleichzeitig hielt er ein wachsames Auge auf Polen gerichtet. Die Berichte des deutschen Botschafters in Warschau, Moltke, waren indes höchst befriedigend. Unbeugsam widersetzten sich die Polen jeglichem Gedanken, Sowjettruppen zur Unterstützung der Tschechen durch ihr Gebiet marschieren zu lassen. Die polnische Regierung — insbesondere Oberst Beck — war den Tschechen feindlich gesinnt und jetzt sehr darauf bedacht, aus ihrer schwierigen Lage Nutzen zu ziehen, um sich das wertvolle Gebiet von Teschen im tschechischen Teil Schlesiens anzueignen.

Die Polen waren nicht die einzigen, deren Appetit auf Gebietszuwachs sich auf Kosten der Tschechoslowakei anregen ließ. Nach dem Kriege hatte Ungarn die ganze Slowakei an den neuen tschechoslowakischen Staat verloren. Niemals war Budapest müde geworden, die Rückgabe zumindest der von Magyaren bewohnten Gebiete, besser noch der ganzen Provinz, zu fordern. Um die Slowakei gegen die Ansprüche der ungarischen Revisionisten zu schützen, hatte Benesch die Kleine Entente mit Rumänien und Jugoslawien ins Leben gerufen; gegen beide Länder erhob Ungarn ähnliche Forderungen. Die Ungarn waren zwar sehr darauf aus, Vorteil aus der schwierigen Lage der Tschechen zu ziehen, andererseits aber auch in Sorge, damit einen *casus foederis* für die Kleine Entente zu schaffen und sich allzusehr an die Deutschen zu binden. Die krampfhaften Bemühungen der Ungarn, einen Weg aus diesem Dilemma zu finden und bis zum letzten Augenblick Zaungast zu bleiben, fanden in Berlin sehr wenig Anerkennung. Als der ungarische Präsident Horthy Ende August in Begleitung seines Ministerpräsidenten und seines Außenministers nach Deutschland kam, machte ihm Ribbentrop ärgerliche Vorwürfe. Hitler bemerkte verächtlich, er verlange von Ungarn nichts, aber »wer mittafeln wolle, müsse allerdings auch mitkochen[244]«. Während der ganzen Tschechenkrise war die Vorsicht der Ungarn für Hitler eine Enttäuschung, für die Tschechen dagegen nichtsdestoweniger eine ernste Sorge.

Rußland gegenüber konnte Hitler wenig tun. Er beschränkte sich darauf, ihm bei der Hilfestellung für die Tschechoslowakei Hindernisse in den Weg zu legen, und nützte kräftig die Abneigung der Engländer und Franzosen gegen eine Zusammenarbeit mit den Russen aus, um die Bildung irgendeiner Einheitsfront zu verhindern. Im übrigen machten London und Paris trotz des französisch-russischen und des russisch-tschechischen Bündnisses von 1935 nicht den Versuch zu einer gemeinsamen Politik mit Moskau. Hitlers antibolschewistische Propaganda war so wirkungsvoll gewesen, daß die britische und die französische Regierung diese Pakte eher zu den Passiv- als zu den Aktivposten zählten. Die Russen wiederum hatten ein ähnlich tiefes Mißtrauen gegen die Westmächte und waren entschlossen, den Engländern und Franzosen bei einem Krieg mit Deutschland keinen einzigen Schritt vorauszueilen. Hitlers Äußerung gegenüber Otto Strasser — »Es gibt in Europa keine Solidarität« — war immer noch richtig: es bildete die hauptsächliche Prämisse seiner Diplomatie.

Unterdessen setzten Henlein und seine Partei die planlosen Verhandlungen mit der tschechischen Regierung fort, stets bemüht, neue Einwände gegen die von den Tschechen fortlaufend gemachten Angebote einer größeren Autonomie für die sudetendeutschen Gebiete zu finden. Die Sudetendeutsche Partei ließ es sich besonders angelegen sein, Lord Runcimans Sympathie zu gewinnen. Zugleich befleißigte sie sich, die Gefühle der Grenzbevölkerung gegen die Tschechen auf dem Grad des Siedens zu erhalten: Ende des Sommers hatte die

Spannung zwischen der sudetendeutschen Bevölkerung und den tschechischen Beamten den Zerreißpunkt nahezu erreicht.

Auf der deutschen Seite der Grenze wurden die Vorbereitungen für einen Herbstangriff systematisch fortgesetzt. Allerdings stießen jetzt Hitlers Pläne auf einigen Widerstand im Oberkommando des Heeres. Das Risiko eines totalen Krieges beunruhigte die Offiziere seines Stabes, und nicht alle wurden durch seine Erklärung überzeugt, daß man eine Intervention Frankreichs und Englands ausschließen könne. Die Opposition wurde von General Ludwig Beck, dem Stabschef der Armee, angeführt. Obwohl die Gründe für Becks Opposition gegen das Naziregime später deutlicher zutage traten, waren damals seine Einwände rein professioneller Natur; er fürchtete, daß es der Tschechoslowakei wegen zu einem Krieg mit den Westmächten kommen werde und daß Deutschland im Jahre 1938 für einen solchen Kolnflikt ungenügend vorbereitet sei. Beck faßte seine Ansichten in einer Reihe von Denkschriften zusammen, mit denen er den Oberbefehlshaber des Heeres, General von Brauchitsch, zu bewegen versuchte, sich Hitler zu widersetzen[245]. Am 30. Mai schrieb General Jodl in sein Tagebuch:

»Noch einmal flammte der ganze Gegensatz auf, der sich ergibt aus der Erkenntnis des Führers, wir *müssen* noch in diesem Jahre, und der Auffassung des Heeres, wir können noch nicht, da sicherlich die Westmächte eingreifen und wir ihnen noch nicht gewachsen sind[246].«

Obwohl Brauchitsch Becks Ansichten zustimmte, versuchte er, Zeit zu gewinnen und sich am Handeln vorbeizudrücken. Doch auf Drängen Becks fand in der ersten Augustwoche in Berlin eine Konferenz der höheren Armeechefs statt, auf der General von Brauchitsch den Vorsitz führte. Becks Ansichten wurden allgemein gutgeheißen; nur zwei Generale äußerten eine andere Meinung. Diesmal raffte Brauchitsch sich auf und legte Hitler Becks Denkschrift vor.

Hitler war bereits über die Konferenz der Generale und Becks Denkschrift unterrichtet. Nach einer heftigen Auseinandersetzung mit Brauchitsch berief Hitler zum 10. August eine neue Konferenz auf dem Berghof ein. Die älteren Generale wurden nicht aufgefordert; Hitler wandte sich an die jüngere Generation der Führer von Heer und Luftwaffe und machte drei Stunden lang von seiner ganzen Geschicklichkeit Gebrauch, um ihr die seinen Plänen zugrundeliegenden politischen und militärischen Voraussetzungen klarzulegen. Dann forderte er zum ersten — zum letzten — Male bei einer derartigen Konferenz zur Diskussion auf. Das Ergebnis war für Hitler niederschmetternd. General von Wietersheim, Chef im Stabe des Wiesbadener Armeegruppen-Kommandeurs General Adam, erhob sich und erklärte, daß nach seiner und General Adams Ansicht die Westbefestigungen nicht länger als drei Wochen gegen Frankreich gehalten werden könnten. Darauf folgte eine wilde Szene. Hitler verwünschte die ganze Armee, da sie nichts tauge, und schrie: »Ich sage Ihnen, Herr General, die Stellung wird nicht drei Wochen, sondern drei Jahre gehalten[247].« Jodl bemerkte in seinem Kommentar noch dazu: »Die Kraft des Gemüts fehlt ihnen (den Generalstabsoffizieren), weil sie letzten Endes nicht an das Genie des Führers glauben. Man vergleicht ihn wohl mit Karl XII. (von Schweden).«

Die Auseinandersetzung blieb ohne Ergebnis. Brauchitsch weigerte sich, noch weiter zu gehen. Als Beck daraufhin von seinem Posten zurücktrat und den Oberbefehlshaber aufforderte, ebenfalls den Dienst zu quittieren, lehnte Brauchitsch dies ab. Hassell notierte dazu in seinem Tagebuch, Brauchitsch habe seinen Kragen hochgeschlagen und erklärt: »Ich bin Soldat, es ist meine Pflicht zu gehorchen[248].« Becks Rücktritt wurde bis zum 31. Oktober, also bis nach dem Münchener Abkommen, geheimgehalten. Ab 1. September übernahm unterdessen General Halder Becks Aufgaben als Chef des Stabes. Hitler weigerte sich, von seiner Politik irgendwie abzugehen, war sich aber dennoch bewußt, daß die Opposition, mochte sie auch zum Schweigen gebracht sein, keineswegs überzeugt worden war.

Am 3. September bestellte Hitler Keitel, den Chef des OKW, und Brauchitsch, den Oberbefehlshaber des Heeres, zum Berghof, um den Abschluß der Vorbereitungen zu besprechen. Die Truppen sollten am 28. September in Bewegung gesetzt, der Tag X bis zum 27. September mittag 12 Uhr festgesetzt werden[249].

Am nächsten Tage setzte Präsident Benesch dem Spiel der Sudetendeutschen insofern ein Ende, als er sie in den Hradschin bestellte und von ihnen eine schriftliche Fixierung aller ihrer Forderungen verlangte. Er versprach, diese unmittelbar zu erfüllen, wie auch immer sie beschaffen seien. Die Sudetendeutsche Partei, die nicht auf der Hut gewesen war, stellte zu ihrem Schrecken fest, daß das vierte — eigentlich von ihr selbst diktierte — Angebot der Tschechen die Erfüllung der Acht Punkte enthielt, die Henlein in seiner Karlsbader Rede gefordert hatte. In ihrer Verlegenheit nahmen die sudetendeutschen Führer einige Zwischenfälle in Mährisch-Ostrau zum Vorwand, um die Verhandlungen mit Prag abzubrechen. Sie verlangten in einem Ultimatum vor Wiederaufnahme der Verhandlungen die Bestrafung der Schuldigen. Benesch hatte der Argumentation, der strittige Punkt seien die Schwierigkeiten der Sudetendeutschen, die Berechtigung genommen, und kurz darauf fuhr Henlein nach Deutschland.

Im Laufe der letzten Zeit war von den auswärtigen Gesandtschaften wiederholt berichtet worden, daß das Endstadium der Tschechenkrise wahrscheinlich mit dem am 6. September beginnenden Nürnberger Parteitag zusammenfallen werde. Hitlers Schlußrede in Nürnberg, so hieß es, werde zeigen, wie der Wind wehe, und vielleicht über Krieg oder Frieden entscheiden.

Unterdessen besprach eine kleine Gruppe von Verschwörern die Möglichkeit, Hitler, sobald er den Befehl zum Angriff auf die Tschechoslowakei gebe, gewaltsam festzusetzen und vor ein Volksgericht zu stellen. Zu diesen Leuten gehörten Beck, Karl Goerdeler, der ehemalige Oberbürgermeister Leipzigs, der seit drei Jahren Preiskommissar des Reiches war; ferner Ulrich von Hassell, bis Februar 1938 Botschafter in Rom; General von Witzleben, der Kommandeur des 3. Militärbezirks, zu dem auch Berlin gehörte; General Höppner, der Kommandeur einer Panzerdivision in Thüringen; Oberst Hans Oster von der Spionageabwehr, die ein Zentrum der Opposition gegen Hitler war; außerdem gehörte Ewald von Kleist dazu (Gutsherr aus der Familie des berühmten Dichters), der es auf sich nahm, Churchill und Vansittart in London aufzusuchen. Alles hing davon ab, ob es den Verschwörern gelingen würde, Brauchitsch, Halder und die anderen Generale davon zu überzeugen, daß Beck mit seiner Ansicht, im Falle eines Angriffs auf die Tschechoslowakei sei ein allgemeiner Krieg unvermeidlich, recht hatte und daß Hitlers Zuversicht trog. Man sondierte auf verschiedene Weise in London in der Hoffnung, unwiderlegliches Beweismaterial dafür zu erhalten, daß England und Frankreich den Tschechen im Falle eines deutschen Angriffs zu Hilfe eilen würden. Aber das Beweismaterial, das sich beschaffen ließ — darunter ein Brief von Churchill —, konnte Brauchitsch und Halder nicht überzeugen, und die Verschwörung lief sich tot[250].

Am 9. September hielt Hitler in Nürnberg eine zweite Militärkonferenz ab. Dieses Treffen, bei dem die Wogen hochgingen, begann um zehn Uhr abends und dauerte bis halb vier morgens; Halder, Brauchitsch und Keitel waren anwesend. Hitler übte heftige Kritik an den Plänen der Armee und tadelte, daß es versäumt worden war, für eine Konzentration der Truppen zu sorgen; sie allein könne den Durchbruch erreichen und den schnellen, entscheidenden Erfolg sichern, den er brauchte. Es war seine Absicht, sofort in das Innere der Tschechoslowakei vorzustoßen und die tschechische Armee hinter sich zu lassen[251]. Als Tag X wurde jetzt der 30. September festgelegt; ihm sollte ein Aufstand in der Tschechoslowakei vorausgehen.

Hitler glaubte immer noch, England und Frankreich würden es der Tschechoslowakei wegen nicht zum Krieg kommen lassen. Und als wolle sie seine Ansicht noch bekräftigen, brachte die »Times« am 7. September jenen berühmten Leitartikel, in dem sie die Abtretung des Sudetenlandes an Deutschland vorschlug. Als dann Hitler am letzten

Abend des Nürnberger Parteitages im Scheinwerferlicht des riesigen Stadions stand, wartete die ganze Welt auf das, was er sagen werde — und sie sollte nicht enttäuscht werden. Seine Rede zeichnete sich durch eine so brutale Attacke auf einen andern Staat und seinen Präsidenten aus, wie man sie in Friedenszeiten, wenn überhaupt, selten gehört hatte.

Hitler bemühte sich nicht, seinen Zorn über die am 21./22. Mai erlittene Demütigung zu verbergen, die ihm, wie er erklärte, von Benesch absichtlich zugefügt worden sei. Benesch habe die Lüge verbreitet, daß Deutschland mobil gemacht hätte.

»Sie werden verstehen, meine Parteigenossen, daß eine Großmacht ein zweites Mal einen solchen niederträchtigen Übergriff nicht hinnehmen kann ... Ich bin Nationalsozialist und als solcher gewohnt, jeden Angriff sofort zurückzuschlagen. Ich weiß auch ganz genau, daß durch Nachgiebigkeit ein so unversöhnlicher Feind, wie es das Tschechentum ist, nicht versöhnt, sondern nur noch mehr zur Überheblichkeit gereizt wird ... Herr Benesch treibt Taktik, er redet und will Verhandlungen organisieren, nach Genfer Muster die Frage der Prozeduren klären und kleine Beruhigungsgeschenke geben. So geht das auf die Dauer nicht! ...

Ich bin keinesfalls gewillt, hier mitten im Herzen Deutschlands ein zweites Palästina entstehen zu lassen. Die armen Araber sind wehrlos und vielleicht verlassen. Die Deutschen in der Tschechoslowakei sind weder wehrlos, noch sind sie verlassen. Das möge man zur Kenntnis nehmen[252].«

Das aus der riesigen Menschenmenge unter dem Sternenhimmel in jeder Pause aufbrausende Beifallsgeschrei und das Gebrüll: »Sieg Heil! Sieg Heil! Sieg Heil!« bildeten einen unheimlichen Hintergrund. Endlich hatte es der frühere Agitator der Münchner Bierhallen erreicht, von der Welt angehört zu werden. Aber trotz seines drohenden Tones war Hitler vorsichtig genug, sich nicht festzulegen. Er legte sich nicht auf präzise Forderungen fest — er verlangte nichts anderes als Gerechtigkeit für seine Sudetendeutschen und behielt sich die Bestimmung dessen, was er unter dieser Gerechtigkeit verstehe, vor.

Die Rede war das Signal für einen Aufstand im Sudetenland; in Eger und Karlsbad kam es zu widerlichen Szenen, wobei mehrere Menschen getötet wurden. Die Tschechen verloren jedoch nicht die Nerven. Die Regierung rief das Standrecht aus, schlug den Aufstand nieder und hatte so die Situation am 15. wieder fest in der Hand. Die Tschechoslowakei war nicht auf dem Wege, von innen her zersetzt zu werden, wie es mit Österreich geschehen war. Henlein floh mit einigen tausend Anhängern nach Bayern und bildete ein Freikorps, das

Überfälle über die Grenze hinweg unternahm. Aber trotz aggressiver deutscher Presseberichte mit Schlagzeilen wie »Herrschaft des Terrors« kam es nach dem Rückzug Henleins zur Befriedung des Sudetenlandes.

VIII

Hitlers Kalkulationen erwiesen sich jedoch nicht als falsch. Es ergab sich, daß nicht Prag, sondern Paris der schwache Punkt war. Vierundzwanzig Stunden nach Hitlers Nürnberger Rede hatten sich innerhalb der französischen Regierung über die Frage der Beistandsverpflichtung der Tschechoslowakei gegenüber so verschiedene Meinungen ergeben, daß Ministerpräsident Daladier sich an Chamberlain gewandt und ihn gebeten hatte, mit Hitler das bestmögliche Abkommen zu treffen. Chamberlain, von dem schon länger die Nützlichkeit einer persönlichen Unterredung mit Hitler erwogen worden war, sandte ihm noch am selben Abend (des 13. September) um 11 Uhr eine Botschaft: er sei bereit, nach Deutschland zu fliegen (möglichst schon am nächsten Tag) und zu sondieren, ob sich eine Basis für eine friedliche Lösung finden ließe.

Hitler war erfreut. »Ich bin vom Himmel gefallen«, rief er aus, als er Chamberlains Botschaft las[253]. Er war sehr geschmeichelt, daß der Premierminister Großbritanniens, ein Mann, der zwanzig Jahre älter war als er, mit seinen neunundsechzig Jahren zum erstenmal in seinem Leben ein Flugzeug besteigen wollte, um mit ihm zu verhandeln. Hitler erbot sich nicht einmal, ihm auf halbem Wege entgegenzukommen, sondern erwartete ihn auf dem Berghof in der äußersten Südostspitze Deutschlands, die zu erreichen eine siebenstündige Flugreise erforderlich war.

Dort wurde Chamberlain am 15. September um 4 Uhr von Hitler auf der obersten Stufe der Treppe begrüßt und nach einer kurzen Teepause in das gleiche Arbeitszimmer im ersten Stock geführt, in dem sieben Monate vorher Schuschnigg empfangen worden war. Außer Dolmetscher Paul Schmidt war sonst niemand bei dieser Unterredung zugegen; Sir Nevile Henderson hatte sich ganz besondere Mühe gegeben, Ribbentrop auszuschließen. Dieser rächte sich dafür insofern, als er sich weigerte, Chamberlain nachher Schmidts Niederschrift zur Verfügung zu stellen.

Hitler begann mit einer weitschweifigen Darstellung dessen, was er durch seine Außenpolitik alles für Deutschland getan habe, wie er die Gleichberechtigung, die Versailles ihm verweigert hatte, wiederhergestellt, gleichzeitig aber den Pakt mit Polen unterzeichnet, das Flottenabkommen mit England abgeschlossen und auf Elsaß-Lothringen verzichtet habe. Bei der Frage der Rückkehr der Sudetendeutschen handle es sich jedoch um etwas anderes, erklärte er, denn hier spielten völkische Gesichtspunkte mit, die die Grundlage seiner Ideen bildeten. Diese Deutschen müßten wieder ins Reich zurück. »Er würde dafür jedes Risiko, sogar das eines Weltkrieges auf sich nehmen. Hier sei die Grenze erreicht, an der die übrige Welt tun solle, was sie wolle, er werde nicht einen einzigen Schritt zurückweichen.«

Chamberlain, der bis dahin meistenteils zugehört und Hitler beobachtet hatte, unterbrach ihn nun und fragte, ob das alles sei, was er wünsche, oder ob er die Absicht habe, die Tschechoslowakei zu zerstückeln. Hitler erwiderte, es gebe auch noch polnische und ungarische Forderungen, denen ebenfalls entsprochen werden müsse — was sonst noch zu lösen sei, interessiere ihn nicht. Für ihn sei das einzige Problem das Sudetenland, aber er sei entschlossen, wiederholte er, es so oder so zu lösen.

»Er möchte keinen Zweifel darüber aufkommen lassen, daß er absolut entschlossen sei, nicht zu dulden, daß ein kleines, zweitrangiges Land das mächtige tausendjährige Deutsche Reich behandele, als sei es minderwertig.«

Chamberlain versuchte, das Problem auf praktische Erwägungen zu beschränken: für den Fall, daß das Sudetenland an Deutschland abgetreten werden sollte — wie sei die Durchführung gedacht, was werde mit den Gebieten, in denen die Bevölkerung gemischt sei, geschehen, solle sowohl ein Bevölkerungsaustausch wie eine Grenzveränderung vorgenommen werden? Hitler wurde erregt.

»Alles das ist mir zu theoretisch; ich möchte die Wirklichkeit klären, dreihundert Sudetendeutsche sind getötet worden, und das kann nicht so weitergehen, das muß sofort geregelt werden. Ich bin entschlossen, das zu regeln; es ist mir gleichgültig, ob es einen Weltkrieg gibt oder nicht. Ich bin entschlossen, es zu regeln, und bald zu regeln; ich bin eher bereit, einen Weltkrieg in Kauf zu nehmen, als ein weiteres Hinschleppen zu dulden.«

Draußen ging der Herbsttag zu Ende, der Wind heulte, und der Regen strömte an den Fensterscheiben herunter. Hier oben in diesem Hause zwischen den Bergen diskutierten zwei Männer über die Frage: Krieg oder Frieden? — eine Frage, die Millionen Menschen betraf, die sie beide jemals weder gehört noch gesehen hatten. Diese Vorstellung beschäftigte Chamberlain, und nun wurde auch er zornig.

»Wenn Sie entschlossen sind, die Sache mit Gewalt zu regeln«, erwiderte er, »ohne abzuwarten, daß wir darüber überhaupt diskutieren, warum haben Sie mich dann herkommen lassen? Ich habe nur meine Zeit vergeudet.«

Hitler zögerte wohlüberlegt, und seine Stimmung schlug um. »Nun, wenn die englische Regierung bereit ist, den Gedanken einer Teilung prinzipiell anzuerkennen und auch auszusprechen, dann können wir uns darüber unterhalten.« Nach Chamberlains Gefühl war hier endlich ein Punkt, wo sich einhaken ließ. Nach seiner eigenen späteren Version lehnte er es ab, Verpflichtungen einzugehen, ohne vorher das britische Kabinett befragt zu haben. Doch der Premierminister fügte hinzu (wie Schmidt in seinen Aufzeichnungen berichtet), daß er persönlich im Prinzip die Abtrennung des Sudetenlandes anerkenne. Wenn Hitler bereit sei, eine Abtrennung des Sudetenlandes von der Tschechoslowakei auf friedlichem Wege in Erwägung zu ziehen, dann gäbe es, so glaube er, einen Ausweg, und er würde zu einer zweiten Besprechung nach Deutschland kommen. In der Zwischenzeit müsse er Hitler um die Zusicherung bitten, nicht eher zu handeln, als er eine Antwort erhalte. Hitler gab seine Zustimmung mit einer Geste, als mache er eine große Konzession; er wußte genau, daß bis zum Tag X auf jeden Fall noch vierzehn Tage Zeit war.

Damit endete vorläufig die Diskussion. Chamberlain flog am nächsten Tag nach London zurück, ohne Hitler noch ein zweites Mal gesprochen zu haben[254].

Wie Hitler später Chamberlain gegenüber zugab, hatte er niemals geglaubt, daß es dem britischen Premierminister gelingen werde, von den Tschechen die Zustimmung für eine freiwillige Abtretung des Sudetenlandes an Deutschland zu erlangen. In der Berchtesgadener Besprechung sah er nicht eine Alternative zu seiner Absicht, die Tschechoslowakei gewaltsam zu vernichten, sondern ein weiteres Mittel, um sich gegen eine Einmischung Englands und Frankreichs zu versichern. Er hatte den britischen Premierminister dazu gebracht, sich auf der Grundlage des Selbstbestimmungsrechts für die Abtretung des Sudetenlandes einzusetzen. Wenn nun Prag, wie er vorauszusehen glaubte, ablehnte, so mußte in Chamberlains Augen die Verantwortung für den Krieg auf die unvernünftigen Tschechen fallen, und England würde dann wahrscheinlich noch weniger geneigt sein, der Tschechoslowakei zu helfen oder Frankreich hierzu zu ermutigen.

Infolgedessen setzte Hitler in der darauffolgenden Woche seine Vorbereitungen zum Angriff auf die Tschechoslowakei fort. Am 17. genehmigte er die Aufstellung des Sudetendeutschen Freikorps und wies das Oberkommando der Wehrmacht an, sich darum zu kümmern. Am 18. gab die Wehrmacht einen Dienstspruch durch, der den Aufmarsch von fünf Armeen (insgesamt 36 Divisionen, darunter drei Panzerdivisionen) gegen die Tschechen vorsah[255].

Den militärischen Vorbereitungen entsprechend liefen die politischen.

Am 20. September verlangte die Slowakische Volkspartei auf Henleins Druck die Autonomie für die Slowaken. Am gleichen Tag traf Hitler in Berlin mit dem ungarischen Ministerpräsidenten und dem ungarischen Außenminister zusammen und bedrängte sie heftig, die Rückgabe der von Ungarn beanspruchten Gebietsteile der Tschechoslowakei zu fordern. »Nach meiner Meinung«, fügte er hinzu, »wäre ein militärisches Vorgehen die einzige befriedigende Lösung. Es besteht jedoch die Gefahr, daß die Tschechen jeder Forderung nachgeben[256].« Am 21. überreichten die Polen in Prag eine Note und verlangten eine Volksabstimmung im Gebiet von Teschen; diesem Schritt schloß sich am nächsten Tag die ungarische Regierung an. Am 22. bemächtigte sich das in Deutschland aufgestellte und bewaffnete Sudetendeutsche Freikorps der Herrschaft über die tschechischen Städte Eger und Asch.

An demselben 22. September flog Chamberlain zum zweitenmal nach Deutschland. Diesmal empfing ihn Hitler in Godesberg am Rhein. Die englische Delegation wurde im Petersberg-Hotel auf der rechten Rheinseite untergebracht, während Hitler im Hotel Dreesen auf der andern Seite blieb. Hier hatte er im Jahre 1934 den Entschluß gefaßt, nach München zu fliegen und die Säuberungsaktion gegen Röhm zu starten.

Zwischen seinem ersten und zweiten Treffen mit Hitler war es Chamberlain gelungen, die Zustimmung sowohl der britischen als auch der französischen Regierung zu den Bedingungen zu erhalten, mit denen er jetzt zurückkehrte; auch hatte er die Tschechen nach deren anfänglicher Weigerung durch ein englisch-französisches Ultimatum gezwungen, diese Bedingungen anzunehmen. Als Chamberlain am Nachmittag über den Rhein zu Hitlers Hotel fuhr, befand er sich in ausgezeichneter Laune. Er erklärte sich bereit, einen Plan für die Übergabe der sudetendeutschen Gebiete an Deutschland (ohne ein Plebiszit) vorzulegen, zur Regelung der Einzelheiten eine Kommission zu bilden und einen besonderen Plan ausarbeiten zu lassen für die Umsiedlung der Bevölkerung jener Gebiete, in denen sich keine gerechte Grenzlinie ziehen ließ. Darüber hinaus sollten die bestehenden Bündnisverträge zwischen der Tschechoslowakei und Frankreich sowie Rußland aufgehoben werden, um damit Deutschland die Furcht zu nehmen, daß die Tschechoslowakei als Angriffsbasis gegen Deutschland benutzt werden könne, während England eine internationale Garantie der tschechischen Unabhängigkeit und Neutralität mitunterzeichnen würde.

Als Chamberlain geendet hatte, fragte Hitler, ob seine Vorschläge auch der tschechischen Regierung unterbreitet und von ihr angenommen worden seien. Der Premierminister erwiderte: »Ja«. Eine kurze Pause entstand. Dann sagte Hitler vollkommen ruhig: »Es tut mir außerordentlich leid, aber nach den Ereignissen der letzten Tage hat diese Lösung keinen Sinn mehr.«

Es folgte eine lange und erbitterte Auseinandersetzung. Chamberlain war ebenso ärgerlich wie konsterniert; er habe, erklärte er, sein ganzes politisches Prestige aufs Spiel gesetzt, um diese Zustimmung zu Hitlers Forderungen zu erlangen — und nun weise Hitler sie einfach zurück. Er könne nicht einsehen, wieso Hitler die Situation nach einer Woche so anders betrachte und wieso die in Berchtesgaden besprochene Lösung keinen Wert mehr haben solle. Hitler nannte keine Gründe für seine Meinungsänderung. Er sprach von den Forderungen der Polen und Ungarn, von der Unzuverlässigkeit und vom Verrat der Tschechen; er erging sich wütend über das Unrecht und die Leiden, die den Sudetendeutschen zugefügt würden, stellte vor allem die Dringlichkeit der Lage heraus und erklärte beharrlich, daß Eile erforderlich sei. Die ganze Frage, rief er aus, müsse bis zum 1. Oktober geregelt sein. Wenn der Krieg vermieden werden solle, müßten die Tschechen die abzutretenden Gebiete — sie waren von den Deutschen auf einer Landkarte angezeichnet — sofort räumen und zulassen, daß sie von deutschen Streitkräften besetzt würden. Danach könne dann, um die genaue Grenzlinie zu bestimmen, eine Volksabstimmung abgehalten werden; wesentliche Voraussetzung sei jedoch die Besetzung des Sudetenlandes durch die Deutschen, und zwar die sofortige[257].

Nachrichten, die in den Konferenzsaal gebracht wurden und vom Tod weiterer Sudetendeutscher berichteten, ermöglichten es Hitler, seine Empörung erneut auf die Spitze zu treiben. Als man jedoch nach der dreistündigen Besprechung auf der Terrasse auf- und abging, sagte er in völlig verändertem Ton zu Chamberlain: »O, Herr Premierminister, es tut mir so leid, ich hatte mich darauf gefreut, Ihnen diesen schönen Blick auf den Rhein zu zeigen ... aber nun ist er vom Nebel verdeckt[258].«

Die Verhandlungen waren nun auf einem toten Punkt angelangt. Chamberlain nahm Hitlers neue Forderung zwar zur Kenntnis, lehnte es aber ab, Stellung zu nehmen, und zog sich in sein Hotel auf der anderen Rheinseite zurück.

Die Frage, die Chamberlain Kopfzerbrechen machte und die der Historiker zu beantworten versuchen muß, ist die, warum Hitler auf eine so unerwartete Weise reagierte. Chamberlain nahm an, daß Hitlers Forderung nach einer Abtretung des Sudetenlands ernst gemeint war; doch Hitlers wirkliche Absicht war es, wie er in seinen Anweisungen nach der Mai-Krise darlegte, »die Tschechoslowakei durch eine militärische Aktion zu zerschlagen«. Hitler hatte die Sudetenfrage lediglich als Mittel benutzt, um günstige politische Bedingungen zur Durchführung seines Planes zu schaffen. Was Chamberlain ihm aber jetzt anbot, war nur die Abtretung des Sudetenlandes als Ersatz für eine gewaltsame Zerstörung des tschechoslowakischen Staates.

Wie Hitler genau wußte, sprachen für die Annahme des Chamberlainschen Angebots mancherlei Gründe: die Gefahr eines allgemeinen Krieges für den Fall, daß Hitler hartnäckig blieb, die Hinweise des Generalstabs, daß Deutschland für solch einen Konflikt nicht genügend vorbereitet sei, und schließlich die Tatsache, daß er kostenlos einen großen Gewinn einheimsen konnte. Doch die Tatsache, daß die Westmächte in ihrer Sorge, einen Krieg zu vermeiden, bereit waren, so weit zu gehen, bestätigte Hitler in seinem Glauben, daß er, wenn er nur durchhalte und es ablehnte, sich mit der Hälfte zufrieden zu geben, seinen gesamten Plan ohne irgendein größeres Risiko verwirklichen könne. Wie er dies tun würde, stand noch offen; im Augenblick war es wichtig, den Druck zu verstärken. Hitler erreichte das, indem er seinem ursprünglichen Anspruch auf das Sudetenland noch die Forderung nach einer sofortigen Besetzung durch die deutsche Armee hinzufügte.

Am nächsten Tag versuchte Chamberlain erfolglos, Hitler zur Annahme eines Kompromisses zu überreden. Ein Notenwechsel über den Strom hinweg hatte keinerlei Wirkung. Chamberlain konnte nichts anderes tun, als Hitler bitten, seine neuen Forderungen schriftlich zu fixieren und zusammen mit einer Landkarte vorzulegen. Er nahm es auf sich, dieses Memorandum dann nach Prag zu übermitteln. Im übrigen sehe er »keine Möglichkeit, hier noch irgend etwas auszurichten«. »Deshalb schlage ich vor, daß ich nach England zurückkehre.«

Während das Memorandum ausgearbeitet wurde, lud Hitler Chamberlain am 23., abends 9.30 Uhr, zu einer weiteren Besprechung ein. Zu der Zeit, als Chamberlain den Rhein überquerte, hatte Hitler seine Fassung wiedergewonnen. Er dankte dem Premierminister für alle seine Bemühungen und gab der Hoffnung Ausdruck, daß sich doch noch eine friedliche Lösung ermöglichen lasse. Aber von seinen Forderungen hatte er nicht abgelassen, statt dessen setzte er eine neue Frist: die Tschechen sollten die Räumung des abzutretenden Gebiets am 26. September beginnen und am 28. September abschließen. Die Auseinandersetzung zwischen den beiden Männern war bereits sehr heftig, da kam Ribbentrop noch mit der Nachricht, daß die Tschechen die Mobilmachung angeordnet hätten. Dadurch, erklärte Hitler, sei ja die Angelegenheit erledigt. Aber Chamberlain gab es noch nicht auf. Der Streit wogte hin und her. Hitler beschimpfte die Tschechen, und Chamberlain verbarg nicht seine Entrüstung über Hitlers Ungeduld und seinen Ärger über die ihm zuteil gewordene schlechte Behandlung. Als dann Chamberlain das Schriftstück, das ihm überreicht worden war, mit der Bezeichnung »Ultimatum« belegte, wies Hitler darauf hin, daß die Überschrift »Memorandum« laute. Das war zuviel für den Premierminister. Er erwiderte, für ihn sei der Inhalt wichtiger als die Überschrift. Und nach dem Inhalt müsse man sagen, Hitler führe sich bereits wie ein Eroberer auf. »Nein«, warf Hitler ein, »wie ein Eigentümer, wenn es um sein Eigentum geht.«

Dann brachte Hitler noch einmal mit Bedacht seine letzte »Konzession« zur Sprache: Chamberlain sei einer der wenigen Menschen, für die er jemals so etwas getan habe, erklärte er. Er sei bereit, für die tschechische Evakuierung noch ein einziges Datum festzusetzen — den 1. Oktober —, wenn dies Chamberlains Mission erleichtere. Hitler griff zum Bleistift und änderte eigenhändig die Daten des Memorandums. Chamberlain war beeindruckt. Er verpflichtete sich lediglich, Hitlers Bedingungen der britischen und tschechischen Regierung zu unterbreiten, doch er fügte hinzu, »er habe das Gefühl, zwischen ihm und dem Führer sei als Ergebnis der Unterredungen während der letzten Tage ein Vertrauensverhältnis entstanden ...« Er gebe die Hoffnung nicht auf, daß die augenblickliche Krise zu überwinden sei, und dann würde er gerne mit dem Führer im gleichen Sinne über andere Probleme sprechen.

»Der Führer dankte Chamberlain für seine Worte und sagte, er hege die gleiche Hoffnung. Wie er bereits einige Male dargelegt habe, sei das tschechische Problem die letzte territoriale Forderung, die er in Europa zu stellen habe[259]. Hitlers letzte Bemerkung, so berichtete Chamberlain dem Unterhaus, wurde »mit tiefem Ernst« ausgesprochen.

Wie auch immer Chamberlains persönliche Einstellung gewesen sein mag — am Sonntag, dem 25. September, traf das englische Kabinett die Entscheidung, daß es Hitlers Bedingungen nicht annehmen und sie auch nicht den Tschechen aufzwingen könne. Am 26. schließlich sagte die britische Regierung den Franzosen englische Unterstützung zu für den Fall, daß sie in Erfüllung ihrer vertraglichen Verpflichtungen in einen Krieg mit Deutschland verwickelt würden. England und Frankreich begannen mit den Kriegsvorbereitungen.

Aber der englische Premierminister hatte die Hoffnung immer noch nicht aufgegeben. Er entschloß sich zu einem letzten Appell an Hitler. Hitler beabsichtigte, am Abend des 26. eine Rede im Berliner Sportpalast zu halten, und Chamberlain hoffte, ihn wenigstens zu einer Mäßigung im Ton seiner Rede bewegen zu können. Auf dem Flugweg sandte er sofort Sir Horace Wilson mit einem persönlichen Brief an den Führer. Darin teilte Chamberlain mit, daß die tschechische Regierung die Godesberger Vorschläge abgewiesen habe. Aber der Streitfall, fügte er hinzu, könne immer noch friedlich beigelegt werden, wenn Hitler zu direkten Verhandlungen zwischen der deutschen und der tschechischen Regierung in Gegenwart der Engländer als einer dritten Partei einverstanden sei.

In der Zwischenzeit war Hitler wieder in die unversöhnlichste Laune zurückgefallen. Um für seine Rede den nötigen Stimulus zu haben, hatte er sich in maßlosen Groll, in Haß und in Ungeduld gegen die Gegner hineingesteigert, und in solcher Stimmung trafen ihn Sir Horace Wilson und der britische Botschafter an, als sie ihm am 26. September, 5 Uhr nachmittags, drei Stunden vor seiner Sportpalastrede, den Brief des britischen Premierministers überreichten. Hitler war so aufgeregt, daß er kaum sitzen zu bleiben vermochte. Als der Dolmetscher Schmidt beim Übersetzen des Briefes an die Stelle kam: »Die tschechoslowakische Regierung teilt mir soeben mit, daß sie die Vorschläge als völlig unannehmbar betrachtet«, sprang Hitler auf und rief: »Es hat überhaupt keinen Zweck, noch irgendwie weiter zu verhandeln.« Er lief zur Tür und konnte von Wilson nur mit Mühe dazu bewogen werden, die Verlesung des Briefes bis zum Schluß anzuhören. Aber Hitler fuhr fort, Zwischenbemerkungen zu machen. »Die Deutschen würden wie Nigger behandelt; nicht einmal die Türkei wage man so zu behandeln. ›Am 1. Oktober habe ich die Tschechoslowakei da, wo ich sie haben will.‹ Wenn Frankreich und England losschlagen wollten, sollten sie es ruhig tun. Er mache sich nichts daraus.« Das Äußerste, was die englischen Delegierten zu erreichen vermochten, war sein Einverständnis, mit den Tschechen auf der Grundlage des Godesberger Memorandums zu verhandeln. Das hieß also: Besetzung des Sudetenlandes am 1. Oktober. Er werde seine Truppen nur zurückhalten, wenn er bis zum Mittwoch, dem 28. September, 2 Uhr nachmittags — also in weniger als 48 Stunden —, eine zustimmende Antwort erhalte. Wie aus den Berichten deutlich ersichtlich ist, folgte er bei der Festsetzung der Frist nur einer augenblicklichen Eingebung. Als Sir Horace Wilson sich verabschiedete, forderte Hitler ihn auf, am Abend in den Sportpalast zu kommen: dort werde er einen Begriff bekommen von dem, was man in Deutschland empfinde[260].

Hitlers Rede im Sportpalast war ein Meisterstück der Schmähung; er übertraf sich selber damit. Wie üblich begann er mit einem Überblick über seine Bemühungen, in den vergangenen fünf Jahren zu einer Verständigung mit den andern Mächten zu gelangen. Er zählte die Probleme auf, die er bereits gelöst hatte — die wohlbekannte Platte: Pakt mit Polen, deutsch-englisches Flottenabkommen, Verzicht auf Elsaß-Lothringen, Freundschaft mit Italien, der friedliche Anschluß Österreichs. »Und nun steht vor uns das letzte Problem, das gelöst werden muß und gelöst werden wird! Es ist die letzte territoriale

Forderung, die ich in Europa zu erheben habe. Aber von diesem Ziel werde ich nicht abweichen; ich werde es, so Gott will, erreichen.« Das tschechische Problem, erklärte er, sei dadurch entstanden, daß die Väter des Friedensvertrages sich geweigert hätten, ihr eigenes Prinzip der Selbstbestimmung anzuerkennen.

»Dieser tschechische Staat begann mit einer einzigen Lüge. Der Vater dieser damaligen Lüge hieß Benesch . . . Es gibt keine tschechoslowakische Nation, sondern nur Tschechen und Slowaken, und die Slowaken wollen von den Tschechen nichts wissen.«

Von nun an wurde die Unsachlichkeit in Hitlers Darstellung immer grotesker. Nachdem Benesch eine Terrorherrschaft über die unterworfenen Slowaken, Deutschen, Magyaren und Polen errichtet, habe er systematisch die deutsche Minderheit zu vernichten gesucht; wer sich von den Deutschen weigere, auf seine Volksgenossen zu schießen, werde als Verräter füsiliert. Die Deutschen würden derart verfolgt, daß sie zu Hunderten und zu Tausenden über die Grenze flüchteten; weitere Tausende würden von den Tschechen abgeschlachtet. Unterdessen stelle Benesch sein Land in den Dienst der Bolschewisten, für die es eine vorgeschobene Luftbasis zur Bombardierung Deutschlands sei.

Als von ihm, fuhr Hitler fort, eine Abänderung dieser Zustände gefordert worden sei, habe Benesch mit einer noch rücksichtsloseren Verfolgung der Sudetendeutschen begonnen und seinen schlauen Trick vom 21. Mai zuwegegebracht. Von England, Frankreich und Rußland gedeckt, glaube er tun zu können, was ihm passe. Hitler schilderte dann in wildesten Übertreibungen die Lage im Sudetenland. Die tägliche Zahl der Flüchtlinge, behauptete er, sei von 10 000 auf 90 000 gestiegen, dann auf 137 000, »und heute 214 000. Ganze Landstriche werden entvölkert. Ortschaften werden niedergebrannt, mit Granaten und Gas versucht man die Deutschen auszuräuchern. Herr Benesch aber sitzt in Prag und ist überzeugt: ›Mir kann nichts passieren, am Ende stehen hinter mir England und Frankreich.‹ Und nun, meine Volksgenossen, glaube ich, daß der Zeitpunkt gekommen ist, in dem nun Fraktur geredet werden muß ... Denn schließlich hat Herr Benesch sieben Millionen Tschechen, hier aber steht ein Volk von über 75 Millionen.«

Hitler erläuterte kurz die Godesberger Vorschläge. Über den Einwand der Tschechen, daß damit eine neue Lage entstanden sei, setzte er sich einfach hinweg. Die Tschechen, behauptete Hitler, hätten bereits eingewilligt, die geforderten Gebiete abzutreten; der einzige Unterschied sei der, daß sie von Deutschland besetzt werden sollten. Mit anderen Worten: »Herr Benesch muß sein Versprechen diesmal ausnahmsweise halten. Das ist die ›neue Lage‹ für Herrn Benesch.«

Schließlich erklärte Hitler, die Tschechen zielten darauf hin, die Regierung Chamberlain in England und die Regierung Daladier in Frankreich zu stürzen; sie setzten ihre Hoffnungen auf Sowjetrußland. Auf diese Weise gedächten sie, sich von der Erfüllung ihrer Zusagen zu drücken.

»Und da kann ich jetzt nur eines sagen: Nun treten zwei Männer gegeneinander auf: Dort ist Herr Benesch! Und hier stehe ich! Wir sind zwei Menschen verschiedener Art. Als Herr Benesch sich in dem großen Völkerringen in der Welt herumdrückte, da habe ich als anständiger deutscher Soldat meine Pflicht erfüllt. Und heute stehe ich nun diesem Mann gegenüber als der Soldat meines Volkes! ... In bezug auf das sudetendeutsche Problem ist meine Geduld jetzt zu Ende. Ich habe Herrn Benesch ein Angebot gemacht, das nichts anderes ist, als die Realisierung dessen, das er selbst schon zugesichert hat. Er hat jetzt die Entscheidung in seiner Hand: Frieden oder Krieg. Er wird entweder dieses Angebot akzeptieren und den Deutschen jetzt endlich die Freiheit geben, oder wir werden diese Freiheit uns selbst holen. Das muß die Welt zur Kenntnis nehmen: In viereinhalb Jahren Krieg und in den langen Jahren meines politischen Lebens hat man mir eines nie vorwerfen können: ich bin niemals feige gewesen. Ich gehe meinem Volk jetzt voran als sein erster Soldat, und hinter mir, das mag die Welt wissen, marschiert jetzt ein Volk, und zwar ein anderes als das vom Jahre 1918!...
Wir sind entschlossen!
Herr Benesch mag jetzt wählen[261]!«

Selten ist die Entscheidung über Krieg oder Frieden so unverblümt von dem persönlichen Groll und der Eitelkeit eines einzigen Mannes abhängig gemacht worden.

Auf der Galerie, genau über Hitler, saß Bill Shirer, der amerikanische Rundfunkkommentator, und betrachtete ihn aufmerksam. Er schrieb in sein Tagebuch:

»Zum erstenmal in all den Jahren habe ich ihn beobachten können. Er schien heute abend seine Selbstbeherrschung völlig verloren zu haben. Als er sich hinsetzte, sprang Goebbels auf und rief: ›Eines ist gewiß: 1918 wird sich niemals wiederholen!‹ Hitler blickte zu ihm auf, als seien das die Worte, nach denen er den ganzen Abend gesucht hatte. Er sprang auf, beschrieb mit der rechten Hand einen großen Bogen durch die Luft, ließ sie auf den Tisch fallen und schrie, mit einem mir unvergeßlichen Fanatismus in seinen Augen, aus voller Kraft: ›Ja!‹ Dann sank er erschöpft in seinen Stuhl zurück[262].«

Am nächsten Morgen befand sich Hitler noch in der gleichen exaltierten Stimmung; er war noch berauscht von seinen eigenen Worten. Sir Horace Wilson, der ihn kurz nach Mittag zum zweitenmal aufsuchte, konnte nichts mit ihm anfangen. Auf Wilsons Frage, was geschehen solle, wenn die Tschechen die deutschen Forderungen ablehnten, erwiderte Hitler, es werde zunächst die totale Vernichtung der Tschechoslowakei folgen. Als Wilson darauf bemerkte, daß der Krieg wohl kaum auf die Tschechoslowakei beschränkt bleiben und daß England, wenn Frankreich den Tschechen zu Hilfe eile, sich verpflichtet fühlen würde, auf die Seite der Franzosen zu treten, verdrehte Hitler ihm das Wort im Munde:

»Das heißt also, daß, wenn es Frankreich einfällt, Deutschland anzugreifen, England sich verpflichtet fühlen würde, ebenfalls Deutschland anzugreifen. Ich kann das nur zur Kenntnis nehmen ... Wenn Frankreich und England losschlagen wollen, dann sollen sie es nur tun. Mir ist das völlig gleichgültig. Ich bin auf alle Eventualitäten vorbereitet. Heute ist Dienstag, nächsten Montag haben wir dann Krieg[263].«

Zwei- oder dreimal im Verlauf der Unterredung rief Hitler aus: »Ich werde die Tschechen zerschmettern!« Als Sir Horace Wilson sich verabschiedete, zweifelte er nicht daran, daß Hitler auch meinte, was er sagte. Gleich nachdem Wilson gegangen war, ließ Hitler seinen Chefadjutanten Schmundt kommen und gab um 1 Uhr mittags den Befehl, daß die Einsatztruppen, einundzwanzig verstärkte Regimenter, insgesamt sieben Divisionen, ihre Ausgangsstellungen beziehen sollten. Sie hatten sich für den 30. September in Bereitschaft zu halten. Eine geheime Mobilmachung von fünf weiteren, in Westdeutschland stationierten Divisionen wurde angeordnet[264].

Und doch hatte Hitler die Tür nicht endgültig zugeschlagen. Selbst in seiner äußerst fanatischen Rede im Sportpalast hatte er die von ihm in Godesberg vorgeschlagene friedliche Lösung offengelassen. Im Laufe des 27. begann die »Alles-oder-nichts«-Stimmung umzuschlagen und wieder vernünftigeren Erwägungen Platz zu machen. Zwar waren Ribbentrop und Himmler immer noch für einen Krieg. Aber es gab in Hitlers Umgebung Leute, die ihn zu einer Verständigung drängten, darunter Göring. Die Ereignisse gaben zudem ihren Argumenten recht. Besonderen Eindruck machten auf Hitler Nachrichten über englische und französische aktive Kriegsvorbereitungen, und Sir Horace Wilsons Warnung, daß die Engländer den Franzosen beistehen würden, wirkte mehr auf ihn als alle Vorstellungen Chamberlains.

In diesem Augenblick traf die Verschwörergruppe, die einen Staatsstreich plante und Hitler mit Gewalt festnehmen wollte, erneut Vorbereitungen, wobei sie auf die Unterstützung der in Potsdam liegenden und von General Brockdorff-Rantzau befehligten Division rechnete. Man war überzeugt, daß man diesmal auch Halder, den Chef des Generalstabs und Nachfolger Becks, und möglicherweise sogar Brauchitsch gewinnen würde. Natürlich kann Hitlers Entscheidung nicht von einer Verschwörung beeinflußt gewesen sein, von der er nichts wußte. Aber in dieser Verschwörung offenbarte sich der Schrecken des OKW angesichts der Bereitschaft Hitlers, einen Krieg zu riskieren — und über diese Haltung war sich Hitler völlig im klaren. Der Hauptgrund für die Besorgnis der Generale war die Schwäche der deutschen Verteidigungsanlagen und Streitkräfte im Westen. Diese Besorgnis wurde bestätigt durch den Bericht des deutschen Militärattachés in Paris am 27., daß die Franzosen am sechsten Tag der Mobilmachung, die jetzt in vollem Gange war, 65 Divisionen hätten aufmarschieren lassen — gegen höchstens ein Dutzend deutsche Divisionen und einige Reserveeinheiten von zweifelhafter Qualität[265]. Sein Kollege in Prag berichtete, die tschechische Hauptstadt sei ruhig, und eine Million Männer sei zu den Fahnen gerufen worden[266].

Am späten Nachmittag des 27. rollte eine motorisierte Division in feldmarschmäßiger Ausrüstung durch die Hauptstraßen von Berlin. Die Menschen bewahrten tiefes Schweigen; man kehrte dem Schauspiel den Rücken und verschwand lieber in der Untergrundbahn, statt weiter zuzusehen. Hitler stand lange beobachtend am Fenster. Wie es heißt, soll der vollkommene Mangel an Enthusiasmus — ganz im Gegensatz zu den Szenen von 1914 — einen besonders tiefen Eindruck auf ihn gemacht haben. Hinzu kam, daß um 10 Uhr abends Raeder, der Oberbefehlshaber der Marine, bei ihm erschien und die Beweisgründe der Wehrmacht bekräftigte. Raeders Appell erhielt noch im Laufe der Nacht besonderes Gewicht durch die Nachricht, daß die englische Flotte mobilgemacht habe.

»In diesem Augenblick«, schreibt Churchill, »muß sich auf den einen Mann mit seiner erstaunlichen Willenskraft ein ungeheuer schwerer Druck gelegt haben. Er hatte sich ganz offensichtlich an den Rand eines allgemeinen Krieges gebracht. Konnte er den Sprung wagen angesichts der gegen ihn stehenden öffentlichen Meinung und der ernsten Warnungen der Chefs von Heer, Marine und Luftwaffe? Konnte er andererseits noch zurück, nachdem er so lange von seinem Prestige gezehrt hatte[267]?«

Immerhin war Hitler so weit an einer Erhaltung der Verbindung nach London interessiert, daß er trotz seines Wutausbruchs in Gegenwart von Sir Horace Wilson am 27., 10.30 Uhr abends, einen Brief an Chamberlain richtete, in dem er seine Haltung zu verteidigen suchte und auf die tschechischen Einwände gegen die Godesberger Vorschläge antwortete. Aus dem Brief war nichts von einer Modifizierung seiner Forderungen zu entnehmen, doch er war geschickt darauf berechnet, Chamberlains Aufmerksamkeit zu erwecken, und sein Schlußsatz: »Ich überlasse es Ihrem Urteil, ob Sie eine Fortsetzung Ihrer Bemühungen für richtig halten, um die Prager Regierung in letzter Stunde zur Vernunft zu bringen«, spornte den britischen Premierminister zu einer letzten Anstrengung an[268].

IX

Am Vormittag des 28. September — des »Schwarzen Mittwochs« — schien keinerlei Hoffnung mehr zu bestehen, daß der Krieg vermieden werden könne. Eine düstere Stimmung lag über Berlin; nicht anders sah es in Prag, Paris und London aus. Es waren nur wenige Stunden bis zum Ablauf der von Hitler festgesetzten Frist. Lag bis 2 Uhr keine zufriedenstellende Antwort vor, so würde, wie man allgemein annahm, ein deutscher Angriff auf die Tschechoslowakei erfolgen. Nirgendwo war die Spannung stärker als in der Reichskanzlei, wo Hitler in ein oder zwei Stunden über Krieg oder Frieden zu entscheiden hatte.

Kurz nach 11 Uhr bat der französische Botschafter um einen Empfang bei Hitler. François-Poncet überreichte ein Angebot, das den Godesberger Vorschlägen ein gutes Stück entgegenkam. Es sah vor, daß die sofortige Besetzung am 1. Oktober sich auf einen Teil des Sudetenlandes beschränken, während die Besetzung des restlichen Teils in der Zeit bis zum 10. Oktober abschnittsweise vor sich gehen solle. Der Vorschlag sei von den Tschechen noch nicht akzeptiert; wenn Hitler ihm aber zustimme, sei die französische Regierung bereit, die Einwilligung der Tschechen zu verlangen und sogar die Garantie für eine reibungslose Abwicklung der Besetzung zu übernehmen.

Ausschlaggebend scheint jedoch ein Appell gewesen zu sein, den die englische Regierung an Mussolini richtete. Zwar hatte der Duce Hitlers Forderungen an die Tschechoslowakei jüngst in einer Reihe von Reden im allgemeinen gutgeheißen. Jetzt aber war er angesichts der Gefahr eines allgemeinen europäischen Krieges, auf den Italien schlecht vorbereitet war, außerordentlich beunruhigt. Auf Ersuchen der englischen Regierung schickte er den italienischen Botschafter in Berlin, Attolico, zu Hitler.

Außer Atem und ohne Hut traf Attolico in der Reichskanzlei ein, während Hitler noch mit François-Poncet verhandelte. Der Führer fand sich bereit, zu einer Unterredung mit dem Botschafter herauszukommen. Mussolini, begann Attolico, gebe die Versicherung, daß er den Führer, was er auch immer beschließen möge, vollauf unterstützen werde, doch bitte er ihn, die endgültige Entscheidung um 24 Stunden hinauszuschieben und die neuen Vorschläge aus Paris und London eingehend zu prüfen. Mussolinis Appell wirkte. Nach kurzem Zögern entschied Hitler sich, Attolicos Bitte zu erfüllen. Als er zu dem französischen Botschafter zurückkehrte, stand er deutlich unter dem Eindruck von Mussolinis Botschaft. Er teilte François-Poncet kurz mit, daß er ihm am frühen Nachmittag eine Antwort zukommen lassen werde.

Kaum war der französische Botschafter gegangen, da erschien Sir Nevile Henderson. Er begegnete Göring und Neurath, die gerade aus Hitlers Arbeitszimmer kamen und ihn bedrängt hatten, das Angebot anzunehmen. Henderson überbrachte Chamberlains Antwort auf Hitlers Brief vom vergangenen Abend. Zum letzten Male schlug der britische Premierminister vor, in einer internationalen Konferenz die Maßnahmen zu besprechen, die erforderlich seien, um Hitler das zu geben, was er wünsche[269]. Hitler lehnte es wieder ab, eine bestimmte Antwort zu geben: er müsse sich erst mit Mussolini beraten. Unterdessen hatte Mussolini Attolico wieder angerufen und ihn angewiesen, Hitler davon in Kenntnis zu setzen, daß der Duce Chamberlains Vorschlag einer allgemeinen Konferenz unterstütze und daß Italien bereit sei, an dieser Konferenz teilzunehmen. Außerdem erlaubten, wie Mussolini andeutete, die neuen Vorschläge, die François-Poncet überbracht habe und die die Diskussionsgrundlage bilden könnten, Hitler, seine Truppen am 1. Oktober im Sudetenland einmarschieren zu lassen, zu dem Termin also, auf den er sich in der Öffentlichkeit festgelegt hatte.

Hitler traf seine Entscheidung irgendwann zwischen 1 und 2 Uhr nachmittags. Er stimmte Mussolinis Vorschlag unter der Bedingung zu, daß der Duce persönlich zugegen sei und daß die Konferenz sofort, entweder in München oder Frankfurt, abgehalten werde. Mussolini war einverstanden und schlug München als Konferenzort vor. Am gleichen Nachmittag ergingen Einladungen an London und Paris — keine jedoch an Prag oder Moskau.

Hitler wollte Mussolini noch unbedingt vor der Konferenz sprechen, und so stieg er am frühen Morgen des nächsten Tages, des 29. September, in Kufstein an der ehemaligen deutsch-österreichischen Grenze in Mussolinis Zug ein. Prinz Philipp von Hessen sagte im Vertrauen zu Ciano: »Der Führer ist nur halbwegs zufrieden.« Italienischen Darstellungen zufolge empfing Hitler Mussolini mit einem ausführlichen Exposé und einer Landkarte, an Hand deren er seine Pläne für einen Blitzangriff auf die Tschechoslowakei und einen daran anschließenden Feldzug gegen Frankreich erläuterte. Wenn man diesen Darstellungen Glauben schenken darf, dann dürfte es Mussolinis Einfluß zu verdanken gewesen sein, daß Hitler der Konferenz eine Erfolgschance einräumte und nicht von Anfang an ihr Mißlingen voraussetzte. Um Hitlers Mißtrauen zu beschwichtigen, versicherte er erneut, daß Italien Deutschland zur Seite stehen werde, falls die Konferenz scheitern solle.

Die Besprechung der beiden Diktatoren mit dem britischen und dem französischen Premierminister begann um 12.45 Uhr in dem neuen »Führerbau« am Königsplatz. Hitler, blaß und aufgeregt und behindert durch seine Unkenntnis fremder Sprachen, verließ sich so ziemlich auf Mussolinis Hilfe. Tatsächlich scheint Mussolini sich mehr als irgendein anderer sicher gefühlt zu haben. Offenbar spielte er auch in der Konferenz die führende Rolle, zum Teil schon deshalb, weil er die Sprachen der andern beherrschte. Hitler aber ließ die Anwesenden nicht im Zweifel darüber, was er von der Konferenz erwartete. »Er habe bereits in seiner Rede im Sportpalast erklärt, daß er am 1. Oktober in jedem Falle einmarschieren werde. Darauf sei ihm geantwortet worden, ein derartiges Vorgehen sei ein Gewaltakt. Also handele es sich darum, seinem Vorgehen diesen Charakter zu nehmen. Jedenfalls müsse er sofort zur Aktion schreiten[270].«

Mussolini gab der Konferenz insofern eine Diskussionsgrundlage, als er ein Memorandum vorlegte, auf dem sich schließlich das Münchner Abkommen aufbaute. Die Geschichte dieses Memorandums ist recht interessant. Es war am Tage vorher von Neurath, Göring und dem Staatssekretär im Auswärtigen Amt, Weizsäcker, ausgearbeitet worden, um Ribbentrop zuvorzukommen. Göring hatte es Hitler gezeigt und dann heimlich über Attolico nach Rom leiten lassen. Mussolini legte es jetzt als sein eigenes vor, ehe noch Ribbentrop einen andern Vorschlag machen konnte, und half damit der Konferenz über die erste Hürde hinweg. Chamberlains und Daladiers Bemühungen, den Tschechen die Möglichkeit zur Teilnahme an der Konferenz zu geben, waren vergebens: Hitler weigerte sich kategorisch, sie zuzulassen. Entweder handele es sich um ein Problem zwischen Deutschland und der Tschechoslowakei, und das lasse sich innerhalb von 14 Tagen gewaltsam regeln, oder aber um ein Problem zwischen den Großmächten. In diesem Falle müsse die Verantwortung von den Großmächten übernommen und die von ihnen getroffene Regelung den Tschechen aufgezwungen werden.

Die Konferenz war so überstürzt einberufen worden, daß es an jeglicher Organisation fehlte. Protokolle sind nicht geführt worden; die Delegierten saßen in bequemen Sesseln in der Runde, und am Nachmittag, nach der Essenspause, schlüpften Botschafter, Beamte und Adjutanten ebenfalls in den Raum, stellten sich an den Wänden ringsum auf und bildeten die Zuhörerschaft. Die allgemeine Diskussion sank fortwährend in persönliche Unterhaltung ab, was noch durch die

Schwierigkeiten des Übersetzens gefördert wurde. Dauernd gab es Unterbrechungen, weil Mitglieder der einen oder der andern Delegation ein- und ausgingen, um die Änderungsvorschläge auszuarbeiten. Chamberlain, als ehemaliger englischer Finanzminister, legte bezeichnenderweise besonderes Gewicht auf die Frage der Eigentumsentschädigung, eine Frage, die Hitler, ebenso bezeichnenderweise, ärgerlich und gleichgültig beiseite schob. Schließlich wurde in den frühen Morgenstunden des 30. September ein Übereinkommen erzielt, und die beiden Diktatoren überließen den Engländern und Franzosen die unangenehme Aufgabe, den Tschechen die Bedingungen für die Aufteilung ihres Landes mitzuteilen[271].

X

Selbst auf dem Papier wich das Münchner Abkommen nur unwesentlich von dem Godesberger Memorandum ab. Am 1. Oktober marschierten deutsche Truppen ins Sudetenland ein, so wie es Hitler gefordert hatte. Da es auf Grund einer Übereinkunft geschah, konnten die Deutschen die paar Einschränkungen, die die Westmächte ihrer Handlungsfreiheit aufzuerlegen versucht hatten, einfach übergehen. Die versprochene Volksabstimmung hat niemals stattgefunden; als die endgültigen Grenzen festgelegt wurden, geschah es mehr nach strategischen als nach ethnographischen Gesichtspunkten. 250 000 Deutsche lebten weiterhin in der Tschechoslowakei, während 800 000 Tschechen in den an Deutschland abgetretenen Gebieten wohnen blieben. Die Tschechoslowakei verlor ihre Befestigungsanlagen — die auf die deutschen Generale, als sie sie besichtigten, großen Eindruck machten — und 17½tausend Quadratkilometer Land. Hinzu kamen noch der Verlust von Industriewerken und der Schnitt durch das tschechische Eisenbahnnetz. Präsident Benesch wurde gezwungen, ins Exil zu gehen, und eine der ersten Handlungen des neuen Regimes war die Kündigung des Bündnisses mit Rußland. Am 10. Oktober traten die Tschechen das Teschener Gebiet an die Polen ab, und am 2. November diktierten Ribbentrop und Ciano während einer Zeremonie im Schloß Belvedere in Wien die neue ungarisch-tschechische Grenze, wobei die beiden andern Unterzeichner des Münchner Abkommens und Garanten der Tschechoslowakei ostentativ ausgeschlossen waren.

In der Nacht der Münchner Konferenz schrieb General Jodl in sein Tagebuch:

»Das Abkommen von München wird unterzeichnet. Die Tschechoslowakei hat als Machtfaktor ausgespielt ... Das Genie des Führers und seine Entschlossenheit, auch einen Weltkrieg nicht zu scheuen, haben erneut und ohne Gewaltanwendung den Sieg davongetragen. Es bleibt zu hoffen, daß die Ungläubigen, Schwachen und Zweifelnden bekehrt sind und bekehrt bleiben[272].«

Hitlers Ansehen in Deutschland stieg gewaltig. Zu der Erleichterung, daß der Krieg vermieden worden war, trat noch die Freude über den billig errungenen Gewinn. Ob diejenigen, die gegen eine Politik unter dem Risiko eines Krieges waren, jemals ihren Plan, Hitler zu verhaften, ausgeführt hätten — wie General Halder und andere später behaupteten —, sei dahingestellt; doch Hitlers Erfolg, den er ohne Krieg errang, nahm ihnen den Boden unter den Füßen.

Im Ausland war die Wirkung nicht minder sensationell. In seiner berühmten Rede vom 5. Oktober 1938 faßte Churchill die Ergebnisse des Münchner Abkommens wie folgt zusammen:

»In Berchtesgaden wurde mit vorgehaltener Pistole 1 Pfund Sterling verlangt. Nachdem es gegeben war (in Godesberg), verlangte man mit vorgehaltener Pistole 2 Pfund Sterling. Schließlich ließ sich der Diktator auf 1,75 Pfund herunterhandeln, während man ihm den Rest in Gestalt eines Wechsels auf künftigen guten Willen auszahlte. ... Wir stehen einem Unheil erster Ordnung gegenüber.«

Die Annexion Österreichs und des Sudetenlands im Zeitraum von nur sechs Monaten bedeuteten den Sieg jener politischen Kampfmethoden, die Hitler so fleißig in den vergangenen fünf Jahren angewandt hatte. Seine Diagnose, daß die westlichen Demokratien schwach seien und daß die mangelnde internationale Solidarität die Bildung einer einheitlichen Front gegen ihn verhindere, hatte sich glänzend bewährt. In den fünf Jahren seit seiner Machtübernahme hatte er Deutschland aus einer der tiefsten Erniedrigungen seiner Geschichte zur führenden Großmacht in Europa erhoben — und das nicht allein ohne Krieg, sondern auch noch mit Zustimmung Englands und Frankreichs. Die Taktik der Legalität hatte sich bezahlt gemacht; sie hatte sowohl im Ausland wie in der Heimat reichlich Zinsen getragen.

Die Tatsache, daß der britische Premierminister zweimal nach Deutschland geflogen war, um vor ihm als Fürbitter zu erscheinen, und beim drittenmal gemeinsam mit den französischen und italienischen Regierungschefs Europa durchquert hatte, um auf dem schnellsten Wege mit ihm zusammenzutreffen, war für Hitler ein persönlicher Triumph. Es dürfte für ihn eine große Genugtuung gewesen sein, daß er 20 Jahre nach dem ersten Weltkrieg den Siegermächten von 1918 in der gleichen Stadt, in deren Gassen er seine

Laufbahn als unbekannter Agitator begonnen hatte, seine Bedingungen diktierte.

Dennoch war Hitler über seinen Triumph eher ärgerlich als zufrieden. Paul Schmidt, der als Dolmetscher an der Konferenz teilgenommen hatte, erzählt, daß Hitler am Morgen nach der Unterzeichnung des Abkommens, als Chamberlain den Führer in seiner Münchner Privatwohnung aufsuchte, mißgestimmt und geistesabwesend gewesen sei. Außerdem war er verärgert, daß Chamberlain bei seiner Fahrt durch München Ovationen dargebracht wurden — ein schreiender Kontrast zu dem finsteren Empfang der motorisierten Division in Berlin. Als Hitler nach Berlin zurückkehrte, rief er ärgerlich seiner SS-Leibwache zu: »Chamberlain, dieser Kerl, hat mir meinen Einzug in Prag verdorben[273].«

Nach München verbreitete sich im Ausland immer mehr die Meinung, daß Hitler die ganze Zeit über nur geblufft, daß er immer nur ein »München« im Auge gehabt und sich ins Fäustchen gelacht habe, als Chamberlain auf seinen Bluff hereingefallen sei und seine Drohungen ernst genommen habe. Diese Ansicht entspricht jedoch nicht dem Eindruck, den Hitler bei denjenigen hinterließ, die ihn zu jener Zeit persönlich sahen. Befaßt man sich näher mit diesem Eindruck, so entsteht ein ganz anderes Bild von Hitlers innerem Zustand.

Von hier aus gesehen, war Hitler bis zum Mittag des 28. September, als er Mussolinis Botschaft empfing, noch unentschieden, ob er den Krieg wagen sollte oder nicht. Sein Zögern galt nicht, wie Chamberlain annahm, der Frage, ob er das Sudetenland mit Gewalt oder auf dem Wege der Verhandlung erobern sollte, sondern der Entscheidung, ob er nur das Sudetenland überrennen oder die ganze Tschechoslowakei erobern sollte. Zwei Dinge hatten Hitler am 27. September stark beeindruckt: das offensichtliche Fehlen einer Kriegsbegeisterung bei den Deutschen und die dringenden Warnungen von Heer und Marine vor der Gefahr einer Niederlage. Aber erst nach Empfang von Mussolinis Botschaft faßte er endgültig den Entschluß, den Befehl zu einem Angriff auf die Tschechoslowakei noch hinauszuschieben. Denn Mussolinis Botschaft versuchte nicht nur, ihn von den Vorteilen eines friedlichen Kurses zu überzeugen, sondern enthielt auch für Hitlers mißtrauisches Gemüt die Andeutung, daß er, wenn er weitergehe, alleinstehen würde. Göring sagte später zu Weizsäcker, er wisse, daß für Hitler zwei Gründe bestanden hätten, die friedliche Methode zu wählen: erstens sein Zweifel an der Kriegsbereitschaft des deutschen Volkes, und zweitens seine Furcht, von Mussolini im Stich gelassen zu werden[274].

Es kamen Hitler sogar noch Zweifel, als er der Konferenz zugestimmt hatte. Die in ihm aufgepeitschte Empörung über die Tschechen, sein

Stolz und seine Empfindlichkeit in bezug auf sein Prestige, seine tiefverwurzelte Abneigung gegen Verhandlungen, seine Vorliebe für Gewaltanwendung, sein Verlangen nach einem sensationellen Erfolg für die von ihm geschaffene neue deutsche Armee, der in ihm immer wieder aufkreuzende Gedanke, seinem ursprünglichen Plan gemäß die ganze Tschechoslowakei zu erobern — alle diese Faktoren nährten den Konflikt in seinem Innern. Kurzum, Hitler war nur halb überzeugt, daß er in München die richtige Entscheidung getroffen habe, und das tritt auch in seinem Verhalten nach der Unterzeichnung des Abkommens zutage.

Das deutsche Oberkommando war nur zu sehr erleichtert, daß der Krieg vermieden worden war. In Nürnberg gab General Keitel zu, daß man »in diesem Augenblick glaubte, noch nicht stark genug zu sein, um die Befestigungen an der tschechischen Grenze zu durchbrechen«. Aber Hitler hielt seine Generale für Defätisten. Mehr Eindruck auf ihn machten Ribbentrops und Himmlers Behauptungen, daß Deutschland versäumt habe, die Kriegsfurcht der Westmächte in vollem Umfang auszunutzen. Die Tatsache, daß Frankreich und England bereit gewesen seien, den Tschechen die Münchner Bedingungen aufzuzwingen, weise darauf hin, daß sie, wenn er standhaft geblieben wäre und seinen Truppen den Befehl zum Angriff gegeben hätte, niemals interveniert haben würden. Hitler glaubte nun, weil er sich zu einer Regelung auf dem Verhandlungswege habe überreden lassen, um den Triumph betrogen worden zu sein, den er sich wirklich gewünscht hatte — um die Erstürmung Böhmens durch deutsche gepanzerte Divisionen und den Einzug des Eroberers in die tschechische Hauptstadt. Das war auch weiterhin sein Ziel.

Hitler gab später zu:
»Vom ersten Augenblick an war mir klar, daß ich mich nicht mit dem sudetendeutschen Gebieten begnügen könnte[275].«
So wurde der alte, nur halb unterdrückte Konflikt wieder angefacht.

Die bald in England und Frankreich einsetzende Kritik am Münchner Abkommen und der Vorschlag der englischen Regierung, das Aufrüstungsprogramm nicht einzuschränken, sondern zu erweitern, erregten Hitlers Zorn. Seine Antwort auf diese Maßnahmen war die Ankündigung, daß er die deutschen Befestigungen im Westen verstärken werde. Er fügte hinzu:

»Es würde gut sein, wenn man in Großbritannien allmählich gewisse Allüren der Versailler Epoche ablegen würde. Gouvernantenhafte Bevormundung vertragen wir nicht mehr! Erkundigungen britischer Politiker über das Schicksal von Deutschen oder von Reichsangehörigen innerhalb der Grenzen des Reichs sind nicht am Platz ... Wir möchten allen diesen Herren den Rat geben, sich mit ihren eigenen Problemen zu beschäftigen und uns in Ruhe zu lassen[276]!«

Eine Zeitlang scheint Hitler die Möglichkeit erwogen zu haben, dennoch sein volles Programm durchzuführen. An einem der ersten zehn Oktobertage stellte er General Keitel vier Fragen zur umgehenden Beantwortung:

»1. Welche Verstärkungen sind nötig, um aus jetziger Lage heraus jeden tschechischen Widerstand in Böhmen und Mähren zu brechen?
2. Wieviel Zeit ist für die Umgruppierungen bzw. das Heranführen der neuen Kräfte notwendig?
3. Wieviel Zeit ist für denselben Zweck erforderlich, wenn er nach Durchführung der beabsichtigten Demobilmachungs- und Rückführungsmaßnahmen erfolgt?
4. Wieviel Zeit ist nötig, um im Westen den Bereitschaftszustand vom 1. Oktober wiederherzustellen[277]?«

Nach einigem Nachdenken ließ Hitler die Angelegenheit zunächst auf sich beruhen. Doch darf man nicht daran zweifeln, daß er die Absicht hatte, noch einen Schritt weiterzugehen. Am 21. Oktober wurde an die Wehrmacht eine neue Weisung herausgegeben, in der nach den Verteidigungsmaßnahmen für Deutschland an erster Stelle Vorbereitungen für die Liquidierung der restlichen Tschechoslowakei vorgesehen waren[278].

Die wohlgemeinten Bemühungen um Frieden, die im Laufe der nächsten sechs Monate von den Unterzeichnern des Münchner Abkommens unternommen wurden, waren weit davon entfernt, Hitler zu beschwichtigen, sondern reizten ihn nur noch mehr. Er wehrte sich dagegen, daß man an seine Vernunft und seine besseren Instinkte appellierte, daß man gutes Benehmen von ihm erwartete und ihn behandelte, wie es eine Gouvernante bei einem schwierigen Kind tut. Nach München war er mehr denn je entschlossen, sich nicht zu solchen Abkommen verleiten zu lassen, wie sie das Ziel der Chamberlainschen Politik waren. Wünschte England ein Abkommen mit Deutschland, so war das ganz einfach: man brauchte ihm nur freie Hand in Europa zu geben und sollte damit aufhören, wie ein aufgeregtes Huhn über alles zu gackern, was östlich des Rheins geschah. Denn das war jetzt Deutschlands eigene Einflußphäre. Hitler lehnte es ab, nach dem ihm bewiesenen Entgegenkommen irgendwelche Konzessionen zu machen. Er war an einer Befriedigung nur interessiert, wenn England vor ihm kapitulierte und seine Interessen auf dem Kontinent völlig aufgab.

Der Saarbrücker Rede, in der er Churchill, Eden und Duff Cooper als Kriegshetzer bezeichnet hatte, folgten andere von gleicher Tonart — eine in Weimar am 6. November, eine andere in München am 8. November. In München erklärte Hitler:

»Das nationalsozialistische Deutschland wird niemals den Canossagang tun. Das haben wir nicht nötig. Wenn eine andere Welt sich beharrlich gegen den Versuch verschließt, auf dem Verhandlungsweg Recht Recht werden zu lassen, dann soll man sich nicht wundern, daß wir uns das Recht auf einem andern Weg sichern[279].«

In der Nacht vom 9./10. November wurde in ganz Deutschland ein sorgfältig organisiertes Pogrom gegen die Juden veranstaltet. Es sollte die Vergeltung sein für den von einem jungen Juden begangenen Mord an dem Legationssekretär vom Rath an der Deutschen Botschaft in Paris. Diese Vorgänge riefen sowohl in England wie in den Vereinigten Staaten eine aus Abscheu und Entrüstung gemischte Reaktion hervor. Präsident Roosevelt berief den amerikanischen Botschafter in Berlin ab. Die englische Presse verurteilte einstimmig diese Ausschreitung der Nazis. Hitler bekam einen Tobsuchtsanfall. Der Judenhaß war vielleicht das einzige echte Gefühl, dessen er fähig war. Daß die Engländer es wagten, am Schicksal der deutschen Juden Anteil zu nehmen, vermehrte seinen Groll gegen England. Jetzt war für ihn London das Zentrum der jüdischen Weltverschwörung, die immer schon seine Phantasie so erhitzt hatte, und England das größte Hindernis, das ihm im Wege stand.

Während des Winters 1938 richtete sich die diplomatische Tätigkeit der Deutschen nicht auf London, sondern auf Paris und Rom.

Was Frankreich angeht, so scheint Hitler das Ziel verfolgt zu haben, es von England zu trennen. Mitte Oktober, als François-Poncet im Begriff stand, Berlin zu verlassen und den Botschafterposten in Rom zu übernehmen, lud Hitler ihn zu einem Abschiedsbesuch auf den Obersalzberg ein. Er empfing ihn nicht auf dem Berghof, sondern in dem Teepavillon, der 2000 m hoch oben in den Bergen lag. In seinem bekannten Bericht hat François-Poncet die Szenerie beschrieben: die 14 km lange, in den Felsen gehauene Anfahrtsstraße, den Fahrstuhl mit seinen bronzenen Doppeltüren. Oben angelangt, betrat er einen riesigen, kreisrunden und von Säulen umgebenen Raum, von dem ein märchenhafter Ausblick auf die Berggipfel ging. »Unmittelbar neben dem Haus, das den Eindruck erweckt, als schwebe es in der Luft, steigt eine beinahe überhängende nackte Felswand senkrecht in die Höhe. Im Zwielicht des Herbstabends wirkte das Ganze in seiner Großartigkeit und Wildheit fast wie eine Halluzination[280].«

Hitler machte keinen Hehl daraus, daß er mit dem Ergebnis der Münchener Konferenz unzufrieden sei, und begann eine zornige Tirade gegen England. Hinsichtlich der deutsch-französischen Beziehungen jedoch war er außerordentlich vernünftig. Er schlug eine gemeinsame Erklärung zur Garantie der bestehenden Grenzen vor, womit er bestätigte, daß Deutschland auf Elsaß-Lothringen keinerlei Anspruch erhob. Gleichzeitig schlug er eine Übereinkunft vor, alle Fragen der beiderseitigen Beziehungen gemeinsam zu beraten.

Die französische Regierung nahm diesen Vorschlag beifällig auf, und am 6. Dezember wurde die in Aussicht genommene Erklärung unterzeichnet. Ribbentrop fuhr zu diesem Zweck nach Paris, wo er mit dem französischen Außenminister Georges Bonnet lange Besprechungen führte. Später hat Ribbentrop behauptet, Bonnet habe seine Ansicht akzeptiert, daß man die Tschechoslowakei als innerhalb der deutschen Interessensphäre liegend betrachten müsse und daß sie nicht länger ein Streitgegenstand zwischen Frankreich und Deutschland sein könne. Was daran auch wahr sein mag — Bonnet hat es entrüstet abgestritten —, so ist doch offensichtlich, daß dies das Ziel war, das die Deutschen durch ihre Geste Frankreich gegenüber zu erreichen hofften. Ribbentrop behauptete auch, Bonnet habe gesagt, daß Frankreichs Bündnisse mit Polen und der UdSSR »atavistische Überbleibsel aus der Versailler Mentalität« seien[281]. Kurzum, der Preis, den Frankreich für die Freundschaft mit Deutschland zahlen sollte, war die Aufgabe seiner früheren Interessen östlich des Rheins.

Unterdessen war Hitler bemüht, seine Beziehungen zu Italien zu festigen. Ribbentrop hatte in München den Entwurf für ein Militärbündnis zwischen Deutschland, Italien und Japan vorgelegt, und Ende Oktober reiste der deutsche Außenminister nach Rom, um dem Duce zuzusetzen, daß er den Vertrag unterzeichne.

»Der Führer ist überzeugt«, sagte Ribbentrop den Italienern, »daß im Laufe einiger Jahre, vielleicht in drei oder vier Jahren, ein Krieg mit den westlichen Demokratien unvermeidlich ist ... Die tschechische Krise hat uns gezeigt, wie mächtig wir sind! Wir haben den Vorteil der Initiative und beherrschen die Situation. Wir können nicht angegriffen werden. Die militärische Lage ist ausgezeichnet; ab September (1939) können wir einem Krieg mit den großen Demokratien ruhig ins Auge sehen[282].«

Mussolini zuliebe stimmte Hitler einem gemeinsamen deutschitalienischen Schiedsgericht zur Regelung der Grenzstreitigkeiten zwischen Ungarn und der Slowakei zu, obwohl er sich vorher gegen diesen Gedanken gesträubt hatte. Der italienische Diktator war jedoch zu vorsichtig, um sich auf ein ausgesprochenes Militärbündnis festzulegen; er hatte sich schon den ganzen Sommer und Herbst davor gedrückt. Auch nahm er es übel, daß Ribbentrop im Dezember nach Paris fuhr. Die deutsch-französische Erklärung wurde genau in dem Augenblick unterschrieben, als Italien seine Ansprüche auf Tunis, Korsika und Nizza geltend machte. Aber gerade die Tatsache, daß Mussolini sich mit Frankreich aufs neue anlegte, brachte ihn zwangsweise wieder in die Abhängigkeit von Deutschland. Schon während des Abessinienkrieges hatte Hitler scharfsinnig erkannt, daß Mussolini, pflegte er weiterhin seinen bombastischen, imperialistischen Ehrgeiz, zu guter Letzt immer gezwungen sein werde, in Berlin um Hilfe zu betteln, auch wenn es ihm widerstrebte. Und wahrhaftig, zu Beginn des neuen Jahres, nachdem er zwei Monate lang gezögert hatte, unterdrückte der Duce seine Bedenken und wies Ciano an, Ribbentrop seine Bereitschaft zu dem vorgeschlagenen Bündnis mitzuteilen.

In seiner Rede vom 30. Januar pries Hitler überschwenglich das faschistische Italien und seinen großen Führer. Es sollten jedoch noch einige Monate vergehen, bis der »Stahl-Pakt« unterschrieben wurde. Aber Hitler war zufrieden: er hatte Mussolini da, wo er ihn haben wollte, und die Achsenpartnerschaft funktionierte wieder.

XI

Was würde nun Hitlers nächster Schritt sein? Im Laufe des Winters 1938/39 hat keine Frage die Aufmerksamkeit der Diplomaten und ausländischen Korrespondenten mehr in Anspruch genommen als diese. Jedes Gerücht wurde aufgegriffen und eifrig kolportiert.

Unmittelbar nach der Münchner Konferenz machte Dr. Funk, der Wirtschaftsminister und Nachfolger Schachts, eine Rundreise durch den Balkan. Sein Besuch ließ deutlich werden, in welchem Maße alle diese Länder — Ungarn, Rumänien, Bulgarien und Jugoslawien — nunmehr von Deutschland wirtschaftlich abhängig waren. Man sicherte sich ihre politische Fügsamkeit noch durch andere Mittel als die der Meistbegünstigungsverträge und Währungsabkommen — man organisierte die deutschen Minderheiten, man gab den nazistisch gefärbten Parteien, wie der Eisernen Garde in Rumänien, finanzielle Beihilfe, man spielte die verschiedenen Völkerschaften und Klassen, die in den Ländern beieinander wohnten, gegeneinander aus, man ermutigte die Gebietsansprüche des einen Landes, wie zum Beispiel Ungarns, und erweckte damit die Furcht des andern, wie zum Beispiel Rumäniens. Nach der Annexion Österreichs und der Münchner Kapitulation der Westmächte blieb diesen Ländern nichts anderes übrig, als anzuerkennen, daß sie zur deutschen Einflußsphäre gehörten, und ihre Politik entsprechend auszurichten. Sie konnten in ihrer Taktik hinhalten und ausweichen, sie konnten versuchen, Rom gegen Berlin auszuspielen, aber damit hatten sie auch die Grenze ihrer Unabhängigkeit erreicht.

In Anbetracht ihrer Abhängigkeit und der erfolgreichen deutschen Methode der friedlichen Durchdringung schien es wenig wahrscheinlich, daß Hitler seinen nächsten *coup* in dieser Richtung unternehmen würde. Die Gerüchte deuteten denn auch weniger auf den Südosten, als auf den Osten und Nordosten hin — auf die Besetzung der restlichen Tschechoslowakei, auf die Annexion Danzigs, auf die Rückgabe des Memellandes oder — die interessanteste Möglichkeit — auf eine eventuelle Benutzung Rutheniens, des östlichen Teils der Tschechoslowakei mit seiner ukrainischen Bevölkerung, als einer Basis zur Stiftung von Unruhe unter den Ukrainern Rußlands und Polens.

Nach dem Münchner Abkommen unterließ es Hitler nicht, den Ungarn seine Enttäuschung über ihre geringe Zähigkeit den Tschechen gegenüber auszudrücken. Was aber Ungarns Forderungen an die Slowakei betraf, so war er sehr ungeduldig und weigerte sich, einer ungarischen Besetzung Rutheniens und der Bildung einer ungarisch-polnischen Grenze zuzustimmen. Statt dessen erhielt Ruthenien innerhalb der neuen Tschechoslowakei die Autonomie, und es stand zu seinem deutschen Schutzherrn im gleichen Verhältnis wie die autonome Slowakei. Die kleine ruthenische Hauptstadt Chust wurde bald der Mittelpunkt einer ukrainischen Nationalbewegung, die der unterdrückten ukrainischen Bevölkerung Polens und Sowjetrußlands die Freiheit bringen wollte.

Das Spiel der Deutschen im Stauwasser Osteuropas wurde in den europäischen Hauptstädten, besonders in Moskau und Warschau, aufmerksam beobachtet. Polen und Rußland nahmen diese Gefahr ernst genug, um trotz ihrer Erbfeindschaft plötzlich gemeinsame Interessen zu entdecken: es kam zu politischen und wirtschaftlichen Besprechungen, und der Nichtangriffspakt zwischen beiden Ländern wurde erneut bestätigt.

Die polnisch-russische Annäherung dürfte beim Aufschub der deutschen Pläne für eine Groß-Ukraine eine Rolle gespielt haben. Jedenfalls ließ im neuen Jahre das Interesse an Ruthenien nach. Ende Januar tauchten in den Außenministerien von Paris und London andere Befürchtungen auf.

Am 24. Januar arbeitete der englische Außenminister Lord Halifax ein Gutachten über die Lage in Europa aus, um es Präsident Roosevelt und auch der französischen Regierung vorzulegen. Lord Halifax begann seine Ausführungen mit dem Hinweis, daß er eine Menge Berichte über Hitlers Gemütszustand und über seine Absichten erhalten habe.

»Nach diesen Berichten ist Hitler wegen des Münchner Abkommens verbittert, weil es ihn um einen lokalisierten Krieg gegen die Tschechoslowakei gebracht hat und dazu diente, dem Friedenswillen der deutschen Masse im Gegensatz zu der Kriegshetze der Nazipartei Ausdruck zu verleihen. Durch diese Demonstrationen fühlt er sich persönlich gedemütigt. In seinen Augen ist für die Demütigung in erster Linie England verantwortlich, und so richtet sich sein Zorn besonders gegen unser Land, in dem er jetzt das Haupthindernis im Wege seiner weiteren Ambitionen sieht.

Bereits im November gab es Anzeichen, und diese haben an Deutlichkeit zugenommen, daß Hitler im Frühjahr 1939 ein weiteres ausländisches Abenteuer plant. Zuerst schien es, als habe er eine Expansion gegen den Osten im Auge, und im Dezember wurde in Deutschland ganz offen von der möglichen Bildung einer unabhängigen Ukraine als Vasallin Deutschlands gesprochen. Seitdem lassen die Berichte darauf schließen, daß Hitler, durch Ribbentrop, Himmler und andere ermutigt, einen Angriff auf die Westmächte als Vorspiel einer daran anschließenden Aktion im Osten in Erwägung zieht[283].«

Obwohl die Berichte von einem Angriff auf den Westen, vielleicht auf Holland oder auf die Schweiz, zu dieser Zeit vom britischen Außenministerium sehr ernst genommen wurden, erwiesen sie sich als gegenstandslos. Hitler hatte es nicht eilig. Er zog es vor, die Dinge ihren Lauf nehmen zu lassen, bis sich eine Gelegenheit von selbst ergab, und man darf als sicher annehmen, daß seine Aufmerksamkeit auf den Osten und nicht auf den Westen gerichtet war.

In welcher Richtung sich Hitlers Gedanken bewegten, geht am sichersten aus seinen Weisungen an die Wehrmacht hervor. In den sechs Monaten zwischen München und Prag ergingen drei solcher Weisungen[284]. In der ersten Weisung, ausgefertigt am 21. Oktober, ergeht an das Heer und die anderen Wehrmachtsteile der Befehl, jederzeit auf drei Fälle vorbereitet zu sein: Sicherung der Grenzen des Deutschen Reiches, Erledigung der Rest-Tschechei, Inbesitznahme des Memellandes. In einem Nachtrag vom 24. November fügte Hitler noch einen vierten Fall hinzu: die Inbesitznahme Danzigs. Am 17. Dezember gab er der Wehrmacht die Weisung, Vorbereitungen für die Besetzung der restlichen Tschechoslowakei zu treffen, und zwar sei von der Voraussetzung auszugehen, daß kein nennenswerter Widerstand erwartet zu werden brauche.

Dies sind nun tatsächlich die Projekte, die Hitler in den nächsten zwölf Monaten realisieren wollte. Womit nicht ausgeschlossen ist, daß ihn auch die Ukraine und vielleicht sogar ein Angriff im Westen interessiert hat und daß darüber in Hitlers Umgebung diskutiert worden ist. Doch soweit uns bekannt ist, hat keines dieser beiden Vorhaben ein Stadium erreicht, in dem sie als Weisungen fixiert wurden.

Zeitlich überschneiden sich die Vorbereitungen für die Besetzung Danzigs mit denen für die Erledigung der Tschechoslowakei, aber es erscheint ratsam, die Beziehungen zu Polen gesondert zu behandeln und dieses Kapitel, das mit der Besetzung Wiens im März 1938 begonnen hat, mit der Besetzung Prags im März 1939 zu beenden.

Nachdem die Tschechoslowakei ein weiteres Gebiet — achttausend Quadratkilometer mit mehr als 1 Million Einwohner — an Polen und Ungarn abgetreten hatte, sah sich die Prager Regierung gezwungen, den beiden östlichen Provinzen, der Slowakei und Ruthenien, weitreichende Autonomie zu gewähren. Jede hatte nun ihre eigene Regierung und ihr eigenes Parlament und unterhielt zur Zentralregierung nur noch die lockersten Beziehungen. Aber selbst das genügte den Deutschen noch nicht. Die Archive des deutschen Auswärtigen Amtes[285] enthalten eine lange Liste von weiteren Forderungen an die unglücklichen Tschechen.

Als Chvalkovský, der tschechische Außenminister, im Januar 1939 nach Berlin kam, warf Hitler ihm vor, die Tschechen hätten es versäumt, die Konsequenzen aus dem Geschehenen zu ziehen und mit ihrer Vergangenheit zu brechen; auch sollten sie die Hoffnung auf eine Änderung als Ergebnis künftiger internationaler Konflikte aufgeben. Wenn die Tschechen keine andere Haltung einzunehmen bereit wären, würde er sie vernichten. Dann folgte eine lange, geradezu erniedrigende Liste weiterer Forderungen.

Tatsächlich hinterlassen die deutschen Dokumente den deutlichen Eindruck, daß Hitler nur nach einer günstigen Gelegenheit suchte, um den tschechoslowakischen Staat vollends zu vernichten, was ihm in München nicht gelungen war, und daß sich darum auch die Deutschen ständig weigerten, die von den Tschechen dringend erbetene Garantie zu geben.

Eine Auslöschung des tschechischen Staates würde erhebliche Vorteile mit sich bringen. Die deutsche Wehrmacht war sehr darauf aus, die lange, weitläufige deutsch-tschechische Grenze, die immer noch tief ins deutsche Gebiet einschnitt, durch eine verkürzte und leicht zu haltende Grenze von Schlesien über Mähren nach Österreich zu ersetzen. Die deutsche Luftwaffe strebte zusätzliche Luftstützpunkte in Mähren und Böhmen an. Die Übernahme des tschechischen Armeematerials[286] und der Skodawerke, die nur noch von Krupp überflügelt wurden, hätte einen großen Zuwachs für Deutschlands militärische

Stärke bedeutet. Die deutsche Aufrüstung drückte bereits gewaltig auf die deutsche Wirtschaft und den Lebensstandard. Eine Besetzung von Böhmen und Mähren würde dazu beitragen, den Druck zu vermindern. Die tschechischen Reserven an Gold und Devisen, die tschechischen Auslandsguthaben, die landwirtschaftlichen Hilfsquellen des Landes und sein Potential an Arbeitskräften konnte man gut gebrauchen. Gleichzeitig würde ein neuer, leichter Erfolg in der Außenpolitik die Aufmerksamkeit von der Warenverknappung im Inland ablenken und dem Regime neues Ansehen bringen.

Die Rolle der fünften Kolonne, die 1938 die Sudetendeutschen gespielt hatten, wurde nun den Slowaken übertragen; ihnen zur Seite stand die deutsche Minderheit, die innerhalb der Grenzen des neuen Staates lebte. Das Streben der slowakischen Extremisten nach vollständiger Unabhängigkeit war seit München und der Gewährung der Autonomie nur noch intensiver geworden, und die Deutschen kultivierten es sorgfältig. Schon Mitte Oktober hatte eine Begegnung zwischen Göring, den beiden slowakischen Führern Durčanský und Mach und dem Führer der deutschen Minderheit in der Slowakei, Karmasin, stattgefunden. Nachdem Durčanský erklärt hatte, daß die Slowaken die völlige Unabhängigkeit unter enger Anlehnung an Deutschland anstrebten, versicherte ihm Göring, daß die slowakischen Bemühungen in geeigneter Weise unterstützt werden würden. »Eine Tschechei ohne Slowakei ist uns noch mehr, ist uns restlos ausgeliefert. Flughafenbasis in Slowakei für Luftwaffe im Einsatz gegen Osten sehr wichtig[287].« Am 12. Februar empfing Hitler Bela Tuka, den Führer der slowakischen nationalen Partei, zusammen mit Karmasin in der Reichskanzlei. Von Hitler ermutigt, erklärte Tuka, daß ein weiteres Zusammenleben mit den Tschechen für die Slowaken unmöglich geworden sei. »Ich lege das Schicksal meines Volkes in Ihre Hände, mein Führer; mein Volk erwartet von Ihnen seine vollständige Befreiung[288].«

Man brauchte kein Prophet zu sein, um vorherzusagen, daß die Entwicklung der Dinge in der Tschechoslowakei nicht endlos so weitergehen konnte. Die Regierung in Prag war gezwungen, entweder etwas zu unternehmen oder aber zuzusehen, wie separatistische Intrigen in der Slowakei und in Ruthenien den Staat zerstörten. Am 6. März setzte Hácha, der Präsident der Tschechoslowakei, die ruthenische Regierung und in der Nacht vom 9./10. März auch die slowakische ab. Am nächsten Tag wurde in der Tschechoslowakei das Kriegsrecht erklärt. Vorerst war Hitler überrumpelt. Er befand sich gerade unterwegs nach Wien, wo er an der Feier zum Jahrestag des Anschlusses teilnehmen wollte, während Göring auf Urlaub in San

Remo weilte. Hitler brauchte nicht viel Zeit zu der Erkenntnis, daß sich hier die Gelegenheit bot, auf die er seit langem wartete.

Einigen der Slowakenführer scheint in letzter Minute die Rolle widerstrebt zu haben, die ihnen zugedacht war. Doch wurden sie von Karmasin und der gut organisierten deutschen Minderheit in den Rücken gestoßen. Durčanský, einer der entlassenen Minister, wurde im Wagen des deutschen Konsuls eilig über die Grenze gebracht. Über den Wiener Rundfunksender beschuldigte er die von Sidor gebildete neue slowakische Regierung und rief die slowakische Hlinka-Garde auf, sich zu erheben. Von Österreich aus wurden Waffen über die Donau geschmuggelt und an die Deutschen in der Slowakei verteilt, die die Regierungsgebäude in Preßburg besetzten. Der englische Konsul in Preßburg berichtete, die Begeisterung der slowakischen Bevölkerung sei sehr mäßig gewesen und es auch nach der Proklamation der slowakischen Unabhängigkeit geblieben. Aber Hitler kümmerte sich nicht darum, was die Slowaken dachten; die Proklamation der slowakischen Unabhängigkeit war das, was er wollte, und um sie zu erreichen, ergriff er drastische Maßnahmen.

In Berlin war bereits am Vormittag des 11. März verkündet worden, daß sich Tiso, der abgesetzte slowakische Ministerpräsident, an Hitler gewandt habe. Dem Bericht zufolge, den später der englische Gesandte in Prag abfaßte, tauchten in jener Nacht die beiden deutschen Häuptlinge in Wien, Bürckel und Seyß-Inquart, in Begleitung von fünf deutschen Generalen in Preßburg auf und brachen in eine Kabinettssitzung der slowakischen Regierung ein. Wie es heißt, forderte Bürckel den neuen Ministerpräsidenten Sidor auf, sofort die Unabhängigkeit der Slowakei zu proklamieren. Andernfalls werde Hitler — der beschlossen habe, das Schicksal der Tschechoslowakei in seine Hand zu nehmen — an der Zukunft der Slowaken uninteressiert sein.

Sidor gab zunächst eine ausweichende Antwort. Aber am nächsten Tag, am Sonntag dem 12., verlangte frühmorgens der abgesetzte Ministerpräsident Tiso die Abhaltung einer neuen Kabinettssitzung. Als das Kabinett dann zusammentrat — in der Redaktion der Zeitung »Slovak«, um vor einer deutschen Einmischung sicher zu sein —, eröffnete Tiso dem Kabinett, daß er von Hitler durch Bürckel aufgefordert worden sei, sofort nach Berlin zu kommen. Er habe sich genötigt gesehen, zuzusagen, denn von Bürckel sei noch hinzugefügt worden, daß eine Weigerung die Besetzung Preßburgs durch deutsche Truppen und die der östlichen Slowakei durch Ungarn zur Folge haben würde. Tiso machte dann, wie es heißt, den Vorschlag, daß er Montag früh mit dem Zug nach Wien fahre, um am Dienstagabend zurückzukehren. Kaum war Tiso jedoch in Wien eingetroffen, als er in ein Flugzeug gepackt und nach Berlin geflogen wurde.

Am Montag dem 13. März, in den frühen Abendstunden, empfing Hitler Tiso und Durčanský in der Reichskanzlei. Tiso, ein kleiner, dicker katholischer Geistlicher, der einmal zu Paul Schmidt sagte: »Wenn ich aufgeregt bin, esse ich ein halbes Pfund Schinken, und das beruhigt meine Nerven«, mußte sich erst eine lange, zornige Rede Hitlers anhören, in der er über die Tschechen herzog und sich über seinen eigenen Langmut erstaunt zeigte.

Das Verhalten der Slowaken, fuhr Hitler dann fort, sei ebenfalls enttäuschend gewesen. Er habe die Ungarn nach dem Münchner Abkommen daran gehindert, die Slowakei zu besetzen; er habe geglaubt, die Slowaken wünschten ihre Unabhängigkeit, und so seine Freundschaft mit den Ungarn aufs Spiel gesetzt. Jedoch spreche sich der neue slowakische Ministerpräsident Sidor jetzt plötzlich gegen eine Trennung der Slowakei von der Tschechoslowakei aus.

»Er habe nun Minister Tiso herkommen lassen«, fuhr Hitler fort, »um in ganz kurzer Zeit über diese Frage Klarheit zu haben. Die Frage sei die, wolle die Slowakei ihr Eigenleben leben oder nicht... Es handele sich nicht um Tage, sondern um Stunden... Wenn die Slowakei sich selbständig machen wolle, würde er dieses Bestreben unterstützen, sogar garantieren. Würde sie zögern, so überlasse er das Schicksal der Slowakei den Ereignissen, für die er nicht mehr verantwortlich sei[289].«

Um Hitlers Bemerkungen den nötigen Nachdruck zu verleihen, brachte Ribbentrop im rechten Augenblick eine Meldung herein, die von ungarischen Truppenbewegungen an der slowakischen Grenze berichtete.

Dann durfte Tiso gehen. Nach weiteren Besprechungen mit Ribbentrop, Keppler und anderen nationalsozialistischen Beamten rief Tiso in Preßburg an, um das slowakische Parlament für den nächsten Morgen, 10 Uhr, einzuberufen. Frühmorgens kehrte er in die slowakische Hauptstadt zurück. Vor den versammelten Abgeordneten verlas Tiso eine Unabhängigkeitserklärung für die Slowakei, die er von Ribbentrop erhalten hatte und die bereits in slowakischer Sprache abgefaßt war. Versuche, über den Fall zu diskutieren, wurden von Karmasin, dem Führer der deutschen Minderheit, unterbunden. Er mahnte die Abgeordneten zur Vorsicht, damit nicht Preßburg von den Deutschen besetzt werde. Ob sie wollten oder nicht — es blieb den slowakischen Abgeordneten nichts anderes übrig, als am Dienstag dem 14. März, mittags, die ihnen aufgezwungene Unabhängigkeit anzunehmen. Die Auflösung der Tschechoslowakei hatte begonnen. Am nächsten Tag erklärte Chamberlain im Unterhaus, daß die vor Hitlers Einmarsch durch die Aktion der Slowaken hervorgerufene innere Auflösung des tschechischen Staates für England der Grund gewesen sei, sich nicht mehr zur Garantierung der tschechoslowakischen Grenzen verpflichtet zu fühlen. Wieder einmal hatte Hitler gezeigt, wie gut er den Wert der »Legalität« begriff.

XII

Jetzt war Hitler bereit, mit den Tschechen zu verhandeln. Nach einem Bericht, den die britische Botschaft in Berlin nach London schickte[290], soll Hitler ursprünglich den Plan gehabt haben, der tschechischen Regierung ein Ultimatum zu stellen, dem er durch eine Kraftdemonstration den nötigen Nachdruck geben wollte. Erst am Nachmittag des 12. März habe er sich für den Einmarsch entschieden und das Ultimatum eiligst zurückgezogen. Mag der Bericht auch gestimmt haben — am 13. März jedenfalls wurden die auf den Titelseiten der deutschen Presse prangenden Nachrichten aus der Slowakei durch wüste Berichte von einer »tschechischen Gewaltherrschaft« über die deutsche Minderheit in Böhmen und Mähren verdrängt. »Deutsches Blut fließt wieder in Brünn«, »Unerhörte tschechische Provokation der Deutschen«, »Schändung der deutschen Ehre« — das waren die altbekannten Schlagzeilen. Nicht nur im Wortlaut, bemerkte der französische Botschafter, sondern sogar im Inhalt stimmten die Berichte fast bis zum I-Punkt mit denen vom August 1938 überein: die schwangere Frau, die niedergeschlagen und mit Füßen getreten wurde, der verprügelte deutsche Student usw. Trotz aller Mühe, die sich die deutsche Minderheit gegeben hatte, um die Tschechen herauszufordern, war an diesen Greueln, von einigen wenigen geringfügigen Vorfällen abgesehen, kaum etwas wahr. Aber sie erfüllten ihren Zweck — schon insofern, als Hitler sich wieder in seine Empörung hineinsteigern konnte.

Am Montag dem 13. machte die tschechische Regierung eine letzte Anstrengung, durch einen direkten Appell an Hitler eine deutsche Aktion abzuwenden. Am Tage darauf fuhren Präsident Hácha und Außenminister Chvalkovský mit der Eisenbahn nach Berlin. Eine Stunde vor ihrer Abreise hatten die Ungarn durch ein Ultimatum die Zurückziehung aller tschechischen Truppen aus Ruthenien gefordert, und der Präsident war noch nicht wieder auf tschechischen Boden zurückgekehrt, als in Prag die Nachricht eintraf, daß deutsche Truppen bereits das wichtige Industriezentrum Mährisch-Ostrau besetzt hätten.

In Berlin wurde Präsident Hácha mit allen Ehren, die einem Staatsoberhaupt gebührten, empfangen. Man brachte ihn im Hotel Adlon unter, und als er in der Reichskanzlei eintraf, war im Hof eine SS-

Ehrenwache aufgezogen. Die Ironie war kaum zu übersehen. Erst um 1 Uhr nachts wurde der Präsident zu Hitler vorgelassen; es war ihm völlig unmöglich gewesen, vorher festzustellen, worüber verhandelt werden sollte. Er fand den Führer in seinem Arbeitszimmer im Beisein von Göring, General Keitel und vier anderen Personen. Politisch unerfahren, unpäßlich, alt, müde und ohne eine einzige Karte in seiner Hand, versuchte Hácha, Hitler günstig zu stimmen. Er sei, sagte er, bis vor kurzem ein Unbekannter gewesen, habe sich nie mit Politik befaßt (er war Richter), sei nur selten mit Benesch und Masaryk in Berührung gekommen und habe das Gefühl, daß er bei diesen nie Persona grata gewesen sei — und zwar »so sehr, daß er sich gleich nach dem Umschwung die Frage gestellt habe, ob es überhaupt für die Tschechoslowakei ein Glück sei, ein selbständiger Staat zu sein«. Was sich vor kurzem in der Slowakei ereignet habe, brauche er nicht zu beklagen, doch bitte er den Führer, den Tschechen das Recht zuzubilligen, ein eigenes nationales Leben weiterzuführen.

Als Hácha seine unterwürfige Bitte vorgetragen hatte, begann Hitler zu sprechen. Wieder einmal gab er einen Überblick über seine Verhandlungen mit den Tschechen; wieder einmal beschuldigte er sie, versäumt zu haben, mit dem alten Regime der Benesch und Masaryk zu brechen.

»Am letzten Sonntag, 12. März, seien für ihn die Würfel gefallen ... Er habe nun kein Vertrauen mehr in die tschechische Regierung ... Morgen um 6 Uhr rücke von allen Seiten her die deutsche Armee in die Tschechei ein, und die deutsche Luftwaffe werde die tschechischen Flughäfen besetzen. Es gäbe zwei Möglichkeiten. Die erste sei die, daß sich das Einrücken der deutschen Truppen zu einem Kampf entwickelt. Dann wird dieser Widerstand mit allen Mitteln, mit Brachialgewalt gebrochen. Die andere ist die, daß sich der Einmarsch der deutschen Truppen in erträglicher Form abspielt, dann würde es dem Führer leicht, bei der Neugestaltung des tschechischen Lebens der Tschechoslowakei ein großzügiges Eigenleben, eine Autonomie und eine gewisse nationale Freiheit zu geben ...
Käme es morgen zum Kampf, dann würde die tschechische Armee in zwei Tagen nicht mehr existieren. Es würden natürlich auch Deutsche fallen, und dieses würde einen Haß erzeugen, der ihn aus Selbsterhaltungstrieb zwingen würde, keine Autonomie mehr zu gewähren. Die Welt würde keine Miene verziehen. Er habe Mitleid mit dem tschechischen Volk, wenn er die ausländische Presse läse. Sie mache auf ihn den Eindruck, der sich in einem deutschen Sprichwort zusammenfassen lasse, ›der Mohr hat seine Schuldigkeit getan, der Mohr kann gehen‹ ...

Dies sei der Grund, warum er Hácha hierher gebeten habe. Diese Einladung sei der letzte gute Dienst, den er dem tschechischen Volke erweisen könne ... Vielleicht könne der Besuch Háchas das Äußerste vermeiden ... Die Stunden vergingen. Um 6 Uhr (es war gegen 2 Uhr nachts) würden die Truppen marschieren. Er schäme sich beinahe zu sagen, daß auf jedes tschechische Bataillon eine deutsche Division käme. Die militärische Aktion sei eben keine kleine, sondern sie sei in aller Großzügigkeit angesetzt. Er möchte ihm jetzt raten, sich mit Chvalkovský zurückzuziehen, um zu besprechen, was zu tun sei.«

Als Hácha fragte, was er denn in so kurzer Zeit noch tun könne, riet Hitler ihm, in Prag anzurufen.

»Hácha fragt, ob der ganze Zweck des Einmarsches sei, die tschechische Armee zu entwaffnen. Man könne dies ja auch vielleicht auf andere Weise machen. Der Führer sagt, daß sein Entschluß unwiderruflich sei. Man wisse ja, was ein Entschluß des Führers bedeute[291].«

Darauf wurden Hácha und Chvalkovský in einen andern Raum geleitet, wo sie mit Göring und Ribbentrop die Besprechungen weiterführten. Im Verlauf dieses Zwischenspiels drohte Göring mit der Bombardierung Prags. Hácha fiel in Ohnmacht. Hitlers Leibarzt, Dr. Morell, der vorsorglich bereitgehalten worden war, brachte ihn durch eine Injektion wieder zum Bewußtsein. Ehe sie zu Hitler zurückkehrten, wurde Hácha telephonisch mit Prag verbunden. Die tschechische Regierung verpflichtete sich, dem deutschen Einmarsch keinen Widerstand entgegenzusetzen. In der Zwischenzeit war der Entwurf eines Abkommens ausgearbeitet worden. Diesen legte man Hácha, als er kurz vor 4 Uhr noch einmal vom Führer in dessen Arbeitszimmer empfangen wurde, zur Unterschrift vor. Der Entwurf war ein Meisterwerk an Beschönigung. Der Führer habe, so hieß es, Präsident Hácha auf dessen Wunsch hin empfangen, und der Präsident habe »das Schicksal des tschechischen Volkes und Landes vertrauensvoll in die Hände des Führers« gelegt. Es kam kein Wort von Drohung oder Invasion in ihm vor[292].

Hitler konnte sich kaum noch beherrschen. Er platzte ins Zimmer seiner Sekretärinnen und forderte sie auf, ihn zu küssen. »Kinder«, erklärte er, »das ist der größte Tag meines Lebens. Ich werde als der größte Deutsche in die Geschichte eingehen[293]!«

Zwei Stunden später überschritten die deutschen Truppen die Grenze. Die »Legalität« war gewahrt worden. Als der englische und der französische Botschafter in der Wilhelmstraße vorsprachen, um pflichtgemäß zu protestieren, hielt man für sie das Argument bereit, daß der Führer lediglich der Bitte des tschechischen Präsidenten Folge geleistet habe, so wie auch die Besetzung Österreichs nur auf Seyß-Inquarts Telegramm hin erfolgt sei.

Am Nachmittag des 15. März befand Hitler sich unterwegs nach Prag, wo er am gleichen Abend in Begleitung von Keitel, Ribbentrop und Himmler eintraf. In seiner Proklamation an das deutsche Volk berief er sich wieder auf die alten Geschichten von »unerträglicher Gewaltherrschaft«, die ihn gezwungen habe, einzugreifen, um die »vollkommene Zerstörung jeglicher Ordnung in einem Gebiet« zu verhindern, »... das seit über tausend Jahren zum Deutschen Reich« gehöre[294]. Hitler verbrachte die Nacht im Schloß der böhmischen Könige, auf dessen Zinnen die Hakenkreuzfahne wehte. Wieder hatte er ein historisches Ressentiment aus der alten Habsburger Monarchie abreagiert, die Mißgunst der Deutschen des Kaiserreichs gegen den tschechischen Anspruch auf Gleichberechtigung, diesen impertinenten Anspruch, gegen den er sich schon vor dreißig Jahren in den Arbeitervierteln Wiens empört hatte.

Am Tage darauf, im alten Hradschin thronend, oben auf dem Berg, von dem aus man ganz Prag überblickt, unterzeichnete Hitler einen Erlaß, mit dem er erneut die Rechtmäßigkeit der deutschen Ansprüche auf Böhmen und Mähren hervorhob, jenes Gebiet, in dem die tschechischen Emporkömmlinge die Errichtung eines eigenen Nationalstaates gewagt hatten.

> »Ein Jahrtausend lang gehörten zum Lebensraum des deutschen Volkes die böhmisch-mährischen Länder. Gewalt und Unverstand haben sie aus ihrer alten, historischen Umgebung willkürlich gerissen und schließlich durch ihre Einfügung in das künstliche Gebilde der Tschechoslowakei den Herd einer ständigen Unruhe geschaffen... Der tschechoslowakische Staat hat dadurch aber seine innere Lebensunfähigkeit erwiesen und ist deshalb nunmehr auch der tatsächlichen Auflösung verfallen[295].«

Der Proklamation folgte der Wortlaut des Erlasses, der die Errichtung des Protektorats Böhmen und Mähren verkündete.

Voll Verachtung warf Hitler den Westmächten ein »Beruhigungsmittel« vor, indem er den »gemäßigten« Neurath zurückbeorderte und ihn zum ersten Protektor ernannte. Die wahre Macht über die Tschechen jedoch lag in den Händen des Chefs der Zivilverwaltung und des Staatssekretärs. Für diese beiden Ämter bestimmte Hitler Henlein und Karl Hermann Frank, die Führer der Sudetendeutschen Partei: eine angemessene Belohnung für ihre Dienste.

Am 16. sandte Tiso Hitler ein Telegramm, in dem er ihn bat, auch die Slowakei unter seine Schirmherrschaft zu stellen; dieser Plan war mit Deutschlands Hilfe während seines Besuches in Berlin am 13. zustandegekommen. Hitler dankte ihm, und daraufhin marschierten prompt deutsche Truppen ein, um die neu errungene Unabhängigkeit der Slowakei zu garantieren. Ruthenien aber, an dem die Deutschen nun kein Interesse mehr hatten, wurde den Ungarn überantwortet. Ein ruthenischer Appell an Hitler und eine Unabhängigkeitserklärung blieben wirkungslos. Ungarische Truppen marschierten ein, unterdrückten allen Widerstand und rückten bis an die polnische Grenze vor. Was Ungarn und Polen in der Zeit des Münchner Abkommens angestrebt hatten, war nun erreicht: eine gemeinsame Grenze zwischen beiden Ländern.

Hitler blieb nicht lange in der Tschechoslowakei. Nach einer Truppenschau in Prag und einem kurzen Besuch Brünns kehrte er am 18. nach Wien zurück. Dort wurde der »Vertrag über das Schutzverhältnis zwischen dem Deutschen Reich und dem Slowakischen Staat« ausgearbeitet und noch in Kraft gesetzt, ehe er am 23. März in Berlin endgültig unterzeichnet wurde. Die Slowakei räumte Deutschland das Recht ein, in ihrem Gebiet militärische Anlagen zu errichten, und verpflichtete sich, ihre Außenpolitik eng an die ihres Schutzherrn anzulehnen. In einem Geheimprotokoll wurde Deutschland das ausschließliche Recht auf wirtschaftliche Ausbeutung des Landes zugestanden[296].

Wie ein Jahr vorher im Falle Österreich, so war auch jetzt, im Falle der Tschechoslowakei, die Welt von der Schnelligkeit der Aktion konsterniert. Als der englische und der französische Botschafter ihre Proteste anmeldeten, war bereits Hitler nach Wien zurückgekehrt, das Protektorat errichtet und der Vertrag mit der Slowakei abgeschlossen. Weniger als eine Woche nach Tisos und nur vier Tage nach Háchas Besuch in Berlin waren die Besetzung der Tschechoslowakei abgeschlossen und deutsche Garnisonen in Prag, Brünn und in der Slowakei errichtet.

Nirgendwo rief das deutsche Vorgehen größeren Unwillen hervor als in Rom. Attolico, der italienische Botschafter in Berlin, war erst am 14. März über die deutschen Absichten unterrichtet worden, und Ciano schrieb in sein Tagebuch: »Die Achse arbeitet nur zugunsten des einen Teils, der ein viel zu großes Übergewicht bekommt und ganz aus eigenem Antrieb handelt mit sehr wenig Rücksicht auf uns.«

Die Ankunft Philipps von Hessen mit der üblichen Dankesbotschaft für die unerschütterliche italienische Treue diente kaum dazu, Mussolini zu beruhigen. »Die Italiener würden mich ja auslachen. Jedesmal, wenn Hitler ein Land besetzt, sendet er mir eine Botschaft[297].« Der Duce war in trüber und besorgter Stimmung. Es erschütterte ihn schwer, daß sich der deutsche Einfluß nunmehr auch auf die Donauländer und den Balkan ausdehnte, die er als seine eigene Interessensphäre betrachtete. Aber sein Zorn wurde gedämpft durch die Überlegung, daß Hitler jetzt zu mächtig war, um ihm widerstehen zu können, und daß es das Beste sei, auf der Seite der Gewinner zu stehen. Die von den Deutschen wiederholte Versicherung, das Mittelmeer und die Adria gehörten zu Italien, und Deutschland werde sich hier niemals einmischen, nahm Mussolini mit entsprechender Skepsis auf. Die Botschaft Hitlers sei sehr interessant, sagte er zu seinem Schwiegersohn, »vorausgesetzt, daß man ihr glauben kann«. Aber noch am gleichen Abend schlug seine Stimmung zugunsten Deutschlands um, und er äußerte eine heftige Abneigung gegen die westlichen Demokratien. »Wir können unsere Politik jetzt nicht ändern. Wir sind doch schließlich keine politischen Huren.«

Mussolini war der Gefangene seiner eigenen Politik. Hitlers Erfolge erregten seinen Neid. Aber je mehr er den Führer nachzuahmen versuchte, um so mehr machte er sich von ihm abhängig. Ein persönlicher Brief des Führers zum 20. Jahrestag der Gründung der faschistischen Bewegung trug dazu bei, das gesträubte Gefieder des Duce zu glätten. Am 26. März hielt er eine Rede, die ein streitlustiges Treuebekenntnis zur Achse war. Er hatte erkannt, daß, wenn er sich schadlos halten wollte, dies nur im Bereich der Achse, nicht außerhalb geschehen konnte. Der Duce begann, auf Albanien ein Auge zu werfen.

In London ging die Wirkung von Hitlers *coup* tiefer. Mit Recht wird die Besetzung von Prag als der Wendepunkt in der britischen Außenpolitik angesehen. Sie kennzeichnet den Zeitpunkt, an dem die englische Regierung, wenn auch mit unzureichenden Mitteln, begann, den Widerstand gegen jede weitere Aggression des deutschen Diktators zu organisieren. Es ist jedoch wichtig, daß man die Tatsachen, die später — im Rückblick unter Einbeziehung nachfolgender Ereignisse — klar wurden, nicht mit denen durcheinanderbringt, die man zum damaligen Zeitpunkt berücksichtigte. Die britische Regierung hatte sich noch nicht zum Krieg entschlossen; auch die Hoffnung auf eine allgemeine, friedliche Beilegung des Konfliktes hatte sie noch nicht aufgegeben. Sir Samuel Hoare sagte später: »Die Lehre, die uns Prag gab, bestand nicht in der Überzeugung, daß weitere Friedensbemühungen nun nutzlos waren, sondern vielmehr in der Gewißheit, daß Verhandlungen und Abkommen mit Hitler ohne stärkeren Nachdruck keinen bleibenden Wert hatten.« Die Versuche, mit Hitler zu verhandeln und eine friedliche Einigung hinsichtlich seiner Forderungen in bezug auf Polen zu erreichen, wurden bis zum September 1939 fortgeführt; die Einführung der Militärdienstpflicht und die Garantien gegenüber Polen und Rumänien waren, für sich allein, kein wirksames Hindernis für Hitler. Mochten diese Maßnahmen auch unzulänglich sein, so markierten sie doch einen Wandel in der britischen Politik; sie bedeuteten eine Beschränkung von Hitlers diplomatischem Aktionsradius gegenüber den Westmächten, als er daranging, seine in Wien und Prag angewandte Taktik im Falle Danzigs zu wiederholen. Nach Prag schwanden Hitlers Aussichten auf leichte außenpolitische Erfolge immer mehr, wenn er dies auch auf keinen Fall einsehen wollte. Ein Kapitel war abgeschlossen. Beharrte er auf seinen Plänen, so mußte er ein neues Kapitel beginnen, d. h. er würde andere Bedingungen zu erfüllen haben, um zu seinen Triumphen zu kommen.

Aber man darf sich nicht irreführen lassen. Schließlich handelte es sich nach der Besetzung von Böhmen und Mähren um eine Änderung der äußeren Formen, nicht des Wesens der Hitlerschen Außenpolitik. Es ist oft darauf hingewiesen worden, daß Hitler mit der Inbesitznahme eines Landes, das von Tschechen und nicht von Deutschen bewohnt wurde, von dem Prinzip der Selbstbestimmung, auf das er sich berufen hatte, abgewichen sei. Und es war sicher dieser Frontwechsel, der viele Menschen in Westeuropa, die bis dahin beeindruckt waren von Hitlers Pochen auf das Recht der Selbstbestimmung der Deutschen, aufhorchen ließ. Sir Nevile Henderson schreibt zum Beispiel: »Mit der Besetzung von Prag setzte Hitler sich unzweifelhaft ins Unrecht und zerstörte damit die unbestreitbar zu Recht bestehenden deutschen Revisionsansprüche in bezug auf den Versailler Vertrag[298].«

Aber es stimmt nicht, daß, wie Henderson fortfährt, »nach Prag der Nazismus aufhörte, national und völkisch zu sein, und rein dynamisch und verbrecherisch wurde«. Dynamisch ist der Nazismus immer gewesen. Der Gebrauch, den Hitler von der Phraseologie der nationalen Selbstbestimmung machte, durfte nicht ernster genommen werden als der Gebrauch, den er von der Terminologie des Völkerbundes machte, solange sie in seine Absichten paßte. Ein Meister im Opportunismus, benutzte er jeden Vorwand, der sich ihm bot, sei es die Gleichberechtigung oder die Verteidigung Europas gegen den Bolschewismus, Wilsons Selbstbestimmungsrecht oder Deutschlands Lebensraumbedürfnis. Prag zerstörte zwar eine ganze Menge Illusionen außerhalb Deutschlands, aber es bedeutete keineswegs eine Änderung von Hitlers Politik. Im November 1937 hatte Hitler bei jener Geheimkonferenz, über die Hoßbach berichtet, bereits die Niederwerfung der Tschechoslowakei und Österreichs als seine beiden Ziele genannt. In bezug auf Daten und Umstände hatte Hitler unrecht gehabt, denn er hatte Österreich wie auch die Tschechoslowakei weit schneller und leichter, als im November 1937 erwartet, in seine Gewalt gebracht. Doch er hatte recht behalten mit dem Kern seiner Prognose, mit seiner Haltung zu den Zielen, die angestrebt werden mußten, mit der Einschätzung der Aussichten, diese Ziele ohne das Eingreifen der anderen Mächte zu erreichen. Österreich und die Tschechoslowakei waren jedoch nur die Ouvertüre zu Hitlers Programm der Expansion gen Osten, das er in »Mein Kampf« entworfen hatte.

Diejenigen, die sich vom Argument der Selbstbestimmung einfangen ließen, begingen den gleichen Fehler wie diejenigen, die sich der Illusion hingaben, daß Hitler sich an das Parteiprogramm halten werde oder an die Politik der »Legalität«, die er vertrat, nachdem er Kanzler geworden war. Sie sahen nicht, daß Hitler nur ein Programm hatte: Macht! An erster Stelle stand seine eigene Macht innerhalb Deutschlands, an zweiter die Vergrößerung der deutschen Macht in Europa. Der Rest war nur äußerer Schein. Dies war schon vor Prag sein Programm gewesen, und es blieb sein Programm auch später. Die einzige Frage war, ob es die anderen Mächte zulassen würden, daß Hitler die deutsche Herrschaft über Europa errichtete, ohne wirksame Schritte dagegen zu unternehmen.

Im Frühjahr 1939 machte ein Beamter des Propagandaministeriums einem französischen Bekannten gegenüber die folgende Bemerkung: »Wir haben so viele offene Türen vor uns, wir haben so viele Möglichkeiten, daß wir schon nicht mehr wissen, welchen Weg wir gehen und welche Richtung wir einschlagen sollen.« Hitler aber wußte sehr wohl, welche Richtung er einschlagen wollte. Europa sollte darüber nicht mehr lange im ungewissen bleiben.

KAPITEL IX

Hitlers Krieg

1939

I

Nach der Annexion Österreichs sagte Hans Dieckhoff, einer der dienstältesten Diplomaten im deutschen Auswärtigen Amt, zu Ribbentrop, Bismarck würde sich Jahre Zeit genommen und seine Position erst konsolidiert haben, ehe er sich an ein neues Unternehmen begab. »Dann haben Sie«, erwiderte Ribbentrop, »keine Ahnung von der dynamischen Gewalt des Nationalsozialismus.«

Die offensichtliche Schwäche der Hitlerschen Politik, der Fehler, an dem er mit ebenso tödlicher Sicherheit zugrunde ging wie Napoleon, war seine Unfähigkeit, aufzuhören. Bis Ende 1938 war es Hitler gelungen, Deutschlands internationale Stellung völlig zu verwandeln. Er hätte alles erringen können, wenn er bis zu seinem nächsten Schritt ein oder zwei Jahre gewartet hätte. Er hätte im Lehnstuhl sitzen und aus der Uneinigkeit und dem Zögern der andern europäischen Mächte Nutzen ziehen können; statt dessen drängte er sie, indem er sie in Angst versetzte, zu einem Zusammenschluß, dem sie im Grunde widerstrebten. Eine vorübergehende Pause in der Aufrüstung hätte auch für Deutschland erhebliche wirtschaftliche Vorteile mit sich gebracht.

Vierzehn Tage nach der Unterzeichnung des Münchner Abkommens, am 14. Oktober, führte Göring den Vorsitz in einer Besprechung über die von ihm geforderte Beschleunigung der deutschen Aufrüstung. Einige Wochen später, in einer Sitzung des Reichsverteidigungsrats am 18. November, führte Göring in einer langen Rede aus, daß alle Hilfsquellen der Nation eingesetzt werden müßten, um den Aufrüstungsindex zu verdreifachen. Alles müsse dieser einen Aufgabe untergeordnet werden. Göring gab zwar offen zu, daß sich in der deutschen Wirtschaft als Folge des Aufrüstungsprogramms Anzeichen einer Überanstrengung bemerkbar machten, aber darauf könne man keine Rücksicht nehmen.

Schacht, der an die finanziellen Folgen der neuen Göringschen Maßnahmen dachte, war beunruhigt. Als Präsident der Reichsbank reichte er ein von allen Reichsbankdirektoren unterzeichnetes Memorandum ein und protestierte gegen die hemmungslosen Ausgaben der Regierung. Das war am 7. Januar 1939. Hitler ließ Schacht zu sich kommen und händigte ihm, ohne das Memorandum überhaupt einer Diskussion zu würdigen, die Entlassung aus. »Sie passen in das ganze nationalsozialistische Bild nicht hinein«, sagte Hitler zu ihm[299]. Reichsbankpräsident Schacht wurde durch den gefügigen Funk ersetzt, und bis auf zwei erhielten sämtliche Direktoren der Reichsbank ihre Entlassung. Durch ein geheimes Gesetz wurde die Kollegialverfassung des Reichsbankdirektoriums abgeschafft und die Reichsbank dem Befehl des Führers direkt unterstellt. Ferner wurde die Reichsbank verpflichtet, der Regierung Kredite in jeder gewünschten Höhe zu geben.

Über das, was diese Aufrüstungssteigerung bezweckte, konnte es keine Frage geben: sie sollte Hitlers Arm in der Außenpolitik stärken. Die Erledigung der Tschechoslowakei war das erste von Hitlers unmittelbaren Zielen gewesen, das allerdings nicht seine ganze Aufmerksamkeit beansprucht hatte. Beides, die Annexion Österreichs und die Zerschlagung des tschechoslowakischen Staates, war nur das Vorspiel der ferneren außenpolitischen Entwicklung.

Wenn irgendein Land Veranlassung hatte, Furcht vor den Absichten Deutschlands zu haben, so war das Polen. Bei der Friedensregelung im Jahre 1919 und auch später, als Deutschland schwach war, hatten sich die Polen Gebiete angeeignet, deren Verlust die Deutschen schwerer getroffen hatte als vielleicht irgendeine andere Bestimmung des Versailler Vertrags. Um Polen einen Zugang zum Meer zu verschaffen, war Danzig von Deutschland abgetrennt und in einen Freistaat umgewandelt worden, in dem die Polen besondere Privilegien innehatten. Außerdem war Ostpreußen durch den polnischen Korridor von Deutschland abgeschnitten worden. Das war für beide Teile eine gerechte Lösung gewesen. Denn ein großer Teil des Landes, das die Polen zurückgewonnen hatten, wurde von Polen bewohnt und war früher, in der Zeit der Teilungen Polens, von Preußen in Besitz genommen worden. Aber andererseits hatten die Polen mehr erhalten, als sie rechtmäßig beanspruchen konnten, insbesondere in Schlesien. Lange vor Hitler hatten die deutschen Regierungen ständig gegen die Ungerechtigkeit der Grenzziehung im Osten protestiert. So hartnäckig, wie die deutsche öffentliche Meinung eine Änderung verlangte, so hartnäckig wurde diese von der öffentlichen Meinung in Polen abgelehnt. Nach der Machtergreifung der Nazis in Deutschland hatte der nationalsozialistische Einfluß in Danzig ständig zugenommen, und es schien nur noch eine Frage der Zeit zu sein, daß die Stadt wieder mit dem Reich vereint werde.

Dennoch war Polen das erste Land gewesen, mit dem Hitler einen

Nichtangriffspakt abgeschlossen hatte. So unpopulär diese Politik in Deutschland war, behandelte er fünf Jahre lang die Polen außerordentlich freundlich. Ganz offensichtlich hielt er es für notwendig, sich mit Deutschlands mißtrauischstem Nachbarn, dem Hauptbündnispartner Frankreichs in Osteuropa, so lange gut zu stellen, bis er stark genug sein würde, seine Feindschaft mit in Kauf zu nehmen. Aber es deutet einiges darauf hin, daß Hitler sich die Unterstützung der Polen gegen Rußland sichern wollte, und das war auch die Auffassung Görings. Als Österreicher teilte Hitler nicht die traditionelle Abneigung der Norddeutschen gegen Polen oder gar das Gefühl, mit den Russen zusammen einen unabhängigen polnischen Staat unterdrücken zu müssen, was in der preußischen Politik der Vergangenheit eine so große Rolle gespielt hatte. Die polnische Bevölkerung innerhalb der alten Habsburger Monarchie hatte niemals jenen erbitterten Nationalismus wachgerufen, den die österreichischen Pangermanisten den Tschechen gegenüber empfanden. Für einen Österreicher wie Hitler schienen die Polen mit ihrem traditionellen Haß gegen die Russen die natürlichen Verbündeten gegen den gemeinsamen Feind — sowohl der Polen wie auch der Habsburger Monarchie — zu sein. Eine wesentliche Bedingung war jedoch nach Hitlers Auffassung, daß die Polen sich zur Rückgabe Danzigs an Deutschland und zu anderen Regulierungen an ihrer Westgrenze bereitfanden, für die er sie später im Osten, d. h. an ihrer Grenze gegen Rußland, zu entschädigen gedachte.

Die Frage war nur die, ob Polen bei Hitlers östlichen Expansionsplänen die Rolle eines deutschen Verbündeten spielen würde. Für die Polen war es sehr schwer, auf diese Frage eine Antwort zu geben. Ihr Mißtrauen gegen Rußland schloß die aus Hitlers Angebot sich ergebende Möglichkeit — mit Rußland zusammenzugehen, um den deutschen Ambitionen energischen Widerstand entgegenzusetzen — aus. Die polnische Politik war darauf gerichtet, unabhängig von den beiden großen Nachbarn zu bleiben, aber Polen war nicht stark genug, um eine unabhängige Politik aufrechtzuerhalten. Die Folge war, daß Polen isoliert dastand und auf Gnade oder Ungnade Deutschland und Rußland ausgeliefert war, die durch ein Abkommen das Land aufteilen konnten.

Dem Gedanken an solch ein Abkommen mit Rußland näherte sich Hitler aber erst, als sein ursprünglicher Plan eines deutsch-polnischen Bündnisses gegen Rußland gescheitert war. Über diesen Notenaustausch zwischen Polen und Deutschland informieren das Polnische Weißbuch[300] und die diplomatischen Dokumente[301]. Das Thema wurde zum erstenmal kurz nach dem Münchner Abkommen angeschnitten, zu einer Zeit, als den Polen sehr daran lag, die Besetzung Rutheniens durch die Ungarn sicherzustellen und damit die ukrainische Nationalbewegung zu unterdrücken, die unter der ukrainischen Bevölkerung Polens Unruhe verursacht hatte. Am 24. Oktober 1938 lud Ribbentrop den polnischen Botschafter Josef Lipski zum Frühstück ins Grand Hotel in Berchtesgaden ein. Nachdem Ribbentrop sich die polnischen Wünsche in bezug auf Ruthenien angehört hatte, lenkte er das Gespräch plötzlich auf die Frage der deutsch-polnischen Beziehungen. Es sei an der Zeit, erkärte Ribbentrop, die zwischen beiden Ländern schwebenden Streitfragen allgemein zu regeln. Er machte Polen verschiedene Vorschläge. Die beiden wichtigsten waren: Rückgabe der Freien Stadt Danzig an das Deutsche Reich und Bau einer exterritorialen Autobahn und Eisenbahn durch den polnischen Korridor, um damit eine Verbindung zwischen Ostpreußen und dem übrigen Deutschland herzustellen.

In diesem Verhandlungsstadium war Ribbentrop noch ganz freundschaftlich; er lud Oberst Beck, den polnischen Außenminister, zu einem Deutschlandbesuch ein, um mit ihm die Situation zu besprechen, und machte Lipski noch eine Reihe zusätzlicher Vorschläge, die als Gegenleistung für eine polnische Annahme der deutschen Forderungen gedacht waren. Polen sollte einen Freihafen in Danzig und eine exterritoriale Autobahn und Eisenbahn dorthin erhalten, während der deutsch-polnische Vertrag durch eine deutsche Garantie der bestehenden polnischen Grenzen erweitert werden sollte. Der polnische Bericht enthält noch zwei weitere Vorschläge, die die Deutschen in ihrem Weißbuch vorsorglich ausgelassen haben.

»Als mögliche Grundlage für eine zukünftige Zusammenarbeit zwischen den beiden Ländern nannte der deutsche Außenminister ein gemeinsames Vorgehen in der Kolonialfrage, die Ausweisung der Juden aus Polen *und eine gemeinsame Politik gegen Rußland auf der Basis des Antikomintern-Paktes.* Er fügte hinzu, daß, wenn die polnische Regierung dem deutschen Vorschlag in bezug auf Danzig und die Autobahn zustimme, die ruthenische Frage im Einklang mit Polens Interessen geregelt werden könne[302].«

Der Vorschlag einer deutsch-polnischen Zusammenarbeit gegen Rußland war nichts Neues; er war von Göring im Laufe der vergangenen fünf Jahre bereits mehrfach gemacht worden. Bisher war Beck dieser Einladung ausgewichen, und Hitler hatte keinen Druck ausgeübt. Aber durch die Einbeziehung Danzigs wurde die ganze Angelegenheit in ein neues Licht gerückt. Marschall Pilsudski hatte, wie Beck später zu Lipski sagte, in der Zeit der Verhandlungen über den deutsch-polnischen Pakt im Jahre 1934 das Axiom aufgestellt, daß die Danzig-Frage das sicherste Kriterium für die deutschen Absichten gegenüber Polen sei.

Zum erstenmal tauchte jetzt zwischen den beiden Regierungen die Danzig-Frage auf, und es bestand für Beck kaum ein Zweifel, daß Ribbentrops Vorschlägen etwas anhaftete, was Görings großzügigen Gesten gefehlt hatte: eine gewisse Dringlichkeit.

Die Becksche Unabhängigkeitspolitik hatte ihren bisherigen Erfolg der Tatsache zu verdanken, daß weder Deutschland noch die Sowjetunion das Verlangen gehabt hatten, auf Polen einen Druck auszuüben. Jetzt aber wurde sie zum erstenmal wirklich auf die Probe gestellt. Hitlers Forderungen beschränkten sich fürs erste auf Danzig und auf eine Autobahn und Eisenbahnlinie durch den Korridor. Aber kein Mensch in Polen zweifelte daran, daß Hitler, wenn diese Forderungen erfüllt waren, die Abtretung der Provinz Posen und des polnischen Teiles von Oberschlesien verlangen würde. Beck konnte auch Ribbentrops vagen Vorschlag eines Bündnisses gegen Rußland nicht ernst nehmen, denn er wußte allzu gut, daß Polen dadurch zu einem deutschen Satellitenstaat herabsinken würde. Andererseits war er ebenso darauf bedacht, von Rußland nicht allzu abhängig zu werden; dennoch tat er alles, um seine Beziehungen zu Moskau zu erneuern — am 26. November gab man eine gemeinsame Erklärung zur russisch-polnischen Freundschaft ab und eröffnete Handelsbesprechungen. Beck konnte bestenfalls versuchen, die Deutschen zu bewegen, daß sie mit ihren Forderungen nicht zu sehr drängten, und ihnen dabei klarzumachen, daß jeder Versuch, Danzig mit Gewalt zu nehmen, zum Kriege führen werde.

Zwischen Ribbentrop und Lipski fand am 19. November eine weitere Besprechung statt. Dieser folgte Anfang Januar ein Besuch Becks in Berchtesgaden, wo er mit Hitler und Ribbentrop konferierte. Ende Januar fuhr Ribbentrop nach Warschau. Im Verlauf dieser Unterredungen, die noch in freundschaftlicher Atmosphäre verliefen, wurden die Positionen auf beiden Seiten geklärt. Hitler sagte, daß ein starkes Polen für Deutschland absolut notwendig sei. »Jede Division, die Polen gegen Rußland aufstellt, erspart eine deutsche Division[303].« Aber — »Danzig war deutsch, wird immer deutsch bleiben und früher oder später wieder zu Deutschland gehören[304].« Als Gegenleistung für Danzig und die exterritoriale Verbindung nach Ostpreußen gab Hitler alle Zusicherungen für Polens wirtschaftliche Interessen in dieser Stadt und bot eine deutsche Garantie der polnischen Grenzen an.

Becks Antwort war eine behutsam verhüllte, aber glatte Ablehnung. Er war geneigt, über ein deutsch-polnisches Danzig-Abkommen als Ersatz für die bestehende Völkerbundsregelung zu diskutieren, nicht aber über die Wiederangliederung Danzigs an das Reich. Er sei bereit, für die Deutschen eine bessere Verbindung nach Ostpreußen zu schaffen, nicht aber eine Autobahn durch den Korridor zuzulassen. So zäh

auch Ribbentrop war, es gelang ihm nicht, Becks Haltung zu ändern.
Mit einiger Berechtigung berief sich der polnische Außenminister auf
die allzu strenge öffentliche Meinung Polens hinsichtlich dieser beiden
Fragen; sie erlaube ihm keine andere Antwort, selbst wenn er es gewünscht hätte.

Es war wenig wahrscheinlich, daß Hitler es bei dieser Situation bis
auf unbestimmte Zeit belassen werde. Am 24. November, kurz nach
Ribbentrops zweiter Besprechung mit Lipski, revidierte Hitler seine
geheime Weisung an die Wehrmacht, um für eine weitere Möglichkeit
Vorsorge zu treffen: Danzig sollte von deutschen Truppen überraschend
besetzt werden, und die Wehrmachtteile hatten ihre Pläne bis zum
10. Januar vorzulegen[305]. Obwohl Beck davon nichts wußte, sagte er
nach den Berchtesgadener Besprechungen zu Ribbentrop, er sei pessimistisch. »Insbesondere was die Danziger Frage anbelangt, wie sie vom
Kanzler vorgebracht worden sei, sähe er gar keine Möglichkeit einer
Verständigung[306].« Aber vorerst hatte Hitler es noch nicht eilig, seinen
Forderungen Polen gegenüber Nachdruck zu verleihen. Erst mußte er
die Tschechoslowakei liquidieren. In Berchtesgaden versicherte er Beck,
daß es in der Danziger Frage kein *fait accompli* geben werde. Ebenso
machte er in seiner Rede vom 30. Januar die üblichen freundschaftlichen
Bemerkungen über Polen und das jetzt fünfjährige deutsch-polnische
Abkommen. In den folgenden sieben Wochen herrschte Stille.

Sodann erfolgte die Besetzung von Böhmen und Mähren und die
Errichtung eines deutschen Protektorats in der Slowakei. Da änderte
sich mit einem Schlage die Situation. Obwohl die Inbesitznahme
Rutheniens durch Ungarn die polnischen Befürchtungen hinsichtlich
der ukrainischen Nationalbewegung beseitigte, wurde in Warschau die
Anlage deutscher Garnisonen in der Slowakei, d. h. an Polens Südflanke, als eine ausdrücklich gegen Polen gerichtete Maßnahme angesehen. (An der polnischen Nord- und Westgrenze standen bereits
deutsche Truppen.) Daß die Deutschen es absichtlich unterließen, die
Polen im voraus über ihre Maßnahme zu unterrichten, erhöhte noch
die Beunruhigung bei der polnischen Regierung.

Das war jedoch nicht die letzte Überraschung, die Deutschland für
Polen bereithielt. Unmittelbar nach der Besetzung Prags stellte Ribbentrop der litauischen Regierung ein Ultimatum und verlangte die
Rückgabe des Memellandes, eines Gebietsstreifens an Ostpreußens
nördlicher Grenze, den Deutschland durch den Versailler Vertrag verloren hatte. Kein anderes Land war an Veränderungen des *status quo*
im Ostseegebiet mehr interessiert als Polen, aber wiederum unterließ
es Ribbentrop, den polnischen Botschafter vorher zu informieren.

Ein Widerstand Litauens gegen Deutschland stand außer Diskussion,
und eine Woche nach der Truppenschau in Prag reiste Hitler auf dem

Seeweg nach Memel, um zur Heimkehr der Stadt ins Reich eine Begrüßungsansprache zu halten. »Jetzt seid ihr zurückgekehrt in ein gewaltiges neues Deutschland«, sagte er zu den Memelländern, »das sein Schicksal nicht Fremden anvertrauen will und wird, sondern das bereit und entschlossen ist, sein Schicksal selbst zu meistern und zu gestalten, auch wenn dies einer anderen Welt nicht gefällt. Für dieses neue Deutschland treten heute über achtzig Millionen Deutsche ein[307].«

Zu der Zeit war Rumänien das Sorgenkind der Westmächte. Dort stand Helmuth Wohltath im Begriff, für das Reich ein umfassendes Wirtschaftsabkommen mit Rumänien abzuschließen. Am 17. März sprach der rumänische Gesandte in London, Tilea, bei Lord Halifax vor, um alarmierende Nachrichten über ein deutsches Ultimatum und eine mögliche deutsche Invasion zu überbringen. Ob nun Tileas Informationen richtig waren oder nicht — die rumänische Regierung beeilte sich, sein Vorgehen zu widerrufen, und unterzeichnete am 23. März ohne weitere Bedenken ein Abkommen mit Deutschland. Da durch diesen Vertrag Deutschland eine dominierende Stellung in der Entwicklung der sehr erheblichen landwirtschaftlichen und Ölproduktion Rumäniens eingeräumt wurde, war es wenig wahrscheinlich, daß Hitler in dieser Richtung noch weitere Schritte unternehmen würde. Den Ungarn, die sich eifrig um die Wiedereroberung Transsylvaniens bemüht hatten und dabei von Deutschland unterstützt worden waren, weil auf diese Weise ein zusätzlicher Druck auf die Rumänen ausgeübt werden konnte, wurden nun plötzlich Zügel angelegt. Eine unheimliche Stille verbreitete sich auf dem Balkan.

Denn es war nun Polen, auf das Hitler seine Augen richtete. Selbst vor der Annexion des Memellandes und dem Abschluß des Wirtschaftsvertrages mit Rumänien hatten die Deutschen in sehr bestimmtem Ton ihre Vorschläge an Polen erneuert. Am 21. März bestellte Ribbentrop wieder einmal den polnischen Botschafter zu sich. Die Unterredung scheint von beiden Seiten mit einer gewissen Schärfe geführt worden zu sein. Lipski beschwerte sich über die Maßnahmen der Deutschen in der Slowakei, zumal sie ohne vorherige Verständigung mit Polen getroffen worden seien. Ribbentrop erwiderte, die slowakische Frage könne zweifellos so geregelt werden, daß die polnischen Befürchtungen beseitigt würden — allerdings müsse dann auch die Danziger Frage und die der exterritorialen Verbindung nach Ostpreußen zur Zufriedenheit Deutschlands geklärt werden. Eine Regelung in dieser zwischen Deutschland und Polen bestehenden Meinungsverschiedenheit lasse sich nicht mehr hinausschieben. Der Führer sei unangenehm berührt, daß Polen noch keinerlei positive Antwort auf seine Vorschläge gegeben habe, und es müsse befürchtet werden, daß er daraus die Schlußfolgerung ziehe, Polen lehne sein Angebot ab. Aus diesem Grunde sei es ratsam, daß der Botschafter sofort nach Warschau berichte und daß Oberst Beck sobald wie möglich nach Berlin komme.

Die Bedingungen des deutschen Angebots waren unverändert geblieben. Wie Lipski berichtet, betonte Ribbentrop, »daß eine Verständigung zwischen uns eine ausgesprochen antisowjetische Tendenz einschließen muß...[308]«! Hitler war jetzt zwar entschlossen, den Druck auf Polen zu verstärken, rechnete aber immer noch mit einer friedlichen Lösung, durch die Polen enger an Deutschland gebunden würde. Dies kommt auch in dem Bericht einer Unterredung zum Ausdruck, die Hitler mit dem Oberbefehlshaber des Heeres, General von Brauchitsch, am 25. März führte.

»Führer will die Danziger Frage jedoch nicht gewaltsam lösen«, notierte Brauchitsch. »Möchte Polen nicht dadurch in die Arme Englands treiben...
Vorläufig beabsichtigt der Führer noch nicht, die polnische Frage zu lösen. Sie soll nun aber bearbeitet werden. Eine in naher Zukunft erfolgende Lösung müßte besonders günstige politische Voraussetzungen haben. Polen soll dann so niedergeschlagen werden, daß es in den nächsten Jahrzehnten als politischer Faktor nicht mehr in Rechnung gestellt zu werden brauchte. Der Führer denkt bei dieser Lösung an eine vom Ostrand Ostpreußens bis zur Ostspitze Schlesiens vorgeschobene Grenze. Aus- und Umsiedlung sind noch offenstehende Fragen. In die Ukraine will der Führer nicht hinein. Evtl. könne man einen ukrainischen Staat errichten. Aber auch diese Fragen ständen noch offen[309].«

Brauchitschs Notizen gewähren einen Einblick in Hitlers Gedankengänge zu jener Zeit, kurz nach der Annexion von Prag und Memel. Danzig war zwar das nächste Problem, das gelöst werden sollte, aber Hitler hatte damals nicht die Absicht, aus Danzig — wie im Falle des Sudentenlandes und der Tschechoslowakei — einen Vorwand für die völlige Auflösung des polnischen Staates zu machen. Er wäre nur zu froh gewesen, Danzig zurückgewinnen zu können, ohne sich damit die Polen zu Feinden zu machen. Andererseits war er nicht bereit, eine endlose Zeit auf die Polen zu warten. Sollte er aber Gewalt anwenden müssen, so wollte er, und das ist bezeichnend für ihn, den Polen eine drastische Lektion erteilen; in großen Zügen hatte er sie schon im Kopf. Es hing nur alles von der Antwort ab, die ihm die Polen in den nächsten Tagen erteilen würden.

II

Die Antwort Polens auf die am 21. März wiederholten deutschen Vorschläge wurde Ribbentrop am Sonntag dem 26. März von dem inzwischen aus Warschau zurückgekehrten Lipski überreicht. Die polnische Regierung, hieß es darin, sei bereit, über Danzig und auch über eine Verbindung zwischen Ostpreußen und dem Reich zu verhandeln, und es liege ihr sehr daran, mit Deutschland zu einem Abkommen über diese beiden Fragen zu gelangen; aber sie müsse wieder die deutschen Forderungen auf Rückgabe Danzigs und den Bau einer Autobahn und einer Eisenbahnlinie durch den Korridor ablehnen, da sie für sie unannehmbar seien. Ribbentrop empfing Lipski kühl und begann zu drohen. Polen habe Maßnahmen zur Mobilmachung getroffen. »Das erinnere ihn, meinte Ribbentrop, an gewisse gefährliche Maßnahmen eines anderen Staates (er dachte offensichtlich an die Tschechoslowakei). Er fügte hinzu, daß jede Aggression unsererseits (gegen Danzig) als eine Aggression gegen das Reich angesehen würde[310].«

Am nächsten Tag bestellte Ribbentrop Lipski wieder zu sich und erklärte ihm, daß die polnischen Gegenvorschläge völlig unzureichend seien. Er begann, über polnische Ausschreitungen gegen die deutsche Minderheit in Polen zu wettern und sagte Lipski, die deutsche Presse lasse sich kaum noch länger von einer Erwiderung der polnischen Angriffe zurückhalten. Am 28. März rief Beck den deutschen Botschafter in Warschau zu sich und begegnete Ribbentrops Behauptung von einer polnischen Aggression gegen Danzig mit der Warnung, daß es die polnische Regierung ihrerseits als eine Aggression gegen Polen ansehen werde, wenn Deutschland oder der Danziger Senat irgendwie versuchen sollten, den *status quo* in der Freien Stadt zu ändern.

Der deutsche Botschafter: »Sie wollen auf der Spitze des Bajonetts verhandeln!«

Oberst Beck: »Das tun Sie ja[311]!«

Bis zu diesem Punkt hatten die Verhandlungen zwischen Deutschland und Polen einen Verlauf genommen, den Hitler sicher vorausgesehen hatte, mochte er ihn auch nicht gewünscht haben. Im nächsten Stadium — es kündigte sich in Ribbentrops drohendem Ton am 26. und 27. März an — sollten gegen die widerspenstigen Polen Druckmittel angewandt werden. Doch hier traten Komplikationen auf: unerwartet griff die englische Regierung ein. Zu Hitlers Ärger fiel es ihr gar nicht ein, sich nur um ihre eigenen Angelegenheiten zu kümmern, sondern sich auch noch für die Vorgänge in Osteuropa zu interessieren. In London waren alarmierende Nachrichten über deutsche Vorbereitungen für eine unmittelbare Aktion gegen Danzig und Polen eingetroffen. Diesmal intervenierte die englische Regierung nicht in der

Form wie im September 1938, als sie, um einen Krieg zu vermeiden, Deutschlands Forderungen entgegengekommen war. Am 31. März erklärte der englische Premierminister im Unterhaus: »Im Falle irgendeiner die Unabhängigkeit Polens eindeutig bedrohenden Aktion, angesichts deren die polnische Regierung es als notwendig erachtet, mit ihren nationalen Streitkräften Widerstand zu leisten, hält sich die Regierung Seiner Majestät für verpflichtet, der polnischen Regierung sofort alle in ihrer Macht stehende Unterstützung angedeihen zu lassen.« Die französische Regierung gab die gleichen Zusicherungen wie die englische.

Chamberlains plötzlicher Entschluß, den Polen eine unbedingte Garantie anzubieten, der in den nächsten vierzehn Tagen ähnliche Garantien für Rumänien und Griechenland folgten, ist in England damals und seitdem immer wieder kritisiert worden. Man hielt es für ungeschickt, mit solchen Methoden einer weiteren deutschen Aggression zu begegnen. Mochte diese Kritik auch berechtigt sein, so änderte sie doch nichts an der Tatsache, daß Hitler sich einer neuen Situation gegenübersah. Und zwar hauptsächlich deshalb, weil er schon sechs Monate nach dem Münchner Abkommen auch den restlichen Teil der Tschechoslowakei überrannt hatte.

Die Erklärung der englischen Regierung überraschte Hitler. Er geriet in Wut. Admiral Canaris, der kurz nach Eintreffen der Londoner Nachricht bei Hitler war, erzählt, daß Hitler, rasend vor Zorn, mit den Fäusten auf den Tisch schlug und im Zimmer hin- und herrannte. »Denen werde ich einen Teufelstrank brauen«, schrie er[312]. Am 1. April, einen Tag nach Chamberlains Erklärung im Unterhaus, sagte Hitler in seiner Rede in Wilhelmshaven voller Erregung, daß man ihn nicht von seinem Weg abbringen könne. Weder durch Einschüchterung noch durch Einkreisung werde man Deutschland unterkriegen.

> »Wenn man in anderen Ländern redet, daß man nun aufrüstet und immer mehr aufrüsten werde, dann kann ich diesen Staatsmännern nur eines sagen: Mich werden sie nicht müde machen! Ich bin entschlossen, diesen Weg weiter zu marschieren, und ich bin der Überzeugung, daß wir auf ihm schneller vorwärtskommen als die anderen ... Sollte aber wirklich jemand mit Gewalt seine Kraft mit der unseren messen wollen, dann ist das deutsche Volk auch dazu jederzeit in der Lage, und auch bereit und entschlossen[313].«

Es geschah in der gleichen Stimmung, daß Hitler am 3. April eine neue Weisung an die Wehrmacht erließ. Die Wehrmacht müsse auf drei Fälle vorbereitet sein: Sicherung der Grenzen des Deutschen Reiches, »Fall Weiß« (Deckwort für Polenkrieg), Inbesitznahme von

Danzig. Die Bearbeitung des »Falles Weiß«, dessen Ziel die Zerschlagung der polnischen Streitkräfte war, habe so zu erfolgen, daß die Durchführung ab 1. September 1939 möglich sei. Dies war dann tatsächlich das Datum, an dem der deutsche Einmarsch in Polen begann. Die deutsche Politik, hieß es in der Weisung, müsse weiterhin von dem Grundsatz bestimmt sein, Störungen mit den Polen zu vermeiden. Aber: »Sollte Polen seine bisher auf dem gleichen Grundsatz beruhende Politik gegenüber Deutschland umstellen und eine das Reich bedrohende Haltung einnehmen, so kann ungeachtet des geltenden Vertrags eine endgültige Abrechnung erforderlich werden[314].« Für den Augenblick jedoch scheint Hitler sich nicht klar gewesen zu sein, wie er vorzugehen hatte. Der englische Premierminister zeigte diesmal keinerlei Neigung, nach Deutschland zu fliegen, und der polnische Außenminister fuhr — statt nach Berlin zu kommen, wie Ribbentrop es verlangt hatte — nach London. Hier wurde vereinbart, zwischen England und Polen einen gegenseitigen Beistandspakt abzuschließen. Dem französischen Geschäftsträger in Berlin fiel es auf, wie man in der Reichshauptstadt zu zögern begann, und berichtete darüber am 11. April nach Paris:

»Zum erstenmal steht das Dritte Reich vor einem kategorischen Nein. Zum erstenmal hat ein Land deutlich zu verstehen gegeben, daß es der Gewalt mit Gewalt begegnen wird, daß es auf ein einseitiges Vorgehen mit Gewehren und Kanonen entsprechend antworten wird. Das ist die Sprache, die in Deutschland verstanden wird. Aber die Deutschen haben sie lange nicht zu hören bekommen. Sie trauen ihren Ohren nicht und geben die Hoffnung noch nicht auf, den polnischen Widerstand am Ende doch zu überwinden[315].«

Grégoire Gafencu, der rumänische Außenminister, machte am 19. April, am Tage vor Hitlers 50. Geburtstag, einen Besuch in der Reichskanzlei. Er fand Hitler, was Polen anbetraf, entschlossen und ruhig. Erst als England erwähnt wurde, sprang Hitler vom Stuhl auf. Er schritt im Zimmer auf und ab und machte seinem Groll Luft. Warum, fragte er, seien die Engländer so obstinat; warum sähen sie nicht ein, daß er mit ihnen zu einem Abkommen gelangen wolle? »Nun, wenn England den Krieg haben will, soll es ihn bekommen. Es wird kein leichter Krieg sein, wie sie glauben möchten; auch wird es kein Krieg sein wie der letzte. Diesmal wird England nicht die ganze Welt auf seiner Seite haben; diesmal wird mindestens die halbe Welt auf unserer Seite stehen. Und dieser Krieg wird so vernichtend sein, wie niemand sich vorstellen kann. Wie wollen die Engländer eine Vorstellung vom modernen Krieg haben, wenn sie unfähig sind, auch nur zwei vollständig ausgerüstete Divisionen ins Feld zu stellen[316]?«

Etwas von Hitlers Zorn über dieses Hindernis trat in seiner Reichstagsrede Ende des Monats zutage. Am 7. April waren italienische Truppen in Albanien einmarschiert. Daraufhin hatte Präsident Roosevelt am 14. April an Mussolini und Hitler eine Botschaft gerichtet, worin er anfragte, ob sie bereit seien, einer ganzen Reihe von Ländern, dreißig an der Zahl, zu versichern, daß sie sie nicht angreifen würden. Berlin verkündete darauf, daß Hitler dem Präsidenten am 28. April antworten werde.

Hitler eröffnete seine Rede mit einer langatmigen und ausführlichen Verteidigung seiner bisherigen Außenpolitik. Das tat er in seinen außenpolitischen Reden so häufig, daß man darauf schließen muß, es sei eine Form der Rechtfertigung gewesen, die für ihn psychologisch notwendig war. Immer wieder nahm er die Ungerechtigkeiten des Versailler Vertrags zum Ausgangspunkt, um sich in seine Empörung hineinzusteigern, so daß er dann mit Überzeugungskraft die schreiendsten aggressiven Handlungen rechtfertigen konnte.

Nachdem er sein Vorgehen gegen die Tschechoslowakei als einen Dienst am Frieden bezeichnet hatte, stellte Hitler Betrachtungen an über die deutsch-englischen und die deutsch-polnischen Beziehungen. England gegenüber empfinde er nur Feundschaft und Bewunderung; aber Freundschaft könne nur von Dauer sein, wenn sie auch die Interessen und Bedürfnisse des andern berücksichtige. Dies aber wollten die Briten nicht einsehen. Die Engländer nähmen jetzt einen Krieg mit Deutschland als unvermeidlich hin und hätten mit ihrem alten Spiel der Einkreisung Deutschlands wieder begonnen. Damit sei die Basis des deutsch-englischen Flottenabkommens von 1935 zerstört, und er habe sich infolgedessen entschlossen, es in aller Form zu kündigen.

Ebenso Polen gegenüber, erklärte Hitler, sei er nur zu sehr bemüht gewesen, zu einer Regelung zu gelangen. Die Polen und die Deutschen müßten, ob sie es wollten oder nicht, Seite an Seite leben, und er habe stets die Notwendigkeit erkannt, daß Polen Zugang zum Meer brauche. Aber auch Deutschland habe das Recht, einen Zugang nach Ostpreußen und die Rückgabe der deutschen Stadt Danzig an das Reich zu fordern. Zur Lösung dieses Problems habe er ein noch nie dagewesenes Angebot gemacht, erklärte Hitler und wiederholte dessen Bedingungen, wobei er geflissentlich die Aufforderung, in einen Bündnisblock gegen Rußland einzutreten, unerwähnt ließ. Die Polen hätten jedoch sein Angebot nicht nur abgelehnt, sondern auch begonnen — genau wie im vorigen Jahr die Tschechen — sich an der internationalen Lügenkampagne gegen Deutschland zu beteiligen. In Anbetracht dieser Umstände besitze das deutsch-polnische Abkommen von 1934 keine Gültigkeit mehr, und er habe darum beschlossen, auch dieses Abkommen zu kündigen.

Hitler war jedoch vorsichtig genug, hinzuzufügen, daß die Tür für ein neues Abkommen zwischen Deutschland und Polen immer noch offenstehe; er werde eine solche Übereinkunft begrüßen, vorausgesetzt, daß es unter gleichen Bedingungen geschehe.

Während seiner ganzen Rede sprach Hitler in den heftigsten Ausdrücken von den »internationalen Kriegshetzern« in den Demokratien; ihr einziges Ziel bestehe darin, Deutschlands Absichten falsch darzustellen und damit Unruhe zu stiften. Prahlerisch hob er die Rolle hervor, welche die deutschen und italienischen Streitkräfte im Spanienkrieg und beim Sieg Francos gespielt hatten, erging sich in Übertreibungen über die Stärke der Achse, beglückwünschte Mussolini zur Besetzung Albaniens und hieß es gut, daß in einem Gebiet, welches von Natur zum italienischen Lebensraum gehöre, endlich Ordnung geschaffen würde.

Damit hatte sich Hitler in die Gemütsverfassung gebracht, die er brauchte, um Präsident Roosevelt seine Antwort zu geben. Der zweite Teil seiner Rede war so sarkastisch, daß er im Reichstag und besonders bei seinem Präsidenten, dem entzückten Göring, brüllenden Applaus hervorrief. Wenn man Hitlers Argumentation in nüchternen Druckbuchstaben liest, ist es leicht, sie zu entkräften und zu sagen, daß es billige Späße seien. Wenn man sie aber, durch den Film noch einmal lebendig gemacht, hört und sieht, so bedeutet das, von Hitlers meisterlicher Anwendung der Ironie und aller anderen rhetorischen Tricks erneut mitgerissen zu werden. Diese Rede, so wie sie das deutsche Volk durch den Rundfunk hörte, war ein Meisterstück der politischen Propaganda, ebenso geschickt auf die deutsche Zuhörerschaft wie auf die öffentliche Meinung der USA abgestimmt.

Der amerikanische Präsident, erklärte Hitler, habe ihm eine Lektion über das Verbrecherische und Sinnlose des Krieges erteilen wollen: kein Volk wisse das besser als das deutsche, das zwanzig Jahre lang unter dem Druck eines ungerechten Friedensvertrags gelitten habe. Roosevelt glaube, man könne alle Probleme am Konferenztisch lösen: aber gerade die USA seien die erste Nation gewesen, die sich weigerte, dem Völkerbund beizutreten, und damit von Anfang an ihr Mißtrauen gegen ihn zum Ausdruck gebracht habe. »Die Freiheit Nordamerikas ist so wenig am Konferenztisch errungen worden, wie der Konflikt zwischen den Nord- und Südstaaten.« Roosevelts Ansicht, obwohl sie ihn ehre, finde keine Stütze in der Geschichte weder seines eigenen Landes noch der übrigen Welt.

Präsident Roosevelt trete für Abrüstung ein: das deutsche Volk habe im Vertrauen auf die Versprechungen eines anderen amerikanischen Präsidenten schon einmal seine Waffen niedergelegt, um dann von seinen Feinden in der darauffolgenden Friedenskonferenz schamlos behandelt zu werden. Deutschland sei die einzige Nation, die abgerüstet habe, während es habe zusehen müssen, wie die andern Staaten ihr Versprechen nicht eingehalten hätten: Deutschland habe nun genug von einseitiger Abrüstung.

Roosevelt nehme so großen Anteil an Deutschlands Absichten in Europa. Wollte sich Deutschland in gleichem Maße für die amerikanische Politik in Mittel- und Südamerika interessieren, so würde man auf die Monroedoktrin hinweisen und ihm sagen, es möge sich um seine eigenen Angelegenheiten kümmern. Trotzdem habe Hitler sich an jeden einzelnen der vom Präsidenten zitierten Staaten gewandt und angefragt, ob er sich von Deutschland bedroht fühle und den amerikanischen Präsidenten um eine Garantie gebeten habe. Die Antwort sei in allen Fällen negativ ausgefallen. Allerdings habe man nicht von allen der zitierten Staaten eine Antwort erhalten können, denn was die Einwohner von Syrien und Palästina dächten, sei nicht festzustellen, da beide Länder von französischen und englischen — nicht deutschen — Truppen besetzt seien. Die deutsche Regierung sei nach wie vor bereit, allen vom Präsidenten genannten Staaten Nichtangriffszusagen zu geben, vorausgesetzt, daß sie selber es wünschten.

»Herr Präsident Roosevelt, ich verstehe ohne weiteres, daß es die Größe Ihres Reiches und der immense Reichtum Ihres Landes Ihnen erlauben, sich für die Geschicke der ganzen Welt und für die Geschicke aller Völker verantwortlich zu fühlen. Ich, Herr Präsident Roosevelt, bin in einen viel bescheideneren und kleineren Rahmen gestellt. Ich übernahm einst einen Staat, der dank seines Vertrauens auf die Zusicherung einer anderen Welt sowie durch das schlechte Regime eigener demokratischer Staatsführung vor dem vollkommenen Ruin stand ... Ich habe seit dieser Zeit nun, Herr Präsident Roosevelt, nur eine einzige Aufgabe erledigen können. Ich kann mich nicht für das Schicksal einer Welt verantwortlich fühlen, denn diese Welt hat am jammervollen Schicksal meines eigenen Volkes auch keinen Anteil genommen. Ich habe mich als von der Vorsehung berufen angesehen, nur meinem eigenen Volk zu dienen. Ich habe Tag und Nacht stets nur den einen Gedanken gelebt, die eigenen Kräfte meines Volkes angesichts des Verlassenseins von der ganzen anderen Welt zu erwecken ...

Ich habe das Chaos in Deutschland überwunden, die Ordnung wiederhergestellt, die Produktion auf allen Gebieten unserer nationalen Wirtschaft ungeheuer gehoben ... Es ist mir gelungen, sieben Millionen Erwerbslose restlos wieder in nützliche Produktionen einzubauen ... Ich habe das deutsche Volk nicht nur politisch geeint, sondern auch militärisch aufgerüstet, und ich habe weiter versucht, jenen Vertrag Blatt um Blatt zu beseitigen, der in seinen 448 Artikeln die gemeinste Vergewaltigung enthält, die jemals Völkern und Menschen zugemutet worden ist.

Ich habe die uns 1919 geraubten Provinzen dem Reich wieder zurückgegeben, ich habe Millionen von uns weggerissener, tief unglücklicher Deutscher wieder in die Heimat geführt, ich habe die tausendjährige historische Einheit des deutschen Lebensraumes wiederhergestellt, und ich habe, Herr Präsident, mich bemüht, dies alles zu tun, ohne Blut zu vergießen und ohne meinem Volk oder anderen daher das Leid des Krieges zuzufügen.

Ich habe dies, Herr Präsident, als ein noch vor einundzwanzig Jahren unbekannter Arbeiter und Soldat meines Volkes aus meiner eigenen Kraft geschaffen ... Sie, Herr Präsident, haben es demgegenüber unendlich leicht. Sie sind, als ich 1933 Reichskanzler wurde, Präsident der amerikanischen Union geworden. Sie sind damit im ersten Augenblick an die Spitze eines der größten und reichsten Staaten der Welt getreten. Ihnen stehen die unendlichsten Bodenreichtümer der Welt zur Verfügung ... Obwohl die Zahl der Einwohner Ihres Landes kaum ein Drittel mehr ist als die Zahl der Einwohner Großdeutschlands, steht Ihnen mehr als fünfzehnmal soviel Lebensfläche zur Verfügung. Sie können daher Zeit und Muße finden, bestimmt durch die Größe Ihrer ganzen Verhältnisse, sich mit universalen Problemen zu beschäftigen. In diesem Sinne können daher Ihre Besorgnisse und Anregungen einen viel größeren und weiteren Raum umspannen als die meinen, denn meine Welt, Herr Präsident Roosevelt, ist die, in die mich die Vorsehung gesetzt hat und für die ich daher zu arbeiten verpflichtet bin. Sie ist räumlich leider viel enger. Sie umfaßt nur mein Volk. Allein ich glaube, dadurch noch am ehesten dem zu nutzen, was uns allen am Herzen liegt: der Gerechtigkeit, der Wohlfahrt und dem Fortschritt[317].«

Diese Rede vom 28. April 1939 war eine der wirkungsvollsten, mit denen Hitler den Gebrauch seiner im Jahre 1933 erworbenen Macht verteidigt hat. Es bedarf keiner großen Phantasie, um sich vorzustellen, wie mächtig die Argumente seiner Schlußsätze auf das deutsche Volk gewirkt haben müssen. Aber Hitlers wahre Geschicklichkeit lag im Ausweichen vor der einfachen Frage, die Präsident Roosevelt vorgelegt hatte: verfolgte Nazi-Deutschland noch weitere Angriffspläne?

Aus naheliegenden Gründen zog Hitler es vor, auf diese Frage keine klare Antwort zu geben. Vielmehr lenkte er vom eigentlichen Thema ab und gab wieder eine stark gefärbte und an Übertreibungen reiche Darstellung von Deutschlands Geschichte seit 1918; er beschwerte sich über die Inkonsequenz und Unzulänglichkeit seiner Kritiker und rührte an den historischen, aus Selbstmitleid und Selbstgerechtigkeit gemischten Paria-Komplex, der nach der Niederlage von 1918 im deutschen Volk entstanden war. Daß man überhaupt nach seinen Absichten gefragt hatte, stellte er als eine Verweigerung der Gleichberechtigung für Deutschland hin, womit er ohnehin seine eigene und die Empörung seines Publikums seit langem wachhielt.

Von der damaligen Situation aus gesehen, stellte die Rede mehr den Abschluß einer vergangenen als den Beginn einer neuen Epoche Hitlerscher Aktivität dar. Er hatte auf die Verstocktheit der Polen und auf das englische Garantieversprechen mit der Kündigung des Flottenabkommens und des deutsch-polnischen Vertrags geantwortet. Jetzt konnte Hitler sich zufrieden in seinem Stuhl zurücklehnen und abwarten. Selbst in bezug auf Polen hatte er für den Fall, daß die Polen ihren Sinn änderten, die Tür zu weiteren Verhandlungen offengelassen.

Seine Haltung änderte sich auch nicht, nachdem Beck am 5. Mai im polnischen Reichstag auf Hitlers Rede geantwortet hatte. Beck widerlegte Hitlers Darstellung der deutsch-polnischen Verhandlungen und bestätigte erneut, daß die Polen entschlossen seien, den deutschen Forderungen nicht nachzugeben. Beck sprach von »verschiedenen anderen Andeutungen von seiten der Vertreter der Reichsregierung, die über die zur Diskussion stehenden Gegenstände hinausgingen. Ich behalte mir das Recht vor, auf diese Angelegenheit erforderlichenfalls zurückzukommen[318].« Diese versteckte Anspielung auf die Vorschläge einer gemeinsamen deutsch-polnischen Verständigung gegen Rußland und Becks Ausspruch, daß die nationale Ehre ein zu hoher Preis für den Frieden sei, konnte Hitler jedoch nicht zu einer Antwort bewegen. Auch die deutsche Presse wurde angewiesen, sich zurückzuhalten. Anfang Mai berichtete der französische Botschafter in Berlin nach Paris:

> »Die Auseinandersetzung steht in Wahrheit so, daß beide Parteien auf ihrem jeweiligen Standpunkt beharren. Jede erwartet von der anderen die erste Geste. Deutscherseits nimmt man tatsächlich an, daß Polen seiner ›heroischen‹ Haltung bald überdrüssig und finanziell und moralisch erschöpft sein wird; man glaubt, London und Paris würden Polen zu verstehen geben, daß niemand daran gelegen ist, Danzigs wegen zu kämpfen. ›Danzig ist einen europäischen Krieg nicht wert‹ — das scheint das Schlagwort der deutschen Propaganda zu sein[319].«

III

Vor dem Ausbruch des Krieges kam es nicht zu weiteren Verhandlungen mit den Polen; auch mit England wurde erst wieder Mitte

August verhandelt. Während des Sommers 1939, von Ende April bis August, zeigte Hitler sich wenig in der Öffentlichkeit. Er gab keine wichtigen Erklärungen ab und kam nur selten nach Berlin. Den größten Teil der Zeit verbrachte er in Berchtesgaden. Im Augenblick gab es keine bessere Taktik. Die in aller Hast improvisierten Kriegsvorbereitungen der Chamberlain-Regierung rührten aus einem Gefühl der Nötigung her, das hervorgerufen war durch Hitlers rücksichtsloses Vorgehen in der Tschechoslowakei und im Memelland. Nachdem die Spannung nachgelassen hatte, verschwand jene Empfindung des Zwangs, und es bestand durchaus die Möglichkeit, daß London und Paris sich verleiten ließen, ihre Verpflichtungen zu reduzieren, statt zu erweitern. Der britischen Regierung lag immer noch sehr daran, einen Krieg zu vermeiden und zu einer Einigung zu kommen, während es in Paris unter der Oberfläche starke defätistische Strömungen gab, die auf eine Befriedung hinzielten. Außerdem waren die an Polen und Rumänien gegebenen Garantien nur von geringem Wert, wenn es nicht möglich war, auch die Russen einzubeziehen. In Osteuropa konnte es ohne die Sowjetunion keinen wirksamen Widerstand gegen Deutschland geben.

Die Chamberlain-Regierung wollte allerdings diesen Schluß nicht ziehen und noch weniger dementsprechend handeln. Obwohl sie unter dem starken Druck ihrer Kritiker Verhandlungen mit Moskau eröffnet hatte, setzte sie die Gespräche ohne jede Überzeugung fort. Die Russen ihrerseits waren voller Mißtrauen gegenüber der westlichen Politik und fest entschlossen, keine Verpflichtungen gegenüber Polen zu übernehmen, es sei denn im Rahmen eines Abkommens zur gegenseitigen Hilfeleistung, das England und Frankreich ebenso wie sie selbst dazu verpflichtete, Osteuropa einschließlich der Sowjetunion zu verteidigen. Selbst wenn England bereit gewesen wäre, eine solche Verpflichtung einzugehen — England aber war nicht dazu bereit —, hätte dem die Weigerung der Polen und der anderen Völker, die zwischen Deutschland und Rußland lebten, entgegengestanden, Unterstützung von einem Land anzunehmen, dem man mit dem gleichen Mißtrauen gegenüberstand wie den Deutschen.

Es war für Hitler nicht schwer, aus dieser Situation seinen Nutzen zu ziehen. »Während der folgenden vier Monate«, schreibt Sir Nevile Henderson, »war mein stärkster Eindruck von Hitler, daß ich es mit einem Schachmeister zu tun hätte, der, ins Studium des Schachbretts vertieft, auf irgendeinen falschen Zug seines Gegners wartete, um daraus Vorteil zu ziehen[320].«

Mit wenigen Unterbrechungen wurde den ganzen Sommer über die Remilitarisierung Danzigs, die Ausbildung der dortigen SA und SS mit geschmuggelten Waffen und die Inszenierung einer Reihe von

Zwischenfällen zur Provokation der Polen fortgesetzt. Mitte Juni erschien Goebbels in Danzig und hielt zwei scharfe Reden, in denen er auf den deutschen Anspruch einer Rückgabe Danzigs pochte.

Während so der Druck auf Polen aufrechterhalten wurde, hämmerte die deutsche Propaganda durch Rundfunk und Presse auf das deutsche Volk ein: Danzig sei keinen Krieg wert; wenn es dennoch zum Krieg komme, liege es an der Widerspenstigkeit der Polen. Die Polen wiederum wurden vor ihren neuen Freunden gewarnt; den Engländern sei nicht zu trauen, sie würden ihrer energischen Haltung bald müde werden und die Polen im Stich lassen, wie sie es auch mit den Tschechen in München gemacht hätten.

Mittelpunkt der diplomatischen Tätigkeit war in diesem Sommer nicht Berlin, sondern Moskau. Doch von Zeit zu Zeit suchte Staatssekretär Weizsäcker vom Auswärtigen Amt den britischen und den französischen Botschafter in Berlin auf, um sie auszuhorchen. Er argumentierte immer mit der gleichen These: es sei eine Unbesonnenheit der Engländer und Franzosen, einem so verantwortungslosen Volk wie den Polen die Entscheidung über Krieg oder Frieden zu überlassen. England, sagte er am 13. Juni zu Henderson, habe seine traditionelle Politik, sich nicht in die Angelegenheiten des Kontinents einzumischen, selber verraten. »Statt dessen ist England jetzt im Begriff, sich mehr und mehr vom Kontinent abhängig zu machen, und es erlaubt Polen, das Schicksal Großbritanniens aufs Spiel zu setzen[321].«

Unterdessen festigte man die Beziehungen zu den andern Staaten innerhalb der deutschen Einflußsphäre, um die Polen zu isolieren. Auf den Besuch des Ministerpräsidenten und des Außenministers Ungarns Ende April folgte Anfang Juni ein Staatsbesuch des Prinzregenten Paul von Jugoslawien in Berlin. Hitler tat alles, um sich von der besten Seite zu zeigen. Außer einer Galaaufführung in der Oper und einem Staatsbankett gab es eine eindrucksvolle Militärparade. Einen Monat später wurde der bulgarische Ministerpräsident in der deutschen Hauptstadt festlich empfangen. Dasselbe Interesse zeigten die Deutschen den baltischen Staaten gegenüber. Nach Abtretung des Memellandes wurde ein Nichtangriffspakt mit Litauen abgeschlossen, dem ähnliche Abschlüsse mit Estland und Lettland folgten. Die Regierungen dieser Länder hatten bereits in London ihren Wunsch bekanntgegeben, außerhalb jeglichen Systems kollektiver Sicherheit in Osteuropa zu bleiben.

Hitlers größter Erfolg jedoch war sein Bündnis mit Italien. Die im April vorgenommene Besetzung Albaniens, mit der Mussolini und Ciano die Unabhängigkeit Italiens geltend zu machen suchten, hatte sie nur noch enger an die Achse gebunden. Hitler war davon entzückt: die Aktion der Italiener unterstrich die Gemeinsamkeit der Interessen beider Diktatoren gegenüber den Verteidigern des *status quo*, England und Frankreich. Die Deutschen begannen nun, auf ein Militärbündnis zu drängen, vor dem sich Mussolini bisher gedrückt hatte. Ciano war die Sache unbehaglich angesichts des derzeitigen Zustandes der deutschpolnischen Beziehungen. Im April, nach einer Unterredung mit Göring, hatte er in sein Tagebuch geschrieben, Görings Bemerkungen über Polen hätten ähnlich geklungen wie seinerzeit die über Österreich und die Tschechoslowakei. Diese Sorgen wurden vermehrt durch die Berichte Attolicos, des italienischen Botschafters in Berlin. Darum lud Ciano Ribbentrop ein, nach Italien zu kommen. Er hoffte, von ihm zu erfahren, was Hitler plante, und begab sich (am 6. Mai) mit einer Denkschrift nach Mailand, wo die Begegnung stattfinden sollte. In der Denkschrift betonte Mussolini ausdrücklich, daß er noch mindestens drei Jahre Frieden brauche.

Ribbentrop beruhigte Ciano wieder. Zwar machte er kein Hehl daraus, daß Hitler entschlossen war, Danzig zurückzuerobern und eine Autobahn nach Ostpreußen zu bauen, hatte aber andererseits Verständnis für den dringenden Wunsch, den Krieg hinauszuschieben. »Auch Deutschland«, notierte er, »ist überzeugt, daß wir eine lange Friedensperiode von mindestens vier bis fünf Jahren brauchten[322].«

Nach dem Essen rief Ciano Mussolini an und berichtete ihm, daß die Besprechungen einen guten Verlauf nähmen. Der Duce, einer Eingebung des Augenblicks folgend und — nach jahrelangem Zögern und Zweifeln — plötzlich hingerissen von seinem Ärger über die Engländer, wies Ciano an, bekanntzugeben, daß man in bezug auf das italienischdeutsche Bündnis zu einer Übereinstimmung gelangt sei. Ribbentrop hätte lieber noch gewartet, bis er auch Japan dafür gewonnen hatte. Als er aber mit dem Führer telefonierte, war Hitler sofort bereit, die durch Mussolinis plötzlichen Meinungsumschwung entstandene Gelegenheit beim Schopf zu fassen, und so erfüllte Ribbentrop seine Pflicht und stimmte zu. Hitler war überzeugt, daß die Bekanntgabe des Bündnisses noch mehr dazu beitragen werde, die Entschlossenheit der Engländer und Franzosen zur Hilfeleistung für Polen zu schwächen. Infolgedessen sorgte er dafür, daß das Abkommen sehr umfassend war. Die Italiener nahmen den deutschen Entwurf nach einigen geringfügigen Abänderungen an, und am 21. Mai traf Ciano in Berlin zur feierlichen Unterzeichnung des »Stahl-Paktes« ein.

Der Pakt war für Hitler ein Triumph seiner Diplomatie, und so fand die Unterzeichnung im Rahmen eines großen Zeremoniells statt. In der überfüllten Reichskanzlei schimmerten und glänzten die Uniformen, die Orden und die Auszeichnungen. Am Abend vorher hatte Ciano Ribbentrop die Halskette des Annunziatenordens umgehängt, wodurch dieser »Vetter« des Königs von Italien wurde. Göring, tief gekränkt, schlug

Lärm: die Auszeichnung stehe ihm zu, dem wahren Baumeister des Bündnisses. Hitler war in strahlendster Laune; er führte den Vorsitz, während die beiden Außenminister ihre Namen unter den Vertrag setzten. Er hatte allen Grund, mit sich selbst zufrieden zu sein.

Die Präambel des Vertrages verkündete, daß »das deutsche und das italienische Volk entschlossen sind, auch in Zukunft Seite an Seite mit vereinten Kräften für die Sicherung ihres Lebensraumes und für die Aufrechterhaltung des Friedens einzutreten.
Artikel II. »Falls die gemeinsamen Interessen der vertragschließenden Teile durch internationale Ereignisse irgendwelcher Art gefährdet werden sollten, werden sie unverzüglich in Beratung über die zur Wahrung dieser Interessen zu ergreifenden Maßnahmen eintreten. Wenn die Sicherheit oder andere Lebensinteressen eines der vertragschließenden Teile von außen her bedroht werden sollten, wird der andere vertragschließende Teil dem bedrohten Teil seine volle politische und diplomatische Unterstützung zuteil werden lassen, um diese Drohung zu beseitigen.«
Artikel III. »Wenn es entgegen den Wünschen und Hoffnungen der vertragschließenden Teile dazu kommen sollte, daß einer von ihnen in kriegerische Verwicklungen mit einer anderen Macht oder mit anderen Mächten gerät, wird ihm der andere vertragschließende Teil sofort als Bundesgenosse zur Seite treten und ihn mit allen seinen militärischen Kräfte zu Lande, zur See und in der Luft unterstützen.«
Artikel V. »Die vertragschließenden Teile verpflichten sich schon jetzt, im Fall eines gemeinsam geführten Krieges Waffenstillstand und Frieden nur in vollem Einverständnis miteinander abzuschließen[323].«

Dem Bündnis folgte ein Abkommen über das umstrittene Südtirol, was von seiten Hitlers eine Geste seinen italienischen Freunden gegenüber sein sollte. Hitler willigte ein, daß alle Deutschen Südtirols ins Reich umgesiedelt wurden. Dabei schenkte er dem Nationalitätenprinzip, auf das er sich so häufig berufen hatte, nicht die geringste Beachtung, handelte vielmehr in völliger Übereinstimmung mit den in »Mein Kampf« geäußerten Ansichten.

Mussolinis Hauptsorge blieb jedoch die Möglichkeit des Krieges. Am 30. Mai, einen Tag bevor General Cavallero Rom verließ, um seinen Posten in der neuen Militärkommission zu übernehmen, gab Mussolini ihm eine geheime Denkschrift für Hitler mit. Darin waren noch einmal viele der Punkte aufgeführt, die Mussolini in seiner Denkschrift für Ciano vor der Zusammenkunft in Mailand aufgezeichnet hatte. Er wies besonders nachdrücklich darauf hin, daß Italien noch bis Ende 1942 eine Periode der Vorbereitung und des Friedens benötige, und meinte, daß es vorteilhaft sei, den Widerstandswillen der Westmächte weiter auszuhöhlen. Hitler erwiderte darauf mit dem unbestimmten Vorschlag, in nächster Zeit mit dem Duce zu einer Besprechung zusammenzutreffen. Darüber hinaus enthielt er sich einer Stellungnahme, und sein Schweigen scheint von den Italienern als Zustimmung gedeutet worden zu sein.

Wenn Mussolini gewußt hätte, was Hitler am 23. Mai, also am Tag nach der Unterzeichnung des »Stahl-Paktes«, zu den Oberbefehlshabern von Heer, Marine und Luftwaffe sagte, wäre seine Besorgnis ins Ungeheure gewachsen. Die Besprechung fand, wie im November 1937, im Arbeitszimmer des Führers in der Reichskanzlei statt. Diesmal nahmen 14 Personen teil, sämtlich aus den verschiedenen Wehrmachtteilen, darunter Göring, die Generale Brauchitsch, Keitel und Halder, und Admiral Raeder. Hitlers Äußerungen wurden von seinem Chefadjutanten, Oberstleutnant Schmundt, niedergeschrieben.

Hitler ging von der gleichen Prämisse aus wie im November 1937: von dem Problem des »Lebensraums« und der Notwendigkeit, es durch eine Expansion nach Osten hin zu lösen. Wiederum schloß er die Möglichkeit einer kolonialen Lösung aus. Doch begründete er diesmal seine Ansichten nur kurz und wandte sich fast unmittelbar den militärischen Problemen zu.

Der Krieg, sagte Hitler zu seinen Offizieren, sei unvermeidlich. »Weitere Erfolge können nicht ohne Blutvergießen erlangt werden... Danzig ist nicht das Objekt, um das es geht. Es handelt sich für uns um die Erweiterung des Lebensraumes im Osten und Sicherstellung der Ernährung, sowie der Lösung des Baltikum-Problems ... Es entfällt also die Frage, Polen zu schonen, und es bleibt der Entschluß, bei erster passender Gelegenheit Polen anzugreifen.
An eine Wiederholung der Tschechenaffäre ist nicht zu glauben. Es wird zum Kampf kommen. Aufgabe ist es, Polen zu isolieren. Das Gelingen der Isolierung ist entscheidend ... Es darf nicht zu einer gleichzeitigen Auseinandersetzung mit dem Westen kommen.
Ist es nicht sicher, daß im Zuge einer deutsch-polnischen Auseinandersetzung ein Krieg mit dem Westen ausgeschlossen bleibt, dann gilt der Kampf in erster Linie England und Frankreich.
Grundsatz: Aueinandersetzung mit Polen — beginnend mit dem Angriff gegen Polen — ist nur dann von Erfolg, wenn der Westen aus dem Spiel bleibt. Ist das nicht möglich, dann ist es besser, den Westen anzufallen und dabei Polen zugleich zu erledigen[324].«

Des weiteren erging sich Hitler über die Formen, die ein Krieg mit England annehmen würde. Er nannte England den »Motor, der gegen Deutschland treibt«, und schätzte seine Stärke hoch ein. Es werde ein Kampf auf Leben und Tod sein, erklärte er, der voraussichtlich lange dauern würde. »Die Ansicht, sich billig loskaufen zu können, ist gefährlich; diese Möglichkeit gibt es nicht. Die Brücken sind dann abzubrechen, und es handelt sich nicht mehr um Recht oder Unrecht, sondern um Sein oder Nichtsein von 80 Millionen Menschen.«

Manches, was Hitler über die Kriegführung gegen England sagte, wird um so interessanter, wenn man es im Licht der Ereignisse des nächsten Jahres betrachtet. Er sehe im Ruhrgebiet den deutschen Lebensnerv und sein erstes Ziel infolgedessen in der Besetzung Hollands und Belgiens zum Schutze der Ruhr. Englands Verletzlichkeit liege in seiner Abhängigkeit vom Seewege. Darum müsse die Wehrmacht Holland, Belgien und Frankreich überrennen, um so eine Basis zu schaffen, von der aus die Marine und Luftwaffe eine Blockade gegen England durchführen und dessen Zufuhren abschneiden könnten. Der erste Weltkrieg habe gelehrt, meinte Hitler, daß, wenn damals die deutsche Armee bei Beginn des Krieges gleich bis an die Kanalhäfen vorgestoßen wäre, statt sich auf Paris zu konzentrieren, die Entscheidung zugunsten Deutschlands gefallen wäre. In der Tat war es dann diese Strategie, die er 1940 anwenden sollte.

Aber sein Ziel, erklärte Hitler, sei nach wie vor die kontinentale Expansion nach Osten hin. Das Haupthindernis für seine Pläne liege jetzt bei England, und nicht mehr, wie noch in »Mein Kampf« dargelegt, bei Frankreich; tatsächlich wird Frankreich in Schmundts Niederschrift kaum erwähnt. Er sei überzeugt, daß der Krieg zwischen England und Deutschland unvermeidlich sei, aber es passe ihm nicht, ihn schon jetzt zu beginnen. Sein unmittelbares Ziel sei es, wie im Jahre zuvor bei der Tschechoslowakei, einen lokalisierten Krieg zu führen, um mit Polen abzurechnen. Diesmal komme ein München nicht in Frage: der Krieg stehe fest. Nur sei die Frage, ob Polen isoliert und der Krieg lokalisiert werden könnte. Dies liege in seinem Plan, aber natürlich sei es möglich, daß er fehlschlage. Im letzterem Falle stelle Polen dann nur ein Nebenziel dar, und der wirkliche Kampf müsse mit dem Westen ausgetragen werden. Und noch in einem andern Fall sei es notwendig, England und Frankreich sofort anzugreifen: wenn es ihnen gelinge, ein Bündnis mit Rußland abzuschließen. Aber Hitler nahm diese Möglichkeit nicht sehr ernst. Nicht ausgeschlossen sei, meinte er, daß Rußland sich am Schicksal Polens desinteressiert zeige.

Zu diesem Zeitpunkt waren alle Handlungen Hitlers auf einen Zweck ausgerichtet, und er bewahrte und nutzte in jenem Sommer seine diplomatische Freizügigkeit nach Kräften. Der Krieg war noch bis zu dem Moment vermeidbar, da die deutschen Truppen am Morgen des 1. September die polnische Grenze überschritten. Aber wenn man davon ausgeht, daß es Hitlers Absicht war, Expansionspolitik zu betreiben, so erscheint dieses Abwägen der Risiken nüchtern und scharfsinnig. Sein Fehler bestand nur darin, daß er nicht weit genug in die Zukunft blickte und die Bedeutung der USA und die Stärke Rußlands unterschätzte. Aber fürs erste hatte er recht mit seinem Glauben, sowohl Amerika wie Rußland ignorieren zu können, und es ist bemerkenswert, wie richtig er die Schwäche Frankreichs einschätzte und die Verwundbarkeit Englands erfaßte.

Zufällig besitzen wir einen Bericht über den damaligen Stand der deutschen Rüstung, den General Thomas, Chef des Wehrwirtschafts- und Rüstungsamtes, im Rahmen eines Vortrages im Auswärtigen Amt am Tage nach Hitlers Konferenz gegeben hat[325]. Dem 100 000-Mann-Heer von 7 Infanteriedivisionen und 3 Kavalleriedivisionen gegenüber, das Hitler bei seinem Amtsantritt vorgefunden hatte, stand jetzt ein Friedensheer von 39 Infanteriedivisionen (darunter 4 vollmotorisierte, 3 Gebirgsdivisionen), 5 Panzerdivisionen, 4 leichte Divisionen und 22 Maschinengewehrbataillonen. In vier Jahren hatte sich die Friedensstärke der Armee von 7 Divisionen auf 51 erhöht; das Vorkriegsfriedensheer hatte sich von 1898 bis 1914 — also in 16 Jahren — von 43 auf 50 Divisionen erhöht.

Hinter diesen Streitkräften stand eine ständig anwachsende Reserve und die mächtigste Rüstungsindustrie der Welt, die schon in Friedenszeiten den Produktionsumfang des ersten Weltkrieges erreichte und teilweise sogar übertraf. Auch war der Ausbau des Heeres nicht auf Kosten anderer Wehrmachtteile erfolgt. Seit 1933 hatte die deutsche Kriegsmarine in Dienst gestellt: 2 Schlachtschiffe zu je 26 000 Tonnen, 2 Panzerkreuzer zu je 10 000 Tonnen, 17 Zerstörer und 47 U-Boote. Vom Stapel liefen außerdem oder waren noch im Bau: 2 Schlachtschiffe zu je 35 000 t (die in Wirklichkeit viel größer waren, denn das eine war die »Bismarck«), 4 schwere Kreuzer zu je 10 000 t, 1 Flugzeugträger, 5 Zerstörer und 7 U-Boote. Die deutsche Luftwaffe, die erst nach 1933 neu erstanden war, hatte jetzt eine Stärke von 260 000 Mann und verfügte über 21 Geschwader mit 240 Staffeln. Die Luftabwehr, die mit 4 Geschütztypen ausgerüstet war, umfaßte annähernd 300 Flakbatterien.

Das war das Kräftepotential, das Hitler bei seiner Diplomatie im Rücken hatte. Mochten auch die Divisionen, die Deutschland aufstellen konnte, zahlenmäßig den Armeen Frankreichs oder Rußlands unterlegen sein, so waren sie doch gewiß in bezug auf Qualität, Führung und Ausrüstung ein Instrument, das nicht seinesgleichen hatte — und von ihm Gebrauch zu machen, war Hitler diesmal entschlossen. Am 15. Juni lagen ihm die Pläne der Armee für militärische Operationen in Polen vor[326]. Brauchitsch definierte das Ziel der Operation: Die polnischen Streitkräfte sollten vernichtet werden. Die politische Leitung verlange, daß der Krieg durch schnelle Überraschungsangriffe begonnen und ebenso schnell zum Erfolg geführt werde. Alle Vorbereitungen sollten bis zum 20. August abgeschlossen sein. Am 22. Juni legte das OKW einen genauen Zeitplan für den Angriff vor; unter dem Vorwand der Teilnahme an den Herbstmanövern sollten vorher die Reserven einberufen werden[327]. Am 24. gab Hitler der Wehrmacht den Befehl, Pläne auszuarbeiten, um die Brücken über die untere Weichsel unversehrt in die Hand zu bekommen[328]. Am 23. präsidierte Göring bei einem Treffen des Reichsverteidigungsausschusses, bei dem 35 Minister, Generale und Beamte anwesend waren. Die Hauptpunkte der Tagesordnung befaßten sich mit Hitlers Entscheidung, sieben Millionen Männer im Rahmen der Mobilmachung für den Krieg einzuziehen. Gefangene aus den Konzentrationslagern und Arbeiter aus Böhmen und Mähren sollten zur Verstärkung der deutschen Arbeitskraft herangezogen werden. Zwei weitere Treffen des Ausschusses fanden im Juli statt[329]. Einen Monat später, am 27. Juli, wurde die Weisung zur Eroberung Danzigs abgefaßt: nur das Datum ließ man offen, das sollte der Führer einsetzen[330].

VI

Dennoch hatte Hitler keine Eile. Drei Monate waren seit seiner Rede am 28. April vergangen; drei Monate lang war die Festigkeit der Polen und die Entschlossenheit der Engländer und Franzosen, zu ihren Garantien zu stehen, schweren Belastungsproben unterworfen gewesen, aber nicht erschüttert worden. Hitler sah nur noch einen Ausweg: Moskau. Mitte April hatten bereits die Engländer den Gedanken aufgenommen, mit den Russen zu verhandeln. Am 16. dieses Monats offerierte Litwinow einen formellen Vorschlag für einen Dreierpakt gegenseitiger Hilfeleistung, der von England, Frankreich und der Sowjetunion unterzeichnet und durch ein Militärabkommen gestützt werden sollte. Nach einer dreiwöchigen Verzögerung (während der Litwinow seines Amtes enthoben wurde) lehnte England den russischen Vorschlag im wesentlichen ab, und erst am 27. Mai wies Chamberlain — unter dem Druck einflußreicher Kreise in London — den britischen Botschafter an, Gegenvorschläge der britischen und französischen Regierung zu unterbreiten.

Trotz einer besonderen Einladung durch die Russen reiste weder der britische Außenminister Halifax noch irgendein anderer Minister nach Moskau, um die Verhandlungen zu führen. Während des Monats Juni kam man nur wenig voran; am 29. des Monats drückte sich dann die Ungeduld der Russen in einem Artikel aus, den Shdanow in der

»Prawda« unter der folgenden Überschrift veröffentlichte: »Die britische und die französische Regierung wünschen keinen Vertrag auf der Basis der Gleichberechtigung der UdSSR«.

Nichts von all dem entging der Aufmerksamkeit in Deutschland. Hitler war über die Schwierigkeiten und das Mißtrauen auf beiden Seiten bestens informiert. Ohne die Unterstützung Rußlands, der einzigen Großmacht, die nahe genug lag, um den Polen aktiven Beistand zu leisten, mußten die englisch-französischen Garantien an Wert sehr verlieren. Gewiß, Frankreich und England konnten Deutschland immer noch im Westen angreifen; aber das brauchte die deutsche Wehrmacht nicht daran zu hindern, Polen zu überrennen. Damit würden die Westmächte vor eine vollendete Tatsache gestellt werden, die es für sie nutzlos machen würde, den Krieg fortzusetzen. Konnte nicht Deutschland irgend etwas unternehmen, um den Fortgang der Moskauer Gespräche zu hemmen? Oder besser noch: gab es nicht die Möglichkeit, an die Stelle eines russisch-englisch-französischen Abkommens ein russisch-deutsches zu setzen, das im Falle eines deutsch-polnischen Krieges Rußlands Neutralität garantieren würde? Dann nämlich, so konnte man sich ausrechnen, würden England und Frankreich die Unmöglichkeit einsehen müssen, Polen zu Hilfe zu kommen, und entweder auf die Polen einen Druck ausüben, damit sie die deutschen Forderungen annähmen, oder Polen seinem Schicksal überlassen müssen.

Diese Möglichkeiten wurden in Hitlers Umgebung bereits im März und April erwogen. Während des Winters hatte man versucht, Verhandlungen über eine Erneuerung des russisch-deutschen Wirtschaftsabkommens, das Ende 1938 auslief, in Gang zu bringen. Anfangs machten diese Verhandlungen nur wenig Fortschritte, doch sie sollten sich im Laufe der Zeit für beide Seiten zu einem bequemen Mittel entwickeln, die Absichten des Partners zu erforschen. Stalins Rede vom 10. März, die die Warnung enthielt, daß die UdSSR sich von den Westmächten nicht in einen Krieg mit Deutschland hineinmanövrieren lasse, wurde in Berlin sorgfältig zur Kenntnis genommen, und im April kamen Göring und Mussolini überein, daß es gut sei, die Fühler nach Moskau auszustrecken[331]. Schon am nächsten Tag (17. April) machte der sowjetische Botschafter seinen ersten Besuch im deutschen Auswärtigen Amt seit seiner Ernennung vor fast einem Jahr und fragte Weizsäcker geradeheraus, wie er über die deutsch-russischen Beziehungen dächte; nach russischer Ansicht müßten diese Beziehungen von ideologischen Differenzen nicht überschattet werden; die Sowjetunion habe sich bewußt davon zurückgehalten, den gegenwärtigen Bruch zwischen Deutschland und den Westmächten auszunutzen. Am 3. Mai nahm Molotow den Platz Litwinows (des Mannes, den man am stärksten mit der Politik kollektiver Sicherheit und der Zusammenarbeit mit den Westmächten identifizierte) als Kommissar für auswärtige Angelegenheiten ein. Zwei Tage später fragte der sowjetische Geschäftsträger Astachow den deutschen Experten für Wirtschaftsverhandlungen, Schnurre, ob dieses Ereignis eine Änderung der deutschen Haltung gegenüber der Sowjetunion zur Folge habe[332]. Solche russischen Verlautbarungen wurden im Mai noch einige Male wiederholt.

Die Basis für ein Zusammengehen lag klar auf der Hand. Auf längere Sicht war der Krieg zwischen Deutschland und Rußland unvermeidlich, solange Hitler noch im Osten nach Lebensraum für Deutschland Ausschau hielt. In der nahen Zukunft aber war eine Auseinandersetzung mit Rußland das letzte, was Hitler sich wünschte, während er noch mit Polen beschäftigt war. Stalin seinerseits war sehr daran gelegen, jeglichen Zusammenstoß mit Deutschland so lange wie möglich zu vermeiden oder wenigstens hinauszuzögern. Da ihm keine andere Wahl blieb, hatte Stalin verschiedene Pläne der kollektiven Sicherheit verfolgt; aber er hegte ein tiefeingewurzeltes Mißtrauen gegen die Westmächte. Er zweifelte an ihrer Entschlossenheit, sich Hitler im Ernstfall zu widersetzen, und hatte den Verdacht, daß sie die Sowjetunion und Deutschland in einen Krieg zu verwickeln suchten, um damit beide Systeme zu schwächen.

In dieser Verfassung war Stalin geneigt, ein Sonderabkommen mit Deutschland als für Rußland sehr vorteilhaft anzusehen. Er konnte dadurch auf Kosten Polens Zeit gewinnen und sich möglicherweise als einen Teil der Beute wichtige territoriale und strategische Vorteile in Osteuropa sichern. Wenn Hitler dann eines Tages sich frei genug fühlen sollte, um seine Pläne gegen Rußland in die Tat umzusetzen, konnten jene Vorteile dazu dienen, der Sowjetunion eine stärkere Position zu geben. Sogar noch nach dem deutschen Angriff auf die UdSSR im Jahre 1941 berief Stalin sich zur Rechtfertigung des Paktes von 1939 auf diese Gesichtspunkte[333].

Es standen zwei Hindernisse im Wege: das beiderseitige außergewöhnliche Mißtrauen und die Tatsache, daß man sich in der Öffentlichkeit auf eine Gegnerschaft festgelegt hatte. Von Hitler war zwanzig Jahre lang der Antibolschewismus zum Hauptthema seiner Propaganda gemacht worden; er hatte seine auswärtigen Beziehungen nach dem Antikomintern-Pakt ausgerichtet und immer, ganz unabhängig von der Propaganda, auf Rußland als das Ziel der künftigen deutschen Expansion geblickt. Neben dem Antisemitismus war der Antibolschewismus, den er mit jenem teilweise identifizierte, das beständigste Thema seiner Laufbahn gewesen. Wie opportunistisch seine Haltung auch gewesen sein mag und wie zynisch er sich gegenüber Rußland verhielt, nachdem der Pakt seinen Zweck erfüllt hatte, so konnte Hitler doch nicht umhin, angesichts solch einer Verleugnung seiner eigenen Vergangenheit zu zögern.

Aber wurden derartige Argumente überhaupt ernst genommen? Würden nicht die meisten Menschen, wenn sie wieder zu Atem gekommen waren, weit mehr von seiner Schlauheit, die Russen zur Unterschrift zu bekommen, beeindruckt sein als von seiner Inkonsequenz? Eine Annäherung an Rußland würde sogar in gewissen Kreisen begrüßt werden. In der deutschen Armee, die stets die Gefahr eines Zweifrontenkrieges fürchtete, hatte es schon immer eine Gedankenrichtung gegeben, die General von Seeckts Ansichten folgte und eine aktive Zusammenarbeit mit Rußland befürwortete. Auch im deutschen Auswärtigen Amt hatte es nach 1918 nicht an Stimmen gefehlt, die sich für eine Freundschaftspolitik mit Rußland einsetzten; dies war im Rapallo-Vertrag von 1922 zutage getreten, als die beiden Länder eine gemeinsame Front gegen die Siegermächte gebildet hatten. (Von der Schulenburg, der deutsche Botschafter in Moskau 1939, war einer der letzten Schüler von Maltzan und Brockdorff-Rantzau, den Initiatoren der Rapallo-Politik.) Für diejenigen, die sich mit den wirtschaftlichen Problemen des Vierjahresplans abplagten, würde die Möglichkeit, Rohstoffe aus Rußland beziehen zu können, ein Geschenk des Himmels sein. Zu guter Letzt gab es noch ein Argument, das für Hitler am meisten ins Gewicht fiel — eine Verständigung mit Rußland war der sicherste Weg, Polen zu isolieren, die Westmächte von einer Intervention abzuhalten und jeglichen Konflikt zu lokalisieren.

Augenscheinlich sprach sich Ribbentrop schon früh für ein Abkommen mit Rußland aus, während Hitler sich weitaus zögernder und nur widerstrebend dafür entschied. Am oder um den 25. Mai veranstaltete Ribbentrop in seinem Sommerhaus in Sonnenburg ein Treffen, dem der Staatssekretär Weizsäcker und Gauß, der juristische Sachverständige des deutschen Auswärtigen Amtes, beiwohnten. Man entwarf die Instruktionen für den deutschen Botschafter in Moskau, der sich Molotow nähern und ihm erklären sollte: Jetzt sei die Zeit gekommen, da man einen Friedensvertrag und die Normalisierung der deutsch-sowjetischen Beziehungen in Betracht ziehen sollte[334]. Hitler jedoch hielt diese Instruktionen zuerst zurück und widerrief sie dann. Am 26. telegraphierte Weizsäcker dem Botschafter, er solle die Haltung völliger Reserviertheit beibehalten[335]. Am nächsten Tag schrieb er, man sei in Berlin der Meinung, daß ein englisch-russisches Abkommen nicht leicht zu verhindern sei und daß eine deutsche Intervention vielleicht sogar schallendes Gelächter hervorrufen könne[336]. Am 30. änderte Hitler dann seine Meinung, und Weizsäcker kabelte, im Gegensatz zu den bisherigen Taktiken habe man sich jetzt entschlossen, einen gewissen Kontakt zu der Sowjetunion herzustellen[337].

Die Deutschen fanden in den Russen zähe und mißtrauische Verhandlungspartner. Während des Monats Juni wurden ständig Gespräche mit Molotow und Mikojan geführt, doch am 29. befahl Hitler dem deutschen Botschafter, sich stärker zurückzuhalten. So trat eine dreiwöchige Pause ein.

Am 18. Juli dann ergriffen die Russen die Initiative; sie schlugen vor, die Wirtschaftsverhandlungen wiederaufzunehmen, und am 22. wies auch Weizsäcker den deutschen Botschafter an, die Fäden der politischen Verhandlungen aufzugreifen, ohne allerdings die Angelegenheit irgendwie zu beschleunigen[338].

Vier Tage später, am Abend des 26. Juli, dinierte Schnurre, der deutscherseits die Besprechungen führte, mit Astachow, dem sowjetischen Geschäftsträger, und Barbarin, dem Führer der russischen Handelsdelegation.

Schnurre hatte die Anweisung, noch einmal die Möglichkeit zugleich politischer und wirtschaftlicher Verhandlungen anzuschneiden. »Was kann England Rußland bieten?« fragte er seine Gäste. »Bestenfalls Teilnahme an einem europäischen Krieg und die Feindschaft Deutschland, aber nichts für Rußland Wünschenswertes. Was können wir dagegen bieten? Neutralität und ein Heraushalten aus einem möglichen europäischen Konflikt und, wenn Moskau will, eine deutsch-russische Verständigung über die beiderseitigen Interessen, die sich zum Vorteil beider Länder auswirken würde[339].«

Weizsäcker ging noch über Schnurres Gespräch hinaus und wies den deutschen Botschafter an, bei Molotow vorzusprechen und die russische Reaktion auf Schnurres Bemerkungen ausfindig zu machen. Es war günstig, daß Schulenburg ermächtigt war, noch einen Schritt weiter zu gehen.

»Welche Entwicklung die polnische Frage auch nehmen wird, ob eine friedliche oder eine andere, in jedem Fall seien wir bereit, alle sowjetischen Interessen zu wahren und zu einer Verständigung mit der Moskauer Regierung zu kommen[340].«

Zwei Tage später, am 31. Juli, war ein drängender Ton in den Instruktionen des deutschen Auswärtigen Amtes. Schulenburg sollte Datum und Tageszeit seiner nächsten Unterredung mit Molotow bestimmen. »Uns liegt sehr an einer baldigen Unterredung[341].«

Ein Grund für dieses Drängen kann sehr wohl die Nachricht des deutschen Botschafters in Paris vom 28. gewesen sein, daß sich Frankreich und England zu Generalstabsgesprächen in Moskau bereit erklärt hatten. Doch die wahllose Zusammensetzung der westlichen

Delegationen und die Tatsache, daß sie kein Flugzeug, sondern ein normales Linienschiff nahmen, ließ zu Recht die Vermutung aufkommen, daß sowohl die britische als auch die französische Regierung den militärischen Gesprächen mit ebensowenig Überzeugung entgegensahen wie den politischen. Im Gegensatz dazu schienen sich nun endlich die Deutschen über ihre Haltung klar geworden zu sein. Am 2. August traf Ribbentrop selbst Astachow in Berlin und telegraphierte Schulenburg am nächsten Tag:

> Er habe den deutschen Wunsch nach einer Neugestaltung der deutsch-russischen Beziehungen zum Ausdruck gebracht und festgestellt, daß von der Ostsee bis zum Schwarzen Meer kein Problem existiere, das nicht zu beiderseitiger Zufriedenheit gelöst werden könnte. Er selbst, Ribbentrop, habe sich zu Gesprächen bereit erklärt, für den Fall, daß auch die sowjetische Regierung den Wunsch habe, die deutsch-russischen Beziehungen auf eine neue und dauerhafte Grundlage zu stellen.

Am 27. Juli hatte der französische Geschäftsträger in Berlin berichtet, daß Hitler sich anscheinend noch nicht entschieden habe; er schwanke noch zwischen der Ansicht Ribbentrops, daß die deutschen Forderungen ohne die Gefahr eines allgemeinen Krieges durchgesetzt werden könnten, und derjenigen Görings, daß jeder weitere Schritt Deutschlands zu einem Konflikt mit den Westmächten führen müsse. Jetzt, am 3. August, allerdings schrieb St. Hardouin: »Im Laufe der letzten Woche ist ein sehr einschneidender Umschwung in der politischen Atmosphäre Berlins beobachtet worden ... Der Periode der Verlegenheit, des Zögerns, des Hinhaltens oder gar der Verständigungsbereitschaft, die deutlich zu beobachten war, ist eine neue Phase gefolgt[342].«

Das sichtbarste Zeichen dieses Umschwungs war die Wiederaufnahme der Pressekampagne gegen Polen, die seit Juni abgebremst worden war. Diese Kampagne ging jetzt noch weiter: sie sprach nicht nur von den deutschen Ansprüchen auf Danzig, sondern auf den ganzen Korridor mit Posen und sogar auf Ostoberschlesien. Diese Ansprüche wurden unterstrichen von einer endlosen Flut von Berichten über die polnische Unterdrückung der deutschen Minderheiten in den Provinzen.

Zur selben Zeit führten die Zusammenstöße von Danziger Deutschen mit polnischen Zoll- und Grenzbeamten der Freien Stadt und die polnischen wirtschaftlichen Repressalien zu der ernstesten Krise, die bisher im Streit um die Stadt entstanden war. Als die Danziger Behörden einer Anzahl polnischer Grenzbeamten mitteilte, daß man sie an der Ausübung ihrer Pflichten hindern werde, stellte die durch die Unterhöhlung ihrer Rechte beunruhigte polnische Regierung ein

Ultimatum, das die Aufhebung der Anordnung innerhalb einer begrenzten Frist verlangte. Die Antwort bestand darin, daß man den Erlaß irgendeiner derartigen Anordnung dementierte. Dabei blieb es aber nicht. Am 7. August wurde Forster, der Gauleiter von Danzig, zum Obersalzberg bestellt. Nach seiner Rückkehr teilte er dem Völkerbundskommissar C. J. Burckhardt mit, daß Hitler an der Grenze seiner Geduld angelangt sei. Hierauf folgte ein scharfer Notenwechsel zwischen der polnischen und der deutschen Regierung; eine warnte die andere vor den Folgen weiterer Eingriffe.

Am 11., als Burckhardt selber Hitler besuchte, drohte der Führer, daß er »beim leisesten Versuch der Polen wie der Blitz über sie herfahren würde mit all den ihm zur Verfügung stehenden mächtigen Waffen, von denen die Polen nicht die geringste Ahnung hätten. Burckhardt sagte, daß dies zu einem allgemeinen Krieg führen würde. Herr Hitler antwortete, daß er, wenn er einen Krieg machen müßte, ihn lieber heute als morgen beginnen würde. Und er würde ihn nicht wie das Deutschland unter Wilhelm II. führen, das immer Bedenken gehabt hätte, seine Waffen voll einzusetzen, sondern daß er unbarmherzig bis zum Äußersten kämpfen werde[343].«

Jetzt gab es Drohungen auf der einen Seite und auf der anderen entwaffnende Vernunft. »Wenn die Polen Danzig in aller Stille verlassen«, so sagte er zu Burckhardt, »dann kann ich warten.« Er wäre immer noch mit den Bedingungen zufrieden, die er am 26. März gestellt hätte; die Polen aber lehnten ja Verhandlungen ab. »Ich verlange nichts vom Westen ... Doch ich muß im Osten freie Hand haben ...« Er wolle mit England in Frieden leben und einen endgültigen Vertrag abschließen; er wolle alle Besitzungen der Engländer in der ganzen Welt garantieren; er wolle mit den Engländern zusammenarbeiten. Dies war eine charakteristische Zurschaustellung Hitlerscher Diplomatie, mit sprunghaftem Wechsel von Drohung und Konzilianz. Wie er vorausberechnet hatte, wurde jedes seiner an Burckhardt gerichteten Worte nach London berichtet.

In Rom führte mittlerweile die Gefahr eines Krieges zu immer stärkerer Besorgnis. Die Berichte des italienischen Botschafters in Berlin, Attolico, waren alarmierend. Schon seit einiger Zeit hatte Mussolini den Diktator nördlich der Alpen gedrängt, mit ihm zusammenzutreffen. Im Juli stimmte Hitler einem Treffen am Brenner am 4. August zu, aber seine Reaktion auf den italienischen Vorschlag einer internationalen Konferenz (bei der Mussolini seinen Münchner Erfolg zu wiederholen trachtete) war ungünstig, und das Treffen wurde aufgeschoben. Alarmiert durch das Schweigen der Deutschen über ihre Pläne (das übliche Zeichen, daß sie eine Überraschung für ihre Alliierten vorhatten), bat Ciano Ribbentrop dringend, ihn doch am 11. August in Salzburg zu treffen. »Bevor wir uns trennen«, berichtet Ciano in seinem Tagebuch, »empfiehlt Mussolini mir noch, den Deutschen deutlich vor Augen zu halten, daß der Krieg mit Polen vermieden werden müsse, weil es unmöglich geworden sei, ihn zu lokalisieren, und ein allgemeiner Krieg für alle verhängnisvoll wäre. Noch nie hat der Duce so warm und rückhaltlos wie heute über die Notwendigkeit des Friedens gesprochen[344].«

Als sie sich auf Fuschl, Ribbentrops Landsitz außerhalb von Salzburg, trafen, blieben die beiden Außenminister zehn Stunden zusammen. Ciano setzte sich mit seiner ganzen Beredsamkeit für eine friedliche Regelung des Streites mit Polen ein; er stand vor einer Steinwand. Ribbentrop verkündete, ein deutsch-polnischer Konflikt sei unvermeidlich.

»Ich muß hinzufügen«, berichtet Ciano, »daß er auf mich den Eindruck machte, als bestehe eine unvernünftige, hartnäckige Entschlossenheit, diesen Konflikt heraufzubeschwören ... Er geht von zwei Voraussetzungen aus, über die zu streiten mit ihm sinnlos ist, denn er antwortet, indem er immer die gleichen unumstößlichen Grundsätze wiederholt und jede Diskussion umgeht. Diese Grundsätze sind: 1. Es kommt nicht zu einem allgemeinen Krieg ... 2. Selbst wenn Frankreich und England zu intervenieren wünschen, stehen sie vor der physischen Unmöglichkeit, Deutschland oder der Achse zu schaden, und der Konflikt werde sicher mit dem Sieg der totalitären Mächte enden[345].«

Cianos Vorschlag, die Frage durch eine Konferenz zu regeln, wurde einfach übergangen. Aber Ribbentrop sagte auch nicht, was Deutschland zu tun vorschlage — »alle Entscheidungen liegen noch verschlossen in der undurchdringlichen Brust des Führers«. Er war so überzeugt davon, daß die Westmächte nicht intervenieren würden, daß er bei einer ihrer Mahlzeiten mit Ciano eine Wette einging und eine Sammlung alter Waffen gegen ein italienisches Gemälde setzte. Vier Jahre später, als Ciano in Verona gefangen saß und darauf wartete, von den Deutschen erschossen zu werden, dachte er mit einiger Bitterkeit daran, daß Ribbentrop es versäumt hatte, seine Wettschuld zu begleichen.

Ciano bezeichnete die Atmosphäre seiner Gespräche mit Ribbentrop als eisig. Hitler, zu dem er am nächsten Tag auf den Berghof geführt wurde, war herzlicher, aber auch ebenso unerbittlich in seiner Entschiedenheit. Er war bereits in militärische Kalkulationen vertieft und empfing Ciano vor den auf dem Tisch ausgebreiteten Generalstabskarten. Der erste Teil der Unterhaltung wurde völlig von Hitler bestritten, der die Stärke der deutschen militärischen Position demonstrierte. »Nach der Eroberung Polens (mit der in kurzer Zeit zu rechnen sei) wäre Deutschland in der Lage, bei einem allgemeinen Krieg hundert Divisionen am Westwall zu konzentrieren.« Was Polen angehe, so sei es zu schwach, einem deutschen Angriff zu widerstehen. Hitler wiederholte dann Ribbentrops Vorschlag, Italien solle die Gelegenheit benutzen und Jugoslawien aufteilen.

In seiner Antwort stellte Ciano mit vielen Einzelheiten die schwache Position Italiens und seine mangelhaften Kriegsvorbereitungen heraus. Er führte Klage, daß die Deutschen trotz des kürzlich abgeschlossenen Bündnisses ihre Verbündeten niemals über den Ernst der Lage oder über ihre Absichten informiert hätten. Aber Hitler hörte, wie Ciano feststellte, nur mit abwesendem Blick zu.

»Im Grunde spüre ich«, schrieb Ciano in sein Tagebuch, »daß das Bündnis mit uns den Deutschen nur soviel wert ist, als wir Kräfte von ihren Grenzen abziehen können ... Um unser Schicksal kümmern sie sich nicht. Sie wissen, daß der Krieg von ihnen beschlossen wird und nicht von uns[346].«

Hitler nannte für seinen Entschluß, die Polen anzugreifen, verschiedene Gründe, von denen Ciano keinen besonders ernst nahm. Aber Hitler gab genaue Daten an. Der ganze Feldzug müsse bis zum 15. Oktober beendet sein, ehe der Regen einsetze und mit Schlamm gerechnet werden müsse. Bis spätestens Ende August sei also zu klären, ob man angreife oder nicht. »Der Führer sei entschlossen, die Gelegenheit der nächsten politischen Provokation zu benutzen, um innerhalb 48 Stunden Polen anzugreifen und auf diese Weise das Problem zu lösen[347].«

Ciano tat sein Bestes, Hitler diese Absicht auszureden, aber vergebens. In der Überzeugung, daß die Westmächte nicht intervenieren würden, war Hitler bereit, auf die italienische Hilfe zu verzichten, und er sagte es auch. Er willigte zwar ein, Cianos Vorschlag einer internationalen Konferenz zu erwägen, tat es aber ganz offensichtlich nur, um die Form zu wahren. Noch während der Besprechung traf ein Telegramm aus Moskau ein mit der Nachricht, daß die Russen bereit seien, mit einer deutschen Delegation zu verhandeln. Dieses Telegramm wurde nie entdeckt, und alles an diesem Vorgang deutet darauf hin, daß er für Ciano besonders inszeniert worden war: er sollte bei ihm den Eindruck verstärken, daß die Entscheidung bereits gefallen sei und daß Hitler nur noch aus Höflichkeit die Ansichten seiner italienischen Verbündeten weiter anhöre.

Am Tage darauf, am 13. August, gab sich Ciano, als die Gespräche wiederaufgenommen wurden, keine Mühe mehr, Hitlers Sinn zu ändern. Hitler tat schließlich den Vorschlag einer Konferenz ab und wiederholte im übrigen, was er am Tage vorher gesagt hatte, wobei er noch einmal seinen Glauben unterstrich, daß England und Frankreich zwar Lärm schlagen, aber sonst nichts unternehmen würden. Wenn sie dennoch intervenierten, fügte er hinzu, so sei das nur ein Beweis, daß sie ohnehin längst beschlossen hätten, gegen die Achse vorzugehen und den Achsenmächten keinesfalls die von Mussolini gewünschte weitere Vorbereitungszeit zu gestatten.« Die westlichen Demokratien seien von dem Wunsch beseelt, die Welt zu beherrschen, und sähen Deutschland und Italien nicht als ihresgleichen an. Dieses psychologische Element der Verachtung sei vielleicht das Schlimmste an der ganzen Angelegenheit. Sie könne nur durch einen Kampf auf Leben und Tod geregelt werden[348].«

Ciano fragte dann nur noch nach dem Datum. Der Feldzug, erwiderte Hitler, werde in vierzehn Tagen beendet und für die endgültige Liquidierung Polens noch ein weiterer Monat erforderlich sein. Die ganze Sache könne zwischen Ende August und Mitte Oktober erledigt werden. Wie üblich versicherte Hitler dann noch, daß das Mittelmeer zur italienischen Einflußsphäre gehöre, in die er niemals eingreifen werde; er schätze sich glücklich, in einer Zeit geboren zu sein, »in der, außer ihm, noch ein anderer Staatsmann lebe, der in der Geschichte als einzig und groß dastehe; daß er der Freund dieses Mannes sein dürfe, sei für ihn eine große persönliche Genugtuung«.

Ciano ließ sich nicht täuschen. »Ich kehre nach Rom zurück«, schrieb er in sein Tagebuch, »angeekelt von Deutschland, von seinen Führern, von ihrer Handlungsweise. Sie haben uns betrogen und belogen. Und heute sind sie im Begriff, uns in ein Abenteuer hineinzureißen, das wir nicht gewollt haben und das das Regime und das Land gefährdet[349].«

Man braucht nicht lange nach einer Erklärung zu suchen für die Gleichgültigkeit, die Hitler und Ribbentrop dem drei Monate vorher so überschwenglich begrüßten Verbündeten gegenüber zur Schau trugen. Es war jetzt die Aussicht auf ein Abkommen mit Rußland, was den Führer und seinen Außenminister blendete. In Hitlers gesamter Politik hat stets ein starkes persönliches Ressentiment eine große Rolle gespielt; er wollte seine Gegner ducken, ihnen in der dramatischsten Weise das heimzahlen, was sie ihm im Frühjahr zugefügt hatten. Einen Vertrag zu unterzeichnen mit einer Regierung, der gegenüber er bisher unversöhnliche Feindschaft gezeigt hatte, und das ausgerechnet in einem Augenblick, in dem englische und französische Missionen noch in der russischen Hauptstadt verhandelten — das war eine Rache, wie sie seiner Eitelkeit schmeichelte.

Und doch mußte das Abkommen erst noch zustande gebracht werden, und das war keineswegs so sicher, wie Ribbentrop es Ciano gegenüber angedeutet hatte. Die Russen hatten es nicht eilig. Die letzte Mitteilung, die die Deutschen von ihnen erhalten hatten, sprach davon, daß die Diskussionen »nur Schritt für Schritt abgehalten werden könnten«. Hitler, dem ausschließlich der Stichtag im Sinne lag, den er für den Angriff auf Polen festgesetzt hatte, drängte auf sofortigen Beginn der Verhandlungen. Am 14. August wies Ribbentrop den deutschen Botschafter in Moskau telegraphisch an, Molotow — wenn möglich Stalin — aufzusuchen und den Vorschlag zu machen, daß er selbst, Ribbentrop, nach Moskau käme, um direkte Verhandlungen mit der russischen Regierung aufzunehmen. Als weiteres Lockmittel solle er hinzufügen, daß es nach Ansicht der Reichsregierung »zwischen Ostsee und Schwarzem Meer keine Streitfrage gibt, die nicht zur vollen Zufriedenheit beider Länder gelöst werden kann, eingeschlossen die Ostsee, die baltischen Länder, Polen, Südostraum usw.[350].«

Endlich hatten die Deutschen offen zu verstehen gegeben, was sie wollten, doch Molotow ließ sich nicht drängen. Als Schulenburg ihm Ribbentrops Angebot, nach Moskau zu kommen, unterbreitete, bemerkte er dazu, ein solcher Besuch »erfordere entsprechende Vorbereitungen, damit der Meinungsaustausch zu einem Ergebnis führe«. Waren die Deutschen zum Beispiel bereit, auf die Japaner Druck auszuüben und sie zu einer anderen Haltung gegenüber Rußland zu bewegen? Wollten die Deutschen einen Nichtangriffspakt abschließen? Würden sie sich mit einer gemeinsamen Garantie der baltischen Staaten einverstanden erklären? All diese Dinge, so schloß Molotow, müßten ganz konkret durchgesprochen werden, damit, wenn der deutsche Außenminister nach Moskau komme, nicht nur ein Meinungsaustausch möglich sei, sondern klare Entscheidungen getroffen werden könnten[351].

Nichts war Hitler angenehmer. Ribbentrop antwortete umgehend und nahm Molotows Vorschläge ohne Einschränkung an. Er fügte hinzu, nach dem 18. August, einem Freitag, sei er jederzeit zu kommen bereit, und zwar ausgerüstet mit allen Vollmachten zum Abschluß eines Vertrages.

Auch die Russen standen jetzt einer Entscheidung näher. Die militärischen Gespräche mit England und Frankreich hatten einen toten Punkt erreicht und wurden am 17. August vertagt; sie wurden nie ernsthaft wiederaufgenommen. Die Russen jedoch waren entschlossen, aus Deutschlands plötzlichem Eifer den größtmöglichen Vorteil zu ziehen. Als Molotow den deutschen Botschafter am gleichen Tag, dem 17., empfing, teilte er ihm mit, daß sie nun mit ernsthaften, praktischen Schritten vorangehen müßten. Zuerst müsse das Handelsabkommen unterzeichnet werden, das nun schon einige Monate überfällig sei. Dann könne man sich einem Nichtangriffspakt zuwenden. Dieser jedoch könne wiederum nicht ohne ein besonderes Protokoll, das die Interessen der beiden vertragschließenden Parteien

hinsichtlich der einen oder anderen außenpolitischen Frage darlege, in Angriff genommen werden. Molotow ging mit keinem Wort auf Ribbentrops besonderen Vorschlag hinsichtlich der Datierung seines Besuches ein[352].
Molotows Taktik vergrößerte Hitlers Ungeduld noch. Ribbentrop telegraphierte zurück, das Handelsabkommen würde sofort unterzeichnet werden können; es kam allein darauf an, daß er so schnell wie möglich nach Moskau abreisen konnte.

Der Botschafter solle betonen — so Ribbentrops Weisung —, daß die deutsche Außenpolitik heute einen historischen Wendepunkt erreicht habe. Er möge auf eine schnelle Realisierung seiner Reise drängen und etwaige neue Einwände der Russen zurückweisen. Der Botschafter müsse sich den entscheidenden Umstand vergegenwärtigen, daß nämlich der frühe Ausbruch eines offenen deutschpolnischen Konfliktes möglich sei und daß deshalb das größte Interesse an der unverzüglichen Durchführung des Ribbentrop-Besuches in Moskau bestehe[353].

Am folgenden Tag, dem 19., gab Hitler 21 U-Booten den Befehl, Positionen in der Nordsee zu beziehen; die beiden deutschen Schlachtschiffe »Graf Spee« und »Deutschland« sollten zum Atlantik auslaufen. Am Abend des gleichen Tages brachte ein Telegramm Schulenburgs endlich das Einverständnis der russischen Regierung zu dem Treffen mit Ribbentrop — allerdings erst eine Woche nach der Unterzeichnung des Handelsabkommens am 26. oder 27. August.

Bisher hatte Hitler, obwohl der diplomatische Notenaustausch vom Obersalzberg aus unter seinen Augen geführt worden war, die tatsächlichen Verhandlungen Ribbentrop überlassen. Jetzt aber, da er sich einer Verzögerung gegenüber sah, die seinen sorgfältig aufgestellter Zeitplan durcheinanderbringen konnte, stellte er seinen Stolz zurück und bat Stalin, das Oberhaupt des von ihm als unversöhnlichen Gegner bezeichneten bolschewistischen Staates, um ein persönliches Entgegenkommen.

Er nahm Molotows Entwurf für einen Nichtangriffspakt an, versprach, Ribbentrop zu bevollmächtigen, diesen Pakt und auch das Protokoll, das die Russen verlangten, zu unterzeichnen, und drängte Stalin, den Außenminister am 22., spätestens aber am 23. August zu empfangen. Die Spannung zwischen Deutschland und Polen sei unerträglich geworden ... Eine Krise könne täglich entstehen. Seiner Ansicht nach sei es im Hinblick auf die Vorhaben der beiden Staaten, in ein neues Verhältnis zueinander zu treten, wünschenswert, nun keine Zeit mehr zu verlieren. Der Außenminister könne in Anbetracht der internationalen Situation nicht länger als einen, höchstens zwei Tage in Moskau bleiben. Er, Hitler, würde sich freuen, Stalins Antwort bald zu empfangen[354].

Hitlers Telegramm ging am Nachmittag des 20. ab. Es war ein Sonntag. Den Rest des Tages und den ganzen Montag über stand Hitler, in Erwartung von Stalins Antwort, wie auf glühenden Kohlen. Ob die Russen noch immer zu dem Abkommen bereit seien? Ob sie seinem Verlangen nach rascher Entscheidung entsprechen würden? Oder ob sie, und das wäre das Schlimmste, im letzten Augenblick doch noch mit den Engländern und Franzosen abschließen würden? Da er nicht schlafen konnte, rief Hitler mitten in der Nacht Göring an: es mache ihn besorgt, daß Stalin sich für seine Antwort so viel Zeit nehme.

Endlich, am Montagnachmittag, telegraphierte Schulenburg Stalins Antwort:

»An den Kanzler des Deutschen Reiches, A. Hitler.
Ich danke für Ihren Brief. Ich hoffe, daß der deutsch-sowjetische Nichtangriffspakt eine entscheidende Wendung zum Besseren in den politischen Beziehungen zwischen unsern beiden Ländern bedeutet. ... Die Sowjetregierung hat mich ermächtigt, Sie zu unterrichten, daß sie mit Herrn von Ribbentrops Ankunft in Moskau am 23. August einverstanden ist. J. Stalin[355].«

Der Pakt selbst bot keinerlei Schwierigkeiten: Hitler hatte Molotows Entwurf ja bereits akzeptiert. Die Russen hatten dem Text jedoch eine Nachschrift hinzugefügt: »Der vorliegende Pakt«, lautete die russische Anmerkung, »soll nur dann in Kraft treten, wenn gleichzeitig ein besonderes Protokoll über die außenpolitischen Punkte, an denen die vertragschließenden Parteien interessiert sind, unterzeichnet wird[356].«

Grob ausgedrückt hieß das: die Sowjetunion wollte erst dann unterzeichnen, wenn sie wußte, welchen Umfang ihr Anteil an der Beute haben und in welche Einflußsphären Osteuropa aufgeteilt werden sollte. Diesen Kuhhandel zum Abschluß zu bringen, war nun die Aufgabe Ribbentrops bei seinem Flug nach Moskau. Hitler ging es jedoch nur um den Pakt. Denn wie immer sein Wortlaut sein mochte, er bedeutete die Neutralität Rußlands, das Ende jeglicher Drohung, durch ein Abkommen zwischen England, Frankreich und Rußland Deutschlands Pläne im Osten zu vereiteln. War man in diesem Stadium auch gezwungen, Rußland gegenüber Konzessionen zu machen, so kam sicher einmal der Tag, an dem man sie wieder zurückziehen konnte: Hitler ist es niemals schwergefallen, sich über Abkommen hinwegzusetzen, sobald sie ihren Zweck erfüllt hatten. Um Stalins Unterschrift zu erhalten, war er bereit, alles Mögliche zu versprechen. Und so unterschrieb er, ohne auch nur einen Augenblick zu zögern, das Stück Papier, das Ribbentrop alle Vollmachten übertrug. Er machte nur einen einzigen Vorbehalt: das Abkommen, gleichgültig in welcher Form es zustande kam, habe mit der Unterzeichnung in Kraft zu treten[357]. Mit solcher Vollmacht ausgestattet, saß Ribbentrop wenige Stunden später im Flugzeug nach Moskau.

V

Ribbentrop reiste am 22. frühmorgens ab. Im Verlauf der späteren Stunden des gleichen Tages trafen nach und nach die Oberbefehlshaber auf dem Berghof ein, wohin der Führer sie zu einer Sonderkonferenz befohlen hatte. Sie fanden ihn, den Mann, in dessen Hand die Entscheidung über Krieg oder Frieden lag, in strahlendster Laune vor. Draußen in den Bergen wogte ein heißer, friedlicher Sommertag; drinnen im Haus stand Hitler hinter einem riesigen Arbeitstisch, während die Offiziere im Halbkreis vor ihm saßen. Diskussion war nicht gestattet; sie waren nur da, um zuzuhören. Einer Darstellung zufolge, hat Hitler seine Ansprache nur einmal unterbrochen — um seine Generale zu bewirten — und nach dem Essen fortgesetzt. Ein offizielles Sitzungsprotokoll ist nicht geführt worden. Aber mehrere Offiziere machten sich heimlich Notizen, und an Hand dieser Aufzeichnungen läßt sich, wenn auch keine wörtliche, so doch im wesentlichen zutreffende Darstellung dessen geben, was Hitler gesprochen hat[358].

Es sei ihm klar gewesen, daß ein Konflikt mit Polen früher oder später kommen müsse ... Er habe zunächst die Herstellung erträglicher Beziehungen zu Polen gewünscht, um gegen den Westen zu kämpfen. Dieser Plan aber, der sich ihm aufgedrängt habe, habe nicht ausgeführt werden können ... »Es wurde mir klar«, sagte Hitler, »daß bei einer Auseinandersetzung mit dem Westen Polen uns angreifen würde ...« Unter gewissen Umständen aber könne ein Konflikt mit Polen zu einem ungünstigen Zeitpunkt kommen. Hitler nannte als Gründe für diese Schlußfolgerung:

»Zunächst zwei persönliche Bedingungen: Meine eigene Persönlichkeit und die Mussolinis. Wesentlich hängt es von mir ab, von meinem Dasein, wegen meiner politischen Fähigkeiten. Dann die Tatsache, daß wohl niemand wieder so wie ich das Vertrauen des ganzen deutschen Volkes hat. In der Zukunft wird es wohl niemals wieder einen Mann geben, der mehr Autorität hat als ich. Mein Dasein ist also ein großer Wertfaktor. Ich kann aber jederzeit von einem Verbrecher, von einem Idioten beseitigt werden.

Der zweite persönliche Faktor ist der Duce. Auch sein Dasein ist entscheidend. Wenn ihm etwas zustößt, wird die Bündnistreue Italiens nicht mehr sicher sein ...
Auf der Gegenseite ein negatives Bild ... In England und Frankreich gibt es keine Persönlichkeit von Format.
Bei uns ist das Fassen von Entschlüssen leicht. Wir haben nichts zu verlieren, nur zu gewinnen. Unsere wirtschaftliche Lage ist infolge unserer Einschränkungen so, daß wir nur noch wenige Jahre durchhalten können. Göring kann das bestätigen. Uns bleibt nichts anderes übrig, wir müssen handeln. Unsere Gegner riskieren viel und können nur wenig gewinnen. Der Einsatz Englands in einem Kriege ist unfaßbar groß.«

Hitler wandte sich dann den politischen Faktoren zu, die für Deutschland günstig seien. Im Mittelmeer und im Fernen Osten sei die Lage gespannt und England infolgedessen sehr in Anspruch genommen. Das britische Empire sei geschwächt aus dem letzten Krieg hervorgegangen; auch Frankreichs Position habe sich verschlechtert. Was die anderen Länder angehe, so werde sich keins von ihnen rühren. »Alle diese glücklichen Umstände bestehen in zwei bis drei Jahren nicht mehr. Niemand weiß, wie lange ich noch lebe. Deshalb Auseinandersetzung besser jetzt.«
Hitler wiederholte noch einmal seine Ansicht, daß die Gefahr einer englischen und französischen Intervention gering und daß es notwendig sei, dieses Risiko mit in Kauf zu nehmen. In jedem Fall werde weder England noch Frankreich in der Lage sein, seine Verpflichtung gegenüber Polen zu erfüllen.

»Der Westen hat nur zwei Möglichkeiten, gegen uns zu kämpfen:
1. Blockade: sie wird unwirksam sein infolge unserer Autarkie und weil wir die Hilfsquellen im Osten haben.
2. Angriff im Westen aus der Maginot-Linie heraus: das halte ich für unmöglich.
Der Gegner hatte noch die Hoffnung, daß Rußland als Gegner auftreten würde nach der Eroberung Polens. Die Gegner haben nicht mit meiner großen Entschlußkraft gerechnet. Unsere Gegner sind kleine Würmchen. Ich sah sie in München. Ich war überzeugt, daß Stalin nie auf das englische Angebot eingehen würde ... Litwinows Ablösung war ausschlaggebend ... Von Ribbentrop wird übermorgen den Vertrag abschließen. Nun ist Polen in der Lage, in der ich es haben wollte.
Wir brauchen keine Angst vor Blockade zu haben. Der Osten liefert uns Getreide, Vieh, Kohle, Blei, Zink. Es ist ein großes Ziel, das vielen Einsatz erfordert. Ich habe nur Angst, daß mir noch im

letzten Moment irgendein Schweinehund einen Vermittlungsplan vorlegt. Die politische Zielsetzung geht weiter. Anfang zur Zerstörung der Vormachtstellung Englands ist gemacht. Weg für den Soldaten ist frei, nachdem ich die politischen Vorbereitungen getroffen habe.«

Im zweiten Teil seiner Rede sprach Hitler von der Notwendigkeit, eiserne Entschlossenheit zu zeigen.

»Eine lange Friedensperiode würde uns nicht gut tun ... Nicht Maschinen ringen miteinander, sondern Menschen ... Seelische Faktoren ausschlaggebend ... 1918 fiel die Nation, weil die seelischen Vorbedingungen ungenügend waren.
Vernichtung Polens im Vordergrund ... Ich werde propagandistischen Anlaß zur Auslösung des Krieges geben, gleichgültig, ob glaubhaft. Der Sieger wird später nicht danach gefragt, ob er die Wahrheit gesagt hat oder nicht. Bei Beginn und Führung des Krieges kommt es nicht auf das Recht an, sondern auf den Sieg. Herz verschließen gegen Mitleid. Brutales Vorgehen. 80 Millionen Menschen müssen ihr Recht bekommen. Ihre Existenz muß gesichert werden. Der Stärkere hat das Recht. Größte Härte.«

Mit dieser Ermahnung entließ Hitler seine Generale. Der Befehl zur Eröffnung der Feindseligkeiten, fügte er hinzu, werde später ergehen: Wahrscheinlich sei es Samstag der 26. August, im Morgengrauen.

Hitler blieb die restlichen Stunden des 22. und auch noch den ganzen Mittwoch über auf dem Berghof. Hier besuchte ihn Henderson, der britische Botschafter, am Mittwoch, dem 23., nachmittags. Er war eilig im Flugzeug aus Berlin gekommen. Am Tage vorher war das englische Kabinett zusammengetreten, um über die Nachricht von einem bevorstehenden deutsch-russischen Nichtangriffspakt zu diskutieren. Die Nachricht zeigte eine geringere Wirkung, als Hitler erwartet hatte. Ein Bündnis mit Rußland war die Politik der Kritiker Chamberlains gewesen — die Politik Churchills, Lloyd Georges und der Labour Partei. Chamberlain selbst hatte stets gezögert, Verhandlungen zu beginnen. In der Konservativen Partei herrschte eine starke Abneigung gegenüber der Sowjetunion, und man empfand eine gewisse Befriedigung über die Tatsache, daß die Russen sich jetzt »in ihrer wahren Art gezeigt hatten«. Eine offizielle Verlautbarung gab folgendes bekannt: »Das Kabinett hat sich ohne Zögern zu der Auffassung entschieden, daß ein solches Ereignis Englands Verpflichtungen Polen gegenüber nicht berühren wird. Die englische Regierung hat dies wiederholt festgestellt und ist entschlossen, ihrer Verpflichtung nachzukommen.« Um keinen Zweifel über den Ernst ihrer Absicht aufkommen zu lassen, begann die englische Regierung mit der Einberufung von Reservisten und wies ihren Botschafter in Berlin an, Hitler persönlich einen Brief des Premierministers zu überbringen.

Der Brief ließ an Deutlichkeit nichts zu wünschen übrig: »Es ist behauptet worden«, schrieb Chamberlain, »daß, wenn die Regierung Seiner Majestät ihren Standpunkt im Jahre 1914 klarer gemacht hätte, jene große Katastrophe vermieden worden wäre. Unabhängig davon, ob dieser Behauptung Bedeutung zuzumessen ist oder nicht, ist Seiner Majestät Regierung entschlossen, dafür zu sorgen, daß im vorliegenden Falle kein solch tragisches Mißverständnis entsteht.

Nötigenfalls ist Seiner Majestät Regierung entschlossen und bereit, alle ihr zur Verfügung stehenden Kräfte unverzüglich einzusetzen, und es ist unmöglich, das Ende einmal begonnener Feindseligkeiten abzusehen[359].«

Nachdem Chamberlain so den englischen Standpunkt klargemacht hatte, gab er der Ansicht Ausdruck, daß es zwischen Deutschland und Polen keinerlei Streitfrage gäbe, die nicht durch Verhandlungen geregelt werden könne. Er machte auch Vorschläge über die Art und Weise, wie solche Verhandlungen eingeleitet werden könnten. Die Kernsätze aus Chamberlains Brief waren Hitler schon vorher mitgeteilt worden. Wenn die Warnung, die sie enthielten, für ihn überraschend kam, so wurde die Wirkung sogleich durch die Wiederholung von Chamberlains vertraulichem Angebot abgeschwächt, auch weiterhin eine friedliche Einigung anzustreben. Hitler war ganz und gar nicht beeindruckt und brach, sobald er den Botschafter empfangen hatte, in heftige Beschimpfungen gegen die Engländer aus. Sie seien in erster Linie an der Krise schuld: die britische Garantie für Polen, erklärte er, habe es verhindert, daß die ganze Angelegenheit schon längst geregelt sei. Er gab wilde Schilderungen von polnischen Ausschreitungen gegen die deutschen Minderheiten in Polen, lehnte es ab, Verhandlungen auch nur zu erwägen, und machte den Engländern bittere Vorwürfe wegen der Art und Weise, wie sie seine Freundschaftsangebote zurückgewiesen hätten.

Hitler erweckte in diesem Augenblick völlig den Eindruck, als sei er in seinem Zorn keiner vernünftigen Erwägung zugänglich, und doch berichtet Weizsäcker, der zugegen war: »Kaum hatte sich die Tür hinter dem Botschafter geschlossen, als Hitler sich auf den Oberschenkel schlug, lachte und sagte: ›Chamberlain wird diese Unterredung nicht überleben; heute abend noch wird sein Kabinett stürzen‹[360].«

Bei einer zweiten Unterredung, die später am Nachmittag stattfand, traf Henderson den Kanzler in einer ruhigeren Gemütsverfassung an, aber zu Konzessionen ebensowenig bereit wie vorher. »Ich sprach von der Tragödie des Krieges«, berichtete Henderson, »und von der ungeheuren Verantwortung, die er auf sich lade, aber er antwortete nur, England sei an allem schuld.« Es hätte eines anderen Mannes als Hendersons bedurft, um Hitler davon zu überzeugen, daß die britische Regierung entschlossen war, ihm Widerstand zu leisten. Dem deutschen Protokoll dieses Gespräches zufolge erklärte der Botschafter, Chamberlain sei immer ein Freund des deutschen Volkes gewesen ... Der Beweis dieser Freundschaft sei in der Tatsache zu finden, daß er sich gegen eine Aufnahme Churchills in das Kabinett gewehrt habe. Die feindliche Haltung gegenüber Deutschland repräsentiere nicht den Willen des britischen Volkes.

Hitler versicherte dem Botschafter, er zähle nicht ihn persönlich zu den Feinden Deutschlands ... Was ihn selbst jedoch betreffe, so sei die Lage recht einfach. Er sei jetzt fünfzig Jahre alt, und ein Krieg, wenn er kommen sollte, sei ihm jetzt lieber als zu einem Zeitpunkt, da er 55 oder gar 60 Jahre alt wäre. Zwischen England und Deutschland könne es nur Verständigung oder Krieg geben. England tue gut daran, sich klarzumachen, daß er als Frontsoldat wisse, was Krieg sei, und daß er alle verfügbaren Mittel benutzen würde. Bei der nächsten Gelegenheit einer Provokation durch Polen werde er handeln, fuhr Hitler fort. Das Problem um Danzig und den Korridor werde auf irgendeine Art erledigt[361].

In seiner Antwort an Chamberlain nahm Hitler die Absicht der Engländer, ihre Garantie gegenüber Polen zu erfüllen, zur Kenntnis, fügte aber hinzu, dies könne ihn in seiner Entscheidung nicht umstimmen. »England wird, wenn es angreift, Deutschland vorbereitet und entschlossen finden.«

Es ist unwahrscheinlich, daß Hitler glaubte, die Engländer würden seinen Entschluß auf die Probe stellen. Er vertraute darauf, daß der bevorstehende Abschluß eines Vertrages zwischen Deutschland und Rußland die Entschlossenheit der Westmächte erschüttern würde, und am Abend nach seiner Unterredung mit Henderson (am 23.) setzte er das Datum für den Angriff auf Polen auf Samstag den 26. — halb fünf in der Frühe — fest.

Aus Moskau kamen gute Nachrichten. Ribbentrop war, nachdem er Berlin am 22. verlassen hatte und über Nacht in Königsberg geblieben war, am 23. mittags in der russischen Hauptstadt eingetroffen. Fast unmittelbar darauf fuhr er zu einer ersten Besprechung mit Stalin und Molotow in den Kreml. Als er zu einem hastigen Mittagessen in die deutsche Botschaft zurückkehrte, war er in bester Stimmung:

alles ginge vortrefflich, noch vor Tagesende werde man zum Abschluß gelangen.

In seiner zweiten Besprechung mit Stalin und Molotow ließ Ribbentrop sich auf eine *tour d'horizon* ein. Die Unterhaltung streifte Japan, Italien, Türkei, England, Frankreich und den Antikomintern-Pakt. Ribbentrop geriet wohl durch die Erwähnung des Paktes, seines eigentlichen diplomatischen Meisterstückes, ein wenig in Verlegenheit. Er bemerkte, »daß der Antikomintern-Pakt im Grunde nicht gegen die Sowjetunion, sondern gegen die westlichen Demokratien gerichtet sei. Er wisse, daß die Sowjetunion diese Tatsache vollauf erkannt habe. Herr Stalin warf ein, daß der Antikomintern-Pakt wahrhaftig in der Hauptsache die Londoner City und die kleinen englischen Händler erschreckt habe.«

Am Abend war die Atmosphäre offenbar sehr herzlich. Bei den Trinksprüchen »machte Herr Stalin spontan den Vorschlag, auf den Führer anzustoßen: ›Ich weiß, wie sehr das deutsche Volk seinen Führer liebt; ich möchte darum auf seine Gesundheit trinken‹[362].« Die ernsten Geschäfte waren unterdessen abgeschlossen worden; man stand im Begriff, Kopien für die Unterzeichnung des Abkommens anzufertigen.

Das erste Schriftstück war ein eindeutiger Nichtangriffspakt. Falls einer der Partner in einen Krieg verwickelt wurde, war der andere verpflichtet, dem Gegner keine Hilfe zu leisten noch sich an einer Kräftegruppierung zu beteiligen, die sich mittelbar oder unmittelbar gegen jenen richtete. Es war vorgesehen, laufend Rücksprache zu nehmen und Differenzen im Schiedswege beizulegen. Der Vertrag wurde zunächst für die Dauer von zehn Jahren abgeschlossen, konnte aber verlängert werden.

Diesem für die Öffentlichkeit bestimmten Vertrag wurde ein streng geheimes Protokoll angefügt, das erst nach dem Kriege bekanntgeworden ist. Danach kamen Deutschland und Rußland überein, ganz Osteuropa in Einflußsphären aufzuteilen, deren Grenzen in drei Abschnitten umrissen wurden. Im ersten wurde festgelegt, daß Finnland, Estland und Lettland zur sowjetischen, Litauen und Wilna zur deutschen Sphäre gehörten. Im zweiten war eine Teilung Polens entlang der Flüsse Narew, Weichsel und San vorgesehen. »Über die Frage, ob die Interessen beider Partner die Aufrechterhaltung eines unabhängigen polnischen Staates als wünschenswert erscheinen lassen und wie die Grenzen dieses Staates verlaufen sollen, kann erst in einem ferneren Stadium der politischen Entwicklung endgültig entschieden werden.« Im dritten Abschnitt wurde Rußlands Interesse an der rumänischen Provinz Bessarabien klargelegt. Ribbentrop, der an Deutschlands wirtschaftliche Interessen in jenem Weltwinkel denken mußte, war froh, erklären zu können, daß Deutschland in *politischer* Hinsicht »keinerlei Interesse an diesen Gebieten« habe[363].

In den frühen Morgenstunden des 24. wurden beide Schriftstücke unterzeichnet, und um 1 Uhr nachmittags befand sich Ribbentrop bereits auf dem Rückflug nach Berlin. Er war genau 24 Stunden in Moskau gewesen. Entzückt von dem Empfang, den man ihm bereitet hatte, und über das Ergebnis seines Besuches triumphierend, kehrte er voller Begeisterung für Deutschlands neue Freunde nach Berlin zurück. Stalin war nicht so hingerissen. Als die deutsche Abordnung den Kreml verließ, packte er Ribbentrop am Arm und wiederholte: »Die Sowjetregierung nimmt den neuen Pakt sehr ernst. Mit meinem Ehrenwort stehe ich dafür ein, daß die Sowjetunion ihren Partner nicht hintergehen wird.« Es war ein kaum verhüllter Zweifel.

Ribbentrop kehrte nach Berlin zurück im festen Glauben, ein Abkommen mitzubringen, das Hitler freie Hand gab, Polen einen Schlag zu versetzen, von dem es sich in den nächsten fünfzig Jahren nicht mehr erholen würde. Das zu erreichen, hatte Ribbentrop Deutschlands Beziehungen zu den Italienern und Japanern[364] aufs Spiel gesetzt, den von ihm selbst geschaffenen Antikomintern-Pakt der Lächerlichkeit preisgegeben und den Russen in Osteuropa weitgehende Konzessionen eingeräumt. Im Augenblick schien das ein geringer Preis zu sein für einen der dramatischsten *coups* in der Geschichte: mit einem Federstrich wurde dem französisch-sowjetischen Bündnis von 1935, den seit langem sich hinschleppenden Verhandlungen der Engländer und Franzosen in Moskau und — wie Ribbentrop fest überzeugt war — den englischen und französischen Beistandsgarantien für Polen ein Ende gesetzt.

Hitler war am 24. bereits nach Berlin zurückgekehrt, um dort seinen Außenminister als »einen zweiten Bismarck« zu begrüßen — eine Bemerkung, die deutlich genug auf den einzigartigen Platz in der deutschen Geschichte hinweist, den er selbst jetzt für sich in Anspruch nahm.

An jenem Abend hörte er zusammen mit Göring und Weizsäcker Ribbentrops Bericht über seinen Empfang in Moskau an. Der »zweite Bismarck« stand noch ganz unter dem Eindruck seines Besuches im Kreml, wo er sich, wie er Hitler erzählte, »mehr oder weniger wie unter alten Parteigenossen gefühlt« habe.

Die Nachrichten, die aus London kamen, waren jedoch enttäuschend. Das Parlament war am 24. zusammengetreten und hatte einstimmig dem festen Standpunkt des Premierministers und des Außenministers Beifall gespendet. Chamberlains Regierung war nicht gestürzt worden, und die Nachricht von einem Pakt zwischen den Nazis und den Sowjets hatte so gesehen nicht die erwartete Wirkung gezeigt.

Der Angriff auf Polen war nun innerhalb von sechsunddreißig Stunden fällig. Nach einem Gespräch mit Göring, Ribbentrop und zwei, drei Generalen hielt Hitler seine Befehle aufrecht, entschloß sich aber, noch einen Versuch zu machen, die Westmächte von Polen zu entfernen.

Dieser letzte Annäherungsversuch an London geschah auf zweierlei Weise. In dem einen Fall wurde ein inoffizieller Botschafter nach London geschickt, der durch die Hintertür sondieren sollte. Es handelte sich um einen schwedischen Freund Görings, Birger Dahlerus, der bereits im gleichen Monat eine Zusammenkunft zwischen Göring und einer Gruppe englischer Geschäftsleute zustande gebracht hatte. Dahlerus flog am Morgen des 25. nach London und stattete am Nachmittag Lord Halifax einen Besuch ab. Da er nicht wußte, daß Hitler entschlossen war, den Polen seinen Willen aufzuzwingen — im äußersten Fall sogar auf die Gefahr eines allgemeinen Krieges hin —, glaubte Dahlerus, seine Mission bestehe darin, ein geeignetes Mittel zur Vermeidung des Krieges zu finden, handelte also gutgläubig. Was er jedoch nach London mitbrachte, war nicht ein neuer Vorschlag zur Beilegung der Polenkrise, sondern ganz einfach eine Versicherung, daß Hitler willens sei, mit England zu einer Übereinkunft zu gelangen.

Am Morgen des 25. war es Hitlers erste Aufgabe, einen langen und etwas verlegenen Brief an Mussolini zu schreiben. Es war eine verspätete Erklärung über die Verhandlungen in Moskau; er versicherte, daß der Russenpakt die Achse nur stärken könne. Am Schluß des Briefes deutete er an, daß der Krieg nahe bevorstehe: »Niemand kann sagen, was die nächsten Stunden bringen mögen ... Ich versichere Sie, Duce, daß ich in einer ähnlichen Situation für Italien vollstes Verständnis haben würde und daß Sie in solchem Falle auf mich rechnen könnten[365].« Nachdem er so Mussolini um Unterstützung gebeten hatte, bestellte Hitler den englischen Botschafter für 13.30 Uhr in die Reichskanzlei.

Hitler begrüßte Henderson diesmal in einer ganz anderen Stimmung als 48 Stunden vorher in Berchtesgaden. Er kam darauf zurück, daß Henderson am Schluß ihrer letzten Unterredung die Hoffnung ausgesprochen habe, es bestehe trotz allem noch eine Möglichkeit der Verständigung zwischen England und Deutschland. Er sei auch, erklärte Hitler, von den Reden beeindruckt, die gestern der englische Premierminister und der Außenminister im Unterhaus gehalten hatten. »Nachdem er sich die Dinge noch einmal habe durch den Kopf gehen lassen, möchte er hinsichtlich Englands einen ebenso entscheidenden Schritt unternehmen, wie es hinsichtlich Rußlands der soeben abgeschlossene Pakt darstelle.« Chamberlains Rede könne allerdings nicht das geringste an der deutschen Politik Polen gegenüber ändern. Er würde es bedauern, wenn ein allgemeiner Krieg ausbräche, aber die englische Haltung scheine ja dahin zu führen.

Nachdem er gewisse Bedingungen genannt hatte — Erfüllung der deutschen Kolonialforderungen zu gegebener Zeit, Anerkennung der besonderen deutschen Verpflichtungen Italien gegenüber, Nichtbeteiligung an einem etwaigen Krieg gegen Rußland —, machte Hitler dann sein Angebot: Deutschland sei bereit, den Bestand des Britischen Weltreichs zu garantieren und ihm Beistand zu leisten, wo auch immer solche Hilfe erforderlich sei. Mit dem Angebot verknüpfte er die Versicherung, eine vernünftige Rüstungsbeschränkung zu akzeptieren und die deutsche Westgrenze als endgültig anzuerkennen[366].

Hitler fügte dem noch einige für ihn charakteristische Floskeln hinzu — »seinem Wesen nach sei er Künstler und nicht Politiker; wenn einmal die polnische Frage geklärt sei, wolle er sein Leben als Künstler beschließen, nicht als Kriegstreiber; er wolle Deutschland nicht in eine große Kaserne verwandeln; nach Erledigung des polnischen Problems möchte er sich zurückziehen[367]« und so weiter. Dies änderte aber im wesentlichen nichts an seinem Angebot, das, ganz einfach ausgedrückt, ein Bestechungsmanöver war: England sollte in eine andere Richtung blicken, während er Polen erdrosselte. Zweifellos war das in Hitlers Vorstellung die genaue Parallele zu dem Bestechungsmanöver, mit dem er zwei Tage vorher bei Stalin Erfolg gehabt hatte. Seine einzige Bedingung war die, in Polen freie Hand zu erhalten. Als Henderson versuchte, das Gespräch wieder auf Polen zu bringen, und beharrlich darauf hinwies, daß »die britische Regierung auf sein Angebot nicht eingehen könne, solange in ihm nicht auch eine friedliche Regelung mit Polen berücksichtigt sei, sagte Herr Hitler: ›Wenn Sie meinen, es sei sinnlos, dann brauchen Sie es überhaupt nicht abzuschicken‹.« Schließlich erklärte Henderson sich bereit, das Angebot nach London weiterzuleiten. Hitler beschwor ihn, keine Zeit zu verlieren; er bot ihm sogar ein deutsches Flugzeug an, damit er nach London fliegen und Hitlers Botschaft durch persönliche Vorstellungen bekräftigen könne.

An diesem Nachmittag empfing Hitler noch zwei weitere Besucher. Der eine war Attolico, der italienische Botschafter, von dem er eine Antwort auf den am frühen Morgen an Mussolini gerichteten Brief erhoffte. Als er erfuhr, daß noch keine Antwort in Berlin vorlag, war Hitler sehr enttäuscht und wies Ribbentrop an, mit Ciano zu telefonieren.

Um 17.30 Uhr erschien der französische Botschafter Coulondre. An Frankreich brauchte Hitler kein solches Angebot zu machen, wie er es gerade Henderson unterbreitet hatte, aber er betonte noch einmal, daß es seiner Meinung nach für Frankreich und Deutschland kein Streitobjekt gebe, das ein Blutvergießen zwischen »zwei tapferen Völkern« rechtfertige. »Ich wiederhole, es wäre mir schmerzlich, zu denken, daß es dazu kommen könnte ... Aber die Entscheidung liegt nicht bei mir. Bitte, sagen Sie das Herrn Daladier[368].«

Von diesem Punkte an ist die Abfolge der Ereignisse nicht ganz klar. Entweder kurz vor oder kurz nach der Besprechung mit Coulondre wurde Hitler die Nachricht von der Unterzeichnung des Beistandspaktes zwischen England und Polen in London überbracht. Schmidt sagt, es sei kurz vor Coulondres Besuch gewesen. Damit würde sich Hitlers ängstliches Bemühen erklären, die Besprechung kurz zu halten, was sowohl Coulondre wie Schmidt aufgefallen ist. Wann aber auch die Nachricht eingetroffen sein mag, in jedem Falle mußte sie auf Hitler einen starken Eindruck machen. Die endgültige Unterzeichnung des Abkommens war monatelang aus dem einen oder anderen Grunde verzögert worden: die Tatsache, daß sie ausgerechnet an diesem Tage vorgenommen wurde, kurz nachdem Hitler sein letztes Angebot an England gemacht hatte, bedeutete, daß dieser letzte Versuch, einen Keil zwischen die Engländer und Polen zu treiben, fehlgeschlagen war. Nachdem Hitler den Bericht gelesen hatte, saß er eine Weile an seinem Schreibtisch und brütete über dem Schriftstück[369].

Der Nachricht aus London folgte eine zweite von noch größerer Bedeutung, und diese kam aus Rom. Hitlers Botschaft vom Vormittag des 25., in der er die bevorstehende Aktion gegen Polen angedeutet, hatte Mussolini in einem Augenblick erreicht, in dem er einen Zustand qualvollen Abwägens noch nicht überwunden hatte. Zwölf Tage vorher, nach seiner Rückkehr aus Berchtesgaden, hatte Ciano dem Duce zugesetzt, sich von Deutschland wieder unabhängig zu machen, solange es noch Zeit sei. »Die Wirkungen auf den Duce«, bemerkte er in seinem Tagebuch, »sind verschieden. Zuerst gibt er mir recht. Dann sagt er, die Ehre verlange, daß er mit Deutschland marschiere. Schließlich versichert er, seinen Anteil an der Beute in Kroatien und Dalmatien bekommen zu wollen[370].«

Am 18. notierte Ciano:
»Am Vormittag Unterhaltung mit dem Duce mit seiner üblichen Gefühlsschaukel. Er hält es immer noch für möglich, daß die Demokratien nicht marschieren und Deutschland billig zu einem glänzenden Geschäft kommen könnte, von dem er sich nicht ausschließen möchte. Auch fürchtet er Hitlers Zorn. Er meint, eine Kündigung des Paktes oder etwas Derartiges könnte Hitler dazu führen, die polnische Frage aufzugeben und die Rechnung mit Italien zu bereinigen. Das alles macht ihn nervös und unruhig[371].«

Beide, Mussolini und Ciano, wurden von dem Russenpakt gewaltig beeindruckt, und der Duce geriet wieder in seine kriegerischste Stimmung. Aber auch Mussolini konnte nicht die armselige Verfassung der italienischen Armee und die mangelhafte Vorbereitung für einen großen Krieg übersehen. Schließlich ließ er sich überzeugen, daß es richtig sei, mit Hitler zwar nicht zu brechen, aber doch die Teilnahme an einem Krieg in diesem Stadium abzulehnen. Das war der Inhalt der Botschaft, die Attolico nunmehr, kurz nach Coulondres Fortgang, in die Reichskanzlei brachte.

Nachdem er seiner Genugtuung über das Abkommen mit Rußland Ausdruck verliehen hatte, schrieb Mussolini:

»*Praktisch* gesehen, ist Italiens Stellung im Falle eines militärischen Zusammenstoßes nach meiner Ansicht folgende: Wenn Deutschland Polen angreift und der Krieg lokalisiert bleibt, wird Italien in der Lage sein, Deutschland jede Art von politischer und wirtschaftlicher Hilfe zu leisten, soweit sie erforderlich ist. Wenn Deutschland angreift und Polens Verbündete einen Gegenangriff auf Deutschland unternehmen, so möchte ich schon jetzt darauf hinweisen, daß es besser wäre, wenn ich mit Rücksicht auf den *gegenwärtigen* Stand der italienischen Kriegsvorbereitungen nicht die *Initiative* zu militärischen Operationen ergreifen würde ... Unser Eingreifen kann jedoch sofort stattfinden, wenn Deutschland uns unmittelbar Kriegsmaterial und Rohstoffe liefert, damit wir einem etwaigen Angriff der Franzosen und Engländer standhalten könnten.«

Zur Rechtfertigung seiner Entscheidung fügte Mussolini hinzu: »Bei unserer Zusammenkunft war der Krieg für die Zeit nach 1942 ins Auge gefaßt worden. Dann würde ich unserer Absprache gemäß zu Lande, zur See und in der Luft gerüstet sein[372].« Im Augenblick aber werde Italien nicht marschieren.

Nach der ganzen Art und Weise, wie Hitler die Italiener behandelt und sie nicht ins Vertrauen gezogen hatte, gab es für ihn keinen Anlaß, über Italiens Entscheidung überrascht zu sein, doch er verhehlte seine Enttäuschung nicht. Abrupt entließ er Attolico und erklärte, die Italiener verhielten sich genauso wie schon 1914. Zusammen mit der Nachricht aus London bewirkte die Antwort Mussolinis immerhin, daß Hitler jetzt davon überzeugt war, er müsse sich mehr Zeit lassen. Als Schmidt Attolico aus der Reichskanzlei hinausbegleitete, sah er Keitel mit schnellen Schritten an ihm vorbei zu Hitler gehen, und als er ihm bei seiner Rückkehr wieder begegnete, hörte er ihn aufgeregt zu seinem Adjutanten sagen: »Der Vormarschbefehl muß sofort widerrufen werden[373].« So wurde weniger als zwölf Stunden vor der angesetzten Frist der Einmarsch abgeblasen. Es geschah im letzten Moment. Viele Truppeneinheiten befanden sich schon auf dem Marsch. General Petzels 1. Korps in Ostpreußen erhielt den Gegenbefehl erst um halb zehn, und seine Vorhut konnte nur unter Schwierigkeiten aufgehalten werden. Einzelne Abteilungen des Kleistschen Korps weiter im Süden hatten bereits die polnische Grenze erreicht und konnten nur noch durch einen Stabsoffizier gestoppt werden, der ein Aufklärungsflugzeug zur Notlandung an der Grenze benutzte.

VI

Hitler befand sich zu diesem Zeitpunkt in einer starken Spannung. Doch er hatte, obwohl er abgehärmt und gedankenverloren wirkte, weder die Kraft noch die Geschicklichkeit in seinem politischen Kalkül verloren.

Seine Kalkulationen galten drei verschiedenen Möglichkeiten. Die erste war in irgendeiner Form die Wiederholung dessen, was im vergangenen Jahr mit den Tschechen geschehen war: politischer Druck seitens der britischen und französischen Regierung auf Polen könnte zu einer Annahme der deutschen Forderungen durch die Polen führen. Diese Forderungen, so mag Hitler überlegt haben, könnten je nach Gelegenheit erweitert oder modifiziert werden.

Die zweite Möglichkeit, die sich sehr gut ergeben konnte, wenn sich die Polen dem Druck ihrer Alliierten, wieder Verhandlungen mit den Deutschen aufzunehmen, eigensinnig widersetzten, war ein Bruch zwischen Warschau und den Westmächten, welcher der deutschen Armee freie Hand gäbe, eine rasche, örtlich beschränkte Kampagne im Osten durchzuführen.

Die dritte Möglichkeit war ein Angriff auf Polen ohne vorherige Absicherung, daß England und Frankreich nicht eingreifen würden. Dies schloß das Risiko eines allgemeinen Krieges in ganz Europa ein, doch dieses Risiko schien nur begrenzt, denn Hitler war überzeugt, daß er, wenn die deutsche Armee Polen rasch genug überrennen würde, die Westmächte mit einem *fait accompli* konfrontieren könne, noch bevor die Feindseligkeiten ernsthaft beginnen könnten.

Dies waren die drei Möglichkeiten in unterschiedlichen Kombinationen, die Hitler überdachte und in den neun Tagen, die zwischen dem Aufschub des Angriffs am Abend des 25. August und der britischen Kriegserklärung am 3. September lagen, zu handhaben suchte. Um Hitlers Gedankengänge und die diplomatischen Tricks dieser letzten Phase zu verstehen, ist es wichtig, sich daran zu erinnern, daß er alle drei Möglichkeiten offenließ und sich auf keine von ihnen festlegte — auch nicht, nachdem der Angriff auf Polen schon begonnen hatte —,

bis die britische Regierung sich endlich entschlossen hatte, den Krieg zu erklären.
Während der ganzen Zeit erprobte Hitler weiterhin die Stärke seiner Gegner, suchte nach einem schwachen Punkt, versuchte abzuschätzen, wie weit er gehen konnte, und erforschte jede neu auftauchende Möglichkeit. Wie bei jeder Krise in seiner Karriere — 1932, Juni 1934, September 1938 — hörte er sich die Argumente aus seiner Umgebung an, schien einmal auf der, dann wieder auf einer anderen Seite zu stehen, behielt jedoch die ganze Zeit seine Entscheidungen für sich. Er machte viele Worte, in denen Anklage, Selbstrechtfertigung, Verdrehung und groteske Übertreibung wild durcheinandergingen, doch seine wahre Meinung ließ er niemanden wissen. Er wartete auf die Gelegenheit und den intuitiven Impuls, der ihn voranbringen würde.

Weniger als vierundzwanzig Stunden nachdem er den Angriff auf Polen aufgeschoben hatte, legte Hitler eine neue »Stunde X« fest, von der er danach nicht mehr abging. Am Nachmittag des 28. notierte General Halder in seinem Tagebuch:

»15.22 Uhr . . . Fertigmachen zum 7. Mob. Tag (telefonisch aus Reichskanzlei) . . .
. . .
ObdH:
1. Angriffstermin 1. 9.
2. Führer wird sofort mitteilen, wenn nicht geschlagen wird.
3. Führer wird sofort mitteilen, sobald ein weiteres Hinausschieben notwendig ist.
4. Absicht Polen in eine ungünstige Verhandlungsposition zu drängen, um zu großer Lösung zu kommen (Henderson).
Führer sehr ruhig und klar . . .
Einem Gerücht zufolge scheint England geneigt zu sein, auf großes Angebot einzugehen. Näheres erst durch Henderson . . .
Rechnung: Wir fordern Danzig, Korridor durch Korridor und Abstimmung auf Basis Saarland. England wird vielleicht annehmen, Polen wahrscheinlich nicht. Trennung[374]!«

General Halders Tagebuchfeststellung (»Trennung!«) erklärt am besten die nun folgenden Verhandlungen, die völlig durcheinander gingen. Sie zerfallen in drei Gruppen: die Verhandlungen mit Rom, die mit Paris, und die mit London. Die letztgenannten Verhandlungen, die eine zweifache Annäherung einschlossen, offiziell durch die britische Botschaft, inoffiziell durch Dahlerus, waren bei weitem die bedeutendsten.

Die Verhandlungen mit Rom und mit Paris lassen sich kurz zusammenfassen.

Hitler antwortete Mussolini umgehend und fragte an, was er für die Vollendung seiner Vorbereitungen benötige, damit sich feststellen lasse, ob Deutschland das Fehlende liefern könne. Die italienische Antwort darauf war so abgefaßt, daß der Fall als hoffnungslos angesehen werden mußte. Ciano, der an der Aufstellung der Liste des italienischen Bedarfs mitgearbeitet hatte, schrieb hinterher: »Das reicht, um einen Stier umzulegen — sofern ein Stier lesen kann[375].« Hitlers Antwort erfolgte wiederum umgehend. Einige der italienischen Forderungen könne man erfüllen, doch nicht vor dem Ausbruch der Feindseligkeiten. Italiens Entscheidung konnte jedoch Hitlers Entschlüsse nicht beeinflussen.

»Da weder Frankreich noch England im Westen irgendwelche entscheidenden Erfolge erzielen können, im Osten aber nach Niederwerfung Polens Deutschland seine gesamten Kräfte durch das Abkommen mit Rußland freibekommt und die Luftüberlegenheit eindeutig auf unserer Seite ist, scheue ich mich nicht, auf die Gefahr einer Verwicklung im Westen hin die Frage im Osten zu lösen[376].«

Der Duce, so berichtet Ciano, war außer sich über die armselige Rolle, die er zu spielen hatte.

Er bedaure es außerordentlich, telegraphierte er an Hitler, gezwungen zu sein, im Moment der Aktion seine Solidarität nicht tatsächlich beweisen zu können.

Hitlers Brief war im Ton gemäßigt.

»Duce! Ich habe die Mitteilung über Ihre endgültige Stellungnahme erhalten. Ich würdige die Gründe und Kräfte, die Sie diesen Entschluß fassen ließen. Unter Umständen kann er sich trotzdem zum Guten auswirken. Die Voraussetzung hierfür ist allerdings meines Erachtens, daß die Welt wenigstens bis zum Ausbruch des Kampfes keine Kenntnis von der beabsichtigten Haltung Italiens erhält.«

Hitler gab sich mit drei weiteren Forderungen an seinen italienischen Verbündeten zufrieden. Er wünschte Unterstützung für Deutschland in der italienischen Presse und im Rundfunk, die Fesselung so vieler englischer und französischer Truppen wie möglich und, als eine besondere Gunst, italienische Arbeitskräfte für industrielle und landwirtschaftliche Arbeiten.

»Das wichtigste aber ist folgendes, Duce: Sollte es — wie gesagt — zum großen Krieg kommen, dann wird, ehe den beiden Westmächten irgendein Erfolg beschieden sein kann, der Fall im Osten entschieden sein. Ich werde dann noch in diesem Winter, spätestens im Frühjahr, mit Kräften, die Frankreich und England mindestens ebenbürtig sind, im Westen aufmarschieren[377].«

In der Hoffnung, sein Gesicht zu wahren, wiederholte Mussolini seinen Vorschlag für eine Konferenz und bot im letzten Moment, am Abend des 31. August, an, als Vermittler zu fungieren. Hitler dankte Mussolini für seine Mühe, wollte sich aber für diese Idee nicht gewinnen lassen. Zu Attolico sagte er, er habe »keine Lust, sich immer wieder von den Polen ins Gesicht schlagen zu lassen, und er wolle den Duce nicht durch die Annahme seines Vermittlungsvorschlages in eine peinliche Lage bringen ... Auf die Frage Attolicos, ob damit alles zu Ende sei, antwortete der Führer: »ja«. Es gab so zwar keinen offenen Bruch zwischen den Partnern der Achse, aber Hitler dachte nicht daran, seine Pläne zu ändern, um Mussolinis Ruf zu retten. Der Stahlpakt hatte ohnehin nicht die Erwartungen erfüllt; nun sollte er nicht auch noch als Bremse wirken.

Abgesehen von einem Brief an Daladier, in dem er mit beachtlichem Geschick das Argument wiederholte, Danzig und Polen seien kein wirklicher Grund, der einen Krieg zwischen Frankreich und Deutschland rechtfertige, verwandte Hitler in den letzten Phasen der Krise nur wenig Aufmerksamkeit auf Frankreich. Coulondre sah den Kanzler nach dem 26. tatsächlich erst dann wieder, als er am Abend des 1. September das französische Ultimatum überreichte. Hitler war zu recht der Ansicht, daß alles, auch die Entscheidung Frankreichs, von London abhinge.

Dahlerus kehrte am Abend des 26. zurück. Er hatte Lord Halifax gebeten, ihm einen Brief für Göring mitzugeben. In diesem Brief drückte Halifax den englischen Wunsch nach Frieden und Verständigung mit Deutschland aus. Das Schreiben scheint aber sehr allgemein und unverbindlich gehalten gewesen zu sein. Dennoch behauptete Göring, nachdem Dahlerus ihm den Brief in seinem Sonderzug auf dem Wege zu seinem Hauptquartier außerhalb Berlins vorgelesen hatte, das Schreiben sei von außerordentlicher Bedeutung. Er fuhr mit Dahlerus nach Berlin zurück, um Hitler aufzusuchen. Als sie um Mitternacht in der Reichskanzlei eintrafen, war im Gebäude alles dunkel, und Hitler lag im Bett. Göring bestand darauf, daß er geweckt wurde. Dahlerus, der in einem Vorzimmer warten mußte, hatte unterdessen genügend Zeit, die auserlesenen Teppiche — von jeher eine Schwäche Hitlers — und die Unmenge von Orchideen zu betrachten. Dann wurde er hineingeführt.

Ohne überhaupt den Brief, den Dahlerus aus London mitgebracht hatte, zu erwähnen, erging Hitler sich zwanzig Minuten lang in einer Rechtfertigung der deutschen Politik und in kritischen Auslassungen über England. Eine weitere halbe Stunde verbrachte er damit, Dahlerus über die Jahre auszufragen, die er in England gelebt hatte. Erst dann wandte er sich dem eigentlichen Thema zu. Er wurde immer aufgeregter, lief im Zimmer auf und ab und brüstete sich damit, daß er eine in der deutschen Geschichte noch nicht dagewesene Streitmacht aufgebaut habe.

Nachdem Hitler zu reden aufgehört hatte, ergriff Dahlerus die Gelegenheit, auch etwas zu sagen.

»Hitler hörte zu, ohne zu unterbrechen; dann aber sprang er plötzlich auf. Er wurde sehr aufgeregt und nervös, schritt auf und ab und sagte, als spreche er mit sich selbst, Deutschland sei nicht zu schlagen ... Plötzlich hielt er mitten im Zimmer inne, blieb stehen und starrte in die Luft. Seine Stimme war verschleiert, und er benahm sich wie ein völlig anomaler Mensch. Er sprach in abgehackten Sätzen: ›Falls ein Krieg kommen sollte, dann werde ich U-Boote bauen, U-Boote bauen, U-Boote. U-Boote, U-Boote.‹ Seine Stimme wurde immer undeutlicher, und zum Schluß konnte man ihm überhaupt nicht mehr folgen. Dann riß er sich zusammen, erhob seine Stimme, als wenn er vor einem großen Publikum spreche, und schrie und schrie: ›Ich werde Flugzeuge bauen, Flugzeuge bauen, Flugzeuge, Flugzeuge, und ich werde meine Feinde vernichten.‹ Er erschien mir in diesem Augenblick eher wie ein Phantom aus einer Erzählung als ein richtiger Mensch. Vor Überraschung habe ich ihn angestarrt und drehte mich dann um, um zu sehen, wie Göring darauf reagierte; aber es machte nicht den geringsten Eindruck auf ihn.«

Etwas später ging Hitler auf Dahlerus zu und fragte: »Herr Dahlerus, sagen Sie mir bitte, warum ich nicht mit der englischen Regierung zu einer Übereinkunft habe kommen können. Sie scheinen doch England gut zu kennen, vielleicht können Sie mir das Rätsel lösen?« Als Dahlerus ein wenig zögernd erwiderte, daß der Grund das mangelnde Vertrauen des englischen Volkes zu ihm und seinem Regime sei, »warf Hitler seinen rechten Arm hoch, schlug sich mit der linken Hand auf die Brust und rief: ›Idioten, habe ich jemals in meinem Leben gelogen?‹«

Das Ergebnis der Besprechung war, daß Dahlerus sich bereit erklärte, mit einem Angebot Hitlers an die englische Regierung nach London zurückzufliegen. Zusammengefaßt handelte es sich um folgende sechs Vorschläge:

1. Deutschland wünsche ein Abkommen oder ein Bündnis mit England.
2. England solle Deutschland bei der Annexion von Danzig und dem Korridor behilflich sein, Polen aber solle einen Freihafen in Danzig und einen Korridor nach Gdingen erhalten.
3. Deutschland gäbe die Versicherung ab, daß es Polens Grenzen garantieren würde.
4. Ein Abkommen über Deutschlands Kolonien oder ein entsprechendes Äquivalent solle vereinbart werden.
5. Ausreichende Garantien sollten für die Behandlung der deutschen Minoritäten in Polen gegeben werden.
6. Deutschland gäbe die Versicherung, das Britische Empire zu verteidigen.«

Dahlerus wurde nicht gestattet, diese Punkte schriftlich zu fixieren, aber Hitler und Göring legten sichtlich der von ihm zu überbringenden Botschaft große Bedeutung bei. Als Dahlerus fragte, welche Ansprüche denn Hitler im Korridor habe, riß Göring eine Seite aus einem Atlas und zeichnete mit dem Rotstift einige Linien ein. Das war die Art, mit der im Dritten Reich Staatsaffären behandelt wurden[378].

Dahlerus traf in London am Sonntag dem 27., kurz nach Mittag ein. Er ließ sich sofort in die Downing Street Nr. 10 fahren. Der britischen Regierung lagen nunmehr zwei verschiedene Angebote vor: das eine, das Hitler am 25. Henderson gegeben hatte, war noch unbeantwortet; das zweite brachte nun Dahlerus mit. Zwischen beiden Angeboten bestanden erhebliche Unterschiede.

In seinem ersten Vorschlag hatte Hitler angeboten, das britische Empire zu garantieren, jedoch erst, nachdem er mit Polen klargekommen war. Jetzt aber wurde in den sechs Punkten, die Dahlerus überbrachte, ausgedrückt, daß Hitler nun bereit sei, mit Hilfe der Engländer über die Rückgabe Danzigs und des Korridors zu verhandeln, Polens neue Grenzen zu garantieren und schließlich sich zu verpflichten, das britische Empire zu verteidigen. Dieser Fortschritt vom 25. auf den 26. stellte zweifellos einen neuen Versuch Hitlers dar, seine Gegner in verschiedene Lager zu spalten. Die Umstände jedoch, unter denen diese Vorschläge zusammengestellt worden waren, machten die britische Regierung skeptisch in bezug auf ihren Wert. Schließlich kam man überein, daß Dahlerus mit einer Antwort auf dieses zweite Angebot nach Berlin zurückkehren solle, um erst dann eine Antwort auf das erste offizielle Angebot auszuarbeiten. Diese sollte Henderson am 28. überbringen.

So flog Dahlerus wieder nach Berlin zurück. Am Sonntagabend, kurz nach elf, überbrachte er Göring die Botschaft der englischen

Regierung. Grundsätzlich waren die Engländer willens, zu einer Einigung mit Deutschland zu gelangen, standen aber weiterhin zu ihrer Garantie für Polen; sie empfahlen direkte Verhandlungen zwischen Deutschland und Polen zur Regelung der Grenz- und Minderheitenfrage, wobei sie sich ausbedungen, daß die Grenzen nicht allein von Deutschland, sondern von allen europäischen Großmächten garantiert werden müßten. Sie lehnten die Rückgabe der Kolonien zwar nicht endgültig, aber doch für so lange ab, als Kriegsgefahr bestehe. Das Angebot, das britische Empire zu verteidigen, wurde entschieden zurückgewiesen. Göring ging sofort zu Hitler, diesmal allein. Zu Dahlerus' Überraschung nahm Hitler die englischen Bedingungen an. Vorausgesetzt, sagte Göring zu Dahlerus, daß die offizielle englische Antwort mit seinem Bericht übereinstimme, bestehe kein Grund anzunehmen, daß man nicht zu einem Abkommen gelangen werde. Um 2 Uhr nachts holte Dahlerus den britischen Geschäftsträger aus dem Bett und gab nach London einen Bericht über die Aufnahme der Antwort bei Hitler durch.

Dahlerus gab deutlich zu verstehen, Hitler habe die Polen im Verdacht, sie wollten Verhandlungen aus dem Wege gehen. Die »Antwort solle deshalb die eindeutige Bestätigung enthalten, daß man den Polen dringend geraten habe, sofort Kontakt mit Deutschland aufzunehmen und zu verhandeln[379].« Lord Halifax handelte danach, und der britische Botschafter in Warschau sicherte Becks Einverständnis, sofort in Verhandlungen mit Deutschland einzutreten, so rechtzeitig, daß dies noch in die offizielle Antwortnote aufgenommen werden konnte, die Henderson nach Deutschland bringen sollte.

Am Montag dem 28., abends, flog Sir Nevile Henderson nach Berlin zurück. Als er um 9.30 Uhr in der Reichskanzlei erschien, wurde ihm ein Staatsempfang mit Ehrengarde und Trommelwirbel bereitet. Das Gespräch verlief, trotz weiterer Ausfälle Hitlers gegen Polen, in vernünftigen Formen. Die von Henderson mitgebrachte offizielle Antwort bestätigte Dahlerus' Bericht, ließ aber keinen Zweifel darüber, daß »alles davon abhängt, auf welche Weise die Regelung mit Polen zustande kommt«. Die Engländer wiesen Hitlers Bestechungsversuch höflich zurück: »Großbritannien kann nicht irgendwelcher Vorteile willen einer Regelung zustimmen, die die von ihr garantierte Unabhängigkeit eines Staates aufs Spiel setzt.« England werde seine Verpflichtungen Polen gegenüber einhalten und müsse in jedem Fall darauf bestehen, daß jegliches Abkommen nicht nur von Deutschland, sondern auch von den anderen europäischen Großmächten zu garantieren sei. »Nach Ansicht der Regierung Seiner Majestät sollte der nächste Schritt die Einleitung direkter Besprechungen zwischen der deutschen und der polnischen Regierung sein[380].« Die englische Regierung habe bereits von der polnischen die Zustimmung zu solchen Besprechungen eingeholt: nunmehr frage sie bei der deutschen Regierung an, ob sie ebenfalls zu Verhandlungen bereit sei.

Hitler gab zunächst keine Antwort, versprach sie aber für den nächsten Tag, Dienstag, den 29. August, da er sich erst mit Ribbentrop und Göring ins Benehmen setzen müsse.

Nachdem Hitler das Angebot der Engländer und Polen für den Beginn der Verhandlungen in der Hand hatte, schraubte er seine Forderungen bezeichnenderweise in die Höhe, genauso, wie er es ein Jahr zuvor in Godesberg gemacht hatte. Die deutsche Antwort, die Henderson am 29. August um 19.15 Uhr übergeben wurde, begann mit einer langatmigen Anklage gegen die Polen. Sie warf den Polen vor, die deutschen Forderungen abgelehnt, Deutschland seitdem provoziert und bedroht und die deutsche Minderheit verfolgt zu haben — ein für eine Großmacht unerträglicher Zustand. Alles das wurde geschickt herausgestellt, um die Konzession, die Hitler zur Gewinnung der Engländer zu machen bereit war, ins beste Licht zu stellen.

»Trotz ihrer skeptischen Beurteilung der Aussichten solcher direkten Besprechungen (mit den Polen) will sie (die deutsche Regierung) dennoch den englischen Vorschlag akzeptieren und in diese eintreten ... Sie tut dies ausschließlich unter dem Eindruck der ihr zugegangenen schriftlichen Mitteilung der Königlich Britischen Regierung, daß auch diese ein Freundschaftsabkommen wünscht ...
Die Deutsche Reichsregierung ist unter diesen Umständen damit einverstanden, die vorgeschlagene Vermittlung der Königlich Britischen Regierung zur Entsendung einer mit allen Vollmachten versehenen polnischen Persönlichkeit nach Berlin anzunehmen. Sie rechnet mit dem Eintreffen dieser Persönlichkeit für Mittwoch, den 30. August[381].«

In den beiden letzten Zeilen lag der Haken: der polnische Abgesandte sollte also sofort abreisen und am nächsten Tage in Berlin sein — und dazu mit allen Vollmachten. Gingen die Polen darauf ein, so hieß das: Kapitulation. Einen mit allen Vollmachten versehenen Vertreter nach Berlin zu schicken, bedeutete, eine Wiederholung dessen heraufzubeschwören, was dem österreichischen Kanzler Schuschnigg und Präsident Hácha geschehen war. Weigerten sich die Polen aber, so würden die Engländer und Franzosen, wie Hitler hoffte, in ihnen — wie im Jahr zuvor in Benesch und den Tschechen — das einzige Hindernis zu einem friedlichen Abkommen sehen, das Deutschland zu unterzeichnen sich bereit zeigte. War schließlich Danzig einen Krieg wert?

Als Henderson bemerkte, daß dies doch sehr wie ein Ultimatum klinge, leugnete Hitler das entschieden — wie schon in Godesberg.

Als der Botschafter sich jedoch zum Gehen anschickte, verstärkte Hitler den Druck wiederum: »Meine Soldaten«, so fügte er hinzu, »fragen mich: ja oder nein?« Sie wiesen ihn darauf hin, daß bereits eine Woche verloren sei und daß es nicht anginge, eine weitere zu verlieren, da der Regen in Polen dem Feind zugute kommen würde[382].

Die Eintragung General Halders in seinem Tagebuch vom 29. August gibt noch einen zusätzlichen Einblick in Hitlers Taktik:

»Polen von Engländern angewiesen, auf deutsche Anforderung nach Berlin zu kommen. Führer will sie morgen kommen lassen.
Grundgedanken: Mit demografischen und demokratischen Forderungen nur so um sich werfen ...
30. 8. Polen in Berlin.
31. 8. Zerplatzen.
 1. 9. Gewaltanwendung[383].«

Diesmal ging die englische Regierung nicht in die Falle. Obwohl sie sich weiter bemühte, Verhandlungen zwischen Deutschland und Polen zustande zu bringen, und auch Warschau diesen Kurs dringend nahelegte, weigerte sie sich doch, wegen Hitlers Forderung auf Absendung eines Bevollmächtigten innerhalb von 24 Stunden einen Druck auf die Polen auszuüben, da sie diese Bedingung für völlig unvernünftig hielt. Göring machte einen letzten Versuch, die Engländer zu beeinflussen, und sandte am 30. Dahlerus wiederum nach London, was aber an der Lage nichts mehr zu ändern vermochte. Als Dahlerus nach der Größe des Gebietes fragte, in dem die Volksabstimmung abgehalten werden sollte, griff Göring nach einem alten Atlas, riß eine Seite heraus und markierte das Gebiet mit einem Buntstift. Dahlerus bemerkte, daß Göring bei der Handhabung von Staatsangelegenheiten so rücksichtslos vorgehe, daß er sogar die Stadt Lodz in das von ihm markierte Gebiet einbezog, obwohl Lodz 90 km östlich der alten, vor 1914 gültigen preußischen Grenze lag.

In London wiederholte Dahlerus Hitlers Wunsch nach Frieden, nach einem Vergleich mit England. Doch Chamberlain und Halifax, obwohl tief besorgt, beharrten auf dem Standpunkt, den sie in ihrer Note vom 28. August eingenommen hatten: daß nämlich eine Verständigung zwischen Deutschland und Polen die Vorbedingung eines deutsch-englischen Abkommens sei und eben »alles davon abhängt, auf welche Weise die Regelung mit Polen zustande kommt«.

Im Laufe des Mittwochs (30. August) wurde zum erstenmal eine genaue Liste der deutschen Forderungen an Polen aufgestellt. Sie enthielt sechzehn Punkte, darunter: Rückgabe Danzigs, Volksabstimmung im Korridor unter internationaler Kontrolle, exterritoriale

Verbindungen zwischen Deutschland und Ostpreußen einerseits und zwischen Polen und Gdingen andererseits, Bevölkerungsumsiedlung und Garantie der Minderheitenrechte. Hitler selbst sagte später einmal in Gegenwart von Schmidt: »Ich brauchte ein Alibi, vor allem dem deutschen Volke gegenüber, um ihm zu zeigen, daß ich alles getan habe, den Frieden zu erhalten. Deshalb machte ich diesen großzügigen Vorschlag über die Regelung der Danziger und Korridor-Frage[384].« Die 16 Punkte waren auch noch anderweitig von Nutzen. Sie konnten die Engländer dazu bringen, Druck auf Polen auszuüben und so zwischen London und Warschau Mißtrauen säen.

Als Henderson um Mitternacht am 30./31. August bei Ribbentrop erschien, um ihm die Antwort der Engländer zu überbringen, wurde er mit einem heftigen Temperamentsausbruch begrüßt. Seinem Herrn nacheifernd, schrie Ribbentrop den Botschafter an, und obwohl dieser auf die 16 Punkte verwies, weigerte Ribbentrop sich, ihm den Text zu zeigen, mit der Begründung: die Frist für Verhandlungen mit Polen sei abgelaufen. Ribbentrop erklärte sich lediglich bereit, ihm die 16 Punkte vorzulesen; Göring jedoch sorgte dafür, daß Dahlerus am nächsten Tag eine Kopie erhielt.

Henderson war bereits zur Genüge von der »Großzügigkeit« der deutschen Bedingungen beeindruckt, er ließ den polnischen Botschafter Lipski nachts um zwei Uhr aus dem Bett holen und drängte ihn, Schritte für den Beginn von Verhandlungen zu unternehmen. Einige Stunden später gab die polnische Regierung unter dem Druck der Engländer und Franzosen Lipski tatsächlich die Anweisung, sich um eine Unterredung mit Ribbentrop zu bemühen. Die Polen waren jedoch nicht bereit, sich der Diktatur der Deutschen zu beugen, und Lipski war lediglich angewiesen, die Deutschen dahingehend zu informieren, daß der Vorschlag der Engländer, direkte Verhandlungen aufzunehmen, von der polnischen Regierung wohlwollend erwogen würde und daß man in wenigen Stunden eine Antwort senden würde.

Sogleich nach Erhalt dieser Botschaft aus Warschau ersuchte Lipski um eine Unterredung mit Ribbentrop. Das war um ein Uhr mittags. Die Deutschen hatten jedoch die diplomatische Anweisung der Polen dechiffriert und wußten, daß Lipski nicht als Bevollmächtigter handeln und Hitlers Forderungen auf der Stelle zustimmen durfte. Hitler war an Verhandlungen nicht interessiert, sondern nur an einer Kapitulation der Polen. Man ließ Lipski bis nach 16 Uhr ohne Antwort, und es ist möglich, daß man ihn auch dann nur »auf den dringenden Wunsch des Duce hin« empfing, der eine Sonderbotschaft aus Rom geschickt hatte. Als die Unterredung schließlich stattfand, war sie nur von kurzer Dauer. Da Lipski nicht mit den erforderlichen Vollmachten ausgestattet sei, teilte ihm der Außenminister in brüsker Form mit, habe die Aussprache keinen Sinn mehr. Die Besprechung wurde abgebrochen.

Über diesen in zwölfter Stunde geführten Verhandlungen liegt eine Atmosphäre des Unwirklichen. Die Telegramme, die hin und her zwischen London und Warschau, Berlin und London, London und Paris, Paris und Rom gewechselt wurden, bildeten ein nutzloses Bemühen. Selbst wer in diese diplomatische Betriebsamkeit eingespannt war, zweifelte an ihrem Sinn. Wie in einem schlechten Theaterstück ließ die Spannung bereits vor der Lösung des Knotens nach, und jedermann war erleichtert, als der Vorhang fiel.

Lange zu warten brauchte man darauf nicht. Das Oberkommando des Heeres drängte Hitler, sich so oder so zu entscheiden. Es zweifelte kaum daran, in welcher Richtung die Entscheidung fallen würde. Halders Prophezeiung traf nahezu ein. Die Polen kamen zwar nicht nach Berlin, aber das Datum stimmte. Am Donnerstag, dem 31. August, eine halbe Stunde nach Mittag, unterschrieb Hitler die »Weisung Nr. 1 für die Kriegführung«.

Alle Vorbereitungen bis hinunter zu den »Zwischenfällen« waren abgeschlossen. Seit dem 10. August wartete Naujocks, einer von Heydrichs SS-Leuten, in Gleiwitz, dicht an der polnischen Grenze, darauf, einen vorgetäuschten polnischen Angriff auf den dortigen deutschen Rundfunksender zu inszenieren. Er hatte mit dem Gestapochef Müller in Oppeln Verbindung aufgenommen. In seiner eidlichen Aussage nach dem Kriege erklärte Naujocks: »Müller sagte, er hätte ungefähr zwölf oder dreizehn verurteilte Verbrecher, denen polnische Uniformen angezogen werden sollten und deren Leichen auf dem Schauplatz der Vorfälle liegengelassen werden sollten, um zu zeigen, daß sie im Laufe der Anschläge getötet worden seien. Für diesen Zweck war für sie eine tödliche Einspritzung vorgesehen, die von einem Arzt gemacht werden sollte, der von Heydrich angestellt war; dann sollten ihnen auch Schußwunden zugefügt werden. Nachdem der Anschlag beendet war, sollten Mitglieder der Presse und andere Leute auf den Schauplatz geführt werden[385].« Am 31. August, abends 8 Uhr, griff Naujocks in der Nähe des Gleiwitzer Senders einen der Männer in bereits bewußtlosem Zustand auf, besetzte den Sender, wie ihm befohlen war, gab eine kurze Proklamation durch, feuerte einige Pistolenschüsse ab und ließ die Leichen liegen. Diese Darstellung Naujocks' wird durch General Lahousen von der Abwehr bestätigt, dessen Aufgabe es gewesen war, die polnischen Uniformen zu beschaffen. Der »Angriff« auf Gleiwitz war eine der »polnischen Verletzungen« deutschen Gebiets, die am nächsten Tage von den Deutschen zur Rechtfertigung ihrer Offensive Erwähnung fand.

Während diese »Grenzzwischenfälle« inszeniert wurden, gab der Berliner Rundfunk am Donnerstagabend, 9 Uhr, die 16 Punkte der deutschen Forderungen bekannt — zum Beweis der Mäßigung und Langmut des Führers angesichts unerträglicher Provokationen. Die Polen, hieß es, hätten sich hartnäckig geweigert, Verhandlungen aufzunehmen und die 16 Punkte in Bausch und Bogen abgelehnt. Daß die Punkte ein Alibi waren, wurde jetzt klar: selbst ein so hartgesottener Auslandskorrespondent wie William Shirer gibt zu, daß er über ihre Billigkeit verblüfft gewesen sei.

Östlich von Berlin rollten nun Panzer, Geschütze, Lastkraftwagen, Divisionen über Divisionen auf den nächtlichen Straßen der polnischen Grenze entgegen. Es war eine schöne, klare Nacht. Im Morgengrauen des 1. September, genau zu der Stunde, die in der Weisung des Führers von Anfang April festgesetzt worden war, eröffneten die Geschütze das Feuer. Hitler hatte seinen Krieg. Erst fünfeinhalb Jahre später, nachdem er tot war, sollten die Geschütze zum Schweigen gebracht werden.

VII

Am 1. September 1939 gab es in Berlin keine solchen Begeisterungsszenen, keine solchen jubelnden Menschenmengen wie an jenem Tage vor 25 Jahren, als Hitler in München den Meldungen über die Kriegserklärung lauschte. Bei seiner Fahrt um 10 Uhr vormittags zu seiner Reichstagsrede in der Krolloper waren die Straßen leerer als sonst. Die meisten der Menschen, die stehenblieben, als die Reihe der Begleitwagen des Führers vorüberfuhr, starrten schweigend vor sich hin.

In Hitlers Reichstagsrede schwang ein bezeichnender Unterton wilder Selbstrechtfertigung mit. Den Polen wurde nicht nur die ganze Schuld am Mißlingen einer friedlichen Lösung zugeschoben, sondern sie wurden obendrein tatsächlich noch bezichtigt, den Angriff gegen Deutschland eröffnet zu haben, so daß Deutschland zum Gegenangriff gezwungen worden sei.

»Und ich bin dann mit meiner Regierung zwei volle Tage gesessen und habe gewartet, ob es der polnischen Regierung paßt, nun endlich einen Bevollmächtigten zu schicken oder nicht ... Meine Friedensliebe und meine endlose Langmut soll man nicht mit Schwäche oder gar mit Feigheit verwechseln! ... Ich habe mich daher nun entschlossen, mit Polen in der gleichen Sprache zu reden, die Polen seit Monaten uns gegenüber anwendet! ... Polen hat nun heute nacht zum ersten Male auf unserem eigenen Territorium auch durch reguläre Soldaten geschossen. Seit 5.45 Uhr wird jetzt zurückgeschossen, und von jetzt ab wird Bombe mit Bombe vergolten[386].«

Es war nicht eine von Hitlers besten Reden. Er machte viel Aufhebens von dem Pakt mit Rußland, aber in seiner Haltung den Westmächten gegenüber war er unsicher; er bestritt das Vorhandensein irgendeiner Streitfrage zwischen Deutschland und Frankreich oder England und betonte nachdrücklich seinen Wunsch, mit beiden zu einer endgültigen Regelung zu kommen. Sichtlich verlegen machte ihn auch die Notwendigkeit, Italien zu erwähnen. Gegen Schluß seiner Rede erklärte er:

»Ich verlange von keinem deutschen Mann etwas anderes, als was ich selber über vier Jahre lang bereit war, jederzeit zu tun! Es soll keine Entbehrungen Deutscher geben, die ich nicht selber sofort übernehme! Mein ganzes Leben gehört von jetzt ab erst recht meinem Volke! Ich will jetzt nichts anderes sein als der erste Soldat des Deutschen Reiches! Ich habe damit wieder jenen Rock angezogen, der mir selbst der heiligste und teuerste war. Ich werde ihn nur ausziehen nach dem Sieg oder — ich werde dieses Ende nicht überleben!«

Darauf verkündete er, daß, falls ihm etwas zustoßen sollte, Göring sein Nachfolger sein sollte, und nach diesem Heß.

Die Nominierung Görings war eine ebenso rein private Entscheidung von seiten Hitlers wie der Entschluß, Polen anzugreifen. Seit zwei Jahren hatte keine Kabinettssitzung mehr stattgefunden, und so etwas, was man eine deutsche Regierung hätte nennen können, bestand nicht mehr. Hitler maßte sich das Recht an, seinen Nachfolger selber zu ernennen und bewies damit seine Willkürherrschaft über Deutschland. Diese sollte im Laufe des soeben begonnenen Krieges noch intensiver werden.

Kurz nachdem Hitler aus dem Reichstag zurückgekehrt war, suchte Göring ihn zusammen mit Dahlerus in der Reichskanzlei auf. Sie trafen Hitler allein in einem kleinen Zimmer an. »Seine Ruhe«, schreibt Dahlerus, »war nur äußerlich. Ich konnte spüren, daß er nervös und verstört war. Er war sichtlich bestrebt, nach jedem Argument zu greifen, das ihm, mochte es auch noch so weit hergeholt sein, dazu dienen konnte, ihn persönlich von der von ihm getroffenen Entscheidung zu entlasten.«

Diesmal wählte Hitler für seine Selbstrechtfertigung eine andere Form: er beschuldigte die Engländer, weil sie sich geweigert hatten, auf seine Bedingungen einzugehen.

»Er wurde immer aufgeregter und begann mit den Armen zu fuchteln, als er mir ins Gesicht schrie: ›Wenn England ein Jahr kämpfen will, werde ich ein Jahr kämpfen; wenn England zwei Jahre kämpfen will, werde ich zwei Jahre kämpfen ...‹ Er machte eine Pause, dann rief er mit schriller Stimme, während seine Arme wild durch die Luft kreisten: ›Wenn England drei Jahre kämpfen will, werde ich drei Jahre kämpfen ...‹ Sein Körper machte jetzt die Bewegung seiner Arme mit, und er brüllte: ›Und wenn es erforderlich ist, will ich zehn Jahre kämpfen.‹ Dann ballte er die Faust und schwang sie nieder, daß sie beinahe den Boden berührte. Die Situation war äußerst peinlich, so peinlich, daß Göring, von dem Schauspiel, das Hitler bot, sichtlich betroffen, sich auf dem Absatz umdrehte und uns beiden den Rücken kehrte[387].«

Hitler war noch immer nicht von einem Eingreifen Englands und Frankreichs überzeugt, und es bestärkte ihn in seinem Glauben, daß sie mit ihrer Kriegserklärung noch zögerten. Obwohl Warschau und andere polnische Städte seit den Morgenstunden des 1. September stark bombardiert wurden, gingen die britische und die französische Regierung nur langsam daran, ihre Allianz mit den Polen zu realisieren. Wieder einmal wurde Dahlerus dazu ausersehen, eine Telephonverbindung nach London zu schaffen; er sollte zu verstehen geben, daß eine polnische Kapitulation Europa auch jetzt noch vor einem Krieg bewahren könne.

Dahlerus' Anrufe beim britischen Außenministerium machten jedoch kaum Eindruck; ein ernsthafter Vermittlungsversuch aber kam von Mussolini. Der Duce machte eine letzte Anstrengung, die Engländer, Franzosen und Deutschen zu einer neuen Konferenz in München zusammenzubringen; von dieser Konferenz wären die Polen zweifellos ausgeschlossen worden, wie es schon den Tschechen geschehen war. Die Botschafter Englands und Frankreichs überbrachten Ribbentrop am Abend des 1. September die Warnung, daß sie ihre Verpflichtungen gegenüber Polen erfüllen würden, wenn die Deutschen nicht sofort ihre Feindseligkeiten einstellten. Im Laufe des 2. September folgte jedoch keine weitere Aktion, und Mussolini versuchte den ganzen Tag, eine Einigung durch einen Waffenstillstand zu erreichen, der die Armeen in ihren gegenwärtigen Stellungen beließ; dann sollte sofort eine Konferenz folgen, in der, wie er Hitler versicherte, »die Beilegung der Streitigkeiten zwischen Polen und Deutschland ... für Deutschland sicher günstig ausgehen würde[388]«. Die Engländer waren indessen nicht bereit, Mussolinis Vermittlungsangebot anzunehmen, falls Hitler nicht zuvor die Truppen zur deutschen Grenze zurückzöge. An diesem Punkt gab auch Mussolini auf. Hitler mag vielleicht noch die Hoffnung gehegt haben, daß die englische und die französische Regierung nicht den Mut aufbrächten, den Krieg zu erklären, doch er war nicht bereit, auch nur die geringste Konzession zu machen, um sie umzustimmen.

Lange bevor ihr Eingreifen sich auswirken konnte — so vermutete er, und zwar nicht ohne Grund —, würde Polen vernichtet sein, eine Annahme, die er schon am 29. August gegenüber Weizsäcker geäußert hatte. — In zwei Monaten, so hatte Hitler gesagt, werde Polen erledigt sein, und danach werde es zu einer großen Friedenskonferenz mit den Westmächten kommen[389].

Der bevorstehende Entschluß der britischen Regierung wurde durch eine erregte Debatte im Unterhaus am Abend des 2. September noch verstärkt. Unmittelbar darauf telephonierte Chamberlain mit den noch unentschlossenen Franzosen und sagte zu Daladier:

»Die Situation hier ist sehr ernst ... Es hat eine erregte Szene im Parlament gegeben ... Sollte Frankreich auf einer Frist von 48 Stunden, von morgen mittag an gerechnet, bestehen, wäre es für die Regierung unmöglich, die Situation hier durchzustehen[390].«

Falls die Franzosen sich nicht entscheiden könnten, so teilte Halifax Bonnet mit, müsse England auf eigene Faust handeln. Das Parlament sollte am Sonntag dem 3. um die Mittagszeit zusammentreten, und Chamberlain riskierte den Verlust seines Amtes, wie der französische Botschafter in London bestätigte, wenn er seinen Kritikern keine definitive Antwort geben konnte.

Es war für die britische Regierung unmöglich, noch länger zu zögern. Am Sonntag dem 3., morgens um 9 Uhr, sprach Sir Nevile Henderson in der Wilhelmstraße vor, um das Ultimatum zu überreichen: Wenn England nicht bis 11 Uhr befriedigende Zusagen erhalte, daß Deutschland den Angriff auf Polen rückgängig mache, so bestünde von dieser Stunde an der Kriegszustand zwischen England und Deutschland.

Ribbentrop war »nicht erreichbar«, um den britischen Botschafter zu empfangen. Er schickte den Dolmetscher Paul Schmidt als Vertreter vor, und Schmidt war es dann auch, der die Botschaft gleich anschließend zur Reichskanzlei brachte. Er drängte sich durch die Menge der Nazi-Führer im Vorzimmer und betrat das Arbeitszimmer des Führers.

»Hitler saß an seinem Arbeitstisch, während Ribbentrop etwas rechts von ihm am Fenster stand. Beide blickten gespannt auf, als sie mich sahen. Ich blieb in einiger Entfernung vor Hitlers Tisch stehen und übersetzte ihm dann langsam das Ultimatum der britischen Regierung. Als ich geendet hatte, herrschte völlige Stille ...
Wie versteinert saß Hitler da und blickte vor sich hin. Er war nicht fassungslos, wie es später behauptet wurde, er tobte auch nicht, wie es wieder andere wissen wollten. Er saß völlig still und regungslos

an seinem Platz. Nach einer Weile, die mir wie eine Ewigkeit vorkam, wandte er sich Ribbentrop zu, der wie erstarrt am Fenster stehengeblieben war. ›Was nun?‹ fragte Hitler seinen Außenminister mit einem wütenden Blick in den Augen, als wolle er zum Ausdruck bringen, daß ihn Ribbentrop über die Reaktion der Engländer falsch informiert habe[391].«

Ribbentrops ganze Antwort bestand darin, daß man nun auch mit einem französischen Ultimatum zu rechnen habe.

Draußen im Vorzimmer wurde Schmidts Nachricht ebenso betreten aufgenommen. Göring begnügte sich mit der Bemerkung: »Wenn wir diesen Krieg verlieren, dann möge uns der Himmel gnädig sein!« Goebbels stand in sich gekehrt in einer Ecke und sagte nichts.

Hitlers Verlegenheit gab sich bald angesichts des bemerkenswerten Vormarsches der deutschen Truppen in Polen. Offenbar war dieser Feldzug so ungefähr der einzige des zweiten Weltkrieges, bei dem die deutschen Generale Hitlers unmittelbaren Eingriffen nicht unterworfen waren. Aber Hitler nahm an dem Geschehen so großen Anteil, daß er sich von Berlin aus sofort an die Ostfront begab. Vor seiner Abreise erließ er eine Proklamation an das deutsche Volk, worin er auf die englische Gleichgewichtspolitik und die Einkreisung Deutschlands als die eigentlichen Ursachen des Krieges hinwies. Er versicherte aber dem deutschen Volk, daß es diesmal keine Wiederholung von 1918 geben werde.

Hitler schlug sein Hauptquartier in seinem Sonderzug nahe bei Gogolin auf. Jeden Morgen fuhr er im Wagen an die Front. Am 18. September bezog er das luxuriöse Kasino-Hotel in Zoppot an der Ostsee. Von dort aus hielt er am nächsten Tage seinen triumphalen Einzug in Danzig.

Trotz äußerster Tapferkeit wurden die polnischen Streitkräfte überwältigt infolge der Schnelligkeit und des Schwungs der deutschen motorisierten und Panzerdivisionen. Diese wurden unterstützt von einer Luftwaffe, die von oben her in den ersten zwei oder drei Tagen allen Widerstand hinwegfegte. Nicht zum erstenmal hörte die Welt jetzt von einem Blitzkrieg. Hitler hatte nicht gebluff, als er versprach, Deutschlands Militärmacht wiederherzustellen. Am Ende der zweiten Woche hatte die polnische Armee als organisierte Streitmacht im Grunde aufgehört zu existieren. Nur Warschau und Modlin hielten sich noch — sehr zu Hitlers Ärger. William Shirer, Korrespondent der Columbia-Rundfunkgesellschaft, der ihn in Danzig sprechen hörte, berichtet, Hitler habe gehofft, seine Rede in Warschau halten zu können, und er sei wütend über die Polen gewesen, weil sie ihn um diesen Effekt gebracht hätten.

Allerdings war Hitler nicht in der Stimmung, um mit Ölzweigen zu winken. Nach der unvermeidlichen Rechtfertigung seines Handelns wandte er sich ärgerlich gegen die englischen Kriegstreiber: sie hätten die Polen ermutigt, Deutschland herauszufordern und anzugreifen. Polen werde in der Form, die ihm der Versailler Vertrag gegeben habe, niemals wieder auferstehen: dafür garantiere nicht nur Deutschland, sondern auch Rußland. Polen sei jedoch nur ein Vorwand gewesen; das wahre englische Motiv sei der Haß gegen Deutschland. Darauf brach Hitler in eine Flut von Drohungen aus. Wie lange auch der Krieg dauern werde, Deutschland werde niemals kapitulieren. »Heute hat man es mit dem Deutschland Friedrichs des Großen zu tun ... Dieses Deutschland kapituliert nicht. Wir wissen nur zu gut, was uns bevorstehen würde: ein zweites Versailles, nur noch schlimmer[392].«

Der wahre Hitler trat dann in den Äußerungen über Polen zutage. Wie seinerzeit die Tschechoslowakei, tat er Polen als ein künstliches Gebilde ab. Hitler war von Deutschlands historischer Sendung in Osteuropa ebenso erfüllt wie ehedem Ludendorff, als er 1915[393] nach Wilna kam:

»Fünfzig Jahre weitere polnische Herrschaft würden genügt haben, und diese Gebiete, die der Deutsche mühselig mit Fleiß und Emsigkeit der Barbarei entrissen hat, der Barbarei wieder zurückzugeben ... Das Los der Deutschen in diesem Staat war entsetzlich. Dabei ist es noch ein Unterschied, ob ein Volk von einer minderen kulturellen Bedeutung das Unglück hat, von einem kulturell bedeutenderen regiert zu werden, oder ob ein Volk von hohem Kulturzustand dem tragischen Schicksal unterworfen wird, von einem kulturell minder entwickelten vergewaltigt zu werden ... Das Bedrückende und Empörende war, daß wir das alles von einem Staat erdulden mußten, der tief unter uns stand.«

Aus diesem selben Geiste der Verachtung der Polen als eines minderwertigen Volkes geschah es, daß Hitler bereits über die Zukunft der von ihm überrannten Gebiete Überlegungen anstellte. Aus dem Bericht über eine Besprechung im Führersonderzug in Ilnau am 12. September geht hervor, daß Hitler in seinen Entscheidungen noch schwankte zwischen einer völligen Aufteilung Polens an Deutschland und Rußland und der Errichtung eines kleinen, dem Namen nach unabhängigen polnischen Staates etwa in der Art von Napoleons Herzogtum Warschau. Hitler neigte mehr zu der zweiten Alternative, wobei er möglicherweise an die Gründung eines besonderen ukrainischen Staates aus Polens Südostprovinzen dachte. Aber in dieser Hinsicht mußten auch die russischen Ansichten berücksichtigt werden.

Die Sowjetregierung war von der Schnelligkeit des deutschen Vormarsches in Polen überrascht worden. Sie mußte nun schleunigst ihre eigenen Pläne ändern und Vorbereitungen zur Besetzung des ihr im August-Abkommen zugesprochenen Gebiets treffen. Die Besetzung wurde am 17. September begonnen und in wenigen Tagen abgeschlossen. Die deutschen und die russischen Truppen trafen sich in Brest-Litowsk, jener Stadt, in der Deutschland im Jahre 1918 der jungen und bedrängten Sowjetrepublik den Frieden diktiert hatte. Der russische Vormarsch brachte die Rote Armee bis an die ungarische Grenze, was den ganzen Balkan und Rom alarmierte. Was sollte mit Polen geschehen? Diese Frage verlangte nach einer raschen Antwort, und nach einem vergeblichen Versuch, Stalin oder Molotow zu einer Fahrt nach Berlin zu bewegen, reiste Ribbentrop am 27. September zu einem zweiten Besuch nach Moskau.

Jetzt war es Stalin, der die Initiative ergriff. In den drei Sitzungen, die am 27. und 28. September im Kreml abgehalten wurden, gelang es ihm, das August-Abkommen weitgehend zu seinen Gunsten abzuändern. Als erstes forderte Stalin, jeglichen Gedanken an einen unabhängigen polnischen Staat aufzugeben, da er zu Reibungen zwischen Deutschland und der UdSSR führen könne — eine höfliche Umschreibung dafür, daß solch ein Staat von Deutschland als Sprungbrett gegen Rußland benutzt werden könne. Statt dessen solle Polen restlos zwischen den beiden Mächten aufgeteilt werden. Als zweites forderte Stalin die Einbeziehung Litauens in die russische, statt in die deutsche, Einflußsphäre. Dafür erklärte er sich bereit, Konzessionen in Zentralpolen zu machen und die Provinz Lublin und einen Teil der Provinz Warschau den Deutschen abzutreten, obwohl diese Gebiete östlich der ursprünglichen Demarkationslinie lagen. Ebenso war er, wenn Litauen zu Rußland kam, zu einer für Deutschland günstigen Regulierung der ostpreußischen Grenze im Suwalki-Dreieck geneigt. Stalin hatte bereits am 25. September in einer Unterredung mit dem deutschen Botschafter den deutlichen Vorschlag gemacht, »die Lösung des Problems der baltischen Länder sofort in Angriff zu nehmen«; er erwarte von der deutschen Regierung, daß sie ihm weitgehend helfe, zu Regelungen mit Estland, Lettland und Litauen zu gelangen, damit Rußland die von ihm gewünschten Marine- und Luftstützpunkte im Baltikum erhalte. Immer noch voller Mißtrauen gegen die deutschen Absichten, hatte Stalin eindeutig beschlossen, sich sofort die größtmöglichen Vorteile aus Hitlers neuer Politik zu sichern, ehe Hitler seine Meinung wieder änderte. Stalin manövrierte so geschickt, daß im Endergebnis der deutsche Polenfeldzug die russische Position in Osteuropa noch mehr stärkte als selbst die deutsche. Die Sowjetunion schluckte halb Polen und die drei baltischen Staaten. Die Deutschen mußten sogar ihre Truppen aus dem Erdölgebiet von Borislav-Drohobycz zurückziehen; sie hätten es sehr gern behalten, aber Stalin bestand darauf, es zum sowjetischen Teil Polens zu schlagen. Als Gegenleistung versprach er nur, daß die Russen eine Menge Erdöl in Höhe der Jahresproduktion dieses Gebiets an Deutschland liefern würden.

Hitler dürfte sich über den Preis, den er für das Abkommen mit Rußland zu zahlen hatte, kaum gefreut haben, besonders nicht über die Preisgabe der baltischen Staaten, die ein traditioneller Vorposten der deutschen Zivilisation im Osten gewesen waren und nun den Slawen in die Hände fielen. Dennoch zögerte man deutscherseits nicht, und Ribbentrop wurde, nachdem er die endgültige Entscheidung dem Führer überlassen hatte, ermächtigt, vor seiner Abreise aus Moskau am 29., die Unterschrift zu leisten und Stalins Forderungen *en bloc* anzunehmen.

Warum legte Hitler der Aufrechterhaltung guter Beziehungen zu Rußland soviel Bedeutung bei ? Wie aus seiner Rede vom 19. September hervorgeht, geschah es zum Teil zweifellos deshalb, weil er sich im klaren war, daß London und Paris immer noch mit einem Zerwürfnis zwischen Deutschland und Rußland rechneten. Zum Teil auch, weil er hoffte, mit Hilfe der russischen wirtschaftlichen Unterstützung die englische Blockade unwirksam zu machen. Der Hauptgrund war jedoch der, daß Hitler dadurch in der günstigen Lage war, die osteuropäischen Probleme wenigstens zeitweise auf sich beruhen zu lassen und seine ganze Aufmerksamkeit und Kraft auf den Westen zu konzentrieren.

VIII

Offenbar hielt Hitler immer noch an der Ansicht fest, daß es nach der Niederlage und Teilung Polens keinerlei Anlaß mehr zu einem Kriege zwischen Deutschland und den Westmächten gebe. In einem gemeinsamen Kommuniqué, das am 28. September in Moskau herausgegeben wurde, brachten Ribbentrop und Molotow dies zum Ausdruck: »Nach der endgültigen Lösung der aus dem Zusammenbruch des polnischen Staates entstandenen Probleme liegt es im Interesse aller Völker, dem Kriegszustand zwischen Deutschland einerseits und Frankreich und England andererseits ein Ende zu machen[394].« Der gleiche Standpunkt wurde von der deutschen Presse und dem deutschen Rundfunk stark hervorgehoben, und alles deutet darauf hin, daß das deutsche Volk nach den Siegen im Osten den Frieden wärmstens begrüßt haben würde. Auch die Wehrmachtführer waren sehr dafür, einen Krieg mit den Westmächten zu vermeiden und zu einer Kompromißlösung zu gelangen. Die Pläne, die das Oberkommando Ende September Hitler vorlegte, sahen die Aufstellung der deutschen Truppen im Westen auf reiner Verteidigungsbasis vor.

Als nach Hitlers Rückkehr aus Polen in Berlin während der letzten Septemberwoche allgemein von einer Friedensoffensive gesprochen wurde, fand dies einen lebhaften Widerhall in Rom. Die Liquidierung des katholischen Polens, eines Landes, dem Italien sich aus Tradition freundschaftlich verbunden fühlte, das Vordringen der Russen bis zur Schwelle des Balkans, Hitlers Vernachlässigung Italiens zugunsten seines neuen russischen Freundes, das Gefühl, ausgeschlossen zu sein und nicht mehr über die Vorgänge unterrichtet zu werden, das alles hatte den Ärger, Neid und Groll, mit denen der Duce Hitlers Erfolge im vergangenen Monat verfolgt hatte, beträchtlich vermehrt. Mussolini war sehr auf Frieden bedacht, sei es auch nur, um das Gesicht zu wahren. Aber er wollte zudem gern Hitlers Absichten erforschen, und als man Ciano aufforderte, gleich nach Ribbentrops Rückkehr aus Moskau nach Berlin zu kommen, wurde diese Einladung sofort angenommen.

Ciano fand Hitler in einer ganz anderen Stimmung vor als sieben Wochen vorher auf dem Berghof. Er schrieb in sein Tagebuch: »Während in Salzburg die Qual dieses Mannes zutage trat, der zur Tat entschlossen, aber seiner Mittel und seiner Berechnungen noch nicht sicher war, schien er jetzt seiner selbst vollkommen sicher zu sein. Die überstandene Prüfung hat ihm neuen Mut für die künftigen Prüfungen gegeben[395].«

Cianos Bericht über seine Besprechung vom 1. Oktober läßt keinen Zweifel offen, daß Hitler, während er sich formell zu einem Friedensangebot bekannte, in Wirklichkeit bereits mit dessen Fehlschlag rechnete und sich mit der Absicht trug, den Krieg auf den Westen auszudehnen. Seine Siege in Polen hatten ihn auf den Geschmack gebracht. Die Untätigkeit der Westmächte während des Polenfeldzuges war in seinen Augen nicht eine Chance für Friedensverhandlungen, sondern ein weiterer Beweis ihrer Schwäche, eine Aufforderung an ihn, sich ihrer Einmischung für immer zu entledigen. Das Zaudern, von dem er während des Monats vor dem Angriff auf Polen befallen war, hatte nun, wie Ciano feststellte, einem gelassenen Selbstbewußtsein Platz gemacht. Der Russenpakt, der ihm schon in Polen freie Hand gegeben hatte, sicherte ihm nun auch die Handlungsfreiheit im Westen, ohne daß er sich Sorge um die Rückendeckung zu machen brauchte. Die Tatsache, daß Hitler zu den Russen kein größeres Vertrauen hatte als sie zu ihm, war weiterhin ein Grund, zu sehen, daß er sobald wie möglich mit Frankreich und England fertig wurde; erst dann konnte er sich wieder der deutschen Ostgrenze zuwenden.

Ciano faßte seine Eindrücke von dem Besuch wie folgt zusammen: »Es wäre von mir willkürlich und vielleicht unklug, wollte ich behaupten, daß der Führer vorbehaltlos den Krieg einem möglichen politischen Übereinkommen als Lösung vorziehe ... Seinem Volk nach einem großen Sieg heute einen soliden Frieden anzubieten, ist vielleicht ein Ziel, das Hitler immer noch verlockt. Aber wenn er dafür etwas von dem opfern müßte, was er als die rechtmäßigen Früchte seines Sieges ansieht, möge es auch noch so geringfügig sein, dann würde er tausendmal lieber kämpfen. Die Überzeugung, dem Gegner überlegen zu sein, macht ihn ebenso unversöhnlich wie der Einfluß Ribbentrops, der seine extremen Ansichten nicht verbirgt. Ribbentrops Einfluß trägt überhaupt dazu bei, des Führers Haltung den Westmächten gegenüber zu versteifen[396].«

So war das groß angekündigte Friedensangebot vom 6. Oktober, dem man im vorhinein so große Bedeutung beimaß, von Hitler schon weitgehend abgeschrieben, ehe es überhaupt gemacht wurde. Mit seiner Rede scheint Hitler hauptsächlich den Zweck verfolgt zu haben, die deutsche öffentliche Meinung mitzureißen und das deutsche Volk zu überzeugen, daß es nicht an ihm liege, wenn der Krieg fortgesetzt würde. Jedermann, der im Herbst 1939 in Berlin weilte, konnte sich des Eindrucks nicht erwehren, daß der Krieg unpopulär war und das deutsche Volk sich nach Frieden sehnte. Es geschah sicherlich wegen dieser verborgenen Abneigung, daß die deutsche Presse beauftragt wurde, Hitlers Friedensangebot im voraus aufzubauschen, und daß er selbst seine Ausführungen in der glaubwürdigsten Weise vortrug.

Am Tage vor seiner Rede war Hitler zur Heerschau der siegreichen deutschen Truppen nach Warschau geflogen. Im Stolz über das Gesehene begann er seine Reichstagsrede mit einer überschwenglichen Schilderung des Triumphes der deutschen Waffen — »in der ganzen Geschichte hat es kaum eine militärische Leistung gegeben, die damit zu vergleichen wäre«. Darauf folgte ein giftiger Angriff auf das polnische Volk und seine Führer — »dieser lächerliche Staat« —, der in einer gröblich entstellten Schilderung der deutsch-polnischen Beziehungen ausklang; nach der englischen Garantie seien dann die vorsätzlichen Greueltaten aufs neue besonders infam gewesen. Erst nachdem er diesem mit Arroganz gepaarten Haßgefühl Luft verschafft hatte, wandte Hitler sich einem Überblick über die gegenwärtige Lage zu.

Er unterstrich zunächst die Bedeutung des neuen Verhältnisses zwischen Deutschland und Rußland — er nannte es den Wendepunkt in der deutschen Außenpolitik. Jeden Gedanken an eine deutsche Herrschaft in der Ukraine, in Rumänien oder gar im Ural wies er als »phantastisch« zurück — im Gegenteil, Deutschland und Rußland hätten ihre jeweiligen Einflußsphären klar und deutlich abgesteckt, um die Entstehung irgendwelcher Reibungsflächen zu vermeiden. Dort, wo der Völkerbund völlig versagt habe, nämlich bei der lange versprochenen Revision der Friedensverträge, hätten Deutschland und Rußland eine Neuordnung geschaffen, durch die wenigstens ein Teil des Konfliktstoffes in Europa beseitigt worden sei.

Hitler bezeichnete die neue Regelung in Polen als den Höhepunkt seiner politischen Bemühungen, Deutschland von den Fesseln des Versailler Vertrags zu befreien. Diese letzte Revision des Friedensvertrags hätte ebenso wie die andern auf friedlichem Wege erreicht werden können, wenn nicht die böswillige Opposition der ausländischen Kriegstreiber gewesen wäre. Hitler begann dann, alle Anstrengungen aufzuzählen, die er gemacht hatte, um die Beziehungen zu Deutschlands Nachbarn zu verbessern und mit ihnen in Frieden zu leben.

»Ich habe es vor allem unternommen, das Verhältnis zu Frankreich zu entgiften und für beide Nationen tragbar zu gestalten ... Deutschland erhebt keine Forderungen mehr gegen Frankreich, und es wird auch nie eine solche Forderung erhoben werden. Das heißt: ich habe es abgelehnt, das Problem Elsaß-Lothringen überhaupt auch nur zur Sprache zu bringen ... Wohl aber habe ich statt einer Forderung an Frankreich immer nur einen Wunsch gerichtet, die alte Feindschaft für immer zu begraben und die beiden Nationen mit ihrer großen geschichtlichen Vergangenheit den Weg zueinander finden zu lassen ... Nicht geringer waren meine Bemühungen für eine deutsch-englische Verständigung, ja darüber hinaus für eine deutsch-englische Freundschaft ... Ich glaube aber auch heute noch, daß es eine wirkliche Befriedung in Europa und in der Welt nur geben kann, wenn sich Deutschland und England verständigen ...
Weshalb soll nun der Krieg im Westen stattfinden? Für die Wiederherstellung Polens? Das Polen des Versailler Vertrages wird niemals wieder erstehen. Dafür garantieren zwei der größten Staaten der Erde.«

Hitler erklärte ganz deutlich, daß er in bezug auf die Neuordnung Mitteleuropas keinerlei Kritik oder Ablehnung seiner Handlungsweise seitens eines »Gremiums internationaler Voreingenommenheit« dulden werde. Aber in bezug auf die künftige Sicherheit und den Frieden Europas müsse eine Regelung durch eine internationale Konferenz getroffen werden. Eines Tages müsse solch eine Konferenz stattfinden, damit man mit diesen Problemen fertig werde.

»Wenn aber früher oder später diese Probleme doch gelöst werden müssen, dann wäre es vernünftiger, an diese Lösung heranzugehen, ehe erst noch Millionen an Menschen zwecklos verbluten ... Die Aufrechterhaltung des jetzigen Zustandes im Westen ist undenkbar.

Jeder Tag wird steigende Opfer erfordern ... Eines Tages aber wird zwischen Deutschland und Frankreich doch wieder eine Grenze sein, nur werden sich an ihr dann statt der blühenden Städte Ruinenfelder und endlose Friedhöfe ausdehnen ...
Sollte aber die Auffassung der Herren Churchill und seines Anhangs erfolgreich bleiben, dann wird eben diese Erklärung meine letzte gewesen sein. Wir werden dann kämpfen. Ein November 1918 wird sich in der deutschen Geschichte nicht mehr wiederholen[397].«

Alle deutschen Zeitungen erschienen mit großen Schlagzeilen: »Hitlers Friedensangebot. Keine Kriegsabsicht gegen Frankreich und England. Rüstungsbeschränkung. Konferenzvorschlag[398].« Propagandistisch gesehen, war Hitlers Rede ein glänzender Trick; als Friedensangebot war sie nicht ernst zu nehmen, da sie keinen einzigen konkreten Vorschlag enthielt; sie setzte stillschweigend voraus, daß die Basis für jegliche Diskussion die allgemeine Anerkennung der deutschen Eroberungen zu sein habe. Als Daladier am 10. Oktober und Chamberlain am 12. antworteten, ließen sie keinen Zweifel darüber, daß sie nicht willens waren, einen Friedensschluß unter derartigen Bedingungen zu erwägen. Solch ein Frieden beginne ja, so drückte Chamberlain es aus, mit der Absolution des Angreifers. Am 13. stellte die deutsche Regierung in einer amtlichen Verlautbarung fest, daß Chamberlain die Friedenshand zurückgewiesen und vorsätzlich den Krieg gewählt habe. Wieder einmal hatte Hitler sich ein Alibi verschafft.

Und doch war es kaum ein Alibi, denn am 9. Oktober, drei Tage vor Chamberlains Rede, verfaßte Hitler eine lange Denkschrift für seine Oberbefehlshaber, worin es hieß: »Das deutsche Kriegsziel hat in der endgültigen militärischen Erledigung des Westens zu bestehen, d. h. in der Vernichtung der Kraft und Fähigkeit der Westmächte, noch einmal der staatlichen Konsolidierung und Weiterentwicklung des deutschen Volkes in Europa entgegentreten zu können. Diese innere Zielsetzung muß allerdings der Welt gegenüber die von Fall zu Fall psychologisch bedingten propagandistischen Korrekturen erfahren. Am Kriegsziel selbst aber ändert dies nichts. Es ist und bleibt die Vernichtung unserer westlichen Gegner[399].«

Schon am 27. September hatte Hitler seine drei Oberbefehlshaber und General Keitel davon unterrichtet, daß er die Absicht habe, im Westen anzugreifen. Seine Denkschrift vom 9. Oktober scheint geschrieben worden zu sein, um seine Absicht zu rechtfertigen. Am gleichen Tage unterzeichnete er Weisung Nr. 6, deren erster Abschnitt seine Entscheidung mit vorsichtigeren Worten wiedergibt: »Sollte in der nächsten Zeit zu erkennen sein, daß England und unter dessen Führung auch Frankreich nicht gewillt sind, den Krieg zu beenden, so bin ich entschlossen, ohne lange Zeit verstreichen zu lassen, aktiv und offensiv zu handeln[400].«

So hatte also Hitler fünf Wochen nach Beginn des Angriffs auf Polen seinen ursprünglichen Gedanken, gleich nach Polens Niederschlagung Frieden zu schließen, aufgegeben und sich für die Ausdehnung des Krieges auf den Westen entschieden. Der Entschluß, einen Einzelfeldzug in einen europäischen Krieg zu verwandeln, dürfte von seiten Hitlers erst zu diesem Zeitpunkt, also Ende September oder Anfang Oktober, gefaßt worden sein, nicht aber schon einen Monat früher bei Beginn des Kampfes. Mit der Möglichkeit hatte er allerdings schon im August gerechnet; schon damals hatte er in Augenblicken der Erregung erklärt, die Engländer und Franzosen könnten den Krieg haben, wenn sie ihn wollten, und je eher, um so besser. Im Laufe des September hatten dann zwei gewichtige Dinge den Ausschlag gegeben. Erstens die Schnelligkeit und Leichtigkeit, mit denen die deutsche Wehrmacht Polen erledigt hatte. Zweitens die Tatsache, daß die Engländer und Franzosen während des Polenfeldzugs trotz der großen zahlenmäßigen Überlegenheit der französischen Armee im Vergleich zu den schwachen deutschen Kräften im Westen untätig geblieben waren: dies hatte ihn in seiner Überzeugung bestärkt, daß es ihnen an Kampfwillen fehlte. Drittens das von Ribbentrop unterzeichnete deutsch-russische Abkommen: es gab ihm die Möglichkeit, sich gegen den Westen zu wenden, ohne sich um seine Ostgrenze sorgen zu müssen, und England und Frankreich niederzuschlagen, ehe er mit seiner ganzen Kraft zum entscheidenden Schlage ausholte — zum Schlage gegen den Osten, auf den Deutschlands künftige Expansionsgelüste gerichtet waren.

Denn weder das Abkommen mit Rußland noch der Entschluß, im Westen anzugreifen, änderten auch nur das geringste an Hitlers letztem Ziel, im Osten »Lebensraum« für Deutschland zu schaffen. Die Beseitigung des englischen und französischen Widerstandes war die Vorbedingung, nicht ein Ersatz für seine östlichen Ambitionen. Während Ribbentrop begeistert von der künftigen deutsch-russischen Zusammenarbeit sprach, behielt Hitler seine Gedanken für sich, und es besteht kein Grund zu der Annahme, daß er die in »Mein Kampf« niedergelegten Ideen jemals aufgegeben hätte. Aber er hatte es nicht eilig, Rußland anzugreifen; das blieb der Zukunft überlassen. Unterdessen war er willens, aus dem neuen Verhältnis zu Moskau jeden nur möglichen Nutzen zu ziehen, besonders aber den nicht zu unterschätzenden Vorteil wahrzunehmen, zunächst mit dem Westen abzurechnen, ohne einen Zweifrontenkrieg befürchten zu müssen. Hitler wäre der letzte gewesen, sich im voraus festnageln zu lassen; er nahm zwar einen

Kurswechsel mit in Kauf und paßte sich jedem neuen Umstand an, aber seine Ideen blieben ganz deutlich bei der Reihenfolge; erst Polen, dann der Westen; erst Frankreich und England, dann wieder der Osten.

Für einen Zauderer wie Hitler stellte der Entschluß zum Kriege, zu dem er Anfang September seine Zuflucht nahm, eine schwere psychologische Aufgabe dar. Er hatte sich selber eingeredet, daß es nur ein lokalisierter Krieg sei, auf den er sich einlasse. Aber jetzt, nachdem das Gottesurteil gesprochen war und sich erwiesen hatte, daß ein befriedigender militärischer Erfolg leicht zu erringen sei, wuchs seine Zuversicht mächtig, und er ließ seinen Ideen freien Lauf. Statt abzuwarten und zu beobachten, was die Westmächte im Sinne hatten, wollte er selber die Initiative ergreifen. Nach diesem Rezept war er in den ganzen Jahren seit 1933 immer wieder vorgegangen. Seine Erfolge und der mangelnde Widerstand hatten Hitler verleitet, stets noch ein Stück weiterzugehen, mit jedem Mal etwas mehr zu riskieren und die Pausen zwischen seinen *coups* abzukürzen. Von seinem Austritt aus dem Völkerbund im Oktober 1933 ab, über die Einführung der allgemeinen Wehrpflicht und die Wiederbesetzung des Rheinlandes bis hin zu Österreich, München und Prag hatte es eine ständig sich aufwärtsbewegende Kurve gegeben. Mit dem Übergang von der politischen zur offenen Kriegführung hatte Hitler eine neue Linie eingeschlagen, aber schon begann auch diese den gleichen bezeichnenden Verlauf zu nehmen: dem dreiwöchigen lokalen Krieg in Polen sollte nun ein Krieg im Westen folgen, in den außer Deutschland mindestens vier Länder einbezogen werden mußten. Kaum hatte er, wie Ciano bemerkte, das anfängliche Zögern und Besorgtsein überwunden, als er bereits im Begriff stand, sich jene Unfehlbarkeit anzumaßen, mit der sich die Trübung seines Urteilsvermögens anzeigte.

DRITTES BUCH

FELDHERR

1939—1945

KAPITEL X

Der vergebliche Sieg

1939—1940

I

Mit Ausbruch des Krieges wurde Hitler mehr und mehr in Anspruch genommen von den politischen und strategischen Überlegungen, durch die er den Krieg zu gewinnen hoffte. Immer seltener erschien er in der Öffentlichkeit; seine Zeit war angefüllt mit diplomatischen und militärischen Besprechungen, und sein ohnehin dürftiges Privatleben wurde den Anforderungen einer Stellung geopfert, die ihm die alleinige Verantwortung für jegliche Entscheidung auferlegte. Wenn es bisweilen schwierig ist, die hinter den kommenden Ereignissen verschwindende Gestalt dieses Mannes deutlich zu erkennen, so liegt das nicht allein an der Art der erhalten gebliebenen Berichte — Konferenzniederschriften, diplomatischer Notenwechsel, militärische Weisungen —, sondern auch an der Art des Lebens, das er während dieser Jahre führte. Das Menschenwesen verschwindet, geht auf in der historischen Gestalt des Führers. Erst in den letzten beiden Jahren seines Lebens, als der Zauberbann zu brechen beginnt, tritt wieder die sterbliche und unvollkommene Kreatur hervor.

Da die vorliegende Studie nicht den Anspruch erhebt, eine Geschichte des Krieges zu sein, muß sie sich in diesem Abschnitt notwendigerweise hauptsächlich mit Hitler als dem Feldherrn des nationalsozialistischen Deutschlands und den Situationen und Entscheidungen, denen er gegenüberstand, befassen.

Im Herbst 1939 war Hitler sich durchaus bewußt, daß die Berufssoldaten sich einer Ausdehnung des Krieges auf den Westen widersetzten, insbesondere in der von ihm vorgeschlagenen Jahreszeit, d. h. in den letzten Monaten des Jahres. Ehe er seine Pläne weiterverfolgen konnte, mußte er diesen Widerstand überwinden, und daher arbeitete er über seine Ansichten eine Denkschrift aus, die er auf einer Konferenz am 10. Oktober den drei Oberbefehlshabern sowie auch Halder und Keitel vorlas.

In ihrem Aufbau war die Denkschrift wohlüberlegt. Sie begann mit dem Argument, daß es mit Rücksicht auf die Verteidigung Deutschlands erforderlich sei, im Westen anzugreifen, um der Besetzung Belgiens und Hollands durch die Franzosen zuvorzukommen. Sodann versuchte sie nachzuweisen, daß die Zeit für den Feind arbeite, nicht zuletzt deshalb, weil die russischen Absichten undurchsichtig seien.

»Durch keinen Vertrag«, schrieb Hitler, »und durch keine Abmachung kann mit Bestimmtheit eine dauernde Neutralität Sowjetrußlands sichergestellt werden. Zur Zeit sprechen alle Gründe gegen ein Verlassen dieser Neutralität. In 8 Monaten, in einem Jahr oder gar in mehr Jahren kann dies auch anders sein[1].«

In Schwung geraten, ließ Hitler dann das Argument einer präventiven Besetzung Hollands und Belgiens fallen und nannte als primäres Ziel der von ihm vorgeschlagenen Operation die totale Vernichtung der feindlichen Streitkräfte. Die ins einzelne gehenden Ausführungen mit ihrem nachdrücklichen Hinweis auf die Notwendigkeit von Beweglichkeit, Schnelligkeit und Panzerkonzentration beweisen, daß Hitler schon damals in Vorstellungen lebte, die, in die Tat umgesetzt, ihm im Mai und Juni 1940 so großen Erfolg bringen sollten.

In seinem Eifer, den Angriff schon für den Herbst anzusetzen, forderte Hitler die Neuausrüstung und Neuaufstellung der in Polen eingesetzt gewesenen Verbände in denkbar kürzester Zeit: eine Kampfentwöhnung sei für die Truppe nicht gut. Wenn nötig, müßten die Angriffshandlungen bis in den strengen Winter hinein durchgeführt werden — und das sei auch möglich, argumentierte er, solange es bei einem Bewegungskrieg bleibe und der Feldzug nicht den Charakter eines Stellungskrieges annehme. Der Schlüssel dazu waren die Panzerdivisionen. Sie würden sich nicht zwischen den endlosen Häuserreihen der belgischen Städte verlieren, meinte Hitler, und es sei nicht notwendig, daß sie überhaupt Städte angriffen, sondern daß sie den weiteren Vormarsch der Armee sicherstellten. Sie sollten verhindern, daß sich die Fronten verhärteten. Wenn die deutsche Wehrmacht sich das immer vor Augen halte, könne sie Holland, Belgien und Luxemburg überrennen und die feindlichen Streitkräfte vernichten, ehe sie in der Lage seien, eine zusammenhängende Verteidigungslinie auszubauen. Hitler schloß, indem er betonte, Improvisation bis ins letzte sei notwendig. Was die Zeit des Angriffs betreffe, so könne mit den Vorbereitungen nicht früh genug begonnen werden.

Hitlers Beweisführungen vermochten indes nicht, den Widerstand in der Wehrmacht zu überwinden. Den Krieg mutwillig auszudehnen, obwohl es nur um Verteidigung ging, und England und Frankreich zum Kampf zu zwingen, während Untätigkeit die Möglichkeit einer Kompromißlösung in sich schloß, bedeutete in den Augen der Generale ein unverantwortliches Spiel. Sie waren auch nicht, wie Hitler, von der Überlegenheit der deutschen über die französische Armee überzeugt; ebensowenig trauten sie der Hitlerschen Behauptung, daß die Panzer- und die Luftwaffe besser seien. Mißlang das Spiel, und es kam nicht zu einem raschen Sieg, so würde sich Deutschland in einen zweiten Weltkrieg verwickelt sehen, für den nach ihrer Berechnung die deutschen Hilfsquellen nicht ausreichten.

In der Erkenntnis, daß Hitler nicht willens war, selbständige Ansichten über das Für und Wider einer Ausdehnung des Krieges gelten zu lassen, erhoben Brauchitsch, der Oberbefehlshaber des Heeres, und Halder, der Chef des Stabes, technische Einwände; sie wiesen auf die Schwierigkeiten der Neuausrüstung der Armee und des Transportes der in Polen eingesetzt gewesenen Verbände nach dem Westen, auf die Gefahren eines Winterfeldzuges und auf die Stärke der gegnerischen Kräfte hin. So wie Hitler den Glauben an den Erfolg einer neuen Angriffshandlung hinter der Behauptung verbarg, es sei gefährlich, zu warten, bis die Alliierten den ersten Schritt unternähmen, so tarnten die Generale ihr mangelndes Vertrauen in Hitlers Führereigenschaft durch das Aufbauschen der praktischen Schwierigkeiten. Im Hintergrund agierte wieder jene selbe Gruppe von Männern, die 1938 Brauchitsch und Halder bedrängt hatten, Hitler gewaltsam zu beseitigen — darunter General Beck, der frühere Chef des Stabes, Goerdeler, Hassell, der ehemalige Botschafter in Rom, General Oster von der Abwehr, und General Thomas, Chef des Wehrwirtschafts- und Rüstungsamtes.

Es trat dann eine Ruhepause ein, während deren die Generale zu hoffen begannen, daß sie Hitler von seinen Plänen abgebracht hätten. Aber Ende Oktober verkündete Hitler, der Angriff habe am 12. November zu beginnen, und Brauchitsch stand als Oberbefehlshaber des Heeres vor der Wahl, entweder eine Offensive anzuordnen, die nach seiner Ansicht für Deutschland verhängnisvoll enden mußte, oder gegen den Mann, der Oberbefehlshaber der Wehrmacht und Staatsoberhaupt war, einen Putsch zu organisieren.

Die einzige Institution in Deutschland, die die Autorität und Macht besaß, einen Staatsstreich durchzuführen, war die Wehrmacht. Alles in allem ist die Geschichte des deutschen Widerstandes nichts anderes gewesen als die Geschichte fortgesetzter Versuche, diesen oder jenen militärischen Führer zu überreden, die Waffen gegen das Naziregime zu richten. Man mag verschiedener Meinung darüber sein, ob es vernünftig ist, in Kriegszeiten von dem Oberbefehlshaber irgendeiner Armee eine Meuterei zu erwarten. Aber wie man nun auch über dieses schwere Problem moralischer Verantwortung denken mag, als klare Tatsache bleibt bestehen, daß sich im September 1938 die Armeeführer geweigert haben, die von der Widerstandsgruppe verlangte Aktion durchzuführen.

Anfang November 1939 schöpften die Verschwörer für ein paar Tage neue Hoffnung. Ihre Behauptung, daß es, wenn Hitler beseitigt sei, möglich sein werde, mit den Westmächten zu einer Verständigung zu gelangen und Deutschland vor dem Verhängnis eines neuen 1918 zu bewahren, scheint einigen Eindruck auf das Oberkommando gemacht zu haben, zumal dieses schwer erschüttert war von Hitlers endgültiger Terminfestsetzung für die Westoffensive. Am 2. und 3. November besprachen sich die Verschwörer mit dem Chef des Stabes, General Halder, und seinem Stellvertreter, General Stülpnagel. Diese gaben General Oster die Versicherung, es seien für den Fall, daß Hitler auf dem von ihm gegebenen endgültigen Angriffsbefehl bestehen sollte, Vorbereitungen für einen Militärputsch getroffen. Da für den 5. November eine Besprechung zwischen Hitler und General Brauchitsch angesagt war, wollten sich die Armeeführer erst nach dieser endgültig entscheiden.

Die Unterredung zwischen Hitler und Brauchitsch fand in der Reichskanzlei statt. Sie dauerte nicht lange. Hitler hörte ziemlich ruhig zu, während Brauchitsch seine Besorgnisse über den vorgesehenen Angriff darlegte; als aber der Oberbefehlshaber die Bemerkung machte, der Geist der deutschen Infanterie während des Polenfeldzuges sei nicht entfernt mit dem Frontgeist im ersten Weltkrieg zu vergleichen, begann Hitler zu toben. Er kanzelte Brauchitsch ab und untersagte ihm, seinen Bericht fortzusetzen. Angesichts der heftigen persönlichen Anwürfe fiel der Oberbefehlshaber um; er scheint dicht vor einem Nervenzusammenbruch gestanden zu haben. Hitler aber, wütend über den Defätismus des Oberkommandos, befahl nun rechthaberisch, die Vorbereitungen fortzusetzen und den Angriff im Morgengrauen des 12. November, also des festgesetzten Tages, zu beginnen.

Weder Hitler noch Himmler scheinen etwas von dem Umfang der Putschgespräche im Zossener Hauptquartier geahnt zu haben. Aber sie hätten sich auch kaum Sorge zu machen brauchen. Brauchitsch (und Halder) schworen schleunigst jeglichem Interesse an der Verschwörung ab, nachdem Brauchitsch von Hitler angepfiffen worden war. Der Zufall bot ihnen zudem einen Ausweg an. Am 7. November mußte der Angriff infolge ungünstiger Wettervorhersagen aufgeschoben werden, und auch den ganzen Winter hindurch war das Oberkommando in der Lage, mit der gleichen Begründung immer wieder neuen Aufschub durchzusetzen, ohne das Hauptproblem anschneiden zu müssen.

Während die Verschwörer in der Gruppe um Beck und Oster mit immer geringerer Hoffnung versucht hatten, das Oberkommando der Armee zum Handeln zu bewegen, wurden sie durch die Nachricht überrascht, daß eine Bombenexplosion den Bürgerbräukeller in München zerstört hatte, kurz nachdem Hitler seine Rede zum Jahrestag des Putsches von 1923 beendet hatte. Zwei britische Geheimagenten, Captain Payne Best und Major R. H. Stevens, die, wie man vermutete, von der Verschwörung wußten, wurden zu gleicher Zeit an der holländischen Grenze gekidnapt, und ein deutscher Tischler namens Georg Elser wurde an der Schweizer Grenze verhaftet; in seinem Besitz fand man eine Photographie mit Markierungen, die das Innere des Bürgerbräukellers zeigte.

Es kann nicht überraschen, daß diese Nachricht die Opposition verblüffte, da in Wirklichkeit das Attentat auf Hitler durch die Gestapo organisiert war, mit der Absicht, die Popularität des Führers im ganzen Land zu erhöhen. Elser, ein geschickter Kunsttischler, der in die Gesellschaft einer Gruppe von Kommunisten geraten war, wurde von der Gestapo aus dem Dachauer Konzentrationslager geholt, wohin man ihn zur »Umerziehung« geschickt hatte. Man versprach die Freiheit, falls er das tue, was man ihm aufgab; zweimal brachte man ihn nachts zum Bürgerbräukeller nach München. Dort befahl man ihm, eine Sprengladung in eine der Säulen einzubauen, nahe der Stelle, wo Hitler während seiner Rede stehen würde. Ein Wecker wurde mit eingebaut, stand jedoch nicht in Verbindung mit dem Zünder, der nur durch elektrischen Strom von außen betätigt werden konnte.

Einer der Fixpunkte im Kalender der Nazis war der 8. November, der Tag, an dem Hitler stets zu seinem jährlichen Treffen mit den Alten Kämpfern in München erschien. Auch diesmal kam er wie üblich zu den Feierlichkeiten im Bürgerbräukeller, hielt jedoch nur eine kurze Rede und verließ das Treffen schon früh. Er war noch nicht lange fort, als eine furchtbare Explosion die Halle zerstörte, einige Mitglieder der Partei tötete und viele verletzte. Hitlers Sekretärin, die in dem Zug reiste, der den Führer nach Berlin zurückbrachte, hat beschrieben, wie die Nachricht sie in Nürnberg erreichte. Es ist möglich, daß man Hitler nicht gesagt hatte, was geplant war. Jedenfalls betrachtete er sein Entrinnen sogleich als Beweis für ein Eingreifen des Schicksals. Seine Augen leuchteten vor Erregung, er lehnte sich in seinem Sitz zurück und verkündete: »Jetzt bin ich völlig ruhig! Daß ich den Bürgerbräu früher als sonst verlassen habe, ist mir eine Bestätigung, daß die Vorsehung mich mein Ziel erreichen lassen will[2].«

Goebbels machte von diesem Zwischenfall regen Gebrauch, um zum Groll gegen die aufzuhetzen, die dem Krieg mit gemischten Gefühlen entgegensahen; er schilderte Hitler als den inspirierten Führer, den allein seine Intuition vor dem Tod bewahrt hatte. Elser, dem man die Photographie des Bürgerbräukellers gegeben und ihn dann einen halben Kilometer vor der Schweizer Grenze freigelassen hatte, wurde bei seinem Versuch, diese Grenze zu überschreiten, sofort verhaftet. Die deutsche Presse verwies auf seine Beziehungen zu den Kommunisten, und man entwarf das düstere Bild einer Verschwörung, in der sowohl Otto Strasser als auch der britische Geheimdienst eine führende Rolle spielten. Eigentlich sollte ein großer Prozeß geführt werden, mit den beiden britischen Agenten auf der Anklagebank und Elser als Kronzeugen; Elser wollte man sorgfältig präparieren, damit er beweise, daß der Meuchelmord von den Engländern organisiert worden sei. Die Tatsache, daß dieser Prozeß niemals stattfand, läßt den Verdacht aufkommen, daß das Spiel der Gestapo auf irgendeine Weise fehlgeschlagen war. Die Planung war ein wenig zu perfekt gewesen, und das deutsche Volk blieb skeptisch gegenüber der wunderbaren Fügung des Schicksals, die das Leben des Führers gerettet hatte[3].

Hitler hatte den Angriff im Westen zwar verschoben, seine Pläne jedoch nicht aufgegeben. Weisung Nr. 8 vom 20. November ordnete an, den Bereitschaftszustand aufrechtzuerhalten, damit sich eine Verbesserung der Wetterlage sofort ausnutzen lasse. Am 23. November bestellte Hitler die Oberbefehlshaber von Heer, Marine und Luftwaffe in die Reichskanzlei zu einer ähnlichen Besprechung wie der vom 23. Mai und vom 22. August. Glücklicherweise haben wir einen nach dem Kriege erbeuteten Bericht über das, was Hitler damals sagte[4].

Hitler bediente sich der gleichen Argumente wie am 10. Oktober, sprach aber offener und vertrat seine Auffassung mit größerem Nachdruck. Zunächst warf er den Generalen vor, daß sie bei seinen früheren Entscheidungen — damit meinte er die Besetzung des Rheinlandes und den »Anschluß« — kein Vertrauen bewiesen hätten. Die Zahl derjenigen, die ihr Vertrauen in ihn gesetzt hätten, sei sehr gering gewesen.

»Ein Jahr später kam Österreich, auch dieser Schritt wurde für sehr bedenklich angesehen. Er brachte eine wesentliche Stärkung des Reichs. Der nächste Schritt war Böhmen, Mähren und Polen... Vom ersten Augenblick an war mir klar, daß ich mich nicht mit dem sudetendeutschen Gebiet begnügen könnte. Es war nur eine Teillösung. Der Entschluß zum Einmarsch in Böhmen war gefaßt. Dann kam die Errichtung des Protektorats, und damit war die Grundlage für die Eroberung Polens gelegt, aber ich war mir zu diesem Zeitpunkt noch nicht im klaren, ob ich erst gegen Osten und dann gegen Westen oder umgekehrt vorgehen sollte... Zwangsläufig kam es erst zum Kampf gegen Polen. Man wird mir vorwerfen: Kampf und wieder Kampf. Ich sehe im Kampf das Schicksal aller Wesen. Niemand kann dem Kampf entgehen, falls er nicht unterliegen will[5].«

Hitler hob die Tatsache hervor, daß Deutschland zum erstenmal seit Bismarcks Reichsgründung keine Angst vor einem Zweifrontenkrieg zu haben brauche. Der Russenpakt biete zwar keine Sicherheit für die Zukunft, sei aber für Deutschlands gegenwärtige Situation günstig. Das gleiche gelte für Italien, wo alles davon abhänge, daß Mussolini am Leben bleibe. Nach einem flüchtigen Überblick über die andern politischen Faktoren zog Hitler seine Schlußfolgerung:

»Alles geht darauf hinaus, daß jetzt der Moment günstig ist, in sechs Monaten kann es aber vielleicht nicht mehr so sein. Als letzten Faktor muß ich in aller Bescheidenheit meine eigene Person nennen: unersetzbar. Weder eine militärische noch eine zivile Persönlichkeit könnte mich ersetzen. Die Attentatsversuche können sich wiederholen. Ich bin überzeugt von der Kraft meines Gehirns und von meiner Entschlußkraft ... Die Zeit arbeitet für den Gegner. Jetzt ist ein Kräfteverhältnis, das sich für uns nicht mehr verbessern, sondern nur verschlechtern kann ...
Mein Entschluß ist unabänderlich. Ich werde Frankreich und England angreifen zum günstigsten und schnellsten Zeitpunkt. Verletzung der Neutralität Belgiens und Hollands ist bedeutungslos. Kein Mensch fragt danach, wenn wir gesiegt haben.«

Hitlers Schlußsätze zeigen ihn in seiner ganzen Exaltiertheit. Von seinem Thema fortgerissen, war er in seiner Offenheit entwaffnend:

»Jede Hoffnung auf Kompromisse ist kindisch: Sieg oder Niederlage! Dabei geht es nicht um ein nationalsozialistisches Deutschland, sondern darum, wer künftig in Europa dominiert ... Keiner hat das geschaffen, was ich geschaffen habe. Mein Leben spielt keine Rolle dabei. Ich habe das deutsche Volk zu großer Höhe geführt, wenn man uns auch jetzt in der Welt haßt. Dieses Werk setze ich auf das Spiel. Ich habe zu wählen zwischen Sieg und Vernichtung. Ich wähle den Sieg ...
Der Geist der großen Männer unserer Geschichte muß uns alle beseelen ... Solange ich lebe, werde ich nur an den Sieg meines Volkes denken. Ich werde vor nichts zurückschrecken und jeden vernichten, der gegen mich ist. Ich bin entschlossen, mein Leben so zu führen, daß ich anständig bestehen kann, wenn ich sterben muß. Ich will den Feind vernichten ... In den letzten Jahren habe ich viele Beispiele der Vorsehung erlebt. Auch in der jetzigen Entwicklung sehe ich die Vorsehung. Wenn wir den Kampf erfolgreich bestehen — und wir werden ihn bestehen —, wird unsere Zeit eingehen in die Geschichte unseres Volkes. Ich werde in diesem Kampf stehen oder fallen. Ich werde die Niederlage meines Volkes nicht überleben. Nach außen keine Kapitulation, nach innen keine Revolution.«

Obwohl Hitler absichtlich die Gelegenheit herbeigeführt hatte, in die Köpfe seiner Oberbefehlshaber ein Bild von einem intuitiven Führertum einzuprägen, fällt es schwer zu glauben, daß er nur Theater gespielt haben soll; ganz deutlich tritt hier schon der Größenwahn der späteren Jahre zutage. Es gelang ihm nicht, die älteren Generale zu überzeugen — Brauchitsch bot, wenn auch vergebens, nach der Besprechung seinen Rücktritt an —, aber sicher ist auch, daß das Oberkommando in seinen Zweifeln zu sehr schwankte, um Hitler Einhalt gebieten zu können. Der Sieg in Polen hatte ihn in seiner rücksichtslosen Entschlossenheit noch härter gemacht. Die Generale konnten nichts anderes tun, als sich fortgesetzt auf das schlechte Wetter berufen und damit die Offensive bis weit ins Jahr 1940 hinein aufschieben.

Die geringe Kriegsbegeisterung seiner Oberbefehlshaber und der Verdacht, daß sie zur Vermeidung einer klaren militärischen Entscheidung zu jedem Vorwand Zuflucht nahmen, förderten offenbar Hitlers wachsendes Mißtrauen gegen die Berufssoldaten. Wie von den meisten erst viel später erkannt wurde, hatte der Zusammenstoß zwischen ihm und seinen Generalen im Winter 1939/40 zur Folge, daß er sich künftighin weigerte, ihren Rat selbst in militärischen Dingen anzunehmen. Als der Angriff im Westen nicht mit der von ihnen vorausgesagten Katastrophe endete, sondern mit dem aufsehenerregendsten Siege des Krieges, glaubte Hitler um so mehr, daß sein Urteilsvermögen dem ihren auf dem Gebiete der Strategie und sogar der Taktik ebenso überlegen sei wie bekanntermaßen auf dem der Politik — was für beide, für Hitler und die Wehrmacht, verhängnisvolle Folgen haben sollte.

II

Den ganzen Herbst und Winter 1939/40 hindurch war Hitlers Denken erfüllt von Plänen für die Offensive im Westen. Trotz des fortgesetzten Hinausschiebens lebte er immer noch in der Vorstellung, daß der Angriff kurz bevorstehe. Erst gegen das Jahresende gab er widerwillig seine Zustimmung, die Offensive erst im Frühjahr oder im Frühsommer zu eröffnen. Er war in kriegerischer Stimmung: im Dezember hörte Weizsäcker ihn sagen, daß der Feldzug im Westen »mich eine Million Mann kosten dürfe, aber den Feind ebenfalls eine Million — und der Feind kann das nicht aushalten[6].« Inzwischen aber war er gezwungen, seine Aufmerksamkeit der Politik zuzuwenden, insbesondere den fatalen Problemen, die sich aus den deutschen Beziehungen zu Italien und Rußland ergaben.

Die kurzen Flitterwochen der Achse waren längst vorbei. Das Bündnis erfreute sich in beiden Ländern keiner Beliebtheit. In seiner Besprechung mit den Oberbefehlshabern vom 23. November hatte Hitler zugegeben, daß Italiens Bündnistreue lediglich von Mussolinis Verbleiben an der Macht abhinge. Aber der Duce war keineswegs fest in seiner Haltung. Am 20. November schrieb Ciano in sein Tagebuch: »Für Mussolini ist der Gedanke, daß Hitler den Krieg unternehmen, oder schlimmer, ihn gewinnen könnte, einfach unerträglich[7].« Einen Monat später, am 26. Dezember, hoffte Mussolini auf eine deutsche Niederlage. Er beauftragte Ciano, der holländischen und der belgischen Regierung den heimlichen Wink zu geben, daß ihre Länder von einer bevorstehenden deutschen Invasion bedroht seien.

Ein andermal schwenkte Mussolini völlig um und sprach von einer Kriegsteilnahme an Deutschlands Seite. Aber die unverhüllte Geringschätzung, die viele Deutschen ihrem »nichtkämpfenden« Verbündeten gegenüber empfanden, hielt Mussolinis Groll wach, während umgekehrt in Rom die deutsche Politik in vielen wichtigen Punkten heftig kritisiert wurde. Hitlers Abkommen mit Rußland, die auf Wunsch Rußlands erfolgte völlige Liquidierung Polens, durch die nicht einmal ein kleiner polnischer Staat übrigblieb, die deutsche Schweigsamkeit angesichts des russischen Angriffs auf Finnland, das deutsche Verhalten bei der Durchführung des Abkommens über Südtirol — das alles bildete für die Italiener Anlaß zur Beschwerde. Als die Russen Anfang Dezember in Finnland einmarschierten, notierte Ciano, daß in einigen italienischen Städten Kundgebungen gegen die Sowjetunion stattgefunden hätten — »die Leute rufen: ›Nieder mit Rußland‹, aber in Wirklichkeit meinten sie: ›Nieder mit Deutschland‹[8].«

Ein Besuch Leys in Rom Anfang Dezember beseitigte keineswegs das italienische Mißtrauen. Im Gegenteil, denn am 16. Dezember hielt Ciano vor dem Großen Faschistenrat eine zweistündige Rede, in der er an Italiens Verbündetem heftigere Kritik übte als jemals zuvor. Drei Wochen später schrieb Mussolini Hitler einen Brief, worin er klarlegte, daß er seine Unabhängigkeit gegenüber dem Diktatorkollegen bewahren wolle.

Er begann damit, daß er seine »feste Überzeugung« ausdrückte, Deutschland könne auch mit der Unterstützung Italiens England und Frankreich nicht »in die Knie« zwingen oder sogar auseinandermanövrieren. Das zu glauben sei Selbstbetrug. Die Vereinigten Staaten würden eine totale Niederlage der Demokratien nicht zulassen. Aus diesem Grunde, so drängte er Hitler, sei es besser, einen Kompromiß zu suchen, als bei dem Versuch, sie zu besiegen, alles zu riskieren, selbst das Regime. »Wenn Sie nicht unwiderruflich entschlossen sind, den Krieg bis zum Ende durchzufechten, glaube ich, die Schaffung eines polnischen Staates . . . wäre eine Möglichkeit, den Krieg zu beenden und eine Situation herzustellen, die für den Frieden tragbar ist.«

Das Hauptgewicht legte Mussolini in seinem Brief auf die unglückseligen Konsequenzen, die sich aus Hitlers Pakt mit Rußland ergeben hatten — Unzufriedenheit in Spanien und Italien, die Preisgabe Finnlands, zu dessen Verteidigungskrieg sich Tausende von Italienern freiwillig gemeldet hätten, die Verhinderung eines unabhängigen polnischen Staates. Mussolini wandte sich dann gegen eine Ausdehnung des Krieges auf den Westen und drang in Hitler, umzukehren und »Lebensraum« für Deutschland im Osten zu suchen, in Rußland.

»Keiner weiß besser als ich (schrieb er), daß die Politik den Forderungen der Zweckmäßigkeit entsprechen muß. Dies gilt auch für die revolutionäre Politik ... Nichtsdestoweniger ist die Tatsache, daß in Polen und im Baltikum Rußland der große Nutznießer des Krieges gewesen ist — ohne einen Schuß abzugeben. Ich, der ich als Revolutionär geboren und es immer geblieben bin, sage Ihnen, daß Sie nicht die ewigen Grundsätze Ihrer Revolution den taktischen Notwendigkeiten einer vorübergehenden Phase der Politik opfern können. Ich bin sicher, daß Sie das Banner des Antibolschewismus und des Antisemitismus, das Sie zwanzig Jahre lang hochgehalten haben, nicht fallen lassen können ... und ich erfülle nur meine Pflicht, wenn ich hinzufüge, daß ein einziger Schritt weiter in Ihren Beziehungen zu Moskau verheerende Folgen in Italien zeitigen wird[9].«

Mussolinis Brief bewies nicht nur, daß das Verhältnis der beiden Verbündeten gespannt war, sondern berührte auch mit seinen Argumenten eine Seite von Hitlers Politik, die ihm selbst niemals ganz behaglich gewesen war: den deutsch-russischen Pakt.

Polen bildete jetzt nicht mehr das Hauptproblem in den Beziehungen Deutschlands zu Rußland. Ein Teil der westlichen Hälfte Polens war nach der Teilung dem Reich angegliedert worden, während aus dem Rest das Generalgouvernement gebildet wurde. Generalgouverneur war Hans Frank, der in den mageren Jahren vor der Machtübernahme Rechtsberater der Partei gewesen war. Am 7. Oktober, dem Tag nach seiner sogenannten »Friedensrede«, ernannte Hitler Himmler zum Chef einer neuen Organisation, des RKFDV; dies war das Reichskommissariat zur Förderung des deutschen Volksbewußtseins[10]. Seine erste Aufgabe war die Deportation von Polen und Juden aus den von Deutschland annektierten Gebieten. 1 200 000 Polen und 300 000 Juden wurden im ersten Jahr unter solchen Bedingungen deportiert, daß viele während des Transports starben.

Im Generalgouvernement, wohin sie deportiert wurden, übernahm Frank die Verantwortung für eine »außerordentliche Befriedungsaktion«: die Liquidierung der gebildeten Schicht Polens als ein wohlüberlegter politischer Akt. Außerdem rekrutierte er gewaltsam Arbeitskräfte und organisierte Proviant- und Nachschubtransporte aus dem Land. Die Behandlung der Juden wurde Himmler und der SS übertragen. »Die Endlösung der Judenfrage«, diese unheilvolle und schreckliche Bezeichnung, war der Deckname für die Pläne der SS, alle Männer, Frauen und Kinder mit jüdischem Blut in Europa auszurotten. Die erste Phase dieses Plans wurde im polnischen Generalgouvernement realisiert, wo in Auschwitz nahezu eine Million Menschen bis zum Ende des Krieges zugrunde ging[11]. Polen wurde damit zum Arbeitsmodell der neuen Naziordnung, die auf der Ausrottung der Juden basierte sowie auf der Unterwerfung »minderwertiger« Rassen — z. B. der Slawen — unter die arische Herrenrasse, die von der SS repräsentiert wurde.

Welche Befürchtungen die Russen auch gehabt haben mochten, daß Hitler die unter deutscher Herrschaft lebenden Polen aufstacheln könnte, die von den Sowjets beherrschten Polen aufzuwiegeln — sie wurden recht bald durch die brutale Art und Weise, mit der die Deutschen alle Polen behandelten, zerstreut. Auf die Probe gestellt wurden die deutsch-russischen Beziehungen im Winter 1939/40 nicht durch Polen, sondern durch Finnland. Hitler hatte die Einbeziehung der drei baltischen Staaten in die russiche Einflußsphäre und die sich daraus ergebende schmerzliche Umsiedlung der in diesen Ländern seit langer Zeit ansässigen Deutschen hingenommen. Nun mußte er schweigend mit ansehen, wie die Russen die Finnen zu vergewaltigen suchten, ein Volk, das mit Deutschland durch enge Bande verknüpft war und dessen tapferer Widerstand gegen die Russen nichts anderes als Bewunderung erregen konnte. Die Rolle eines Neutralen zu spielen, war für einen Mann, der dauernd ganz Europa zur Teilnahme an seinem Kampf gegen die bolschewistische Horde aufgerufen hatte, eine Demütigung. Dennoch zeigte Deutschland sich völlig uninteressiert am Schicksal Finnlands, und das Auswärtige Amt wies alle deutschen Missionen im Ausland an, sich jeder Äußerung der Sympathie für die Finnen oder der Kritik an den Russen zu enthalten.

Hitler dürfte es kaum entgangen sein, daß Rußlands Maßnahmen im Ostseeraum sichtlich darauf hinzielten, seine Stellung zu stärken, um sich gegen einen deutschen Angriff zu schützen. Dennoch hielt Hitler, ohne sich Ribbentrops närrischen Träumen über die Zukunft der deutsch-russischen Freundschaft anzuschließen, den für die Zusammenarbeit mit der Sowjetunion gezahlten Preis nicht für zu hoch. Sie brachte ihm wirtschaftliche, politische und strategische Vorteile.

Am 24. Oktober 1939 und am 11. Februar 1940 wurden zwischen den beiden Ländern weitere Wirtschaftsabkommen abgeschlossen. Die russischen Rohstofflieferungen waren für Deutschland so wichtig, daß Hitler am 30. März bestimmte, die deutschen Kriegsgerätelieferungen an die UdSSR seien vor die Kriegsgerätelieferungen an die eigene Wehrmacht zu stellen. Als Gegenleistung lieferte die Sowjetunion im ersten Jahr eine Million Tonnen verschiedene Getreidearten, eine halbe Million Tonnen Weizen, 900 000 Tonnen Ölderivate, 500 000 Tonnen Phosphate, 100 000 Tonnen Baumwolle sowie außerdem kleinere Mengen anderer Rohstoffe nach Deutschland und beschaffte eine Million Tonnen Sojabohnen aus der Mandschurei[12].

Die Zusammenarbeit erstreckte sich auch auf politisches Gebiet. Im Herbst 1939 begann die Propaganda Rußlands und der kommunistischen Parteien in den anderen Ländern die deutsche These zu unterstützen, daß die Westmächte für die Fortsetzung des Krieges verantwortlich seien. Es war die sogenannte Friedensoffensive. Gemeinsam übten die beiden Regierungen einen Druck auf die Türkei aus, um sie zur Aufrechterhaltung ihrer Neutralität zu zwingen, während sie Nordost-Europa ungestört in Einflußsphären aufteilten.

Der wichtigste und von Hitler am meisten geschätzte Vorteil lag jedoch auf strategischem Gebiet, nämlich in der Möglichkeit, im Westen anzugreifen, ohne sich über die Verteidigung der deutschen Ostgrenze Sorgen machen zu müssen. Nicht allein war er in der Lage, einen Zweifrontenkrieg zu vermeiden, sondern auch fast alle ihm verfügbaren Streitkräfte im Westen zu konzentrieren. Während des Westfeldzuges im Jahre 1940 blieben nur sieben deutsche Divisionen an der langen Linie zwischen der Ostsee und den Karpaten zum Schutz der deutschen Ostgrenze zurück, und von diesen wurden im Verlauf des Feldzuges noch zwei weitere Divisionen in den Westen abkommandiert. Nach dem Krieg äußerte Göring, daß nach seiner Schätzung Hitler durch den Russenpakt fünfzig Divisionen freibekam, die er sonst im Osten hätte stehenlassen müssen. Tatsächlich war der Pakt die unerläßliche Vorbedingung für Hitlers Angriff sowohl im Westen wie in Polen.

Wie Stalin nutzte auch Hitler die Situation aus, von der keine der beiden Parteien erwartete, daß sie von langer Dauer sein werde. Im Augenblick schien der größere Vorteil auf seiten Stalins zu liegen, aber das entmutigte Hitler nicht. Hatte er einmal mit Hilfe der russischen Neutralität die Westmächte geschlagen, so konnte er das Gleichgewicht wiederherstellen — und noch mehr als das. Wenn er die Niederlande und Frankreich überrannt, die englische Armee ins Meer getrieben und dem Westen seine Bedingungen diktiert hatte, würden Rußlands Gewinne in Osteuropa und im Baltikum in den Hintergrund rücken. Überhaupt brauchte man in den russischen Gewinnen keinen Dauerzustand zu sehen. Am 17. Oktober 1939, während eines Gesprächs mit Keitel über die Zukunft Polens, wich Hitler ein einziges Mal von der sonst im Generalgouvernement verfolgten Politik der Vernachlässigung ab und sagte:

»Unsere Interessen bestehen in folgendem: Es ist Vorsorge zu treffen, daß das Gebiet als vorgeschobenes Glacis für uns militärische Bedeutung hat und für einen Aufmarsch ausgenutzt werden kann. Dazu müssen die Bahnen, Straßen und Nachrichtenverbindungen für unsere Zwecke in Ordnung gehalten und ausgenutzt werden[13].«

Hitler hatte also seine östlichen Ambitionen vorläufig auf Eis gestellt, keineswegs aber vergessen.

III

Am 10. Januar 1940 gab Hitler den Befehl, die Offensive im Westen genau acht Tage später, am 17., fünfzehn Minuten vor Sonnenaufgang, zu eröffnen. Drei Tage später schob er den Termin wieder hinaus. Aus den erbeuteten Dokumenten geht hervor, daß dieser noch mehrmals abgeändert wurde. Der letzte in der Reihe der Befehle bestimmt den 20. Januar zum voraussichtlichen Tag des Angriffsbeginns. Darauf Stille bis zum Mai.

Am selben Tage, an dem Hitler seinen ersten Befehl gab, am 10. Januar, mußte ein deutscher Major, Verbindungsoffizier der Luftflotte 2, auf dem Fluge von Münster nach Bonn in Belgien notlanden. Er führte die ganzen Operationspläne für Hitlers Offensive mit sich, und obwohl es ihm gelang, einen Teil davon zu verbrennen, fiel den Belgiern doch genug in die Hände — zur Beunruhigung der Deutschen. Damit war der Fall erst einmal erledigt, und das Oberkommando verbarg kaum seine Erleichterung. Hitler sah schließlich ein, daß es keinen Zweck hatte, die Offensive von Tag zu Tag zu verschieben, ehe nicht der Winter vorüber war und neue Pläne gemacht werden konnten.

Mit seinem Verzicht wurde Hitler zum Teil ausgesöhnt durch ein neues Projekt, für das er sich nun zu interessieren begann. Es stammte vom Oberkommando der Marine. Für den Oberbefehlshaber der deutschen Marine, Admiral Raeder, war es eine Enttäuschung gewesen, daß der Krieg schon 1939 ausbrach. Er hatte geglaubt, daß es im Jahre 1944 »eine gute Gelegenheit zur Lösung der englischen Frage« geben werde, denn 1939 verfügte die deutsche Marine weder über genügend Kriegsschiffe noch U-Boote, um der überlegenen englischen Kriegsflotte ernsthaft entgegentreten zu können.

Auf der Suche nach einer Möglichkeit, mit der deutschen Kriegsflotte die britischen Seewege wirksamer angreifen zu können, kam Raeder auf die Idee, Stützpunkte in Norwegen anzulegen. Am 3. Oktober richtete er an seinen Stab eine Anzahl von Fragen über Norwegen zur Beantwortung, und am 10. Oktober, in einer der Führerbesprechungen über Marinefragen, machte er Hitler einen entsprechenden Vorschlag[14]. Aber Hitler ging nicht darauf ein. Damals war er völlig in Anspruch genommen von dem Plan einer Invasion der Niederlande und Frankreichs, die er im November durchzuführen hoffte. Vor Mitte Dezember wurde dann das norwegische Projekt nicht mehr erwähnt.

Im Dezember nämlich sah die Lage anders aus: Rußland hatte Finnland angegriffen. London und Paris zogen einen alliierten Beistand für die Finnen in Erwägung, und die Deutschen fürchteten ernsthaft, daß englische und französische Truppen über Norwegen nach Finnland geschafft oder gar Norwegen von den Alliierten besetzt werden würde. Denn die empfindlichste Stelle der deutschen Kriegswirtschaft war die Abhängigkeit von den schwedischen Eisenerzlieferungen. Man rechnete damit, daß diese Lieferungen im Jahre 1940 eine Höhe von 11½ Millionen Tonnen erreichen würden; Deutschlands Gesamtverbrauch betrug 15 Millionen Tonnen. Während der Wintermonate war der Bottnische Meerbusen zugefroren, und die einzige offene Route verlief über Narvik und entlang der Atlantikküste Norwegens. Durch eine Besetzung Norwegens konnten die Westmächte nicht nur in diesen lebenswichtigen Verkehr eingreifen, sondern auch verhindern, daß deutsche Schiffe von der Ostsee in die Nordsee und den Atlantik gelangten.

Raeder war in der Lage, diese Tatsachen zur Unterstützung seines Argumentes zu verwenden, daß Deutschland den Engländern zuvorkommen müsse, indem es zuerst Norwegen unter seine Kontrolle brächte. Gleichzeitig schlug er Maßnahmen für die Durchführung dieser Aktion vor, für die Hitler sofort Interesse zeigte. Über Rosenberg, der das obskure Außenpolitische Amt der Partei leitete und sich schon immer für die nordischen Völker Skandinaviens interessiert hatte, war der Admiral mit Quisling und Hagelin in Fühlung getreten. Diese waren die Führer der kleinen norwegischen Nazipartei, bekannt unter den Namen »Nasjonal Samling«. Quisling, ein ehemaliger Generalstabsoffizier, der von 1931 bis 1933 norwegischer Kriegsminister gewesen war, glaubte, mit Hilfe Deutschlands in der Lage zu sein, einen Staatsstreich durchzuführen. Das bedeutete, daß nur wenige deutsche Streitkräfte erforderlich waren und die Truppenkonzentrierung an der Westfront und der bereits geplante Angriff auf Frankreich dadurch nicht beeinträchtigt werden würden.

Raeders Ausführungen machten auf Hitler einen so großen Eindruck, daß er Quisling in der Zeit zwischen dem 14. und 18. Dezember dreimal empfing und Anordnungen traf, die deutsche Unterstützung sicherzustellen. Ein Staatsstreich war ganz offensichtlich die wirtschaftlichere

Methode, und so gab Hitler ihm den Vorzug; aber er war auch einverstanden, Pläne für eine gewaltsame Besetzung Norwegens vorzubereiten, falls der Staatsstreich mißlingen sollte. Er legte sich zwar noch nicht fest, aber Mitte Januar, nach dem endgültigen Aufschub der Westoffensive, bekam er die Hände frei. Am 27. Januar wurde ein Arbeitsstab im OKW gebildet, der die Einzelheiten auszuarbeiten hatte. Mit Norwegen sollte gleichzeitig Dänemark besetzt werden.

Während dieser Vorbereitungen in Berlin beschwor in London der Erste Lord der Admiralität, Churchill, die widerstrebende englische Regierung, der britischen Flotte die Erlaubnis zur Verminung der norwegischen Gewässer zu erteilen. Seine Absicht war, diese für den deutschen Eisenerztransport aus Narvik unbrauchbar zu machen. Das Kabinett verweigerte seine Zustimmung. Aber am 17. Februar fing der englische Zerstörer »Cossack« in norwegischen Gewässern das deutsche Hilfsschiff »Altmark« ab und befreite eine Anzahl englischer Gefangener. Der Vorfall erregte Hitlers Zorn und setzte seinem letzten Zögern ein Ende. Er verlangte die unmittelbare Ernennung eines Oberbefehlshabers für die Expedition und war sofort einverstanden, als Keitel ihm General Nikolaus von Falkenhorst vorschlug. Falkenhorst hatte 1918 in Finnland gestanden und war zur Zeit Kommandeur eines Armeekorps in Koblenz.

Falkenhorst kam am 20. Februar nach Berlin. Hitler sprach ihn wenige Minuten vor der täglichen Lagebesprechung und übertrug ihm die Vorbereitung für die Besetzung Norwegens. Er nannte drei Gründe für seinen Entschluß: er wollte die Engländer aus der Ostsee heraushalten, der deutschen Kriegsflotte eine größere Bewegungsfreiheit sichern und den Erztransport entlang der norwegischen Küste schützen. Falkenhorst, über seine neue Aufgabe ein wenig bestürzt, wurde darauf entlassen und aufgefordert, bis um 5 Uhr nachmittags dem Führer seine fertigen Pläne vorzulegen. Er kaufte sich einen Baedeker und zog sich in sein Hotelzimmer zurück. Um 5 Uhr hatte er seinen Plan in groben Umrissen skizziert, Hitler war zufrieden, und Falkenhorst hatte vor seiner Rückkehr nach Koblenz seine Ernennung zum Oberbefehlshaber in der Tasche.

Wie aus Jodls Tagebuch ersichtlich ist, wurde in der Woche nach der Besprechung mit Falkenhorst Hitlers Interesse für die norwegische Expedition zusehends größer. Der Einsatz von Streitkräften sollte so niedrig wie möglich gehalten werden. Falkenhorst bekam nicht mehr als fünf Divisionen. Aber die Rolle, die Quisling zugedacht war, hatte inzwischen an Bedeutung verloren, und die Deutschen bereiteten sich auf eine militärische Besetzung vor, bei der das Überraschungsmoment die geringen Streitkräfte, die Hitler zu bewilligen bereit war, ausgleichend ergänzen sollte.

Solch eine Operation barg ein großes Risiko in sich. Wie Raeder Hitler in einer Besprechung am 9. März klarmachte, widersprach der Versuch, ein derartiges Unternehmen durchzuführen, ohne die Herrschaft zur See zu besitzen, allen Grundsätzen der Seekriegsführung. Infolgedessen hänge alles vom Überraschungsmoment ab. Berichte über englische und französische Vorbereitungen, im Rahmen der Finnlandhilfe norwegische Häfen zu besetzen, hielten das deutsche Oberkommando in einem ständigen Alarmzustand. Man fürchtete, daß die Alliierten der Aktion zuvorkämen.

Der Sorge wurde man enthoben, als die Finnen die Russen um Waffenstillstand bitten mußten. Dieser wurde am 15. März unterzeichnet, und damit schwand die Gefahr einer englisch-französischen Landung. Aber Hitler wollte nicht mehr zurück, nachdem er einmal so weit gegangen war. In einer Besprechung vom 26. März gab Raeder zu, daß die Gefahr einer englischen Landung in Norwegen nicht mehr akut sei, doch fügte er hinzu, daß nach seiner Meinung Deutschland früher oder später zu einer Besetzung Norwegens gezwungen sein werde und daß der Augenblick günstig sei. Hitler stimmte völlig mit ihm überein. »Weserübung« (Deckwort für die Norwegenbesetzung) sollte den Vorrang haben vor »Fall Gelb« (Deckwort für die Westoffensive), und gleichgültig, ob die Alliierten ihre Pläne durchführten oder nicht, sollten die Vorbereitungen weitergehen. Eine Woche später, am Nachmittag des 2. April, meldeten Raeder, Göring und Falkenhorst, daß die Vorbereitungen abgeschlossen seien, und Hitler gab den Befehl, die Operationen am 9. April zu beginnen.

Anzeichen von Zusammenziehungen deutscher Truppen- und Marineverbände entlang der Ostsee im März und Anfang April wurden von der norwegischen und dänischen Regierung nicht ernst genommen, und erst am 5. April, als die deutschen Transportschiffe bereits ausgelaufen waren, machte Chamberlain die unglückliche Bemerkung, Hitler habe »den Bus verpaßt«. Die Deutschen genossen daher den Vorteil völliger Überraschung, und Hitler verriet sich nicht. Er hielt in den ersten drei Monaten des Jahres 1940 eine Reihe von Reden, ließ aber nichts von seinen Absichten durchblicken.

Die erste dieser Reden wurde am 30. Januar im Berliner Sportpalast gehalten, wobei Hitler die zurückliegenden sieben Jahre seiner Herrschaft durch sein persönliches Auftreten feierte. Er goß ein Spottelaborat über die Alliierten und ihre Kriegsziele. »Keine Nation«, erklärte er, »wird sich die Finger zweimal verbrennen. Der Trick des Rattenfängers von Hameln verfängt nur einmal. Die Apostel der internationalen Verständigung können das deutsche Volk nicht noch einmal betrügen.«

Am 24. Februar erschien er in München. Es war der 20. Jahrestag seines ersten Auftretens in einer großen öffentlichen Versammlung. Erwägt man die Bedeutung dieses Anlasses, so war seine Rede enttäuschend. Offensichtlich war ihm klar, daß der Krieg nicht allzu populär in Deutschland war, doch die Art, wie er ihn zu begründen versuchte, wirkte mühsam, und ständig kam er auf dieselben Punkte zurück, ohne dadurch überzeugender zu wirken. Erst am Ende der Rede kam der alte Hitler wieder zum Vorschein:

»Das Entscheidende aber ist die Führung«, sagte er zu seinen alten Kämpfern. »Wenn damals ein gewisser Adolf Hitler, statt deutscher Musketier zu sein, deutscher Reichskanzler gewesen wäre, glaubt man etwa, daß damals diese kapitalistischen Götzen der internationalen Demokratie gesiegt hätten?« Im selben Abschnitt nannte Hitler sich einen Magneten, »der dauernd über die deutsche Nation streicht und den Stahl aus dem Volke herauszieht[15]«. Im ersten Kriegswinter ließen sich jedoch nur wenige Stahlstücke aus dem deutschen Volk herausziehen.

Von München kehrte Hitler nach Berlin zurück, wo er am 1. März die erste Weisung für das Unternehmen »Weserübung« unterschrieb. Am 2. März empfing er Sumner Welles, den amerikanischen Unterstaatssekretär. Welles' Besuch hatte den Zweck, die Möglichkeiten für eine Wiederherstellung des Friedens zu erkunden, ehe der Krieg ernst wurde, und besonders Italiens Abneigung gegen die Teilnahme am Krieg zu stärken. Weder das eine noch das andere war Hitler angenehm, und Sumner Welles wurde in Berlin kühl aufgenommen.

Der Amerikaner stellte sehr bald fest, daß sein Berliner Besuch eine Zeitvergeudung war. Hitler war von seinen bereits getroffenen Entscheidungen nicht mehr abzubringen. Aber es bestand noch eine kleine Hoffnung, Mussolini aus dem Krieg herauszuhalten, und so kehrte Welles, nachdem er Paris und London besucht hatte, nach Rom zurück. Die Möglichkeit, daß er in Rom mehr Gehör finden könne als in Berlin, bereitete Hitler einige Sorge. Der Brief, den der Duce ihm im Januar geschrieben hatte, war seit zwei Monaten unbeantwortet geblieben: nun aber wurde Ciano am 8. März völlig unerwartet durch den deutschen Botschafter darüber unterrichtet, daß Ribbentrop in zwei Tagen, d. h. vor Welles' Rückkehr, nach Rom kommen und Hitlers verzögerte Antwort mitbringen werde.

Der Brief war in den herzlichsten Ausdrücken gehalten, und Hitler machte sich geschickt den offensichtlichen Konflikt zunutze, der Mussolini zwischen Furcht und dem Wunsch, eine historische Rolle zu spielen, hin- und herriß.

»Trotzdem aber glaube ich, Duce, kann über eines doch wohl kein Zweifel sein: Der Ausgang dieses Krieges entscheidet auch die Zukunft Italiens ...
Darf ich Ihnen endlich versichern, daß ich trotz allem glaube, daß das Schicksal uns früher oder später doch zwingen wird, gemeinsam zu kämpfen ..., daß Ihr Platz dann erst recht an unserer Seite sein muß, genau wie der meine an Ihrer Seite sein wird[16].«

Obwohl Mussolini dazu neigte, gegen einige Punkte Einwände geltend zu machen — vornehmlich gegen die Beziehungen zu Rußland —, akzeptierte er doch widerspruchslos die deutsche Haltung.

»Der Führer hat recht, wenn er feststellt, daß Deutschland und Italien schicksalsmäßig verbunden sind ... Es ist für Italien unmöglich, außerhalb des Krieges zu bleiben. Im gegebenen Augenblick wird es in den Krieg eintreten und Seite an Seite mit Deutschland kämpfen[17].«

Es gelang Ribbentrop nicht, Mussolini auf einen bestimmten Termin festzulegen, aber er machte kräftig Gebrauch von dem italienischen Groll über die englische Blockade. Ganz besonders beeindruckte es die Italiener, daß Deutschland plötzlich in der Lage war, jährlich 12 Millionen Tonnen Kohle zu liefern und auch die erforderlichen Transportmittel zur Verfügung zu stellen. Um diese Sache unter Dach und Fach zu bringen, lud Ribbentrop Mussolini zu einer Zusammenkunft mit Hitler am Brenner ein, die zu irgendeinem Zeitpunkt nach dem 19. März stattfinden könne.

Sogar Ciano gab zu, daß es Ribbentrop gelungen sei, durch seinen Besuch die Achse zu stärken. Er hoffte zwar immer noch, daß Mussolini Italien aus dem Krieg heraushalten würde. Aber Sumner Welles, der am 16. März mit Mussolini wieder zusammentraf, fiel der Wechsel in der Haltung des Duce auf. »Es sah nicht so aus, als leide er noch unter dem physischen oder seelischen Druck, den ich während meiner ersten Unterhaltung mit ihm deutlich bemerkte ... Es schien ihm ein Stein vom Herzen gefallen zu sein. Seitdem habe ich mich oft gefragt, ob er nicht während der zwei Wochen meiner Abwesenheit den Entschluß gefaßt hat, den Rubikon zu überschreiten, und ob nicht Ribbentrops Besuch ihn dazu bestimmt hat, Italien in den Krieg zu treiben[18].«

Sobald er nach Berlin zurückgekehrt war, rief Ribbentrop in Rom an, um anzufragen, ob das Zusammentreffen am Brenner nicht schon am 18. stattfinden könne. Mussolini fluchte — »Diese Deutschen sind unerträglich, sie lassen einem keine Zeit zum Atemholen und zum Nachdenken« —, aber er willigte ein. Ciano schrieb, daß der Duce immer noch hoffe, Hitler von der Offensive im Westen abzubringen, fügte aber resigniert hinzu: »Man darf sich nicht verhehlen, daß der Duce von Hitler fasziniert ist. Und diese Faszination geht noch dazu in Richtung seiner eigenen Natur, die auf Handlung drängt. Der Führer wird vom Duce viel mehr erreichen als Ribbentrop.«

Mochte Mussolini auch den entschlossenen Mann spielen, so konnte er doch ein Gefühl der Minderwertigkeit Hitler gegenüber nicht überwinden. Die einzigen Erfolge, die Mussolini gelten ließ, waren militärische, wie Ciano beobachtete. Hitler hatte den Krieg gewagt — er nicht. Hitler brauchte nur an jenes Gefühl zu rühren, um das Geltungsbedürfnis des Duce anzuregen und seine nachlassende Kriegsbereitschaft neu zu beleben. Bei ihrer Begegnung am Brenner, hoch oben in den schneebedeckten Bergen — ihrer ersten Begegnung seit München — überschüttete Hitler Mussolini mit einer Flut von Worten. Er schilderte ausführlich den Verlauf des polnischen Feldzugs und die deutschen Vorbereitungen für die Offensive im Westen. Mussolini hatte wenig Gelegenheit, irgend etwas zu sagen, dennoch benutzte er die paar Minuten, die Hitler ihm ließ, um aufs neue zu versichern, daß er in den Krieg eintreten werde.

»Der Duce wiederholte, daß er — sobald Deutschland durch militärische Operationen eine günstige Lage geschaffen habe — keine Zeit verlieren würde, um einzugreifen. Sollten sich die deutschen Fortschritte in einem langsameren Tempo entwickeln, würde der Duce mit einer Intervention so lange warten, bis er in einer entscheidenden Stunde von wirklichem Nutzen für Deutschland sein könne[19].«

Wenn der Duce auch, nach Rom zurückgekehrt, über Hitlers ununterbrochenen Redeschwall brummte, ihm von Angesicht zu Angesicht gegenübersitzend, war er unfähig, aus seiner eifrigen Ehrerbietung ein Hehl zu machen. Hitler behandelte ihn sehr geschickt. Er gab ihm einen Eindruck von der deutschen Kraft und sprach mit solcher Zuversicht, daß in Mussolini wieder die alte Angst erwachte, bei der Teilung der Beute zu kurz zu kommen. Als sich die beiden Diktatoren auf dem Bahnsteig trennten, konnte Hitler sich gratulieren. Er hatte sein Übergewicht mit Leichtigkeit wiederhergestellt: drei Monate später trat Italien in den Krieg ein.

IV

Hitler sagte Mussolini kein Wort von dem beabsichtigten Angriff auf Norwegen — ein Beweis mehr, sofern erforderlich, mit welcher Geringschätzung er seinen italienischen Verbündeten betrachtete. Von

Anfang April an war aber seine ganze Aufmerksamkeit auf die Ostsee und den Norden gerichtet.

Unterdessen hatte das englische Kabinett die englische Kriegsflotte ermächtigt, norwegische Gewässer zu verminen. Es gab diese Erlaubnis genau einen Tag später, nachdem Hitler den Termin der Operation »Weserübung« auf den 9. April festgesetzt hatte. Die englische Operation sollte am 8. April beginnen. Im Falle einer deutschen Gegenaktion sollten englisch-französische Streitkräfte eingeschifft werden, um dieselben norwegischen Häfen zu besetzen, die die deutsche Kriegsmarine für ihre eigene Operation ausgewählt hatte. So steuerten zwischen dem 7. und 9. April zwei Flotten auf Norwegen zu. Die spärlichen Nachrichten, die von den britischen Vorbereitungen nach Berlin drangen, erhöhten die Spannung in Hitlers Hauptquartier. Raeder setzte im Grunde die ganze deutsche Flotte ins norwegische Spiel; wenn er das Pech haben sollte, auf irgendeinen Verband der britischen Flotte zu stoßen, mußte in wenigen Stunden ein Verhängnis eintreten.

In Wirklichkeit wurde nur ein deutscher Transporter versenkt und der deutsche Kreuzer »Hipper« am 8. von einem britischen Zerstörer in ein Gefecht verwickelt. Die Operation ging weiter, und die Taktik der Überraschung erwies sich als außerordentlich erfolgreich. Oslo, Bergen, Drontheim, Stavanger und Narvik wurden im Handstreich genommen. Quislings Staatsstreich war ein glatter Fehlschlag; der norwegische König und seine Regierung entkamen, und es gab einen sechswöchigen harten Kampf, um die inzwischen eiligst gelandeten alliierten Truppen hinauszujagen. Dennoch waren die Engländer überrascht und, um mit Churchill zu sprechen, in ihrem eigensten Element, der See, »vollständig überrumpelt« worden. Die englische Flotte fügte den deutschen Streitkräften erhebliche Verluste zu, aber diese waren nicht viel höher, als Raeder einkalkuliert hatte, und bedeuteten einen geringen Preis für die Sicherung der Eisenerzversorgung, für den Schutz der Ostsee und den Einbruch in den Atlantik. Entlang der ganzen norwegischen Küste standen nun der deutschen Marine und der deutschen Luftwaffe Stützpunkte zur Verfügung.

Von Anfang an hatte Hitler ein starkes persönliches Interesse an der norwegischen Expedition gehabt. Falkenhorst war ihm unmittelbar unterstellt, und an Stelle des Oberkommandos des Heeres (OKH) hatte Hitlers eigene Befehlsorganisation, das OKW, die Planung und Leitung der Operation übernommen. Das führte zu beträchtlichen Reibungen und Eifersüchteleien unter den Abteilungen. Noch wichtiger war, daß sich hiermit eine künftige Entwicklung abzuzeichnen begann. Denn Norwegen ist der Anfang jenes ununterbrochenen persönlichen Eingreifens in den täglichen Gang der Operationen, das Hitler mehr und mehr zur Gewohnheit wurde und seine Generale zur Verzweiflung brachte.

Hitlers Temperament machte ihn ganz und gar ungeeignet für die Stellung eines Oberbefehlshabers. Er regte sich rasch auf, redete viel zuviel und brachte es fertig, andere für seine eigenen Irrtümer oder für gegnerische Maßnahmen, die außerhalb ihrer Macht lagen, zu tadeln. Diese Schwächen traten, wie Jodls Tagebuch beweist, im April 1940 besonders zutage, denn insgeheim fürchtete Hitler, daß ihn unerwartete Schwierigkeiten in Norwegen zwingen könnten, die Westoffensive wieder einmal hinauszuschieben. Diese war immer noch sein Hauptziel, demgegenüber Norwegen nur ein Zwischenspiel war.

Zum Glück für Hitler ging das Zwischenspiel rechtzeitig aus, und Ende April war seine Zuversicht in den Ausgang der norwegischen Operationen stark genug, um ihn als provisorischen Termin für die Eröffnung des Westfeldzuges die erste Maiwoche festsetzen zu lassen. Wegen schlechten Wetters mußte der Angriffsbeginn vom 8. auf den 10. Mai verschoben werden, was Hitler sehr nervös machte. Aber dies sollte auch der letzte Aufschub sein. Im Morgengrauen des 10. Mai 1940 begann endlich die Schlacht im Westen.

Wenn Hitler es auch damals kaum erkannt haben mag, so verdankte er doch seinen Erfolg in der Schlacht um Frankreich in erster Linie dem langen Hinzögern, das ihn vorher so sehr verdrossen hatte.

Der ursprüngliche Angriffsplan hatte die Hauptrolle derjenigen Heeresgruppe zugedacht, die von den drei im Westen liegenden am meisten nördlich stand, der Heeresgruppe B unter von Bock. Diese sollte eine umfassende Bewegung durch Holland und Belgien durchführen und von der Heeresgruppe A (Rundstedt), die die Mitte der deutschen Front vor den Ardennen einnahm, und der Heeresgruppe C (Leeb), die den linken Flügel gegenüber der Maginotlinie bildete, unterstützt werden. Zu dem Zweck waren praktisch die gesamten deutschen Panzerkräfte dem unter Bock stehenden rechten Flügel zugeteilt worden.

Gegen diesen Plan wurden schwere Bedenken erhoben. Er stelle eine Wiederholung des deutschen Vormarsches von 1914 dar und bedeute wahrscheinlich keine Überraschung für die westlichen Alliierten. Man lasse dabei die Panzerkräfte in ein Gebiet einrollen, das von zahllosen Kanälen und kleinen Flüssen durchschnitten sei. Die Panzer würden mit der Spitze der nach Belgien einmarschierenden englisch-französischen Armee zusammenstoßen, und selbst wenn es den Deutschen gelinge, sie zurückzuschlagen, würde man die Alliierten nur näher an ihre befestigten Stellungen und an ihre Versorgungsbasen herantreiben.

Genau auf dieser Anfangsbewegung hatte das französische Oberkommando seine Pläne aufgebaut, und wenn Hitler an dem ursprünglichen Plan festgehalten hätte, wären die kommenden Ereignisse aller Voraussicht nach eher von den Franzosen als von den Deutschen diktiert worden. Aber es war bereits ein Alternativplan von General von Manstein, dem Chef des Stabes von Rundstedts Heeresgruppe A, ausgearbeitet worden. Manstein schlug vor, den entscheidenden Vorstoß nicht auf dem rechten deutschen Flügel zu machen, wo ihn die westlichen Alliierten fast mit Bestimmtheit erwarteten, sondern in der Mitte, durch die Ardennen hindurch, über Sedan zur Kanalküste. Solch eine Bewegung würde die Franzosen völlig überraschen, denn sie hätten (wie auch viele deutsche Generale) die Ardennen als für Panzeroperationen ungeeignet abgeschrieben, und dieser Abschnitt der französischen Front sei schwächer verteidigt als fast alle andern. Wenn die Panzer einmal durch die bewaldeten Berge der Ardennen durchgestoßen seien, würden sie über das für einen raschen Vormarsch gut geeignete nordfranzösische Flachland rollen können. Schließlich werde damit, falls der Plan gelinge, der englisch-französische Vormarsch nach Belgien aus den Angeln gehoben, da man die Verbindungslinien des Gegners zerstöre, ihn von Frankreich abschneide und in eine Falle treibe, wobei er mit dem Rücken gegen die belgische Küste stehe.

Mansteins Plan wurde vom OKW mit Stirnrunzeln aufgenommen, aber dank der vielen Aufschübe der Operation gelang es Manstein, Hitler auf seinen Plan aufmerksam zu machen.

Mansteins Vorschläge beinhalteten eben jene Momente der Überraschung und des Risikos, denen Hitler so große Bedeutung beimaß. Im Laufe des Februar befahl er, den ganzen Angriffsplan nach Mansteins Richtlinien neu auszuarbeiten und so die wichtigen Panzerkräfte vom rechten Flügel zur Mitte zu verlegen.

Dieser Wechsel sollte sich als entscheidend erweisen. Es war nicht leicht gewesen, den von dem verärgerten Bock unterstützten Widerstand im OKW zu überwinden, und den Neidern gelang es, Manstein in ein Infanteriekorps zu versetzen, wo er bei der Offensive eine kleinere Rolle spielte. Schon im März aber hatte Hitler Mansteins Plan zu seinem eigenen gemacht — er scheint wirklich geglaubt zu haben, daß er von ihm selber stamme — und im Mai waren die neuen Befehle so weit ausgearbeitet, daß sie in die Tat umgesetzt werden konnten.

Die deutsche Armee, die am Morgen des 10. Mai in Holland, Belgien und Frankreich einmarschierte, bestand aus 89 Divisionen; weitere 47 wurden in Reserve gehalten. Darunter befand sich die furchterregende Masse von 10 Panzerdivisionen mit 3000 Panzerfahrzeugen, von denen mindestens 1000 schwere Panzer waren. Der erste sensationelle Erfolg war das Überrennen der holländischen und belgischen Verteidigungssysteme. Den Schlüssel hierzu bildete der Einsatz kleiner, aber vorzüglich ausgebildeter Fallschirmjäger- und Segelfliegereinheiten, die die lebenswichtigen Brücken besetzten, ehe sie zerstört werden konnten. Ebenso nahmen sie das berühmte Fort Eben Emael am Albert-Kanal. Der Plan zum Einsatz der Luftlandetruppen war in seinen wichtigsten Punkten von Hitler persönlich entworfen worden. Er hatte die Idee gehabt, auf dem Dach von Eben Emael eine Abteilung von weniger als 100 Fallschirmjäger-Pionieren landen zu lassen; diese waren mit einem neuen sehr wirksamen Explosivstoff ausgerüstet. Der Erfolg wurde von der deutschen Propaganda als Beweis für die Macht der deutschen Geheimwaffen ausgeschlachtet.

Aber der Hauptschlag der von den Westmächten noch nicht erwarteten Offensive war der Durchbruch durch die Ardennen. Rundstedts Heeresgruppe, die entlang der Grenze zwischen Aachen und der Mosel aufgestellt war, verfügte über 14 Divisionen, darunter drei Panzerkorps unter dem Befehl von General von Kleist. Die Panzerkolonne war über 160 Kilometer lang und hatte ihr Ende 80 Kilometer östlich des Rheins.

Der Plan funktionierte ausgezeichnet. Die deutschen Panzer durchrollten rasch die Ardennen, überquerten am 12. Mai die französische Grenze und am 13. die Maas. Das Oberkommando war sogar beunruhigt über die Leichtigkeit, mit der Kleist vorstieß.

Hitler teilte diese Sorge. Er befürchtete eine französische Gegenoffensive vom Süden her und schaltete sich persönlich ein, um das Vordringen der an der Spitze liegenden Panzerdivisionen General Guderians aufzuhalten. Diese erreichten in der Nacht zum 16. die Oise. Eine Notiz in Halders Tagebuch vom 17. Mai lautet:

»Führer schrecklich nervös. Vom eigenen Erfolg überrascht, bangt er davor, alle Chancen auszunutzen; am liebsten möchte er uns Zügel anlegen.«

Am nächsten Tag schrieb Halder:

»Jede Stunde ist kostbar. Führerhauptquartier sieht die Sache ganz anders an. Führer hat immer noch Sorge wegen der Südflanke. Er tobt und schreit, wir würden ihm den ganzen Feldzug verderben. Er will nichts von Weiterführung der Operation in westlicher Richtung wissen[20].«

Der Aufenthalt war jedoch nur vorübergehend. Die motorisierte Infanterie rückte schnell nach, und am Abend des 18. ließ Hitler sich bestimmen, das weitere Vordringen der Panzer zu genehmigen. Von der Luftwaffe mit ihrer unbestrittenen Überlegenheit unterstützt, durchbrachen die deutschen Panzer die französische Front und warfen alle alliierten Pläne über den Haufen. Während die englische Armee und die besten französischen Divisionen in Belgien verzweifelt kämpften, wurden sie im Süden durch den deutschen Vorstoß zur Küste abgeschnitten, und in der Nacht des 20. Mai kam die Nachricht, daß die Deutschen die Sommemündung bei Abbeville erreicht hätten. Eine Woche später befahl der belgische König seiner Armee, den Kampf einzustellen. Die englische Expeditionsarmee und die 1. französische Armee wurden eingekreist von den sich vereinigenden Heeresgruppen Bocks und Rundstedts.

Der deutsche Einkesselungsplan scheiterte dann nur an dem glänzend improvisierten Rückzug von Dünkirchen. Zwischen dem 27. Mai und 4. Juni wurden insgesamt 338000 Mann der englischen und alliierten Streitkräfte auf dem Seeweg vom Strand und Hafen Dünkirchens abtransportiert. Und doch hätte die Räumung den Engländern noch verwehrt werden können, wenn nicht Guderian am 24. Mai den Befehl erhalten hätte, mit seinen Panzern einige Meilen südlich von Dünkirchen stehenzubleiben. Zu diesem Zeitpunkt hatte sich die britische Armee noch nicht bis zur Küste durchgekämpft, und nichts hätte die Deutschen hindern können, den letzten Zufluchtshafen der englischen Expeditionsarmee zu nehmen.

Es scheint kaum zweifelhaft, daß der Oberbefehlshaber und der Stabschef, nämlich Brauchitsch und Halder, gegen jeglichen Stillstand waren, doch es gibt auch Beweise, daß Rundstedt, der Befehlshaber der Armeegruppe A, dafür eintrat, obwohl er es später abstritt. Göring, den seine Eitelkeit dazu trieb, die Forderungen seiner Luftwaffe durchzusetzen, drängte Hitler, die Vernichtung der in die Falle gegangenen britischen und französischen Armeen der Luftwaffe zu überlassen. Es sei für das Prestige des Führers besser, wenn nicht das gesamte Verdienst an dem nun greifbar nahen Sieg bei den Generalen der Armee bleibe. Hitler selbst war sehr darauf bedacht, eine Stockung zu vermeiden, wie sie der Schlacht an der Marne im Jahre 1914 gefolgt war. Sein Ziel war die Niederwerfung der französischen Armee, und er wollte seine Panzerstreitkräfte um jeden Preis für die nächste Angriffsphase schonen, die die Schlacht um Paris und Frankreich entscheiden würde. Er glaubte fest, daß man mit den Briten übereinkommen könne, wenn die Franzosen besiegt seien. Wie vielfältig seine Motive auch gewesen sein mochten, jedenfalls bestand Hitler nach einer hitzigen Unterredung mit Brauchitsch und Halder am Nachmittag des 24. Mai darauf, die deutschen Panzer zurückzuhalten. 48 Stunden später revidierte er seine Entscheidung, und am 27. Mai durften sich die Panzertruppen auf den Vormarsch begeben. Doch zu diesem Zeitpunkt war es schon zu spät. Die Engländer hatten die unerwartete Pause benutzt, ihre Verteidigung auszubauen, und waren dadurch in der Lage, die

Deutschen so lange aufzuhalten, bis die Räumung durchgeführt war. Hitlers erster militärischer Mißgriff sollte schwerwiegende Folgen für die künftige Entwicklung des Krieges haben.

Damals jedoch erschien der Fehler von Dünkirchen geringfügig neben den fortgesetzten deutschen Siegesmeldungen. Dieser Auffassung war nicht nur Hitler, sondern auch Mussolini. Die Angst vor den Folgen der Kriegsteilnahme war im Kopf des Duce der Angst gewichen, zu spät zu kommen. Sehr geschickt die Stimmung seines Diktatorkollegen ausnützend, nahm Hitler sich trotz seiner starken Beanspruchung die Zeit, an Mussolini eine Reihe von Briefen zu schreiben, in denen er über die Schwäche der Engländer und Franzosen herzog. Mussolinis Antworten waren von Mal zu Mal enthusiastischer. Schließlich überreichte der italienische Botschafter am 31. Mai die Ankündigung, daß Italien in den nächsten Tagen den Krieg erklären werde. Man einigte sich auf den 10. Juni, und am 11. eröffnete Italien die Feindseligkeiten.

Hitler war über Mussolinis Entschluß entzückt. Ohne Zweifel überschätzte er den Wert Italiens als Verbündeten, und Goebbels gab sich Mühe, das deutsche Volk von der Bedeutung des italienischen Eingreifens zu überzeugen. Aber die Deutschen waren für das Bündnis ebensowenig begeistert wie die Italiener. Der Zeitpunkt für die Kriegserklärung war von Mussolini tatsächlich so schlecht gewählt, daß den Deutschen der neue Verbündete jetzt noch verächtlicher erschien als im September 1939, wo die Italiener es vermieden, in den Krieg einzutreten.

Am 5. Juni nahmen die Deutschen die Offensive wieder auf und stießen südwärts über die Somme vor. Die Franzosen hatten bei den Kämpfen in Belgien etwa 30 Divisionen, d. h. nahezu ein Drittel ihrer Armee, verloren, und von den 14 englischen Divisionen standen jetzt nur noch zwei in Frankreich. General Weygand mußte sich mit seinen reduzierten Streitkräften einer zahlenmäßig überlegenen und siegestrunkenen deutschen Armee stellen. Diese verfügte zudem über die Luftüberlegenheit und über Panzerformationen, gegen die die Franzosen wehrlos waren. In elf Tagen war die Schlacht geschlagen. Am 14. Juni wurde Paris von den Deutschen besetzt, und die Panzerdivisionen rollten zum Rhonetal, zum Mittelmeer und zur spanischen Grenze. Am Abend des 16. Juni trat Reynaud zurück, und in derselben Nacht bildete Marschall Pétain eine neue französische Regierung, deren einziges Ziel es war, einen Waffenstillstand abzuschließen. Weniger als sechs Wochen nach Beginn des Feldzuges befand Hitler sich auf dem Wege nach München, um mit Mussolini die Bedingungen zu besprechen, die Frankreich auferlegt werden sollten.

V

Seit dem 9. April, dem Tage der Eröffnung des Norwegen-Feldzuges, hatten Hitlers Truppen Norwegen, Dänemark, Holland, Belgien, Luxemburg und Frankreich überrannt; sie hatten erfolgreich der britischen Kriegsflotte widerstanden, die englische Expeditionsarmee ins Meer getrieben und der Armee Napoleons und Fochs eine vernichtende Niederlage bereitet. Die alte deutsche Armee hatte von 1914 bis 1918 mehr als vier Jahre lang und mit schrecklichen Verlusten gekämpft, ohne daß es ihr gelungen war, die Westfront zu durchbrechen. Das hatte Hitler nun in wenig mehr als einem Monat und mit sehr geringen Verlusten zustande gebracht.

Vor dem Krieg war es eine Reihe von politischen Triumphen gewesen, die Hitler vorweisen konnte, vor allem der deutsch-russische Pakt, der einen Vergleich mit Bismarcks Diplomatie nahelegte. Jetzt hatte er die deutsche Wehrmacht zu einer Reihe von militärischen Triumphen geführt, die den Ruhm Moltkes und Ludendorffs verdunkelten und zu einem Vergleich mit den Siegen Friedrichs des Großen oder gar Napoleons herausforderten. Von Hitler, dem Außenseiter, der niemals eine Universität oder eine Kriegsschule besucht hatte, waren das Auswärtige Amt und der Generalstab auf ihren eigenen Gebieten geschlagen worden.

Man hat sich daran gewöhnt, diese Leistung herabzusetzen. Zum Beispiel weist man darauf hin, daß die Schwäche und die Unzulänglichkeit der Gegenseite ein Glück für Hitler gewesen seien. Ebenso habe ihn ein guter Stern einen Mann wie Manstein, der ihm den Feldzugsplan ausarbeitete, und Leute wie Guderian finden lassen, die ihn in die Tat umsetzten. Aber das stimmt nur teilweise. Wenn es auf der Gegenseite Schwäche und Unzulänglichkeiten gegeben hat, so war es doch Hitler, der sie erkannte. Er war der einzige, der sich vom militärischen Ansehen Frankreichs unter keinen Umständen beeindrucken ließ, der einzige, der hartnäckig an die Möglichkeit eines raschen Sieges im Westen glaubte und der die Wehrmacht gegen den Rat der Generale in einen Feldzug zwang, der sich als der bemerkenswerteste in der Geschichte der deutschen Armee erweisen sollte. War es auch Manstein, der den Feldzugsplan entwarf, so war es doch Hitler, der ihn aufgriff. War es auch Guderian, der zeigte, was sich bei einiger Vorstellungskraft mit den deutschen Panzerdivisionen machen ließ, so war es doch Hitler, der die Bedeutung der Panzerwaffe erfaßt und die deutsche Wehrmacht zu einer Zeit mit zehn solcher Divisionen ausgestattet hatte, als innerhalb der Wehrmacht selbst noch heftig dagegen opponiert wurde. Wenn es selbst berechtigt ist, Hitler für die späteren Katastrophen der deutschen Wehrmacht verantwortlich zu machen, so muß man ihm doch den Hauptteil des Verdienstes an den Siegen von 1940 lassen; die deutschen Generale können nicht das eine Hitler zuschieben und das andere für sich beanspruchen.

Aber was sollte nun Hitler mit seinem Sieg anfangen? In bezug auf die künftige Expansion Deutschlands hatte er niemals nach Westen geblickt, sondern stets nach Osten. Der Konflikt mit England und Frankreich war nicht entstanden, weil er Forderungen an die Westmächte stellte, sondern weil sie sich weigerten, ihm freie Hand in Mittel- und Osteuropa zu lassen. Das war in den Jahren 1938 und 1939 die Streitfrage zwischen England und Deutschland gewesen, im Falle der Tschechoslowakei nicht weniger als im Falle Polens, und sie war es auch jetzt noch, im Jahre 1940.

Insofern war Hitler mit dem Problem nicht fertig geworden. Bestechungen in Gestalt des Flottenabkommens von 1935 und der von ihm 1939 angebotenen Garantie des britischen Empires hatten den englischen Widerstand nicht überwinden können, und im September 1939 hatte dieser Widerstand zur Kriegserklärung geführt. Aber Hitler war weit davon entfernt, seine Hoffnung auf eine Verständigung mit England aufzugeben; durch seine Siege in Polen und im Westen schien ihm der Boden für ein Abkommen vorbereitet zu sein. Wie er glaubte, hatten die Engländer nunmehr keinerlei Veranlassung, an ihrer früheren Politik festzuhalten. Ihr letzter Verbündeter auf dem Kontinent war ausgeschaltet, ihre Armee ins Meer getrieben worden, also mußten sie sich jetzt mit der deutschen Hegemonie in Europa abfinden und als vernünftige Leute zu einer Einigung bereit sein, um so mehr als Hitler in diesem Stadium nicht den Wunsch hatte, ihre Unabhängigkeit oder ihr Weltreich anzutasten. Er seinerseits, sagte er zu Rundstedt, sei durchaus bereit, mit England ein Bündnis zu schließen und den Fortbestand des englischen Empires anzuerkennen, das zusammen mit der katholischen Kirche einer der Eckpfeiler der westlichen Kultur sei. England brauche nichts anderes zu tun, als die Kolonien zurückzugeben und Deutschlands dominierende Stellung in Europa anzuerkennen.

In solcher Gemütsverfassung, völlig in Anspruch genommen von den Aussichten eines Kompromißfriedens mit England und in täglicher Erwartung eines Londoner Annäherungsversuches, wandte Hitler sich der Frage des Waffenstillstands mit Frankreich zu. Eine endgültige Regelung mit Frankreich, meinte er, hätte Zeit bis zum Ende des Krieges, aber die Form, in der man den Franzosen jetzt die Waffenstillstandsbedingungen anbiete, könne einen erheblichen Einfluß auf die Engländer ausüben. Wenn die Franzosen sich entschlössen, von Nordafrika aus den Kampf fortzusetzen oder ihre Flotte mit der englischen zu vereinen, würden die Engländer sich ebenfalls bewogen fühlen, weiterzukämpfen.

Doch würden sich die Engländer das zweimal überlegen, wenn die Franzosen die deutschen Waffenstillstandsbedingungen annähmen.

Mussolini war in einer ganz anderen Stimmung. Er wollte gern die Erbschaft des französischen Kolonialreichs in Nordafrika antreten und sich die Herrschaft im Mittelmeer sichern. Seine Ansprüche waren sehr umfassend: Nizza, Korsika, Französisch-Somaliland und Tunis, Zugang zum Atlantik in Marokko, Inbesitznahme von Malta, Übertragung der englischen Rechte in Ägypten und im Sudan auf die Italiener. Als Garantie wünschte der Duce die Besetzung von ganz Frankreich und die Auslieferung der französischen Flotte. Indessen habe Hitler — gestand er Ciano mit einiger Bitterkeit im Zug nach München — den Krieg gewonnen und werde darum das letzte Wort haben.

Die Italiener wurden von den Deutschen herzlich empfangen, aber Ribbentrop machte keinen Hehl daraus, daß Hitler nicht mit Forderungen an die Franzosen einverstanden sei, die zu einer Fortsetzung des Krieges von Nordafrika oder England aus führen könnten. Vor allem müsse die mächtige und unbeschädigte französische Flotte daran gehindert werden, sich mit der englischen Flotte zu vereinen. Aus diesem Grunde, nicht minder auch wegen der Wirkung auf die englische öffentliche Meinung, müßten Mussolinis Annexionsgelüste zurückgestellt werden. Hitler schlug vor, nur drei Fünftel des französischen Territoriums zu besetzen und im unbesetzten Frankreich eine französische Regierung zuzulassen, die versprechen müsse, die französische Flotte für die Dauer des Krieges nicht mehr einzusetzen und die französischen Kolonien unangetastet zu lassen.

Das waren harte Schläge für Mussolini, aber nach einem Feldzug von nur einer Woche, in dem sich die italienischen Truppen in keiner Weise hervorgetan hatten, befand er sich nicht gerade in einer starken Position. Als Ciano, von Ribbentrops plötzlicher Friedensbegeisterung verblüfft, fragte: »Zieht Deutschland im gegenwärtigen Augenblick den Frieden oder die Fortsetzung des Krieges vor?«, antwortete Ribbentrop ohne zu zögern: »Frieden[21].« Als getreues Echo seines Führers gab Ribbentrop Hitlers Meinung über die Bedeutung des britischen Empires wieder und sagte im Vertrauen zu seinem italienischen Kollegen, daß den Engländern bereits über Schweden die Bedingungen des Führers mitgeteilt worden seien. Hitler war zwar einverstanden, daß ein Waffenstillstand mit Frankreich erst dann abgeschlossen wurde, wenn Frankreich sich auch mit Italien geeinigt hatte, aber Mussolinis Vorschlag gemeinsamer deutsch-italienischer Verhandlungen mit Frankreich lehnte er ab. Er hatte nicht die Absicht, seinen Triumph zu teilen.

Die Besprechungen mit Mussolini und Ciano fanden am 18. und 19. Juni statt. Von München aus flog Hitler in sein Hauptquartier nach Bruly-le-Pêche zurück, und die endgültigen Waffenstillstandsbedingungen wurden am 20. ausgearbeitet. Paul Schmidt und die sonderen Übersetzer arbeiteten die ganze Nacht bei Kerzenschein in einer kleinen Dorfkirche, um die französische Fassung herzustellen. Von Zeit zu Zeit kam Keitel, manchmal auch Hitler, in die Kirche, um sich zu vergewissern, daß die Arbeit voranging.

Hitler hatte bestimmt, daß die Unterzeichnung des Waffenstillstands im Wald von Compiégne, nordöstlich von Paris, genau an der Stelle stattfinden sollte, wo Foch am 11. November 1918 der deutschen Delegation die Kapitulationsbedingungen diktiert hatte. Der alte Speisewagen, in dem die Verhandlungen geführt worden waren, wurde nun aus dem Museum geholt und genau dort aufgestellt, wo er 1918 gestanden hatte.

Es war ein heißer Juninachmittag. Das Sonnenlicht brach durch die Ulmen und Tannen, als Hitler — in Uniform mit dem Eisernen Kreuz auf der Brust — aus seinem Mercedes stieg und auf die Lichtung zuschritt. In seiner Begleitung befand sich ein eindrucksvolles Gefolge, Göring mit seinem Marschallstab, Keitel, Brauchitsch, Raeder, Ribbentrop und Heß. Schweigend führte er die kleine Prozession zu dem Granitblock mit der französischen Inschrift: »Hier zerbrach am 11. November 1918 der verbrecherische Stolz des Deutschen Reiches, bezwungen von den freien Völkern, die es zu versklaven suchte.« Fünfzig Meter entfernt, im Schutz der Bäume, beobachtete Bill Shirer, der Korrespondent der Columbia-Rundfunkgesellschaft, die Szene aufmerksam durch seinen Feldstecher. Als Hitler sich umwandte, fing Shirer seinen Gesichtsausdruck auf, eine Mischung aus Spott, Zorn, Haß und Triumph:

»Er steigt von dem Denkmal herab und versteht es meisterhaft, sogar noch in diese Geste seine Verachtung zu legen ... Langsam blickt er in die Lichtung umher ... Plötzlich, als genüge ihm sein Gesicht nicht, seinen Gefühlen vollkommen Ausdruck zu geben, bringt er ruckartig seinen ganzen Körper in Einklang mit seiner Stimmung. Er stemmt hastig seine Hände gegen die Hüften, zieht die Schultern hoch und spreizt die Beine weit auseinander. Eine prachtvolle Geste des Trotzes, der glühenden Verachtung für diesen Platz und all das, was er in den zweiundzwanzig Jahren bedeutet hat, seitdem hier das Deutsche Reich gedemütigt wurde[22].«

Kurz darauf erschienen die französischen Delegierten. Hitler empfing sie schweigend. Er wartete, bis die Präambel verlesen war, erhob sich dann, grüßte steif mit ausgestrecktem Arm und verließ mit seinen Begleitern den Waggon. Als er durch die Baumallee zu den wartenden Wagen zurückschritt, spielte die deutsche Kapelle das Deutschlandlied und das nationalsozialistische Horst-Wessel-Lied. Der ehemalige Agitator, der 1920 in München zur Masse gesagt hatte, er werde nicht eher ruhen, bis der Vertrag von Versailles zerrissen sei, hatte den Gipfelpunkt seiner Laufbahn erreicht. Er hatte sein Versprechen gehalten: die Demütigung von 1918 war gerächt.

Es hat sonst keinen Touristen gegeben, der seinen ersten Besuch in Paris als Eroberer machte. Hitler spielte beide Rollen zugleich. Er fuhr Ende des Monats nach Paris, machte eine Rundfahrt, bestieg den Eiffelturm und stand hingerissen vor dem Grabmal Napoleons im Invalidendom. Aber Paris machte nicht einen so großen Eindruck auf ihn wie die italienischen Städte oder auch nur Wien; seine Architektur gefiel ihm nicht.

»Ich besuchte die Oper ziemlich früh am Morgen, zwischen sechs und neun ... Der erste Zeitungsverkäufer, der mich erblickte, blieb stehen und gaffte. Ich habe immer noch das Bild jener Frau in Lille vor mir, die mich von ihrem Fenster aus sah und ausrief: Der Teufel! Schließlich besuchten wir Sacré-Coeur. Entsetzlich! Dennoch bleibt Paris einer der Edelsteine Europas[23].«

Anfang Juli kehrte Hitler in sein Hauptquartier in der Nähe von Freudenstadt, in den Tiefen des Schwarzwaldes, zurück; am 7. war er dann zum Empfang Cianos wieder in Berlin. Hitler hatte allen Grund, mit Frankreich zufrieden zu sein. Die französische Regierung war erleichtert gewesen über die verhältnismäßig milden deutschen Forderungen, und der Waffenstillstand wurde ohne weiteres unterzeichnet. Nicht aber traf die Nachricht ein, auf die Hitler seit Mitte Juni wartete: das Zeichen aus London, daß die Engländer willens seien, Friedensverhandlungen zu erwägen. Sondierungsversuche über neutrale Hauptstädte führten zu keinem Ergebnis. Am 18. Juni erklärte Churchill im Unterhaus, die englische Regierung sei entschlossen, unter allen Umständen weiterzukämpfen, »so daß, wenn das britische Empire und Commonwealth nach tausend Jahren noch bestehe, die Menschen sagen werden: ›Dies war ihre größte Stunde.‹« Am 3. Juli unterstrich die englische Regierung ihre Entschlossenheit durch den Befehl an ihre Flotte, das Feuer auf die französischen Kriegsschiffe in Oran zu eröffnen. Hitler verschob wieder einmal seine Rede, die er im Reichstag halten wollte, um den Engländern genügend Zeit für den von ihm erhofften Entschluß zu geben, aber er war viel weniger zuversichtlich, als er es im Juni in München gewesen war. Ciano fand ihn unschlüssig und abgeneigt, sich auf einen bestimmten Kurs festzulegen; wohl aber bereit, die Möglichkeit einer Fortsetzung des Krieges zuzugeben.

Hitler wartete noch weitere zwölf Tage. Schließlich berief er den Reichstag zum 19. Juli ein, mehr als vier Wochen nach dem Zusammenbruch Frankreichs. Das vierwöchige Schweigen der Engländer ließ keinen Zweifel darüber — zu Hitlers aufrichtigem Erstaunen, ja Bedauern —, daß sie entschlossen waren, den Krieg fortzusetzen. Nachdem er vergebens auf eine Geste der englischen Regierung gewartet hatte, entschoß sich Hitler zu einem direkten und letzten Appell.

»Es tut mir fast weh«, erklärte er im Reichstag, »wenn mich das Schicksal dazu ausersehen hat, das zu stoßen, was durch diese Menschen zum Fallen gebracht wird ... Und Herr Churchill sollte mir diesmal ausnahmsweise glauben, wenn ich als Prophet jetzt folgendes ausspreche: Es wird dadurch ein großes Weltreich zerstört werden, ein Weltreich, das zu vernichten oder auch nur zu schädigen niemals meine Absicht war ...
In dieser Stunde fühle ich mich verpflichtet vor meinem Gewissen, noch einmal einen Appell an die Vernunft auch in England zu richten. Ich glaube dies tun zu können, weil ich ja nicht als Besiegter um etwas bitte, sondern als Sieger nur für die Vernunft spreche. Ich sehe keinen Grund, der zur Fortsetzung dieses Kampfes zwingen könnte ...[24]«

Es war ein glanzvolles Ereignis, bei dem Göring zum Reichsmarschall und zwölf Generale zu Feldmarschällen ernannt wurden. Hitler war als Redner in bester Form, er sprach mit größerer Beherrschung als sonst und gab sich in dem, was er sagte, ungewöhnlich aufrichtig. Nach außen hin war es eine Triumphszene, und doch blieb letzten Endes etwas von Unsicherheit zu spüren. Ciano berichtet, die Deutschen, mit denen er sprach, hätten aus ihrer Enttäuschung über die ungünstige englische Reaktion auf Hitlers Angebot kein Hehl gemacht.

Ob Hitler selbst zu diesem Zeitpunkt etwas anderes erwartet hat, ist zweifelhaft. Bereits drei Tage vor seiner Rede hatte er die Weisung für die Invasion Englands ausgefertigt. Offensichtlich war das seine Antwort: zeigte sich England nicht zu einer Einigung bereit, so mußte es mit Gewalt bezwungen werden. Also wurde die restlichen Sommermonate 1940 hindurch und bis tief in den Herbst hinein mit den Vorbereitungen zu einem Angriff auf die britischen Inseln fortgefahren, und die ganze Welt wartete auf die Nachricht, daß Hitler mit seiner Invasions-Armada den Kanal überquert habe.

VI

Wie kam es nun, daß Hitler fünf Monate nach seiner Reichstagsrede den Befehl für die Invasion — nicht Englands, sondern der Sowjetunion unterzeichnete? Warum diese Sinnesänderung? Weshalb beging er den Fehler, Rußland anzugreifen, ehe er mit den Engländern fertig war, um sich damit bewußt in die Gefahr eines Zweifrontenkrieges zu begeben?

Eine Antwort auf diese Fragen ist die, daß Hitler nie ernstlich eine Invasion Englands vorhatte, daß die »Operation Seelöwe« — Deckname für die Invasion Englands — nur ein wohldurchdachter Bluff war, dazu bestimmt, die Engländer unter Druck zu setzen und ihre Verhandlungsbereitschaft zu aktivieren; ein Druck, der aber aufgegeben wurde, als sich die Briten sträubten, sich in eine Kapitulation hineintreiben zu lassen. Diese Ansicht vertrat Rundstedt, der zum Chef des Invasionsheeres ernannt worden war, nach dem Krieg. »Unter uns«, so sagte sein Stabschef Blumentritt zu Liddell Hart, »sprachen wir im Hinblick auf diese Operation von einem Bluff[25].« Die damaligen Berichte des deutschen Militärs und der Marine jedoch bringen dies nicht zum Ausdruck: die Antwort, die sich aus ihnen ergibt, ist eine andere[26].

Bis zum Sommer 1940 hatte Hitler nie ernsthaft darüber nachgedacht, wie ein Krieg gegen England geführt und gewonnen werden könnte. Das ist jedoch nicht so paradox, wie es auf den ersten Blick aussieht. Seine Streitigkeiten mit den Engländern ergaben sich lediglich aus der Weigerung, ihm in Europa freie Hand zu lassen. Wenn dies erst einmal erledigt sein würde, hatte er England gegenüber keine weiteren Ansprüche, abgesehen von der Rückgabe der ehemals deutschen Kolonien. Jegliche Gewinne territorialer oder wirtschaftlicher Art, die Deutschland etwa im Westen erzielen konnte, waren zweitrangig gegenüber dem Hauptziel der Aktion gegen die Westmächte: nämlich Deutschlands Kräfte für die Politik freizumachen, von der Hitler kein einziges Mal, seit er »Mein Kampf« geschrieben hatte, abgelassen hatte — die historische Expansionspolitik im Osten.

Sobald die Franzosen geschlagen und die Engländer aus dem kontinentalen Europa verdrängt waren, hatte Hitler kein weiteres Interesse daran, den Krieg im Westen fortzuführen; es waren auch keine Pläne für einen nachfolgenden Angriff auf England vorhanden. Zwar hatte Admiral Raeder schon im November 1939 den Stab der Marine angewiesen, sich mit den Problemen, die sich aus der Überquerung des Ärmelkanals ergäben, zu befassen, doch seine Versuche, bei Konferenzen am 21. Mai und 20. Juni Hitler dafür zu interessieren, verliefen fruchtlos. Bis Ende Juni stützten sich Hitlers Vorstellungen der Zukunft auf die Annahme, die Engländer seien zu einer Einigung bereit.

Erst am 2. Juli gab Keitel den drei Wehrmachtteilen Anweisungen, ihre jeweiligen Pläne auszuarbeiten, und erst am 16. Juli unterschrieb Hitler seine eigene Weisung, worin er bestimmte, daß die Vorbereitungen bis Mitte August abgeschlossen sein müßten. Selbst hier noch zeigte sich Hitlers Widerstreben; in den Einleitungssätzen heißt es: »Da England trotz seiner militärisch aussichtslosen Lage noch keine Anzeichen einer Verständigungsbereitschaft zu erkennen gibt, habe ich mich entschlossen, eine Landungsoperation gegen England vorzubereiten und, wenn nötig, durchzuführen[27].«

Sobald die Planung begann, wurde es offenbar, daß die zu überwindenden Schwierigkeiten ziemlich vielschichtig waren. Fünf Tage nach der Unterzeichnung des Befehls vom 16. Juli äußerte Hitler sich gegenüber Raeder recht realistisch über das Bevorstehende.

»Die Landung in England ist ein außerordentlich gewagtes Unternehmen, denn wenn auch der Weg kurz ist, so geht es nicht etwa um die Überquerung eines Flusses, sondern eines Meeres, auf dem der Feind dominiert. Es handelt sich in diesem Fall nicht um ein einfaches Landungsunternehmen wie in Norwegen; mit dem Überraschungsmoment können wir auch nicht operieren; ein zur Verteidigung vorbereiteter und äußerst entschlossener Feind steht uns gegenüber und beherrscht das in Frage kommende Seegebiet. Vom Heer würden vierzig Divisionen beansprucht werden; das schwierigste wird der Nachschub sein. Wir können nicht damit rechnen, uns in England irgendwie zu versorgen. Vorbedingungen sind vollständige Luftherrschaft, Einsatz schwerer Artillerie am Kanal und Schutz durch Verminung. Die Jahreszeit ist ebenfalls ein wichtiger Faktor. Infolgedessen müßte die Hauptoperation bis zum 15. September abgeschlossen sein... Wenn die Vorbereitungen nicht ganz bestimmt bis Anfang September abgeschlossen sein können, müssen andere Pläne erwogen werden[28].«

Man brauchte Raeder nicht mehr von den Schwierigkeiten zu überzeugen, die einer erfolgreichen Invasion im Wege standen. Er war nicht nur stark beeindruckt von der Unterlegenheit der deutschen Marine, sondern er sah auch keine Möglichkeit, genügend Truppentransporter für die 40 Divisionen, die die Armee landen wollte, zu stellen. Es kam zu einer scharfen Debatte zwischen Armee und Marine über die Zahl der Divisionen, die über den Kanal gebracht werden sollten, und auch darüber, in welcher Frontbreite die Landungen vor sich gehen sollten.

Als die Marine darauf bestand, die Zahl der für die Invasion einzusetzenden Streitkräfte von 40 auf 13 Divisionen zu reduzieren, die noch dazu auf weitaus engerem Raum landen sollten — Bedingungen, die Halder als selbstmörderisch bezeichnete: er könne ebensogut die gerade gelandeten Truppen durch eine Wurstmaschine jagen —, wurde der Versuch erwogen, an Stelle der schwachen Seemacht die deutsche

Luftmacht einzusetzen. Schon am 1. August, nach einer Konferenz im Berghof am vorangegangenen Tag, wurde durch einen revidierten Befehl, der allerdings immer noch die Anordnung enthielt, die Vorbereitungen zur Landung auf breiter Front fortzusetzen, deutlich gemacht, daß die endgültige Entscheidung des Führers über den Beginn der Invasion erst 8 bis 14 Tage nach dem Start der Luftangriffe fallen würde: »Seine Entscheidung wird in hohem Maße von dem Ergebnis der Luftoffensive abhängen[29]«.

Mitte August akzeptierte Hitler schließlich die Argumente der Marine, die sich gegen den Versuch einer Landung in dem ursprünglich geplanten Ausmaß wandten. Praktisch bedeutete dies, daß der Invasion eine sekundäre Rolle zugewiesen wurde, die wesentlich davon bestimmt wurde, ob es der Luftwaffe gelang, einen ersten entscheidenden Schlag gegen die Kraft und den Willen der Engländer zur Selbstverteidigung zu führen. Göring zweifelte nicht daran, und am 13. August nahmen 1500 deutsche Flugzeuge am Eröffnungsangriff der »Operation Adler« teil, die darauf angelegt war, die Royal Air Force auszuschalten.

Am 1. September begann die Konzentrierung der Transportfahrzeuge in den deutschen Einschiffungshäfen, und am 3. wurden die Zeitpläne für diese Operation herausgegeben. Als Raeder jedoch am 6. mit Hitler zusammentraf, neigte dieser dazu, die Operation »Seelöwe« für unnötig zu halten. »Er ist endgültig davon überzeugt, daß England geschlagen wird, auch ohne die Landung.«

Am 7. September, dem Tag nach Hitlers Zusammentreffen mit Raeder, flog die deutsche Luftwaffe den ersten Großangriff auf London, und zwar mit 625 Bombern, im Geleit von 658 Jagdflugzeugen: der schwerste Angriff, der je gegen eine Stadt unternommen wurde. Es folgten weitere Nachtangriffe, und am Sonntag dem 15. September unternahm die Luftwaffe einen letzten Sturmangriff auf die verwundete Stadt. Dies war der Höhepunkt der Schlacht um England. Der Wechsel von Angriffen auf die Royal Air Force zu einer Bombardierung Londons war teilweise als Antwort auf britische Angriffe auf Berlin zu verstehen, teilweise als kalkulierter politischer Schachzug, um die Moral der Zivilbevölkerung zu erschüttern. Das erwies sich jedoch als ein schwerwiegender taktischer Fehler. Der einwöchige Aufschub gab den Jagdfliegerkommandos der Royal Air Force Gelegenheit, neue Kräfte zu sammeln, und das zu einem Zeitpunkt, da sie schon am Rande der Erschöpfung schienen. So stellten sich die Jagdflieger dann am 15. den Angriffswellen der deutschen Bomber, schlugen sie zurück und brachten den Angreifern schwere Verluste bei.

Die Bombardierung Londons und anderer englischer Städte wurde bis weit in den Winter hinein fortgesetzt; bei Angriffen am Tage hatte die Royal Air Force aber schließlich doch bewiesen, daß sie noch immer

Herr des Luftraumes über England war. Die Bedingungen für eine erfolgreiche Landung waren also noch immer nicht gegeben. So wurde die »Operation Seelöwe« auf unbestimmte Zeit verschoben; am 12. Oktober wurde dann durch einen kurzen Tagesbefehl bekanntgegeben:

> »Der Führer hat beschlossen, daß ab heute bis zum Frühjahr die Vorbereitungen für Seelöwe lediglich zu dem Zweck fortgeführt werden sollen, um England politisch und militärisch weiterhin unter Druck zu setzen.
> Sollte die Landeoperation im Frühjahr oder im Frühsommer 1941 wieder in Erwägung gezogen werden, ergehen weitere Befehle . . .
> Keitel[30].«

Praktisch war dies das Ende des Projektes, und nachdem die »Operation Seelöwe« ein Jahr lang immer wieder zurückgestellt worden war, wurde sie im Januar 1942 in aller Stille ganz aufgegeben.

Der Gang der Ereignisse, die auf den letzten Seiten zusammengefaßt sind, läßt drei Schlußfolgerungen zu.

Erstens: Es ist offenkundig, daß Hitler sich nur langsam und zögernd eingestand, daß eine weitere Aktion nötig war, um die Engländer an den Verhandlungstisch zu zwingen.

Zweitens: Die Unterlegenheit der deutschen Marine zwang Hitler — als er nun einmal zu einem Entschluß gekommen war und jetzt die ernsthafte Planung begann.—, als Ersatz für die ursprünglich vorgesehene Großinvasion mit 40 Divisionen einen Plan auszuarbeiten, wie England durch Luftangriffe bezwungen werden könnte. Im Rahmen dieses Plans sollte die Landung von Truppen, die auf dem Seeweg befördert wurden, erst dann begonnen werden, wenn der Widerstand der Engländer gebrochen und ihre Verteidigungsvorkehrungen durch die Luftwaffe lahmgelegt worden waren.

Drittens: Hitler entschied sich zu einem Aufschub und dann zum Abblasen der »Operation Seelöwe« nicht, weil man seinen Bluff durchschaut hatte, sondern weil es mittlerweile klargeworden war, daß die Luftwaffe ebensowenig wie die Marine in der Lage war, die Bedingungen zu schaffen, unter denen deutsche Truppen über den Kanal geschleust werden konnten, die Insel zu besetzen.

Doch schon bevor der Ausgang dieser Aktion durch das Versagen der Luftwaffe entschieden wurde, begann Hitler sich zu fragen, ob es — im Hinblick auf die endgültige Niederwerfung der Engländer, die nicht rasch erreicht werden konnte — notwendig war, die weiteren Pläne, die er im Sinn hatte, noch aufrechtzuerhalten. Wie General Jodl berichtet, verkündete Hitler auf dem Höhepunkt der Kämpfe im Westen seinen Entschluß, mit Rußland kurzen Prozeß zu machen, sobald die militärische Situation es zuließ. Bisher hatte er es für einen Angriff auf Rußland stets zur Bedingung gemacht, daß Deutschland sich zuvor gegen eine Intervention des Westens absicherte. In seiner Ansprache an die Generale vom 23. November 1939 hatte er diese Bedingung, die zum erstenmal in »Mein Kampf« auftauchte, wiederholt: »Wir können Rußland nur entgegentreten, wenn wir im Westen frei sind.« Doch war dies nicht schon so gut wie erledigt, da England vom Kontinent vertrieben war und keine Alliierten mehr hatte?

Hitler war bereit, bis zum Herbst abzuwarten, ob man England dazu bringen könne, sich freiwillig zu ergeben; länger wollte er jedoch nicht zögern. In der Zwischenzeit, noch bevor der Juli zu Ende ging, sogar noch bevor die Luftwaffe ihre Totaloffensive gegen England begonnen hatte, gab er Befehl, mit den Vorplanungen für einen Angriff auf Rußland zu beginnen[31].

Hitler wurde in seinem Entschluß, die Abrechnung mit Rußland nicht allzulange hinauszuzögern, bestärkt durch die Tatsache, daß die Russen aus seinem Engagement im Westen Nutzen zogen. Im Juni 1940, als die Schlacht in Frankreich in vollem Gange war, annektierte die Sowjetunion die baltischen Staaten, ohne die Deutschen vorher zu unterrichten; sodann übten sie einen verschärften Druck auf Rumänien aus, um es zur Abtretung weiterer Gebietsteile zu zwingen. Auf jede Veränderung im Osten empfindlich reagierend, wurde Hitler zunehmend mißtrauisch gegen Rußland und im selben Maße heimtückisch in seinen Absichten.

Unter dem Eindruck seiner Siege im Westen war Hitler im Juli eine Zeitlang in Versuchung, die Engländer in ihrer Inselbefestung in Ruhe zu lassen und sich unmittelbar nach dem Osten zu wenden und den Angriff auf Rußland im Herbst 1940 zu eröffnen. Keitel aber konnte seinen Herrn überzeugen, daß allein schon praktische Erwägungen dagegen sprächen: in so kurzer Zeit sei es unmöglich, die erforderlichen Kräfte aufzustellen. Der Plan, in Rußland einzumarschieren, wurde aber nicht aufgehoben, sondern nur aufgeschoben.

Wie Halder berichtet, äußerte sich Hitler bei einer Besprechung am letzten Tage des Juli:

»Falls die Invasion nicht stattfindet, müssen unsere Bemühungen darauf gerichtet sein, alle Faktoren zu beseitigen, aus denen England die Hoffnung auf eine Änderung der Lage schöpfen kann ... Englands Hoffnung sind Rußland und die USA. Wenn Rußland ausfällt, ist auch Amerika für England verloren, weil das Ausscheiden Rußlands die Macht Japans im Fernen Osten außerordentlich stärken würde ... Entschluß: Vernichtung Rußlands muß infolgedessen einen Teil dieses Kampfes bilden. Je eher Rußland zerschlagen ist, desto besser. Der Angriff hat nur Zweck, wenn der russische Staat mit einem Schlage bis in seine Wurzeln erschüttert wird ... Wenn wir im Mai 1941 losschlagen, haben wir fünf Monate Zeit, um die Sache zu erledigen[32].«

Hitler stellte zwar noch die Invasion Englands in den Vordergrund, aber er wurde bereits von dem Gedanken an einen Angriff auf Rußland im Jahre 1941 beherrscht, ob nun die Engländer zuvor kapitulierten oder nicht.

Bis dies auf irgendeine Weise erledigt war, gab Hitler seine Absichten nicht bekannt. Admiral Raeder, der Oberbefehlshaber der Marine, gab in einem Memorandum vom Januar 1944 zu, daß er im September 1940 noch keine Ahnung hatte, was in Hitlers Kopf vorging — obwohl er später zu der Annahme kam, daß der Führer damals »zum überraschenden Angriff auf Rußland fest entschlossen war«, ohne Rücksicht auf die wechselnde Haltung der Russen gegenüber Deutschland. Der Oberbefehlshaber der Luftwaffe, Göring selbst, wurde ebenfalls bis November im unklaren gelassen. Die Luftwaffe griff noch im Winter 1940/41 London und andere englische Städte an, und Hitler war fest entschlossen abzuwarten, ob die schweren deutschen Luftangriffe nicht den Willen der Engländer zu einer Weiterführung des Krieges erschüttern konnten.

In der Zwischenzeit jedoch ging die Planung für die »Operation Barbarossa« zügig weiter, unabhängig von einer Entscheidung im Krieg gegen England. Am 29. Juli besuchte General Jodl den Wehrmachtsführungsstab des OKW in Bad Reichenhall und sprach mit dem Chef der Abteilung Verteidigung im OKW, General Warlimont. Jodl berichtete, daß Hitler sich entschlossen habe, den Krieg gegen Rußland vorzubereiten.

»Später sprach ich selbst mit Hitler«, sagte Warlimont als Zeuge nach dem Kriege. »Er beabsichtigte, den Krieg schon im Herbst 1940 gegen die Sowjetunion zu beginnen. Später aber hat er diesen Plan aufgegeben. Die Ursachen waren folgende: Der Aufmarsch der Armee konnte zu dieser Zeit noch nicht durchgeführt werden. Zu diesem Zweck fehlten die nötigen Voraussetzungen in Polen: Eisenbahnen, Unterkünfte, die Brücken waren nicht für den Vormarsch der schweren Panzer vorbereitet, Verbindungen, Flugplätze, dies alles war noch nicht organisiert ... Es wurde daher ein Befehl erlassen, der alle Voraussetzungen für die Vorbereitung und Durchführung eines solchen Feldzugs schaffen sollte[33].«

Warlimonts Stab begab sich sofort an die Arbeit. Am 9. August erging die erste Weisung (»Aufbau Ost«), mit den Vorbereitungen für die Aufnahme der erforderlichen großen Truppenmassen im Aufmarschgebiet des Ostens zu beginnen[34].

Ungefähr zur selben Zeit gab Hitler auch dem Generalstab des Heeres unter Halder, völlig unabhängig von Warlimonts Stab, den Befehl, einen Operationsplan gegen die Sowjetunion auszuarbeiten. Anfang August traf Halder den deutschen Militärattaché in Moskau, Koestring, zog ihn ins Vertrauen und bereitete ihn darauf vor, daß er eine Menge Fragen zu beantworten habe[35]. So fand General Paulus, als er am 3. September das Amt des Oberquartiermeisters I im Generalstab des Heeres übernahm, bereits einen Operationsplan für die Offensive im Entwurf vor. Anfang November wurde der Plan abgeschlossen[36]. Er wurde Hitler am 5. Dezember von General Halder vorgelegt. Hitler gab seine Zustimmung und betonte, daß es in erster Linie darauf ankomme, den Rückzug der russischen Armeen ins Hinterland abzuschneiden und sie beim ersten Zusammenstoß zu vernichten. Die Zahl der für die gesamte Operation einzusetzenden Divisionen wurde auf 130 bis 140 festgesetzt[37].

Die Truppenbewegung nach dem Osten setzte im Sommer 1940 ein. Im November begann das Wehrwirtschafts- und Rüstungsamt des OKW mit den wirtschaftlichen Vorbereitungen des Angriffs. Es wurde eine besondere Rußland-Abteilung eingerichtet, die unter anderem die Aufgabe hatte, die ganze russische Industrie (besonders die Rüstungsindustrie) und die Rohstoffquellen (besonders die Erdölquellen) zu erfassen[38].

Es war also kein übereilter, improvisierter Entschluß, als Hitler schließlich im Tagesbefehl vom 18. Dezember seine Absicht, in Rußland einzufallen, kundtat, sondern eine Entscheidung, hinter der einige Monate harter Arbeit in den Planungsabteilungen des Oberkommandos der Wehrmacht und des Oberkommandos des Heeres standen.

VII

Neben der Invasion Englands oder dem Einmarsch in Rußland gab es noch eine dritte Möglichkeit, auf die Admiral Raeder Hitler hartnäckig hinwies — das Mittelmeer und die anliegenden Gebiete Nordafrikas und des Nahen Ostens. Hier, behauptete Raeder, sei der wundeste Punkt des britischen Imperiums, das schwache Glied, auf das Deutschland seine ganze Kraft konzentrieren müsse.

Raeder entwickelte seine Idee in zwei Besprechungen, die er mit Hitler am 6. und am 26. September führte. Er brachte noch weitere Argumente vor: die wirtschaftliche Bedeutung dieses Gebietes für die

Versorgung mit den von Deutschland so dringend gebrauchten Rohstoffen und die Gefahr einer englischen oder sogar amerikanischen Landung in Französisch-Westafrika von den spanischen und portugiesischen Atlantikinseln her. In der zweiten dieser Besprechungen machte Raeder konkrete Vorschläge. Man sollte Gibraltar und die Kanarischen Inseln besetzen und zusammen mit Vichy-Frankreich den Schutz Nordwestafrikas verstärken. Zur selben Zeit müßten die Deutschen gemeinsam mit Italien eine Großoffensive gegen den Suezkanal einleiten und von dort nordwärts über Palästina und Syrien zur Türkei vordringen.

Das war nichts Geringeres als ein Alternativplan für den weiteren Verlauf des Krieges, wie er bereits in Hitlers Kopf Gestalt angenommen hatte. Raeder merkte das und fügte hinzu, daß es, wenn sein Plan erfolgreich durchgeführt werden würde, »noch sehr die Frage ist, ob dann noch ein Vormarsch gegen Rußland im Norden nötig wäre«. Diese Vorschläge hatten vieles für sich. England wäre als Hauptfeind im Mittelpunkt geblieben — für die deutsche Marine eine Selbstverständlichkeit; Deutschlands Bündnisse mit Italien und Spanien wären in volle Aktion getreten und die geplanten Operationen dem Aktionsradius der deutschen Streitkräfte angemessener gewesen als die Eroberung Rußlands, wie sich später erweisen sollte. Göring, der gewöhnlich mit Raeder auf sehr schlechtem Fuße stand, unterstützte Raeders Ansicht nach Kräften. Hätte Hitler die Wichtigkeit der Seebeherrschung richtig eingeschätzt, so würde er die strikte Berechtigung der Argumente des Admirals erkannt haben.

Raeder glaubte damals, Hitler halb und halb überzeugt zu haben. Der Führer interessierte sich für seine Vorschläge, stimmte ihnen ganz allgemein zu und verpflichtete sich, sie mit Mussolini und möglichst auch mit Franco zu besprechen. Er hat dieses Versprechen auch eingehalten. In den letzten vier Monaten des Jahres 1940 widmete Hitler den Plänen für Operationen im westlichen Mittelmeer eine Menge Zeit und Energie. Nichtsdestoweniger kam Raeder, wie wir gesehen haben, später zu dem Schluß, daß Hitler zur Zeit dieser September-Besprechungen bereits fest entschlossen war, in Rußland einzumarschieren. Hitlers Interesse am Mittelmeer ging, wie allmählich klar wurde, von ganz anderen Voraussetzungen als denen der deutschen Marine aus.

Im Mittelmeerraum und in Nordafrika verfolgte Hitler zwei Ziele. Das erste war, die Schwierigkeiten der englischen Schiffahrt durch Schließung des Mittelmeeres zu erhöhen und durch diesen verschärften Druck die Engländer zum Nachgeben zu zwingen. Mit andern Worten, die Operationen in diesem Gebiet sollten dem gleichen Zweck dienen wie die fortgesetzte Invasionsdrohung und die schwere Bombardierung der englischen Städte. Es war ihnen jedoch eine Grenze gesetzt: eine große Offensive im Süden zu beginnen, während die Truppenkonzentration im Osten bereits begann, war das Letzte, was Hitler wünschte.

Hitlers zweites Ziel galt der Verteidigung: Nordwestafrika und die atlantischen Inseln — die Azoren, Madeira, die Kapverdischen und die Kanarischen Inseln — sollten gegen eine mögliche alliierte Landung geschützt werden. Er war sich der Gefahr bewußt, daß die Engländer, und auch möglicherweise die Amerikaner, die von ihm an der europäischen Westküste aufgebaute Verteidigungslinie umgehen, die atlantischen Inseln als Sprungbrett nach Westafrika benutzen und so durch die Hintertür in Europa einfallen konnten. Der größere Teil Westafrikas gehörte zum französischen Kolonialreich, von dem man nicht wußte, ob es loyal bleiben würde. Im August hatte sich Französisch-Äquatorialafrika für General de Gaulle erklärt, und im September hatten die Freien Franzosen mit Hilfe der Engländer versucht, Dakar zu nehmen. Die zwei Jahre später erfolgende Landung der Amerikaner und Engländer in Marokko sollte zeigen, daß Hitler sich nicht geirrt hat, als er einen Angriff auf die »Festung Europa« aus dieser Richtung voraussah. Damals waren die Engländer für solch eine Operation noch nicht vorbereitet, aber der gesunde Menschenverstand riet Hitler, ihnen zuvorzukommen. Konnte man nun noch Vichy überreden, die Verteidigung des französischen Kolonialreichs zu verstärken, so war das um so besser.

Aber von Anfang an rechnete Hitler damit, daß das Spanien Francos die Hauptverantwortung für die Operationen im westlichen Mittelmeer übernehmen, daß Vichy-Frankreich — in diesem Falle war er allerdings weniger hoffnungsvoll — Nordwestafrika verteidigen und Italien das Hauptgewicht der Operationen im östlichen Mittelmeer tragen würden. An einen andern als Hilfseinsatz deutscher Streitkräfte in diesem Gebiet hat Hitler niemals gedacht; Spezialtruppen und einige Sturzbombergeschwader sollten die Einnahme Gibraltars unterstützen und höchstens eine oder zwei Divisionen die spanische und die italienische Armee verstärken. Es gibt nicht das geringste Anzeichen dafür, daß er das Mittelmeer als einen Hauptkriegsschauplatz für Deutschland angesehen oder ernsthaft Raeders Vorschläge als Alternative zu dem von ihm selbst geplanten Angriff auf Rußland erwogen hätte. Er pickte nur — gegen Raeders Rat — die Dinge heraus, die seiner grundsätzlich anderen Ansicht von der weiteren Entwicklung des Krieges nicht im Wege standen, vor allem den Angriff auf Gibraltar und die sich daraus ergebende Besetzung der Atlantischen Inseln. Gleichzeitig versuchte er alles, um Spanien und wenn möglich auch Frankreich zum Kriegseintritt zu bewegen, damit der Westen gesichert und England in Atem gehalten wurde, während er sich dem Osten zukehrte.

Es zeigte sich, daß es nicht in Hitlers Macht lag, selbst diese begrenzten Ziele zu erreichen. Und zwar hauptsächlich, weil der spanische Diktator zu geschickt war, um, wie Mussolini, in die Falle zu gehen und das Verhältnis seines Regimes zu Deutschland einem Bündnis gleichzusetzen.

Zunächst hatte General Franco sich bereit erklärt, in den Krieg einzutreten. Das war im Juni 1940 gewesen, zu einer Zeit also, als es schien, daß der Krieg bald zu Ende sei und die Teilung der Beute beginnen könne. Als aber der Sommer vorüberging, ohne daß eine Kapitulation oder Invasion Englands stattgefunden hatte, ließ Francos Begeisterung nach. Er begann jetzt auf die Bedingungen zu pochen, die er als Voraussetzung für ein Eingreifen Spaniens ansah. Unter anderem stellte er Gebietsansprüche — Französisch-Marokko, ein Teil Algeriens (Oran), Erweiterung von Rio de Oro und Spanisch-Guinea — und Forderungen auf umfassende wirtschaftliche Hilfe in Gestalt von Getreide- und Benzinlieferungen, sowie Kriegsmaterial. Im September 1940 sandte Franco seinen künftigen Außenminister Serrano Suñer nach Berlin, teils um den wachsenden deutschen Ärger über Spanien zu beschwichtigen, teils um das Land auszukundschaften.

Suñers Besprechungen mit Ribbentrop waren gewissermaßen das Muster, nach dem sich in den nächsten sechs Monaten der deutschspanische Gedankenaustausch vollziehen sollte. Einerseits drängte Ribbentrop auf einen definitiven Termin für Spaniens Kriegseintritt, andererseits bezeichnete er Spaniens Forderungen als zu hoch und wich der Frage der spanischen Ansprüche auf Marokko und andere Gebiete aus. Suñer wiederum vermied es, sich endgültig festzulegen, und beharrte darauf, daß Spaniens Forderungen erst befriedigt werden müßten, ehe es sich auf eine Intervention einlassen könne.

Wie die meisten Menschen, die mit dem deutschen Außenminister zu tun hatten, empfand Suñer eine heftige Abneigung gegen Ribbentrop, seine groteske Eitelkeit und die anmaßende Art, seinen Kopf durchzusetzen. Hitler machte einen ganz anderen Eindruck auf Suñer. Sein erster Empfang bei ihm am 17. September war sorgfältig inszeniert. Nachdem er das Portal der massiven neuen Reichskanzlei mit den dorischen Säulen und die riesige Marmorhalle durchschritten hatte, wurde er zu Hitler geführt. Der Führer hatte sich für diese Gelegenheit die Maske des »welthistorischen« Genius angelegt. Er trug die ruhige Zuversicht des Herrn von Europa zur Schau und demonstrierte über die Landkarte gebeugt, mit sicheren Handbewegungen, wie leicht es für ihn sei, Gibraltar zu nehmen. Er begrüßte Suñer mit dem berühmten magnetischen Starrblick und wanderte mit behutsam abgewogenen, katzenartigen Schritten durch den Raum. Er spielte mit ganzen Kontinenten und sprach von der Schaffung eines europäisch-afrikanischen Blocks, für den er eine neue Monroedoktrin der Nichteinmischung proklamieren werde. Anders als Ribbentrop, hütete er sich, Beschwerden zu äußern oder einen Druck auf seinen Besucher auszuüben.

In der restlichen Zeit von Suñers Besuch wurde alles Mögliche getan, um ihm einen Eindruck von der Macht und Leistungsfähigkeit des Dritten Reiches zu geben. Erschöpft und deprimiert, flüchtete schließlich der spanische Minister erleichtert in die ihm gemäßere Atmosphäre Italiens. Aber vor seiner Abreise hatte Suñer eine zweite Besprechung mit Hitler, bei welcher der Führer darauf verzichtete, die auf Wirkung berechnete Rolle zu spielen. Er äußerte eine kindliche Freude über das Geschenk, das Franco ihm geschickt hatte, und verblüffte den Spanier durch seinen Mangel an Würde und das ungenierte Benehmen eines deutschen *petit bourgeois*. Dieser Gegensatz von prätenziösem Pomp des Regimes und verborgener Vulgarität und Albernheit seiner Herrscher war der dauerhafteste Eindruck, den Suñer von seinem Berliner Besuch mitnahm[39].

In bezug auf den Krieg war nichts entschieden worden. Als Ribbentrop Rom besuchte, äußerte er sich voller Zuversicht über den möglicherweise schon in vier Wochen erfolgenden Kriegseintritt Spaniens. Aber als Ciano am 28. September Hitler in Berlin sprach, fand er ihn in pessimistischer Stimmung. Hitler beschwerte sich über die lange Liste der spanischen Forderungen: »Er sei überzeugt, daß Spanien intensiver im Nehmen als im Geben sei.« Französisch-Marokko den Spaniern zu versprechen, bedeute, sich der Gefahr auszusetzen, daß die französischen Behörden in Nordafrika mit den Engländern zusammengingen. Es sei besser, meinte Hitler, den Franzosen Marokko zu lassen und sie zu bewegen, es gegen England zu verteidigen. Jedenfalls würden die Spanier, selbst wenn sie alles erhielten, was sie verlangten, sich nicht auf ein bestimmtes Datum festlegen.

Eine Woche später, am 4. Oktober, trafen sich Hitler und Mussolini auf dem Brenner zu einer Lagebesprechung. Diesmal nannte Hitler zwei Gründe für seine Weigerung, Französisch-Marokko den Spaniern zu überlassen. Den ersten hatte Ribbentrop bereits Suñer angedeutet: es war Hitlers Plan eines großen deutschen Imperiums in Zentralafrika, und dafür war ein Teil der marokkanischen Küste als Verbindungsstück notwendig. Der zweite Grund war seine Furcht, daß solch ein Schritt die französischen Kolonien in Nord- und Westafrika de Gaulle in die Arme treiben würde. Hieran anknüpfend, erging Hitler sich ausführlich über eine Zusammenarbeit mit Frankreich, sehr zum Ärger Mussolinis, der befürchtete, daß Vichy sich bei Hitler lieb Kind machen könne und damit ihn, Mussolini, um den erwarteten Lohn bringe, nämlich um den Löwenanteil am französischen Kolonialreich. Mitte Oktober schrieb Mussolini an Hitler in vorwurfsvollem Ton über Frankreich: »Es meint, weil es nicht gekämpft hat, wäre es auch nicht geschlagen worden.« Der Gedanke, Frankreich ganz ins Lager der Achse zu ziehen, blieb aber weiterhin verlockend für Hitler, trotz der Proteste des Duce. Gegen Ende Oktober beschloß er, seine Schwierigkeiten mit Spanien und Frankreich durch ein Zusammentreffen mit Franco an der spanischen Grenze und eine Begegnung unterwegs mit den Führern von Vichy-Frankreich zu bereinigen.

VIII

Zu Hitlers großer Überraschung war das Zusammentreffen mit Franco eine der wenigen persönlichen Begegnungen, bei denen sich Hitler, seitdem er Diktator von Deutschland war, überrumpelt fühlte. Er hat den Ärger über seine Niederlage niemals ganz überwunden. Denn für seine Verhältnisse hatte er dem spanischen Führer außergewöhnlich geschmeichelt. Er hatte die Beschwerlichkeiten einer langen Reise durch Frankreich auf sich genommen und bot Spanien unmittelbaren Beistand für die Einnahme von Gibraltar an. Allerdings war Hitler nicht willens, Französisch-Marokko den Spaniern zu überlassen, schon weil er Vichy bei der Stange halten wollte. Nichtsdestoweniger vertraute er der Wirkung seiner dynamischen Persönlichkeit auf Franco und glaubte fest, mit vagen Zukunftsversprechungen die Spanier bewegen zu können, in nächster Zeit in den Krieg einzutreten und die ihnen zugedachte Rolle zu übernehmen.

Die beiden Diktatoren trafen sich am 23. Oktober in Hendaye an der spanischen Grenze. Hitler begann mit einer eindrucksvollen Darstellung der starken deutschen und der hoffnungslosen englischen Position. Dann schlug er den sofortigen Abschluß eines Vertrages vor, demzufolge Spanien im Januar 1941 in den Krieg eintreten sollte. Gibraltar würde von den gleichen Spezialtruppen, die das belgische Fort Eben Emael genommen hatten, besetzt werden und sofort in spanischen Besitz übergehen.

Zu Hitlers wachsendem Ärger aber schien das alles auf Franco keinen Eindruck zu machen. Es mißlang Hitler völlig, auf den Caudillo den Einfluß zu gewinnen, den er stets auf den Duce ausübte. Statt dessen beharrte Franco darauf, daß Spanien wirtschaftlichen und militärischen Beistand benötige, und stellte die peinliche Frage, ob Deutschland in der Lage sei, diese Hilfe im erforderlichen Umfang zu leisten. Er wagte sogar anzudeuten, daß Englands Regierung und Flotte, wenn die Insel erobert sein sollte, von Kanada aus mit amerikanischer Unterstützung den Krieg fortsetzen würden. Hitler war kaum fähig, sich zu beherrschen. Er stand plötzlich auf und meinte, es habe keinen Sinn, das Gespräch fortzusetzen, setzte sich aber sofort wieder hin und bemühte sich von neuem, Franco zu gewinnen.

Die Abfahrt der Züge wurde um zwei Stunden hinausgeschoben. Ribbentrop blieb bis zum Morgen, um einen für die Spanier befriedigenden Vertragsentwurf auszuarbeiten. Aber weder Hitler noch Ribbentrop konnten Franco bewegen, sich auf etwas anderes als vage Allgemeinheiten festzulegen. Nach einer neunstündigen Besprechung mußte der Führer diesmal seine Niederlage zugeben. »Ich würde mir lieber drei oder vier Zähne ausziehen lassen, als das noch einmal mitmachen«, sagte er zu Mussolini. Ribbentrop, der zwecklos eine Nacht geopfert hatte, war sogar noch wütender. In rasendem Tempo durch Frankreich jagend, um Hitler einzuholen, schimpfte er die ganze Zeit über auf den »undankbaren Feigling Franco, der uns alles verdankt und nun nicht mitmachen will[40].«

Im Gegensatz dazu schien Hitlers Besprechung mit Pétain am nächsten Tag in Montoire gut anzulaufen. Der greise Marschall von Frankreich war einer der wenigen Männer, die Hitler jemals imponiert haben, vielleicht weil er, wie Lloyd George, bei der deutschen Niederlage im Jahre 1918 eine hervorragende Rolle gespielt hat. »Laval«, sagte Hitler zu Mussolini, »ist ein schmutziger demokratischer Politiker, ein Mann, der selber nicht glaubt, was er sagt«, aber für Pétain hatte er nur Bewunderung.

Obwohl Hitler sein Bedauern über die schmerzlichen Umstände der Begegnung zum Ausdruck brachte, versuchte er doch nicht, ein Hehl aus der schwierigen französischen Position zu machen. »Wenn dieser Kampf einmal zu Ende ist«, sagte er dem Marschall, »so ist es klar, daß entweder Frankreich oder England die territorialen und materiellen Kosten des Krieges tragen muß.« Aber als Pétain grundsätzlich mit einer Zusammenarbeit einverstanden war, einigte man sich darauf, daß die Achsenmächte und Frankreich gleichermaßen an der baldmöglichen Niederlage Englands interessiert seien und daß Frankreich die von den Achsenmächten zu diesem Zweck vorgenommenen Maßnahmen unterstützen sollte. Dafür sollte dann Frankreich, wie Hitler einwilligte, für seine Gebietsverluste in Afrika aus englischem Besitz entschädigt werden und so ein Kolonialreich erhalten, das seinem jetzigen gleichbedeutend sei[41].

Nach außen hin war das vielversprechend, aber die ganzen Einzelheiten mußten noch ausgearbeitet werden. Einem Freund gegenüber machte Pétain die oft zitierte Bemerkung: »Sechs Monate werden damit vergehen, das Programm zu besprechen, und weitere sechs Monate, um es zu vergessen[42].«

Für den Augenblick scheint Hitler zufrieden gewesen zu sein. Zu Mussolini sagte er, er sei überzeugt, daß der Kampf zwischen Vichy und de Gaulle echt sei und daß »die französische Unterstützung für die Achse von großer Bedeutung und großem Nutzen sein wird, weniger in militärischer Hinsicht als wegen der psychologischen Wirkung auf die Engländer, wenn sie sehen, daß sie einem kompakten kontinentalen Block gegenüberstehen[43].«

Das Zusammentreffen mit Mussolini, bei dem dieser Satz gesprochen wurde, fand unmittelbar nach Hitlers Begegnung mit Franco und Pétain statt. Der Anlaß zu diesem Treffen war eine Reihe von Nachrichten gewesen, die Hitler überrascht hatten und seine Mittelmeer- und Afrikapläne umwerfen sollten.

Am 28. Oktober eröffneten die Italiener den Angriff auf Griechenland, und das nicht nur ohne Hitlers Zustimmung, sondern auch in krassem Widerspruch zu seinen Wünschen. Es war ein Ereignis, das die ganze künftige Entwicklung des Krieges beeinflußt hat. Seine Folgen werden von uns in ihrer Gesamtheit später erörtert werden. Hier beschränken wir uns auf seine Auswirkungen, soweit sie Hitlers Interesse am südlichen Kriegsschauplatz betrafen.

Zunächst schienen sie nicht groß zu sein. Es stimmt zwar, daß die italienischen Rückschläge in Griechenland Hitler zwangen, Mussolini auf dem Balkan zu Hilfe zu kommen. Dies, sowie die englische Besetzung Kretas und einer Anzahl Inseln im Ägäischen Meer, wodurch die Position Englands verbessert wurde, setzten allerdings dem Gedanken an eine deutsche Offensivoperation im östlichen Mittelmeer ein Ende. Auch die deutsche Hilfe für den italienischen Vormarsch zum Suezkanal, zu der Hitler sich als äußerstes bereit erklärt hatte, wurde nun zurückgehalten; ein Beistand sollte nur dann in Frage kommen, wenn die Italiener Marsa Matruk erreicht hatten. Aber die Besprechung vom 4. November und die Weisung vom 12. November, worin diese Entscheidungen festgelegt wurden, bestätigen, daß eine Aktion im westlichen Mittelmeer geplant war.

Es wurden Befehle ausgegeben für die »Operation Felix[44]«, bei der deutsche Truppen den Angriff der Spanier auf Gibraltar unterstützen sollten. Um jeglichen englischen Gegenangriff abwehren zu können, sollten andere deutsche Einheiten die portugiesischen Kapverdischen Inseln von der Luft aus besetzen; kleinere Einheiten sollten auf den Kanarischen Inseln zur Verstärkung der spanischen Verteidigung gelandet und drei deutsche Divisionen an die spanisch-portugiesische Grenze geschickt werden. Ebenso sollte die Möglichkeit einer Besetzung der Azoren und von Madeira untersucht werden.

Angesichts der unsicheren Lage waren dies verwegene Entscheidungen, wenn auch nur geringe Streitkräfte eingesetzt werden sollten. Wie sich bald herausstellte, verließ Hitler sich immer noch auf Spaniens Eingreifen. Eine Denkschrift des Oberkommandos der Marine vom 14. November bewies, wie wenig selbst Hitlers kühnste Pläne dem entsprachen, was nach Ansicht der Marine im Mittelmeer unternommen werden müßte. Das Oberkommando der Marine hielt die »Operation Felix« für ungenügend und wandte ein, daß Afrika das »vordringliche strategische Ziel« sei, für das Deutschland kämpfen müsse; mit der Schließung des westlichen Mittelmeers müßten gleichzeitig eine Offensive gegen den Suezkanal, die Besetzung Griechenlands und der Vormarsch durch die Türkei erfolgen.

Es gab nicht die geringste Aussicht, daß Hitler solch einen Plan annehmen würde. Obwohl deutsche Truppen später Griechenland und Kreta besetzten und die Italiener beim Vormarsch gegen den Suezkanal unterstützten, so sah doch Hitler alle diese Operationen entweder als Verteidigungsmaßnahmen oder als zweitrangig gegenüber dem Hauptkriegsschauplatz im Osten an. Am Schluß der Weisung vom 12. November führte er aus, daß — unabhängig von dem Ergebnis der kommenden Besprechungen mit Molotow — »alle Vorbereitungen für den Osten befehlsgemäß fortgesetzt« werden müßten. »Operation Felix« paßte in den Rahmen dieser Vorbereitungen — Raeders Vorschläge aber paßten nicht.

Bald darauf mußte auch die »Operation Felix« zunächst aufgeschoben und dann tatsächlich aufgegeben werden. Im November übte Hitler noch einen scharfen Druck auf Franco aus; aber die behutsamen Spanier weigerten sich, irgendeine endgültige Zusage zu machen, und waren mit ihren Entschuldigungen sehr erfinderisch. Am 7. Dezember präsentierte Admiral Canaris dem spanischen Diktator einen Vorschlag Hitlers, deutsche Truppen am 10. Januar über die Grenze marschieren zu lassen und am selben Tage die Operationen gegen die Engländer zu eröffnen. Diesmal erteilte Franco Hitler eine glatte Absage. Er habe wenig Vertrauen zu den vorgeschlagenen Plänen, erwiderte Franco, sie würden nur zu einer Besetzung der Atlantischen Inseln durch die Engländer oder Amerikaner führen. Zudem sei Spanien wirtschaftlich nicht in der Lage, schon jetzt in den Krieg einzutreten. Die überraschende englische Offensive in Ägypten und der Sieg von Sidi Barrani in der zweiten Dezemberwoche bestätigten vollauf Francos Zweifel. Der Krieg, das wurde deutlich, war noch lange nicht vorbei; die italienische Armee befand sich bald in vollem Rückzug durch die Wüste. Hitler mußte einsehen, daß er bei Franco gescheitert war; am 11. Dezember gab er die kurze Notiz heraus: »Operation Felix wird nicht ausgeführt, da die politischen Voraussetzungen nicht mehr bestehen.«

Für einen Augenblick fürchtete Hitler sogar, daß die englischen Siege zu einem Abfall des französischen Kolonialreiches unter General Weygand führen könnten. Am 10. Dezember ordnete er an, Vorbereitungen für eine Operation »Attila« zu treffen, durch die im Notfall die Besetzung von ganz Frankreich und die Wegnahme der französischen Flotte und

Luftflotte sichergestellt werden sollten. Weygand rührte sich nicht, aber am 13. Dezember wurde Laval seines Amtes in der Vichy-Regierung enthoben und in Haft gesetzt. Die Deutschen setzten rasch seine Freilassung durch, nicht aber seine Rückkehr ins Amt. Marschall Pétain weigerte sich hartnäckig, nach Paris zu kommen, um die Asche des Herzogs von Reichstadt, Napoleons I. Sohn, in Empfang zu nehmen. Hitler hatte angeordnet, daß sie von Wien nach Paris überführt wurde; es sollte eine symbolische Geste den Franzosen gegenüber sein. Offenbar waren die in Montoire gegebenen Kollaborationsversprechungen wertlos. Am Weihnachtsabend gab Hitler Admiral Darlan, dem Marineminister von Vichy, während einer zornigen Auseinandersetzung in Beauvais eine Kostprobe von seiner Heftigkeit. »Operation Attila« wurde nicht ausgeführt, obwohl die dafür vorgesehenen Truppen bis zum Frühjahr 1941 in Bereitschaft standen. Dennoch mußte Hitler die Hoffnung vom Herbst 1940 aufgeben, die Franzosen für eine aktive Zusammenarbeit gegen die Engländer zu gewinnen — Montoire war ebenso ein Fehlschlag gewesen wie Hendaye.

Im neuen Jahr machte Hitler eine letzte Anstrengung, um Franco in den Krieg zu ziehen. Am 6. Februar schrieb er dem Caudillo einen persönlichen Brief und bat auch Mussolini, auf Franco einzuwirken. Beides war vergebens. Mussolini traf am 12. Februar mit Franco in Bordighera zusammen, aber Franco wich nicht im geringsten von seinem Standpunkt ab, und Mussolini stimmte schließlich in Francos Klagen über die Illusionen ein, die sich Hitler über Frankreich mache. Hitlers Brief an Franco war sehr deutlich:

> »Über eines, Caudillo, müssen wir uns klar sein: wir führen einen Kampf auf Leben und Tod und können zur Zeit keine Geschenke machen ... Wenn Spanien in diesen Kampf eintritt, so soll es gewiß nicht ausschließlich zugunsten der deutschen und italienischen Interessen sein ... Spanien wird niemals andere Freunde finden, als sie in dem heutigen Deutschland und Italien gegeben sind, solange es nicht ein anderes Spanien sein wird. Dieses andere Spanien aber könnte nur das Spanien des Niedergangs und schließlichen Zusammenbruchs sein. Allein aus diesem Grunde, Caudillo, glaube ich, daß wir drei, der Duce, Sie und ich, durch die Erfordernisse der Geschichte gezwungen sind, aufs engste zusammenzugehen, und daß wir also vom Gesichtspunkt der Geschichte aus als oberstes Gebot, dem wir zu gehorchen haben, erkennen müssen, daß in solch schweren Zeiten weniger weise Voraussicht, als ein kühnes Herz die Nation retten kann[45].«

Drei Wochen später erhielt Hitler Francos Antwort. Der Caudillo sparte nicht mit Treueversicherungen.

»Wir stehen heute«, schrieb er, »wo immer wir gestanden haben ... Zweifeln Sie nicht an meiner absoluten Loyalität und Überzeugung, daß das Geschick unserer Nation mit dem Deutschlands und Italiens verbunden ist[46].«

Aber er blieb bei seiner Taktik des höflichen Ausweichens, womit er im Verlaufe der ganzen Verhandlungen Hitlers plumpe Bemühungen, ihn festzunageln, vereitelt hatte, und weigerte sich nach wie vor, sich festzulegen.

Damit mußte Hitler sich zufrieden geben. »Ich fürchte«, schrieb er an Mussolini, »daß Franco im Begriff ist, den größten Fehler seines Lebens zu machen.« Der spanische Diktator sollte dann auch obenan auf der Liste derjenigen stehen, die den Führer enttäuschten, weil sie versäumten, die geschichtliche Rolle, die er ihnen zugedacht hatte, zu Ende zu spielen. Es war ein Brandmal, das der gerissene Politiker mit Würde zu tragen wußte und schließlich in einen Vorteil für sich umwandelte.

KAPITEL XI

»Die Welt wird den Atem anhalten«

1940—1941

I

Wenn Hitler auf die sechs Monate seit der Niederlage Frankreichs zurückblickte, dürfte er ein Gefühl ärgerlicher Enttäuschung empfunden haben. Die Siege des Sommers waren durch eine Reihe von Fehlschlägen verwässert worden. Die Engländer hatten sich geweigert, nachzugeben; die Spanier und Franzosen hatten sich als unzuverlässig erwiesen und waren nicht zu fassen; Gibraltar war nicht genommen worden und das französische Kolonialreich ungeschützt geblieben. Seit dem Waffenstillstand in Compiègne war ihm im Westen nichts Rechtes mehr gelungen.

Die Lage im Osten versprach auf den ersten Blick kaum Besseres. Dennoch war es der Osten, der im Frühjahr 1941 in Hitler wieder die Initiative erweckte. Noch einmal jagte er die Engländer ins Meer, er überrannte den Balkan und setzte die Welt durch die Kraft seines Angriffs auf Rußland in Erstaunen. Diesem Ablauf, vom Juni 1940 bis Juni 1941, haben wir nunmehr zu folgen.

Im Sommer 1940 hatten die Russen, durch die deutschen Siege im Westen beunruhigt, Hitlers Inanspruchnahme schleunigst wahrgenommen und das ganze ihnen im Abkommen von 1939 zuerkannte Einflußgebiet besetzt. Im Juni 1940 marschierten russische Truppen in die baltischen Staaten Estland, Lettland und Litauen ein, die allesamt im August der Sowjetunion angegliedert wurden. Nach ihrer Aktion im Norden stellten die Russen Ende Juni Rumänien ein Ultimatum, mit dem sie die Abtretung von Bessarabien und der nördlichen Bukowina forderten. Hitler konnte Rumänien nur den Rat geben, der Forderung zu entsprechen, aber er war fortan entschlossen, jeden weiteren Schritt westwärts zu verhindern.

Sein vordringliches Ziel war, auf dem Balkan eine Entwicklung zu vermeiden, die der Sowjetregierung den Vorwand für eine Intervention geben würde. Die Gefahr kam von seiten der Nachbarn Rumäniens, deren territoriale Ambitionen geweckt wurden, als Rußland Bessarabien besetzte. Der bulgarische Anspruch auf die südliche Dobrudscha war bald befriedigt, aber die ungarische Forderung auf Abtretung von Transsylvanien bedeutete mehr, als der rumänische Nationalstolz ertragen konnte, und die Beziehungen zwischen beiden Staaten spitzten sich so zu, daß ein Krieg in den Bereich der Möglichkeiten trat.

Das rumänische Erdöl war für Deutschland lebenswichtig, und Hitler konnte es sich nicht leisten, ruhig zuzusehen, daß im Falle einer Auflösung des rumänischen Staates die Russen die Ölfelder besetzten. Darum ließ er hinter den Kulissen seinen ganzen Einfluß auf Ungarn und Rumänien spielen, um sie zur Vernunft zu bringen. Als der Rat nichts nützte, bestellte Ribbentrop Ende August beide Parteien nach Wien, um ihnen eine von den Achsenmächten diktierte Regelung zur Annahme vorzulegen.

Weder die Ungarn noch die Rumänen sahen diese Regelung als befriedigend an. Ribbentrop erreichte die ungarische Zusage nur durch Drohungen, die er ihnen ins Gesicht schrie, während der rumänische Außenminister Manoilescu am Tisch in Ohnmacht fiel, als er die neue Grenzlinie sah, die Ribbentrop gezogen hatte. Aber Hitler waren die ungarischen und rumänischen Gefühle gleichgültig. Für ihn ging es um die Ölfelder. Um ganz sicherzugehen, bot er Rumänien eine Garantie der neuen Grenzen an und stellte insgeheim zwölf Divisionen bereit, die notfalls eingreifen sollten.

Die Krise löste sich allerdings sehr zu Hitlers Vorteil. Wenige Tage nach dem Wiener Schiedsspruch dankte König Carol zugunsten seines Sohnes ab, und General Antonescu, ein Bewunderer des Führers, wurde rumänischer Ministerpräsident. Ehe der September zu Ende ging, errichtete Antonescu, der bald einer von Hitlers Favoriten werden sollte, eine Diktatur, schloß sich (am 23. September) dem Achsenpakt an und »bat« um die Entsendung deutscher Truppen zur Unterstützung der rumänischen Verteidigung gegen Rußland. Ein Geheimbefehl vom 20. September aus dem Führerhauptquartier ordnete an:

»Heer und Luftwaffe werden Militärmissionen nach Rumänien entsenden. Vor der Welt wird deren Aufgabe sein, Rumänien bei der Aufstellung und Ausbildung seiner Streitkräfte freundschaftlich zu beraten.

Ihre wirkliche Aufgabe, die weder den Rumänen noch unseren eigenen Truppen zum Bewußtsein kommen darf, wird sein:
a) Das Erdölgebiet gegen den Zutritt dritter Mächte oder Zerstörung zu schützen.
b) Die Rumänen in die Lage zu versetzen, gewisse Aufgaben im Rahmen eines die besonderen deutschen Interessen berücksichtigenden systematischen Plans zu übernehmen.

c) Den Aufmarsch deutscher und rumänischer Kräfte von rumänischen Stützpunkten aus im Falle eines uns von Sowjetrußland aufgezwungenen Krieges vorzubereiten[47].«

Die Reorganisation der rumänischen Armee nach deutschem Muster begann im Herbst 1940. Den deutschen Militärmissionen folgten deutsche Truppeneinheiten, darunter auch Flakregimenter zum Schutz der Ölfelder und die 13. Panzerdivision, die zu Übungszwecken dorthin verlegt wurde. Hitler hatte bald Rumänien als einen Satellitenstaat fest in der Hand. Dieser Zustand blieb unverändert bis zum Kriegsende erhalten.

Die deutschen Maßnahmen in Rumänien waren Moskau natürlich unwillkommen. Am 1. September bestellte Molotow den deutschen Botschafter zu sich und nannte den Wiener Schiedsspruch einen Bruch des deutsch-russischen Paktes, in dem eine vorherige Rücksprache zwischen den beiden Mächten vorgesehen war. Ebenso nahm Molotow Anstoß an der deutschen Garantie für Rumänien, die, wie er betonte, allgemein als gegen die UdSSR gerichtet empfunden werde.

Hitler konnte es sich indessen leisten, über diese Proteste hinwegzusehen. Dennoch bot er den Russen zur Beschwichtigung die Mitgliedschaft in der neuen Donaukommission an, von der die Sowjetunion ursprünglich ausgeschlossen gewesen war. Viel schwerwiegender war die Verstimmung, mit der die Errichtung eines deutschen Protektorats über Rumänien in Rom aufgenommen wurde.

Mussolini nährte seit langem den Ehrgeiz, den italienischen Einfluß auf dem Balkan und an der Donau auszudehnen. Schon immer hatte er das Anwachsen der deutschen Macht als eine Bedrohung für seine Ambitionen angesehen. Es war die Furcht vor einer deutschen Expansion nach Südosten gewesen, die ihn ursprünglich gegen den »Anschluß« hatte opponieren lassen, und es war Hitler trotz aller guten Worte nicht gelungen, den Verdacht, mit dem der Duce jede deutsche Bewegung auf die Donau und die Adria zu beobachtete, zu beseitigen. Hitler war sich durchaus bewußt, daß Mussolini auf dem Balkan Ambitionen hatte und in bezug auf die deutsche Rivalität in diesem Gebiet sehr empfindlich war. Es war ihm auch klar, daß Mussolini möglicherweise etwas unternehmen konnte, um ihm dort zuvorzukommen. In seiner Besprechung mit Ciano am 7. Juli 1940 gab Hitler sich alle Mühe, den italienischen Minister von der Notwendigkeit des Hinausschiebens jeglicher Aktion im Zusammenhang mit Jugoslawien zu überzeugen. Auf Jugoslawien hatte der Duce schon lange ein Auge geworfen; es war eines der Ziele seiner imperialistischen Pläne. Diese Warnung wurde in den nächsten Wochen wiederholt und auf Griechenland ausgedehnt, ein anderes mögliches Ziel einer italienischen Aktion. In beiden Fällen wurde die gleiche Begründung gegeben: es bestehe im Augenblick die Gefahr von Komplikationen auf dem Balkan. Hitler fügte allerdings hinzu, daß er Mussolini selbstverständlich das Recht zuerkenne, seine Ansprüche auf Jugoslawien und Griechenland zu befriedigen, sobald sich die Lage mehr geklärt habe.

Diese deutschen Winke waren nicht sehr nach Mussolinis Geschmack. »Es ist einfach ein Befehl, Gewehr bei Fuß zu stehen«, klagte Ciano. Aber nach außen hin erklärten sich die Italiener einverstanden. In einem Brief vom 27. August versicherte Mussolini Hitler, daß alle von ihm an der griechischen und jugoslawischen Grenze getroffenen Maßnahmen rein defensiven Charakters seien: alle italienischen Kräfte stünden zum Angriff gegen Ägypten bereit. Hitler hatte vorsorglich die Italiener beim Schiedsspruch über Ungarn und Rumänien beteiligt, und als Ribbentrop Mitte September Rom besuchte, wiederholte er, daß es sich »bezüglich Griechenlands und Jugoslawiens um ausschließlich italienische Interessen handle, deren Regelung Italien allein zu bestimmen habe, wobei es der wohlwollenden Unterstützung durch Deutschland sicher sein könne[48].« Mussolini machte keinen Hehl aus seiner Absicht, Griechenland anzugreifen; die Griechen, sagte er zu Ribbentrop, seinen für Italien dasselbe, was die Norweger für Deutschland vor dem April gewesen seien. Aber er sprach davon als von einer Operation, die erst nach Vertreibung der Engländer aus dem östlichen Mittelmeer unternommen werden könnte.

Die deutsch-italienische Zusammenarbeit scheint zu dieser Zeit enger als sonst gewesen zu sein. Mussolini ging bereitwillig auf Ribbentrops Vorschlag eines neuen Dreimächtepaktes zwischen Deutschland, Italien und Japan ein. Ribbentrop hatte diesen Vorschlag schon einmal gemacht, im Oktober 1938. Als er ihn jetzt, im September 1940, wiederholte, bediente er sich der gleichen Argumente: Das Bündnis würde auf die Isolationisten Amerikas wirken und ihre Opposition gegen Roosevelts Politik stärken. Ribbentrop mußte zwar zugeben, daß ein solcher Pakt auch auf Rußland nicht ohne Wirkung bleiben würde, aber es sei inzwischen deutlich geworden, fügte er hinzu, daß die Freundschaftspolitik den Russen gegenüber nur bis zu ganz bestimmten Grenzen gehen könne.

Ende September reiste Ciano zur Unterzeichnung des Paktes nach Berlin. Man scheute keine Mühe, einem Volk, das mit Beginn des Zweiten Kriegsjahrs skeptischer wurde, die Bedeutung dieses Paktes klarzumachen, und die deutsche Propagandamaschine schlug für die Zeremonie kräftig die Reklametrommel. Eine Woche später schien eine Begegnung zwischen dem Führer und dem Duce auf dem Brenner die Solidarität der Achsenpartner noch besonders zu bestätigen.

»Selten nur«, schrieb Ciano in sein Tagebuch, »habe ich den Duce in so guter Laune gesehen wie heute am Brenner. Die Begegnung war herzlich, und die Unterredung war bestimmt die interessanteste, die bisher stattgefunden hat. Hitler hat wenigstens teilweise die Karten auf den Tisch gelegt und hat uns von seinen Zukunftsplänen gesprochen ... Hitler war energisch und von neuem extrem antibolschewistisch. ›Der Bolschewismus‹, sagte er, ›ist die Lehre der minderwertigen Völker‹[49].« Was Hitler aber nicht erwähnte, waren die bereits unternommenen Schritte zur Sicherung der deutschen Herrschaft über Rumänien.

Als im Laufe der nächsten Woche die deutsche Truppenbewegung bekannt wurde, wurde durch Mussolinis Ärger über Hitlers Doppelzüngigkeit deutlich, wie brüchig die Bande des Vertrauens zwischen den beiden Regimes geworden waren. Der italienische Diktator spürte wieder einmal, daß Hitler ihm zuvorgekommen war. Nachträgliche Versuche, auch ein italienisches Kontingent zu entsenden, blieben erfolglos, und der entrüstete Duce platzte in Gegenwart Cianos heraus:

»Hitler stellt mich immer vor vollendete Tatsachen. Diesmal werde ich ihm in der gleichen Münze heimzahlen: er wird aus den Zeitungen erfahren, daß ich in Griechenland einmarschiert bin. So wird das Gleichgewicht wiederhergestellt sein ... Ich gebe meine Demission als Italiener, wenn jemand Schwierigkeiten darin findet, sich mit den Griechen zu schlagen[50].«

Am 15. Oktober, kaum vierzehn Tage nach der demonstrativen Erweiterung der Achse zum Dreimächtepakt, befahl Mussolini, den Angriff auf Griechenland vorzubereiten. Er tat es in bewußtem Widerspruch zu den Versicherungen, die er den Deutschen gegeben hatte, und in derselben kindischen Laune des Wie-du-mir-so-ich-dir, in der er nach Hitlers Einmarsch in Prag Albanien besetzt hatte.

Diesmal waren die Konsequenzen ernster. Die Rolle, die Hitler in seinem strategischen Plan den italienischen Streitkräften zugedacht hatte, galt der Invasion Ägyptens. Am 13. September hatte die italienische Armee unter dem Befehl von Graziani die ägyptische Grenze überschritten und einen langsamen Vormarsch nach Osten begonnen. Obwohl ihr nur schwache englische Streitkräfte entgegengetreten waren, zeigte sich bald, daß diese Aufgabe alle Hilfsquellen beanspruchte, über die Mussolini verfügte. Marschall Badoglio, Chef des italienischen Generalstabes, war entschieden dagegen, daß Italien noch weitere Bindungen auf sich nahm. Mussolini hörte nicht darauf. Seine schwerverletzte Eitelkeit verlangte nach einem kühnen *coup* zur Wiederherstellung des faschistischen Prestiges, und in der Frühe des 28. Oktober begannen italienische Truppen von Albanien aus in Griechenland einzumarschieren.

Erst in letzter Minute unterrichtete Mussolini Hitler über seine Absicht. Ein langer Brief, den er am 10. Oktober schrieb, kam in Berlin erst am 24. an. Hitler erfuhr seinen Inhalt spät in der Nacht nach seinem Zusammentreffen mit Pétain in Montoire. Er brauchte nicht erst auf die Landkarte zu sehen, um sich klarzuwerden, welche Verwicklungen Mussolinis Schritt heraufbeschwören würde. Genau in dem Augenblick, da es ihm gelungen war, den Balkan durch die Besetzung Rumäniens zu befrieden, standen nun die Italiener im Begriff, durch ihren unzeitgemäßen Angriff den ganzen Balkan durcheinanderzubringen. Bulgarien und Jugoslawien, die beide Forderungen an Griechenland hatten, mußten dadurch aufgerührt werden; Rußland wurde ein weiterer Vorwand zur Intervention gegeben, während die Engländer so gut wie sicher in Griechenland landen und damit Stützpunkte an der europäischen Mittelmeerküste gewinnen würden. Zu der unbefriedigenden Besprechung mit Franco am 23. gesellte sich nun noch diese Nachricht aus Rom, was Hitler in äußersten Zorn versetzte. Und doch gab die Art und Weise, in der Mussolini gehandelt hatte, einen deutlichen Hinweis auf den Groll, den er über das hochfahrende Benehmen der Deutschen empfand, und Hitler, der sofort die Gefahr erkannte, sich gerade nach seinem Fehlschlag bei Franco seinen einzigen zuverlässigen Verbündeten zum Feind zu machen, hielt diesmal mit einem gewaltsamen Eingriff zurück. Er beschloß, nach Italien zu reisen, in der Hoffnung, daß ein persönlicher Appell an den Duce noch vor Angriffsbeginn ihn zu einer Sinnesänderung bewegen könnte.

In aller Eile wurde ein Zusammentreffen in Florenz angesetzt. Der Sonderzug des Führers, in dem er zur spanischen Grenze gereist war, wurde nach Süden umgeleitet und fuhr durch eine Schneelandschaft, die, wie Paul Schmidt bemerkt, der frostigen Stimmung der Insassen sehr entsprach. Zwei Stunden vor der Ankunft in Florenz erhielt Hitler die Meldung, daß italienische Truppen in der Frühe den Angriff eröffnet hätten. Noch vor dem Verlassen des Bahnsteigs gab Mussolini mit selbstzufriedenem Lächeln seine ersten Siege bekannt.

Daß Hitler sich angesichts solcher Provokation mühelos beherrschte, wirft ein interessantes Seitenlicht auf seinen Charakter. Während der ganzen Besprechungen im Palazzo Pitti ließ er sich nicht das geringste anmerken. Im Gegenteil, er bot dem Duce volle deutsche Unterstützung für den neuen Feldzug an und stellte ihm deutsche Fallschirmtruppen zur Verfügung, sofern sie für die Besetzung Kretas erforderlich seien. Hierauf berichtete er seinem italienischen Partner ausführlich über seine Verhandlungen mit Spanien und Vichy-Frankreich — im Hinblick auf Mussolinis Verdacht gegen Frankreich eine kluge Taktik — und gab zum Schluß eine zwar verspätete, aber beruhigende Darstellung über seine Beziehungen zu Rumänien. Ciano schließt seinen Bericht mit der offensichtlich erleichterten Bemerkung: »Die Begegnung endet mit vollkommener Übereinstimmung zwischen Deutschland und Italien in allen Punkten[51].«

Hitler hatte das Gesicht gewahrt. Doch er kehrte über die Alpen mit einem Gefühl der Bitternis im Herzen zurück, wie sein Dolmetscher Paul Schmidt berichtet; denn es hatte drei Fehlschläge — in Hendaye, in Montoire und nun in Italien — gegeben. An langen Winterabenden — so weiter Schmidt — der nächsten Jahre war dies wiederholt Gegenstand bitterer Äußerungen über unzuverlässige Freunde, die Partner der Achse und die »betrügerischen« Franzosen[52]. Was Hitler unternahm, als er nach Deutschland zurückgekehrt war, zeigt, daß er sich über die Probleme, die ihm der italienische Schnitzer eingebracht hatte, keine Illusionen machte. In den ersten zehn Novembertagen wurden neue Befehle durchgesprochen und in der Weisung vom 12. November erlassen[53].

Wenn auch der Einsatz deutscher Kräfte zur Unterstützung des italienischen Vormarsches zum Suezkanal erst dann in Frage kommen sollte, wenn die Italiener Marsa Matruk erreicht hatten, so wurde doch die rasche Bereitschaft einer deutschen Panzerdivision für den Einsatz in Nordafrika, falls erforderlich, vorgesehen. Unterdessen sollten die deutschen Kräfte in Rumänien verstärkt und eine Armeegruppe von zehn Divisionen zusammengezogen werden, um im Bedarfsfalle ins griechische Thrazien einzumarschieren. Hitler hoffte zwar immer noch, »Operation Felix« gegen Gibraltar durchführen zu können, aber offenbar erwartete er Schwierigkeiten auf dem Balkan oder englische Luftangriffe auf Rumänien oder einen Mißerfolg der Italiener in Griechenland und traf bereits Vorkehrungen, ihnen zu begegnen.

Außerdem hatte Hitler noch an etwas anderes zu denken. Der vielleicht bedeutungsvollste Abschnitt der Weisung vom 12. November ist die bereits zitierte Anweisung, »alle schon mündlich befohlenen Vorbereitungen für den Osten fortzuführen«. Die Pläne für einen Angriff auf Rußland, mit denen der Generalstab schon seit August beschäftigt war, nahmen nun langsam Gestalt an. Während daher eine unmittelbare Sorge der Möglichkeit einer englischen Landung in Griechenland und einer italienischen Niederlage galt, war er außerdem gezwungen, irgendeine vielleicht erforderliche Aktion ins Auge zu fassen, die im Zusammenhang mit einem größeren Plan stand.

II

Der Argwohn der Russen war bereits erwacht; nicht allein wegen der Garantie für Rumänien, sondern auch durch das erneute deutsche Interesse an Finnland, dem anderen Flügel der möglichen Ostfront. Gegen Ende September kam zwischen der deutschen und der finnischen Regierung ein Abkommen zustande, das den Transport deutscher Truppen durch Finnland nach den Außenstützpunkten im nördlichen Norwegen betraf. Als der deutsche Geschäftsträger in Moskau am 26. September Molotow aufsuchte, um ihn über den am nächsten Tag zu unterzeichnenden Dreimächtepakt zu beruhigen, wurde er von dem sowjetischen Außenminister bedrängt, ihm eine Abschrift des kürzlich zwischen Deutschland und Finnland getroffenen Abkommens »einschließlich seiner geheimen Zusätze« zu beschaffen. Das deutsche Auswärtige Amt entsprach umgehend dem russischen Ersuchen, aber Molotow begnügte sich damit nicht. Er bat um weitere Informationen sowohl über das Abkommen wie auch über die Entsendung deutscher Militärmissionen nach Rumänien. Ängstlich bemüht, die Russen zu beschwichtigen, machte Ribbentrop daraufhin den Vorschlag einer neuen Zusammenkunft zwischen Molotow und ihm. In einem Brief an Stalin vom 13. Oktober gab er die Anregung zu einem Besuch Molotows in Berlin. Stalin überlegte eine Woche lang und nahm dann die Einladung an. Es wurde ausgemacht, daß Molotow in der ersten Novemberhälfte nach Berlin kommen sollte. Da der Krieg sich inzwischen auf den Balkan ausgedehnt hatte und die Möglichkeit eines deutschen Eingreifens in Griechenland bestand — was unter Umständen einen Durchmarsch deutscher Truppen durch Bulgarien erforderlich machte —, erhielt der Besuch des sowjetischen Außenministers erhöhte Bedeutung.

Molotow kam am 12. November in der Reichshauptstadt an. Nach einer vorausgegangenen Besprechung mit Ribbentrop wurde er noch am selben Tag von Hitler empfangen. Der Führer brachte die Diskussion sofort auf die höchste Ebene: »Im Leben der Völker sei es wirklich schwierig, die Richtung einer Entwicklung für eine weit in die Zukunft reichende Periode festzulegen. Der Ausbruch von Konflikten hinge oft stark von persönlichen Faktoren ab; dennoch glaube er, daß ein Versuch gemacht werden müsse, die Entwicklung der Völker selbst für einen größeren Zeitraum und soweit wie möglich festzulegen, so daß Reibungen vermieden und Konfliktstoffe nach menschlichem Ermessen ausgeschlossen werden könnten. Das sei besonders geboten, wenn zwei Nationen wie die deutsche und die russische Männer an ihrer Spitze hätten, die genügend Autorität besäßen, um die Entwicklung ihrer Länder in einer bestimmten Richtung zu lenken...⁵⁴«

Lange Zeit blieb Hitler in dieser sehr bezeichnenden überschwenglichen Stimmung. Molotow, ein geradezu pedantisch genauer, kalter und hartnäckiger Unterhändler, wartete bis Hitler geendet hatte. Auf ebenso charakteristische Art und Weise ignorierte er dann Hitlers Versuch, ihn mit seinen »welthistorischen Perspektiven« für die Zukunft »einzuwickeln«, und stellte eine Reihe von gezielten Fragen zum Thema der gegenwärtigen deutsch-russischen Zusammenarbeit. »Die Fragen prasselten auf Hitler hernieder«, erinnerte sich Paul Schmidt später, der den Verlauf des Treffens festhielt. Kein ausländischer Besucher habe jemals in seiner Gegenwart so zu Hitler gesprochen, urteilte Schmidt.

Was taten die Deutschen in Finnland, das doch in dem früheren Abkommen der Einflußsphäre der Russen zugewiesen worden war? Was bedeutete die »Neuordnung« Europas und Asiens, und welche Rolle sollte die Sowjetunion dabei spielen? Welche Bedeutung hatte der Dreier-Pakt? Außerdem seien noch Streitfragen zu klären hinsichtlich der russischen Interessen auf dem Balkan und am Schwarzen Meer, im Hinblick auf Bulgarien, Rumänien und die Türkei. Molotow verlangte zu all diesen Punkten eine Erklärung.

Hitler war so überrascht, daß er sich mit dem Hinweis auf einen möglichen Luftangriff entschuldigte und die Unterredung bis zum nächsten Tag abbrach.

Als sie am nächsten Morgen wieder zusammentrafen, bemühte sich Hitler, Molotows Bemerkungen zuvorzukommen, indem er einräumte, die Erfordernisse des Krieges hätten Deutschland gezwungen, in Gebieten zu intervenieren, wo es keine ständigen Interessen hätte. »So hat Deutschland zum Beispiel keinerlei politische Interessen auf dem Balkan«, sagte er zu Molotow, »und es ist dort im Augenblick nur darum aktiv, weil es gezwungen ist, gewisse Rohstoffe für sich zu sichern.«

Hitler bestätigte die Tatsache, daß Finnland ein Teil der russischen Einflußsphäre sei — wie in Moskau festgelegt —, doch er bestand darauf, daß Deutschland für die Dauer des Krieges an Finnlands Nickel und Bauholz wirtschaftlich interessiert sei und die Berücksichtigung dieser Tatsache erwarte. Gleichzeitig wies er darauf hin, daß Deutschland sich an das Abkommen gehalten habe, während Rußland die nördliche Bukowina und einen Teil Litauens besetzt habe; beide Gebiete seien in dem Abkommen in keiner Weise erwähnt. Deutschland akzeptiere diese Revision, weil sie in Rußlands Interesse lägen; es erwarte aber dafür, daß Rußland für Deutschlands derzeitige Interessen in Finnland und Rumänien das gleiche Verständnis aufbringe.

Molotow war nicht bereit, ein solches Argument gelten zu lassen, und es folgte ein heftiger Wortwechsel. Als Molotow auf dem Abzug der deutschen Truppen aus Finnland bestand, fragte Hitler ganz gezielt, ob Rußland beabsichtige, gegen Finnland Krieg zu führen. Es dürfe keinen Krieg an der Ostsee geben, versicherte er; dies würde zu starken Spannungen innerhalb der deutsch-russischen Beziehungen führen. Er fragte, was Rußland sonst mit Finnland vorhabe. Molotow antwortete, daß es Rußland um eine Einigung auf der gleichen Ebene wie in Bessarabien gehe — im wesentlichen also um Annexion. Hitler äußerte sich nicht direkt dazu, gab aber erneut zu bedenken, daß es keinen Krieg mit Finnland geben dürfe, weil ein solcher Konflikt weitreichende Folgen hätte. Molotow blieb unbewegt und antwortete: Durch diese Haltung sei ein neuer Faktor in die Diskussion gekommen.

Hitler war offensichtlich durch Molotows Beharrlichkeit beunruhigt, gab sich aber alle Mühe, sein Temperament zu zügeln und das Gespräch auf »bedeutendere Probleme« zu bringen.

»Nach der Eroberung Englands würde das Britische Empire mit seinen vierzig Millionen Quadratkilometern in einen gigantischen weltweiten Staatsbankerott eintreten. Durch diesen Staatsbankerott würde Rußland Zutritt zum eisfreien und wirklich offenen Meer erhalten. Bis jetzt habe eine Minderheit von 45 Millionen Engländern die 600 Millionen Einwohner des Britischen Empires beherrscht. Er sei dabei, diese Minderheit zu zerschmettern... Unter diesen Umständen eröffneten sich weltweite Perspektiven... Alle Länder, die an der Konkursmasse interessiert seien, müßten die Zwistigkeiten zwischen ihnen begraben und sich ausschließlich mit der Aufteilung des britischen Empires befassen.«

Wieder einmal saß Molotow teilnahmslos da, während der Führer seine ganze Geschicklichkeit aufbot, um seine Aufmerksamkeit abzulenken. Sobald aber Hitler geendet hatte, nahm Molotow das Gespräch dort wieder auf, wo Hitler abgeschweift war; die nächsten behandelten Fragen waren der Balkan und die deutschen Garantien gegenüber Rumänien, die — wie Molotow bemerkte — gegen die Interessen Sowjetrußlands zielten. Mit steigender Ungeduld überging Hitler wiederum das bereits angesprochene Thema: Deutschland verfolge keine ständigen Interessen auf dem Balkan; lediglich die Notwendigkeiten des Krieges hätten es dorthin geführt; und die Garantie sei nicht gegen Rußland gerichtet — und so fort.

Daran anschließend fragte Molotow, was Deutschland, falls es seine Garantie für Rumänien nicht widerrufe, denn zu einer russischen Garantie gegenüber Bulgarien sagen würde. Hitler war sofort auf der Hut: Zuerst stelle sich hier doch wohl die Frage, ob Bulgarien um eine solche Garantie gebeten habe. Er wisse nichts von einer solchen Bitte Bulgariens. Als Molotow auf eine Antwort drängte, lehnte Hitler es ab, sich festzulegen, obwohl er einräumte, daß Deutschland als eine »Donaumacht« nur indirekt an einem Zugang zum Schwarzen Meer interessiert sei; er fügte jedoch — eine verhängnisvolle Bemerkung — hinzu, daß Deutschland, falls es nach Anlässen für einen Bruch mit Rußland suche, die Frage der Pforte dazu nicht benötige.

Damit war Hitlers Teilnahme an den Gesprächen beendet. Er war aufs höchste gereizt. Franco hatte ihn nur durch Ausflüchte verärgert, Molotow aber hatte widersprochen und Einwände gemacht; nie verzieh Hitler denen, die sich das herausnahmen, und anderen hatte das bereits das Leben gekostet. An diesem Abend fehlte er unerwartet bei dem Bankett, das Molotow seinen Gastgebern in der russischen Botschaft gab.

Während des Banketts vertrieb ein britischer Luftangriff die beiden Außenminister, und sie suchten in einem Luftschutzkeller Schutz. Ribbentrop benutzte mit der für ihn charakteristischen Ungeschicklichkeit die Gelegenheit, um Molotow den Entwurf eines neuen Abkommens vorzulegen, durch das die Sowjetunion in den Dreimächtepakt aufgenommen werden sollte.

Der Kern des Vertrages war Artikel 11, der die Verpflichtung vorsah, die natürlichen Einflußsphären gegenseitig zu respektieren. In den beiden Zusatzprotokollen, die geheimgehalten werden sollten, wurde die Bedeutung des vorgeschlagenen Vertrages klargestellt. Das erste bestimmte die Einflußsphäre der vier Mächte.

»Deutschland erklärt, daß seine territorialen Ansprüche, von territorialen Revisionen in Europa abgesehen, die dem Friedensschluß vorbehalten bleiben, sich auf die Gebiete Zentralafrikas konzentrieren.
Italien erklärt, daß seine territorialen Ansprüche, von territorialen Revisionen in Europa abgesehen, sich auf die Gebiete Nord- und Nordostafrika konzentrieren.
Japan erklärt, daß seine territorialen Ansprüche sich auf Ostasien und den Südraum des japanischen Inselreiches konzentrieren.
Die Sowjetunion erklärt, daß ihre territorialen Ansprüche sich auf das südlich der UdSSR liegende Gebiet in Richtung auf den Indischen Ozean konzentrieren.
Die vier Mächte erklären, daß sie, die Regelung von Sonderfragen vorbehalten, diese territorialen Ansprüche respektieren und sich ihrer Durchsetzung nicht widersetzen werden.«

Ribbentrop glaubte, daß er, wenn er Molotow und Stalin zur Annahme einer solchen Regelung bewegen könne, in der Lage sein würde, den traditionellen russischen Ausdehnungsdrang in Richtung auf Europa, den Balkan und das Mittelmeer — Gebiete, in denen Rußland mit Deutschland und Italien zusammenstoßen mußte — nach Süden abzulenken, auf Gebiete wie den Persischen Golf und den Indischen Ozean, an denen Deutschland nicht interessiert war und wo Rußland sofort mit England aneinandergeraten würde. Es war ein kühner, aber durchsichtiger Vorschlag, der einen Strich quer durch die russischen Traditionen und Interessen machte. Aber Hitler und Ribbentrop hofften, ihn mit Hilfe des zweiten Zusatzprotokolls verlockender zu machen. Darin versprachen Deutschland und Italien, durch gemeinsame Schritte die Türkei von ihren Bindungen an den Westen zu lösen und sie für eine Zusammenarbeit mit dem neuen Mächteblock zu gewinnen. Als einen Teil dieses Vorgehens schlug Ribbentrop vor, das Meerengenabkommen von Montreux durch eine neue Regelung zu ersetzen. Außerdem sprach Ribbentrop in vagen, aber verlockenden Worten von der deutschen Bereitschaft, beim Zustandekommen eines Nichtangriffspakts zwischen Rußland und Japan behilflich zu sein; man würde Japan zu bewegen suchen, die sowjetische Einflußsphäre in der Äußeren Mongolei und in Sinkiang anzuerkennen und über die Insel Sachalin mit ihren wertvollen Kohle- und Ölvorkommen eine Regelung zu treffen.

Molotow, der keine Gelegenheit hatte, den Entwurf vorher zu prüfen, war nicht der Mann, der sich von Ribbentrops Bauernfängerei überrumpeln ließ. Seine Antwort machte unmißverständlich klar, daß Rußland nicht bereit war, seine Interessen in Europa aufzugeben. Nicht nur die Türkei und Bulgarien,

> »sondern auch das Schicksal Rumäniens und Ungarns interessiere die Sowjetunion und könne ihr unter keinen Umständen gleichgültig sein. Weiterhin würde es die Sowjetregierung interessieren, zu erfahren, was die Achse in bezug auf Jugoslawien und Griechenland vorhabe, und ebenso was Deutschland in bezug auf Polen beabsichtige ... Die Sowjetregierung sei auch an der Frage der schwedischen Neutralität interessiert ... und an der Frage der Zugänge zur Ostsee. Die Sowjetregierung glaube, daß in bezug auf diese Fragen ähnliche Besprechungen abgehalten werden müßten, wie sie jetzt in der Donaukommission geführt würden.«

Ribbentrop, der sich beklagte, von seinem russischen Kollegen »allzusehr ausgefragt« worden zu sein, machte eine letzte Anstrengung, um das Gespräch auf die von ihm vorgeschlagene Tagesordnung zurückzuführen. »Er könne nur immer wiederholen, die entscheidende Frage sei die, ob die Sowjetunion bereit und in der Lage sei, mit uns bei der großen Liquidation des britischen Weltreichs zusammenzuarbeiten.« Aber Ribbentrops letzter verzweifelter Versuch hatte nicht mehr Resonanz als der von Hitler. Auf Ribbentrops wiederholte Versicherungen, daß England erledigt sei, gab Molotow zurück: »Wenn das so ist, warum sind wir dann in diesem Bunker, und wem gehören die Bomben, die da draußen fallen[55]?«

Die deutsche Niederschrift endet mit den Worten: »Herr Molotow müsse feststellen, daß die großen Fragen von morgen nicht getrennt werden könnten von den heutigen und von der Erfüllung der bestehenden Abkommen. Die angefangenen Dinge müßten erst abgeschlossen sein, ehe man zu neuen Aufgaben schreite.«

Am 25. November, kaum vierzehn Tage nach Molotows Besuch in Berlin, sandte die Sowjetregierung eine offizielle Antwort, mit der sie Ribbentrops Vorschlag eines Viermächtepakts unter der Bedingung annahm, daß die Deutschen in eine Anzahl zusätzlicher Forderungen einwilligten. Zu diesen Forderungen zählten: unmittelbarer Rückzug der deutschen Truppen aus Finnland; Beistandspakt zwischen Rußland und Bulgarien, darin eingeschlossen die Gewährung eines Stützpunktes für russische Land- und Seestreitkräfte im Bereich der Meerenge; die Gewährung eines weiteren russischen Stützpunktes am Bosporus und den Dardanellen durch die Türkei, und Verzicht Japans auf seine Kohle- und Ölkonzessionen in Nordsachalin. Die Annahme dieser Forderungen vorausgesetzt, sei Rußland bereit, den Pakt zu unterschreiben und das Zentrum seiner Expansionsbestrebungen in das Gebiet südlich von Baku und Batum mit allgemeiner Richtung auf den Persischen Golf zu verlegen[56].

Trotz wiederholter Nachfragen aus Moskau und deutscher Versicherungen, daß die russische Note geprüft werde, sind die sowjetischen Gegenvorschläge niemals beantwortet worden. Hitlers Angebot war darauf angelegt, Rußlands Aufmerksamkeit von Europa abzulenken. Als aus Stalins Antwort dann klar wurde, daß Rußland darauf bestand, Osteuropa zu seiner Einflußsphäre zu rechnen, verlor Hitler jegliches Interesse an weiteren Verhandlungen. Wenn er vor Molotows Besuch noch irgendwelche Zweifel gehabt hatte, ob er den Befehl zur Vorbereitung der »Operation Barbarossa« geben sollte, so waren sie danach gänzlich überwunden.

Unmittelbar nach seiner Unterredung mit Molotow sprach Hitler mit Göring und sagte ihm, er habe die Absicht, Rußland im Frühjahr anzugreifen. Göring, der die Ansicht Raeders teilte, daß Deutschlands erstes Ziel die Vertreibung der Engländer aus dem Mittelmeer sein müsse, versuchte, Hitler von seiner Absicht abzubringen. Seine Beweisführung hinterließ aber keinen Eindruck bei Hitler.

Hitler bekräftigte seinen Entschluß, in Rußland einzudringen und so Deutschlands zukünftigen Lebensraum im Osten zu sichern, durch ein Argument, von dem er sich bald selbst überzeugte: daß nämlich Rußland den Krieg gegen Deutschland vorbereite. Die russischen Einwände gegen die deutsche Intervention in Finnland und auf dem Balkan mußten jetzt den Beweis hergeben, daß die Russen die Absicht hätten, Deutschland vom schwedischen Eisenerz und vom rumänischen Erdöl abzuschneiden. Von hier aus war es nur ein Schritt zu der Annahme, daß es zwischen Rußland und England zu einer Verständigung gekommen sei. Also drohte Deutschland wieder einmal die Einkreisung, und Hitler konnte den unschuldigen Mann spielen, der zur Selbstverteidigung gezwungen war. Mit diesem Vorwand rechtfertigte er sein Vorgehen in der Proklamation an das deutsche Volk, die bekanntgegeben wurde am Morgen des Angriffstages im Juni 1941; damit verteidigten sich auch immer wieder Hitlers Gefolgsleute vor dem Nürnberger Tribunal. Die beschlagnahmten deutschen Dokumente enthüllen dies als Lüge und belegen Schritt für Schritt die systematische Vorbereitung des Angriffs auf ein Volk, dessen Regierung bis zum letzten Tag darauf bedacht war, dem deutschen Diktator keinen Vorwand für einen Krieg zu liefern.

III

Die Geschichte der vorbereitenden Maßnahmen für die »Operation Barbarossa« wird durch Hitlers gleichzeitige Vorbereitung der Balkanoperation kompliziert, die ihm durch Mussolinis griechisches Abenteuer aufgezwungen wurde.

In einem Brief an Mussolini vom 20. November 1940 sagte Hitler dem Duce offen, daß er seinerzeit nach Florenz gekommen sei in der Hoffnung, ihn von seinem Angriff auf Griechenland abbringen zu können, und daß das italienische Vorgehen ernste Konsequenzen nach sich gezogen habe. Dadurch sei die Abneigung Bulgariens, Jugoslawiens, der Türkei und Vichy-Frankreichs, sich an Deutschland zu binden, verstärkt worden; die Beunruhigung der Russen wegen des Balkans und der Dardanellen habe sich verstärkt, während England die Gelegenheit gegeben worden sei, sich Stützpunkte in Griechenland zu sichern, von denen aus es Rumänien und Süditalien bombardieren könne.

Die Maßnahmen, die Hitler zur Behebung dieser Schwierigkeiten vorschlug, waren umfassend. Spanien müsse sofort in den Krieg eintreten und mit deutscher Hilfe Gibraltar nehmen sowie Nordwestafrika sichern. Rußland sei vom Balkan abzulenken und die Türkei zu bewegen, daß sie von ihrem Druck auf Bulgarien ablasse; Jugoslawien müsse für die Zusammenarbeit mit der Achse gegen Griechenland interessiert werden, Rumänien eine Vermehrung deutscher Streitkräfte akzeptieren. Außer diesen politischen Maßnahmen fordere Hitler verstärkte Luftangriffe auf die britische Flotte und ihre Stützpunkte im östlichen Mittelmeer, wobei die deutsche Luftwaffe der italienischen zur Seite stehen würde. Die deutschen Geschwader müßten jedoch bis spätestens 1. Mai zurückgeschickt werden. Die Landoperationen gegen Ägypten seien zunächst aufzugeben. In erster Linie hätten die militärischen Anstrengungen der Vertreibung der Engländer aus Thrazien zu gelten, doch würde die hierfür erforderliche deutsche Operation nicht vor März 1941 beginnen können.

Mussolinis Kommentar zu Hitlers Brief war kurz: »Er hat mir wahrhaftig auf die Finger geklopft.« In seiner Antwort nahm er jedoch Hitlers Vorschläge an.

Ciano, der Hitler einige Tage vorher auf dem Berghof gesprochen hatte, berichtete, Hitler sei wirklich ärgerlich über die durch Mussolinis Fehler geschaffene Situation. Seine Stimmung habe sich aber gebessert, als Ciano nichts dagegen einwandte, daß Jugoslawien — ein anderes Ziel von Mussolinis Ambitionen — durch Verhandlungen gewonnen werden solle.

Offensichtlich sah Hitler in einem Übereinkommen mit Jugoslawien den Schlüssel zur Klärung der Lage auf dem Balkan. Hierin täuschte er sich auch nicht, denn die unerwartete heroische Haltung der Jugoslawen Ende März 1941 trug mehr als alles andere dazu bei, seine Pläne über den Haufen zu werfen.

Als Ciano ihn am 20. November in Wien sah, war Hitler immer noch mit Jugoslawien beschäftigt. Zufrieden, daß der Duce jetzt einverstanden war, erklärte er: »Vom selben Wien habe ich einmal an Mussolini ein Telegramm geschickt, um ihm zu versichern, daß ich seine Hilfe am Tag des Anschlusses nie vergessen würde. Ich bestätige das heute und bin mit meiner ganzen Kraft an seiner Seite[57].« Als er das sagte, standen Tränen in seinen Augen; diesmal war sogar Ciano von dem theatralischen Heroismus des Führers peinlich berührt.

Unterdessen war Hitler davon in Anspruch genommen, die politischen Vorbedingungen für sein Eingreifen in Griechenland zu schaffen. Eine ganze Reihe von Balkanherrschern wurde nach Deutschland befohlen: am 17. November König Boris von Bulgarien, darauf der rumänische Diktator General Antonescu, und Ende des Monats der jugoslawische Außenminister Cincar-Markovic. Am 5. Dezember schrieb Hitler wiederum an Mussolini. Jugoslawien und Bulgarien seien schwierige Fälle — das letztere stehe unter russischem Druck —, aber er habe alle Hoffnung, sie zu gewinnen. Mussolini war durch den zuversichtlichen Ton des Briefes sehr erleichtert.

Zu Mussolinis Unglück war die faschistische Unzulänglichkeit noch nicht in vollem Umfang zutage getreten. Am 7. Dezember suchte der soeben aus Rom zurückgekehrte italienische Botschafter Ribbentrop auf und bat um sofortige Hilfe, um die Situation in Albanien zu retten, wo die Italiener in Gefahr waren, völlig aufgerieben zu werden. Als am nächsten Tag Hitler den Botschafter empfing und um eine baldige Unterredung mit dem Duce bat, kniff Mussolini. Seine Schwierigkeiten sollten sich jedoch noch vermehren; die Schlacht bei Sidi-Barrani, die am 9. Dezember begann, endete mit dem Zusammenbruch des italienischen Angriffs auf Ägypten und dem überstürzten Rückzug von Grazianis Streitkräften durch die Libysche Wüste.

Hitler verlor in dieser Krise nicht den Kopf. Er dachte nicht daran, sich von seinen Hauptzielen abbringen zu lassen. Zwischen dem 10. und 19. Dezember erließ er eine Reihe von Weisungen, die nicht nur darauf abzielten, seinem versagenden italienischen Verbündeten unter die Arme zu greifen, sondern auch seine weitreichenden Pläne durchzuführen. Keineswegs abgeschreckt durch die Rückschläge in Albanien und Nordafrika, wählte er diesen Augenblick, um seine erste große Weisung für die innerhalb von sechs Monaten zu erfolgende Invasion Rußlands auszuarbeiten.

Am 10. Dezember beorderte Hitler Einheiten der deutschen Luftwaffe nach Süditalien, von wo aus sie Alexandrien, den Suezkanal und die Meerenge zwischen Sizilien und Afrika angreifen sollten. Auch seien Vorbereitungen für die Entsendung einer Panzerdivision nach Libyen zu treffen.

Am 13. Dezember erging die Weisung Nr. 20 für den Einmarsch in Griechenland (»Operation Marita«). Danach sollte eine deutsche Kräftegruppe in Rumänien aufgestellt, sofort nach Eintreten günstiger Witterung durch Bulgarien geschleust und zur Besetzung der thrazischen Küste Griechenlands angesetzt werden. Es waren im Höchstfall 24 Divisionen vorgesehen, die, sobald die Operation durchgeführt sei, zu neuer Verwendung bereitstehen sollten. In erster Linie sei zu verhindern, daß Rumänien und Italien von englischen Luftstützpunkten in Thrazien aus bombardiert würden, aber notfalls sei die Operation auf die Besetzung ganz Griechenlands auszudehnen.

Am 18. Dezember unterschrieb Hitler die Weisung Nr. 21 für das Unternehmen »Barbarossa«:

»Die deutsche Wehrmacht muß darauf vorbereitet sein, auch vor Beendigung des Krieges gegen England Sowjetrußland in einem schnellen Feldzug niederzuwerfen (Fall Barbarossa). Das Heer wird hierzu alle verfügbaren Verbände einzusetzen haben mit der Einschränkung, daß die besetzten Gebiete gegen Überraschungen gesichert sein müssen ... Vorbereitungen, die eine längere Anlaufzeit benötigen, sind — soweit noch nicht geschehen — schon jetzt in Angriff zu nehmen und bis zum 15. Mai 1941 abzuschließen ... Das Endziel der Operation ist die Abschirmung gegen das asiatische Rußland aus der allgemeinen Linie Wolga—Archangelsk[58].«

Die neue Weisung, die die Richtlinien für den deutschen Vormarsch festlegte, machte auch deutlich, daß man von Anfang an mit der aktiven Mitarbeit der Finnen, Ungarn und Rumänen rechnete. Im selben Monat Dezember fanden sich der finnische Generalstabschef und der ungarische Kriegminister in Deutschland ein. General Antonescu, der Hitler bereits im November besucht hatte, kam im Januar 1941 ein zweites Mal nach Berchtesgaden.

Am 19. Dezember schließlich sprach Hitler mit dem italienischen Botschafter und versprach Italien verstärkte wirtschaftliche Hilfe unter der Bedingung, daß deutsche Wirtschaftsberater nach Italien gingen. Dafür sollten mehr italienische Arbeiter nach Deutschland kommen. Das war ein weiterer Schritt, um Italien zu einem deutschen Satellitenstaat herabzuwürdigen.

Nachdem diese Maßnahmen eingeleitet waren, glaubte Hitler zuversichtlich, der Krise Herr werden zu können und am 15. Mai, dem für den Abschluß der Vorbereitungen festgesetzten Termin, für den Angriff auf Rußland gerüstet zu sein. Mussolini gegenüber verschwieg er diese Absicht, aber der Brief, den er dem Duce am letzten Tag des Jahres 1940 schrieb, war in herzlichem Ton gehalten und enthielt keine Anspielung auf die Vorwürfe, die er dem unglücklichen italienischen Botschafter Anfang des Monats gemacht hatte.

»Duce!
Vor Jahresende fühle ich das Bedürfnis, Ihnen von ganzem Herzen meine guten Wünsche für das kommende Jahr zu übermitteln. Ich fühle mich um so mehr gedrängt, Sie meiner Freundschaft zu versichern, da ich mir denken kann, daß Sie durch die letzten Ereignisse vielleicht die Unterstützung einer Menge an sich unwichtiger Leute verloren haben, deren Haltung Sie aber um so empfänglicher für die echte Kameradschaft eines Mannes machen wird, der sich Ihnen in guten und in schlechten Zeiten, in Glück und Unglück verbunden fühlt[59].«

Nach dieser nicht allzu glücklichen Einleitung tat Hitler alles, um Mussolini zu ermutigen und ihn seiner eigenen unerschütterlichen Zuversicht zu versichern. Zum Schluß bot er sich an, dem Duce jederzeit für ein Treffen zur Verfügung zu stehen.

Zu Beginn des neuen Jahres wurden die Chefs der drei Wehrmachtsteile auf den Berghof bestellt, wo zwei Tage lang, vom 8. bis 9. Januar, ein Kriegsrat abgehalten wurde. Hitler prüfte, was für Italien getan werden könnte, und befahl diesmal die Bereitstellung von 2½ Divisionen zur Unterstützung der Italiener in Albanien. Sie sind niemals eingesetzt worden, aber in Anbetracht der begrenzten Möglichkeiten zeigt diese Maßnahme deutlich, wie sehr Hitler bemüht war, Mussolini zu helfen.

Im allgemeinen war Hitler immer noch zuversichtlich.

»Der Führer«, steht in der Niederschrift, »ist fest überzeugt, daß die Lage in Europa sich nicht mehr ungünstig für Deutschland entwickeln kann, auch wenn wir ganz Nordafrika verlieren sollten ... Die Engländer könnten den Krieg nur gewinnen, wenn sie uns auf dem Kontinent schlagen. Der Führer hält das für ausgeschlossen[60].«

England, schloß Hitler, kämpfe nur weiter, weil es auf ein Einschreiten Amerikas und Rußlands hoffe. Stalin nannte er einen »kaltblütigen Erpresser, der, wenn es darauf ankäme, jederzeit einen unterschriebenen Vertrag widerrufen würde«. Ein deutscher Sieg sei für Rußland untragbar geworden. Deshalb müsse es so schnell wie möglich in die Knie gezwungen werden[61].

Zehn Tage später kam Mussolini auf den Berghof zu Besuch. Er hatte die Reise mit äußerstem Widerstreben angetreten und in schlechtester Laune den Zug bestiegen. Die Demütigung von Libyen und Griechenland lastete noch auf ihn, und er bereitete sich auf ein gönnerhaftes Beileid der Deutschen vor. Zu seiner und Cianos Überraschung benahm Hitler sich taktvoll, und beide waren von der Herzlichkeit, mit der sie begrüßt wurden, beeindruckt. Als ihr Zug in den Bahnhof des Dorfes Puch einrollte, erwartete Hitler sie persönlich auf dem schneebedeckten Bahnsteig. Die Italiener wurden sofort ins Gebirge hinaufgefahren und verbrachten als Hitlers Gäste zwei Tage auf dem Berghof.

Hitlers Stimmung war, wie Mussolini feststellte, sehr antirussisch, und Ribbentrop wandte sich scharf gegen die unzeitgemäßen Versuche der Italiener, ihre Beziehungen zu Moskau zu verbessern. Am Montag dem 20. Januar, dem zweiten Tage ihres Aufenthaltes, hielt Hitler eine zweistündige Rede über sein bevorstehendes Eingreifen in Griechenland, wobei er mit seiner großen Kenntnis technischer Einzelheiten gewaltigen Eindruck auf die italienischen Militärs machte. Die Ausführungen des Führers umfaßten ganz Europa, Afrika und den Nahen Osten. An Hand der Landkarte seine Auffassungen mit lebhaften Gesten demonstrierend, erschien er seinem Auditorium als ein Meister der Strategie, der jede Möglichkeit vorausgesehen hatte und die Situation völlig beherrschte. Er sagte nichts von seiner Absicht, Rußland anzugreifen, machte aber aus seinem tiefen Mißtrauen gegen seinen nominellen Verbündeten kein Hehl.

»Wir haben zwar sehr günstige politische und wirtschaftliche Verträge mit Rußland, aber ich verlasse mich lieber auf meine Machtmittel ... Solange Stalin lebt, ist wohl keine Gefahr: er ist klug und vorsichtig. Aber wenn er nicht mehr da ist, können die Juden, die jetzt nur in der zweiten und dritten Garnitur vorhanden sind, wieder in die erste Garnitur vorrücken ... Die Russen suchen immer nach neuen Forderungen, die sie aus den Verträgen herauslesen ... Man muß also den Faktor Rußland immer im Auge behalten und sich abdecken mit Kraft und diplomatischem Geschick[62].«

Mussolini kehrte nicht nur erleichtert über diesen Empfang zurück, sondern auch — wie Ciano berichtet — in jener gehobenen Stimmung, die in ihm häufig ein Zusammentreffen mit Hitler hervorbrachte. Alfieri, der italienische Botschafter in Berlin, der Mussolini begleitet hatte, war sich dessen weniger sicher. Mussolini, meinte er, sei über die Abhängigkeit, in der er sich nun befand, tief verstimmt gewesen.

Wir erwähnten schon, daß Hitler seine Pläne für »Fall Barbarossa« in den Gesprächen mit Mussolini verheimlichte. Es ließ sich natürlich argumentieren, daß Italien 1941 keineswegs in der Lage war, irgendeinen Beitrag zu den bevorstehenden Operationen in Osteuropa zu leisten. Aber dieser Gesichtspunkt trifft bestimmt nicht auf Hitlers zweiten Partner im Dreimächtepakt zu, auf Japan, dessen Beziehungen zu Rußland seit dem Einmarsch der Japaner in die Mandschurei im Jahre 1931 gefährlich auf des Messers Schneide standen. Zehn Jahre lang hatten Rußland und Japan einander mit Argwohn und Feindseligkeit betrachtet. Und doch gab Hitler sich keine Mühe, Japan in den geplanten Krieg gegen Rußland hineinzuziehen; im Gegenteil, er tat alles, um es von den fernöstlichen Gebieten Rußlands nach Süden hin abzulenken.

Von Anfang an waren die Japaner sehr zurückhaltend in ihren Beziehungen zum Dritten Reich. Es hatte Ribbentrop viel Zeit gekostet, das Bündnis mit Japan zustande zu bringen, das er als eines seiner diplomatischen Meisterstücke ansah, und es war nur den deutschen Siegen im Jahre 1940 zu verdanken gewesen, daß die Japaner den Dreimächtepakt unterschrieben hatten. Im Februar 1941 lud Ribbentrop den japanischen Botschafter Oshima auf seinen Landsitz in Fuschl ein und führte mit ihm ein langes Gespräch über die künftige deutsch-japanische Zusammenarbeit. Daraufhin erließ Hitler am 5. März seinen grundlegenden Befehl Nr. 24, »Über Zusammenarbeit mit Japan«. Am Ende des Monats schließlich besuchte der japanische Außenminister Matsuoka Berlin und führte eine Reihe von Besprechungen mit Hitler und Ribbentrop. Aus den Niederschriften dieser Unterredungen läßt sich die Politik rekonstruieren, die Hitler seinem japanischen Verbündeten aufzwingen wollte.

Hitler wünschte, daß Japan so bald wie möglich in den Krieg eintrete, aber nicht gegen Rußland, sondern gegen England. Der Krieg in Europa, wurde Matsuoka von Hitler und Ribbentrop versichert, sei so gut wie beendet; es frage sich nur noch, wann England seine Niederlage eingestehen müsse. Ein Angriff der Japaner auf Singapur würde nicht nur entscheidend dazu beitragen, England von der Sinnlosigkeit einer Fortsetzung des Krieges zu überzeugen, sondern auch die Verwirklichung der japanischen Ambitionen in Ostasien zu einer Zeit näherbringen, in der die Umstände eine für Japan einzigartige günstige Kombination geschaffen hätten. »Nach menschlichem Ermessen«, sagte Hitler zu Matsuoka, »könne es für ein gemeinsames Vorgehen der Länder des Dreimächtepaktes keine bessere Bedingung geben, als die zur Zeit gegebene. Solch ein Augenblick käme niemals wieder. Er sei einzig in der Geschichte...[63]«

Hitler gab zu, daß Gefahren damit verbunden seien, tat sie aber als geringfügig ab. England habe alle Hände voll zu tun und befinde sich nicht in der Lage, seine Besitzungen in Asien zu verteidigen. Amerika sei noch nicht kriegsbereit, und ein Angriff auf Singapur würde die isolationistische Stimmung in den Vereinigten Staaten stärken. Sollte Amerika dennoch Japan angreifen, so würde das nur beweisen, daß es längst dazu entschlossen gewesen sei. In diesem Falle könne Japan sich auf Deutschlands Unterstützung verlassen. In bezug auf Rußland untersagte es Hitler Ribbentrop, seine Angriffsabsicht irgendwie zu erwähnen, erlaubte ihm aber, auf die deutschen Vorbereitungen im Osten anzuspielen und ausdrücklich zu versichern, daß Deutschland sofort Rußland angreifen würde, wenn es sich gegen Japan wende. »Der Führer sei überzeugt«, fügte Ribbentrop hinzu, »daß im Falle eines Krieges gegen die Sowjetunion eine Großmacht Rußland in wenigen Monaten nicht mehr existieren würde[64].«

In allen ihren Besprechungen betonten Hitler und Ribbentrop Matsuoka gegenüber nachdrücklich, wie wichtig ein Angriff auf Singapur zum frühestmöglichen Termin sei. »Japan hülfe der gemeinsamen Sache am besten«, erklärte Ribbentrop, »wenn es sich durch nichts von dem Unternehmen gegen Singapur ablenken ließe.« Er bat den japanischen Außenminister, Karten dieses britischen Stützpunktes zu besorgen, »so daß der Führer, der wohl als der größte Sachverständige der Jetztzeit in militärischen Fragen betrachtet werden müsse, Japan über die beste Methode des Angriffs auf Singapur beraten könnte[65].« Kurzum, Japan sollte im Fernen Osten die gleiche Rolle übernehmen, für die Hitler das Spanien Francos und das Italien Mussolinis vorgesehen hatte: die Eroberung Singapurs war die fernöstliche Version von der Einnahme Gibraltars und dem Marsch auf den Suezkanal.

Wäre es Hitler gelungen, seine Verbündeten zu überreden, auf seine Pläne einzugehen, so würde Englands Kraft bis zum Zerreißen angespannt worden sein. Diesmal versagte nicht seine Strategie, sondern seine Diplomatie. Zwischen der Niederlage Frankreichs und dem Angriff auf Rußland führte Hitler eine ganze Reihe diplomatischer Verhandlungen: es ist auffallend, daß in jedem Falle, wo er, wenn seinen Wünschen nicht entsprochen wurde, keine Gewaltanwendung androhen konnte, diese Verhandlungen fehlschlugen. Spanien, Italien, Vichy-Frankreich und jetzt Japan — sie alle zogen es vor, so oder so ihre eigenen Wege zu gehen. Sie wählten andere Pfade als die, die der Führer für sie auf der Landkarte abgesteckt hatte. Warum, ist nicht schwer zu erkennen. Hitlers anmaßende Art und seine völlige Unfähigkeit, mit jemand auf gleichem Fuß zusammenzuarbeiten, Ribbentrops Glaube, daß es die wirksamste diplomatische Methode sei, zu drängeln und möglicherweise zu drohen, rief in ihren Besuchern immer nur ein Gefühl der Erleichterung hervor, wenn die Besprechung zu Ende war. Wer allein die deutschen Niederschriften dieser Besprechungen durchliest, wundert sich nicht, daß sie fehlschlugen. Bei jeder Gelegenheit war es zu offenkundig, warum die Deutschen um etwas baten, zu offenkundig auch, wer den Nutzen davon haben sollte. Ciano ist fraglos kein unvoreingenommener Zeuge, aber er hatte recht, als er in sein Tagebuch schrieb: »Ich möchte hinzufügen, daß es meiner Meinung nach größtenteils die Schuld der Deutschen und ihrer Ungeschicklichkeit im Umgang mit lateinischen Völkern ist, wenn sich Spanien distanziert hat[66].«

Zur Grobheit der Deutschen gesellte sich noch die Falschheit. Hitler und Ribbentrop hintergingen ihre Verbündeten auch dann, wenn es nicht nötig war. Nichts hat Mussolini so sehr geärgert wie die Tatsache, daß seine Verbündeten ihn erst anlogen und dann noch überrumpelten. Wenn Mussolinis Einmarsch in Griechenland auch ein Mißgriff war, für den die Nazis schließlich einen hohen Preis zu zahlen hatten, so mußte doch Hitler die Schuld bei sich selbst und in der Art und Weise suchen, wie er seinen Partner irregeführt und mit Rumänien übervorteilt hatte. Hitler bewies zwar Mussolini gegenüber eine überraschende Treue, aber sie ging niemals so weit, daß er ihm Vertrauen schenkte. Seine goldene politische Regel blieb: Traue niemand.

Es ist so auch nicht verwunderlich, daß Hitler seine Absicht, Rußland anzugreifen, vor dem japanischen Außenminister geheimhielt. Doch bleibt auffallend, daß er keine Anstrengung machte, sich die

Unterstützung der Japaner im Falle eines solchen Konflikts zu sichern. Statt dessen stellte er die Möglichkeit eines Zusammenstoßes zwischen Deutschland und Rußland als einen zusätzlichen Grund für Japan dar, sich nach Süden hin und von seiner gefährdeten Grenze mit der Sowjetunion abzuwenden. Das ist ein weiterer Beweis dafür, daß Hitler seiner Fähigkeit vertraute, Rußland ebenso zu erobern, wie er Frankreich erobert hatte, nämlich in einem einzigen Feldzug und ohne fremde Hilfe, die sich nach dem Siege als lästig erweisen konnte. Zunächst einmal hatte man Matsuoka so weit hinters Licht geführt, daß er Ribbentrops Andeutungen keine Beachtung schenkte. Das Ergebnis war, daß Matsuoka, als Deutschland drei Monate später Rußland angriff, gestürzt wurde, weil er die japanische Regierung nicht gewarnt hatte. Damit verlor Hitler seinen besten Verbündeten im Tokioer Kabinett, und die Japaner entschlossen sich umgehend, ihre eigenen Pläne zu verfolgen, ohne die Deutschen einzuweihen. Wie im Fall des italienischen Angriffs auf Griechenland hatten die Deutschen auch hier kein Recht, überrascht zu sein oder sich zu beklagen.

IV

Hitler war so sehr vom Krieg in Anspruch genommen, daß ihm immer weniger Zeit verblieb, in der Öffentlichkeit zu erscheinen, sofern es sich nicht um militärische Anlässe handelte. Während des ganzen Jahres 1940 hielt er nur sieben Reden von einiger Bedeutung. In den folgenden Jahren waren es noch weniger, eine bemerkenswerte Tatsache, wenn man sich vor Augen hält, welch große Rolle Hitlers Redegabe in der Geschichte der Vorkriegsjahre gespielt hat.

Im Winter 1940/41 nahm Hitler noch die üblichen Gelegenheiten zu Ansprachen wahr: am 4. September Winterhilfswerk, am 8. November Jahrestag des Münchner Putsches, am 30. Januar Jahrestag der Machtübernahme, am 24. Februar Jahrestag seiner ersten großen Münchner Rede, am 16. März Heldengedenktag. Außerhalb dieser feststehenden Termine hielt er nur eine einzige große Rede: am 10. Dezember in dem Berliner Rüstungswerk Rheinmetall-Borsig.

Sowohl Ort wie Jahreszeit deuten darauf hin, daß Hitler mit dieser Rede das Ziel verfolgte, der pessimistischen Stimmung entgegenzutreten, die von Ciano und anderen Beobachtern in Berlin während des Frühherbstes bemerkt worden war und die sich mit Beginn des zweiten Kriegswinters ausbreitete, da das im Sommer allgemein erwartete Ende immer noch nicht in Aussicht stand. Diese Ansprache zeigt Hitler ganz als den alten Meister der Agitation; sie ist ein Gegenstück zu der berühmten Rede, die er im Januar 1932 vor dem Industrieklub in Düsseldorf gehalten hat[67]. So wie er damals darauf bedacht gewesen war, ein Auditorium von Industriellen und Wirtschaftlern zu überzeugen, so war auch jetzt jeder Satz sorgfältig auf das Arbeiterpublikum einer Großstadt abgestimmt, die einmal die Hochburg der deutschen marxistischen Parteien gewesen ist.

Hitler entwarf ein Bild von Deutschlands Feinden nach den Begriffen des internationalen Klassenkampfes. England und Amerika seien reiche Nationen, von Kapitalisten beherrschte Länder, in welchen trotz allen Wohlstands die Zahl der Arbeitslosen in die Millionen gehe; Länder, in denen die Arbeiterklasse schamlos ausgebeutet und der Profit höher gewertet werde als die Arbeit. Diese beiden Welten stünden jetzt einander gegenüber. Denn auf der einen Seite befinde sich ein nationalsozialistisches Deutschland, in dem die Arbeitslosigkeit überwunden sei und in dem nicht das Geld, sondern die Arbeit den höchsten Wert darstelle. »Heute existiert nur eine Frage bei uns: Wo ist die Arbeitskraft?« — so vollständig sei das Problem der Arbeitslosigkeit gelöst worden. In Deutschland sei das Wirtschaftssystem den Bedürfnissen des Volkes untergeordnet; Dividenden und Direktorengehälter seien begrenzt worden; und im politischen Leben und in der neuen deutschen Wehrmacht gebe es keine sozialen Vorurteile mehr.

»Wenn schon in diesem Kriege die Signale so gestellt sind, daß hier Gold gegen Arbeit, Kapital gegen Völker und Reaktion gegen den Fortschritt der Menschheit kämpfen, dann werden die Arbeit, die Völker und dann wird der Fortschritt siegen... Auch die ganze jüdische Unterstützung wird ihnen dabei nichts helfen...«

Dennoch, erklärte Hitler, habe er weder die Aufrüstung noch den Krieg gewollt.

»Was bin ich vor dem Weltkrieg gewesen? Ein unbekannter namenloser Mensch. Was war ich im Kriege? Ein kleiner, ganz gewöhnlicher Soldat. Ich habe keine Verantwortung am Weltkrieg gehabt. Wer sind aber die Leute, die heute in England führen? Es sind dieselben Leute, die bereits vor dem Weltkrieg die Hetze betrieben hatten, derselbe Churchill, der im Weltkrieg schon der gemeinste Kriegshetzer war...

Wenn wir diesen Krieg gewonnen haben, so haben ihn nicht gewonnen ein paar Industrielle oder Millionäre oder ein paar Kapitalisten oder ein paar Adlige oder — ich weiß nicht — Bürgerliche oder irgend jemand. Meine Arbeiter! Sie müssen in mir den Garanten sehen. Ich bin aus dem Volk hervorgegangen. Für dieses deutsche Volk habe ich zeit meines Lebens gekämpft...

Wenn dieser Krieg einmal abgeschlossen sein wird, dann soll in Deutschland ein großes Schaffen beginnen. Dann wird ein großes

›Wacht auf!‹ durch die deutschen Lande ertönen. Dann wird das deutsche Volk die Fabrikation der Kanonen einstellen und wird dann beginnen mit den Werken des Friedens und der neuen Aufbauarbeit für die Millionenmassen. Dann werden wir erst der Welt zeigen, was in Wirklichkeit der Herr ist und wer der Herr ist: Kapital oder Arbeit. Und dann wird aus dieser Arbeit jenes große Deutsche Reich erstehen, von dem einst ein Dichter träumte ... Wenn mir aber einer sagt: ›Das ist eine Zukunftsphantasie, eine Hoffnung‹ — meine Volksgenossen — als ich im Jahre 1919 meinen Weg begann, als unbekannter, namenloser Soldat, da habe ich die größte Zukunftshoffnung mit der größten Phantasie mir aufstellen müssen. Sie ist verwirklicht[68].«

Das Thema nationalsozialistisches Deutschland gegen kapitalistische Plutokratien hatte Hitler bereits mit seiner Winterhilfsrede im September angeschnitten. In dieser Rede versprach Hitler dem deutschen Volk Vergeltungsmaßnahmen für die Luftangriffe, mit denen, wie er erklärte, die Engländer angefangen hätten. Mit kreischender Stimme schrie er:

»Und wenn die britische Luftwaffe zwei- oder drei- oder viertausend Kilogramm Bomben wirft, dann werfen wir jetzt in einer Nacht 150000, 180000, 230000, 300000, 400000 und mehr Kilo. Wenn sie erklären, sie werden unsere Städte in großem Ausmaß angreifen — wir werden ihre Städte ausradieren ... Es wird die Stunde kommen, da einer von uns beiden bricht, und das wird nicht das nationalsozialistische Deutschland sein[69].«

An dieser Stelle, berichtet Shirer, mußte Hitler unterbrechen, weil seine Zuhörer, hauptsächlich Krankenschwestern und in der Sozialarbeit Tätige, ihm hysterisch applaudierten.

»Aber was auch kommen mag, England wird niederbrechen. So oder so! Ich kenne keinen anderen Termin als diesen allein! ... Und wenn man in England heute sehr neugierig ist und fragt: ›Ja, warum kommt er denn nicht?‹ — beruhigt euch, er kommt[70]!«

Seine letzte große Rede im Winter hielt Hitler im Berliner Sportpalast, auf dem Schauplatz so vieler Nazitriumphe in den Jahren 1931 und 1932. Sie galt dem achten Jahrestag der Machtübernahme. Es war eine Rede, die durch und durch kennzeichnend war für jene seltsame Haßliebe, die in Hitlers Haltung den Engländern gegenüber so oft zutage trat.

Unter der Maske von Freiheit und Demokratie, erklärte er, hätten die Engländer in ihrem Weltreich ein Unterdrückungs- und Ausbeutungssystem sondergleichen geschaffen. Mit dem Schlagwort vom »Gleichgewicht der Kräfte« hätten sie Europa gespalten und einen Staat gegen den anderen ausgespielt. Der Aufstieg des geeinten Deutschlands habe dem englischen Spiel ein Ende gesetzt, und nach dem Rückschlag von 1918 sei ein neues und noch stärkeres Deutschland erstanden, um den Engländern entgegenzutreten.

»Oder bildeten sich die Engländer vielleicht wirklich ein, daß ich England gegenüber einen Minderwertigkeitskomplex hätte ... Sie haben uns damals durch ihren Schwindel und durch eine Lüge betrogen! Aber die britischen Soldaten haben uns nicht niedergerungen! ... Damals hatten sie etwas gegen das kaiserliche Deutschland, jetzt gegen das nationalsozialistische Deutschland. In Wirklichkeit also gegen das jeweilige Deutschland!«

Gleich darauf aber sagte Hitler:
»Und England? Ich habe ihm meine Hand hingehalten, noch und noch! Es war geradezu mein Programmpunkt, mit dem englischen Volk zu einer Verständigung zu kommen ... Wir haben nichts von ihnen gefordert, haben nichts verlangt. Immer gab ich ihnen wieder die Hand, und trotzdem, es war immer vergeblich ...
Aber selbst im Kriege war noch die Möglichkeit einer Verständigung gegeben. Ich habe sofort nach dem Polenkrieg wieder die Hand gereicht. Ich habe nichts verlangt, weder von Frankreich noch von England. Es war umsonst. Ich habe dann sofort nach dem Zusammenbruch im Westen wieder England die Hand hingestreckt. Es hat mich nur ein Gegeifer und ein Geschrei empfangen. Sie spuckten förmlich auf mich los ... Wir sind in einem Krieg, den wir nicht gewollt haben. Im Gegenteil! Öfter als ich kann man dem anderen die Hand nicht hinhalten! Wenn sie aber den Kampf wollen und das Ziel haben, die deutsche Nation auszurotten, dann werden sie ihr blaues Wunder erleben.«

Am Schluß seiner Rede wiederholte Hitler noch einmal den Vergleich zwischen den beiden Welten und kam schließlich auf das älteste Thema seiner Reden zurück, auf die Juden.

»Das Jahr 1941 wird, dessen bin ich überzeugt, das geschichtliche Jahr einer großen Neuordnung Europas sein! Das Programm kann kein anderes sein als Erschließung der Welt für alle, Brechung der Vorrechte einzelner, Brechung der Tyrannei gewisser Völker und ihrer finanziellen Machthaber. Und endlich wird dieses Jahr mithelfen, die Grundlagen für eine wirkliche Völkerverständigung zu sichern! Wenn die andere Welt von den Juden befreit sein wird, dann wird das gesamte Judentum seine Rolle in Europa ausgespielt haben ... Und ich hoffe, daß auch diejenigen Völker, die heute noch in Feindschaft gegen uns stehen, eines Tages ihren größeren inneren Feind erkennen werden und daß sie dann noch in eine Front mit uns eintreten werden: die Front gegen die internationale jüdische Ausbeutung und Völkerverderbung[71]!«

Es war ein authentischer Ausbruch des alten Hitler, des primitiven, antisemitischen, antikapitalistischen Agitators der zwanziger Jahre in München.

Indessen verließ sich Hitler jetzt mehr auf seine militärischen als auf seine politischen Gaben. Im Frühjahr 1941 wartete er begierig auf den Augenblick, in dem er wieder einmal den Befehl zum Vormarsch geben konnte: Auf Rußland. Dies war der größte seiner Pläne, als dessen Vorbedingung er nun die Vertreibung der Engländer aus Griechenland und den Balkangebieten ansah.

Zwischen Deutschland und Griechenland lagen vier Länder — Ungarn, Rumänien, Jugoslawien und Bulgarien —, deren Einwilligung man sich erst versichern mußte, ehe Hitler zur griechischen Grenze vorstoßen konnte. Ungarn und Rumänien hatten sich bereits mit dem Status deutscher Satellitenstaaten abgefunden; während der Wintermonate waren ständig deutsche Truppentransporte durch Ungarn nach Rumänien geschleust und in Rumänien eine Kräftegruppe von annähernd 700000 Mann aufgestellt worden. In Bulgarien hatte sich zwischen Deutschen und Russen eine heftige Rauferei um den Einfluß entwickelt. Die Deutschen behielten dabei die Oberhand, und in der Nacht des 28. Februar überschritten deutsche Kräfte von Rumänien aus die Donau und besetzten die Schlüsselstellungen im ganzen Land. Am nächsten Tag trat Bulgarien dem Dreimächtepakt bei.

Der Fall Jugoslawien erwies sich als schwieriger. Da Hitler dies einsah, bat er nicht um den Durchlaß deutscher Truppen, sondern bedrängte die jugoslawische Regierung, dem Dreimächtepakt beizutreten. Mitte Februar kamen der Ministerpräsident und der Außenminister Jugoslawiens nach Berchtesgaden, und am 4. bis 5. März besuchte auch Prinzregent Paul heimlich den Führer. Zur Bestechung bot Hitler Saloniki an, und das wurde akzeptiert. Am 25. März unterzeichnete der jugoslawische Ministerpräsident Cvetkovic den Wiener Pakt[72]. Ciano, der zu diesem Zweck nach Wien gekommen war, fand Hitler in bester Verfassung. Jugoslawiens Beitritt zur Achse hatte das militärische Problem sehr vereinfacht. Günstige Witterung vorausgesetzt, sagte er zu Ciano, könne die Entscheidung in Griechenland nach wenigen Tagen fallen. Winston Churchills scharfen Augen entging nicht die von britischen Agenten gemeldete Tatsache, daß unmittelbar nach der Verständigung mit Jugoslawien drei der fünf deutschen Panzerdivisionen, die durch Rumänien nach Süden unterwegs waren, nach Norden umdirigiert wurden, und zwar nach Krakau.

Hitlers Genugtuung war jedoch verfrüht. In der Nacht vom 26. zum 27. März rebellierte eine Gruppe jugoslawischer Offiziere gegen den Beitritt ihrer Regierung zum Dreimächtepakt und führte im Namen des jungen Königs Peter II. in Belgrad einen Staatsstreich durch.

Der Belgrader *coup* brachte die deutschen Berechnungen durcheinander. Aber was Hitler so wütend machte, war die Tatsache, daß eine unverschämte Nation es gewagt hatte, ihm in die Quere zu kommen.

Ein eilig in die Reichskanzlei einberufener Kriegsrat hörte sich die Entscheidung des Führers an, während man den japanischen Außenminister Matsuoka in einem Nebenzimmer warten ließ. Hitler nahm sich nicht die Zeit, die durch die Belgrader Vorgänge eingetretene Veränderung kühl abzuwägen. Entschlossen, diejenigen zu vernichten, die es gewagt hatten, seine Pläne zu durchkreuzen, schob er kurzerhand den Angriff auf Rußland um vier Wochen hinaus; er wäre bereit gewesen, alles zu opfern, um seine Rachegelüste zu befriedigen.

»Führer ist entschlossen«, so lautet der offizielle Konferenzbericht, »ohne mögliche Loyalitätserklärungen der neuen Regierung abzuwarten, alle Vorbereitungen zu treffen, um Jugoslawien militärisch und als Staatsgebilde zu zerschlagen[73].«

Es war eine schwerwiegende Entscheidung, der Bestrafung Jugoslawiens wegen den Angriff auf Rußland zu verschieben, aber Hitler traf sie ohne zu zögern, so wild war sein Zorn. Niemals ist ein grelleres Licht auf das Wesen dieses Mannes gefallen. In dem brutalen Ton seiner Befehle spiegelt sich seine Gemütsverfassung wider. Er gab sich nicht damit zufrieden, seine Pläne gegen jegliche Bedrohung seitens Jugoslawiens abzuschirmen, sondern versteifte sich darauf, den ganzen Staat zu zerstören und aufzuteilen. Der Schlag, beharrte er, sei mit »erbarmungsloser Härte« zu führen.

Die militärischen Vorbereitungen für diesen neuen und unerwarteten Feldzug mußten improvisiert werden, aber Hitler erteilte noch am selben Tag seine Weisung. Sie enthielt wieder den Satz: »Jugoslawien muß auch dann, wenn es zunächst Loyalitätserklärungen abgibt, als Feind betrachtet und daher so rasch wie möglich zerschlagen werden[74].« General Jodl verbrachte zur Ausarbeitung der Pläne den Rest des Tages und den größten Teil der Nacht in der Reichskanzlei und konnte um 4 Uhr früh (28. März) dem Verbindungsoffizier zum italienischen Generalstab ein Memorandum über die gemeinsam zu ergreifenden Maßnahmen geben. Am Abend des 27. hatte Hitler bereits an Mussolini geschrieben und ihn gebeten, die Operationen in Albanien für die nächsten Tage einzustellen und die wichtigsten Grenzübergänge von Jugoslawien nach Albanien zu decken. Mussolinis Zusage traf in den ersten Stunden des 28. ein. Gleichzeitig gingen kategorische Botschaften nach Ungarn und Bulgarien, und General Paulus eilte nach Budapest, um die militärischen Maßnahmen der Satellitenstreitkräfte gegen das isolierte Jugoslawien zu koordinieren. Hitlers politische Maßnahmen zielten nicht nur darauf ab, den Haß und die Beutegier der Nachbarn Jugoslawiens anzustacheln, sondern auch den jugoslawischen Staat von innen her zu sprengen. Er rief die Kroaten auf, deren Groll gegen die Belgrader Regierung schon lange von Naziagenten genährt worden war.

Am 5. April, zehn Tage nach Eintreffen der Nachrichten von dem Staatsstreich, hatte Hitler seine Vorbereitungen abgeschlossen. Im Morgengrauen des 6., während deutsche Bodenstreitkräfte über die Grenze vorstießen, flogen deutsche Bombengeschwader Belgrad an und zerstörten in einer volle drei Tage dauernden Operation methodisch die jugoslawische Hauptstadt. Ohne eine Abwehr fürchten zu müssen, überflogen die deutschen Piloten die Stadt in niedrigster Höhe und bombardierten sie systematisch. In einem Angriff, dem der Name »Operation Bestrafung« gegeben worden war, wurden mehr als 17 000 Menschen getötet.

Gleichzeitig begannen andere deutsche Divisionen von Bulgarien her in Griechenland einzumarschieren. Beide, mit überwältigender Kraft unternommenen, Operationen führten sehr rasch zum Erfolg. Am 17. April war die jugoslawische Armee zur Kapitulation gezwungen; sechs Tage später folgten die Griechen, nachdem sie gegen die Italiener sechs Monate lang heroischen Widerstand geleistet hatten. Am 22. April begannen die englischen Truppen, die kaum zwei Monate vorher in Griechenland gelandet waren, mit der Räumung. Am 27. rollten die deutschen Panzer in Athen ein, und am 4. erstattete Hitler vor dem jubelnden Reichstag seinen Bericht. So hatte der Balkankrieg, den Mussolini begonnen hatte, um seine Unabhängigkeit zu behaupten, mit einem deutschen Sieg geendet, der den italienischen Achsenpartner völlig in den Schatten stellte. Für den Duce, der durch seine Mißgriffe gezwungen worden war, die Deutschen um Hilfe zu bitten, war es eine unausgesprochene öffentliche Demütigung.

In seiner Reichstagsrede tat Hitler alles, um diese unangenehme Tatsache zu bagatellisieren:

»Ich muß hier ausdrücklich feststellen, daß sich dies nicht gegen Griechenland richtete. Der Duce hat mich nie darum gebeten, ihm für diesen Fall auch nur eine deutsche Division zur Verfügung zu stellen ... Es handelte sich also beim Aufmarsch der deutschen

Kräfte nicht um eine Hilfe für Italien gegen Griechenland, sondern um eine vorbeugende Maßnahme gegen den britischen Versuch, gedeckt im Getöse des italienisch-griechischen Krieges, sich auf dem Balkan insgeheim einzunisten[75].«

Hitler erklärte — mit einiger Berechtigung —, daß er den Balkankrieg niemals gewollt habe. Er schob die Schuld den Engländern zu, die versucht hätten, Jugoslawien und Griechenland genauso zu benutzen wie seinerzeit Polen und Norwegen. In einem Satz allein verriet er seine wahren Empfindungen:

»Sie, meine Abgeordneten, werden verstehen, daß ich nach der Meldung vom Belgrader Staatsstreich aber sofort den Befehl zum Angriff gab. Denn es ist unmöglich, daß man in dieser Weise mit dem Deutschen Reich verfährt.«

Das wahre Verhältnis zwischen Berlin und Rom enthüllte sich jedoch bei der Teilung Jugoslawiens. Die neuen Grenzen wurden vom Führer in einer Weisung vom 13. April festgesetzt. Ciano erfuhr erst am 21. April, als er nach Wien gerufen wurde, wie groß der italienische Anteil sein sollte. Jugoslawien war als Staat von der Landkarte gestrichen, sein Gebiet wurde unter die Eroberer aufgeteilt. Aber die italienischen Ansprüche waren nicht stärker als die der anderen Satelliten berücksichtigt worden. Notgedrungen mußte der Duce Hitlers einseitige Entscheidung annehmen.

Italiens Abhängigkeit von Deutschland erhielt weiteren Nachdruck durch den Verlauf der Ereignisse in Nordafrika. Dort mußten infolge des italienischen Unvermögens, den englischen Vormarsch aufzuhalten, am 5. Januar Bardia und am 6. Februar Benghasi aufgegeben werden. Die Engländer eroberten die ganze Cyrenaica. In einer Besprechung mit seinen Generalen am 3. Februar bagatellisierte Hitler die militärische Gefahr eines Verlustes von Nordafrika, zeigte sich aber besorgt über die Auswirkungen auf Italien.

»England«, bemerkte er, »kann Italien die Pistole auf die Brust setzen, entweder Frieden zu schließen und alles zu behalten, oder nach dem Verlust Nordafrikas nunmehr bombardiert zu werden ... Es muß unser Bestreben sein, dies zu verhindern. Italien muß gestützt werden. Wir tun dies schon durch Marita. Wir müssen aber auch versuchen, in Nordafrika wirksam zu helfen[76].«

Die von Hitler zu diesem Zweck befohlenen Schritte erwiesen sich in Afrika als ebenso erfolgreich wie in Griechenland — von Hitlers Standpunkt aus fast zu erfolgreich. Da er erkannte, daß die Luftunterstützung nicht mehr länger ausreichte, stimmte er widerstrebend zu, eine Panzerdivision vom Balkan abzuziehen und nach Nordafrika zu verlegen. Er versicherte sich Mussolinis Einverständnis zur Bildung eines einheitlichen Kommandos über alle im Wüstenkrieg eingesetzten motorisierten Verbände unter einem deutschen General. Für diesen Posten wählte Hitler Rommel, und Rommel bereitete nicht nur dem englischen, sondern auch dem deutschen Oberkommando eine Überraschung. Obwohl er den Befehl hatte, seine Pläne zum 20. April zur Begutachtung vorzulegen, eröffnete er bereits am 31. März den Angriff. Bis zum 12 .April hatte er die ganze Cyrenaika durchquert und das wenige Kilometer vor der ägyptischen Grenze liegende Bardia wiedererobert.

Tatsächlich hatte sich im Frühsommer 1941 die Lage im östlichen Mittelmeer so verändert, daß sie nicht wiederzuerkennen war. Die Engländer waren aus Griechenland hinausgeworfen und bis an die ägyptische Grenze zurückgedrängt worden. Im Irak führte der deutsch-freundliche Ministerpräsident Raschid Ali eine Revolte gegen die englische Garnison durch und bat Anfang Mai Hitler um deutsche Hilfe, wobei er als Ausgangspunkt das von Vichy-Frankreich verwaltete Syrien empfahl. Zwischen dem 20. und 27. Mai schließlich eroberten deutsche Fallschirmtruppen die Insel Kreta.

Da die geringen, für die Verteidigung Ägyptens, Palästinas und des Iraks verfügbaren englischen Kräfte weit auseinandergezogen waren, glaubte die deutsche Seekriegsleitung mit Rommel, es sei nur ein kräftiger Stoß erforderlich, um das ganze Gebäude des englischen Verteidigungssystems im Nahen Osten zum Einsturz zu bringen. Demzufolge erhob Raeder am 30. Mai wiederum die Forderung auf eine »entscheidende Ägypten-Suez-Offensive für den Herbst 1941, die«, wie er behauptete, »das britische Weltreich tödlicher treffen würde als die Einnahme Londons«. Eine Woche später legte die Seekriegsleitung Hitler ein Memorandum vor, in dem sie sich zwar mit dem Entschluß, Rußland anzugreifen, als unabänderliche Tatsache abfand, aber auch dringend darauf hinwies, daß dies »auf keinen Fall zu einer Aufgabe, Verminderung oder Verzögerung der Kampfführung im östlichen Mittelmeer führen darf«. Die Besorgnis, die im damaligen Telegrammwechsel zwischen Churchill und General Wavell zutage tritt, unterstützt nachträglich die Argumente der deutschen Seekriegsleitung. Kaum ein Viertel der für den Angriff auf Rußland konzentrierten Kräfte hätte, damals auf den Kriegsschauplatz im Mittelmeer verteilt, der britischen Herrschaft im Nahen Osten einen verhängnisvollen Stoß versetzen können.

Aber Hitler wollte die ihm gebotene Möglichkeit nicht sehen; seine Intuition versagte. Da er sich in den Kopf gesetzt hatte, Rußland anzugreifen, lehnte er es ab, im Mittelmeer etwas anderes als einen Nebenschauplatz zu sehen, den man mit Hilfe deutscher Truppen den

Italienern überlassen konnte. Vergebens bemühten sich Raeder und Rommel, seine Interessen auf den Süden zu lenken. Er war nicht zu bewegen. Er diktierte lieber, als daß er aus den Ereignissen Nutzen zog. Dies sollte sich als einer der verhängnisvollsten Fehler seiner Strategie erweisen.

Hitlers Entschluß stand seit Jahresbeginn fest. Am 15. Februar verkündete er, daß Operationen größeren Stils im Mittelmeer bis zum Herbst 1941, wenn Rußland besiegt sei, zurückgestellt werden müßten. Dann sei die Zeit gekommen, Malta zu nehmen und die Engländer im Mittelmeer auszuschalten — aber nicht früher. An diesem Entschluß war nicht zu rütteln. Hitler führte das im April noch einmal Ciano gegenüber in Münchenkirchen aus, und Göring bestätigte nach dem Kriege, daß in der Zeit der Besetzung Kretas »alles für den Einmarsch in Rußland vorbereitet wurde und niemand daran dachte, nach Afrika zu gehen[77]«. Kreta war der Abschluß der Balkanoperationen, nicht aber das Sprungbrett nach dem Suezkanal und dem Nahen Osten. Am 23. Mai gab Hitler den Befehl, Raschid Alis Revolte im Irak zu unterstützen, aber die Hilfe müsse sich auf eine Militärmission, einige deutsche Luftverbände und die Lieferung von Waffen beschränken. Die Weisung ließ keinen Zweifel über die strikten Beschränkungen, die eingehalten werden mußten:

> »Die *arabische Freiheitsbewegung* ist im Mittleren Orient unser natürlicher Bundesgenosse gegen England ... Ich habe mich daher entschlossen, die Entwicklung im Mittleren Orient durch Unterstützung des Irak vorwärts zu treiben. Ob und wie die englische Stellung zwischen Mittelmeer und Persischem Golf — in Zusammenhang mit einer Offensive gegen den Suezkanal — später endgültig zu Fall zu bringen ist, steht erst nach Barbarossa zur Entscheidung[78].«

Das Äußerste, was Raeder aus Hitler herausziehen konnte, war das Versprechen, größere Operationen im Mittelmeer und im Nahen Osten zu unternehmen, sobald Rußland besiegt sei. Hitler war sehr großzügig im Versprechen: Angriff auf Ägypten von Libyen aus, Vormarsch nach Kleinasien von Bulgarien her, Invasion Persiens von den noch zu erobernden Positionen in Transkaukasien aus. Aber in jedem Fall war die Bedingung, daß Rußland erst geschlagen sei.

V

Während dieser ganzen Zeit war die Aufstellung der deutschen Kräfte im Osten ständig weitergegangen. Am 3. Februar legte General

Halder dem Führer eine ausführliche Beurteilung der Lage durch das Heer vor. Der riesige Kräfteeinsatz und die Weite der Operationsräume regten seine Phantasie an. Nach Halders späterem Bericht versuchten Brauchitsch und er, ihre Zweifel geltend zu machen, wurden jedoch niedergeschrien. So kann es zwar gewesen sein, doch gibt es weder im Konferenzprotokoll noch in Halders Tagebuch einen Beleg dazu. Hitler war nicht in der Stimmung, auf Zweifel zu hören. Er beharrte darauf, daß die Russen daran gehindert werden müßten, sich wieder in die Tiefe ihres Landes zurückzuziehen. Alles war abhängig von der Einkreisung der russischen Hauptstreitkräfte möglichst nahe der Grenze. »Es kommt darauf an, größere Teile des Gegners zu vernichten, nicht zum Laufen zu bringen[79].« Die Teilnahme Finnlands, Rumäniens und Ungarns an der Operation sei zwar gesichert, doch könnten Abkommen, fügte er hinzu, mit Ausnahme von Rumänien erst in zwölfter Stunde getroffen werden, damit die Geheimhaltung garantiert bleibe. Nachdem er die Operationspläne für jede Heeresgruppe geprüft hatte, drückte Hitler seine Zufriedenheit aus. »Es sei daran erinnert«, erklärte er, »daß das Hauptziel ist, das Baltikum und Leningrad in die Hand zu bekommen... Wenn Barbarossa steigt, wird die Welt den Atem anhalten und sich still verhalten.« Unterdessen sollte, damit doppelt geblufft werde, die Konzentration deutscher Truppen im Osten als Täuschung dienen, um neuerliche deutsche Vorbereitungen für die Invasion Englands und den Angriff auf Griechenland zu tarnen.

Einen Monat später, Anfang März, hielt Hitler eine weitere militärische Besprechung ab, zu der er alle Oberbefehlshaber bestellte, die an der Aktion teilnehmen sollten. Hitler stellte den Einmarsch in Rußland als einen Schritt dar, der ihm durch Rußlands imperialistische Absichten im Baltikum und auf dem Balkan aufgezwungen worden sei. Ein russischer Angriff auf Deutschland sei mit Bestimmtheit zu erwarten, versicherte er, und man müßte ihm zuvorkommen. Zwischen Rußland und England bestehe sogar ein Geheimabkommen, und aus diesem Grunde hätten sich die Engländer geweigert, das deutsche Friedensangebot anzunehmen.

»Er sagte, daß der Kampf zwischen Rußland und Deutschland ein Kampf der Rassen sei. Er sagte, daß die Russen an der Haager Konvention unbeteiligt wären, und angesichts dessen müßten ihre Kriegsgefangenen nicht den Bestimmungen der Haager Konvention entsprechend behandelt werden... Weiter sagte er, daß unter Bezugnahme des politischen Niveaus der russischen Truppen... mit einem Wort, sagte er, daß die sogenannten Kommissare nicht als Kriegsgefangene anzusehen wären[80].«

Wenn man Halder glauben darf, sagte Hitler außerdem, daß die russischen Kommissare als Träger einer dem Nationalsozialismus feindlichen Ideologie zu liquidieren seien. Sicher ist, daß Halders Darstellung von Hitlers späteren Befehlen bestätigt wird. Laut Brauchitsch legte bei ihm nach der Besprechung eine Reihe von Generalen Protest ein; solche Art der Kriegführung dürfe man nicht dulden. Das Äußerste, was Brauchitsch glaubte riskieren zu können, war, daß er heimlich einen Instruktionsbefehl an die Offiziere erließ, strenge Disziplin zu wahren und Ausschreitungen zu bestrafen.

Noch aufgebrachter waren die Generale über die beabsichtigte Verwaltung der besetzten Ostgebiete. Eine besondere Weisung vom 13. März lautet: »Im Operationsgebiet des Heeres erhält der Reichsführer SS (Himmler) zur Vorbereitung der politischen Verwaltung Sonderaufgaben im Auftrage des Führers, die sich aus dem endgültig auszutragenden Kampf zweier entgegengesetzter politischer Systeme ergeben. Im Rahmen dieser Aufgaben handelt der Reichsführer SS selbständig und in eigener Verantwortung[81].« Während Himmler diese Aufgaben ausführte, sollten die besetzten Gebiete völlig von der Außenwelt abgeschirmt werden: Nicht einmal »die höchsten Persönlichkeiten der Regierung oder Partei« sollten Zutritt haben.

Wenn auch formell die Autorität des Oberbefehlshabers des Heeres nicht angetastet wurde, so bedeutete dies doch nichts anderes, als daß Himmler und seine SS freie Hand erhielten, alle Spuren des Sowjetsystems auszulöschen. In der Weisung war ebenfalls vorgesehen, daß zur politischen Verwaltung der besetzten Gebiete so bald wie möglich Reichskommissare eingesetzt werden sollten, die Hitler selber ernannte, und ferner, daß das eroberte Land unter Görings Leitung sofort wirtschaftlich auszubeuten sei. Auch der unpolitischste unter den deutschen Generalen dürfte kaum noch einen Zweifel gehabt haben, worauf das alles abzielte. Hitler traf also im voraus Maßnahmen, die sicherstellten, daß der rücksichtslosen Behandlung der besetzten Gebiete nach nationalsozialistischen Richtlinien weder die Skrupel noch der Konservatismus der Armeekommandeure im Wege standen.

Am 20. April ernannte Hitler Alfred Rosenberg, die schon halbvergessene Figur, die bei Hitlers Meinungsbildung über die deutsche Expansion im Osten eine so große Rolle gespielt hatte, zum Reichskommissar für den osteuropäischen Raum. Es war keine glückliche Wahl. Himmler, in seiner Eigenschaft als Reichsführer der SS-Elitekorps, beanspruchte für sich die Aufgabe, den Grundstein für die rassische Neuordnung im Osten zu legen, und dieser Anspruch war bereits in der genannten Weisung vom 13. März anerkannt worden. Auch Göring fühlte sich gekränkt durch Rosenbergs Ernennung; als

Bevollmächtigter des Vierjahresplans machte er für sich das Recht geltend, die wirtschaftliche Ausbeutung der Ostgebiete zu organisieren, um so Deutschlands gegenwärtigen und zukünftigen Bedarf an Lebensmitteln und Rohstoffen sicherzustellen. Auch dieser Anspruch war, trotz Rosenbergs Protest, von Hitler in einem Geheimerlaß vom 20. Mai bestätigt worden. Gegen zwei so mächtige Zimmerer des Reiches wie Himmler und Göring konnte sich Rosenberg nicht im geringsten durchsetzen. Und so herrschten im Osten von Anfang an Kompetenzstreitigkeiten zwischen Heer, Himmler, Göring und dem sogenannten Reichskommissar Rosenberg, die mit der Zeit immer schlimmer wurden.

Die Rücksichtslosigkeit, mit der die Deutschen die besetzten Ostgebiete behandelten, ergab sich nicht zufällig; sie war Teil eines methodischen Ausbeutungs- und Umsiedlungssystems, das im voraus geplant war und in voller Klarheit über seine Folgen angewandt wurde. Dies geht deutlich hervor aus den Richtlinien, die Görings Wirtschaftsstab Ost am 23. Mai 1941 herausgab und die die Zukunft der russischen Landwirtschaft betrafen. Von ausschlaggebender Bedeutung sei die Ausnutzung der landwirtschaftlichen Gebiete des Ostens zur Ergänzung der deutschen und europäischen Nahrungsmittelversorgung sowohl im wie auch nach dem Kriege. Damit werde eine der wirtschaftlichen Grundlagen für die Neuordnung Europas geschaffen. Mit welchen Methoden das erreicht werden sollte, wurde des längeren ausgeführt. Die Richtlinien befassen sich nämlich sodann mit den Folgen für die russische Industriebevölkerung:

»Die deutsche Verwaltung in diesem Gebiet kann wohl bestrebt sein, die Folgen der zweifellos eintretenden Hungersnot zu mildern und die Rückkehr zu primitiven Landwirtschaftsformen zu beschleunigen ... Die Hungersnot ist dadurch nicht zu bannen. Viele zehn Millionen von Menschen werden in diesem Gebiet überflüssig und werden sterben oder nach Sibirien auswandern müssen. Versuche, die Bevölkerung dort vor dem Hungertode dadurch zu retten, daß man aus der Schwarzerdezone Überschüsse heranzieht, können nur auf Kosten der Versorgung Europas gehen. Sie unterbinden die Durchhaltemöglichkeit Deutschlands im Kriege, sie unterbinden die Blockadefestigkeit Deutschlands und Europas. Darüber muß absolute Klarheit herrschen[82].«

Eine Aktennotiz, die den Inhalt einer Besprechung der Staatssekretäre über die Pläne für »Barbarossa« zusammenfaßt, beginnt in ähnlichem Stil: »Der Krieg ist nur weiterzuführen, wenn die gesamte Wehrmacht im 3. Kriegsjahr aus Rußland ernährt wird. Hierbei werden zweifellos ... zig Millionen Menschen verhungern, wenn von uns das für uns Notwendige aus dem Lande herausgeholt wird[83].«

Dies ist, wie man betonen muß, nicht eine Auslassung Hitlers spät in der Nacht auf dem Obersalzberg; dies ist die Übertragung jener düsteren Phantasien in die nüchterne Sprache von Richtlinien und amtlichen Denkschriften einer durch und durch organisierten Verwaltung, die völlig methodisch wirtschaftliche Operationen plante, deren Folge der Hungertod von Millionen Menschen sein mußte. Dicht daneben, in den Ämtern der Himmlerschen SS, wurden ebenso methodische Berechnungen aufgestellt, wie dieser Prozeß noch beschleunigt werden konnte durch die Anwendung von Gaskammern (darunter fahrbaren Gaswagen) zur Ausrottung der rassisch Minderwertigen.

Am 30. April, nachdem — von Kreta abgesehen — die Balkanoperationen abgeschlossen waren, setzte Hitler den 22. Juni als den neuen Termin für den Angriffsbeginn im Osten fest. Im Mai befanden sich die Panzerdivisionen, die Griechenland überrollt hatten, unterwegs nach dem Norden, um zu den in Polen konzentrierten deutschen Truppen zu stoßen. Eine unheimliche Stille senkte sich auf die Schlachtfronten nieder. Nach seiner Reichstagsrede vom 4. Mai kehrte Hitler zum Berghof zurück, und dort erhielt er die Nachricht von einem der seltsamsten Zwischenfälle des ganzen Krieges.

Am Samstag dem 10. Mai, 5.45 Uhr morgens, bestieg Rudolf Heß auf einem Flugplatz bei Augsburg eine Messerschmitt-Jagdmaschine und flog allein über die Nordsee nach Schottland. Er hatte die Absicht, den Duke of Hamilton aufzusuchen, einen aktiven Offizier der Royal Air Force, den er 1936 während der Olympischen Spiele in Berlin sehr flüchtig kennengelernt hatte. Er hoffte, durch den Herzog mit politischen Kreisen Londons Fühlung aufzunehmen und Friedensverhandlungen zwischen Großbritannien und Deutschland einleiten zu können. Heß war eine der höchsten Persönlichkeiten in der nationalsozialistischen Parteihierarchie, seit 1920 ein enger Freund Hitlers und der Mann, der ihm während der Haftzeit in Landsberg nach dem Putsch von 1923 half, den ersten Teil von »Mein Kampf« zu schreiben. 1933 wurde er zum Stellvertreter des Führers in allen Parteiangelegenheiten ernannt und war zur Zeit Reichsminister. Nicht gerade besonders befähigt, verdankte er seine wichtige Stellung in der Partei seiner hündischen Ergebenheit für Hitler, zu dessen intimem Kreis er jahrelang gehörte. Nicht nur ließ er sich mit ihm dauernd bei allen Parteiereignissen sehen, sondern war auch sein Echo. Er glaubte unerschütterlich an das Genie des Führers und nahm das nazistische Credo völlig ernst.

In den letzten Jahren jedoch, besonders seit Ausbruch des Krieges, war Heß in den Hintergrund getreten. Im Staat oder in der Wehrmacht hatte er kein wichtiges Amt inne, und die laufenden Parteigeschäfte gewannen Hitler kein Interesse mehr ab. Nicht nur, daß Hitler jetzt fast ganz von der Kriegführung in Anspruch genommen wurde, es war auch der wachsende Einfluß seines Stabsleiters (später Hitlers Sekretär) Bormann, durch den Heß seine Stellung untergraben sah. Die Folge war, daß er sich gekränkt und enttäuscht fühlte. Er suchte nach irgendeinem Mittel, nach irgendeinem Ergebenheitsbeweis, um damit seine Stellung wiederherzustellen und die Gunst des von ihm angebeteten Führers zurückzugewinnen. Überzeugt, daß er Hitler innerlich besser verstehe als einer der nach ihm Aufgestiegenen, beschloß er schon im Sommer 1940, nach England zu fliegen und durch einen dramatischen *coup* den Verhandlungsfrieden zustande zu bringen, der dem Führer bisher mißlungen war.

Tatsächlich war der Flug vom 10. Mai 1941 der vierte Versuch von Heß, seine Idee durchzuführen. Nachdem er in der Nähe von Eaglesham in Schottland mit dem Fallschirm abgesprungen und festgenommen worden war, gelang es ihm, mit dem Duke of Hamilton Verbindung aufzunehmen. Dieser leitete die seltsame Nachricht sofort an Churchill weiter. Heß' Ansichten waren geradezu naiv. Er hegte die Überzeugung, daß Hitler England schlagen werde, glaubte aber ebenso, daß es Hitler widerstrebe, das britische Weltreich zu zerstören, und er lieber zu einer Verständigung mit ihm komme. Infolgedessen schlug er vor, Verhandlungen einzuleiten und einen Frieden nach folgenden Richtlinien zu schließen: England solle Deutschland freie Hand in Europa lassen; dafür werde Deutschland die Integrität des britischen Weltreiches respektieren — natürlich nach Rückgabe der deutschen Kolonien. Heß ließ keinen Zweifel darüber, daß er Rußland nicht zu Europa rechnete, und fügte hinzu, daß Hitler gewisse Forderungen stelle, die Rußland zu erfüllen habe, jedoch sei an den Gerüchten über einen bevorstehenden deutschen Angriff auf Rußland nichts Wahres. Außer diesen Bedingungen nannte Heß noch eine andere: Hitler könne niemals mit der gegenwärtigen oder einer sonstigen englischen Regierung verhandeln, der Churchill angehöre; schließlich nannte er noch eine letzte Bedingung: England müsse gleichzeitig mit Italien Frieden schließen.

Damit war die Angelegenheit, soweit sie Heß und die Engländer betraf, erledigt. Nachdem man ihn über seine Absicht und seine Vorschläge verhört hatte, wurde er als Kriegsgefangener behandelt. Von englischer Seite wurden keine Verhandlungen erwogen oder gar aufgenommen; er blieb Gefangener bis zum Nürnberger Prozeß, in dem er zu lebenslänglicher Haft verurteilt wurde.

Für Hitler, der von Heß' Vorbereitungen nichts gewußt hatte, bedeutete die Nachricht einen schweren Schock. Wie Schmidt berichtet, war es, als habe eine Bombe auf dem Berghof eingeschlagen[84]. Er war zugleich zornig und verblüfft. Heß hatte einen langen, weitschweifigen Brief hinterlassen. Keitel schilderte später, wie Hitler in seinem Arbeitszimmer auf dem Berghof auf- und abgewandert sei, sich an die Stirn geschlagen und gesagt habe, Heß müsse verrückt geworden sein. Natürlich nahm Hitler Heß' Mission überhaupt nicht ernst; seine einzige Sorge war, die Nachricht von dem Flug so zu behandeln, daß sie für sein Regime so wenig blamabel wie möglich war. Die Tatsache, daß sein persönlicher Stellvertreter und ergebener Anhänger nach England geflogen war, konnte seinem Ansehen außerordentlich schaden; obwohl er zu der Annahme neigte, daß Heß völlig aufrichtig und höchstens in einem Anfall von Geistesgestörtheit gehandelt habe, entkleidete er ihn seiner Ämter, ernannte Martin Bormann zum stellvertretenden Führer der Partei und befahl, Heß sofort zu erschießen, wenn er nach Deutschland zurückkehre. Irgendeine Verschwörung konnte trotz intensiver Untersuchungen nicht festgestellt werden. Es ergab sich deutlich, daß Heß ganz aus eigener Initiative gehandelt und nicht einmal seiner Frau etwas gesagt hatte.

Bei seiner Vernehmung erwähnte Heß nichts von Hitlers Absicht, in Rußland einzumarschieren, wahrscheinlich, weil er selbst keine Kenntnis davon hatte. Sein Flug stand mit den Ereignissen, die bald darauf eintreten sollten, in keinem Zusammenhang. In seiner Vorstellung galt sein Plan, den er das erstemal 1940 gefaßt hatte, dem Abschluß des Krieges im Westen, keineswegs aber der Einleitung des Feldzugs im Osten. In Moskau hegte man lange danach noch hartnäckig den Verdacht, Heß habe den Auftrag gehabt, mit den Engländern Frieden zu schließen, damit Hitler sich nach Osten wenden und seinen Einmarsch in Rußland mit englischer Hilfe, oder zumindest doch mit englischem Einverständnis beginnen könne. Diese Auffassung läßt sich nicht im geringsten beweisen. Hitler dachte nicht daran, abzuwarten, ob Heß' Mission Erfolg haben werde oder nicht; er tat sie als verrückte Idee ab und setzte am 12. Mai, zwei Tage nach dem Flug von Heß, den Termin für den Beginn der Operation Barbarossa fest.

Zu Hitlers Erleichterung und Überraschung gaben sich die Engländer keine Mühe, aus Heß Enthüllungen herauszupressen oder solche zu erfinden, und innerhalb weniger Tage flaute das Interesse an der Neuigkeit ab. Anfang Juni, als er mit Mussolini zusammentraf, war Hitler schon wieder bereit, seinem verlorenen Kameraden nachzuweinen. Trotz ihrer sensationellen Wirkung war die Episode Heß, wie Churchill richtig bemerkt, ein Zwischenfall von geringer Bedeutung.

VI

Die wenigen noch verbleibenden Wochen waren für Hitler eine angstvolle Zeit. Es sickerten bereits Gerüchte von einem nahe bevorstehenden Angriff auf die Sowjetunion durch, und Hitler, im Bewußtsein seines eigenen Doppelspiels, beobachtete peinlichst jede Bewegung der Russen, in der Sorge, daß sie ihm zuvorkämen.

Um seine Absichten zu tarnen, befahl Hitler, die russischerseits an Deutschland vergebenen Aufträge auszuführen und die Lieferungen bis zum letzten Augenblick aufrechtzuerhalten. Im Januar 1941 war ein neuer Handelsvertrag abgeschlossen worden, und auch die Russen setzten ihre Nahrungsmittel- und Rohstofflieferungen an Deutschland bis zum Tage des Angriffs fort. Schnurre, der deutscherseits die Wirtschaftsverhandlungen führte, berichtete im April 1941, daß nach vorübergehenden Schwierigkeiten im Januar und Februar »die Lieferungen im März sprunghaft anstiegen[85]«. Einen Monat später schrieb er: »Ich habe den Eindruck, daß wir an Moskau wirtschaftliche Anforderungen stellen können, die über den Rahmen des Vertrags vom 10. Januar 1941 hinausgehen[86].«

Tatsächlich unternahm die Sowjetregierung, während sie zugleich ihre Verteidigung im Westen ausbaute, in den letzten drei Monaten vor dem Angriff alles, um die Deutschen zu versöhnen und zu beschwichtigen. Im April kam Matsuoka auf der Rückreise nach Tokio durch Moskau. Stalin erschien unerwartet auf dem Bahnhof, um ihn zu begrüßen, und fragte öffentlich nach dem deutschen Botschafter. Als sich Schulenburg daraufhin meldete, legte Stalin ihm den Arm um die Schultern und erklärte: »Wir müssen Freunde bleiben, und Sie müssen alles dafür tun.« Später wandte sich Stalin dem stellvertretenden deutschen Militärattaché zu: »Wir werden Freunde bleiben — was auch kommen mag[87].« Der deutsche Botschafter zweifelte nicht daran, daß diese ungewöhnliche Geste Stalins den besonderen Zweck hatte, den Anwesenden einen Eindruck von der deutsch-russischen Freundschaft zu geben. Fast zur selben Zeit akzeptierte die russische Regierung plötzlich die deutschen Vorschläge zur Beilegung von Grenzschwierigkeiten, die aus der sowjetischen Annexion Litauens entstanden waren.

Anfang Mai übernahm Stalin den Vorsitz des Rats der Volkskommissare. Es war dies ein Schritt, der allgemein als Anzeichen einer bevorstehenden Krise angesehen wurde, mit der nur Stalin selbst fertig werden konnte. Unmittelbar danach jedoch, am 8. Mai, dementierte TASS Berichte von Truppenkonzentrationen im Westen. Am 9. Mai kündigte die UdSSR ihre Anerkennung der Exilregierungen von Belgien, Norwegen und Jugoslawien, und am 12. Mai nahm sie

Beziehungen zu der nazifreundlichen Regierung Raschid Ali im Irak auf. Während dieses ganzen Zeitraums wurde der Sowjetpresse, um Provokationen zu vermeiden, strengste Zurückhaltung auferlegt, und noch am 14. Juni dementierte TASS kategorisch irgendwelche Schwierigkeiten zwischen Deutschland und Rußland.

Am 28. April besuchte der deutsche Botschafter in Moskau, Graf von der Schulenburg, Hitler und versuchte, ihn davon zu überzeugen, daß keine Gefahr eines russischen Angriffs auf Deutschland bestehe. Staatssekretär Weizsäcker pflichtete Schulenburg bei:

»Wenn jede eingeäscherte russische Stadt«, schrieb er an Ribbentrop, »für uns so viel wert wäre wie ein versenktes englisches Kriegsschiff, würde ich einen deutsch-russischen Krieg in diesem Sommer befürworten. Aber ich glaube, daß wir über Rußland nur militärisch siegen würden, in wirtschaftlicher Hinsicht aber verlieren würden... Der einzige entscheidende Faktor ist, ob durch dieses Projekt die Niederlage Englands beschleunigt wird[88].«

Am 6. und 7. Juni berichtet das Kriegstagebuch der Seekriegsleitung von weiteren Depeschen Schulenburgs: »Rußland wird nur kämpfen, wenn von Deutschland angegriffen... Russische Politik nach wie vor bestrebt, möglichst gutes Verhältnis zu Deutschland herzustellen... Alle Beobachtungen zeigen, daß Stalin und Molotow alles tun, um Konflikt mit Deutschland zu vermeiden. Darauf deutet die Gesamthaltung der Regierung ebenso wie die Stellungnahme der Presse hin, die alle Deutschland betreffenden Ereignisse in einwandfreier, sachlicher Weise behandeln. Die loyale Erfüllung der mit Deutschland geschlossenen Wirtschaftsabkommen beweist das gleiche[89].«

In der Tat gibt es nicht den geringsten Beweis, daß die Sowjetregierung im Sommer 1941 irgendwelche Angriffsabsichten gegen Deutschland gehabt hat. Warnungen der Engländer, die noch vor Ende April von dem für die Invasion festgesetzten Datum wußten, wurden von den Russen als Unruhestiftung abgetan. Wie Schulenburg zu Recht berichtete, bestand die einzige Sorge der Russen darin, Ärger mit den Deutschen zu vermeiden. Aber Hitler lehnte es ab, auf seinen Botschafter zu hören; er war nur an Berichten interessiert, die ihm als Vorwand für seine Entscheidung dienen konnten, eine Entscheidung, die schon lange feststand — unabhängig von Rußlands Haltung oder Drohung, die er jetzt in angeblichen russischen Vorbereitungen zum Schlag gegen Deutschland sah.

Im Mai suchte Antonescu Hitler zum dritten Male auf, diesmal in München. Es wurde beschlossen, daß Rumänien an dem Feldzug teilnehmen sollte. Ende des Monats kam der Chef des finnischen

Generalstabs für eine Woche nach Deutschland, um die Einzelheiten eines gemeinsamen Vorgehens der beiden Armeen zu besprechen. Mussolini war immer noch nicht von Hitler unterrichtet worden. Als sie sich am 2. Juni am Brenner trafen, ließ Ribbentrop nicht mehr verlauten, als daß die deutsch-russischen Beziehungen sich verschlechtert hätten. Stalin, sagte er zu Ciano, werde wahrscheinlich nicht so töricht sein, Deutschland anzugreifen. Wenn er es dennoch tue, würden die russischen Kräfte zerschlagen werden. Bei einer allgemeinen Betrachtung der Lage geschah Rußlands nur nebenbei Erwähnung. Hitler und Ribbentrop waren mehr darauf bedacht, Mussolini über einen Besuch, den Admiral Darlan im Mai in Berchtesgaden abgestattet hatte, und dessen Versuch, Hitler wieder für die Möglichkeiten einer deutsch-französischen Zusammenarbeit in Nordafrika und im Nahen Osten zu interessieren, zu beruhigen.

Vierzehn Tage später war Ribbentrop offener oder auch indiskreter. Er traf Ciano am 15. Juni in Venedig, um den Beitritt des Marionettenstaats Kroatien zum Dreimächtepakt vorzubereiten. Als sie in ihrer Gondel zum Essen fuhren, fragte Ciano seinen Kollegen, was an den Gerüchten über einen bevorstehenden deutschen Angriff auf Rußland wahr sei.

»Lieber Ciano«, war Ribbentrops vieldeutige Antwort, »ich kann Ihnen nicht das geringste sagen, denn alle Entscheidung liegt verschlossen in der undurchdringlichen Brust des Führers. Eins aber ist sicher: wenn wir angreifen, wird das Stalinsche Rußland in acht Wochen von der Landkarte ausradiert sein[90].«

Von Venedig aus sandte Ribbentrop ein Telegramm nach Budapest und forderte die Ungarn auf, sich bereitzuhalten. Am 18. Juni wurde ein Nichtangriffspakt zwischen Deutschland und der Türkei bekanntgegeben. Am selben Tag schrieb Hitler einen Brief an Antonescu, in dem er die Aufgaben der deutschen Streitkräfte in Rumänien umriß. Auf den 14. Juni hatte Hitler seine Oberbefehlshaber zu einer Besprechung in die Reichskanzlei befohlen. Das Treffen dauerte — nur von einem Mittagessen unterbrochen — von elf Uhr morgens bis abends halb sieben. Die Generale ließen nichts von all ihren Zweifeln merken, die sie — wie später behauptet — gegenüber dem russischen »Abenteuer« gehegt haben wollen. Ebenso wie Hitler unterschätzten die Berufssoldaten die Stärke der russischen Streitkräfte und die Schwierigkeiten dieses Unternehmens. Jetzt erläuterte jeder seine Operationspläne, während der Führer beifällig nickte und hin und wieder geringfügige Änderungen vorschlug. Mit den Vorbereitungen zufrieden, fuhr Hitler in der nächsten Woche in sein neues Hauptquartier »Wolfsschanze« bei Rastenburg in Ostpreußen.

Dort diktierte er am 21. Juni, dem Vorabend des Angriffs, einen

Brief an Mussolini. Es war die erste offizielle Mitteilung, die Mussolini über Hitlers Absichten erhielt.

»Duce!
Ich schreibe Ihnen diesen Brief im Augenblick, nachdem ich mich nach Monaten des sorgenvollen Überlegens und dauernden nervenzerreißenden Wartens zu der schwersten Entscheidung meines Lebens durchgerungen habe. Ich glaube, daß ich — nach Einsicht in die letzten Situationsberichte aus Rußland und nach Prüfung zahlreicher anderer Berichte — es nicht verantworten kann, noch länger zu warten, und vor allem glaube ich, daß es keine andere Möglichkeit gibt, der Gefahr zu begegnen — es sei denn durch weiteres Warten, was aber zwangsweise in diesem oder spätestens im nächsten Jahr zum Verhängnis führen wird.«

Wie immer gab Hitler eine ausführliche Rechtfertigung seiner selbst. England habe den Krieg verloren, kämpfe aber weiter, weil es auf russische Hilfe hoffe. Die Russen ihrerseits seien zu ihrer alten Expansionspolitik zurückgekehrt. Durch ihre Truppenmassierung im Osten hinderten sie Deutschland an einem umfassenden Vorgehen im Westen. Ehe er den Rücken nicht frei habe, erklärte Hitler, könne er das Risiko eines Angriffs auf England nicht auf sich nehmen.

»Was auch immer kommen mag, Duce, unsere Lage kann durch diesen Schritt nicht schlechter werden, nur besser. Selbst wenn ich gezwungen sein würde, am Ende des Jahres in Rußland sechzig oder siebzig Divisionen zu belassen, so ist das nur ein Bruchteil der Kräfte, die ich jetzt fortgesetzt an der Ostfront brauche[91].«

Wieder einmal wurde Mussolini mitten in der Nacht von der, wie üblich, dringenden Botschaft des Führers geweckt. »Ich belästige nicht einmal meine Dienstboten in der Nacht«, sagte er brummend zu Ciano, »aber die Deutschen jagen mich ohne weiteres jederzeit aus dem Bett heraus[92].« Während der Duce noch mit der Lektüre von Hitlers Brief befaßt war, hatte die Offensive bereits begonnen. Im Raum zwischen der Arktis und dem Schwarzen Meer stießen mehr als 150 deutsche, finnische und rumänische Divisionen über die russische Grenze vor. Zu den deutschen Streitkräften, die in drei Heeresgruppen unter Leeb, Bock und Rundstedt eingeteilt waren, gehörten 19 Panzer- und 12 motorisierte Divisionen. Sie wurden unterstützt von mehr als 2700 Flugzeugen.

In den zwanziger Jahren hatte Hitler, damals noch ein erfolgloser bayrischer Politiker mit nicht mehr als ein paar tausend Anhängern, am Schluß seines Buches »Mein Kampf« geschrieben:

»Damit ziehen wir Nationalsozialisten bewußt einen Strich unter die außenpolitische Richtung unserer Vorkriegszeit. Wir setzen dort an, wo man vor sechs Jahrhunderten endete. Wir stoppen den ewigen Germanenzug nach dem Süden und Westen Europas und weisen den Blick nach dem Land im Osten. Wir schließen endlich ab die Kolonial- und Handelspolitik der Vorkriegszeit und gehen über zur Bodenpolitik der Zukunft... Wenn wir aber heute in Europa von neuem Grund und Boden reden, können wir in erster Linie nur an Rußland und die ihm untertanen Randstaaten denken... Das Schicksal selbst scheint uns hier einen Fingerzeig geben zu wollen... Das Riesenreich im Osten ist reif zum Zusammenbruch. Und das Ende der Judenherrschaft in Rußland wird auch das Ende Rußlands als Staat sein[93].«

Im Morgengrauen des 22. Juni 1941, genau ein Jahr, nachdem Frankreich den Waffenstillstand von Compiègne unterzeichnet hatte, glaubte Hitler, im Begriff zu sein, seine eigene Prophezeiung zu erfüllen. Er schloß seinen Brief an Mussolini mit folgenden Worten: »Seitdem ich mich zu dieser Entscheidung durchgerungen habe, fühle ich mich wieder innerlich frei. Die Partnerschaft mit der Sowjetunion war trotz meiner völlig aufrichtigen Bemühungen um eine endgültige Aussöhnung oft sehr bedrückend für mich, denn so oder so war sie ein Bruch mit meiner ganzen Herkunft, meinen Ideen und meinen ehemaligen Bindungen. Ich bin nun glücklich, von dieser Qual befreit zu sein[94].«
Die Entscheidung sollte sich als unwiderruflich erweisen.

KAPITEL XII

Das mißlungene Imperium

1941—1943

I

Für seinen Entschluß, Rußland anzugreifen, gab Hitler damals zwei Gründe an: erstens sei Rußland im Begriff, für den Sommer 1941 einen Angriff auf Deutschland vorzubereiten, zweitens gebe England seine Niederlage nur darum nicht zu, weil es auf die Intervention der Russen und Amerikaner hoffe und tatsächlich bereits ein Bündnis mit Rußland gegen Deutschland geschlossen habe. Man könne also England nur schlagen, wenn man seine Hoffnung auf russische Hilfe zunichte mache.

Diese Argumente dienten höchstens dazu, eine schon aus anderen Gründen getroffene Entscheidung zu bekräftigen. Hitler überfiel Rußland aus dem einfachen, aber hinreichenden Grund, daß er von jeher die Absicht hatte, durch Annexion des Gebietes zwischen Weichsel und Ural die Grundlagen für sein tausendjähriges Reich zu schaffen.

Neu war weniger der Entschluß, sich nach Osten zu wenden, als der, die Voraussetzung fallenzulassen, die er bisher als unerläßlich betrachtet hatte: eine vorherige Verständigung mit England. Er hatte einsehen müssen, daß die Engländer weder durch Bluff noch durch Bomben zur Kapitulation gebracht werden konnten, und so redete er sich ein, England sei schon im wesentlichen geschlagen. Es war allerdings nicht in der Lage, in absehbarer Zeit seiner Herrschaft über den Kontinent gefährlich zu werden. Warum also Zeit verschwenden, um die Engländer zu zwingen, den Deutschen auf dem Kontinent freie Hand zu lassen, wenn dies bereits eine feststehende Gegebenheit war, an der die Engländer praktisch nichts ändern konnten. Diese Auffassung wurde von der auf die Erfahrung der Feldzüge von 1939 und 1940 gestützten Überzeugung bestätigt, daß die deutsche Wehrmacht unter seiner Führung unüberwindlich sei.

Ausschlaggebend aber war der Glaube, daß die Sowjetarmeen in einem einzigen Feldzug geschlagen werden konnten. Dieser Glaube rührte teilweise aus jener Überzeugung und teilweise aus der Unterschätzung der russischen Stärke. Hitler wußte zwar, daß der Einfall in Rußland ein Risiko war, aber er war auch der festen Meinung, daß der Krieg im Osten in zwei oder längstens drei Monaten beendet sein würde. Dies sprach er nicht nur offen aus, sondern er handelte auch danach; er lehnte es ab, irgendwelche Vorbereitungen für einen Winterfeldzug zu treffen. Eine Reihe von schweren Niederlagen, und Stalins Regierung, so behauptete er fest, werde stürzen. »Die Siegeshoffnungen«, sagte Feldmarschall von Kleist nach dem Kriege, »waren in hohem Maße auf der Erwartung aufgebaut, daß die Invasion eine politische Erhebung in Rußland herbeiführen werde ... und daß Stalin von seinem eigenen Volk gestürzt werde, sowie er schwere Niederlagen erlitt[95].« »Wir brauchen nur die Tür aufzustoßen«, meinte Hitler zu Jodl, »und das ganze morsche Gebäude wird zusammenkrachen.« Hitler war sich der zahlenmäßigen Überlegenheit der Russen durchaus bewußt, aber er war sich auch sicher, daß die politische Schwäche des Sowjetregimes im Verein mit der technischen Überlegenheit der Deutschen ihm zu einem schnellen Sieg verhelfen werde. Er hat niemals erwartet, daß der Feldzug viel länger dauern werde als die Überwältigung Frankreichs im Jahre zuvor.

Sobald er seine Macht bis zum Ural und zum Kaukasus ausgedehnt hätte, rechnete Hitler, würde sein Reich so solide fundiert sein, daß England, auch wenn es den Krieg fortsetzte und selbst die Vereinigten Staaten an seiner Seite in den Krieg eintraten, nicht in der Lage sein würde, irgendwie daran zu rütteln. Der Einfall in Rußland war keineswegs eine Verzweiflungstat, zu der er etwa durch den Fehlschlag seiner Pläne zur Vernichtung Englands gezwungen wurde, sondern zielte auf die Verwirklichung jener imperialistischen Träume, die er im Schlußabschnitt seines Buches »Mein Kampf« skizziert und vor dem Kaminfeuer auf dem Berghof seinem Zuhörerkreis ausgemalt hatte. Mit einem Schlage wollte er gleichzeitig den deutschen Endsieg sicherstellen und die europäische Neuordnung garantieren, die dann ein ewiges Denkmal seines Genies bilden sollte. Dies war der Siegespreis — und er konnte, wie Hitler sich einredete, nicht mehr kosten als einen einzigen Feldzug, der zudem noch vor Wintersanfang beendet sein sollte.

Der erste Verlauf der Kämpfe schien Hitlers Optimismus zu rechtfertigen. Die deutschen Panzerdivisionen drangen tief in russisches Gebiet ein. Am 5. Juli hatten sie den Dnjepr erreicht, am 16. Smolensk, das wenig mehr als 300 Kilometer von Moskau und über 700 Kilometer von Bialystok, dem Ausgangspunkt der Offensive, entfernt lag. Am 14. Juli erteilte Hitler eine Weisung, in der er von einer erheblichen Herabsetzung der Heeresstärke in naher Zukunft und einem Abbau der Rüstungsproduktion für die Luftwaffe sprach. Im Hinblick auf die Weiterführung des Krieges gegen den letzten noch verbleibenden Feind, England, hielt Hitler dies für vertretbar.

Aber obwohl die deutschen Truppen rasch Boden gewannen, gelang es ihnen nicht, die russischen Armeen durch Einkesselung zu vernichten, wie es Hitler geplant hatte. So viele Russen man auch gefangennahm, zur Verteidigung der nächsten Linie standen immer wieder neue bereit — und derweil wurde die deutsche Wehrmacht stetig tiefer ins Land gelockt.

Zu diesem Zeitpunkt traten über die Operationsziele Meinungsverschiedenheiten zwischen Hitler und dem Oberkommando des Heeres auf. Wie aus der ersten Weisung vom 18. Dezember 1940 hervorgeht, legte Hitler den größten Wert auf die Säuberung der baltischen Staaten und die Eroberung Leningrads; nach Beendigung der ersten Kämpfe sollte die Heeresgruppe Mitte diesen Vorstoß durch die baltischen Staaten nach Norden unterstützen und nicht auf Moskau drücken. Gleichzeitig hatte die Heeresgruppe Süd nach Südosten in Richtung Kiew und Dnjepr vorzustoßen, um die landwirtschaftlichen und industriellen Produktionsgebiete der Ukraine sicherzustellen.

Brauchitsch und Halder waren anderer Ansicht. Sie glaubten, die beste Chance, die russischen Kräfte einzuschließen und zu vernichten, schließe ein Druck auf Moskau entlang der Rollbahn in sich, wo man auf die Hauptmasse und darunter auch auf die in Eile aufgestellten neuen Armeen stoßen würde. Sie waren für eine Konzentrierung, nicht für eine Verzettelung der deutschen Stoßkraft. Diese Ansicht wurde geteilt von Bock, dem Oberbefehlshaber der Heeresgruppe Mitte, und seinen zwei Panzerkommandeuren Guderian und Hoth. Hitler aber bestand darauf, daß ein Teil von Bocks motorisierten Verbänden nach Norden einschwenken und den Vormarsch der Heeresgruppe Nord nach Leningrad zu verstärken habe; der Rest sollte sich nach Süden wenden und die Heeresgruppe Süd bei ihrem Vormarsch in die Ukraine unterstützen.

Mit der Begründung, daß die Panzer überholt und Ersatz herangeschafft werden müßten, zog Brauchitsch die Durchführung der Weisung in die Länge. Die so gewonnene Zeit wurde dazu benutzt, wiederum gegen Hitlers Befehle zu argumentieren. Der Streit ging den ganzen August über weiter, und unterdessen war die Heeresgruppe Mitte östlich von Smolensk stehengeblieben.

Im September begann Hitlers Interesse an Leningrad nachzulassen, aber er sträubte sich immer noch gegen den Vormarsch auf Moskau. Viel aufregender war für ihn die Möglichkeit einer riesigen Einkesselungsschlacht in der Ukraine. Über den Widerstand des OKH verärgert, wies er das vom Generalstab ausgearbeitete Memorandum mit dem Bemerken zurück, die günstige Gelegenheit im Süden könne nur Gehirnen entgehen, deren Vorstellung sich im ausgefahrenen Geleise überlebter Theorien bewege. Schließlich war er damit einverstanden, daß die Heeresgruppe Mitte für den Angriff auf Leningrad nur beschränkte Kräfte zur Verfügung stellen und eine Großoffensive gegen Moskau vorbereiten sollte. Aber er bestand darauf, zuerst müsse die Einkesselungsschlacht in der Ukraine geschlagen werden. Bocks Heeresgruppe sei dabei voll einzusetzen. Erst dann gebe er sie für den Vormarsch nach Osten frei.

Der Generalstab mußte sich, wenn auch widerstrebend, damit abfinden. Aber dies war, wie General Halder seitdem behauptet, der Wendepunkt des Feldzugs: Hitler habe eines Prestigesieges willen und weil er das Industriegebiet der Ukraine erobern wollte, von der Möglichkeit keinen Gebrauch gemacht, die Russen entscheidend zu schlagen.

Diese Auseinandersetzung hatte nicht nur das Verhältnis zwischen Hitler und seinen Generalen ernsthaft getrübt, sondern auch wertvolle Zeit gekostet. Zwar erwies sich die Einkesselungsschlacht im Süden als ein großer Erfolg, bei dem östlich von Kiew mehr als 600000 Russen gefangengenommen wurden, doch es war Ende September geworden, als die Schlacht zu Ende ging. Das Einsetzen des Herbstregens, der das russische Gelände mit seinen armseligen Straßen in einen einzigen Schlamm verwandelte, war wenig verheißungsvoll für den Angriff auf Moskau, den das OKH für den August geplant gehabt hatte.

Durch den Balkanfeldzug und die schlechte Witterung im Frühsommer 1941 war bereits die Kampfsaison verkürzt worden, und wenn der Herbst vorüber war, zog drohend der russische Winter herauf. Hitler aber, durch den Erfolg im Süden siegesgewiß, drängte jetzt zum Angriff auf Moskau, den er so lange zurückgehalten hatte.

Am 2. Oktober, nach zweimonatigem Stillstand, nahm die Heeresgruppe Mitte den Vormarsch wieder auf. Am 3. hielt Hitler in Berlin eine Rede und erklärte prahlerisch: »Hinter unseren Truppen liegt nun schon ein Raum, der zweimal so groß ist, wie das Deutsche Reich war, als ich 1933 die Führung erhielt ... Ich spreche das erst heute aus, weil ich es heute sagen darf, daß dieser Gegner bereits gebrochen ist und sich nie mehr erheben wird!« Am 8. Oktober wurde Orel erobert, und am folgenden Tage rief der Reichspressechef Otto Dietrich eine Sensation hervor, als er verkündete, daß der Krieg im Osten beendet sei. Was das Militärische betreffe, sei Rußland erledigt, erklärte Dietrich. Der britische Traum von einem Zweifrontenkrieg sei ausgeträumt. Zwischen Wjasma und Brjansk waren weitere 600000 Russen eingeschlossen und gefangengenommen worden. Eine Woche später erreichten die deutschen Spitzen Moschaisk, das nur 125 Kilometer von der russischen Hauptstadt entfernt lag.

Aber auch jetzt konnte Hitler sich nicht dazu entschließen, sich auf ein Ziel zu konzentrieren. Im Norden hatte Leeb zur gleichen Zeit den Auftrag, Leningrad einzunehmen[96], sich mit den Finnen zu verbinden und die Eisenbahnlinie nach Murmansk abzuschneiden. Rundstedt im Süden erhielt den Befehl, die Schwarzmeerküste (einschließlich der Krim) zu säubern und über Rostow hinaus in östlicher Richtung auf die Wolga und in südöstlicher auf den Kaukasus vorzustoßen. »Wir lachten laut, als wir diese Befehle erhielten«, erklärte Rundstedt später, »der Winter hatte bereits eingesetzt, und wir waren fast 700 Kilometer von diesen Städten entfernt[97].«

So verzettelte Hitler seine Kräfte, die den russischen zahlenmäßig unterlegen waren, während des ganzen Feldzugs 1941 an eine Reihe von Zielen, vergeudete mit diesem Hin und Her die Zeit, spannte seine Hilfsmittel bis zum äußersten ein und zog seine Armeen über Tausende von Kilometern auseinander, wobei er immer den entscheidenden Schlag zur Vernichtung der Russen um Haaresbreite versäumte. Er war selber in die Falle gegangen, vor der er seine Generale vor Invasionsbeginn gewarnt hatte: er hatte die Russen sich zurückziehen und die Deutschen immer tiefer in die grenzenlose Weite ihres Hinterlands locken lassen. Als der gefürchtete Winter über sie hereinbrach, hatten die deutschen Armeen trotz ihrer Siege und Vormärsche weder Leningrad noch Moskau erobert, oder gar die Russen so geschlagen, daß sie den Krieg nicht fortsetzen konnten.

Nachdem der Angriff auf Rußland einmal gestartet war, nahm der Krieg an der Ostfront Hitlers ganzes Denken und alle seine Energien in Anspruch. Den größten Teil seiner Zeit verbrachte er im Osten, in seinem ständigen Hauptquartier, der Wolfsschanze in der Nähe von Rastenburg (Ostpreußen) oder in einem Feldhauptquartier wie »Werwolf« in der Ukraine. Berlin oder gar Bayern besuchte er nur gelegentlich. Nicht zufrieden damit, die strategischen Ziele seiner Armeen zu bestimmen, begann er nun auch, sich in die Einzelheiten der Operationsführung einzumischen. »Was in den vorangegangenen Feldzügen verhältnismäßig selten war«, schreibt General Halder, »wird zum täglichen Ereignis[98].«

Nicht nur die militärischen Operationen im Osten nahmen seine Aufmerksamkeit in Anspruch; getreu seiner Konzeption für Deutschlands Zukunft, die er in »Mein Kampf« dargelegt hatte — nämlich »Lebensraum« im Osten —, sah er sich schon auf dem Weg, seine historische Bestimmung durch die Gründung eines neuen deutschen Reiches in den ehemals russischen Gebieten zu realisieren. Diese Perspektive erregte seine Vorstellungskraft und nahm ihn ganz gefangen. Aus dieser Zeit, dem Sommer 1941, datieren die Aufzeichnungen seiner Gespräche, die unter Bormanns Aufsicht angefertigt und später als seine Tischgespräche veröffentlicht wurden. Sie vermitteln einen lebhaften Eindruck von der Stimmung Hitlers auf der Höhe seiner phantastischen Karriere, da er sich auf eine Stufe mit Napoleon, Bismarck und Friedrich dem Großen stellte und an die Bewältigung einer »zyklopischen« Aufgabe: Errichtung eines Weltreichs, glaubte.

»Bei unserer Besiedelung des russischen Raumes soll der ›Reichsbauer‹ in hervorragend schönen Siedlungen hausen. Die deutschen Stellen und Behörden sollen wunderbare Gebäulichkeiten haben, die Gouverneure Paläste. Um die Dienststellen herum baut sich an, was der Aufrechterhaltung des Lebens dient. Um die Stadt wird auf 30 bis 40 Kilometer ein Ring gelegt von schönen Dörfern, durch die besten Straßen verbunden. Was dann kommt, ist die andere Welt, in der wir die Russen leben lassen wollen, wie sie es wünschen. Nur, daß wir sie beherrschen. ... Was für England Indien war, wird für uns der Ostraum sein. Wenn ich dem deutschen Volk nur eingeben könnte, was dieser Raum für die Zukunft bedeutet! ... Wir dürfen von Europa keinen Germanen mehr nach Amerika gehen lassen. Die Norweger, Schweden, Dänen, Niederländer müssen wir alle in die Ostgebiete hereinleiten; das werden Glieder des Reichs[99].«

Am Abend des 17. Oktober, da nach seiner Meinung die Russen bereits geschlagen waren, und Todt und Sauckel zu einer Anerkennungsaudienz erwartet wurden, ließ Hitler seiner Phantasie freien Lauf:

»Diese russische Wüste werden wir bevölkern ... Wir werden ihr die Kennzeichen einer asiatischen Steppe nehmen, wir werden sie europäisieren. Zu diesem Zweck haben wir mit dem Bau von Straßen begonnen, die bis in den südlichsten Teil der Krim und bis an den Kaukasus führen. An diesen Straßen werden der Länge nach deutsche Städte liegen, und um diese Städte herum werden sich unsere Kolonisten ansiedeln.

Was die zwei oder drei Millionen Menschen angeht, die wir dazu brauchen — wir werden sie schneller finden, als wir denken. Sie werden aus Deutschland, Skandinavien, den westlichen Ländern und aus Amerika kommen. Ich selbst werde das nicht mehr erleben, aber in 20 Jahren schon wird die Ukraine die Heimat für 20 Millionen Menschen werden, abgesehen von den Eingeborenen ...

In russischen Städten werden wir uns nicht niederlassen; laßt sie in Trümmer gehen, wir kümmern uns nicht darum. Über all das werden wir weiter kein Wort verlieren. Diesen Leuten gegenüber haben wir überhaupt keine Verpflichtungen.

Warum sollen wir sie aus den elenden Hütten herausholen, ihnen die Läuse vertreiben, deutsche Lehrer zu lhnen schicken und Zeitungen herausbringen — was schert uns das alles? Wahrscheinlich werden wir uns darauf beschränken, ihnen einen Rundfunksender zu bauen, der unter unserer Kontrolle arbeitet. Im übrigen bringen wir ihnen gerade genug bei, wenn sie lernen, unsere Verkehrszeichen zu verstehen, damit sie nicht von unseren Autos überfahren werden. Für sie bedeutet das Wort ›Freiheit‹ das Recht, sich an Festtagen zu waschen ... Wir haben nur eine Pflicht: dieses Land zu germanisieren durch die Ansiedlung von Deutschen, und indem wir die Eingeborenen als Rothäute betrachten[100].«

Zehn Tage später erklärte er:

»Niemand wird uns jemals den Osten entreißen können! ... Wir werden schon bald ganz Europa mit Weizen versorgen, und den Bedarf an Kohle, Stahl und Holz decken. Um die Ukraine — dieses neue indische Kolonialreich — auszubeuten, benötigen wir nur Frieden im Westen ...
Mein Ziel ist es, die Vorteile auszunutzen, die sich aus unserer Vorherrschaft auf dem europäischen Festland ergeben ... Wenn wir die Herren Europas sind, haben wir eine Vorrangstellung in der Welt. 130 Millionen Menschen im Reich, 90 Millionen in der Ukraine. Wenn Sie zu diesen noch die anderen Staaten des neuen Europas hinzufügen, sind wir 400 Millionen verglichen mit den 130 Millionen Amerikanern[101].«

In dieser Stimmung traf Mussolini seinen »Diktatorkollegen« an, als er Hitler gegen Ende August 1941 in seinem ostpreußischen Hauptquartier aufsuchte. Die »Wolfsschanze« lag tief verborgen im dichten Wald, meilenweit entfernt von irgendeiner menschlichen Behausung. Ihre Gebäude sahen wie Alpenhütten aus; sie waren aufs beste ausgestattet mit Zentralheizung, Telefonzentralen, einer Funkstation und einem Kino, geschützt von mächtigen Flakbatterien und umgeben von einem dreifachen Ring von Wachen. Erst später, als Luftangriffe drohten, zog der Stab in die Betonbunker um, in denen Hitler die letzten Jahre seines Lebens verbrachte. Aber von Anfang an rief das trübe Licht des Waldes in jedem Besucher düstere Empfindungen hervor.
Zwischen dem Führer und dem Duce fanden am 25. August zwei Besprechungen statt, und von beiden sind uns Mussolinis Berichte erhalten geblieben. Die erste Zusammenkunft war völlig ausgefüllt von einer Darlegung der militärischen Lage im Osten, wobei Mussolinis Rolle auf die eines bewundernden Zuhörers reduziert blieb. Hitler,

notierte er, sprach mit großer Zuversicht und Genauigkeit, gab aber zu, daß er durch mangelhafte Spionagetätigkeit über die Größe und die ausgezeichnete Qualität der russischen Streitkräfte wie auch über ihre Kampfentschlossenheit irregeführt worden sei. In ihrem zweiten Gespräch, das am selben Abend stattfand, hielten die beiden Diktatoren einen Überblick über die restliche Welt. Hitler sprach in bitteren Ausdrücken von Franco, wich aber dem Thema Frankreich aus, das, wie immer, für Mussolini ein Gegenstand eifersüchtiger Beschwerden war.

Er war einigermaßen verlegen, als der Duce ihm eine noch größere Anzahl italienischer Truppen für die Ostfront dringend anbot, drückte aber »zum Schluß den äußerst lebhaften Wunsch aus, nach Italien zu kommen — wenn der Krieg vorüber sei —, um einige Zeit in Florenz zu verbringen, einer ihm vor allen anderen teuren Stadt, da in ihr Kunst und Naturschönheit harmonisch verbunden seien[102].«

Am nächsten Tag flogen Hitler und Mussolini ins Hauptquartier des Feldmarschalls von Kluge in Brest-Litowsk, und in der gleichen Woche zu Rundstedts Hauptquartier bei Uman in der Ukraine. Dort inspizierte Mussolini eine italienische Division und frühstückte, von einer Schar Soldaten umgeben, mit dem Führer im Freien. Nach dem Imbiß mischte sich Hitler unter die Soldaten und unterhielt sich zwanglos mit ihnen, während Mussolini zu seinem Ärger mit Rundstedt allein blieb. Der Duce sah darin eine absichtliche Herabsetzung und bemerkte zu seinem Botschafter, daß Hitler unter seinen Soldaten alles andere als soldatisch aussehe. Doch rächte sich Mussolini; auf dem Rückflug beharrte er darauf, das Flugzeug, in dem er mit Hitler saß, selbst zu steuern. Hitlers persönlicher Pilot, Baur, blieb zwar die ganze Zeit neben ihm, aber Hitler ließ Mussolini nicht aus den Augen und saß starr und steif in seinem Sitz, bis Mussolini von Baur abgelöst wurde. Die Glückwünsche des Führers waren mit unverhohlener Erleichterung gemischt. Mussolini freute sich kindlich und legte Wert darauf, daß im Kommuniqué über seine Tat berichtet werde.

Dieser Besuch des Duce scheint mehr zu Propagandazwecken arrangiert worden zu sein, als aus dem Bedürfnis, eine Gelegenheit für ernsthafte Unterredungen zu schaffen. Anfang August waren Churchill und Roosevelt an der Küste Neufundlands zusammengetroffen und hatten von dort aus eine gemeinsame Erklärung über die Kriegsziele abgegeben, die als Atlantik-Charta bekannt geworden ist. Das Treffen zwischen Mussolini und Hitler und das abschließende Kommuniqué, das dem Schlagwort von der »Neuordnung Europas« große Bedeutung zukommen ließ, wurde als Gegendemonstration angesehen. Die Diktatoren gelobten, alle Ursachen für einen Krieg zu beseitigen, die Gefahr des Bolschewismus auszumerzen, der »plutokratischen Ausbeutung«

ein Ende zu machen und eine enge, friedliche Zusammenarbeit der Völker Europas einzuleiten. Dies war eine Erweiterung von Hitlers früherer Idee einer »Monroedoktrin für Europa«; sie richtete sich gegen die angelsächsischen Mächte. Als Ciano Ende Oktober 1941 Hitler in seinem Hauptquartier aufsuchte, war er überrascht, wie sehr die Idee Wurzeln geschlagen hatte.

»In der Vergangenheit«, schrieb er an Mussolini, »haben wir gesehen, wie eine Reihe von Schlagworten, die dem Gehirn des Führers entsprossen, auftauchte und versank und bis hinab zu seinem letzten Mitarbeiter dauernd wiederholt wurde. Jetzt ist das Schlagwort ›Europäische Solidarität‹ in Mode. Europa — sagt der Führer — sei nicht nur ein geographischer, sondern auch ein kultureller und sittlicher Begriff. Im Krieg gegen den Bolschewismus wären die ersten Anzeichen der kontinentalen Solidarität zutage getreten ... Das wird von seiner ganzen Umgebung wiederholt[103].«

Vierzehn Tage nach Cianos Besuch in Ostpreußen fuhr Hitler nach München zur traditionellen Feier des 8. November. In seiner Rede entwickelte Hitler einen Gedanken, dessen Inhalt für die Nazipropaganda ein Parallelthema zur europäischen Neuordnung bilden sollte — er sprach von Deutschland als dem Gemeinwesen, das Klassentrennungen und Privilegien ausgemerzt habe, er sprach von dem neuen Deutschland im neuen Europa.

Was das heutige Deutschland von dem früheren unterscheide, sagte er in München, sei ganz einfach dies: damals habe das Volk nicht hinter dem Kaiser gestanden ... Damals seien die Führer nicht im Volk verwurzelt gewesen, was man auch immer gesagt und getan habe, es sei ein Klassenstaat gewesen. »Was sich heute erfüllt, ist aus dem damaligen Krieg hervorgegangen. Denn als ich aus dem Kriege zurückkehrte, brachte ich meine Fronterfahrungen mit heim, und daraus baute ich daheim meine nationalsozialistische Volksgemeinschaft auf. Heute steht die nationalsozialistische Volksgemeinschaft an der Front, und Sie werden erkennen, wie die Wehrmacht von Monat zu Monat nationalsozialistischer wird, wie sie immer mehr von dem neuen Deutschland geprägt wird, wie alle Privilegien, Klassen und Vorurteile mehr und mehr verschwinden, wie von Monat zu Monat die deutsche Volksgemeinschaft an Boden gewinnt[104].«

Ende November inszenierten Hitler und Ribbentrop eine Kundgebung europäischer Solidarität, die, wie sie behaupteten, unter Deutschlands wohlwollender Führung zustandegekommen sei. Vertreter von neun europäischen Ländern[105] wurden zusammen mit Vertretern Japans und Mandschukuos nach Berlin bestellt, um den alten Antikomintern-Pakt zu erneuern. Ciano schrieb in sein Tagebuch:

»Die Deutschen waren die Herren des Hauses und ließen es uns spüren, auch wenn sie mit uns Italienern außerordentlich liebenswürdig waren. Jetzt ist ihre europäische Hegemonie errichtet. Ob sie gut oder schlecht sein wird, ist eine andere Frage, aber sie existiert. Darum ist es am besten, zur Rechten des Hausherrn zu sitzen, und wir sitzen an der Rechten[106].«

Wie die Neuordnung in der Praxis aussah, geht am deutlichsten aus einem Gespräch hervor, das Ciano in Berlin mit Göring führte. Sie sprachen, wie Ciano an Mussolini berichtete, über Griechenland und die für dort bald zu befürchtende Hungersnot. Göring war wenig daran interessiert: »Wir können uns nicht auch noch um die hungernden Griechen kümmern«, sagte er, »das Unglück kann noch vielen andern Völkern passieren. In den Gefangenenlagern haben die Russen angefangen, sich gegenseitig aufzufressen. In diesem Jahr werden in Rußland zwischen 20 und 30 Millionen Menschen verhungern. Und vielleicht ist das gut so, denn gewisse Völker müssen dezimiert werden. Aber wenn das auch nicht der Fall wäre, kann man nichts dagegen tun. Wenn die Menschheit zum Hungertod verurteilt ist, so werden natürlich unsere beiden Völker die letzten sein, die zugrunde gehen[107].«

Diesen November über hatten sich die deutschen Armeen unter zunehmend schlechter Witterung näher an Moskau herangekämpft. Den herbstlichen Regenfällen folgte nun der gefürchtete russische Winter. Guderian registrierte in der Nacht vom 6. auf den 7. Oktober den ersten Schneefall, zu dem Zeitpunkt, da der Angriff auf Moskau wieder begann — ein früher Beginn der kalten Jahreszeit. Hitler und sein Stab hatten im Vertrauen darauf, daß die Operationen vor Beginn der Schneefälle beendet sein würden, keine Vorbereitungen für die Versorgung der Truppen mit Winterbekleidung getroffen. Seit Anfang November kämpften die Deutschen bei Temperaturen unter dem Gefrierpunkt; ihre Lage wurde noch verschlimmert durch den eisigen Wind, die wenigen Stunden Tageslicht, die langen Nächte und durch die Tatsache, daß sie fern der Heimat in einem unbekannten Land gegen einen Feind kämpften, der mit den Bedingungen vertraut war, der warme Kleidung hatte und für einen Winterfeldzug gerüstet war.

»Nur wer die endlosen Weiten der russischen Schneeflächen in diesem Winter unseres Unheils gesehen hat, über welche der eisige Wind strich, ... kann die nun folgenden, ernsten Ereignisse richtig beurteilen[108].«

Hitler blieb hartnäckig: der russische Widerstand, erklärte er, stehe vor dem Zusammenbruch. Als Ciano ihn in seinem ostpreußischen Hauptquartier gegen Ende Oktober besucht hatte, war Hitler immerfort dabei geblieben, daß Rußland »eigentlich« bereits geschlagen sei.

Für die russischen Verluste an Toten, Verwundeten und Gefangenen gab er die phantastische Zahl von 10 Millionen an; die russischen Panzerdivisionen seien dezimiert; das Unteroffizierskorps sei fast gänzlich aufgerieben.

Warnungen und Appelle waren nutzlos. Hitler weigerte sich kategorisch zuzugeben, daß er unrecht hatte. Wieviel Menschenleben auch geopfert wurden, seine Armeen mußten für seine Prahlereien gut stehen, und er trieb sie erbarmungslos vorwärts. Am 2. Dezember machte Kluges 4. Armee eine letzte verzweifelte Anstrengung, die russischen Verteidigungslinien zu durchbrechen. Nur bis 3 Uhr nachmittags war es hell, es lag hoher Schnee, und der Erdboden war mehrere Zoll tief hartgefroren. Ein paar Einheiten der 258. Infanteriedivision erreichten tatsächlich die Vororte der Hauptstadt und sahen die Mündungsfeuer der Flakgeschütze, die den Kreml verteidigten, aber sie konnten die vorgeschobene Stellung nicht halten und mußten sich zurückziehen.

In diesem Augenblick, es war am 6. Dezember, eröffneten die Russen zur höchsten Überraschung von Hitler und dem deutschen Oberkommando eine große Gegenoffensive entlang der ganzen Mittelfront. Sie setzten hier 100 neue Divisionen ein und befreiten Moskau von der deutschen Bedrohung. Die bereits bis zur Grenze des Erträglichen angespannten deutschen Truppen gerieten ins Wanken; einige Tage lang herrschte eine gewaltige Verwirrung und die Gefahr eines russischen Durchbruchs. Hitler stand der bisher ernstesten militärischen Krise des Krieges gegenüber. Wenn er sie auch überstand, so war doch eins klar: das große Spiel war verloren; das Jahr 1941 würde zu Ende gehen ohne den so lange ausposaunten Sieg im Osten.

II

Am 7. Dezember, einen Tag nach Eröffnung der russischen Offensive zur Entlastung Moskaus, überfielen die Japaner die amerikanische Flotte in Pearl Harbour. Anfang des Monats erhielt Oshima, der japanische Botschafter in Berlin, Anweisung, die deutsche Regierung dahingehend zu informieren, daß es in den japanisch-amerikanischen Beziehungen zu einer Krise gekommen sei und daß der Kriegsausbruch unmittelbar bevorstehen könne; Oshima sollte Ribbentrop um eine formelle Verpflichtung Deutschlands bitten, im Rahmen des Dreimächtepaktes den Vereinigten Staaten den Krieg zu erklären. Dies war die erste direkte Nachricht, die Deutschland zur Möglichkeit eines baldigen Krieges zwischen Japan und Amerika erhalten hatte. Tatsächlich hatte sich die japanische Streitmacht schon am 25. November nach Pearl Harbour eingeschifft, doch die Japaner, die bei Hitler in die Schule gegangen waren, hatten ihre Absichten für sich behalten, und die Nachricht vom Angriff auf Pearl Harbour kam für Hitler überraschend.

Im Frühjahr 1941, als Matsuoka zu Besuch in Berlin war, hatte Hitler den japanischen Außenminister bedrängt, Singapur anzugreifen. Nach dem Einfall in die Sowjetunion bemühte sich Ribbentrop über den deutschen Botschafter in Tokio, die Japaner zu bewegen, Rußland im Rücken anzugreifen[109]. Das einzige aber, was Hitler den Japanern niemals nahegelegt hatte, war ein Angriff auf die USA: im Frühjahr hatte er Matsuoka gegenüber ständig wiederholt, daß eine der segensreichsten Folgen der Einnahme von Singapur das Herausbleiben der Amerikaner aus dem Kriege sein würde.

Man hätte also erwarten können, daß der Führer über den unabhängigen, seinem Rat ins Gesicht schlagenden Kurs der Tokioer Regierung einigermaßen ärgerlich gewesen wäre. Aber im Gegenteil: er war einverstanden, den Japanern die erbetene formelle Garantie zu geben, und scheint über die Nachrichten aus Pearl Harbour entzückt gewesen zu sein. Die Taktik der Japaner beeindruckte ihn, und er äußerte zu Oshima:

»Sie haben die richtige Kriegserklärung gegeben!« Diese Methode sei die einzig wahre. Japan habe sie ja auch bereits früher verfolgt und sie entspräche auch seinem eigenen System, nämlich solange zu verhandeln, wie es irgend geht. Wenn man dann aber sähe, daß der andere es nur darauf abgesehen habe, einen hinzuhalten, zu beschämen und zu demütigen, und gar nicht zu einer Einigung kommen will, dann soll man zuschlagen, und zwar so hart wie es gehe, und nicht erst lange Krieg erklären[110].

Er entschloß sich sehr rasch, dem japanischen Beispiel zu folgen, und erklärte den Vereinigten Staaten ebenfalls den Krieg. Als Ribbentrop darauf hinwies, daß Deutschland nach dem Dreimächtepakt nur dann zum Beistand gezwungen sei, wenn Japan von einer dritten Macht angegriffen würde, und daß mit der Kriegserklärung an die USA die Gegner Deutschlands zahlreicher würden, tat Hitler diese Erwägung als unbedeutend ab. Offenbar hat er niemals die Vorteile bedacht, die ein möglichst langes Hinausschieben eines offenen Bruches mit Amerika und die aus einer Verwicklung der Vereinigten Staaten in einen pazifischen Krieg sich ergebende Verminderung der Hilfe an England mit sich bringen konnten.

Bis dahin hatte sich Hitler angesichts der wachsenden Unterstützung, die die amerikanische Regierung den Engländern zukommen ließ, ziemlich gleichgültig gezeigt. Aber er war wohl zu dem Schluß gekommen, daß er sich im Grunde bereits mit den USA[111] im Krieg befand und daß es keinen Sinn habe, den von ihm als unvermeidlich angesehenen offenen Zusammenstoß hinauszuschieben. Die Heftigkeit, mit der Hitler in seiner Rede vom 11. Dezember über Präsident Roosevelt herzog, läßt auf den gewaltigen Groll schließen, der sich unter der von ihm geübten Zurückhaltung Amerika gegenüber aufgestaut hatte.

Zwei andere Faktoren beeinflußten noch Hitlers Entscheidungen. Der erste war seine verhängnisvolle Unterschätzung der amerikanischen Stärke. Er wußte nichts von den Vereinigten Staaten. Das Rassengemisch ihrer Bevölkerung sowie die Freiheit und das Fehlen einer autoritären Disziplin im amerikanischen Leben ließen ihn auch in Amerika eine dekadente bürgerliche Demokratie sehen, die nicht die Ausdauer zu einer militärischen Anstrengung besitze. Die Leichtigkeit, mit der die Japaner ihren Schlag auf Pearl Harbour ausgeführt hatten, bestärkte ihn in seinen Vorurteilen. Hitler hat sicher niemals angenommen — so wenig wie Hindenburg und Ludendorff im Jahre 1917 —, daß er mit einer größeren amerikanischen Intervention im europäischen Krieg zu rechnen haben würde. Er hat auch nicht eine Invasion in dem Umfang für möglich gehalten, wie sie zweieinhalb Jahre später von Engländern und Amerikanern durchgeführt wurde.

Der zweite Faktor ist schwieriger zu taxieren. Als Mussolini von der Möglichkeit eines Krieges zwischen Japan und den Vereinigten Staaten erfuhr, bemerkte er mit Genugtuung: »Also haben wir jetzt den Krieg zwischen den Kontinenten, den ich seit September 1939 vorausgesehen habe[112].« Die Aussicht auf solch einen Krieg regte Hitlers zum Grandiosen neigende Einbildungskraft an und belebte jenes wie ein Rauschgift auf ihn wirkende Gefühl, eine historische Sendung erfüllen zu müssen. Von der Vorstellung beschwingt, daß das Schicksal vieler Millionen Menschen von seinen Entscheidungen abhing, erklärte er in seiner Rede vom 11. Dezember, in der er Deutschlands Kriegserklärung an Amerika verkündete: »Wenn die Vorsehung es so gewollt hat, daß dem deutschen Volk dieser Kampf nicht erspart werden kann, dann will ich dafür dankbar sein, daß sie mich mit der Führung eines historischen Ringens betraute, das für die nächsten fünfhundert oder tausend Jahre nicht nur unsere deutsche Geschichte, sondern die Geschichte Europas, ja der ganzen Welt entscheidend gestalten wird ... Eine geschichtliche Revision einmaligen Ausmaßes wurde uns vom Schöpfer aufgetragen[113].«

Der größte Teil der Hitler-Rede vom 11. Dezember galt der Beschimpfung des Rooseveltschen Amerika. Er nannte den Präsidenten eine Kreatur der Juden. Er zog einen Vergleich zwischen den Erfolgen des Nationalsozialismus bei der Errettung Deutschlands von der Wirtschaftskrise und dem, was er das katastrophale Versagen des amerikanischen New Deal nannte: Roosevelt wolle dieses Versagen damit verdecken, daß er die Aufmerksamkeit der Amerikaner durch eine herausfordernde Außenpolitik ablenke. Um den Unterschied zwischen dem nationalsozialistischen Deutschland, dem »Habenichts«, und den wohlhabenden Vereinigten Staaten hervorzuheben, wandte er die alten demagogischen Tricks an:

»Ich verstehe nur zu wohl, daß zwischen der Lebensauffassung und Einstellung des Präsidenten Roosevelt und meiner eigenen ein weltweiter Abstand ist. Roosevelt stammt aus einer steinreichen Familie, gehörte von vornherein zu jener Klasse von Menschen, denen Geburt und Herkunft in den Demokratien den Weg des Lebens ebnen und damit den Aufstieg sichern. Ich selbst war nur das Kind einer kleinen und armen Familie und mußte mir unter unsäglichen Mühen durch Arbeit und Fleiß meinen Weg erkämpfen. Als der Weltkrieg kam, hatte Roosevelt in einer unter dem Schatten Wilsons befindlichen Stellung den Krieg aus der Sphäre des Verdienenden miterlebt. Er kennt daher nur die angenehmen Folgen der Auseinandersetzung von Völkern und Staaten, die sich für den ergeben, der dort Geschäfte macht, wo andere verbluten... Als gewöhnlicher Soldat habe ich mich bemüht, in diesen vier Jahren vor dem Feinde meine Pflicht zu erfüllen, und kehrte aus dem Kriege natürlich so arm zurück, wie ich im Herbst 1914 in ihn gezogen war. Ich habe also mein Schicksal mit dem von Millionen geteilt. Herr Franklin Roosevelt das seine mit dem der sogenannten oberen Zehntausend[114].«

Am Schluß seiner Rede verkündete Hitler den Abschluß eines neuen Vertrages zwischen Deutschland, Italien und Japan, worin diese sich verpflichteten, keinen separaten Waffenstillstand oder Frieden mit den USA oder England ohne gegenseitige Zustimmung zu schließen.

Im Winter 1941/42 war Hitler jedoch noch weit mehr mit Rußland als mit den Vereinigten Staaten oder Großbritannien beschäftigt. Die am 6. Dezember von den Russen eröffnete Gegenoffensive stellte ihn vor eine Krise, die, wenn man ihr nicht richtig begegnete, zum Verhängnis werden konnte. »In diesem kritischen Zeitpunkt«, sagte der Kommandierende General eines Korps, von Tippelskirch, »dachte die Truppe daran, was sie vom Rückzug Napoleons von Moskau gehört hatte, und lebte unter diesem Schatten. Wenn einmal ein Rückzug eingeleitet worden wäre, so hätte sich daraus eine panische Flucht entwickeln können.«

Hitler war der Situation gewachsen. Durch ein bemerkenswert entschlossenes Auftreten gelang es ihm, die deutschen Linien zu halten. Wie sehr er auch verantwortlich war für die verzweifelte Lage, in der sich die deutsche Wehrmacht jetzt befand, und welche Folgen letztlich sein Eingreifen haben mochte, in ihrer unmittelbaren Auswirkung war dieses seine größte Leistung als Feldherr.

Hitlers Methode, mit der Krise fertig zu werden, war sehr einfach. Er schlug den fachmännischen Rat seiner Generale aus und befahl den deutschen Truppen, ohne jede Rücksicht auf Kosten an Menschenleben, auszuhalten und zu kämpfen, wo sie standen. Kategorisch lehnte er jedes Ersuchen um Rückzug ab. Dieser Befehl wurde unbarmherzig durchgeführt. Offiziere, die nicht gehorchten, wurden entlassen oder vor ein Kriegsgericht gestellt. Feldmarschall von Rundstedt, der nach dem mißlungenen Angriff auf Rostow den Rückzug befohlen hatte, wurde gezwungen, sein Kommando niederzulegen; Guderian, der eine der Panzerarmeen an der Moskauer Front befehligte, wurde seines Kommandos enthoben; Hoeppner, ein anderer Panzergeneral, wurde aus dem Dienst entlassen und degradiert und durfte keine Uniform mehr tragen.

Der von den Russen und mehr noch von dem schrecklichen Winter erhobene Zoll war hoch. Tausende von deutschen Soldaten erlitten den Kältetod, denn Hitler hatte sich hartnäckig geweigert, die Möglichkeit eines Winterfeldzuges oder die Beschaffung entsprechender Kleidung in Erwägung zu ziehen. An gewissen Stellen war es buchstäblich unmöglich, Hitlers Befehle auszuführen, und er mußte widerstrebend die Rücknahme der deutschen Stellungen hinnehmen, nachdem ganze Divisionen durch russische Angriffe und Erfrierungen aufgerieben worden waren. Aber es kam nicht zum Durchbruch der Russen, und als der Schnee im Frühjahr schmolz, stand die deutsche Wehrmacht noch tief im Innern Rußlands. Ja, Hitler brachte sogar, indem er auf die Reserven seines eigenen Landes und seiner Verbündeten zurückgriff, an der Ostfront die Kräfte zusammen, die ihn stark genug machten, die Offensive im Jahre 1942 wieder aufzunehmen.

Die Krise vom Winter 1941/42 war jedoch nicht allein durch ihre militärischen Folgen bedeutsam. Sie bezeichnet auch ein entscheidendes Entwicklungsstadium in den Beziehungen Hitlers zum Heer und sollte erhebliche Konsequenzen für die Zukunft nach sich ziehen.

Nach dem Einfall in Rußland gab es in Deutschland kein Oberkommando und keinen Generalstab mehr, der sich mit dem vergleichen ließ, an dessen Spitze im ersten Weltkrieg Hindenburg und Ludendorff gestanden hatten. Hitler befahl dem Oberbefehlshaber des Heeres und seinem Stab (OKH), sich auf die Kriegsführung im Osten (mit Ausnahme von Finnland) zu beschränken. Die andern Fronten blieben seinem eigenen Stab, dem Oberkommando der Wehrmacht (OKW), vorbehalten. Aber das OKW wiederum war von der Ostfront ausgeschlossen. Jedenfalls verfügte das Oberkommando des Heeres nicht über die unabhängige Autorität, die es von alters her in Deutschland besessen hatte. Die Verantwortung für die Operationsführung war also geteilt, und die Gesamtstrategie des Krieges war allein Hitlers Sache.

Hitler war alles andere als ein militärischer Dummkopf. Er hatte eine Menge Militärliteratur gelesen und nahm lebhaften Anteil an technischen Dingen, wie zum Beispiel der Konstruktion neuer Waffen. Als Politiker besaß er Gaben, die für ihn auch im Krieg Vorteile bedeuteten. Die psychologische Seite der Kriegführung meisterlich beherrschend, war er rasch im Erkennen des Überraschungsmomentes, kühn im Wagen und empfänglich für unorthodoxe Ideen. Die Tatsache, daß er die Entwicklung der deutschen Panzerwaffen entscheidend gefördert hat, daß er Raeders Vorschlag für die Besetzung Norwegens und Mansteins Plan für den Durchbruch durch die Ardennen annahm, ist bereits erwähnt worden, um diese Gaben zu verdeutlichen. Hitler hatte auch nicht ganz unrecht mit der Behauptung, daß er, wenn er auf das Oberkommando gehört hätte, die deutsche Wiederaufrüstung niemals in dem von ihm gewünschten Tempo hätte durchführen oder die Risiken auf sich nehmen können, die die deutsche Wehrmacht zu ihren sensationellen Triumphen in den Jahren 1940/41 führten.

Ebenso offensichtlich waren die Fehler, die er als militärischer Führer aufwies. Er hatte zu wenig Respekt vor Tatsachen, war eigensinnig und voreingenommen. Seine Erfahrungen aus dem ersten Weltkrieg, denen er eine ihnen nicht angemessene Bedeutung beilegte, waren äußerst begrenzt. Er hatte niemals eine Truppe an der Front geführt oder gar gelernt, wie ein Generalstabsoffizier mit Armeen umzugehen. Es fehlte ihm an der Übung, seine großartigen Konzeptionen in konkrete Operationsbegriffe umzuwandeln. Sein Interesse an technischen Einzelheiten machte diese Mängel, statt sie auszugleichen, nur noch deutlicher. Für einen Mann, dessen Aufgabe es war, sich über die großen Zusammenhänge der Kriegführung klarzuwerden, interessierte er sich viel zu sehr für Einzelfragen, wie zum Beispiel die genaue Stärke der Betondecke einer Befestigungsanlage. Darüber hinaus berauschte er sich gern an Zahlen, an den nackten Ziffern der Truppenstärken oder der Rüstungsproduktion, die er mit Vorliebe auswendig aufzählte, ohne auch nur den Versuch zu machen, sie kritisch zu prüfen.

Gerade diese Mängel waren es, die die Generale dank ihrer beruflichen Ausbildung hätten korrigieren können. Eine Kombination von Hitlers oft glänzender Intuition und der zünftigen, methodischen Planung des Generalstabs hätten die höchsten Wirkungen erzielen können. Dies aber schloß Hitlers Mißtrauen gegen die Generale aus.

Da er sich der einzigartigen Stellung des Heeres innerhalb der deutschen Geschichte und seines unbestrittenen Ansehens als Sinnbild der nationalen Tradition durchaus bewußt war, neigte er dazu, die Armeeführer des Mangels an Begeisterung, wenn nicht gar der aktiven Untreue gegenüber dem neuen Regime zu verdächtigen. Bei mehreren Gelegenheiten verriet Hitler seinen Neid auf Stalin: mit seiner Säuberungsaktion in der Roten Armee habe er sich schon vor dem Kriege ein Oberkommando sichern können, das dem Kommunismus treu ergeben sei. Die deutschen Generale, beklagte sich Hitler, hätten nicht einen so starken Glauben an die nationalsozialistische Idee. »Sie haben Skrupel, widersprechen und halten nicht genug zu mir[115].« Das deutsche Offizierskorps war das letzte Bollwerk der alten konservativen Tradition, und das vergaß Hitler niemals. Sein soziales Ressentiment saß dicht unter der Oberfläche; er wußte ganz genau, daß das Offizierskorps ihn, den Emporkömmling, den »böhmischen Gefreiten«, verachtete, und er erwiderte darauf mit einer kaum verhohlenen Geringschätzung der »Herren«, die ein »von« vor ihren Namen setzten und niemals als gemeine Soldaten im Schützengraben gedient hatten.

Zu dem politischen Mißtrauen und sozialen Ressentiment gesellte sich noch Hitlers eingefleischter Argwohn gegen den Experten, gegen den Berufsoffizier, der, wie der berufsmäßige Wirtschaftler, nur Schwierigkeiten sah. Nichts machte Hitler wütender als die »Objektivität« des Gebildeten, der sich weigerte, seine instinktive Fähigkeit, alle Probleme auf den einfachsten Nenner zu bringen, und seine beharrliche Auffassung, daß die Willenskraft ein Allheilmittel sei, anzuerkennen. Hitler fiel es schwer, Rat anzunehmen und Kritik zuzulassen. Es erforderte großen Takt, ihn zu der Annahme einer Ansicht zu bewegen, die von der seinen abwich, und Takt war eine Eigenschaft, über die nur wenige deutsche Generale verfügten. Von Natur aus arrogant, bremste er schleunigst ab, wenn sich irgendwie zeigte, daß ein Mann, der mehr wußte als er und sein Genie nicht anerkannte, ihm im Gespräch überlegen war. Statt also die sehr unterschiedlichen Begabungen seiner militärischen Ratgeber als willkommene Ergänzung zu seinen eigenen Fähigkeiten gelten zu lassen, verachtete er sie wegen ihrer Traditionsgebundenheit und sah sie auf dem Gebiete der Kriegskunst als ihm ebenso unterlegen an, wie seinerzeit Papen und Hugenberg auf dem Gebiet der Politik.

Solange die deutsche Armee siegreich war, ließ sich das unter der Oberfläche schlummernde mangelnde Vertrauen zwischen Hitler und seinen Generalen übertünchen. Aber in dem Augenblick, da Hitler sich einer Lage wie der im Winter 1941/42 an der Ostfront gegenüber sah, ließ er nur zu deutlich werden, daß er dem Oberkommando nicht im geringsten zutraute, mit ihr fertig zu werden. Er hatte das Gefühl, sich nur noch auf sich selbst verlassen zu können. Brauchitsch spürte, daß er sich in einer unmöglichen Lage befand, und bot am 7. Dezember seinen Rücktritt an. Hitler gab zunächst keine Antwort; er sei zu beschäftigt, erklärte er brüsk. Aber zehn Tage später nahm er das Rücktrittsgesuch an, und am 19. verkündete er, daß er nunmehr selber den Oberbefehl über das deutsche Frontheer übernehmen werde.

Dieser Schritt war die logische Folge jener Politik, alle Macht in seiner Hand zu konzentrieren, die Hitler seit 1933 ständig verfolgt hatte. 1934, nach Hindenburgs Tod, war er Staatsoberhaupt und damit Oberbefehlshaber der Wehrmacht geworden. 1938, nach der Aufhebung des Kriegsministeriums, hatte er die Funktionen des früheren Kriegsministers an sich gerissen und mit dem Oberkommando der Wehrmacht (OKW) vereint. Nun übernahm er noch das Oberkommando des Heeres (OKH).

1934, in der Zeit des Röhm-Putsches, hatten sich die Generale innerlich beglückwünscht zu dem Handel, den sie mit Hitler abschlossen. 1938, als Blomberg und Fritsch beseitigt wurden, war ihnen zu spät die Erkenntnis gekommen, daß sie sich nicht einen Diener oder auch nur Partner, sondern einen Herrn und Meister angeschafft hatten. Jetzt dehnte dieser Herr und Meister in aller Form seine Autorität von der Staatsführung auf die Führung der militärischen Operationen aus. Zu General Halder sagte Hitler einmal:

»Das bißchen Operationsführung kann jeder machen. Die Aufgabe des Oberbefehlshabers des Heeres ist es, das Heer nationalsozialistisch zu erziehen. Ich kenne keinen General des Heeres, der diese Aufgabe in meinem Sinne erfüllen könnte. Darum habe ich mich entschlossen, den Oberbefehl über das Heer selbst zu übernehmen[116].«

So wurde, sieben Jahre nach Röhms Tod, dessen Ziel verwirklicht und die Armee »gleichgeschaltet« — von dem Mann, der Röhm hatte ermorden lassen.

Der schlaue Politiker versäumte nicht, noch etwas anderes zu überlegen. Zu Brauchitsch sagte Hitler, er habe, um die Situation zu retten, »das ganze Vertrauen, das er im Heer genieße, in die Waagschale geworfen[117]«. Aber für das deutsche Volk mußte es so aussehen, als sei Brauchitsch dafür verantwortlich, daß eine solche Lage überhaupt entstehen konnte, und dieser Glaube wurde von Hitler selbst sorgfältig kultiviert. Der Führer irrte sich nicht. Wenn der für den Herbst versprochene Sieg sich als illusorisch erwiesen hatte, so lag es nicht am Führer, sondern am Oberkommando. Als Goebbels drei Monate später Hitler im Führerhauptquartier besuchte, schrieb er in sein Tagebuch:

»Der Führer hat für Brauchitsch nur Ausdrücke der Verachtung. Ein eitler, feiger Wicht, der nicht in der Lage war, die Situation überhaupt zu überschauen, geschweige sie zu meistern. Er hat den ganzen Feldzugsplan im Osten, der vom Führer kristallklar entworfen war, durch sein dauerndes Dazwischenreden und durch seinen dauernden Ungehorsam vollkommen verkitscht und verdorben. Der Führer hatte einen Plan, der zum Siege führen mußte. Hätte Brauchitsch alles das getan, was von ihm verlangt wurde und was er eigentlich auch tun mußte, dann ständen wir im Osten heute anders, als wir jetzt dastehen[118].«

Da Hitler von seinen eigenen Fähigkeiten restlos überzeugt war, dachte er nicht lange darüber nach, daß es ihm, in seiner neuen Stellung, zukünftig schwer sein würde, Sündenböcke zu finden. Denn wenn er auch den Nimbus des inspirierten Führers mit vollster Berechnung ausgenutzt hatte, so hatte Hitler doch niemals verfehlt, an die Wahrheit des von ihm selbst geschaffenen Abbildes zu glauben. Als sich dann ein Sieg an den andern reihte, wurde auch noch das Element der Berechnung völlig verdunkelt von der Überzeugung, daß er mit dem Bild identisch sei, ein von der Vorsehung auserwählter und mit mehr als gewöhnlichen Gaben ausgestatteter Mann. Das Abbild, das er von sich geschaffen, ergriff von ihm Besitz.

Diese Überzeugung steigerte sich ins Maßlose durch die Ereignisse der Wintermonate 1941/42. In seiner Rede vom 30. Januar 1942, auf dem Höhepunkt der Krise, sprach er von seinem »unbändigen Vertrauen. Vertrauen auch zu meiner eigenen Person, daß mich gar nichts, was immer es auch sei, jemals aus dem Sattel werfen kann, daß mich nichts mehr zu erschüttern vermag[119].«

Goebbels war, als er Hitler im März sah, erschüttert über die Spuren, die diese Monate in Hitlers Gesundheit hinterlassen hatten. »Ich bemerke, wie er schon sehr grau geworden ist und wie schon seine Erzählung über die Sorgen des Winters ihn stark gealtert erscheinen läßt[120].« Er klagte über Schwindelanfälle und sagte zu Goebbels, daß er nie wieder Schnee sehen wolle: er habe einen rein körperlichen Abscheu dagegen bekommen. Dennoch ging Hitler aus der Prüfung ungebrochen hervor. Der Erfolg seines Eingreifens, durch das der russische Gegenangriff aufgefangen worden war, steigerte noch den Glauben an seine Mission und das Vertrauen in sein militärisches Genie. Nach dem Winter 1942 war er weniger denn je bereit, Ratschläge — oder auch nur Informationen — anzunehmen, die seinen eigenen Wünschen entgegenliefen. Dies bedeutete die Kehrseite der Stärke, die er aus dem Glauben an sich selbst gewann — es war die Schwäche, die ihn zerstören sollte. Denn zuletzt verzehrte sie alle Selbstkritik und unterband jeden Kontakt mit der Wirklichkeit.

Sichtbar ist das schon 1941. Denn wenn Hitler auch im Winter dieses Jahres die deutsche Armee rettete, so war es doch hauptsächlich das Resultat seiner Fehlrechnung gewesen, die sie überhaupt in eine solche Lage gebracht hatte. Es war nicht nur seine ureigenste Entscheidung gewesen, in Rußland einzufallen, es war darüber hinaus der unverhüllteste Angriffskrieg, den Hitler jemals unternahm; doch er hatte es, trotz der Ratschläge seiner Generale, bis kurz vor Ende der guten Jahreszeit abgelehnt, seine Truppen auf Moskau zu konzentrieren, um dann eigensinnig darauf zu beharren, die Versuche zur Einnahme der russischen Hauptstadt bis zum äußersten Gefahrenpunkt — und darüber hinaus — fortzusetzen.

Es war unvermeidlich, daß ein Mann in Hitlers Stellung sich weigerte, seinen Irrtum öffentlich zuzugeben, und dann in Brauchitsch einen Sündenbock suchte; aber er weigerte sich auch, ihn vor sich selber einzugestehen, so daß er sich die Chance entgehen ließ, aus seinen Irrtümern zu lernen. Seine verhängnisvolle Fähigkeit, alles für wahr zu halten, was er zu glauben wünschte, schuf bald in ihm die unerschütterliche Überzeugung, daß der Fehlschlag von 1941 der Unzulänglichkeit des Oberkommandos des Heeres zuzuschreiben sei, und daß nunmehr, im Jahre 1942, nachdem er selbst die Operationsführung übernommen hatte, unfehlbar der entscheidende Schlag geführt werden würde, der ihm im Jahr zuvor mißlungen war. Und je mehr in Deutschland unter der Wucht der Ereignisse der Glaube an die nationalsozialistischen Siegesmeldungen abnahm, wurde er bei Hitler trotz aller Ereignisse immer stärker, bis er das letzte Opfer seiner eigenen Propaganda geworden war.

III

In Hitlers privaten Unterhaltungen während dieser drei Monate tritt dieses gleiche Selbstvertrauen stark hervor.

Die meisten dieser privaten Gespräche fanden nach dem Mittag- oder Abendessen in der Wolfsschanze in Ostpreußen statt; es gibt jedoch auch Berichte von Gesprächen in der Reichskanzlei, in Gefechtsständen oder im Sonderzug des Führers. Unterbrechungen, Einwürfe von Gesprächspartnern waren selten, abgesehen von gelegentlichen Bemerkungen mit dem Zweck, auf das nächste Thema überzuleiten oder Hitlers Stellungnahme zu erbitten.

Manchmal war Hitler in nachdenklicher Stimmung, und dann erinnerte er sich an die früheren Kämpfe und Triumphe der Partei. Politik und Krieg waren die Hauptthemen seiner Gespräche, und seine Ausführungen dazu zeigten, wie gut er sich in der europäischen Geschichte auskannte. Die historische Persönlichkeit, die er am meisten bewunderte, war Friedrich der Große. Er kritisierte, daß Napoleon

den Kaisertitel angenommen und die Interessen seiner Familie so unverhohlen verfolgt hatte: Trotz Napoleons Genie sei Friedrich der Große der bemerkenswerteste Mann des 18. Jahrhunderts gewesen.
Ein Problem, auf das Hitler einige Male zurückkam, war die Art und Weise, in der man ein Staatsoberhaupt auswählen sollte, also das Problem der Nachfolge. Im Laufe der Geschichte, so erklärte er, hätten sich in dieser Hinsicht zwei Einrichtungen bewährt: das Papsttum, trotz der unnatürlichen Lehre, auf der es basiere, und die venezianische Republik.
Hitler war beeindruckt von dem, was die Engländer (ein nordisches Volk) durch die Einrichtung ihres Empires erreicht hatten:

»Wenn das britische Weltreich heute zusammenbräche, läge das an unserer Wehrmacht; aber Vorteile hätten wir nicht davon, denn wir wären nicht die Erben ... Wenn die Engländer klug sind, werden sie den psychologisch richtigen Augenblick ergreifen, um kehrtzumachen und an unserer Seite zu marschieren. Wenn es den Engländern gelingt, jetzt aus dem Krieg herauszukommen, können sie es erreichen, ihren Hauptkonkurrenten, die USA, für die nächsten 30 Jahre aus dem Feld zu schlagen ...«
»England«, erklärte er bei anderer Gelegenheit, »kann nur überleben, wenn es sich mit dem übrigen Europa verbündet, es muß in die Lage versetzt werden, seine Kolonialinteressen innerhalb des Rahmens einer gesamteuropäischen Organisation zu verteidigen. Nur unter dieser Bedingung kann es sein Weltreich erhalten[121].«

Nach Hitlers Ansicht war offensichtlich Deutschland der richtige Partner für England; mehr als einmal betonte er, die deutschen Beziehungen zu England seien denen ähnlich, die zwischen Preußen und der Habsburger Monarchie im Jahre 1866 bestanden hätten. Nachdem Bismarck Österreich geschlagen habe, sei Österreich bereit gewesen, eine Allianz mit Preußen zu akzeptieren; so würde es auch mit England sein können, falls es so klug sei, seine wirklichen Interessen zu erkennen.

»Überlegen ist der Engländer dem Deutschen durch sein Selbstbewußtsein. Selbstbewußtsein hat nur, wer befehlen kann ... Die Geburtsstätte des englischen Selbstbewußtseins ist Indien[122].«

Was Indien für England gewesen sei, so erklärte Hitler, das bedeute das Reich, das er auf Kosten Rußlands im Osten gründen würde, für die Deutschen. Dieses Thema regte seine Phantasie immer noch am meisten an, und er verglich seine Tätigkeit als Schöpfer eines Reiches — allerdings in größerem Umfange — mit der Bismarcks.

»Diese meine Überlegungen ergeben sich aus meiner eigenen Erfahrung mit dem schwierigen Stück Geschichte, mit dem ich mich einlassen mußte. Die uns folgenden Generationen werden ohne Zweifel die Vereinigung Europas als selbstverständlich hinnehmen, genau wie wir Heutigen die Gründung des Bismarck-Reiches als eine einfache geschichtliche Tatsache ansehen. Die unermeßliche Mühe, die darin bestand, Nord-, West-, Mittel- und Osteuropa zu einer Einheit zusammenzuschweißen, wird schnell vergessen sein ... Eines muß ich in diesem Zusammenhang betonen — und ich kann es gar nicht oft genug herausstellen —, und das ist dieses: die Zusammenschweißung Europas wurde nicht ermöglicht durch die Bemühungen einer Anzahl von Staatsmännern, die der Einigung dienen wollten, sondern durch Waffengewalt[123].«

Hitlers Verachtung für die slawischen Völker blieb unverändert, seine Hochachtung für Stalin jedoch stieg angesichts der unerwarteten Verteidigungskraft der Russen beträchtlich.

»Auch vor Stalin müsse man unbedingten Respekt haben. Er sei in seiner Art schon ein genialer Kerl! Seine Vorbilder wie Dschingis Khan und so weiter kenne er genau, und seine Wirtschaftsplanung sei so umfassend, daß sie wohl nur von unseren Vierjahresplänen übertroffen werde[124].«

Einige Tage später beschrieb er den russischen Führer so:

»Halb Bestie, halb Gigant. Ob das Volk zugrunde geht, schert ihn wenig. Wenn wir ihm noch zehn Jahre Zeit gelassen hätten, wäre Europa weggespült worden wie zur Zeit der Hunnen[125].«

Andererseits zeigte er Churchill und Roosevelt gegenüber eine geradezu boshafte Verachtung; die Engländer waren für ihn Narren, weil sie nicht den Vorteil sahen, der ihnen aus einem Friedensschluß erwüchse, und die Amerikaner, halb vom Judentum, halb von der schwarzen Rasse durchsetzt, galten ihm als eine dekadente, vom Materialismus verdorbene Nation.

Hitlers Gespräche sind geradezu ein Kompendium seines Hasses, angefangen bei seinen Vorurteilen gegen das Rauchen, das Jagen und den Fleischgenuß bis hin zum Haß auf das Christentum und auf die Juden. Zu denen, die er besonders verabscheute, gehörten Beamte, Rechtsanwälte und Richter, die an eine »objektive« Gerechtigkeit glaubten, sowie Diplomaten und alle anderen Angehörigen der traditionellen Oberschicht; ferner Monarchen und ihr Hofstaat (besonders die italienischen); außerdem die Mittelklasse und ihre bürgerlichen Konventionen; er haßte auch die Lehrer und die akademische Bildung überhaupt, ein Thema, auf das er immer wieder — mit vielen Anspielungen auf seine eigene Schulzeit — zu sprechen kam.

Den ersten Eindruck, der beim Lesen der »Tischgespräche« entsteht, bestimmt der bemerkenswerte Umfang, in dem Hitlers Ideen in den Jahren 1941 und 1942 die gleichen geblieben sind, die er schon während der zwanziger Jahre in »Mein Kampf« niedergeschrieben oder um 1930 herum Rauschning gegenüber zum Ausdruck gebracht hatte. Der Existenzkampf ist ein Naturgesetz; Härte ist die höchste Tugend; der Schlüssel zur Geschichte liegt in der Rasse; Macht ist das Vorrecht einer rassischen Elite. Das ist die alte Verachtung der christlichen Tugenden, die als Versuch des Unterlegenen abgetan werden, dem Starken Fesseln anzulegen; da ist der alte Glaube an die Macht, die ihm entscheidender politischer Faktor und die Grundlage des neuen Imperiums ist, das er gründen will; da ist der alte Haß gegenüber den Juden als den Erzfeinden der arischen »Kultur« und der germanischen Völker.

Keine anderen Themen kehren in Hitlers Gesprächen mit solcher Regelmäßigkeit wieder wie die Themen: Christentum und Juden; und es ist für seine pathologische Persönlichkeit charakteristisch, daß diese beiden unentwirrbar miteinander verbunden sind. Ein halbes Dutzend Zitate muß Beweis genug sein, stellvertretend für die hundert (oder noch mehr) anderen, die man aus Bormanns Berichten entnehmen könnte.

»Der schwerste Schlag, den die Menschheit je erlebte, war die Einführung des Christentums. Der Bolschewismus ist das uneheliche Kind des Christentums. Beide sind Erfindungen der Juden. Die bewußte Lüge in religiöser Hinsicht wurde durch das Christentum in die Welt gebracht...[126].«

»Logisch zu Ende gedacht, bedeutet das Christentum die systematische Verherrlichung des menschlichen Versagens[127].«

»Der Grund, warum die antike Welt so rein, so hell und so heiter war, besteht darin, daß sie die beiden großen Heimsuchungen nicht kannte: die schwarzen Pocken und das Christentum![128]«

»Der gleiche Jude, der damals das Christentum in die antike Welt eingeschmuggelt und diese wunderbare Sache umgebracht hat, er hat nun wieder einen schwachen Punkt gefunden: das angeschlagene Gewissen unserer Mitwelt. Es geschah das unter Änderung des Namens, wie damals von Saulus in Paulus, so heute Mordechai in Marx[129].«

»Jesu Lehre war das Werk des Apostels Paulus..., denn das Ziel des Galiläers war es, zu befreien: nämlich sein Land von der jüdischen

Unterdrückung. Er stand auf gegen den jüdischen Kapitalismus, und deshalb liquidierten ihn die Juden ... Übrigens sahen ihn die Juden als den Sohn einer Hure und eines römischen Soldaten an[130].«

»Christus war ein Arier. Aber Paulus hat seine Lehre benutzt, die Unterwelt zu mobilisieren und einen Vor-Bolschewismus zu organisieren ... Das Christentum ... ist das Tollste, was je ein Menschengehirn in seinem Wahn hervorgebracht hat, die Verhöhnung von allem Göttlichen ...[131].«

»Und wenn man sich die Kirchenfürsten mit Geld kaufen könne, solle man es ja tun. Er stehe auch auf dem Standpunkt, daß man jeden Kirchenfürsten, der sein Leben genießen wolle, um Gottes willen nicht stören solle. Gefährlich seien nur die hohläugigen fanatischen Asketen[132].«

»Ich will diese verdammten Pfaffen die Macht des Staates fühlen lassen, und zwar auf eine Weise, die sie niemals für möglich gehalten hätten. Im Moment behalte ich sie nur scharf im Auge: Wenn mir aber je auch nur der leiseste Verdacht kommt, daß sie etwa gefährlich werden, lasse ich gleich einen ganzen Haufen von ihnen erschießen. Diese dreckige Schlange erhebt ihr Haupt immer, wenn es Anzeichen für eine Schwäche des Staates gibt, und deshalb muß man ihr das Haupt zertreten. Wir haben keinen Bedarf für ein Märchen, das die Juden erfunden haben. Das Schicksal von ein paar dreckigen verlausten Juden und Epileptikern ist es nicht wert, sich Gedanken darüber zu machen[133].«

Der Eindruck, der sich bei der Lektüre der 700 Seiten »Tischgespräche« aufdrängt und am längsten anhält, ist der von der Primitivität der Hitlerschen Ansichten: hinterhältig und brutal in ihren Sophistereien, zwingend, doch ohne menschliches Gefühl, gleichermaßen unverschämt und unwissend. In der anmaßenden Art, in der er seine Meinung über jedes nur denkbare Thema kundtat — Kunst, Religion, Frauen, Geschichte, Wirtschaft, Gesetz — ließ er keinen Zweifel daran aufkommen, daß er über irgendeinen Bereich etwa weniger gut informiert sein könnte als andere. Auch wenn man den Zuwachs an Selbstbewußtsein und Erfahrung aus 20 Jahren in Rechnung stellt, ist der Hitler, der uns in den Tischgesprächen gegenübertritt, noch immer deutlich die unangenehme, intolerante Gestalt, die uns bereits aus »Mein Kampf« oder den Reden der Jahre um 1920 vertraut ist. Der Erfolg hatte an Hitlers Wesen wenig geändert, und was den Rückschlag im Winter 1941/42 angeht, so hatte er den selbstbewußten Glauben an sein eigenes Genie eher bestärkt als geschwächt.

In solcher Stimmung entwarf Hitler seine neuen Feldzugspläne für 1942. Als Goebbels ihn im März in seinem Hauptquartier besuchte, notierte er:

»Für den kommenden Frühling und Sommer hat der Führer wiederum einen ganz klaren Plan. Er will nicht ins Uferlose hinein Krieg führen. Seine Ziele sind Kaukasus, Leningrad und Moskau ... Eventuell kann es im Osten zu einem hundertjährigen Kriege kommen, der uns dann aber keine besonderen Sorgen mehr zu bereiten braucht[134].«

Als Halder ihm sagte, der Nachrichtendienst des Heeres habe Informationen darüber erhalten, daß monatlich 600—700 Panzer die russischen Fabriken verließen, schlug Hitler auf den Tisch und erklärte es für unmöglich.

»Der Russe sei tot. Mit der Winteroffensive habe er seine letzte Kraft verbraucht. Es komme nur darauf an, das schon Fallende zu stoßen. Nietzsche und Clausewitz wurden zitiert, um diesen ›heroischen‹ Feldherrnentschluß zu begründen[135].«

Die deutsche Armee war ohne größere Schlappen durch den Winter gekommen, jedoch für einen hohen Preis. Die Verluste beliefen sich auf 1 168 000, die Verwundeten nicht mitgezählt, von den 162 Divisionen an der Ostfront waren Ende März nur 8 für Offensivoperationen bereit, und die 16 Panzerdivisionen verfügten insgesamt nur über 140 einsatzbereite Panzer.

Trotz dieser Verluste gab Hitler den ausdrücklichen Befehl, Vorbereitungen für eine Wiederaufnahme der Offensive zu treffen. Der Süden sollte der Hauptschauplatz der Operationen sein, die Ziele das Öl im Kaukasus, die Industrie im Donbogen und Stalingrad an der Wolga.

Auch an der Heimatfront war es, nicht weniger als in der Armee, notwendig, das Vertrauen zu Hitlers Führerschaft neu zu beleben. In den ersten vier Monaten des Jahres 1942 fand Hitler Zeit, drei große Reden zu halten.

Über die erste, die er am Jahrestag des 30. Januar 1933 hielt, schrieb Goebbels: »Die Versammlung ist so recht im Stile der Jahre 1930, 1931 und 1932 ... Der Führer hat das ganze Volk wie einen Akkumulator aufgeladen ... Solange er lebt und gesund unter uns weilt, solange er die Kraft seines Geistes und die Kraft seiner Männlichkeit einzusetzen in der Lage ist, solange kann uns nichts Böses geschehen[136].«

In seiner zweiten Rede, die er im März, am Heldengedenktag, hielt, erklärte Hitler: »Wir alle fühlen in diesem Augenblick die Größe der Zeit, in der wir leben. Eine neue Welt ist im Werden[137].«

Aber erst in seiner Rede vom 26. April, als der Winter hinter ihm lag, brachte Hitler seine verstärkte Zuversicht in Deutschlands Endsieg voll zum Ausdruck. Diesmal bemühte er sich nicht, zu verbergen, wie nah das deutsche Heer einer Katastrophe gewesen war. Er übertrieb absichtlich den Ernst der Lage an der Ostfront, um seinen Entschluß, die Verantwortung selbst zu übernehmen, und die Mitteilung, daß man der Krise Herr geworden sei, wirksamer herauszustellen. »Meine Abgeordneten«, sagte er in der überfüllten und erregten Reichstagssitzung in der Krolloper, »in diesem Winter ist ein Weltkampf entschieden worden ...« Dann fügte er, die im Laufe des Winters so oft erhobene Anspielung auf Napoleons Rückzug aus Moskau aufgreifend, hinzu: »Wir haben ein Schicksal gemeistert, das einen anderen vor 130 Jahren zerbrochen hat[138].«

Das Bild, das Hitler von den Bedingungen entwarf, unter denen das Heer während der letzten Monate im Osten hatte kämpfen müssen, leitete seine Forderung nach einer noch größeren Erweiterung seiner persönlichen Macht ein. Diese bildete an der Heimatfront das Gegenstück zu der persönlichen Übernahme der Operationsleitung an der Ostfront.

Das Gesetz, das vom Reichstag pflichtgemäß ohne Diskussion angenommen wurde, verkündete:

Gesetz 1942, 26. April, Reichsgesetzblatt I 247: »Es kann keinem Zweifel unterliegen, daß der Führer in der gegenwärtigen Zeit des Krieges, in der das deutsche Volk in einem Kampf um Sein oder Nichtsein steht, das von ihm in Anspruch genommene Recht besitzen muß, alles zu tun, was zur Erringung des Sieges dient oder dazu beiträgt. Der Führer muß daher — ohne an bestehende Rechtsvorschriften gebunden zu sein — in seiner Eigenschaft als Führer der Nation, als Oberster Befehlshaber der Wehrmacht, als Regierungschef und oberster Inhaber der vollziehenden Gewalt, als Oberster Gerichtsherr und als Führer der Partei jederzeit in der Lage sein, nötigenfalls jeden Deutschen — sei er einfacher Soldat oder Offizier, niedriger oder hoher Beamter oder Richter, leitender oder dienender Funktionär der Partei, Arbeiter oder Angestellter — mit allen ihm geeignet erscheinenden Mitteln zur Erfüllung seiner Pflichten anzuhalten und bei Verletzung dieser Pflichten nach gewissenhafter Prüfung ohne Rücksicht auf sogenannte wohlerworbene Rechte mit der ihm gebührenden Sühne zu belegen, ihn im besonderen ohne Einleitung vorgeschriebener Verfahren aus seinem Amte, aus seinem Rang und seiner Stellung zu entfernen[139].«

Hitlers Forderung nach einer Bestätigung der Willkürmacht, die er bereits besaß, ist auf den ersten Blick rätselhaft. Die Erklärung für das Dekret vom 26. April 1942 kann man in Goebbels' Tagebüchern finden. Darin beschwert sich der Propagandaminister dauernd über die Mängel der Staats- und Parteiverwaltung, über die Unfähigkeit, das deutsche Wirtschafts- und Zivilleben den Erfordernissen des »totalen« Krieges anzupassen. Bei dem Besuch zum Beispiel, den Goebbels im März im Führerhauptquartier machte, bedrängte er Hitler, drastischere Maßnahmen zur Bekämpfung des Kriegsgewinnlertums und des Schwarzen Marktes und zur Produktionssteigerung zu genehmigen, die stark aufgeblähten Dienststellen übermäßig angewachsener Ministerien zu reduzieren und damit zusätzliche Arbeitskräfte zu beschaffen.

Hitler und Goebbels schoben die Schuld an diesen Mängeln dem Konservativismus der deutschen Staats- und Justizverwaltung zu. Aber sie büßten nur dafür, daß sie dereinst, als die Nazipartei an die Macht gekommen war, die Staatsverwaltung als deren »Beute« angesehen hatten. Die gerühmte totalitäre Organisation des nationalsozialistischen Staates war in Wirklichkeit von Korruption und Unfähigkeit durchsetzt, und das unter der Schirmherrschaft der Nazibonzen, von Männern wie Göring und Himmler bis hinab zu den Gauleitern und kleinen örtlichen Erpressern jeder deutschen Stadt. Auf allen Stufen der Hierarchie gab es Kompetenzstreitigkeiten, Kämpfe um Macht und Beute und die üblichen Begleiterscheinungen einer Gangsterherrschaft, »Protektion«, Bereicherung und »Prozente«. Die Nazis hatten sich in ihrem Wesen nicht geändert, als sie zur Macht kamen; sie waren geblieben, was sie immer gewesen waren, Banditen, Tagediebe und Maulhelden — nur daß sie jetzt die Hilfsquellen eines großen Staates beherrschten. Es ist verwunderlich, daß sie Deutschland nicht schon lange vor dem Ende des Krieges ruinierten. Wenn dies nicht geschah, so war es dem Gleichmut und der Organisationsfähigkeit der Berufsbeamten in Staat, Gemeinden und Industrie zu verdanken, die, sosehr sie auch mißbraucht wurden, ebenso wie das deutsche Offizierskorps ihren neuen Herren mit bedingungsloser Ergebenheit weiter dienten.

Hitler war der letzte, der an dieser Situation etwas geändert hätte. Ohne verwaltungstechnische Kenntnisse, abgeneigt jeder systematischen Arbeit und gleichgültig gegen Korruption, wachte er gleichzeitig viel zu eifersüchtig über seine Autorität, um etwas von seiner Macht an andere zu übertragen.

In den dreißiger Jahren hatte Hitler der Partei als »eines auserwählten Führerordens« Erwähnung getan, dessen Aufgabe es sei, »aus seinen Reihen in ununterbrochener Folge geeignete Persönlichkeiten für die oberste Staatsführung zu stellen«. Genauer besehen, war die neue »Elite« keineswegs imponierend. Selbst unter den Reichsleitern der Partei gab es nur wenige fähige, unbescholtene oder gar gebildete Männer. Eine der Ausnahmen bildete Goebbels. Auch Göring zeigte in den Jahren 1933/34 zweifellos Fähigkeiten, aber bis 1942 waren diese längst überlagert von zur Gewohnheit gewordener Indolenz und Machtmißbrauch. Männer wie Ley, Ribbentrop, Funk, Darré und Rosenberg waren völlig ungeeignet, verantwortungsreiche Stellen zu bekleiden, ganz zu schweigen von kleineren Gestalten wie Frank, dem berüchtigten Generalgouverneur von Polen, oder Viktor Lutze, Stabschef der SA, der auf der Rückkehr von einer Hamsterfahrt durch einen Autounfall ums Leben kam, aber auf seiner Fahrt ins nationalsozialistische Walhall vom Führer ein Heldenbegräbnis erhielt. Was die Gauleiter angeht, diese derben und schäbigen Paschas des tausendjährigen Reichs, so waren einige von ihnen nicht in der Lage, in der Öffentlichkeit zu erscheinen, ohne Ärgernis zu erregen. Und fast ohne Ausnahme füllten sie alle ihre Taschen, machten in ihrem Gau Schiebungen und brauchten nur noch, wie Goebbels bemerkte, »das alte *ius primae noctis*, um sich einer größeren Macht zu erfreuen als der der absolutesten Fürsten des 17. und 18. Jahrhunderts[140]«.

Im Februar 1942 jedoch hatte Hitler das Glück, mit der Ernennung eines Mannes eine selten gute Wahl zu treffen. Albert Speer, den er an Stelle des bei einem Flugzeugunglück getöteten Dr. Todt zum Reichsminister für Bewaffnung und Munition ernannte, war ein junger Architekt, der Hitlers Aufmerksamkeit erregt hatte und von ihm beauftragt worden war, die neue Reichskanzlei fertigzustellen. Ebenso uneigennützig wie fähig, erwies er sich bald als ein Organisator von bemerkenswerter Tüchtigkeit. Man vertraute ihm eine Aufgabe nach der andern an, bis er schließlich der eigentliche Diktator der ganzen deutschen Rüstungsproduktion wurde. Da er bei der Beschaffung von Arbeitskräften auf große Schwierigkeiten infolge der Obstruktion der Gauleiter stieß, gab Speer klugerweise die Anregung, einem von ihnen die Verantwortung für eine vermehrte Mobilisierung von Arbeitskräften in Deutschland zu übertragen. Die Folge war, daß Fritz Sauckel, ein ehemaliger Matrose und Parteimitglied seit 1921, jetzt Gauleiter von Thüringen, im März 1942 zum Generalbevollmächtigten für den Arbeitseinsatz ernannt wurde. Diese Maßnahmen, insbesondere die Vollmachten, die Speer übertragen worden waren, und die Art, wie er sie anwandte, führten zu einem sensationellen Ansteigen der deutschen Rüstungsproduktion in den Jahren 1942 und 1943, ohne das Hitler den Krieg niemals hätte fortsetzen können.

Um die deutschen Verluste wettzumachen, forderte Hitler immer mehr Hilfstruppen aus den Satellitenstaaten an. Keitel wurde nach Budapest und Bukarest geschickt, um für weitere Divisionen zu sorgen.

Das OKW rechnete für den Feldzug von 1942 mit 52 Divisionen aus den verbündeten Staaten; sie sollten ein Viertel der insgesamt verfügbaren Streitkräfte ausmachen.

Den Löwenanteil dieser Divisionen sollten Rumänien (27) und Ungarn (13) stellen. Nun aber begann Hitler zugleich nach den italienischen Truppen zu fragen, deren Einsatz er vor einem Jahr verschmäht hatte, und im Februar wurde Göring zu einem mehrtägigen Besuch nach Rom gesandt. Dazu notierte Ciano: »Wie gewöhnlich ist er blasiert und anmaßend ... Auf dem Bahnhof trug er einen großen Zobelpelz, ein Mittelding zwischen einem Autopelz von 1906 und dem Abendpelz einer Kokotte[141].« Hitler hatte den Duce seit August 1941 nicht mehr gesehen, und jetzt, nachdem die Winterkrise überstanden war, hielt er es für wünschenswert, etwaige Zweifel Mussolinis zu beseitigen und den nachlassenden Glauben an den Sieg der Achse aufzufrischen. Demzufolge begaben sich der Duce und Ciano Ende April 1942 wieder einmal nach dem Norden und verbrachten mit Hitler zwei Tage in Salzburg.

Sie wurden diesmal nicht auf dem Berghof bewirtet, sondern in Schloß Kleßheim, dem alten Barockpalast der Fürstbischöfe von Salzburg, der mit Wandbehängen, Teppichen und Möbeln aus Frankreich geschmackvoll eingerichtet war. Ciano berichtete, daß Hitler grau und müde ausgesehen habe; noch mehr aber war er von seiner Redseligkeit beeindruckt.

»Hitler spricht und spricht und spricht. Mussolini, der gewöhnt ist, selber zu sprechen, und nun eigentlich die ganze Zeit über schweigen muß, leidet. Am zweiten Tage, nach dem Frühstück, als wir uns eigentlich schon alles gesagt hatten, hat Hitler ununterbrochen eine Stunde und vierzig Minuten gesprochen. Er hat auch nichts ausgelassen: Krieg und Frieden, Religion und Philosophie, Kunst und Geschichte ... Einzig Cavallero, dies Musterstück von Servilität, tat so, als höre er hingerissen zu, und nickte immer nur zustimmend mit dem Kopf. Wer aber den Schlag weniger gut als wir ertragen hat, das waren die Deutschen. Die Armen! Sie müssen das jeden Tag schlucken, und ich bin sicher, daß es kein Wort, keine Geste und keine Pause gibt, die sie nicht schon auswendig kennen. Nach einem heroischen Kampf mit dem Schlaf ist General Jodl auf dem Diwan eingeschlafen. Keitel war auch dem Einschlafen nahe, aber es gelang ihm, den Kopf oben zu behalten; er saß zu dicht bei Hitler, um sich gehen zu lassen, wie er es gern gewollt hätte[142].«

Die Gespräche nahmen den üblichen Verlauf. Wie gewöhnlich begann es mit einer *tour d'horizon* und der bekannten Beschwichtigung des italienischen Argwohns in bezug auf Frankreich. Aber am meisten sprach Hitler über Rußland, verglich sich ganz unbekümmert mit Napoleon — zum Nachteil des letzteren und zum Ärger Mussolinis — und sagte dem Duce unter vier Augen: »Ich glaube, ich stehe im Schutz der Vorsehung.« Als Beweis führte er an, daß er der Katastrophe im Winter entronnen sei.

Auf dem Rückweg beschwerte sich Mussolini: er könne nicht einsehen, warum Hitler sie zu sich gebeten habe. Die Verstimmung über die Reduzierung seiner eigenen Rolle begann sich mit der unbehaglichen Furcht zu mischen, daß er ebenso wie die Deutschen für die Irrtümer eines übermäßig zuversichtlichen Hitler werde bezahlen müssen.

IV

Nach dem Einmarsch in Rußland war Hitler zwei Jahre lang fast ausschließlich von der Leitung der Operationen an der Ostfront in Anspruch genommen, die er offensichtlich als den entscheidenden Kriegsschauplatz ansah. Für die anderen Fronten interessierte er sich nur gelegentlich, bis er im Jahre 1943 durch den Verlust Nordafrikas und den Zusammenbruch Italiens zu der Erkenntnis gezwungen wurde, daß er mit einer verbündeten Welt im Krieg stand und nicht nur im Osten, sondern auch im Süden und Westen kämpfen mußte, und zwar zur See und in der Luft nicht weniger als zu Land.

Die fundamentale Schwäche der Hitlerschen Strategie bestand darin, daß er nicht rechtzeitig die Einheitlichkeit des Krieges erkannte, daß er das Mittelmeer und den Atlantik vernachlässigte, bis es zu spät war, und daß er die wiederbelebte Kraft Englands und die Stärke Amerikas unterschätzte. Über die Unzulänglichkeit der Strategie Hitlers in den letzten Phasen des Krieges ist viel geschrieben worden. Aber in dieser Zeit bestand bereits eine so große Ungleichheit zwischen den Hilfsquellen Deutschlands und denen seiner Gegner, daß er unvermeidlich in die Defensive gedrängt wurde. Hitlers wirkliches Versagen als Stratege liegt früher, in den Jahren, ehe die Vereinigten Staaten und Rußland ihre volle Stärke entwickeln konnten und England sich von den Rückschlägen des Jahres 1940 ganz erholt hatte. Damals lag die Initiative noch bei ihm, und noch war er mit seiner Streitmacht der Überlegene. Statt daraus den bestmöglichen Nutzen zu ziehen, verspielte er seine vorübergehenden Vorteile erstens durch seinen Angriff auf Rußland, und zweitens, als Folge des ersten Fehlers, durch die Vernachlässigung der andern Kriegsschauplätze, auf denen dann schließlich die Engländer und Amerikaner ihren mächtigen Beitrag zu seiner Niederlage leisteten.

Vor dem Angriff auf Rußland war Hitler Raeders Vorschlägen zur Intensivierung des Mittelmeerkrieges mit dem Versprechen ausgewichen, diese Pläne nach der Niederlage Rußlands wieder aufzunehmen. Obwohl Hitler gezwungen wurde, im Jahre 1941 und im Winter 1941/42 in den Mittelmeerraum stärkere Kräfte zu entsenden, war das doch lediglich eine Defensivmaßnahme, um einen italienischen Zusammenbruch in Nordafrika zu verhindern. Am Ende des Winters kam jedoch Raeder auf seinen Plan zurück. Es gelang ihm, Hitlers Interesse für den Mittelmeerraum zu wecken, und zwar hauptsächlich wegen der Grandiosität des Plans (bekannt als »Großer Plan«). Er sah nichts Geringeres vor als einen Vorstoß durch den Nahen Osten bis zur Vereinigung mit den Japanern, um mit einer riesigen Umfassungsbewegung die englischen Besitzungen in Asien einzuschließen. Hitler erklärte sich für den Sommer 1942 mit zwei Operationen einverstanden — mit der »Operation Herkules« zur Eroberung Maltas, der Schlüsselstellung zur Sicherung für Rommels Nachschubroute, und mit der »Operation Aida« zur Wiederaufnahme der Wüstenoffensive in Richtung Ägypten, Suezkanal und Persien. Diese beiden Operationen waren als Einleitung zum »Großen Plan« gedacht und gehörten auch zu den Themen, die Hitler mit Mussolini im April in Salzburg besprach.

Die Unternehmungen nahmen einen guten Anfang. Rommel eroberte Tobruk und fiel in Ägypten ein. Am 30. Juni 1942, einen Monat nach Beginn der Offensive, hatte das Afrikakorps die El-Alamein-Linie erreicht und stand damit nur hundert Kilometer vor Alexandrien. Aber Hitler zeigte ein merkwürdiges Widerstreben, den zweiten Teil des Plans in Angriff zu nehmen, die Eroberung von Malta. Er verschloß sich dem starken Argument Raeders und Kesselrings, daß Rommels Nachschub ohne die Eroberung der Insel gefährdet bleiben müsse. Die »Operation Herkules« hatte er bereits einmal hinausgeschoben: erst sollte Rommel Tobruk einnehmen und die Cyrenaica säubern. Jetzt vertagte er sie wieder und schlug vor, Malta durch Aushungerung und Bombardierung zur Kapitulation zu bringen: seine Eroberung sei nicht mehr erforderlich, da Rommel bereits im Begriff sei, Ägypten zu besetzen.

So wurde der Schwung der ersten Feldzugswochen vertan. Im Laufe des Sommers hatten die Engländer Zeit, ihre Kräfte in Ägypten neu aufzustellen und Malta stärker zu befestigen; die Verluste an der italienisch-nordafrikanischen Front stiegen wieder an. Im Herbst stand das Afrikakorps immer noch in El-Alamein, und Malta hatte immer noch nicht kapituliert.

Anfang September sprach Hitler mit Rommel (der auf Krankheitsurlaub war) und versicherte ihm: »Ich werde Afrika alle erforderliche Unterstützung geben. Keine Sorge, wir werden Alexandrien schon

nehmen¹⁴³.« Aber in Wirklichkeit begann Hitlers Interesse am Mittelmeer und an Nordafrika, das niemals beständig gewesen war, wieder zu schwinden. 1941 hatte er die Chance, im Süden schnelle Siege zu erringen, dem Traum geopfert, Rußland in einem einzigen Feldzug zu schlagen. 1942 zeigte er, obwohl er mit dem »Großen Plan« einverstanden war, bei dessen Durchführung nicht entfernt jene Energie und Zielbewußtheit, wie er sie im Winter beim Zusammenhalten der Ostfront bewiesen hatte. Für Hitler blieb Nordafrika, bis er im Begriff war, es für immer zu verlieren, ein zweitrangiger Kriegsschauplatz im Vergleich zu dem wirklichen im Osten. Die Bedeutung Nordafrikas im Gesamtbild des Krieges hat er niemals begriffen, im Gegensatz zu Churchill, der sich ihrer sogar in der Zeit des größten Tiefstands der englischen Macht bewußt blieb.

Tatsächlich hatte Hitler, trotz all seiner Reden von einem Krieg zwischen Kontinenten, wenig Verständnis für die Seeherrschaft, jenes Element, das die gegen ihn gerichtete Allianz zusammenschloß. Solange er die Initiative hatte, dachte er fortgesetzt in den Begriffen der Landkriegführung, wie sie ihm von der Westfront 1914/1918 geläufig war. Und so bilden die Niederschriften der Führerbesprechungen über die Seekriegsführung einen einzigartigen Bericht über das vergebliche Bemühen der Seekriegsleitung, mit dem Oberbefehlshaber der deutschen Wehrmacht zu verhandeln.

Jahrelang hatte Admiral Raeder versucht, Hitler davon zu überzeugen, daß Großbritannien der gefährlichste Feind Deutschlands sei und daß man es nur schlagen könne, wenn man seine Handelswege angreife und seine Häfen blockiere. Selbst als die Weisung für »Barbarossa« bereits erlassen war, erhob Raeder noch Einwände: »Ob. d. M. äußert schwere Bedenken gegen Rußlandfeldzug vor Niederringung Englands... Was für U-Boot-Bau und Aufbau der See-Luftwaffe geschehe, sei viel zu wenig...¹⁴⁴.«

Das war im Dezember 1940. Hitler gab darauf Raeder — wie auch im Falle des Mittelmeerraumes — das Versprechen, ihm alles, was er verlange, zu erfüllen, wenn erst Rußland geschlagen sei. Dann ließen sich die Anforderungen des Heeres einschränken, und die deutsche Kriegsproduktion könne sich auf den Bedarf der Marine und der Luftwaffe konzentrieren. Bis dahin müsse sich die Marine mit dem zufrieden geben, was sich beim Wettbewerb zwischen Heer und Luftwaffe noch zusammenkratzen lasse. Raeder erhielt nicht die Genehmigung, eine See-Luftwaffe aufzubauen; es gelang ihm auch nicht, für die Angriffe auf Flotte, Häfen und Werften Englands eine Zusammenarbeit mit der Luftwaffe zu erreichen. Göring, der mit dem Oberbefehlshaber der

Marine auf schlechtem Fuß stand, war sein eigener Herr, und Hitler ließ einfach den Streit zwischen den beiden Wehrmachtteilen sich weiter hinschleppen.

In der Marine mangelte es sowohl an U-Booten wie an Flugzeugen. Bis zum Februar 1941 war es Raeder nicht möglich, mehr als sechs U-Boote zu gleicher Zeit einzusetzen. Bis Ende 1941 waren es sechzig U-Boote geworden. Trotz der geringen Anzahl errang die U-Boot-Waffe im Jahre 1942 bemerkenswerte Erfolge; sie versenkte über 900 Schiffe von zusammen 6,25 Millionen Tonnen, fast dreimal soviel wie im Jahre 1941. Diese Ergebnisse waren so überraschend, daß Hitler bekehrt wurde und von den U-Booten als dem kriegsentscheidenden Faktor zu sprechen begann. Im Mai 1942 wurde Dönitz, Befehlshaber der U-Boote, zum erstenmal aufgefordert, den Führerbesprechungen beizuwohnen. Als Raeder verlangte, daß kein beim Bau oder der Reparatur von U-Booten beschäftigter Arbeiter zum Wehrdienst eingezogen werde, war Hitler sofort einverstanden. So wurden denn im Jahre 1942 mehr als 300 U-Boote fertiggestellt.

Aber Hitlers Interesse für die U-Boot-Kriegführung kam zu spät. Obwohl die Schiffsverluste zwischen Anfang 1942 und Frühjahr 1943 die Alliierten bis zum äußersten in Anspruch nahmen, verfügten sie doch jetzt über Hilfsmittel, denen der tief in Rußland verstrickte Hitler nichts Gleiches entgegenzusetzen hoffen konnte. Mitte 1943 waren England und die Vereinigten Staaten im Begriff, sich durch neuartige Verteidigungsmethoden (sowohl zur See wie in der Luft) eine Überlegenheit zu sichern, die weder von der deutschen Marine noch von der Luftwaffe erschüttert werden konnte und die sich während der letzten Kriegsjahre ständig vergrößerte. Die weitgreifenden Hoffnungen, die Hitler nunmehr in die U-Boote setzte und die sich darin äußerten, daß er Dönitz als Nachfolger Raeders zum Oberbefehlshaber der Marine ernannte, waren von vornherein vergeblich. Letzten Endes sollte sich die Schlacht im Atlantik, die — wie Raeder so oft behauptet hatte — hätte entscheidend sein können, als einer der größten Fehlschläge erweisen. Sie war, wie die 1940/1942 im Mittelmeer versäumte Gelegenheit, ein Mißerfolg, der Hitlers mangelndem Verständnis für den großen Zusammenhang des Krieges zu verdanken war und der besiegelt wurde von dem Entschluß, in Rußland einzufallen, denn dieser Feldzug verschlang auf Kosten aller anderen Fronten Menschen und Material in einem ganz unverhältnismäßigen Umfang.

Hitler war durchaus nicht blind für die Gefahr, die der dritten Front, nämlich der Westküste Europas und Nordafrika, durch eine englisch-amerikanische Landung drohte, aber auf die Frage, wie sich eine so langgestreckte Küstenlinie verteidigen lasse, fand er niemals eine befriedigende Antwort. Darüber hinaus beging er 1942 den schweren Fehler, einen Angriff aus anderer Richtung zu erwarten. Denn vom Herbst 1941 an war er mehr und mehr der Überzeugung, daß England und die USA — möglicherweise zusammen mit Rußland — einen großangelegten Angriff auf Norwegen planten.

Für solch eine Auffassung gab es kaum Anhaltspunkte, aber Hitler orakelte beharrlich: »Norwegen ist die Schicksalszone dieses Krieges.« Infolgedessen wurden Truppen, schwere Artillerie, Flugzeuge und Seestreitkräfte nach Norwegen geschickt, um die dortige Küstenverteidigung zu verstärken. Hitler war von seiner Intuition derart eingenommen, daß er Raeder nicht die Erlaubnis gab, deutsche Überwasserstreitkräfte in den Atlantik zu schicken, um den Handelsverkehr zu stören. Vielmehr beorderte er die Schlachtschiffe »Scharnhorst« und »Gneisenau« und den Kreuzer »Prinz Eugen« von Brest nach Norwegen und bestand darauf, daß sie die riskante Durchfahrt durch den Ärmelkanal am hellen Tage unternahmen. Im Grunde war die ganze deutsche Überwasserflotte in norwegischen Gewässern konzentriert. Erst 1943 fand Hitler sich bereit, stillschweigend — aber niemals öffentlich — seinen Irrtum zuzugeben. Zu diesem Zeitpunkt jedoch hatte die alliierte Flotte bereits eine Armee in Nordwestafrika gelandet — unbehelligt von den deutschen Seestreitkräften, die tausend Meilen nördlich vergebens einen nie erfolgenden Angriff erwarteten.

Gegen eine weitaus unheilvollere Bedrohung aus dem Westen, die sich 1942 zu entwickeln begann, stand Hitler ohne entsprechende Verteidigung da. Die deutsche Luftwaffe, die schon in der Schlacht um England stark mitgenommen worden war, erholte sich niemals mehr von den in Rußland an sie gestellten Anforderungen. Sie war nicht mehr in der Lage, die Bombenangriffe der R.A.F. auf deutsche Industriestädte zu unterbinden, wobei bis zu tausend und mehr Flugzeuge eingesetzt wurden. Der erste Tausend-Bomber-Angriff galt Köln; er fand in der Nacht vom 30. zum 31. Mai statt. Ein Fanal für die Zukunft. Der Krieg stand im Begriff, nach Deutschland verlegt zu werden.

V

Bei der Behandlung dieser anderen Fronten haben wir auf die letzten Monate des Jahres 1942 und sogar auf die Ereignisse von 1943 vorgegriffen. Aber zu der Zeit, da die Deutschen im Sommer 1942 in Rußland die Offensive wieder aufnahmen, waren nur wenige der Schwierigkeiten, die am Ende des Jahres offenkundig wurden, zutage getreten. Der U-Boot-Krieg machte gute Fortschritte, Rommel hatte seine Offensive in Nordafrika wieder aufgenommen, und im Mai war ein russischer Großangriff auf Charkow abgewiesen worden.

Für seine Operationen an der Ostfront hatte Hitler 1942 den Süden zum Hauptkriegsschauplatz erwählt. Starke deutsche Kräfte stießen durch das Gebiet zwischen Don und Donez vor. Während sich der eine Flügel nach Osten auf die Wolga bei Stalingrad vorwärtsbewegte, stieß der andere an Rostow vorbei und erreichte nach Überwindung weiterer 250 Kilometer in der ersten Augusthälfte den Kaukasus sowie die weiter westlich gelegenen Ölfelder von Maikop.

Im Juni verlegte Hitler sein Hauptquartier nach Winniza in der Ukraine und verfolgte von hier aus mit wachsender Aufregung den Vormarsch seiner Armeen. Jetzt, erklärte er, zeige sich, daß sein Glaube und seine Entschlossenheit im vergangenen Winter gerechtfertigt gewesen seien: Rußland stehe vor der Niederlage.

Aber Hitler beging genau denselben Fehler, den er auch im Jahre vorher gemacht hatte. Die deutsche Stärke überschätzend, beschränkte er sich nicht auf sein ursprüngliches Ziel, bis zur Wolga vorzudringen und Stalingrad einzunehmen, sondern versuchte, auch den Kaukasus mit seinen wertvollen Ölfeldern zu besetzen. So verzettelte er seine Kräfte und gewann zum Schluß weder Stalingrad noch das Öl. Ende Juli, als die 4. Panzerarmee wahrscheinlich Stalingrad ohne große Schwierigkeit hätte nehmen können, wurde sie nach Süden verlegt, um Kleists Vorstoß in den Kaukasus zu unterstützen. Zu dem Zeitpunkt, wo sie dort frei wurde und nach Norden zurückkehrte, hatten die Russen genügend Kräfte konzentriert, um Stalingrad zu halten. Sie mußte nun methodischer vorgehen, um die Stadt einzunehmen, und im September begann die Schlacht um Stalingrad Ausmaße anzunehmen, die Halder daran zweifeln ließen, ob die Einnahme der Stadt die Anstrengung und das Risiko wert seien. Denn ihr Name und ihre historische, während des Bürgerkriegs entstandene Beziehung zu Stalin waren für die Russen, die sie unter allen Umständen verteidigen wollten, ein ebenso großer Ansporn wie für Hitler, der sie unter allen Umständen nehmen wollte. Infolgedessen war es für beide Regierungssysteme eine Prestigeschlacht. Während die Deutschen sich vorwärts kämpften, setzten sie ihre langgestreckte Nordflanke der schweren Gefahr eines russischen Gegenangriffs über den Don aus. Ihre Kräfte waren so weit auseinandergezogen, daß es nötig war, die letzten Reserven einzusetzen. Im September mußte der größere Teil der Nordflanke, die sich von Woronesch bis Stalingrad über mehrere hundert Kilometer erstreckte, von ungarischen, italienischen und rumänischen Divisionen gehalten werden.

Halders Versuche, auf die Gefahren der Lage hinzuweisen, führten zur Wiederholung der Auftritte des vergangenen Herbstes und Winters. Hitler warf dem Generalstab Feigheit vor. Er zog die Meldungen des Erkundungsdienstes ins Lächerliche, die von einer wachsenden russischen Kräfteansammlung für einen massiven Gegenangriff berichteten.

»Als ihm eine auf einwandfreien Unterlagen aufgebaute Zusammenstellung vorgelegt wurde, nach der Stalin noch im Jahre 1942 im Bereich nördlich Stalingrad westlich der Wolga über Neuaufstellungen von 1—1½ Millionen, im Bereich des östlichen Kaukasus und nördlich desselben von mindestens ½ Million Mann würde verfügen können, und schließlich der Beweis erbracht wurde, daß der Ausstoß der russischen Produktion an frontfähigen Panzern monatlich mindestens 1200 Stück betrage, da ging Hitler mit Schaum in den Mundwinkeln und mit geballten Fäusten auf den Vortragenden los und verbat sich ein solches idiotisches Geschwätz[145].«

Selbst ein Kind konnte sehen, was Stalin aller Wahrscheinlichkeit nach mit den neu aufgestellten Armeen hinter der Front vorhatte, aber Hitler weigerte sich kategorisch zuzugeben, daß derartige Kräfte existierten. Wie Halder richtig bemerkt, »haben diese Feldherrnentschlüsse mit den durch Generationen anerkannten Grundsätzen von Strategie und Operation nichts mehr gemein. Sie sind Ausflüsse einer Augenblickseingebung folgenden Gewaltnatur, die keine Grenzen des Möglichen anerkennt und ihre Wunschträume zum Gesetz des Handelns macht[146].« Als Halder Ende September den Abbruch des Angriffs empfahl, wurde er von Hitler entlassen. Beide, Halder und Hitler selbst — so sagte Hitler ihm — hätten unter Nervosität gelitten. Zur Hälfte sei Halder an seiner nervösen Erschöpfung schuld, und es habe keinen Sinn, so weiterzumachen. Was jetzt gebraucht werde, sei nationalsozialistischer Eifer, aber keine berufsmäßige Geschicklichkeit. Eifer jedoch könne nicht von einem Offizier der alten Schule, wie Halder es sei, erwartet werden[147]. Halders Nachfolger als Chef des Generalstabes des Heeres (OKH) war General Zeitzler, ein jüngerer Mann, der weder Halders Erfahrung noch dessen Autorität besaß, ein Umstand, der ihn für Hitler sehr akzeptabel machte.

Inzwischen war der Vorstoß in den Kaukasus kurz vor den wichtigsten Ölfeldern zum Halten gekommen, da der russische Widerstand sich versteifte. Hitler, außer sich vor Ungeduld, schickte Jodl zur Untersuchung hin. Als dieser es nach seiner Rückkehr wagte, den Oberbefehlshaber im Kaukasus, Feldmarschall List, zu verteidigen, bekam Hitler einen neuen Wutanfall. Was ihn besonders erzürnte, war, daß Jodl Hitlers eigene Weisungen zitierte, um damit zu beweisen, daß List nur seinen Befehlen gefolgt war.

Von diesem Tage an wies Hitler es von sich, jemals wieder mit den Offizieren seines Stabes am gleichen Tisch zu essen. Ein SS-Offizier erhielt den Befehl, bei allen Besprechungen zugegen zu sein, und Stenographen mußten jedes Wort aufschreiben. Mehrere Monate lang weigerte Hitler sich, Jodl die Hand zu geben, und am 30. Januar 1943 ließ er ihn wissen, daß er versetzt würde. Es war eine seltsame Ironie des Schicksals, daß Paulus, den Hitler zum Nachfolger Jodls ausersehen hatte, sich am nächsten Tag in Stalingrad den Russen ergab — ein treffender Kommentar zum Schlußkapitel der Geschichte von Hitlers Beziehungen zu seinen Generalen.

Im Herbst 1942 konnte Hitlers ganzes Drängen nichts an der Tatsache ändern, daß der deutsche Vormarsch sowohl in Stalingrad wie im Kaukasus und in Nordafrika zum Stehen gebracht worden war. Diesmal bedeutete das keine vorübergehende Unterbrechung; es war das Ende von Hitlers Offensiven. Der Höhepunkt war überschritten. Zum ersten Male in den mehr als sieben Jahren seit 1935, da er Deutschlands Wiederaufrüstung verkündet hatte, war die Initiative Hitlers Händen entglitten, und das für immer. Während der Zeit ihrer Dauer hatte sich damit eine bemerkenswerte Laufbahn verbunden. Im Herbst 1942, im Augenblick des Gezeitenwechsels, war Hitler unbestritten Herr des größten Teils von Kontinentaleuropa. Seine Armeen standen an der Wolga, im Kaukasus und am Nil. Es war das keine geringe Leistung für den Mann, der in den Nebenstraßen Wiens als Hausierer mit drittklassigen Zeichnungen begonnen hatte. Nun aber mußte der Preis gezahlt werden für die verräterischen und gewalttätigen Methoden, mit denen er diese Leistung zustande gebracht hatte, und er wurde unnachsichtig gefordert.

In der Nacht des 23. Oktober griff die britische 8. Armee unter General Montgomery die deutschen Linien bei El-Alamein an. Nach einem zwölftägigen schweren Kampf brach sie in die Wüste durch.

In der Nacht vom 7. zum 8. November landeten englische und amerikanische Truppen an den Küsten Marokkos und Algeriens und besetzten innerhalb weniger Tage ganz Französisch-Nordafrika bis zur tunesischen Grenze.

Am 19. und 20. November griffen drei russische Heeresgruppen unter Befehl der Generale Vatutin, Rokossowskij und Eremenko in breiter Front im Norden und Süden von Stalingrad an und kesselten innerhalb von fünf Tagen 22 deutsche Divisionen zwischen der Wolga und dem Don ein.

Alles in allem bezeichnen diese drei Operationen den Wendepunkt des Krieges. Die Initiative war auf die Alliierten übergegangen. Fortan war Hitler in die Verteidigung gedrängt.

Nur langsam erkannte der Führer, und noch langsamer gab er es zu, welche Bedeutung die nun begonnenen Operationen hatten. Am 8. November, nach dem Durchbruch bei El-Alamein und genau an dem Tage, da die Alliierten in Nordwestafrika landeten, erschien Hitler in München zur üblichen Feier des Putsches von 1923. Indem er den bekannten Vergleich zwischen dem kaiserlichen Deutschland von 1918 und dem Dritten Reich zog, erklärte er:

»Der Kaiser von damals war ein Mann, dem jede Stärke im Widerstand gegen diese Feinde fehlte. In mir haben sie nun einen Gegner gegenüber, der an das Wort kapitulieren überhaupt nicht denkt. Es war immer, schon als ich ein Knabe war, meine Angewohnheit — damals vielleicht eine Unart, aber im großen vielleicht doch eine Tugend —, das letzte Wort zu behalten. Und alle unsere Gegner können überzeugt sein: Das Deutschland von einst hat um dreiviertel zwölf die Waffen niedergelegt — ich höre grundsätzlich immer erst fünf Minuten nach zwölf auf[148]!«

Trotz des zuversichtlichen Tones war zu spüren, daß Hitler bereits aus der Verteidigung argumentierte, und am Schluß seiner Rede nahm er gegen seine Gewohnheit Stellung zu den Vorwürfen, daß er nicht häufiger rede. Hinter der Prahlerei und dem Sarkasmus war deutlich ein Ton von Besorgnis wahrzunehmen.

Hitlers so erfolgreiches Aufhalten des deutschen Rückzugs im Winter 1941/42 erwies sich nun als verhängnisvolles Vermächtnis. Sein einziger Gedanke war: Durchhalten! Er telegraphierte Rommel (der aus dem Lazarett geholt wurde, um das Afrikakorps zu übernehmen): »Es kann keine andere Entscheidung geben: sich festbeißen, keinen Schritt zurückweichen ... Sie können Ihren Truppen keinen anderen Weg weisen als den zum Sieg oder in den Tod[149].«

Als Rommel Ende November nach Deutschland zurückflog und Hitler sagte, daß Afrika verloren sei und nichts anderes übrigbleibe, als das Afrikakorps herauszuziehen und in Italien einzusetzen, schrie Hitler ihn an: er sei ein Defätist und seine Soldaten seien Feiglinge. Generale, die in Rußland derartige Vorschläge gemacht hätten, fügte er hinzu, seien an die Wand gestellt und erschossen worden. Aber trotz seiner kategorischen Befehle konnte weder Rommel noch sonst jemand den Vormarsch der Alliierten aufhalten.

Die alliierte Landung in Französisch-Nordafrika war für Hitler eine vollständige Überraschung. Er ließ sofort Laval, wie auch Ciano, nach München kommen. Laval gab sich alle Mühe, freundlich zu sein, wurde aber kalt abgewiesen. Als Laval sich sperrig zeigte, erklärte

Hitler ihm grob, daß die Deutschen sofort Tunis und gleichzeitig auch das unbesetzte Frankreich besetzen würden. Endlich hatte Mussolini erreicht, was er mit Frankreich wollte, aber nun war er nicht mehr in der Lage, sich darüber zu freuen: Italien war ganz offensichtlich nach Nordafrika das nächste Ziel der Alliierten.

Nachdem Hitler das Mittelmeer so lange vernachlässigt hatte, warf er nun Truppen und Material nach Tunis, um unter allen Umständen einen Brückenkopf im Gebiet von Tunis und Bizerta zu behalten. Wäre nur ein Teil dieser Kräfte früher eingesetzt worden, er hätte ausgereicht, um Ägypten und Suez zu erobern: nun aber wurden sie vergebens geopfert. In einer Art Panik drang Mussolini auf Hitler ein, sich mit den Russen zu verständigen oder zumindest die Kampflinien an der Ostfront zu verkürzen, so daß der größere Teil der Divisionen ins Mittelmeer und nach dem Westen verlegt werden könne. Diese Vorschläge, die im Dezember von Ciano während einer Zusammenkunft mit dem Führer in Rastenburg wiederholt wurden, fanden kein Gehör. Hitler weigerte sich, irgendwo auch nur einen Fußbreit aufzugeben: er sei entschlossen, Tunis zu halten und die Alliierten an der freien Bewegung im Mittelmeer zu hindern; aber ebenso sei er entschlossen, an keiner anderen Stelle zurückzuweichen. Die Folgen solcher Strategie waren unschwer vorauszusehen, und sie sollten auch nicht lange auf sich warten lassen.

Unterdessen zogen die Russen systematisch das Netz um die deutsche 6. Armee in Stalingrad immer enger. Die im vergangenen Winter so erfolgreich gewesene Formel wurde monoton wiederholt: aushalten und kämpfen bis zum letzten Mann. Mansteins Anstrengungen, von außen her einen Korridor zu bahnen, blieben erfolglos; Paulus' Versuch, den Ring von innen her zu durchbrechen, ließ Hitler nicht zu. Das Standhalten der deutschen Truppen diente keinem erkennbaren militärischen Zweck. Aber es stand Hitlers Prestige als Führer auf dem Spiel, und im Vergleich damit galt das Leben von den 330000 Mann der 6. Armee nichts.

Gegen Ende Januar 1943 berichtete Paulus, daß die durch Kälte, Hunger und Seuchen verursachten Leiden der Truppe nicht mehr zu ertragen seien; eine Fortsetzung des Kampfes unter solchen Bedingungen gehe über Menschenkraft hinaus. Hitler blieb ungerührt. Er antwortete Paulus mit der Botschaft:

»Kapitulation ausgeschlossen. Die 6. Armee erfüllt ihre historische Aufgabe damit, durch Aushalten bis zum äußersten den Wiederaufbau der Ostfront zu ermöglichen[150].«

Hitler scheute sich nicht, eine Art von Bestechungsversuch anzuwenden: in letzter Minute erhob er Paulus in den Rang eines Feldmarschalls, um sich die Treue eines Kommandeurs zu erkaufen, dessen Truppen er vorsätzlich dem Tode preisgegeben hatte. Es gebe kein Beispiel in der Militärgeschichte, bemerkte Hitler zu Jodl, für die Gefangennahme eines deutschen Generalfeldmarschalls. Dem italienischen Botschafter gegenüber verglich er die deutsche Armee in Stalingrad mit den dreihundert Griechen am Thermopylenpaß. Sie würden, erklärte er, der Welt den wahren Geist des nationalsozialistischen Deutschlands und seiner Treue zum Führer zeigen.

Der Ausgang war für Hitlers Ansehen weitaus schlimmer, als es irgendein Rückzugsbefehl jemals hätte sein können. In der Nacht des 31. Januar gaben die Russen bekannt, daß die Gefangennahme oder Vernichtung der Überreste der 6. Armee und der 4. Panzerarmee vollzogen sei. Unter den Offizieren, die sich ergaben, befanden sich, wie die Russen hinzufügten, Feldmarschall von Paulus, sein Stabschef General Schmidt und der Befehlshaber des 2. Armeekorps, General von Seydlitz.

Am 1. Februar mittags, dem Tage nach der russischen Verlautbarung, hielt Hitler seine übliche Lagebesprechung ab, deren Niederschrift nach dem Kriege aufgefunden wurde. Für die eigene Verantwortung an dem Geschehen völlig unempfindlich, verschwendete Hitler keinen Gedanken an die Männer, die er in den Tod oder in die Gefangenschaft getrieben hatte. Er dachte nur daran, daß die Kommandeure kapituliert hatten: solche Undankbarkeit und solche Untreue, erklärte er, seien für ihn unfaßlich.

»Der Mann (Paulus) hätte sich erschießen sollen, wie die alten Heerführer, die sich in ihre Schwerter stürzten, wenn sie sahen, daß ihre Sache verloren war. Darüber ist kein Wort zu verlieren. Selbst Varus befahl seinem Sklaven: ‚Töte mich jetzt!'
Stellen Sie sich vor: jetzt wird er nach Moskau gebracht. Dort wird er alles Mögliche unterschreiben. Er wird Geständnisse machen, Erklärungen abgeben. Sie werden sehen: er wird sich geistig bankrott erklären und aufs tiefste erniedrigen... Das Einzelwesen muß sowieso sterben. Die Nation ist wichtiger als das Leben des einzelnen. Aber wie konnte sich jemand in diesem Augenblick vor dem Tode fürchten, der ihn befreit hätte von diesem Elend, wenn er sich nicht mehr an dieses Tränental durch seine Pflicht gebunden fühlte! Nein! Was mich persönlich am meisten schmerzt, ist, daß ich ihn zum Feldmarschall beförderte. Ich wollte ihm diese letzte Anerkennung geben. Das ist der letzte Feldmarschall, den ich in diesem Kriege ernannt habe. Man soll seine Hühner nicht zählen, bis man sie nicht im Stall hat. So etwas verstehe ich überhaupt nicht. So viele Leute

müssen sterben, und dann zieht so ein Mann in letzter Minute das Heldentum so vieler anderer in den Schmutz. Er hätte sich von allen Sorgen befreien können, er hätte in die Ewigkeit und in die nationale Unsterblichkeit eingehen können, aber nein, er geht nach Moskau. Was will er damit? Das hat doch keinen Sinn[151].«

Das war der Kommentar eines extremen Egoisten, die Klage eines Mannes, der in den Leiden und in der Niederlage einer Nation nichts anderes sah als den Verrat eines Volkes, das seinen Führer nicht wert war.

VI

Die Schlacht von Stalingrad bezeichnet den Höhepunkt der deutschen Versuche, Rußland zu unterwerfen. Im Sommer 1943 setzte die großangelegte sowjetische Gegenoffensive den Schlußpunkt unter die deutschen Hoffnungen, an der Ostfront über die Verteidigung ihrer Stellungen hinaus noch einmal etwas zu erreichen. Das Imperium im Osten sollte nicht zustande kommen.

Unter den Gründen des deutschen Fehlschlages ist einer von besonderem Interesse: Hitlers Vernachlässigung der politischen Möglichkeiten, den russischen Widerstand zu schwächen. In einem früheren Stadium — zum Beispiel der Vorbereitung des Angriffs auf Frankreich — hatte Hitler ein glänzendes Verständnis dafür gezeigt, wie man einen Feldzug auch mit anderen als militärischen Waffen führen konnte. Aber obwohl er wiederholt den Krieg gegen Rußland einen ideologischen Konflikt genannt und damit gerechnet hatte, daß das russische Volk die Sowjetregierung stürzen werde, verfolgte er im Osten eine so schroffe Politik, daß das Gegenteil bewirkt wurde.

Als die deutschen Truppen in die Ukraine und die baltischen Staaten einmarschierten, wurden sie, wie sich erwiesen hat, als Befreier angesehen. Aber die Behandlung, die die einheimische Bevölkerung dann von der den Armeen rasch folgenden Zivilverwaltung und der SS erfuhr, zerstörte diese Illusion. Über alles hinwegsehend, was hätte dienen können, einen Keil zwischen die Bevölkerung, besonders in der Ukraine, und die Sowjetregierung zu treiben, zog Hitler es vor, die Einwohner Osteuropas unterschiedslos als slawische und nur für Sklavenarbeit taugliche »Untermenschen« zu behandeln. Die Vorschläge von Rosenbergs Ministerium für die besetzten Ostgebiete, die darauf abzielten, durch Aufhebung der Kolchosen, Wiederherstellung der Religionsfreiheit und Gewährung einer beschränkten Selbstverwaltung unter lokalen Quisling-Regierungen die Unterstützung der Bevölkerung zu gewinnen, interessierten Hitler nicht. Den Geist der deutschen Politik vertrat besser Erich Koch, der Gauleiter von Ostpreußen, den Hitler zum Reichskommissar für die Ukraine ernannt hatte. Vor einer deutschen Zuhörerschaft in Kiew verkündete Koch am 5. März 1943: »Wir sind wahrlich nicht hierhergekommen, um Manna zu streuen, wir sind hierhergekommen, um die Voraussetzungen des Sieges zu schaffen... Wir sind ein Herrenvolk, das bedenken muß, daß der geringste deutsche Arbeiter rassisch und biologisch tausendmal wertvoller ist als die hiesige Bevölkerung[151a].«

Die Proteste von Rosenbergs Ministerium gegen diese brutale und kurzsichtige Haltung blieben fruchtlos. Die Männer, die die deutsche Politik im Osten bestimmten, waren nicht der unfähige Rosenberg und seine Beamten, sondern Koch, Himmler mit seiner SS, Sauckel, dessen Aufgabe es war, Arbeitssklaven nach Deutschland zu schaffen, und Bormann, der seinen Einfluß auf Hitler benutzte, Koch zu unterstützen und Rosenberg in Mißkredit zu bringen.

Goebbels war scharfsinnig genug, um zu erkennen, welche Gelegenheiten hier versäumt wurden. Im September 1941 diktierte er eine ausführliche Denkschrift über die politischen Pläne zur Behandlung des russischen Volkes, und im nächsten Jahr versuchte er, Hitler zu einer Proklamation zu bewegen, die den Russen größere Freiheit und einige Erleichterungen nach den Bedrückungen der Sowjetregierung versprach. Aber Goebbels hatte nicht mehr Erfolg als die Beamten des Rosenbergschen Ministeriums. Hitler, dessen politische Interessen nachgelassen hatten, seit ihn seine neue Rolle als militärisches Genie in Anspruch nahm, war nun erfüllt von dem Gekanken an einen klar abgegrenzten Sieg im Felde; die Möglichkeit, im Osten die Unterstützung der Bevölkerung zu gewinnen, ließ ihn gleichgültig. Im Sommer 1943 fühlte Goebbels sich bewogen, in seinem Tagebuch zu klagen:

> »Wir treiben zuviel Kriegführung und zuwenig Politik. In der gegenwärtigen Situation, in der unsere Waffenerfolge nicht gerade übermäßig groß sind, wäre es gut, daß wir wieder mehr das politische Instrument zu handhaben verständen. Wir sind auf diesem Gebiet so groß und erfinderisch gewesen, als wir um die Macht kämpften; warum sollten wir es jetzt nicht wieder beherrschen lernen[152]!«

Goebbels wies mit dem Finger auf eine fundamentale Schwäche, aber seine Analyse war nicht erschöpfend. Denn die Vernachlässigung der politischen Möglichkeiten war auf etwas anderes als die Anforderungen des Krieges zurückzuführen. Hitlers Politik in Osteuropa stellte keine hastige Improvisation dar; sie war der genaue Ausdruck einer Gesinnung, die unter Politik nur Herrschaft und unter Machtanwendung einzig und allein die Peitsche verstand.

Den Beweis hierfür liefern die Niederschriften einer Reihe von Besprechungen zwischen den Naziführern, die bis mindestens 1940 zurückgehen, und in denen Hitler seine Zukunftspläne nicht nur in bezug auf Rußland erläuterte, sondern auch hinsichtlich der beiden anderen slawischen Länder Polen und Tschechoslowakei.

Eine dieser Besprechungen fand am 2. Oktober 1940 nach einem Essen in Hitlers Wohnung in der Reichskanzlei statt. Die Gäste des Führers waren Hans Frank, Generalgouverneur von Polen, Koch, damals Gauleiter von Ostpreußen, Baldur von Schirach, Gauleiter von Wien, und Martin Bormann. Die Unterhaltung drehte sich um die Zukunft des polnischen Generalgouvernements.

Hitlers Ideen waren völlig klar:

»Der Führer betonte, der Pole sei im Gegensatz zu unserem deutschen Arbeiter geradezu zu niedriger Arbeit geboren; unserem deutschen Arbeiter müßten wir alle Aufstiegsmöglichkeiten gewähren, für den Polen komme dies keinesfalls in Frage. Das Lebensniveau in Polen müsse sogar niedrig sein bzw. gehalten werden ... Das Generalgouvernement sei unser Reservoir an Arbeitskräften für niedrige Arbeiten ... Es sei durchaus richtig, wenn im Gouvernement eine starke Übersetzung an Arbeitskräften vorhanden sei, damit von dort aus wirklich alljährlich die notwendigen Arbeiter in das Reich kämen. Unbedingt zu beachten sei, daß es keine ›polnischen Herren‹ geben dürfte; wo polnische Herren vorhanden seien, sollten sie, so hart das klingen möge, umgebracht werden ...

Noch einmal müsse der Führer betonen, daß es für die Polen nur *einen* Herrn geben dürfe, und das sei der Deutsche; zwei Herren nebeneinander könne es nicht geben und dürfe es nicht geben, daher seien alle Vertreter der polnischen Intelligenz umzubringen. Dies klinge hart, aber es sei nun einmal das Lebensgesetz ...

Auch die Polen profitierten davon, denn wir hielten sie gesund, sorgten dafür, daß sie nicht verhungerten usw.; nie dürften wir sie aber auf eine höhere Stufe erheben, denn sonst würden sie lediglich zu Anarchisten und Kommunisten. Für die Polen sei es auch daher durchaus richtig, wenn sie ihren Katholizismus behielten; die polnischen Pfarrer bekämen von uns ihre Nahrung, und dafür hätten sie ihre Schäfchen in der von uns gewünschten Weise zu dirigieren ... Wenn ein Pfarrer dagegen handle, sei ihm kurzer Prozeß zu machen. Die Pfarrer müßten die Polen also ruhig dumm und blöd halten, dies läge durchaus in unserem Interesse; würden die Polen auf eine höhere Intelligenzstufe gehoben, dann seien sie nicht mehr die Arbeitskräfte, die wir benötigen ... Der letzte deutsche Arbeiter und der letzte deutsche Bauer muß wirtschaftlich immer noch 10% besser stehen als jeder Pole[153].«

Ungefähr zur selben Zeit wurde Hitler eine Reihe von Plänen für die Zukunft des Protektorats Böhmen-Mähren vorgelegt. Nach einiger Überlegung akzeptierte er einen, der eine stärkere Ansiedlung von Deutschen im Protektorat vorsah, wo sich ihnen der rassisch wertvollere Teil der tschechischen Bevölkerung assimilieren sollte.

»Die andere Hälfte des tschechischen Volksteiles muß auf die verschiedensten Arten entmachtet, ausgeschaltet und außer Landes gebracht werden. Dies gilt besonders für die rassisch mongoloiden Teile und den Großteil der intellektuellen Schicht. Letztere ist sowohl stimmungsmäßig kaum zu gewinnen und andererseits dadurch, daß sie immer wieder Führungsansprüche gegenüber den andern tschechischen Volksteilen anmelden und damit eine möglichst rasche Assimilierung stören würde, eine Belastung. Elemente, die der beabsichtigten Germanisierung entgegen arbeiteten, müssen scharf angefaßt und ausgeschaltet werden[154].«

Das waren die Muster für Hitlers Politik in Rußland, und sie wurden treu befolgt. Am 16. Juli 1941, einen Monat nach dem Einfall in die Sowjetunion, hielt Hitler eine Konferenz im Führerhauptquartier ab, bei der Göring, Rosenberg, Bormann, Keitel und der Chef der Reichskanzlei, Lammers, zugegen waren. Rosenbergs Bemühungen um eine freundliche Politik der ukrainischen Bevölkerung gegenüber waren wirkungslos geblieben; Hitler schlug einen ganz anderen Ton an. Unter der Hand müsse in den besetzten Gebieten eine endgültige Regelung vorbereitet werden. »Es soll also nicht erkennbar sein«, sagte er seinen Zuhörern, »daß sich damit eine endgültige Regelung anbahnt! Alle notwendigen Maßnahmen — Erschießen, Aussiedeln etc. — tun wir trotzdem und können wir trotzdem tun.«

Bormann fährt in seiner Niederschrift von Hitlers Bemerkungen fort: »Grundsätzlich kommt es also darauf an, den riesenhaften Kuchen handgerecht zu zerlegen, damit wir ihn
erstens beherrschen,
zweitens verwalten und
drittens ausbeuten können.
Die Russen haben jetzt einen Befehl zum Partisanenkrieg hinter unserer Front gegeben. Dieser Partisanenkrieg hat auch wieder seinen Vorteil: er gibt uns die Möglichkeit, auszurotten, was sich gegen uns stellt.
Grundsätzliches:
Die Bildung einer militärischen Macht westlich des Ural darf nie wieder in Frage kommen, und wenn wir hundert Jahre darüber Krieg führen müßten. Alle Nachfolger des Führers müssen wissen:

die Sicherheit des Reiches ist nur dann gegeben, wenn westlich des Ural kein fremdes Militär existiere; den Schutz dieses Raumes vor allen eventuellen Gefahren übernimmt Deutschland. Eiserner Grundsatz muß sein und bleiben: *Nie darf erlaubt werden, daß ein anderer Waffen trägt als der Deutsche!*
Dies ist besonders wichtig; selbst wenn es zunächst leichter erscheint, irgendwelche fremden unterworfenen Völker zur Waffenhilfe heranzuziehen, ist es falsch! Es schlägt unbedingt und unweigerlich eines Tages gegen uns aus. Nur der Deutsche darf Waffen tragen, nicht der Slawe, nicht der Tscheche, nicht der Kosak oder der Ukrainer. Keinesfalls dürfen wir eine Schaukel-Politik führen, wie dies vor 1918 im Elsaß geschah[155]«

Zunächst ergab sich die Notwendigkeit, die besetzten Ostgebiete zur Stärkung und Entlastung der deutschen Kriegswirtschaft auszubeuten. Dies war schon in den Richtlinien vorgesehen, die vor der Invasion[156] ausgearbeitet wurden, und erfuhr durch Göring und andere ständig Bekräftigung. In einer Besprechung vom 6. August 1942 sagte Göring als Bevollmächtigter für den Vierjahresplan zu den Reichskommissaren für die besetzten Gebiete: »Früher nannte man das plündern. Nun, die Formen sind humaner geworden. Ich gedenke trotzdem zu plündern, und zwar ausgiebig . . .[157].«
In dem Maße, in dem die Bombardierung der deutschen Industrie und die Verluste an Menschen und Material einen wachsenden Druck auf die deutsche Wirtschaft ausübten, stiegen auch die Anforderungen an die Ostgebiete. Diese Anforderungen beschränkten sich nicht auf Rohstoffe, Nahrungsmittel und Maschinen, sondern erstreckten sich auch auf die menschliche Arbeitskraft. Rußland wurde ebenso wie Polen und wie die besetzten Länder im Westen, Frankreich, Belgien und Holland, in ein riesiges Arbeitslager verwandelt, zur Beschaffung des Menschenmaterials, das die deutsche Industrie und die Landwirtschaft benötigten. Die Organisierung dieses neuen Sklavenhandels lag in den Händen von Sauckel, und die Brutalität, mit der Männer, Frauen und Kinder aufgegriffen, nach Deutschland verschickt und unter oft unvorstellbaren Bedingungen zur Arbeit gezwungen wurden, spottet jeder Beschreibung. Bis Ende 1944 waren 4 795 000 ausländische Arbeiter rekrutiert worden, um in Deutschland zu arbeiten, darunter 1 900 000 Russen, 851 000 Polen, 764 000 Franzosen, 274 000 Holländer, 230 000 Jugoslawen und 227 000 Italiener[158]. In einer Sitzung der Zentralen Planung am 1. März 1944 gab Sauckel selber zu: »Von den 5 Millionen ausländischen Arbeitern, die nach Deutschland gekommen sind, sind keine 200 000 freiwillig gekommen[159].« Es wurden regelrechte Menschenjagden organisiert, Männer und Frauen in ihren

Wohnungen oder auf der Straße aufgegriffen, in Viehwagen verladen und Hunderte von Kilometern weit abtransportiert. Unterwegs starben viele an den Entbehrungen. Diejenigen, die zur Arbeit in der Landwirtschaft eingeteilt wurden, waren noch die Glücklichsten. Die anderen, die in die von Bomben schwer getroffenen Industriezentren verschickt wurden, litten grausame Qualen: sie wurden in Massenlagern untergebracht, in denen es an den primitivsten hygienischen Einrichtungen fehlte, waren Epidemien ausgesetzt, litten Mangel an Nahrung und wurden häufig geschlagen[160].

Die Zahl von 5 Millionen Arbeitern befriedigte Hitler noch nicht. Fortgesetzt stellte er an Sauckel höhere Anforderungen, der seinerseits die jeweiligen Dienststellen zu noch rücksichtsloseren Maßnahmen drängte, um mehr Arbeitskräfte zu beschaffen. Die Vorstellung, man könne die große Zahl der Kriegsgefangenen, die im Osten gemacht worden waren, für diesen Zweck nutzen, führte dazu, die Behandlung, die den Gefangenen bisher zuteil geworden war, noch einmal zu überdenken. Himmler erklärte in einer Ansprache in Posen 1943:

»Wir haben damals die Masse Mensch nicht so gewertet, wie wir sie heute als Rohstoff, als Arbeitskraft werten. Was letzten Endes, wenn ich in Generationen denke, nicht schade ist, was aber heute wegen des Verlustes der Arbeitskräfte bedauerlich ist; die Gefangenen sind nach Zehntausenden und Hunderttausenden an Entkräftung, an Hunger gestorben[161].«

3 800 000 russische Gefangene wurden bei dem Eröffnungsfeldzug im Jahre 1941 gemacht. Sehr viele von ihnen ließ man bewußt in dem mörderischen Winter 1941/42 durch Hunger oder Kälte zugrunde gehen. Die revidierte Politik bedeutete nun jedoch, daß Ende 1944 750 000 Russen in Fabriken, Bergwerken und auf Bauernhöfen arbeiteten. Das konnte jedoch die Toten nicht wieder zum Leben erwecken; von mehr als 5 Millionen russischen Soldaten, die während des Krieges in deutsche Gefangenschaft geraten sind, sind 2 Millionen erwiesenermaßen in der Gefangenschaft gestorben, das Schicksal einer weiteren Million ist ungeklärt[162].

Hitlers Politik in den besetzten Ostgebieten wurde jedoch nur teilweise vom unmittelbaren Bedarf der deutschen Wirtschaft bestimmt. Wie er in der Konferenz vom 16. Juli 1941 erklärte, war in den Ländern zwischen der Weichsel und dem Ural eine endgültige Besiedlung unter der Hand vorzubereiten. Kolonisten aus Deutschland und Teile deutscher Minderheiten in anderen Ländern (Volksdeutsche) sollten in Polen und im europäischen Rußland angesiedelt, die Niederlassungen durch ein Netz von Militärstraßen miteinander verbunden und an den

Schlüsselpunkten von SS-Garnisonen beschützt werden, deren Aufgabe nicht allein darin bestand, die neuen Grenzen nach dem Kriege zu sichern, sondern auch die einheimische Bevölkerung unter Druck zu halten. Ein Teil der einheimischen Bevölkerung sollte Sklavenarbeit in Industrie und Landwirtschaft des neuen deutschen Imperiums verrichten, völlig unterworfen bleiben, keine Rechte und keine Erziehung erhalten und buchstäblich wie Untermenschen der Willkür ihrer Herren ausgesetzt sein. Der restliche Teil — darunter alle, die zur gebildeten, besitzenden und herrschenden Schicht gehörten und den Kern einer neuen Führerschaft bilden könnten — waren auszurotten oder dem Hungertod preiszugeben, damit Platz für die Neusiedler geschaffen wurde. Die Aufgabe, dieses gespenstische Programm durchzuführen, bildete das besondere Privileg Himmlers und der SS.

Hitler hatte Himmler am 7. Oktober 1939 zum »Reichskommissar für die Festigung des Deutschen Volkstums« ernannt. Seine Aufgaben bestanden darin, artfremde Bevölkerungsteile, die eine Gefahr für das Reich und die deutsche Volksgemeinschaft bildeten, auszuschalten und rückwandernde Reichs- und Volksdeutsche in neuen deutschen Niederlassungen anzusiedeln[163]. Um diesen Verpflichtungen nachzukommen, stellte Himmler besondere SS-Abteilungen zusammen. In einer Reihe von Reden umriß er vor seinen SS-Kommandeuren sein Programm, das ein authentisches Bild von Hitlers Zukunftsplänen gibt.

Die interessanteste dieser Ansprachen, deren Niederschriften uns erhalten geblieben sind, hielt Himmler vor seinen SS-Obergruppenführern am 4. Oktober 1943 in Posen. Er begann mit dem beharrlichen Hinweis, daß Härte erforderlich sei.

»Ein Grundsatz muß für den SS-Mann absolut gelten: ehrlich, anständig, treu und kameradschaftlich haben wir zu Angehörigen unseres eigenen Blutes zu sein und zu sonst niemandem. Wie es den Russen geht, wie es den Tschechen geht, ist mir total gleichgültig. Das, was in den Völkern an gutem Blut unserer Art vorhanden ist, werden wir uns holen, indem wir ihnen, wenn notwendig, die Kinder rauben und sie bei uns großziehen. Ob die anderen Völker in Wohlstand leben oder ob sie verrecken vor Hunger, das interessiert mich nur soweit, als wir sie als Sklaven für unsere Kultur brauchen, anders interessiert mich das nicht. Ob bei dem Bau eines Panzergrabens 10000 russische Weiber an Entkräftung umfallen oder nicht, interessiert mich nur insoweit, als der Panzergraben für Deutschland fertig ist. Wir werden niemals roh und herzlos sein, wo es nicht sein muß; das ist klar. Wir Deutsche, die wir als einzige auf der Welt eine anständige Einstellung zum Tier haben, werden ja auch zu diesen Menschentieren eine anständige Einstellung einnehmen, aber

es ist ein Verbrechen gegen unser eigenes Blut, uns um sie Sorge zu machen und ihnen Ideale zu bringen, damit unsere Söhne und Enkel es noch schwerer haben mit ihnen. Wenn mir einer kommt und sagt: ›Ich kann mit den Kindern oder den Frauen den Panzergraben nicht bauen, das ist unmenschlich, denn dann sterben sie daran‹ — dann muß ich sagen: ›Du bist ein Mörder an deinem eigenen Blut, denn wenn der Panzergraben nicht gebaut wird, dann sterben deutsche Soldaten, und das sind Söhne deutscher Mütter. Das ist unser Blut‹ ... Unsere Sorge, unsere Pflicht, ist unser Volk und unser Blut ... Alles andere kann uns gleichgültig sein. Ich wünsche, daß die SS mit dieser Einstellung dem Problem aller fremden, nicht germanischen Völker gegenübertritt, vor allem den Russen.«
Die Ausrottung der Juden wurde von Himmler nur gestreift:
»Von euch werden die meisten wissen, was es heißt, wenn 100 Leichen zusammenliegen, wenn 500 daliegen oder wenn 1000 daliegen. Dies durchgehalten zu haben und dabei, abgesehen von Ausnahmen menschlicher Schwächen, anständig geblieben zu sein, das hat uns hart gemacht. Dies ist ein niemals geschriebenes und niemals zu schreibendes Ruhmesblatt unserer Geschichte ... Wir hatten das moralische Recht, wir hatten die Pflicht gegenüber unserem Volk, dieses Volk (die Juden), das uns umbringen wollte, umzubringen.«
Zum Schluß seiner Rede sprach Himmler von der Zukunft:

»Wenn der Friede endgültig ist, dann werden wir fähig sein, an unsere große Zukunftsarbeit zu gehen. Wir werden siedeln. Wir werden die Ordensgesetze der SS den Jungen anerziehen ... Es muß selbstverständlich sein, daß aus diesem Orden, aus dieser rassischen Oberschicht des germanischen Volkes die zahlreichste Nachzucht hervorgeht. Wir müssen in 20 bis 30 Jahren wirklich die Führungsschicht für ganz Europa stellen können. Wenn die SS zusammen mit den Bauern ... dann die Siedlung im Osten betreiben wird, großzügig, ohne jede Hemmung, ohne jedes Fragen nach irgendwelchem Althergebrachten, mit Schwung und revolutionärem Drang, dann werden wir in 20 Jahren die Volkstumsgrenze um 500 Kilometer nach Osten hinausschieben[164].«

Einige Monate vorher, im April 1943, sprach Himmler in Charkow zu seinen SS-Offizieren in derselben Tonart. »Wir wissen«, erklärte er, »daß diese Zusammenstöße mit Asien und dem Judentum entwicklungsnotwendig sind ... Sie sind für unsere Rasse und unser Blut notwendig, und damit wir in den Jahren des Friedens, in denen wir leben und arbeiten müssen, hart und einfach wie die Spartaner, dieses Siedlungsgebiet bebauen können, in dem das neue Blut wie in einem botanischen Garten aufgezogen wird ... Wir haben nur eine einzige

Aufgabe: auszuhalten und den Rassenkampf erbarmungslos durchzuführen ... Wir werden diese ausgezeichnete Waffe, den schreckenerregenden Ruf, der uns in der Schlacht um Charkow vorausging, niemals stumpf werden lassen, sondern sie immer bedrohlicher machen. Sie können uns in der Welt nennen, wie sie wollen, die Hauptsache ist, daß wir die ewig treuen, gehorsamen, standhaften und unbesiegbaren Kämpfer für das germanische Volk und den Führer sind, die SS des germanischen Reichs[165].«

Diese Vision eines zukünftigen SS-Reiches wurde nicht verwirklicht, aber vom Beginn des Krieges an wurden die Vorbereitungen dafür getroffen und gewisse für den SS-Staat charakteristische Einrichtungen geschaffen — die Waffen-SS, die Konzentrationslager und die »Einsatzkommandos«. 1944 war der erste Punkt des Programms, die Ausrottung der Juden, auf dem besten Wege, ausgeführt zu werden.

Zu Kriegsanfang gab es nur drei Divisionen der Waffen-SS, aber am Ende des Krieges waren es 35 geworden, mehr als eine halbe Million Mann. Die Waffen-SS war dazu bestimmt, eine Alternativkraft zum Heer zu bilden, auf die Hitler sich blind verlassen konnte. Sie sollte auch nach dem Kriege wichtige Funktionen ausüben. Diese umriß Hitler am 6. August 1940, als die SS-Division, »Leibstandarte Adolf Hitler« aufgestellt wurde. Seine Bemerkungen wurden später, als für die Zukunft der SS maßgebend, unter den Wehrmachtsoffizieren in Umlauf gesetzt.

»Das Großdeutsche Reich«, führte Hitler aus, »in seiner endgültigen Gestalt wird mit seinen Grenzen nicht ausschließlich Volkskörper umspannen, die von vornherein dem Reich wohlwollend gegenüberstehen. Über den Kern des Reiches hinaus ist es daher notwendig, eine Staatstruppen-Polizei zu unterhalten, die in jeder Situation befähigt ist, die Autorität des Reiches im Innern zu vertreten und durchzusetzen.

Diese Aufgabe kann nur eine Staatspolizei erfüllen, die in ihren Reihen Männer besten deutschen Blutes hat und sich ohne jeden Vorbehalt mit der das Großdeutsche Reich tragenden Weltanschauung identifiziert. Ein so zusammengesetzter Verband allein wird auch in kritischen Zeiten zersetzenden Einflüssen widerstehen. Ein solcher Verband wird im Stolz auf seine Sauberkeit niemals mit dem Proletariat und der die tragende Idee unterhöhlenden Unterwelt fraternisieren ... Nach Bewährung im Felde in die Heimat zurückgekehrt, werden die Verbände der Waffen-SS die Autorität besitzen, ihre Aufgabe als ›Staatspolizei‹ durchzuführen[166].«

Ein interessanter Tatbestand bei der Waffen-SS war der hohe

Prozentsatz an Volksdeutschen von außerhalb des Reiches und sogar Ausländern, die sie aufgenommen hatte. Von den 900000, die (Verluste eingeschlossen) durch die Waffen-SS gingen, waren weniger als die Hälfte Reichsdeutsche[167]. Der Arier war ein Typus, den Hitler und Himmler auch bei anderen Völkern als dem deutschen zu finden hofften und aus dem sie eine Elite von internationalem Charakter schaffen wollten[168].

Zu den besonderen Pflichten der SS gehörte die Organisierung der Konzentrationslager. Zwischen 1937 und 1945 gingen 238900 Gefangene allein durch eins dieser Lager, Buchenwald bei Weimar, von dem berichtet wird, daß dort 33462 gestorben sind. In einem Rundschreiben vom 28. September 1942 führte ein Beamter des SS-Hauptamtes Beschwerde darüber, daß von den 136870 Neuzugängen in den Konzentrationslagern zwischen Juni und November bereits 70610 gestorben seien: dies, führte er aus, sei eine ernstliche Reduzierung der für die Rüstungsindustrie und die Konzentrationslager-Werkstätten verfügbaren Arbeitskräfte[169].

Vor dem Kriege waren die Konzentrationslager benutzt worden, um die Gegner des Regimes in Deutschland in »Sicherheitsverwahrung« zu nehmen. Im Laufe des Krieges wurden zahllose Juden und Angehörige der Widerstandsbewegung aus den besetzten Gebieten in die Lager eingeliefert. 1942 begann Himmler, mit Hitlers Zustimmung, die Konzentrationslager als ein Reservoir für Rüstungsarbeiter zu benutzen, und die SS richtete eigene Werkstätten ein. Himmler und der Reichsjustizminister Thierack kamen überein, gewisse Kategorien von Gefangenen »durch Arbeit zu vernichten[170]«. Ein anderer Mißbrauch, dem die Häftlinge in den Konzentrationslagern ausgesetzt waren, bestand darin, daß sie den medizinischen Experimenten der SS-Ärzte als Versuchsobjekte dienen mußten. Kein einziger Nachkriegsprozeß brachte solch makabres Beweismaterial zutage wie der sogenannte »Ärzteprozeß«. Alle Experimente wurden ohne Betäubung, ohne die geringste Rücksicht auf die Qualen des Opfers durchgeführt. Zu den Versuchen, denen sie unterworfen wurden, gehörten die starke Erhöhung des Luftdrucks und eine intensive Kälteeinwirkung, bis den »Patienten« die Lunge platzte und sie erfroren; man fügte ihnen Wunden zu, die man mit Gasbrand infizierte, und injizierte ihnen Typhus- und Gelbsucht-Viren; man machte Experimente mit Knochenverpflanzungen und unternahm eine Anzahl von Versuchen zur Sterilisierung (zwecks »Rassenhygiene«) einschließlich Kastration und Abtreibung. Ein in Dachau gefangener tschechischer Arzt, der persönlich an die 7000 Autopsien vornahm, berichtet, daß diese Experimente gewöhnlich Tod, dauernde Verstümmelung und Geistesgestörtheit zur Folge hatten[171].

Die Bewachung der Konzentrationslager und die Vollstreckung der brutalen Strafen des Prügelns, des Folterns und der Hinrichtung, die zu den alltäglichen Ereignissen gehörten, oblagen den SS-Totenkopfverbänden. In einer Rede, die Himmler im April 1941 vor SS-Führern in Metz hielt, nannte er diese Tätigkeit »Bekämpfung des Untermenschentums. Es ist kein langweiliger Wachdienst, sondern, richtig gehandhabt, die beste Schulung für Untermenschen und rassisch Minderwertige[172].«

Schlimmer noch als die Konzentrationslager waren die Vernichtungslager. Das größte Vernichtungslager war Auschwitz in Polen, wo die vier großen Gaskammern und Krematorien weit mehr Menschenleben vernichten konnten als die Vorrichtungen anderer Konzentrationslager wie Treblinka. Um ganz deutlich zu machen, was das bedeutete, lohnt es sich, einen Auszug aus der eidesstattlichen Erklärung von Rudolf Höss, dem Kommandanten des Lagers Auschwitz, Polen, anzufügen. Nach seiner eigenen Aussage war dieser Höss, der 1900 geboren wurde, seit 1922 Parteimitglied und seit 1934 Angehöriger des SS-Totenkopfverbandes. Elf Jahre lang tat er Dienst in Konzentrationslagern, von Mai 1940 bis Dezember 1943 in Auschwitz. In seiner eidesstattlichen Erklärung sagt er aus:

»Im Juni 1941 wurde mir befohlen, in Auschwitz Vernichtungseinrichtungen anzulegen. Damals gab es bereits drei andere Vernichtungslager im Generalgouvernement: Belzec, Treblinka und Wolzek. Ich besuchte Treblinka, um festzustellen, wie dort die Vernichtung vorgenommen wurde. Der Lagerkommandant sagte mir, er hätte im Laufe eines halben Jahres 80000 Menschen liquidiert. Seine hauptsächliche Aufgabe war es, alle Juden aus dem Warschauer Getto zu erledigen. Er benutzte Monoxyd-Gas, und ich hielt seine Methoden nicht für sehr wirksam. Darum benutzte ich in Auschwitz Zyklon B, eine kristallisierte Blausäure, die in die Todeskammer eingeführt wurde. Je nach der Witterung waren drei bis fünfzehn Minuten notwendig, um die Leute zu töten. Wenn ihr Schreien aufhörte, wußten wir, daß sie tot waren. Wir warteten gewöhnlich etwa eine halbe Stunde, ehe wir die Türen öffneten und die Leichen herausholten. Nachdem die Leichen herausgeholt waren, nahmen unsere Spezialkommandos ihnen die Ringe ab und rissen ihnen das Gold aus den Zähnen. Eine weitere Verbesserung gegenüber Treblinka war, daß wir Gaskammern bauten, in denen man 2000 Menschen gleichzeitig unterbringen konnte...[173]« (Es darf nicht unerwähnt bleiben, daß Höss' Aussage historische Fehler aufweist.)

Die Goldfüllungen der Zähne wurden eingeschmolzen und zusammen mit anderen Wertgegenständen, wie Eheringe und Uhren, die man den Juden abgenommen hatte, an die Reichsbank geschickt. Entsprechend einem Geheimabkommen zwischen Himmler und Funk, dem Nazipräsidenten der Reichsbank, wurde diese Beute der SS gutgeschrieben, und zwar auf ein Konto mit dem Decknamen »Max Heiliger«.

Doch selbst die Anlagen in Auschwitz waren im Jahre 1944 den Anforderungen nicht mehr gewachsen. Im Sommer jenes Jahres wurden innerhalb von 46 Tagen allein zwischen 250 000 und 300 000 ungarische Juden getötet, und die SS nahm Zuflucht zu Massenerschießungen um die Gaskammern zu entlasten.

Mit Beginn des Einfalls in Rußland stellten Hitler und Himmler vier Spezialeinheiten auf, die sogenannten »Einsatzkommandos«, die die Vernichtung der jüdischen Bevölkerung sowie der kommunistischen Funktionäre durchzuführen hatten. Otto Ohlendorf, Chef des Sicherheitsdienstes (SD), der ein Jahr lang die »Einsatzgruppe D« in Südrußland befehligte, schätzt, daß während der Zeit 90 000 Männer, Frauen und Kinder von dieser Formation liquidiert worden sind. Zuerst mußten die Opfer Massengräber ausheben, in die sie nach ihrer Erschießung hineingeworfen wurden: man kannte kein Erbarmen für erschrockene Kinder und wahnsinnig verzweifelte Mütter. Im Frühjahr 1942 jedoch begann das eifrige Sicherheitshauptamt in Berlin, Gaswagen zu liefern, die die Vernichtung beweglich machten. Eine andere Formation, die in Nordrußland wirkende »Einsatzgruppe A«, tötete in den ersten vier Monaten ihrer Tätigkeit 135 000 Juden und Kommunisten[174].

Die spätere Gefangennahme Eichmanns, des Leiters der Judenabteilung der Gestapo, und sein Prozeß vor einem israelischen Gericht haben weitere Beweise für die Leiden geliefert, die dem jüdischen Volk durch die SS zugefügt wurden. Man wird nie genau erfahren, wie viele Juden in den Todeslagern und unter den Händen der Einsatzkommandos umkamen. Will man die Zahl der Menschen schätzen, die im Rahmen der »Endlösung« ermordet wurden, so kommt man mit einer Summe zwischen 4 200 000 und 4 600 000 der Wahrheit wohl am nächsten[175].

Nach dem Kriege hat man in Deutschland allgemein bestritten, daß von dem Umfang und der Scheußlichkeit der Maßnahmen gegen die Juden mehr als eine Handvoll Deutscher an der Spitze der SS gewußt habe. Einer aber wußte bestimmt davon. Für einen Mann waren sie die logische Verwirklichung von Ansichten, an denen er seit den zwanziger Jahren festgehalten hatte als an den notwendigen Voraussetzungen seiner Pläne für die Neuordnung Europas auf rassischer Grundlage. Dieser Mann war Adolf Hitler.

Himmler organisierte die Vernichtung der Juden, aber der Mann, der einen so monströsen Plan ausgebrütet hatte, war Hitler. Ohne Hitlers Genehmigung würde Himmler, ein Mann von ausschließlich subalternen Eigenschaften, niemals gewagt haben, auf eigene Faust zu handeln. Es war das Thema jener geheimen Gespräche »unter vier Augen« zwischen dem Führer und dem Reichsführer SS, bei denen niemand sonst (außer gelegentlich Bormann) zugegen sein durfte und von denen es keine Aufzeichnungen gibt. Das Buch der Geschichte enthält kaum scheußlichere Seiten als diesen Versuch, eine ganze Rasse auszurotten, der sich daraus ergab, daß um die Jahrhundertwende ein mißratener junger Mann in einem Wiener Elendsviertel die »Entdeckung« machte, die Juden seien die Urheber alles dessen, was er in der Welt am meisten haßte.

Bei einer Zusammenkunft aller Reichs- und Gauleiter im Mai 1943 in Berlin erklärte Hitler, wie Goebbels berichtet, daß »der Antisemitismus, wie wir ihn früher in der Partei gepflegt und propagiert haben, auch jetzt wieder das Kernstück unserer geistigen Auseinandersetzung sein muß«.

Bei derselben Gelegenheit bemerkte er: »Das Kleinstaatengerümpel, das heute noch in Europa vorhanden ist, muß so schnell wie möglich liquidiert werden. Es muß das Ziel unseres Kampfes bleiben, ein einheitliches Europa zu schaffen. Europa kann aber eine klare Organisation nur durch die Deutschen erfahren[176].«

Hier haben wir das wahre Bild jener europäischen Neuordnung, von der Hitler bereits 1932/33 zu Hermann Rauschning gesprochen hat. Die Ausrottung der Juden war der erste Schritt zur imperialen Herrschaft des »Herrenvolks« über den ganzen Kontinent. Es ergab sich als durchaus logisch, wenn Hitler, mit solchen Plänen im Kopf, in dem Geschwätz von europäischer Zusammenarbeit zu seinem Teil nichts anderes sah denn ein für die Propaganda geeignetes Thema. Ein solches Imperium konnte nur gewaltsam errungen und erhalten werden: für Zusammenarbeit war darin kein Platz.

Es ist allzu leicht, solch eine Konzeption als die Ausgeburt eines kranken Hirns abzutun: man darf nicht vergessen, daß die düsteren Plätze von Auschwitz und Mauthausen und die erhalten gebliebenen Berichte der SS den Beweis liefern, wie nahe diese Phantasie vor der Verwirklichung stand.

KAPITEL XIII

Zweimal Juli

1943—1944

I

Die unmittelbaren Folgen der Katastrophe von Stalingrad waren nicht so groß, wie man hätte erwarten mögen; es kam nicht zu einem Zusammenbruch der deutschen Ostfront. Die russischen Bemühungen, die Armee im Kaukasus abzuschneiden, wurden durch einen geschickt geführten Rückzug vereitelt. Moskau war zwar entlastet, aber Leningrad stand weiterhin unter deutschem Artilleriefeuer. Die Russen trieben im Februar die Deutschen aus dem Donezbecken und aus Charkow hinaus, doch im März machten die Deutschen eine Gegenoffensive und eroberten das Gebiet zurück. Am Ende der Winterkämpfe verlief die deutsche Linie, wiewohl sie in der Mitte und im Süden zurückgenommen worden war, noch tief durch russisches Gebiet. Erst im Spätsommer 1943 erneuerten die Russen ihre Angriffe. Zu dieser Zeit stand Hitler in Italien vor einer erheblich ernsteren Lage[177].

Hitlers rascher Entschluß, im November 1942 Tunis zu besetzen, hatte die Alliierten daran gehindert, vor dem Ende dieses Jahres zu einem Sieg zu kommen. Er hoffte sogar, Tunis endlos lange halten zu können, um damit den Engländern den Seeweg durch das Mittelmeer zu sperren. Aber die Nachrichten aus Italien bereiteten ihm Sorge: Der Duce war krank, gegen die Deutschen bestand allgemeine Abneigung, und das italienische Volk hatte nur das eine Streben, so rasch wie möglich aus dem Krieg herauszukommen. Der Anfang 1943 vollzogene Wechsel im italienischen Oberkommando und in der Regierung verstärkte den deutschen Argwohn, und als Ciano das Amt des Außenministers niederlegte und Botschafter beim Vatikan wurde, waren die Deutschen überzeugt, daß er nur dorthin gegangen sei, um über einen Separatfrieden zu verhandeln.

Es mußte also etwas getan werden, um dem versagenden Verbündeten den Rücken zu stärken, und Ende Februar 1943 sandte Hitler Ribbentrop mit einem langen persönlichen Brief an den Duce nach Rom. Hitler erwähnte Stalingrad nicht, doch die Bemerkungen, die er am Schluß des Briefes über die Ostfront machte, verrieten eine ziemliche

Verlegenheit. Aber er erklärte beharrlich, der Krieg im Osten müsse weitergehen, bis der russische Koloß vernichtet sei: vorher werde Europa keinen Frieden haben.

»Ich weiß ebensogut wie Sie, Duce, wie schwer es ist, historische Entscheidungen zu treffen, aber ich bin mir nicht sicher, ob nach meinem Tode ein anderer die erforderliche Willenskraft haben wird. ... Ich sehe es als eine Gnade der Vorsehung an, daß ich auserwählt wurde, in solch einem Krieg mein Volk zu führen[178].«

Der restliche Teil des Briefes widmete sich einem ermutigenden Überblick über die Kriegslage, wobei Hitler den Erfolg der U-Boote besonders hervorhob.

Nach Ribbentrops Besuch erklärte Hitler sich einverstanden, die italienischen Arbeiter in Deutschland heimzuschicken — eine beträchtliche Konzession zu einer Zeit, in der Sauckel die Arbeitskräfte im ganzen übrigen Europa für die Arbeit in Deutschland mobilisierte. Aber weder Ermutigungen, vom Führer in weiteren Briefen wiederholt, noch Konzessionen hatten irgendwelche Wirkung. Mussolini, ein alternder, kranker, enttäuschter Mann, war bald nicht mehr Herr der Situation. Massenstreiks in Turin und Mailand unter dem Schlagwort »Frieden und Freiheit« waren ein deutliches Anzeichen für den bevorstehenden Zusammenbruch des Regimes. Einige Tage später begannen die Alliierten ihren endgültigen Vorstoß zur Säuberung Tunesiens. Mussolini konnte nichts anderes tun, als noch einmal an Hitler zu appellieren und ihn aufzufordern, einen Separatfrieden mit Rußland zu schließen. In seiner Antwort bat Hitler Mussolini dringend, nach Salzburg zu kommen. Dort trafen sie Mitte April zusammen.

Mussolini gab seinen Mitarbeitern das Versprechen, daß er diesmal Hitler entgegentreten werde: er sei entschlossen, von ihm dringend den Friedensschluß mit Rußland und das Zurücknehmen der italienischen Armeen von draußen zu verlangen, damit sie ihre Heimat verteidigen könnten. Aber dem dynamischen Führer von Angesicht zu Angesicht gegenübersitzend, wurde er weich und schwieg, während Hitler redete.

»Der Führer hat sich alle Mühe gegeben, und unter Aufbietung seiner ganzen Nervenkraft ist es ihm gelungen, Mussolini wieder ganz in die Reihe zu bringen. Er hat in diesen vier Tagen eine vollkommene Verwandlung durchgemacht. Als er den Zug verließ, so meint der Führer, sah er aus wie ein gebrochener Greis; als er wieder zurückfuhr, war er ein gehobener, tatenfreudiger Mensch[179].«

Bei dieser Gelegenheit überschätzte Hitler seine Suggestionskraft. Mussolini kehrte nach Rom zurück, ohne dem Führer alles gesagt zu haben, was er wollte, aber innerlich war er bereits ein geschlagener Mann und nicht mehr in der Lage, die ihm zugewiesene Rolle mit Überzeugung zu spielen. Bald zeigte sich, daß seine Verzweiflung berechtigt war. Am 7. Mai erfolgte die Einnahme von Tunis und Bizerta durch die Alliierten, und innerhalb einer Woche wurden die ganzen Achsenstreitkräfte in Afrika, die Hitler gegen Rommels Rat auf mehr als 250000 Mann verstärkt hatte, mitsamt ihrer Ausrüstung gefangengenommen. In nicht ganz sechs Monaten hatte die Achse — Stalingrad und Tunis zusammengezählt — mehr als eine halbe Million Mann verloren.

Es ist klar, daß die Alliierten sich nicht mit Afrika zufriedengeben, sondern versuchen würden, an den nördlichen Küsten des Mittelmeers zu landen — und ebenso klar war, daß es Hitler und Mussolini nach den Verlusten in Tunis schwerfallen würde, sie daran zu hindern. Als erste Frage ergab sich: wo? Im Sommer 1943 war die Meinung geteilt, ob die Wahl auf Sizilien oder Sardinien fallen werde; Mussolini nahm das erstere an, Hitler das letztere. Das zweite Problem war technischer Natur: wie setzte man am besten die zur Verfügung stehenden Kräfte ein? Aber als das schwierigste Problem stellte sich das dritte dar: konnte man sich darauf verlassen, daß die Italiener kämpfen würden?

In der Zusammenarbeit der italienischen und deutschen Streitkräfte hatten die Spannungen zugenommen. Von den deutschen Offizieren in Italien kamen immer mehr Berichte, die Hitler über die Gefährlichkeit der Situation nicht im Zweifel ließen, doch er scheute drastische Maßnahmen, um die Italiener nicht zum offenen Aufruhr zu treiben.

In diesem unbehaglichen Gefühl, die möglichen Ereignisse vorauszusehen, ohne sie verhindern zu können, wartete Hitler auf den Angriff der Alliierten. Er erfolgte am 10. Juli in Sizilien, und die Alliierten trafen sofort Sicherungen für ihre Landung.

Neun Tage später bestellte Hitler Mussolini zu einer Zusammenkunft nach Feltre in Norditalien. Es war ihr dreizehntes Treffen und eine Wiederholung der Salzburger April-Gespräche. In einer letzten Anstrengung, dem Bündnis neues Leben einzugeben, sprach Hitler vor dem Mittagessen drei Stunden ohne Unterbrechung. Es gebe für sie nur eine Möglichkeit, erklärte er, zu kämpfen und weiterzukämpfen, an allen Fronten — sowohl in Rußland wie in Italien — und mit dem fanatischen Willen, zu siegen. In Deutschland, sagte er prahlerisch, stünden jetzt 15jährige Jungen an den Flakbatterien.

»Wenn mir jemand sagt, wir könnten unsere Aufgaben späteren Generationen überlassen, dann antworte ich: das ist nicht der Fall.

Niemand kann sagen, ob die kommende Generation eine Generation von Giganten sein wird. Deutschland brauchte 30 Jahre, um sich zu erholen; Rom hat sich niemals wieder erhoben. Das ist die Sprache der Geschichte[180].«

Nach dem Mittagessen raffte Hitler sich mit aller Energie zu einer zweiten Anstrengung auf. Wieder einmal redete, redete, redete er, wie Ciano es so oft beschrieben hat; wieder einmal saß der Duce bis zum Schluß schweigend dabei. Es gelang ihm noch nicht einmal, von den Deutschen Verstärkungen zugesagt zu erhalten.

Unmittelbar nach dem Treffen in Feltre erreichte die italienische Unzufriedenheit über das Bündnis mit den Deutschen und über seinen Verfechter, den Duce, den Siedepunkt. Der Große Faschistische Rat (der seit Dezember 1939 nicht mehr einberufen worden war) trat in der Nacht vom 24. zum 25. Juli zusammen, und Mussolini mußte eine heftige Kritik an seiner Kriegführung über sich ergehen lassen. Am nächsten Abend wurde der Duce vom König abgesetzt und in Haft genommen. Der bewährte Marschall Badoglio bildete eine nichtfaschistische Regierung; die Partei selbst wurde aufgelöst und die faschistischen Beamten sahen sich ihrer Posten enthoben. Die Autorität der neuen Regierung stützte sich auf Krone und Armee.

Obwohl Hitler Mussolinis Fall lange vorausgesehen hatte, rief die Nachricht im Führerhauptquartier einen schweren Schock hervor. Hitler war in seiner persönlichen Treue zu Mussolini niemals wankend geworden. In privaten Äußerungen nannte er ihn den einzigen Mann in Italien, auf den man sich verlassen könne, und in der Öffentlichkeit hatte er wiederholt die nationalsozialistische und die faschistische Revolution als die beiden Fundamente der Neuordnung auf die gleiche Stufe gestellt. Nun, nachdem er über zwanzig Jahre lang die Macht innegehabt hatte, war der römische Diktator mit einem Schlage seines Amtes enthoben, unfeierlich in einen Krankenwagen gepackt und arretiert worden — ohne daß ein Schuß gefallen wäre oder sich eine Stimme des Protestes erhoben hätte.

Der Vorfall war zu augenfällig, als daß er auch dem unpolitischsten Menschen in Deutschland entgehen konnte. Auch des Führers Prestige war davon unmittelbar betroffen, und die Verlegenheit der Nazis zeigte sich im Schweigen der deutschen Presse, die nur kurz mitteilte, daß Mussolini aus gesundheitlichen Gründen zurückgetreten sei. Hitler befahl Himmler sofort strenge Maßnahmen, um Unruhen in Deutschland zu verhindern, lehnte es aber ab, irgendeine Rede zu halten, obwohl Berichten zufolge das deutsche Volk in ängstlicher Spannung auf eine Erklärung von ihm wartete. In der Tat kümmerten Hitler die Rückwirkungen in Deutschland nicht; seine Sorge galt Italien:

Wie ließ sich vermeiden, daß der Regierungswechsel in Rom zum Verlust der Halbinsel führte? Wenn ihm das gelang, war nicht nur die militärische Situation gerettet, sondern es wurden auch nachteilige Auswirkungen auf die andern Satellitenstaaten vermieden, die gespannt beobachteten, ob es Italien gelingen würde aus dem Krieg auszuscheiden.

Gleich nachdem die Nachricht im Führerhauptquartier eingetroffen war, ließ Hitler alle Naziführer, außerdem Rommel, Dönitz und andere Militärs sofort zu einer Konferenz rufen. Die Tatsache, daß eine von ihm befürchtete Situation schließlich Wirklichkeit geworden war, erleichterte Hitler eher, als daß sie ihn deprimierte. Trotz des durch die schweren Kämpfe an der Ostfront noch verstärkten Druckes behielt Hitler den Kopf oben und trat der Krise nicht nur mit Entschlossenheit und Energie, sondern auch mit ziemlicher Geschicklichkeit entgegen. Diese Reaktion, zusammen mit der Tatsache, daß die Alliierten die Vorteile der Lage nur langsam ausnutzten, machten es ihm möglich, sich rasch wieder aufzurichten.

Hitler wartete nicht, bis alle seine Paladine eingetroffen waren, sondern traf in der Eingebung des Augenblicks eine Reihe wichtiger Entscheidungen. Die erste und bedeutungsvollste war, daß die neue italienische Regierung unter Badoglio, mochte sie auch noch sosehr ihre Treue zur Achse beteuern, wahrscheinlich nur Zeit gewinnen wolle, um mit den Alliierten zu einer Verständigung zu kommen, und entsprechend behandelt werden müsse. Die zweite war, daß er alles, was er an Soldaten auftreiben konnte, nach Italien schickte, um dieses unter seine Kontrolle zu bringen und es, wenn die Zeit gekommen war, zu halten.

In einer Konferenz, die er am Abend des 25. Juli zwischen 9.30 und 10.15 Uhr mit seinen Generalen abhielt — es war wenige Stunden nach Mussolinis Absetzung —, verwarf Hitler Jodls Vorschlag, genauere Berichte abzuwarten.

»Gewiß«, antwortete er, »aber wir müssen im voraus planen. Zweifellos werden sie in ihrer Verräterei verkünden, sie würden uns treu bleiben; aber das ist Verräterei. Natürlich werden sie nicht treu bleiben ... Wenn auch dieser Marschall Sowieso, dieser Badoglio, sofort erklärt hat, der Krieg würde weitergeführt, so macht das keinen Unterschied. Das müssen sie schon sagen. Aber wir werden das gleiche Spiel spielen und uns währenddessen darauf vorbereiten, das ganze Gebiet mit einem Schlage zu übernehmen und das ganze Gesindel festzusetzen[181].«

Hitlers erster Gedanke war, mit Hilfe der 3. Panzergrenadier-Division, die außerhalb Roms lag, einen zweiten Putsch zu inszenieren und die neue Regierung, den König und den Kronprinz gewaltsam festzunehmen. Als Hewel, Ribbentrops Verbindungsmann im Führerhauptquarteier, fragte, ob die Ausgänge des Vatikans blockiert werden sollten, antwortete Hitler: »Ich werde direkt in den Vatikan hineingehen. Glauben Sie, der Vatikan könnte mich daran hindern? Wir werden ihn gleich mitübernehmen. Für mich ist das alles dasselbe. Dieser Pöbel (das Diplomatische Korps) steckt darin. Wir werden diese Schweinebande herausholen. Später können wir uns immer noch entschuldigen.«

In der Folgezeit willigte Hitler unter dem Druck Ribbentrops und Goebbels' darin ein, den Vatikan zu schonen, aber noch einige Tage lang spielte er mit dem Gedanken an einen unmittelbaren *coup*.

Als Goebbels und die übrigen am 26. ankamen, hatte Hitler bereits vier Pläne ausgearbeitet und war dabei, die für die Durchführung bestimmten Kräfte zusammenzustellen. Der erste Plan, bekannt unter dem Deckwort »Eiche«, galt der Befreiung Mussolinis; der zweite, »Student«, sah die Besetzung Roms und die Wiedererrichtung des faschistischen Regimes vor; der dritte, »Schwarz«, betraf die militärische Besetzung Italiens, und der vierte, »Achse«, befaßte sich mit den Maßnahmen zur Inbesitznahme oder Zerstörung der italienischen Flotte.

Hitler legte großen Wert darauf, sich Mussolinis in Person zu versichern, damit er die restaurierte faschistische Regierung leite, und nahm die Gelegenheit des 60. Geburtstages des ehemaligen Duce (29. Juli) wahr, um ihm seine Treue zu beweisen. In der deutschen Presse erschienen Lobeshymnen im Zusammenhang mit der Nachricht, daß der Führer dem Duce eine Sonderausgabe von Nietzsches Werken in vierundzwanzig Bänden mit einer persönlichen Widmung geschickt habe. Die andern fühlten sich weniger sicher. Während Göring und Ribbentrop Hitler beistimmten, nannte Goebbels in seinem Tagebuch Hitler »überoptimistisch in bezug auf den Duce und die Möglichkeit einer Rückkehr der Faschisten«. Dönitz, Rommel und Jodl dachten dasselbe und sagten es auch. »So etwas kann ein Soldat nicht verstehen«, war Hitlers Antwort, »nur ein Mann von politischem Weitblick kann hier klar sehen.«

Praktisch war es eine Zeitfrage. Hitler, Göring und Goebbels wollten sofort handeln: der König, der Kronprinz und die Badoglio-Regierung sollten festgenommen und nach Deutschland geschafft werden, während Mussolini in Rom wieder in seine Macht eingesetzt werden sollte. Rommel (den Hitler zum Oberbefehlshaber in Italien ernannt hatte) und die andern Soldaten wollten abwarten, bis sich die Situation geklärt hätte. Sie fürchteten, daß ein verfrühtes Handeln Badoglio, den sie an ihrer Seite zu behalten hofften, in die Arme der Alliierten treiben würde; sie waren außerordentlich skeptisch hinsichtlich der Autorität Mussolinis oder der Popularität eines wiederbelebten faschistischen Regimes und fürchteten, daß damit, solange die deutschen Kräfte in Italien noch schwach waren, Risiken verbunden seien.

Weder in der einen noch in der andern Weise kam es zu einer klaren Entscheidung: statt dessen schob Hitler, sehr zu seinem Vorteil, endgültige Befehle von Tag zu Tag hinaus. Denn Badoglio war in einer schwierigen Lage. Hitler hatte mit seiner Vermutung recht gehabt, daß er sofort in Verhandlungen über einen Separatfrieden eintreten würde, aber bis zur Erreichung einer Verständigung mit den Alliierten zum Schein die Zusammenarbeit mit den Deutschen aufrechterhalten mußte. Hitler, der das Spiel durchschaute, machte sich das lange Zögern der Alliierten zunutze, um seine Kräfte in Italien zu verstärken, ehe die Karten aufgedeckt wurden. Am Ende der sechs Wochen, die die Alliierten zwischen Mussolinis Sturz (25. Juli) und der Bekanntgabe des Waffenstillstandes mit der Badoglio-Regierung (8. September) verstreichen ließen, befand Hitler sich in einer sehr viel stärkeren Position, um seine Pläne in die Tat umzusetzen.

II

Die Bekanntgabe des italienischen Waffenstillstands kam für Hitler wiederum überraschend. Er war in Saporoschje in der Ukraine gewesen, um sich mit der Lage im Südabschnitt der Front zu befassen, und kehrte kurz vor Eintreffen der Nachricht in sein Hauptquartier zurück. Die Italiener hatten den Schein bis zur letzten Minute gewahrt, und es war ihnen vollauf gelungen, die Deutschen zu täuschen. Man hatte nur noch so viel Zeit, um Kesselring, dem Befehlshaber in Süditalien, das Deckwort für die Aktion zuzusenden; danach wurde die Verbindung erschwert, und es liefen nur noch spärlich Informationen ein. Auf Hitlers Weisung flog Goebbels an einem grauen, nassen Herbstmorgen nach Rastenburg. Er traf den Führer in verbitterter Stimmung an. Vor allem weil sie ihn hereingelegt hatten, war er tief entrüstet über die Italiener. »Der Duce wird als der letzte Römer in die Geschichte eingehen«, schrieb Goebbels, »aber das Zigeunervolk hinter seiner großen Gestalt ist in Fäulnis übergegangen[182].«

Goebbels beschwor den Führer, über den Rundfunk zu sprechen. Hitler hatte seit dem Heldengedenktag im März keine Rede mehr gehalten. Damals hatte er seine Rede schlecht heruntergelesen und dabei eine so kümmerliche Erscheinung abgegeben, daß er auf die Anwesenden einen denkbar schlechten Eindruck gemacht hatte. In der Zeit von Mussolinis Sturz hatte er es abgelehnt, sich in der Öffentlichkeit zu äußern, und auch jetzt gelang es Goebbels nur unter Schwierigkeiten, seine Bedenken zu überwinden.

Die Rede enthält wenig Interessantes. Hitler zollte Mussolini einen eindrucksvollen Tribut: »... der größte Sohn des italienischen Bodens seit dem Zusammenbruch der antiken Welt...« Nachdrücklich hob er seine Treue zu Mussolini hervor: »Ich habe nicht gelernt, meine Gesinnung nach Bedarf von Fall zu Fall zu wechseln oder auch nur zu verleugnen.«

Dagegen sei der Verrat der Italiener eine nationale Schande über Generationen hinaus. Aber seine Folgen würden den Krieg nicht beeinflussen:

»Denn der Kampf in diesem Lande wurde seit Monaten in erster Linie durch deutsche Kräfte gestützt und getragen. Wir werden diesen Kampf nunmehr frei von allen belastenden Hemmungen fortsetzen ... Es mögen uns taktische Notwendigkeiten zwingen, in diesem gewaltigen Schicksalskampf das eine oder andere Mal an einer Front etwas aufzugeben oder besonderen Bedrohungen auszuweichen, niemals aber wird der stählerne Reif zerbrechen, der das Reich beschirmt.«

Damit man sich im Ausland keine Illusionen mache, fügte Hitler hinzu:

»Die Hoffnung, in ihm (dem Reich) heute Verräter wie in Italien zu finden, fußt auf der vollkommenen Unkenntnis des Wesens des nationalsozialistischen Staates. Ihr Glaube, in Deutschland auch einen 25. Juli herbeiführen zu können, beruht auf dem grundlegenden Irrtum, in dem sie sich sowohl über meine persönliche Stellung befinden als auch über die Haltung meiner politischen Mitkämpfer, meiner Feldmarschälle, Admirale und Generale[183].«

Die Rede ging am Abend des 10. September über den Rundfunk. Vor der Übertragung berichtete eine Sondermeldung von überraschenden deutschen Erfolgen in Italien. Hitler hatte die deutschen Streitkräfte in Italien auf 16 Divisionen erhöht, und diese waren nun im Begriff, die zahlenmäßig viel stärkeren italienischen Verbände zu entwaffnen und die Schlüsselstellungen, darunter Rom, zu besetzen, wobei sie auf keinen ernsthaften Widerstand stießen. Der König und Badoglio flüchteten aus der Hauptstadt, und innerhalb weniger Stunden waren die Deutschen Herren des größten Teils des Landes.

Zur gleichen Zeit, als der Waffenstillstand verkündet wurde, hatten die 5. und die 8. Armee der Alliierten das italienische Festland erreicht und begonnen, sich nach Norden durchzukämpfen. Zu Kesselrings Erleichterung jedoch landeten die Alliierten viel weiter südlich, als er zu hoffen gewagt hatte, nämlich nicht, wie von ihm befürchtet, in der Nähe von Rom, sondern in Salerno, südlich von Neapel. Hitler und seine militärischen Ratgeber hatten Süditalien bereits abgeschrieben, und die deutschen Verteidigungspläne gingen von Stellungen aus, die ein gutes Stück nördlich von Rom lagen. Kesselring war befohlen worden, sich in die Apenninen oberhalb von Florenz zurückzuziehen, wo auch Rommel als Oberbefehlshaber sein Hauptquartier aufgeschlagen hatte. Aber als es Kesselring gelang, den alliierten Vormarsch aufzuhalten — der selbst am Jahresende kaum mehr als 110 Kilometer von Salerno aus fortgeschritten war —, änderte Hitler seine Pläne und gestattete Kesselring, im Winter auf einer Frontlinie stehenzubleiben, die in einer Höhe wenig nördlich von Neapel quer durch die Halbinsel verlief. So blieben mehr als zwei Drittel Italiens, darunter das Industriegebiet des Nordens, in deutscher Hand. Erst im Juni 1944 gelang es den Alliierten, Rom zu erreichen.

Die Badoglio-Regierung hatte Mussolini nach seinem Sturz von einem Platz zum andern und schließlich in ein kleines Hotel am Gran Sasso, hoch oben in den Abruzzen, gebracht. Hitler war persönlich stark daran interessiert, Mussolinis Aufenthaltsort herauszufinden, und als man diesen schließlich festgestellt hatte, wurde der Plan gefaßt, Mussolini durch einen sensationellen Handstreich aus der Luft zu befreien. Dieser kam am 12. September durch eine SS-Abteilung unter Befehl von Otto Skorzeny zur Ausführung, und Mussolini wurde ins Führerhauptquartier nach Rastenburg gebracht.

Die erste Begegnung der beiden Männer war herzlich, bald aber trat eine Ernüchterung ein. Hitler plante, das faschistische Regime in Italien wiederherzustellen. Eine kleine Anzahl ehemaliger faschistischer Führer, Pavolini, Farinacci und Mussolinis Sohn, Vittorio, waren in Deutschland eingetroffen und bereits an der Arbeit. Aber es handelte sich bei ihnen um zweitrangige Persönlichkeiten: eine neue faschistische Regierung konnte nur Erfolg haben, wenn Mussolini an der Spitze stand. Der Duce jedoch hatte sich bis zur Unkenntlichkeit verändert: er war ein verfallener, gealterter Mann ohne politische Ambitionen, der im Grunde nur den Wunsch hatte, heim in die Romagna gehen zu können. Auf Hitlers Drängen — und unter kaum verhüllten Drohungen — willigte er ein, die ihm zugedachte Rolle zu übernehmen. Aber es geschah ohne Enthusiasmus und nur, wie sich bald herausstellte, unter kräftig nachhelfendem Soufflieren seines Regisseurs.

Hitler nahm sich seine Enttäuschung sehr zu Herzen. Als Goebbels ihn gegen Ende September im Führerhauptquartier besuchte, machte Hitler auf einem gemeinsamen Spaziergang seinen aufgestauten Gefühlen Luft:

»Der Duce«, berichtet Goebbels in seinem Tagebuch, »hat aus der Katastrophe Italiens nicht die moralischen Konsequenzen gezogen, die der Führer sich eigentlich davon erwartet hatte. Natürlich war er überglücklich, den Führer wiederzusehen und überhaupt seine Freiheit wieder genießen zu können. Der Führer hatte nun geglaubt, der Duce würde als erstes ein großangelegtes Strafgericht an seinen Verrätern abhalten. Das ist aber in keiner Weise der Fall, und darin zeigt sich eigentlich seine Begrenztheit. Er ist kein Revolutionär etwa im Sinne des Führers oder im Sinne Stalins. Er ist doch in seinem italienischen Volkstum so gebunden, daß ihm der große Zug zum weltweiten Revolutionär und Umwälzer fehlt[184].«

Diese mangelnde Bereitschaft, seine Feinde so zu behandeln, wie es Hitler 1934 mit Röhm getan hatte, ging über die Fassungskraft des Führers; er war besonders aufgebracht, daß Mussolini sich weigerte, gegen seinen Schwiegersohn, Ciano, vorzugehen, der in Deutschland Zuflucht gesucht hatte und den die Nazis schon lange erschossen zu sehen wünschten.

Es kam jedoch nicht in Frage, daß man auf die persönlichen Empfindungen des Duce Rücksicht nahm. Dieser hatte zu tun, was man ihm sagte. Am 15. September wurde bekanntgegeben, daß Mussolini wieder die oberste Führung des Faschismus übernommen habe und von ihm die neue italienische Soziale Republik ins Leben gerufen worden sei. Ihre »Regierung« spielte bis zum Ende des Krieges in Italien eine trübe und unbedeutende Rolle. Selbst nachdem Mussolini nach Italien zurückgekehrt war und sich in Gargnano am Gardasee niedergelassen hatte, blieb er der Gefangene der Deutschen. Seine Villa war umgeben von SS-Wachtposten, die angeblich seine Leibwache bildeten. Das neue Regime verfügte weder über Unabhängigkeit noch Autorität: von den Deutschen wurde es verachtet, von den Italienern gehaßt.

Was Mussolini selbst angeht, so bildete die letzte Phase seines Lebens die entwürdigendste. Er war auf den Rang eines Marionettendiktators herabgesetzt, der sich selber verachtete. Im Oktober mußte Mussolini Triest, Istrien und Südtirol an Deutschland abtreten, und es war sogar die Rede davon, Venedig dem Großdeutschen Reich einzuverleiben. Im November wurde er gezwungen, Ciano an die Deutschen auszuliefern; er schloß sich mit seiner Geliebten ein und weigerte sich, seine Tochter Edda zu empfangen. Hitler aber ersparte ihm keine Demütigung. Ciano wurde von einem faschistischen Exekutionskommando, das nominell auf Anweisung seines Schwiegervaters handelte, im Januar 1944 erschossen. Aus Mussolinis einstiger Faszination war Haß auf Hitler geworden. Der Duce erschien wenig in der Öffentlichkeit und überließ die Entscheidungen weitgehend seinen

»Ministern«, die unaufhörlich gegen ihn und untereinander intrigierten. Aber er konnte seinem Schicksal, das er sich selbst durch seinen Pakt mit Hitler geschmiedet hatte, nicht entrinnen. Als es zu Ende ging, wurde seine Leiche neben der seiner Geliebten in derselben Stadt Mailand, in der er am 1. November 1936 die Achse proklamiert hatte, an den Galgen gehängt.

Hitlers Überzeugung, daß der Faschismus in Italien wiederbelebt werden könnte, erwies sich als ebenso hinfällig wie sein Glaube, daß sein Übermenschkollege Mussolini die Schicksalsschläge meistern würde. Aber die italienische Soziale Republik erfüllte ihren Zweck: man konnte, wenigstens eine Zeitlang, den Schein wahren. Da es die Deutschen fertig gebracht hatten, den größten Teil von Italien zu besetzen und den alliierten Vormarsch südlich von Rom aufzuhalten, war es möglich, die Wiedereinsetzung Mussolinis als die siegreiche Überwindung der Krise darzustellen, die im Sommer die Gefahr eines unmittelbaren alliierten Angriffs auf die südlichen Reichsgrenzen heraufbeschworen hatte.

Überdies war es den Deutschen gelungen, nicht nur den größten Teil von Italien zu besetzen, sondern auch die italienischen Besetzungszonen auf dem Balkan, in Jugoslawien, Albanien und Griechenland zu übernehmen, wo von Hitler eine Zeitlang eine englische Landung erwartet worden war. Betrachtete er den Verlauf der Ereignisse im Mittelmeerraum während der vierzehn Monate seit El-Alamain und der Landung in Nordwestafrika, so konnte er sich Ende 1943 beglückwünschen: durch Energie, Entschlossenheit und Glück hatte er auf wirksame Weise eine katastrophale Situation gewendet.

Und doch durfte das, was sich in Italien begeben hatte, kaum als ein Sieg bezeichnet werden. Die Stellung im Süden war sehr viel schwächer als Ende 1942. Der Krieg spielte sich jetzt auf dem europäischen Festland ab, nicht mehr in Nordafrika, und so langsam sich der alliierte Vormarsch vollzog, Kesselring blieb doch nichts anderes übrig, als geschickte Nachhutkämpfe zu führen. Das war nicht nur in Italien so; anderswo sah es noch düsterer aus.

Im Osten eröffneten die Deutschen, nachdem sie im März 1943 die Russen zurückgeworfen hatten, im Juli eine neue Offensive unter Einsatz ungewöhnlich starker Panzerkräfte. Sie richtete sich gegen die russischen Linien bei Kursk. Eine halbe Million Menschen — die besten Truppen, über die die deutsche Armee noch verfügte, einschließlich 17 Panzerdivisionen, die mit den neuen schweren Tiger-Panzern ausgerüstet waren — wurde für die Durchführung dieser Aktion eingesetzt. Nach schweren, verlustreichen Kämpfen gelang es den Russen nicht nur, den deutschen Angriff zum Stehen zu bringen, sie gingen vielmehr ihrerseits am 12. Juli weiter nördlich (erstmalig in diesem Sommer) zum Angriff über. Nach und nach dehnten sie ihre Angriffe über die ganze Front aus. Am 4. August nahmen sie Orel zurück, am 23. August Charkow. Am 23. September eroberten sie Poltawa und am 25. Smolensk, von wo aus sowohl Napoleon wie Hitler ihre Feldzüge geleitet hatten.

So hart die Deutschen kämpften, sie wurden allein schon durch das Gewicht des Angriffs zurückgeworfen. Kaum war ein Durchbruch abgeriegelt oder zurückgewiesen, flammte der Kampf an einem andern Sektor wieder auf. Das Donezbecken ging verloren, die Krim wurde abgeschnitten. Am 6. November zogen die Russen in Kiew ein, und am letzten Tage des Jahres 1943 eroberten sie zum zweitenmal Shitomir zurück. Hitlers unnachgiebige Befehle, auszuhalten und zu kämpfen, ohne einen Fußbreit preiszugeben, hatten nur das Ergebnis, daß die deutschen Verluste sich verdoppelten und die Befehlshaber jeder Möglichkeit beraubt wurden, ihre Fähigkeiten in der Verteidigung anzuwenden. Den ganzen Herbst über hatte es keine Pause gegeben; nun war der Winter da, und es ging auch jetzt weiter. Mit Ende des Jahres drückte die Rote Armee die Deutschen an den Schauplätzen ihrer Siege von 1941 vorbei bis zur polnischen und rumänischen Grenze beständig vor sich her.

Der russische Vormarsch hatte besonders im Süden sowohl politische wie auch militärische Rückwirkungen. Als sich die Rote Armee den Grenzen der Satellitenstaaten des Balkans näherte, breitete sich in Rumänien, in Ungarn und in der Slowakei, wo die Treue zur Achse durch die Vorgänge in Italien schwer erschüttert worden war, Angst aus. Hitler, der sich bereits über den Balkan und die Möglichkeit einer Landung dort Gedanken machte, beobachtete nun auch die Türkei mit Besorgnis.

Mit Rücksicht auf diese sowohl politischen wie militärischen Gründe wies er jeden Vorschlag zum Rückzug im Südabschnitt der Ostfront ab und weigerte sich hartnäckig, die Krim aufzugeben, wiewohl es ihn den Verlust von über hunderttausend Mann, hauptsächlich Rumänen, kostete. Als Feldmarschall von Weichs und Admiral Dönitz in ihn drangen, die deutschen Stützpunkte im Ägäischen Meer und auf Kreta zu räumen, gab er dieselbe Antwort. Er könne »den Befehl zu der vorgeschlagenen Räumung der Inseln nicht geben mit Rücksicht auf die unausbleiblichen politischen Rückwirkungen. Die Haltung unserer Verbündeten im Südosten und auch die der Türkei werde ausschließlich von ihrem Vertrauen in unsere Stärke bestimmt. Die Inseln aufzugeben, werde den ungünstigsten Eindruck machen. Um unserm Prestige einen derartigen Schlag zu ersparen, müßten wir uns sogar mit dem eventuellen Verlust von Truppen und Material abfinden[185].«

Im Westen versetzte das Jahr 1943, obwohl die Alliierten noch keinen Invasionsversuch gemacht hatten, Hitlers Hoffnungen zwei schwere Schläge: die Niederlage im U-Boot-Krieg und die Intensivierung des Luftkrieges gegen Deutschland. Im Januar 1943 ernannte Hitler Dönitz an Raeders Stelle zum Oberbefehlshaber der Marine. Hitler war so aufgebracht darüber, daß es der Kriegsmarine nicht gelungen war, die Geleitzüge der Alliierten auf ihrem Weg nach Rußland auf der Eismeer-Route zu versenken, sowie über die schweren Verluste auf seiten der Deutschen, daß er am Neujahrstag in einem Wutanfall befahl, die deutsche Hochseeflotte außer Dienst zu stellen und ihre Schiffe zu verschrotten. Am 6. Januar beschuldigte er Raeder und die Kriegsmarine, es fehle ihnen an Kampfeswillen und der Bereitschaft, Risiken auf sich zu nehmen. Raeder bat sofort, sein Amt niederlegen zu dürfen. An seiner Stelle ernannte Hitler den U-Boot-Spezialisten Dönitz, aber die Erfolge von 1942 ließen sich nicht wiederholen. In dem Maße, wie die Alliierten ihre U-Boot-Abwehr verstärkten, stiegen auch die U-Boot-Verluste, und Ende Mai sah Dönitz sich genötigt, alle seine Fahrzeuge aus dem Nordatlantik zurückzuziehen.

Hitler verschloß sich nun nicht mehr der Bedeutung der Schlacht im Atlantik, aber jetzt fehlten ihm die Mittel, sie durchzuhalten. Mochte er auch Dönitz den vermehrten Bau von U-Booten versprechen, geschehen konnte das nur auf Kosten des andern, ebenso dringenden Bedarfs. Die Luftwaffe war dann nicht mehr fähig, Deutschland zu verteidigen, geschweige denn Flugzeuge für den Atlantik zu erübrigen. Wenn auch die U-Boote im September ihre Fahrten gegen die Geleitzüge wiederaufnahmen, so konnten sie doch im Laufe der letzten vier Monate von 1943 nicht mehr als 67 Schiffe versenken. Im selben Zeitraum stiegen ihre eigenen Verluste auf 64 Fahrzeuge, ein Aderlaß, der nicht lange zu ertragen war. Ende 1943 war die Schlacht im Atlantik verloren.

Der U-Boot-Krieg spielte sich geheim und sehr abgelegen ab; für den Mann auf der Straße war es in Deutschland schwer festzustellen, ob er gewonnen oder verloren war. Aber vom Luftkrieg wurde er unmittelbar betroffen, und hier gab es keinen Zweifel, wer der Überlegene war. Im Laufe des Jahres stießen amerikanische Bombenflugzeuge zur R.A.F., und vereint führte man beinahe ununterbrochen Angriffe gegen Ziele in Deutschland und in Westeuropa durch. Außerdem begannen die Anflüge umfangreicher zu werden. Im Juli wurde Hamburg durch eine Reihe von Bombardierungen verwüstet, während auf Berlin zwischen Mitte November 1943 und Mitte Februar 1944 22000 Tonnen hochexplosiver Bomben von der R.A.F. abgeworfen wurden.

Hitler war außer sich vor Wut, daß Göring und die Luftwaffe

nicht die Angriffe abwehren und seine Forderung nach Vergeltungsmaßnahmen auf England erfüllen konnten. In jeder Konferenz verwünschte er die Vertreter der Luftwaffe wegen ihrer Unfähigkeit. Dennoch hütete er sich, jemals auch nur eine einzige der zerstörten Städte aufzusuchen, abgesehen von Berlin, wo er sich aber immer seltener sehen ließ. Die Verluste an Menschenleben waren ihm gleichgültig; seine größte Sorge war die Beeinträchtigung der deutschen Rüstungsindustrie.

1938 und 1939 war Hitler von Schacht und anderen warnend darauf hingewiesen worden, daß Deutschland nicht über die wirtschaftlichen Hilfsmittel verfüge, um noch einmal einen großen Krieg zu führen. 1943 wurde es offenbar, wie berechtigt diese Warnungen gewesen waren. Bei Hitlers Lagebesprechungen konnte kaum ein Thema vorgetragen werden, das nicht unter dem Schatten von Deutschlands wachsender Knappheit an allen Dingen stand — es mangelte an Menschen, Rohstoffen, Transportmitteln, Öl, Nahrungsmitteln, Stahl, Waffen und Flugzeugen. Selbst wenn die Industrie Deutschlands intakt geblieben wäre, hätte diese nicht die Kraft gehabt, einen langen Krieg gegen die drei mächtigsten Industrieländer der Welt zu führen, die USA, England und die Sowjetunion. Aber zu der naturgegebenen Unzulänglichkeit seiner Hilfsquellen und dem immer unerbittlicher werdenden Druck der Blockade gesellte sich die durch die Luftangriffe hervorgerufene Desorganisation seiner Industrien und Verkehrseinrichtungen. Systematisch griffen die Luftstreitkräfte der Alliierten ein deutsches Industriezentrum nach dem andern an und kehrten, kaum daß der Schaden behoben war, zurück, um noch mehr Bomben abzuwerfen. Wenn das deutsche Volk auch den Strapazen des Luftkrieges hätte widerstehen können, so waren doch die Auswirkungen auf die Rüstungsindustrie derart, daß Deutschland letzten Endes für dauernd hätte unterliegen müssen.

So läßt sich also, bezeichnet man die letzten Monate von 1942 als Wendepunkt des Krieges, 1943 das Jahr der deutschen Niederlage nennen.

»Spätestens gegen Ende 1943«, schreibt General Halder, der ehemalige Generalstabschef des Heeres, »war eindeutig klar, daß der Krieg militärisch verloren war ... Hätte aber nicht doch die Invasion abgeschlagen und damit die Basis für einen erträglichen Frieden geschaffen werden können? Hatte nicht die ›Festung Deutschland‹ Aussicht, die Kraft der Feinde an ihren Wällen zu verbrauchen? Nein. Wir müssen uns endlich entschließen, mit diesem Märchen aufzuräumen. Gegen eine Landungsflotte, wie sie den Alliierten unter dem Schutz einer vollständigen und unbestrittenen Luftherrschaft zur Verfügung stand, hatte Deutschland keine Abwehrmittel ...

Der Krieg konnte unter Einsatz deutschen Blutes und unter Preisgabe der Heimat an die feindliche Luftwaffe noch einige Zeit fortgesetzt werden. Aber war das zu erwartende Ergebnis diese Opfer wert[186] ?«

III

Der Mann, der allein über diese Frage zu entscheiden hatte, stand jetzt im 55. Lebensjahr. Die Inanspruchnahme durch den Krieg, besonders seit dem Winter 1941/42, war nicht spurlos an ihm vorübergegangen. Göring meinte, er sähe aus, als sei er seit Kriegsbeginn um fünfzehn Jahre gealtert. Im Laufe des Jahres 1943 stellte sich bei Hitler ein Zittern des linken Armes und des linken Beines ein, das sich — von der Zeit unmittelbar nach dem Bombenattentat im Juli 1944 abgesehen — immer stärker bemerkbar machte und nicht zu kurieren war. Bemüht, dieses Zittern zu unterdrücken, preßte er seinen Fuß gegen irgendeine Stütze und hielt seine linke Hand mit der rechten fest. Zur selben Zeit begann er, seinen Fuß nachzuziehen, als ob er lahm sei. Professor de Crinis von der Charité in Berlin glaubte, es handle sich um Symptome einer Schüttellähmung *(Paralysis agitans)*, aber er hatte niemals Gelegenheit, Hitler zu untersuchen. Andere Spezialisten waren der Meinung, sie seien auf Hysterie zurückzuführen, so wie die Magenkrämpfe, an denen Hitler zeitweise gelitten hat. Man hat auch die Vermutung geäußert, die physischen und psychischen Krankheitssymptome Hitlers während seiner letzten Lebensjahre könnten die eines Syphilitikers im dritten Stadium sein.

Um den Anforderungen zu genügen, die Hitler zwischen 1930 und 1943 an sich selber stellte, hätte er eine eiserne Gesundheit haben müssen. Während dieser ganzen Jahre unterzog er sich nur einmal einer Operation, um sich — mit Erfolg — einen Polypen aus seinen Stimmbändern entfernen zu lassen. Er neigte zu Wehleidigkeit, glaubte, ein schwaches Herz zu haben, und klagte über Schmerzen im Magen und gelegentliche Schwindelanfälle. Aber seine Ärzte fanden sein Herz und seinen Magen in Ordnung, und bis 1943 war er tatsächlich so gut wie gesund.

Unter der Anspannung des Krieges jedoch begann Hitler immer größere Mengen Anregungsmittel für seine nachlassende Energie zu nehmen. Seit 1936 hielt er sich einen für ihn ständig bereitstehenden Leibarzt. Es war Professor Morell, ein Quacksalber, der einmal in Berlin als Spezialist für Geschlechtskrankheiten praktiziert hatte. Morell wurde durch den Photographen Hoffmann bei Hitler eingeführt.

Er gewann sein Vertrauen, als er ihm ein Ekzem am Bein kurierte, und benutzte seine Stellung, um durch die Herstellung von Patentmedizin unter der Schutzherrschaft des Führers ein Vermögen zu machen. Von Trevor-Roper wird er nach dem Kriege als »ein dicker, aber heruntergekommener alter Mann« beschrieben, »mit kriecherischen Manieren, undeutlicher Aussprache und den hygienischen Gewohnheiten eines Schweins«. Selbst für Hitlers Kreis war er eine groteske Figur und wurde von den andern Ärzten, die den Führer behandelten, heftig angegriffen. Hitler selbst hat Morell niemals ganz getraut. Er versuchte dauernd, ihn bei einem Fehler zu ertappen, und bedrohte ihn mit Entlassung oder Schlimmerem. Offensichtlich war er ihm böse, weil er von ihm abhängig war. Aber seine Abhängigkeit war nun einmal eine unbestreitbare Tatsache. Bei jeder Mahlzeit nahm Hitler eine beträchtliche Menge der von Morell präparierten Tabletten; außerdem ließ er sich von ihm häufig — während der beiden letzten Jahre seines Lebens so gut wie täglich — Injektionen machen.

Wie Trevor-Roper berichtet, gab Morell zu, Hitler 28 verschiedene Arzneimischungen verabreicht zu haben, darunter sein eigenes gesetzlich geschütztes Sulfonamid-Präparat (das von der Pharmakologischen Fakultät der Leipziger Universität als für die Nerven schädlich abgelehnt worden war), verschiedene Wundarzneien, Narkotika, Stimulantien und Aphrodisiaka[187]. Als Dr. Giesing Hitler nach dem Attentatsversuch im Juli 1944 untersuchte, stellte er fest, daß Morell ihm gegen seine Magenschmerzen seit mindestens zwei Jahren eine Medizin gegeben hatte, die aus Strychnin und Belladonna zusammengesetzt und unter dem Namen »Dr. Koesters Antigas-Tabletten« bekannt war. Giesing glaubte, daß Hitler mit dieser Medizin langsam vergiftet werde und daß sowohl die Zunahme seiner Schmerzen wie auch die fortschreitende Verfärbung seiner Haut auf sie zurückzuführen sei. Die Mitteilung, die man Hitler davon machte, hatte aber nur eine Folge: die andern Ärzte, die Giesing unterstützten, wurden entlassen, und Giesing selbst war zum letztenmal im Führerhauptquartier gewesen. Während der beiden Jahre am Ende des Dritten Reichs war es nicht nur Hitler, sondern auch seine ganze Umgebung, die sich mit den von Dr. Morell entgegenkommenderweise verabreichten Drogen aufrechterhielt.

Zu der Last der Verantwortung und den schädlichen Wirkungen der Morellschen Gefälligkeiten gesellten sich noch die Folgen der nunmehrigen Lebensführung Hitlers. Vom Sommer 1941 an machte Hitler die »Wolfsschanze« in Ostpreußen zu seinem ständigen Hauptquartier. Abgesehen von den Monaten Juli bis Oktober 1942, die er in seinem Hauptquartier »Werwolf« bei Winniza verbrachte, kurzen Besuchen an der Front oder in Berlin und längeren in Salzburg oder auf dem

Obersalzberg, hauste Hitler den größten Teil der Zeit zwischen Juni 1941 und November 1944 in einer der abgelegensten Provinzen des Reichs. Vom Leben des Landes, über das er herrschte, wurde er immer mehr abgeschnitten.

Auch als das Führerhauptquartier noch in Holzhäusern untergebracht war, wurde seine Abseitigkeit in der Düsternis dieses nördlichen Waldes von den meisten Besuchern als niederdrückend empfunden. Aber wegen der Gefahr von Luftangriffen zog Hitler bald in einen der in den Boden eingelassenen massiven Betonbunker um und richtete sich häuslich in einer Suite von zwei oder drei kleinen Räumen mit kahlen, schmucklosen Betonwänden und einfachsten Holzmöbeln ein. Zu der erhabenen Geräumigkeit der Reichskanzlei oder des Berghofs mit seiner prächtigen Aussicht auf die Berge, seinen kostbaren Teppichen und den großen Vasen voller Blumen, die sein Entzücken gebildet hatten, war der Gegensatz evident.

Hitlers strenges Leben im Hauptquartier paßte zur Trostlosigkeit der ganzen Umgebung. General Jodl, der eine lange Zeit dort verbrachte, nannte das Hauptquartier »eine Mischung aus Kloster und Konzentrationslager. Es gab dort zahlreiche Drahtzäune und viel Stacheldraht. Bis weit hinaus standen Posten an den Zufahrtsstraßen, und in der Mitte war die sogenannte Sicherheitszone I. Dauerpässe zum Betreten dieser Sicherheitszone erhielten nicht einmal die Angehörigen meines Stabes. Jeder Posten hatte jeden Offizier zu untersuchen, der ihm unbekannt war. Abgesehen von Berichten über die militärische Lage, drangen nur sehr wenige Nachrichten von der Außenwelt bis in dieses Allerheiligste[188].«

Das Hauptereignis war die Führerkonferenz um die Mittagszeit. Von Konferenz zu sprechen, ist allerdings irreführend: es handelte sich um eine Reihe von Berichten über die militärische Lage, bei denen Entscheidungen allein vom Führer getroffen wurden. Gewisse Offiziere waren fast immer zugegen: die Generale Keitel und Jodl von Hitlers eigenem Stab der Wehrmachtsführung (OKW), der Generalstabschef des Heeres, der Generalstabschef der Luftwaffe oder sein Stellvertreter, der Vertreter des Oberkommandos der Marine, die ständigen Vertreter Himmlers (SS-Gruppenführer Fegelein) und Ribbentrops (Botschafter Hewel). Gelegentlich waren noch andere Befehlshaber oder Minister anwesend: manchmal Göring oder Speer oder der Oberbefehlshaber der Marine, seltener Himmler. Jeder dieser Offiziere war begleitet von seinen Adjutanten, die die Karten trugen, um sie auf dem großen Tisch auszubreiten, oder auch die Denkschriften und Diagramme, die vorgelegt werden mußten. Nach dem jeweiligen Bericht — Ostfront, Italien, Luftkrieg usw. — äußerte Hitler seine Entscheidung, und die betreffenden Offiziere verließen den Raum, um die notwendigen Instruktionen weiterzuleiten. Es gab keine allgemeine Diskussion über die Situation als Ganzes: nur dem Führer war es gestattet, sich mit dem Gesamtbild zu beschäftigen.

Die Konferenzen dauerten verschieden lange, manchmal eine, manchmal zwei oder drei Stunden. Seit September 1942 waren stets Stenographen dabei, die mitschrieben. Bisweilen gab es abends noch eine rein militärische Besprechung und häufig auch private Zusammenkünfte zwischen Hitler und seinen Hauptstellvertretern Himmler, Bormann, dem mächtigen Chef der Parteikanzlei, oder Goebbels, der im Flugzeug aus Berlin kam.

Hitlers Tag war fast ganz ausgefüllt mit derartigen Besprechungen. Er stand spät auf, frühstückte allein und nahm nach der Mittagskonferenz irgendwann zwischen 2 und 5 Uhr sein Mittagessen ein, wobei ihm häufig einige der Konferenzteilnehmer Gesellschaft leisteten. Am späten Nachmittag ruhte er gewöhnlich, um seine Besprechungen um 6 oder 7 Uhr wiederaufzunehmen. Das Abendessen wurde zu wechselnder Zeit zwischen 8 Uhr und Mitternacht serviert. Darauf gab es weitere Besprechungen, und der Tag endete gegen 4 Uhr morgens mit einem Tee in Gesellschaft seiner Sekretärinnen. Mitunter waren auch Morell und Hitlers Adjutant Julius Schaub anwesend.

Abgesehen von einem kurzen Spaziergang mit seiner deutschen Schäferhündin Blondi, die ihm Bormann nach Stalingrad geschenkt hatte, um ihn aufzuheitern, und an der er sehr hing, hatte Hitler keinerlei Bewegung und Erholung. Je länger der Krieg dauerte, um so mehr verzichtete er auf seine Gewohnheit, sich nach dem Abendessen Filme anzusehen. Nur für die Wochenschau zeigte er noch Interesse. Vor Stalingrad hatte er sich mitunter nach dem Abendessen Grammophonplatten, Beethoven, Wagner oder Lieder von Hugo Wolf, angehört. Nach Stalingrad jedoch wünschte er keine Musik mehr, und seine Unterhaltung während der Teestunde am frühen Morgen bestand darin, daß er die Vergangenheit heraufbeschwor und von seiner Jugend in Wien und den Kampfjahren erzählte. Zwischendurch reflektierte er über Geschichte, über die Bestimmung des Menschen, über Religion und andere große Themen. Wie seine Sekretärin klagt, waren solche Äußerungen den Menschen seiner Umgebung bald ebenso vertraut wie die Schallplatten; sie kannten jedes Wort auswendig und hielten sich nur mit äußerster Anstrengung wach. Während der Teestunde durfte unter keinen Umständen der Krieg oder irgendein mit ihm zusammenhängendes Thema berührt werden. Aus demselben Grunde unterließ Hitler es mehr und mehr, Gäste zu Tisch einzuladen. Schließlich aß er allein mit seinen Sekretärinnen, die strikte Anweisung hatten, des Krieges mit keinem Wort Erwähnung zu tun.

Der vorherrschende Eindruck, den man aus den Darstellungen über das Leben im Führerhauptquartier in den Jahren 1943 und 1944 gewinnt, ist der einer unsäglichen Langeweile. Sie wurde nur unterbrochen von der Aufregung, die eine Krise, wie zum Beispiel Mussolinis Sturz, hervorriefen, oder von Hitlers unvorhergesehenen Zornesausbrüchen, die sich gewöhnlich gegen die Generale wandten.

»Es ist tragisch«, schrieb Goebbels nach einem Gespräch mit Göring, »daß der Führer sich so vom Leben abschließt und ein so unverhältnismäßig ungesundes Leben führt. Er kommt nicht mehr an die frische Luft, findet keinerlei Entspannung mehr, sitzt in seinem Bunker, handelt und grübelt. Wenn man ihn nur einmal in eine andere Umgebung versetzen könnte! ... Die Einsamkeit im Führerhauptquartier und die ganze Arbeitsmethode dort haben natürlich eine deprimierende Wirkung auf den Führer[189].«

Die langen, vom Müßiggang und Geplauder ausgefüllten Tage auf dem Berghof waren für immer vorbei. Hitler sah jetzt nur noch wenige seiner alten Parteigenossen und selten sogar Eva Braun, die auf dem Obersalzberg geblieben war. Gelegentlich erwachte wieder sein Kunstinteresse; so sprach er zum Beispiel davon, seine Heimatstadt Linz in ein deutsches Budapest zu verwandeln und in ihr ein großes Kunstmuseum und ein Opernhaus zu errichten. Aber sein Hauptmotiv war dabei, wie er Goebbels gegenüber mehrmals äußerte, die kulturelle Vorherrschaft Wiens, der Stadt, die ihn einst verstoßen hatte, zu brechen. Manchmal schwärmte er bei den Besuchen von Goebbels, wie es sein werde in den Tagen, »wenn der Krieg einmal zu Ende ist, er seinen grauen Rock mit dem braunen vertauschen, wieder Theater und Film besuchen, abends mit mir in den Wintergarten gehen oder die K.d.d.K. (Kameradschaft der deutschen Künstler) besuchen und wieder Mensch unter Menschen sein kann[190]«. Aber solange er in seinem Hauptquartier bleibe, meinte Goebbels, stehe ihm seine Hündin Blondi näher als irgendein menschliches Wesen.

Der Grund, weshalb Hitler sich so abschloß, waren angeblich die Anforderungen des Krieges. Aber es wirkte noch ein tieferer psychologischer Zwang in ihm. Hier lebte er in seiner eigenen privaten Welt, von der die häßlichen und fatalen Tatsachen der deutschen Situation ausgeschlossen waren. Er weigerte sich, irgendeine der ausgebombten Städte zu besuchen, und lehnte es ebenso ab, Berichte zu lesen, die dem von ihm geformten Wunschbild widersprachen. Die Macht Martin Bormanns, Hitlers persönlichen Sekretärs und Chefs der Parteikanzlei, beruhte hauptsächlich auf dessen Fähigkeit, dieser Schwäche nachzukommen. Behutsam hielt er alle unangenehmen Meldungen zurück und vereitelte die Versuche derjenigen, die sich bemühten, Hitler auf den Ernst der Lage aufmerksam zu machen.

Hitler hatte von jeher eine »objektive« Haltung den Tatsachen gegenüber verabscheut. Diese Voreingenommenheit trat um so deutlicher zutage, je unangenehmer die Tatsachen wurden. In den letzten achtzehn Monaten seines Lebens bildete die Weigerung, die Geschehnisse außerhalb des magischen Kreises seines Hauptquartiers zu beobachten oder zuzugeben, die wesentliche Grundlage für seine Fähigkeit, den Krieg fortzusetzen. Der Betonbunker, in den er sich eingeschlossen hatte, sollte ihn gegen etwas ganz anderes noch schützen als die Bomben: gegen das Eindringen einer rauhen Wirklichkeit in die Phantasiewelt, in der er lieber lebte.

Ein Symptom dieser Haltung war die mangelnde Bereitschaft, öffentlich zu reden. In den letzten Jahren seines Lebens vermied Hitler es bewußt, von seiner außergewöhnlichen Macht, die er einmal als Massenredner ausgeübt hatte, Gebrauch zu machen. Nach Stalingrad hielt er, von den Gedenkreden beim Tod Lutzes und Dietls abgesehen, nur noch zwei Reden in der Öffentlichkeit. Im gleichen Zeitraum sprach er nur fünfmal über den Rundfunk, während er auf den üblichen Münchner Jahresgedenkfeiern im Februar 1943, 1944, 1945 und im November 1944 seine Rede verlesen ließ und selber abwesend war.

Goebbels tat alles in seiner Macht Stehende, um das Widerstreben des Führers zu überwinden. Hitlers Entschuldigung war immer dieselbe: er wartete auf einen militärischen Erfolg. Aber wiederum kommt einem der Verdacht, daß ein tieferer Grund vorlag. Hitler war als Redner immer von dem Fingerspitzengefühl abhängig gewesen, mit dem er heraussspürte, was im Innern seiner Zuhörer vor sich ging.

Was aber jetzt im Innern des deutschen Volkes vorging, davon wollte er nichts mehr wissen; unter allen Umständen mußte er sich seine Illusionen bewahren. Solange er die Ereignisse nicht in Übereinstimmung mit seiner Vorstellung bringen und als rächender Zauberer wieder auftreten konnte, versteckte er sich in seinem Hauptquartier.

Als die alliierten Armeen im Laufe des Jahres 1944 in Deutschland einzudringen begannen, sahen sich einige der Naziführer nach Möglichkeiten um, zu verschwinden oder privat mit dem Feind Fühlung aufzunehmen. Das mochte unrühmlich sein, aber es war, vom menschlichen Gesichtspunkt aus gesehen, eine normale Reaktion solcher Situation gegenüber. Hitler reagierte ganz anders. Er kämpfte um mehr als seine Macht oder seine Haut; er kämpfte um die Aufrechterhaltung des Bildes, das er als eines der »welthistorischen Individuen« Hegels von sich selbst geformt hatte. Den Ereignissen, wie Mussolini, nicht gewachsen zu sein, war eine unverzeihliche Sünde. Hitlers Zuversicht kristallisierte sich in dem Glauben, daß er, wenn er nur den über ihn hereinbrechenden Wellenschlägen widerstehen könne, durch irgendein

Wunder gerettet werden und immer noch über seine Feinde triumphieren würde. Alles hing von dem Willen zum Durchhalten ab.

Dieser Glaube beruhte wiederum auf dem fundamentalen Glauben, den er bis zu seinem Lebensende nicht aufgab — daß er von der Vorsehung auserwählt sei, als das Werkzeug des welthistorischen Prozesses zu handeln. Um die Wahrheit dieser Behauptung zu bekräftigen, führte er gewisse Ereignisse seines Lebens an: die vielen Male, die er Attentatsversuchen entronnen war — er zählte deren sieben —, insbesondere sein außergewöhnliches Glück, am 20. Juli 1944 nicht lebensgefährlich verletzt worden zu sein; oder auch die Tatsache, daß die Russen im Winter 1941/42 nicht durchgebrochen waren. Sodann diente Hitler alles, was in den beiden letzten Kriegsjahren einen guten Verlauf nahm, und mochte es noch so trivial sein, als ein weiterer Beweis dafür, daß er nur auf die Vorsehung zu bauen brauche.

Natürlich wies er auch auf die frühen Jahre der Partei und seinen eigenen Aufstieg aus dem Nichts hin, um seinen Glauben zu rechtfertigen. Anfangs der zwanziger Jahre habe man ebenfalls über ihn gelacht — und doch habe er recht behalten. Standen die Nazis im Herbst 1932 nicht auf ihrem tiefsten Stand, ohne Geld, innerlich zerrissen durch das Zerwürfnis zwischen Hitler und Gregor Strasser, und hatten sie damals nicht ständig Stimmen verloren? Und doch waren sie innerhalb von sechs Wochen an der Macht gewesen. Hatten die Sachverständigen nicht behauptet, Deutschlands wirtschaftliche Situation sei hoffnungslos, so wie jetzt die Generale sagten, die militärische Situation sei hoffnungslos? Und hatte er nicht damals den Wirtschaftlern ebenso wie heute den Generalen entgegnet, daß nichts unmöglich sei, wenn nur der Wille vorhanden wäre?

Es gab noch andere, materielle Faktoren, die Hitler seinen Hoffnungen auf eine dramatische Wendung des Krieges zu seinen Gunsten zugrunde legte. In seiner Rede vom 8. November 1942, in der er erklärte, er werde die Waffen erst fünf Minuten nach zwölf niederlegen, erwähnte Hitler die neuen Geheimwaffen, die Deutschland zu bauen im Begriff sei, und drohte, auf die Luftangriffe der Alliierten eine Antwort zu geben, »daß ihnen Hören und Sehen vergeht«. Er meinte die V 1, die fliegende Bombe, und die V 2, die Raketenbombe. Dazu kamen noch die neuen Düsenflugzeuge, die den Feind vom Himmel verjagen, und neue U-Boot-Typen, durch die den Alliierten die Versorgungswege abgeschnitten werden sollten.

Die Geheimwaffen gab es nicht nur in Hitlers Vorstellung, sondern sie existierten tatsächlich. Was die V 1 und V 2 angeht, so sollten sie im letzten Stadium des Krieges eine gewisse Rolle spielen. Aber die Hoffnungen, die Hitler und Goebbels in sie gesetzt hatten, waren übertrieben. Sie übersahen die unüberwindlichen Schwierigkeiten, diese Waffen unter dem Druck der alliierten Luftangriffe in Massen herzustellen. Dabei erwarteten sie von ihnen nicht nur steigende Verluste für den Feind, sondern auch eine Wandlung der strategischen Lage, kurzum ein Wunder, das alle rationalen Berechnungen in bezug auf Menschenpotential, Wirtschaftskraft und militärische Stärke hinfällig machen würde. Es war das eine Hoffnung, an die Hitler sich bis zu seinem letzten Tag klammerte und die unfehlbar seine Antwort auf jeden Einwand bildete. Doch war es eine Hoffnung, die auf sehr schwachen Füßen stand. Auch die Geheimwaffen — zumindest in der Gestalt, wie sie in Hitlers Vorstellung lebten — gehörten bald mehr dem Bereich der Phantasie an als dem der Wirklichkeit.

Neben dieser Hoffnung gab es eine andere, die, wie sich heute zeigt, weitaus begründeter war: die Hoffnung auf eine Spaltung unter den Partnern der Großen Allianz. Niemand, der aus der Ära des Kalten Krieges auf die deutsche antibolschewistische Propaganda von damals zurückblickt, kann sich des Eindrucks erwehren, daß vieles von dem, womit argumentiert wurde, richtig war.

»Die Frage ist nicht mehr die«, erklärte Hitler in seiner Rundfunkrede vom 30. Januar 1944, »ob in dem heutigen Krieg das alte Gleichgewicht der Kräfte erhalten oder wiederhergestellt wird, sondern sie lautet nur: wer am Ende dieses Kampfes in Europa die Vormacht sein wird. Entweder die europäische Völkerfamilie, repräsentiert durch ihren stärksten Staat, oder der bolschewistische Koloß ... In diesem Kampf kann es nur einen Sieger geben, und der wird entweder Deutschland oder Sowjetrußland sein! Der Sieg Deutschlands bedeutet die Erhaltung Europas und der Sieg Sowjetrußlands seine Vernichtung[191].«

So überraschend auch dieses Argument gerade im Munde Hitlers wirkt, des Mannes, der den deutsch-sowjetischen Pakt 1939 unterschrieben hatte und mehr als irgend sonst jemand zur Zerstörung Europas beitrug, so ändert es doch nichts an der Tatsache, daß die späteren Ereignisse erwiesen haben, wie schwankend die Basis der Kriegsallianz zwischen den Westmächten und der UdSSR gewesen ist. Die deutsche Propaganda, die dauernd von der bolschewistischen Bedrohung der europäischen Zivilisation sprach, war rasch zur Hand, jedes Anzeichen einer Reibung zwischen den Alliierten aufzugreifen, und Goebbels sowohl wie Ribbentrop bedrängten Hitler, auf diplomatischem Wege nachzustoßen, um die Alliierten zu spalten.

Die Schwierigkeit bestand darin, zu entscheiden, wer von den Alliierten, ob Großbritannien und die USA oder die Sowjetunion, eher geneigt sein würde, deutsche Vorschläge für einen Separatfrieden anzuhören. Bemerkenswerterweise war es dieselbe Frage, die in den deutschen Widerstandskreisen zu Meinungsverschiedenheiten führte, als es sich darum handelte, Hitler zu beseitigen und den Krieg zu beenden.

Goebbels gab im allgemeinen London den Vorzug vor Moskau. »Mit einem demokratischen Staat kann man besser verfahren«, überlegte er zynisch, »und hat er einmal Frieden geschlossen, so wird er wenigstens in den nächsten zwanzig Jahren nicht mehr zum Schwert greifen[192].« Aber die anglo-amerikanische Formel von »bedingungsloser Übergabe« ließ nach dieser Seite hin wenig Erwartung zu. Nach einer langen Unterredung mit Hitler in seinem Hauptquartier am 23. September 1943 notierte Goebbels in seinem Tagebuch: Hitler glaube nicht, daß Verhandlungen mit Churchill zu einem Ergebnis führen würden, da Churchill zu tief in seine feindlichen Ansichten verbohrt sei und sich von Haß, nicht von Vernunft leiten lasse. Der Führer würde Verhandlungen mit Stalin vorziehen, aber er glaube nicht, daß sie erfolgreich sein würden[193]. Aber schließlich gab er Goebbels dieselbe Antwort, die er Ribbentrop gegeben hatte: durch Verhandlung könne nichts erreicht werden, solange nicht ein entscheidender Sieg im Osten erreicht wäre. Nur dann würden die Russen in der geeigneten Gemütsverfassung sein, die Bedingungen zu erwägen, die Hitler zu stellen entschlossen sei. Da es ihm nicht gelang, diese Voraussetzung zu schaffen, kam es zu keinem Vorschlag.

Man kann natürlich behaupten, Hitler habe recht gehabt anzunehmen, daß eine Verständigung zwischen jeder von ihm geführten deutschen Regierung und den Westmächten oder den Russen nicht in Frage komme. Aber diese Aussichtslosigkeit hinderte ihn nicht daran, bis in die letzte Woche seines Lebens hinein der festen Überzeugung Ausdruck zu geben, daß die Alliierten sich bestimmt überwerfen würden, und auf solch einen Zwist stützten sich die übertriebensten Hoffnungen — Hoffnungen, die er in seiner Umgebung wachhielt, indem er Andeutungen machte, daß Verhandlungen über eine dritte Macht bevorstünden oder bereits im Gange seien[194].

Aber alle diese Hoffnungen — in bezug auf die Geheimwaffen wie auf den Zerfall der Großen Allianz — waren nur die Stützen der tragenden Säule, auf der Hitlers Zuversicht beruhte, nämlich seines Glaubens an sich selbst, an seine Bestimmung und die daraus sich ergebende Fähigkeit, jede Krise zu meistern. Aus diesem Glauben allein nahm er die Willensstärke, den Krieg fortzusetzen, lange nachdem er verloren war, und nicht nur sich selbst, sondern auch vielen Menschen in seiner Umgebung gegen Vernunft und besseres Wissen die Überzeugung einzuimpfen, daß noch nicht alles verloren sei. Hitler war bereit, dem »historischen« Bild des Führers die deutsche Armee, die deutsche Nation und am Ende sich selbst zu opfern. Von diesem Kurs ist er niemals abgewichen: die Frage war nur, ob die deutsche Armee und das deutsche Volk ihrerseits bereit waren, das zuzulassen.

IV

Von den anderen Naziführern war kaum zu erwarten, daß sie Hitler von diesem Kurs abbringen, und noch weniger, daß sie sich ihm widersetzen würden. Von der Gruppe, mit der Hitler ursprünglich die Macht errungen hatte, waren Röhm und Strasser ermordet worden; Frick hatte in den Hintergrund treten und das Innenministerium 1943 an Himmler abtreten müssen; er war dem Titel nach Reichsprotektor von Böhmen und Mähren geworden.

Göring, immer noch Hitlers Nachfolger, Reichsmarschall, Oberbefehlshaber der Luftwaffe, Luftfahrtminister, Bevollmächtigter für den Vierjahresplan, Vorsitzender des Reichsverteidigungsrates, preußischer Ministerpräsident, Reichstagspräsident und Inhaber einer ganzen Anzahl anderer Ämter, hatte seit Kriegsbeginn ständig an Autorität verloren. In den Jahren 1933/34 war er fraglos der zweite Mann in Deutschland; bis 1942 hatten Trägheit, Eitelkeit und Hang zum Luxus nicht nur sein politisches Ansehen, sondern auch die ihm angeborene Tüchtigkeit unterhöhlt. Er machte es sich in Karinhall bequem, veranstaltete Jagden und Feste, legte eine märchenhafte Sammlung von Bildern, Juwelen und Kunstgegenständen an, zu der die Hauptstädte Europas hatten beitragen müssen, und vertrieb sich die Zeit damit, immer phantastischere Uniformen für seine verschiedenen Ämter und wechselnden Launen zu entwerfen. Wenn er in Rom oder im Führerhauptquartier in einer neuen weißen oder himmelblauen Uniform erschien, von einem Adjutantenschwarm umgeben und seinen juwelengeschmückten Marschallstab tragend, spielte er sich zwar mächtig auf und beanspruchte eine privilegierte Stellung, aber das war alles leerer Schein, hinter dem nichts stand.

1942 und 1943 versuchte Goebbels, um Göring eine Gruppe zu bilden, die mehr Einfluß auf den Führer gewinnen sollte. Er bedrängte den Reichsmarschall, sich aufzuraffen und seine gewaltige Autorität, die er noch auf dem Papier besaß, anzuwenden, um dem wachsenden Einfluß Bormanns entgegenzuarbeiten. Er fand eine Reihe von geheimen Zusammenkünften zwischen Göring, Goebbels, Speer, Ley und Funk statt, aber Goebbels mußte widerstrebend feststellen, daß Göring nicht mehr war, was er einmal gewesen, und daß er beim Führer ernsthaft an Ansehen eingebüßt hatte. Hitler verhielt sich Görings Schwächen gegenüber tolerant; er bestellte ihn auch weiterhin zu allen wichtigen Konferenzen, und selbst noch 1943, in der Zeit, als Mussolini gestürzt wurde, sagte er: »In solcher Zeit gibt es keinen besseren Ratgeber als den Reichsmarschall. In Krisenzeiten ist er hart und eiskalt. Wenn's darauf ankommt, ist er, wie ich immer bemerkt habe, ein Mann von eiserner Willenskraft und ohne Bedenken[195].« Aber Hitler war nicht blind für das, was mit Göring vor sich gegangen war. Das Versagen der Luftwaffe brachte den Reichsmarschall schließlich um sein Ansehen bei Hitler. Es gab böse Szenen zwischen beiden Männern, wobei Hitler der Luftwaffe Feigheit und Unfähigkeit vorwarf und Göring beschuldigte, er habe sich von seinen Generalen hereinlegen lassen. Ein Gefühl persönlicher Verbundenheit Göring gegenüber blieb zwar bis zuletzt erhalten, aber Hitler hatte kein Vertrauen mehr zu ihm, und Göring ging ihm aus dem Wege.

Jedenfalls hatte Göring niemals den moralischen Mut, unabhängig von Hitler oder gar gegen ihn zu handeln. Intelligent genug, um sich über die Aussichtslosigkeit der deutschen Lage in den letzten anderthalb Jahren klar zu sein, zog er es vor, den Kopf in den Sand zu stecken und darauf zu hoffen, daß eine Wendung eintreten und er seiner Verantwortung enthoben sein würde. Erst nach dem Kriege, im Nürnberger Prozeß, trat wieder etwas von der List und Kraft zutage, die er einmal besessen hatte.

Der letzte der ursprünglichen Führer, Joseph Goebbels, war sowohl fähig wie auch zäh. Als Propagandist ein Genie, nahm er für sich in Anspruch, daß seit Le Bon keiner die Psychologie der Massen so gut verstanden habe wie er — in diesem Falle Hitler übersehend. Aber seine zynische Intelligenz und seine scharfe Zunge machten ihn unbeliebt bei der Partei. In den ersten Kriegsjahren wurde Hitler Goebbels gegenüber sehr kühl, zum Teil wegen des Skandals, den seine Liebesaffären hervorgerufen hatten, zum Teil auch, weil er ihm wegen seiner boshaften Witze mißtraute. Aber in den späteren Jahren, mit dem Abstieg Görings, stieg Goebbels ständig in Hitlers Gunst.

Schon 1942 begann Goebbels, sich für eine drastischere Mobilisierung der deutschen Hilfsquellen einzusetzen. Dies war insofern klug, als viele Leute in verantwortlicher Stellung begannen, sich zu drücken, was Goebbels sogleich erkannte. Nicht Hitler oder Göring, sondern Goebbels war der Mann, der die ausgebombten Städte des Rheinlandes besuchte und der für sein Verhalten als Gauleiter von Berlin während der schweren Bombardierungen der Hauptstadt aufs höchste gelobt wurde. Die Idee, eine radikalere Gruppe um Göring zu bilden, war fehlgeschlagen, und Goebbels mußte sich mit Himmler und Bormann verständigen. Aber inzwischen hatte er das Vertrauen Hitlers zurückgewonnen, der selber immer radikaler wurde. Goebbels war einer der wenigen Männer, mit denen Hitler noch einen Gedankenaustausch pflegen konnte, und Hitler bestimmte ihn zum Reichskanzler in der Regierung, die er Admiral Dönitz als Vermächtnis hinterließ.

Goebbels wußte zur Genüge, welches Verhängnis Deutschland drohte, und in den Jahren 1943 und 1944 versuchte er, Hitler für den Gedanken an einen Kompromißfrieden zu gewinnen. Nach dem Scheitern seiner Bemühungen war er intelligent genug, einzusehen, daß es ohne Hitler für ihn keine Zukunft gab, und statt sich gegen den Führer zu wenden, begann er mit seinen Forderungen nach weiteren drastischen Maßnahmen päpstlicher als der Papst zu werden. Es war Goebbels, der im Jahre 1945 vorschlug, daß Deutschland die Genfer Konvention aufkündigen und man gefangene Flieger standrechtlich erschießen lassen solle. Und er war es, der Hitler überredete, Berlin nicht zu verlassen. Der Gedanke, bis zum Ende zu kämpfen trotz aller Hoffnungslosigkeit, erregte seine Neigung, sich selbst zu dramatisieren. Er war der einzige der alten Garde, der sich im Berliner Bunker zu Hitler gesellte und seine Frau, seine Kinder und sich selbst tötete, um der Gefangenschaft zu entgehen, nachdem Hitler Selbstmord begangen hatte.

Von denen, die erst nach 1933 zur Prominenz gelangten, verdienen nur drei mehr als eine flüchtige Erwähnung: Himmler, Bormann und Speer. Himmlers Aufstieg begann 1934; in den folgenden zehn Jahren errang er die alleinige Macht über die gesamte komplizierte Struktur des Polizeistaats. Als Innenminister kontrollierte Himmler die Geheime Staatspolizei, den Sicherheitsdienst (SD) und die Kriminalpolizei. Als Reichsführer SS war er Befehlshaber des politischen Elitekorps des Regimes und besaß mit der Waffen-SS eine mit der Wehrmacht rivalisierende Armee, die im Sommer 1944 eine halbe Million Mann stark war. Aus den Konzentrationslagern, die er ebenfalls unter sich hatte, konnte er eigene Heere von Arbeitskräften aufstellen, die zum Einsatz in die SS-Betriebe geschickt wurden. Im Osten waren ihm alle Pläne für die Neubesiedlung der eroberten Gebiete zur Durchführung anvertraut. Himmlers Reichssicherheitshauptamt verwaltete tatsächlich einen Staat im Staate, den werdenden SS-Staat der Zukunft, der eifersüchtig über seine Vorrechte wachte und unaufhörlich intrigierte, um sie zu erweitern.

Himmlers Machtbereich dehnte sich im Jahre 1944 noch beträchtlich aus. Die Funktionen der militärischen Gegenspionage, die bis dahin das OKW mit seiner unter dem Namen »Abwehr« bekannten Abteilung ausübte, wurden Himmler übertragen, der den gesamten Geheimdienst zusammenfaßte. Nach der erfolglosen Verschwörung vom Juli 1944 wurde er Oberbefehlshaber des Ersatzheeres, übernahm alle Kriegsgefangenenlager der Wehrmacht und trat noch vor Jahresende den Oberbefehl über eine Heeresgruppe an der Front an.

Hier war eine Organisation, die, wenn ihr Beherrscher zum Handeln hätte überredet werden können, eine Machtkonzentration darstellte, die sogar Hitler nicht hätte ignorieren können. Zwei Mitglieder der Widerstandsgruppe gegen Hitler, Dr. Langbehn, ein Berliner Rechtsanwalt, und Johannes Popitz, der preußische Finanzminister, machten einmal im Jahre 1943 den Versuch, sich Himmler zu nähern, in der Hoffnung, ihn zu unabhängigem Handeln bewegen zu können[196]. Es war vergebens: Himmler wäre der letzte gewesen, von dem man eine derartige Aktion erwarten konnte. Das hatte zwei gute Gründe.

Von der Tüchtigkeit abgesehen, mit der er seine Organisation aufgebaut hatte, war er keine hervorragende Persönlichkeit, ein Mann sogar von beschränkter Intelligenz. Er besaß nicht die Initiative, eine eigene Linie zu verfolgen, besonders dann nicht, wenn sich daraus ein Konflikt mit dem Führer ergeben konnte. Er hatte auch nicht genug Vorstellungskraft, um den Ernst der deutschen Lage zu erkennen oder die Möglichkeit einer anderen Richtung wahrzunehmen[197].

Außerdem — und das ist der zweite Grund — glaubte Himmler fraglos an die Doktrinen des Nationalsozialismus, besonders und aufrichtig an die Rassenlehre. Er widmete viel Zeit und gab viel Geld aus für die SS-Forschungs- und Lehrgemeinschaft »Das Ahnenerbe« und die »Ahnenerbe-Stiftung«, deren Aufgabe es war, »Raum, Geist, Tat und Erbe des nordrassischen Indogermanentums zu erforschen[198]«. Auf seinem Steckenpferd, der Rassentheorie, reitend, interessierte er sich leidenschaftlich für alle Gebiete der völkischen und arischen »Kultur«, von der Astrologie und der Schädelmessung bis zur Runendeutung und vorgeschichtlichen Archäologie[199]. Für Himmler war die nazistische »Weltanschauung« buchstäblich wahr, und seine humorlose Pedanterie, die mit der Rosenbergschen wetteiferte, langweilte und reizte Hitler.

Aus solch dürftigem Stoff ließ sich nicht der Führer eines Widerstandes machen. Erst in den letzten Tagen des Zusammenbruchs brachte man Himmler mit äußersten Schwierigkeiten dazu, einzusehen, daß es die Möglichkeit gab, durch eigene Initiative den Krieg zu beenden.

Der letzte der großen Lehnsmänner des Nazi-Hofes, der sich seine Domäne absteckte, war Martin Bormann. Seine Chance verdankte er dem Flug von Heß nach Schottland im Mai 1941. Himmlers Reich waren die SS und die Polizei; Görings der Vierjahresplan und die Luftwaffe; Leys die Arbeitsfront — Bormanns Reich die Partei. Als Nachfolger von Heß Leiter der Parteikanzlei, war er bereits im Januar 1942 in der Lage, eine Verordnung durchzusetzen, nach der die Mitwirkung der Partei an allen Gesetzgebungsakten sowie »Beamtenernennungen und Beförderungen« (mit anderen Worten, an der Besetzung von Verwaltungsposten durch Parteimitglieder) ausschließlich durch ihn zu erfolgen habe; sodann hatte der Verkehr zwischen den verschiedenen Ministerien und der Partei durch seine Hände zu gehen. Ein unmittelbarer Verkehr zwischen den höchsten Reichsbehörden und den anderen Parteiämtern war verboten[200].

Daraus ließ sich eine große Machtstellung entwickeln, und Bormann arbeitete unermüdlich daran, seine Ansprüche zu erweitern. Ihm unterstellt waren die Gauleiter, die ihm unmittelbar verantwortlich waren. Im Dezember 1942, als alle Gaue zu Reichsverteidigungsgebieten gemacht wurden, erhielten die Gauleiter, die nun auch noch Reichsverteidigungskommissare wurden, eine wirksame Kontrolle über alle zivilen Kriegsanstrengungen. Die durch die schweren Bombardierungen notwendig gewordene Dezentralisation der Verwaltung legte nun eine noch stärkere Macht in die Hände der Gauleiter. 1943, nachdem Himmler Innenminister geworden war, mußte es unvermeidlich zu Zusammenstößen zwischen den beiden Reichen der SS und der Partei kommen. Zur Überraschung der meisten Leute behauptete sich Bormann nicht nur gegen den mächtigen Reichsführer SS, sondern gewann sogar im Kampf um Einfluß bis Ende 1944 die Oberhand.

Beide Männer beherrschen machtvolle Organisationen, aber Bormann hatte außerdem noch erfaßt, wie wichtig es war, sich für den Führer unentbehrlich zu machen. Da er sich ständig in seiner Nähe befand, gelang es ihm, die meisten Fäden der inneren Verwaltung in seiner Hand zusammenlaufen zu lassen. Hitler, ganz vom Krieg in Anspruch genommen, war froh, daß ihm die Bürde der Verwaltung, die er immer verabscheut hatte, abgenommen war, und im April 1943 wurde Bormann offiziell zum Sekretär des Führers ernannt. Es war Bormann, der darüber entschied, wer zum Führer vorgelassen wurde oder nicht, was ihm zum Lesen vorgelegt oder nicht vorgelegt werden sollte. Er war fast bei jedem Besuch zugegen und arbeitete die Instruktionen des Führers aus. Die Wichtigkeit seiner Stellung kann kaum überschätzt werden, denn es war schon so, wie Weizsäcker, der Staatssekretär im Auswärtigen Amt, sagt: »Die Kunst der Ministerien im Dritten Reich bestand darin, die gute Stunde oder Minute zu benutzen, wo Hitler, manchmal durch ein hingeworfenes Wort, eine Entscheidung traf, die dann als ›Führerbefehl‹ ihren Weg nahm[201].«

Auf diese Weise gelangte Bormann, ein brutaler und viel gehaßter Mann, zu ungeheurer Macht. Es war jedoch eine Macht, die er nicht auf eigene Kappe ausübte, sondern einzig und allein im Namen Hitlers. »Ein paar kritische Worte Hitlers«, sagte Speer nach dem Kriege, »und alle Feinde Bormanns würden ihm an den Hals gesprungen sein[202].« Wie sein großer Rivale Himmler war Bormann ohne Hitler eine politische Null. Denn alle diese Männer verdankten ihre Stellung Hitlers Gunst, nicht aber dem Wagnis, sich gegen ihn durchzusetzen. Wie Goebbels erhob Bormann immer nur seine Stimme, um noch schärfere Maßnahmen zu befürworten.

Was die andern angeht, so hatte Ribbentrop immer noch den Posten des Außenministers inne, wurde aber weder von Hitler noch sonst jemandem mehr ernst genommen. Ley rannte, wenn er nüchtern war, von einer Gruppe zur andern und versuchte, sich lieb Kind zu machen. Die übrigen, Männer wie Funk, Rust, Backe, Seldte, Frank, Sauckel und Seyß-Inquart, waren kleinere Figuren, zufrieden, wenn sie vom Führer ein anerkennendes Kopfnicken ernteten, und völlig ferngehalten der Teilnahme an und sogar der Kenntnis von wichtigen politischen Entscheidungen.

Bis in die allerspätesten Tage seines Lebens, als Himmler und Göring in letzter Minute mit den Alliierten zu verhandeln versuchten — und prompt aus der Partei ausgestoßen wurden —, blieb Hitlers Herrschaft über die Partei intakt. Ihre Führer waren seine Geschöpfe: wäre Hitler nicht gewesen, es hätte sich keiner von ihnen — Goebbels und Göring möglicherweise ausgenommen — jemals aus der Obskurität des ihnen von Natur zugewiesenen Milieus erhoben. Ihre Stellung und ihren Wohlstand hatten sie durch seine Gunst erreicht; ihre Macht leitete sich von der seinen ab, ihr Licht war ein Widerschein seines Lichtes. Sich gegen Hitler zu wenden, seine Entscheidungen in Frage zu stellen — damit hätten sie den Faden zerrissen, an den sie sich mit ihren Hoffnungen immer noch klammerten. Versagte Hitler, so stürzten sie mit ihm. Sofern nichts anderes sie an ihn band, waren es die gemeinsamen Verbrechen. Aber es gab da noch etwas mehr als die Furcht.

»Sie standen alle in seinem Bann, gehorchten ihm blind und hatten keinen eigenen Willen — ganz gleich, wie man dieses Phänomen medizinisch bezeichnen mag. Während meiner Tätigkeit als Architekt bemerkte ich, daß mich seine Gegenwart, ob für kürzere oder längere Zeit, müde machte, mich erschöpfte und ausleerte. Dadurch wurde die Fähigkeit zu unabhängigem Arbeiten gelähmt[203].«

Albert Speer — der Mann, der diese Darstellung gegeben hat — ist vielleicht der interessanteste Fall, gerade weil er sich so sehr von den anderen unterscheidet.

Speer trat erst im Frühjahr 1942 hervor, als Hitler ihn plötzlich zum Minister für Bewaffnung und Munition ernannte, doch sein Aufstieg in den nächsten zwei Jahren vollzog sich sehr schnell. Im August 1944 unterstand ihm die gesamte deutsche Kriegswirtschaft mit 14 Millionen Arbeitern. Es war Speer, der es durch bemerkenswerte organisatorische Kunstgriffe fertigbrachte, die zerbombten Verkehrswege und Fabriken wiederherzurichten und damit irgendwie ein knappes Mindestmaß an Verkehr und Produktion aufrechtzuerhalten, ohne daß der Krieg auf deutscher Seite zum Stillstand gekommen wäre. Wenn nicht Speer gewesen wäre, hätte Hitler nicht die Möglichkeit gehabt, seinen Kampf bis zum Ende durchzuführen.

Der Führer war voll Lob über Speers Leistung, übertrug ihm immer mehr Verantwortung und zeigte ihm warmes persönliches Interesse. Speer seinerseits blieb von dem Zauber, den Hitler immer noch auf seine Umgebung ausübte, nicht unberührt, aber er hielt sich fern von dem Wettkampf um die Macht, der die Energien von Männern wie Bormann absorbierte. Er war weit mehr an der ihm übertragenen Aufgabe interessiert, als an dem Einfluß, den sie mit sich brachte. Er bewahrte sich eine gewisse geistige Unabhängigkeit und war an Politik nicht interessiert. Von Februar bis Juli 1944 hielt ihn eine längere Krankheit vom Führerhauptquartier fern, bei seiner Rückkehr jedoch wurde er unruhig, als er sah, welchen Preis Deutschland für die Verlängerung des Krieges zu zahlen im Begriff war, und noch unruhiger, als er feststellte, daß Hitler eher entschlossen war, Deutschland zu zerstören, als seine Niederlage zuzugeben.

Zu diesem Schluß gekommen, durchkreuzte Speer systematisch Hitlers Bestimmungen und faßte schließlich Anfang 1945 den Plan, Hitler und seine nächste Umgebung durch Einführung von Giftgas in das Entlüftungssystem seines unterirdischen Bunkers zu töten. Aus technischen Gründen mußte er seine Absicht aufgeben. Daraufhin fuhr Speer in seinen Bemühungen fort, Hitlers Befehle zu hintertreiben, um noch etwas für die Zukunft zu retten. Aber er machte nicht noch einmal den Versuch, den Mann zu beseitigen, von dem die Politik ausging, der er sich widersetzte. Der Grund hierfür ist interessant. Es fehlte Speer nicht an dem physischen Mut zu einem zweiten Versuch, aber er konnte sich, wie er später zugab, im Zwiespalt über die Frage, wem er Treue schuldete, nicht von dem Glauben befreien, daß Hitler wirklich war, was er zu sein beanspruchte: der einzige Führer, der das deutsche Volk zusammenzuhalten vermochte, oder, wie von Brauchitsch es im Nürnberger Prozeß formulierte, Deutschlands Schicksal — das Schicksal, dem Deutschland nicht entrinnen konnte.

In diesem Selbstbekenntnis des einzigen Mannes unter den führenden Nazis, der sich soviel geistige Unabhängigkeit bewahrte, um klar den Kurs zu erkennen, den Hitler eingeschlagen hatte, und der redlich genug war, ihn abzulehnen, liegt der deutlichste Beweis für die Macht, die Hitler bis zum Ende über das von ihm errichtete Regime und die von ihm geschaffene Partei in Händen behielt.

V

Wenn auch diejenigen Deutschen, die in Hitler den bösen Geist ihres Landes sahen, niemals viel von der Partei erwartet hatten, so hatten sie doch manches von der Armee erhofft. Bis dahin waren diese Hoffnungen von der Armee enttäuscht worden. Im Herbst 1938 gab es einen Augenblick, in dem es schien, daß das Oberkommando, um den Krieg zu vermeiden, möglicherweise gegen Hitler revoltieren würde[204], aber die Verschwörung blieb ohne Ergebnis. In der Folge jedoch, mochten sie auch böse Ahnungen (wenigstens rückblickend) gehabt und wenig Begeisterung für den »Gefreiten« und sein Regime empfunden haben, gehorchten die Generale seinen Befehlen, kämpften für ihn ihre Schlachten und nahmen von ihm Titel, Auszeichnungen und Geschenke entgegen.

Bei den gespannten Beziehungen, die sich nach dem Einfall in Rußland zwischen Hitler und dem Heer entwickelten, war Hitler der Angreifer, nicht die Generale. Immer wieder wies er die Entscheidungen seiner Oberbefehlshaber zurück, ignorierte ihren Rat, warf ihnen Feigheit vor, zwang sie, Befehle auszuführen, die sie für undurchführbar hielten, und jagte sie davon, wenn sie versagten. Wie Feldmarschall von Manstein in Nürnberg aussagte, gelang es nur einem von siebzehn Feldmarschällen, den Krieg durchzustehen und sein Kommando zu behalten: zehn wurden entlassen. Von sechsunddreißig Generalobersten wurden achtzehn entlassen, und nur drei blieben in ihren Stellungen bis zum Ende des Krieges[205]. Manstein nannte diese Zahlen, um damit die Opposition des Heeres gegen Hitler zu beweisen; was bewiesen wurde, war offensichtlich das Gegenteil: die Ergebenheit, mit der die Generale sich einer Behandlung unterwarfen, wie sie kein früherer deutscher Herrscher der Armee zugemutet hätte.

Was Hitler am deutschen Offizierkorps auszusetzen hatte, war dessen Konservatismus und »negative« Haltung der nationalsozialistischen Revolution gegenüber. In der Praxis bedeutete »revolutionärer Geist« die Bereitschaft, Hitlers Befehle ohne Zögern und ohne Rücksicht auf Verluste durchzuführen. Dieser Geist hatte, wie Hitler klagte, Paulus in Stalingrad gefehlt, als er sich weigerte, bis zum letzten Mann einen nutzlosen Widerstand aufrechtzuerhalten. Im März 1943 schrieb Goebbels: »Der Führer setzt alles daran, frisches Blut in das Offizierkorps hineinzubringen. Langsam, aber sicher wird die Führungsauslese der Wehrmacht geändert[206].« Da Hitler aber den Krieg nicht ohne die Generale weiterführen konnte, behielt und beförderte er die Willfährigen, die Ehrgeizigen, die ihre Zweifel unterdrückten, oder so rauhbeinige Soldaten wie Model und Schörner, die an der Front ihre Leute bis zum äußersten antrieben und sich nicht viel Kopfweh über die strategische Lage machten.

Je länger der Krieg dauerte, um so mehr verließ Hitler sich auf die Waffen-SS. Sie wurde in bezug auf Ausrüstung, Rekrutierung und den Einsatz bei Operationen bevorzugt, die am meisten auffielen. Gegen Ende des Krieges belief sich die Anzahl ihrer Divisionen auf mehr als fünfunddreißig. Das Anwachsen dieses Rivalen war für die Offiziere der regulären Wehrmacht ein besonderes Ärgernis. Hitler wußte das und machte sich ein Vergnügen daraus, die Waffen-SS zu loben und ihre Taten in den Wehrmachtsberichten hervorzuheben. Das war die Art, wie er sein Versprechen vom Jahre 1934 hielt: es solle nur einen Waffenträger im Staate geben — die Wehrmacht.

Nach dem Sturz Mussolinis beglückwünschte Hitler sich, daß es in Deutschland keine Monarchie gab, deren Autorität, wie in Italien, dazu benutzt werden konnte, ihn abzusetzen. Der gründliche Nazifizierungsprozeß, dem er alle Einrichtungen in Deutschland unterworfen hatte, vom Reichstag bis zu den Gerichtshöfen und von den Gewerkschaften bis zu den Universitäten, hatte, wie er glaubte, jede Grundlage für einen organisierten Widerstand zerstört. Der Prozeß war dennoch kein ganz vollständiger gewesen: zwei deutsche Institutionen hatten sich noch einige Unabhängigkeit bewahrt.

Die erste bildeten die Kirchen. Zu den mutigsten Widerstandsbekundungen während des Krieges gehörten die Predigten des katholischen Bischofs von Münster und des protestantischen Pfarrers Dr. Niemöller. Nationalsozialistische Eiferer wie Bormann betrachteten die Kirchen mit giftiger Feindseligkeit, zumal sowohl katholische wie evangelische Geistliche aktiv gegen die Nazis operierten. Doch als Institution sah sich weder die katholische noch die evangelische Kirche in der Lage, dem Regime offen entgegenzutreten. Ohne die Unterstützung einer solchen aber schien die Widerstandsbewegung verurteilt zu sein, in der hoffnungslosen Situation von Einzelwesen zu verbleiben, deren Kraft sich an der organisierten Macht des Staates aufrieb. Es war infolgedessen natürlich, daß die Opposition ständig erwartungsvoll auf die Armee blickte, als der einzigen anderen Einrichtung in Deutschland, die noch ein gewisses Maß an Unabhängigkeit besaß, sofern ihre Führer dazu überredet werden konnten, ihre Autorität geltend zu machen. Außerdem war sie die einzige Einrichtung, die über die zum Sturz des Regimes erforderlichen bewaffneten Kräfte verfügte. Die Triumphe, zu denen Hitler die deutsche Armee in den Jahren 1940/41 führte, ließen solche Hoffnungen verstummen. Sie erhielten jedoch wieder Auftrieb, als der Rußlandfeldzug sich anders als vorgesehen zu entwickeln begann, als Hitler sich mit seinen Generalen herumstritt und sie demütigte, als seine Weigerung, auf ihren Rat zu hören, noch größeres Unheil für die Zukunft zu bringen drohte.

Von *der* »deutschen Widerstandsbewegung« zu sprechen, birgt insofern eine Gefahr in sich, als dieser Begriff kein zutreffendes Bild von dem im wesentlichen zahlenmäßig kleinen, locker verbundenen Gruppen geben wird, deren Mitgliederzahl schwankte, die nicht organisiert waren und die kein anderes gemeinsames Ziel hatten, als die Bekämpfung des bestehenden Regimes. Ihre Motive für diese Widerstandshaltung waren sehr unterschiedlich. Einerseits entsprangen sie einer ausgeprägten ethischen Aversion gegen das Regime, andererseits der Vaterlandsliebe und der Überzeugung, Hitler würde Deutschland zugrunde richten, wenn man ihm nicht in den Arm falle. Nicht nur in ihren Motiven, sondern auch in ihren Absichten hinsichtlich der Schritte, die gegen Hitler zu unternehmen waren, sowie hinsichtlich der Maßnahmen für die zukünftige Gestaltung Deutschlands und Europas bestanden erhebliche Divergenzen. Tatsächlich kann man sich kaum einen größeren Gegensatz vorstellen als den zwischen dem radikalen Stauffenberg, der das Attentat vom 20. Juli ausführt und Moltke, dem Kopf des Kreisauer Kreises, oder zwischen einem dieser beiden und Karl Goerdeler, dem konservativen preußischen Monarchisten der älteren Generation, der in der Regierung nach Hitler Kanzler werden sollte.

Unter denen, die sich regelmäßig trafen und die Aussichten für eine Aktion gegen das Regime diskutierten, befanden sich die beiden älteren Männer, die im allgemeinen als die Führer der Verschwörung angesehen werden: General Ludwig Beck, der ehemalige Stabschef der Armee, und Dr. Karl Goerdeler, ehemals Oberbürgermeister von Leipzig, sowie auch der frühere Botschafter in Rom, Ulrich von Hassell. Seit 1938 war Oberst Hans Oster (später General) eine Schlüsselfigur; er war der Stellvertreter des rätselhaften Admirals Canaris, Chef der Abwehr, des Nachrichtendienstes des OKW. Die Abwehr deckte in bewundernswerter Weise die Verschwörer und gab ihnen einzigartige Gelegenheiten. Hans Oster, den Fabian von Schlabrendorff[207] bewundernd »einen Mann nach dem Herzen Gottes« nennt, versammelte eine kleine Gruppe von Männern um sich; die bekanntesten unter ihnen waren Hans von Dohnanyi und Justus Delbrück, die beiden Berliner Rechtsanwälte Joseph Wirmer und Claus Bonhoeffer, der Bruder des letzteren, Dietrich Bonhoeffer, ein evangelischer Pastor und Professor der Theologie, dem einst die lutherische Kirche in London anvertraut war.

Einer der Zwecke, für die die Verschwörer die Möglichkeiten der Abwehr nutzten, war der Versuch, mit den Engländern und Amerikanern Kontakt aufzunehmen — in der Hoffnung, eine Reihe von Zusicherungen zum Modus des Friedens zu erwirken, den die Alliierten akzeptieren würden, falls Hitlers Regierung abgesetzt würde. So reiste Dietrich Bonhoeffer im Mai 1942 nach Stockholm, und zwar mit Ausweispapieren, die von Hitlers eigenem Spionagedienst ausgestellt waren, um dort mit dem Bischof Bell von Chichester zusammenzutreffen. Bischof Bell gab alles, was er über die Pläne der Verschwörer in Erfahrung gebracht hatte, an die britische Regierung weiter. Weitere Kontakte wurden durch Allen Dulles, der Chef der amerikanischen O.S.S. in der Schweiz, hergestellt. Keiner dieser Annäherungsversuche jedoch brachte ein positives Echo. Die Alliierten verhielten sich skeptisch gegenüber dem deutschen Widerstand (besonders nach der Forderung der »bedingungslosen Kapitulation«, die auf der Konferenz von Casablanca im Januar 1943 ausgesprochen wurde), und die Verschwörer sahen sich der Notwendigkeit gegenüber, auf eigene Faust, ohne Ermutigung von außen, zu handeln.

Die Verschwörer verwendeten viel Zeit darauf, darüber zu diskutieren, wie Deutschland und Europa nach dem Sturz Hitlers zu organisieren und zu regieren wären. Goerdeler zum Beispiel, der unermüdlich herumreiste, um die maßgeblichen Leute zum Widerstand gegen Hitler zu aktivieren, hinterließ eine beträchtliche Zahl von Memoranden zu diesen Themen[208]. Diskussionen über derartige Fragen waren auch das Ziel einer Gruppe, die Graf Helmuth von Moltke auf seinem Gut in Kreisau in Schlesien um sich versammelte; er war 38 Jahre alt, ein früherer Schüler von Rhodes in Oxford und Träger eines der berühmtesten Namen der deutschen Militärgeschichte. Der Kreisauer Kreis stellte einen Querschnitt durch die deutsche Gesellschaft dar: zu seinen Mitgliedern zählten zwei Priester aus dem Jesuitenorden, zwei evangelische Pfarrer, Konservative, Liberale und Sozialisten, Grundbesitzer und ehemalige Gewerkschaftler. Die Diskussionen in Kreisau befaßten sich nicht mit Plänen für den Sturz Hitlers, sondern mit den wirtschaftlichen, sozialen und geistigen Grundlagen der neuen Gesellschaft, die danach entstehen sollte. Moltke, der mit großem Mut für seine Überzeugung starb, war sehr gegen alle aktiven Schritte zur Beseitigung Hitlers. In seinem letzten, aus dem Gefängnis an seine Frau geschriebenen Brief bezeichnet Moltke es als eine göttliche Fügung, daß ihn seine Verhaftung davor bewahrt habe, in die Juli-Verschwörung hineingezogen zu werden. In einem anderen Brief schrieb er: der Verlauf, den sein Prozeß genommen habe, grenze seine Gruppe stark von der Goerdeler-Partei und ihren trüben Folgeerscheinungen ab, ebenso von aller praktischen Aktivität[209].

Eine Analysierung der in der deutschen Widerstandsbewegung vertretenen Gruppen und Auffassungen gehört nicht in den Rahmen dieser Studie. Im Hinblick auf Hitler sind sie nur so weit von Bedeutung, als ihre Aktivität zum Ziele führte.

Zuerst setzten Goerdeler und Beck ihre Hoffnung darauf, den einen oder anderen der Befehlshaber an der Front — unter ihnen Feldmarschall von Kluge, den Kommandeur der Armeegruppe Ost — zu überreden, Hitler festzunehmen oder kaltzustellen. Alle diese Hoffnungen erwiesen sich als illusorisch, und nach Stalingrad waren sich die aktiveren unter den Verschwörern der Tatsache bewußt, daß sie Hitler beseitigen mußten, um die Größen der Armee zum Handeln zu bewegen. Der erste dieser Versuche wurde im Februar und März 1943 geplant. Ein kurz zuvor zu der Verschwörung Bekehrter war General Olbricht, der Chef des Allgemeinen Heeresamtes, der die Kontakte zum Kommandeur des Ersatzheeres betreute. Die Heimattruppen waren kein aktiver Verband, sondern eine Organisation zur Mobilisierung und Ausbildung von Rekrutierten, die als Ersatz an die verschiedenen Fronten geschickt wurden. Die einzigen bewaffneten Verbände, über die sie verfügten, waren Garnisonstruppen in Berlin und einigen anderen deutschen Städten. Olbricht wollte jedoch die Hilfsquellen, die ihm die Heimattruppen boten, benutzen, um den Staatsstreich in der Verwirrung durchzusetzen, die auf Hitlers Beseitigung folgen mußte. Das Attentat sollte von General Henning von Tresckow, dem ersten Generalstabsoffizier in Kluges Heeresgruppe, und Schlabrendorff, einem jungen Leutnant seines Stabes, ausgeführt werden.

Der Attentatsversuch wurde am 13. März unternommen, als Hitler Kluge in seinem Hauptquartier der Heeresgruppe Mitte in Smolensk aufsuchte. Es gelang Tresckow und Schlabrendorff, in das Flugzeug, das Hitler nach Ostpreußen zurückbrachte, eine Bombe mit Zeitzündung zu schmuggeln. Durch ein Spiel des Teufels — wie man schon sagen muß — versagte die Bombe. Mit erstaunlicher Kaltblütigkeit flog Schlabrendorff sofort ins Führerhauptquartier, holte die Bombe heraus, ehe sie entdeckt wurde — sie lag verpackt zwischen zwei Schnapsflaschen, die für einen Freund bestimmt waren —, und nahm sie im Zug nach Berlin auseinander[210].

Insgesamt wurden in der zweiten Hälfte des Jahres 1943 sechs weitere Anschläge auf Hitlers Leben vorbereitet, die aber aus dem einen oder anderen Grund nicht zur Ausführung kamen. Unterdessen begannen Himmlers Polizeispitzel, obwohl es ihnen im einzelnen nicht gelang, der Verschwörung auf die Spur zu kommen, ungemütlich zu werden. Im April 1943 wurden Dietrich Bonhoeffer, Joseph Müller und Hans von Dohnanyi verhaftet. Zu viele Fäden waren es, die zur Abwehr hinführten, und da ihr Rivale, der SS-Nachrichtendienst, eifrig bemüht war, sie zu unterdrücken, wurde im Dezember 1943 General Oster, die Schlüsselfigur der Abwehr, seines Amtes enthoben.

Glücklicherweise stieß gerade zu der Zeit, in der der Kreis um die Abwehr aufflog, ein neuer Mann zu der Verschwörung, der die Qualitäten und die Persönlichkeit mitzubringen versprach, die den älteren Führern fehlte.

Klaus Philipp Schenk Graf von Stauffenberg, geboren 1907, kam aus einer alten und vornehmen süddeutschen Familie. Er war eine brillante Erscheinung, ein Mann, der nicht nur seiner Leidenschaft für Pferde und Sport nachging, sondern auch seine Neigungen für Literatur (er war ein Jünger des Dichters Stefan George) und für Musik kultivierte. Zur Überraschung seiner Freunde machte er seine Karriere jedoch in der Armee. Nach siebenjähriger Dienstzeit in einem berühmten Kavallerie-Regiment wurde er in den Generalstab berufen und diente mit Auszeichnung als Stabsoffizier in Polen, Frankreich und Rußland. In Rußland war es, wo sich seine Zweifel an Hitler zu der Überzeugung verstärkten, Deutschland müsse von dessen Herrschaft befreit werden, und so wurde er von Tresckow und Schlabrendorff in den Kreis der Verschwörung eingeführt. Stauffenbergs neue Aufgabe wurde durch die Verwundungen, die er im Tunesien-Feldzug erlitten hatte und die ihn sein linkes Auge, die rechte Hand und zwei Finger der linken gekostet hatte, nicht beeinträchtigt. Sobald er genesen war, ließ er sich zu Olbrichts Stab nach Berlin versetzen und stürzte sich in die Vorbereitungen für einen neuen Staatsstreichversuch.

Stauffenberg benutzte die angebliche Gefahr einer Revolte durch die Millionen von ausländischen Arbeitern in Deutschland als Vorwand dazu, Pläne für die Übernahme der Notstandsgewalt durch die Heimattruppen in Berlin und anderen deutschen Städten auszuarbeiten. Die »Operation Walküre« wurde bis in alle Einzelheiten geplant und eine Reihe von Befehlen und Aufrufen vorbereitet, die von Beck als dem neuen Staatsoberhaupt und Goerdeler als Kanzler unterzeichnet werden sollten.

Mit Hilfe von Sympathisierenden, auf die er sich im Führerhauptquartier, in Berlin und bei der deutschen Armee im Westen verlassen konnte, hoffte Stauffenberg, die zögernden Heerführer zum Handeln zu bewegen, wenn Hitler erst einmal tot war. Um sicherzugehen, daß diese Vorbedingung auch erfüllt würde, behielt Stauffenberg diese Aufgabe sich selber vor, obwohl er durch seine Verwundungen behindert war.

Stauffenbergs Energie hatte neues Leben in die Verschwörung gebracht, doch die führende Rolle, die er spielte, provozierte auch Eifersucht — ebenso wie seine Ansichten Anstoß erregten. Stauffenberg war dem Temperament nach radikal und stand Goerdelers antiquiertem Konservatismus höchst kritisch gegenüber; dafür stand er dem sozialistischen Flügel um Julius Leber, Adolf Reichwein und Wilhelm

Leuschner[211] sehr viel näher. Diese Differenzen wurden noch verschärft durch die Gewißheit, daß man jetzt gegen die Zeit arbeitete. Anfang 1944 wurden weitere Verschwörer verhaftet, darunter von Moltke; im Februar mußte die Abwehr den größten Teil ihrer Funktionen an den unter Himmlers Kontrolle stehenden vereinten Nachrichtendienst abtreten, und im Sommer 1944 sagte Himmler zu dem jetzt seines Amtes als Chef des Spionagedienstes enthobenen Admiral Canaris, er wisse genau, daß in Wehrmachtskreisen eine Revolte geplant sei, und er werde im gegebenen Augenblick zuschlagen.

In diesem Moment traf die Nachricht von der Landung der Alliierten in der Normandie ein. Stauffenberg hatte die Invasion nicht so früh erwartet, und Beck, Goerdeler und er waren anfangs so überrascht, daß sie zögerten, ob sie nun weitermachen sollten. Sowohl die anglo-amerikanischen Armeen als auch die Russen drängten die deutschen Armeen zurück; gab es da noch eine Chance, einen Frieden auf der Basis eines Kompromisses zu sichern, auch wenn Hitler beseitigt war? Würde ihnen nicht nur der Makel eines zweiten »Dolchstoßes« anhaften, ohne daß sie in der Lage wären, den Gang der Ereignisse zu ändern? Es war Tresckow, der offen das Notwendige aussprach und die Haltung Stauffenbergs und der anderen bestärkte:

»Das Attentat muß erfolgen, coûte que coûte. Sollte es nicht gelingen, so muß trotzdem in Berlin gehandelt werden. Denn es kommt nicht mehr auf den praktischen Zweck an, sondern darauf, daß die deutsche Widerstandsbewegung vor der Welt und vor der Geschichte den entscheidenden Wurf gewagt hat. Alles andere ist daneben gleichgültig[212].«

Man hörte auf Tresckows Rat, und Stauffenberg hatte nun das Glück, in einer Position zu sein, von der aus er seine Pläne leichter in die Tat umsetzen konnte: Ende Juli wurde er zum Oberst befördert und zum Stabschef des Oberbefehlshabers der Heimattruppen ernannt. Dies erlaubte ihm nicht nur, Befehle im Namen des Oberbefehlshabers zu erteilen, sondern gestattete ihm auch, Hitler häufig aufzusuchen, der besonders daran interessiert war, für die Verluste in Rußland Ersatz zu finden.

Die Zeit drängte jedoch mehr denn je. Am 4. Juli wurden Julius Leber und Adolf Reichwein nach einem Versuch (dem Stauffenberg zögernd zugestimmt hatte), mit einer illegalen deutschen kommunistischen Gruppe Fühlung aufzunehmen, verhaftet. Am 17. Juli erging ein Haftbefehl gegen Goerdeler. Die Verschwörung lief nun Gefahr, durch weitere Verhaftungen innerhalb von wenigen Tagen, wenn nicht Stunden, zu scheitern.

Stauffenberg hatte bereits zwei Versuche unternommen, Hitler umzubringen. Am 11. Juli nahm er — mit einer Zeitbombe in seiner Aktentasche — an einer Konferenz in Berchtesgaden teil. Da aber Himmler und Göring nicht anwesend waren, beschloß er zu warten, bis sich eine günstigere Gelegenheit bot, um alle Nazi-Größen auf einmal umbringen zu können. Eine zweite Gelegenheit ergab sich am 15. Juli, als er wiederum zu einer Besprechung ins Führerhauptquartier nach Ostpreußen bestellt wurde. Um den Erfolg zu sichern, gab General Olbricht diesmal den Befehl für die »Operation Walküre« und setzte Truppen gegen das Zentrum von Berlin in Marsch; dies geschah zwei Stunden vor Konferenzbeginn. Stauffenberg führte ein Telefongespräch, um sich mit Olbricht abzustimmen, bevor er in den Konferenzraum zurückkehrte, um die Bombe zu zünden. Als er zurückkam, stellte er fest, daß Hitler die Konferenz unerwarteterweise abgebrochen hatte und bereits gegangen war. Ein zweites dringendes Telefongespräch nach Berlin gab Olbricht Gelegenheit, die »Operation Walküre« anzuhalten mit der Erklärung, die Truppen seien lediglich zu Übungszwecken ausgerückt. Bei einem Zusammentreffen mit Beck am nächsten Tag stimmte Stauffenberg jedoch zu, daß der Attentatsversuch bei nächster Gelegenheit erfolgen müsse, ganz gleich, was geschähe. Vier Tage später, am 20. Juli 1944, flog Stauffenberg nach Ostpreußen, fest entschlossen, bei dieser dritten Gelegenheit die Entscheidung herbeizuführen.

Im ersten Halbjahr 1944 hatten sich für Hitler alle schon erörterten Probleme weiter zugespitzt. Im Januar entsetzten die Russen Leningrad, im Februar überschritten sie die alte polnische Ostgrenze, und im März die rumänische. Nach einer durch das Frühjahrstauwetter hervorgerufenen Pause nahm die Rote Armee am 20. Juni ihre Angriffe wieder auf. Diesmal konnten die deutschen Armeen unter dem Druck des russischen Vormarsches ihre weit auseinandergezogenen Verteidigungslinien nicht halten. Hitler hatte sich geweigert, die Front zu verkürzen. Ganze Abschnitte der deutschen Front hörten auf zu existieren, und in der ersten Julihälfte fielen Minsk, Wilna, Pinsk und Grodno. Die deutschen Divisionen, die Hitler unbedingt in den baltischen Staaten lassen wollte, gerieten in Gefahr, eingekesselt zu werden, während die Russen bereits auf Ostpreußen zudrängten, das erste invasionsbedrohte deutsche Gebiet. Am 20. Juli stand Hitler vor einer der größten Krisen an der Ostfront, einer Front, die seit Juli 1943 um mehrere hundert Kilometer näher an Deutschland herangerückt war.

Während der gleichen sechs Monate hatten die alliierten Luftstreitkräfte weiterhin mit monotoner Regelmäßigkeit die deutschen Städte und Verkehrswege bombardiert, und im März machten die Amerikaner ihren ersten Tagesluftangriff auf Berlin. In Italien hatte Kesselring die »Gustav«- oder Winterlinie bis zum Frühjahr gehalten, aber im Mai wurde er aus seinen Stellungen hinausgeworfen und zum Rückzug gezwungen. Die Alliierten zogen am 4. Juni in Rom ein, der ersten europäischen Hauptstadt, die ihnen in die Hände fiel.

Zwei Tage später, im Morgengrauen, eröffneten die Engländer und Amerikaner den lang erwarteten Angriff im Westen. In Erwartung der Invasion hatte Hitler Rundstedt zurückberufen und ihn zum Oberbefehlshaber im Westen ernannt. Es waren erhebliche Anstrengungen gemacht worden, Verteidigungsanlagen entlang der Westküste Europas aufzubauen, aber sowohl die Länge der Küstenlinie wie auch die Knappheit an Material und Menschen ließen den Atlantikwall weniger stark und vollständig werden, als es die deutsche Propaganda verkündete. Erst Ende 1943, nach Rommels Ernennung zum Inspektor der Küstenverteidigung und der darauffolgenden zum Oberbefehlshaber der Heeresgruppe B (Holland, Belgien und Nordfrankreich), wurde entschlossen die Verstärkung der Landungshindernisse vorangetrieben. Über die beste Art und Weise, einen Landungsversuch abzuwehren und seine Kräfte einzusetzen, bestanden unter den Befehlshabern große Meinungsverschiedenheiten. Im Juni 1944 standen sechzig deutsche Divisionen zur Verfügung, um eine Front zu halten, die sich von Holland bis Südfrankreich erstreckte; wenige davon waren erstklassig, und bei nur elf von ihnen handelte es sich um Panzerdivisionen. Diese Kräfte reichten kaum aus, um den Westen zu halten, wobei noch besonders ins Gewicht fiel, daß sie weit auseinandergezogen waren und daß die Alliierten die Luftüberlegenheit besaßen.

Der deutsche Nachrichtendienst hatte sich in der Voraussage von Datum, Ort und Stärke der Invasion schwer geirrt. Im Gegensatz zu Rundstedt und anderen Generalen, die die Landung nördlich von Calais erwarteten, behielt Hitler mit seiner Annahme recht, daß die Normandieküste von den Alliierten auserwählt sei. Aber Hitler glaubte auch, ebenso wie Rommel, daß noch eine zweite Landung an dem engeren Kanalstück erfolgen werde, wo die Abschußbasen für die V 1 lagen. Die von den Engländern zur Bestärkung dieser Annahme unternommenen sorgfältigen Täuschungsmanöver wurden von ihnen nicht durchschaut. Die Folge war, daß auf Hitlers Befehl starke deutsche Kräfte — die 15. Armee mit fünfzehn Divisionen — nördlich der Seine aufgestellt waren und zurückgehalten wurden, während sie bei den Kämpfen in der Normandie sehr wirkungsvoll hätten eingesetzt werden können.

Als schließlich die Landung in der Frühe des 6. Juni erfolgte, wurden die Deutschen überrumpelt. Rommel, unterwegs nach Berchtesgaden, um Hitler zu sprechen, befand sich bei seiner Familie in der Nähe von Ulm zu Besuch. Da Hitler stets darauf bestand, über große Entscheidungen selbst zu befinden, entstand eine weitere Verzögerung, und so wurden die günstigen Gelegenheiten der ersten paar Stunden versäumt. Nachdem sich der Brückenkopf gebildet hatte, weigerte sich Hitler, seinen Kommandeuren freie Hand zu lassen. Ständig griff er ein, diktierte Befehle, die mit der Lage an der Front nicht übereinstimmten, und hielt beharrlich an dem Glauben fest, daß die Alliierten noch ins Meer zurückgeworfen werden könnten. Die Beziehungen zwischen Hitler und den Generalen wurden sehr rasch gespannt, und am 17. Juni bestellte er Rundstedt und Rommel zu einer Besprechung nach Margival in der Nähe von Soissons.

Die Zusammenkunft fand in dem reich ausgestatteten Führerhauptquartier statt, das für das England-Unternehmen 1940 eingerichtet worden war. Hitler war bis Metz geflogen und im Kraftwagen quer durch Frankreich gefahren. General Speidel, einer der Anwesenden, schreibt, daß er »fahl und übernächtigt« aussah. »Nervös spielte er mit seiner Brille und mit Bleistiften aller Farben, die er zwischen den Fingern hielt. Er saß als einziger, gebeugt auf einem Hocker, während die Feldmarschälle standen[213].«

Der Führer war verbittert. Die Tatsache, daß die Alliierten hatten landen können, schrieb er der Unzulänglichkeit der Verteidigung zu, Als Rommel mit einer Aufzählung der Schwierigkeiten antwortete, die durch Hitlers rigoroses Beharren, jeden Fußbreit Bodens zu verteidigen, nur vermehrt würden, nahm Hitler seine Zuflucht zu einem Monolog über die V-Waffen. Sie seien kriegsentscheidend, erklärte er. Rommels Versuch, ihm den Ernst der deutschen Lage begreiflich zu machen, schlug fehl. Hitler sprach über »Masseneinsatz von Turbojägern«, die die alliierte Luftüberlegenheit brechen würden, bezeichnete die militärische Lage in Italien und an der Ostfront als stabil und »verlor sich in Paraphrasen über den bevorstehenden Zusammenbruch Englands durch den Einsatz von V-Waffen«. Als Rommel ihn schließlich bedrängte, angesichts der verzweifelten Lage Deutschlands eine Beendigung des Krieges zu erwägen, gab Hitler zurück: »Kümmern Sie sich nicht um den Weitergang des Krieges, sondern um Ihre Invasionsfront[214].«

Zu Mittag aß Hitler, wie Speidel berichtet, seinen Teller Reis und Gemüse erst, nachdem die Speisen vorgekostet waren. Zwei bewaffnete SS-Männer standen während der ganzen Zeit hinter seinem Stuhl, und vor ihm war eine Batterie von Pillen und Medizinen aufgereiht. Am selben Abend reiste Hitler wieder nach Berchtesgaden ab, ohne sich der Front genähert zu haben: die Explosion einer seiner eigenen V-Bomben in der Nähe des Hauptquartiers beschleunigte seine Abreise[215].

Weitere Bemühungen, Hitler klarzumachen, daß der Versuch, die

Landung abzuschlagen, bereits fehlgeschlagen sei, waren nicht erfolgreicher. Ende Juni, nach einem Besuch in Berchtesgaden, als die beiden Feldmarschälle sich noch einmal bemühten, Hitler zu bewegen, daß er ihnen freie Hand im Westen ließ und den Krieg beendete, wurde Rundstedt seines Kommandos enthoben. Hitler bot den Oberbefehl Feldmarschall von Kluge an. Aber Kluge war ebensowenig wie Rundstedt oder Rommel in der Lage, den alliierten Vormarsch aufzuhalten. Und am 20. Juli stand Hitler, obwohl er sich noch immer weigerte, dies anzuerkennen, im Westen einer ebenso ernsten Krise gegenüber wie im Osten. Denn zum erstenmal war er gezwungen, sich darüber klarzuwerden, was ein »Zweifrontenkrieg« bedeutete.

VI

Hitler verbrachte die ersten beiden Juliwochen 1944 auf dem Obersalzberg und kehrte Mitte des Monats in sein Hauptquartier in Ostpreußen zurück. Dort erwartete er am 20. Juli Mussolinis Besuch, und aus diesem Grunde war die Lagebesprechung auf 12.30 Uhr angesetzt worden.

Stauffenberg flog am Morgen von Berlin ab. Man erwartete von ihm einen Bericht über die Aufstellung neuer Volksgrenadier-Divisionen. Er führte seine Papiere in einer Aktentasche bei sich, in der er auch die Bombe versteckt hatte. Diese war mit einem Mechanismus versehen, der wenige Minuten nach Ingangsetzung die Explosion auslösen sollte. Die Konferenz war bereits im Gange; während noch ein Vortrag über die Ostfront gehalten wurde, holte Keitel Stauffenberg herein und führte ihn zu Hitler. Rings um einen großen schweren Holztisch, auf dem eine Anzahl Landkarten ausgebreitet lag, waren vierundzwanzig Männer versammelt. Unter ihnen befanden sich weder Himmler noch Göring. Der Führer selbst stand in der Mitte einer der Längsseiten des Tisches über die Landkarten gebeugt, während sich Keitel und Jodl auf seiner linken Seite befanden. Stauffenberg stellte sich auf die rechte Seite dicht neben Hitler und einen Oberst Brandt. Er legte seine Aktentasche unter den Tisch; den Zünder hatte er eingestellt, ehe er eingetreten war. Dann verließ er den Raum unter dem Vorwand, in Berlin anrufen zu müssen. Er war erst eine oder zwei Minuten fort, als — es war 12.42 Uhr — eine laute Explosion den Raum erschütterte, die Wände und das Dach hinwegfegte und die auf die Insassen herabstürzenden Trümmer in Brand setzte.

In dem Rauch und in der Verwirrung taumelte Hitler, während Wachen herbeiliefen und drinnen die Verletzten um Hilfe schrien, an Keitels Arm zur Tür hinaus. Eines seiner Hosenbeine war fortgerissen; er war staubbedeckt und hatte eine Reihe von Verletzungen erlitten.

Sein Haar war versengt, sein rechter Arm hing steif und leblos herab, eins seiner Beine wies Brandwunden auf, ein herabfallender Balken hatte seinen Rücken gequetscht, und beide Trommelfelle waren durch die Explosion beschädigt. Aber er lebte. Diejenigen, die am Ende des Tisches gestanden hatten, wo Stauffenberg seine Aktentasche niederlegte, waren entweder tot oder schwer verwundet. Hitler war zum Teil durch die Tischplatte geschützt worden, auf die er sich gerade mit dem Arm gelehnt hatte, und zum Teil durch eine schwere Holzstütze des Tisches, gegen die Stauffenbergs Aktentasche vor der Explosion gestoßen worden war.

Obwohl schwer erschüttert, zeigte Hitler eine merkwürdige Ruhe. Am frühen Nachmittag erschien er auf dem Bahnhof des Führerhauptquartiers, um Mussolini zu empfangen. Von seinem steifen rechten Arm abgesehen, war ihm nichts anzusehen, und die Darstellung, die er Mussolini von seinem Erlebnis gab, zeichnete sich durch auffallende Gelassenheit aus.

Sobald sie die »Wolfsschanze« erreicht hatten, führte Hitler Mussolini zu dem zerstörten Konferenzzimmer. Und hier, als er die Szene zu rekonstruieren begann, wurde seine Stimme erregter.

»Nach meiner heutigen Errettung aus der Todesgefahr bin ich mehr denn je davon überzeugt, daß es mir bestimmt ist, nun auch unsere gemeinsame große Sache zu einem glücklichen Abschluß zu bringen!« Mit dem Kopf nickend, konnte Mussolini nur hinzufügen: »Nachdem ich das hier gesehen habe, bin ich absolut Ihrer Meinung. Das war ein Zeichen des Himmels![216]«

In dieser exaltrierten Stimmung ging Hitler mit Mussolini in seine eigene Unterkunft, wo eine Gruppe aufgeregter Personen zum Tee versammelt war. Göring, Ribbentrop und Dönitz hatten sich zu Keitel und Jodl gesellt; sie machten sich gegenseitig heftige Vorwürfe über die Schuld des einzelnen an der Entwicklung des Krieges. Inmitten dieser Szene saßen Hitler und Mussolini ruhig beieinander, bis irgend jemand den Röhmputsch von 1934 erwähnte. Plötzlich sprang Hitler wütend auf und begann zu schreien, er werde an all diesen Leuten Rache nehmen, denn er sei von der Vorsehung auserwählt, Geschichte zu machen, und wer sich ihm in den Weg stelle, werde vernichtet. So ging das eine halbe Stunde lang. Als sich sein Zorn gelegt hatte, verfiel Hitler wieder in Schweigen, nahm hin und wieder eine Tablette und ließ die Treueversicherungen und einen neuerlichen Streit zwischen Göring und Ribbentrop über sich ergehen[217].

In der Verwirrung, die nach der Explosion der Bombe entstanden war, gelang es Stauffenberg, ungehindert durch den dreifachen Ring der Wachtposten zu entkommen und ein Flugzeug nach Berlin zu nehmen. Es verging geraume Zeit, bis man sich im Führerhauptquartier klar wurde, was geschehen war — Hitler dachte zunächst, es sei eine Fliegerbombe gewesen —, und noch länger dauerte es, bis bekannt wurde, daß dem Anschlag ein Putschversuch in Berlin gefolgt war.

Dort hatte sich eine kleine Gruppe von Verschwörern im Generalstabsgebäude an der Bendlerstraße im Dienstzimmer von General Olbricht versammelt. Sie wollten bekanntgeben, Hitler sei tot und man habe in Berlin eine Antinazi-Regierung mit General Beck als Staatsoberhaupt (Reichsverweser), Goerdeler als Kanzler und Feldmarschall von Witzleben als Oberbefehlshaber der Streitkräfte gebildet. In ihrem Namen sollten Befehle erteilt werden, die den Notstand erklärten und der Armee alle Macht übertrugen, um die SS an einer Übernahme der Kontrolle zu hindern. Die gesamte Staatsverwaltung, die SS selbst, die Polizei und die Partei sollte den Oberbefehlshabern des Heeres untergeordnet sein, in Deutschland den Oberbefehlshabern des Ersatzheeres, in den besetzten Ländern den Oberbefehlshabern an den jeweiligen Kriegsschauplätzen. Die Waffen-SS sei ins Heer einzugliedern, und alle höheren Partei-, SS- und Polizeibeamten seien festzunehmen. Für Berlin sahen die Pläne vor, Truppen von außerhalb der Stadt heranzuziehen, um das Regierungsviertel abzuriegeln, das Gestapo-Hauptquartier und den Rundfunksender zu besetzen und die SS zu entwaffnen.

Es war sehr die Frage, ob diese Befehle befolgt wurden. Aber man rechnete damit, daß, wenn Hitler beseitigt wäre, die Offiziere, die sich bisher entweder aus Angst oder mit Rücksicht auf ihren Treueid geweigert hatten, an der Verschwörung teilzunehmen, die neue Regierung unterstützen würden. Man hoffte, daß die schwelende Feindseligkeit der Armee gegen SS und Partei, die verzweifelte Lage Deutschlands für den Fall, daß kein Kompromißfrieden abgeschlossen wurde, und vor allem die Nachricht von dem gelungenen Attentat auf Hitler, alles Zögern überwinden würden. Einer Reihe von Gleichgesinnten, die zu handeln bereit waren, hatte man sich bereits in den verschiedenen Kommandostellen versichert.

Alles hing von zwei Voraussetzungen ab: vom Erfolg des Anschlags auf Hitler und von einem sofortigen, entschlossenen Handeln in Berlin. Die erste dieser beiden Voraussetzungen war bereits hinfällig, doch das war Stauffenberg nicht bekannt. Er verließ das Führerhauptquartier in der Überzeugung, daß niemand die Explosion im Konferenzzimmer habe überleben können. Die ersten Berichte von der Explosion jedoch, die die Bendlerstraße kurz nach dreizehn Uhr erreichten, machten klar, daß Hitler nicht tot war; daher entschloß sich Olbricht, den Befehl für die »Operation Walküre« nicht zu erteilen. So schlug auch die zweite Voraussetzung fehl. Erst als Stauffenberg nach einem dreistündigen Flug von Ostpreußen auf dem Flughafen Rangsdorf ankam, gelang es ihm, eine Telephonverbindung zu Olbricht zu bekommen; er glaubte noch immer, Hitler sei tot, und bemühte sich nun, Olbricht zu veranlassen, die Befehle für den Beginn der Aktion hinausgehen zu lassen. Dies war um 15 Uhr 45. Stauffenberg brauchte weitere 45 Minuten, um ins Zentrum Berlins zu gelangen und endlich der Zentrale den Antrieb zu geben, der ihr bisher gefehlt hatte.

Jedoch auch Stauffenbergs Energie und seine Entschlossenheit konnte die verlorenen drei oder vier Stunden nicht wieder gutmachen. Alles war noch zu tun. Nicht einmal in Berlin hatte man Anstalten gemacht, den Rundfunksender oder das Gestapo-Hauptquartier in der Prinz-Albrecht-Straße zu besetzen, das doch im Grunde genommen unbewacht war und aus dem man einige der Verschwörer, unter ihnen Julius Leber, hätte befreien können. Es wurde auch kein Versuch unternommen, den Gauleiter von Berlin, Goebbels, zu verhaften, obwohl Graf Helldorf, der Berliner Polizeichef, selbst tief in der Verschwörung steckte und darauf brannte, etwas zu unternehmen.

So ging es auch General von Hase, dem Kommandanten von Berlin, doch erst nach vier Uhr erhielt er den Befehl, Truppen zur Besetzung des Regierungsviertels bereitzustellen. Hase setzte das Wachbataillon Großdeutschland unter Major Remer von Döberitz aus in Marsch. Remer, der nicht mit zur Verschwörung gehörte, handelte umgehend, doch der nationalsozialistische Führungsoffizier Dr. Hans Hagen, ein arroganter junger Mann aus dem Propagandaministerium, der das Bataillon schulte, hatte Verdacht geschöpft. Hagen setzte sich mit Goebbels in Verbindung, und als Remer erschien, um dem Propagandaminister gefangenzunehmen, überredete man ihn sogleich, mit Hitlers Hauptquartier in Ostpreußen zu telephonieren. Die unverkennbare Stimme Hitlers über den Draht überzeugte Remer, daß der Führer nicht tot war, wie man ihm gesagt hatte: auf der Stelle wurde der Major zum Obersten befördert, und Hitler persönlich befahl ihm, seine Truppen zur Unterdrückung des Putsches einzusetzen.

Nach Stauffenbergs Rückkehr waren in aller Eile Befehle an die Oberkommandos der Armee gegangen, die »Operation Walküre« zu starten, und in Paris, Wien und Prag war die Aktion bereits in vollem Gange, als kurz nach 18 Uhr 30 der deutsche Rundfunk eine von Goebbels über Telephon mitgeteilte Verlautbarung brachte, man habe auf Hitler einen Anschlag verübt, der aber fehlgeschlagen sei. Als dies bekannt wurde, wurden die Furcht vor Hitlers Rache und das Verlangen, sich erneut abzusichern, die dominierenden Motive einer großen Zahl von Offizieren, die sich bisher abwartend verhalten hatten, um zu sehen, ob der Putsch Erfolg habe, bevor sie sich selbst engagierten.

Gemäß dem Plan der Verschwörer war es General Fellgiebel, dem obersten Nachrichtenoffizier in Hitlers Hauptquartier, gelungen, die Verbindung mit der Außenwelt für eine gewisse Zeit nach der Explosion der Bombe zu unterbrechen[218]. Diese Isolierung konnte jedoch nicht aufrechterhalten werden, und nachdem Hitler erst einmal erkannt hatte, daß es hier um den Versuch eines Staatsstreiches ging, ordnete er sogleich Gegenmaßnahmen an.

Die Rundfunksendung aus Berlin am frühen Abend hatte die Vorsichtigen bereits gewarnt. Kurz nach 20 Uhr gab Keitel per Fernschreiber an alle Befehlsstellen eine Meldung, in der er die von der Bendlerstraße aus erlassenen Instruktionen widerrief und alle kommandierenden Generale anwies, Befehle zu ignorieren, die nicht von ihm selbst oder von Himmler gegengezeichnet seien. Himmler war inzwischen von Hitler zum Oberbefehlshaber des Ersatzheeres und zum Reichssicherheitsbeauftragten ernannt worden. Eine Stunde später gab der Rundfunk die Meldung durch, Hitler würde noch vor Mitternacht zum deutschen Volk sprechen.

Der Plan für die Besetzung Berlins war völlig fehlgeschlagen, und die Situation der kleinen Verschwörergruppe war nun hoffnungslos. Im Laufe des Abends brach eine Gruppe von hitlertreuen Offizieren, die im Laufe des Tages in der Bendlerstraße festgesetzt worden war, aus der Haft aus, befreite General Fromm (dessen Oberbefehl über das Ersatzheer von Höppner übernommen worden war) und entwaffnete die Verschwörer. Fromms Verhalten hatte zweideutigen Charakter gehabt, und so war er jetzt ängstlich darauf bedacht, seine Ergebenheit zur Schau zu stellen und diejenigen zu beseitigen, die ihn belasten konnten. Als ein Kommando eintraf, um die Verschwörer zu verhaften, gab Fromm den Befehl, Stauffenberg, Olbricht und zwei andere Offiziere im Hof zu erschießen. Die Exekutionen wurden dort im Scheinwerferlicht eines Panzerwagens durchgeführt. Beck legte man nahe, sich selbst das Leben zu nehmen. An der Hinrichtung der übrigen wurde Fromm durch das Eintreffen Kaltenbrunners gehindert. Kaltenbrunner, Chef von Himmlers Reichssicherheitshauptamt, ging es weit mehr darum zu erfahren, was man aus den Überlebenden herausholen konnte, als sie jetzt, nachdem der Putsch mißlungen war, standrechtlich zu erschießen. Himmler, aus Ostpreußen kommend, langte im Laufe des Abends in Berlin an und schlug sein Hauptquartier in Goebbels' Haus auf. Die ersten Untersuchungen wurden noch in der Nacht vorgenommen. Die Menschenjagd hatte begonnen.

Nur an einer Stelle waren die Verschwörer erfolgreich — in Paris. Dort hatte man auf eine Reihe zuverlässiger Helfer zählen können, mit General Heinrich von Stülpnagel, Militärgouverneur von Frankreich, an der Spitze. Sobald ihn das Codewort aus Berlin erreichte, führte Stülpnagel den Befehl aus, die 1200 SS- und SD-Leute in Paris festzunehmen, und sehr rasch hatte die Armee die Situation fest in der Hand[219]. Aber auch hier waren die Verschwörer — wie schon den ganzen Tag über — vom Pech verfolgt.

In den Anfangsmonaten des Jahres 1944 war Feldmarschall Rommel, dem man kurz zuvor ein Kommando im Westen übertragen hatte, durch Karl Stroelin, den Oberbürgermeister von Stuttgart, mit der Gruppe um Beck und Goerdeler bekanntgemacht worden. Rommel war ein Mann der Tat; von langen Reflexionen hielt er nicht viel, und so wurde er in diesem Stadium des Krieges sehr schnell davon überzeugt, daß man Hitler loswerden mußte, wenn Deutschland gerettet werden sollte. Rommel war gegen eine Ermordung Hitlers, weil vermieden werden müsse, aus ihm einen Märtyrer zu machen. Statt dessen schlug er vor, Hitler festzunehmen und vor einen deutschen Gerichtshof zu stellen. Mit der Führung durch Beck und Goerdeler war er jedoch einverstanden. Er erklärte sich bereit, den Oberbefehl über das Heer oder die Wehrmacht zu übernehmen — seine Popularität wäre ein beträchtliches Plus gewesen —, und schlug vor, auf eigene Faust Waffenstillstandsverhandlungen mit General Eisenhower einzuleiten, und zwar auf der Basis, daß die Deutschen die besetzten Gebiete räumten, während die Alliierten als Gegenleistung ihre Luftangriffe auf Deutschland einstellten. Im Osten sollte der Kampf fortgesetzt werden, unter Zurücknahme der deutschen Streitkräfte auf eine Verteidigungslinie zwischen Memel und Donaumündung.

Die Art und Weise, wie Hitler auf die Invasion reagierte, bestärkte Rommel in seiner Haltung. Am 15. Juli, nach seinen beiden Juni-Zusammenkünften mit dem Führer und Rundstedts Absetzung, sandte Rommel Hitler eine eindringliche Denkschrift, in der er, nachdem er die ernste Lage im Westen dargelegt hatte, einen alliierten Durchbruch innerhalb von zwei bis drei Wochen voraussagte. »Die Folgen werden unübersehbar sein. Die Truppe kämpft allerorts heldenmütig, jedoch der ungleiche Kampf neigt dem Ende entgegen. Ich muß Sie bitten, Folgerungen aus dieser Lage unverzüglich zu ziehen. Ich fühle mich verpflichtet als Oberbefehlshaber der Heeresgruppe, dies klar auszusprechen[220].«

Nachdem er die Denkschrift als Fernschreiben abgesandt hatte, sagte Rommel zu General Speidel, seinem Chef des Stabes, der aufs engste mit der Verschwörung verbunden war, daß er, wenn Hitler diese letzte Chance nicht annehme, zum Handeln entschlossen sei. Am 17. Juli aber wurde Rommels Wagen auf der Rückkehr von der Front durch englische Jagdflugzeuge angegriffen und der Feldmarschall schwer verwundet. So lag Rommel am 20. Juli bewußtlos im Lazarett, und das Kommando über die Heeresgruppe B wie auch das Oberkommando West befanden sich in Händen Feldmarschall von Kluges, eines Mannes von anderem Schlage.

Kluge wußte ebenso wie sein Vorgänger Rundstedt, was gespielt wurde; schon im Jahre 1942 waren die Verschwörer an ihn herangetreten, und er hatte Rommels Ansicht, die in der Denkschrift an Hitler geäußerst wurde, beigepflichtet. Als aber der Anschlag auf Hitlers Leben fehlgeschlagen war, weigerte er sich, eine unabhängige Aktion für den Westen in Erwägung zu ziehen. Ohne die Unterstützung des Truppenkommandeurs konnte Stülpnagel nichts unternehmen: er hatte eine Gelegenheit geschaffen, und es war keiner da, der sie wahrnahm. Im Morgengrauen des 21. war so der Putsch in Paris ebenso zusammengebrochen wie in Berlin, und Stülpnagel wurde zur Berichterstattung in die Heimat befohlen. Nun war Hitler an der Reihe zu handeln, und seine Rache war schonungslos.

VII

In der Nacht vom 20. zum 21. Juli, eine halbe Stunde nach Mitternacht, übertrugen alle deutschen Sender die bebende, aber immer noch erkennbare Stimme des Führers, der von Ostpreußen aus sprach.

»Wenn ich heute zu Ihnen spreche«, begann er, »dann geschieht es aber besonders aus zwei Gründen: erstens, damit Sie meine Stimme hören und wissen, daß ich selbst unverletzt und gesund bin, zweitens, damit Sie aber auch das Nähere erfahren über ein Verbrechen, das in der deutschen Geschichte seinesgleichen sucht. Eine ganz kleine Clique ehrgeiziger, gewissenloser und zugleich verbrecherischer, dummer Offiziere hat ein Komplott geschmiedet, um mich zu beseitigen und zugleich mit mir den Stab der deutschen Wehrmachtsführung praktisch auszurotten.
Die Bombe, die von dem Oberst Graf von Stauffenberg gelegt wurde, krepierte zwei Meter an meiner rechten Seite. Sie hat eine Reihe mir treuer Mitarbeiter sehr schwer verletzt, einer ist gestorben. Ich selbst bin völlig unverletzt bis auf ganz kleine Hautabschürfungen, Prellungen oder Verbrennungen. Ich fasse es als eine Bestätigung des Auftrages der Vorsehung auf...
Der Kreis, den diese Usurpatoren darstellen, ist ein denkbar kleiner. Er hat mit der deutschen Wehrmacht und vor allem auch mit dem deutschen Volk nichts zu tun ... Ich befehle daher in diesem Augenblick: 1. daß keine Zivilstelle irgendeinen Befehl entgegenzunehmen hat von einer Dienststelle, die sich diese Usurpatoren anmaßen; 2. daß keine Militärstelle, kein Führer einer Truppe, kein Soldat

irgendeinem Befehl dieser Usurpatoren zu gehorchen hat, daß im Gegenteil jeder verpflichtet ist, den Übermittler oder den Geber eines solchen Befehls entweder sofort zu verhaften oder bei Widerstand augenblicklich niederzumachen...
Ich bin der Überzeugung, daß wir mit dem Austreten dieser ganz kleinen Verräter- und Verschwörerclique nun endlich aber auch im Rücken der Heimat die Atmosphäre schaffen, die die Kämpfer der Front brauchen ... Diesmal wird nun so abgerechnet, wie wir das als Nationalsozialisten gewohnt sind[221].«

Das waren keineswegs leere Drohungen Hitlers, und diesmal wurde er von leidenschaftlicher, persönlicher Rachsucht getrieben. Die genaue Zahl der nach dem 20. Juli Hingerichteten ist unbekannt: man hat eine Gesamtzahl von 4980 als die wahrscheinlichste Schätzung angenommen. Viele Tausend andere kamen ins Konzentrationslager. Die Untersuchungen und Hinrichtungen wurden von der Gestapo und dem SD bis in die letzten Kriegstage hinein ununterbrochen fortgesetzt, und die Sitzungen des Volksgerichtshofs unter dem berüchtigten Nazi-Richter Roland Freisler erstreckten sich über Monate. Gleich in der ersten Gerichtssitzung, die am 7. August stattfand, wurden Feldmarschall von Witzleben, die Generäle Höppner, von Hase und Stieff sowie vier andere Offiziere zum Tode verurteilt. Sie fanden bereits am 8. August auf außerordentlich grausame Weise durch langsames Erhängen — mittels einer Schlinge aus Klaviersaiten, die an einem Fleischerhaken hing — den Tod. Die Hinrichtungen (und auch der Prozeß) wurden von Anfang bis Ende gefilmt, damit Hitler sie sich am Abend in der Reichskanzlei ansehen konnte[222].

Mit ganz wenigen Ausnahmen, die größtenteils auf Glücksfälle zurückzuführen waren, wurden alle, die sich aktiv an der Verschwörung beteiligt hatten, ob Zivilisten oder Militärs, festgenommen und gehängt. Das war zu erwarten gewesen. Aber Hitler und Himmler nahmen die Gelegenheit wahr, viele Personen zu ergreifen oder zu töten, die zu der Verschwörung in ganz lockerer oder gar keiner Verbindung standen, wohl aber des Mangels an Begeisterung für das Regime verdächtig waren. In einigen Fällen wurden ganze Familien verhaftet, zum Beispiel die Familien Goerdeler, Stauffenberg und Hassell. Unter denen, die in Konzentrationslager gesteckt wurden, befanden sich Dr. Schacht und General Halder, die sich beide ins Privatleben zurückgezogen hatten. Nur wenige, die jemals eine Spur von geistiger Unabhängigkeit gezeigt hatten, durften sich sicher fühlen.

Bis zum Herbst war ausreichendes Beweismaterial zusammengetragen worden, um Hitlers Verdacht gegen Rommel zu wecken. Im Oktober, nachdem Rommel sich langsam von seiner Verwundung erholt hatte, erhielt er vom Führer eine kurze Mitteilung, die ihn vor die Wahl stellte, sich das Leben zu nehmen oder sich dem Volksgerichtshof zu stellen. Mit Rücksicht auf seine Familie wählte Rommel das erste. Als Todesursache wurde eine Herzschwäche infolge seines Unfalls angegeben. Der Führer gewährte ihm ein Staatsbegräbnis: Hitler wollte nicht zugeben, daß sich der populärste General des Krieges gegen ihn gewandt hatte: »Sein Herz«, hieß es in der Grabrede, die Rundstedt vorlesen mußte, »gehörte dem Führer.«

Hitlers heftigster Zorn richtete sich gegen das Offizierkorps. Zu dem Defätismus, der Feigheit und dem Konservativismus der Generale, die, wie er sich einredete, ihn um den Sieg gebracht hatten, kam nun noch das Verbrechen des Verrats. Hätte Hitler seinem Ärger freien Lauf lassen können, so würde er reinen Tisch gemacht und jeden General, der ihm vor die Augen kam, gefangengesetzt oder erschossen haben. Aber mitten in einer schweren militärischen Krise konnte er sich das unter keinen Umständen leisten. Wenn auch widerstrebend, sah er ein, daß er das Offizierkorps noch brauchte, um seinen Krieg zu gewinnen. Sein Prestige erlaubte es ihm auch nicht, zuzugeben, daß das Heer kein Vertrauen mehr zu seiner Führung hatte. Der Öffentlichkeit gegenüber wurden daher sorgfältige Maßnahmen getroffen, um die Spaltung zwischen dem Heer und seinem Oberbefehlshaber zu verbergen. In seiner Rundfunkrede vom 20./21. Juli betonte Hitler, daß es sich nur um eine ganz kleine Clique von Offizieren gehandelt habe, und Goebbels wiederholte das einige Tage später, als er über den Rundfunk zum Volk sprach. Goebbels nannte die Verschwörung einen Dolchstoß in den Rücken der kämpfenden Front; die Armee selbst habe sie erstickt.

Der Tagesbefehl, der am 23. Juli von dem neuen Generalstabschef des Heeres, General Guderian, herausgegeben wurde, schlug in dieselbe Kerbe. Für das Offizierkorps und das Heer Treue zum Führer gelobend, sprach Guderian von »ein paar teilweise schon pensionierten Offizieren, die den Mut verloren hatten und aus Feigheit und Schwäche von dem für einen ehrlichen Soldaten einzig möglichen Weg der Pflicht und Ehre abgewichen sind und den Weg der Schande vorgezogen haben«. Am nächsten Tag erließ Bormann eine Weisung an die Partei, daß eine allgemeine Bezichtigung des Heeres zu vermeiden, vielmehr die Zuverlässigkeit der Wehrmacht während des Umsturzversuches hervorzuheben sei. Um formell die »Ehre« des deutschen Heeres zu wahren, trat ein Ehrengericht zusammen, das die schuldigen Offiziere aus der Armee ausschloß und sie als Zivilisten an den Volksgerichtshof auslieferte.

Aber in Wirklichkeit war die Demütigung des Heeres vollständig.

Die Generale, die 1934 auf der Beseitigung Röhms und der SA-Führer bestanden hatten, mußten nun die Waffen-SS als gleichwertigen Partner von Heer, Marine und Luftwaffe hinnehmen, dazu Himmler als Oberbefehlshaber des Ersatzheeres und bald auch als aktiven Kommandeur einer Heeresgruppe an der Front. Am 24. Juli wurde der Nazigruß zwangsweise eingeführt »als ein Zeichen unverbrüchlicher Treue zum Führer und engster Verbundenheit zwischen Wehrmacht und Partei«[223]. Am 29. Juli erteilte General Guderian einen weiteren Befehl, nach dem fortan jeder Generalstabsoffizier an der nationalsozialistischen Schulung der Armee mitzuwirken und öffentlich zu bekunden hatte, daß er seine Pflichten dementsprechend auffasse[224]. Soweit bekannt geworden ist, hat kein einziger Offizier erklärt, daß er mit Guderians Befehl nicht einverstanden sei. Um ganz sicherzugehen, wurden jetzt allen militärischen Hauptquartieren nationalsozialistische Führungsoffiziere zugeordnet, in Nachahmung einer russischen Praxis, die Hitler sehr bewunderte, die aber von der Sowjetregierung während des Krieges fallengelassen wurde.

Die Auswirkungen des 20. Juli auf Hitlers Beziehungen zur Armee beschränkten sich nicht nur auf die endgültige Zerstörung der einst so mächtigen unabhängigen Stellung der Armee in Deutschland. Trotz aller Maßnahmen, sich der Ergebenheit des Offizierkorps zu versichern, und trotz seiner Säuberung nach dem Umsturzversuch verbarg Hitler fortan sein Mißtrauen gegen die Armee nicht mehr. Das hatte zwangsläufig Folgen für die verzweifelten Anstrengungen, die nunmehr unternommen werden mußten, um den Feind außerhalb der deutschen Grenzen zu halten. Ohnehin bestand wenig Hoffnung, dies zu erreichen; wieviel weniger aber noch, wenn das Verhalten des Obersten Befehlshabers seinen Kommandeuren gegenüber von unüberwindlichem Mißtrauen und rachsüchtiger Bosheit diktiert wurde.

KAPITEL XIV

Der Kaiser ohne Kleider

I

Ende Juli 1944 waren die russischen Armeen zur Ostsee durchgestoßen, wobei sie die deutsche Heeresgruppe Nord abschnitten. Sie hatten ferner die Heeresgruppe Mitte vernichtet und die Weichsel erreicht, sowie schließlich die Heeresgruppe Süd (Ukraine) nach Rumänien zurückgedrängt. Nach großen Anstrengungen war es Model, dem das Kommando an der Mittelfront in Polen übertragen worden war, und Guderian, dem neuen Generalstabschef des Heeres, gelungen, den russischen Vormarsch aufzuhalten. Die Russen, die seit Ende Juni fast 650 Kilometer vorgedrungen waren, konnten aber nur vorübergehend aufgehalten werden, und an der Südfront, in Rumänien, gab es überhaupt keinen Stillstand.

Hitler mußte alle seine Reserven einsetzen, um irgendeine Frontlinie im Osten aufrechtzuerhalten, weigerte sich aber eigensinnig, seine Truppen aus den baltischen Staaten zurückzuziehen. Dort ließ er Schörner mit seiner etwa 50 Divisionen starken Heeresgruppe Nord einen isolierten Krieg führen, der mit der eigentlichen Schlacht um Deutschland nichts zu tun hatte. Hitler beharrte auf seiner Weigerung und begründete sie damit, daß ein Rückzug sich möglicherweise auf Schweden (und seine unerläßlichen Eisenerzlieferungen) auswirken könne und daß man mit der Ostsee die Übungsgewässer für die neuen U-Boote verliere, auf die er großen Wert legte. Er behauptete, Schörner binde eine bedeutende Anzahl russischer Divisionen, die sonst an andern und lebenswichtigeren Frontabschnitten eingesetzt werden würden. Aber die Russen waren, im Gegensatz zu den Deutschen, um Menschenmaterial nicht verlegen. Guderian protestierte heftig, aber vergebens gegen diese Entscheidung. Tatsächlich versuchte Hitler auch jetzt nach den schweren deutschen Niederlagen während des Sommers an der Ostfront, noch mit weit reduzierten Kräften eine längere Frontlinie zu halten, als es die von den Russen bereits durchstoßene gewesen war. Der Mann, der einst die Beweglichkeit in der Kriegführung für den Schlüssel zum Erfolg erklärt hatte, verwarf jetzt jeden Vorschlag einer beweglichen Verteidigung zugunsten äußerster Starrheit.

Auf den russischen Durchbruch in Polen folgte Ende Juli ein amerikanischer Durchbruch in Frankreich. Am 28. Juli eroberten die Amerikaner Coutances, und zwei Tage später Avranches; am 31. standen sie in der Bretagne. Der deutsche linke Flügel brach zusammen, und im Westen begann der Bewegungskrieg. Pattons 3. Armee stieß auf Le Mans vor, und Falaise stand vor der Einkesselung. Dies war das deutlichste Anzeichen dafür, daß die Zeit für einen sofortigen deutschen Rückzug hinter die Seine gekommen war. Hitler, weit entfernt vom Schlachtfeld, saß in seinem ostpreußischen Hauptquartier und hatte keine Ahnung von der massiven Überlegenheit der alliierten Streitkräfte, besonders in der Luft. Er weigerte sich, einen Rückzug auch nur in Erwägung zu ziehen. Kluge erhielt den Befehl, sofort zum Gegenangriff überzugehen und den amerikanischen Korridor bei Avranches und Mortain abzuriegeln.

Auf Hitlers Mißtrauen gegen seine Generale fällt bei dieser Gelegenheit ein grelles Licht.

»Wir erhielten«, sagt General Blumentritt, Kluges Stabschef, »den bis ins letzte ausgearbeiteten Plan. Er bestimmte die einzelnen Divisionen, die wir einsetzen sollten ... Der Abschnitt, in dem der Angriff stattfinden sollte, war genau bezeichnet, und ebenso alle Straßen und Dörfer, wo die Kräfte vorgehen sollten. Dieser ganze Plan war in Berlin an Hand von Karten großen Maßstabes ausgearbeitet worden. Die Generale in Frankreich wurden nicht um ihren Rat gefragt[225].«

Die SS-Generale protestierten am lautesten gegen die Narrheit, mit den wenigen verbliebenen Panzerdivisionen das Risiko eines Angriffs einzugehen, der, wenn er scheiterte (und das schien beinahe gewiß zu sein), die deutsche Armee im Westen verhängnisvoll schwächen würde. Kluges einzige Antwort war, daß Hitler dies befohlen habe und daß der Führer keinen Widerspruch dulde.

Nach dem Mißlingen der Operation gab Hitler rechthaberisch Befehl, den Angriff zu erneuern. Als General Warlimont, der die Front besucht hatte, zur Berichterstattung zurückkehrte, sagte Hitler zu ihm: »Der Erfolg blieb nur aus, weil Kluge gar nicht wünschte, Erfolg zu haben[226].« Am 15. August wurde Kluge während eines Frontbesuchs zwölf Stunden lang von seinem Hauptquartier abgeschnitten, und Hitler schloß daraus, daß der Feldmarschall den Versuch gemacht habe, Übergabeverhandlungen einzuleiten. »Der 15. August«, sagte er daraufhin, »war der schlimmste Tag meines Lebens[227].« Am nächsten Tag versetzte er Model von der Ostfront nach dem Westen und befahl ihm, sofort Kluges Kommando zu übernehmen. Auf dem Rückweg nach Deutschland beging Kluge Selbstmord: einen Rechtfertigungsbrief an Hitler schloß er mit dem Rat, den Krieg zu beenden.

Model, der nun berufen wurde, in Frankreich dieselbe Aufgabe auszuführen wie vorher in Polen, nämlich die deutsche Armee zu retten, war einer der wenigen Generale, denen Hitler vertraute und Einwände gestattete. Ein rauher, aggressiver Typ, der mit den steifen Konventionen der deutschen militärischen Tradition nichts gemein hatte, identifizierte Model sein Geschick mit dem des Hitler-Regimes. Im Alter von 54 Jahren war er zum Feldmarschall ernannt worden. Aber weder Model noch sonst jemand konnte den Zusammenbruch der deutschen Front im Westen verhindern.

Während Patton kühn nach Osten vorstieß und Paris befreit wurde, strömte das deutsche Heer im Westen über die Seine zurück, in seinem überstürzten Abzug von den nachfolgenden alliierten Kräften bedrängt und unaufhörlichen Angriffen aus der Luft ausgesetzt. Unter diesen Umständen hielt es Model für geraten, aus dem Zusammenbruch zu retten, was zu retten war. Am 29. August, als der letzte seiner Leute die Seine überschritt, berichtete er Hitler, daß die durchschnittliche Stärke der Panzer- und Panzergrenadierdivisionen, die in der Normandie gekämpft hatten, fünf bis zehn Panzer betrug, und daß er aus den sechzehn Infanteriedivisionen, die er über die Seine gebracht hatte, noch vier zusammenstellen könne, aber nur in der Lage sei, sie mit leichten Waffen auszurüsten. Weitere sieben Divisionen wurden völlig aufgerieben, während, wie Blumentritt berichtet, von den in der Normandie eingesetzten 2300 deutschen Panzern und Sturmgeschützen nur 100 bis 120 über die Seine zurückgebracht wurden. Das war das Ergebnis der Schlachtenlenkung Hitlers von einem Hauptquartier aus, das tausend Meilen weit entfernt lag, und seiner Mißachtung der Ratschläge seiner Frontkommandeure.

Frankreich war verloren. Es ergab sich jetzt die Frage, ob die Front an der deutschen Grenze und am Rhein gehalten werden konnte. In den ersten Septembertagen erreichte Pattons 3. Armee die Mosel, und die britische 2. Armee, die innerhalb von vier Tagen 400 Kilometer zurückgelegt hatte, befreite Brüssel, Löwen und Antwerpen. Am Abend des 11. September überschritt ein amerikanischer Spähtrupp die deutsche Grenze; fünf Jahre nach Beginn des Polenfeldzugs hatte der Krieg deutschen Boden erreicht.

In einer Besprechung, die Hitler am Nachmittag des 31. August mit dreien seiner Generale abhielt, ließ Hitler keinen Zweifel über seine Entschlossenheit, den Kampf, was auch immer geschehe und wie viele Opfer es Deutschland kosten werde, fortzuführen.

»Die Zeit für eine politische Entscheidung ist noch nicht gekommen«, erklärte er. «Es ist kindisch und naiv, anzunehmen, daß in einem Augenblick schwerer militärischer Niederlagen eine günstige Zeit

für politische Verhandlungen gekommen wäre. Solche Augenblicke kommen, wenn man Erfolg hat ... Aber die Zeit kommt, wenn die Spannung zwischen den Alliierten so groß geworden ist, daß sie zum Bruch führt. Alle Koalitionen in der Geschichte haben sich früher oder später aufgelöst. Man muß nur auf den richtigen Augenblick warten, wenn es auch schwer ist. Seit 1941 bin ich darauf bedacht gewesen, meine Nerven nicht zu verlieren, unter keinen Umständen; statt dessen war ich noch bei jedem Zusammenbruch darauf bedacht, Mittel und Wege zu finden, um die Situation zu retten. Ich glaube wirklich, man kann sich keine schlimmere Krise vorstellen, als wir sie dieses Jahr im Osten hatten. Als Feldmarschall Model kam, war die Heeresgruppe Mitte nur noch ein Loch.« »Ich glaube«, fuhr Hitler fort, »es ist völlig klar, daß der Krieg kein Vergnügen für mich ist. Seit fünf Jahren lebe ich abgeschieden von der Welt. Ich war nicht im Theater, ich habe kein Konzert gehört, ich habe keinen Film gesehen. Ich lebe nur für diesen Kampf, weil ich weiß, daß diese Schlacht nicht gewonnen werden kann, wenn nicht ein eiserner Wille dahinter steht. Ich werfe dem Generalstab vor, daß er bei den Truppenoffizieren diesen eisernen Willen schwächt statt stärkt, und daß Generalstabsoffiziere Pessimismus verbreiten, wenn sie an die Front gehen ...
Wenn nötig, werden wir am Rhein kämpfen. Das ist mir gleichgültig. Unter allen Umständen werden wir diese Schlacht fortsetzen, bis, wie Friedrich der Große sagt, einer von unseren verdammten Feinden es müde wird, weiterzukämpfen. Wir werden kämpfen, bis wir einen Frieden machen können, der das Leben des deutschen Volkes für die nächsten fünfzig oder hundert Jahre sichert und der vor allem unsere Ehre nicht noch einmal in den Schmutz zieht wie 1918 ... Es hätte auch ganz anders werden können. Wenn ich ums Leben gekommen wäre (er meinte den 20. Juli), so könnte ich, glaube ich, sagen, daß das für mich persönlich eine Befreiung von Sorgen, schlaflosen Nächten und schweren Nervenleiden gewesen wäre. Es ist nur ein Bruchteil einer Sekunde, und man ist frei von allem, hat seine Ruhe und ewigen Frieden. Genauso bin ich dem Schicksal dankbar, daß es mich am Leben erhalten hat, denn ich glaube ...[228].«

In dieser aus Selbstmitleid und unbeugsamer Entschlossenheit seltsam gemischten Stimmung rief Hitler das deutsche Volk zu einer weiteren Anstrengung auf, und ein letztes Mal entsprach das deutsche Volk der Aufforderung. Es sah und hörte den Mann nicht mehr, dessen Befehlen es gehorchte, aber das Bild des Führers war noch stark genug, suggestiv zu wirken, und die Suggestion wurde mächtig genährt von der Angst.

Und die Angst war es, an die Goebbels nun offen appellierte: das Regime und das deutsche Volk seien unlösbar miteinander verbunden, sie müßten gemeinsam schwimmen oder untergehen. Das Bekanntwerden des Morgenthau-Plans, der vorsah, Deutschland zu zerstückeln, seine Industrie zu zerstören, das Reich in ein Acker- und Weideland zu verwandeln, schien zu beweisen, daß Goebbels recht hatte, wenn er erklärte, die Alliierten gingen mit der Absicht um, einen erheblichen Teil des deutschen Volkes auszurotten und den Rest zu versklaven. Das düstere Bild, das Goebbels seit Monaten vom Schicksal des deutschen Volkes unter einer russischen Besetzung gezeichnet hatte, erfuhr nun eine Ergänzung durch die Aussicht auf eine ebenso furchtbare Rache seitens der westlichen Alliierten. »Der Morgenthau-Plan«, verkündete der Berliner Sender, »stimmt in den Gesang der Kreml-Juden ein.« Da die Rote Armee an der Schwelle Ostpreußens stand und die Engländer und Amerikaner den Rhein erreicht hatten, war das Argument von einer Durchschlagskraft wie nie zuvor. Um ihm noch mehr Nachdruck zu verleihen, verkündete Himmler am 10. September, daß die Angehörigen von Überläufern summarisch erschossen würden.

Die Alliierten hatten den Plan, vor Winteranfang in Deutschland einzudringen und die Basis seiner Kriegswirtschaft an Ruhr und Rhein zu zerschlagen. Mißgeschick, schlechtes Wetter, Nachschubschwierigkeiten und Meinungsverschiedenheiten innerhalb des alliierten Oberkommandos wirkten zusammen, um ihre Hoffnungen zu vereiteln. Hinzu kam, daß das deutsche Heer sich wider Erwarten sammelte. Ende August hatte es eine in Auflösung befindliche Streitmacht dargestellt; Ende September war es ihm gelungen, längs der deutschen Grenze den Rückzug aufzufangen, um westlich des Rheins wieder eine zusammenhängende Front zu bilden, eine Front, die die Alliierten während des Winters vergebens zu durchbrechen versuchten. Hinter ihr wurde der Westwall hastig wiederhergerichtet und bemannt. Der englische Versuch, die Flußlinie bei Arnheim zu durchbrechen und die deutschen Befestigungsanlagen vom Norden her zu umgehen, wurde abgewiesen, und die hartnäckig die Scheldemündung verteidigende Nachhut der deutschen 15. Armee hinderte die Engländer und Amerikaner bis Ende November daran, den lebenswichtigen Hafen von Antwerpen zu benutzen, obwohl sie die Stadt schon nahezu drei Monate im Besitz hatten. Feldmarschall von Rundstedt, den Hitler Anfang September wieder zum Oberbefehlshaber West ernannt hatte, machte sich wenig Illusionen über das, was bevorstand. Dennoch verschafften die von ihm und Model, dem Oberbefehlshaber der Heeresgruppe B, getroffenen Maßnahmen Hitler eine winterliche Atempause, ehe die Alliierten ihr ganzes Gewicht in die Schlacht um Westdeutschland werfen konnten.

Hitler benutzte diese Frist, um so rasch wie möglich neue Kräfte aufzustellen und mit ihnen die in den Kämpfen des Sommers entstandenen Lücken aufzufüllen. Im Westen allein hatte ihn das Jahr 1944 den Verlust von 1 Million Mann gekostet. Unmittelbar nach dem Attentat vom 20. Juli übertrug er Goebbels die umfassenden Vollmachten, um die er von diesem schon seit mehr als einem Jahr gebeten worden war[229]. Am 24. August verkündete Goebbels die totale Mobilmachung, die von größerer Tragweite war als alle bisherigen Maßnahmen. Mit seiner letzten Menschenreserve hoffte Hitler, nicht nur die an der Westfront ebenso wie an der Ostfront zerschlagenen Divisionen wieder aufzufüllen, sondern auch zwanzig bis fünfundzwanzig neue Volksgrenadier-Divisionen von je 8000 bis 10 000 Mann unter Himmlers Führung neu zu erstellen. Zum Teil war das ein Bluff, denn in den deutschen Nachweisungen der Infanteriestärken wurden Einheiten als Divisionen geführt, die höchstens den Kampfwert eines Bataillons hatten. Statt die Divisionen mit dem verfügbaren Menschenmaterial auf ihre volle Stärke aufzufüllen oder sie ganz aufzulösen, zog Hitler es vor, neue Divisionen aufzustellen und die alten Formationen auf der Hälfte oder einem Viertel ihrer früheren Stärke zu belassen. In dieser Weise konnte er sich der Illusion hingeben, daß er in der Lage sei, seine Kräfte zu verstärken, um der Krise zu begegnen. Als letzte Maßnahme verkündete Hitler ein *levée-en-masse*. Am 18. Oktober 1944 wurde jeder körperlich irgendwie taugliche Mann zwischen 16 und 60 zum «Volkssturm» aufgerufen, einer deutschen Parallele zur britischen Home Guard, der unter Himmlers Befehl gestellt und von Bormann und der Partei organisiert wurde.

Anfang September 1944 betrug auf dem Papier die Stärke der deutschen Wehrmacht immer noch über 10 Millionen Mann. Davon gehörten 7½ Millionen dem Heer und der Waffen-SS an. Hitler selbst bestimmte, daß diese recht erheblichen Kräfte über den halben Kontinent verstreut blieben und hoffnungslose Stellungen in den baltischen Staaten, auf dem Balkan und in Skandinavien hielten, statt sie zur Verteidigung des Reiches zusammenzuziehen. Er weigerte sich einzusehen, wie verzweifelt die Lage geworden war, und gab die Hoffnung auf eine Wandlung der Situation durch einen dramatischen Schlag nicht auf. So mußte Westholland gehalten werden, damit die V 2 auf London abgeschossen werden konnte; Ungarn und Kroatien, damit der Bedarf an Bauxit für die Düsenjäger gedeckt werden konnte; die Ostseeküste mit ihren Übungsgewässern und die Marinestützpunkte in Norwegen wegen der neuen U-Boote, auf die er so große Hoffnungen setzte.

Dank Speer war die deutsche Rüstungsproduktion durch die Bombenangriffe noch nicht lahmgelegt. Die deutschen Flugzeugfabriken, die im Januar 1944 1248 Kampfflugzeuge gebaut hatten, erreichten im September die Rekordziffer 3031. Auch die Produktion anderer Waffen wies Zahlen auf, die denen des ersten Halbjahrs 1944 gegenüber gleichblieben und in manchen Fällen sogar angestiegen waren. Eine große Ausnahme bildete die Herstellung von Panzerwagen, aber selbst diese wurde durch einen starken Anstieg der Produktion von Sturmgeschützen ausgeglichen.

Die größte Materialschwierigkeit bestand in der verzweifelten Knappheit an Öl und Benzin, was auf die systematische alliierte Bombardierung der Anlagen zur Herstellung synthetischen Benzins, der Raffinerien und Verkehrswege zurückzuführen war. Im September schrumpften die deutschen Benzinvorräte, die schon im April nur noch 1 Million Tonnen betragen hatten, auf 327 000 Tonnen zusammen, und Ende September verfügte die Luftwaffe über einen Brennstoffvorrat für nicht mehr als fünf Wochen. Außerdem hielt Speer die Rüstungsproduktion nur durch erschöpfenden Verbrauch an Rohstoffen und Ersatzteilen aufrecht, die kaum ersetzt, und durch Gewaltanstrengungen, die weder beibehalten noch wiederholt werden konnten. Deutschland kräftigte sich erstaunlich in den letzten drei Monaten des Jahres 1944, aber es waren die letzten Reserven an Menschen, Material und Moral, auf die Hitler jetzt zurückgriff; wenn sie vergeudet wurden, blieb nichts mehr.

II

Alles hing davon ab, wie Hitler die Kräfte, die er zusammengekratzt hatte, einsetzte. Die momentane Ruhe bestärkte ihn in seinen Illusionen. Im Westen war den alliierten Erfolgen des Sommers ein Stillstand westlich des Rheins gefolgt. In Italien hielt Kesselring Alexanders Armeen südlich des Po fest. In Polen trennte immer noch die Weichsel die Russen von der alten deutschen Grenze. Auf dem größten Teil der Front nördlich der Karpaten herrschte in den letzten Monaten des Jahres 1944 Ruhe, und ein russischer Versuch, im Oktober am Nordabschnitt dieser Front nach Ostpreußen durchzustoßen, wurde abgeschlagen. Aber es war nur eine Frage der Zeit, daß die Alliierten ihre Angriffe an allen Fronten wiederaufnahmen, und wie schwach die deutsche Position in Wirklichkeit war, zeigte die erfolgreiche Herbstoffensive der Roten Armee auf dem Balkan.

Denn die Russen, die im Sommer Hitler gezwungen hatten, alle seine Reserven in den Mittelabschnitt zu werfen, heimsten jetzt im Süden ihren Gewinn ein. Am 20. August eröffneten sie mit dem Einmarsch in Rumänien eine neue Offensive, die sie ohne Unterbrechung bis zum Ende des Jahres fortsetzten. Nach den ersten Tagen kapitulierte Rumänien, und die Russen konnten ohne Widerstand die Ölfelder besetzen. Am 8. September begann die Rote Armee mit der Besetzung Bulgariens. So gingen für Deutschland zwei Balkansatelliten verloren. Zu gleicher Zeit zog sich Finnland aus dem Krieg zurück. Die Stellung, die Hitler sich 1941 auf dem Balkan geschaffen hatte, brach wie ein Kartenhaus zusammen. Im Oktober befreiten die Engländer Athen, während die Russen Belgrad erreichten, wo sie sich mit Titos Partisanen vereinten. Anfang November führten die Deutschen einen verzweifelten Kampf, um die Donaulinie in Ungarn zu halten; Anfang Dezember waren sie in Budapest, weniger als 250 Kilometer von Wien entfernt, eingeschlossen.

Hitler unterschätzte die Gefahr nicht, die vom Südosten her drohte. Ein Teil der spärlichen Reserven, die für die Verteidigung der Ostfront zur Verfügung standen, wurde südlich der Karpaten eingesetzt, und es gelang den Deutschen, die Schlacht um die ungarische Hauptstadt bis zum Februar 1945 in die Länge zu ziehen, indem sie nur Schritt für Schritt zurückwichen. Aber Hitler hatte bereits im Herbst beschlossen, die aufgefüllten wie auch die ganz neuen Divisionen an die Westfront, und nicht an die Ostfront, zu schicken. Auf Grund dieser Entscheidung erfolgte in den letzten drei Monaten des Jahres 1944 die Entsendung von 18 der neuen 23 Volksgrenadierdivisionen an den Rhein. Im gleichen Zeitraum wurden die bereits im Westen stationierten Panzer- und Panzergrenadierdivisionen neu ausgerüstet und mehr als zwei Drittel der vorhandenen Flugzeuge zu ihrer Unterstützung eingesetzt.

Hitler dachte nicht an die Verteidigung der deutschen Grenze, als er sich für den Westen statt den Osten entschied; er dachte einzig und allein an eine Überraschungsoffensive gegen die Alliierten. Damit hoffte er, die Initiative wiederzuerlangen und Zeit zu gewinnen sowohl für die Entwicklung der neuen Waffen wie auch für die von ihm erwartete Spaltung der Alliierten, durch die er den Krieg zu gewinnen gedachte. Stand solch eine Kalkulation auch auf schwachen Füßen, so lag es doch nahe, daß Hitlers Gedanken sich in dieser Richtung bewegten. Für ihn wenigstens gab es nur eine Wahl: Sieg oder Tod. Mit einem Defensivkrieg konnte eine Entscheidung hinausgezögert, nicht aber die Situation gewandelt werden. Dies zu erreichen, gab es nur die eine Chance: alles, was verblieben war, auf die Karte des Angriffs zu setzen. Ein derartiges Ziel vor Augen, sah er im Westen größere Möglichkeiten als im Osten. Die Entfernungen waren kürzer, die Kosten an Brennstoff geringer, und die wichtigen strategischen Ziele lagen eher im Bereich der verfügbaren Kräfte als die weiten Ebenen des Ostens, wo unter ganz anderen Bedingungen gekämpft werden mußte. Außerdem hielt er die Engländer und Amerikaner nicht für so zähe Gegner wie die Russen. Die Engländer, redete er sich ein, seien bald am Ende ihrer Kraft, während die Amerikaner wahrscheinlich den Mut verlören, wenn die Ereignisse einen für sie ungünstigeren Verlauf nähmen.

Demgemäß arbeiteten Hitler und Jodl Ende September mit aller Heimlichkeit den Plan einer Großoffensive im Westen aus, die Ende November starten sollte. Das Ziel des Angriffs war die Wiedereroberung von Antwerpen, des wichtigsten Nachschubhafens der Alliierten. Der Vorstoß sollte über die Ardennen und über die Maas führen, um Eisenhowers Kräfte zu spalten und die britische Armee in dem von Maas und Rhein gebildeten Dreieck in die Zange zu nehmen, wenn sie nach Westen zur See umkehrten. Hitler ließ seiner Phantasie freien Lauf und sprach bereits von einem neuen Durchbruch durch die Ardennen, der wie im Jahre 1940 zu einem zweiten Dünkirchen führen werde, wobei es diesmal für die englische Armee kein Entrinnen gebe.

Die Idee war ausgezeichnet. Ein deutscher Angriff war das Letzte, was die alliierten Befehlshaber erwartet hatten, und er traf sie völlig unverhofft. Der Ardennenabschnitt bildete den schwächsten Teil ihrer Frontlinie; er wurde nur von einer Handvoll Divisionen verteidigt. Und der Verlust Antwerpens würde ein schwerer Schlag für den Nachschub der anglo-amerikanischen Armeen gewesen sein. Aber die Idee entsprach nicht mehr den Kriegsumständen, die im Winter 1944/45 herrschten. Die permanente Ungleichheit zwischen den Hilfsmitteln, die Deutschland 1944 zur Verfügung standen, und denen der drei mächtigsten Staaten der Welt war nicht durch einen einzigen Schlag und mit den Kräften, die Hitler im Westen konzentrieren konnte, zu beseitigen. Selbst wenn es den Deutschen gelungen wäre, Antwerpen zu nehmen — eine Leistung, von der jeder einzelne deutsche Truppenkommandeur glaubte, daß sie über ihre Kraft hinausgehe —, so hätten sie es doch nicht zu halten vermocht. Das Äußerste, was Hitler zu erreichen hoffen durfte, war ein Rückschlag für die alliierten Armeen, nicht aber eine Niederlage. Außerdem ging er dabei das große Risiko ein, seine letzten Reserven aufzuopfern, mit denen er die Verteidigung des Reiches verstärken konnte.

Der Versuch der Befehlshaber, Einwände zu erheben und Hitler zu bewegen, seine Ziele zu beschränken, erwies sich als ebenso erfolglos wie alle anderen vorausgegangenen Bemühungen[230]. Hätte er zugegeben, daß die Generale recht hatten, so würde er damit haben zugeben müssen, daß der Krieg verloren war. Hitlers Zuversicht zeigt sich deutlich in der Zurechtweisung, die er dem Generalstabschef Guderian zuteil werden ließ, als dieser einzuwenden wagte, daß die Ostfront gefährlich entblößt werde.

»Sie brauchen mich nicht zu belehren«, schrie Hitler ihn an, »ich führe seit 5 Jahren die deutschen Heere im Felde und habe in dieser

Zeit soviel praktische Erfahrungen gesammelt, wie die Herren vom Generalstabe sie nie sammeln können. Ich habe Clausewitz und Moltke studiert und alle Aufmarschpläne Schlieffens gelesen. Ich bin besser im Bilde als Sie[231]!«

Anfang Dezember hatte Hitler 28 Divisionen für die Ardennenoffensive zusammengestellt, und weitere 6 für den Vorstoß ins Elsaß, der darauf folgen sollte. Das Hauptgewicht der Offensive sollte von zwei Panzerarmeen getragen werden, der 6. SS-Panzerarmee unter Sepp Dietrich und der 5. Panzerarmee unter Manteuffel, die beide zusammen über etwa zehn Panzerdivisionen verfügten. Die endgültigen, in Hitlers Hauptquartier ausgearbeiteten Pläne, die Rundstedt zugestellt wurden, enthielten bis ins Letzte gehende Einzelheiten. Sogar die Zeiten für den Artilleriebeschuß waren festgesetzt, und Hitler hatte eigenhändig die Ermahnung hinzugefügt: »Darf nicht geändert werden!« Um die Durchführung der Schlacht noch genauer kontrollieren zu können, verlegte Hitler sein Hauptquartier von Ostpreußen nach Bad Nauheim, hinter die Westfront.

Vier Tage, bevor der Angriff beginnen sollte, am 12. Dezember, bestellte Hitler alle Kommandeure zu einer Konferenz. Nachdem man ihnen ihre Waffen und Aktentaschen abgenommen und sie in einen Bus gepackt hatte, wurden sie durch ein Spalier von SS-Männern in einen tiefen Bunker geführt. Hitler erschien in Begleitung von Keitel und Jodl und war nach Manteuffels späterer Beschreibung eine gebückte Gestalt mit einem blassen, aufgedunsenen Gesicht; er saß gekrümmt auf seinem Stuhl, seine Hände zitterten, und sein linker Arm war heftigen Zuckungen ausgesetzt; er tat jedoch sein Bestes, dies zu verbergen. Beim Gehen zog er ein Bein nach[232].« Er hielt eine lange, weitschweifige Rede, die zwei Stunden dauerte. Unterdessen standen SS-Wachen hinter jedem Stuhl und überwachten jede Bewegung.

Vieles, was Hitler sagte, diente einer Rechtfertigung seiner selbst und des Krieges. Insbesondere hob er die Widersinnigkeit der Allianz hervor, der Deutschland gegenüberstand.

»Ultrakapitalistische Staaten auf der einen Seite, ultramarxistische auf der andern. Auf der einen Seite ein sterbendes Weltreich, England, auf der andern eine Kolonie, die auf die Erbschaft erpicht ist, die Vereinigten Staaten ... Amerika bemüht sich, die Erbschaft Englands anzutreten; Rußland bemüht sich, den Balkan, die Meerenge, Iran und den Persischen Golf zu bekommen; England bemüht sich, seine Besitzungen zu halten und sich im Mittelmeer stark zu machen ... Schon jetzt liegen sich diese Staaten in den Haaren, und wer wie eine Spinne mitten in ihrem Netz sitzt, kann die Entwicklung beobachten, kann beobachten, wie diese Gegensätze von Stunde zu Stunde stärker werden. Wenn wir jetzt noch ein paar schwere Schläge austeilen können, dann kann in jedem Augenblick diese künstliche gemeinsame Front mit einem gewaltigen Donnerschlag zusammenbrechen ... Kriege werden letzten Endes dadurch entschieden, daß die eine oder die andere Seite einsieht, daß es keinen Sieg gibt. Wir dürfen keinen Augenblick verstreichen lassen, ohne dem Feind zu zeigen, daß er niemals, was er auch tun mag, auf Kapitulation rechnen kann. Niemals! Niemals[233]!«

Mit dieser Ermahnung entließ Hitler die Soldaten, und im Morgengrauen des 16. Dezember begann der Angriff.

Hitler gewann zumindest die Genugtuung, seine Gegner überrascht zu haben. In den ersten Tagen machte das deutsche Heer beträchtliche Fortschritte, die von der deutschen Presse und dem Rundfunk zu einem der größten Siege des Krieges aufgebauscht wurden. Aber keine Minute lang bestand für die Deutschen die Aussicht, Antwerpen, das von Hitler gesetzte Ziel, zu erreichen. Im Gegenteil, sobald die Alliierten ihr Gleichgewicht wiedergefunden hatten, wurden die Deutschen in die Defensive zurückgeworfen, und sie hatten schwer zu kämpfen, um die Geländegewinne zu halten. Zu Weihnachten wurde es offensichtlich, daß es für sie ratsamer sein würde, die Schlacht abzubrechen und sich zurückzuziehen, wenn sie schwere Verluste vermeiden wollten.

Hitler wies jeden derartigen Vorschlag wütend zurück. Zweimal suchte Guderian, der für die Verteidigung an der Ostfront verantwortlich war, Hitler in seinem Hauptquartier auf und setzte alles ein, ihn zu bewegen, daß er Truppen nach dem Osten schickte, wo unheilvolle Anzeichen auf neue russische Offensivvorbereitungen hindeuteten. Hitler widersprach Guderians Vortrag ungeduldig. Die Russen blufften, erklärte er. »Das ist der größte Bluff seit Dschingis Khan. Wer hat diesen Blödsinn ausgegraben[234]?« Die gesamten Reserven für die 1200 Kilometer lange Ostfront beliefen sich, nach Abzug der für Budapest bestimmten Verstärkungen, auf nicht mehr als 12½ Divisionen. Dennoch weigerte sich Hitler, die Ardennenoffensive abzublasen. Nicht nur befahl er Model, den Versuch zum Erreichen der Maas zu machen, sondern es sollte auch ein neuer Angriff ins nördliche Elsaß vorgetragen werden.

Als Einleitung hierzu bestellte Hitler am 28. Dezember wieder die entsprechenden Kommandeure zu sich. Die Ergebnisse der Ardennenkämpfe wurden von ihm aufs äußerste übertrieben — »die ganze Situation hat sich derart gewandelt, wie man es vor vierzehn Tagen nicht für möglich gehalten hätte«. Den Einwand, daß man für eine neue Offensive noch nicht vorbereitet sei, wollte er nicht gelten lassen.

»Meine Herren, ich beschäftige mich nun elf Jahre damit, und in diesen elf Jahren habe ich niemals jemand sagen hören, die Vorbereitungen wären abgeschlossen. Unsere Lage ist nicht anders als die der Russen 1941 und 1942, als sie uns an der ganzen Front entlang, wo wir in die Defensive übergegangen waren, trotz ihrer äußerst ungünstigen Situation durch einzelne Offensivstöße langsam zurückdrängten.«

Die Frage sei die, ob Deutschland den Willen zum Überleben habe oder zerstört werden wolle. Es bedeute den Untergang des deutschen Volkes, wenn dieser Krieg verlorengehe. Für ihn sei die Situation nicht neu. Er selbst sei schon oft in einer mißlichen Lage gewesen. Dies erwähne er nur, um verständlich zu machen, warum er sein Ziel so fanatisch verfolge, und warum ihm nichts und niemand etwas anhaben könne.

»Wenn es uns gelingt«, fügte Hitler wörtlich hinzu, »werden wir die halbe Feindfront im Westen zusammenschlagen. Dann werden wir sehen, was passiert. Ich glaube nicht, daß der Feind auf die Dauer in der Lage sein wird, den bis dahin bereitstehenden 45 deutschen Divisionen standzuhalten. Wir werden das Schicksal dennoch meistern[235].«

Wiederum erreichte der deutsche Angriff das von Hitler gesetzte Ziel nicht — es war diesmal Straßburg —, und auch Models zweiter Versuch, die Ardennen zu durchbrechen, war nicht erfolgreicher als der erste. Am 8. Januar fügte sich Hitler widerstrebend in den Rückzug der deutschen Panzer an der Ardennenfront. Es war das stillschweigende Eingeständnis seines Fehlgriffs. Er behauptete zwar weiter, dem Feind eine schwere Niederlage beigebracht zu haben, aber die Zahlen strafen ihn Lügen. Die Ausfälle der 1. und der 3. amerikanischen Armee in den Ardennen betrugen 8400 Tote und 6900 Verwundete oder Vermißte. Die deutschen Verluste beliefen sich auf insgesamt 120000 Mann; hinzu kam der Ausfall von 600 Panzern und Sturmgeschützen und über 1600 Flugzeugen. Das Wichtigste war jedoch, daß die Amerikaner ihre Verluste leicht ausgleichen konnten, während sie für Hitler unersetzlich waren. Die Folgen seines vergeblichen Hasardspiels im Westen, und dazu die Politik, an keiner Front »einen Fußbreit aufzugeben«, ließen nicht lange auf sich warten.

Von den 260 Divisionen, über die Hitler auf dem Papier noch verfügte (es waren doppelt soviel wie im Mai 1940), waren 10 in Jugoslawien und 17 in Skandinavien gebunden, 30 in den baltischen Staaten abgeschnitten, 76 im Westen und 24 in Italien eingesetzt. Weitere 28 Divisionen kämpften darum, Budapest und den Rest des von Deutschen besetzten Ungarns zu halten. Nur 75 Divisionen standen im Einsatz gegen die größte aller Gefahren — gegen die Gefahr eines Durchbruchs der Roten Armee am Nordabschnitt der Ostfront in Richtung auf die Industriegebiete Schlesiens, Sachsens und sogar Berlins. Die Divisionen und Ausrüstungsmaterialien, die in den letzten Monaten von 1944 so mühsam zusammengerafft worden waren, erwiesen sich als vertan, ohne daß die Verteidigung im Osten verstärkt worden wäre, und es gab keine Reserven mehr, um sie zu ersetzen. Als Guderian in einer Besprechung am 9. Januar Hitler auf die bedrohliche Lage hinzuweisen versuchte, erlebte er einen hysterischen Zornesausbruch. »Er hatte ein besonderes Bild von der Welt«, sagte Guderian, »und jede Tatsache hatte in dieses Phantasiebild zu passen. Die Welt hatte so zu sein, wie er sie sich vorstellte: aber in Wirklichkeit war es das Bild einer anderen Welt[236].«

Es sollte sich jedoch herausstellen, daß die Wirklichkeit stärker war als die Phantasie. Hitler beharrte weiter darauf, daß dem Westen der Vorrang gegeben werden müsse, und sagte Guderian, er solle sich mit dem, was er im Osten habe, einrichten. Aber am 12. Januar eröffnete die Rote Armee ihre Offensive in Polen, und die deutsche Verteidigung zerbrach wie ein Streichholz vor dem Aufprall der 180 russischen Divisionen, die an der ganzen Front entlang, von der Ostsee bis an die Karpaten, zum Angriff übergingen. Ende des Monats stand Marschall Schukow kaum 160 Kilometer vor der deutschen Hauptstadt, und der Berliner Volkssturm wurde an die Oder geschickt, um die Front zu halten.

III

Hitler hatte nun sein ostpreußisches Hauptquartier für immer verlassen. Nach dem Bombenattentat war er noch vier Monate dort geblieben. Erst im November ließ er sich überreden, nach Berlin zu gehen. Hier hielt er sich vom 20. November bis 10. Dezember auf, dann bezog er »Adlerhorst«, sein Hauptquartier im Westen.

Im Laufe des Spätsommers und des Herbstes verschlechterte sich sein Gesundheitszustand. Er war häufig gezwungen, das Bett zu hüten. Die ernsteste Folge der Bombenexplosion war die Beschädigung seiner Ohren gewesen: beide Trommelfelle waren verletzt, und er litt an einer Reizung der Gehörgänge. Nach längerer Bettruhe heilten diese aus. Aber die Folgen seines ungesunden Lebens, des Eingeschlossenseins im Bunker ohne Bewegung, frische Luft oder Entspannung — von den Folgen der Morellschen Drogen ganz zu schweigen — konnten nur durch eine Änderung seiner ganzen Lebensweise und durch einen Urlaub kuriert werden. Seine Ärzte setzten ihm zu, auf den Obersalzberg zu gehen, aber er weigerte sich. So lange er in Ostpreußen bliebe, erklärte er, würde es gehalten werden; wenn er es aber verlasse, werde es in die Hände der Russen fallen.

Mitte September jedoch brach er völlig zusammen und mußte wieder ins Bett. Von seinen ständigen Kopfschmerzen und einer Verschlimmerung seiner Magenkrämpfe abgesehen, hatte er Halsbeschwerden. Professor von Eicken, der im Jahre 1935 den Polypen an seinen Stimmbändern operiert hatte, operierte ihn im Oktober, um einen zweiten zu beseitigen; außerdem mußte er ihn wegen einer Kieferhöhlenentzündung behandeln. Eine Zeitlang war Hitlers Stimme kaum vernehmbar, so schwach war sie geworden[237]. Seine Sekretärin, die ihn im September am Krankenbett besuchte, gewann den Eindruck, daß er an der Grenze seiner Kraft angelangt sei. Auf einem Feldbett zwischen den nackten Betonwänden seines Bunkers liegend, schien er jeden Lebenswillen verloren zu haben.

Dennoch gab Hitler die Führung der Operationen niemals aus der Hand. Dank einer neuen Willensanstrengung erholte er sich so weit, daß er aufstehen und die Arbeit wiederaufnehmen konnte. Die Bemühungen der herbeigerufenen Ärzte, Hitlers Vertrauen zu Morell zu erschüttern, scheiterten und schlugen gegen sie selbst zurück. Brandt, der zwölf Jahre lang sein Leibarzt gewesen war, wurde unvermittelt aus allen seinen Ämtern entlassen. Damit nicht zufrieden, wartete Hitler die Gelegenheit ab, ihn festnehmen zu lassen, und verurteilte ihn wenige Monate später zum Tode. In der Folge blieb Morells Position bis an Hitlers Lebensende unangetastet. Er behandelte ihn weiter mit seinen Drogen und Injektionen, von denen der Führer jetzt völlig abhängig war.

Obwohl Hitler aufstehen und umhergehen konnte, beschreiben ihn alle, die ihn im letzten halben Jahr vor seinem Tode sahen, als einen gealterten Mann mit aschgrauer Haut, schlürfendem Schritt, zitternden Händen und Beinen. Guderian, der häufig bei ihm war, schreibt:

> »Es zitterte nicht nur die linke Hand, sondern die ganze linke Körperhälfte ... Sein Gang wurde schleppend, seine Haltung gebückt, seine Bewegungen zeitlupenartig langsam. Er mußte sich den Stuhl unterschieben lassen, wenn er sich setzen wollte[238].«

In diesem Gesundheitszustand kehrte er Mitte Januar, kurz nach Beginn der russischen Offensive, aus dem Westen in die Reichskanzlei zurück.

Der riesige Kasten, den Hitler gebaut hatte, um seinen Untertanen zu imponieren, lag nun inmitten der Ruinen einer ausgebombten Stadt. In den Mauern der Kanzlei gähnten tiefe Löcher, die Fenster hatte man vernageln müssen, die kostbare Einrichtung war fortgeschafft — mit Ausnahme von Hitlers eigener Wohnung. Denn dank eines seltsamen Zufalls war der Flügel, in dem sich Hitlers Räume befanden, Anfang 1945 noch unbeschädigt. Die Fenster in dem großen, für die täglichen Besprechungen benutzten Raum hatten noch ihre Glasscheiben und ihre grauen Vorhänge; der dicke Teppich und die Ledersessel waren unversehrt, und das Telefon im Vorraum funktionierte immer noch. Während der häufigen Luftangriffe zog Hitler in den massiv betonierten Luftschutzkeller, der im Garten der Reichskanzlei erbaut worden war. Er vermied es, sich der Gefahr auszusetzen, und zumindest bei einer Gelegenheit, im Februar, als sich einer der Angriffe auf das Gebiet der Reichskanzlei konzentrierte, äußerte er unverhüllt Besorgnis über die Möglichkeit, im Bunker verschüttet zu werden.

Nur selten verließ Hitler den Komplex der Reichskanzlei, und im letzten Monat lebte er fast ausschließlich in dem tiefen Luftschutzkeller. Eine der wenigen Fahrten, die er im Januar, kurz nach seiner Rückkehr nach Berlin, unternahm, galt einem Zusammensein mit Goebbels, den er in seiner Wohnung aufsuchte, um mit ihm, seiner Frau und seinen Kindern den Tee zu nehmen. Dieser Besuch war der erste nach fünf Jahren, ein Zeichen, daß Goebbels in den letzten Kriegsjahren wieder in seiner Gunst gestiegen war. Hitler erschien in Begleitung einer Leibwache von sechs SS-Offizieren, seines Adjutanten und seines Dieners. Letzterer trug eine Aktentasche, die des Führers eigene Thermosflasche und ein Paket Keks enthielt. Sie verbrachten den Nachmittag damit, Erinnerungen an die Zeit um 1932 heraufzubeschwören und die Pläne für den Wiederaufbau Berlins zu besprechen. Als Hitler gegangen war, drückte Frau Goebbels ihre Genugtuung mit den Worten aus: »Zu den Görings wäre er nicht gegangen[239].«

Es gibt aus dieser Zeit noch zwei andere Beschreibungen Hitlers; die eine stammt von dem jungen Ordonnanzoffizier Guderians, die andere von Hitlers Sekretärin.

Hauptmann Gerhard Boldt sah Hitler zum erstenmal im Februar 1945, als Guderian ihn zu einer Nachmittagsbesprechung mit in die Reichskanzlei genommen hatte. Die Militärwache, die immer noch vor dem Eingang postiert war, präsentierte das Gewehr, als der Generalstabschef vorfuhr; drinnen aber wurden sie einer gründlichen Untersuchung durch die SS-Wache unterzogen und genötigt, ihre Pistolen und Aktentaschen abzugeben. Im Vorzimmer standen auf einer Anrichte belegte Brote und Getränke bereit. Aber die Atmosphäre der Gastfreundschaft wurde stark herabgemindert durch die Anwesenheit von weiteren SS-Offizieren, die mit Maschinenpistolen die Tür zu Hitlers Arbeitszimmer bewachten.

Als die zur Konferenz bestellte Gruppe endlich eintreten durfte, empfing Hitler sie in der Mitte des Raumes. Boldt wurde als letzter vorgestellt. Es fiel ihm auf, daß Hitlers Händedruck schwach und weich war.

»Er wackelte leicht mit dem Kopf. Sein linker Arm hing schlaff herab, und seine Hand zitterte beträchtlich. In seinen Augen war ein unbeschreibliches Flackern, was beängstigend und völlig unnatürlich wirkte. Sein Gesicht und die Augenpartie machten den Eindruck völliger Erschöpfung. Seine ganzen Bewegungen waren die eines senilen Mannes[240].«

Hitler setzte sich hinter seinen Arbeitstisch, auf dem sich die Landkarten stapelten, und die Konferenz begann.

Den ersten Vortrag hielt General Jodl; er gab einen Lagebericht von den Fronten, für die das OKW verantwortlich war. Boldt war überrascht, wie geschickt Jodl kurze Bemerkungen über den Rückzug ganzer Divisionen versteckt unter ausgeschmückten Schilderungen von Einzelaktionen einschlüpfen ließ.

Auf Drängen Guderians schnitt Admiral Dönitz gegen Ende der Konferenz die Frage einer Evakuierung der in den baltischen Staaten abgeschnittenen halben Million Mann auf dem Seewege an. Hitler stand von seinem Tisch auf, machte ein paar Schritte durchs Zimmer und schrie dann: »Ich habe schon einmal gesagt, ein Rückzug dieser Kräfte kommt nicht in Frage. Ich kann das Material nicht aufgeben und muß an Schweden denken.« Das Äußerste, was er zugestehe, sei die Evakuierung einer einzigen Division.

Damit entließ Hitler seine Offiziere. Nur Bormann blieb bei ihm. Die übrigen gingen ins Vorzimmer hinaus, und während die Adjutanten telefonisch die Weisungen durchgaben, servierten die Ordonnanzen den Chefs Getränke und Zigarren. Die Konferenz hatte fast drei Stunden gedauert. Es war dunkel geworden, als Boldt mit dem Generalstabschef durch die stillen und menschenleeren Straßen der Hauptstadt nach Zossen ins Heereshauptquartier zurückfuhr. Damit aber war das Tagewerk noch nicht zu Ende. Um 1 Uhr nachts wurden sie zu einer weiteren Besprechung in die Reichskanzlei bestellt.

Diesmal fand die Zusammenkunft in einem kleinen, kaum 35 qm großen Kellerraum statt. Eine einzige Bank, ein Tisch, ein Schreibtischstuhl, das war die ganze Einrichtung. Guderian nahm die Gelegenheit wahr und setzte sich energisch dafür ein, Truppen aus allen Fronten herauszuziehen, um sie in Pommern zu konzentrieren und damit den Druck aus dem Osten abzuschwächen. Hitler ließ ihn ohne zu unterbrechen reden; nur seine nervös ineinander verklammerten Hände verrieten seine Gefühle. Als Guderian aufhörte, folgte ein langes, vom Dröhnen explodierender Zeitbomben unterbrochenes Schweigen. Dann erhob Hitler sich langsam, starrte ins Leere und tat ein paar schlürfende

Schritte. Wortlos bedeutete er ihnen, fortzugehen. Wieder blieb nur Bormann bei ihm zurück.

Das war Hitler in seiner plumpsten Form: kam er, weil er Guderian nicht antworten konnte, auf seinen ältesten Trick zurück — oder sah er wirklich in sich selber das Genie, zu dessen Vision sich die Zwerge um ihn herum nicht aufschwingen konnten? Man muß beide Erklärungen gelten lassen: es darf weder das Element der Berechnung noch das der Überzeugung übersehen werden.

Die zweite Beschreibung datiert von Mitte März. Seine Sekretärin, die mit ihm allein zu Mittag aß, hatte bis gegen drei Uhr auf ihn gewartet. Hitler war in schlechter Laune, küßte ihr wie abwesend die Hand und begann sofort darüber zu klagen, daß er niemandem mehr trauen könne. Jetzt habe sein persönlicher Adjutant Albrecht Bormann (Bruder von Martin Bormann) seinen ausdrücklichen Befehl, den Bunker zu verstärken, nicht ausgeführt.

»Von allen Seiten werde ich belogen«, fuhr er fort, »ich kann mich wahrhaftig auf keinen Menschen verlassen, alle verraten mich. Das macht mich ganz krank. Wenn ich meinen treuen Morell nicht hätte, wäre ich ganz aufgeschmissen. Und diese Idioten von Ärzten wollten ihn beseitigen. Was aber aus mir geworden wäre ohne Morell, danach haben die Herren nicht gefragt. Wenn mir etwas passiert, ist Deutschland führerlos; denn einen Nachfolger habe ich nicht. Der erste ist wahnsinnig geworden (Heß), der zweite hat sich die Sympathien des Volkes verscherzt (Göring), und der dritte wird von den Parteikreisen abgelehnt (Himmler).«

Himmler, fügte er hinzu, sei in jedem Fall unannehmbar, da er ein völlig amusischer Mensch sei. Bis zum Ende der Mahlzeit beschäftigte er sich mit der Frage seines Nachfolgers. Nachdem er seine Sekretärin angefahren hatte, keinen Unsinn zu reden, entschuldigte er sich, daß er bei Tisch über Politik gesprochen habe. Als er vom Essen aufgestanden war, blieb er eine Weile nachdenklich stehen. Dann wandte er sich zum Gehen und sagte: »Also gut, dann zerbrechen Sie sich mal weiter den Kopf darüber, wer mein Nachfolger werden soll. Ich tue es schon die ganze Zeit über und komme zu keinem Ergebnis[241].«

Für den Zeitraum von September 1942 bis zum Beginn des Jahres 1945 haben wir nur wenige, vereinzelte Berichte über Hitlers Tischgespräche. Vor einiger Zeit ist jedoch die Abschrift der 17 Gespräche (oder besser Monologe) ans Tageslicht gekommen, für deren Aufzeichnung Bormann im Februar 1945 sorgte. Abweichend von den früheren Tischgesprächen, die sich mit allen nur möglichen Themen befaßten, angefangen bei Hitlers Ansichten über die Ehe bis hin zu der Rolle des Christentums beim Untergang des römischen Imperiums, haben diese Auszüge nur ein einziges Thema: den Krieg und Hitlers Analyse der Fehler, die Deutschland in die Situation gebracht hatten, in der es sich jetzt befand. Dies war eine der wenigen Spannen in Hitlers Leben, da er bereit war zuzugeben, daß er überhaupt Fehler gemacht hatte; dieser Umstand allein würde diese Gespräche schon interessant machen, ganz abgesehen von der Tatsache, daß Hitler, wann immer er über Politik diskutierte — zum Unterschied von Kunst oder Religion —, es nie versäumte, die Macht seines unberechenbaren Geistes zu zeigen.

Hatte er unrecht gehabt, als er den Krieg wählte? Nein, er war in den Krieg hineinmanövriert worden. »Er war auf alle Fälle unvermeidlich; die Feinde des deutschen Nationalsozialismus haben ihn mir schon im Januar 1933 aufgezwungen[242].«

Das gleiche galt für den Angriff auf Rußland.

»Ich hatte immer wieder betont, daß wir einem Zweifrontenkrieg aus dem Wege gehen müßten, und Sie können versichert sein, daß ich lange und ernsthaft über Napoleon und seine Erfahrungen in Rußland nachgedacht habe. Warum also, mögen Sie fragen, dieser Krieg gegen Rußland und weshalb zu dem Zeitpunkt, den ich wählte[243]?«

Auf diese Frage gab Hitler verschiedene Antworten. Es war notwendig, England die Hoffnung auf eine Weiterführung des Krieges zu nehmen; Rußland hielt das für Deutschland wichtige Rohmaterial zurück; Stalin versuchte, ihn zu Konzessionen in Ostpreußen zu erpressen. Doch der Grund, auf den er immer wieder zurückkam, war:

»Mein persönlicher Alpdruck war die Angst, Stalin könnte vor mir die Initiative ergreifen ... Wenn ich mich gezwungen sah, meine Rechnung mit dem Bolschewismus durch Waffengewalt zu begleichen, habe ich alles Recht anzunehmen, daß Stalin vor der Unterzeichnung des Paktes von 1939 zu demselben Entschluß gekommen war ... Der Krieg mit Rußland war unvermeidbar geworden. Wir konnten tun, was wir wollten, ihn aufzuschieben hätte nur bedeutet, daß wir später doch kämpfen mußten, und dann unter weit ungünstigeren Bedingungen[244].«

War der japanische Angriff auf die Vereinigten Staaten ein schwerwiegender Fehler gewesen? Nein, denn Roosevelt und seine jüdischen Herren waren ja bereits entschlossen gewesen, Amerika in den Krieg zu bringen. Japan war ein guter Freund und Verbündeter, obwohl es natürlich bedauerlich sei, daß Japan nicht gleichzeitig mit Deutschland in den Krieg gegen Rußland eingetreten sei[245]. Es sei das Unheilvolle an diesem Krieg, daß er für Deutschland gleichermaßen zu früh wie zu spät gekommen sei. Er brauchte, so erklärte Hitler, zwanzig Jahre, um seine neue Elite zur vollen Reife zu bringen. Für diese Entwicklung kam der Krieg zu früh.

»Uns fehlten Männer, die nach unserer Idealform gegossen waren... und die Kriegspolitik eines revolutionären Staates wie des Dritten Reiches war mit Notwendigkeit die Politik kleinlicher bürgerlicher Reaktionäre. Unsere Generale und Diplomaten sind mit wenigen seltenen Ausnahmen Männer einer anderen Zeit, und ihre Methoden der Kriegführung und der Lenkung unserer Außenpolitik gehören ebenso einem vergangenen Zeitalter an[246].«

Doch der Krieg kam gleichermaßen zu spät. Vom militärischen Gesichtspunkt aus wäre es besser gewesen, bereits 1938, nicht erst 1939 zu kämpfen. Die Tschechoslowakei war ein besserer Ausgangspunkt als Polen; England und Frankreich hätten niemals eingegriffen, und Deutschland hätte seine Position in Osteuropa festigen können, bevor es einige Jahre später die Notwendigkeit des Krieges ins Auge faßte. In München sei die einzigartige Möglichkeit verpaßt worden, einen unvermeidbaren Krieg leicht und schnell zu gewinnen[247]. Alles war allein Chamberlains Schuld: er hatte sich bereits zum Angriff auf Deutschland entschlossen, taktierte jedoch noch, um Zeit zu gewinnen, und nahm Hitler so die Initiative, indem er auf der ganzen Linie nachgab.

Als der Krieg erst einmal begonnen hatte, habe er, Hitler, zugeben müssen, daß seine unerschütterliche Freundschaft für Italien und den Duce sehr wohl als ein Fehler angesehen werden konnte. Die Allianz mit Italien war ein Desaster gewesen. Nicht nur hatten die Italiener jeden Feldzug verloren, den sie unternommen hatten, sondern sie hatten Deutschland auch einen Verzug von sechs lebenswichtigen Wochen bei dem Angriff auf Rußland eingebrockt, indem sie die Balkanstaaten aufscheuchten.

»Unser italienischer Verbündeter war für uns nichts weiter als eine Belastung. Dieses Bündnis hinderte uns daran, in Nordafrika eine revolutionäre Politik zu betreiben ... Der ganze Islam fieberte bei der Nachricht von unseren Siegen. Die Ägypter, die Iraker und der gesamte Nahe Osten waren bereit, sich zu erheben. Überlegen Sie nur einmal, was wir hätten tun können, ihnen zu helfen, ja sogar sie aufzurütteln ... Aber wir haben den Zug verpaßt, dank unserer Loyalität gegenüber unserem italienischen Verbündeten[248].«

Die Verachtung der Araber für die Italiener und für den lächerlichen Anspruch des Duce auf ein italienisches Imperium nahm Deutschland alle Möglichkeiten.

»Unser größter politischer Fehler war die Behandlung der Franzosen. Wir hätten niemals mit ihnen kollaborieren dürfen... Unser eindeutiges Ziel hätte es sein müssen, die arbeitenden Klassen zu befreien und den französischen Arbeitern zu helfen, ihre eigene Revolution durchzusetzen[249].«

Eine ähnliche Gelegenheit war nun auch im französischen Kolonialreich verpaßt worden, wo die deutsche Politik darauf zielen mußte, die Araber und die anderen Kolonialvölker aufzuwiegeln, das französische Joch abzuschütteln. Die romanischen Länder hätten Deutschland kein Glück gebracht — weder Italien noch Frankreich, noch Francos Spanien.

Der größte Fehler jedoch, so schloß Hitler, sei von England und den Vereinigten Staaten gemacht worden. England hätte sehen müssen, daß eine Allianz mit Deutschland, der aufsteigenden Macht auf dem Kontinent, in seinem eigenen Interesse lag, um die Besitzungen seines Imperiums zu verteidigen, die es jetzt ganz sicher verlieren würde.

»Wenn das Schicksal dem alternden und schwächlichen Großbritannien einen neuen Pitt geschenkt hätte an Stelle dieses judenhörigen, halbamerikanischen Säufers Churchill, dann würde dieser neue Pitt sofort erkannt haben, daß Englands traditionelle Politik des Gleichgewichts der Mächte jetzt anzuwenden war, und zwar auf Weltebene. Statt europäische Rivalitäten zu schüren, wäre es Englands Pflicht gewesen, das Menschenmögliche zur Einigung Europas beizusteuern. Verbündet mit einem vereinigten Europa hätte es sich dann noch die Chance erhalten können, die Rolle eines Schiedsrichters in der Weltpolitik zu spielen... Ich hatte jedoch die Macht des Judentums über Churchills England unterschätzt[250].«

So wie England sich mit Deutschland hätte verbünden sollen, hätten die Vereinigten Staaten erkennen müssen, daß sie mit dem Dritten Reich nichts zu schaffen hatten; sie hätten ihre isolierte Stellung bewahren sollen. Dieser Krieg gegen Amerika, folgerte Hitler, sei eine Tragödie. Er sei unlogisch und entbehre jeder eigentlichen Grundlage[251].

Auch dieses Geschehen sei wieder einmal dem gleichen bösen Einfluß zuzuschreiben, dem Einfluß der jüdischen Weltverschwörung gegen das nationalsozialistische Deutschland.

»Niemals vorher in der Geschichte war ein Krieg so typisch und so ausschließlich jüdisch. Ich habe ihnen wenigstens die Maske vom Gesicht gerissen. Ich habe der ganzen Welt die Augen über die jüdische Gefahr geöffnet.
Ich bin in meinem Verhalten gegenüber den Juden völlig loyal

gewesen. Ich habe ihnen eine letzte Warnung zukommen lassen. Ich habe ihnen gesagt, wenn sie einen neuen Krieg entfesseln sollten, dann würde ich sie nicht verschonen und dieses Ungeziefer überall in Europa ausräuchern — und zwar diesmal endgültig ... Nun, wir haben das jüdische Geschwür aufgeschnitten, und die Welt der Zukunft wird uns ewig dankbar dafür sein[252].«

So argumentierte Hitler angesichts der Niederlage. Nicht ein flüchtiger Gedanke galt den Millionen von Toten, den unsäglichen Leiden und der Zerstörung, die er über Deutschland und Europa gebracht hatte. Wenn er Fehlurteile zugab, so waren sie allenfalls aus Mangel an Härte, aus allzu großer Toleranz entsprungen; nicht er konnte für den Krieg und die Niederlage verantwortlich gemacht werden, sondern andere, vor allem die Juden und ihre Werkzeuge Churchill und Roosevelt, die die wahren Interessen ihrer Länder geopfert hatten, indem sie Deutschland den Krieg erklärten.

Diesen Ausführungen fügte Hitler noch eine Nachschrift hinzu. Am 2. April hielt er, angespornt von Bormann, den letzten seiner Tischgesprächs-Monologe: *de facto* ein politisches Testament für die deutsche Nation. Er, Hitler, sei Europas letzte Hoffnung gewesen, hatte er im Februar erklärt[253]. Sollte Deutschland überhaupt eine Niederlage erleiden, so sei sie vollständig und unwiderruflich, dann sei sie für Europa ebenso eine Tragödie wie für das deutsche Volk. Anschließend zeichnete er mit einem letzten Ausbruch prophetischer Kraft das Bild der Zukunft:

»Nach der Niederlage des Reiches und unter der furchtbaren Drohung des asiatischen, des afrikanischen und vielleicht auch des südamerikanischen Nationalismus wird es in der Welt nur noch zwei große Mächte geben, die sich gegenüber treten können — die Vereinigten Staaten und Sowjetrußland. Die Gesetze der Geschichte wie der Geographie werden diese beiden Staaten zu einer Machtprobe zwingen; entweder auf militärischem oder auf wirtschaftlichem und ideologischem Gebiet. Und eben diese Gesetze machen es unvermeidlich, daß beide Mächte Feinde Europas werden. Und es ist ebenso sicher, daß diese beiden Mächte es früher oder später für wünschenswert ansehen werden, die Hilfe der einzigen überlebenden großen Nation in Europa zu suchen, die des deutschen Volkes[254].«

All jene, die Hitlers politische Begabung als unerheblich abtun, sollten sich immerhin einmal fragen, wie viele Menschen im Frühjahr 1945, da der Krieg noch nicht vorüber war, die Zukunft so klar sahen.

Während die Fassade der Macht zerbröckelte, fiel Hitler wieder in sein ursprüngliches Wesen zurück; zwischen dem früheren Hitler der

Wiener Tage und dem Hitler von 1944/45 besteht eine viel größere Ähnlichkeit, als zwischen jenem und dem Diktator von Deutschland auf der Höhe seiner Macht. Seine tiefsten Wesenskräfte, der brutale Haß, die Überheblichkeit und die Rachsucht, traten unverhüllt hervor. Sie offenbarten sich in der zunehmenden Vulgarität seiner Ausdrucksweise. Diese ließ wieder die echte Sprache der Gosse erkennen.

Der Mann, dessen oberster Grundsatz gewesen war, niemals jemandem zu trauen, beklagte sich jetzt bitter, daß es niemanden gab, dem er vertrauen könne. Nur Eva Braun und Blondi, seine Schäferhündin, seien ihm treu, erklärte er und berief sich auf Friedrichs des Großen Ausspruch:»Je mehr ich die Menschen kenne, um so mehr liebe ich die Hunde[255].«

Seine Wutausbrüche wurden immer heftiger und häufiger. Einmal war Guderians Adjutant so erschrocken, daß er den General an den Rockschößen zurückzog, weil er Angst hatte, Hitler werde handgreiflich. Bei einer anderen Gelegenheit stritt Guderian mit ihm zwei Stunden lang.

»Mit zorngeröteten Wangen, mit erhobenen Fäusten stand der am ganzen Leibe zitternde Mann vor mir, außer sich vor Wut und völlig fassungslos. Nach jedem Zornesausbruch lief Hitler auf der Teppichkante auf und ab, machte dann wieder dicht vor mir halt und schleuderte den nächsten Vorwurf gegen mich. Er überschrie sich dabei, seine Augen quollen aus ihren Höhlen, und die Adern an seinen Schläfen schwollen.«

Als er indes merkte, daß Guderian nicht von seiner Meinung abzubringen war, gab Hitler plötzlich nach und sagte mit dem liebenswürdigsten Lächeln:»Bitte, fahren Sie in Ihrem Vortrag fort. Der Generalstab hat heute eine Schlacht gewonnen[256].«

Jahre zuvor hatte Hermann Rauschning, indem er den Nationalsozialismus als Veitstanz des 20. Jahrhunderts bezeichnete, sein wesentliches Element erkannt, den Nihilismus. In seinen »Gesprächen mit Hitler« während der Jahre 1932/34 führt er viele Bemerkungen an, aus denen die dem Nationalsozialismus zugrunde liegende und während der Jahre seiner Erfolge bemäntelte Zerstörungssucht offenbar wird.

In seinen Gesprächen mit Rauschning hatte sich Hitler häufig berauscht an der Aussicht auf einen revolutionären Umsturz, der die ganze europäische Gesellschaftsordnung zerstören werde. Nach dem Röhmputsch im Jahre 1934 erklärte Hitler, wie Rauschning berichtet: »Äußerlich schließe ich die Revolution ab. Aber wir verlegen sie ins Innere. So wie wir alle unseren Haß auf Eis legen und an den Tag denken, an dem wir unsere Maske abwerfen werden, um ganz als die dazustehen, die wir sind und ewig bleiben[257].«

Etwas früher, als Rauschning fragte, was geschehen würde, wenn sich England, Frankreich und Rußland gegen Deutschland verbündeten, antwortete Hitler: »Dann werde ich nicht mehr leben. Aber wenn wir dann auch nicht siegen können, so werden wir selbst untergehend noch die halbe Welt mit uns in den Untergang reißen, und niemand wird seines Sieges über Deutschland froh sein. Ein 1918 gibt es nicht mehr. Wir kapitulieren nicht[258].«

Diesen Punkt hatte Hitler jetzt erreicht, und er hielt sein Wort. Goebbels teilte Hitlers Einstellung: in der Nazipropaganda der Endphase macht sich deutlich ein Frohlocken über das Ausmaß der Zerstörung bemerkbar, mit der der Krieg für Europa endete. Aber Hitlers Entschlossenheit, Europa mit sich zu reißen, beschränkte sich nicht auf Propaganda. Sie zeigte sich am deutlichsten in seiner Beharrlichkeit, den Krieg bis zum bitteren Ende fortzusetzen und die Politik der »verbrannten Erde« auf Deutschland auszudehnen. Speer tat alles, was er konnte, um Hitler davon abzubringen; er sagte, das deutsche Volk müsse weiterleben, auch wenn das Regime gestürzt würde. Am 15. März verfaßte Speer eine Denkschrift, in der er seine Auffassung niederlegte. In vier bis acht Wochen, schrieb er, sei mit Deutschlands endgültigem Zusammenbruch sicher zu rechnen. Eine Zerstörung der verbliebenen deutschen Hilfsquellen zu dem Zweck, sie dem Feind zu entziehen, könne den Ausgang des Krieges nicht mehr beeinflussen. Die deutsche Führung habe in erster Linie die Verpflichtung, ohne Rücksicht auf ihr eigenes Schicksal dem deutschen Volk die Möglichkeiten zu lassen, die ihm in fernerer Zukunft wieder einen neuen Aufbau sichern könnten[259].«

Hitler blieb steinhart. Am 19. März ordnete er kategorisch und bis ins einzelne gehend die Zerstörung aller Verkehrsmittel, alles rollenden Materials, der Lastkraftwagen, Brücken, Dämme, Fabriken und Versorgungsanlagen jener Gebiete an, in denen der Feind vordrang[260]. Er ließ Speer rufen und sagte ihm:

»Wenn der Krieg verlorengeht, wird auch das Volk verloren sein. Dieses Schicksal ist unabwendbar. Es ist nicht notwendig, auf die Grundlagen, die das Volk zu seinem primitivsten Weiterleben braucht, Rücksicht zu nehmen. Im Gegenteil, es ist besser, selbst diese Dinge zu zerstören, uns selbst zu zerstören. Denn das Volk hat sich dann als das schwächere erwiesen, und dem stärkeren Ostvolk gehört ausschließlich die Zukunft. Was nach dem Kampf übrigbleibt, sind ohnehin nur die Minderwertigen, denn die Guten sind gefallen[261].«

Von dieser Politik ist Hitler niemals abgewichen. In den sinnlosen Befehlen, alles zu zerstören und jeden zu erschießen, der seine Weisungen nicht befolgte, fand er eine gewisse Erleichterung von dem leidenschaftlichen Zorn, der ihn beherrschte. Es ist nur Speers Hingabe zu danken, daß diese Befehle nicht voll durchgeführt worden sind. Wie General Halder bemerkt, war Hitlers Verfassung allerdings etwas mehr als das Ergebnis ohnmächtiger Wut: »Für ihn gab es, als er an der Spitze der Macht stand, kein Deutschland, und wenn er es auch noch so oft im Munde führte; für ihn gab es keine deutsche Truppe, für deren Wohl und Wehe er sich verantwortlich fühlte; für ihn gab es — zu Beginn unbewußt, in den letzten Jahren auch völlig bewußt — nur eine Größe, die sein Leben beherrschte und der er seine dämonische Kraft alles geopfert hat: sein eigenes Ich[262].«

Um den Willen zur Fortführung des Kampfes aufrechtzuerhalten, machte Hitler verzweifelte Anstrengungen, sich die Hoffnungslosigkeit der Lage zu verbergen. Sobald er in Speers Denkschrift auf die Worte stieß: »Der Krieg ist verloren«, weigerte er sich, noch eine Zeile weiterzulesen, und verschloß sie in seinem Tresor. Guderian war zugegen, als Speer bei einer anderen Gelegenheit Hitler bat, ihn allein sprechen zu dürfen. Hitler lehnte es ab:

»Er will mir nur wieder sagen, daß der Krieg verloren ist und daß ich Schluß machen soll ... Sie werden jetzt verstehen, warum ich niemanden mehr unter vier Augen empfangen will. Wer mich unter vier Augen sprechen will, der hat immer die Absicht, mir etwas Unangenehmes zu sagen. Das kann ich nicht ertragen[263].«

Zum Trost blickte Hitler auf das Beispiel Friedrich des Großen, der im Jahre 1757, als ein halbes Dutzend feindlicher Armeen in Preußen stand und alle Hoffnung verloren schien, seine größten Siege, Roßbach und Leuthen, gewann und seine Gegner in die Flucht schlug. Graffs Porträt von Friedrich dem Großen hing ständig über seinem Schreibtisch. Zu Guderian sagte er: »Vor diesem Bilde hole ich mir immer neue Kraft, wenn die schlechten Nachrichten mich niederzudrücken drohen. Sehen Sie diese gewaltigen blauen Augen, diese große Stirn. Welch ein Kopf[264].«

In seinen privaten Gesprächen um die frühen Morgenstunden trat jedoch ein immer stärkerer pessimistischer Ton hervor. Vor dem Krieg hatte er den Selbstmord verurteilt. Er hatte behauptet, ein Mensch brauche nur durchzuhalten, dann werde schon etwas geschehen, das seine Zuversicht rechtfertige. Jetzt bekehrte er sich zu Schopenhauers Ansicht, ein Leben, das nichts als Enttäuschungen bringe, sei nicht lebenswert. Er war deprimiert über seinen schlechten Gesundheitszustand. »Wenn ein Mensch nur noch ein lebendes Wrack ist, warum dann noch weiterleben? Niemand kann den Verfall seiner Körperkräfte aufhalten.«

Seine Sekretärin, die viele solcher Ausbrüche zu ertragen hatte, berichtet, daß seine Gespräche seit Januar 1945, nach seiner Rückkehr nach Berlin, immer einseitiger wurden und nur noch die monotone Wiederholung der gleichen Geschichten waren. Zu Diskussionen über größere Themen, wie die Entwicklung des Menschen, den Lauf der Weltgeschichte, Religion und Zukunft der Wissenschaft, hatte er keine Lust mehr; sogar sein Gedächtnis begann zu versagen. Seine Gespräche beschränkten sich auf Hundedressur oder Fragen der Diät, wobei er über die Dummheit und Schlechtigkeit der Welt klagte[265].

Diese nächtlichen Sitzungen fanden zu immer späterer Stunde statt. Häufig setzte Hitler seine Besprechungen und Konferenzen bis weit über Mitternacht hinaus fort, und es war oft im Morgengrauen, daß er zu Bett ging. Er kürzte seinen Schlaf auf drei Stunden ab, stand gegen Mittag wieder auf, machte am Nachmittag gelegentlich einen kleinen Gang durch den Garten der Reichskanzlei und hielt am Abend gewöhnlich einen kurzen Schlaf.

Dennoch behielt er seinen Einfluß auf diejenigen, die täglich mit ihm umgingen: die magische Kraft des Zauberers war noch nicht erloschen. Im März 1945 kam der Gauleiter von Danzig, Forster, nach Berlin mit dem festen Entschluß, Hitler die verzweifelte Lage seiner Stadt vor Augen zu führen. Diesmal, sagte er zu den Sekretärinnen im Vorzimmer, werde er sich nicht mit Versprechungen abspeisen lassen; sie könnten sich darauf verlassen, daß er auftreten und die nackte Wahrheit sagen werde. Als aber Forster aus Hitlers Zimmer zurückkehrte, war er wie umgewandelt.

»Der Führer hat mir für Danzig neue Divisionen versprochen«, erklärte er. »Freilich, ich wüßte nicht, woher er sie nehmen soll. Aber er hat mir erklärt, daß er Danzig retten wird, und da gibt's nichts mehr zu zweifeln[266].«

Auf diese Versprechungen sich verlassend, kehrte Forster zurück, um weiterzukämpfen.

Forster, daran muß erinnert werden, war ein Mann, der Hitler schon seit vielen Jahren kannte und sich dennoch immer wieder von ihm bezaubern und überzeugen ließ. Das gleiche war der Fall mit andern alten Parteimitgliedern — mit Goebbels, Göring, Himmler, Bormann, Ribbentrop —, die sich ohne Ausnahme verzweifelt an die Hoffnung klammerten, daß der Mann, dem sie alles verdankten, doch noch einen Ausweg finden werde.

Himmler war fraglos der zweite Mann in dem rasch dahinsinkenden Nazireich, er hätte am ehesten Hitlers Nachfolge antreten können. Aber Himmlers Stellung war umstritten. Mit der Übernahme des aktiven Kommandos einer Heeresgruppe, erst am Rhein, später an der Weichsel und der Oder, beging Himmler den Fehler, dem »Hof« des Führers fernzubleiben. Da es ihm zudem nicht gelang, den russischen Vormarsch aufzuhalten, erfuhr sein Verhältnis zu Hitler eine schwere Belastung. Während der letzten sechs Monate des Dritten Reichs war es eher Bormann als Himmler, der im Führerhauptquartier zu Macht gelangte.

Denn Bormann, zufrieden damit, im Hintergrund zu bleiben und nur als der ergebene Diener des Führers in Erscheinung zu treten, war bestrebt, Hitler nicht von der Seite zu weichen. Er richtete sich in seiner ganzen Lebensweise nach diesem; zur gleichen Zeit ging er ins Bett und stand zur gleichen Zeit auf; er bestimmte immer mehr, wer zu ihm vorgelassen werden durfte. Bormann war noch nicht mächtig genug, um Himmler, Speer und Goebbels von ihm fernzuhalten. Aber Himmler kam jetzt selten ins Hauptquartier, und sein ständiger Vertreter bei Hitler, Hermann Fegelein, geriet bald unter Bormanns Einfluß. Bormann nahm jede Gelegenheit wahr, Hitlers Vertrauen zu Speer zu untergraben, während er mit Goebbels, dessen Stellung sich im vergangenen Jahr sehr gefestigt hatte, in stillschweigendem Einverständnis war. Gemeinsam befürworteten sie extreme Maßnahmen und waren die Führer einer radikalen Gruppe. Zu ihr gehörten noch Fegelein, Ley und General Burgdorf, der militärische Chefadjutant des Führers, der im Oktober 1944 Rommel Hitlers Botschaft und das Giftfläschchen überbracht hatte.

Inmitten dieser Rivalitätskämpfe blieb Hitlers eigene Stellung unangetastet. Außer Speer wagte auch niemand, die Richtigkeit seines Entschlusses, den Krieg fortzusetzen, in Frage zu stellen. Die Intrigen zielten nicht darauf ab, Hitler abzusetzen, sondern sich seine Gunst zu erhalten und sich eine Stimme bei der Ernennung seines Nachfolgers zu sichern. Es läßt sich kein schlagenderer Beweis für Hitlers Macht über seine Umgebung vorstellen als der mangelnde Wirklichkeitssinn, mit dem sie sich immer noch für die Frage seiner Nachfolge interessierten.

IV

Während in der isolierten Welt der Reichskanzlei und ihres Gartenbunkers ein Tag nach dem andern verging, verschlimmerten sich die Nachrichten ständig. Zwischen dem 12. Januar, an dem die Russen ihre Offensive in Polen eröffneten, und dem 12. April, an dem die amerikanische Armee die Elbe überschritt, erlitt die deutsche Wehrmacht durch die Alliierten eine totale Niederlage.

Im Januar überrannten die Russen Polen und erreichten die Oder,

Sie brachen in Schlesien ein, in das einzige deutsche Industriegebiet, das von größeren Fliegerschäden verschont geblieben war, und im Februar bedrohten sie Berlin und Wien.

Eine Zeitlang hielten die Deutschen die Russen an der Oder auf; dafür brach ihre Verteidigung im Westen zusammen. Im März überschritten Amerikaner und Engländer den Rhein, und nacheinander erschienen die berühmten Namen der rheinischen Städte im alliierten Heeresbericht. Hitler setzte Kesselring an Rundstedts Stelle als Oberbefehlshaber West ein, aber Kesselring konnte die Flut ebensowenig aufhalten wie irgend jemand sonst. Am 1. April war Models Heeresgruppe im Ruhrgebiet eingeschlossen. Kaum drei Wochen später gesellten sich ihre Angehörigen zu den 2 Millionen, die im Westen seit dem Invasionstag gefangengenommen worden waren, während Model in seiner Verzweiflung in einem Walde bei Duisburg Selbstmord beging. Im Westen bestand nun keine organisierte Front mehr. Am Abend des 11. April erreichten die Amerikaner die Elbe bei Magdeburg. Sie standen mitten im Herzen Deutschlands.

Am 9. April fiel Königsberg, die Hauptstadt Ostpreußens; am 13. eroberten die Russen Wien, und am 16. durchbrachen sie die Verteidigungslinie an der Oder. Der Weg nach Berlin lag frei. Es war jetzt nur noch eine Frage der Zeit, daß die aus dem Westen anrückenden Armeen mit denen aus dem Osten sich vereinten und Deutschland in zwei Teile spalteten.

Hitler besaß über die Ereignisse keine Übersicht mehr. Im April hatte er die größte Mühe, sich ein Bild von den Geschehnissen zu machen. Die Deutschen kämpften zwar weiter — im Osten mit dem Mut der Verzweiflung —, aber es fehlte jede geordnete Lenkung des Krieges. Das geht deutlich aus den erhaltengebliebenen Berichten über die Besprechungen hervor, die Hitler in der Zeit von Anfang Januar bis dahin abhielt. Seit dem Fehlschlag der Ardennenoffensive wurde nur noch sinnlos geplant. In den ersten Monaten des Jahres 1945 sind die militärischen Lagebesprechungen weitschweifig, konfus und nutzlos. Die Führung war nicht nur moralisch, sondern auch geistig bankrott. Stunden wurden damit verschwendet, Einzelheiten und örtliche Operationen zu diskutieren; zwischendurch erging man sich in Erinnerungen und Beschuldigungen. Hitler erfaßte die Lage nicht mehr. Seine Befehle wurden immer wilder und widerspruchsvoller, seine Forderungen immer unerfüllbarer, seine Entscheidungen immer willkürlicher. Auf alle Vorschläge gab er nur eine Antwort: kein Rückzug. Indem er seinen Befehlshabern untersagte, hinter dem Rhein Stellung zu beziehen, und darauf beharrte, daß sie auf der linken Rheinseite kämpften, opferte er sinnlos eine ganze Anzahl Divisionen. Noch am 10. März verwarf er ein dringendes Ersuchen um Rückzug aus Nordnorwegen, und immer noch weigerte er sich, die in Kurland abgeschnittenen Truppen zurückzuziehen.

Hitler war schon immer der Ansicht gewesen, daß man nicht ohne Terror Krieg führen könne. Eine Reihe von Weisungen aus seinem Hauptquartier — wie der berüchtigte Kommissarbefehl und der Kommandobefehl — ordnete eine ganz bewußte Brutalität in der Behandlung des Feindes an. Im Februar gab es lange Diskussionen über einen von Goebbels gemachten und von Hitler eifrig aufgegriffenen Vorschlag, nach dem das deutsche Oberkommando die Genfer Konvention und andere internationale Abmachungen aufkündigen, alle gefangenen feindlichen Flieger standrechtlich erschießen lassen und die neuen Giftgase Tabun und Sarin anwenden sollte. Bezeichnenderweise fesselte Hitler hierbei am meisten die Überlegung, welche Wirkung diese Maßnahme auf die deutschen Soldaten haben würde. Gesetzliche Einwände tat er mit der Erklärung ab:

»Zum Teufel damit ... Wenn ich deutlich zeige, daß ich keine Rücksicht auf Gefangene nehme und mich weder um ihre Rechte noch um Vergeltungsmaßnahmen kümmere, dann werden die meisten (Deutschen) es sich zweimal überlegen, ehe sie desertieren[267].«

Nur mit größter Mühe war er von diesem verzweifelten und unverantwortlichen Schritt abzubringen.

Ohne nach den Tatsachen zu forschen, befahl er die Entlassung, Degradierung und sogar Hinrichtung von Offizieren, die nach einem Kampf gegen eine überwältigende Übermacht hatten zurückgehen müssen. Selbst die Waffen-SS wurde von diesem boshaften Zorn nicht verschont. Als Sepp Dietrich, einst der Führer seiner Leibstandarte und jetzt Oberbefehlshaber der 6. SS-Panzerarmee, nach Wien zurückgerufen wurde, funkte Hitler ihm:

»Führer ist der Meinung, daß die Truppen nicht so gekämpft haben, wie die Lage es erforderte, und befiehlt, daß den SS-Divisionen ›Adolf Hitler‹, ›Das Reich‹, ›Totenkopf‹ und ›Hohenstaufen‹ die Ärmelstreifen abgenommen werden.«

Als Dietrich die Nachricht empfing, bestellte er seine Divisionskommandeure zu sich, warf das Telegramm auf den Tisch und rief aus: »Das ist der Lohn für all das, was ihr in den vergangenen fünf Jahren getan habt.« Er kabelte zurück: eher würde er sich erschießen, als den Befehl ausführen[268].

Hitler hatte sich immer noch durch den Glauben aufrechterhalten, daß die neuen Waffen, von denen er unaufhörlich sprach, ein Wunder bewirken würden. Aber allmählich verblaßte auch diese Hoffnung, und es wurde ihm zur mechanischen Gewohnheit, sie fortgesetzt zu erwähnen. Die V 1 und die V 2 waren gegangen, wie sie gekommen waren. Die Ardennenoffensive war vorgetragen und zum Scheitern gebracht worden. Die Düsenflugzeuge hatten die Luft nicht erobert. Die durch neue Typen verstärkte U-Boot-Flotte, auf die Hitler und Dönitz die übertriebensten Erwartungen gesetzt hatten, stach in See und wurde vernichtet.

Die letzte aller Hoffnungen richtete sich auf einen Bruch zwischen den Alliierten. In seiner Besprechung vom 27. Januar fragte Hitler plötzlich:

»Glauben Sie, daß die Engländer innerlich über die russischen Fortschritte begeistert sein werden?«

Göring sagte: »Sie haben gewiß nicht damit gerechnet, daß wir sie im Westen aufhalten, während die Russen ganz Deutschland erobern. Wenn das so weitergeht, erhalten wir in wenigen Tagen ein Telegramm...«

Jodl sagte: »Sie haben die Russen immer mit Mißtrauen betrachtet.«

Hitler sagte: »Ich habe angeordnet, ihnen einen entsprechenden Bericht in die Hände zu spielen. Sie werden daraus entnehmen, daß die Russen eine Armee von 200 000 deutschen Gefangenen aufgestellt haben, unter Führung von deutschen Offizieren, die restlos vom Kommunismus verseucht sind, und daß sie dann in Deutschland einmarschieren wird... Das wird ihnen ein Gefühl geben, als würden sie von einer Nadel durchbohrt.«

Göring sagte: »Sie sind in den Krieg eingetreten, um unser Vordringen nach dem Osten zu verhindern. Aber nicht, um den Osten bis an den Atlantik vordringen zu lassen[269].«

Hitler hatte also immer noch einen guten politischen Instinkt, aber die Zeit war gegen ihn. Churchill, Roosevelt und Stalin, die sich im Februar in Jalta trafen, legten ihre Differenzen bei und gelangten zu einem Abkommen, das, wenn es auch nicht für die Ewigkeit bestimmt war, Hitler überdauerte. Die Forderung nach bedingungsloser Übergabe wurde erneut bestätigt, und die alliierten Armeen setzten pausenlos ihren Vormarsch fort.

Auf welchem Tiefstand die Hoffnungen der deutschen Führer nunmehr angelangt waren, zeigt sich deutlich daran, wie sie am 12. April die Nachricht von Roosevelts Tod aufnahmen. Über den Vorgang hat Schwerin von Krosigk, Hitlers Finanzminister, eine Darstellung gegeben, die von anderen Augenzeugen bestätigt wird.

Wenige Tage vor dem 12. (erzählte Goebbels Schwerin von Krosigk) habe er dem Führer, um ihn zu trösten, eine Stelle aus Carlyles »Geschichte Friedrichs des Großen« vorgelesen, in welcher der Verfasser die Schwierigkeiten schildere, denen der preußische König im Winter 1761/62 gegenübergestanden habe:

»Wie der große König selber keinen Ausweg mehr sah und nicht wußte, was er tun sollte; wie alle seine Generale und Minister überzeugt waren, daß es mit ihm aus sei; wie der Feind bereits Preußen als besiegt ansah; wie die Zukunft völlig dunkel schien und wie er in seinem letzten Brief an den Minister Graf Finckenstein[270] sich eine Frist setzte: wenn bis zum 15. Februar keine Änderung eintrete, würde er es aufgeben und Gift nehmen. ›Tapferer König!‹ schreibt Carlyle, ›warte nur ein Weilchen, und Deine Leidenstage werden vorüber sein. Hinter den Wolken ist bereits die Sonne Deines Glücks wieder aufgegangen und wird sich Dir bald zeigen.‹ Am 12. Februar starb die Zarin; das Wunder des Hauses Brandenburg hatte sich vollzogen. Der Führer, sagte Goebbels, hatte Tränen in den Augen[271].«

Daraufhin ließ Goebbels die Horoskope des Führers und der Weimarer Republik kommen, die, wie er behauptete, beide in bezug auf den Krieg verblüffend gestimmt hätten und jetzt einen großen Erfolg für Deutschland in der zweiten Aprilhälfte und für den August den Frieden voraussagten.

Goebbels war von dieser historischen Parallele ganz erfüllt. Am 12. April, während eines Besuches im Hauptquartier der 9. Armee in Küstrin, versuchte er General Busse und seinen Stab davon zu überzeugen, daß

»aus Gründen der historischen Notwendigkeit und Gerechtigkeit jetzt ein ebensolcher Glückswechsel eintreten müsse, wie im Siebenjährigen Krieg durch das Wunder des Hauses Brandenburg. Einer der anwesenden Offiziere fragte ein wenig skeptisch, welche Zarin denn diesmal sterben werde. Goebbels antwortete darauf, daß er das auch nicht wisse, aber das Schicksal halte alle Möglichkeiten bereit. Als er dann nach Hause zurückkam, erhielt er die Nachricht von Roosevelts Tod. Sofort rief er Busse an und sagte: ›Die Zarin ist tot‹. Busse erwiderte, daß dies auf seine Soldaten einen großen Eindruck mache, denn jetzt sähen sie eine neue Chance[272].«

In seiner Aufregung bestellte Goebbels Sekt und rief Hitler an: »Mein Führer, ich gratuliere Ihnen! Roosevelt ist tot. Es steht in den Sternen geschrieben, daß die zweite Aprilhälfte für uns den Wendepunkt bringen wird. Heute ist Freitag der 13. April. Dies ist der Wendepunkt[273].«

Hitler teilte Goebbels' Stimmung vollauf, aber das Gefühl der Erleichterung sollte nicht lange anhalten. Als die Frontberichte zeigten, daß Roosevelts Tod die feindlichen Operationen in keiner Weise beeinträchtigten, bemerkte Goebbels untröstlich: »Vielleicht ist das Schicksal wieder einmal grausam gewesen und hält uns zum Narren[274].«

Mitte April war das Nazireich, das sich einmal vom Kaukasus bis zum Atlantik erstreckt hatte, auf einen schmalen, nicht mehr als hundert Meilen breiten Korridor im Herzen Deutschlands zusammengeschrumpft. Hitler stand am Ende seines Weges.

V

Kurz nachdem Hitlers Hoffnungen durch den Tod Roosevelts noch einmal neu belebt und wieder enttäuscht worden waren, traf unerwartet Eva Braun in Berlin ein. Entgegen Hitlers Anordnungen wollte sie bis zum Ende bei ihm bleiben. Seit geraumer Zeit war Hitler von Goebbels bedrängt worden, in Berlin auszuharren und in der belagerten Stadt ein Ende zu suchen, das einem Bewunderer von Wagners »Götterdämmerung« würdig sei. Jede Andeutung, daß, verlasse Hitler die Stadt, den in ihr noch lebenden zwei Millionen Menschen die Schrecken einer offenen Schlacht in den Straßen erspart werden würden, wies Goebbels verächtlich zurück. »Wenn eine einzige weiße Fahne in Berlin gehißt wird«, erklärte er, »werde ich nicht zögern, die ganze Straße mitsamt ihren Bewohnern in die Luft sprengen zu lassen. Der Führer ist damit vollauf einverstanden[275].«

Dennoch hatte Hitler noch keinen festen Entschluß gefaßt. Es waren Vorbereitungen im Gange für eine Verlegung der Regierung von Berlin ins »Nationale Bollwerk«, in die Alpenfestung bei Berchtesgaden. Man erwartete, daß der Führer in der Heimat der Nazibewegung seine letzte Stellung beziehen würde. Verschiedene Ministerien und Kommandostellen waren bereits dorthin übergesiedelt, und wenn Hitler noch durch einen schmalen Korridor zwischen den russischen und amerikanischen Armeen hindurch wollte, wurde es für ihn Zeit, nachzufolgen.

Hitlers ursprünglicher Plan war, sich an seinem 56. Geburtstag, dem 20. April, nach Süden abzusetzen, aber in der dem Gratulationsempfang folgenden Lagebesprechung zögerte er noch. Zum letzten Male war die ganze Nazihierachie — Göring, Himmler, Goebbels, Ribbentrop, Bormann, Speer — mit den Chefs der drei Wehrmachtsteile um ihn versammelt. Diese rieten ihm, Berlin zu verlassen. Aber Hitler willigte nur in die Errichtung eines Nord- und eines Südkommandos ein, falls Deutschland durch den alliierten Vormarsch in zwei Teile gespalten würde. Bei dieser Gelegenheit übertrug er Admiral Dönitz die volle Verantwortung für den Norden und Kesselring die für den Süden. Trotzdem aber ließ Hitler die Möglichkeit offen, daß er sich nach Süden begeben und das Kommando dort selbst übernehmen werde.

Am 21. April befahl Hitler einen Großangriff gegen die russischen Belagerungstruppen vor Berlin. Jeder Kommandeur, der seine Truppen zurückhalte, so schrie Hitler den Luftwaffengeneral Koller an, habe sein Leben innerhalb von fünf Stunden verwirkt. Koller selbst bürge ihm mit seinem Kopf dafür, daß auch der letzte verfügbare Mann eingesetzt werde[276]. Mit der Führung des Angriffs betraute Hitler den SS-Obergruppenführer Steiner, und er knüpfte die übertriebensten Hoffnungen an den Erfolg, den er von der Operation erwartete. Da diese Hoffnungen enttäuscht wurden, entschloß er sich endgültig, die Hauptstadt nicht zu verlassen.

Steiners Angriff nämlich fand niemals statt. Das Herausziehen der dafür erforderlichen Truppen ermöglichte es den Russen, den äußeren Verteidigungsring im Norden der Stadt zu durchbrechen, und Hitlers Plan endete in Verwirrung. Den ganzen Vormittag des 22. über gelang es im Bunker nicht, irgendeine Nachricht von den Ereignissen zu erhalten, soviel man auch telefonierte. Um drei Uhr nachmittags, zu Beginn der Lagebesprechung, waren immer noch keine Meldungen von Steiner eingetroffen, und Hitler schickte sich zu einem der schlimmsten Ausbrüche an.

Während der Besprechung brach dann der Sturm los. Die Konferenz dauerte drei Stunden, und jeder Teilnehmer war am Ende erschüttert und erschöpft. In einer allgemeinen Anklage verwünschte Hitler sie alle wegen ihrer Feigheit, Treulosigkeit und Unfähigkeit. Das Ende sei gekommen, erklärte er. Er könne nun nicht mehr weiter. Es bleibe ihm nichts als der Tod. Hier in Berlin werde er sein Ende erwarten; wer wolle, könne nach dem Süden gehen, er selbst werde bleiben. Von dieser Entscheidung war er nicht abzubringen. Telefonanrufe von Himmler und Dönitz und die Bitten seines eigenen Stabes blieben wirkungslos. Seinem Entschluß folgend, diktierte er einen Funkspruch, worin er erklärte, daß der Führer in Berlin sei und dort bis zur letzten Stunde ausharren werde.

Die Tragweite von Hitlers Erklärung war größer, als es auf den ersten Blick scheinen mochte. Denn seit 1941 hatte Hitler als Oberbefehlshaber des Heeres die tägliche Führung des Krieges unmittelbar innegehabt. Jetzt aber, da er gezwungen war, die Tatsache der Niederlage zuzugeben, lehnte der Mann, der gegen den Rat seiner Generale darauf bestanden hatte, den Krieg fortzuführen, es ab, jede weitere Verantwortung zu übernehmen. Statt dessen wies er seine beiden Hauptmitarbeiter, General Keitel und General Jodl an, sofort nach Berchtesgaden zu gehen, und verweigerte ihnen weitere Befehle. All das hochtrabende Gerede vom Ausharren und Sterben in Berlin kann nicht die Tatsache verschleiern, daß der schmähliche Entschluß eine grobe Verletzung der Pflicht gegen seine Truppen bedeutete, die immer noch unter seinem Befehl kämpften. Es war ein Verhalten, das völlig von der elementarsten militärischen Tradition abwich.

Jodl schilderte später General Koller, dem Stabschef der Luftwaffe, die nutzlosen Bemühungen, Hitler umzustimmen.

»Hitler hat . . . den Entschluß gefaßt, in Berlin zu bleiben, dort die Verteidigung zu leiten und sich im letzten Augenblick zu erschießen. Er hat gesagt, kämpfen könnte er nicht aus körperlichen Gründen, kämpfen würde er persönlich auch nicht, weil er nicht Gefahr laufen könne, vielleicht verwundet in Feindeshand zu fallen. Wir haben alle nachdrücklich versucht, ihn davon abzubringen, und vorgeschlagen, die Truppen vom Westen nach dem Osten zum Kampf einzusetzen. Dazu hat er gesagt, daß doch alles auseinanderginge, er könnte das nicht, das solle dann der Reichsmarschall machen. Auf eine Bemerkung aus dem Kreise, daß kein Soldat mit dem Reichsmarschall kämpfen würde, hat Hitler gesagt: ›Was heißt: Kämpfen!‹, da ist nicht mehr viel zu kämpfen, und wenn's aufs Verhandeln ankommt, das kann der Reichsmarschall besser als ich!‹ Die letzte Entwicklung der Lage hat ihn stark beeindruckt, er spricht überall von Verrat und Versagen, Korruption in der Führung und bei der Truppe. Auch die SS lüge ihn jetzt an[277].«

Bis zum Abend des 22. April, als Jodl und Keitel Hitler verließen, hatte er seine Selbstbeherrschung wiedergewonnen und besprach mit Keitel in aller Ruhe, ob es möglich sei, die unter General Wenck an der Elbe kämpfende 12. Armee zur Entlastung nach Berlin zu schicken. Aber seine Entscheidung, in der Hauptstadt zu bleiben, war unwiderruflich; infolgedessen begann er, seine Papiere zu verbrennen, und forderte Goebbels, den Befürworter des »welthistorischen Endes«, auf, zu ihm in den Führerbunker zu kommen.

VI

Die Kulisse, vor der sich die letzte Szene abspielte, entsprach durchaus dem Ende einer so seltsamen Lebensgeschichte. Der Luftschutzkeller der Reichskanzlei, die der Schauplatz der Ereignisse des 22. April war, lag etwa 16 Meter unter der Erde; er bestand aus zwei Stockwerken und hatte eine mit Stahlträgern verstärkte massive Betondecke. Das untere Stockwerk bildete den Führerbunker. Er bestand aus 18 kleinen Räumen, die sich um einen Mittelgang gruppierten. Die Hälfte dieses Ganges war abgeteilt und diente den täglichen Lagebesprechungen. Eine Flucht von sechs Räumen stand Hitler und Eva Braun zur Verfügung. Eva hatte ein Wohnschlafzimmer, ein Bad und einen Ankleideraum, Hitler ein Schlaf- und ein Arbeitszimmer, dessen einziger Schmuck ein Bild Friedrichs des Großen war. Ein Kartenzimmer, das für kleinere Konferenzen benutzt wurde, eine Telefonzentrale, eine Stromanlage und Stuben für die Wachmannschaften nahmen fast den ganzen übrigen Raum ein. Allerdings gab es noch zwei Zimmer für Goebbels (die früher Morell innegehabt hatte) und zwei für Stumpfegger, der Dr. Brandts Nachfolger als Hitlers Chirurg geworden war. Frau Goebbels, die darauf bestand, mit ihren sechs Kindern bei ihrem Mann zu bleiben, übernahm vier Zimmer im oberen Stockwerk, wo auch die Küche, die Räume der Hausangestellten und das Eßzimmer lagen. Nahebei befanden sich andere Luftschutzkeller. In einem wohnten Bormann, sein Stab und Offiziere der verschiedenen Wehrmachtsteile; in einem andern Mohnke, der SS-Kommandant der Reichskanzlei, mit seinem Stab.

Herrschte schon physisch eine drückende Atmosphäre im Bunker, so bedeutete dies doch nichts im Vergleich zu dem psychischen Druck. Die unaufhörlichen Luftangriffe, das Bewußtsein, daß die Russen jetzt in der Stadt waren, nervöse Erschöpfung, Furcht und Verzweiflung erzeugten eine an Hysterie grenzende Spannung. Sie wurde noch erhöht durch die unmittelbare Nähe eines Mannes, dessen Stimmungswandlungen nicht nur unberechenbar waren, sondern von denen auch das Leben aller im Bunker abhing.

Hitler hatte schon einige Zeit im Bunker gelebt. In den letzten Monaten scheint er nur noch zwischen 8 und 11 Uhr morgens geschlafen zu haben. Sobald die Luftangriffe des Vormittags einsetzten, stand Hitler auf und zog sich an. Der Gedanke, entweder im Bett liegend oder unbekleidet getroffen zu werden, erfüllte ihn mit Entsetzen.

Immer noch wurde ein großer Teil der Zeit von Konferenzen in Anspruch genommen. Neben der Mittags- oder Nachmittagsbesprechung fand eine zweite nach Mitternacht statt, die manchmal bis zum Morgengrauen dauerte. Das Abendessen wurde zwischen 9 und 10 Uhr abends serviert. Hitler zog es gern in die Länge, um nicht während eines Nachtangriffs allein zu sein. Mitunter rief er seine Sekretärinnen noch um 6 Uhr früh, nach einer nächtlichen Besprechung, zu sich. Er machte dann den Versuch, aufzustehen und sie zu begrüßen, sank aber sofort erschöpft wieder auf das Sofa zurück. Das Frühstück war die Mahlzeit, die ihm am meisten zusagte. Gierig aß er Schokolade und Kuchen, während er mit Blondi und ihren Jungen spielte, die sie im März geworfen hatte. Einem dieser Hunde gab Hitler seinen eigenen alten Spitznamen Wolf und zog ihn ohne fremde Hilfe auf. Den kleinen Rüden auf dem Schoß, pflegte er dazusitzen, während er ihn streichelte und immerzu seinen Namen wiederholte, bis das Frühstück zu Ende war. Dann versuchte er, etwas zu schlafen.

Zwischen dem 20. und 24. April begab sich ein großer Teil von Hitlers Umgebung — darunter Göring, Hitlers Adjutant Schaub und Morell — nach dem Süden. In der letzten Woche seines Lebens teilte Hitler die enge Unterkunft im Führerbunker mit Eva Braun, der Familie Goebbels, seinem Chirurgen Stumpfegger, seinem Kammerdiener Heinz Linge, seinem SS-Adjutanten Günsche, seinen beiden Sekretärinnen Frau Christian und Frau Junge, seiner Diätköchin Fräulein Manzialy und dem Adjutanten von Goebbels. Häufige Besucher aus den Nachbarbunkern waren Bormann, General Krebs, der Nachfolger Guderians als Generalstabschef des Heeres, General Burgdorf, Hitlers hauptsächlicher militärischer Ratgeber, Artur Axmann, Führer der Hitler-Jugend (von der tausend Angehörige bei der Verteidigung Berlins eingesetzt waren), und eine Reihe Adjutanten, Verbindungsoffiziere und SS-Wachen.

Am Montag dem 23. April, nachdem er endlich zu einem Entschluß gekommen war, befand Hitler sich in einer ruhigen Gemütsverfassung. Keitel, der am Nachmittag mit ihm sprach, berichtet, daß er erholt aussah und sogar mit der Lage zufrieden schien[278]. Das war die Folge des Besuches von Speer, der noch einmal mit dem Flugzeug aus Hamburg gekommen war, um sich zu verabschieden. Er gestand offen, welche Maßnahmen er getroffen habe, um Hitlers Befehle, Deutschland in eine verbrannte Erde zu verwandeln, zu durchkreuzen. Hitler besaß zweifellos eine echte Zuneigung zu Speer, und es ist überraschend, daß er von seiner Offenheit eher bewegt als erzürnt war. Speer wurde weder verhaftet noch erschossen; er durfte unbehelligt gehen. Wie jeder andere, der Hitler an diesem Tage sah, war auch Speer beeindruckt von dem Wandel, der sich in ihm vollzogen hatte. Nach Monaten verzweifelter Anstrengungen, allen Tatsachen zum Trotz die Überzeugung aufrechtzuerhalten, daß der Krieg noch gewonnen werden könnte, schien endlich die Ruhe bei ihm eingekehrt zu sein. Jetzt, da er den Versuch aufgegeben hatte, sich und seine Umgebung aufzupeitschen, um den Schein zu wahren, war er philosophischer geworden und sah gefaßt im Tod die Befreiung von den Schwierigkeiten, die ihm über den Kopf gewachsen waren. Er sagte Speer dasselbe, was er am Tage vorher Keitel und Jodl gesagt hatte: er würde sich im Bunker erschießen und seinen Leichnam verbrennen lassen, damit er nicht in Feindeshand falle. Das erklärte er fest und ruhig, als handele es sich um eine Sache, über die sich nicht mehr diskutieren lasse.

Wenn auch Hitler in seinem Entschluß nicht mehr gewankt hat, so war er doch weiterhin wie von jeher wechselnden Stimmungen unterworfen. Dem Zorn folgte schnell die Resignation, und dieser wiederum eine kurze Belebung seiner Hoffnungen. Das zeigt sich deutlich an dem Zwischenfall, der zur Entlassung Görings führte und den auch Speer noch miterlebte, ehe er in den frühen Stunden des 24. den Bunker für immer verließ.

Als Göring nach dem Süden flog, ließ er als Stellvertreter General Koller zurück, den Stabschef der Luftwaffe. Am 23. April erschien Koller auf dem Obersalzberg und berichtete über die Entscheidungen, die am Tage vorher auf der schicksalhaften Konferenz im Bunker getroffen worden waren. Hitlers Absichten schienen klar genug: »Wenn's aufs Verhandeln ankommt, das kann der Reichsmarschall besser als ich.« Göring jedoch fürchtete die Verantwortung und insbesondere Bormann. Zu seinen Ratgebern meinte er: Wenn er nun etwas unternehme, könne er als Verräter abgestempelt werden; wenn er aber nichts täte, könne man ihn beschuldigen, in der Stunde der Niederlage versagt zu haben[279].

Schwitzend vor Angst schickte er nach Lammers, dem Staatssekretär der Reichskanzlei, und ließ sich aus dem Safe den Erlaß vom Juni 1941 kommen, der ihn zum Nachfolger des Führers bestimmte. Schließlich entschloß er sich, Hitler zur Bestätigung folgendes zu telegraphieren:

»Mein Führer,
Sind Sie einverstanden, daß ich nach Ihrem Entschluß, in der Festung Berlin auszuharren, auf Grund des Gesetzes vom 29. 6. 41 nunmehr die Gesamtführung des Reiches mit allen Vollmachten nach innen und außen übernehme? Wenn ich bis 22 Uhr keine Antwort erhalte, nehme ich an, daß Sie Ihrer Handlungsfreiheit beraubt sind, und werde ich die Bedingungen Ihres Gesetzes als gegeben betrachten und nach eigenem Ermessen aufs beste für die Interessen unseres Landes und Volkes handeln. Was ich in dieser schwersten Stunde meines Lebens empfinde, kann ich nicht aussprechen. Der Herrgott schütze Sie, und ich hoffe, daß Sie doch noch aus Berlin hierherkommen. Ihr getreuer
Hermann Göring[280].«

Nachdem Görings Funkspruch im Bunker eingetroffen war, dauerte es nicht lange, daß Bormann, ein geschworener Feind Görings, die Anfrage als ein Ultimatum hinzustellen wußte. Speer, der zugegen war, berichtet, daß Hitler ungewöhnlich aufgeregt wurde. Er bezeichnete Göring als korrupt, nannte ihn einen Versager und Rauschgiftsüchtigen, fügte aber hinzu: »Meinetwegen soll er die Kapitulationsverhandlungen führen. Es ist sowieso egal, wer das tut[281].«

Der Nachsatz ist bezeichnend. Hitler war offensichtlich empört über Görings Anmaßung — man bricht nicht leicht mit den Gewohnheiten der Tyrannei — und erklärte sich mit Bormanns Vorschlag einverstanden, Göring wegen Hochverrats verhaften zu lassen. Er verfügte seine Entlassung aus allen Ämtern, einschließlich dem der Nachfolge — und doch: »Es ist sowieso alles egal.« Wie Speer in Nürnberg sagte, kam in der Beiläufigkeit, mit der diese Bemerkung gemacht wurde, Hitlers ganze Verachtung für das deutsche Volk zum Ausdruck.

Hitlers Worten oder Befehlen in jenen letzten Tagen allzuviel Sinn beizulegen, hieße die außergewöhnlichen Umstände sowohl wie seine Geistesverfassung außer acht lassen. Wer ihn zu dieser Zeit sah und von der Bunkeratmosphäre nicht so sehr angesteckt war, daß er der gleichen Stimmung unterlag, erblickte in ihm einen Menschen, der näher denn je an jener Schattenlinie stand, die die Welt des Gesunden von der Welt des Geisteskranken trennt. Er sprach völlig hemmungslos, und Augenblicke verhältnismäßiger Klarheit, wie die am 23. bei seiner Unterredung mit Speer, wurden unterbrochen von wilden Anklagen, noch wilderen Hoffnungen und halbverrückten Auslassungen.

Es wurde für Hitler immer schwieriger, sich von der Situation außerhalb des Bunkers ein Bild zu machen oder zu begreifen, daß dies das Ende war. Bis zum Morgen des Tages, an dem er Selbstmord beging, wurden die Konferenzen fortgesetzt. Am 24. sandte er Generaloberst Ritter von Greim, Kommandeur der Luftflotte 6, die dringende Aufforderung, im Flugzeug von München nach Berlin zu kommen. Greim unternahm den waghalsigen Flug ins Herz der Reichshauptstadt mit Hilfe einer jungen Pilotin, Hanna Reitsch, wobei er sich eine schwere Fußverletzung zuzog. Um hinzugelangen, war man genötigt, in Baumwipfelhöhe zu fliegen, bei schwerem Flakfeuer und ständig angegriffen von Jägern, die den Begleitflugzeugen erhebliche Verluste zufügten. Als Greim angelangt war, mußte er feststellen, daß Hitler ihn einzig und allein hatte kommen lassen, um ihn als Nachfolger Görings zum Oberbefehlshaber der Luftwaffe zu ernennen, was ebensogut telegraphisch hätte geschehen können. Hitlers Maßnahme führte zu dem einzigen Ergebnis, daß der neue Oberbefehlshaber für drei Tage im Bunker eingeschlossen war und daß seine Verletzung zu einer Verkrüppelung des Fußes führte.

Die Begrüßungsszene zwischen Hitler, Greim und Hanna Reitsch zeichnete sich durch das theatralische Benehmen Hitlers aus. Hanna Reitsch schildert, wie Tränen in seine Augen traten, als er von Görings Verrat sprach:

»Sein Kopf hing herab, sein Gesicht war totenbleich, und das unwillkürliche Zittern seiner Hände ließ das Telegramm (von Göring) wild flattern, als er es Greim überreichte.

Das Gesicht des Führers blieb todernst, als Greim las. Dann begann jeder Muskel in seinem Gesicht zu zucken, und sein Atem ging in schweren Stößen; nur mühsam beherrschte er sich und schrie: ›Ein Ultimatum! Ein krasses Ultimatum! Jetzt bleibt nichts mehr. Nichts bleibt mir erspart. Keine Treue, keine Ehre mehr; keine Enttäuschung, kein Verrat ist mir erspart geblieben — und nun auch noch das. Alles ist aus. Es gibt kein Unrecht, das man mir nicht zugefügt hätte[282].‹«

Im späteren Verlauf dieses Abends ließ Hitler Hanna Reitsch zu sich kommen und gab ihr ein Giftfläschchen. »Hanna, Sie gehören zu denen, die mit mir sterben werden. Jeder von uns hat solch ein Giftfläschchen. Ich möchte nicht, daß einer von uns den Russen lebend in die Hände fällt; sie sollen auch nicht unsere Leichen finden.« Am Ende dieses erregten Gesprächs versicherte Hitler ihr noch einmal: »Aber ich hoffe immer noch, liebe Hanna. General Wencks Armee rückt aus dem Süden heran. Er muß und wird die Russen weit genug zurückjagen, um unser Volk zu retten. Dann werden wir die Sache wieder in der Hand haben.«

Hitlers Groll äußerte sich darin, daß er dauernd über Verrat klagte, was von Goebbels und den andern wie ein Echo wiederholt wurde. Hanna Reitsch sagt von Eva Braun, daß sie »tobte über all die undankbaren Schweine, die ihren Führer verlassen hätten und vernichtet werden müßten«. Es sah so aus, als seien nur diejenigen gute Deutsche, die in dem Bunker saßen, und alle übrigen Verräter, weil sie nicht zusammen mit ihm sterben wollten. Eva blickte ihrem Schicksal mit Gleichmut entgegen. Sie hatte nicht den Wunsch, Hitler zu überleben und verbrachte die meiste Zeit damit, ihre Kleider zu wechseln und für ihr gutes Aussehen zu sorgen, um ihn aufzuheitern. Ihre ständige Klage war: »Armer, armer Adolf, alle haben dich verlassen, alle haben dich verraten. Besser, es sterben zehntausend andere, als daß er Deutschland verlorengeht[283].«

In der Nacht des 26. begannen die Russen, die Reichskanzlei unter Feuer zu nehmen, und der Bunker wurde erschüttert, als das massive Mauerwerk zerbarst und in Hof und Garten herabstürzte. Ein Widerstand war kaum noch länger möglich. Die Russen hatten sich jetzt auf weniger als eine Meile herangearbeitet, und die Armee, die einst vor Hitlers arrogantem Starrblick im Paradeschritt über den Prager Wenzelsplatz, durch die Ruinen von Warschau und über die Champs Elysées paradierte, war zusammengeschmolzen zu einer Handvoll erschöpfter Kompanien, die verzweifelt Straße für Straße um das kaum noch wiederzuerkennende Zentrum von Berlin kämpften.

Hitler wartete immer noch auf Berichte über Wencks Angriff. Am 28. schickte er ein Telegramm an Keitel. Wann mit dem Entsatz Berlins zu rechnen sei; wo Wenck stehe; wo Heinrici bleibe und wann Wenck und wann die 9. Armee zu erwarten seien[284].

Hanna Reitsch beschreibt, wie er im Bunker auf und ab ging und eine Straßenkarte hin und her schwenkte, die vom Schweiß seiner Hände schnell zerfleddert wurde. Allen, die ihm zufällig zuhören mußten, erläuterte er seine Pläne für den Einsatz der Armee Wenck[285].

Die Antwort auf Hitlers Fragen war einfach. Wencks Streitkräfte waren ebenso wie die der 9. Armee vernichtet worden; Heinricis Armee befand sich auf dem Rückzug gen Westen, um sich nicht den Russen ergeben zu müssen.

Die Krise kam in der Nacht von Samstag auf Sonntag (28./29. April). Zwischen neun und zehn Uhr abends, als Hitler sich mit Ritter von Greim unterhielt, erreichte ihn eine Mitteilung, die ihn dazu bestimmte, einen Schlußstrich unter die Laufbahn zu setzen, die vor 27 Jahren mit dem Ende eines anderen verlorenen Krieges begonnen hatte. Die Nachricht wurde von Heinz Lorenz, einem Beamten des Propagandaministeriums, überbracht und enthielt die kurze Reuter-Meldung, daß Himmler mit dem schwedischen Grafen Bernadotte zum Zweck von Friedensverhandlungen in Fühlung getreten war.

VII

Seit Anfang 1945 war Himmler insgeheim von Walter Schellenberg, dem jüngsten seiner SS-Generale, bedrängt worden, auf eigene Faust mit den Westmächten zu verhandeln. Als im Februar Graf Bernadotte Berlin besuchte, um im Auftrage des Schwedischen Roten Kreuzes über die Entlassung norwegischer und dänischer Gefangener zu verhandeln, richtete Schellenberg es ein, daß Bernadotte mit Himmler zusammentraf, in der Hoffnung, daß sich so die gesuchte Gelegenheit biete. In diesem Stadium aber widerstrebte der Reichsführer SS noch; durch seine Treue zu Hitler sehr gehemmt, war er nicht bereit, sich festzulegen. Selbst im April, als Bernadotte zum zweiten Male nach Berlin kam, konnte Himmler sich zu einer Aussprache mit ihm nicht entschließen. Aber die dramatische Konferenz vom 22. April und Hitlers Erklärung, daß der Krieg verloren sei und er in den Trümmern Berlins den Tod suchen werde, hinterließ bei Himmler denselben Eindruck wie bei Göring. »In Berlin spielt alles verrückt«, erklärte er. »Was soll ich tun?« Beide Männer kamen zu dem Schluß, daß ihre Treue zu Hitler durchaus mit unabhängigen

Schritten zur Beendigung des Krieges zu vereinbaren sei. Während aber Göring Hitler telegraphisch um Bestätigung seiner Auffassung bat, war Himmler klüger und handelte geheim.

In der Nacht vom 23. zum 24. April, während Hitler über Görings Treulosigkeit tobte, begleitete Himmler Schellenberg nach Lübeck zu einer neuen Zusammenkunft mit Graf Bernadotte im dortigen schwedischen Konsulat. Diesmal war Himmler bereit, seine Karten aufzudecken. Hitler, sagte er zu Bernadotte, sei höchstwahrscheinlich tot; wenn nicht, werde er es doch bestimmt in den nächsten Tagen sein.

»So wie die Lage sich entwickelt hat«, fuhr Himmler fort, »habe ich jetzt freie Hand. Ich gebe zu, daß Deutschland besiegt ist. Um einen möglichst großen Teil Deutschlands vor einer russischen Invasion zu bewahren, bin ich bereit, an der Westfront zu kapitulieren, damit die westlichen Alliierten in der Lage sind, rasch nach Osten vorzugehen. Aber ich bin nicht bereit, an der Ostfront zu kapitulieren[286].«

Unter der Bedingung, daß auch Norwegen und Dänemark in die Übergabe einbezogen würden, willigte Bernadotte ein, über den schwedischen Außenminister einen Vorschlag auf Grund der Himmlerschen Richtlinien weiterzugeben. Er wies aber die beiden Deutschen darauf hin, daß nach seiner Meinung nicht die geringste Aussicht auf eine Einwilligung Englands und der USA in einen Separatfrieden bestehe.

Während Bernadotte nach Stockholm zurückreiste, begann Himmler zu überlegen, wen er nach seiner Machtergreifung in seiner neuen Regierung zu Ministern ernennen sollte, und diskutierte mit Schellenberg über die neue Partei der Nationalen Einheit, die an die Stelle der Nazipartei treten müsse.

Am 27. April jedoch kehrte Bernadotte aus dem Norden mit der Nachricht zurück, daß die Westmächte es ablehnten, einen Separatfrieden in Erwägung zu ziehen, und auf bedingungsloser Übergabe bestünden. Das war ein schwerer Schlag, besonders für Schellenberg. Aber es sollte noch Schlimmeres folgen: am 28. meldeten London und New York, daß Himmler in Verhandlungen eingetreten war. Wie vor ihm Göring, mußte nun auch Himmler erkennen, daß es eine Unklugheit bedeutete, Hitler abzuschreiben, ehe er wirklich tot war.

Hitler war außer sich, als er die Nachricht erhielt. Sein Gesicht, so berichtet Hanna Reitsch, habe sich zu einem fiebrigen Rot verfärbt, und die Züge hätten sich bis zur Unkenntlichkeit verzerrt. Nach einem längeren Wutausbruch versank er in dumpfes Brüten, und eine Zeitlang war im Bunker kein Laut zu hören[287].

Göring hatte wenigstens um Erlaubnis gefragt, ehe er Verhandlungen aufnahm, aber von Himmler, dem »treuen Heinrich«, dem er voll und ganz vertraute, war kein Ton verlautbart worden. Daß Himmler ihn verraten hatte, war für ihn der schwerste aller Schläge und trug wesentlich zu dem Entschluß bei, sich das Leben zu nehmen. Schon am 22. hatte er damit gedroht, aber immer noch gezögert, ihn wahrzumachen. Auch bei dieser letzten Entscheidung verhielt er sich genau wie bei allen andern: erst eine Periode des Zögerns, dann ein plötzlicher Entschluß, von dem er sich nicht abbringen ließ. So war es mit seiner Entscheidung gewesen, in Berlin zu bleiben, und so war es jetzt auch in der Woche vor seinem Selbstmord. Die ganze Woche hindurch sprach Hitler dauernd davon, sich das Leben zu nehmen. In der Nacht des 27. hielt er — wenn man dem Bericht von Hanna Reitsch Glauben schenken darf — eine Konferenz ab, in der die Pläne für einen Massenselbstmord sorgfältig durchgesprochen wurden und jeder einzelne mit einer kleinen Ansprache dem Führer und Deutschland Treue gelobte. Aber er hatte immer noch gewartet und gehofft — bis zu der Nacht des 28., der Nacht der Entscheidung.

Kurz nachdem ihm durch Lorenz die Nachricht zugekommen war, verschwand Hitler mit Goebbels und Bormann, den beiden einzigen Naziführern, denen er jetzt noch traute, hinter verschlossenen Türen. Hitlers erster Gedanke war, Rache zu nehmen. Bormann hatte wenigstens die Genugtuung, Himmler wie auch Göring ausgeschaltet zu sehen, ehe das Dritte Reich in Staub zerfiel.

Himmlers Vertreter beim Führer, Fegelein, war bereits verhaftet worden, nachdem man entdeckt hatte, daß er stillschweigend aus dem Bunker entwichen war, offensichtlich mit der Absicht, sich vor dem Ende heimlich davonzumachen. Die Tatsache, daß er mit Eva Brauns Schwester Gretl verheiratet war, schützte ihn nicht. Er wurde nun über das, was er von Himmlers verräterischen Verhandlungen wußte, einem scharfen Verhör unterzogen und dann im Hof der Reichskanzlei erschossen. Schwieriger war es, Himmler zu ergreifen. Aber auf Hitlers Befehl mußten Greim und Hanna Reitsch den Versuch unternehmen, mit dem Flugzeug aus Berlin hinauszukommen und Himmler unter allen Umständen zu verhaften. »Ein Verräter darf nicht mein Nachfolger als Führer sein«, schrie Hitler mit zitternder Stimme. »Sorgt dafür, daß er es nicht wird![288]«

Greim und Hanna Reitsch entfernten sich am Sonntag, dem 29. April, zwischen Mitternacht und 1 Uhr morgens, und Hitler wandte sich nun persönlicheren Angelegenheiten zu. Ein menschliches Wesen war ihm wenigstens treu geblieben, und dafür sollte es belohnt werden. Jetzt, da er beschlossen hatte, seinem Leben ein Ende zu machen, hatte das Argument, das von ihm bisher immer gegen eine Eheschließung angeführt worden war — sie sei seiner Karriere hinderlich —, kein Gewicht mehr. So heiratete denn Hitler Eva Braun am 29. zwischen 1 und 3 Uhr morgens. Die standesamtliche Zeremonie wurde in aller Eile von Walter Wagner, einem Mitglied des Stadtrats, vollzogen. Er gehörte zu Goebbels' Stab, diente zur Zeit im Volkssturm und wurde eigens zu diesem Zweck in den Bunker geholt. Die Trauung des Führers fand in dem Kartenzimmer statt, das für kleinere Konferenzen benutzt wurde. Braut und Bräutigam schworen beide, daß sie »rein arischer Abstammung« seien. Goebbels und Bormann waren Trauzeugen und trugen sich nach Braut und Bräutigam ins Standesamtsregister ein. Eva war im Begriff, mit ihrem Mädchennamen Braun zu unterschreiben, strich aber dann den Anfangsbuchstaben B durch und schrieb: »Eva Hitler, geborene Braun«. Danach zog sich die Hochzeitsgesellschaft in die Privatwohnung zurück, wo ein paar Freunde — Bormann, Goebbels und seine Frau, die beiden Sekretärinnen Hitlers, seine Adjutanten und seine Köchin — sich versammelten, um Sekt zu trinken und voller Schwermut von den alten Tagen und über die Hochzeit von Goebbels zu sprechen, bei der Hitler — es war noch vor der Machtübernahme — Trauzeuge gewesen war.

Die Feier ging weiter, auch nachdem Hitler sich mit seiner Sekretärin, Frau Junge, ins angrenzende Zimmer zurückgezogen hatte. Dort diktierte er in den frühen Morgenstunden des 29. April sein persönliches und sein politisches Testament. Diese beiden Dokumente sind so interessant, daß ein ausführlicher Auszug gerechtfertigt erscheint[289].

Angesichts seines Todes und des Untergangs des von ihm geschaffenen Regimes blieb dieser Mann, der lieber Millionen Menschenleben opferte, als seine Niederlage zuzugeben, unverkennbar der alte Hitler. Von der ersten bis zur letzten Zeile ist kein Wort des Bedauerns oder einer Andeutung von Reue zu finden. Schuld haben die andern, vor allem die Juden, denn auch jetzt noch ist der alte Haß nicht gestillt. Wort für Wort könnte Hitlers letzte Botschaft an die deutsche Nation aus fast allen seinen Reden der zwanziger Jahre oder aus »Mein Kampf« entnommen sein. Zwanzig lange Jahre waren dahingegangen und hatten ihn nichts gelehrt. Sein Horizont war genauso eng geblieben, wie er an dem Tage war, als er schrieb: »In dieser Zeit (in Wien) bildete sich mir ein Weltbild und eine Weltanschauung, die zum granitenen Fundament meines derzeitigen Handelns wurden. Ich habe zu dem, was ich einst mir so schuf, nur weniges hinzulernen gemußt, zu ändern brauchte ich nichts[290].«

Der erste Teil des politischen Testaments enthält eine allgemeine Verteidigung seines Wirkens:

»Seit ich 1914 als Freiwilliger meine bescheidene Kraft im ersten dem Reich aufgezwungenen Weltkrieg einsetzte, sind nunmehr über dreißig Jahre vergangen.
In diesen drei Jahrzehnten haben mich bei all meinem Denken, Handeln und Leben nur die Liebe und Treue zu meinem Volk bewegt... Es ist unwahr, daß ich oder irgend jemand anderer in Deutschland den Krieg im Jahre 1939 gewollt haben. Er wurde gewollt und angestiftet ausschließlich von jenen internationalen Staatsmännern, die entweder jüdischer Herkunft waren oder für jüdische Interessen arbeiteten. Ich habe zu viele Angebote zur Rüstungsbeschränkung und Rüstungsbegrenzung gemacht, die die Nachwelt nicht auf alle Ewigkeiten wegzuleugnen vermag, als daß die Verantwortung für den Ausbruch dieses Krieges auf mir lasten könnte. Ich habe weiter nie gewollt, daß nach dem ersten unseligen Weltkrieg ein zweiter gegen England oder gar gegen Amerika entsteht. Es werden Jahrhunderte vergehen, aber aus den Ruinen unserer Städte und Kunstdenkmäler wird sich der Haß gegen das letzten Endes verantwortliche Volk immer wieder erneuern, dem wir alles zu verdanken haben: dem internationalen Judentum und seinen Helfern!...
Ich habe aber auch keinen Zweifel darüber gelassen, daß, wenn die Völker Europas wieder nur als Aktienpakete dieser internationalen Geld- und Finanzverschwörer angesehen werden, dann auch jenes Volk mit zur Verantwortung gezogen werden wird, das der eigentlich Schuldige an diesem mörderischen Ringen ist: Das Judentum!...«

Hitler verteidigte weiter seinen Entschluß, in Berlin zu bleiben, und wandte sich der Zukunft zu.

»Nach einem sechsjährigen Kampf, der einst in die Geschichte trotz aller Rückschläge als ruhmvollste und tapferste Bekundung des Lebenswillens eines Volkes eingehen wird, kann ich mich nicht von der Stadt trennen, die die Hauptstadt dieses Reiches ist... Ich hatte mich daher entschlossen, in Berlin zu bleiben und dort aus freien Stücken in dem Augenblick den Tod zu wählen, in dem ich glaube, daß der Sitz des Führers und Kanzlers selbst nicht mehr gehalten werden kann...
Ich sterbe mit freudigem Herzen angesichts der mir bewußten unermeßlichen Taten und Leistungen unserer Soldaten an der Front... Daß ich ihnen allen meinen aus tiefstem Herzen kommenden Dank ausspreche, ist ebenso selbstverständlich wie mein Wunsch,

daß sie deshalb den Kampf unter keinen Umständen aufgeben mögen, sondern, ganz gleich wo immer, ihn gegen die Feinde des Vaterlandes weiterführen... Aus dem Opfer unserer Soldaten und aus meiner eigenen Verbundenheit mit ihnen bis in den Tod, wird in der deutschen Geschichte so oder so einmal wieder der Samen aufgehen zur strahlenden Wiedergeburt der nationalsozialistischen Bewegung und damit zur Verwirklichung einer wahren Volksgemeinschaft...
Die Führer der Armeen, der Marine und der Luftwaffe bitte ich, mit äußersten Mitteln den Widerstandsgeist unserer Soldaten im nationalsozialistischen Sinne zu verstärken unter dem besonderen Hinweis darauf, daß auch ich selbst, als der Gründer und Schöpfer dieser Bewegung, den Tod dem feigen Absetzen oder gar einer Kapitulation vorgezogen habe.«

Hier konnte sich Hitler einen Hieb gegen das Offizierkorps nicht verkneifen:

»Möge es dereinst zum Ehrbegriff des deutschen Offiziers gehören — so wie dies in unserer Marine schon der Fall ist —, daß die Übergabe einer Landschaft oder einer Stadt unmöglich ist und daß vor allem die Führer hier mit leuchtendem Beispiel voranzugehen haben in treuester Pflichterfüllung bis in den Tod.«

Der zweite Teil des politischen Testaments enthält Hitlers Bestimmungen für seine Nachfolge. Göring und Himmler stieß er aus der Partei und aus allen Staatsämtern aus. Er beschuldigte sie, Deutschland durch eigenmächtige Verhandlungen mit dem Feind und ungesetzliche Versuche, die Macht an sich zu reißen, unabsehbaren Schaden zugefügt zu haben. Als seinen Nachfolger ernannte er Admiral Dönitz zum Reichspräsidenten, Kriegsminister und Obersten Befehlshaber der Wehrmacht — und unterließ es nicht, gleichzeitig die Regierung für ihn zusammenzustellen. Goebbels und Bormann bekamen ihren Lohn, der erste wurde Reichskanzler, der zweite Parteiminister. Zum Außenminister erwählte er Seyß-Inquart, einst bei der Annexion Österreichs eine Schlüsselfigur und seit 1940 Reichskommissar für die Niederlande. Himmlers Nachfolger als Reichsführer SS wurde Hanke, Gauleiter von Niederschlesien, als Innenminister Paul Giesler, Gauleiter von Oberbayern. Die Ernennung der beiden Gauleiter zu Ministern zeigt deutlich Bormanns Einfluß. Ley, Funk und Schwerin-Krosigk behielten ihre Ämter; an Speers Stelle trat sein Hauptmitarbeiter im Rüstungsministerium, Saur, während Feldmarschall Schörner, der die unbesiegte Heeresgruppe Böhmen befehligte, der letzte Oberbefehlshaber des deutschen Heeres wurde.

Mit dem Schlußabschnitt kommt Hitler noch einmal auf seine älteste fixe Idee zurück: »Vor allem verpflichte ich die Führung der Nation und die Gefolgschaft zur peinlichen Einhaltung der Rassegesetze und zum unbarmherzigen Widerstand gegen den Weltvergifter aller Völker, das internationale Judentum.«

Das Testament wurde am Sonntag, dem 29. April 1945, morgens 4 Uhr, unterzeichnet und von Goebbels und Bormann für die Partei, sowie von Burgdorf und Krebs als Vertretern der Armee beglaubigt. Gleichzeitig unterschrieb Hitler sein privates Testament, das wiederum von Goebbels und Bormann und außerdem von Oberst von Below, dem Luftwaffenadjutanten, gegengezeichnet wurde. Dieses Testament war kürzer und persönlicher:

»Da ich in den letzten Jahren des Kampfes glaubte, es nicht verantworten zu können, eine Ehe zu gründen, habe ich mich nunmehr vor Beendigung dieser irdischen Laufbahn entschlossen, jenes Mädchen zur Frau zu nehmen, das nach langen Jahren treuer Freundschaft aus freiem Willen in die schon fast belagerte Stadt hereinkam, um ihr Schicksal mit dem meinen zu teilen. Sie geht auf ihren Wunsch als meine Gattin mit mir in den Tod. Er wird uns das ersetzen, was meine Arbeit im Dienst meines Volkes uns beiden raubte.

Was ich besitze, gehört — soweit es überhaupt von Wert ist — der Partei. Sollte diese nicht mehr existieren, dem Staat, sollte auch der Staat vernichtet werden, ist eine weitere Entscheidung von mir nicht mehr notwendig.

Ich habe meine Gemälde in den von mir im Laufe der Jahre angekauften Sammlungen niemals für private Zwecke, sondern stets nur für den Ausbau einer Galerie in meiner Heimatstadt Linz a. d. Donau gesammelt. Daß dieses Vermächtnis vollzogen wird, wäre mein herzlichster Wunsch. Zum Testamentsvollstrecker ernenne ich meinen treuesten Parteigenossen, Martin Bormann. Er ist berechtigt, alle Entscheidungen endgültig und rechtsgültig zu treffen. Es ist ihm gestattet, alles das, was persönlichen Erinnerungswert besitzt, oder zur Erhaltung eines kleinen bürgerlichen Lebens notwendig ist, meinen Geschwistern abzutrennen, ebenso vor allem der Mutter meiner Frau und meinen, ihm genau bekannten treuen Mitarbeitern und Mitarbeiterinnen, an der Spitze meinen alten Sekretären, Sekretärinnen, Frau Winter usw., die mich jahrelang durch ihre Arbeit unterstützten.

Ich selbst und meine Gattin wählen, um der Schande des Absetzens oder der Kapitulation zu entgehen, den Tod. Es ist unser Wille, sofort an der Stelle verbrannt zu werden, an der ich den größten Teil meiner täglichen Arbeit im Laufe eines zwölfjährigen Dienstes an meinem Volk geleistet habe.«

Daß Hitler Dönitz zum Nachfolger auserwählte, ist überraschend, und für niemand war es eine größere Überraschung als für Dönitz selbst. Aber seitdem Dönitz an Stelle von Raeder Oberbefehlshaber geworden war, hatte Hitler die Marine mit andern Augen angesehen.

Er maß dem U-Boot-Krieg die größte Bedeutung bei und stellte den »nationalsozialistischen Geist« der Marine unter Dönitz dem gegenüber, was er den Verrat und die Lauheit von Heer und Luftwaffe nannte. Im letzten Jahr seines Lebens schenkte Hitler Dönitz mehr Vertrauen als irgendeinem andern Oberbefehlshaber, und der Admiral dankte ihm dafür mit bedingungsloser Treue. Nach der Ausschaltung Görings und Himmlers wäre die Wahl von Goebbels zum Nachfolger Hitlers das Naheliegendste gewesen. Aber Goebbels würde von den Soldaten niemals anerkannt worden sein. Um die Wehrmacht zu führen — das hieß in Wirklichkeit, die Kapitulationsverhandlungen einzuleiten —, mußte ein anderer, am besten ein aktiver Offizier, Staatsoberhaupt und Kriegsminister werden. Darum wurde Goebbels zum Reichskanzler, Dönitz aber zum Staatsoberhaupt und Obersten Befehlshaber ausersehen. Indem Hitler einen Marineoffizier statt eines Armeeoffiziers wählte, fügte er der Militärkaste, die er für den verlorenen Krieg verantwortlich machte, eine letzte bewußte Kränkung zu.

Hitler wußte sehr genau, daß der Krieg verloren war, doch wie aus seinem politischen Testament ersichtlich ist, machte er einen plumpen Versuch, noch etwas für die Zukunft zu retten. Als Vermächtnis an eine neue Generation von Nationalsozialisten indessen war es ein Dokument von einzigartiger Belanglosigkeit. Das Spiel war aus, und nachdem die Gloriole der Macht erloschen war, blieben nur noch die schalen, nicht mehr überzeugenden Schlagworte des Bierhallenagitators der zwanziger Jahre.

Bezeichnenderweise enthält Hitlers letzte Botschaft an das deutsche Volk zumindest eine grobe Lüge. Sein Tod war alles andere als das Ende eines Helden; indem er Selbstmord beging, entzog er sich bewußt der Verantwortung und wählte einen Ausweg, den er in früheren Jahren als feige scharf verurteilt hätte. Mit bedachtsam gewählten Worten hat er dies in seinem Testament verschleiert; er spricht darin von seiner »Verbundenheit mit unseren Soldaten bis in den Tod« und dann wieder von seiner Pflichterfüllung bis zum Tod. Beachtenswerterweise war General Weidling, der Kommandant von Berlin, als er entdeckte, daß Hitler Selbstmord beging, nachdem er kurz vorher den eingeschlossenen Truppen verweigert hatte, kämpfend einen Weg nach draußen zu suchen, so angewidert, daß er seine Soldaten sofort von ihrem Eid entband. Trotzdem wurde in der öffentlichen Bekanntmachung die Fiktion aufrechterhalten, und Dönitz gab in seiner Rundfunkansprache vom 1. Mai bekannt, daß der Führer im Kampf an der Spitze seiner Truppen den Heldentod gefunden habe.

Nachdem Hitler die beiden Testamente diktiert hatte, versuchte er, etwas zu ruhen. Goebbels zog sich ebenfalls zurück, aber nicht, um zu schlafen. Statt dessen setzte er sich hin und verfaßte seinen eigenen letzten Beitrag zur Nazilegende, einen »Anhang zum politischen Testament des Führers«.
Seit Tagen hatte Goebbels in überschwenglichen Ausdrücken über die Möglichkeit gesprochen, sich einen Platz in der Geschichte zu sichern. »Meine Herren«, sagte er am 17. April bei einer Konferenz im Propagandaministerium, »in hundert Jahren wird man einen schönen Farbfilm über die schrecklichen Tage zeigen, die wir durchleben. Möchten Sie nicht in diesem Film eine Rolle spielen?... Halten Sie jetzt durch, damit die Zuschauer in hundert Jahren nicht johlen und pfeifen, wenn Sie auf der Leinwand erscheinen[291].« Sein propagandistisches Genie hatte Goebbels nicht verloren. Entgegen Hitlers Befehl lehnte er es ab, von seines Führers Seite zu weichen, und schloß seine Apologie mit dem Vorsatz, »mein Leben zu beenden, das für mich persönlich keinen weiteren Wert mehr haben wird, wenn ich es nicht im Dienste des Führers verbringen kann«.
Im Laufe des Sonntags, des 29., wurden Vorkehrungen getroffen, um Abschriften des politischen Testaments des Führers aus dem Bunker hinauszuschaffen. Drei Männer wurden ausgewählt, die sich, so gut sie konnten, zu den Hauptquartieren von Admiral Dönitz und Feldmarschall Schörner durchschlagen sollten. Einer der Ausgewählten war ein Beamter des Propagandaministeriums, und ihm vertraute Goebbels seinen »Anhang« zu Hitlers Testament an. Spät in der Nacht des 29. April machte sich ein weiterer Sendbote, Oberst von Below, auf den Weg; er nahm eine Nachschrift mit, die er auf Anweisung Hitlers General Keitel aushändigen sollte. Es war die letzte Botschaft des Obersten Befehlshabers an die Wehrmacht, und der Stachel lag in den Schlußworten:

»Das Volk und die Wehrmacht haben in diesem langen und harten Kampf ihr Bestes hergegeben. Das Opfer ist gewaltig gewesen. Aber mein Vertrauen ist von vielen mißbraucht worden. Treulosigkeit und Verrat haben während des ganzen Krieges den Widerstandswillen unterhöhlt. Deshalb war es mir nicht vergönnt, mein Volk zum Siege zu führen. Der Generalstab des Heeres war nicht mit dem Generalstab des ersten Weltkrieges zu vergleichen. Seine Leistungen stehen weit zurück hinter denen der kämpfenden Front[292].«

Der Krieg sei von den Juden angezettelt und von den Generalen verloren worden. Keinesfalls also war Hitler verantwortlich. Sein allerletztes Wort bestätigt noch einmal sein ursprüngliches Ziel:

»Die Anstrengungen und Opfer des deutschen Volkes«, fügte er hinzu, »sind so groß gewesen, daß ich nicht glauben kann, daß sie vergebens waren. Es muß das Ziel bleiben, für das deutsche Volk Land im Osten zu erringen[293].«

VIII

Im Laufe des 29., während die Sendboten sich aus dem Bunker entfernten, traf die Nachricht von Mussolinis Ende ein. Auch der Duce hatte sich in seiner Schicksalsstunde mit seiner Geliebten vereint; zusammen mit Clara Petacci war er von Partisanen ergriffen und am 28. April am Ufer des Comer Sees erschossen worden. Ihre Leichen wurden nach Mailand gebracht und auf der Piazzale Loreto aufgehängt. Von irgendeiner Bemerkung Hitlers über das Ende seines Diktatorkollegen wird nichts berichtet; aber die Nachricht kann ihn nur noch in seinem Entschluß, den er für sein eigenes Ende gefaßt hatte, bestärkt haben, vor allem in seiner Vorsorge, nach seinem Tode nicht zum Schaustück gemacht zu werden.

Er begann nun mit systematischen Vorbereitungen, sein Leben abzuschließen. Seine Schäferhündin Blondi ließ er töten. In den frühen Morgenstunden des 30. April versammelte er im Mittelgang des Bunkers seinen Stab um sich, um sich von ihm zu verabschieden. Die Reihe entlangschreitend, schüttelte er jedem schweigend die Hand. Kurz danach sandte Bormann ein Telegramm an Dönitz, dessen Hauptquartier sich in Plön, zwischen Lübeck und Kiel, befand, und wies ihn an, »sofort unbarmherzig« gegen alle Verräter vorzugehen.

Am Morgen des 30. April wurden in der üblichen Lagebesprechung die letzten Berichte über die Situation in Berlin erstattet. Die Russen hatten den Tiergarten besetzt und den Potsdamer Platz erreicht. Sie waren nur noch einen oder zwei Häuserblocks von der Reichskanzlei entfernt. Hitler nahm die Nachrichten ohne Erregung entgegen. Um 2 Uhr nachmittags aß er zu Mittag in Gesellschaft seiner beiden Sekretärinnen und seiner Köchin. Eva Hitler blieb in ihrem Zimmer, und Hitler tat, als sei nichts Besonderes geschehen.

Im Laufe des frühen Nachmittags erhielt Erich Kempka, Hitlers Chauffeur, den Auftrag, zweihundert Liter Benzin in den Garten der Reichskanzlei zu schaffen. Man brachte es in Kanistern dorthin, wo Heinz Linge, Hitlers Diener, die Ablieferung kontrollierte.

Nach dem Mittagessen holte Hitler seine Frau aus ihrem Zimmer, und beide verabschiedeten sich zum zweitenmal von Goebbels, Bormann und den anderen, die im Bunker blieben. Dann zog Hitler sich mit Eva in seine Privaträume zurück und schloß die Tür. Es vergingen einige Minuten, während deren die andern im Mittelgang warteten. Ein einziger Schuß ertönte.

Nach einer kurzen Pause öffnete die kleine Gruppe draußen die Tür. Hitler lag auf seinem Sofa, das blutüberströmt war: er hatte sich in den Mund geschossen. Zu seiner Rechten lag, ebenfalls tot, Eva Hitler: sie hatte Gift genommen. Es war Montag, der 30. April 1945, 3.30 Uhr nachmittags, zehn Tage nach Hitlers 56. Geburtstag.

Hitler hatte ausdrücklich bestimmt, was mit ihren Leichen geschehen solle, und seine Anweisungen wurden bis ins letzte befolgt. Hitlers toter Körper wurde in eine Decke gehüllt und von zwei SS-Männern aus dem Bunker nach oben in den Garten getragen. Der Kopf war bedeckt, aber die schwarzen Hosen und schwarzen Schuhe, die er zu seiner Uniformjacke trug, sahen unter der Decke hervor. Bormann hob Evas Leiche auf und übergab sie Kempka. Begleitet von Goebbels, Günsche und Burgdorf gingen sie die Treppe hinauf ins Freie. Die Gartentore waren verschlossen, und man bettete die Leichen in der Nähe der Vorhalle in eine Mulde des sandigen Bodens. Günsche, Hitlers SS-Adjutant, nahm nacheinander die fünf Benzinkanister, goß ihren Inhalt über die beiden Körper und legte mit einem brennenden Stoffetzen Feuer an.
Eine hohe Flamme schlug auf, und die Anwesenden zogen sich in den Schutz der Vorhalle zurück. Es hatte ein schweres russisches Bombardement eingesetzt, und ununterbrochen explodierten Geschosse um die Reichskanzlei herum. Schweigend nahmen sie Haltung an und erwiesen Hitler zum letzten Male ihren Gruß; dann wandten sie sich um und verschwanden im Bunker.
Draußen in dem verlassenen Garten verbrannten ruhig und gleichmäßig Seite an Seite die beiden Leichen. Es waren genau zwölf Jahre und drei Monate vergangen seit dem Tag, an dem Hitler aus dem Zimmer des Reichspräsidenten als Kanzler des Deutschen Reiches herausgetreten war[294].
Der Rest der Geschichte ist rasch erzählt. Bormann funkte sofort an Dönitz, daß Hitler ihn zu seinem Nachfolger ernannt habe, verheimlichte aber noch weitere 24 Stunden die Tatsache von Hitlers Tod. In der Zwischenzeit, d. h. in der Nacht nach dem 30. April, machten Goebbels und Bormann vergebliche Anstrengungen, mit den Russen zu verhandeln. Deren Antwort lautete: »Bedingungslose Übergabe.« Erst dann, nicht früher, richtete Goebbels ein weiteres Kabel an Dönitz, um ihm Hitlers Tod mitzuteilen. Der Rundfunk verbreitete die Nachricht am Abend des 1. Mai und umrahmte sie feierlich mit

Wagner-Musik und Bruckners Siebter Symphonie: es wurde der Eindruck erweckt, als habe ein Held, der bis zum Letzten gegen den Bolschewismus gekämpft, den Tod gefunden.

In der Nacht vom 1. zum 2. Mai wurde von den Männern und Frauen, die in dem Bunkersystem rund um die Reichskanzlei zusammengepfercht waren, ein Massenausbruchsversuch unternommen, und es gelang einer ganzen Reihe, aus Berlin herauszukommen. Martin Bormann befand sich unter ihnen: ob er aber damals entkommen ist oder getötet wurde, ist niemals festgestellt worden. Goebbels nahm an dem Ausbruchsversuch nicht teil. Am Abend des 1. Mai vergiftete er erst seine Kinder und erschoß dann seine Frau und sich selbst im Garten der Reichskanzlei. Die Leichen wurden von Goebbels' Adjutant in Brand gesteckt; doch machte der seine Sache schlecht, denn die verkohlten Überreste wurden am nächsten Tag von den Russen gefunden. Nach Goebbels' Tod zündete man den Führerbunker an.

In der folgenden Woche versuchte Dönitz, mit den Westmächten über Kapitulationsbedingungen zu verhandeln, indessen erteilten sie ihm eine kompromißlose Antwort. Die deutsche Armee in Italien hatte sich bereits ergeben, und die Engländer und Amerikaner dachten nicht an ein Eingehen auf den plumpen Versuch von Dönitz, durch einen Separatfrieden die Große Allianz zu spalten. Am 4. Mai unterzeichnete Admiral von Friedeburg einen Waffenstillstand, der die Übergabe der deutschen Streitkräfte in Nordwesteuropa vorsah, und in der Morgenfrühe des 7. setzten General Jodl und Friedeburg ihre Unterschrift unter die bedingungslose Übergabe aller deutschen Streitkräfte, die ihnen gemeinsam von den Vertretern der USA, Großbritanniens, der UdSSR und Frankreichs in Reims vorgelegt wurde.

Das Dritte Reich hatte seinen Gründer nur eine Woche überdauert.

EPILOG

Viele Versuche sind unternommen worden, Hitlers Bedeutung wegzudeuteln, angefangen bei Chaplins brillanter Karikatur in »The Great Dictator« bis hin zu dem wenig überzeugenden Bild, nach dem Hitler lediglich eine Schachfigur im Dienste des deutschen Kapitalismus war. Andere haben argumentiert, als Persönlichkeit sei Hitler ein Nichts gewesen, nur ein Symbol für das rastlose Streben der deutschen Nation nach der Beherrschung Europas; ein Geschöpf, das von der Flut des revolutionären Wechsels an die Spitze der Nation geschleudert wurde, die Verkörperung des kollektiven Dranges in einem Volk, das besessen war von Gewalttätigkeit und Tod.

Mir scheint, diese Argumente gründen sich auf die Verwechslung zweier verschiedener Fragen. Offensichtlich war der Nationalsozialismus ein vielschichtiges Phänomen, zu dem viele Faktoren — soziale, wirtschaftliche, historische und psychologische — beitrugen. Doch wie immer die Deutung dieses Abschnitts der europäischen Geschichte auch lauten mag — einfach kann sie nicht sein —, durch eine solche Deutung wird jedenfalls die Frage, mit der sich das vorliegende Buch befaßt, nicht beantwortet: die Frage, welche Rolle Hitler spielte. Es mag stimmen, daß eine Massenbewegung, extrem nationalistisch, antisemitisch und radikal, auch ohne Hitler in Deutschland aufgekommen wäre. Soweit es aber um das geht, was wirklich geschehen ist, und nicht um das, was hätte geschehen können, scheinen mir alle Zeugnisse keinen Zweifel daran zu lassen, daß kein anderer in der Nazi-Revolution oder in der Geschichte des Dritten Reiches eine auch nur im entferntesten vergleichbare Rolle wie Adolf Hitler gespielt hat.

Die Konzeption der Nazi-Partei, die Propaganda, mit der sie sich an das deutsche Volk wenden mußte, und die Taktiken, mit denen sie an die Macht kam — dies alles war ohne Frage das Werk Hitlers. Nach 1934 gab es für ihn keine Rivalen mehr, und 1938 hatte er die letzten Hindernisse seiner Handlungsfreiheit beseitigt. Danach übte er in Deutschland eine so weitgehende Willkürherrschaft aus, wie sie, wenn überhaupt, in einem modernen Industriestaat kaum ihresgleichen hat.

Von der Wiederbesetzung des Rheinlandes bis zum Einmarsch in Rußland errang er zu ein und derselben Zeit eine Reihe diplomatischer und militärischer Erfolge, die ihm eine Hegemonie über den europäischen Kontinent verschafften, vergleichbar der Napoleons auf der

Höhe seines Ruhms. Zwar waren die Ergebnisse nicht ohne ein williges Volk und eine dienstbereite Armee zu erringen, aber Hitler war es, der als unentbehrlicher Führer das Fingerspitzengefühl für günstige Gelegenheiten und die Kühnheit, sie auszunutzen, besaß. Von heute aus gesehen, liegen seine Fehler deutlich zutage, und es ist leicht, selbstgefällig über die Unvermeidlichkeit seiner Niederlage zu sprechen; doch es bedurfte der vereinten Anstrengung der drei mächtigsten Nationen der Welt, um seine Herrschaft über Europa zu brechen.

Glück und die Uneinigkeit seiner Gegner haben — wie auch bei Napoleon — seine Erfolge in vielem, aber nicht in allem begünstigt. Er begann unter wenig günstigen Umständen, als ein Mann ohne Namen und ohne andere Hilfe als die, die er sich selber schaffte. Er war nicht einmal Bürger des Landes, das er zu beherrschen strebte. Um zu vollbringen, was er vollbracht hat, brauchte Hitler — und er besaß diese auch — ungewöhnliche Gaben, die in ihrer Gesamtheit ein politisches Genie ergaben, mochten ihre Früchte auch noch so böse sein.

Auf den vorangegangenen Seiten sind seine Fähigkeiten zur Genüge geschildert worden: seine virtuose Auswertung der irrationalen Faktoren in der Politik, sein Blick für die Schwächen seiner Gegner, seine Fähigkeit, zu vereinfachen, sein Gefühl für den richtigen Zeitpunkt, seine Bereitschaft zum Wagnis. Als ein völlig prinzipienloser Opportunist bewies er eine erhebliche Konsequenz und eine erstaunliche Willenskraft in der Verfolgung seiner Ziele. Zynisch und berechnend seine mimischen Gaben ausnutzend, sorgte er für die Aufrechterhaltung des unerschütterlichen Glaubens an seine historische Sendung und an seine Person als eines Werkzeuges der Vorsehung.

Die Tatsache, daß seine Laufbahn mit dem Zusammenbruch endete und daß seine Niederlage vorwiegend seinen eigenen Fehlern zu verdanken war, steht an sich nicht Hitlers Anspruch auf Größe entgegen. Der Riß liegt tiefer. Denn diese bemerkenswerten Fähigkeiten waren verbunden mit einem häßlichen, krassen Egoismus, einem moralischen und geistigen Kretinismus. Die Leidenschaften, die Hitler beherrschten, waren niedrig: Haß, Rachsucht, Herrschsucht und, wo er nicht herrschen konnte, Zerstörungslust. Seine Laufbahn diente nicht der Erhöhung, sondern der Erniedrigung des Menschendaseins. Seine zwölfjährige Diktatur war bar jeder Idee, außer der einen — seine eigene und die Macht der Nation, mit der er sich identifizierte, immer weiter auszudehnen. Und die Macht selbst begriff er nur in den gröbsten Formen: in einer endlosen Reihe von Militärstraßen, SS-Garnisonen und Konzentrationslagern, mit denen die Herrschaft der arischen »Herrenrasse« über die unterworfenen Völker seines neuen Reiches im Osten aufrechterhalten werden sollte.

Die großen Revolutionen der Vergangenheit, gleichgültig wie sie letztlich ausgegangen sind, waren verbunden mit der Auslösung gewisser machtvoller Ideen: Gewissensfreiheit, bürgerliche Sicherheit, Gleichheit, nationale Unabhängigkeit, soziale Gerechtigkeit. Der Nationalsozialismus brachte nichts hervor. Hitler stellte beständig die Gewalt über die Macht der Ideen, und er gefiel sich darin, zu beweisen, daß die Menschen von Habsucht, Furcht und niedrigen Leidenschaften regiert würden. Das einzige Thema der Nazi-Revolution war das als Rassenlehre verkleidete von der Herrschaft, und als diese fehlschlug, eine rachsüchtige Zerstörungswut, die Rauschning die »Revolution des Nihilismus« nannte.

Es ist diese Leere, dieses Fehlen irgendeiner Rechtfertigung der durch ihn verursachten Leiden, was Hitler — von seinem monströsen und unbeherrschten Willen abgesehen — zu einer so abstoßenden und so armseligen Gestalt macht. Hitler wird seinen Platz in der Geschichte haben — aber neben dem Hunnen Attila, dem barbarischen König, der nicht den Beinamen »der Große«, sondern »die Gottesgeißel« erhielt und der, wie Gibbon schreibt, prahlerisch »den seinem wilden Stolz würdigen Ausspruch tat, daß dort, wo sein Pferd gestanden, niemals mehr Gras wachsen werde[295]«.

Man hat oft die Ansicht geäußert, Hitler habe nur in Deutschland zur Macht gelangen können. Ohne dem gleichen Rassenvorurteil zu verfallen wie die Nazis, muß man sagen, daß es in der deutschen geschichtlichen Entwicklung allerdings gewisse Züge gibt, die, auch wenn man von den Auswirkungen des verlorenen Krieges und der Wirtschaftskrise absieht, den Aufstieg einer solchen Bewegung begünstigt haben.

Damit sollen die Deutschen nicht der Erbsünde bezichtigt oder die anderen, von den Nazis nur grob verzerrten, Seiten des deutschen Lebens übersehen werden. Aber der Nationalsozialismus war nicht irgendein schreckliches Unglück, das aus heiterem Himmel über das deutsche Volk hereinbrach. Er war in seiner Geschichte verwurzelt, und wenn es auch wahr ist, daß die Mehrheit des deutschen Volkes niemals für Hitler gestimmt hat, so ist es doch ebenso wahr, daß es 13 Millionen taten. Beider Tatsachen muß man sich erinnern.

Von diesem Gesichtspunkt aus kann man Hitlers Laufbahn eine *reductio ad absurdum* der mächtigsten politischen Tradition in Deutschland seit der Reichseinheit nennen. Dahin führt es, wenn man aus Nationalismus, Militarismus, Totalitarismus, Anbetung von Erfolg und Gewalt, Vergötterung des Staates und »Realpolitik« die logischen Schlußfolgerungen zieht.

Es gibt Deutsche, die diese Ansicht ablehnen. Sie behaupten, daß es Hitler an der erforderlichen Fähigkeit fehlte, daß er ein Pfuscher war. Er hätte nur auf seine Generale hören sollen — oder auf Schacht — oder auf die Berufsdiplomaten — er hätte Rußland nicht angreifen sollen, und so weiter, Von ihm seien, meinen sie, in einigen Punkten Fehler begangen worden. Sie wollen nicht sehen, daß die Ziele falsch waren, nicht bloß die Mittel: das Streben nach schrankenloser Macht, die Mißachtung des Rechts oder jeglicher Machtbeschränkung, die Erhebung des Willens über Vernunft und Gewissen, die anmaßende Behauptung, überlegen zu sein, die Mißachtung der Rechte anderer. Zumindest von einem deutschen Historiker, Friedrich Meinecke, ist erkannt worden, daß die Katastrophe, in die Hitler Deutschland geführt hat, eine Überprüfung sowohl der Ziele wie der Methoden der deutschen Politik bis zu Bismarck zurück erforderlich macht.

Die Deutschen waren jedoch nicht das einzige Volk, das es in den dreißiger Jahren vorzog, den Kopf in den Sand zu stecken, und das sich weigerte, das Übel beim wahren Namen zu nennen. Die Engländer und Franzosen in München, die Italiener, Deutschlands Achsenpartner, die Polen, die den Tschechen im Falle Teschen in den Rücken fielen, die Russen, die den deutsch-russischen Pakt zur Teilung Polens unterzeichneten, sie alle glaubten, Hitler übers Ohr hauen oder ihn für ihre eigenen selbstsüchtigen Ziele benutzen zu können. Sie haben keineswegs mehr erreicht als die deutschen Rechtsparteien oder die deutsche Armee. In der bitteren Zeit des Krieges und der Besetzung mußten sie erfahren, wie wahr John Donnes Worte sind, die Ernest Hemingway seinem Roman über den spanischen Bürgerkrieg voransetzt:

»No man is an Iland, intire of it selfe; every man is a peece of the Continent, a part of the maine; If a clod bee washed away by the Sea, Europe is the lesse, as well as if a Promontorie were, as well as if a Mannor of thy friends or of thine own were; Any man's death diminishes me, because I am involved in Mankinde; And therefore never send to know for whom the bells tolls; It tolls for thee.«

»Niemand ist eine Insel, niemand ist ganz für sich allein; jeder ist ein Stück des Kontinents — ein Teil des Ganzen; schwemmt die See ein Bröckchen weg, dann wird Europa kleiner, nicht anders als wär's ein Vorgebirge, nicht anders als wär's die Scholle deines Freundes oder deine eigene; jedermanns Tod schmälert mich, da ich ein Teil der Menschheit bin; und darum suche niemals zu erfahren, wem die Stunde schlägt; sie schlägt für dich.«

In der Tat, Hitler war nicht weniger ein europäisches als ein deutsches Phänomen. Die Umstände und die Mentalität, die er ausbeutete, die *malaise*, deren Symptom er war, beschränkten sich nicht auf ein einziges Land, obwohl sie in Deutschland stärker in Erscheinung traten als anderswo. Hitlers Sprache war die deutsche, aber die

Gedanken und Empfindungen, denen er Ausdruck gab, waren universeller verbreitet.

Hitler hatte diese Verflechtung mit Europa sehr wohl erkannt. Er revoltierte gegen »das System«, nicht nur in Deutschland, sondern in Europa, gegen jene liberale bürgerliche Ordnung, die sich für ihn in dem Wien, das ihn einmal zurückgestoßen hatte, symbolisierte. Dieses »System« zu zerstören, war seine Mission, eine Mission an die, zu glauben er niemals aufhörte; und die Erreichung dieses am tiefsten empfundenen seiner Ziele ist ihm nicht mißglückt. Europa mag sich wieder erheben, aber das alte Europa der Zeit zwischen 1789, dem Jahr der Französischen Revolution, und 1939, dem Jahr des Hitlerschen Krieges, ist für immer dahin — und am Ende seiner Geschichte steht als letzte Gestalt der Baumeister seiner Ruine, Adolf Hitler. »*Si monumentum requiris, circumspice*« — »wenn du sein Denkmal suchst, blicke umher«.

ABKÜRZUNGEN UND HINWEISE

In den Anmerkungen sind folgende Abkürzungen verwandt worden:

N.B. Nürnberger Beweisurkunden, die dem Internationalen Militärgerichtshof 1945/46 als Beweismaterial vorgelegt wurden. Die Aktenzeichen (z. B. 376—PS) sind in allen Publikationen die gleichen.

N.P. Nürnberger Prozeß. *Der Prozeß gegen die Hauptkriegsverbrecher vor dem Internationalen Militärgerichtshof Nürnberg, 14. November 1945 bis 1. Oktober 1946.* Nürnberg 1947.

N.C.A. *Nazi Conspiracy and Aggression,* 8 Bde. und 2 Supl.-Bde. U.S. Govt. Printing Office, Washington 1946—1948.

BRIT.DOC. *Documents on British Foreign Policy 1919—1939.* Herausgegeben von E. J. Woodward und Rohan Butler. H.M.S.O., London 1946—1950.

G.D. *Documents on German Foreign Policy, 1918—1945. From the Archives of the German Foreign Ministry.* H.M.S.O., London 1949 ff.

BAYNES *The Speeches of Adolf Hitler.* Herausgegeben von Norman H. Baynes, 2 Bde. London: Oxford Univ. Press 1942.

PRANGE *Hitler's Words.* Herausgegeben von Gordon W. Prange. Washington: American Council on Foreign Relations 1944.

Die Übersetzung hat für die Zitate aus Hitlers Reden die jeweilige Wiedergabe von Wolffs Telegraph. Büro (WTB) bzw. des Deutschen Nachrichten-Büros (DNB) benutzt. Abweichend von dem selbstverständlichen Brauch, deutschsprachige Zitate aus dem jeweiligen Original zu zitieren, mußten vom Autor zitierte Passagen aus »Hitler's Table Talk« und »The Testament of Adolf Hitler« (vgl. Quellen- und Literaturverzeichnis I. A., Nr. 13 und 14) teilweise rückübersetzt werden, da diese Dokumente nur in englischen und französischen Ausgaben publiziert sind. »Der nunmehrige Besitzer der Papiere hat den Vorschlag deutscher Verleger, ihnen die in seine Hand gefallenen Papiere zum Druck zur Verfügung zu stellen, abgelehnt.«
(P. E. Schramm)

Die betreffenden Passagen wurden in den Anmerkungen mit einem R (=Rückübersetzt) gekennzeichnet.

ANMERKUNGEN

Erstes Buch

1 Hitlers Stammtafel siehe S. 12 f.
2 Adolf Hitler, »Mein Kampf«, Bd. I, S. 5. Benutzt wurde durchgängig die unrevidierte Erstausgabe von 1925.
3 »Mein Kampf«, S. 6 f.
4 Hitler's Table Talk 1941—1944, London 1953, S. 698 f. (R)
5 Jetzinger, Hitlers Jugend, Wien 1956, S. 105 f.
6 »Mein Kampf«, S. 12.
7 Kubizek, »Adolf Hitler, mein Jugendfreund«, Graz, 1953.
8 Zit. nach Heiden, Adolf Hitler, Zürich 1936, S. 30.
9 »Mein Kampf«, S. 20.
10 »Mein Kampf«, S. 22.
11 »Mein Kampf«, S. 25.
12 Heiden, Adolf Hitler, Zürich 1936.
13 Zit. in Rudolf Olden, Hitler the Pawn, London 1936, S. 45.
14 Olden, S. 46.
15 Olden, S. 50.
16 Olden, S. 51.
17 Olden, S. 51.
18 »Mein Kampf«, S. 20.
19 Aus Hitlers Rede in Kulmbach, 5. Februar 1928, G. W. Prange, Hitler's Words, S. 8.
20 Aus Hitlers Rede in Chemnitz, 2. April 1928, ebenda.
21 »Mein Kampf«, S. 102.
22 »Mein Kampf«, S. 87.
23 »Mein Kampf«, S. 20.
24 »Mein Kampf«, S. 29.
25 »Mein Kampf«, S. 39/40.
26 »Mein Kampf«, S. 51.
27 »Mein Kampf«, S. 51.
28 »Mein Kampf«, S. 56.
29 »Mein Kampf«, S. 58.
30 »Mein Kampf«, S. 344.
31 »Mein Kampf«, S. 62 u. 64.
32 »Mein Kampf«, S. 66.
33 »Mein Kampf«, S. 84.
34 Ward Price, Interview mit Hitler, Daily Mail, 19. September 1938.
35 »Mein Kampf«, S. 12 u. 97.
36 »Mein Kampf«, S. 40.
37 »Mein Kampf«, S. 42, 43, 44.
38 »Mein Kampf«, S. 123.
39 »Mein Kampf«, S. 103.
40 »Mein Kampf«, S. 124.
41 »Mein Kampf«, S. 103.
42 »Mein Kampf«, S. 127.
43 »Mein Kampf«, S. 128—130.
44 »Mein Kampf«, S. 132.
45 »Mein Kampf«, S. 34 u. 45.
46 »Mein Kampf«, S. 35 u. 20.
47 »Mein Kampf«, S. 171/172.
48 »Mein Kampf«, S. 169.
49 »Mein Kampf«, S. 172.
50 Olden, S. 70/71.
51 Heiden, Hitler, I/57.

52 Aus Hitlers Rede in Hamburg, 17. August 1934. Baynes, Bd. I, S. 97 u. DNB
53 »Mein Kampf«, S. 175 u. 178.
54 »Mein Kampf«, S. 181.
55 »Mein Kampf«, S. 182.
56 Prinz Max von Baden, Erinnerungen, II/12.
57 Rede im Reichstag, 13. Juli 1934. Baynes, Bd. I, S. 300—302 u. DNB.
58 »Mein Kampf«, S. 215 ff.
59 »Mein Kampf«, S. 217.
60 »Mein Kampf«, S. 218.
61 »Mein Kampf«, S. 67.
62 »Mein Kampf«, S. 217.
63 »Mein Kampf«, S. 232.
64 Schacht, Abrechnung mit Hitler, Hbg. 1948, S. 30.
65 »Mein Kampf«, S. 111.
66 »Mein Kampf«, S. 357/358.
67 »Mein Kampf«, S. 190.
68 »Mein Kampf«, S. 195.
69 »Mein Kampf«, S. 98.
70 »Mein Kampf«, S. 244.
71 »Mein Kampf«, S. 191 u. 358.
72 »Mein Kampf«, S. 111.
73 »Mein Kampf«, S. 111.
74 »Mein Kampf«, S. 112.
75 »Mein Kampf«, S. 134.
76 »Mein Kampf«, S. 134.
77 Völkischer Beobachter, Nr. 3, 1921.
78 Heiden, Hitler, I/152.
79 Hitlers eigene Erinnerungen an Coburg in: Hitler's Table Talk, S. 135 ff.
80 Heiden, History of National Socialism, S. 44/45.
81 »Mein Kampf«, S. 225.
82 E. Boepple, Adolf Hitlers Reden, München 1934, S. 32.
83 Rede vor dem Industrieklub, Düsseldorf, 27. Januar 1932. Sonderdruck des Eher-Verlags, München 1932.
84 Rede in München, 8. November 1935. Baynes, Bd. I, S. 824.
85 Es wird erzählt, Hitler habe Feder auch darin nachgeahmt, daß er seinen langen Schnurrbart zur berühmten »Zahnbürste« stutzte.
86 Hitler's Table Talk, S. 218 (R).
87 Rosenbergs Tragödie, über die er, während er im Nürnberger Gefängnis saß, mit pathetischen Worten geschrieben hat, lag darin, daß er an die Nazi-Weltanschauung wirklich geglaubt hat. Hitler scheint ihm gegenüber eine gewisse geringschätzige Treue empfunden zu haben. Selbst später noch, als der hilflose Rosenberg beim Machtkampf innerhalb der Partei herumgestoßen wurde, hat er ihn gegen die Bosheit seiner Feinde in Schutz genommen.
88 Zit. aus Heiden, Hitler, S. 132.
89 Friedelind Wagner, The Royal Family of Bayreuth, London 1948, S. 8.
90 Zit. in Heiden, Hitler, London 1936, S. 102/103.
91 Hitler's Table Talk, S. 153—156.
92 Hitler's Table Talk, S. 107 (R).
93 Heiden, Hitler, S. 127.
94 Heiden, Hitler, S. 127.
95 Sein historischer Held war Friedrich der Große; zu Hanfstaengl sagte er, die beiden einzigen positiven Gestalten der englischen Geschichte seien Cromwell und Heinrich VIII.
96 Kurt Lüdecke, I knew Hitler, London 1938, S. 78.
97 Boepple, Adolf Hitlers Reden, S. 36.
98 Rede in München, November 1922. Wiedergegeben im Völkischen Beobachter vom 22. November.
99 Zit. in Heiden, Hitler, S. 156.
100 Rede in München, 25. Januar 1923. Prange, S. 221.
101 Hitlers Haltung ist nicht unähnlich der eines anderen Revolutionärs. Lenin bestand 1918 darauf, daß die bolschewistische Regierung die demütigenden Bedingungen von Brest-Litowsk annahm. Er stellte damit die politische Aufgabe, nämlich die Durchführung der Revolution in Rußland, über die nationale: die Vertreibung der Deutschen aus dem Lande.
102 »Mein Kampf«, S. 193: »Wenn aber die SA weder eine militärische Wehrorganisation, noch ein Geheimbund sein durfte, dann mußten sich daraus folgende Konsequenzen ergeben. Ihre Ausbildung hat nicht nach militärischen Gesichtspunkten, sondern nach parteizweckmäßigen zu erfolgen.«
103 Hanfstaengl (Hitler, The Missing Years, S. 85 ff.) berichtet, Seeckt habe das Interview mit der Bemerkung beendet: »Sie und ich, Herr Hitler, wir haben uns nichts mehr zu sagen.«

104 Rede in München, 10. April 1923. Baynes, Bd. I, S. 43/44 u. Boepple.
105 Rede in München, 24. April 1923. Baynes, Bd. I, S. 61/62 u. Boepple.
106 Rede in München, 20. April 1923. Baynes, Bd. I, S. 60.
107 Hitler und Kahr. Ein Bericht über die Ermittlungen des Untersuchungsausschusses des bayrischen Landtags, veröffentlicht von der bayrischen Sozialdemokratischen Partei in München, 1928. Verfasser war der Berichterstatter im Ausschuß, Dr. Wilhelm Hoegner.
108 Im August nahm Hitler an einer Tagung des zwischenstaatlichen Büros der Nationalsozialistischen Partei in Salzburg teil. Er bestand darauf, daß München, nicht mehr Wien, das Zentrum der Bewegung sein solle. Weitere Tagungen scheinen nicht stattgefunden zu haben.
109 Olden, S. 130.
110 Rede in München, 12. September 1923. Baynes, Bd. I, S. 80/81 u. Boepple.
111 Rede in München, 9. November 1936. Baynes, Bd. I, S. 154 u. DNB.
112 General Hans von Seeckt, Die Reichswehr, Berlin 1933, S. 31.
113 General von Rabenau: Seeckt. Aus seinem Leben, Leipzig 1940, S. 371.
114 Die ganze Darstellung wie auch die Wiedergabe von Hitlers Worten basiert auf dem Prozeßbericht: Der Hitler-Prozeß, München, 1924.
115 Ernst Hanfstaengl, Hitler, The Missing Years, London 1957, S. 100.
116 Eine anschauliche Schilderung der Episode bietet der Roman von Richard Hughes: »The Fox in the Attic«, London 1961.
117 Rede in München, 8. November 1935. Baynes, Bd. I, S. 135 u. DNB.
118 Rede in München, 8. November 1933. Baynes, Bd. I, S. 133 u. DNB.
119 Der Hitler-Prozeß, S. 18—28.
120 Der Hitler-Prozeß, S. 18—28.
121 Der Hitler-Prozeß, S. 109—124.
122 Der Hitler-Prozeß, S. 262—269.
123 Rede in München, 9. November 1934. Baynes, Bd. I, S. 152/53 u. DNB.
124 Rede in München, 9. November 1935. Baynes, Bd. I, S. 158/59 u. DNB.
125 Rede in München, 9. November 1936. Baynes, Bd. I, S. 155/56 u. DNB.
126 Rede in München, 9. November 1934. Baynes, Bd. I, S. 161 u. DNB.
127 Rede in München, 9. November 1933. Baynes, Bd. I, S. 152 u. WTB.
128 Der Hitler-Prozeß, S. 269.
129 Der Hitler-Prozeß, S. 269.
130 Lüdecke, I knew Hitler, S. 228.
131 Röhm: Die Memoiren des Stabschefs, S. 154.
132 Röhm: Die Memoiren des Stabschefs, S. 156.
133 Lüdecke, S. 214.
134 Rosenberg's Memoirs, New York 1949, S. 231.
135 Lüdecke, S. 222.
136 Zitiert von R. W. M. Kempner in: Blue Print of the Nazi Underground. (Research Studies of the State College of Washington, vol. XIII, No. 2, Juni 1945), S. 55.
137 Röhm, S. 160.
138 Otto Strasser, Hitler und ich, Konstanz 1948, S. 82.
139 Heiden, Hitler, S. 214.
140 Heiden, Hitler, S. 215.
141 Lüdecke, S. 217/218.
142 Siehe Oron J. Hales Artikel »Adolf Hitler, Taxpayer«, in: American Historical Review, Juli 1955, S. 830—842.
143 Hitler's Table Talk, S. 215 (R).
144 Hitler's Table Talk, S. 283 f. und 348 f. (Erstes Zitat: Originalwortlaut; zweites Zitat: R).
145 Otto Strasser, S. 113.
146 Otto Strasser, S. 117.
147 C. S. R. Harris, Germany's Foreign Indebtedness, Oxford 1935, Kap. I.
148 W. Arthur Lewis, Economic Survey, 1919—1929, London 1949, S. 91.
149 Harris: Appendix IV, zitiert nach dem Bericht des Generalagenten für Reparationen vom 21. Mai 1930.
150 Völkischer Beobachter, 23. September 1928.
151 Heiden, Der Führer. London, 1949, S. 250.
152 Fritz Thyssen schrieb später, er habe die Nazipartei anfänglich nur aus einem einzigen Grunde finanziert: es sei sein Wunsch gewesen, den Young-Plan zu beseitigen. Fritz Thyssen: I paid Hitler, S. 118.
153 Heiden, Der Führer, S. 271.
154 Die nachstehende Darstellung folgt Otto Strassers Flugschrift »Ministersessel oder Revolution?«, die damals, 1930, publiziert wurde, und der kürzeren Version in Otto Strassers: »Hitler und ich«.
155 Zit. nach der Frankfurter Zeitung vom 26. September 1930. Baynes, Bd. I, S. 188—190.
156 Rede in München, 18. Juli 1930. Prange, S. 42.
157 Kempner, S. 121.

158 Rede am 15. März 1929, größtenteils zitiert in: Kempner, S. 99 ff.
159 Frankfurter Zeitung, 26. September 1930.
160 Frankfurter Zeitung, 26. September 1930.
161 Der Prozeß gegen die Hauptkriegsverbrecher vor dem Internationalen Militärgerichtshof Nürnberg, 14. November 1945—1. Oktober 1946. Nürnberg 1947 ff. Fortan abgekürzt: N.P. Teil XV, S. 276/277.
162 Nach Görings Aussage vor dem Nürnberger Gerichtshof, N.P. IX, S. 68.
163 Picker, Hitlers Tischgespräche, Stuttgart 1963, S. 444.
164 Nürnberger Beweisurkunden (fortan abgekürzt N.B.) EC—440, Aussage Walter Funks.
165 N.P. XIII, S. 100, Funks Vernehmung.
166 N.B. EC—440.
167 Otto Dietrich, Mit Hitler an die Macht, S. 45.
168 N.B. EC—440.
169 N.B. 2828—PS.
170 Thyssen, I paid Hitler, London, 1941, S. 133/134.
171 Der volle Wortlaut des von Dr. Kempner im Preußischen Innenministerium bearbeiteten Polizeiberichts wurde von ihm in »Research Studies of the State College of Washington, Juni 1942« wiedergegeben. S. 56—130. Die Korrespondenz mit dem Oberreichsanwalt ist angefügt. S. 131 bis 194.
172 Zitiert aus der Frankfurter Zeitung, 3. Dezember 1931. Baynes, Bd. I, S. 178.
173 Documents on British Foreign Policy, 2. Serie, Band II, No. 225.
174 Nationalsozialistische Briefe, Nr. 23, Juni 1929.
175 Brit. Doc., 2. Serie, Bd. I, S. 512.
176 Friedrich Meinecke, Die deutsche Katastrophe, Wiesbaden 1947, S. 71.
177 Friedrich Meinecke, S. 68/69.
178 Aus Groeners Briefwechsel. Zit. in Gordon A. Craig, The Reichswehr and National Socialism. Political Science Quarterly, Juni 1948.
179 Heinrich Brüning, Ein Brief. Deutsche Rundschau, Juli 1947. Man vergleiche diese Nachkriegsrechtfertigung mit der Darstellung der Ereignisse von J. W. Wheeler-Bennett in »Hindenburg the Wooden Titan« (London 1936), die sich teilweise auf damalige Unterhaltungen des Verfassers mit Brüning stützt.
180 Meinecke, S. 74.
181 Meinecke, S. 73.
182 Heinrich Brüning, Ein Brief, s. Anm. 179.
183 Brüning, Ein Brief.
184 »Mein Kampf«, S. 103.
185 Siehe Kapitel VII.
186 Gerhard Schultze-Pfälzer, Hindenburg und Hitler zur Führung vereint. Berlin 1933, S. 114/115.
187 Man lese die Sammlung der scharfen Korrespondenz zwischen Hitler, Röhm und den Stahlhelmführern in der Zeit von Oktober bis Dezember 1931. Wörtlich abgedruckt in Th. Duesterberg, Der Stahlhelm und Hitler. Wolfenbüttel 1949, S. 15—33.
188 Hitlers offener Brief steht, zusammen mit anderen Briefen an Dr. Brüning, in einer Nazibroschüre: Hitlers Auseinandersetzung mit Brüning. München 1932, S. 33—36.
189 Zitiert in G. Castellan: Von Schleicher, von Papen et l'avènement de Hitler. Cahiers d'Historie de la Guerre, Paris No. 1, Januar 1949.
190 Hitlers Auseinandersetzung mit Brüning, München 1932, S. 45.
191 Hitlers Auseinandersetzung mit Brüning, S. 56.
192 Heiden, Hitler, Bd. I., S. 293.
193 Heiden, History of National Socialism, S. 151; Bénoist-Méchin, Histoire de l'Armée allemande, Bd. II. S. 426.
194 Josef Goebbels, Vom Kaiserhof zur Reichskanzlei, München 1934, S. 20.
195 Otto Meißner, Staatssekretär unter Ebert, Hindenburg, Hitler, Hamburg 1950, S. 216/217.
196 Hitlers Auseinandersetzung mit Brüning, S. 92.
197 Goebbels, S. 36—50.
198 Otto Dietrich, Mit Hitler an die Macht. München 1934.
199 Konferenz im Innenministerium, 14. Dezember 1931. Craig, S. 216.
200 Brüning, Ein Brief. Deutsche Rundschau, Juli 1947.
201 Goebbels, S. 87.
202 Heiden, Der Führer, S. 355/356. Ebenso Gordon Craig, S. 227.
203 Als Brüning Schleicher wegen seiner Intrige gegen Groener zur Rede stellte und von ihm verlangte, daß er an Stelle von Groener das Amt des Reichswehrministers übernehme, erwiderte Schleicher: »Das werde ich, aber nicht in Ihrer Regierung.« Siehe Wheeler-Bennett: »Hindenburg, the Wooden Titan«, S. 385.
204 Albert Grzesinski, Inside Germany. New York 1939, Kapitel 10.
205 Albert Grzesinski, Inside Germany, Kap. 10.
206 Als der Verfasser im Juli 1945 Herrn Severing in Bielefeld sprach, fand er ihn immer noch bereit, sein Verhalten zu verteidigen. Siehe auch Severings Memoiren: »Mein Lebensweg«. Köln 1950.

207 Zit. in Heiden, Hitler, Bd. I, S. 398.
208 Goebbels, S. 120/121.
209 Sir H. Rumbold an Sir J. Simon, 3. August 1932. Brit. Doc. Serie II, Bd. IV.
210 Nach anderen Angaben wurde Hitler telegraphisch nach Berlin gerufen; aber Meißners stellt in seiner eidesstattlichen Erklärung (Nürnberger Dokumente 3309-PS) fest, daß Hitler um die Audienz beim Reichspräsidenten nachgesucht hat. Seine persönliche Bitte wurde Meißner durch Hitlers Adjutant Brückner übermittelt.
211 Goebbels, S. 142.
212 Eidesstattliche Erklärung Otto Meißners in Nürnberg, 28. November 1945. Siehe auch Meißner: Staatssekretär, S. 239—241.
213 Heiden, History of National Socialism, S. 182.
214 Goebbels, S. 145/146.
215 Hermann Rauschning, Gespräche mit Hitler. Zürich 1940, S. 15—17.
216 Hermann Rauschning, S. 23.
217 Goebbels, S. 149/150.
218 Goebbels. S. 165.
219 Goebbels. S. 180/181.
220 Goebbels. S. 181.
221 Goebbels. S. 176.
222 Lüdecke, I knew Hitler.
223 Lüdecke, S. 478/479.
224 Goebbels, S. 181.
225 Goebbels, S. 192.
226 Goebbels, S. 195.
227 Goebbels, S. 202.
228 N.B. D-633.
229 N.B. D-634.
230 Der Briefwechsel ist in seinem ganzen Umfang abgedruckt im »Jahrbuch des öffentlichen Rechts«, Bd. 21 (1933/34).
231 Goebbels, S. 212.
232 Vernehmung von Papens in Nürnberg, 3. September 1945. N.P. XVI S. 269. Siehe auch Papens Brief an François-Poncet vom 10. April 1948, zitiert in Castellan, S. 20—23.
233 Außer den bereits zitierten Quellen lese man Castellan, S. 23—25, wo Oberst Otts Bericht in einem Brief vom November 1946 vollinhaltlich wiedergegeben ist, sodann Meißners Aussage in Nürnberg vom 28. November 1945, und den Bericht des britischen Botschafters vom 7. Dezember 1932. (Brit. Doc. 2. Serie, Bd. IV, Nr. 4.)
234 N.P., Teil XVI, S. 272.
235 Goebbels, S. 219/220.
236 Goebbels, S. 222.
237 Kurt von Schuschnigg, Dreimal Österreich. Wien 1937, S. 205/206.
238 Goebbels, S. 200, 223, 228.
239 Goebbels, S. 223.
240 Goebbels, S. 229.
241 Textlich enthalten in »Nazi Conspiracy and Aggression«. Bd. II, S. 922—924.
242 N.P., Teil XVI, S. 329—335.
243 N.B. 3901-PS.
244 Siehe Schachts Brief an Hitler von 12. November 1932. (N. B. EC-456) und ebenso Schachts Aussage in Nürnberg (N. P., Teil VIII).
245 Goebbels, S. 243.
246 Goebbels, S. 236.
247 Aussage Meißners. Auch dies stritt Papen in Nürnberg ab.
248 Baynes, Bd. I, S. 194.
249 Goebbels, S. 247.
250 Das Treffen fand in Ribbentrops Dahlemer Haus statt. Dieser, ein bis dahin unbekannter Nazi, war ein Freund Papens.
251 Meißners Aussage. Oscar von Hindenburg bestreitet dies; siehe Protokoll der mündlichen Verhandlung in dem Entnazifizierungsverfahren gegen den Generalleutnant a. D. Oscar von Hindenburg, Spruchkammer Uelzen, März 1949.
252 Picker, Hitlers Tischgespräche, Bonn 1951, S. 427—434.
253 Eine ausführliche Darstellung des sogenannten Potsdamer Putsches ist enthalten in J. W. Wheeler Bennett, Die Nemesis der Macht, 3. Teil, Kap. 1.
254 Unter den erbeuteten deutschen Dokumenten befindet sich ein Brief von Hitler an Oberst von Reichenau vom 4. Dezember 1932, in dem er sich ausführlich über seine Politik verbreitet. Blombergs und Reichenaus Fühlungnahme mit Hitler vermittelte der Divisionspfarrer Müller, ein begeisterter Nazi, der später zum Reichsbischof ernannt wurde.
255 Rede vom 23. September 1933. Baynes, Bd. I. S. 556 u. WTB.
256 Papen, Der Wahrheit eine Gasse, München 1952, S. 275 f.

Zweites Buch

1 Anspielung auf einen volkstümlichen englischen Kehrreim:
> There was a young lady of Riga
> Who smiled as she rode on a tiger.
> They returned from the ride
> With the lady inside,
> And a smile on the face of the tiger.

2 N.B. 351—PS.
3 Goebbels, S. 256.
4 Aussage Georg von Schnitzlers in Nürnberg, 10. November 1945, N.B. EC—439; Vernehmung Schachts, 20. Juli 1945. N.B. 3725—PS; Schachts Zeugenaussage, Nürnberger Prozeß Teil XII; Funks Vernehmung, 26. Juni 1945, N.B. 2828—PS.
5 N.B. D—203.
6 Rede in München, 24. Februar 1933. Baynes, Bd. I, S. 252 u. WTB.
7 Rede in Kassel, 11. Februar 1933. Baynes, Bd. I, S. 238 u. WTB.
8 Rede in Stuttgart, 15. Februar 1933. Baynes, Bd. I, S. 239 u. WTB.
9 Rede in Köln, 19. Februar 1933. Baynes, Bd. I, S. 250 u. WTB.
10 Rede in Dortmund, 17. Februar 1933. Baynes, Bd. I, S. 243 u. WTB.
11 Heiden: History of National Socialism, S. 216.
12 Sir H. Rumbold an Sir J. Simon, 1. März 1933. Brit. Doc., 2. Serie, Bd. IV, Nr. 246.
13 Goebbels, S. 254.
14 Tobias, Der Reichstagsbrand, Rastatt 1962.
15 Picker, Hitlers Tischgespräch, Stuttgart 1963, S. 325.
16 Sefton Delmer, Interview mit Hitler, Daily Express, 3. März 1933.
17 Görings Rede in Frankfurt/Main, 3. März 1933. N.B. 1856—PS.
18 Rede in Königsberg, 4. März 1933. Baynes, Bd. I, S. 116 u. 409 u. WTB.
19 Die Protokolle der Kabinettssitzungen vom 15. und 20. März sind in den Nürnberger Beweisurkunden enthalten. 2962—3—PS.
20 Siehe Brüning: Ein Brief, S. 15—20.
21 Zit. in J. W. Wheeler-Bennett: Hindenburg, London 1936, S. 448.
22 Dokumente der deutschen Politik, 1935, S. 20—24.
23 A. François-Poncet, The Fateful Years, London 1949, S. 61.
24 Text in Meißner, Staatssekretär, S. 298.
25 Gesetz vom 31. März 1933, Artikel 4. Reichsgesetzblatt 1933 I, S. 153.
26 Gesetz vom 7. April 1933. Reichsgesetzblatt 1933 I, S. 175.
27 Gesetz vom 30. Januar 1934. Reichsgesetzblatt 1934 I, S. 75.
28 Rede vom 22. März 1934. Baynes, Bd. I, S. 275 u. DNB.
29 Goebbels, S. 299.
30 Proklamation des Aktionsausschusses zum Schutze der Deutschen Arbeit, 2. Mai 1933. N.B. 614—PS.
31 Gesetz vom 19. Mai 1933. Reichsgesetzblatt 1933 I, S. 277.
32 Gesetz vom 7. Juli 1933. Reichsgesetzblatt 1933 I, 462.
33 Die Staatspartei gab ihre Auflösung am 28. Juni, die Deutsche Volkspartei am 4. Juli 1933 bekannt.
34 Reichsgesetzblatt 1933 I, S. 479.
35 Rauschning, Gespräche mit Hitler, S. 78.
36 Schacht an Hitler, 29. August 1932. N.B. EC—457.
37 Gesetz vom 14. Juli 1933.
38 Gesetze zur Säuberung der Beamtenschaft wurden am 7. April, am 30. Juni und am 20. Juli erlassen. Seines Amtes enthoben wurde jeder Beamte jüdischer Abstammung, jeder, der einmal

mit den Linksparteien sympathisiert hatte oder auch nur ein treuer Republikaner gewesen war, Die Zulassung als Beamter regelte das Gesetz »zur Wiederherstellung des Berufsbeamtentums« vom 7. April. Das gesamte Zeitungswesen, Theater, Musik, Rundfunk kamen durch die Errichtung der Reichskulturkammer unter die Kontrolle von Goebbels. Eine Säuberungsaktion im Journalistenberuf wurde nach einem besonderen Gesetz (4. Oktober) durchgeführt.
39 Rauschning, Gespräche mit Hitler, S. 96.
40 Rede vom 14. Juni 1933. Baynes, Bd. I, S. 223 u. 481—483.
41 Rede vom 7. Mai 1933 in Kiel, Baynes, Bd. I, S. 181 u. WTB.
42 Rede vor den Reichsstatthaltern, 6. Juli 1933. Baynes, Bd. I, S. 865/866 u. WTB.
43 Rede vor den Gauleitern, 13. Juli 1933. Baynes, Bd. I, S. 484/485 u. WTB.
44 Rede in Leipzig, 16. Juli 1933. Baynes, Bd. I, S. 638 u. WTB.
45 Zit. in Bénoist-Méchin, S. 549, und Konrad Heiden: Der Führer, S. 564.
46 Einen kurzen zusammenfassenden Bericht über dieses Treffen gab später der dabei anwesende Admiral Raeder: N.C.A. VIII, S. 707.
47 Rauschning, Gespräche mit Hitler, S. 144.
48 Rede am Stahlhelm-Tag, 23. September 1933. Baynes, Bd. I, S. 554 u. 556 u. WTB.
49 Zit. in Heiden, Der Führer, S. 573.
50 N.B. 951—D.
51 Hitler machte in seinem Tagesbefehl an die SA nach Röhms Hinrichtung reichlich Gebrauch von Anschuldigungen wie: »luxuriöses Stabsquartier, kostspielige Festessen, teure Limousinen, Mißbrauch von Parteigeldern, sexuelle Perversionen und Korruption«. Siehe auch seine Rechtfertigung vor dem Reichstag, 13. Juli 1934. Baynes: Bd. I, S. 290—328 und DNB.
52 Abgedruckt im »Weißbuch über die Erschießungen des 30. Juni 1934« (Carrefour, Paris, 1934). Das Weißbuch ist eine Darstellung deutscher Emigranten, darunter einiger, die damals dem Gemetzel entronnen sind.
53 Rede im Reichstag, 13. Juli 1934. Baynes, Bd. I, S. 316 u. DNB.
54 Meißner, Staatssekretär, S. 364. Siehe auch Frankfurter Zeitung, 10. Juni 1934.
55 Rede im Reichstag, 13. Juli 1934. Baynes, Bd. I, S. 311 u. DNB.
56 Aussage Fricks in Nürnberg, 19. November 1945. N.B. 2950—PS.
57 In seiner Rede bemerkte Hitler, daß ein Zusammentreffen zwischen Schleicher oder Röhm mit einem ausländischen Diplomaten selbst dann verdächtig sei und die Todesstrafe verdiene, »wenn sich erweisen sollte, daß bei einer mir derart geheimgehaltenen Beratung von nichts anderem die Rede war als vom Wetter, alten Münzen u. dgl.«
58 François-Poncet, S. 138—141.
59 Reichstagsrede vom 13. Juli 1934. Baynes, Bd. I, S. 321 u. DNB.
60 H. B. Gisevius, Bis zum bitteren Ende, Hamburg 1947, S. 216 ff.
61 Zit. in Bénoist-Méchin, Bd. II, S. 578.
62 Aussage von Käte Eva Hörlin, der ehemaligen Frau von Willi Schmidt, 7. Juli 1945, N.B. L—135.
63 Rede im Reichstag, 13. Juli 1934. Baynes, Bd. I, S. 290—328 u. DNB.
64 Rauschning, Gespräche mit Hitler, S. 162.
65 Rauschning, Gespräche mit Hitler, S. 281.
66 Zit. in Bernhard Schwertfeger, Rätsel um Deutschland. Heidelberg, 1948, S. 449. Dort auch (S. 439 bis 445) Wortlaut von Hindenburgs Testament nach der amtlichen Veröffentlichung.
67 Rede auf dem Nürnberger Parteitag, 5. September 1934. Baynes, Bd. I, S. 328/329 u. DNB.
68 Einen ausgezeichneten Überblick zu den wichtigsten Vorgängen bietet das 8. Kapitel von William Shirers »The Rise and Fall of the Third Reich« (London 1960; deutsche Ausgabe Köln 1961).
69 Schacht, Abrechnung mit Hitler, S. 9.
70 N.P. Teil IX, S. 446.
71 »Mein Kampf«, S. 555.
72 Rede vor dem Industrieklub, Düsseldorf, 27. Januar 1932. Eher-Verlag, München, 1932.
73 »Mein Kampf«, S. 714.
74 Rede am 30. Januar 1941. Prange, S. 216 u. DNB.
75 »Mein Kampf«, S. 736.
76 Die Bismarcksche Lösung des Problems der deutschen Einheit, die die Deutschen der Habsburger Monarchie ausschloß, war unter dem Namen »Kleindeutschland« bekannt. Das Gegenstück »Großdeutschland« sollte von Hitler durch die Annexion Österreichs und des Sudetenlandes verwirklicht werden.
77 Erich Ludendorff, Meine Kriegserinnerungen, Berlin 1919, S. 138.
78 »Mein Kampf«, S. 742.
79 General Haushofer zum Beispiel, der Begründer der Münchner Schule der Geopolitik und ein guter Freund von Heß, gehörte zu denen, die für eine prorussische Ausrichtung der Außenpolitik eintraten. Eine Zeitlang auch Erich Koch, der einflußreiche Gauleiter von Ostpreußen, wie Rauschning berichtet (Gespräche mit Hitler, S. 123).
80 Rauschning, Gespräche mit Hitler, S. 46.
81 Aussage Papens in Nürnberg, N.B. 3300—PS.
82 Über die nationalsozialistische »Neuordnung«, siehe Kapitel XII, IV.
83 Rede vom 14. Oktober 1933. Baynes, Bd. II, S. 1092—1104 u. DNB.

84 Daily Mail, 19. Oktober 1933. Baynes, Bd. II, S. 131—133.
85 Rede in Breslau, 4. November 1933. Baynes, Bd. I, S. 1131—1133 u. DNB.
86 Bedeutende Erhöhungen des deutschen Militäretats wurden im März 1934 bekanntgemacht.
87 Rede im Reichstag, 30. Januar 1934. Baynes, Bd. II, S. 1151—1171 u. DNB.
88 Friedelind Wagner, The Royal Family of Bayreuth, S. 98 f.
89 Daily Mail, 6. August 1934. Baynes, Bd. II, S. 1181—1184.
90 Otto Strasser, Hitler und ich, S. 251.
91 The Polish White Book, London 1939, S. 17.
92 Ebenda, S. 25/26: Graf Szembeks Bericht über die Besprechungen Görings in Polen.
93 British White Paper. Cmd. 4827 von 1935.
94 Wie General von Manstein mitteilt, wurde diese Zahl von Hitler festgesetzt; hätte man den Generalstab gefragt, so hätte dieser 21 Divisionen vorgeschlagen.
95 Vgl. Hitlers Proklamation an das deutsche Volk vom 16. März 1935.
96 Paul Schmidt, Statist auf diplomatischer Bühne, Bonn 1949, S. 300.
97 »Mein Kampf«, S. 699.
98 »Mein Kampf«, S. 154.
99 Hitler's Table Talk, S. 11—14, 23, 26, 46, 50, 92 f., 264 f.
100 Rede vom 16. September 1935. Baynes, Bd. I, S. 561 u. DNB.
101 Rede vom 15. September 1935. Baynes, Bd. I, S. 732 u. DNB.
102 Elizabeth Wiskemann, The Rome-Berlin Axis, Oxford, 1949, S. 51 f.
103 Winston S. Churchill, The Second World War, Bd. I: The Gathering Storm, London 1948, S. 148.
104 Churchill schätzt sie in seinem oben erwähnten Werk auf 35 000 Mann.
105 Vernehmung Jodls in Nürnberg. N.B. Teil XV., S. 320 f.
106 Hitler's Table Talk, S. 258 f. (R).
107 Wortlaut des Befehls in N.B. 159—C.
108 A. François-Poncet, S. 193.
109 Paul Schmidt, S. 320.
110 N.B. 692—D.
110a Papen Der Wahrheit eine Gasse, S. 419.,
111 Der Text des Abkommens ist in den nach dem Krieg beschlagnahmten Dokumenten des deutschen Auswärtigen Amts enthalten: Documents on German Foreign Policy; From the Archives of the German Foreign Ministry. Serie D, Bd. I, London, 1949, No. 152 (fortan zitiert unter G.D.)
112 Diese Zahl nannte Grandi dem deutschen Geschäftsführer in London im Februar 1938. G.D. Serie D, Bd. III, No. 519, S. 437.
113 Ebenda, No. 783.
114 Von Hassells Depesche an das Auswärtige Amt, 18. Dezember 1936. G.D. Serie D, Bd. III, No.157.
115 Aufzeichnungen Cianos in »Diplomatic Papers«, London, 1949, S. 43—48.
116 Ciano, Diplomatic Papers, S. 56—60.
117 Rede in München, 9. November 1936. Baynes, Bd. II, S. 1331/32 u. DNB.
118 G.D. Serie D, Bd. I, No. 734.
119 Documents on International Affairs, 1936, London, 1937, S. 299 f.
120 Zitiert nach C. W. Guillebaud, The Economic Recovery of Germany 1933 bis 1938, London, 1939 S. 46.
121 Schachts Denkschrift an Hitler, 3. Mai 1935. N.B. 1168—PS.
122 Hitler's Table Talk, S. 634 (R).
123 Rede vom 30. Januar 1937. Baynes, Bd. II, S. 1334—1347.
124 Rede in Augsburg, 21. November 1937. Baynes, Bd. II, S. 1370—1372 u. DNB.
125 Göring vor Industriellen, 17. Dezember 1936, N.B. N.J.— -051.
126 von Hassells Denkschrift, G.D. Serie D, Bd. I, No. 199.
127 Schmidts Aufzeichnungen; Ciano's, Diplomatic Papers, S. 80/81.
128 Hassell an Göring, 30. Januar 1937. G.D. Serie D, Bd. I, No. 208.
129 Ciano's Diplomatic Papers. Unterredung vom 3. Mai 1937, S. 115 f.
130 Rede auf dem Maifeld, 28. September 1937. Baynes, Bd. II, S. 1361—1364 u. DNB.
131 Ciano's Diplomatic Papers, S. 139—146.
132 Ciano's Notizen über das Gespräch in Venedig am 22. April 1937 (Ciano's Diplomatic Papers, S. 108—115); Kurt von Schuschnigg, Ein Requiem in Rot-Weiß-Rot, Zürich 1949, S. 247—249.
133 Ciano's Aufzeichnungen, S. 146.
134 Polish White Book, S. 36—38. Aufzeichnung von Görings Unterredung mit Marschall Rydz-Smigly, 16. Februar 1937.
135 Ebenda, S. 40—43.
136 Rede vom 13. September 1937 in Nürnberg. Baynes, Bd. I, S. 688—712 u. DNB.
137 Rede König Leopolds vom 14. Oktober 1936.
138 Churchill, The Second World War, Bd. I, S. 173/174.
139 Memorandum der Halifax-Hitler-Besprechung, 19. November 1937, G.D. Serie D, Bd. I, No. 31.
140 Keith Feiling, The Life of Neville Chamberlain, London, 1946, S. 332.
141 G.D. Serie D, Bd. I, No. 31.
142 G.D. Serie D, Bd. I, No. 19, gewöhnlich als »Hoßbach-Aufzeichnungen« bezeichnet.

143 W. Shirer, The Rise and Fall of the Third Reich, S. 307.
144 Baynes, Bd. II, S. 1370 ff.
145 A. Zoller, Hitler privat. Düsseldorf 1949, S. 45. Dieses Buch ist eine wertvolle Quelle für die Erforschung von Hitlers Privatleben. Herausgegeben von einem Untersuchungsoffizier der 7. Amerikanischen Armee, wurde es 1945 nach den Erinnerungen einer Sekretärin Hitlers niedergeschrieben. Obwohl ihr Name nicht genannt wird, scheint es sich nach dem vorliegenden Beweismaterial entweder um Frl. Wolf oder Frl. Schröder zu handeln. Sie begann ihren Dienst bei Hitler 1933 und gehörte bis April 1945 seinem Haushalt an.
146 Rede in München, 8. November 1938. Baynes, Bd. II, S. 1551 u. DNB.
147 »Mein Kampf«, S. 527.
148 »Mein Kampf«, S. 527.
149 O. Strasser, Hitler und ich, S. 85.
150 Hitler's Table Talk, London 1953.
151 Es ist typisch für Hitler, daß er nach dem bereits erwähnten Bericht seiner Sekretärin dieses Kehlsteinhaus selten aufsuchte, meist nur, um ausländische Besucher, wie z. B. François-Poncet, zu beeindrucken.
152 Aus einer Rede in München am 15. März 1936, kurz nach der erfolgreichen Wiederbesetzung des Rheinlandes, die gegen den Rat der Fachleute unternommen wurde und die Kraft seiner Intuition triumphierend rechtfertigte.
153 N.P. Teil XVIII, S. 372.
154 Mit diesem Wort bezeichnet Max Weber die Autorität von Persönlichkeiten, die beanspruchen, von Gott inspiriert und von der Vorsehung für eine besondere Mission auserlesen zu sein.
155 Sir N. Henderson, Failure of a Mission, London, 1940, S. 229.
156 Vgl. Kapitel VIII.
157 Hermann Rauschning, Gespräche mit Hitler, S. 170. Der Autor teilt Trevor-Ropers Ansicht, daß Rauschnings Darstellung durch das nach Veröffentlichung seines Buches entdeckte Dokumentenmaterial eine Erhärtung erfahren hat und eine wichtige Quelle für jede Hitler-Biographie ist.
158 Henderson, S. 71.
159 N.P. Teil XXII, S. 460.
160 Schacht, Abrechnung mit Hitler, S. 32.
161 Schacht, S. 32.
162 Interview mit Bertrand de Jouvenel vom »Paris-Midi« am 21. Februar 1936.
163 Hegel, Vorlesungen über Philosophie der Geschichte, Leipzig (Reclam) o. J., S. 66 f.
164 Hegel, Vorlesungen über Philosophie der Geschichte, S. 111 u. 70.
165 Rede in München, 15. März 1936.
166 Rede in Würzburg, 27. Juni 1937. Baynes, Bd. I, S. 411 u. DNB.
167 Reichstagsrede am 20. Februar 1938. Baynes, Bd. II, S. 1381 f. u. DNB.
168 Hitler's Table Talk, S. 125 (R).
169 Rauschning, S. 55.
170 Hitler's Table Talk, S. 57 (R).
171 Ebenda, S. 304 (R).
172 Ebenda, S. 61 ff. (R).
173 Ebenda, S. 59 ff. (R).
174 Ebenda, S. 322. (R).
175 Picker, Hitlers Tischgespräche, S. 149.
176 Ebenda, S. 155.
177 Henderson, S. 282.
178 Hanfstaengl, The Missing Years, S. 22.
179 Ebenda, S. 52.
180 H. Hoffmann, Hitler was My Friend, London 1955, S. 148 ff.
181 Ebenda, S. 162 f.
182 Rede in Chemnitz, 2. April 1938. Prange, S. 8/9.
183 Rede in München, 13. April 1923; E. Boepple, Adolf Hitlers Reden, S. 44.
184 Rede in Essen, 22. November 1936, Prange, S. 4.
185 Rede in München, 13. April 1923, Boepple, S. 44.
186 »Mein Kampf«, S. 317.
187 Siehe Hitlers Schlußrede auf dem Nürnberger Parteitag am 3. September 1933. Baynes, Bd. I, S. 464—466 u. DNB.
188 Otto Strasser, Hitler und ich, S. 137.
189 Rauschning, Gespräche mit Hitler, S. 219 f.
190 Rede in Düsseldorf, 27. Januar 1932. Sonderdruck Eher-Verlag, 1932.
191 Rede zum Erntedankfest in Bückeburg, 1. Oktober 1933. Baynes, Bd. I, S. 871/72 u. DNB.
192 Interview mit Anne O'Hara McCormick, New York Times, 10. Juli 1933. Baynes, Bd. I, S. 66.
193 Rede im Reichstag, 30. Januar 1937. Baynes, Bd. I, S. 523 u. DNB.
194 Rede in München, 4. Mai 1923, Boepple, S. 65.
195 Rede vor der Hitler-Jugend in Nürnberg, 2. September 1933. Baynes, Bd. I, S. 538 u. DNB.

196 Völkischer Beobachter, 20. Mai 1936.
197 Rede in München, 8. November 1944.
198 Rede in Hamburg, 20. März 1936. Baynes, Bd. II, S. 1312/13 u. DNB.
199 Rede auf dem Nürnberger Parteitag, 16. September 1935. Baynes, Bd. I, S. 442 u. DNB.
200 Proklamation auf dem Nürnberger Parteitag, 7. September 1937. Baynes, I, S. 648, 485 u. DNB.
201 Rede auf dem Nürnberger Parteitag, 3. September 1933. Baynes, I, S. 478—480 u. DNB.
202 Rede in Hamburg, 17. August 1934. Baynes, I, S. 566 u. DNB.
203 Rede in Godesberg, 19. August 1933. Baynes, I, S. 485 u. WTB.
204 Rede in Nürnberg, 16. September 1935. Baynes, I, S. 445 u. DNB.
205 Rede im Reichstag, 30. Januar 1937. Prange, S. 80 u. DNB.
206 Rede vor dem Industrieklub in Düsseldorf, 27. Januar 1932.
207 Rede vor der Deutschen Arbeitsfront, Berlin, 10. Mai 1933. Baynes, Bd. I, S. 433 u. WTB.
208 Rede in München, 28. Juli 1922, Boepple, S. 28.
209 N.P. Teil XIII, S. 334.
210 Schacht, Abrechnung mit Hitler, S. 32.
211 Schacht, S. 32.
212 Während des Nürnberger Prozesses 1946 schickte Göring an Gisevius eine Nachricht mit der Drohung, er werde, falls Gisevius in seiner Zeugenaussage zuviel über den Fall Blomberg ausplaudere, alles sagen, was er über Schacht (Gisevius' Protektor) wisse.
213 Siehe Graf Kielmannsegg, Der Fritsch-Prozeß, Hamburg 1949.
214 v. Hassell, Vom anderen Deutschland, Zürich/Freiburg i. Br. 1946, S. 39.
215 G.D. Serie D, Bd. I, Kap. II: Deutschland und Österreich, Juli 1936—Juli 1938.
216 Die folgende Darstellung ist Kurt von Schuschniggs »Ein Requiem in Rot-Weiß-Rot« (Zürich 1949) entnommen, S. 39—44. Obwohl Schuschniggs Wiedergabe der Unterredung nachträglich aus dem Gedächtnis niedergeschrieben wurde und nicht den Anspruch auf Genauigkeit erhebt, so hat doch alles übrige Beweismaterial die Bestätigung erbracht, daß das am 12. Februar auf dem Berghof Gesagte im wesentlichen exakt wiedergegeben ist.
217 Protokollentwurf in G.D. D.I. No. 294.
218 Papen, Der Wahrheit eine Gasse, S. 471.
219 Text des abschließenden Protokolls in G.D. D.I. No. 295.
220 Memorandum von Wilhelm Keppler, der bei dieser Besprechung anwesend war. G.D. D.I. No. 328.
221 N.B. 1780—PS.
222 G.D. D.I. No. 352.
223 N.B. 102—C.
224 N.B. 2949—PS.
225 N.B. 2949—PS.
226 Henderson, S. 124 f.
227 Rede in Linz, 12. März 1938. Baynes, Bd. II, S. 1422/23 u. DNB.
228 Voller Wortlaut in G.D. D.I. No. 374.
229 Denkschrift Seyß-Inquarts vom 9. September 1945. N.B. 3254—PS.
229a Diese Zahlen nannte Seyß-Inquarts Verteidiger in Nürnberg. N.P. Teil XIX, S. 165.
230 In Nürnberg erklärte General Jodl, 70% aller gepanzerten Fahrzeuge und Panzerwagen seien auf den Straßen zwischen Salzburg, Passau und Wien steckengeblieben. N.P. Teil XV, S. 323. Das wird von General Guderian, dem Kommandeur der Panzertruppen, bestritten. Siehe Heinz Guderian, Erinnerungen eines Soldaten. Heidelberg 1951, S. 46—48.
231 Baynes, Bd. II, S. 1457.
232 Abschließende Wahlrede in Wien, 9. April 1938. Baynes, Bd. II, S. 1457/58 u. DNB.
233 Reichspost, 11. April 1938.
234 Unter denen, die nun in Wien eintrafen, war auch Schacht, der die Österreichische Nationalbank übernehmen sollte. Vor Mitarbeitern äußerte er, Hitler habe eine Verbindung deutschen Willens und Denkens geschaffen. Niemand habe mehr eine Zukunft, der nicht mit ganzem Herzen für Adolf Hitler sei. N.B. EC—297—A.
235 Von Göring selbst nach dem Kriege De Witt C. Poole erzählt, einem Angehörigen der amerikanischen Vernehmungsteams, der es wiedergibt in »Light on Nazi Foreign Policy«, Foreign Affairs, Oktober 1946, Bd. 25, No. 1, S. 130—154.
236 N.P. Teil XV, S. 368/369.
237 Die Zahlen wurden entnommen aus: The World in March, 1939. Herausgegeben von Arnold Toynbee und Frank Ashton-Gwatkin (London 1952). Anhang II: German Expenditure on Armaments.
238 G.D. D. II, No. 107.
239 G.D. D. II, S. 239 f. (Zusammenfassung der Unterredungen Hitler—Keitel).
240 Hitler's Table Talk, S. 10.
241 Baynes, Bd. II, S. 1460—1463.
242 G.D. D. II, S. 299—303.
243 G.D. D. II, No. 221.

244 Bericht über die deutsch-ungarischen Besprechungen in Kiel am 23. August 1938. G.D. D. II, No. 383 und N.B. 2796—PS.
245 Die Denkschriften sind abgedruckt in: Wolfgang Foerster, Ein General kämpft gegen den Krieg. Aus nachgelassenen Papieren des Generals Ludwig Beck. München, 1949.
246 N.B. 1780—PS.
247 Tagebuch Jodls, 10. August. Siehe auch die Darstellungen von Feldmarschall von Brauchitsch und von Feldmarschall von Manstein; N.P. Teil XXI, S. 24 und 48.
248 Vgl. v. Hassell, Vom anderen Deutschland.
249 Nach den Konferenznotizen von Hitlers Chefadjutant Schmundt. G.D. D. II, No. 424 und N.B. 388—PS.
250 Siehe ausführliche Darstellung in: J. W. Wheeler-Bennett, Die Nemesis der Macht.
251 Konferenznotizen von Schmundt. G.D. D. II, No. 448 u. N.B. 388—PS.
252 Rede vom 12. September in Nürnberg. Baynes, Bd. II, S. 1487—1499 u. DNB.
253 L.B. Namier, Diplomatic Prelude, S. 35.
254 Diese Darstellung basiert auf Paul Schmidts offizieller Niederschrift (G.D. D. II, No. 487), Schmidts Ausführungen in seinem Buch »Statist auf diplomatischer Bühne« (S. 394—399), Chamberlains Notizen (Brit. Doc. 3. Serie, Bd. II, No. 895), Chamberlains Brief an seine Schwester, vom 19. September (wiedergegeben in Keith Feiling, Life of Neville Chamberlain, S. 366/368), Sir Neville Henderson, S. 149/150.
255 N.B. 388—PS, Teil 26.
256 Bericht über Hitlers Zusammenkunft mit Imredy und Kanya am 20. September. G.D. D. II, No. 554.
257 Schmidts Bericht: G.D. D. II, No. 562 und Seite 401 seines Buches; Kirkpatricks Notiz Brit. Doc. 3. Serie, Bd. II, No. 1033; Henderson, S. 154/155.
258 André Maurois, Tragedy in France, London, 1940, S. 12/13. Chamberlain selbst hat von diesem Vorfall bei seinem Besuch in Paris im November 1938 erzählt.
259 Kirkpatricks Notizen: Brit. Doc., Serie III, Bd. II, No. 1033 und 1073; G.D. D. II, No. 562; Schmidt, S. 399—407; Henderson, S. 152—157.
260 Kirkpatricks Aufzeichnung: Brit. Doc., Serie III, Bd. II, No. 1118; Schmidt, S. 407/408; Henderson, S. 159.
261 Baynes, Bd. II, S. 1508—1527 u. DNB, 27. September 1938.
262 William L. Shirer, Berlin Diary, London, 1941, S. 118/119.
263 Kirkpatricks Aufzeichnungen: Brit. Doc., Serie III, No. 1128/1129; Schmidts Notizen G.D. D. II, No. 634; Schmidt, S. 408/409; Henderson, S. 160.
264 N.B. 388—PS, Teil 31/33.
265 G.D. D. II, No. 647.
266 G.D. D. II, No. 646.
267 Churchill, Bd. I, S. 246.
268 Wortlaut von Hitlers Brief in: G.D. D. II, No. 635.
269 Brit. Doc., Serie III, Bd. II, No. 1158.
270 Denkschrift des deutschen Auswärtigen Amtes über die Sitzung in: G.D. D. II, No. 670.
271 Quellen: Sir H. Wilsons Aufzeichnungen, Brit. Doc., Serie III, Bd. II, No. 1227; deutsches Memorandum: G.D. D. II, No. 670 und 674; Weizsäcker, S. 153/155; Schmidt, S. 413—416; François-Poncet, Kap. X; Henderson, S. 166/167.
272 Jodls Tagebuch: N.B. 1780—PS.
273 Schacht, der diese Bemerkung zufällig hörte, erwähnte sie in Nürnberg. N.P. Teil XIII, S. 4.
274 E. v. Weizsäcker, Erinnerungen, München 1950.
275 Hitlers Rede vor den Oberbefehlshabern, 23. November 1939. N.B. 789—PS.
276 Rede in Saarbrücken, 9. Oktober 1938. Baynes, Bd. II, S. 1532—1537 u. DNB.
277 N.B. 388—PS, Teil 48.
278 N.B. 136—C.
279 Baynes, Bd. II, S. 1557 u. DNB.
280 Bericht von François-Poncet vom 20. Oktober 1938. Französisches Gelbbuch, Nr. 18.
281 Deutsche Aufzeichnung von der Unterredung zwischen Ribbentrop und Bonnet in Paris, 6. Dezember 1938. G.D. Serie D, Bd. IV, Nr. 370.
282 Cianos Aufzeichnung über Ribbentrops Besprechung mit dem Duce und ihm, 28. Oktober 1938. Ciano's Diplomatic Papers, S. 242—246.
283 Brit. Doc., Serie III, Bd. IV, No. 5 und No. 40. Lord Halifax an die britische Botschaft in Washington und an die britische Botschaft in Paris.
284 N.B. C—136 bzw. C—137 und C—138.
285 Veröffentlicht in: G.D. Serie D, Bd. IV, Kap. I (London 1951).
286 Hitler nannte später die Zahlen der im März 1939 gemachten Beute: 1500 Flugzeuge, 469 Panzer, über 500 Flakgeschütze, 43 000 Maschinengewehre, über 1 Million Gewehre, 1 Milliarde Schuß Gewehrmunition, 3 Millionen Schuß Artilleriemunition.
287 Deutsche Niederschrift der Unterhaltung: G.D. D. IV, Nr. 68.
288 G.D. D. IV, Nr. 168.
289 Deutsche Niederschrift der Unterredung durch Hewel; N.B. 2802—PS.

290 Brit. Doc. Serie III, Bd. IV, No. 474.
291 Deutsche Niederschrift durch Hewel: N.B. 2798—PS.
292 Wortlaut des Entwurfs: N.B. TC—49.
293 Zoller, S. 84.
294 Wortlaut in: Baynes, Bd. II, S. 1585/1586.
295 Baynes, Bd. II, S. 1586/1587 u. Reichsgesetzblatt 1939, I, S. 485.
296 Wortlaut des Vertrags: N.B. 1439—PS. Wortlaut des Geheimprotokolls: N.B. 2793—PS.
297 Ciano, Tagebücher, 1939—1943, Bern, 1947, S. 44.
298 Henderson, S. 209.
299 Schacht, S. 20.
300 The Polish White Book, London 1940.
301 Vgl. besonders G.D. D. V.
302 Polish White Book, S. 47 f. (Hervorhebung vom Verf.).
303 Becks Niederschrift der Besprechung mit Hitler in Berchtesgaden, 5. Januar 1939. Polish White Book, Nr. 48.
304 G.D. D. V. No. 119.
305 N.B. C—137.
306 Polish White Book, Nr. 49.
307 Rede in Memel, 23. März 1939. Baynes, Bd. II, S. 1588 f. u. DNB.
308 Polish White Book, Nr. 61. Die deutsche Darstellung dieser Besprechung, die es unterläßt, Rußland zu erwähnen, ist im Zweiten Deutschen Weißbuch, Nr. 208, enthalten.
309 N.B. R—100.
310 Lipskis Bericht an Beck. Polish White Book, Nr. 63.
311 Polish White Book, Nr. 64.
312 H. B. Gisevius, Bis zum bitteren Ende. Hamburg 1947, Bd. II, S. 107.
313 Baynes, Bd. II, S. 1590—1602 u. DNB.
314 N.B. C—120.
315 De Vaux St. Cyr an Bonnet, 11. April 1939, Französisches Gelbbuch, No. 97.
316 G. Gafencu, Derniers Jours de l'Europe. Paris 1946, S. 89.
317 Voller Wortlaut in: Documents on International Affairs, 1939—1946 (London, 1951), Bd. I, März—September 1939, S. 214—256. DNB, 28. April 1939.
318 Polish White Book, No. 77. Wiedergabe von Becks Rede.
319 Coulondre an Bonnet, 9. Mai 1939. Franz. Gelbbuch, No. 125.
320 Henderson, S. 228.
321 Zweites Deutsches Weißbuch, No. 307.
322 Ciano's Diplomatic Papers, S. 282—287.
323 N.B. Rbb—187.
324 N.B. L—79. Documents on International Affairs, 1939—1946, Bd. I, S. 271—277.
325 N.B. EC—28, 24. Mai 1939.
326 N.B. C—142.
327 N.B. C—126.
328 N.B. C—120.
329 N.B. 3787—PS.
330 N.B. C—30.
331 G.D. D. VI, No. 211.
332 G.D. D. VI, No. 332.
333 Stalins Rundfunkrede vom 3. Juli 1941; in: J. W. Stalin, On the Great Patriotic War of the Soviet Union, London 1948.
334 G.D. D. VI, No. 441.
335 G.D. D. VI, No. 442.
336 G.D. D. VI, No. 446.
337 G.D. D. VI, No. 452.
338 G.D. D. VI, No. 700.
339 Schnurres Bericht: G.D. D. VI, No. 729.
340 G.D. D. VI, No. 736 (29. Juli 1939).
341 G.D. D. VI, No. 758.
342 de St. Hardouin an Bonnet, 3. August 1939, French Yellow Book, Nr. 180.
343 Bericht von Carl J. Burckhardt, Hochkommissar des Völkerbundes in Danzig (Genf, 19. März 1940), abgedruckt in: Documents on International Affairs, 1939—1946, Bd. I, S. 346—347.
344 Graf Galeazzo Ciano, Tagebücher 1939—1943, Bern, 1947, S. 122.
345 Cianos Aufzeichnungen: Ciano's Diplomatic Papers, S. 297—299.
346 Cianos Tagebuch, S. 123.
347 Schmidts Notizen. N.B. 1871—PS. Eine andere deutsche Version findet sich in N.B. TC—77. Siehe auch Cianos Darstellung in: Ciano's Diplomatic Papers, S. 299—303.
348 Deutsche Aufzeichnung. N.B. TC—77. Cianos Darstellung in: Ciano's Diplomatic Papers, S. 303—304.
349 Cianos Tagebuch, S. 123.

350 G. D. D. VII, No. 56.
351 G. D. D. VII, No. 70.
352 G. D. D. VII, No. 105.
353 G. D. D. VII, No. 113.
354 G. D. D. VII, No. 142.
355 G. D. D. VII, No. 159.
356 G. D. D. VII, No. 113.
357 G. D. D. VII, No. 191.
358 Die hier benutzte Version von Hitlers Ausführungen wurde gedruckt in: G.D. D. VII, No. 192 u. No. 193.
359 The British Blue Book (Cmd. 6106): Documents concerning German-Polish Relations and the Outbreak of Hostilities between Great Britain and Germany, London, 1939, No. 56.
360 Weizsäcker, S. 203.
361 Hendersons Bericht in: British Blue Book, No. 58; vgl. auch G.D. D. VII, No. 200; Hitlers Antwort: Brit. Doc., 3. Serie, Bd. VII, S. 216—219.
362 Deutscher Bericht über die Besprechungen: G.D. D. VII, No. 213.
363 Wortlaut des Vertrags und des zusätzlichen Protokolls in: G.D. D. VII, No. 228 u. 229.
364 Die Nachricht vom Paktabschluß führte zum Sturz der japanischen Regierung und zu heftigen japanischen Protesten in Berlin.
365 G. D. D. VII, No. 266.
366 Deutsche Niederschrift: Zweites Deutsches Weißbuch, Nr. 457; siehe auch British Blue Book, No. 68.
367 Sir N. Henderson an Viscount Halifax, British Blue Book, No. 69.
368 Coulondre an Bonnet, 25. August 1939. Französisches Gelbbuch, No. 242.
369 Schmidt, S. 451.
370 Cianos Tagebuch, S. 123.
371 Cianos Tagebuch, S. 126.
372 Hitler e Mussolini, Lettere e Documenti, Mailand 1946, No. 2.
373 Schmidt, S. 453.
374 Halder, Kriegstagebuch, Bd. 1, Stuttgart 1962, S. 40 f.
375 Die italienischen Forderungen beliefen sich auf 6 Millionen Tonnen Kohlen, 2 Millionen Tonnen Stahl, 7 Millionen Tonnen Öl, 1 Million Tonnen Holz und 150 Flakbatterien.
376 G. D. D. VII, No. 307 (Hitler an Mussolini am 26. August 1939).
377 G. D. D. VII, No. 341 (Hitler an Mussolini am 27. August 1939).
378 Diese Darstellung fußt auf: Birger Dahlerus, The Last Attempt, London 1948, Kap. VI. Vgl. auch N.P. Teil IX, S. 507 ff.
379 Brit. Doc., 3. Serie, Bd. VII, No. 406.
380 Wortlaut der Antwort: British Blue Book, No. 74.
381 Deutsche Note: British Blue Book, No. 78.
382 Henderson, S. 267.
383 Halder, Kriegstagebuch, S. 42.
384 Schmidt, S. 460.
385 Eidliche Aussage des früheren SD-Angehörigen A. H. Naujocks, N.B. 2751—PS.
386 Wortlaut der Rede in: Adolf Hitler, My New Order. Herausgegeben von Raoul de Roussy de Sales. New York, 1941, S. 683—690. Siehe auch DNB., 1. September 1939.
387 Dahlerus, S. 119 f.
388 G. D. D. VII., No. 535.
389 Weizsäcker, S. 208 u. 214.
390 Cadogans Protokoll des Telephongesprächs in: Brit. Doc., 3. Serie, Bd. VII, No. 740.
391 Schmidt, S. 464.
392 Wortlaut der Rede in: My New Order, S. 693—706. Vgl. auch DNB.
393 My New Order, S. 317 f.
394 Nazi-Soviet Relations, S. 108.
395 Cianos Tagebuch, S. 155.
396 Ciano's Diplomatic Papers, S. 309—314
397 Wortlaut der Rede in: My New Order, S. 721—756. S. a. DNB.
398 Dem »Völkischen Beobachter« entnommen.
399 N.B. L—52.
400 N.B. C—62.

Drittes Buch

1 N.B. L—52.
2 Zoller, Hitler privat, S. 181.
3 N.B. 789—PS.
4 Diese Darstellung beruht auf dem Bericht von Captain Best, einem der an der holländischen Grenze entführten englischen Offiziere. Best erfuhr Elsers Geschichte von diesem selbst während ihrer gemeinsamen Gefängnishaft. Vgl. P. Best, The Venlo Incident, London 1950, S. 128—136.
5 Ansprache Hitlers vor den Oberbefehlshabern am 23. November 1939 in: N.B. 789—PS.
6 Weizsäcker, S. 219.
7 Cianos Tagebuch, S. 176.
8 Cianos Tagebuch, S. 180.
9 Mussolini an Hitler, 4. Januar 1940, in: Mussolini e Hitler, S. 33—39.
10 Vgl. R. L. Koehl, R. K. F. D. V.: German Resettlement and Population Policy, 1939—1945. Cambridge, Mass. 1957.
11 Vgl. G. Reitlinger, Die Endlösung, Berlin 1956.
12 N.B. 2353—PS. Grundlagen für eine Geschichte der deutschen Wehr- und Rüstungswirtschaft.
13 N.B. 864—PS.
14 Die Archive der deutschen Marine — darunter die Berichte über diejenigen Lagebesprechungen, an denen der Oberbefehlshaber der Marine teilnahm — sind nach dem Kriege in vollem Umfang erbeutet worden. Die Konferenzberichte wurden von der Britischen Admiralität veröffentlicht und sind gesammelt in »Brassey's Naval Annual«, 1948, erschienen.
15 My New Order, S. 738—788 u. DNB., 24. Februar 1940.
16 Hitler an Mussolini, 8. März 1940, in: G.D. D. VII, No. 663.
17 Ciano's Diplomatic Papers, S. 339—359 (Ribbentrops Unterredung mit Mussolini).
18 Sumner Welles, The Time for Decision, New York 1944, S. 138.
19 Ciano's Diplomatic Papers, S. 365.
20 Zitiert in: B. H. Liddell Hart, The Other Side of the Hill, 3. Aufl., London 1951, S. 190 f.
21 Ciano's Diplomatic Papers, S. 372—375.
22 W. Shirer, Berlin Diary, S. 331.
23 Hitler's Table Talk, S. 98 f. (R).
24 My New Order, S. 809—838 u. DNB.
25 Liddell Hart, a. a. o., S. 222.
26 Vgl. den ausgezeichneten Bericht von R. Wheatley, Operation Sea-Lion (London 1958), sowie W. Ancel, Hitler Confronts England (Durham N.C. 1960).
27 N.P. Teil III, S. 161.
28 Führer Conferences on Naval Affairs, 1939. Besprechung vom 21. Juli 1940.
29 Führer Conferences on Naval Affairs, 1. August 1940.
30 Martienssen, Hitler and his Admirals, S. 90 f.
31 Eine auffallende Parallele zu Napoleons Haltung 1805: Der Kaiser begann die Planung des Ostfeldzugs während der Vorbereitungen für eine Invasion Englands, die in Boulogne betrieben wurden.
32 Halders Tagebuch, zitiert von C. Wilmot, The Struggle for Europe, London 1952, S. 56.
33 Warlimonts eidliche Aussage, N.P. Teil VI, S. 237.
34 Warlimonts Zeugenaussage, N.B. 3031—PS, 3032—PS.
35 Koestrings eidliche Aussage, N.B. 3014—PS.
36 Aussage von Paulus in Nürnberg, N.P. Teil VI, S. 240.
37 Kriegstagebuch des Wehrmachtführungsstabes, N.D. 1799—PS.
38 N.B. 2353—PS.
39 Siehe Serrano Suñer, Entre les Pyrénées et Gibraltar. Paris, 1948, Kap. XII.
40 Schmidt, S. 503.
41 Text des Montoire-Abkommens in W. L. Langer, Our Vichy Gamble. New York, 1947, S. 94—96.

42 Procès du Maréchal Pétain. Paris, 1949, S. 313.
43 Ciano's Diplomatic Papers, S. 400.
44 Deckwort für die geplante Besetzung Gibraltars und der Atlantischen Inseln.
45 The Spanish Government and the Axis, S. 28—33.
46 Ebenda.
47 N.B. C—53.
48 Ciano's Diplomatic Papers, S. 389 ff. u. N.P., Teil V, S. 11.
49 Cianos Tagebuch, S. 277.
50 Cianos Tagebuch, S. 278.
51 Ciano's Diplomatic Papers, S. 399—404.
52 Schmidt, S. 506.
53 N.B. 444—PS.
54 Die deutsche Niederschrift der Besprechungen mit Molotow in Berlin wurde abgedruckt in: Nazi-Soviet Relations, S. 217—258. Auf ihr beruht die ganze folgende Darstellung.
55 Wie Stalin Churchill berichtete, als dieser Moskau besuchte: Churchill, Bd. II, S. 518.
56 Text der russischen Note in: Nazi-Soviet Relations, S. 258 f.
57 Cianos Tagebuch, S. 289.
58 N.B. 446—PS.
59 Hitler e Mussolini, S. 83.
60 Führer Conferences on Naval Affairs, 1941, S. 12 f.
61 Halders Tagebuch, 16. Januar 1941.
62 N.B. C—134.
63 Treffen Hitler—Matsuoka am 27. März 1941. Nazi-Soviet Relations, S. 289—298.
64 Ribbentrop—Matsuoka, 27. März 1941. N.S.R., S. 281—288.
65 Ribbentrop—Matsuoka, 29. März 1941, ebd., S. 303—311.
66 Cianos Tagebuch, 21. Januar 1941, S. 310.
67 Vgl. Kapitel IV, Abschnitt II.
68 My New Order, S. 878—898 u. DNB.
69 Ebenda, S. 848 u. DNB.
70 Ebenda, S. 855 u. DNB.
71 Rede vom 30. Januar 1941. DNB.
72 Siehe Darstellung von R. L. Knéjéwitsch, »Prince Paul, Hitler and Saloniki« in: International Affairs, Januar 1951, S. 38—44.
73 N.B. 1746—PS.
74 N.B. C—127.
75 My New Order, S. 948—963 u. DNB.
76 N.B. 872—PS.
77 Görings Vernehmung, 29. August 1945; N.C.A. Supp. B., S. 1108.
78 Führerweisung Nr. 30, 25. Mai 1941. Führer Conference on Naval Affairs, 1941, S. 50—52.
79 Niederschrift der Führerbesprechung vom 3. Februar 1941. N.B. 872—PS. Siehe auch General Halder, Hitler als Feldherr. München 1949, S. 22—24.
80 Eidliche Aussage Halders: N.B. USSR—341, Bd. VII, S. 396 f. Vgl. N.C.A., Bd. VIII, S. 645 f.
81 N.B. 447—PS.
82 N.B. EC—126.
83 N.B. 2718—PS.
84 Schmidt, S. 537.
85 Schnurres Memorandum vom 5. April 1941. N.S.R., S. 318/319.
86 Schnurres Memorandum vom 15. Mai 1941. N.S.R., S. 339—341.
87 Schulenburgs Bericht an das Auswärtige Amt, 13. April 1941. N.S.R., S. 323/324.
88 Weizsäckers Memorandum vom 28. April 1941. N.S.R., S. 333/334.
89 N.B. C—170.
90 Cianos Tagebuch, S. 559.
91 Hitler e Mussolini, S. 99—104.
92 Cianos Tagebuch, S. 365. Zehn Tage später fügte der Duce hinzu: »Ich hoffe nur eines: daß nämlich die Deutschen bei diesem Krieg im Osten eine Menge Federn lassen werden.«
93 »Mein Kampf«, Bd. II, Kap. XIV.
94 Wortlaut des Briefes in: N.S.R., S. 349—353.
95 Zit. von Liddell Hart: Jetzt dürfen sie reden. Stuttgart 1950, S. 314.
96 Der militärische Tagesbefehl vom 29. September verkündete, daß der Führer entschieden habe, »St. Petersburg dem Erdboden gleichzumachen«. Das Problem, wie die Bevölkerung überleben und mit Lebensmitteln versorgt werden könne, könne und dürfe nicht »von uns« gelöst werden (N.B. C—124).
97 Feldmarschall von Rundstedts Vernehmung, Juli 1945. Milton Shulman, Defeat in the West. (2. Aufl., London 1949), S. 68.
98 Halder, Hitler als Feldherr, S. 39.
99 Picker, Hitlers Tischgespräche, S. 143 f.
100 Hitler's Table Talk, S. 68 f. (R)

101 Hitler's Table Talk, S. 92 f. (R)
102 Ciano's Diplomatic Papers, S. 449 ff.
103 Ciano's Diplomatic Papers, S. 455—460.
104 Rede in München, 8. Nov. 1941. Prange, S. 117/18 u. DNB.
105 Es waren: Italien, Spanien, Ungarn, Rumänien, Slowakei, Kroatien, Bulgarien, Finnland und Dänemark.
106 Cianos Tagebuch, S. 374.
107 Ciano's Diplomatic Papers, S. 464 f.
108 H. Guderian, Erinnerungen eines Soldaten, Heidelberg 1951, S. 231.
109 Siehe Ribbentrops Telegramm an Ott vom 10. Juli 1941 und Otts Antwort: »Ich bin mit allen Mitteln bemüht, auf einen schnellstmöglichen Kriegseintritt Japans gegen Rußland hinzuwirken.« N.B. 2896 und 2897—PS.
110 Hitlers Unterredung mit Oshima am 14. Dezember 1941, in: N.B. 2932—PS.
111 In der zweiten Hälfte des Oktober 1941 kam es zu zwei Zusammenstößen zwischen US-Zerstörern und deutschen U-Booten. Beim zweiten Zwischenfall wurde ein amerikanischer Zerstörer versenkt und verlor 100 Mann Besatzung.
112 Cianos Tagebuch, S. 405.
113 Prange, S. 97 u. DNB.
114 Prange, S. 368 u. DNB.
115 Zit. von Liddell Hart, S. 364.
116 Halder, S. 45.
117 Brauchitschs Zeugenaussage in Nürnberg. N.P. XXI, S. 35.
118 Goebbels' Tagebücher. Herausgegeben von Louis P. Lochner, Zürich, 1948, S. 132.
119 DNB. und BBC. Monitoring Report.
120 Goebbels' Tagebücher, S. 131.
121 Hitler's Table Talk, S. 92 f., 264 f. (R)
122 Picker, Hitlers Tischgespräche, S. 135 u. 143.
123 Hitler's Table Talk, S. 541. (R)
124 Picker, Hitlers Tischgespräche, S. 467.
125 Hitler's Table Talk, S. 624. (R)
126 A. a. O., S. 7. (R)
127 A. a. O., S. 51. (R)
128 A. a. O., S. 75. (R)
129 Picker, Hitlers Tischgespräche, S. 178.
130 Hitler's Table Talk, S. 76. (R)
131 Picker, Hitlers Tischgespräche, S. 154.
132 Picker, Hitlers Tischgespräche, S. 259.
133 Hitler's Table Talk, S. 625. (R)
134 Goebbels' Tagebücher, S. 132.
135 Halder, S. 49.
136 Goebbels' Tagebücher, S. 66 f.
137 BBC—Monitoring Report u. DNB.
138 Ebenda
139 Reichsgesetzblatt 1942, I, S. 247.
140 Tagebuch von Rudolf Semmler: Goebbels, the Man Next to Hitler, London 1947, S. 86.
141 Cianos Tagebuch, S. 401.
142 A. a. O., S. 432.
143 Zit. von Desmond Young, Rommel. London 1951, S. 171.
144 N.P., Teil V, S. 308.
145 Halder, S. 52.
146 Halder, S. 50.
147 Es ist hochinteressant, die Beziehung Hitler—Halder mit dem Verhältnis zwischen Churchill und dem Chef des Empire-Generalstabs, Alanbrooke, zu vergleichen: Siehe A. Bryant, Sieg im Westen 1943/46; sowie A. Bryant, Kriegswende; beide Werke erschienen im Droste-Verlag, Düsseldorf, in deutscher Übersetzung.
148 BBC Monitoring Report u. DNB.
149 The Rommel Papers, hrg. u. B. H. Liddell Hart, S. 321. (R)
150 Paulus' Zeugenaussage in Nürnberg: N.P. VII, S. 320.
151 Felix Gilbert (Hrg.), Hitler Directs His War, New York 1950, S. 17—22 (Das Buch enthält die Niederschriften von Hitlers Lagebesprechungen, die am Ende des Krieges entdeckt und mit Hilfe des Stenographen zusammengestellt wurden.)
151a N.B. 1130—PS.
152 Goebbels' Tagebücher, S. 383 (23. Juli 1943).
153 Bormanns Aktenvermerk, zit. in N.P. VII, S. 252—254.
154 Niederschrift von Karl Hermann Frank, Staatssekretärs des Protektorats, über Hitlers Ansichten in einer Konferenz am 9. Oktober 1940. N.B. 862—PS.
155 N.B. L—221.

156 N.B.L, S. 642 f.
157 N.B. 170—USSR.
158 N.B. 2520—PS., unter Benutzung amtlicher deutscher Zahlen.
159 N.P. III, S. 487.
160 N.B.D.—288; N.P. III, S. 494 (Bericht von Dr. W. Jäger, der für die ärztliche Betreuung der bei Krupp beschäftigten Ausländer verantwortlich war.
161 Himmler bei einer SS-Gruppenführertagung, Posen, 4. 10. 1943; N.B. 1919—PS.
162 Diese Zahlen entnommen aus: Alexander Dallin, Deutsche Herrschaft in Rußland (deutsche Ausgabe: Düsseldorf 1958). Das Werk bietet eine gründliche Untersuchung zum gesamten Fragenkomplex der deutschen Besatzungspolitik in Rußland.
163 Hitlers Geheimerlaß vom 7. Oktober 1939; N.B. 686—PS.
164 N.B. 1919—PS.
165 N.B. Str.—17.
166 N.B. D—665.
167 Vor dem Nürnberger Tribunal wurden für Ende 1944 folgende Zahlen genannt: 410 000 Reichsdeutsche, 300 000 Volksdeutsche, 50 000 aus anderen germanischen Völkern, 150 000 Ausländer.
168 N.B. D—S. 400.
169 N.B. 2171—PS.
170 N.B. 654—PS.
171 Eidliche Aussage von Dr. Franz Blaha; N.B. 3249—PS.
172 N.B. 1918—PS.
173 N.B. 3868—PS.
174 O. Ohlendorfs eidliche Aussage; N.B. 2620—PS.
175 Reitlingers »Die Endlösung« entnommen; vgl. auch Reitlingers späteres Buch »The SS-Alibi of a Nation«.
176 Goebbels' Tagebuch, S. 324 f.
177 Zur Geschichte der deutsch-italienischen Beziehungen vgl. F. W. D. Deakin, The Brutal Friendship, das eine Fülle neuen Materials bringt.
178 Les Lettres Secrètes échangées par Hitler et Mussolini, Paris 1946, S. 143—163.
179 Goebbels' Tagebücher, S. 319.
180 Hitler e Mussolini; italienische Niederschrift der Besprechungen in Feltre, S. 165—190.
181 Stenographische Niederschrift in: Felix Gilbert, S. 39—71.
182 Goebbels' Tagebücher, S. 399.
183 Prange, S. 381—386 u. DNB.
184 Goebbels' Tagebücher, S. 434.
185 Führer Conferences on Naval Affairs, 24. September 1943.
186 Halder, S. 57 f.
187 H. R. Trevor-Roper, The Last Days of Hitler, 2. Aufl., London 1950, S. 69.
188 N.P. XV, S. 283.
189 Goebbels' Tagebücher, S. 241.
190 Goebbels' Tagebücher, S. 336.
191 BBC, Monitoring Report, S. 936 u. NNB.
192 Goebbels' Tagebücher, S. 445.
193 Goebbels' Tagebücher, S. 443.
194 Speers Zeugenaussage, N.P. XVII, S. 26 f.
195 Führerbesprechung vom 25. Juli 1943, nach der Nachricht von Mussolinis Sturz. Felix Gilbert, Hitler Directs His War, S. 44.
196 Siehe A. W. Dulles, Germany's Underground. New York 1947, Kap. XI.
197 Zu Himmlers Persönlichkeit vgl.: The Kersten Memoirs, London 1956.
198 N.B. 488—PS; Satzung des Instituts, von Himmler ausgearbeitet.
199 Unter den erbeuteten deutschen Dokumenten befindet sich eine lange und erbitterte Korrespondenz zwischen Himmlers Forschungs- und Lehrgemeinschaft »Das Ahnenerbe« und Rosenberg, dem Beauftragten des Führers für die gesamte geistige und weltanschauliche Schulung der NSDAP, über die Zuständigkeit in bezug auf die in Rußland erbeuteten archäologischen Sammlungen osteuropäischer prähistorischer Funde.
200 N.B. 2100—PS. und N.P., Teil V, S. 350.
201 Weizsäcker, S. 164.
202 Zitiert von Trevor-Roper, S. 45.
203 Zitiert von Trevor-Roper, S. 85.
204 Vgl. Kapitel VIII.
205 N.P., Teil XXI, S. 60 f.
206 Goebbels' Tagebücher, S. 263.
207 Fabian von Schlabrendorff hat nahezu als einziger führender Verschwörer die Vorgänge nach dem 20. Juli und die anschließende Haft überlebt. Vgl. sein Buch »Offiziere gegen Hitler«, Zürich 1946.
208 Vgl. G. Ritter, Carl Goerdeler und die deutsche Widerstandsbewegung, Stuttgart 1954.

209 A German of the Resistance: The Last Letters of Count Helmuth von Moltke, London 1946 S. 21.
210 Fabian von Schlabrendorff, Kapitel 6.
211 In der von Goerdeler geleiteten Koalitionsregierung sollten Leuschner Vizekanzler und Leber Innenminister werden.
212 Schlabrendorff, Kap. 6.
213 Hans Speidel, Invasion 1944, Tübingen 1949, S. 113 f.
214 Speidel, S. 116 ff.
215 Speidel, S. 119.
216 Paul Schmidt, S. 582.
217 Von dieser Szene gab Dollmann, Mussolinis Begleiter, einen Augenzeugenbericht, den Trevor-Roper sarkastisch nacherzählt (S. 35 ff.): Göring, der versuchte, die Aufmerksamkeit vom Mißerfolg der Luftwaffe abzulenken, drohte, den Außenminister mit seinem Marschallstab zu schlagen. »Sie schmutziger kleiner Champagner-Vertreter!« schrie er ihn an. — »Halten Sie Ihren verdammten Mund! Noch bin ich Außenminister«, schrie Ribbentrop, dem der Bankrott seiner Außenpolitik vorgeworfen wurde, zurück. »Und mein Name ist von Ribbentrop.«
218 Dem Argument Shirers (The Rise and Fall of the Third Reich), daß Fellgiebel kaum erwartet haben kann, das Nachrichtenzentrum im Hauptquartier zu zerstören, und daß die an dieser Stelle früher vertretene Version in der Beurteilung Fellgiebels allzu kritisch war, muß zugestimmt werden. Ebenso muß Shirers Ansicht akzeptiert werden, daß der Beschluß, die Konferenz in der Lagerbaracke des Führerhauptquartiers abzuhalten, nichts Außergewöhnliches war und daß also Hitlers Leben nicht durch eine plötzliche Entscheidung, den Bunker zu meiden, gerettet wurde.
219 Vgl. W. v. Schramm, Der 20. Juli in Paris, Bad Wörishofen 1953.
220 Speidel, S. 138.
221 BBC. Monitoring Report u. DNB.
222 Während der Film von den Exekutionen anscheinend vernichtet wurde, ist der Film über den Prozeß aufgefunden worden. Er gibt einen lebendigen Eindruck von der Schmach, die man den Angeklagten zufügte, aber auch von ihrem Mut.
223 N.B. 2878—PS., zit. aus »Das Archiv«, April 1943.
224 Wortlaut siehe in J. W. Wheeler-Bennett, The Nemesis of Power, S. 679 f. Es ist interessant, daß General Guderian, der in seinen Erinnerungen soviel über das Wesen des deutschen Generalstabs zu sagen weiß, dieses Dokument weder zitiert noch erwähnt.
225 Shulman, S. 145 f.
226 Liddell Hart, S. 510.
227 Gilbert, S. 102.
228 Die Niederschrift ist unvollständig; Gilbert, S. 105 f.
229 Goebbels selbst meinte dazu: »Hitler brauchte eine Bombe unter dem Hintern, um den Grund einzusehen.«
230 Rundstedt bemerkte später: »Wenn wir die Maas erreicht hätten, würden wir Gott auf den Knien gedankt haben — geschweige denn zu versuchen, Antwerpen zu erreichen.« Shulman, S. 228.
231 Guderian; Erinnerungen eines Soldaten. Heidelberg 1951, S. 343.
232 Zitiert bei S. Friedin u. W. Richardson (Hrg.), The Fatal Decisions, S. 266.
233 Führerbesprechungen, Fragment 28, 12. Dezember 1944, S. 578.
234 Guderian, S. 347.
235 Gilbert, S. 157—174.
236 Guderians Verhör durch die 7. amerikanische Armee; zit. von Ch. Wilmot, S. 622.
237 Diese medizinischen Tatbestände wurden von H. R. Trevor-Roper während seiner Untersuchungen im Jahre 1945 gesammelt und sind in seinem Buch, S. 72—74, wiedergegeben.
238 Guderian, S. 402.
239 Semmler, S. 174 f.
240 Gerhard Boldt, Die letzten Tage, Kap. I.
241 Zoller, Hitler privat, S. 203 ff.
242 The Testament of Adolf Hitler, London 1961, S. 41. (R)
243 Ebenda, S. 63 (R).
244 Ebenda, S. 66 (R).
245 Ebenda, S. 78.
246 Ebenda, S. 59 (R).
247 Ebenda, S. 84.
248 Ebenda, S. 70 f. (R).
249 Ebenda, S. 60 (R).
250 Ebenda, S. 30 ff (R).
251 Ebenda, S. 87.
252 Ebenda, S. 57 (R).
253 Ebenda, S. 101 (26. Februar 1945).
254 Ebenda, S. 107 (R).

255 Zoller, S. 230.
256 Guderian, S. 376 f.
257 Rauschning, Gespräche mit Hitler, S. 165.
258 Ebenda, S. 115.
259 N.B. Beweisstück Speer 026.
260 N.B. Beweisstücke Speer 027, 028, 029.
261 Speers Aussage in Nürnberg, N.P. Teil XVI, S. 548.
262 Halder, S. 62.
263 Guderian, S. 370.
264 Ebenda, S. 378.
265 Zoller, S. 230 f.
266 Ebenda, S. 29 f.
267 Gilbert, Appendix, S. 179.
268 Shulman, S. 316 f.
269 Gilbert, S. 117 f.
270 Wie Trevor-Roper ausführt, stimmen weder die Tatsachen noch das Zitat. Der Minister, an den Friedrich schrieb, war nicht Finckenstein, sondern Graf d'Argenson.
271 Schwerin von Krosigks Tagebuch (unveröffentlicht).
272 Schwerin von Krosigks Tagebuch.
273 Aussage von Frau Haberzettel, einer der Sekretärinnen Goebbels'. Zit. von Trevor-Roper, S. 112 f.
274 Semmler, S. 193.
275 Ebenda, S. 190.
276 Karl Koller, Der letzte Monat, Mannheim 1949, S. 23.
277 Koller, S. 31 (Tagebucheintragung vom 23. April).
278 Keitels Vernehmung in Nürnberg, 10. Oktober 1945.
279 Koller, S. 37.
280 Zit. von Trevor-Roper, S. 145.
281 Aussage Speers in Nürnberg; N.P., Teil XVII, S. 57.
282 Vernehmung Hanna Reitschs durch die amerikanische Armee, 8. Oktober 1945, N.B. 3734—PS. Fräulein Reitsch hat später diese Aussage teilweise widerrufen. Die amerikanischen Behörden haben jedoch bestätigt, daß die Niederschrift im wesentlichen mit dem übereinstimmt, was sie im Oktober 1945 gesagt hat. Vgl. Trevor-Roper: Einleitung zur 2. Auflage, S. XLVII/LIV.
283 N.B. 3734—PS.
284 Keitels Aussage; NCA., Supp. B., S. 1281 f.
285 N.D. 3, 734—PS.
286 Graf Folke Bernadotte, The Curtain Falls, New York 1945, S. 106—113.
287 H. Reitsch: N.B. 3734—PS.
288 Hanna Reitschs Vernehmung: N.B. 3734—PS.
289 Beide Dokumente enthalten in N.B. 3569—PS.
290 »Mein Kampf«, S. 20.
291 Semmler, S. 194.
292 Das Original der Botschaft ist vernichtet worden; die hier zitierte Version ist eine Rekonstruktion von Oberst von Below, wiedergegeben von Trevor-Roper, S. 214.
293 Trevor-Roper, S. 214.
294 Was mit der im Garten der Reichskanzlei zurückgebliebenen Asche der beiden verbrannten Körper geschah, ist niemals festgestellt worden. Es ist möglich, daß sie auf irgendeine Weise beseitigt wurde, denn normalerweise wird der menschliche Körper von einem offenen Feuer nicht so restlos verzehrt, daß keine Spuren hinterbleiben, und nachdem die Russen die Reichskanzlei eingenommen hatten, war nichts mehr zu finden. Trevor-Roper, der 1945 eine gründliche Untersuchung über die Todesumstände Hitlers vornahm, neigt zu der Ansicht, daß man die Asche aufgelesen, sie in eine Schachtel gefüllt und diese Artur Axmann, dem Führer der Hitler-Jugend, ausgehändigt hat. Gewisse Anzeichen sprechen dafür; wie Trevor-Roper (in der Einleitung zur 2. Auflage seines Werks, S. XXXII—XXXIV) ausführt, wäre es ein logischer Akt gewesen, die heilige Reliquie der nachfolgenden Generation zu übergeben. Die einfachste Erklärung dürfte jedoch immer noch die richtigste sein. Man weiß nicht, ob die Russen eine gründliche Untersuchung vorgenommen haben, und es ist möglich, daß die Überreste Adolf Hitlers und seiner Frau durcheinander gerieten mit denen anderer Leichen, die dort gefunden wurden, zumal der Garten unter dauerndem Bombardement stand, bis die Russen am 2. Mai die Reichskanzlei einnahmen. Die Frage wäre kaum von Wichtigkeit, hätte nicht das Fehlen jeglicher Überreste dazu geführt, daß an der Tatsache von Hitlers Tod gezweifelt wurde. Es ist freilich wahr, ein unwiderleglicher, in Gestalt von Hitlers totem Körper belegter Beweis ist nicht erbracht worden. Aber das Gewicht der in Trevor-Ropers Buch bewiesenen Umstände, wobei noch Hitlers damaliger Gesundheitszustand zu berücksichtigen ist und die psychologische Wahrscheinlichkeit seiner Wahl eines solchen Endes, alles das dürfte ausreichen, um jeden — bis auf die unentwegt Ungläubigen oder diejenigen, die nicht die Mühe zum Studium des Beweismaterials aufwenden wollen — zu überzeugen.
295 Gibbon, Decline and Fall of the Roman Empire, Kap. XXXIV.

QUELLEN- UND LITERATURVERZEICHNIS

Das folgende — revidierte und ergänzte — Verzeichnis erhebt nicht den Anspruch, eine vollständige Bibliographie für eine Geschichte des Dritten Reiches, geschweige denn für die internationalen Beziehungen jener Jahre zu sein. Es besteht in erster Linie aus Quellenhinweisen, in zweiter Linie aus einer Zusammenstellung besonders solcher Bücher, in denen zuvor unausgewertetes Quellenmaterial verarbeitet ist. Die vollständigsten Verzeichnisse der bis jetzt vorliegenden Schriften über Deutschland und den Nationalsozialismus findet der Leser in dem von Norman H. Baynes herausgegebenen Werk *The Speeches of Adolf Hitler*, in den besonderen Anhängen des Katalogs der Wiener Library, London, sowie in den bibliographischen Beilagen der vom Münchner Institut für Zeitgeschichte herausgegebenen *Vierteljahreshefte für Zeitgeschichte*.

Das Verzeichnis ist in fünf Abschnitte gegliedert:

    I. Nationalsozialistische Quellen
   II. Dokumentarisches Material
  III. Memoiren und Tagebücher
  IV. Sonstige Werke
   V. Zeitschriftenaufsätze

I. NATIONALSOZIALISTISCHE QUELLEN

A. *Schriften und Reden Adolf Hitlers:*

1. Mein Kampf. 2 Bde. — München: Eher 1925—1927
2. Hitlers zweites Buch. Ein Dokument aus dem Jahr 1928. Eingeleitet und kommentiert von Gerhard L. Weinberg. Mit einem Geleitwort von Hans Rothfels. — Stuttgart: Dt. Verlags-Anst. 1961. (= Quellen und Darstellungen zur Zeitgeschichte. Bd. 7)
3. Adolf Hitlers Reden. Hrsg. von Ernst Boepple. — München: Dt. Volksverl. 1934
4. Adolf Hitler in Franken. Reden aus der Kampfzeit. Hrsg. von Heinz Preiß im Auftrag Julius Streichers. — Nürnberg 1939
5. Die Reden des Führers nach der Machtübernahme. — Berlin: Eher 1939
6. The Speeches of Adolf Hitler 1922—1939. Hrsg. von Norman H. Baynes. 2 Bde. — London: Oxford Univ. Press 1942
7. Domarus, Max: Hitler. Reden und Proklamationen 1932—1945. Kommentiert von einem deutschen Zeitgenossen. 2 Bde. — Neustadt a. d. Aisch: Schmidt 1962 f.
8. My New Order (Hitlers Reden 1922—1941). Hrsg. von Count Raoul de Roussy de Sales. — New York: Reynal & Hitchcock 1941
9. Hitler's Words (Reden 1922—1943). Hrsg. von Gordon W. Prange. — Washington: American Council on Foreign Affairs 1944

10. Hitlers Lagebesprechungen. Protokollfragmente seiner militärischen Konferenzen 1942—1945. Hrsg. von Helmut Heiber. — Stuttgart: Dt. Verlags-Anst. 1962 (= Quellen und Darstellungen zur Zeitgeschichte. Bd. 10)
11. Picker, Henry: Hitlers Tischgespräche im Führerhauptquartier 1941—42. Im Auftrag des Deutschen Instituts für Geschichte der nationalsozialistischen Zeit geordnet, eingeleitet und veröffentlicht von Gerhard Ritter. — Bonn: Athenäum 1951
12. Picker, Henry: Hitlers Tischgespräche im Führerhauptquartier 1941—1942. Im Auftrag des Verlags neu hrsg. von Percy Ernst Schramm in Zusammenarbeit mit Andreas Hillgruber und Martin Vogt. — Stuttgart: Seewald 1963
13. Le testament politique de Hitler. Notes recueilles par Martin Bormann. Version française et présentation de François Genoud. Préface de H. R. Trevor-Roper. Commentaires de André François-Ponçet. — Paris: Fayard 1959

Englische Ausgabe:
The Testament of Adolf Hitler. The Hitler-Bormann documents. Febr.—Apr. 1945. Hrsg. von François Genoud. Übers. von R. H. Stevens. Mit einer Einleitung von H. R. Trevor-Roper. — London: Cassell 1961

Deutsche Auszüge mit Rückübersetzung in indirekter Rede:
Trevor-Roper, Hugh Redwald: Hitlers Testament. Die letzten Gespräche mit Martin Bormann (Februar 1945). — In: Monat 14 (1961), H. 157
14. Hitler's Table Talk 1941—1944. Übers. von Norman Cameron und R. H. Stevens. Einleitung von H. R. Trevor-Roper. — London: Weidenfeld & Nicolson 1953

B. *Schriften und Reden anderer Parteiführer:*

1. Goebbels, Joseph: Kampf um Berlin. — München: Eher 1933
2. — Revolution der Deutschen. — Oldenburg: Stalling 1933
3. — Goebbels spricht. Reden aus Kampf und Sieg. — Oldenburg: Stalling 1933
4. — My Part in Germany's Fight. — London: Hurst 1935
5. — Der Angriff. Aufsätze aus der Kampfzeit. — München: Eher 1935
6. — Wetterleuchten. Aufsätze aus der Kampfzeit. Hrsg. von Georg-Wilhelm Müller. — München: Eher 1939
7. Göring, Hermann: Reden und Aufsätze. — München: Eher 1938
8. — Germany Reborn. — London: Matthews 1934
9. Heß, Rudolf: Reden. — München: Eher 1938 ²
10. Rosenberg, Alfred: Blut und Ehre. Reden und Aufsätze von 1919—1933. — München: Eher 1939
11. Strasser, Gregor: Kampf um Deutschland. — München: Eher 1932

C. *Weltanschauliche Werke:*

1. Darré, Richard Walter: Um Blut und Boden. — München: Eher 1940
2. Feder Gottfried: Das Programm der NSDAP und seine weltanschaulichen Grundgedanken. — München: Eher 1932
3. Himmler, Heinrich: Die SS als antibolschewistische Kampforganisation. — München: Eher 1936
4. Rosenberg, Alfred: Das Parteiprogramm. Wesen, Grundsätze und Ziele der NSDAP. — München: Eher 1930

5. — Der Mythos des 20. Jahrhunderts. — München: Hoheneichen Verl. 1930
6. — Die Protokolle der Weisen von Zion und die jüdische Weltpolitik. — München: Dt. Volksverl. 1923

D. *Nationalsozialistische Propaganda:*

Es wäre ermüdend, die Hunderte von Broschüren und andere von der Partei verteilten Propagandaschriften aufzuzählen. Eine gewisse Bekanntschaft mit diesem Schrifttum ist jedoch wesentlich für ein Verständnis des Nationalsozialismus. Auszüge sind bei Baynes und im Katalog der Wiener Library zu finden. Ebenso wertvoll zur Information sind die Partei-Zeitungen, z. B. der *Völkische Beobachter* und der *Angriff*.

E. *Nationalsozialistische Dokumentensammlungen und geschichtliche Darstellungen:*

1. Dokumente der deutschen Politik (Jahresbände für 1933—1940). — Berlin: Junker und Dünnhaupt 1935—1943
2. Rühle, Gerd: Das Dritte Reich. Die Kampfjahre 1918—1932. — Berlin: Hummel o. J.
 — Das Dritte Reich. Das erste Jahr 1933. — Berlin: Hummel 1934
 — Das Dritte Reich. Das zweite Jahr 1934. — Berlin: Hummel 1935
 — Das Dritte Reich. Das dritte Jahr 1935. — Berlin: Hummel 1936
 — Das Dritte Reich. Das vierte Jahr 1936. — Berlin: Hummel 1937
 — Das Dritte Reich. Das fünfte Jahr 1937. — Berlin: Hummel 1938
 — Das Dritte Reich. Das sechste Jahr 1938. — Berlin: Hummel 1939
3. von Leers, Johann: Kurzgefaßte Geschichte des Nationalsozialismus. — Bielefeld: Velhagen & Klasing 1939
4. Schultze-Pfaelzer, Gerhard: Hindenburg und Hitler zur Führung vereint. — Berlin: Stollberg 1933
5. Volz, Hans: Daten der Geschichte der NSDAP. — Berlin: Ploetz 1939

II. DOKUMENTARISCHES MATERIAL

A. *Für die gesamte Zeit:*

Die bei weitem wichtigste Dokumentensammlung ist die, die für den Nürnberger Prozeß zusammengestellt wurde. Der vollständige stenographische Bericht der Verhandlungen gegen die Hauptkriegsverbrecher sowie ein großer Teil der dem Gericht vorgelegten Beweisurkunden sind erschienen unter dem Titel:

> Der Prozeß gegen die Hauptkriegsverbrecher vor dem Internationalen Militärgerichtshof Nürnberg. Veröffentlicht in Nürnberg, Deutschland, 1947—1949 (Blaue Serie)
> Bde. I—XXII: Sitzungsprotokolle
> Bd. XXIII/XXIV: Register
> Bde. XXV—XLII: Dokumente.

Übersetzungen der meisten von dem englischen und dem amerikanischen Ankläger vorgelegten Dokumente sind zusammen mit den Übersetzungen bestimmter Verteidigungs-Dokumente und der wichtigsten eidesstattlichen Erklärungen und Vernehmungen veröffentlicht worden unter dem Titel:

> Nazi Conspiracy and Aggression. 8 Bde., 2 Supplementbde. A und B. — Washington: United States Government Printing Office 1946—1948. (Rote Serie)

Beide Publikationen enthalten die vom Gerichtshof vorgenommene Nummerierung, die auch in diesem Buch benutzt wurde.

Publikationen über die sog. Nachfolgeprozesse:

> Trial of War Criminals before the Nuernberg Military Tribunals under Control Council Law No. 10. 15 Bde. — Washington: U. S. Government Printing Office 1949 ff. (Grüne Serie)
> Das Urteil im Wilhelmstraßen-Prozeß. Hrsg. von R. W. M. Kempner und Carl Haensel. — München: Burger 1950

Ebenfalls wurden benutzt:

> Documents on International Affairs. 1918—1938. 13. Bde. — London: Oxford Univ. Press 1929—1943

B. *Für die Zeit bis August 1934:*

1. Wille und Macht. Führerorgan der nationalsozialistischen Jugend. Jahrgang V (1937), H. 17. (Enthält eine Anzahl von Dokumenten zu den Vorgängen des 8./9. November 1923). — München: Eher
2. Der Hitlerputsch. Bayerische Dokumente zum 9. November 1923. Hrsg. von Ernst Deuerlein. — Stuttgart: Dt. Verlags-Anst.
3. Der Hitlerprozeß. Auszüge aus den Verhandlungsberichten. — München: Dt. Volksverl. 1924
4. Der Hitler-Ludendorff-Prozeß vor dem Münchener Volksgericht. — Berlin: Verl. für Sozialwissenschaft 1924. (= Politische Prozesse. Aktenmäßige Darstellungen hrsg. von Robert Breuer. H. 4)
5. Hitler und Kahr. Die bayerischen Napoleonsgrößen von 1923. Ein im Untersuchungsausschuß des Bayerischen Landtags aufgedeckter Justizskandal. Hrsg. vom Landesausschuß der SPD in Bayern. 2 Bde. — München: Birk & Co. 1928
6. Hitlers Auseinandersetzung mit Brüning. — München: Eher 1932
7. Protokoll der mündlichen Verhandlung in dem Entnazifizierungsverfahren gegen den Generalleutnant a. D. Oscar von Hindenburg in Uelzen, 14. März 1949
8. The Reichstag Fire Trial. The second Brown Book of the Hitler Terror. — London: John Lane 1934
9. Weißbuch über die Erschießungen des 30. Juni 1934. Paris: Edition du Carrefour 1934
10. Documents on British Foreign Policy 1919—1939. Hrsg. von E. J. Woodward und Rohan Butler. 2. Serie. Bde. I—IV. — London: H. M. Stationery Office 1946—1950

C. *Für die Zeit von 1934—1945:*

1. Documents on German Foreign Policy 1918—1945. From the Archives of the German Foreign Ministery. Serie D. — London: H. M. Stationery Office 1949 ff.
Deutsche Parallelausgabe:
Akten zur deutschen Auswärtigen Politik 1918—1945. Aus dem Archiv des deutschen Auswärtigen Amtes. Serie D. 1937—1945. — Baden-Baden: Imprimerie Nationale 1950 ff. Ab Bd. VIII Frankfurt a. M.: Keppler 1961 ff.
2. Documents on British Foreign Policy 1919—1939. Hrsg. von E. J. Woodward und Rohan Butler. 3. Serie. Bde. I—IV. — London: H. M. Stationery Office 1949—1950
3. Ciano's Diplomatic Papers. Hrsg. von Malcolm Muggeridge. — London: Odhams 1948
4. Hitler e Mussolini. Letter e documenti. Ed. italiana con introduzione e note di V. Zincone. — Mailand: Rizzoli 1946
5. Les lettres secrètes échangées par Hitler et Mussolini de janvier 1940 à mai 1943. — Paris: Editions du Pavois 1946
6. Documents and Materials Relating to the Eve of the Second World War. Bd. I: November 1937—1938. Bd. II: The Dirksen papers 1938—1939. — Moskau: Verl. für fremdsprachige Literatur 1948
7. German Foreign Office Documents: Turkey. — Moskau: Verl. für fremdsprachige Literatur 1948
— Hungary. — Moskau: Verl. für fremdsprachige Literatur 1948.
8. Documents concerning German-Polish Relations and the Outbreak of Hostilities between Britain and Germany. — London: H. M. Stationery Office 1939
9. The French Yellow Book. Diplomatic Documents. 1938—1939. — London: Hutchinson 1939
10. Offial Documents concerning Polish-German and Polish-Soviet Relations 1933—1939. The Polish White Book. — London: Hutchinson 1939
11. Polnische Dokumente zur Vorgeschichte des Krieges. Deutsches Weißbuch Nr. 3. — Berlin: Eher 1940
12. 100 Dokumente zur Vorgeschichte des Krieges. Hrsg. von der Deutschen Informationsstelle. — Berlin: Dt. Verl. 1939
13. Was wirklich geschah. Die diplomatischen Hintergründe der deutschen Kriegspolitik. Darstellung und Dokumente hrsg. von Heinz Holldack. — München: Nymphenburger Verlagshandlung 1949
14. Dokumente zur Vorgeschichte des Krieges. Deutsches Weißbuch Nr. 2. — Berlin: Heymann 1940
15. Nazi-Soviet Relations 1939—1941. From the archives of the German foreign office. — Washington: Department of State 1948.
Deutsche Paralellausgabe:
Das nationalsozialistische Deutschland und die Sowjetunion 1939—1941. Akten aus dem Archiv des Deutschen Auswärtigen Amts. Deutsche Ausgabe von Eber Malcolm Carroll und Fritz Theodor Epstein. — Washington: Department of State 1948
16. Die Beziehungen zwischen Deutschland und der Sowjetunion 1939—1941. Hrsg. von Alfred Seidl. — Tübingen: Laupp 1949
17. Documents on International Affairs 1939—1946. Bd. I: März—September 1939. London: Oxford Univ. Press 1951

18. Le procès du Maréchal Pétain. 2 Bde. — Paris: Albin Michel 1945
19. Pétain et les Allemands. Mémorandum d'Abetz. — Paris: Gaucher 1948
20. The Spanish Government and the Axis. — Washington: Department of State 1936
21. The Fuehrer Conferences on Naval Affairs. — In: Brassey's Naval Annual, Jahrg. 1948
22. Hitler Directs his War. The secret records of his daily military conferences. Ausgewählt, hrsg. und eingeleitet von Felix Gilbert. — London: Oxford Univ. Press 1950
23. Hitlers Weisungen für die Kriegsführung 1939—1945. Dokumente des Oberkommandos der Wehrmacht. Hrsg. von Walther Hubatsch. — Frankfurt a. M.: Bernard & Graefe 1962

III. MEMOIREN UND TAGEBÜCHER

A. *Für die Zeit bis August 1934:*

1. Brandmayer, Balthasar: Meldegänger Hitler. Mitgeteilt von Heinz Bayer. — Überlingen: Walter 1940
2. Braun, Otto: Von Weimar zu Hitler. — Zürich: Europa-Verlag 1939
3. Brüning, Heinrich: Ein Brief an Dr. Rudolf Pechel. — in: Deutsche Rundschau 70 (1947), H. 7
4. Diels, Rudolf: Lucifer ante portas. Es spricht der erste Chef der Gestapo. — Stuttgart: Dt. Verl.-Anst. 1950
5. Dietrich, Otto: Mit Hitler an die Macht. — München: Eher 1934
6. Drexler, Anton: Mein politisches Erwachen. Aus dem Tagebuch eines deutschen sozialistischen Arbeiters. — München: Dt. Volksverl. 1937
7. Duesterberg, Th.: Der Stahlhelm und Hitler. Mit einem Geleitwort von Wolfgang Müller. — Wolfenbüttel, Hannover: Wolfenbütteler Verlagsanst. 1949
8. Fromm, Bella: Blood and Banquets. — London: Bles 1943
9. Gisevius, Hans Bernd: Bis zum bittern Ende. 2 Bde. — Zürich: Fretz & Wasmuth 1946 (Hamburg 1947)
10. Goebbels, Joseph: Vom Kaiserhof zur Reichskanzlei. Eine historische Darstellung in Tagebuchblättern. — München: Eher 1934
11. Das Tagebuch von Joseph Goebbels 1925/26. Mit weiteren Dokumenten hrsg. von Helmut Heiber. — Stuttgart: Dt. Verl.-Anst. 1960
12. Greiner, Joseph: Das Ende des Hitler-Mythos. — Wien: Amalthea 1947
13. Grzesinski, Albert C.: Inside Germany. — New York: Dutton 1939
14. Hoffmann, Heinrich: Hitler was my Friend. Übers. von R. H. Stevens. — London: Burke 1955
15. Kallenbach, Hans: Mit Adolf Hitler auf Festung Landsberg. — München: Kreß & Hornung 1939
16. Kubizek, August: Adolf Hitler, mein Jugendfreund. — Graz: Stocker 1953
17. Lüdecke, Kurt: I knew Hitler. — London 1938
18. Ludendorff, Erich: Auf dem Weg zur Feldherrnhalle. — München: Ludendorff 1937
19. Ludendorff, Erich: Vom Feldherrn zum Weltrevolutionär und Wegbereiter deutscher Volksschöpfung. Meine Lebenserinnerungen. 3 Bde. — Pähl i. Obb.: Verl. Hohe Warte 1952—1955

20. Meißner, Otto: Staatssekretär unter Ebert — Hindenburg — Hitler. — Hamburg: Hoffmann & Campe
21. Mend, Hans: Adolf Hitler im Felde 1914—1918. — München: Eher 1931
22. von Papen, Franz: Der Wahrheit eine Gasse. — München: List 1952
23. Rauschning, Hermann: Gespräche mit Hitler. — Zürich: Europa-Verl. 1940[2]
24. Röhm, Ernst: Die Geschichte eines Hochverräters. — München: Eher 1933
25. Rosenberg's Memoirs. Hrsg. von Serge Lang und Ernst von Schenck. — New York: Ziff Davis 1949
26. Schacht, Hjalmar: Abrechnung mit Hitler. — Hamburg, Stuttgart: Rowohlt 1948
27. Schacht, Hjalmar: 76 Jahre meines Lebens. — Bad Wörishofen: Kindler und Schiermeyer 1953
28. Schlange-Schöningen, Hans: Am Tage danach. — Hamburg: Hammerich & Lesser 1946
29. Severing, Carl: Mein Lebensweg. Bd. II: Im Auf und Ab der Republik. — Köln: Greven 1950
30. Sommerfeldt, Martin H.: Ich war dabei. Die Verschwörung der Dämonen 1933—1939. Ein Augenzeugenbericht. — Darmstadt: Drei-Quellen-Verl. 1949
31. Strasser, Otto: Hitler und ich. — Konstanz: Asmus 1948
32. Strasser, Otto: Ministersessel oder Revolution? — Berlin: Kampf-Verl. 1930
33. Thyssen, Fritz: I paid Hitler. — London: Hodder and Stroughton 1941
34. Völkischer Beobachter. Sondernummer vom 8. November 1933 mit Erinnerungen an den 8. November 1923 von Rosenberg, Ulrich Graf, Weiß, Röhm und Roßbach
35. Wagner, Friedelind: The Royal Family of Bayreuth. — London: Eyre and Spottiswoode 1948

B. *Für die Zeit von 1934—1945:*

1. Die bereits genannten Darstellungen von Gisevius, Meißner, von Papen, Schacht, Rosenberg und Friedelind Wagner
2. Alfieri, Dino: Due dittatori da fronte. — Mailand: Rizzoli 1948
   Französische Ausgabe:
   Deux dictateurs face à face. Rome—Berlin 1939—1943. — Genf: Edition du Cheval Ailé 1948
3. Anfuso, Filippo: Rom—Berlin in diplomatischem Spiegel. Übers. von Egon Heymann. — München: Pohl & Co. 1951
4. Assmann, Kurt: Deutsche Schicksalsjahre. Historische Bilder aus dem II. Weltkrieg und seiner Vorgeschichte. — Wiesbaden: Brockhaus 1950
5. Bernadotte, Folke Graf: Das Ende. — Zürich: Europa-Verl. 1945
6. Best, S. Payne: The Venlo Incident. — London: Hutchinson 1950
7. Boldt, Gerhard: Die letzten Tage der Reichskanzlei. — Hamburg: Rowohlt 1947
8. The Bormann Letters. The private correspondance between Martin Bormann and his wife from January 1943 to April 1945. Ed. with an introduction and notes by H. R. Trevor-Roper. — London: Weidenfeld & Nicolson 1954

9. Churchill, Winston S.: The Second World War. 6 Bde. — London: Cassell 1948ff.
   Deutsche Ausgabe:
   Der Zweite Weltkrieg. Übers. von J. Muehlen. 6 Bde. — Bern: Scherz 1949—1954
10. Ciano, Galeazzo: I diari di Ciano (1937/38). — Bologna, Rocca S. Casciano: Capelli 1948
    Deutsche Ausgabe:
    Tagebücher 1937/38. — Hamburg: Krüger 1949
11. Ciano, Galeazzo: Diario 1939—1943. — Mailand: Rizzoli 1948
    Deutsche Ausgabe:
    Tagebücher 1939—1943. — Bern: Scherz 1947²
12. Coulondre, Robert: De Staline à Hitler. Souvenirs de deux ambassades 1936—1939. — Paris: Hachette 1950
    Deutsche Ausgabe:
    Von Moskau nach Berlin. 1936—1939. Erinnerungen des französischen Botschafters. — Bonn: Athenäum 1950
13. Dahlerus, Birger: The Last Attempt. — London: Hutchinson 1948
    Deutsche Ausgabe:
    Der letzte Versuch. London—Berlin Sommer 1939. — München: Nymphenburger Verlagshandlung 1948
14. Davignon, J.: Berlin 1936 bis 1940. Souvenirs d'une mission. — Paris: Editions Universitaires 1951
15. Dietrich, Otto: Zwölf Jahre mit Hitler. — München: Isar-Verl. 1955
16. von Dirksen, Herbert: Moskau—Tokio—London. Erinnerungen und Betrachtungen zu 20 Jahren deutscher Außenpolitik 1919—1939. — Stuttgart: Kohlhammer 1949
17. Ambassador Dodd's Diary 1933—1938. — London: Gollancz 1941
18. Flandin, P. E.: Politique Française 1919—1940. — Paris: Les Editions Nouvelles 1947
19. François-Poncet, A.: Souvenirs d'une ambassade à Berlin, septembre 1931—octobre 1938.— Paris: Flammarion 1946
    Deutsche Ausgabe:
    Als Botschafter in Berlin. 1931—1938. — Mainz: Kupferberg 1949
20. Gafencu, G.: Europas letzte Tage, Eine politische Reise im Jahre 1939.— Zürich: Amstutz & Herdeg 1946
21. Gamelin, M. G.: Servir. 3 Bde. — Paris: Plon 1946—1947
22. Gedye, G. E. R.: Fallen bastions. — London: Gollancz 1939
    Deutsche Ausgabe:
    Die Bastionen fielen. Wie der Faschismus Wien und Prag überrannte. — Wien: Danubia-Verl. 1947
23. Geyr von Schweppenburg, Leo Frh.: Erinnerungen eines Militärattachés. London: 1933—1937. — Stuttgart: Dt. Verl.-Anst. 1949
24. The Goebbels Diaries. Introductions and notes by L. Lochner. — New York: Doubleday 1948
    Deutsche Ausgabe:
    Goebbels' Tagebücher aus den Jahren 1942—1943. Mit anderen Dokumenten hrsg. von Luis P. Lochner. — Zürich: Atlantis 1948
25. Bross, Werner: Gespräche mit Hermann Göring während des Nürnberger Prozesses. — Flensburg: Wolff 1950
26. Guderian, Heinz: Erinnerungen eines Soldaten. — Heidelberg: Vowinckel 1951
27. Halder, Franz: Hitler als Feldherr. — München: Dom-Verl. 1949
28. Bor, Peter: Gespräche mit Halder. — Wiesbaden: Limes-Verl. 1950

29. von Hassell, U.: Vom anderen Deutschland. Aus den nachgelassenen Tagebüchern des als führendes Mitglied der deutschen Widerstandsbewegung im September 1944 hingerichteten ehemaligen Botschafters von Hassell. 1938—1944. — Zürich, Freiburg i. Br.: Atlantis 1946
30. Henderson, Nevile: Failure of a Mission. — London: Hodder and Stroughton 1940
    Deutsche Ausgabe:
    Fehlschlag einer Mission, Berlin 1937—1939. — Zürich: Drei-Stern-Verl. o. J.
31. Heusinger, Adolf: Befehl im Widerstreit. Schicksalsstunden der deutschen Armee 1923—1945. — Tübingen, Stuttgart: Wunderlich-Leins 1950
32. Hoßbach, Friedrich: Zwischen Wehrmacht und Hitler. — Wolfenbüttel: Wolfenbütteler Verlagsanstalt 1949
33. Kersten, Felix: Totenkopf und Treue. Heinrich Himmler ohne Uniform. — Hamburg: Möhlich 1952
34. Kesselring, Albert: Soldat bis zum letzten Tag. — Bonn: Athenäum 1953
35. Kleist, Peter: Zwischen Hitler und Stalin. 1939—1945. Aufzeichnungen. — Bonn: Athenäum 1950
36. Koller, Karl: Der letzte Monat. Tagebuchaufzeichnungen des ehemaligen Chefs des Generalstabes der Luftwaffe vom 14. April bis 27. Mai 1945. — Mannheim: Wohlgemut 1949
37. Kordt, Erich: Wahn und Wirklichkeit. Die Außenpolitik des Dritten Reiches. Versuch einer Darstellung. Hrsg. unter Mitwirkung von Karl-Heinz Abshagen. — Stuttgart: Union Dt. Verl.-Anst. 1948
38. Kordt, Erich: Nicht aus den Akten. Die Wilhelmstraße in Frieden und Krieg. Erlebnisse, Begegnungen und Eindrücke 1928—1945. — Stuttgart: Union Dt. Verl.-Anst. 1950
39. Krause, Karl Wilhelm: Zehn Jahre Kammerdiener bei Hitler. — Hamburg: Laatzen 1949
40. von Lossberg, Bernhard: Im Wehrmachtsführungsstab. Bericht eines Generalstabsoffiziers. — Hamburg: Nölke 1949
41. The Unpublished Diary of Pierre Laval. With an introduction by Josée Laval. — London: Falcon Press 1948
42. von Manstein, Erich: Verlorene Siege. — Bonn: Athenäum 1955
43. A German of the Resistance. The last letters of Count Helmuth James von Moltke. — London: Oxford Univ. Press 1947
    Deutsche Ausgabe:
    Helmuth James Graf von Moltke, 1907—1945. Letzte Briefe aus dem Gefängnis Tegel. — Berlin: Henssell 1951
44. Mussolini, Benito: Storia di un anno. Il tempo del bastone e della carota. — Mailand: 1944
    Deutsche Ausgabe:
    Geschichte eines Jahres. Enthüllungen über die tragischen Ereignisse zwischen dem 25. Juli und dem 8. September 1943. Übers. von H. Ellwanger und S. Wiesel. — Mailand: Mondadori 1945.
    Englische Ausgabe:
    Memoirs 1942—1943. With documents relating to the period. Hrsg. von R. Klibansky. Übers. von F. Lolt. Einf. von C. Sprigge. — London: Weidenfeld and Nicolsson 1949
45. Noël, Léon: L'agression allemande contre la Pologne. Une ambassade à Varsovie 1935—1939. — Paris: Flammarion 1946
    Deutsche Ausgabe:
    Der deutsche Angriff auf Polen. Übers. von Hugo Neumann. — Berlin: Arani 1948

46. von Oven, Wilfried: Mit Goebbels bis zum Ende. 2 Bde. — Buenos Aires: Dürer-Verl. 1949—1950
47. Pechel, R.: Deutscher Widerstand. — Erlenbach, Zürich: Rentsch 1947
48. Price, G. Ward: I know these Dictators. — London: Harrap 1938
    Deutsche Ausgabe:
        Führer und Duce, wie ich sie kenne. — Berlin Holle 1939
49. Rahn, R.: Ruheloses Leben. Aufzeichnungen und Erinnerungen. — Düsseldorf: Diederichs 1949
50. Remer, Otto: 20. Juli 1944. — Hamburg: Verl. Dt. Opposition 1951 [5]
51. Reynaud, Paul: La France a sauvé l'Europe. 2 Bde. — Paris: Flammerion 1947
52. von Ribbentrop, Joachim: Zwischen London und Moskau. Erinnerungen und und letzte Aufzeichnungen. Aus dem Nachlaß hrsg. von Annelies von Ribbentrop. — Leoni: Druffel 1953
53. The Rommel Papers. Hrsg. von B. H. Liddell Hart unter Mitwirkung von Lucie-Marie Rommel. Übers. von Paul Findlay. — London: Collins 1953
54. Schellenberg, Walter: The Schellenberg Memoirs. Hrsg. und übers. von Louis Hagen. Einltg. von Alan Bullock. — London: Deutsch 1956
    Deutsche Ausgabe:
        Memoiren. Hrsg. von Gita Petersen. — Köln: Verl. für Politik und Wirtschaft 1959
55. von Schlabrendorff, Fabian: Offiziere gegen Hitler. Nach einem Erlebnisbericht von Fabian von Schlabrendorff bearbeitet und hrsg. von G. Schulze-Gaevernitz. — Zürich: Europa-Verl. 1946
56. Schmidt, Paul: Statist auf diplomatischer Bühne 1923—1945. Erlebnisse des Chefdolmetschers im Auswärtigen Amt mit den Staatsmännern Europas. — Bonn: Athenäum 1949
57. Schultz, Joachim: Die letzten 30 Tage. Aus dem Kriegstagebuch des OKW. — Stuttgart: Steingrüben 1951
58. von Schuschnigg, Kurt: Dreimal Österreich. — Wien: Thomas 1937
59. von Schuschnigg, Kurt: Ein Requiem in Rot-Weiß-Rot. Aufzeichnungen des Häftlings Dr. Auster. — Zürich: Amstutz 1946
60. Schwerin von Krosigk, Lutz Graf: Es geschah in Deutschland. Menschenbilder unseres Jahrhunderts. — Tübingen, Stuttgart: Wunderlich 1951
61. Semmler, Rudolf: Goebbels the Man next to Hitler. — London: Westhouse 1947
62. Shirer, William: A Berlin Diary. — London: Hamish Hamilton 1941
63. Simoni, L.: Berlino, Ambasciata d'Italia 1939—1943. — Rom: Migliaresi 1946
64. Speidel, Hans: Invasion 1944. Ein Beitrag zu Rommels und des Reiches Schicksal. — Tübingen, Stuttgart: Wunderlich-Leins 1949
65. von Starhemberg, E. R.: Between Hitler and Mussolini. — London: Hodder and Stroughton 1942
66. Suñer, R. Serrano: Entre Hendaya y Gibraltar. Frente a una leyenda. — Madrid: Epesa 1947
    Deutsche Ausgabe:
        Zwischen Hendaye und Gibraltar. Feststellungen und Betrachtungen angesichts einer Legende über unsere Politik während zweier Kriege. — Zürich: Thomas 1948
67. von Weizsäcker, Ernst: Erinnerungen. — München: List 1950
68. Welles, Sumner: The Time for Decision. — New York: Harper 1945
69. Westphal, Siegfried: Heer in Fesseln. Aus den Papieren des Stabschefs von Rommel, Kesselring und Rundstedt. — Bonn: Athenäum 1950
70. Winch, Michael: Republic for a Day. — London: Hale 1939

71. Zernatto, G.: Die Wahrheit über Österreich. — London: Longmans 1938
72. Zoller, Albert: Hitler privat. Erlebnisbericht einer Geheimsekretärin. — Düsseldorf: Droste 1949

IV. SONSTIGE WERKE

A. *Innerpolitische Geschichte Deutschlands und der NSDAP 1918—1945. Geschichte Deutschlands 1918—1934*

1. Bracher, Karl Dietrich, Wolfgang Sauer und Gerhard Schulz: Die nationalsozialistische Machtergreifung. Studien zur Errichtung des totalitären Herrschaftssystems in Deutschland 1933/34. — Köln, Opladen: Westdt. Verl. 1960. (= Schriften des Instituts für Politische Wissenschaft, Bd. 14)
2. Brecht, Arnold: Prelude to Silence. The end of the German republic. — London: Oxford Univ. Press 1945
    Deutsche Ausgabe:
    Vorspiel zum Schweigen. Das Ende der deutschen Republik. — Wien: Verl. für Geschichte und Politik 1948
3. Clark, R. T.: The Fall of the German Republic. — London: Allan and Unwin 1935
4. Dutch, Oswald: The Errant Diplomat. The life of Franz von Papen. — London: Arnold 1940
5. Flechtheim, Ossip K.: Die Kommunistische Partei Deutschlands in der Weimarer Republik. — Offenbach: Bollwerk-Verl. 1948
6. François, Jean: L'affaire Röhm—Hitler. — Paris: Gallimard 1939 [2]
7. Franz-Willing, Georg: Die Hitlerbewegung. Bd. I: Der Ursprung. 1919—1922. — Hamburg, Berlin: von Decker 1962
8. Fraser, Lindley: Germany Between Two Wars. A study of propaganda and warguild. — New York: Oxford Univ. Press 1945
    Deutsche Ausgabe:
    Kriegsschuld und Propaganda. Deutschland zwischen zwei Weltkriegen. — Freiburg i. Br., Zürich: Atlantis 1947
9. Gumbel, E. J.: Vier Jahre politischer Mord. — Berlin: Verl. der Neuen Gesellschaft 1922
10. Halperin, S. William: Germany Tried Democracy. A political history of the Reich from 1918 to 1933. — New York: Crowell 1946
11. Heiden, Konrad: Geschichte des Nationalsozialismus. — Berlin: Rowohlt 1932
12. Hitler der Eroberer. Die Entlarvung einer Legende. Von einem deutschen Politiker. — Prag: Malik 1933
13. Hofmann, Hanns Hubert: Der Hitlerputsch. Krisenjahre deutscher Geschichte 1920—1924. — München: Nymphenburger Verlagshandlung 1961
14. Kochan, Lionel: Pogrom. November 10, 1938. — London: Deutsch 1957
15. Matthias, Erich, und Rudolf Morsey (Hrsg.): Das Ende der Parteien 1933.— Düsseldorf: Droste 1960 (= Veröffentlichungen der Kommission für Geschichte des Parlamentarismus und der politischen Parteien)
16. Mohler, Arnim: Die konservative Revolution in Deutschland 1918—1932. Grundriß ihrer Weltanschauung. — Stuttgart: Vorwerk 1950
17. Mowrer, E. A.: Germany Puts the Clock Back (Überarbeitete Ausgabe). — London: Penguin Books 1938

18. Reitlinger, Gerald: The Final Solution. The attempt to exterminate the Jews of Europe 1939—1945. — London: Vallentine, Mitchel & Co. 1953
    Deutsche Ausgabe:
    Die Endlösung. Hitlers Versuch der Ausrottung der Juden Europas 1939—1945. Vorwort von R. Hagelstange. — Berlin-Dahlem: Colloquium-Verl. 1956
19. Rosenberg, Arthur: Geschichte der deutschen Republik. — Karlsbad: Graphia 1935
20. Scheele, Godfrey: The Weimar Republic. — London: Faber 1946
21. von Schmidt-Pauli, Edgar: Geschichte der Freikorps 1918—1924. — Stuttgart: Lutz 1936
22. Schwertfeger, Bernhard: Rätsel um Deutschland. — Heidelberg: Winter 1948
23. Tobias, Fritz: Der Reichstagsbrand. Legende und Wirklichkeit. — Rastatt: Grote 1962
24. Waite, Robert G. L.: Vanguard of Nazism. The Free Corps Movement in Postwar Germany 1918—1933. — Cambridge/Mass.: Harvard Univ. Press 1952
25. Wheeler-Bennett, John W.: Hindenburg the Wooden Titan. — London: Macmillan 1936

Hitler

26. Heiden, Konrad: Hitler. — London: Constable 1936
    Deutsche Ausgabe:
    Adolf Hitler. Das Zeitalter der Verantwortungslosigkeit. — Zürich: Europa-Verl. 1936
27. Heiden, Konrad: Der Führer. — London: Gollancz 1944
28. Heinz, Heinz A.: Germany's Hitler. — London: Hurst and Blackett 1934
29. Jetzinger, Franz: Hitlers Jugend. Phantasien, Lügen — und die Wahrheit. — Wien: Europa-Verl. 1956
30. Olden, Rudolf: Hitler the Pawn. — London: Gollancz 1936
31. Wagner, Ludwig: Hitler. Man of Strife. — New York: Norton and Co. 1942

Die anderen Parteiführer

32. Butler, Evan, und Gordon Young: Marshal Without Glory. The troubled life of Hermann Goering. — London: Hodder and Stoughton 1951
33. Frischauer, Willi: Goering. — London: Odhams 1951
    Deutsche Ausgabe:
    Ein Marschallstab zerbrach. Eine Göring-Biographie. — Ulm a. D.: Münster-Verl. 1951
34. Heiber, Helmut: Joseph Goebbels. — Berlin: Colloquium-Verl. 1962
35. Rauschning, Hermann: Makers of Destruction. — London: Eyre and Spottiswoode 1942
36. Rees, J. R.: The Case of Rudolf Hess. A problem in diagnosis and forensic psychiatry. — London: Heinemann 1947
37. Riess, Curt: Joseph Goebbels. — London: Hollis and Carter 1949
    Deutsche Ausgabe:
    Joseph Goebbels. Eine Biographie. — Baden-Baden: Dreiecks-Verl. 1950
38. Stephan, W.: Joseph Goebbels, Dämon einer Diktatur. — Stuttgart: Union Dt. Verl.-Anst. 1949

Das Dritte Reich

39. Brady, R. A.: The Spirit and Structure of German Fascism. — London: Gollancz 1937
40. Daluces, Jean: Histoire du national-socialisme allemande. Bd. I: Le Troisième Reich. — Paris: Martel 1950
41. Kogon, Eugen: Der SS-Staat. Das System der deutschen Konzentrationslager.— München: Alber 1946
42. Reitlinger, Gerald: The SS. Alibi of a Nation. 1922—1945. — London: Heinemann 1956
43. Roberts, S. H.: The House that Hitler Built. — London: Methuen 1937
44. Schumann, F. L.: The Nazi Dictatorship. — New York: Knopf 1936 ²
45. Shirer, William L.: The Rise and Fall of the Third Reich. A history of Nazi Germany. — London: Secker & Warburg 1960
    Deutsche Ausgabe:
    Aufstieg und Fall des Dritten Reiches. Aus dem Amerikanischen von Wilhelm und Modeste Pferdekamp. — Köln, Berlin: Kiepenheuer & Witsch 1961

Wirtschaftsgeschichte Deutschlands

46. Bettelheim, Charles: L'économie allemande sous le nazisme. Un aspect de la décadence du capitalisme. — Paris: Rivière 1946
47. Bruck, W. F.: Social and Economic History of Germany 1888—1938. — Cardiff: Univ. of Wales 1938
48. Guillebaud, C. W.: The Economic Recovery of Germany from 1933 to March 1938. — London: Macmillan 1939
49. Harris, C. R. S.: Germany's Foreign Indebtedness. — London: Oxford Univ. Press 1935
50. Lewis, W. Arthur: Economic Survey 1919—1939. — London: Allen and Unwin 1949
51. Nathan, Otto: The Nazi Economic System. — Durham/North Carolina: Duke Univ. Press 1944
52. Neumann, Franz: Behemoth. — London: Gollancz 1942
53. Stolper, Gustav: German Economy 1870—1940. — London: Allen and Unwin 1940
    Deutsche Ausgabe:
    Deutsche Wirtschaft 1870—1940. Kaiserreich, Republik, Drittes Reich.— Stuttgart: Mittelbach 1950

Die deutsche Armee

54. Bénoist-Méchin, Jacques: Histoire de l'armée allemande 1919—1936. 2 Bde. — Paris: Michel 1938
    Deutsche Ausgabe:
    Geschichte des deutschen Heeres seit dem Waffenstillstand 1918—1938.— Berlin: Reimer 1939 (neuerdings: vgl. die Ausgabe des Stalling-Verlages, Oldenburg)
55. Castellan, Georges: Le réarmement clandestin du Reich (1930—1935) vu par le deuxième bureau de l'Etat-major. — Paris: Faculté des Lettres, Thèse. 22. März 1952

56. Förster, W.: Ein General kämpft gegen den Krieg. Aus den nachgelassenen Papieren des Generalstabschefs Ludwig Beck. — München: Dom-Verl. 1949
 Erweiterte Ausgabe:
  Generaloberst Ludwig Beck. Sein Kampf gegen den Krieg. Aus den nachgelassenen Papieren des Generalstabschefs. — München: Isar Verl. 1953
57. Görlitz, Walter: Der deutsche Generalstab. Geschichte und Gestalt 1657—1945. — Frankfurt a. M.: Verl. der Frankfurter Hefte 1950
58. Gordon, Harold J. jr.: The Reichswehr and the German Republic 1919—1926. — Princeton, N. J.: Princeton Univ. Press 1957
 Deutsche Ausgabe:
  Die Reichswehr und die Weimarer Republik 1919—1926. Deutsch von Siegfried Maruhn. — Frankfurt a. M.: Bernard & Graefe 1959
59. von Kielmannsegg, J. A. Graf: Der Fritsch-Prozeß 1938. Ablauf und Hintergründe. — Hamburg: Hoffmann & Campe 1949
60. von Rabenau, Friedrich: Seeckt. Aus seinem Leben 1918—1936. Unter Verwendung des schriftlichen Nachlasses im Auftrag von Frau Dorothee von Seeckt. — Leipzig: von Hase & Koehler 1940
61. von Seeckt, Hans: Die Reichswehr. — Berlin: Kittler 1933
62. Wheeler-Bennett, John W.: The Nemesis of Power. The German army in politics 1918—1945. — London: Macmillan 1953.
 Deutsche Ausgabe:
  Die Nemesis der Macht. Die deutsche Armee in der Politik 1918—1945. Aus dem Englischen übertragen von Hans Steinsdorff. — Düsseldorf: Droste 1954

Der deutsche Widerstand

63. Abshagen, K. H.: Canaris, Patriot und Weltbürger. — Stuttgart: Union Dt. Verl.-Anst. 1949
64. Colvin, Ian: Chief of Intelligence. — London: Gollancz 1951
65. Dulles, A. W.: Germany's Underground. — New York: Macmillian 1947
 Deutsche Ausgabe:
  Verschwörung in Deutschland. — Kassel: Schleber 1948
66. Jones, A. S. Duncan: The Struggle for Religious Freedom in Germany. — London: Gollancz 1938
67. Der lautlose Aufstand. Berichte über die Widerstandsbewegung des deutschen Volkes 1933 bis 1945. Hrsg. von Günter Weisenborn. — Hamburg: Rowohlt 1953
68. Micklem, Nathaniel: National Socialism and the Roman Catholic Church. — London: Oxford Univ. Press 1933
69. Mourin, Maxime: Les complots contre Hitler 1938—1945. — Paris: Payot 1948
70. Ritter, Gerhard: Carl Goerdeler und die deutsche Widerstandsbewegung. — Stuttgart: Dt. Verl.-Anst. 1954
71. Rothfels, Hans: The German Opposition to Hitler. — Hinsdale: Regnery 1948
 Deutsche Ausgabe:
  Die deutsche Oppositon gegen Hitler. Eine Würdigung. — Krefeld: Scherpe 1949
72. von Schramm, Wilhelm Ritter: Der 20. Juli in Paris. — Bad Wörishofen: Kindler & Schiermeyer 1953
73. Zeller, Eberhard: Geist der Freiheit. Der zwanzigste Juli. 2., durchgesehene und vermehrte Auflage. — München: Rinn 1954

Das Ende des Dritten Reiches

74. Lüdde-Neurath, Walter: Regierung Dönitz. Die letzten Tage des Dritten Reiches. — Göttingen: Musterschmidt 1951
75. Musmanno, M. A.: In zehn Tagen kommt der Tod. Augenzeugen berichten über das Ende Hitlers. Authentische Darstellung der dramatischen Ereignisse der letzten Wochen im Führerbunker der Reichskanzlei. — München: Droemer 1950
76. Trevor-Roper, Hugh Redwald: The Last Days of Hitler. — New York: Macmillan 1947
    Deutsche Ausgabe:
    Hitlers letzte Tage. — Zürich: Amstutz & Herdeg 1948

Deutungen des Nationalsozialismus

77. Baynes, H. G.: Germany Possessed. — London: Cape 1941
78. Blücher von Wahlstatt, Kurt: Know Your Germans. Transl. by Lord Sudley. — London: Chapman & Hall 1951
79. Butler, Roman: The Roots of National Socialism. — London: Faber 1941
80. Meinecke, Friedrich: Die deutsche Katastrophe. Betrachtungen und Erinnerungen. — Wiesbaden: Brockhaus 1947
81. Rauschning, Hermann: Die Revolution des Nihilismus. — Zürich: Europa-Verl.
82. Vermeil, Edmond: Doctrinaires de la révolution allemande. 1919—1938. — Paris: Sorlot 1939

Nürnberger Prozesse

83. Calvocoressi, Peter: Nuremberg. The Facts, the Laws and the Consequences. — London: Chatto & Windus 1947
84. Cooper, R. W.: The Nuremberg Trial. Harmondsworth: Penguin Books 1947
    Deutsche Ausgabe:
    Der Nürnberger Prozeß. — Krefeld: Scherpe 1947
85. Taylor, Telford: Nuremberg Trials. War crimes and international law. — New York: Carnegie Endowment for International Peace 1949
    Deutsche Ausgabe:
    Die Nürnberger Prozesse. Kriegsverbrechen und Völkerrecht. Übers. von Ruth Kempner. — Zürich: Europa-Verl. 1950

B. *Außenpolitik und Krieg*

1. Beloff, Max: The Foreign Policy of Soviet Russia 1929—1941. Issued under the auspices of the Royal Institute of International Affairs. 2 Bde. — New York, London: Oxford Univ. Press 1947—1949
2. Braunthal, Julius: The Tragedy of Austria. — London: Gollancz 1948
   Appendix: Mussolini and Dollfuss. An episode in fascist diplomacy. By P. R. Sweet
3. Carr, Edward Hallett: German-Soviet Relations between the two World Wars. 1919—1939. — London: Oxford Univ. Press 1952
   Deutsche Ausgabe:
   Berlin—Moskau. Deutschland und Rußland zwischen den beiden Weltkriegen. — Stuttgart: Dt. Verl.-Anst. 1954

4. Dallin, Alexander: German Rule in Russia 1941—1945. A study of occupation politics. — London, New York: Macmillan 1957
   Deutsche Ausgabe:
   Deutsche Herrschaft in Rußland 1941—1945. Eine Studie über Besatzungspolitik. Übers. von Wilhelm und Modeste Pferdekamp. — Düsseldorf: Droste 1958
5. Dallin, David Jul.: Soviet Russia's Foreign Policy 1939—1942. — New Haven: Yale Univ. Press 1942
6. Deakin, F. W.: The Brutal Friendship. — London: 1962
   Deutsche Ausgabe:
   Die brutale Freundschaft. — Köln: Kiepenheuer & Witsch 1964
7. Dutch, Oswald: Thus Died Austria. — London: Arnold 1938
8. Feiling, Keith: The Life of Neville Chamberlain. — London: Macmillan 1946
9. Fuchs, M.: Á Pact with Hitler. — London: Gollancz 1939
10. Fuller, J. F. C.: The Second World War 1939—1945. A strategical and tactical history. — New York: Duell, Sloan & Pearce 1949
    Deutsche Ausgabe:
    Der Zweite Weltkrieg 1939—1945. Eine Darstellung seiner Strategie und Taktik. — Wien, Stuttgart: Humboldt-Verl. 1950
11. Gafencu, G.: Vorspiel zum Krieg im Osten. — Zürich: Amstutz, Herdeg & Co. 1944
12. Greiner, Helmuth: Die Oberste Wehrmachtführung 1939—1943. — Wiesbaden: Limes 1951
13. Guillaume, A.: La guerre germano-soviétique 1941—1945. — Paris: Payot 1949
14. Halder, Franz: Kriegstagebuch. Tägliche Aufzeichnungen des Chefs des Generalstabes des Heeres 1939—1942. Hrsg. vom Arbeitskreis für Wehrforschung. Bearb. von Hans-Adolf Jacobsen. 3 Bde. — Stuttgart: Kohlhammer 1962—1964
15. Harsch, Joseph C.: Pattern of Conquest. — London: Heinemann 1942
16. Hart, B. H. Liddell: The other Side of the Hill. — London: Cassell 1951 [3]
    Deutsche Ausgabe:
    Jetzt dürfen sie reden. Hitlers Generale berichten. — Stuttgart: Stuttgarter Verl. 1951
17. Heiden, Konrad: One Man Against Europe. — London: Penguin Books 1939
18. Hilger, Gustav, und Alfred G. Meyer: The Incompatible Allies. A memoir-history of German-Soviet relations 1918—1941. — New York: Macmillan 1953
19. Hinsley, F. H.: Hitler's Strategy. — Cambridge: Cambridge Univ. Press 1951
20. de Jong, Louis: Die deutsche Fünfte Kolonne im Zweiten Weltkrieg. Übers. von Helmut Lindemann. — Stuttgart: Dt. Verl.-Anst. 1959. (= Quellen und Darstellungen zur Zeitgeschichte. Bd. 4)
21. Koehl, Robert Lewis: RKFDV. German Resettlement and Population Policy 1939—1945. A history of the Reich commission for the strengthening of the germandom. — Cambridge/Mass.: Harvard Univ. Press. 1957. (= Harvard Historical Monographs. Bd. 31)
22. Langer, W. L.: Our Vichy Gamble. — New York: Knopf 1947
23. Langer, William L., und S. Everett Gleason: The Challenge to Isolation 1937 to 1940. The world crisis and American foreign policy. — New York: Harpers 1952
24. Martienssen, Anthony: Hitler and his Admirals. — New York: Dutton 1949
25. Micaud, Charles A.: The French Right and Nazi Germany. — Durham/North Carolina: Duke Univ. Press 1943

26. Mourin, Maxime: Les tentatives de paix dans la seconde guerre mondiale. 1939—1945. — Paris: Payot 1949
27. Namier, L. B.: Diplomatic Prelude 1938—1939. — New York: Macmillan 1948
    Deutsche Ausgabe:
    Diplomatisches Vorspiel. — Berlin: Arnold 1949
28. Namier, L. B.: Europe in Decay. A study in disintegration 1936—1940. — London: Macmillan 1950
29. Ripka, Hubert: Munich. Before and After. — London: Gollancz 1939
30. Rossi, Angelo: Deux ans d'alliance germano-soviétique. Août 1939 — juin 1941. — Paris: Fayard 1949
    Deutsche Ausgabe:
    Zwei Jahre deutsch-sowjetisches Bündnis. Aus dem Italienischen von Hans Naumann. — Köln: Verl. für Politik und Wirtschaft 1953
31. Shulman, Milton: Defeat in the West. — London: Secker & Warburg 1947
    Deutsche Ausgabe:
    Niederlage im Westen. — Gütersloh: Bertelsmann 1949
32. Sorb: Hitler, Caporal stratégie. — Paris: Editions de la Nouvelle France 1945
33. Stalin, Josip V.: Über den Großen Vaterländischen Krieg der Sowjetunion. — Moskau: Verlag für fremdsprachige Literatur 1946 [3]
34. Survey on International Affairs. Jahrgänge 1920 bis 1938. — London: Oxford Univ. Press 1925—1951
35. Toscano, Mario: Le origini del Patto d'Acciati. — Florenz: Sansoni 1948
36. Toynbee, Arnold J., und Frank T. Ashton-Gwatkin: The World in March 1939. — London: Oxford Univ. Press 1952
37. Wheatley, Ronald: Operation Sea-Lion. German plans for the invasion of England 1939—1942. — London: Oxford Univ. Press 1958
38. Wheeler-Bennett, John W.: Munich. Prologue to tragedy. — London: Macmillan 1948
39. Wilmot, Chester: The Struggle for Europe. — London: Collins 1952
    Deutsche Ausgabe:
    Der Kampf um Europa. Übers. von Hans Steinsdorff. — Frankfurt a. M.: Metzner 1953
40. Wiskemann, Elizabeth: Czechs and Germans. — London: Oxford Univ. Press 1938
41. Wiskemann, Elizabeth: Undeclared War. — London: Constable 1939
42. Wiskemann, Elizabeth: The Rome—Berlin Axis. A history of the relations between Hitler and Mussolini. — New York, London: Oxford Univ. Press 1949
43. Young, Desmond: Rommel. — London: Collins 1950
    Deutsche Ausgabe:
    Rommel. — Wiesbaden: Limes 1950

V. ZEITSCHRIFTENAUFSÄTZE

1. Angress, W. T., und Bradley F. Smith: Diaries of Heinrich Himmler's Early Years. — In: Journal of Modern History. 1959. H. 3
2. Castellan, G.: Von Schleicher, von Papen et l'avènement de Hitler. — In: Cahiers d'Histoire de la Guerre. 1949, H. 1
3. Craig, Gordon A.: Reichswehr and National Socialism. The policy of Wilhelm Groener 1928—1932. — In: Political Science Quarterly. LXIII (1948), H. 2

4. Craig, Gordon A.: Briefe Schleichers an Groener. — In: Welt als Geschichte. XI (1951), H. 2
5. Fodor, M. W.: The Austrian Roots of Hitlerism. — In: Foreign Affairs. XIV (1935—1936)
6. Hale, Oron J.: Adolf Hitler, Taxpayer. — In: American Historical Review. LX (1955), H. 4
7. Hitlers Eintritt in die Politik und die Reichswehr. — In: Vierteljahreshefte für Zeitgeschichte. VII (1959), H. 2
8. Kempner, R. M. W.: Blueprint of the Nazi Underground. — In: Research Studies of the State College of Washington. XIII (1945), H. 2
9. Knéjéwitsch, R. L.: Prince Paul, Hitler and Saloniki. — In: International Affairs. 1951, H. 1
10. Landauer, Carl: The Bavarian Problem in the Weimar Republic 1918—1923. — In: Journal of Modern History. XVI (1944)
11. Whiteside, A. G.: Nationaler Sozialismus in Österreich vor 1918. — In: Vierteljahreshefte für Zeitgeschichte. IX (1961), H. 4
12. de Witt, C. Poole: Light on Nazi Foreign Policy. — In: Foreign Affairs. XXV (1946)

NAMEN- UND SACHREGISTER

Durchgehende Abkürzungen: H. = Hitler; Dt. = deutsch; Dtl. = Deutschland.

A

Abessinien:
Mussolini u. A. 321 f., 330, 332.
Dtl. s. Verhalten 322.
Abrüstung:
303, 313 f., 317, 319, 326, 517, 784.
Abrüstungskonferenz 1933:
171, 187 f., 302.
Achse Rom—Berlin:
323, 332, 334, 341, 344 f., 402, 426 f., 457 f., 469 f., 485, 490/93, 503, 505, 510, 516 ff., 523, 554, 563 ff., 588 ff., 598 f., 606, 608, 665, 694, 696, 702 f., 760, 795.
Plan „*Achse*": 697.
Adam (General): 432.
„Operation *Adler*": 580.
Adlerhorst
(Hauptquartier bei Ziegenberg):
751 f., 754.
Afrika:
Nordafrika:
Bedeutung für Dtl. 351, 585, 592.
Dt. Operationen in N. 574, 584, 601, 610, 612.
Italien u. N. 574, 592, 605, 612, 623 f., 667.
Spanien u. N. 586/94, 608.
Rückschlag f. H. in N. 610.
Für H. unbedeutend 612, 623 f., 670.
Frankreich u. N. 573 f., 588, 590, 592, 634, 675 f.
Engl. Vormarsch in N. 623.
Verlust N.s, Wirkung auf H.s Strategie 666.
Churchill über Bedeutung N.s 670.
Rommel in N. 624, 667, 673/76.
Alliierte Landungen 671 f., 675 f., 702.
Rommels Offensive 673, 675.
Alliierte Besetzung N.s 675 f., 692 ff.
H.s Pläne mit N. 760.

Westafrika:
Gefahr alliierter Landungen 585.
Zentralafrika:
Dt. Ziele 588, 605.
Ägypten:
Italien u. Ä. 574, 598 f., 610.
England u. Ä. 574, 624, 667.
Dtl. u. Ä. 609, 624 f., 667, 675, 677, 760.
„*Ahnenerbe*":
718.
„Operation *Aida*":
667.
Albanien: (s. a. Balkan)
Italien u. A. 470, 484 f., 490, 599, 621 f.
H. u. A. 485, 490.
Invasion Griechenlands von A. aus 600.
Ital. Rückschlag, H. hilfsbereit 610, 612.
Alexander of Tunis, Harold Rupert Lord: 748.
Alexander, König von Jugoslawien: 311.
Alfieri, Dino:
610 f., 613, 678.
Alldeutscher Verband: 25, 47, 128.
Alliierte Mächte:
H. hofft auf Spaltung der A. M. 713, f., 745, 749, 751 f., 770.
Himmler ebenso 781.
Gegensätzliches innerhalb der A. M. 751.
A. M. u. Dtl.s bedingungslose Kapitulation 714, 752, 770, 781, 790 f.
Schiffsverluste 671.
A. M. u. dt. Widerstand 725.
(A. M. ohne Rußland s.Westmächte.)
Alpenfestung:
772 f.
Altmark-Zwischenfall:
561.

Altona:
Krawalle 194 f.
von *Alvensleben,* Werner: 275.
Amann, Max:
31, 63, 87, 102, 104, 110, 113 f., 138, 152, 373.
Anhalt:
Wahlen 185.
Anschläge auf H.:
s. Verschwörungen.
„*Anschluß*":
s. Österreich.
Antikomintern-Pakt: 336, 341, 344, 498.
Polen u. A. 476.
Propagandistische Auswertung durch H. 498.
Ribbentrop und Stalin diskutieren üb. A. 514.
Dt.-russischer Pakt u. A. 515.
Erneuerung des A. 645.
Antisemitismus: H.s A. in Wien 16, 19 ff., 25 f., 417 f. 691.
A. H.s ständiges Thema 294, 321, 358, 379, 388 ff., 498, 618 f., 658 ff., 691, 759, 761 f.
A. H.s echteste Gefühlsregung 456.
Juden mit „Novemberverbrechern" identifiziert 76.
Juden mit Kommunismus identifiziert 347, 379, 388, 613, 636, 659, 746, 762.
Juden mit amerikanischem Kapitalismus identifiziert 618 f., 649, 658, 759.
H. plant Ausrottung der Juden 111, 225, 300, 357, 389, 619 f.
Juden schuld am Krieg 784, 789.
A. in H.s politischem Testament 784, 786.
A. in Österreich 19 ff., 24 f., 418, (s. a. Wien)
A. in der NSDAP 55, 63 f., 379, 691, (s. a. Juden).
Antonescu, Jon:
596, 609, 611, 633 f.
„*Arbeitervereinigung zur Förderung des Friedens*": 45.
„*Arbeitsgemeinschaft der Vaterländischen Kampfverbände*": 75.

Arbeitskräftemangel in Dtl.:
s. Dtl., soziale und wirtschaftliche Zustände.
Ardennen: 567 ff., 652.
Ardennenoffensive 1944:
749/53, 768, 770.
Armee, Dtl.: s. Dtl., Wehrmacht.
Astachow, Georgei: 497 f., 500 f.
Astrologie:
H. u. A. 372, 771.
Himmler u. A. 372.
Goebbels u. A. 771.
Atlantik-Charta: 644.
Atlantik: 666.
Atlantikschlacht: 671, 704.
Atlantische Inseln: 585 f., 592.
„*Operation Attila*": 592 f.
Attolico, Bernardo: 448 ff., 469, 491, 502, 517, 519, 523.
Aufrüstung, Dtl.: s. Dtl., Wiederaufrüstung.
August Wilhelm, Prinz von Preußen: 210.
Auschwitz: 557, 689 ff. (s. a. Konzentrationslager).
Auslandsdeutsche: 358, 684 f., 688 (s. a. einzelne Länder).
Aust, Hermann: 66.
Axmann, Arthur: 776.
Azoren: 586, 591.

B

Babarin: 500.
Bachmann, Heinrich: 32.
Backe, Herbert: 720.
Baden: 253.
Badoglio, Pietro: 599, 695 ff., 699 f.
Baldwin, Stanley: 322, 328, 348.
Balearen: 341, 351.
Balkan:
Dtl. u. B. 458, 470, 479, 539, 591, 595, 600, 608 f., 620, 622 f., 625, 629, 640, 702, 747 ff., 760.
Dt.-russische Gespräche über B. 602, 604, 606.
Sowjetunion u. B. 537, 603.
Rote Armee auf dem B. 703, 748 f.
(s. a. einzelne Länder).
Ballerstedt: 53, 67.
Baltische Staaten:
Dtl. u. B. 358, 490, 493, 506, 514, 537 f.

Dt. Streitkräfte in den B. 626, 639, 679, 742, 747, 753, 757.
Dt.-russische Gespräche über die B. 537 f.
Sowjetunion u. B. 506, 514, 537 f., 557 f., 582
(s. a. einzelne Länder).
Bamberg: NS-Tagung 118.
Bang (Oberfinanzrat): 128.
„Operation *Barbarossa*": 583 f., 592, 607 f., 610, 613, 625/29, 631, 670
(s. a. Sowjetunion).
Barthou, Louis: 310 f.
Basch: 241.
Baur (H.s Pilot): 644.
Bayern:
Regierung und Politik:
Politische Zustände 1918—23 42, 47, 67/70.
Separatismus 68, 79, 81, 85.
SPD-Regierung 42.
Räterepublik 42 f.
B. und Weimarer Verfassung 43.
Regierung Kahr 43, 67.
Regierung von Lerchenfeld 67 f.
Plan e. bayerisch-österreichischen Konföderation 68.
Regierung und H. 68, 78, 85, 109.
Regierung in Regensburg 91.
Wahlen 104/08.
Landtag 104.
B. und Preußen 105.
Gleichschaltung 253, 258
(s. a. München).
Reichswehr
November-Putsch 90 f.
Sympathie für H. 78 f., 90 f.
Bayreuth:
61 f., 309, 330, 369.
Bayrische Volkspartei:
Regierungspartei 69.
Mißtrauen gegen H. 78.
Verhalten im H.-Prozeß 95.
Aussöhnung mit H. 109.
Selbstauflösung 256.
Bechstein, Helene: 66, 374.
Familie 60, 116, 229.
Beck, Jozef: 312, 346 f., 419, 430, 476 ff., 480 f., 483, 488, 526
(s. a. Polen).
Beck, Ludwig:
B. u. Rheinlandbesetzung 324.

B. u. Blombergs Mesalliance 398, 400.
B. u. Fritsch-Affäre 499 f.
B. u. Sudetenkrise 429, 432.
B. opponiert gegen H. 432, 450 f.
Rücktritt 433.
Verschwörung gegen H. 1938, 432, 434, 446 f.
B. u. Verschwörung November 1939 549 f.
B. u. 20. Juli 1944 724, 726/29, 734, 736 f.
Bedingungslose Kapitulation:
714, 725, 770, 781, 790 f.
Belgien:
H. schlägt Nichtangriffspakt vor 325.
Neutralität und Locarno-Pakt 311, 348.
B. u. Frankreich 348, 548.
Besetzung B.s 494, 548, 567 f., 570 ff.
Ciano warnt B. vor dt. Angriff 555.
Kapitulation 570.
Sowjetunion u. belg. Exilregierung 632.
Zwangsarbeiter für Dtl. 683.
Zustand der Küstenverteidigung 1944 730.
Bell, (Bischof von Chichester): 725.
von *Below,* Claus: 786, 788.
Belzec: 689 (s. a. Konzentrationslager)
Benesch, Eduard: 429, 433, 435, 444 f., 451, 466, 527.
Berchtesgaden: 60, 115, 205, 333, 348, 355, 369 f., 373, 375/78, 393, 403 f., 406 f., 409, 429 f., 432 f., 436, 438, 440, 452, 456, 476 ff., 489, 502 f., 507, 509, 516, 518, 539, 580, 609, 611 ff., 620, 629, 631, 634, 638, 665, 708, 710, 729/32, 754, 772 f., 777.
Berchtold, Joseph: 284.
Berlin:
Kapp-Putsch 43 f., 75, 82, 98, 195.
SA-Meuterei 150.
Verkehrsstreik 1932 211, 213.
B. bei Kriegsende 756.
B. endgültig eingeschlossen 772 f.
Vertrag von Berlin 1926 123.
Bernadotte, Graf Folke: 780 f.
Besetzte Gebiete:
NS-Theorien über deren Verwaltung 627 f., 679/83.

Bessarabien: 514, 595 f., 604.
Best, Werner: 183.
„Operation *Bestrafung*": 622.
Biskupski (General): 61.
von *Bismarck*, Otto: 24, 296 f., 299, 390, 417, 473, 552, 572, 642, 657 f., 794.
Blank, Herbert: 138.
Blitzkrieg: 361, 535.
Blockade: 494, 510, 564, 705.
von *Blomberg*, Werner:
  Reichswehrminister 229 f., 266.
  B. u. Röhm-Affäre 275, 282 f.
  H. u. B. 271, 286, 288, 391.
  Reichswehr u. SA 266/88.
  B. u. H.s Reichspräsidentschaft 290 f.
  B. u. Völkerbund 304.
  B. u. Rheinlandbesetzung 324 f., 396.
  Besuch in Rom 1937 341 f.
  B. u. Hoßbach-Konferenz 350, 392 f.
  B.s Vertrauen zu H. 391, 396.
  B. gegen Angriff auf England und Frankreich 392 f., 396.
  Ehe mit Erna Gruhn 398.
  Entlassung 393, 399 ff., 654.
Blum, Léon: 331, 336.
Blumentritt, Günther: 578, 743 f.
von *Bock*, Fedor: 567, 570, 635, 639 f.
Bodenreform im NS-Programm 1920: 56.
Böhmen und Mähren:
  H.s Ziele in B. u. M. 461 f., 681 f.
  Luftstützpunkte in B. u. M. 461.
  Dt. Besetzung 467 ff., 471, 478.
  Behandlung der Bevölkerung durch Deutsche 496, 682.
  Schörner in B. u. M. 785.
Boldt, Gerhard: 756 ff.
Bolschewismus: s. Kommunismus.
Bonhoeffer, Claus: 724.
Bonhoeffer, Dietrich: 724 ff.
Bonnet, Georges: 427, 457, 534.
Boris III., König von Bulgarien: 609.
Borislaw-Drogobytsch: 537 f.
Bormann, Albrecht: 758.
Bormann, Martin:
  Laufbahn und Charakter 630 f., 717/20.
  Beziehungen zu H. 368, 373, 630, 680, 691, 709 f., 715, 766 f., 772, 782, 785 f., 789 f.
  Beziehungen zu Göring 715, 777 f., 782.
  Beziehungen zu Goebbels 715 f., 767.
  Beziehungen zu Heß 630 f.
  Beziehungen zu Himmler 719 f., 767, 782.
  B. u. H.s Tischgespräche 642, 659, 761.
  Verwalter der Partei-Hilfskasse 151.
  B. u. Röhm-Putsch 272.
  B. u. unterworfene Völker 680 ff.
  B. u. die Kirchen 723.
  B. u. Christentum 371.
  B. u. Heer nach dem 20. Juli 740.
  B. u. Volkssturm 747.
  B. bei H. in Berlin 757 f., 772, 775 f.
  B. Trauzeuge H.s 783.
  Verbrennung von H.s Leiche 790.
  B. funkt an Dönitz, gegen Verräter vorzugehen 789.
  B. teilt Dönitz H.s Tod mit 790.
  B.s Versuch, mit den Russen zu verhandeln 790.
  Spurloses Verschwinden 791.
von *Bose:*
  280, 285, 287.
Bosporus: 607, 751
  (s. a. Dardanellen, Montreux).
Bouhler, Philipp: 152.
„*Boxheimer Dokumente*": 183 f.
Bracht, W.: 195.
Brandt (Oberst): 732.
Brandt, Karl: 755, 775.
von *Brauchitsch*, Walter:
  Oberbefehlshaber 400.
  B. u. Sudetenkrise 429, 432 ff., 447.
  B. über Polen 480, 495 f.
  B.s Teilnahme an der Konferenz im Mai 1939 493.
  B. gegen Ausdehnung des Krieges 549.
  B. u. Verschwörung in Zossen 549 f.
  Rücktrittsgesuch abgelehnt 554.
  B. u. Westfeldzug 570.
  B. beim Waffenstillstand mit Frankreich 575.
  B. gegen Einmarsch in Rußland 626 f.

B. u. H.s Strategie, legt Kommando nieder 639, 653.
B. Sündenbock für Fehlschläge im Osten 654 f.
B. u. Verschwörung gegen H. 434.
B. u. H. 721.
Braun, Eva:
H.s Geliebte 375/78.
B. sieht H. 1943 nur selten 710.
„Einziger ihm treugebliebener Mensch" 763.
B. geht zu H. nach Berlin 772.
B. im Bunker 774, 776.
Gleichmut am Ende 779.
Heirat 783.
Selbstmord 789 f.
Verbrennung der Leiche 790.
Braun, Friedrich: 376 f.
Braun, Gretl: 377, 782.
Braun, Otto: 169, 195.
Braunau: 3, 5.
Braunschweig: 123, 170.
von *Bredow* (General): 275, 285, 287.
Brest-Litowsk:
Friedensvertrag 1918 38, 47, 298, 537.
H. u. Mussolini in B.-L. 644.
Britisches Empire:
H. u. B. E. 350, 510, 576, 604, 630, 657, 751.
H.s Garantien 502, 517, 525 f., 573.
Bedeutung des Nahen Ostens für das B. E. 584, 624.
Dt. und japanische Absichten auf das B. E. 614 f., 667.
Sowjetunion u. B. E. 606 f.
von *Brockdorff-Rantzau*, Ulrich K. Graf: 447, 499.
Bruckmann (Verleger): 62.
Brückner, Wilhelm: 85, 96, 109, 152, 210, 309, 373.
Brüning, Heinrich:
B. wird Reichskanzler 135.
Schwäche seiner Regierung 135, 160, 166.
Anwendung von Notverordnungen 135, 166.
Wirtschaftsmaßnahmen 159, 171, 173.
B. u. H. 168, 170/75.
Außenminister 169.
B. u. Hindenburg 163, 168/75.

B. u. Reichswehr 161, 188.
Rücktritt 169, 190.
Von Schleicher abgesetzt 218.
B. u. Groener 187.
B. u. Röhm-Putsch 278.
Bruly-le-Pêche: 575.
Brunner, Alfred: 55.
Buch, Walter: 120, 272, 284.
Buchenwald: 688
(s. a. Konzentrationslager).
Buchrucker (Major): 82.
Bukarest, Vertrag von: 38.
Bukowina: 595, 603.
Bulgarien:
Dtl. u. B. 458, 490, 502, 608 ff., 620, 622, 625.
Sowjetunion u. B. 602 f., 607, 620, 749.
Dt.-russische Besprechungen über B. 602, 604 ff.
B. u. Süddrobudscha 596.
B. u. italienischer Einmarsch in Griechenland 600, 608.
B. u. Dreimächtepakt 620.
Besetzung durch die Rote Armee 749
(s. a. Balkan).
„*Bund Bayern und Reich*": 68.
„*Bund Oberland*": 75, 77, 92, 257.
Bürckel, Josef: 463.
Buckhardt, Carl Jakob: 502.
Burgdorf (General): 767, 776, 786, 790.
Busküchl, Ernst: 155.
Busse (General): 771.
Buttmann, Rudolf: 110 f.

C

Calais:
730.
Canaris, Wilhelm:
482, 724, 728.
Carlyle, Thomas:
770 f.
Carnot, Sadi:
191.
Carol II., König von Rumänien:
596.
Casablanca-Konferenz:
725.
Cavallero, Graf Ugo:
492, 665.

Chamberlain, Houston Stewart: 61, 356.
Chamberlain, Neville:
Wird engl. Premier 1937 348.
Churchill und Ch. 348, 513.
Ch. u. Halifax's Dtl.-Besuch 349.
Ch. u. französisch-tschechisches Bündnis 419.
Ch. u. Eden 419.
Ch.s Politik irritiert H. 424.
Englisch-französische Konferenz über die Tschechoslowakei, April 1938 427.
Ch. und Sudetenkrise 429 f., 436/43, 446/53, 760.
Ch.s Befriedigungspolitik wirkt auf H. 455.
Ch. u. engl. Garantien der tschechischen Grenzen 464 f.
Ch. und der „Anschluß" 418.
Garantie für Polen, Rumänien und Griechenland 482, 489.
Ch. droht mit engl. Hilfe für Polen 512.
Unterhausreden über Polen 482, 515 ff.
Ch. u. Polen 483, 512 f.
Letzte Verhandlungen 1939 528.
Ch. u. H.s „Friedensangebot" 1939 534, 542.
Ch. u. Norwegen 562.
Chapouilly (Oberst): 171.
China: 396.
Christentum:
H. über Ch. 347, 371 ff., 380, 388, 658 ff., 758.
Bormann über Ch. 371.
Rosenberg über Ch. 371.
Christian (H.s Sekretärin): 776, 783, 789.
Christlich-Soziale Partei Österreichs: 25 f., 50.
Churchill, Winston S.:
Ch. über Unvermeidlichkeit des Kriegs 323.
Ch. über Baldwin 348.
Ch. und Chamberlain 348, 513.
Ch. über „Anschluß" 419.
Ch. über H. u. Sudetenland 447.
Ch. über Münchner Abkommen 452.
H.s Angriffe auf Ch. 456, 542, 577, 617, 658, 714, 761 f.
Ch. u. Norwegen 561, 566.
Ch. erklärt, daß England weiterkämpft 576.
H. prophezeit Ch. Vernichtung des Empire 577.
Ch. u. Verschwörung gegen H. 434.
Ch. verfolgt dt. Truppenbewegungen in Polen 1941 620 f.
Ch.s Sorge um den Nahen Osten 624.
Ch. u. Heß 630 f.
Ch. u. Atlantik-Charta 644.
Ch. erkennt die Bedeutung Nordafrikas 670.
Ch. in Yalta 770.
Goebbels und Ch. 714.
Chvalkovsky, Frantisek: 461, 465.
Ciano, Graf Galeazzo: 332, 345, 615 f.,
Erster Besuch in Dtl. 333 f.
C. u. Göring in Rom Januar 1937 341 f.
C. u. Schuschniggs Besprechung mit H. 408 f.
C.s Reaktion auf den Vorschlag eines dt.-italienischen Pakts 426.
C. bei Abschluß des Münchner Abkommens 449.
C. beim ersten Wiener Schiedsspruch 451.
C. u. Stahlpakt 458.
C. u. Tschechoslowakei 469.
C. u. Albanien 490.
Verhandlungen mit Dtl. 490 ff., 502 f.
C. u. dt.-russische Verhandlungen 502 f.
C. u dt. Vorgehen in Polen 544.
C. u. dt.-russischer Pakt 519, 539 f.
C. warnt Belgien und die Niederlande vor dt. Invasion 555.
C. u. H. über Spanien 588.
C. in Berlin 1940 576 f.
H. sichert C. Unterstützung Italiens auf dem Balkan zu 600.
C. u. Dreimächtepakt 599.
Unterredung mit H. über den Balkan 597 f., 600 f.
C. in Dtl. 1941 612 f.
C. über die diplomatischen Umgangsformen der Dt. 615.
C. über Jugoslawien 597 f., 609, 620, 623.

C. u. der dt. Angriff auf die Sowjetunion 625, 634, 646, 677.
C. über Neuordnung und Antikomintern-Pakt 645 f.
C. über H. 504, 599, 695.
C. über Krieg 555.
C. u. Ribbentrop 563 f., 574.
C. u. Göring 646 665.
Botschafter am Vatikan 692.
Hinrichtung 701.
Cincar-Markovic, Alexander: 603, 620.
Class, Heinrich: 128.
Clemençeau, George: 191.
Coburg:
NS-Tagung 54
Compiègne:
575, 595, 636.
Cossack (engl. Zerstörer): 561.
Coulondre, Robert: 465, 469, 483, 488, 490, 501, 517 ff., 523, 533 f.
de Crinis (Professor): 706.
Cromwell, Oliver: 390.
Cuno, Wilhelm: 79, 155.
Cvetkovic, Dragsia: 620.
Czaky (ungar. Außenminister): 490.

D

Dahlerus, Birger: 516, 521, 523/29, 532.
Daladier, Edouard: 427, 436, 450, 452, 518, 523, 534, 542.
Danat-Bank-Krach: 158.
Dänemark:
Besetzung 360, 572.
Plan zur Besetzung 360, 561 f.
D. u. Antikomintern-Pakt 645.
D. u. H.s „Ostsiedlung" 642.
D. u. Himmlers Friedensangebot 1945 781.
von Danner (General): 78, 91.

Danzig:
Verlust D.s 296, 474.
Dtl., Polen u. D. 323, 345 ff., 349, 459 ff., 474/84, 488/91, 493, 496, 501 f., 513, 521, 523, 525, 528 f.
H.s Einzug in D. 1939 535.
D. 1945 766
(s. a. Polen, Polnischer Korridor).
Dardanellen: 607 f., 751
(s. a. Bosporus, Montreux).
Darlan, François: 593, 634.
Darré, Walther: 122, 136, 152, 221, 258, 262, 264, 664.
Dawes-Plan: 112, 127
(s. a. Dtl., Reparationen).
Delbrück, Justus: 724.
Delmer, Sefton: 245 f.
„Demokratische Partei":
s. Deutsche Staatspartei.
von Detten, Georg: 280.
„Deutsche Arbeiterpartei": 45/49.
„Deutsche Arbeitsfront": 254 f.
(s. a. Dtl., Soziale u. wirtschaftliche Zustände).
Deutsche Christen: 264.
„Deutsche Nationalsozialistische Arbeiterpartei": 47 f.
„Deutsche Sozialistische Partei":
Streicher u. DSP 47, 55, 105.
DSP u. Nazi-Partei 105.
„Deutsche Staatspartei":
66 f., 134, 154, 236, 256.
„*Deutscher Kampfbund*":
D. K., Gründung 80.
D. K. u. Kahr u. Lossow 81, 84 ff.
D. K. aufgelöst 91.
D. K. im November-Putsch 94.
Röhm u. D. K. 81, 106
(s. a. Frontbann).
Deutscher Orden: 128, 298.
„Deutsche Volkspartei":
Finanzen 154.
Wahlen 1932 198.
Stimmenverluste 1933 236.
Auflösung 256.
Deutsch-französische Grenzerklärung: 457 f.
Deutschland:
1918 38 f.
Dtl. u. Völkerbund 112, 304 f., 544.
Luftkrieg in Dtl. 672, 704 f., 729 f., 737, 743.

Krieg auf dt. Boden 744, 764, 772.
Kapitulation 791.
Verfassung:
V. unter dem NS-Regime 247, 385.
Weimarer Republik 43, 83, 134 f., 385, 771.
Präsidentschaft 135, 160, 190, 248.
H. u. P. 290 ff.
Präsidentschaftswahl 1932 168, 173 ff., 177, 180 ff.
Ermächtigungsgesetz 236, 248, 250/53, 255, 385.
Reichsrat 251.
Völkische Gruppen im Reichstag 104/08.
NS-Abgeordnete im Reichstag 123, 150 ff., 220, 305.
Wahlen 1928 124 f.
Wahlen 1930 140/44.
Wahlen 1932 196 ff., 209/12.
Wahlen 1933 246 f.
Wahlen 1935 327 f.
Volksentscheid 1938 416 f.
Göring Reichstagspräsident 152, 187, 207 f.
Gesetzesvorlage gegen Versklavung des dt. Volkes 129.
Gesetz zum Schutz der Republik 149.
Gesetz zum Schutz von Volk und Staat 245.
Gesetz über den Neuaufbau des Reichs 254.
Nazifizierung des Reichstags 723.
Reichstagsbrand 243 ff., 256 ff.
Rechtswesen 663, 723.
Staatsdienst 663.
Korruption in der Verwaltung 663.
Politische Zustände:
Mangelnde Autorität der Reichsregierung 54.
Zustände 1923 66 f., 91 f.
Folgen der Ruhrbesetzung 72.
H. über die republikanische Regierung 73.
Hilflosigkeit der Regierung Cuno 79.
Reichsregierung u. Nazi-Partei 158/61.
Soziale und wirtschaftliche Zustände:
112 f., 123 f., 132 f., 159 f., 171, 173, 218, 294 f., 338 f., 384, 461, 473, 499, 560, 617, 645, 663, 683 f., 705 f.

Arbeitslosigkeit u. Arbeitsfront:
40 f., 124, 133, 159, 170, 219, 222, 254 f., 261, 338, 486, 617.
Arbeitskräftemangel 713 (s. a. Sklavenarbeit).
Rohstoffe 560, 608, 705, 742, 747 f., 759.
Inflation 67, 71 f., 79, 384.
Göring Bevollmächtigter für die Wirtschaft 339 ff., 385, 394 f.
Reparationen: 39, 67, 71, 112, 123, 127/31, 159, 164, 168, 171, 188.
Wiederaufrüstung: 187, 269 ff., 294 f., 302 f, 306, 313 ff., 317, 320 f., 324, 331, 333, 338/41, 352 f., 393, 397, 421, 461, 473, 495, 535, 675, 705, 747 f., 784.
Wehrmacht:
Heer, bzw. Reichswehr:
1918 34 f., 38 f.
Heer u. H. 45, 78, 94 f., 271, 291, 331/39, 360, 385, 395/401, 432, 509 ff., 535, 548 ff., 566 f., 572 f., 639 f., 650/55, 674 f., 722 ff., 740 f., 743, 760, 785, 788 f., 791 f., 795.
Heer u. NSDAP 82 f., 91, 100 f., 144/49, 160, 163, 653, 734, 740 f.
Heer u. SA 90, 145/49, 168, 266/88.
Heer u. SS 289, 398, 717, 735, 740 f.
Heer u. Freikorps 44.
Politisch rechtsgerichtet 48.
Heer u. Röhm 48 f., 67 f., 70, 78, 81, 266/88, 654, 741.
Heer u. Kap-Putsch 75.
Heer gegen Bürgerkrieg 82 f.
Heer u. November-Putsch 1923 84, 101.
Heer u. Hindenburg 161 ff., 230, 270.
Politischer Machtfaktor 170, 217.
Heer u. Brüning 188.
Heer u. Papen 217.
Heer u. Annäherung an die Sowjetunion 364, 396, 499.
Heer als Vorbild für NS-Staat 385.
Heer fürchtet Zweifrontenkrieg 396.
Heer u. Frankreich 396.
Heer u. Österreich 410.
Heer u. Tschechoslowakei 438, 441, 454.
Heer u. Danzig u. Memel 460 f., 477 f.

Heer u. Danzig u. Polen 482 f.
Heer u. Rumänien 596 f.
Stärke 395 f., 420, 495, 639. 447, 779.
Polenkrieg 529 f., 535.
Heer u. Krieg mit den Westmächten 538.
Rückzug aus Westeuropa 742/46.
Volksgrenadier-Divisionen 747, 749, 754.
Letzte Reserven 747 ff.
Ardennen-Offensive 749/53, 768, 770.
Verteilung über die Fronten 753 f.
Dessertionen 769.
Heer in H.s politischem Testament 785, 788.
Kapitulation 791.
(Schlachten s. unter den einzelnen Ländern oder Orten)
(s. a. Schwarze Reichswehr).
Luftwaffe:
Aufbau 314.
Stärke 1939 495.
Angriffe auf England 580/83, 585, 672.
L. im Mittelmeerraum 610.
Göring u. L. 570, 670 f., 704 f., 716, 718, 777 f.
Unfähigkeit der L. 581, 672, 704 f., 716.
H. über L. 785, 787.
Marine: 318, 339, 495, 559/63, 566, 578/83, 591 f., 624, 670 ff., 704, 741, 785, 787.
Marineoffizierskorps 397.
Dt. Offizierskorps:
Nach 1918 40.
O. u. Politik 48.
O. u. Leipziger Prozeß 146.
O. sympathisiert mit den Nazis 160.
O. von H.s Nationalismus angezogen 237.
O. u. Röhm 282 f.
O. auf Erhaltung seiner Privilegien bedacht 288 f.
O. u. Kirchenfeindlichkeit der Nazis 396.
O. u. Himmler u. SS 396 f.
O. u. Blombergs Mesalliance 397/401.
Solidarität im O. 401.

O. u. H. 639 f., 653, 722 f., 740 f., 760, 785
(s. a. Verschwörungen).
Volkssturm:
747, 749, 754, 783.
„Deutschnationale Arbeiterpartei"
(in Österreich und im Sudetenland): 47.
„Deutschnationale Volkspartei":
Hugenberg u. DNVP 128 f., 140, 164, 176, 256.
Finanzen 128 f., 154.
DNVP u. NSDAP 131, 164, 169, 207, 227.
DNVP u. Duesterberg 176.
DNVP u. Wahlen 1930 140.
DNVP u. Wahlen 1932 198, 212.
DNVP u. Wahlen 1933 247.
Auflösung 256.
Deutsch-polnisches Abkommen:
306 f., 333, 345 f., 430, 461, 484, 540, 606.
Deutsch-russischer Pakt 1939:
713, 795.
Bedingungen 514.
Wirkung auf Italien 519, 556.
Wirkung auf Spanien 556.
Verhandlungen 504/09, 513 f.
Vorteile für Dtl. 532, 543, 553, 557 f. 572.
Erweiterung zugunsten der Sowjetunion 537 f.
Dt.-russ. Pakt u. zweiter Wiener Schiedsspruch 597.
Deutsch-slowakischer Schutzvertrag:
469, 478 f.
„Deutschsoziale Arbeiterpartei"
(in Österreich und im Sudetenland): 47.
„Deutschsozialistische Partei":
47.
„Deutschvölkische Freiheitspartei":
Gründung 1922 68.
Wahlbündnis mit der NSDAP 105.
Dickel, Otto:
47.
Dieckhoff, Hans:
473.
Diehn, August:
155.
Dietl, Eduard:
711.

847

Dietramszell:
181.
Dietrich, Otto:
122, 130, 152, 155, 180, 215, 284, 640.
Dietrich, Sepp:
209 f., 284, 751, 769.
Dimitroff, Georgi:
244.
Dingfelder, Johannes:
47.
Dinter, Arthur:
110.
von *Dirksen,* Herbert:
400.
Dix, Rudolf:
357.
Dobrudscha:
596.
Döllersheim:
4.
von *Dohnanyi,* Hans:
724, 726.
Dollfuß, Engelbert:
308 f., 321, 407, 418.
Donaukommission:
597, 606.
Donaupakt:
313.
Dönitz, Karl:
 D. über H. 390 f.
 D. gehorcht H. bedingungslos 787.
 Befehlshaber der U-Boot-Flotte 671, 770.
 Oberbefehlshaber der Marine 704.
 D. u. Italien 696 f.
 D. u. Kreta 703.
 D. u. 20. Juli 733.
 D. u. dt. Armeen im Baltikum 757.
 D. wird Oberbefehlshaber für Norddtl. 772.
 D. bei H. in Berlin 772 f.
 D. von H. zum Reichspräsidenten ernannt 716, 785, 787.
 D. erhält Abschrift von H.s politischem Testament 788.
 D. u. Hs. Tod 788/91.
 D. u. H.s Bleiben in Berlin 772 f.
 D. u. die dt. Kapitulation 791.
Dreimächtepakt: 457 f., 598 f., 602 f., 605, 613 f., 620, 634, 648, 650. (s. a. Italien, Japan).

Drexler, Anton:
45, 55 ff., 110.
Duff Cooper, A.:
456.
Dünkirchen:
570 f., 595, 750.
Durcansky, Ferdinand:
462 ff., 467.
Duesterberg, Theodor:
169, 176, 181, 257.
Dulles, Allen:
725.

E

Ebert, Friedrich:
83 f., 113.
Eckart, Dietrich:
49, 56, 58 ff., 66, 103.
Eden, Anthony:
 E. in Berlin 1933 270.
 E. in Berlin 1934 306.
 E. in Berlin 1935 314 f.
 E. wird von H. angegriffen 456.
Ehrhardt, Hermann:
44, 54, 84, 257.
„*Plan Eiche*": 697.
Eichmann, Adolf: 690.
von *Eicken,* Carl Otto:
755.
Einsatzkommandos:
357, 687, 690.
Einwohnerwehr:
67, 74.
Eisenhower, Dwight D.:
737, 750.
Eisner, Kurt:
42.
El-Alamein:
667, 675 f., 702.
Elsaß-Lothringen: 296, 305, 436, 443, 457, 541, 683, 752.
Elser, Georg:
551 f.
„*Endlösung*": 557, 690. (s. a. Antisemitismus u. Juden).
Engelhardt (Oberstleutnant):
33.
England: s. Großbritannien.
Englisch-italienisches Abkommen:
426.
von *Epp,* Franz Xaver Ritter:
44, 49, 70, 73, 123, 253.

Erdöl:
608, 705, 748.
Eremenko (General):
675.
Ermächtigungsgesetz: 236, 248, 250/53, 255, 385. (s. a. Dtl., Verfassung).
Ernst, Karl:
244, 276, 283, 286.
Erzberger, Matthias:
44, 54, 67, 384.
Esser, Hermann:
60, 63, 104 f., 110.
Estland:
E. u. Dtl. 490, 537.
E. u. die Sowjetunion 537, 595.
E. im dt.-russischen Pakt 514 (s. a. Baltische Länder).

F

von *Falkenhorst,* Nikolaus:
561 f., 566.
Farinacci, Robert:
700.
„*Faschistische Partei*" (in Italien):
695.
Feder, Gottfried:
46, 56, 59 f., 92, 103, 110, 118, 153 f., 200, 221, 262, 264.
Fegelein, Hermann:
377, 708, 767, 782.
„Operation *Felix*":
591 f., 601.
Fellgiebel, Erich:
736.
Feltre:
694 f.
Finnland:
F. im dt.-russischen Pakt 514.
Russischer Einmarsch in F. 557, 560 ff.
Dtl. u. russisch-finnischer Krieg 557 f.
Westmächte u. F. 560.
F. u. dt. Einfall in der Sowjetunion 651.
Friede mit der Sowjetunion 749.
Dtl. u. F. 602 f., 608, 611.
Sowjetunion u. F. 603.
Dt.-russische Verhandlungen über F. 603 f., 607.
Fischböck (österreichischer Staatsrat):
405.

Fischer, Otto Christian:
155.
Flottenabkommen, Dt.-englisches:
319 ff., 334 f., 436, 443, 484, 488, 537.
Foch, Ferdinand:
572, 575.
Forster, Albert:
502, 766.
Franco, Francisco:
F. u. H. 330 f., 347, 485, 585, 589/94, 600 f., 604, 615, 644, 761.
F. u. Mussolini 331, 593 f.
F. u. dt. Pläne in Nordafrika 584/94.
François-Poncet, André:
313, 323 ff., 328, 357, 448 f., 456.
Frank, Hans:
NS-Autorität in Rechtsfragen 120, 122, 152, 385, 556.
Verteidiger im Leipziger Prozeß 1930 147.
Mission in Rom 1936 332 f.
F. über die NS-Verfassung 385.
F. in Polen 556, 664.
F. über unterworfene Völker 681.
F. s. Charakter 664, 720.
Frank, Karl Hermann: 468.
Frankreich:
Armee 351, 495, 543.
Marine 573, 576, 592.
Luftwaffe 593.
F. u. Dtl. 311 ff., 336.
F. u. NSDAP 126.
F. u. dt.-österreichische Zollunion 159.
F. u. dt. Wiederaufrüstung 187 f., 271, 301, 306, 315, 321.
Schleicher u. F. 276.
Röhm u. F. 276.
F. u. Ruhrgebiet 71 f., 295.
F. u. „Anschluß" 308, 404, 409, 419.
F. u. dt.-englisches Flottenabkommen 320.
F. u. Rheinland 324 f.
H. über F. 351.
F. u. dt. Oberkommando 396.
F. u. Sudetenland 426/56.
Grenzerklärung 457 f.
F. u. Annexion der Rest-Tschechoslowakei 469.

849

H. über den Krieg mit F. 493 f., 522, 534, 760.
F. u. Polenkrieg 515, 517 f., 543.
Verhandlungen 1939 517 f., 521 f.
Dt. Einmarsch in F. 568
(s. a. Westmächte).
Kapitulation 593.
Waffenstillstand 573/76.
Vollständige Besetzung durch Dtl. 677.
Zwangsarbeiter aus F. 683.
Feldzug 1944 in F. 728/32, 742 ff., 749/53.
F. u. dt. Kapitulation 791.
F. u. Österreich 159, 308, 310, 315, 414.
F. u. Belgien 348, 548.
F. u. Tschechoslowakei 310, 316, 324, 351, 419/22, 426/51.
F. u. Abessinien 321.
F. u. Niederlande 548.
F. u. Locarno-Pakt 313, 315, 323.
F. u. Ungarn 308.
F. u. Italien (Horare-Laval-Pakt) 322.
Sanktionen gegen Italien 330.
Italienische Gebietsansprüche an F. 458, 574.
Italienischer Angriff auf F. 571.
F. u. Polen 310, 324, 345 f., 457, 482, 496, 501, 515, 517 f., 520, 522/30, 542 f.
F. u. Rumänien 310.
F. u. Sowjetunion (Pakt 1935) 316, 323 f., 396, 457, 515.
Verhandlungen mit Sowjetunion 1939 496, 500 f., 508, 514 ff.
F. u. Spanien 334, 347.
F. u. Jugoslawien 310.
Alliierte Landung s. Normandie
(s. a. Westmächte).
Vichy-Frankreich 585 f., 588 ff., 593, 601, 608, 815, 624, 634, 666, 677, 761.

Frauenfeld, Alfred Eduard:
307 f.

Freikorps:
F. als Brutstätte des Terrors 44.
F. u. Reichswehr 44.
Röhm u. F. 44, 74.
F. durch Turn- u. Sportabteilung der SA ersetzt 54.

Auflösung 257.
Sudetendeutsche F. 1938 435, 438 f.

Freisler, Roland:
739.

„*Freundeskreis der Wirtschaft*":
155.

Frick, Wilhelm:
Assistent Pöhners 44.
F. u. Mai-Putsch 77.
F. u. November-Putsch 87, 90.
F. mit H. vor dem Volksgericht 96.
F. u. H. 110.
Reichstagsabgeordneter 104, 123, 152, 154, 169, 208.
Erster NS-Minister 131.
Bedeutung für die Partei 152.
F. u. SA 200.
F. u. Gregor Strasser 216, 220 f.
F. führt für NSDAP Verhandlungen mit Schleicher 220.
F. 1933 228.
Reichsinnenminister 238, 276.
F. u. Länderregierungen 253.
F. u. Parteienauflösung 256 f.
F. u. Röhm-Affäre 276.
F. tritt in den Hintergrund 715.

von Friedeburg, Hans:
791.

Friedrich II., König von Preußen:
130, 250, 388, 572, 642, 656 f., 745, 763, 765, 770 f., 775.

von *Frisch:*
399.

von *Fritsch*, Werner Freiherr: 396.
F. u. H. 270, 401, 403.
F. u. Röhm-Affäre 282.
F. u. Hoßbach-Konferenz 350, 352, 392.
F. opponiert gegen Kriegspolitik 352, 392 f.
F. u. NSDAP 397.
Vorwurf der Homosexualität 399.
Entlassung 393, 399 f., 654.

Fröttmaninger Heide:
86.

Fromm, Fritz:
736.

„*Frontbann*":
106 (s. a. „Dt. Kampfbund").

Fürstenabfindung:
118 f.

Funk, Walter:
153 f., 156, 200, 241, 394 f., 400 f., 458, 474, 664, 690, 715, 720, 785.
Furtwängler, Wilhelm:
250.

G

Galen, Clemens August Graf:
723.
Gansser, Emil:
60, 66.
Grafencu, Grégoire:
483.
de *Gaulle*, Charles:
586, 588, 590.
Gaus, Friedrich:
499.
Gebhard, Karl:
93.
Geheimwaffen: 712 f., 731, 747, 749, 770.
„Fall *Gelb*":
562.
Generalgouvernement:
556 f., 559, 581.
Genfer Konvention:
Goebbels und die G.K. 717, 769.
Geßler, Otto:
83 f.
Gestapo: 259 f., 361, 386, 399, 415, 551, 690, 717.
Gewalt:
H. über G. 35 f., 53, 158, 361, 389, 454, 511, 659, 769.
Wirkung auf die öffentliche Meinung 194 f., 200 ff.
Hindenburg u. G. 202.
G. gegen Opposition im Kabinett 259.
G. charakteristisch für den Nationalsozialismus 472
(s. a. Terror).
Gewerkschaften:
G. u. Streiks 210 f.
H. u. G. 179 f., 254 f., 388.
G. u. Wahlen 1932 181.
Schleicher u. G. 222.
Nazifizierung der G. 723.
Gibraltar: 585, 589, 591, 595, 601, 608, 615.
Giesing (Dr.):
707.

Giesler, Paul:
785.
Gilbert, Parker:
124.
Gisevius, Hans Bernd:
285 f.
Glaise-Horstenau, Edmund:
330, 405, 408, 410 f., 415.
Glasl, Anna:
5.
von *Gleich:*
161.
Gleichschaltung:
252/59, 395, 401.
Gleiwitz (Sender): 530.
Godesberg: 283 f., 439/42, 444, 446 f., 452, 527.
Goebbels, Paul Joseph:
Charakter 57, 150, 152, 664, 715 ff., 788.
Verhältnis zu H. 120, 139, 214, 365, 369, 373 f., 445, 655, 699 ff., 709 ff., 756, 764, 766 f., 772 f., 779, 782.
G. u. G. Strasser 117 f., 120 f., 190, 215 f., 220.
G. u. O. Strasser 117, 120 f., 139.
G. u. Feder 118.
G. fordert H.s Parteiausschluß 118.
Gauleiter von Berlin 120.
G. gründet den „Angriff" 121.
G. u. Röhm 272 f., 278.
G. u. Bormann 715 f., 767.
G. u. Göring 710, 715 f., 782.
G. über Hindenburgs Präsidentenschaft 174.
G. über Brüning 190.
G. über Bündnis mit Schleicher 215 f., 220.
G. u. Papen 281.
Propagandaleiter der Partei 122.
Reichstagsabgeordneter 123.
G. setzt SA gegen Strassers Anhänger ein 121.
G. u. Horst Wessel 149.
G. u. SA-Meuterei 1930 150.
G. u. Reichspräsidentenwahl 1932 177, 180, 182, 361.
Wahlprogramm 1932 181, 224 f.
G. über Koalition mit Zentrum 189.
Bedeutung G.s für NSDAP 152, 221.
G. im Ruhrgebiet 194.

Minister für Volksaufklärung und Propaganda 259.
G.s Macht 293.
G. in Danzig 490.
G. u. Elsner-Attentat 551.
G. u. italienische Armee 571.
G. u. Staatsverwaltung 663.
G. über Brauchitsch 654 f.
G. u. Terror in Rußland 680.
G. u. H.s Antisemitismus 691.
G. u. Plan zur Besetzung des Vatikans 697.
G. u. Mussolinis Sturz 697 f., 701.
G. u. Geheimwaffen 712.
G. versucht Alliierte zu spalten 713 f.
G. über Offizierskorps 737.
G. u. 20. Juli 735 f., 740.
G. u. totale Mobilmachung 746 f.
G. u. Genfer Konvention 717, 769.
G. u. Roosevelts Tod 770 ff.
G. u. Astrologie 771.
G. drängt H., in Berlin zu bleiben 772.
G. mit Familie im Bunker 774 ff.
G. bei H.s Trauung 783.
Ernennung zum Reichskanzler 716, 785.
G. beglaubigt H.s Testament 786.
G. für Wehrmacht untragbar 787.
G. schreibt Anhang zu H.s Testament 788.
G. bleibt Propagandist 788.
G. u. Hs. Tod 789 ff.
G. versucht, mit Russen zu verhandeln 790.
Selbstmord 717, 791.
G.s Tagebuch 176, 181, 183, 186, 189 f., 194, 197, 205, 208 f., 211 f., 223, 226 f., 243, 661 f., 697 f., 701, 710, 714, 722.

Goebbels, Magda:
756, 775, 783.

Goerdeler, Karl:
434, 549, 724/28, 734, 737, 739.

Göring, Hermann:
Herkunft und Charakter 57, 59, 663 ff., 715 f.
Verhältnis zu H. 373 f., 391, 708, 710, 715, 756, 766, 772, 777 f., 782.
G. u. Kampfbund 81.
G. beim Mai-Putsch 77.
G. beim November-Putsch 87/93.
Bis 1927 im Ausland 103, 109, 122 f.
Reichstagsabgeordneter 1928 123.
G. u. H.s Legalitätstaktik 144.
G.s Bedeutung für die NSDAP 152, 242.
Reichstagspräsident 152, 207 f., 715.
G. u. Industrielle 155, 240 f.
G. verhandelt mit dem Zentrum 1932 214, 238.
Besprechungen mit Mussolini 1932 214.
G. gegen Strasser bzw. Verbindung mit Schleicher 215, 220.
Preußischer Innenminister 238, 242 f., 253.
G. u. Reichstagsbrand 244 ff.
G. zum General ernannt 272.
G. macht Himmler zum Gestapo-Chef 272.
G. u. Röhm-Affäre 272, 276 f., 285 f.
G.s persönliche Macht 293.
Besuch in Warschau 1935 312.
Besuch in Warschau 1937 346 f.
Besuch in Warschau 1938 419.
Bevollmächtigter für die Wirtschaft 339 ff., 385, 394 f., 683, 715, 718.
Besuch in Rom 1937 346.
G. u. Halifax 348.
Teilnahme an der Hoßbach-Konferenz 350.
G. unterstützt H.s Kriegspolitik 393.
Feldmarschall 400.
Forschungsamt 411.
G. u. Blomberg u. Fritsch 397/400.
G. u. „Anschluß" 408/19.
G. u. Tschechoslowakei 429, 446, 450, 453, 462, 466.
G. u. Reichsverteidigungsrat 1938 473 f.
Teilnahme an H.s Kriegskonferenz Mai 1939 493.
G. hält Krieg für unvermeidlich, wenn Deutschland Polen angreift 501.
G. u. dt.-russischer Pakt 515, 558.
G. u. letzte Verhandlungen über Polen 1939 523/29.
G. als Nachfolger H.s vorgesehen 532, 715.

G. u. englisches Ultimatum 534 f.
G. u. Besetzung Norwegens 562.
G. prahlt mit der Luftwaffe 570.
G. beim Waffenstillstand mit Frankreich 575.
Reichsmarschall 577, 715.
G. wird in den Angriffsplan auf Rußland nicht eingeweiht 583.
G. u. Raeder 585, 670 f.
G. u. Nordafrika 585.
G. über Kreta u. Einfall in der Sowjetunion 625.
G. u. Wirtschaftspolitik in der besetzten Sowjetunion 627 f., 628 f.
G. u. Ciano 1941 646.
Besuch in Italien 1942 665.
G. u. Mussolinis Sturz 697.
G. für das Versagen der Luftwaffe verantwortlich gemacht 704 f., 716.
G. über H.s Gesundheitszustand 706.
G. u. Goebbels 710, 715 f.
G. u. 20. Juli 729, 732 f.
H. über G. 758.
G. rechnet mit Spaltung der Alliierten 770.
H. überläßt es G., mit den Alliierten zu unterhandeln 774.
G. geht in die Alpenfestung 776 f.
G. aller Ämter enthoben 720, 777 f., 785, 787.
G. u. Bormann 777, 782.
G. u. Friedensverhandlungen 780 f.

Göring, Karin:
59, 168.

Gogolin:
535.

Goy, Jean:
310.

von *Graefe*, Albrecht:
92, 105, 108 f.

Graf, Ulrich:
63, 87, 92 f., 120.

Gran Sasso:
700.

Grassmann, Peter:
255.

Grauert (Dr.):
155.

Graziani, Rodolfo:
599, 610.

von *Greim*, Robert Ritter:
778 ff., 782.

Greiner, Josef:
29.

Griechenland:
Englische Garantie 482, 623 f.
Italienische Invasion 591, 599 ff., 606 f., 612, 615.
H. u. italienische Ziele in Gr. 591, 598, 600, 608.
Dtl. u. Gr. 592, 602, 606, 608 ff., 612, 620, 622, 626, 629, 702 f.
Engl. Luftstützpunkte in Gr. 608, 622.
Kapitulation vor Dtl. 622.
Hungersnot in Gr. 646.
Engl. Offensive in Gr. 601, 749 (s. a. Balkanländer).

Groener, Wilhelm: 146, 160 ff., 165, 169, 171, 173, 184, 186 f., 217 f.

Großbritannien:
Aufrüstung 313 ff., 317 f., 333.
Gb. u. Locarno 313, 315, 454.
Gb. u. Völkerbund 321 f.
Gb. u. Dtl. 312.
Dt. Luftangriffe auf Gb. 580/83, 585, 672.
Gb. u. dt. Wiederaufrüstung 315.
H.s Einstellung zu Gb. 318 f., 325, 334 f., 349, 455 f., 484, 493 ff., 504 f., 510 f., 515/18, 532 f., 536, 539, 541, 612, 617 ff., 622 f., 642 f., 657 f., 666, 670, 749, 759 ff., 770, 784.
Dt.-engl. Flottenabkommen 319 ff., 334, 436, 443, 484, 488, 573.
Unvereinbare Interessen 344, 348/51.
Gb. u. dt. Antisemitismus 456.
Befriedungspolitik aufgegeben 470 f
H. plant Invasion 577/84, 589, 626.
Luftangriffe auf Dtl. 672, 704 f., 729.
Gb. u. Abessinien 321 f.
Gb. u. Österreich 308, 315, 404, 414, 419.
Gb. u. Belgien 348.
Gb. u. Tschechoslowakei 419, 421, 424/53, 464 f., 794 f.
Gb. u. Ägypten 574, 624, 667.
Gb. u. Frankreich 322 f., 426/51, 515, 522, 542 f.
Gb. u. Griechenland 482, 591, 600, 608, 620, 622, 624.

Gb. u. Italien 321 f., 329 f., 332,
341 f., 426, 563.
Gb. u. Nordafrika 574, 624, 667, 692.
Gb. u. Norwegen 561, 566.
Gb. u. Polen 481 ff., 490, 496 f.,
508, 511 f., 515/29, 533 f., 536, 542 f.
Gb. u. Rumänien 482.
Gb. u. Sowjetunion 431, 490, 500 f.,
515, 606, 626.
Gb. u. Spanien 331 f.
Gb. u. Sonderfriede mit Dtl. 781.
Gb. u. USA 648 f.
(s. a. Britisches Empire u. Westmächte).

„Großdeutsche Volksgemeinschaft":
105 f.

„Großer Faschistischer Rat" (in Italien):
248, 555, 695.

„Großer Plan":
667, 670.

„Operation Grün":
427 ff. (s. a. Sudetenland).

Gruhn, Erna:
398.

Grzesinski, Albert:
194.

Guderian, Heinz:
Panzerführer im Westen 569 f.
G. opponiert gegen H.s Strategie
639, 742, 750 ff., 754, 757 f., 763.
G. wird seines Kommandos enthoben 651.
Generalstabschef 742.
G. gelobt Treue für das Offizierskorps 740 f.
G. in Rußland 646.
G. hält 1944 russischen Vormarsch
auf 742.
G. beschreibt H. 755.
G. u. dt. Truppen im Baltikum 757.
G. u. H. 765.
G. wird durch General Krebs
ersetzt 776.

Günsche, Otto:
776, 790.

Gürtner, Franz:
44, 68 f., 78, 96, 101, 108 f., 192, 257.

Guinea:
587.

H

Haager Konferenz 1929:
127.

Haager Konvention:
626.

Haakon VII., König von Norwegen:
566.

Habicht. Theodor:
307 ff.

Habsburg: 22 f., 25 f., 39, 342 f., 416 f.,
420, 424, 468, 657.

Hafeld/Traun:
6.

Hácha, Emil:
359, 462, 465/68, 527.

Hagelin:
560.

Hagen, Hans:
735.

Hakenkreuz:
47, 53, 320.

Halder, Franz:
Generalstabschef an Stelle von
Beck 430, 447.
Ha. u. Sudetenkrise 434, 447, 452.
Teilnahme an H.s Kriegskonferenz
Mai 1939 493.
Ha. u. H. 654, 673 f., 765.
Ha. u. letzte Verhandlungen über
Polen 1939 521, 528, 530.
Ha. u. Verschwörungen 434, 447,
550.
Ha. u. H.s Strategie 547 ff., 569 f.,
582 ff., 639 f.
Ha. u. Vorbereitung des Rußlandfeldzuges 625 ff.
Ha. über russische Kriegsproduktion 661.
Ha. über Stalingrad 673 f.
Als Chef des OKH abgelöst 674.
Ha. ist 1943 überzeugt, daß der
Krieg verloren ist 705.
Verhaftung 739.

Halifax, Edward Frederick Lindley
Wood: 348 f., 427, 459 f., 479, 496,
515 f., 523, 526, 528, 534.

Hamburg:
82, 85, 171, 186.

Hamilton (Duke of —):
629 f.

von Hammerstein-Equord, Kurt Frhr.:
161 f., 187, 229 f., 266.

Hanfstaengl, Ernst:
62, 89, 93, 374 f.
Hanisch, Reinhold:
11, 14 f.
Hanke, Karl:
785.
Hannover: Kongreß der norddt. Gauleiter 22. Nov. 1925 118.
de St. *Hardouin:*
501.
Harrer, Karl:
45, 47, 55 f.
Hart, B. H. Liddell:
578.
„*Harzburger Front":* 169, 176.
von *Hase*, Paul:
735, 739.
von *Hassell*, Ulrich: 332, 342, 400 f., 433 f., 549, 724, 739.
Haushofer, Karl:
59.
Hayn, Hans:
286.
Hegel, Georg, Wilhelm Friedrich:
365 f., 388, 711.
Heiden, Erhard:
122.
Heiden, Konrad:
11, 63, 101.
„Max *Heiliger*" (Deckkonto): 690.
Heinemann (General):
120.
Heines, Edmund: 106, 121, 165, 267, 273, 284, 286.
Heinrici, Gotthard: 780.
Heiss (Hauptmann):
75, 77, 80 f., 84.
Held, Heinrich: 109 f., 253.
von *Helldorf*, Wolf Heinrich Graf:
155, 186, 189, 229, 735.
Hendaye:
589 f., 593, 601.
Henderson, Nevile Meyrick:
He. über H.s Selbstverblendung 358.
He. über Nürnberger Parteitage 361.
He u. H.s Einmarsch in Österreich 414.
He. u. Göring 374, 414.
He. in der Sudetenkrise 427, 436, 443, 449.
He. u. Tschechoslowakei 469, 471.
He. über H.s Gebrauch des Selbstbestimmungsrechts 471.
He. u. Weizsäcker über Polen 490.
He. u. dt.-russisches Verhältnis 1939 496.
Besprechungen mit H. August 1939 512 f.
He. u. Verhandlungen über Polen 516 f., 521, 525/29, 533 f.
Henlein, Konrad:
424/39, 468.
„Operation *Herkules":*
667.
Heß, Rudolf:
Herkunft und Charakter 31, 57 f., 629 f.
Heß u. H. 102, 152, 368, 373, 629, 758.
Heß u. Mai-Putsch 77.
Heß u. „Mein Kampf" 629 f.
Privatsekretär H.s 116.
Heß leitet den zentralen Parteiausschuß 221.
Heß.u. die H.-Papen-Besprechungen 1939 224.
H.s Stellvertreter 264.
Kabinettsmitglied 268.
Heß u. Röhm-Affäre 268/72.
Nachfolger H.s nach Göring 553.
Heß u. Sudetenkrise 425.
Heß bei Waffenstillstand mit Frankreich 575.
Flug nach Schottland 629 ff., 718.
Hessen:
194.
Hewel:
697, 708.
von *Heydebreck*, Peter:
106, 286.
Heydrich, Reinhard
272, 396 f., 530.
Hiedler, Alois: s. Hitler, Alois.
Hiedler, Johann Georg:
4.
Hiedler, Johann Nepomuk:
5.
Hierl, Konstantin:
122.
Hildebrandt, Friedrich:
118.
Hilgard, Eduard:
155.

Himmler, Heinrich:
Herkunft und Charakter 121, 663, 691, 717 f.
Hi. u. H. 468, 691, 708 f., 766 f., 772, 782, 786.
Hi. u. November-Putsch 77.
Hi. u. Gregor Strasser 122.
Hi. u. Röhm 151, 272, 276 f., 282.
Hi. u. Besprechungen zwischen H. u. Papen 1933 224.
Hi. u. Gestapo 272, 415.
Hi. u. SS 289, 293, 382, 415, 684/87, 717 f.
Hi. u. Astrologie 372.
Hi. u. Offizierskorps 396 f.
Hi. u. Blomberg u. Fritsch 397/400.
Hi. u. Sudetenkrise 446.
Hi. über Münchner Abkommen 454.
Hi. drängt zur Kriegspolitik 460.
Hi. u. Tschechoslowakei 468.
Hi. u. Zossen-Verschwörung 550.
Hi. u. RKFDV 556, 685.
Hi. verwaltet besetztes Rußland 627 ff., 717.
Behandlung der Russen 680, 684 f.
Rede in Posen 1943 684 ff.
Rede in Charkow 1943 686 f.
Hi. u. Behandlung der Juden 686 f., 690 f.
Hi. u. KZ 688 f.
Rede in Metz 1941 689.
Hi. u. Mussolinis Sturz 695.
Innenminister 717, 719.
Hi. u. Goebbels 716.
Hi. u. 20. Juli 717 f., 728 f., 732, 736, 739.
Befehlshaber des Volkssturms 717, 747.
Hi. u. Deserteure 747.
H. über Hi.s Verhältnis zur NSDAP 758.
Hi. der gegebene Nachfolger für H. 766 f.
Hi. u. Bormann 719 f., 767.
Hi. versucht, H. zum Verlassen Berlins zu bewegen 772.
Verhandlungen mit Bernadotte 780 ff.
Hi. aus der NSDAP u. allen Ämtern ausgestoßen 720, 785, 787 (s. a. SS).

von Beneckendorf und *Hindenburg*, Paul:
Hb. im I. Weltkrieg 649, 651.
Hb. u. Reichspräsidentenwahlen 113, 173/75, 180 ff.
Hb. u. Reparationen 127, 129.
Hb. u. NSDAP 163.
Hb. u. Armee 161 ff., 230, 270.
Hb. u. Schleicher 162 f., 216 f., 225.
Hb. u. H. 168/77, 202 f., 214, 224, 240, 270, 279, 286, 288.
Hb. u. „Reichsbanner" 186.
Hb. u. Brüning 160, 163, 218.
Hb. u. Papen 214 ff., 279.
Hb. am Tag von Potsdam 248 ff.
Hb. u. die Monarchie 270 f., 291.
Hb.s politisches Testament 270 f., 291.
Krankheit u. Tod 283, 290 f., 654.
Begräbnis 291.
Nachfolge 291 f., 309.
Hb.s Umgebung 165, 188, 193.
von *Hindenburg*, Oscar: 162, 165, 228, 230, 291 f.
Hinkel, Hans:
138.
Hitler, Adolf:
Die Stichpunkte sind in folgender Reihe geordnet:
Privatleben
Charakter und Lebensauffassung
Reden und Propaganda
Politische Ideen
Wirtschaftliche Ideen
Politische Laufbahn
Frage der Nachfolge
Verhältnis zu anderen Personen (s. unter deren Namen).
Außenpolitik (s. den betreffenden Ländern).
Privatleben (Kapitel VII, Teil IV, Seite 368/79).
Geb. 20. April 1889 in Braunau/Inn 5.
Jugend und Elternhaus 5/10.
H. geht nach Wien 8 ff.
H. in Wien 10/17, 365, 374, 468, 763, 783, 795.
H. verklagt Hanisch 11.
Äußere Erscheinung 1910 15.
Freundschaft mit dem Juden Neumann 15.

H. entzieht sich dem Wehrdienst 28.
H. bei Musterung untauglich 28.
H. zieht nach München 28.
H. bei Kriegsproklamation 31.
Freiwilliger im Regiment List 31.
Frontdienst 32 f.
Verwundung, Gasvergiftung und Auszeichnung 33 f.
H. findet weitere Verwendung nach Kriegsende 45.
H. geht 1919 wieder nach München 42.
H. überwacht für die Reichswehr die Dt. Arbeiterpartei 45.
H. tritt der „Deutschen Arbeiterpartei" bei 46.
H. wird Propagandaleiter der „Dt. Arbeiterpartei" 47.
Austritt aus der Reichswehr 1920 47.
H. sucht in Berlin Kontakt mit nationalsozialistischen Gruppen 55.
H.s erster Aufenthalt in Berchtesgaden 60.
H. besucht erstmals die Familie Wagner in Bayreuth 61 ff.
H.s dunkle Einnahmequellen 64 f.
„König von München" 64.
H.s äußere Erscheinung bis 1929 64.
Gefängnishaft wegen politischen Terrors 1922 67.
Haftentlassung 69.
Verfahren wegen Mai-Putsches 78.
November-Putsch, H. verletzt 93.
Verhaftung 93.
H. vor Gericht 95/98.
H. in Landsberg inhaftiert 102 f.
H. schreibt „Mein Kampf" Teil I. 102 f.
H.s Ausweisung wird erwogen 107 f.
H. auf Bewährungsfrist entlassen 108.
Frage der Einbürgerung 112.
H.s Einkommen 113 f., 119.
H. beendet in Berchtesgaden „Mein Kampf" 114.
H.s Verschuldung 115.
H. verzichtet auf österreichische Staatsangehörigkeit 1925 123.
H. 1932 naturalisiert 123.

H.s triumphaler Einzug in Wien 1938 416 f.
H. opfert Privatleben 547.
H. spricht 1940 kaum vor der Öffentlichkeit 616.
H.s Gesundheitszustand 655, 706, 754 f., 757.
H. weigert sich, mit Generalstabsoffizieren zu essen 675.
Lebensweise 709 f.
H.s Verhalten nach dem 20. Juli 733/41.
H.s Äußeres Dezember 1944 751.
Privatleben 766.
Gesundheitlicher Verfall 754/57.
Selbstmordabsichten 765, 776, 786 f.
Gemütsverfassung 776.
H. heiratet Eva Braun 783.
H. macht sein Testament 784/88.
H. erschießt sich 790.
Charakter und Lebensauffassung:
15 ff., 29 f., 33 f., 294, 301, 354/91, 473, 567, 706/15, 720, 776, 783, Epilog.
H. arbeitsscheu 15, 41 f.
H. über das Lesen 29.
H. fühlt sich im Krieg geborgen 32, 34.
H.s Tapferkeit im Einsatz 33.
Energie 49.
Ungeduld 70 f.
Arbeitsweise 65, 368, 663.
H.s Feigheit beim November-Putsch 93 f.
Zaudern 539, 544.
Egoismus 679, 793.
Doppelzüngigkeit 276.
Selbstdramatisierung 676, 358, 367.
Vegetarier 370.
Antiintellektualismus 355.
H. u. Astrologie 372.
Atheismus 327.
H. u. die Frauen 374/80.
H.s Verhalten beim Waffenstillstand mit Frankreich 575 f.
Suñer über H. 587 f.
Mißtrauen 615.
Selbstvertrauen 36, 655, 660.
H. im Privatgespräch u. seine Geistesverfassung 656 f., 709.
H.s Tischgespräche 356 f., 379, 390, 642, 656/60, 758/63, 765 f.

857

H.s Glaube an seine Mission 357, 367, 372, 379, 604.
Überzeugungskraft 694, 745
H.s Treue zu Mussolini 695.
Anziehungskraft 766.
Reden und Propaganda: 354/64.
   Redegabe 36, 47, 49 f., 52 f., 69, 110, 177, 325, 354 ff., 359, 362, 368, 485, 616, 698, 711.
   Propaganda 25, 35, 47, 50, 122, 148, 602, 361, 390, 395, 431, 656.
Politische Ideen: 354/57, 364/67, 379/89, 656.
   Arbeiterbewegung 19.
   Haß auf Sozialdemokratie 19, 23, 57, 387 f.
   Haß auf Kommunismus 21, 98 111, 142, 178 ff., 315, 333, 336, 347, 358, 360, 379, 387 f., 431, 498, 599, 645, 659 f., 681, 713, 759, 770.
   Haß auf parlamentarische Demokratie 21, 37, 125, 143, 385, 452, 505.
   Rassismus 20 ff. (s. a. Juden, Antisemitismus).
   Fanatischer Nationalismus 21/24.
   H. u. die Monarchie 270 f., 723.
   H. u. Anwendung von Gewalt und Terror 35 f., 53, 67, 158, 259, 361, 389, 454, 511, 659, 769.
   Ideen aus zweiter Hand 66.
   H. über die Diktatur 98.
   H. über die Technik des Putsches 99.
   H. u. europäische Neuordnung 294 f., 619 f., 638, 644 ff., 658, 690 f.
   H. u. Sozialismus 18 f., 23 ff., 57, 137, 263, 279.
   H. u. Bauerntum 136, 140.
   Politik der Vorherrschaft 339 f., 393 f., 680 ff.
Wirtschaftliche Ideen: 132, 136, 141, 154, 263, 338 f., 350, 385, 393 f., 473 f., 705.
Politische Laufbahn: 358/64, 389 ff.
   H.s Interesse für Politik erwacht 42 f.
   Idee zu einer neuen Partei 36.
   H. macht als Politiker von sich reden 39.
   H. entfaltet politische Gaben 49.
   H. anfangs nur provinzieller Politiker 50.

H. verspricht, niemals zu putschen 70.
H. u. Ruhrbesetzung 74 f.
H. u. Mai-Putsch 76 f.
H. zieht sich für 5 Monate aus dem politischen Leben zurück 78 f.
H. befürwortet September 1923 die Revolution 81.
November-Putsch 87/93.
H. u. Kahr 85.
H. entwickelt politische Geschicklichkeit 94.
Prozeß macht H. bekannt 95 f.
Bruch mit Ludendorff 108, 113.
NSDAP neu gegründet 1925 110 f.
Redeverbot 112.
Politik der Legalität 111 f., 144, 148 ff., 153, 163, 172, 184, 203 ff., 215, 219, 239, 259, 305, 360, 465, 467, 471.
H. als Österreicher nicht wählbar 123.
H.s Eintritt in die große Politik 130.
Reichskanzler 166 f., 231.
Zeuge im Leipziger Prozeß 1930 146 ff.
H. oberster SA-Führer 150.
H. Reichspräsidentschaftskandidat 175.
H. August 1932 mächtigster dt. Politiker 198.
H. erhält gesetzliche Vollmachten 252, 258 f.
H. wird Staatsoberhaupt 291.
Reichstagsrede Mai 1935 über Außenpolitik 316 f.
Reichstagsrede über Außenpolitik 1937 349/53, 392 f.
Reichstagsrede April 1939 484/88.
Oberbefehlshaber der Wehrmacht 400.
Konferenzen über politische und strategische Kriegsziele 493/96, 509, 552 ff., 612 f., 626 f.
Oberbefehlshaber des Heeres 654.
H. erhält unumschränkte Macht 662 f.
H. verliert Kontrolle über Kriegsvorgänge 768 f.
H. tritt politische Führung an Dönitz und Göring ab 785.

H. tritt Parteiführung an Bormann ab 785.
H.s politisches Testament 762, 783/86.
Analyse von H.s politischen Gaben 793 ff.
Frage der Nachfolge: 532, 657, 758, 767 (s. a. NSDAP, Deutschland, Verschwörungen gegen Hitler).
Hitler, Alois (Vater): 5 f.
Hitler, Alois (H.s Halbbruder): 5.
Hitler, Edmund: 5.
Hitler, Gustav: 5.
Hitler, Ida: 5.
Hitler, Klara (geb. Pölzl): 5, 8.
Hitler, Paula: 5.
Hitler-Jugend: 122, 385, 776.
Hoare, Sir Samuel: 470.
Hoare-Laval-Pakt: 322.
Hoffmann, Carola: 374.
Hoffmann, Heinrich: 60, 63, 108, 120, 368, 373, 376 f., 706.
Hoffmann, Henny: 374.
Hoffmann, Johannes: 43.
Hoffmann („Kampfverband Niederbayern"): 75.
Hohenzollern: 39.
Höppner, Erich: 434, 651, 736, 739.
von *Horthy*, Miklos: 431.
Höss, Rudolf: 689.
Hoßbach, Friedrich: 349/52, 392, 471 f.

Hoth, Hermann: 639.
Hueber, Franz: 412.
Hühnlein, Adolf: 90, 151.
Hümer, Eduard: 7.
Hugenberg, Alfred:
Hu. u. DNVP 128 f., 140, 164, 176, 256.
Hu.s Verhältnis zu H. u. NSDAP 128/31, 164, 169, 213, 229, 231, 238 f., 247, 653.
Hu. verantwortlich für H.s Erfolg 237.
Hu. von der Industrie finanziert 156.
Verhandlungen mit Brüning 173.
Hu. u. Papen 192.
Minister 238, 242, 256.
Rücktritt 258, 263.

I/J

Jalta: 770.
Japan:
J. in Mandschukuo 334, 613.
J. u. Antikominternpakt 336, 344, 645.
J. u. britisches Empire 350, 667.
Bündnis mit Deutschland und Italien 333, 396, 491, 598, 613 ff., 648 ff., 759.
Beziehungen zur Sowjetunion 506, 514, 582 f., 605 ff., 613, 615 f., 632, 759.
J. u. dt.-russischer Pakt 514 f.
J.s Ziele in Ostasien 605.
J. u. USA 647 f., 759 (s. a. Pearl Harbour).
Jetzinger, Franz: 28.
IG. Farben: 192, 241.
„*Illustrierter Beobachter":* 122.
Ilnau: 536.
Imredy (ungarischer Ministerpräsident): 431, 439.

Indien:
  350, 642 f., 657.
Indischer Ozean:
  605 f.
„Industrieklub":
  177/80, 383, 616.
Inflation:
  s. Dtl., soziale und wirtschaftliche Zustände.
Internationaler Gerichtshof: 327.
Jodl, Alfred:
  Verhältnis zu H. 665, 675, 678, 708, 770, 773 f.
  J. u. H.s Zusicherungen an das Heer 148.
  J. u. Rheinland 324.
  J. bei Besprechung zwischen H. u. Schuschnigg 1938 407.
  J. u. Sudetenkrise 432.
  J. über Münchner Abkommen 451.
  J. über H.s Interesse an Norwegen 561, 567.
  Schacht u. J. 339.
  J. u. Einfall in der Sowjetunion 581 ff.
  J.s Plan zum Angriff auf Jugoslawien 621.
  J. besucht auf H.s Befehl die Kaukasusfront 674.
  J. durch Paulus ersetzt 675.
  J. bei Generalstabskonferenz über Italien 1943 696.
  J. u. Mussolinis Sturz 697.
  J. beschreibt H.s Hauptquartier 1943 708.
  J. u. der 20. Juli 732 f.
  J. u. Ardennenoffensive 750 f.
  J.s Umgang mit H. 757.
  J. u. H.s Selbstmordabsichten 776.
  J. unterzeichnet dt. Kapitulation 791.
Irak:
  624 f., 633, 769.
Iran:
  625, 667, 751
  (s. a. Persischer Golf).
Irland:
  350.
Islam:
  347, 760.
Italien:
  Unabhängigkeit 23.
  Aufrüstung 333.
  I. u. Antikominternpakt 341, 344.
  I. u. Stahlpakt 426, 457, 490 ff., 522, 554.
  I. u. Dreimächtepakt 457 f., 598 f., 605, 613, 634, 650.
  Krieg in I. 694/702, 729 f., 748, 753, 791.
  Großer Faschistischer Rat 248, 555, 695.
  Auflösung der Faschistischen Partei 695.
  Waffenstillstand mit den Alliierten 666, 696, 698.
  Italienische Soziale Republik 701 ff.
  Italienische Armee 518 f., 535 f.
  Italienische Flotte 697.
  Dt.-italienisches Bündnis 321, 333 f., 342, 347 396, 443, 457 f,. 490/93, 514 ff., 518 f., 554 ff., 585, 597/601, 611, 615, 665 f., 692/95, 760 f., 795.
  I. Kaiserreich 332 f.
  I. u. Abessinien 321 f.
    Sanktionen 322, 330.
    Hoare-Laval-Pakt 322.
  I. u. Albanien 484, 490.
  Besetzung Albaniens 599.
  Italienische Armee in Nöten 610, 612.
  I. u. Österreich 308, 315.
  I. u. „Anschluß" 321, 329, 334, 342/45, 404, 418 f., 426, 597.
  Dt.-italienische Zusammenarbeit auf dem Balkan 598 f., 621 f., 702, 760.
  I. u. Tschechoslowakei 469 f.
  I. u. Ägypten 574, 598 f., 610.
  I. u. Frankreich 321, 341.
    Hoare-Laval-Pakt und Sanktionen 322, 330.
    I. beansprucht Nizza, Korsika u. Tunis 458, 574.
    Angriff auf Frankreich 571.
  I. u. England:
    Groll über dt.-engl. Flottenabkommen 320.
    Sanktionen gegen I. 322, 330.
    Abkommen mit England 1937 341.
    I. u. britisches Kolonialreich 350 (s. a. Ägypten).
    I. u. engl. Blockade 564.

I. u. Griechenland:
Angriff auf Gr. 591, 599, 601, 615.
Stört H.s Pläne 608.
I. u. Ungarn 308, 457 ff.
I. u. Japan im Dreimächtepakt 457, 598 f., 602 f., 650.
I. u. Naher Osten 585, 588 f., 591 f., 597/601.
I. u. Nordafrika 574, 592, 605, 610, 612, 623, 667, 677, 694.
I. u. Polen 502/05, 518 f.
I. u. Sowjetunion:
Mißtrauen gegen dt.-russische Verhandlungen 537, 539, 555 f.
I. von H. vernachlässigt 515, 539.
Italienische Einheiten in der Sowjetunion 673.
I. u. Spanien 331 f.
I. u. Jugoslawien: 504, 597.
Ribbentrops Vorschlag, Jugoslawien aufzuteilen 504
(s. a. Mussolini u. Ciano).

Juden:
Numerus clausus für J. 261.
Ermordung von J. bei der Röhm-Aktion 287.
Nürnberger Gesetze 320, 389.
Zahl der umgekommenen J. 389.
J. in Wien (s. Österreich).
Pogrom November 1938 389, 456.
Ausweisung von J. aus Polen 476.
Vernichtung der J. in Polen 389, 557.
Massenausrottung der J. 686/91.
J. in der Sowjetunion 613, 636
(s. a. Antisemitismus).

Jugoslawien:
J. u. Frankreich 310.
J. u. Italien 334, 504, 597/600, 622.
J. u. Kleine Entente 431.
J. u. Dtl. 333, 458, 490, 504, 597 f., 608 f., 620 f.
   J. unterzeichnet den Dreimächtepakt 620 f.
   Dt. Besetzung 620/23, 702, 753.
   Teilung J.s 623.
   Dt.-russische Besprechungen über J. 606.
J. u. Sowjetunion 632.
Russischer Vormarsch in J. 749.

Dt. Minderheit in J. 458.
Jung, Edgar:
280, 285, 287.
Jung, Rudolf:
47.
Junge, (H.s Sekretärin):
776, 783, 789.
Junker:
40.

K

Kaas, Ludwig:
239 f., 252 (s. a. Zentrum).
von Kahr, Gustav: 43, 67, 81, 83/88, 90, 92, 94/97, 100, 203, 287.
von Kalckreuth, Eberhard Graf: 169, 258.
Kaltenbrunner, Ernst:
736.
„Kampfbund für den gewerblichen Mittelstand":
262, 264.
„Kampfverband Niederbayern":
75.
Kanada:
589.
Kanarische Inseln:
585 f., 591.
Kanya, Kálmán:
16, 431, 439.
Kapp-Putsch:
43 f., 75, 82, 98, 195.
Kapverdische Inseln:
586, 591.
Karmasin, Franz:
462 ff.
„Katholische Aktion":
280, 287.
Katholische Kirche:
s. Kirche, römisch-katholische.
Kaufmann, Karl:
118.
Keitel, Wilhelm:
Chef des OKW 400 f.
K. bei Zusammentreffen zwischen H. u. Schuschnigg 1938 406.
K. u. der „Anschluß" 407 f., 414, 427 f.
K. u. Tschechoslowakei 420, 425, 429, 433 f., 454 f., 466, 488.
K.s Teilnahme an H.s Kriegskonferenz Mai 1939 493.

K. u. Polen 519, 558 f.
K. erhält H.s Plan zur Westoffensive 542.
K. erhält erste strategische Weisungen von H. 547 f.
K. u. Einfall in der Sowjetunion 582.
K. u. der Plan der Invasion Englands 578 f.
K. beim Waffenstillstand mit Frankreich 575.
K. u. Norwegen 561.
K. u. Heß 631.
K. u. Rumänien 664.
K. u. Ungarn 664.
Verhältnis zu H. 665, 708, 776.
K. über Besetzung der Sowjetunion 682.
K. u. 20. Juli 732 f., 736.
K. u. Ardennenoffensive 751.
K. u. Alpenfestung 773 f., 776, 780.
K. u. H.s Selbstmordabsichten 776.
K. empfängt H.s letzte Botschaft 788.

Kellogg-Pakt:
123.

Kempka, Erich:
789 f.

Kempner, R. W. M.:
157.

Kennard, Sir Howard:
526.

Keppler, Wilhelm: 155, 224, 264, 405, 411 ff., 464.

Kerenskij, Alexander F.:
336.

Kerrl, Hans:
118.

Kesselring, Albert: 667, 698 ff., 702, 729 f., 748. 768, 772.

Kirche:
Evangelisch-lutherische Kirche:
H.s Verhältnis zur E.-l.K. 371.
Offizierskorps u. NSDAP u. E.-l.K. 396 f.
Deutsche Christen 264.
E.-l.K. u. Verschwörungen 723.
Römisch-katholische Kirche:
R.-k.K. von Schönerer angegriffen 25.
R.-k.K. von Lueger benutzt 25.
R.-k.K. in Norddtl. 105.
H. u. R.-k.K. 371.
R.-k.K. in Polen 539.
R.-k.K. u. Verschwörungen 723 (s. a. Vatikan).

Kjosseiwanoff, Georgi:
490.

Kirdorf, Emil:
130, 154 f., 157.

Klausener, Erich:
280, 287.

Kleine Entente: 431 (s. a. einzelne Länder).

von *Kleist*, Ewald: 434, 520, 569, 638, 673.

Kleßheim:
665.

Klintzsch, Johann Ulrich:
54, 59.

von *Kluge*, Günther: 644, 647, 726, 737, 743.

Knepper, H. G.:
155.

von *Knilling*, Eugen:
68 f., 81.

Koch, Erich:
118, 680 f.

Koestring, Ernst:
584.

Kollektive Sicherheit:
317, 498.

Koller, Karl:
773 f., 777.

Kolonien:
Dtl. u. K. 296, 298, 318, 325, 333, 340, 349, 476, 493, 517, 525 f., 573, 578, 590, 630.
„Volksdt. Kolonien" in Polen u. der Sowjetunion 642 f., 684 f., 717.

Komintern:
337.

Kommissare:
626 f., 769.

Kommunismus: 21, 98, 111, 139, 142, 178 ff., 315, 333, 336, 347, 379, 387 f., 431, 471, 498, 599, 645, 659 f., 681, 713, 759, 770.

Kommunistische Partei Deutschlands:
KPD in Bayern 42 f.
Streikaktion 1923 79.
Streikaktion 1932 211.
KPD in Sachsen, Thüringen u. Hamburg 82, 85.

Taktik im Reichstag 154, 192.
KPD u. Hindenburg 162.
Wahlstärken 142, 181 ff., 197 f.
212, 235, 247.
Methoden der KPD im Vergleich zu
denen H.s 142.
H. u. KPD 208, 225, 243 ff., 358,
388 (s. a. Kommunismus).
Besetzung des Karl-Liebknecht-
Hauses durch Nazis 243.
Verhaftung von KPD-Reichstags-
abgeordneten nach dem Reichstags-
brand 244/48.
Auflösung 256.
KPD absorbiert linken NSDAP-
Flügel 219.
KPD zieht NSDAP der SPD vor
236.
KPD u. Antikominternpakt 336.
KPD u. Verschwörungen 551 f.
Konopath:
122.
Konzentrationslager: 260, 361, 386,
389, 687 f., 708, 717, 739, 793
(s. a. Vernichtungslager u. einzelne
Lager).
Korridor, polnischer: s. Polnischer
Korridor.
Korsika:
458 574.
von *Krausser,* Fritz Ritter:
286.
Krebs. Hans:
632, 776, 768.
„Kreditanstalt", Bankrott:
158.
„Kreisauer Kreis":
724 f.
Kreß von Kressenstein (General):
84.
Kreta:
591 f., 600, 624 f., 629, 703.
Kriebel Hermann: 75. 77, 81, 90, 92,
96, 102, 106, 108 f.
Kriegsgefangene:
626, 717, 770, 780.
Kroatien:
622, 634, 747.
Krupp von Bohlen und Halbach,
Gustav: 240 f., 264.
Krupp-Werke 128, 139, 192, 343,
461.

Kubizek, August:
8 ff.
Kun, Béla:
42.
von *Kuntzen* (Major):
230.

L

Länderregierungen: 253 f. (s. a. Gleichschaltung u. einzelne Länder.)
Lagebesprechungen: 675, 705, 732,
754, 756 ff., 766, 768, 770, 772 f.,
778, 780.
Lahousen, Erwin:
530.
Lambach:
6.
Lammers, Hans Heinrich:
402, 682.
Landsberg/Lech:
102, 105, 363, 629.
Langbehn, Carl:
718.
„Langnam-Verein": 264.
Lausanne, Reparationskonferenz:
187.
Laval, Pierre:
311, 322, 593, 676 f.
„Lebensraum": 297 f., 340, 350, 352,
471 f., 475, 493 f., 543, 573, 578, 608,
627, 636, 641 ff., 657, 681/84, 717.
Leber, Julius:
727 f., 735.
von *Leeb,* Wilhelm Ritter: 253, 567,
635, 641.
Legalitätspolitik: 111 f., 144, 148 ff.,
158, 163, 172, 184, 203, 215, 219,
239, 259, 305, 360, 465, 467, 471.
Legion Condor:
330, 404.
Leipart, Theodor:
255.
Lenin, Wladimir I.:
3, 364.
Leningrad:
637/41, 661, 692, 729.
Lenz (Baugesellschaft):
155.
Leonding:
6, 8, 415.
Leopold III., König der Belgier:
348, 570.

von *Lerchenfeld*, Hugo Graf:
67 f.
Lettland:
L. u. Dtl. 1939 490, 537.
L. u. dt.-russischer Pakt 514.
Annexion durch die Sowjetunion 595
(s. a. Baltische Staaten).
Leuschner, Wilhelm:
727 f.
Ley, Robert:
Ley u. die Strassers 118, 221.
Gauleiter von Köln 118, 155.
Leiter der NSDAF 255, 718.
Leys Machtbereich 293.
Ley u. H. 223, 373, 720, 767.
Besuch in Italien Dezember 1939 555.
Charakter 664.
Ley u. Göring 715.
Ley in H.s politischem Testament 785.
Liebitzky (Oberst):
408.
Lincoln, Abraham:
390.
Linge, Heinz:
776, 789.
Linz: 8, 9, 15, 28, 294, 369, 372, 415 f., 710, 780.
Lippe:
226.
Lipski, Josef:
347, 476, 478/81, 529.
List, Wilhelm:
31, 674.
Litauen:
L. u. Dtl. 478, 490, 537.
L. u. Memel 317, 478.
L. u. Polen 311.
Dt.-russische Verhandlungen über L. 537, 632.
L. u. Sowjetunion 595, 603
(s. a. Baltische Staaten).
Litwinow, Maxim:
496 f.
Lloyd George, David:
337, 590.
Locarno-Pakt:
Abschluß 1925 112.
Stresemann gegen Ost-Locarno 306.

England und Frankreich für Ost-Locarno 313.
L.-P. von England, Frankreich u. Italien erneut bestätigt 315.
H. erkennt dt. Verpflichtungen aus dem L.-P. an 317 f.
Dtl. u. L.-P. 323/28.
L.-P. u. Rheinlandbesetzung 323/28, 385.
Dtl. u. Italien für neuen L.-P. 334.
L.-P. u. Belgien 348.
Loffner, Siegfried:
11.
Lorenz, Heinz:
780, 782.
Lorenz (Leutnant):
146.
von *Lossow*, Otto: 70, 73, 75/78, 81, 83/98, 100, 203.
van der *Lubbe*, Marinus:
244, 246.
Lubbert, Erich:
155.
Lüdecke, Kurt: 65, 106 f., 111, 209 f., 363.
Ludendorff, Erich: 30, 38 f., 61, 66, 68, 79 f., 88/94, 96, 101, 104 f., 107 ff., 113, 298, 536, 572, 649, 651,
Ludin, Hanns:
146, 160.
Ludwig III., König von Bayern:
31.
Lueger, Karl:
17 f., 24 ff., 50, 167.
Luftwaffe: s. Dtl., Wehrmacht, Luftwaffe.
Luther, Hans:
259.
von *Lüttwitz*, Walter:
75, 82.
Lutze, Viktor:
284, 289, 664, 711.
Luxemburg:
548, 572.

M

Mach:
462.
von *Mackensen*, August:
249, 314.
Madeira:
586, 591.

Maginot-Linie:
421, 510, 567.
Mähren: s. Böhmen-Mähren.
Mährisch-Ostrau:
433, 465.
Maifeier-Putsch:
76 ff.
Mailand:
334, 343, 491, 693, 702.
Malta:
574, 625, 667.
von *Maltzan*, Ago:
499.
Mandschukuo:
334, 613, 645.
Manoilescu, Mihai:
596.
von *Manstein*, Erich: 396, 568, 572, 652, 677, 722.
von *Manteuffel*, Hasso:
751.
Manzialy (Diätköchin):
776, 789.
Margival (bei Soissons):
731.
"Operation *Marita*":
610.
Marokko:
574, 586/89, 675.
Marx, Karl:
380, 659.
Marxismus: s. Kommunismus.
Masaryk, Tomas G.:
466.
Mastny, Vojtech:
414, 429.
Matsuoka, Yosuka:
614 ff., 621, 632, 648.
Matzelsberger, Franziska:
5.
Maurice, Emil:
54, 102, 284, 376.
Mauthausen:
691.
Max, Prinz von Baden:
39.
Mecklenburg:
188, 194, 343.
Meinecke, Friedrich:
160 f., 171, 794.
"*Mein Kampf*": 24, 27, 42, 45, 52, 56, 64, 75, 103, 114, 157, 167, 296, 299 f., 307, 318, 321, 334, 352, 355 f., 364 f., 374, 380, 392, 472, 492, 494, 543, 578, 582, 629, 635 f., 638, 641, 659 f., 783.
I. Teil in Landsberg geschrieben 102 f.
Ursprünglich geplanter Titel 102 f.
Veröffentlicht im Sommer 1925 114.
Meißner, Otto: 165, 174, 202, 215, 228, 231.
Memelland: 317, 459 f., 478 ff., 489 f.
Mend, Hans:
33 f.
Miklas, Wilhelm:
411 ff.
Mikojan, Anastas I.:
500.
Mitford, Unity:
374.
Mittelmeerraum:
Lage 1939 510.
Dtl.s Desinteresse 333, 470, 505.
Dt. Operationen im M. 584/93, 610, 625, 667, 692, 702.
H. vernachlässigt M. 666, 670 f., 677.
Luftangriffe auf englische Flotte 609.
England im M. 341, 350, 591, 607, 609, 624 f., 692, 751.
Italien im M. 341, 343, 505, 591.
Sowjetunion u. M. 600, 606.
Seefreiheit 341.
Alliierte Landungen 677, 694
(s. a. einzelne Länder).
Mittelstand, deutscher: 26, 133 f., 140.
Model, Walter:
723, 743/46, 753, 768.
von *Moehl*, Arnold:
43.
Mohnke (SS):
775.
Molotow, Wjatscheslaw M.:
Sowjetischer Außenminister 497.
M. u. dt.-russ. Pakt 499 f., 506, 513 f.
Kommuniqué November 1939 538.
Unterredung mit H. u. Ribbentrop 592, 602/08.
M. u. dt.-finn. Vertrag 1940 602.
M. u. dt. Garantie für Rumänien 579.

M. versucht, Konflikt mit Dtl. zu vermeiden 633.
von *Moltke*, Hans Adolf: 430, 481.
von *Moltke*, Helmuth Graf: 572, 751.
von *Moltke*, Helmuth James Graf: 724 f., 728.
Mommsen, Theodor: 388 f.
Mongolei: 606.
Montgomery, Bernard Law: 675.
Montoire: 590, 593, 600 f.
Montreux, Meerengenabkommen von: 606.
Morell, Theodor: 467, 706 f., 709, 754 f., 758, 775 f.
Morgenthau-Plan: 746.
Moskau:
 Dt. Truppen vor M. 638 ff., 647, 650 f., 661, 692.
Mosley, Sir Oswald: 374.
Mühlmann, Kajetan: 405.
Müller (General): 85.
Müller, Adolf: 108.
Müller, *Heinrich*: 530.
Müller, Hermann: 165, 217.
Müller, Joseph: 726.
München:
 Revolution 1918 42.
 Versammlungen der Dt. Arbeiterpartei 54 ff.
 Mai-Putsch 76 ff.
 Spannungen in M. 1923 85 f.
 November-Putsch 87/93.
 Vaterländische Vereine 75.
 von Epps Staatsstreich 1933 253.
Münchner Abkommen: 449/52, 454, 456 f., 760, 794 f. (s. a. Tschechoslowakei).

Muff (General): 411 ff.
Mulzer: 75.
Munder (Gauleiter von Württemberg): 119.
Mussolini, Benito: 3, 385.
 Persönliche Beziehungen zu H. 278, 341, 343 f., 453, 509 f., 565, 588 f., 599 f., 611 ff., 615, 635, 643 f., 692 f., 695/98, 700 ff., 710 f., 723, 760.
 H. üb. M. 458, 555.
 Marsch auf Rom u. Wirkung in Bayern 68.
 Nazis ahmen M.s Taktik nach 169.
 Regierungsbildung 1922 202.
 Großer Faschistischer Rat u. M. 248, 695.
 Unterredung mit H. 1933 278, 344.
 M. u. Unabhängigkeit Österreichs 308, 321, 328 f., 597.
 M. u. „Anschluß" 342, 407 ff., 413 ff., 418 f., 609.
 M.s Ambitionen im Donauraum 321.
 M. u. Abessinien 321 f., 330.
 M. u. Starhemberg 329.
 M. u. Franco 331, 593.
 Unterredungen mit Göring 1937 über Österreich 342 f.
 Besuch in Dtl. 1937 339, 343 f.
 Reaktion M.s auf den Vorschlag eines dt.-italienischen Pakts 426.
 M. u. Sudetenkrise 426, 448/51.
 Einfluß auf H. bei Münchner Besprechungen 453.
 M. u. die ungar.-tschech. Grenze 457.
 M. u. Annexion der Tschechoslowakei 352, 469 f.
 Roosevelts Botschaft 1939 482.
 M. u. Albanien 484 f., 490.
 M. u. Verhandlungen über den Stahlpakt 490 ff.
 Vorschlag einer internat. Friedenskonferenz 1939 502.
 M. fürchtet allgemeinen Krieg 502/05.
 M. u. Kroatien u. Dalmatien 518.
 M. u. dt.-russ. Pakt 519, 556.
 M. u. Polenkrieg 518 ff., 539.
 M. u. Stahlpakt 522 f.
 M. schlägt erneut internat. Konferenz vor 522 f.

Vermittlungsversuche Sept. 1939 533.
Eifrige Friedensbemühungen 539, 565.
M.s Bedeutung für Dtl. 555.
M. läßt Belgien u. d. Niederlande vor dt. Einmarsch warnen 555.
Brief an H. Dez. 1939 555 f.
H. überredet M. zum Kriegseintritt 563 f.
M. u. Norwegen 565.
Forderungen an Frankreich 574.
M. u. dt. Pläne im nahen Osten 585, 614.
H. u. M.s Ansprüche auf dem Balkan 597 f.
M. u. H.s Abkommen mit Rumänien 597 f., 615.
Angriff auf Griechenland verstimmt H. 599 f., 608.
M. trifft H. in Florenz 1940 600 f.
M.s Besuch auf dem Berghof 1941 612 f.
H. informiert M. nicht über seine russischen Pläne 611, 613, 634 ff.
H. bittet M., die jugoslawisch-alban. Grenze zu decken 621 f.
M. trifft H. Juni 1941 631.
M. besucht russische Front August 1941 643 ff.
M. u. ,,Neuordnung" 644 f.
M. steuert H.s Flugzeug 644.
M. fürchtet Annäherung zwischen Dtl. u. Vichy-Frankreich 644, 666.
M.s Reaktion auf Krieg zwischen Japan u. USA 649.
M. trifft H. April 1942 665 f.
M. befriedigt über dt. Besetzung ganz Frankreichs 677.
M. drängt H., sich mit Stalin zu verständigen 677, 693.
Krankheit 1943 692.
H. ermutigt M. 692.
M. besucht H. April 1943 693 f.
H. überredet M. 694.
M. trifft H. Juli 1943 694.
Großer Faschistischer Rat gegen M. 695.
M. von König abgesetzt 695.
M. arrestiert 695.
Befreiung 700.

Gesundheits- u. Gemütszustand nach der Befreiung 701.
Oberhaupt d. Sozialen Republik Italien 701 f.
M. nach d. 20. Juli 733.
M. u. Cianos Tod 701.
M.s Tod 343, 702, 789.
Mussolini, Edda: 701.
Mussolini, Vittorio: 700.
Mutschmann, Martin: 137.

N

Naher Osten:
H. üb. N.O. 760.
Dt. Operationen 584, 612, 624 f., 667.
Bedeutung f. England 624.
Frankreich u. N.O. 634
(s. a. Mittelmeerraum).
Napoleon I.: 365, 385, 390, 473, 572, 576, 593, 642, 650, 656 f., 666, 703, 759, 792.
Napoleon II., Herzog von Reichstadt: 593.
Narvik:
561, 566.
Nationalisierung:
N. d. Industrie 139.
N. d. Banken 154.
Nationalsozialismus (allgemein):
NS. als Phänomen 71, 792.
Revolutionärer Charakter des NS. 259.
NS. u. Wehrmacht 653 f.
Nihilismus des NS. 763, 793.
Keine neuen Ideen im NS. 793.
NS. wurzelt in der deutschen Geschichte 794.
Henderson üb. NS. 471.
H. üb. NS. 785 f.
Ribbentrop üb. NS. 473.
Nationalsozialistische Deutsche Arbeiterpartei (Anfänge s. Deutsche Arbeiterpartei):
Namensgebung 47, 56.
Turn- u. Sportabteilung gegründet 54 (s. a. SA).
Harrer legt Vorsitz nieder 55.
Drexler Ehrenvorsitzender 56.

Amann Geschäftsführer 58.
„Fünfundzwanzig-Punkte-Programm 1920" 47, 56 f., 118, 297 f., 472.
Parteifinanzen 65 f., 113 ff., 119, 130, 153/56, 177, 180, 209, 211, 223, 226, 241, 712.
NSDAP demonstriert gegen Gesetz zum Schutz der Republik 1922 68.
NSDAP tritt den Vereinigten Vaterländischen Verbänden bei 68.
Mitgliederzahlen 48, 72, 122, 132, 150, 171. (Stimmen- u. Mandatszahlen bei Reichstagswahlen s. Dtl., Verfassung.)
NSDAP u. Wahlen in Preußen 185.
NSDAP u. Wahlen in Thüringen 219.
NSDAP tritt Dt. Kampfbund bei 80.
Auflösung 1923 91.
Verbot 103.
Rosenberg stellvertretender Führer 103.
Rosenberg tritt zurück 107.
NSDAP 1924 fast erledigt 107.
Innere Streitigkeiten 107/10.
Neubildung 110.
Einfluß der Gebrüder Strasser 116/19.
Strassers Programm in Bamberg abgelehnt 119.
„Schülerbund" gegründet 122.
Parteiorganisation 122 f., 151 ff., 157, 221, 363, 386.
„Uschla" (Untersuchungs- und Schlichtungsausschuß) 119 f., 284.
NSDAP u. Heer 82 f., 91, 100 f., 144/49, 163 f., 653, 734, 740 f.
NSDAP im Reichstag 152, 164.
NSDAP u. Hindenburg 163.
Frage eines Verbot der NSDAP 158 ff.
NSDAP u. DNVP 130 f., 164 f., 214, 227 f., 237.
NSDAP u. Zentrum 207, 238 ff.
NSDAP u. Berliner Streiks 1932 211.
Demoralisierung der NSDAP 1932 223, 235.
NSDAP u. antikommunistische Demonstrationen 1933 226 f.

NSDAP einzige Partei 256 f.
NSDAP als dt. „Elite" 381 f., 386, 663.
NSDAP u. Kirchen 396.
NSDAP korrumpiert Verwaltung 663.
NS-Führungsoffiziere in der dt. Wehrmacht 741.
Nachfolge H.s in der Parteiführung 758, 766.
Himmler plant „Nationale Einheitspartei" an Stelle der NSDAP 781
(s. a. Völkischer Beobachter).
„*Nationalsozialistische Deutsche Freiheitsbewegung*":
104 f., 108.
Naujocks, Alfred Helmuth:
530.
Memirowitsch-Dantschenko (Dr.):
61.
Neumann:
15 f.
Neunzert, Max:
91.
„*Neuordnung*": 294 f., 619 f.
H. über N. 638, 644 ff., 658, 690 f.
Gewaltfaktor in der N. 646.
„Herrenvolk" 691.
Mussolini u. N. 644 f.
N. u. Rußland 603.
Beispiel für N. 646.
von *Neurath*, Konstantin Freiherr:
Außenminister 238.
Rücktritt 281.
N. sympathisiert mit NSDAP 290.
N. unterzeichnet Gesetz über Verbindung von Reichspräsidentenschaft u. Reichskanzlerschaft 291.
Kündigung des Locarno-Pakts 325.
Besprechungen mit Ciano Okt. 1936 333.
Besuch in Rom 1937 341 ff.
N. u. Ribbentrop 335, 395, 408.
N. u. H. 374.
N.s Teilnahme an Hoßbach-Konferenz 350.
N. gegen Kriegspolitik 392 f.
N. durch Ribbentrop ersetzt 393, 395, 400 f., 403.
N. u. Sudetenkrise 429, 450.
Reichsprotektor 468.

Nicolai:
  122.
Niederlande:
  Dt. Angriff 460, 494, 548, 558, 560, 567 f., 572.
  N. v. Italien gewarnt 555.
  Angebot eines Nichtangriffspakts 325.
  Zwangsarbeiter 683.
  Küstenverteidigung 1944 730.
  N. v. Dtl. wegen der V 2-Abschußbasen gehalten 742.
  N. u. H.s Ostsiedlungspläne 642.
  Seyß-Inquart i. N. 785.
Nieland:
  122.
Niemöller, Martin:
  396, 723.
Nietzsche, Friedrich:
  366, 697.
Nizza:
  458, 574.
„Nordwestdeutscher Arbeitgeberverband":
  264.
Normandie:
  728/32, 744.
Nortz:
  73.
Norwegen:
  Dt. Invasion 360, 559/62, 565 ff., 572, 579, 602.
  Raeder u. N. 559 f., 652.
  Dt. Stützpunkte in N. 559, 566.
  H. rechnet mit alliierter Landung 1942 672.
  H. will N. halten 747, 769.
  N. u. H.s Ostsiedlungspläne 642.
  N. u. Himmlers Friedensverhandlungen 1945 781.
  Westmächte u. N. 560, 562, 566.
  Sowjetunion u. norweg. Exilregierung 632.
„November-Verbrecher":
  H. über N.-V. 39, 69 f., 73, 76.
November-Putsch:
  86/101.
NSDAP: s. Nationalsozialistische Dt. Arbeiterpartei.
Nürnberg: Dt. Tag 1923
  79 f.

Nürnberger Gesetze:
  320, 389.
Nürnberger Parteitage: 374.
  Henderson üb. NP. 361.
  Einzelne Parteitage: 1929: 130; 1934: 292; 1935: 320 f.; 1936: 337; 1937: 347 f.; 1938: 430; 434 ff.
Nürnberger Prozeß: 217, 225, 390, 420, 454, 583, 608, 630, 719, 721 f., 778.

O

Österreich:
  H. üb. politische u. wirtschaftl. Zustände 27.
  Bankrott der Kreditanstalt 159.
  Soziale u. wirtschaftl. Entwicklung 1919—1938 416 ff., 420.
  Antisemitismus 417 f. (s. a. Wien, Antisemitismus).
  „Deutschsoziale Arbeiterpartei" 47.
  SPÖ 18, 24, 50.
  Bündnis mit Dtl. 30.
  Bismarck u. Ö. 296, 417.
  Zollunion mit Dtl. 159, 187.
  Idee eines süddeutschen Staates mit Bayern 86.
  „Anschluß" 307, 401/20, 452.
  H. üb. „Anschluß" 296, 307, 317, 353, 360, 392, 443, 544, 552.
  Behandlung Ö.s durch Dtl. nach dem „Anschluß" 417 f.
  Nationalsozialismus i. Ö. 307 ff., 329 f., 402/08, 411 ff., 417.
  Nazi-Putsch 1934 mißlingt 308 f., 330.
  Habsburger Restauration 342 f., 408 f.
  Italien u. Ö. 308, 315, 328 f., 342/45, 347, 597.
  Dtl. u. Unabhängigkeit Ö.s 328 f.
  Dt.-ital. Gespräche üb. Ö. 342/45.
  Dt.-österr. Abkommen 1936 329 f., 332, 342, 402, 406.
  Zusatzprotokoll 1938 405 ff.
von Oeynhausen:
  226.
Ohlendorff, Otto:
  690.
Oktober-Protokolle 1936:
  334, 337.
Olbricht, Friedrich:
  726 f., 729, 734 ff.

Oldenburg:
171.
Olympische Spiele Berlin 1936:
337, 629.
Oran:
576, 587.
Ordensritter:
128, 298.
„*Organisation Konsul*":
54.
Ortega y Gasset, José:
389 f.
Oshima, Hiroshi:
613, 647 f.
Oster, Hans:
434, 549 f., 724, 726.
„*Osthilfe-Skandal*":
227, 237.
„*Ost-Locarno*":
310 f., 313.
Ostpreußen:
O. u. Polen 474, 476, 479 ff., 484, 491, 520, 529.
Sowjetunion u. O. 746, 748, 755, 759, 768.
O. u. Litauen 478.
Ostsee:
333, 478, 506, 562, 566, 604, 754.
Ott, Eugen:
216 f.
„*Operation Otto*":
410.
Otto von Habsburg:
408.

P

Palästina:
435, 486, 585, 624.
Pangermanismus:
23.
von *Papen, Franz:*
(Verhandlungen mit H., Hindenburg, Hugenberg u. Schleicher 1932 s. Kapitel IV, Teile V bis VIII, Seite 191/231).
Verhältnis zu H. 225/31, 238, 653.
P. regiert ohne Reichstagsmehrheit 166.
Einstellung zu H. 1931 172.
P. zum Reichskanzler ausersehen 188.
Reichskanzler 191/214.
Herkunft 191.
Reichskommissar für Preußen 195.
Niederlage im Reichstag 1932 208.
Wirtschaftspolitik 211.
P. v. Hindenburg zur Kabinettsneubildung aufgefordert 216.
Schleicher zieht Unterstützung durch Reichswehr zurück 217.
Geheimes Treffen mit H. Januar 1933 224.
P. will H. als Reichskanzler lenken 227, 238, 242, 247.
P. für H.s Erfolg verantwortlich 237.
Göring u. H. schalten P. in Preußen aus 242, 253.
P. als Kanzler von Hindenburg abhängig 252.
Lenkung H.s fehlgeschlagen 257.
P. als Vizekanzler von H. übergangen 258 f.
P. u. Röhm-Affäre 275/88, 290, 309.
Rede in Marburg 1934 280 f., 290, 309.
P. unterzeichnet Gesetz zur Verbindung von Reichspräsidentenschaft u. Reichskanzlerschaft 291.
P. Gesandter in Wien 290, 309, 400/03.
P. u. Unabhängigkeit Österreichs 328 f.
P. beim Treffen H.—Schuschnigg 1938 403/06.
P. u. „Anschluß" 410 ff.
Papsttum:
657.
Paris:
Einnahme 1940 571.
H. in P. 576.
20. Juli in P. 736 ff.
Befreiung 744.
Parlamentarismus:
H. u. P. 21, 37, 125, 385, 388, 505.
H. nützt P. aus 143.
Mißachtung des P. durch NS-Abgeordnete 150.
Passau:
6.
Patton, George:
743 f.
Paul, Prinzregent von Jugoslawien:
490, 620.

Pasewalk:
33, 41.
Paulus (Apostel):
380, 659 f.
Paulus, Friedrich:
584, 622, 675, 677 ff., 722.
Pavolini, Alessandro:
700.
Payne Best, S.:
551.
Pearl Harbour:
647 ff., 759.
Pernet, Heinz:
96.
Persischer Golf:
606 f., 625, 751 (s. a. Iran).
Petacci, Clara:
702, 789.
Pétain, Philippe:
571, 590 f., 593, 600.
Peter II., König von Jugoslawien:
621.
Petzel (General):
520.
Pfeffer von Salomon, Franz Felix: 121, 146, 150.
Philipp, Prinz von Hessen:
409, 413, 420, 449, 469.
Picker, Henry:
356.
Pietrzuch, Konrad:
199, 204 (s. a. Potempa).
Pilsudski, Jozef:
311 f., 476.
Pittinger (Dr.):
68, 75.
Plötzl, Johanna:
15.
Pöhner, Ernst:
44, 68, 73, 87 f., 90, 96, 104, 109.
Pötsch, Leopold:
8.
Poincaré, Raymond:
71.
Polen:
Volksabstimmung in Oberschlesien 1921 67.
P. erhält deutsches Gebiet 306, 474.
P. u. dt. Ostexpansion 297 f. (s. a. „Lebensraum").
P. u. Dtl. 306 f., 333, 345 f., 430, 461, 484, 540, 606.

Nichtangriffspakt 306 f., 311, 325, 436, 443, 471, 474 ff., 783 f., 488.
P. u. Rheinlandbesetzung 327, 346.
Minderheitenabkommen 347.
Dt. Minderheit in P. 358.
Verhandlungen 1938/39 360, 474/84 488.
P. u. dt. Intrigen auf d. Balkan 459 f.
H. zum Angriff entschlossen 353, 493 f., 506, 509.
Scharfer Notenwechsel wegen Danzig 502.
Dt.-russ. Besprechungen üb. Teilung P.s 514.
Letzte Verhandlungen 1939 360, 526/30.
Dt. Angriff auf P. 531, 535, 760.
H. gibt P. die Kriegsschuld 531 ff.
Teilung zwischen Dtl. u. Sowjetunion 536 ff., 556, 795.
Dt. Verwaltung P.s 556, 680, 684.
H.s Pläne mit P. 681, 684.
Dt. Verteidigungslinie in P. 742, 748.
P. u. Tschechoslowakei 311 f., 351, 428, 430, 437, 440, 451, 461, 795.
P. u. Frankreich 307, 310, 324, 345 f., 457, 496 f., 516 ff., 543.
P. u. England 418 f.
   Engl.-poln. Beistandspakt 1939 483, 497.
   Engl. Garantie für P. 482, 489, 515.
   Chamberlain warnt H. 511 f.
Letzte Verhandlungen zwischen England, Frankreich u. Dtl. 515/18, 520/30, 543.
P. u. Ungarn, Ruthenien 459, 469, 475 f., 478.
P. u. Litauen 311.
P. u. Sowjetunion 311, 430, 459, 475 ff., 489, 494, 510.
   Russ. Besetzung 537 f.
   Dt.-russ. Besprechungen üb. P. 506, 514, 537.
   Rote Armee in P. 537 f., 754, 767 f.
P. u. Antikomintern-Pakt 476.
Polnischer Korridor: 346, 474, 476 f., 481, 501, 513, 521, 525, 528 f. (s. a. Danzig).

Popitz, Johannes:
718.
Popp (Schneider in München):
28 f., 32.
Portugal:
586, 591.
Posen:
306, 477, 501.
Potempa:
204 f., 224.
Potsdam, Tag von:
248 ff.
Pressefreiheit:
H. üb. P. 349, 385, 388.
Preußen:
P. i. d. Weimarer Republik 43
P. u. Bayern 105.
Politische Zustände 134, 149.
Volksabstimmung 164.
Ministerium Braun 169, 195.
SA in P. 149.
Wahlen in P. 185.
Papen u. P. 194, 238, 253.
Siedlungspläne 222.
Göring u. P. 238, 242, 253.
Göring errichtet Gestapo in P. 259.
Price, G. Ward:
304 f., 310.
Prokosch:
308.
Propaganda: 25, 35, 47, 50, 122, 148, 206, 361, 390, 395, 431, 656 (s. a. Hitler).
„*Protokolle der Weisen von Zion*":
63.

Q

Quisling, Vikdun Abraham:
560, 566.

R

Raeder, Erich:
271, 350, 393, 429, 447, 493, 552, 559, 562, 566, 575, 578 ff., 583/86, 607, 624 f., 652, 667, 670 ff., 704, 787.
Rapallo-Vertrag 1922:
299, 499.
Wehrmacht u. Rapallo-Politik 364, 396, 499.
Raschid Ali al Kailani:
624 f., 633.

Rassentheorie: 138, 380/83, 388, 390, 557, 626, 629, 659, 687 f., 690 f., 718, 786, 793 f.
von *Rath:*
456.
Rathenau, Walther:
44, 67, 384.
Raubal, Angela:
5, 115, 131, 375, 377.
Raubal, Friedl:
375.
Raubal, Geli:
5, 115, 131, 168, 375 ff.
von *Reichenau*, Walter:
230, 253, 408.
Reichsbank:
Rb. u. Aufrüstung 473 f.
Rb. u. Juden 690
(s. a. Schacht).
„*Reichsbanner Schwarz-Rot-Gold*":
186.
„*Reichsflagge*":
75, 77, 90.
„*Reichskommissariat zur Förderung des deutschen Volkstums*" (RKFDV):
556, 685.
„*Reichsstand der Deutschen Industrie*":
263 f.
Reichsstatthalter:
253 f., 263 (s. a. Gleichschaltung).
Reichstag: s. Dtl., Verfassung.
Reichstagsbrand:
243 ff., 256 ff.
Reichsverteidigungsrat:
472 f., 496.
Reichwein, Adolf:
727 f.
Reinhart, Fr.:
155.
Reismann-Grone:
130.
Reitsch, Hanna:
778/82.
Remer, Otto:
735.
von *Renteln*, Adrian:
262.
Reparationen: s. Dtl., Reparationen.
zu *Reventlow*, Ernst Graf:
105, 109, 138.
Reynaud, Paul:
571.

Rhein: dt. Verteidigungslinie am Rh. 324, 745, 748 f., 768.
Alliierte überschreiten Rh. 768.
Rheinland:
  Seperatismus 71, 79, 82.
  Entmilitarisierung 317.
  Französ. Besetzung 127.
  H. akzeptiert Entmilitarisierung 317.
  Remilitarisierung 323/28, 346, 360, 385, 396, 421, 544, 552, 792.
  Wirkung auf Polen 346.
  Bombardierung durch die Alliierten 716
  (s. a. Ruhrgebiet).
Rheinmetall-Borsig: 616.
Rhodes (Professor in Oxford): 725.
Ribbentrop, Anneliese (geb. Henkell): 334.
„Dienststelle *Ribbentrop*": 335, 363.
von *Ribbentrop,* Joachim:
  Herkunft und Charakter 334 f., 587 f., 615, 664.
  R. u. H. 373, 395, 534 f., 574, 766, 772.
  R. u. DNVP 227.
  R. u. dt.-engl. Flottenabkommen 320, 335.
  R. u. v. Neurath 335.
  R. u. Antikomintern-Pakt 336 f., 344, 514, 645 f.
  R. in Rom 1937 341, 344 f.
  R. üb. britische Interessen 344.
  R. üb. Danzig 346.
  Außenminister 395, 400 f.
  R. bei Zusammenkunft zwischen H. u. Schuschnigg 1938 405.
  R. u. Sudetenkrise 425, 429, 436, 441, 446, 450.
  R. u. Italien 426, 588.
  R. u. Münchner Abkommen 454.
  R. u. Erster Wiener Schiedsspruch 451.
  R. in Paris 1938 457.
  R. u. dt.-französ. Grenzerklärung 457.
  R. ermutigt H. zum Angriff gegen die Westmächte 460.
  R. u. Annexion der Tschechoslowakei 464, 468.
  R. üb. Nationalsozialismus 473.
  R. u. Polen 1938/39 476/81.
  R. u. Stahlpakt 465, 491 f.
  R. u. dt.-russ. Pakt 499, 501, 505/09 513 ff., 543.
  R. u. Mussolinis Vorschlag für Friedenskonferenz 1939 502 f.
  R. u. ital. Angst vor allgemeinem Krieg 502/05.
  R. rät Italien, in Jugoslawien einzufallen 504.
  R. u. engl.-französ. Garantie für Polen 515.
  R. bei letzten Verhandlungen mit Polen 1939 527 ff.
  Besuch in Moskau Sept. 1939 537.
  R. drängt Sowjetunion zum Einmarsch in Polen 537 f.
  Gemeinsames Kommuniqué mit Molotow 538.
  R. u. dt.-russ. Freundschaft 557, 634.
  R. u. engl. Ultimatum 1939 534 f.
  R. 1940 in Rom 563 ff.
  R. versichert Ciano, Dtl. wolle Frieden 574.
  R. beim Waffenstillstand mit Frankreich 575.
  R. empfängt Suñer 587 f.
  R. sucht Vertrag mit Spanien 590.
  R. u. Balkanländer 596, 598.
  R. u. Dreimächtepakt 598 f.
  Verhandlungen mit Sowjetunion 1940 602/08.
  R. u. Japans Beitritt zum Dreimächtepakt 613 f., 616.
  R. u. Kroatiens Beitritt zum Dreimächtepakt 634.
  R. u. Albanien 610.
  R. deutet Ciano dt. Einfall in Sowjetunion an 634.
  R. u. Japan 647 f.
  R. in Rom Februar 1943 692 f.
  R. u. Plan zur Besetzung des Vatikans 697.
  R. u. Sturz Mussolinis 697.
  R.s Versuch, die Alliierten zu spalten 713.
  Keinen Einfluß mehr i. d. Partei 720.
  R. nach dem 20. Juli 733.

Riefenstahl, Leni:
 734.
Riehl, Walter:
 47 f.
Rintelen, Anton:
 309.
Rio de Oro:
 587.
de *Robespierre*, Maximilian:
 364.
Röhm, Ernst:
 Herkunft und Charakter 44, 59, 63, 218.
 Verhältnis zu H. 48 f., 106 f., 268/72, 274 ff., 288, 360, 365, 701, 705.
 R. u. illegale militärische Organisationen 44.
 R. u. Reichswehr 48 f., 67 f., 70, 78, 81, 266/88, 654, 741.
 R. u. „Völkischer Beobachter" 49.
 R. gründet Sportabteilung der SA 54.
 Aufbau der SA 54.
 R. plant 1922 Staatsstreich 67 ff.
 R. u. SA 54, 74, 90 f., 106, 184 f., 265.
 R. u. „Dt. Kampfbund" 81.
 R. legt SA-Führung nieder 108 f.
 Bündnis zwischen NSDAP u. anderen nationalistischen Verbänden 75.
 R. u. Maifeier-Putsch 77 f.
 R. u. November-Putsch 90/93.
 R. nach Parteiverbot 1924 104, 107.
 R. u. Putschvorbereitungen 68.
 Hochverratsprozeß gegen R. 96, 106.
 Neugründung des „Dt. Kampfbundes" 106.
 R. legt Führung im „Frontbann" u. alle Parteiämter nieder 108 f.
 R. bleibt 1925 der Parteiversammlung fern 110.
 R. wird aus Bolivien zum Neuaufbau der SA zurückgerufen 150 f.
 R. u. Himmler 151, 272, 276 f., 282 f.
 R.s Bedeutung für die NSDAP 151 f.
 R. u. Schleicher 164, 175, 186, 200, 220.
 R. arrangiert Begegnung zwischen H. und Schleicher 168.
 R. u. Brüning 1932 173.
 R. u. Hindenburg 174.
 R. u. SA bei Präsidentenwahlen 1932 184.
 R. u. SA-Verbot 1932 185.
 R. u. Papen 200.
 Vergleich R.s mit Gregor Strasser 218.
 R. u. die Potempa-Mörder 205.
 Unzufriedenheit in der SA 265.
 R. Kabinettsmitglied 268.
 H.s Dankbarkeit gegenüber R. 269.
 R. u. Goebbels 272 f., 278, 287.
 R.s geheime Verhandlungen mit Frankreich 276.
 R. u. Offizierskorps 282 f.
 R.s Ende 284 ff.
Röhm-Affäre: 40, 268/89, 360, 399, 654, 741, 763 (s. a. Röhm).
Römische Protokolle:
 308, 329.
Rokossowskij, Konstantin:
 675.
Rom:
 Antikes Rom 380, 695, 758.
 Plan einer dt. Besetzung 696 f., 699.
 Alliierte u. Rom 700.
 Einnahme 730.
Rommel, Erwin:
 Operationen in Nordafrika 624 f., 667, 673/76, 694.
 R. bei Konferenz über Italien 1943 696.
 R. u. Sturz Mussolinis 697.
 R. Oberbefehlshaber in Italien 700.
 R. u. alliierte Invasion i. d. Normandie 730 ff., 737 f.
 R. u. 20. Juli 737.
 R. erklärt H. die Unausbleiblichkeit der Niederlage 737.
 R.s Verwundung 737, 739.
 Wahl zwischen Selbstmord und Prozeß 740, 767.
 Selbstmord 740.
 Beisetzung 740.
Roosevelt, Franklin D.:
 R. beruft Botschafter aus Berlin ab 456.
 R. u. Halifax's Memorandum über europäische Lage 459.
 R.s Botschaft an H. u. Mussolini 484.

H. u. R. 485 ff., 649 f., 658, 759, 762.
Ribbentrop über R.s Interventionspolitik 598.
R. u. Atlantik-Charta 644.
R. i. Jalta 770.
Tod 770 ff.

Rosenberg, Alfred:
Herkunft und Charakter 57, 61, 664, 680.
Redakteur des „Völkischen Beobachters" 61.
R. u. H. 61, 107, 361, 627.
R. u. Himmler 718.
R. u. November-Putsch 86 f., 92.
R. Parteiführer während H.s Haft 103.
R. u. Wahltaktik 104.
R. legt stellv. Parteiführung nieder 107.
R. gekränkt 109.
R. bleibt 1925 der Parteiversammlung fern 110.
R. u. Ostpolitik 298.
R. üb. Christentum 371.
R. u. Norwegen 560.
Reichskommissar f. d. Ostgebiete 627 f., 679 f.
R. üb. Unterwerfung d. russ. Volks 682.

Roßbach, Gerhard:
77, 84, 91, 257.

Rosterg, August:
155.

Rothermere, Harald Sidney Harmsworth:
142.

Ruhrgebiet:
Französ. Besetzung 1923 71/74, 79 f., 384.
Bedeutung d. Rg. 71, 494.
Kommunisten im Rg. 82.
Räumung 112, 127.
H. u. Rg. 494.
Alliierte im Rg. 768.

Rumänien:
R. u. Dtl. 458, 471, 479, 540, 595 f., 599/603, 608 ff., 620 f., 633 f., 664 f.
Dt. Minderheit in R. 458.
R. im dt.-russ. Pakt 514.
Keine dt. Ansprüche auf R. 540.
R. bittet um dt. Intervention 595 f.
Dt. Garantie für R. 597, 602, 604.
Dt.-russ. Besprechungen üb. R. 602 f., 606, 625.
R. u. dt. Verteidigung am Balkan 609 f.
Durchlaß dt. Truppen 620.
„Eiserne Garde" 458.
R. u. Bulgarien 596.
R. u. Tschechoslowakei 421, 431.
R. u. Frankreich 310.
R. u. England 479, 482, 489, 601, 608.
R. u. Italien 598, 615.
R. u. Jugoslawien 431.
R. u. Ungarn 431, 596.
R. u. Sowjetunion 602 f., 606.
R. verweigert Durchlaß 421, 430.
Sowjetischer Druck auf R. 582, 595 f.
Sowjetunion beanstandet dt. Garantie 597, 602.
R.s Teilnahme am Rußlandfeldzug 611, 626, 633, 635, 673.
R. kapituliert vor Sowjetunion 749.

Runciman, Walter Lord:
430 f.

von *Rundstedt*, Karl Rudolf Gert:
R. u. Fritsch 400.
R. im Frankreichfeldzug 567 ff.
R. u. Dünkirchen 570.
R. u. aufgegebene Invasion Englands 578.
R. u. Einfall in Sowjetunion 635.
R. u. H.s Befehl, zum Kaukasus vorzustoßen 641.
Frontbesuch H.s und Mussolinis 644.
Kommando entzogen 651.
Oberbefehlshaber i. d. Normandie 730 f.
R. wieder abgesetzt 732, 737 f.
R. vertritt H. bei Rommels Beisetzung 740.
R. wieder Oberbefehlshaber West 746.
R. leitet Ardennenoffensive 751.
R. durch Kesselring ersetzt 768.

Rupprecht, Kronprinz von Bayern:
80, 86, 89, 91.

Rust, Bernhard:
 118, 720.
Ruthenien:
 459, 461 f., 465, 469, 478.
Rydz-Smigly, Eduard:
 346.

S

SA (Sturmabteilung):
 Anfänge 49, 54.
 Aufbau 54, 150 f.
 Stärke 74, 149 ff., 169, 267.
 Führung 59, 106, 109, 284.
 Finanzen 150, 223.
 Verhältnis zur Wehrmacht 90, 145/49, 186, 266/88.
 Zweck 74 f., 106, 147, 149, 259 f., 288.
 Tätigkeit 54 f., 68 f., 73, 81, 86/89, 92 ff., 121, 139, 170, 183 f., 259 f., 404.
 H. u. SA 74 f., 106, 108 f., 120 f., 146 f., 149, 164 f., 242 f., 267 f., 269/72, 274 f., 288, 306.
 SA u. Legalitätspolitik 158, 165, 204.
 Meutereien 150, 165, 199, 265, 284.
 Verbot 184, 190, 192, 194.
 SA u. Stahlhelm 257.
 Göring u. SA 242 f.
 SA als Hilfspolizei 243, 265.
 Opposition 265/288.
 SA beurlaubt 274.
 Keimzelle einer Volksarmee 277.
 SA in Alarmbereitschaft 283.
 SA als politische Macht erledigt 289.
 SA in Danzig 489.
Saar:
 296, 305, 312, 521.
Sachalin:
 606 f.
Sachsen:
 43, 82, 137, 253, 754.
Sachsen-Anhalt, Herzogin von:
 118.
St. Germain, Vertrag von:
 3, 38 f., 297
 (s. a. Versailles).
Salerno:
 700.
Saloniki:
 620.

Saporoschje:
 698.
Sardinien:
 694.
Sauckel, Fritz:
 664, 680, 683 f., 693, 720.
Sauerbruch, Ferdinand:
 283.
Saur, Otto Karl:
 785.
Schacht, Hjalmar:
 S. üb. H.s Redegabe 50.
 Reichswährungskommissar 112.
 Reichsbankpräsident 124, 259, 394, 418.
 S. unterstützt Hugenberg und die DNVP 128.
 S.s erste Begegnung mit H. 155.
 Unterstützung der NSDAP durch Industrie 156.
 S. in Harzburg 169.
 S. u. SA-Terror 200.
 S. bewegt Hindenburg, H. die Macht zu übertragen 226.
 S. schlägt Wahlspenden der Industrie vor 241.
 S. u. Feder 264.
 S. unterzeichnet das Gesetz, das H. zum Staatsoberhaupt macht 291.
 H. läßt S. freie Hand 293.
 S. über H. u. Wirtschaftspolitik Dtl.s 316, 338 f., 341, 352, 385, 393 f.
 S. üb. H.s Berechnung 362.
 S. üb. Görings Furcht vor H. 391.
 Göring Wirtschaftsminister an Stelle von S. 1937 394.
 S. u. Verschwörungen gegen H. 339.
 S. u. Aufrüstung 316, 338 f., 393, 473 f.
 S.s Entlassung 473 f.
 S. warnt H. vor Wirtschaftszusammenbruch 705.
 S.s Verhaftung 739.
 H. u. S. 339, 363, 374, 400 f., 418, 794.
Schäffer, Karl:
 192.
Schaub, Julius:
 309, 373, 708 f., 778.
Schdanow, Andrej:
 496 f.

Scheidemann, Philipp:
67.
Schellenberg, Walter:
780 f.
Schenk von Stauffenberg, Klaus Philipp Graf: 724, 727 ff., 732/36, 738 f.
Scheringer, Wilhelm:
146, 148, 160.
von *Scheubner-Richter*, Max Erwin:
61, 86 f., 92 f., 103.
Schicklgruber, Maria Anna:
4.
von *Schirach*, Baldur:
152, 681.
von *Schlabrendorff*, Fabian:
724, 726 f.
von *Schleicher*, Kurt:
Herkunft und Charakter 218.
S. stellt Verbindung zu H. her 162 f., 166 f.
S. u. Hindenburg 162, 165, 188, 216 f., 225, 252.
S. schlägt Brüning als Reichskanzler vor 162.
S. u. Reichswehr 187.
S. u. Brüning u. Groener 185/91.
S. u. Brünings Beziehungen zu H. 168 f., 171/75.
S.s Verhalten H. gegenüber 168, 172.
Verhandlungen mit H. 1932 191/203.
S. u. Gregor Strasser 164, 190, 215, 218/22, 227, 231.
S. u. Röhm 164, 168, 175, 186, 200, 275 f., 278.
S. u. Papen 192 ff., 213 f., 224.
Reichskanzler 217/29, 252.
S.s Verbindungen zu Frankreich 276.
S. bei Röhm-Affäre erschossen 277, 285, 287.
S. u. Unabhängigkeit des Heeres 396.
Schlesien: 306, 474, 477, 480, 501, 754, 768, 785.
Österreichisch Schlesien 430.
Schlieffen-Plan:
751.
Schmidt, Arthur:
678.
Schmidt, Guido:
404 ff.

Schmidt, Hans:
399.
Schmidt, Paul:
342, 436, 438, 443, 453, 464, 518 f., 529, 534 f., 575, 600 f., 603, 631.
Schmidt, Willi:
287.
Schmitt, Ernst:
32.
Schmitt, Kurt:
258, 263 f.
Schmundt, Rudolf:
427, 446, 493 f.
Schneidhuber, August:
284, 286.
von *Schnitzler*, Georg:
241.
Schnurre, Karl:
498, 500, 632.
von *Schönerer*, Georg Ritter:
23/26.
Schörner, Ferdinand:
723, 742, 785, 788.
Schopenhauer, Arthur:
366, 765.
Schreck, Julius:
373.
von *Schröder*, Kurt:
155, 224 ff.
Schukow, Grigori:
754.
von der *Schulenburg*, Friedrich Werner Graf 499 ff., 506 ff., 597, 602, 632 f.
Schulz, Walter:
93, 122.
Schumann, Walter:
122, 151.
von *Schuschnigg*, Kurt:
S. Januar 1933 in Berlin 222.
S. u. Starhemberg 329.
Abkommen mit Dtl. 11. Juli 1936 329 f., 402 ff., 406.
Regierung S. in Dtl. unerwünscht 342.
S. u. Italien 329, 345.
S. u. H. 330, 359, 403/09, 436.
S. verkündet März 1938 Volksabstimmung in Österreich 408.
Rücktritt 410 ff.
S.s Politik 417 f.
S.s Politik als Warnung für Polen 527.

877

„Plan Schwarz":
697.
Schwarz, Franz Xaver:
152, 373.
„Schwarze Front":
139, 165.
„Schwarze Reichswehr":
82.
Schweden:
Dtl. von schwedischem Erz abhängig 608, 742, 757.
S. übermittelt H.s Bedingungen an England 574.
S.s Neutralität 606.
S. u. H.s Ostsiedlungspläne 642.
Wirkung des russischen Vormarschs auf S. 742.
Schweiz:
460, 725.
Schwerin von Krosigk, Lutz Graf:
281, 291, 770, 785.
Schweyer, Franz:
69 f.
von Seeckt, Hans:
75 f., 82 ff., 91, 145 f., 169, 271, 396 f., 499.
„Operation Seelöwe":
578/83.
von Seisser, Hans:
77, 85/88, 90, 92, 95 ff.
Selbstbestimmung:
317, 418, 471 f.
Seldte, Franz:
128, 169, 176, 238, 257 f., 720.
Separatismus:
S. in Bayern 43.
S. im Rheinland 71, 82.
Severing, Carl:
185, 195, 255.
von Seydlitz, Gertrud:
62, 66.
von Seydlitz, Walter:
678.
Seyß-Inquart, Arthur:
330, 405, 407, 410 f., 413, 415, 463, 468, 720, 785.
Shirer, William:
445, 531, 535, 575.
Sidor:
463.
Siebenbürgen:
479, 596.

Siedlung:
Brüning u. S. 188.
Schleicher u. S. 222, 227.
Simon, Sir John:
310, 313 ff., 319.
Singapur:
614 f., 648.
Sinkiang:
606.
Sizilien:
694.
Skandinavien, dt. Divisionen in S. 1944: 747, 753.
Sklavenarbeit:
679 ff., 683 ff., 688, 693.
Skoda-Werke:
420, 461.
Skoropadski, Pawel:
61.
Skorzeny, Otto:
700.
Skubl, Michael:
410.
Slawen:
H. u. S. 297 f., 357, 386, 420, 435, 444, 536, 538, 557, 642 f., 658, 679, 681 ff.
Slowakei:
Slowakische Volkspartei 439, 462.
S. u. Dtl. 459, 462/65, 469, 478.
Dt.-slowakisches Schutzbündnis 1938 469, 478 f.
S. u. Ungarn 430 f., 439, 459/61.
Hlinka-Garde 463.
Russischer Vormarsch 703.
Sobieski, Jan (König von Polen):
419.
Somaliland:
574.
Sowjetunion:
SU u. Völkerbund 310.
SU schlägt nach „Anschluß" Viermächtekonferenz vor 419.
SU u. kollektive Sicherheit 489, 498.
Panzerproduktion 1942 674.
Politoffiziere in Roter Armee 626 f., 741.
SU u. Dtl.:
H.s Expansion nach Osten 299 f.
(s. a. „Lebensraum").

H. gegen Pakt mit SU 315, 317.
Krieg unvermeidlich 498.
Dt. Armee u. Rapallo-Politik 364, 396, 499.
SU u. dt. Machenschaften auf dem Balkan 595 ff., 602.
SU u. H.s Ziele in der Ukraine 459.
SU in der Hoßbach-Konferenz 350.
SU u. Antikominternpakt 337.
Beziehungen zu Dtl. 431, 475 f., 496/501, 504/09, 513 f., 554/59, 632 f. (s. a. dt.-russ. Pakt).
Handelsabkommen 497 f., 500, 557 f., 632.
Dtl. plant Einfall in SU 353, 357, 543, 582 ff., 592, 601, 607 f., 610, 613, 615 f., 620 f., 625/29, 631/38, 667, 759, 794.
SU durch dt. Siege beunruhigt 595.
SU u. Dreimächtepakt 598, 603, 605.
Molotow in Berlin 1940 602/08.
H. vermutet Geheimabkommen zwischen SU u. England 626, 637.
Abkommen üb. Litauen 632.
Krieg m. Dtl. 635 f., 792, 794.
Dt. Feldzug in SU 638/47, 650 f., 661 f., 672/75, 677 ff., 692, 702 f., 705.
Rücksichtslose dt. Politik i. d. SU 679/85.
Gegenangriff nach Stalingrad 679, 729, 742, 746, 748 f., 754 f., 767 f., 773, 779 f.
Dt. Kapitulation 781, 790 f.
Beziehungen zu anderen Ländern:
SU u. Frankreich:
Pakt mit Frankreich 316, 323 f., 396, 457.
Verhandlungen mit Frankreich 1939 360, 496, 500 f., 505, 508, 515.
SU u. Tschechoslowakei:
Pakt mit Tschechoslowakei 316, 351, 420 f., 428, 430 f., 451.
SU u. Sudetenkrise 428/46, 449.
SU u. Großbritannien:
Verhandlungen 1939 360, 496, 500 f., 508, 515.
England warnt SU 633.
SU u. Polen: 311 f., 430, 459, 475 ff., 480, 489, 494, 497, 508, 510, 514 f., 600.
SU besetzt Polen 536 f.
Rote Armee in Polen 537, 742, 754, 767.
Teilung Polens: 536 ff., 795.
SU u. Finnland:
Einmarsch 557 f.
Wirkung auf Westmächte 560.
Waffenstillstand 562, 751.
SU u. Baltische Staaten: 537 f., 582, 595, 742 (s. a. einz. Länder).
SU u. Balkanländer:
SU u. Rumänien 582, 595 ff.
Druck auf Bulgarien 609.
SU u. jugoslawische Exilregierung 632.
SU u. italienische Griechenlandinvasion 600.
Offensive der Roten Armee 748 f.
H. über sowjetische Absichten auf dem Balkan 751.
Sowjetische Ziele in Zentralasien 605 f.
SU u. Japan: 506, 514, 582 f., 605 ff., 613, 615 f.
SU u. Belgien: 632.
SU u. Norwegen: 632.
SU u. Irak: 633.
SU u. Naher Osten: 765
(s. a. Alliierte Mächte, Molotow, Stalin).

„*Sozialdemokratische Partei Deutschlands*":
SPD von H. gehaßt 18 f., 23, 387 f.
SPD von Kommunisten gehaßt 236.
SPD für Niederlage 1918 verantwortlich gemacht 40.
Stimmen u. Mandate 1920 66.
Stimmen u. Mandate 1924 112 f.
Stimmen u. Mandate 1928 124.
Stimmen u. Mandate 1932 180 f., 197 f.
Stimmen u. Mandate 1933 247.
Maifeier-Putsch 77.
NS-Hetze gegen SPD-Regierung 79 f.
SPD u. KPD in Sachsen u. Thüringen 85.

SPD in Preußen 134, 164.
SPD u. Brüning 160, 185.
SPD u. Papen 192.
SPD u. Schleicher 222.
SPD u. Berliner Streik 1932 211.
Entfernung von Sozialdemokraten aus öffentlichen Ämtern 225.
SPD ohne Führerpersönlichkeit 236.
SPD u. Ermächtigungsgesetz 251 f.
Auflösung 256
(s. a. Sozialismus; SPÖ s. u. Österreich).
Sozialismus (Sozialdemokratie):
H. u. S. 18 f., 23 ff., 57, 137, 279.
S. u. Nationalsozialismus 137.
Gregor Strasser u. S. 117, 139.
Otto Strasser u. S. 137 ff.
(s. a. Sozialdemokratische Partei Deutschlands).
Spanien:
Bürgerkrieg 330.
Dt.-italienische Spanienpolitik 331 f. 334.
Alliierte Bemühungen um Nichteinmischungsabkommen 347.
H.s Interesse am spanischen Bürgerkrieg 347, 351.
Dt. u. italienische Hilfeleistung im spanischen Bürgerkrieg 331, 485.
Sp. u. dt.-russischer Pakt 556.
Sp. u. dt. Pläne in Nordafrika 585/94.
Dtl. benötigt Sp. für Mittelmeerkrieg 608.
Sp. lehnt Teilnahme am Krieg ab 615.
Vergleich mit Japan 615.
(s. a. Franco, Suñer).
Speer, Albert:
Herkunft u. Charakter 369, 373, 664, 717, 720 f., 776.
Verhältnis zu H. 369, 373, 708, 721, 767, 772, 776.
Sp. versucht H. zu töten 721.
Sp. u. Göring 715, 777 f.
Sp. u. Bormann 719, 721, 767.
Sp. u. Rüstungsproduktion 747 f.
Sp. versucht, Zerstörung Dtl.s zu verhindern 785.
Sp. spricht offen mit H. 776.
Sp. durch Saur abgelöst 785.

Speidel, Hans:
731, 737.
Spengler, Oswald:
379.
Spital:
5, 9.
Springorum, Friedrich:
155.
SS:
Anfänge 90.
SS von H. umgebildet 121.
Tätigkeit 170, 556 f., 627 f., 687/91.
Verbot 1932 184.
SS erhält freie Hand 243.
SS als Hilfspolizei 243, 265.
SS u. SA 272.
Rivalität mit dem Heer 289, 398, 717, 735, 740 f.
Himmler u. SS 289, 293, 382, 415, 556 f., 685 ff., 717.
H. über den Zweck der SS 361, 687.
Einsatzkommandos 357.
SS als „Elite" 381 ff., 386, 686, 688.
SS u. Offizierskorps 396 f.
SS in Polen 557.
SS in der Sowjetunion 627 ff., 679 ff., 685 f., 690.
Konzentrationslager 687/91, 717.
Befreiung Mussolinis 700.
SS u. 20. Juli 726, 734.
H. über militärische Leistung der SS 769, 774.
SS protestiert gegen H.s Strategie 743.
SS u. NSDAP 719.
Waffen-SS 687 f., 717, 723, 734, 741, 747, 751, 769.
H.s Leibwache 687, 751, 756, 776
(s. a. Himmler).
„Stahlhelm":
128, 169, 238, 242, 257.
Stahlpakt: s. Achse Berlin-Rom u. Italien.
Stalin, Josip W.: 3, 385, 497 f., 510, 602, 605, 607, 634, 673 f., 701.
H. u. St. 612 f., 638, 653, 658, 714, 759.
St. üb. H.s Absichten 497 f.
Mißtrauen gegen Westmächte 497 f.
St. u. dt.-russ. Pakt 1939 498, 506/09, 513 ff., 558.
St. üb. Antikomintern-Pakt 514.

St. u. Teilung Polens 537 f.
St. u. Viermächtepakt mit Achse 607.
Vorsitzender des Rats der Volkskommissare 632.
St. will Krieg vermeiden 633.
St. in Jalta 770.
Stalingrad: 661, 673 ff., 677/79, 692, 694, 709, 711, 722, 762.
Starhemberg, Prinz Ernst Rüdiger: 329.
von *Stauss*, E. G.: 155.
Stegerwald, Adam: 188.
Stein (Bankier): 155.
Steiner, Felix: 773.
Stempfle, Frater Bernhard: 114, 287.
Stennes, Walter: 165.
Stevens, R. H.: 551.
Stieff, Helmuth: 739.
Strasser, Gregor:
Herkunft und Charakter 104, 116/18, 152, 218 ff., 278.
Verhältnis zu H. 104, 107, 116 ff., 129, 131, 138 f., 193, 221, 226 f., 278, 365, 712, 715.
Str. u. NSDAP 110, 116, 118 f., 122, 129, 151 f., 159, 183, 196, 218/21, 384.
Str. u. Maifeier-Putsch 77.
Str. u. November-Putsch 90.
Str. u. Streicher 106, 221.
Str. legt Vorsitz in der NS-Freiheitsbewegung nieder 108.
Str. u. Kapitalismus 117 f., 138 f., 154, 218, 226, 384.
Str. u. Fünfundzwanzig-Punkte-Programm 118 f.
Reichstagsabgeordneter 123, 208.
Str. u. Hugenberg 129, 131.
Str. u. Goebbels 117, 120, 152, 190, 215, 219 f., 278.
Str. u. Schleicher 164, 190, 215 f., 218/22, 227.

Str. u. Göring 215, 220, 278, 285 ff.
Str. u. Hindenburg 174.
Str. u. Reichspräsidentschaft 183.
Str. u. Brüning 189.
Str. u. SA 200.
Str. u. Feder 221.
Str. von H. bei Verhandlungen vor dem Machtantritt übergangen 230 f.
Str. u. Röhm-Affäre 273, 275 ff.
Tod 277
(s. a. Sozialismus).
Strasser, Otto: 57.
Str. u. H. 118, 137 ff., 147 f., 311, 355 f., 381 f., 431.
Str. u. NSDAP 117.
Herausgeber der „Berliner Arbeiterzeitung" 117.
Herausgeber der „Nationalsozialistischen Briefe" 117.
Str. u. Goebbels 120, 139.
Str. üb. Nationalsozialismus 137 ff., 384.
Str. gründet „Schwarze Front" 139.
Str. u. Stennes 165.
Str. u. Röhm-Affäre 278.
Str. u. Elsner-Attentat 552.
Streck (Major): 93.
Streicher, Julius: 47, 55, 63 f., 77, 92, 104 f., 110, 210, 221, 373.
Streiks:
S. in Sachsen 1930 137.
S. in Berlin 1932 211.
S. in Mailand u. Turin 1943 693.
Stresa-Konferenz 1935: 315, 320.
Stresemann, Gustav: 79 f., 82, 84, 86, 112, 123, 125 ff., 256, 306.
Stroelin, Karl Emil: 737.
Strones: 4.
Stuckart, Wilhelm: 415.
„Plan *Student*": 697.
von *Stülpnagel*, Heinrich: 550, 736, 738.
Stumpfegger, Ludwig: 775 f.
Sudan: 574.

Sudetenland:
  Deutschsoziale Arbeiterpartei 47.
  H.s Vorwände für Annexion 296 f.
  Dtl. u. S. 1938 242/51.
  Sudetendeutsche Partei u. Sudetenkrise 424, 430, 468.
  Henlein u. Sudetendeutsches Freikorps 435, 438 f.
  H. u. Münchner Abkommen üb. S. 453 f., 457, 460
  (s. a. Tschechoslowakei).
Süddeutscher Staat, katholischer: 68.
Südtirol:
  297, 358, 426, 492, 701.
Suez-Kanal: 585, 591 f., 601, 610, 615, 624 f., 667, 677.
Suñer, Serrano: 587.
Suwalki-Dreieck: 537.
Syrien: 486, 585, 624.
Szembek, Graf Jan: 346.

T

„*Tannenberg*" (Hauptquartier bei Freudenstadt): 576.
Teleki, Paul Graf: 490.
Tengelmann, Ernst: 155.
Terboven, Josef: 283.
Terror: 35 f., 53, 67, 158, 259, 361, 389, 454, 511, 659, 769 (s. a. Gewalt).
Teschen: 430, 439, 451, 795.
Thälmann, Ernst: 194.
Thierack, Otto Georg: 688.
Thomale, Wolfgang: 763.
Thomas, Georg: 495, 549.
Thüringen: 131, 219, 664.
„*Thule-Gesellschaft*": 60.

Thyssen, Fritz: 66, 155 ff., 177, 180, 264.
Tilea, Viorel Virgil: 479.
von *Tippelskirch*, Werner: 650.
Tischgespräche: 356 f., 379, 390, 642, 656/60, 758/63, 765 f.
Tiso, Josef: 463 f., 469.
Tito, Josip Broz: 749.
Tobias, Fritz: 244.
Tobruk: 667.
Todt, Fritz: 664.
Torgler, Ernst: 207.
Treblinka: 689.
von *Tresckow*, Henning: 726 ff.
Treviranus, Gottfried Reinhold: 129, 140, 168.
Trevor-Roper: Hugh Redwald: 707.
Triest: 701.
Troost, Ludwig: 369.
Trusts im NS-Programm: 56.
Tschechoslowakei:
  Tsch. u. dt.-österreichische Zollunion 159.
  Tsch. u. Österreich 308, 409, 414, 420 f., 451.
  Tsch. u. Polen 311 f., 347, 430, 451, 461, 795.
  Tsch. u. Sowjetunion 316, 421, 428, 430, 439.
  Tsch. u. Frankreich 308, 310, 324, 420 ff., 427 ff., 439.
  Tsch. u. England 424/51.
  Tsch. u. Ruthenien 458 f.
  Tsch. u. Dtl. 351 ff., 358, 360, 392, 414, 420 f., 425/51, 454 f., 459/72, 482, 489, 544, 599, 681 ff.
  Sudetenkrise 424/51.
  Tsch. u. Kleine Entente 431.

Tsch. u. Ungarn 427, 430 f., 437, 439 f., 451, 457/70.
H. über Annexion der Tsch. 760.
H.s Haß gegen die Tschechen 297, 464.
Türkei: 514, 558, 585, 592, 603, 606/08, 634, 703.
Tuka, Béla: 462.
Tunesien: 458, 574, 675, 677, 692 ff.
Turin: 693.

U

U-Boot-Kriegsführung u. Produktion: 337, 524, 559, 670 f., 673, 693, 704, 712, 742, 747, 770, 787.
Ufa-Film-Gesellschaft: 128.
Uffingen: 93.
Ukraine: 312, 357, 459 f., 475 f., 478, 480, 540, 638/42, 643 f., 673, 675, 679 f., 682 f., 690, 692, 698, 703, 742.
Umberto, Kronprinz von Italien: 697.
Ungarn: 22, 42, 308.
  U. u. Dtl. 333, 458/70, 490, 611, 620, 622, 664 f., 747, 753.
  Dt. Minderheit in U. 458.
  U. u. Österreich 308, 329.
  U. u. Frankreich 308.
  U. u. Tschechoslowakei 427, 430 f., 437, 439 f., 451, 457/70.
  U. u. Polen 469, 475.
  U. u. Italien 457, 598.
  U. u. Ruthenien 469, 478.
  U. u. Siebenbürgen 479, 596.
  Juden in Ungarn 690.
  U. u. Sowjetunion 537, 606, 611, 626, 634, 673, 703, 747, 749, 753.
  Dt.-russische Verhandlungen über U. 606.
Universitäten, Nazifizierung: 723.
„*Uschla*": s. NSDAP.

V

Vansittart, Robert Gilbert: 434.

„*Vaterländische Front*": 408.
„*Vaterländische Vereine in München*": 75.
Vatikan:
  Konkordat mit H. 256.
  Ciano italienischer Botschafter am V. 692.
  H.s Plan der Besetzung des V. 697 (s. a. Kirche, röm.-kath.).
Vatutin (General): 675.
Venedig: 278, 308, 344, 634, 657, 701.
Vereinigte Staaten von Nordamerika:
  USA u. H.s Antisemitismus 456, 657.
  H. u. USA 485, 495, 555, 617, 658, 666, 749, 751, 761 f., 784.
  USA u. England 582, 648 f.
  USA u. Atlantikinseln 592.
  Friedensbemühungen 1940 583 f.
  Landung in Frz.-Westafrika 585.
  Wirkung auf Dreimächtepakt 598.
  1941 nicht kriegsbereit 614.
  USA u. Japan 647 f., 759.
  Dt. Kriegserklärung 353, 648 f.
  Luftangriffe auf Dtl. 704, 729.
  US-Armee in Frankreich 1944 743, 752.
  USA u. Ardennenoffensive 750, 753.
  US-Armee überschreitet Rhein und Elbe 767 f.
  USA lehnen Sonderfrieden mit Dtl. ab 781, 791.
  Dt. Kapitulation 791
  (s. a. Westmächte, Alliierte Mächte u. Roosevelt).
„*Vereinigte Vaterländische Verbände*": 68.
Vernichtungslager: 629, 689 (s. a. Konzentrationslager u. einzelne Lager).
Vertrag von Versailles:
  Dt. Ressentiments 40 f., 126, 314.
  „Dt. Kampfbund" u. V. 80.
  H. über V. 47, 174 f., 179, 295 ff., 300, 302, 304 ff., 312, 327, 392, 420, 436, 484, 487, 576.
  Abrüstungsklausel 313, 317, 319.
  Dt. Verletzungen 314 f., 317, 324.
  Kündigung durch Dtl. 338.
  Frankreich u. V. 71 f.

V. u. „Anschluß" 159, 417.
V. u. Rheinlandbesetzung 324 f.
V. u. Selbstbestimmungsrecht 471.
V. u. Polen 474 f., 536, 541.
V. u. Memel 478.

Verschwörungen gegen Hitler:
Witzleben-Schacht-Komplott 1938 434, 446.
Wehrmachts-Komplott in Zossen 1939 549 f.
Elsner-Attentat (Bürgerbräu-Keller) 1939 550 ff.
Speers Versuch, H. zu vergasen 721.
Kommunisten u. V. 551 f.
Schlabrendorffs Bombe 726.
Sechs weitere Attentatsversuche 726/29.
20. Juli 1944 712, 725/29, 732/41.
H.s öffentliche Stellungnahme zum 20. Juli 738 f., 745.
Folgen des 20. Juli 738 ff., 754.
Widerstandsgruppen 688.
Himmler u. V. 718.

Vierjahresplan:
339, 394, 499.

„Vierzehn Punkte":
314, 317, 418, 471 (s. a. Selbstbestimmungsrecht).

Victor Emmanuel III., König von Italien: 426, 491, 658, 695, 697, 699.

Vinsebeck:
226.

Voegler, Albert:
128, 155, 240.

Völkerbund:
Volksabstimmung in Oberschlesien 1921 67.
Aufnahme Dtl.s 112.
H. u. V. 125, 485, 541.
Austritt Dtl.s 304 f., 544.
V. u. Sowjetunion 310.
V. u. dt. Aufrüstung 315.
V. u. Abessinien 321 f.
V. u. Japan 323.
Dtl. angeblich zum Wiedereintritt bereit 325.
V. u. Rheinland 327.
V. u. dt.-italienisches Abkommen 334.
Aufhebung der Sanktionen gegen Italien 330.
Dt. Taktik u. Nichteinmischungsausschuß 347.
V. u. „Anschluß" 420.
V. u. Tschechoslowakei 420.
V. u. Danzig 477.

„Völkischer Beobachter": 73, 109 f., 120, 122, 145, 173, 182, 245, 269.
Kauf 49.
Eckart u. VB 58.
Rosenberg u. VB 61.
Erscheint täglich 62.
Verbot 1924 103.
Wiedererscheinen 110.

„Völkischer Block": 104, 106 f., 110.

Volksgrenadier-Divisionen: s. Dtl., Wehrmacht.

Volkssturm: s. Dtl., Wehrmacht.

W

Waffen-SS: s. SS.

Wagener, Otto: 122, 151, 153, 262, 264.

Wagner (NS-MdR):
96, 149.

Wagner (Boxheim):
183.

Wagner, Adolf:
284.

Wagner, Friedelind:
61, 309.

Wagner, Richard: 61, 98, 286, 309, 356, 366, 369, 709, 791.

Wagner, Robert:
96.

Wagner, Walter:
783.

Wagner, Winnifred:
61, 374.

Wahlen:
Reichstagswahlen: s. Dtl., Verfassung.
Landtagswahlen: s. einzelne Länder.

„Operation Walküre":
727, 729, 734 f.

Warlimomt, Walter:
583, 743.

Warmbold, Hermann:
192.

Wavell, Archibald Percival Viscount:
624.

Weber, Christian:
63, 284, 373.
Weber, Friedrich: 77, 80 f., 90, 92 f., 96, 102, 106.
Wecke (Major):
229.
Wehrmacht: s. Dtl., Wehrmacht.
Wehrpflicht, Allgemeine:
H. entzieht sich Wehrdienst 28.
A.W. in Dtl. 314, 339, 395, 471, 544.
A.W. in Frankreich 314.
von *Weichs*, Maximilian Freiherr:
703.
Weidling (General):
787.
Weimar:
Kongreß völkischer Gruppen 1924 105.
NS-Parteitag 1926 120.
H.s Rede 1938 456.
Weimarer Republik: s. Dtl., Verfassung.
Weiß, Wilhelm:
173.
Weisungen: 410, 427 f., 460, 482 f., 496, 530, 542 f., 552, 559, 577 ff., 584, 592, 610, 613, 769 (s. a. Decknamen der einzelnen Operationen).
„*Fall Weiß*":
482 f., 495 f.
von *Weizsäcker*, Ernst Freiherr: 450, 453, 490, 497, 499 f., 512, 515, 534, 554, 719.
Welczek, Johannes Graf:
500.
Welles, Sumner:
563 f.
Wels, Otto:
251, 255.
Weltwirtschaftskrise:
132 f., 338, 384.
Wenck, Walther:
774, 780.
Wendt (Leutnant):
146.
„*Werwolf*" (Hauptquartier bei Winniza/Ukraine): 641, 673, 707.
„*Weserübung*":
562.
Wessel, Horst:
149.
Westmächte:
Dt. Angriff auf W. verschoben 558 f.
W. u. sowjet. Angriff auf Finnland 560.
W. u. Norwegen 560/66.
Frankreichfeldzug 567/71.
W. u. Westafrika 585.
Landung in Nordafrika 671 f., 675 f., 702.
W. u. Tunis 692 ff.
Landung in Italien 699 f.
Landung in der Normandie 728/32.
W. lehnen Sonderfrieden mit Dtl. ab 781 f. (s. a. Alliierte Mächte, einzelne Länder).
Westwall:
504, 746.
Wien:
Antisemitismus in W. 19, 417 f.
Büro der DSNAP in W. 47 f.
H.s Einzug in W. 1938 416 f.
Rote Armee in W. 768.
H.s Jugend in W.: s. Hitler
(s. a. Österreich).
Wiessee:
275 f., 283 f.
Weygand, Louis Maxime:
571, 592 f.
von *Wietersheim*, Gustav:
432 f.
Wilhelm, Kronprinz des dt. Reichs:
249.
Wilna:
514, 729.
Wilson, Sir Horace:
442 f., 446 f.
Wilson, Thomas Woodrow: 314, 317, 418, 471.
Winter (H.s Zimmervermieterin): 115, 130, 376, 786.
Winterhilfswerk:
616.
Wintzer (Leutnant):
146.
Wirmer, Joseph:
724.
Wirth, Josef:
67.
von *Witzleben*, Erwin:
434, 734, 739.
Wohltath, Helmuth:
479.

Wolf, Otto:
155.
„*Wolfsschanze*" (Hauptquartier bei Rastenburg/Ostpreußen):
634, 641, 643/46, 656, 677, 695, 698, 700, 707 f., 710 f., 726, 729, 732 f., 735 f., 738, 751, 754.
Württemberg: 43, 186, 253.

Y

Young-Plan: 127, 129, 164 (s. a. Dtl., Reparationen).

Z

Zeitzler, Kurt:
674.
Zeller:
75.
Zentrumspartei:
Z. in Weimarer Koalition 134.
Z. u. Brüning 181.
Mögliche Koalition mit NSDAP 188 f.
Goebbels üb. Verbindung mit Z. 189.
Z. u. Papen 191 f.
Z. bei Juli-Wahlen 1932 197.
NSDAP sucht Fühlung mit Z. 207.
Verhandlungen mit NSDAP 214, 227, 238 ff., 248.
Z. u. Schleicher 222.
Z. bei Wahlen 1933 247.
Z. u. Ermächtigungsgesetz 252.
Auflösung 256.
Zernatto, Guido:
329.
Ziegenberg (bei Bad Nauheim):
s. „Adlerhorst".
Zollunion, dt.-österr.:
159, 187.
Zoppot:
535.
Zwangsarbeit i. Dtl.: 679 ff., 683 f., 688, 693 (s. a. Sklavenarbeit).
„*Zweite Revolution*"*:* 265, 272 ff., 277, 280, 289
(s. a. Röhm u. Röhm-Putsch).

Berichtigungen

Auf den Seiten 89 (10. Zeile von oben), S. 93 (2. Zeile von unten) und S. 153 (14. Zeile von oben) lies: Hanfstaengl

Auf Seite 147 (19. Zeile von oben) lies statt „ersetzen": zersetzen

Auf den Seiten 169 (8. Zeile von oben), S. 176 (13. Zeile von unten) und S. 181 (6. Zeile von oben) lies: Duesterberg

Auf den Seiten 266 (17. Zeile von oben) und S. 270 (7. Zeile von oben) lies statt „Verteidigungsminister": Reichswehrminister

Auf Seite 431 (13. Zeile von oben) lies statt „Präsident": Reichsverweser

Auf Seite 556 (7. Zeile von unten) lies statt „Volksbewußtsein": Volkstum

Auf Seite 633 (3. Zeile von unten) lies statt „Mai": Juni

Im Bechtermünz Verlag ist außerdem erschienen:

Peter Longerich,
Die braunen Bataillone

ISBN 3-8289-0368-1
Best.-Nr. 480 475
14,5 x 22,0 cm
286 Seiten
19,90 DM

Die SA, Hitlers »Sturmabteilung«, bildete seit den Anfängen der NSDAP bis zum 30. Juni 1934 neben der nationalsozialistischen Parteiorganisation die zweite Säule der NS-Bewegung. Der Autor legt mit diesem Buch eine akribisch recherchierte und detaillierte Gesamtdarstellung dieser Organisation vor.

Peter Longerich arbeitet als Historiker am Institut für Zeitgeschichte in München

Im Bechtermünz Verlag ist außerdem erschienen:

**Margarete Dörr,
Durchkommen und Überleben**

ISBN 3-8289-0376-2
Best.-Nr. 452 714
15,0 x 22,7 cm
588 Seiten
19,90 DM

Die Geschichte des Nationalsozialismus und des Zweiten Weltkriegs wurde bislang überwiegend mit Blick auf die männlichen Akteure erforscht. Was »ganz normale« deutsche Mädchen und Frauen in jener Zeit erlebten, wie sie sich zum Nationalsozialismus verhielten, und wie sie die harten Nachkriegsjahre überstanden, das ist Gegenstand dieser umfassenden Dokumentation.